U0920781

安徽财政年鉴

（2018）

安徽省财政厅　编

全国百佳图书出版单位
时代出版传媒股份有限公司
安徽人民出版社

图书在版编目(CIP)数据

安徽财政年鉴. 2018 / 安徽省财政厅编. —合肥:安徽人民出版社, 2018. 9

ISBN 978-7-212-10249-4

Ⅰ. ①安… Ⅱ. ①安… Ⅲ. ①地方财政-安徽-2018-年鉴 Ⅳ. ①F812.754-54

中国版本图书馆 CIP 数据核字(2018)第 227853 号

安徽财政年鉴(2018)

安徽省财政厅 编

出版人:徐 敏 责任编辑:汪双琴

责任印制:董 亮 装帧设计:熙宇文化

出版发行:时代出版传媒股份有限公司 http://www.press-mart.com

安徽人民出版社 http://www.ahpeople.com

地 址:合肥市政务文化新区翡翠路 1118 号出版传媒广场八楼 邮编:230071

电 话:0551-63533258 0551-63533292(传真)

排 版:合肥熙宇文化传媒有限公司

印 制:安徽省财政厅印刷厂

开本:889 mm×1194 mm 1/16 内文印张:39 彩插印张:4 字数:1120 千

版次:2018 年 9 月第 1 版 2018 年10月第 1 次印刷

ISBN 978-7-212-10249-4 定价:260.00 元

编辑说明

一、《安徽财政年鉴》是由安徽省财政厅主办，旨在及时记载全省财政发展轨迹，系统反映财政改革情况，全面展示财政精神风貌，大力弘扬财政文化的综合性文献资料年刊。

二、《安徽财政年鉴(2018)》详实记载了2017年全省各级财政部门深入学习贯彻习近平新时代中国特色社会主义思想，认真贯彻落实省委省政府的决策部署和财政部的工作要求，统筹支持稳增长、促改革、调结构、惠民生、防风险，促进全省经济社会稳定健康发展的工作概况。

三、本卷采取分类编辑法，全书主体内容按篇目、栏目、条目三个层次编排。篇目排在内扉页；栏目名称通栏排；条目标题加【】，为黑体字。部分内容为文章体或资料体，未按三个层次编排。

四、本卷根据2017年全省财政工作情况，共分财经文献、全省财政工作、市县(区)财政工作、财政大事、财经规章、财经统计、财政机构人员等7个篇目。

五、本卷主体资料时限为2017年1月1日至12月31日，部分篇目资料时间适当上溯或下延。

六、本卷力求图文并茂，用文字和图片客观记载全省财政事业改革发展情况。全书共105余万字，选登350幅图片。

七、本卷在编纂过程中，受到了省财政厅党组的高度重视和精心指导，得到了财政厅各处室单位、各市县(区)财政部门的大力支持和广大联络员的积极配合，在此一并表示感谢。

八、由于时间紧迫、编纂水平有限，疏漏和不妥之处在所难免，敬请广大读者批评指正。

《安徽财政年鉴》编辑部

二〇一八年九月

《安徽财政年鉴》编辑委员会

（2018 年 8 月）

《安徽财政年鉴》编辑部

领导关怀财政工作

1月15日，省委书记李锦斌、省长李国英、省委副书记信长星在省人大会议中心查阅2017年省级部门预算草案，并对省级预算编制工作给予充分肯定

11月27日，省政府在黟县召开全省农业保险扩大试点现场推进会。会议期间，省委常委、常务副省长邓向阳实地调研政策性农业保险试点情况

6月15日，财政部副部长刘伟率国家粮食局、中储粮总公司负责同志来皖调研夏粮收购和粮食“去库存”等工作

谋划部署财政工作

1月16日，受省政府委托，省财政厅厅长罗建国向省十二届人代会作预算报告

省财政厅党组中心组认真谋划部署各项财政工作

1月6日，省财政厅召开全省财政工作视频会议，部署2017年工作任务

省财政厅不定期开展财政重点工作调研。图为4月7—8日，厅长罗建国在六安市调研财政经济运行形势和财政重点工作完成情况

9月5日，省人大常委会财经委副主任、预算工委主任张万方一行来财政厅调研财政教育资金分配和使用情况

财政服务创新发展

5月5日，省财政厅党组书记、厅长罗建国在广德锦汭轴承有限公司调研，鼓励公司利用好科技创新政策，不断提升企业制造实力

9月22日，省财政厅党组成员、副厅长朱长才在池州市安徽华尔泰化工股份有限公司调研非公经济运行情况

4月26日，著名经济学家、国务院发展研究中心研究员张立群调研我省PPP经验与做法

2017年起，我省设立总规模100亿元的安徽省农业产业发展基金。图为12月17日，安徽省农业产业化发展基金设立工作座谈会在肥召开

财政部PPP示范项目：安庆市外环北路工程PPP项目

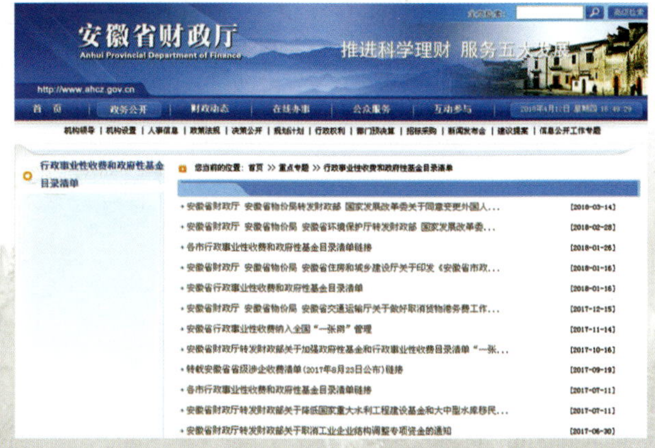

省财政厅在门户网站常态化公布收费清单，并纳入财政部全国目录清单“一张网”管理，清单之外一律不得执行

财政服务协调发展

省财政厅党组成员、副厅长孟照红在舒城县基层财政所调研财政支农资金管理情况

3月28日，省财政厅举办全省农村财政管理业务培训班

财政大力支持农村公益事业建设。图为村级道路一事一议项目施工现场

省财政安排城市工作“五统筹”专项资金4亿元，用于支持全省地下综合管廊建设、绿色生态城市综合试点、城市黑臭水体整治等

省财政设立特色小镇建设专项资金，预算安排5亿元，支持25个省级特色小镇建设和发展

省财政着力推动皖北地区发展，安排9.8亿元支持南北共建园区建设

我省加大“劝耕贷”推广力度，降低新型农业经营主体的融资成本。图为肥西县官亭镇新型农业经营主体“劝耕贷”合同签约现场

财政服务绿色发展

财政对秸秆产业化龙头企业、农作物秸秆资源利用现代环保产业示范区建设等给予专门奖补。图为萧县秸秆固化成型燃料生产基地

财政着力加大专项资金投入，全力保障美丽乡村建设。图为阜南县地城镇吴郢中心村

我省对纳入规划的800个行政村农村环境整治任务给予财政支持。图为休宁县流口村可用生活垃圾兑换日用品

我省深入实施大别山区水环境生态补偿机制。图为断面水质监测点

省财政安排专项资金2.2亿元支持安徽旅游发展。图为广德县卢村笄山竹海风景区

省财政安排大气污染防治综合奖补资金2亿元，支持各地燃煤小锅炉整治、扬尘治理等重点项目

财政服务开放发展

我省与世界银行签署安徽医疗卫生改革促进项目协议，贷款额 2.85 亿美元

财政推进开放载体建设，合肥、芜湖、马鞍山综合保税区，以及蚌埠（皖北）、安庆（皖西南）保税物流中心（B 型）加快建设运行

省财政积极筹措资金，统筹 3.6 亿元，支持外贸主体培育和优进优出等

我省世界银行贷款铜陵—汤口高速公路建设项目成功入选世界银行全球发展案例库，成为中国 10 个入选项目案例之一

省财政对中国（合肥）跨境电子商务综合试验区“单一窗口”建设给予补助

财政服务共享发展

3月30日，省财政厅党组书记、厅长罗建国赴阜阳市颍东区吴寨村调研"双包"定点帮扶工作，走访了结对帮扶贫困户

5月26日，省财政厅党组成员、副厅长朱艾勇做客省政府网站"在线访谈"栏目，就"推动民生工作提质增效 持续增进人民群众福祉"话题，与广大网友在线交流

3月17日，省财政厅召开厅党组中心组理论学习扩大会议，开展"脱贫攻坚与民生工程和社会事业建设"专题学习研讨

我省扎实开展就业扶贫工程，在全省范围内通过购买5万个公益性岗位，为就业困难人员提供托底

省财政2017年新增专项资金20亿元，全力支撑水利项目建设

全省各地加强民生工程宣传和民生工程信息化管理

深化财政管理改革

7月5日，全国人大财经委、常委会预算工委、财政部联合召开推进地方人大预算联网监督工作座谈会，安徽省财政厅厅长罗建国在会上交流发言，介绍安徽经验

省财政厅党组成员、副厅长王召远在蚌埠走访人大代表，听取对财政工作的意见建议

11月17日，省第十二届人民代表大会常务委员会第四十一次会议审议通过《安徽省非税收入管理条例》

3月25—26日，省委组织部、省财政厅在合肥举办安徽省2017年市县政府领导干部财政改革和财政政策培训班

省财政坚持公开透明、强化协调配合，逐步建立健全全程序规范、过程透明、约束有力的预算评审工作机制。图为9月21日，2018年省级预算评审论证会第一期

省财政厅切实加强财政保密管理，不断强化防范措施，增强防范能力。图为组织开展保密测试

加强党风廉政建设

11 月 10 日，省财政厅党组召开全厅党员干部参加的学习宣传贯彻党的十九大精神大会，深入学习贯彻党的十九大精神

省财政厅加强党支部建设督查。图为 11 月 28 日，罗建国厅长到厅国库支付中心检查支部建设情况

4 月 12—13 日，省财政厅党组成员、驻厅纪检组长项中胜在六安市调研财政全面从严治党和党风廉政建设工作

4 月 25—27 日，省财政厅举办全省财政纪检工作培训班

7 月 7 日，省财政厅党组召开庆祝建党 96 周年党课报告会。会上，全厅党员干部重温入党誓词

8 月 21 日，省财政厅首次举行宪法宣誓仪式，厅机关和厅属单位新任用的 19 名处级干部依法进行宪法宣誓

6 月 9 日，省财政厅组织干部职工赴合肥预防职务犯罪警示教育基地接受警示教育

推进精神文明建设

9月14日，省财政厅党组书记、厅长罗建国率部分处室主要负责同志，参加省广播电台《政风行风热线》栏目现场直播活动，与听众朋友们交流互动。

省财政厅实行财政政务窗口厅长坐班日制度。图为副厅长胡锡萍在省政务中心财政窗口坐班

9月20日，省财政厅开展学习《习近平的七年知青岁月》暨“作表率，我们怎么办”专题研讨

9月30日，省财政厅组织集中收看专题片《榜样》

省财政厅组织参加省暨合肥市机关干部义务植树活动

省财政厅志愿者进社区

合肥市

财政部政策研究室来肥调研财税体制改革工作

财政部安徽专员办在合肥市开展“双创”绩效评价，对合肥市“双创”工作给予充分肯定

2018 年合肥市“1+3+5”产业政策修订工作启动

专题探讨财政局机关效能建设工作

调研巢湖市财政支持脱贫攻坚及扶持村级集体经济发展试点工作

组织开展“五四”读书演讲比赛，彰显财政青年风采

肥东县

开展纪念建党96周年暨“七一”爱国主义教育活动

支持城市建设。图为东部新城核心区一角

支持美丽乡村建设。图为陈集镇新农村

支持文化发展

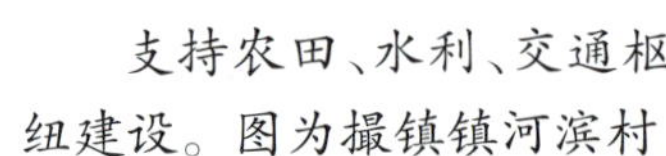

支持农田、水利、交通枢纽建设。图为撮镇镇河滨村

支持科教兴县。图为肥东一中新校区

肥西县

全国农担系统片区业务培训会期间，会议组织在官亭镇召开“劝耕贷”政银担座谈会

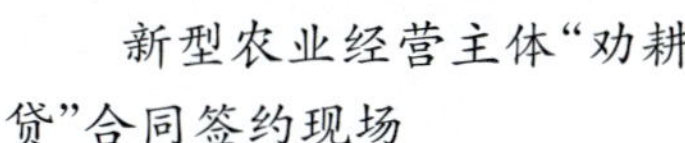

新型农业经营主体“劝耕贷”合同签约现场

国家农业综合开发高标准农田项目——大黄凼节制闸

国家农业综合开发山南镇高标准农田建设项目

庐江县

开展"两学一做"和"讲重作"专题活动

走访贫困户

全力参与脱贫攻坚

开展村级财务互审工作

局团委开展青年志愿者活动

开展普法宣传活动

巢湖市

农业综合开发坝镇高标准农田建设项目

加快美丽乡村建设步伐，农村居民生活环境大为改观

水利薄弱环节治理三年行动中小河流治理巢湖市柘皋河金平河段

县级农村道路畅通工程——烔长路

合肥市瑶海区

开展区长走访服务企业活动

支持双创工作。图为上级部门领导在瑶海都市科技园查看双创工作情况

组织召开银企对接会

开展金融产业扶持政策宣讲活动

开展民生工程社情民意“直通车”进社区活动

合肥市蜀山区

开展“我眼中的民生工程”演讲比赛活动

开展“儿童绘民生长卷”活动

蜀山区民生杯“唱响蜀山”合唱节

开展“剪纸艺术话民生”活动

民生工程棚户区改造项目

享受群众体育设施建设成果的居民

民生工程项目——大草坝水库

淮北市

市财政局党组书记、局长徐涛在扶贫村上党课

PPP 重点项目——淮北一中东校区奠基仪式

支持园区建设。图为凤凰山工业园区

支持企业发展。图为濉溪县铝基新材料基地

PPP 重点项目——淮水北调淮北市配水工程

濉溪县刘桥镇任圩村通过一事一议等修建的太阳能路灯、整洁的水泥路面

PPP 重点项目——美丽的中湖

亳州市

市财政局获评“全省财政系统先进单位”。图为市财政局党组书记、局长张传宾领取奖牌

2017年4月7日，全省县区国库支付电子化管理座谈会在涡阳召开

组织党员到谯城区张店乡年丰合作社蔬菜种植基地参观扶贫工厂，开展党课教育，将党课开到田间地头

全局党员赴淮海战役纪念馆开展革命传统教育，重温入党誓词

积极学习宣传贯彻习近平总书记新时代中国特色社会主义思想和党的十九大精神

宿州市

市财政局党委书记、局长张亮在亢田村开展扶贫调研

市财政局荣获“全国文明单位”称号

与市党史办开展联合党课

开展文明劝导活动

支持公立医院建设。图为宿州市市立医院新区

支持体育事业发展。图为宿州市体育馆项目

支持光伏扶贫

宿州市埇桥区

区财政局局长曹鹏程在林庄村走访调研

召开民生工程新闻发布会

开展"全国扶贫日"暨"捐资助学"活动

组织党员干部参观廉政教育警示基地

开展七一"红色之旅"主题教育活动

砀山县

财政支持的扶贫光伏发电项目

实施老旧小区整治民生工程。图为五中教师公寓

财政局志愿者队伍上街除雪

实施民生工程道路畅通工程

赴金寨县开展党性教育活动

支持美丽乡村建设。图为吴庙中心村

萧县

财政局党组定期召开民主生活会

财政局党组召开如何践行"重规矩"专题研讨会

组织参观淮海战役总前委会议暨华东野战军指挥部旧址，缅怀革命先烈，重温入党誓词

开展学雷锋、助残宣传活动

组织参加"六一"儿童文艺汇演,关爱留守儿童

组织参观萧县廉政文化公园,接受廉政文化熏陶

灵璧县

支持新农合，大病保险惠民生

民生工程项目——唯农公司沼气工程

民生工程项目——冯庙镇敬老院

民生工程项目——娄庄水厂

支持保障房项目建设。图为惠众苑保障房项目

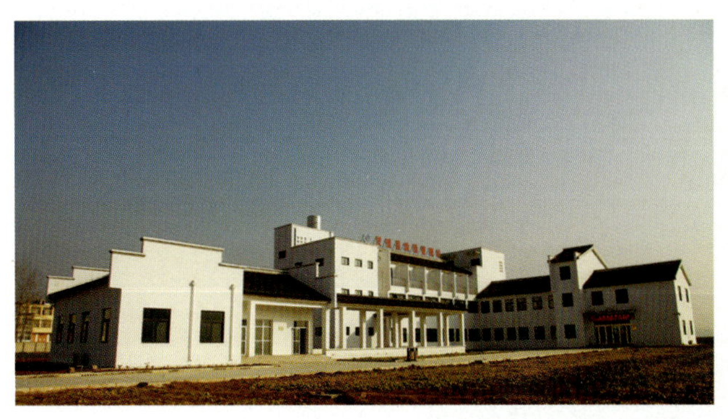

支持社会保障体系建设。图为灵璧县救助管理站

一事一议财政奖补项目——路灯工程

泗县

推进国库支付电子化管理改革

召开“讲重作”专题警示教育组织生活会

举办财政支农政策培训班

开展在职党员进社区活动

开展关爱留守儿童活动

蚌埠市（一）

市财政局党组召开“讲政治、重规矩、作表率”专题警示教育专题民主生活会

组织全体干部职工参观蚌埠革命历史陈列馆

巡视注册会计师考试考场

举办财政法治大讲堂——民法总则解读专题培训

会同蚌埠市第二人民医院赴怀远县淝南新村开展义诊和扶贫慰问活动

赴社区开展十九大精神宣传活动

蚌埠市（二）

龙子湖区财政局举办业务培训会

蚌山区财政局组织志愿者参加文明城市创建活动

禹会区财政局开展学习十九大主题教育实践活动

淮上区实施校舍维修改造工程。图为建成后的淮上区华圩中学运动场

高新区财政局组织进企业调研

怀远县实施农村饮水安全工程。图为河溜水厂扩建项目

五河县实施小型水利工程改造项目。图为王小湖水库

阜阳市颍州区

颍州区四大班子领导在区财政局调研财政工作

区财政局长王献斌一行在三塔集镇盛庄村开展扶贫调研

召开部门预算编制工作座谈会

召开全区财政系统工作会议

开展“健康徒步行”活动

太和县

召开财政局述职工作会议

组织开展党的十九大演讲比赛活动

组织举办职工运动会

民生工程棚改项目——富民家园

美丽乡村——双浮镇双兴村

淮南市（一）

——争创省级学习型党组织建设工作示范单位

市委副书记王崧调研市财政局推进“两学一做”学习教育常态化制度化等工作

举办读书征文活动

青年干部读书会

举办演讲比赛，检验学习成果

局党组召开会议专题学习十九大精神

市财政局获“安徽省第四批学习型党组织建设工作示范点”称号

组织党员赴泾县接受革命传统教育

淮南市（二）

——打造“两共建、三关爱”党建品牌

局党组书记、局长张瑞昌率队赴寿县涧沟镇顾楼村慰问留守儿童

市财政局机关二支部与八公山财政局党支部结对共建

市财政局机关三支部与凤台县财政局党支部结对共建

为贫困村捐赠过冬衣物

市财政局党员志愿者赴高皇镇敬老院慰问

党员走进社区发放民生工程宣传单

组织贫困村留守儿童参观省科技馆

滁州市

市委书记张祥安，市委副书记、代市长许继伟共同为滁州市医改办、市医改监督稽查局、市医保中心揭牌

市财政局召开行政处罚听证会

市财政局举办财税法规知识竞赛

市财政局新任科级干部集体进行宪法宣誓

明光市新管村资产收益扶贫分红现场

凤阳县为慢性病患者颁发诊疗证

来安县

舜山镇六郎村召开扶贫项目资产收益分红现场会

贫困户领取股权证书和资产收益分红现金

汉河镇扶贫产业园

张山乡扶贫产业园

三城乡天涧村“一事一议”财政奖补项目

施官镇贾龙村农业综合开发高标准农田建设项目

凤阳县

县财政局领导走访慰问贫困户

召开国库集中支付改革情况座谈会

按年度任务完成224场送戏进万村文艺演出活动

多形式宣传民生工程。图为原大包干纪念馆墙面宣传标语

县文化馆、图书馆、博物馆、美术馆和乡镇综合文化站等21个场馆均实行免费开放。图为县图书馆儿童借阅室

农村饮水安全工程解决了2.06万人的饮水安全问题。图为西泉天河自来水厂

六安市

召开全市财政暨民生工程工作会

召开全市国有企业深化改革工作推进会

启动编制下一年预算及中期财政规划

青年干部赴叶集区调研经济社会发展情况

举办“拥抱新时代 携手向未来”十九大主题演讲比赛

市财政局、金寨县燕子河镇张畈村联合党委挂牌

马鞍山市（一）

市长左俊、常务副市长周善武调研财政工作

局领导班子召开专题民主生活会

局领导带队走访贫困户

召开学习宣传贯彻党的十九大精神集中宣讲报告会

组织参观廉政教育中心

开展文体比赛活动进行公益募捐

马鞍山市（二）

组织财税顾问团，深入企业开展“四送一服”

支持打造安徽江海联运枢纽中心

支持开放发展，郑蒲港码头正式对外籍轮船开放

支持产业发展。安徽同创现代农业投资发展有限公司致力成为“中国铁皮石斛全产业链的领导者”

支持建设马鞍山综合保税区

当涂县

当涂现代农业示范区

大力推进美丽乡村建设。图为建成后的美丽乡村剪影

含山县

召开民生工程推进会

开展支部学习

开展读"一本书"交流会

开展向沈浩同志学习活动

开展"讲重作"专题警示教育动员会

开展行政事业单位会计培训

志愿者慰问困难户

和县

召开全县财政干部春训会议

召开财政局中层以上干部扶贫工作会议

开展"三年之后看和县,今天我们怎么干"大讨论活动

深入西埠新民村布置扶贫工作

开展"庆六一、关爱留守儿童送温暖"活动

结合"12·4"国家宪法宣传日和33项民生工程实施,集中宣传法律法规和民生政策

芜湖市

市财政局党委书记、局长李家贵走访贫困户

开展民生工程督查

深入企业宣传财政支持经济发展政策

财政窗口连续第三年荣获“十佳服务窗口”称号

开展“不忘初心 牢记使命”主题演讲比赛

投入700多万元织密织牢“舌尖上”的安全防护网

投入2亿多元实施农村道路畅通工程

芜湖市鸠江区

支持创新发展，鸠江区已集聚机器人及智能装备产业企业66家

向农户介绍政策性农业保险政策

开展主题党日活动

向群众讲解民生工程政策

2017年鸠江区更新改造小型泵站410千瓦，加固新建小型水闸2座，扩挖塘坝22口，整治河沟5条

无为县

县四大班子领导调研财政工作

县财政局党组书记、局长毛少华开展帮联贫困户走访活动

召开党组民主生活会

召开基层党组织建设联席会议

开展庆“三八”颂党恩活动

宣城市

深入企业开展调研，了解企业经营发展情况，帮助解决实际问题

召开年度党的建设暨党风廉政建设工作会议

举办市财政系统干部综合能力强化培训班

开展“讲政治、重规矩、作表率”专题警示教育

开展“缅怀先烈丰功伟绩 继承优良革命传统”主题党日活动

推进“两学一做”学习教育常态化制度化

开展“暖冬行动”等志愿者活动

宣城市宣州区

结合十九大报告精神为全局党员干部讲党课

成立全区财政系统团支部

召开全区 2018 年预算编制工作布置会

召开 2017 年度全区财政系统春季培训会议

开展"提升三大能力,把握四个着力点"专题活动

开展民生工程宣传

向贫困户宣传扶贫政策

宁国市

支持开展新型农民职业培训

组织干部职工赴泾县开展爱国教育活动

三八工间操展现财政人精神面貌

保障义务教育。图为仙霞初中

支持文化和旅游发展。图为云梯畲族乡以特色文化活动吸引游人

支持开展老旧小区整治

国家农业综合开发方塘乡土地治理项目建成

泾县

县财政局领导与帮扶的贫困村两委共商脱贫措施

推进财政基层党组织标准化建设

支持发展政策性农业保险。图为昌桥乡新垅村政策性农业保险现场理赔会

支持实施健康脱贫工程

组织参加泾县第四届自行车邀请赛

蔡村镇民生工程特邀监督员为农村道路畅通工程把关

支持建设革命老区项目。图为昌桥乡堰坝、蛤蟆墩坝工程项目

铜陵市

市财政局召开财政专项资金新闻发布会

市财政局召开民生工程调研座谈会

局领导与科室负责人签订党风廉政责任书

实施政策性农业保险民生工程

枞阳县技能脱贫培训民生工程——现场教学果树种植知识

农村道路畅通民生工程——义安区顺安镇城山路加宽0.5—1米

棚户区改造民生工程——铜官区棚户区改造安置小区天桥花园

池州市

召开民主生活会

开展“讲政治、重规矩、作表率”专题研讨

慰问困难群众

组织参观革命烈士纪念馆

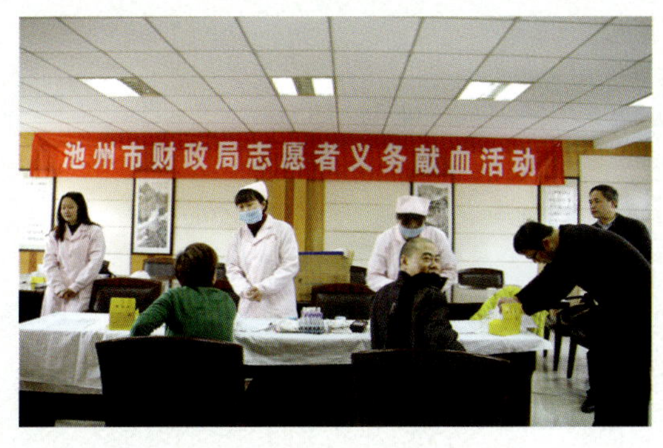

组织义务献血

开展国家宪法日普法宣传

青阳县陵阳镇杨梅村美丽乡村建设

安庆市

市财政局局长何家虎在岳西县调研脱贫攻坚工作

召开市级部门预算编制工作会议

深入高新区企业宣讲党的十九大精神

走访慰问贫困户

1 月 24 日，太湖县集友股份在上海证交所上市

组织参加全市金融系统男子篮球比赛

组织团员青年到岳西县开展红色革命教育

桐城市

召开全市财政工作会议

举行党的十九大精神宣讲报告会

召开脱贫攻坚大排查动员会，全面启动大排查工作

邀请市纪委专家开展党风廉政教育专题讲座

举行扶持村级集体经济发展签约仪式

组织机关职工赴廉政教育基地开展警示教育

开展民生工程集中宣传月活动

太湖县

支持能源再生

支持现代农业发展

黄山市

举办“喜迎十九大、岗位创一流”演讲比赛

召开全市财政系统党风廉政建设工作会议

召开健全地方税体系专题调研座谈会

组织退休老干部学习贯彻十九大精神

市财政局代表队荣获黄山市首届职工工间操大赛三等奖

开展“政策宣讲和工作调研”主题实践活动

举办黄山市第二届珠心算能力比赛

黄山市屯溪区

召开2017年民生工程实施情况新闻发布会

组织参加反腐倡廉警示教育

组织参加全民健身运动会

开展民生工程宣传月活动

黎阳镇农发项目测报亭

支持农业发展。图为黎阳水塘新貌

黄山市徽州区

开展扶贫共建活动

区财政局局长周国兵在帮扶村开展扶贫工作

开展爱国主义教育活动

邀请市委党校老师作“讲政治、重规矩、作表率”专题教育讲座

开展党支部活动

开展廉政教育活动

开展民生工程政策宣传

黄山市黄山区

全面布置脱贫攻坚工作

开展党课集中学习活动

开展干部任前集中廉政谈话

开展财政改革业务培训

开展党风廉政教育实践活动

开展“不忘初心、牢记使命”瞻仰活动

广德县

召开廉政建设专题会议

开展廉政谈话

召开民生工程工作会议

开展家风家训教育

开展水利治理薄弱环节三年治理行动。图为督查现场

推进美丽乡村建设。图为誓节镇茆林村

宿松县

实施资产收益扶贫

实施农村道路畅通工程

支持美丽乡村建设

支持文体设施建设

支持易地扶贫搬迁

打造万亩油茶园

目 录

财经文献篇

省委省政府重要财经文献

省人大重要财经文献

全省财政工作重要文献

全省财政工作篇

全省财政工作综述

财政专项工作概述

处室单位工作概述

市县财政工作篇

合肥市财政工作综述

淮北市财政工作综述

亳州市财政工作综述

宿州市财政工作综述

蚌埠市财政工作综述

阜阳市财政工作综述

淮南市财政工作综述

滁州市财政工作综述

六安市财政工作综述

马鞍山市财政工作综述

芜湖市财政工作综述

宣城市财政工作综述

铜陵市财政工作综述

池州市财政工作综述

安庆市财政工作综述

黄山市财政工作综述

广德县财政工作概述

宿松县财政工作概述

财政工作大事篇

省财政厅全面深化改革工作大事记

省财政厅处室单位工作大事记

市县财政部门工作大事记

财经规章篇

地方性法规

规范性文件

财经统计篇

全省财经统计资料

各市县(区)财经统计资料

财政机构人员篇

省财政厅机构人员

各市财政系统机构人员

全省财政系统职工统计

财经文献篇

省委省政府重要财经文献

安徽省人民政府关于 2017年实施33项民生工程的通知

(皖政〔2017〕10号)

各市、县人民政府,省政府各部门、各直属机构:

为全面贯彻党的十八大和十八届三中、四中、五中、六中全会精神,深入学习贯彻习近平总书记系列重要讲话特别是视察安徽重要讲话精神,全面落实省第十次党代会和省委十届二次全会决策部署,持续做好保障和改善民生工作,省政府决定,2017年投入940.2亿元,实施33项民生工程。现就有关事项通知如下:

一、新增6项民生工程

(一)水利薄弱环节治理三年行动。实施主要支流及中小河流治理、重点区域排涝能力建设、小型病险水库除险加固,加快补齐水利基础设施短板,提升防汛减灾能力。

(二)技工大省技能培训工程。开展技能脱贫培训、企业新录用人员岗前技能培训、新技工系统培养、退役士兵培训,促进劳动者职业技能发展,推动技工大省建设。

(三)健康脱贫兜底"351"及建档立卡贫困患者慢性病费用补充医疗保障"180"工程。对建档立卡的贫困人口在省内医疗机构发生的限额内合规医疗费用,通过基本医保等综合补偿后,在县域、市级、省级医疗机构个人自付费用实行"351"封顶;在此基础上,对建档立卡的贫困患者慢性病自付医药费再按80%给予补偿,发挥政府主导作用,推动解决因病返贫问题。

(四)贫困地区农村义务教育学生营养改善。对国家扶贫开发重点县和国家集中连片特困地区农村义务教育阶段学生提供营养膳食补助,改善农村学生营养状况,提高农村学生健康水平。

(五)秸秆综合利用提升工程。大力开展秸秆禁烧及综合利用,进一步推动环境治理,改善空气质量。

(六)医疗卫生人才能力提升工程。开展住院医师规范化、全科医生转岗、县级医院骨干医师、儿科医师转岗培训,加快提升医疗卫生人才能力。

二、提标扩面5项民生工程

(一)就业扶持工程。根据国家统一部署,将高校毕业生就业见习财政补助标准由2016年每人每月600元提高到800元。

(二)城乡居民基本医疗保险。根据国家统一部署,将新型农村合作医疗、城镇居民基本医疗保险财政补助标准由2016年每人420元提高到460元。

(三)公共卫生服务及妇幼健康、计生特扶。根据国家统一部署,将基本公共卫生服务财政补助标准由2016年每人45元提高到50元。

(四)义务教育经费保障机制。根据国家统一部署,将免费教科书、家庭经济困难寄宿生补助覆盖范围扩大到城乡义务教育学生。

(五)高校、中职和普通高中家庭经济困难学生资助。根据国家统一部署,将免除公办普通高中在籍在校建档立卡等家庭经济困难学生学杂费纳入补助内容。

三、整合归并6项民生工程

原农村五保供养及运行维护、孤儿基本生活保障、生活无着人员社会救助,合并为特困人员供养及生活无着人员救助项目继续实施。原基本公共卫生服务、妇女儿童健康水平提升工程、计划生育家庭特别扶助合并为公共卫生服务及妇幼健康、计生特扶;新型农村合作医疗、城镇居民基本医疗保险,合并为城乡居民基本医疗保险,作为提标扩面项目继续实施。原就业技能和新型农民培训并入新增的技工大省培训提升工程。通过上述整合,原有民生工程项目基本内容未改变,项目数减少6项。

四、继续实施22项

继续实施农村道路畅通工程、农村危房改造、农村饮水安全巩固提升工程、农村居民最低生活保障、特困人员供养及生活无着人员救助、贫困残疾人康复、残疾人生活和护理补贴、城乡困难群体法律援助、美丽乡村建设工程、小型水利工程改造提升、山区库区农村住房保险试点、政策性农业保险、提升农村基层党建与服务经费保障、城乡居民大病保险、城乡居民基本养老保险、城乡医疗救助、社会养老服务体系建设、公共文化场馆开放、农村文化建设专项补助、农产品食品安全工程、棚户区改造、城市老旧小区整治等22项民生工程。

五、工作要求

民生工程是我省保障改善民生的重要品牌,是实施共享发展行动的重要内容,各级各部门要按照“守住底线、突出重点、完善制度、引导舆论”的思路,坚持民生为本,切实在共享发展上见行动,努力在增进人民福祉上见成效。

(一)统筹安排,强化托底保障。科学把握33项民生工程的定位和内涵,尽力而为、量力而行,从群众实际需求出发,深入细致做好社会托底工作。创新资金投入使用方式,补齐民生短板,发挥叠加效应,提高社会事业发展的全面性、协调性和平衡性。

(二)落实责任,建立分工机制。健全责任分工机制,按照各自职责,全力抓好推进,各司其职、各负其责,协作配合、相互支持。对照民生工程目标责任书,层层分解任务,件件压实责任,落细落实落具体,形成上下贯通、环环相扣的责任链条。

(三)精准实施,加强过程管控。谋深谋细谋实工作举措,狠抓项目建设质量,提高民生工程实施的操作性和精准度。注重过程管控和序时调度,加强建后管养,采取公布清单、完工销号、约谈通报等方式,促进各地对标看齐,确保民生工程各项任务落地见效。

(四)提升绩效,注重考核奖惩。健全督办考核奖惩机制,制定科学跟踪问效、考核评价体系,加强第三方评估、社情民意调查,落实特邀监督员制度,形成监督合力。在政策完善、制度设计等方面强化考核结果运用,发挥导向作用。

(五)注重舆情,深入宣传引导。充分发挥传统媒体和网络新媒体作用,加强民生工程网上公示,建立立体化、多层次、广覆盖的民生宣传平台。切实增强舆情意识,注重舆论引导,在民生政务公开工作中,进一步做好舆情回应,提高政府公信力。

安徽省人民政府关于促进经济平稳健康发展的意见

(皖政〔2017〕42号)

各市、县人民政府,省政府各部门、各直属机构:

为深入学习贯彻习近平总书记关于做好今年经济工作系列重要讲话精神,确保经济平稳健康发展,确保供给侧结构性改革得到深化,确保不发生系统性金融风险,按照省委实施五大发展行动计划的总体部署,特提出如下意见:

一、扎实推进供给侧结构性改革,促进实体经济发展

1.加大企业帮扶力度。各地各部门要把落实中央和省委、省政府决策部署作为政治责任,加强跟踪服务,送政策到企业,建立有效帮扶机制,动态掌握各类市场主体诉求,及时帮助企业协调解决问题,让企业有实实在在的获得感。各级政府预算安排的涉企资金要尽快落实并拨付到企业,省直部门需再分配的切块资金6月底前全部定向落实到具体用款单位,对支出进度缓慢的市县压减转移支付。

2. 坚定不移化解过剩产能。2017年,继续执行钢铁、煤炭行业化解过剩产能人员安置等有关资金奖补政策,钢铁、煤炭行业化解过剩产能职工分流安置资金由中央和省分担50%,市(县)和企业分担50%。使用失业保险基金和省级调剂金,对各地化解过剩产能和淘汰落后产能职工安置给予调剂补助,放宽过剩和淘汰落后产能企业稳定就业岗位补贴支付比例。对符合并购贷款条件的兼并重组企业,并购交易价款中并购贷款所占比例上限可提高至70%。产能过剩退出企业涉及的国有土地可由企业自行按照规定处理,也可交由政府收回。对企业整合搬迁后废弃的建设用地,纳入工矿废弃地复垦利用试点。

3. 促进房地产市场健康发展。坚持因城施策去库存,鼓励房地产库存较多的市县出台差异化购房补贴政策,对自愿退宅进城农民购买普通商品住房,当地政府可给予一次性购房奖励或其他补助。支持将有稳定就业的进城务工人员和个体工商户等自由职业者纳入住房公积金缴存范围。支持各地出台非住宅商品房去库存政策措施。引导企业投资购房用于租赁经营,支持房地产企业调整资产配置持有住房用于租赁经营。省财政对棚改货币化安置比例高的市、县予以适当倾斜支持。坚持住房的居住属性,实现市场动态均衡、房价基本稳定。

4. 积极稳妥降低企业杠杆率。支持银行业金融机构和地方资产管理公司等开展市场化、法治化债转股。支持企业股权融资,加强企业自身债务杠杆约束。对改制完成并办理上市辅导备案登记、成功上市的企业,省财政分阶段给予最高100万元奖励。对成功在全国股转系统挂牌融资的中小企业,省财政按首次股权融资额的1%给予最高70万元奖励。

5. 多措并举降成本。积极落实国家结构性减税和降费政策,继续降低企业制度性交易、社保等成本,确保2017年企业综合成本降低2%以上。建立行政权力中介服务收费清单。全面落实扩大小微企业享受减半征收所得税优惠范围、科技型中小企业研发费用加计扣除等税收优惠政策,取消城市公用事业附加和新型墙体材料专项基金。2017年,企业土地使用税税额标准不作上调,从事国家鼓励和扶持产业、缴纳城镇土地使用税确有困难的企业,可申请减征或免征城镇土地使用税。阶段性降低失业保险总费率至1%。对已按规定按时缴纳社会保险费的暂时困难企业(“僵尸企业”除外),经批准可缓缴养老、医疗、失业、工伤、生育保险费,缓缴期限暂定6个月,缓缴期满按规定补缴后,允许其继续申请缓缴。对企业符合条件的股权收购、合并、债务重组、非货币性资产投资及债权损失,认真落实企业所得税特殊性税务处理、递延纳税、分期缴纳、所得额扣除等优惠。政策性融资担保机构贷款担保费率不超过1.2%,省担保集团继续暂免收取市县担保机构中小微企业再担保费。2017年电力直接交易规模550亿千瓦时。推动大用户直供气。

6. 畅通实体经济融资渠道。2017年,省财政继续超调10亿元,各市、县(市、区)按不低于2倍规模,以市、县(市、区)为单位设立中小微企业转贷资金池;继续安排11亿元资金,充实市、县(市、区)政策性融资担保机构国有资本金。深入推进“4321”政银担风险分担机制。不断扩大“税融通”贷款规模。继续实施县域金融机构涉农贷款增量奖励、新型农村金融机构定向费用补贴以及新设和引进金融机构奖励等政策。推动绿色金融发展,绿色信贷项目可按规定申请财政贴息支持。推动金融机构优化小微企业和涉农贷款流程,适度放宽审贷权限,提升小微企业不良贷款容忍度。支持建立覆盖企业种子期、初创期、成长期和成熟期等全生命周期的省级股权投资基金体系。

7. 深入推进农业供给侧结构性改革。支持农业结构调整、现代农业产业园建设、农村一二三产业融合发展、农村公共设施建设,推行绿色生产方式,加快培育农业农村发展新动能。稳步推进农村集体产权制度改革,扩大“资源变资产、资金变股金、农民变股东”改革试点。整合涉农资金支持优化农业生产体系、产业体系和经营体系,完善农业补贴制度。支持农业新型经营主体培育。设立农业产业化发展基金。从2017年起连续4年,省总体上统一对高标准农田建设按每亩1000元标准安排补助资金。加快推进灾后水利薄弱环节建设性治理。稳妥推进农村承包土地经营权和农民住房财产权抵押贷款试点。完善农业担保体系。实施政策性农业保险保费补贴及特色农产品保险以奖代补政策,推动各地增加保险品种和扩大保险覆盖面。农产品初加工用电享受农业用电政策。

二、系统推进全面创新改革试验,促进产业发展迈向中高端

8. 发挥财政资金引导激励作用。2017 年,省财政安排 100 亿元左右,采取产业基金、风险投资、无偿投入、“借转补”、事后奖补等方式,支持重大新兴产业基地、重大新兴产业工程、重大新兴产业专项、制造强省、创新型省份、技工大省建设、大众创业万众创新等,加快发展动能转换,构建创新型现代产业体系。加大对皖北三市、国家和省扶贫开发工作重点县(区)的支持,对该区域符合条件的项目,奖补资金补助金额上浮 20%。

9. 推进“三重一创”建设。支持合肥综合性国家科学中心加快建设,积极争取核聚变主机关键系统等大科学装置落户合肥,加快建设量子信息创新研究院;支持 24 个战略性新兴产业集聚发展基地、7 个重大工程、重大专项建设,构建创新型现代产业体系。在新建项目关键设备购置、企业并购、重大项目团队引进、研发生产设备投入、研发试制投入等方面给予补助。设立总规模 300 亿元省重大新兴产业投资基金,采取阶段参股、直接投资、跟进投资等方式,主要投向处于成长期和成熟期的项目。

10. 加快建设制造强省。支持高端制造、智能制造、精品制造、绿色制造、服务型制造等五大制造,支持电子信息、软件和大数据产业发展,支持企业做大做强,推动制造业从数量扩张向质量提升转变。通过安排有关专项资金、吸引社会资本,设立总规模 200 亿元省中小企业发展基金。制造业发展纳入省政府对市、县年度目标考核内容。

11. 统筹推进创新发展四大支撑体系。支持围绕重大技术研发转化、创新资源捕捉寻找、创新成果路演展示、创新主体向往汇聚,构建技术和产业创新支撑体系。支持聚焦科技成果孵化、产业化加速、产业集群发展,构建平台和企业创新支撑体系。支持注重股权融资、债权融资全面跟进,天使投资、风险投资、产业基金有效对接,构建金融和资本创新支撑体系。支持完善产学研结合机制,增强人才、技术、项目吸引力,构建制度和政策创新支撑体系。

12. 加快发展现代服务业。统筹省级电子商务发展资金,采取先建后奖补方式,支持市、县加快农村电子商务建设,年内实现公共服务、物流配送、乡村网点全覆盖。对新进入我省投资的世界 100 强和国内 50 强电子商务企业,实际到位注册资本金 5000 万元以上的,按 1% 给予一次性落户奖励,最高奖励 200 万元。引导社会资本增加中高端、多元化的医疗服务、健康养老、健身休闲等服务供给。对通过国家 5A 级旅游景区、旅游度假区、旅游休闲区、全域旅游示范区和省级旅游文化名县、旅游特色小镇等品牌创建验收的,给予重点支持。鼓励企业开展网络促销以及参加大型展会,省财政对政府批准的展会给予适当补助。继续安排省级流通发展促进资金,支持培育限上流通企业、农产品流通体系和农村流通体系建设。

三、继续扩大有效投入,加强现代基础设施体系建设

13. 加大重大项目推进力度。2017 年,新开工超亿元项目 1600 个以上,建成 600 个以上。深化“四督四保”制度,完善省、市、县负责同志联系推进重大项目制度,建立完善目标责任、台账管理、动态管控、运行调度和督查考核等五项机制,形成对项目建设全过程的动态管控和精准调度。对 2016 年下达的中央预算内投资计划中未开工且短期内不具备开工条件的项目,及时调整投资计划和资金预算。

14. 加强重大项目谋划储备。建立“五大发展行动计划”重大项目库,积极争取国家资金支持,省级政府投资重点支持项目库内项目。积极对接中央预算内投资重点支持的领域,围绕易地扶贫搬迁、重大水利工程和灾后水利薄弱环节、现代农业、创新能力、交通运输、生态环保等,充实和完善项目库,力争更多项目列入国家计划,补齐经济社会发展短板。继续安排部分专项资金,支持各地重大项目谋划和前期工作。

15. 组织实施现代综合通道建设工程。全面推进铁路、公路、航道、航空、水利、电网、油气管线、信息网络、商务平台建设,着力打造现代综合交通运输体系、能源体系、水利保障体系、网络信息体系和物流体系。开工建设安九铁路、池黄高铁、芜宣机场等项目,加快推进引江济淮、商合杭、合安高铁、合肥－六安成品油管道等项目建设,全面推进新能源、城乡光纤网络建设、交通物流枢纽工程、示范物流园区、电商平台等项目。鼓励财政性资金加大对国省干线公路、城际铁路、农村公路、农网改造、山区边远地区供气管道等公益性突出的基础设施领域支持力度。支持各级政府通过增加资本金、注入优质国有资产、上市公司股权、盘活存量土地资产等方式,提升政府融资平台公司实力,增强融资能力。

16. 加快农业转移人口市民化。放宽落户条件,全面实行居住证制度,促进农业转移人口创业就业,鼓励和促进有能力在城镇就业和生活的常住人口有序实现市民化。保护落户农民依法取得的农村土地和集体资产权益。落实农民户口变动与土地承包经营权、宅基地使用权、集体资产收益分配权脱钩政策,推进就业、住房、义务教育、医疗保险、养老保险并轨。安排省对下农业转移人口市民化财政转移支付,向吸纳转移人口较多的地区和中小城镇倾斜。省财政安排5亿元专项资金,以借转补、以奖代补方式扶持各地特色小镇建设。

17. 深化投融资体制改革。自2017年2月1日起,除涉及国家秘密的项目外,项目审批、核准、备案以及所涉及的各类审批事项都必须通过投资项目在线审批监管平台办理。编制政府投资三年滚动投资计划和年度投资计划。实行企业投资项目备案承诺制。通过特许经营、股权合作、政府购买服务等方式,鼓励社会资本采用政府和社会资本合作模式(PPP),参与我省能源、交通、水利、农业、林业、环境保护、重大市政工程等领域投资和运营管理。鼓励符合条件的传统基础设施领域PPP项目推行资产证券化。鼓励符合条件的基础设施企业发行项目收益债,支持重大基础设施项目发行永续债券。

18. 保障重点项目用地需求。对符合条件的五大发展行动计划项目库的重大项目,按程序从省预留的新增建设用地计划指标中安排。对国家和省确定的重点建设项目可跨市调剂补充耕地指标,落实耕地占补平衡。对用地需求面积较大或分期建设的工业项目,允许按照“一次规划、分期供地”的要求,预留发展用地。在符合相关规划前提下,利用现有房屋和土地,兴办旅游、文化创意、科技研发、健康养老、“互联网+”等新产业新业态的,5年内可继续按原用途和土地权利类型使用土地。

四、优化开放发展环境,打造内陆开放新高地

19. 加大招商引资力度。支持各地在法定权限内,制定金融服务、公共服务平台、综合环境保障等招商引资优惠政策。支持外资以特许经营方式参与基础设施建设。积极利用开发区等平台承接产业转移。办好第十届中国中部博览会暨国际徽商大会等一批在国内外有影响力的展会品牌,巩固放大外交部安徽全球推介—“开放的中国:锦绣安徽迎客天下”活动,以及与央企、民企、外企合作成果,深化与“一带一路”沿线有关国家特别是德国、美国、法国、俄罗斯、新加坡等项目与产能合作。

20. 支持外贸优进优出。2017年,对列入省重点鼓励进口先进技术、设备和产品目录但未享受国家补贴的先进技术、设备及产品进口,每美元给予0.02元奖励,单个企业最高300万元。支持推进科工农贸一体化,完善贸易政策与产业政策、创新政策协同机制,培育一批科技兴贸创新基地和国际化示范发展基地,壮大一批高附加值的加工贸易企业。支持企业开展国际产品认证、专利申请、商标注册、境外展会等。扩大出口信用保险覆盖面,对成套设备出口融资应保尽保,实行中小企业出口信用险保费及开拓国际市场补贴政策。支持跨境电商平台和综合保税物流中心、进口保税仓库和出口监管仓库等加工贸易平台建设。完成国际贸易“单一窗口”和通关便利化建设。

21. 推动“走出去”健康发展。完善“走出去”信息和政策服务体系。支持省内优势产业、技术标准、成套设备和劳务“走出去”,对企业开展国际产能和装备制造合作以及对“一带一路”沿线国家投资给予补助。支持公共服务平台建设,对企业投保境外投资保险、对外承包工程出口信贷及特定合同保险的保费给予补助。

五、深化重点领域改革,激发市场活力

22. 继续深化简政放权。优化完善政府权责清单制度,进一步精简政府权力事项,全面推行公共服务清单和行政权力中介服务清单。深化“互联网+政务服务”,提高办事效率,到2017年底,基本实现群众和企业到政府办事“最多跑一次、多次是例外”。深化“先照后证”“一址多照”“一照多址”改革,积极推进“多证合一”登记改革,推进企业全程电子化登记。将56项投资项目报建审批事项压减到34项,保留的报建审批事项,原则上由同一个内设机构承办,限时办结。

23. 深化国资国企改革。以混合所有制改革为重要突破口,推动省属企业市场化兼并重组。建立市场化薪酬分配机制,推行职业经理人制度。优先支持人才资本和技术要素贡献占比较高的转制科研院所、高新技术企业、科技服务型企业开展员工持股试点。鼓励国有控股上市公司实施股票期权、限制性股票等多种形式的股权激励。省财政对省属企业

(不含中央下放企业)“三供一业”分离移交费用补助50%。

24.深化财税改革。推动财政支出优化整合,推进省以下财政事权和支出责任划分改革。继续扎实推进全面推开营改增试点和资源税改革。深化国税、地税征管体制改革,推进理顺征管职责划分、创新纳税服务机制、转变征收管理方式、优化税务组织体系、构建税收共治格局等重点改革。

25.深化生态文明体制改革。推进水资源管理体制改革,严格实行用水定额管理。深化新安江跨省流域生态补偿和大别山区跨界水环境生态补偿。探索建立企业环境行为信用评价与信贷联动机制。严格执行生态环境损害责任追究制度。支持企业和社会组织组建专业化秸秆储运机构,开展工业废气、挥发性有机物、城市扬尘、机动车尾气专项整治和燃煤锅炉改造。全面推行河长制。

六、保障和改善民生,增强人民群众获得感

26.坚决打好脱贫攻坚年度战役。深入实施脱贫攻坚十大工程。2017年,实现农村低保标准和扶贫标准“两线合一”。实现建档立卡贫困家庭学生资助全覆盖,拓宽贫困地区农村学生就读重点高校升学渠道,对家庭经济困难学生实现中等职业教育免学费全覆盖。支持贫困地区孩子上学条件的改善。实施技能脱贫培训计划和退役士兵技能转换行动,对贫困劳动者实施免费技能培训和创业培训。实行贫困人口“三保障一兜底一补充”综合医保政策,支持各地在落实全省统一政策基础上进一步提高贫困人口综合医疗保障待遇,对贫困户慢性病门诊医疗实施救助。

27.持续加大民生投入。调整优化财政支出结构,压缩“三公”经费等一般性支出5%以上,重点用于民生支出。深入实施33项民生工程,推动工程类项目按工程计划推进、补助类项目按时足额发放。

28.大力促进和稳定就业。对不裁员、少裁员的企业给予不超过企业及职工上年度实际缴纳失业保险费总额50%的稳定就业岗位补贴。全面落实创业担保贷款和财政贴息政策,适当提高担保贷款额度。2017年,劳动者参加就业技能转岗培训,给予200－1300元培训补贴;企业新录用人员并与其签订6个月以上劳动合同,进行上岗前技能培训的,由当地政府给予不低于人均800元补贴;企业开展岗位技能提升培训,按职工培训后取得国家职业资格证书的人数,分别给予相应补贴。

七、加强风险防范,及时化解风险隐患

29.积极防范政府债务风险。支持将短期债务置换成长期债务、高息债务置换成低息债务,到2018年实现政府存量债务全置换。动态监测、评估和预警市、县(区)政府性债务风险,风险预警结果与下年新增债券资金分配挂钩,对被风险预警和风险提示的市县分别按10%和5%扣减新增债券分配额度。建立健全债务风险应急处置工作机制。

30.防范化解金融风险。重点关注政策性融资担保机构与理财、投资管理、不良贷款风险、互联网金融风险、非法集资风险、P2P等合作业务以及高代偿率的机构风险。加大不良资产重组和盘活效率,增加政策性担保体系流动性。支持地方各类金融机构加大不良资产核销和处置力度。落实属地管理责任和监管部门责任,加强风险监测预警,分类制定风险预案,妥善处置风险案件,维护金融稳定,坚决守住不发生系统性风险底线。

各级领导干部要自觉把“两学一做”成果融入到推动经济平稳健康发展上来,把所有心思用在谋发展上,把全部精力用在干事业上,永不松劲、永不满足,有针对性地出实招、使硬招、谋新招,以扎扎实实的工作取得实实在在的成效。要充分调动各方面积极性创造性,严格落实“三个区分开来”,完善激励机制,建立健全容错纠错机制,营造保护创新、崇尚创造、鼓励干事的良好氛围。要进一步实化细化、落细落小各项决策部署,明确责任主体,以责促行、以责问效,坚定不移地以责任到位促进工作到位。省政府将建立全省经济运行调度、通报、考核机制,省政府督查室要加强跟踪督查,审计、监察部门要强化审计监督和行政问责,确保中央和省委、省政府决策部署落地见效。要通过全省上下共同努力,促进经济平稳健康发展,喜迎党的十九大胜利召开!

安徽省人民政府关于印发安徽省推进农业产业化加快发展实施方案(2017—2021年)的通知

(皖政〔2017〕43号)

各市、县人民政府,省政府各部门、各直属机构:

现将《安徽省推进农业产业化加快发展实施方案(2017—2021年)》印发给你们,请结合实际,认真贯彻实施。

安徽省推进农业产业化加快发展实施方案（2017—2021年）

为贯彻落实《国务院办公厅关于进一步促进农产品加工业发展的意见》（国办发〔2016〕93号），加快全省农业产业化发展进程，增加农民收入，结合我省实际，特制定本实施方案。

一、充分认识推进农业产业化加快发展的重要意义

农业产业化是农业经营体制机制的创新，是在家庭承包经营基础上推进农业现代化的有效途径，是促进我省农业农村经济发展的重要推动力量。实践证明，发展农业产业化经营，有利于推进农业供给侧结构性改革，增加农民收入；有利于推进农业体制创新和科技创新，促进农产品加工业转型升级，提高农产品市场竞争力；有利于促进农村劳动力转移，加快工业化、城镇化进程。

我省农业产业化经营起步较早，经过20多年的探索实践，经营领域不断拓宽，经营体制不断完善，区域化布局、专业化生产、企业化管理、社会化服务、规模化经营的格局初步形成，为加快发展现代农业奠定了坚实基础。当前，农业产业化发展面临难得的发展机遇。一系列强农惠农政策的实施，为农业产业化发展营造了良好环境；新型城镇化和全面深化农村改革，为农业产业化发展提供了有利条件；消费结构升级，为农业产业化发展创造了巨大空间；信息技术等高新技术的快速发展，为农业产业化发展注入了不竭动力。但也要看到，当前我省农业产业化发展面临许多新情况新问题，突出表现在：农业产业体系不完善，产加销一体化不够协调；农产品加工业转型升级滞后，带动能力不够突出；龙头企业的带动能力不强，利益联结机制不够紧密。为此，各级各部门要高度重视，从全局和战略的高度充分认识发展农业产业化的重大意义，把中央的要求与我省实际相结合，采取更加有力措施，推动我省农业产业化加快发展，为建设现代农业强省奠定坚实基础。

二、总体要求

（一）指导思想。

全面贯彻党的十八大和十八届三中、四中、五中、六中全会精神，深入贯彻习近平总书记系列重要讲话特别是视察安徽重要讲话精神，加大中央和省一系列强农惠农政策落实力度，牢固树立创新强农、协调惠农、绿色兴农、开放助农、共享富农的发展理念，以农民增收为核心，坚持创新驱动、协调发展、绿色增长、开放合作、利益共享，重点发展粮食等农产品精深加工，延伸产业链，打造供应链，提升价值链，共享利益链，拓展农业多种功能，培育壮大农业新业态新产业，促进农村一二三产业融合，打造面向全国的优质农产品生产、加工、供应基地，推动我省农业产业化实现跨越式发展。

（二）基本原则。

坚持以农为本、促农增收。把促进农民增收作为农业产业化发展的本质要求，立足资源优势，以农产品加工业为引领，着力构建全产业链和全价值链，创新带动农户的组织模式，完善利益联结机制，进一步增强带动能力，实现农业增效，促进农民收入持续增长。

坚持市场主导、政府支持。把市场配置资源作为农业产业化发展的基本取向，充分尊重农业经营主体的市场主体地位，鼓励创业创新，培育农业农村发展新动能。坚持因地制宜，实行分类指导，针对薄弱环节、瓶颈制约和重点领域，强化指导服务，加大扶持力度。

坚持创新驱动、转型发展。把创新发展作为农业产业化发展的第一动力，以科学规划为先导，以科技创新为支撑，加快供给创新、技术创新和体制机制创新，增强农业产业化发展活力，加快转型升级进程。

坚持融合互动、协调发展。把协调发展作为农业产业化发展的内在要求，优化农村产业布局，充分发挥新型城镇化辐射带动作用，引导加工产能集聚发展，打造专用原料、加工转化、现代物流、便捷营销融合发展的产业集群，推动农村一二三产业融合发展。

坚持绿色增长、持续发展。把绿色发展作为农业产业化发展的重要标志，建设全程质量控制、清洁生产和可追溯体系，生产开发安全优质、绿色生态的各类食品及加工品，促进资源循环高效利用，实现资源开发力度、经济发展速度和环境承受程度的统一。

（三）主要目标。

到2021年，全省农业产业化发展总体水平明显提升,产业链条更加完整、功能更加多样、业态更加丰富、利益联结更加稳定的新格局基本形成,农业生产结构更加优化,农产品加工业引领带动作用显著增强,新业态新产业加快发展,产业融合机制进一步完善,农业竞争力明显提升,促进农民增收和助推精准扶贫、精准脱贫作用持续增强,农业产业化的主要指标赶上或超过全国平均水平。

——带动能力显著增强。到2021年,农业产业化经营带动农民人均增收2000元,全省农村居民人均可支配收入力争达到全国平均水平。

——农产品加工业水平显著提升。到2021年,力争规模以上农产品加工业产值达到1.5万亿元,农产品加工业与农业总产值比达到2.87: 1,主要农产品加工转化率达到70%左右。

——龙头企业实力显著增强。到2021年,规模以上农产品加工企业达8000家,其中,农产品加工业主营业务收入亿元以上的企业3000家,10亿元以上的企业200家,50亿元以上的企业10家,100亿元以上的企业2家,形成一批引领农业产业化发展的“甲级队”。

——产业聚集度显著提高。到2021年,全省农产品加工业集群产值30亿元以上的达到100个,其中,产值100亿元以上的产业集群10个,50亿元以上的30个;打造3个千亿元级(粮油5000亿、林特2000亿、畜禽1000亿)、2个500亿元级(果蔬、中药材)、2个百亿元级(茶叶、水产品)农产品加工产业。

(四)区域总体布局。

根据农业资源环境承载力和农产品加工能力,围绕粮油、畜禽、果蔬、水产品、中药材、茶叶、林特产品等7大传统优势产业和休闲农业、健康养生等新型产业,按照专业化生产的要求,形成区域化布局。

三、主要任务

着力实施优质规模农产品原料基地建设、农产品加工业转型升级、农业新业态拓展、龙头企业培育、农产品品牌创建等五大工程。

(一)优质规模农产品原料基地建设工程。

根据优势农产品区域规划,组织实施农业绿色增效和养殖业绿色循环模式攻关。力争到2021年建成优质专用粮食基地1500万亩、优质果蔬基地800万亩、绿色中药材基地300万亩、优质茶叶基地100万亩、渔业健康养殖基地650万亩,全省种植业、养殖业标准化覆盖率分别达到70%和85%。

——大力发展生态循环农业。立足资源禀赋,从时间和空间上合理布局,科学引导不同类型区域农业生产,促进粮经饲三元种植结构协调发展。大力发展种养结合循环农业,加快构建粮经饲统筹、农牧渔结合、种养加一体、一二三产业融合的现代农业产业体系。(省农委、省发展改革委、省粮食局、省林业厅等负责)

——大力发展优质专用原料基地。组织筛选推广一批加工专用优良品种和技术,促进专用品牌粮食等农产品原料生产。引导鼓励农产品加工企业及新型农业经营主体通过直接投资、参股经营、签订长期合同等方式,积极稳妥地推进土地流转,带动建设一批标准化、专业化、规模化原料生产基地。大力发展农业“三品一标”生产,加强农业标准化建设,提高从农田到餐桌的农产品全程质量安全水平。(省农委、省发展改革委、省粮食局、省商务厅、省质监局等负责)

——强化基础设施建设。按照集中连片、旱涝保收、稳产高产、生态友好的要求,开展中低产田改造、高标准农田建设、土地整治和粮食生产基地、标准化规模养殖基地等项目建设。加强优势区域小型农田水利设施建设,打通农田水利“最后一公里”,加大造林绿化工作力度,切实改善生产设施条件,巩固和提高农业综合生产能力。(省国土资源厅、省财政厅、省农委、省水利厅、省林业厅、省发展改革委等负责)

(二)农产品加工业转型升级工程。

大力推进农产品产地初加工、精深加工、秸秆等副产物综合利用,提高农产品加工转化率和精深加工转化率,增强示范、集聚、辐射和带动功能,打造千亿元、百亿元产业。

——大力支持发展农产品产地初加工。落实农产品产地初加工扶持政策,引导各地在农产品优势产区集中连片建设一批农产品产地初加工设施。扶持新型农业经营主体引进贮藏、保鲜、烘干、清选分级、包装、运销等技术装备和第三方服务,减少农产品产后损失,提升入市品级,新增果蔬贮藏能力30万吨、烘干能力10万吨。(省农委、省发展改革委、省财政厅、省粮食局、省林业厅等负责)

——推进农产品精深加工和综合利用能力建设。支持发展农产品深加工特别是粮食深加工,去库存、促消费。农产品加工转化率达到70%左右,其中粮食、水果、蔬菜、肉类、水产品分别达到80%、30%、20%、20%、40%。培育主食加工产业集群，研制生产一批营养、安全、美味、健康、方便、实惠的传统面米、马铃薯及薯类、杂粮、中央厨房食品等多元化主食产品，在全省建设1500个“主食厨房”。加强与健康、养生、养老、旅游等产业融合对接，开发功能性及特殊人群膳食产品。开展秸秆和稻壳米糠、畜禽水产骨血等农产品加工剩余物的循环利用、全值利用和梯次利用。（省农委、省经济和信息化委、省科技厅、省粮食局、省林业厅等负责）

——加强农产品加工技术创新和试点示范。以解决粮油、果蔬茶、畜产品和水产品等农产品精深加工及综合利用率低、自动化程度低、风味与营养成分损失严重等技术难题为重点，产学研联合共建农产品技术集成基地，开展共性关键技术工程化研究和核心装备创制，孵化形成一批“集成度高、系统化强、能应用、可复制”的农产品加工成套技术装备。到2021年，力争建成7个农产品加工技术集成基地。打造企业“借智”发展的科技公共平台，强化农产品加工技术对接。以省农科院、合肥工业大学、安徽农业大学、安徽粮食工程职业学院等院校为基础，建立省级农产品加工技术研发联盟，打造农产品加工“政产学研推”数字化平台，加强农产品加工研发中试条件建设，围绕行业发展需求，开展科技攻关。（省农委、省科技厅、省经济和信息化委、省粮食局、省食品药品监管局、省农科院、合肥工业大学、安徽农业大学等负责）

——推进优势产业和优势企业聚集发展。根据农业资源环境承载力和农产品加工能力，围绕重点龙头企业和主导产业发展一批农产品加工产业集群，推进优势产业和优势企业向优势区域聚集，提升农产品加工精深水平，大幅提高农产品附加值和农业整体效益，培育壮大区域主导产业，增强区域经济发展实力。抓好国家级、省级现代农业示范区、农业产业化示范区（基地）建设，开展创建活动，加大扶持力度，强化园区基础设施建设和公共配套服务，进一步加强技术创新、质量检测、物流信息、品牌推介等公共服务平台建设。加快物流产业和服务外包产业发展，促进资金流、物资流、信息流的聚集，带动仓储、运输、服务等三产的发展，形成农村一二三产业交叉融合、相互配套、功能互补、联系紧密发展格局。（省农委、省发展改革委、省经济和信息化委、省财政厅、省科技厅、省商务厅、省质监局、省粮食局等负责）

（三）农业新业态拓展工程。

采取政府引导、市场运作、多方参与的方式，积极开展电子商务等农产品流通业态创新、农村服务模式创新、休闲农业与乡村旅游产品创新，拓展农业多种功能，构建农村一二三产业融合体系。

——积极发展电子商务等新业态新模式。推进大数据、物联网、云计算、移动互联网等信息技术在农业生产加工流通领域的广泛应用。推进新型农业经营主体对接全国性和区域性线上线下融合的农业电子商务平台，鼓励和引导大型电商企业开展农产品电子商务。加大本土化农业电商平台培育力度，着力打造知名农业电商品牌；支持有条件地区打造农产品集散、冷链物流、仓储、展销中心，完善农业电商供应链。到2021年，农业企业电商销售普及率达到80%，省级以上农业产业化龙头企业电商销售全覆盖，农产品电子商务交易额年均增长35%左右。（省商务厅、省农委、省林业厅、省经济和信息化委、省科技厅、省粮食局等负责）

——加快发展休闲农业和乡村旅游。依托青山绿水、田园风光、乡土文化等资源，开发休闲农庄、乡村酒店、特色民宿、森林人家、自驾露营、户外运动等休闲农业和乡村旅游产品，不断丰富休闲度假、旅游观光、养生养老、森林体验和康养、创意农业、农耕体验、乡村手工艺等产业类型。提升休闲农业基础和配套服务能力，加强重要农业文化遗产保护，加大休闲农业和乡村旅游品牌培育。扶持建设一批功能完备、特色突出、服务优良的休闲农业聚集村、休闲农业园、森林公园、现代农业庄园。到2021年，全省休闲农业年接待人数达到2亿人次，综合营业收入900亿元以上，通过发展休闲农业和乡村旅游带动40万贫困人口脱贫。（省农委、省旅游局、省商务厅、省林业厅、省食品药品监管局、省文化厅等负责）

——大力发展农业服务业。围绕农业生产的产前、产中、产后各环节，把公益性服务和经营性服务紧密结合起来，加快构建和完善以生产服务、科技服务、流通服务和金融服务为主的农业经营性服务体系。力争到2021年，省级以上农业产业化龙头企业都与生产基地紧密结合起来，实现社会化服务全覆盖；服务类农民专业合作社达30%以上；主要农作物良种实现全覆盖，大田粮食作物全程社会化服务面积占50%以上,主要农作物耕种收综合机械化水平达到80%以上。

进一步健全服务体系,重点培育一批服务功能齐全、经济实力较强、运行管理规范、具有自主服务品牌的专业化服务企业。进一步拓展服务内容,在生产领域开展联耕联种、机耕机播机收等全程社会化服务;在流通领域积极推行电子商务,加快发展冷链、物流、仓储、配送等专业化流通服务;积极发展农村普惠金融,推动农村基础金融服务全覆盖;发展多渠道、多形式的农业保险,强化对“三农”的金融服务。进一步创新服务方式,鼓励开展全程托管服务、订单式专业服务;鼓励服务主体与生产主体合作开展合作式服务;支持农业企业、科研机构等积极提供农产品加工贮藏、分级包装等新技术服务。(省农委、省发展改革委、省政府金融办、省商务厅、省科技厅等负责)

(四)龙头企业培育工程。

选择一批规模较大、成长性好、带动力强的农业产业化龙头企业,集中力量,着力培育一批龙头企业“甲级队”,形成引领行业发展的“排头兵”。

——实行分类指导,做大做强龙头企业。挖掘现有农产品加工企业的潜力,走投资省、周期短、见效快的技术改造升级路子,扩大生产经营规模;对暂时经营困难的,通过兼并联合、股份合作、资产转让等形式进行改组、改制,增强企业活力;规范引导工商资本企业进入农业开发领域;鼓励本土大型龙头企业通过兼并重组、上市发债等,组建大型企业集团;引进一批国内外农产品精深加工知名企业在我省投资兴业。到2021年,每个农业产业化主导产业至少组建1家有影响力的大型企业集团。(省农委、省发展改革委、省经济和信息化委、省财政厅、省商务厅、省食品药品监管局、省粮食局、省林业厅、省供销社等负责)

——发展现代农业产业化联合体,完善利益联结机制。大力推进现代农业产业化联合体建设,积极支持龙头企业建设标准化原料生产基地,开展精深加工、物流配送和市场营销,推广“科研机构+龙头企业+合作社+基地+农户”的组织模式。鼓励家庭农场、农民合作社等经营主体向生产性服务业、农产品加工流通和休闲农业延伸;引导支持龙头企业与农民合作社、家庭农场、农户建立紧密的农产品产销合作关系,打造联合品牌,实现利益共享。到2021年,全省各类现代农业产业化联合体数量达到4000个,其中省级示范联合体1000个。(省农委、省发展改革委、省财政厅、省林业厅、省商务厅、省食品药品监管局、省粮食局、省供销社等负责)

——推进自主创新,增强企业活力。引导龙头企业加大科研投入,支持企业与高等院校、科研院所建立工程技术研发中心等,大力提升技术装备创新能力,加强企业原始创新和引进吸收再创新。到2021年,建有专门研发机构的企业600家以上,其中获得省级以上高新技术企业认证的300家以上。强化企业家队伍建设,支持各类中高级企业管理人员参加工商管理等学习培训活动。完善股权等激励机制,引进职业经理人和技术领头人。(省农委、省科技厅、省经济和信息化委、省人力资源社会保障厅、省教育厅等负责)

(五)农产品品牌创建工程。

围绕农产品加工产业升级发展需求,创建一批区域品牌、企业品牌、产品品牌。到2021年,全省“三品一标”产品总量达到7000个,产地认证面积5000万亩,产品认证覆盖率超过70%。全省获得中国驰名商标的农产品100个,新增省级著名商标500个。(省农委、省商务厅、省工商局等负责)

——夯实品牌创建基础。实施农产品加工业质量品牌提升行动。大力提升标准化生产能力,制定和完善相关标准,引导企业严格执行强制性标准,积极采用先进标准,推行标准化生产。大力提升全程化质量控制能力,鼓励企业开展质量管理、食品安全等体系认证,逐步建立全员、全过程、全方位的质量管理制度,实现全程质量管理和控制。(省农委、省经济和信息化委、省环保厅、省质监局、省食品药品监管局、省商务厅、省林业厅、省粮食局等负责)

——培育知名品牌。支持龙头企业申请注册商标,申报驰名、著名商标和名牌产品。推进同行业或跨行业的兼并重组,实现优势资源向优势企业、优势品牌集中。支持龙头企业与合作社、家庭农场的联合、合作,共享共建企业品牌,实现品牌的价值延伸。支持龙头企业利用自有品牌、自主知识产权,发展进出口贸易。加快培育、引进跨国企业和国际知名品牌,积极引进外省优势农产品品牌企业在我省联合办厂、建原料基地或者委托代加工。(省农委、省质监局、省工商局、省商务厅、省粮食局、省外办等负责)

——提升品牌影响力。加大品牌宣传力度,举办各类名优农产品宣传推介活动,鼓励企业在境内外建立专门推广推介机构。发挥中国安徽名优农产品暨农业产业化交易会平台作用,展示我省农产品品牌形象。综合运用传统媒体和新媒体优势,开展多种形式的农产品品牌展示、推介活动,打造一批"皖字号"区域大品牌、行业大品牌和企业大品牌。(省农委、省委宣传部、省工商局、省商务厅、省质监局、省外办等负责)

四、保障措施

(一)强化组织领导。调整省农业产业化工作指导委员会,形成统一领导、分工负责、合力推进的工作机制,统筹协调农业产业化发展中的重大事项,推进农业产业化政策措施落实。市、县也要健全相应工作机制。建立健全考核评价体系,将农业产业化目标任务纳入对各市、县和省有关部门年度绩效考核内容。(省农委负责)

(二)强化政策保障。坚持把农业农村作为财政支出的优先保障领域,保证增量,用好存量,确保农业农村投入适度增加。发挥规划统筹引领作用,多层级多形式稳步推进涉农资金整合,探索省级涉农专项转移支付预算环节源头整合改革,逐步建立"大专项+任务清单"管理模式,将农业产业化优先列入任务清单。市、县政府根据农业产业化发展规划,对照任务清单,在省级下达的大专项中,安排资金对农业产业化龙头企业新增生产线贷款、新(扩)建畜禽养殖基地和种植原料基地、购置农产品质量安全检测仪器给予贷款贴息或补贴补助;对考核合格的农业产业化集群、与农业产业化集群配套的农产品销售平台给予资金奖励或资金补助。各级、各部门安排的与农业产业化相关的资金项目,要加大对农业产业化龙头企业的倾斜力度(省财政厅、省农委等负责)。设立农业产业化发展基金,充分发挥财政资金的引导作用,引导带动社会资本和金融资源投向"三农",重点支持农业产业化主导产业发展(省财政厅、省金融办、省农委等负责)。加大粮油等重要农产品烘干、初加工机械农机购置补贴力度(省农委、省粮食局等负责)。

落实农产品加工税收优惠政策,争取扩大农产品加工企业进项税额核定扣除试点行业范围(省国税局、省地税局等负责)。落实农产品初加工用电享受农业用电政策(省发展改革委、省能源局、省物价局等负责)。完善用地政策,城乡建设用地增减挂钩周转指标要优先保障农业产业化集群、养殖加工企业用地;把农产品初加工、冷链物流、休闲农业与乡村旅游等用地纳入农业附属设施用地范围。鼓励支持龙头企业、农民合作社、家庭农场等新型农业经营主体自主开展高标准农田、农田水利等建设(省国土资源厅、省农委等负责)。落实鲜活农产品运输绿色通道政策(省交通运输厅负责)。

(三)强化公共服务。开展农产品加工共性关键技术协同攻关,发挥省级农业"政产学研推"协作联盟作用,研发推广一批先进适用技术。搭建农产品加工对接服务平台,为农产品加工企业提供技术改造、产品开发、市场营销、融资贷款、参股并购等服务。加强行业监测、预警分析和信息发布,指导行业和企业发展。建设农民创业创新园,开展创业展示、创业辅导、创业大赛等活动,为农民创业提供服务。加强农产品加工业人才培养,培育新型职业农民,依托农业高等教育、农民职业教育院校和各类农业科研推广项目、人才培训工程,为农业产业化提供人才保障。(省农委、省科技厅、省统计局、省人力资源社会保障厅、省教育厅等负责)

(四)强化开放合作。加大招商引资力度,面向全国乃至世界知名企业,重点引进一批发展前景好、产业集聚度高、牵引带动能力强的农业大项目,凡符合"三重一创"、科技创新等优惠政策规定的,各级政府要优先予以资金支持;同时,对引进的项目,市、县政府可根据实际依法制定优惠政策。支持农业产业化龙头企业开展对外贸易,扩大农产品出口,赴境外从事农业开发以及建立农产品生产基地、农产品加工园区、农产品物流中心等。支持农业产业化龙头企业与国内外知名企业开展资本、技术、人才合作。(省商务厅、省农委、省人力资源社会保障厅、省发展改革委、省经济和信息化委等负责)

(五)强化改革创新。以深化农村改革为动力,激发农村要素活力,充分调动农民在发展农业产业化中的积极性主动性。推进产权制度改革。完善农村土地所有权承包权经营权分置办法,加快建设农村产权流转交易市场,加强农村土地承包经营权确权登记颁证成果运用,开展"资源变资产、资金变股金、农民变股东"改革试点。按照国家部署推进农村集体建设用地制度改革,逐步形成城乡一体的土地市场。推进分配制度改革。完善农产品加工产业链中利益分配机制,推广“保底收益+按股分红”模式,进一步完善订单带动、利润返还、股份合作、服务联结等龙头企业带动农户的利益联结关系,建立农民分享二三产业融合发展成果的利益保障机制。推进现代企业制度改革。加快完善现代企业制度,推进农产品加工企业公司制股份制改革,健全公司法人治理结构,厘清企业所有者、经营者和劳动者各自的权利和责任,规范公司治理,以制度创新激发企业的活力、创造力和市场竞争力。推进农村金融改革。健全覆盖全省的农业信贷担保体系,引导政策性担保机构降低新型农业经营主体融资担保门槛,执行省政府规定的政策性担保机构最低担保费率。加快政策性农业保险提标扩面,因地制宜开展特色农产品保险、农作物收入保险试点,提高农业抗风险能力。鼓励农业企业在区域性股权托管交易中心“农业板”挂牌,推动具备条件的农业企业在“新三板”挂牌,在创业板、中小板、主板上市。(省农委、省政府金融办、省经济和信息化委、省国土资源厅等负责)

附件:略

安徽省人民政府关于印发支持“三重一创”建设若干政策的通知

(皖政〔2017〕51号)

各市、县人民政府,省政府各部门、各直属机构:

现将《支持“三重一创”建设若干政策》印发给你们,请认真贯彻执行。

支持“三重一创”建设若干政策

为贯彻落实五大发展行动计划,加快推进重大新兴产业基地、重大新兴产业工程、重大新兴产业专项建设,构建创新型现代产业体系,培育壮大经济发展新动能,实施以下政策。

一、支持重大新兴产业基地

1. 支持新建项目。

对实际总投资(不含土地价款,下同)5亿元及以上,以及实际总投资2亿元及以上且产品技术水平国际领先或填补国内空白的战略性新兴产业制造类项目关键设备购置进行补助,补助比例为购置金额的5%,单个项目补助最高可达3000万元。

对实际总投资20亿元及以上且引领带动全省产业转型升级的战略性新兴产业制造类项目,省、市(设区市,下同)联合采取“一事一议”方式给予支持。

2. 奖励重大项目团队。

对3年累计实际投资达到10亿元及以上的战略性新兴产业制造类项目,分别给予企业管理技术团队和招商团队(指引进省外项目的招商团队)奖励,其中:

10亿元及以上、30亿元以下的,分别奖励100万元;

30亿元及以上、50亿元以下的,分别奖励200万元;

50亿元及以上的,分别奖励300万元。

项目投产后,先兑现30%奖励资金;项目达产后,再兑现70%奖励资金。资金奖励到所在市,由市政府制定具体奖励方案。

3. 支持企业境外并购。

对本省企业实施境外企业并购,其获取的新技术符合国家重点支持的高新技术领域且在省内转化投资新建项目的,按并购标的额的5%进行补助,单项并购补助最高可达3000万元,同时境内建设项目不再享受其他条款政策。

4. 完善奖励机制。

构建科学的基地评估指标体系,每年委托第三方机构对重大新兴产业基地招商引资、项目建设、产值税收等进行综合评估。其中:

评估得分80分及以上的,奖励5000万元;

评估得分70分及以上、80分以下的,奖励3000万元;

评估得分60分及以上、70分以下的,奖励2000万元;

评估得分60分以下的,不予奖励。

连续2年评估得分60分以下的,予以摘牌。

资金奖励到所在市,用于对应的重大新兴产业基地建设。

二、支持重大新兴产业工程

5. 补助研发生产设备投入。

对重大新兴产业工程研发、生产设备购置进行补助,补助比例为设备购置金额的10%,补助最高可达3000万元;对重大新兴产业试验工程,补助最高可达2000万元。

三、支持重大新兴产业专项

6. 补助研发试制投入。

对重大新兴产业专项研制费用进行补助，补助比例为年度产品研发、样机试制和检验检测费用的50%，连续补助不超过3年，累计最高可达3000万元。资金补助到市，由市与专项承担单位签订资金使用协议并进行监管。

四、加快构建创新型现代产业体系

7. 支持高新技术企业成长。

对规模以下高新技术企业首次达到规模以上的，奖励10万元。

对主营业务收入超过1亿元的规模以上高新技术企业、近3年主要贡献指标年均增速不低于20%、上一年增速不低于全省平均增速的，一次性奖励100万元。

8. 支持创新平台建设。

对新认定的国家工程（重点）实验室、工程（技术）研究中心、国际联合实验室（研究中心），一次性奖励300万元。

对新认定的国家地方联合工程实验室（研究中心），一次性奖励200万元。

对新认定的国家企业技术中心，一次性奖励100万元。

对国家工程（重点）实验室、工程（技术）研究中心、国际联合实验室（研究中心）、国家地方联合工程实验室（研究中心）、企业技术中心在国家组织的运行评估中获优秀等次的，一次性奖励100万元。

对新认定的省工程（重点）实验室、工程（技术）研究中心且运行1年后达到要求的，一次性奖励50万元。

对省工程（重点）实验室、工程（技术）研究中心在省组织的运行评估中获优秀等次的，一次性奖励50万元。

对企业联合高校院所建立的产业协同创新中心，研发活动和科技成果转移转化等情况评估获优秀等次的，一次性奖励50万元。

以上奖励资金用于创新平台的研发活动。

9. 支持创新创业。

对新认定的国家双创示范基地，一次性奖励500万元用于示范基地建设。

每年开展“创响中国”安徽创新创业大赛，选拔100个“双创之星”项目，分档奖励项目团队。其中：

一等奖10个，各奖励50万元；

二等奖20个，各奖励25万元；

三等奖30个，各奖励10万元；

优秀奖40个，各奖励5万元。

10. 运用基金支持。

设立300亿元省“三重一创”产业发展基金，省政府每年出资20亿元作为引导资金。按照“政府引导、市场化运作、专业化管理”的原则，采取阶段参股、直接投资、跟进投资等方式，主要投向重大新兴产业基地、重大新兴产业工程中处于成长期和成熟期的项目。对资金需求量大、引领作用强的产业，省市合作建立专项产业投资基金给予支持。创意文化和文化旅游类项目，重点运用省产业发展基金予以支持。对省属企业设立的种子（天使类）投资基金和创业风险投资基金投资“三重一创”初创类企业的，分别设置50%和30%的投资失败允许率，在投资失败允许率范围内的正常投资亏损，按照尽职免责原则处理，对其投资绩效另行制定考核办法。不在基地范围内，符合条件的战略性新兴产业企业和制造类项目可享受上述政策。

加大对皖北三市、国家和省扶贫开发工作重点县（区）的支持，对上述区域符合条件的项目，奖补资金补助金额上浮20%。

省发展改革委会同省财政厅等部门制定具体实施细则。要严格申报程序，加强审核评估，强化部门会商会签，充分利用信息管理平台，避免多头重复享受，做到简便快捷、公开透明、规范高效。要加快资金拨付，加强资金监管，加大审计监督力度。对弄虚作假骗取的奖补资金，一经发现全部予以收回，并按照有关规定对责任单位、申报单位及相关责任人给予严肃处理。各地要抓紧出台配套政策，形成政策联动，并加强宣传解读，推进政策落地。

本通知由省发展改革委负责解释，以前相关文件规定与本通知不一致的以本通知为准。

安徽省人民政府关于印发支持制造强省建设若干政策的通知

（皖政〔2017〕53号）

各市、县人民政府，省政府各部门、各直属机构：

现将《支持制造强省建设若干政策》印发给你

们,请认真贯彻执行。

支持制造强省建设若干政策

为贯彻落实五大发展行动计划,深入实施《中国制造 2025 安徽篇》,推动我省制造业做大做强和提质增效,实施以下政策。

一、支持高端制造

对企业实施符合《工业“四基”发展目录》总投资 3000 万元及以上的工业强基技术改造项目,按照项目设备购置额的 8% 给予补助,单个项目最高可达 500 万元。

对企业实施符合《工业企业技术改造升级投资指南》的项目,其 3 年期(含)以上贷款,按照同期银行贷款基准利率的 40% 给予贴息(与工业强基项目设备购置补贴不重复享受),单个项目贴息期不超过 3 年,贴息总额最高可达 500 万元。

经省认定的首台(套)重大技术装备,对省内研制和使用单位,分别按首台(套)售价的 15% 给予补助,合计最高可达 500 万元。

对本省企业投保首台(套)重大技术装备综合险的,按年度保费的 80% 给予补助。

建立新材料首批次应用保险保费补偿机制,按年度保费的 80% 给予补助。

对主导制定国际、国家(行业)标准的企业,分别给予每个标准一次性奖补 100 万元、50 万元,单个企业标准奖补总额最高可达 150 万元。

经省认定的百级洁净厂房(含 A 级 GMP 厂房)每平方米补助 1000 元;千级洁净厂房每平方米补助 500 元。

二、支持智能制造

对获得国家智能制造试点示范项目的企业给予一次性奖补 200 万元。

经省认定的智能工厂、数字化车间,分别给予企业一次性奖补 100 万元、50 万元。

对通过国家信息化和工业化融合管理体系标准评定的企业给予一次性奖补 50 万元。

对年度购置 10 台及以上工业机器人(自由度≥4)的企业,按购置金额的 20% 给予一次性奖补,单个企业最高可达 100 万元。

对省认定的煤矿、非煤矿山安全和信息化改造项目分别给予一次性奖补 300 万元、50 万元。

三、支持精品制造

对获得国家、省消费品工业“增品种、提品质、创品牌”示范的企业,分别给予一次性奖补 100 万元、50 万元;对认定的“安徽工业精品”,每个给予一次性奖补 20 万元。

每年在中央媒体集中宣传推介一批“安徽工业精品”,所需费用“一事一议”给予奖补。

对获评国家技术创新示范企业、质量标杆企业、中国质量奖、中国工业大奖、产业集群区域品牌的企业(示范区),分别给予一次性奖补 100 万元。对获得国家制造业单项冠军示范、培育企业,分别给予一次性奖补 100 万元、50 万元。对认定的省技术创新示范企业、标准化示范企业,分别给予一次性奖补 50 万元。

对完成质量和疗效一致性评价的仿制药,每个品种给予一次性奖补 100 万元,单个企业最高可达 300 万元。

四、支持绿色制造

对在工业领域实施节能环保“五个一百”专项行动中,被评价为优秀的企业给予一次性奖补 50 万元。

对获得国家级绿色工厂、绿色产品的分别给予一次性奖补 100 万元、50 万元;对获得省级绿色工厂的企业给予一次性奖补 50 万元。

五、支持服务型制造

对获得国家级、省级服务型制造示范的企业,分别给予一次性奖补 100 万元、50 万元。

对获得国家级、省级中小企业公共服务示范平台的,分别给予一次性奖补 100 万元、50 万元。

对认定为国家工艺美术大师工作室的给予一次性奖补 100 万元,对认定为省级工艺美术大师工作室的给予一次性奖补 50 万元。

六、支持电子信息、软件和大数据产业发展

对首次进入全国电子信息百强、软件百强的企业,分别给予一次性奖补 100 万元。

对总部新落户我省的全国电子信息百强、软件百强企业,分别给予一次性奖补 200 万元。

对首次进入安徽省重点电子信息、软件企业名单的企业,分别给予一次性奖补 50 万元。

对“国家核心电子器件、高端通用芯片及基础软件产品”重大科技专项项目,原则上按国家确定的比例配套。

对在我省新注册成立为总部的大数据企业,注册资本金(实际到位,下同)在1亿元至10亿元且营业收入超1亿元的,给予一次性奖补100万元;10亿元以上且营业收入超2亿元的,给予一次性奖补200万元。

七、支持企业做大做强

对主营业务收入首次达到1000亿元、500亿元、100亿元、50亿元和新进入全国制造业500强、民营企业500强的企业,分别一次性奖励企业领导班子100万元、80万元、50万元、30万元、100万元、100万元,其中法人代表不少于40%。

对省认定的专精特新和成长型小微企业,每户分别给予一次性奖补50万元。

对获得国家新型工业化"优势产业示范基地""特色产业示范基地"的,分别给予一次性奖补200万元、100万元。对获得国家级、省级小微企业创业创新基地的,分别给予一次性奖补100万元、50万元。

对获得国家级、省级制造业创新中心的,分别给予一次性奖补500万元、100万元。

对获得国家级、省级工业设计中心的,分别给予一次性奖补300万元、50万元。

对获得省级企业技术中心的,给予一次性奖补50万元。

八、强化金融和土地要素支撑

对应国家设立的基金,通过安排有关专项资金、吸引社会资本,设立省中小企业发展基金,力争5年总规模达200亿元。

支持制造业中小企业开展设备融资租赁业务,采取补贴等方式,对融资期限3年期及以上业务,按照融资规模8%的比例对融资租赁中小企业进行补贴,每户企业最高可达500万元。

对在省股权托管交易中心挂牌的专精特新企业,每户给予一次性奖补20万元。

实行新增制造业用地弹性出让年期制。在符合规划、不改变用途的前提下,现有制造业企业用地提高土地利用率和增加容积率的,按有关规定不再增收土地价款。

九、落实税收优惠政策

进一步落实研发费用加计扣除、固定资产加速折旧以及重大技术装备进口、高新技术企业、集成电路和软件企业税收优惠等已出台的优惠政策。

对实施技术改造的制造业企业,项目完工且经项目核准或备案部门验收合格后3年内,鼓励市、县政府按照招商引资政策依法落实税收优惠。

十、加大工作激励力度

将制造业发展纳入省政府对市、县(市、区)年度目标考核内容。省政府每年对制造业发展综合10强县(市、区)、制造业发展增速10快县(市、区)、制造业综合实力50强企业、制造业50名优秀企业家进行通报。

加大对皖北三市、国家和省扶贫开发工作重点县(区)的支持,对上述区域符合条件的项目,奖补资金补助金额上浮20%。

省经济和信息化委会同省财政厅等部门制定具体实施细则。要严格申报程序,加强审核评估,强化部门会商会签,充分利用信息管理平台,避免多头重复享受,做到简便快捷、公开透明、规范高效。要加快资金拨付,加强资金监管,加大审计监督力度。对弄虚作假骗取的奖补资金,一经发现全部予以收回,并按照有关规定对责任单位、申报单位及相关责任人给予严肃处理。各地要抓紧出台配套政策,形成政策联动,并加强宣传解读,推进政策落地。

本通知由省经济和信息化委负责解释,以前相关文件规定与本通知不一致的以本通知为准。

安徽省人民政府关于推进省以下财政事权和支出责任划分改革的实施意见

(皖政〔2017〕83号)

各市、县人民政府,省政府各部门、各直属机构:

为贯彻落实《国务院关于推进中央与地方财政事权和支出责任划分改革的指导意见》(国发〔2016〕49号)精神,结合我省实际,现就推进省以下财政事权和支出责任划分改革提出如下实施意见。

一、推进省以下财政事权和支出责任划分改革的必要性

1994年实行分税制改革以来,我省调整了省以下财政管理体制,实施省直管县财政体制改革,全面推进县级公共财政支出改革,开展乡镇财政管理方式改革,同步健全了转移支付制度,省以下财政事权和支出责任逐渐明确。特别是近年来,我省在全国率先建立四级政府权责清单,率先并持续推进民生工程,稳步实施义务教育经费保障机制、医药卫生体制、社会保障、司法体制上划试点等改革,各级政府财政支出分担比例和标准逐步明确,省级政府推进区域内基本公共服务均等化等职责进一步强化,初步形成了符合安徽实际的省以下财政事权和支出责任划分的体系框架。

新的形势下,现行的省以下财政事权和支出责任划分还不同程度存在不清晰、不合理、不规范等问题,主要表现在:政府职能定位不清,一些本可由市场调节或社会提供的事务,财政包揽过多,而一些本应由政府承担的基本公共服务,财政承担不够;省与市、县(市、区,以下统称为县)财政事权和支出责任划分不尽合理,一些本应由省级直接负责的事务交给市县承担,一些宜由市县负责的事务,省级承担过多,市县没有担负起相应的支出责任;不少省级和市县提供公共产品的职责交叉重叠,共同承担的事项较多;市与县、县与乡镇财政事权和支出责任划分不尽规范;有的财政事权和支出责任划分缺乏法律依据,法治化、规范化程度不高。这种状况不利于充分发挥市场在资源配置中的决定性作用,不利于政府有效提供公共服务,与建立健全现代财政制度、推动国家治理体系和治理能力现代化的要求不相适应,必须积极推进省以下财政事权和支出责任划分改革。

合理划分省以下财政事权和支出责任是建立科学规范政府间关系的核心内容,是完善国家治理结构的一项基础性、系统性工程,是政府有效提供基本公共服务的前提和保障,是建立现代财政制度的重要内容,对全面深化经济体制改革具有重要的推动作用,有利于正确处理政府与市场、政府与社会的关系,发挥市场在资源配置中的决定性作用和更好发挥政府作用;有利于强化省级政府在推进区域内基本公共服务均等化等方面的职责,发挥市县政府管理优势,为我省在中部崛起中闯出新路提供坚强的财政制度保障。

二、总体要求和划分原则

(一)总体要求。

1.坚决贯彻党的路线方针政策。全面贯彻党的十八大和十八届三中、四中、五中、六中全会精神,深入贯彻习近平总书记系列重要讲话特别是视察安徽重要讲话精神,坚持“五位一体”总体布局和“四个全面”战略布局,牢固树立和贯彻落实创新、协调、绿色、开放、共享的发展理念,通过合理划分省以下各级政府在基本公共服务提供方面的任务和职责,形成科学合理、职责明确的财政事权和支出责任划分体系,充分发挥财政职能作用,确保党的路线、方针、政策得到贯彻落实。

2.坚决落实财政事权由中央决定的要求。按照中央领导、合理授权、依法规范、运转高效的财政事权和支出责任划分模式的方向,科学合理划分省以下财政事权和支出责任,充分调动省以下各级政府干事创业的积极性和主动性,切实落实中央授权范围内地方财政事权的责任。

3.坚持发挥市场决定性作用。正确处理政府与市场、政府与社会的关系,合理确定政府提供基本公共服务的范围和方式,将应由市场或社会承担的事务,交由市场主体或社会力量承担;对应由政府提供的基本公共服务,明确承担财政事权和支出责任的相应政府层级,使市场在资源配置中的决定性作用得到充分发挥。

4.坚持法治化规范化道路。遵循宪法和政府组织法的相关规定,按照国家部署将省以下财政事权和支出责任划分相关制度以地方性法规、政府规章的形式规定,逐步实现政府间财政事权和支出责任划分法治化、规范化,让行政权力在法律和制度的框架内运行,加快推进依法治省、依法行政。

5.坚持积极稳妥统筹推进。参照中央改革的总体要求、基本原则、时间节点,处理好改革与稳定发展、总体设计与分步实施、当前与长远的关系,立足全局、着眼长远、统筹规划、分步实施,准确把握各项改革措施出台的时机、力度和节奏,加强省以下各级政府之间以及各部门之间的协同合作,形成合力,确保改革扎实推进,务求实效。

(二)划分原则。

1.体现基本公共服务受益范围。影响全省经济社会稳定、涉及全省基本公共服务均等化、具有明显外部性以及受益范围覆盖全省的基本公共服务由省级政府负责,地区性基本公共服务由市以下政府负责,跨市的基本公共服务原则上由省级政府和市政府共同负责。

2.兼顾政府职能和行政效率。结合现有省以下各级政府职能配置和机构设置,更多、更好发挥市以下各级政府尤其是县级政府组织能力强、贴近基层、获取信息便利的优势,将所需信息量大、信息复杂且获取困难的基本公共服务优先作为县以下政府的财政事权，提高行政效率，降低行政成本。信息比较容易获取和甄别的全省性基本公共服务宜作为省级政府的财政事权。

3. 实现权、责、利相统一。在省政府统一领导下，将适宜由省级政府承担的基本公共服务职能上移，执行权相应上划，并明确细化到省各职能部门；适宜由市以下政府承担的财政事权决策权下放，减少省直部门代市以下决策事项，保证各地有效管理区域内事务。明确共同财政事权省以下各级政府各自承担的职责，将财政事权履行涉及的战略规划、政策决定、执行实施、监督评价等各环节在省以下政府间作出合理安排，做到财政事权履行权责明确和全过程覆盖。

4. 激励市以下政府主动作为。通过有效授权，合理确定市以下各级政府财政事权，使基本公共服务受益范围与政府管辖区域保持一致，激励市以下各级政府尽力做好辖区范围内的基本公共服务提供和保障，避免出现地方政府不作为或因追求局部利益而损害其他地区利益或整体利益的行为。

5. 做到支出责任与财政事权相适应。按照“谁的财政事权谁承担支出责任”的原则，合理确定各级政府的支出责任，避免将过多支出责任交给基层政府承担。属于省级并由省级政府组织实施的财政事权，原则上由省级政府承担支出责任；对属于市以下并由市以下组织实施的财政事权，原则上由市以下承担支出责任；对属于省级与市以下共同财政事权，根据基本公共服务的受益范围、影响程度，区分情况确定省级与市以下的支出责任以及承担方式。

三、改革的主要内容

（一）推进省以下财政事权划分。

1. 严格落实中央与地方财政事权划分的要求。按照中央部署和要求，逐步将我省涉及国防、外交、国家安全、出入境管理、国防公路、全国性重大传染病防治、全国性大通道、全国性战略性自然资源使用和保护等基本公共服务确定或上划为中央的财政事权。对中央授权和委托我省的财政事权以及中央和我省共同财政事权我省承担部分，逐步明确省以下政府层级和支出责任。

2. 明确省级财政事权。坚持基本公共服务的普惠性、保基本、均等化方向，加强省级政府在保持区域内经济社会稳定、促进经济协调发展、推进区域内基本公共服务均等化等方面的财政事权。强化省级政府的财政事权履行责任，省级财政事权原则上由省政府直接行使，省各职能部门根据职责分工履行相应财政事权的管理责任。省级财政事权确需委托市以下政府行使的，报经省委、省政府批准后，由省有关职能部门委托市以下行使，并制定相应的政府规章或者提请人大常委会制定地方性法规予以明确。对省级委托市以下政府行使的财政事权，受委托地方政府在委托范围内，以委托单位的名义行使职权，承担相应的法律责任，并接受委托单位的监督。

3. 保障市以下履行财政事权。加强市以下政府公共服务、社会管理等职责。将直接面向基层、量大面广、与当地居民密切相关、由当地提供更方便有效的基本公共服务确定为市以下财政事权，赋予市以下政府充分自主权，依法保障市以下财政事权履行，更好地满足基本公共服务需求。市以下财政事权由市以下各级政府行使，省对市以下的财政事权履行提出规范性要求，并通过相关制度予以明确。

逐步将社会治安、市政交通、农村公路、城乡社区事务等受益范围地域性强、信息较为复杂且主要与当地居民密切相关的基本公共服务确定为市以下财政事权。

4. 减少并规范省级与市以下共同财政事权。对中央与我省共同财政事权我省承担部分，以及省以下共同财政事权，根据基本公共服务的受益范围、影响程度，按事权构成要素、实施环节，分解细化省以下各级政府承担的职责，避免由于职责不清造成互相推诿。

对义务教育、高等教育、科技研发、公共文化、基本养老保险、基本医疗和公共卫生、城乡居民基本医疗保险、就业、粮食安全、跨省重大基础设施项目建设和环境保护与治理等中央和地方共享事权中我省承担部分，逐步明确省以下财政事权划分。省以下跨区域基础设施建设和环境保护与治理等具有地域管理信息优势的基本公共服务，原则上确定为上级和当地政府共同财政事权，并明确各承担主体的职责。

5. 建立财政事权划分动态调整机制。根据财税体制改革要求、财政事权和支出责任划分改革进程，进一步完善省直管县财政管理体制。财政事权划分要根据客观条件变化进行动态调整。对新增及尚未明确划分的基本公共服务,根据社会主义市场经济体制改革进展、经济社会发展需求以及省以下各级政府财力增长情况,将应由政府提供的基本公共服务统筹研究划分为省级财政事权、市以下财政事权或省级与市以下共同财政事权。

(二)完善省以下支出责任划分。

1.省级的财政事权由省级承担支出责任。属于省级的财政事权,由省级财政安排经费,省级各职能部门和直属机构不得要求市以下安排配套资金。省级的财政事权如委托市以下行使,要通过省对下专项转移支付安排相应经费。

2.市以下的财政事权由市以下承担支出责任。属于市以下的财政事权原则上由市以下通过自有财力安排。对市以下政府履行财政事权、落实支出责任存在的收支缺口,除部分资本性支出通过省级依法发行政府性债券等方式安排外,主要通过上级政府给予的一般性转移支付弥补。市以下的财政事权如委托省级机构行使,市以下政府应负担相应经费。

3.省级与市以下共同财政事权区分情况划分支出责任。根据基本公共服务的属性,涉及全省市场和要素自由流动的财政事权,如基本养老保险、基本公共卫生服务、义务教育等,在严格执行全国统一标准的基础上,可以研究制定全省统一标准,并由省级与市以下按比例或以省级为主承担支出责任;对受益范围较广、信息相对复杂的财政事权,如跨市重大基础设施项目建设、环境保护与治理、公共文化等,根据财政事权外溢程度,由省级和市以下按比例或省级给予适当补助方式承担支出责任;对省级和市以下有各自机构承担相应职责的财政事权,如科技研发等,省级和市以下各自承担相应支出责任;对省级承担监督管理、出台规划、制定标准等职责,市以下承担具体执行等职责的财政事权,省级和市以下各自承担相应支出责任。

(三)加快市以下财政事权和支出责任划分。

市级政府要参照省级做法,结合当地实际,按照财政事权划分原则合理确定市以下政府间财政事权,明确市以下各级支出责任,做好辖区内财政事权和支出责任改革统领工作。将部分适宜由更高一级政府承担的基本公共服务职能上移,明确市级政府在保持区域内经济社会稳定、促进经济协调发展、推进区域内基本公共服务均等化等方面的职责。将有关居民生活、社会治安、城乡建设、公共设施管理等适宜由基层政府发挥信息、管理优势的基本公共服务职能下移,强化基层政府贯彻执行国家政策和上级政府政策的责任。

四、保障和配套措施

(一)建立组织领导工作机制。根据财政部部署,省政府适时成立全省财政事权和支出责任划分改革领导小组,财政、编制及相关职能部门为成员,强化组织领导,加强统筹协调,扎实推进省以下财政事权与支出责任划分改革。各地、各部门要强化认识、精心组织、周密部署,从严从实从细全面落实省以下财政事权和支出责任划分改革重点任务,确保改革取得实效。

(二)建立协同配套推进机制。省以下财政事权和支出责任划分改革与教育、社会保障、医疗卫生等各项改革紧密相连、不可分割。要建立改革协同推进机制,将财政事权和支出责任划分改革与加快推进相关领域改革相结合,既通过相关领域改革为推进财政事权和支出责任划分创造条件,又将财政事权和支出责任划分改革体现和充实到各领域改革中,形成良性互动、协同推进的局面。

(三)明确政府间财政事权划分争议的处理。中央与地方财政事权划分争议由中央裁定,已明确属于省以下的财政事权划分争议由省政府裁定。在落实中央与地方财政事权设置要求的基础上,明确省级与市以下共同财政事权和省级委托行使的财政事权设置的原则、程序、范围和责任,减少划分中的争议。

(四)完善省对下转移支付制度。结合省以下财政管理体制改革和中央收入划分改革进展,研究制定省以下收入划分方案,推动进一步理顺全省各级财政分配关系,形成财力与事权相匹配的财政体制。进一步完善省对下转移支付制度,清理整合与财政事权划分不相匹配的转移支付,增强财力薄弱地区尤其是困难地区和革命老区的财力。严格控制引导类、救济类、应急类专项转移支付,对保留的专项转移支付进行甄别,属于市以下财政事权的划入一般性转移支付。

(五)推动部门职责落实。比照中央做法,按照一项财政事权归口一个部门牵头负责的原则,合理划分部门职责,理顺部门分工,落实部门监督考核和绩效评价责任,妥善解决跨部门财政事权划分不清晰和重复交叉问题,处理好省以下垂直管理机构与地方政府的职责关系,为更好履行政府公共服务职能提供保障。

（六）督促各地切实履行财政事权。随着中央与地方、省以下财政事权和支出责任划分改革的推进，市以下的财政事权将逐渐明确。对属于市以下的财政事权，市以下政府必须履行到位，确保基本公共服务的有效提供。省及各地要加强监督考核和绩效评价，强化市以下政府履行财政事权的责任。

五、职责分工和时间安排

（一）职责分工。

省财政厅、省编办等有关部门承担牵头责任，主要负责组织、协调、指导、督促推进省以下财政事权和支出责任划分改革工作。省各职能部门要落实部门主体责任，根据本实施意见，在广泛征求有关部门和市县意见基础上，研究提出本部门所涉及的基本公共服务领域改革具体实施方案，按程序报请省委、省政府批准后实施。在改革实施过程中，省有关部门要妥善处理省以下财政事权和支出责任划分带来的职能调整以及人员、资产划转等事项。

各市人民政府要参照本实施意见的总体要求和基本原则，根据本地实际情况，结合财税体制改革要求和省以下财政事权和支出责任划分改革进程，制定市以下财政事权和支出责任划分改革方案，组织推动市以下财政事权和支出责任划分改革工作。

（二）时间安排。

1.2016年。密切关注中央关于国防、国家安全、外交、公共安全等基本公共服务领域财政事权和支出责任划分改革进展，按照统一部署和要求，做好相关基本公共服务领域改革贯彻落实工作。部署推进省以下财政事权和支出责任划分改革工作。

2.2017—2018年。结合实际、循序渐进，按照中央关于推进教育、医疗卫生、环境保护、交通运输等基本公共服务领域财政事权和支出责任划分改革部署，推进省以下相关领域财政事权和支出责任划分改革。加快推进市以下相关领域财政事权和支出责任划分改革。

3.2019—2020年。基本完成主要领域改革，初步形成省以下财政事权和支出责任划分的清晰框架。总结省以下相关领域财政事权和支出责任划分改革经验，推动形成保障财政事权和支出责任划分科学合理的制度体系。督促市县完成主要领域改革，形成市县财政事权和支出责任划分的清晰框架。

各地、各部门要充分认识推进省以下财政事权和支出责任划分改革工作的重要性、紧迫性、艰巨性，把思想和行动统一到省委、省政府决策部署上来，以高度的责任感、使命感和改革创新精神，周密安排部署，切实履行职责，密切协调配合，积极稳妥推进，为建立健全现代财政制度、推动政府治理体系和治理能力现代化、建设五大发展美好安徽、全面建成小康社会提供有力保障。

安徽省人民政府办公厅关于印发安徽省“十三五”脱贫攻坚规划的通知

（皖政办〔2017〕1号）

各市、县人民政府，省政府各部门、各直属机构：

《安徽省“十三五”脱贫攻坚规划》已经省政府同意，现印发给你们，请认真组织实施。

安徽省“十三五”脱贫攻坚规划

根据《国务院关于印发“十三五”脱贫攻坚规划的通知》《中共安徽省委安徽省人民政府关于坚决打赢脱贫攻坚战的决定》和《安徽省国民经济和社会发展第十三个五年规划纲要》等，制定本规划。

第一章 “十二五”扶贫开发回顾

第一节 “十二五”扶贫开发工作

2011年国家实施新一轮扶贫开发以来，按照党中央、国务院的总体部署和要求，安徽省委、省政府坚持把扶贫开发作为战略任务和民生工程来抓，以大别山片区和皖北地区为主战场，以规划为引领，以载体为支撑，以项目为抓手，以“抓金寨促全省”为推动，制定了一系列扶贫开发政策措施，坚持走开发式扶贫路子，实行输血与造血相结合，着力构建专项扶贫、行业扶贫、社会扶贫三位一体的“大扶贫”格局，通过全省上下的共同努力，扶贫开发取得了显著成效。

高位推动扶贫开发。省委、省政府始终把扶贫开发放在全省经济社会发展更加突出的位置，省委书记、省长亲自担任省扶贫开发领导小组组长，省级领导分别联系全省20个国家扶贫开发工作重点县和连片特困地区县（以下简称国家级贫困县）以及11个省扶贫开发工作重点县（以下简称省级贫困县）扶贫开发工作。省委、省政府出台《关于坚决打赢脱贫攻坚战的决定》(皖发〔2015〕26 号),要求“层层签订脱贫责任书、立下军令状”“将扶贫开发成效纳入贫困县党政领导班子和领导干部经济社会发展政绩考核评价指标体系”,形成了“五级书记抓扶贫、全党动员促攻坚”的局面。

大力实施精准扶贫。2014 年对贫困村、贫困户全面开展建档立卡,对识别出的 3000 个建档立卡贫困村(以下简称贫困村)、188 万户农村建档立卡贫困户(以下简称贫困户)和 484 万农村建档立卡贫困人口(以下简称贫困人口),进行“两公示一公告”,公开接受监督,并将基本信息录入全国扶贫开发信息系统。出台精准扶贫的指导意见,根据不同的致贫原因、类型,编制精准扶贫、精准脱贫“四项清单”(扶贫对象和需求清单、扶贫目标和时限清单、扶贫措施清单、扶贫责任清单),因村、因户、因人精准施策。

加大财政扶贫资金投入和监管力度。各级财政逐年加大财政专项扶贫资金投入,2015 年全省投入财政专项扶贫资金 25.2 亿元,比 2011 年 12.7 亿元增加 12.5 亿元,增长 98.4%。完善财政专项扶贫资金管理办法,制定扶贫项目管理办法,优化要素配置,进一步简政放权,明确财政专项扶贫资金按因素法直接分配到县,扶贫项目一律由县级审批,报省、市备案。认真开展财政专项扶贫资金使用情况检查和专项审计,对发现的问题全面整改到位。

表 1 2011—2015 年安徽省财政扶贫资金投入统计表

单位:万元

年度	财政专项扶贫资金		工代赈资金	少数民族发展资金	贫困农场资金	贫困林场资金	市县安排资金	合计
	中央金	省资金						
2011	73200	12040	32240	1100	580	1200	6186	126546
2012	85119	14000	33930	1327	700	1400	13401	149877
2013	102000	16000	32400	1938	820	1650	23428	178236
2014	116400	18000	35200	2238	900	1655	29138	203531
2015	121442	40000	34500	2350	1010	1740	50486	251528

积极推进社会扶贫。确立了政府引导、多元主体、群众参与、精准扶贫的社会扶贫机制,建立完善定点帮扶、单位包村干部包户和驻村扶贫工作队制度,做到每个贫困县都有帮扶责任单位,每个贫困村都有驻村扶贫工作队,每个贫困户都有帮扶责任人。构建“10 · 17”全国扶贫日社会帮扶平台,2014 年全国首个扶贫日和 2015 年扶贫日期间,社会各界认领认捐贫困村帮扶项目资金达 8.3 亿元。

创新扶贫开发机制。适应新形势、新要求,积极创新精准扶贫工作、帮扶工作、扶贫项目资金管理、金融扶贫、社会扶贫、考核评价等机制,促进扶贫开发工作扎实推进。

第二节 “十二五”扶贫开发成效

贫困人口、贫困发生率大幅下降。全省贫困人口由 2011 年的 790.2 万人下降到 2015 年的 308.8 万人,减少 481.4 万人,下降 60.9%。贫困发生率由 14.7% 下降到 5.72%,减少 8.98 个百分点。

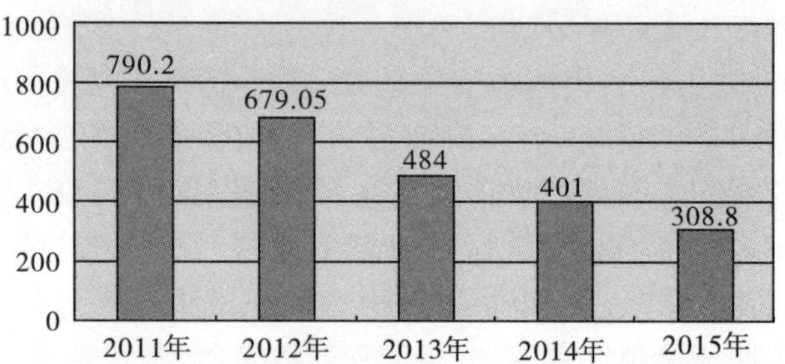

图 1 2011—2015 年贫困人口变化图(万人)

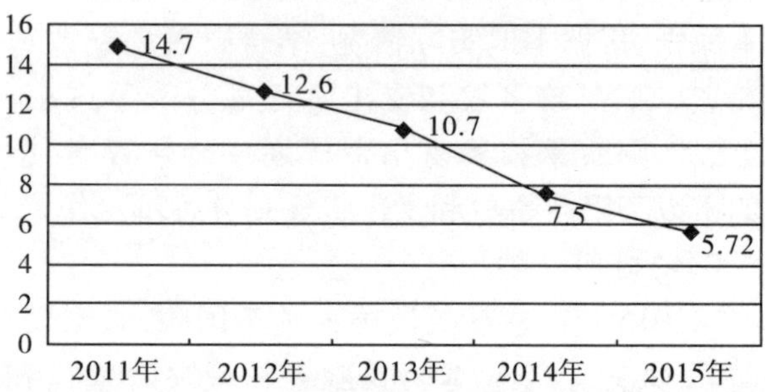

图 2 2011—2015 年贫困发生率变化图(%)

农民收入持续较快增长。2015 年,全省 20 个国家级贫困县农民人均可支配收入达 8951.6 元,比 2011 年的 5196 元增加 3755.6 元,增长 72.3%,年均增幅达 14.9%,高于全省平均水平 1.5 个百分点。

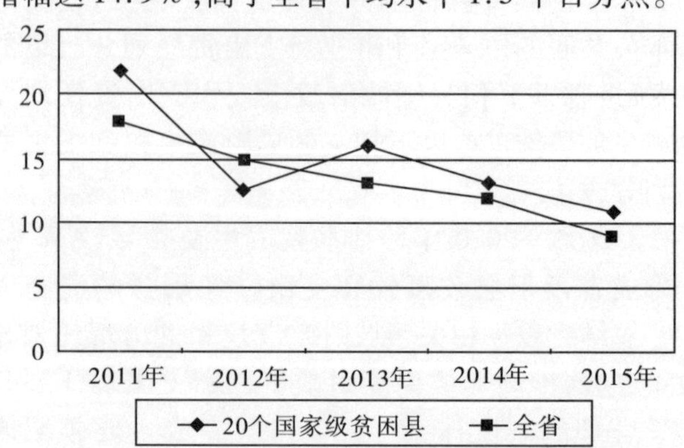

图 3 2011—2015 年全省及 20 个国家级贫困县农民人均可支配收入增幅比较图(%)

基础设施条件明显改善。贫困地区通公路的自然村比重从2010年的76.97%提高到2015年的90.7%,饮水困难比例由30.24%下降到4.6%,通生产用电的自然村比重由98.5%提高到100%,通电话的自然村比重由93.6%提高到100%。

社会事业全面发展。贫困地区人均受教育年限由2010年的9.1年提高到2015年的9.82年,新型农村合作医疗参与率由95.37%提高到98.2%,参加社会养老保险农户由82.13%提高到92.2%,电视节目人口综合覆盖率由98.12%提高到98.49%,自然村通宽带率由59.6%提高到84.7%,农村危房比例由2.8%下降到0.2%。

第三节 主要问题和困难

虽然安徽省扶贫开发工作取得了显著成效,但制约脱贫攻坚的深层次矛盾依然存在,主要表现在:

——贫困面大。全省70个县(市、区)有扶贫开发任务,其中国家级贫困县20个、省级贫困县11个。到2015年底仍有308.8万贫困人口,数量居全国第8位。

——贫困程度深。我省贫困人口大多分布在基础设施较差、经济发展较慢、生态脆弱的大别山区和皖北地区的深山区、库区和行蓄洪区。20个国家级贫困县2015年农民人均可支配收入8952元,低于全省平均水平20.9个百分点。

——发展能力弱。贫困人口文化水平总体偏低,劳动技能缺乏,劳动能力不强,超过88.59%的贫困人口为初中以下文化程度,57.24%的贫困人口因病致贫,9.73%的家庭缺少劳动力,往往"无力脱贫"。

——稳定脱贫难度加大。经济下行压力大,财政收入增幅回落,低端劳动力工资涨幅收窄,农产品价格空间受限,就业和增收难度增加。同时,我省自然灾害频发,容易导致因灾返贫、因灾致贫。

第二章 总体要求

"十三五"期间,脱贫攻坚进入决战决胜期,也是啃硬骨头、攻坚拔寨的冲刺期。党中央、国务院和省委、省政府对脱贫攻坚高度重视,确定了精准扶贫、精准脱贫基本方略,制定出台了系列重大政策措施,为打赢脱贫攻坚战提供了坚强的政治保障和制度保障。我省综合经济实力不断增强,为打赢脱贫攻坚战提供了更加坚实的物质基础。各级各部门和社会各界积极行动、凝神聚气、锐意进取,形成强大合力。贫困地区广大干部群众盼脱贫、谋发展的意愿强烈,内生动力和活力不断激发,脱贫攻坚已经成为全党全社会的统一意志和共同行动。

第一节 指导思想

全面落实党的十八大和十八届三中、四中、五中、六中全会以及中央扶贫开发工作会议精神,深入贯彻习近平总书记系列重要讲话特别是视察安徽重要讲话精神,按照省第十次党代会的部署,围绕"五位一体"总体布局和"四个全面"战略布局,坚持创新、协调、绿色、开放、共享发展理念,以精准扶贫、精准脱贫为基本方略,以增加贫困人口收入为核心,把脱贫攻坚作为重大政治任务和最大民生工程,充分发挥政治优势和制度优势,坚持扶贫开发与经济社会发展相互促进,坚持精准扶贫与社会保障有效衔接,坚持扶贫开发与生态保护并重,以大别山片区、皖北地区和革命老区为主战场,动员各方力量,举全省全社会之力坚决打赢脱贫攻坚战,确保到2020年贫困人口如期脱贫、贫困村全部出列、贫困县全部摘帽,解决区域性整体贫困。

第二节 基本原则

坚持党的领导,实行分级负责。充分发挥各级党委总揽全局、协调各方的领导核心作用和各级政府主导作用,按照"省负总责,市县抓落实,工作到村,帮扶到户"的工作机制,严格执行脱贫攻坚党政一把手负责制,切实把扶贫开发工作作为重大政治任务和最大民生工程摆上重要日程,坚持问题导向、目标导向,压实责任,强力推进。

坚持政府主导,实施合力攻坚。强化政府责任,引领市场、社会协同发力,鼓励先富帮后富,构建专项扶贫、行业扶贫、社会扶贫互为补充的大扶贫格局,形成脱贫攻坚合力。

坚持精准扶贫,实行分类指导。找准扶贫对象、致贫原因和帮扶需求,坚持因地制宜、分类指导,制定帮扶措施,做到一村一策、一户一法,扶真贫、真扶贫、真脱贫,切实提高扶贫针对性和有效性。

坚持群众主体,激发内生动力。正确处理好政府、社会帮扶和自身努力的关系,坚持群众主体地位,保障贫困群众平等参与、平等发展权利。充分调动和激发贫困地区广大干部群众自力更生、艰苦奋斗、干事创业的积极性、主动性、创造性。

坚持保护生态,实现绿色发展。牢固树立绿水青山就是金山银山的理念,把生态保护放在优先位置,坚持扶贫开发与生态保护相统一,积极探索生态脱贫新路子,让贫困人口从生态保护和生态建设中得到更多实惠。

坚持统筹推进,积极改革创新。坚持脱贫攻坚规划与国民经济社会发展规划、皖北振兴规划、片区发展规划相衔接,与新型工业化、信息化、城镇化和农业现代化相统筹,逐步解决区域性贫困,促进贫困人口增收脱贫。以改革为动力,以提高扶贫成效为目标,创新扶贫开发路径,不断完善资金筹措、资源整合、利益联结、监督考评等工作机制,形成有利于发挥各方优势、全社会协同推进的大扶贫格局。

第三节　目标任务

按照"坚决贯彻精准扶贫精准脱贫基本方略,确保五年如期完成脱贫攻坚任务"的目标要求,实现现行标准下贫困人口全部脱贫、贫困村全部出列、贫困县全部摘帽,稳定实现贫困人口不愁吃、不愁穿,义务教育、基本医疗和住房安全有保障,贫困地区农民人均可支配收入比2010年翻一番以上,增长幅度高于全省平均水平,基本公共服务主要领域指标接近全省平均水平,确保同步全面建成小康社会。

——确保308.8万贫困人口全部脱贫。贫困户年人均可支配收入稳定超过国家扶贫标准,吃穿不愁;有安全住房;家庭无因贫辍学学生;基本医疗有保障。

——确保3000个贫困村全部出列。出列时贫困发生率低于2%;有1项以上特色产业;村集体有稳定经济收入来源,年收入在5万元以上;村内基础设施、基本公共服务和人居环境明显改善,社区管理能力不断增强。

——确保31个贫困县全部摘帽。摘帽时贫困发生率低于2%;贫困村全部出列;农民人均可支配收入增长幅度高于全省平均水平;县域内基础设施明显改善,基本公共服务主要领域指标接近全省平均水平,全面解决出行难、上学难、就医难等问题,社会保障实现全覆盖,县域经济发展壮大,生态环境有效改善,可持续发展能力不断增加。

表2　"十三五"期间贫困地区脱贫攻坚主要目标表

指标	2015年	2020年	指标属性
贫困人口(万人)	308.8	0	约束性
贫困村(个)	3000	0	约束性
贫困县数量(个)	31	0	约束性
易地扶贫搬迁贫困人口数(万人)	0	8.3	约束性
贫困地区农民人均可支配收入增速(%)	11	年均增速高于全省平均水平	预期性
全省贫困地区农村集中供水率(%)	67	≥80	预期性
贫困村通往自然村新增硬化路(公里)	-	10000	约束性
贫困户户用光伏电站数(个)	51741	300000	约束性
贫困村村级光伏电站数(个)	861	1000	约束性
贫困户危房改造(万户)	-	21.2	约束性
贫困村农村电网覆盖率(%)	99.8	100	预期性
贫困村通宽带比例(%)	95	100	约束性
贫困县高中阶段毛入学率(%)	85	90	预期性
贫困人口综合医保保障率(%)	-	100	约束性
贫困户家庭劳动力就业人数(万人)	10	40	预期性
贫困村村集体经济年收入(万元)	-	≥5	约束性

表3　贫困县摘帽滚动计划表

年度	国家级贫困县摘帽(个)	省级贫困县摘帽(个)	合计(个)
2016	0	0	0
2017	1	0	1
2018	14	11	25
2019	5	0	5
2020	0	0	0
合计	20	11	31

表4　贫困村出列滚动计划表

年度	贫困县贫困村出列(个)	非重点县贫困村出列(个)	合计(个)
2016	719	338	1057
2017	739	383	1122
2018	652	169	821
2019	0	0	0
2020	0	0	0
合计	2110	890	3000

表5　贫困人口脱贫滚动计划表

年度	贫困县贫困人口脱贫(万人)	非重点县贫困人口脱贫(万人)	合计(万人)
2016	64.7	31.3	96
2017	73.6	20.4	94
2018	75	15	90
2019	27.9	0.9	28.8
2020	0	0	0
合计	241.2	67.6	308.8

注:每年脱贫数字均以签订的年度脱贫攻坚责任书为准。

第三章　实施产业脱贫

坚持市场导向,充分发挥新型农业经营主体和新型农业服务主体的引领作用,注重长短结合,建立健全产业到户到人的精准帮扶机制,制定到户产业扶贫清单和产业标准,每个贫困县建成一批对脱贫带动能力强的特色产业基地,推进一二三产业融合发展。到2018年,每个贫困村至少发展1项特色种养业,使每个有劳动能力的贫困家庭至少能从事1项特色种养业,贫困县建成特色支柱产业体系,增强贫困人口、贫困地区发展能力。

第一节　特色种养业扶贫

优化发展特色种植业扶贫。支持贫困地区大力调整种植结构,重点发展经济效益好、市场潜力大、附加值高的特色品种,建设一批贫困人口参与度高的特色种植基地。大力发展专用品牌粮食和绿色有机粮油产品,积极支持蔬菜、水果、茶叶等园艺作物标准园创建,扶持中药材等生产。

积极发展养殖业扶贫。因地制宜发展适度规模标准化养殖,积极推广农牧结合、粮草兼顾、生态循环种养模式,扶持和带动贫困群众发展生猪、家禽、牛羊养殖和兔、蜂等特色品种养殖。支持水面资源条件较好的贫困村发展大水面生态友好型渔业,扶持有条件的贫困村开展池塘标准化健康养殖,发展环保型网箱养殖,推进稻田综合种养工程。

发展林业特色产业扶贫。支持林区贫困村依托林业特色资源和区位优势,因地制宜打造木本油料、毛竹、苗木花卉、名特优经济林等特色基地。支持专业村大力发展林下种养业,优先安排林下经济和低产林改造等林业项目。大力开展林业技术推广和技能培训,提升专业村贫困户林业致富技能。

推进产业融合发展扶贫。支持贫困地区大力发展农业产业化经营,建设农产品生产基地和发展农产品加工业,加快一二三产业融合发展,让贫困户更多分享农业全产业链和价值链增值收益。支持贫困地区立足当地资源优势,发展特色种养业、农产品加工业和乡村旅游、电子商务等农村服务业。大力发展农业新兴业态,实施"互联网+现代农业"行动计划,促进电商与经营主体的有效结合,实施"快递下乡"工程,完善配送及综合服务网络。积极开发农业多种功能,推进农业与旅游、教育、文化、健康养老等产业深度融合。

发挥新型农业经营主体扶贫引领作用。培育壮大贫困地区新型农业经营主体,引导土地经营权规范流转,推进多种形式的适度规模经营,大力发展社会化服务,增强发展能力和扶贫示范带动能力,促进贫困地区农业家庭经营、集体经营、合作经营、企业经营共同发展。支持贫困户直接参与由新型农业经营主体带动的可直接受益、稳定增收的种植、养殖、农产品加工、服务业等项目。支持各类新型农业经营主体通过土地托管、牲畜托养、土地经营权股份合作等方式,与贫困村、贫困户建立稳定的利益联结机制,力争每个从事农业的贫困户家庭均有新型农业经营主体带动,贫困地区"一村一品"专业村生产的农产品均有稳定销路。实施贫困村创业致富带头人培训,壮大贫困村集体经济实力。现代青年农场主培训计划、开发农业农村资源和支持农民工、大学生等人员返乡创业行动计划向贫困地区倾斜。

专栏1　特色产业扶贫工程

(一)特色种养产业扶贫工程。

1.贫困地区"一村一品"强村富民工程。推进贫困地区"一村一品"专业示范村镇建设,打造一批特色明显、附加值高、主导产业突出、农民增收效果显著的专业村镇。开展"一村一品"产销对接活动,帮助搭建展销平台。支持"一村一品"产品品牌创建,推介宣传特色产品。

2.专用品牌粮食扶贫工程。在贫困村选择一批科技素质高、生产经营规范的种粮大户、家庭农场、农民合作社,依托粮食产业化龙头企业和无公害、绿色、有机农产品生产基地,实行标准化生产、规模化经营和专业化服务,发展专用品牌粮食生产。实施优质专用品种推广、新型肥料推广、绿色防控药械推广、节水灌溉技术推广和新型机械作业服务等补助。

3.特色园艺作物扶贫工程。在园艺作物优势区域,推进贫困地区蔬菜、水果等园艺作物标准园创建,选育一批适销对路、熟期合理的优良品种,建设一批良种繁育基地和产品生产基地,发展园艺产品标准化生产,加强集约化育苗、标准化生产、商品化处理等方面的基础设施建设。

4. 茶产业扶贫工程。充分发挥皖南山区、大别山区等生态优势,支持贫困地区改造低产茶园,新建优质高产茶园,创建和保护茶叶品牌,大力发展名优绿茶和红茶,有效增加茶叶亩产值,提升茶产业的整体效益,增加贫困户收入,尽快实现山区茶农的脱贫致富。

5. 特色畜牧业扶贫工程。支持建设特色畜牧业良种繁育体系,建成一批特色畜禽种质资源场。建设特色畜禽标准化规模养殖场(小区),加强养殖场(小区)畜禽舍标准化改造、养殖废弃物处理利用和疫病防控等设施建设。

6. 特色水产扶贫工程。加快现有老化规模养殖场标准化改造,大力发展水产健康养殖示范场,支持养殖场水、电、路等基础设施和配套机械设备、环境保护设施、水生动物防疫设施、质量安全检测设施等建设。推广应用健康养殖标准和养殖模式。

7. 特色纤维扶贫工程。支持贫困地区培育优质麻类等特色纤维新品种,建立健全特色纤维综合开发利用技术研发推广体系,加快优质高产稳产蚕桑、麻类、构树等生产基地建设,推广标准化生产。

(二)特色林业产业扶贫工程。

1. 特色林果扶贫工程。扶持?70个有扶贫开发任务的县(市、区)发展特色林果。新建和改扩建一批特色林果良种苗木生产基地,加大优良品种选育力度,建立品种基因库和种质资源收集圃;通过新建和低效林改造,建设一批优质丰高产经济林示范基地;以提高精深加工等为重点,扶持一批龙头企业,提升产业化水平。

2. 木本油料扶贫工程。在油茶、山核桃等木本油料适宜种植区、贫困人口相对集中区开展试点示范。发挥财政杠杆作用,整合相关渠道资金,支持种苗生产、基地建设、科技创新、技术推广、油脂加工和深加工等,加强产业化经营。

3. 林下经济扶贫工程。打造一批各具特色的林下经济示范基地,实施品牌战略。扶持一批林下经济龙头企业发展。建设林下经济产品市场流通体系。建立产品质量安全体系,提高林下经济产品无公害、绿色和有机产品认定比率。积极推进森林认证,加强森林生态标志产品品牌体系建设,开展林下经济产品生态原产地认定工作。

4. 林木种苗扶贫工程。在贫困地区建设林木种质资源库5处和保障性苗圃31处。种苗生产全面推行"四定三清楚",改扩建油茶定点采穗圃20处,定点苗圃31处;建设油茶、山核桃等木本油料树种定点采穗圃、定点苗圃,推出高产优质油茶、核桃新品种,建立种苗供应的可追溯制度。

5. 花卉产业扶贫工程。扶持花卉基地建设、种质资源保护、新品种选育、技术研发等,促进贫困地区花卉产业发展。支持花卉交易市场、物流配送、质量检测和认证、信息平台等产业基础建设,完善花卉企业优惠政策。保护贫困地区特有花卉种质资源,建设花卉种质资源库,加大木本花卉、果花两用花卉优良品种的繁育,加强花卉认证工作。

6. 竹产业扶贫工程。实施资源培育工程,规划建设一批笋用、纸浆、材用、笋材两用竹林基地;实施竹子栽培示范基地建设;扩大竹子造林、抚育中央财政补贴试点范围和补助力度;加大竹子良种补贴、科技推广、有害生物防治、竹林防火方面的支持力度。

(三)农村一二三产业融合发展示范工程。

支持新型农业经营主体发展加工流通和直供直销,支持龙头企业、农民合作社与农户联合建设原料基地、营销设施、营销平台,支持休闲农业聚集村合作组织、休闲农园企业、电子商务企业与农户联合建设公共服务设施,支持农村产业融合先导区集中建设农产品及加工副产物综合利用公共设施。

(四)贫困地区新型农业经营主体培育工程。

支持贫困地区创建示范家庭农场、农民合作社示范社、示范联合体、农业产业化示范基地,支持发展壮大龙头企业,开展新型农业经营主体培育。实施农业产业化扶贫行动,组织引导龙头企业采取直接投资建基地、联合兴办加工、产销对接、技能培训、提供就业岗位等形式,与贫困地区对接。

(五)贫困地区新型职业农民培育工程。

实施新型农业经营主体带头人轮训计划、农村实用人才带头人和大学生村官示范培训计划和现代青年农场主培养计划,分层次、分类型、分产业开展教育培训;指导贫困地区加强农业广播电视学校等公益性农民教育培训体系;制定较为完善的生产经营型职业农民认定管理办法,每年分产业分级认定一批新型职业农民。

（六）贫困村创业致富带头人培训工程。

对贫困村有创业意向或已从事创业活动的人员进行创业能力培训，带动贫困户增收脱贫。到2020年，为每个贫困村平均培养5—7名左右扶贫创业致富带头人，全省累计1.8万人以上，每人平均带动10户以上贫困户增收脱贫。

第二节　光伏扶贫

明确实施范围和对象。光伏扶贫主要在全省31个贫困县实施。实施对象为两类：一是无集体经济收入或集体经济薄弱、资源缺乏的贫困村，二是无劳动力、无资源、无稳定收入来源的贫困户。鼓励其他县（市、区）实施光伏扶贫。

多渠道筹措建设资金。按照“省级统筹、县负总责，统一规划、分步实施，政策扶持、市场运作，统一标准、保障质量，合力推进、注重实效”的总体思路，建立政府补助、社会帮扶、金融支持、用户出资等多种途径相结合的资金筹措机制。贫困村村级光伏电站建设资金，采取县级财政专项扶贫资金安排、帮扶单位支持、贫困村自筹等办法筹资。贫困户户用光伏电站建设资金，采取省级补助、市县安排和贫困户自筹各1/3的办法筹资。

强化管护责任和后续服务。县级政府要打造服务平台，建立完善针对贫困村和贫困户的光伏电站运行维护服务机制。能源部门要统筹建立光伏扶贫工程监管机制，制定项目备案、施工、验收等管理办法，协调组织项目竣工验收。中标光伏企业要认真履行合同约定，负责光伏电站维护和设备维修。供电部门和中标光伏企业要帮助有光伏电站的乡镇、村培训建立技术人员队伍，负责对贫困村和贫困户的光伏电站运行维护进行指导。各县（市、区）要印制内容全面、通俗易懂的《光伏扶贫使用维护手册》，发放到有关贫困村和贫困户。

专栏2　光伏扶贫工程

“十三五”期间，我省大力推进贫困村和贫困户开展光伏扶贫，增加贫困村集体经济收入和贫困户家庭收入，加快扶贫对象增收脱贫步伐。到2020年，全省建成30万个户均3千瓦的贫困户户用光伏电站、1000个村均60千瓦的贫困村村级光伏电站，发电总规模达96万千瓦，实现受益贫困户家庭年均增收3000元左右，受益贫困村集体年均增收6万元左右，带动80万人以上贫困人口增收脱贫。

第三节　乡村旅游扶贫

因地制宜发展乡村旅游扶贫。探索扶贫开发与乡村旅游有机融合的新途径、新方式，发挥乡村旅游对贫困地区脱贫致富带动作用，培育发展生态旅游、民俗旅游、文化旅游、休闲旅游等。实施休闲农业和乡村旅游产品建设工程、乡村旅游后备箱工程、旅游基础设施提升工程等一批旅游扶贫重点工程。到2020年，全省建设333个乡村旅游扶贫重点村，力争每个村乡村旅游年经营收入达到100万元。

大力发展休闲农业扶贫。支持在水果、茶叶、渔业、林业、人文历史等特色资源丰富和生态优美的贫困村，以及城市、名胜景区、自然生态区、森林公园周边的贫困村，积极发展休闲农业、森林生态旅游和健康养老养生；指导条件成熟的贫困地区兴办农家乐、开心农场、开心菜园、采摘园、休闲垂钓基地等，兴建森林旅游景区（点），创建“森林旅游人家”，带动贫困户增收脱贫。

积极发展特色文化旅游扶贫。充分利用大别山区和皖南山区等贫困地区红色文化、徽文化、皖北农耕文化等丰富资源，加快文化与旅游的融合发展，大力发展红色旅游，打造一批文化旅游名村，新增一批文化特色线路和景区、景点。组织实施特色文化发展工程，依托当地特色文化、乡土文化和非物质文化遗产，大力发展传统文化展示表演和乡村文化旅游。发挥具有地方和民俗特色的传统节会效应，开展群众参与性强的民俗文化旅游活动。积极开展非物质文化遗产生产性保护，加大贫困地区非物质文化遗产生产性保护示范基地建设扶持力度，实施财税优惠政策，鼓励民族传统工艺传承发展和非遗产品的生产销售。

完善重点村旅游基础设施。加大贫困地区重点村乡村旅游基础设施建设投入，提升旅游接待能力和接待条件。优化重点村交通服务体系，建立健全重点村公共服务和商贸物流体系，支持有条件的重点村建设综合性游客服务中心。与美丽乡村建设结合，加强重点村村容村貌整治，改善基础条件。深入推进“厕所革命”，发布并实施乡村旅游厕所管理与服务地方标准，每个重点村至少建成一座旅游厕所。

支持贫困户参与乡村旅游。支持符合条件的重点村创建A级旅游景区、生态旅游示范区、休闲农业与乡村旅游示范点、特色景观旅游名镇（村）、旅游示范村等。充分发挥旅游景区（含名胜景区）的辐射带动作用,建立景区与周边贫困村、贫困户的利益联结机制,鼓励和支持群众依托景区发展种植养殖、餐饮住宿、特色旅游商品。优先为发展乡村旅游的贫困户提供5万元以下、3年期内、免担保免抵押、财政贴息的扶贫小额信贷。探索资产收益扶贫模式,建立扶贫资金投入、贫困户入股分红的资产收益分配机制,让贫困户更多地享受乡村旅游发展成果。

专栏3　乡村旅游扶贫工程

(一)旅游基础设施提升工程。

落实国家支持中西部地区重点景区、乡村旅游、红色旅游、集中连片特困地区生态旅游交通基础设施建设政策,加强安全防护,加快重点村旅游集聚区游客服务中心、停车场、厕所、宽带、标志标识系统、安全救援、散客和自驾游服务体系等旅游基础设施及公共服务设施建设。

(二)乡村旅游产品建设工程。

鼓励各类资本和大学生、返乡农民工等参与贫困村旅游开发。推进农家小院建设工程,鼓励开发建设休闲农庄、乡村酒店、特色民俗以及自驾露营、户外运动、养老养生等乡村旅游产品,到2020年,全省建设333个乡村旅游扶贫重点村,建成一批星级农家乐、A级旅游景区、乡村特色景观旅游村、度假乡村、精品民宿。

(三)休闲农业扶贫工程。

引导各地采取以奖代补、先建后补、财政贴息、设立产业投资基金等方式,在贫困地区扶持建设一批功能完备、特色突出、服务优良的休闲农业集聚村、休闲农业园、休闲旅游合作社,举办培训班,组织专家赴贫困村进行规划指导、现场对接等,实现特色产业加速发展、村容环境净化美化和休闲服务能力同步提升。

(四)森林旅游扶贫工程。

推出一批森林旅游扶贫示范市、示范县、示范景区和重点森林旅游地,鼓励发展"森林旅游人家",加快森林体验基地和森林养生基地建设,积极打造多元化的森林旅游产品,推出一批特色森林旅游线路。鼓励林农通过个体经营、发展种养殖业以及租赁、入股经营等形式实现增收。

(五)乡村旅游后备箱工程。

结合出口食品农产品质量安全示范区建设,选择100家具备条件的贫困村和部分全国乡村旅游模范村,实施乡村旅游后备箱工程。依托旅游扶贫贫困村,每年推出20家乡村旅游后备箱工程特色农产品基地、农产品推荐目录。支持后备箱工程特色农产品基地在邻近的景点景区、高速公路服务区设立特色农产品销售店。

(六)乡村旅游扶贫培训种子工程。

整合农业农村培训资源,培养一批乡村旅游扶贫培训师。面向贫困村、贫困户开展乡村旅游技能辅导。鼓励各地设立一批多方参与、形式多样的乡村旅游学校、乡村旅游教学基地、实训基地,对乡村旅游重点村负责人、乡村旅游带头人、从业人员等分类开展旅游经营管理和服务技能培训。2020年前,每年组织至少100名贫困村村官开展乡村旅游培训。

(七)乡村旅游扶贫宣传工程。

加强与大型网络平台企业的合作,开展"乡村旅游+互联网"万村千店国家扶贫专项行动,通过互联网企业加大对贫困地区旅游线路、旅游产品、特色农产品等宣传推介力度。支持重点村通过网站、微信、微博、手机APP等,提高在线营销能力。将重点村纳入省市县旅游精品线路,每年组织国内媒体和旅行商赴贫困地区开展踩线采风活动。组织开展"绿水青山旅游行"乡村旅游扶贫公益宣传。实施"百村进百区"行动,推动乡村旅游进重点景区、进高速公路服务区、进社区。同时,开展"百企百村"结对帮扶行动,组织发动全省至少100家爱心企业(包含旅游企业和其他企业)结对帮扶至少100家乡村旅游扶贫重点村或贫困村,促进乡村旅游可持续发展。鼓励各地打造一批具有浓郁地方特色的乡村旅游节庆活动。

(八)实施乡村旅游人才培育工程。

面向全省开展学历教育和技能培训。学历教育以符合条件的贫困人口为主,培养方向为旅游行业基层服务人员及管理人员。省旅游局每年统筹安排扶贫助学专项资金,支持200名贫困家庭子女进入中、高等职业院校旅游专业就读;凡全日制正式学籍一、二年级中等职业学校家庭经济特别困难的学生和12个大别山连片特困县区农村学生(不含县城)在校期间每年可享受2000元国家助学金作为生活补助。

第四节　商贸流通扶贫

加强现代商贸物流体系建设。围绕增加贫困村集体经济收入,提升贫困地区商贸物流服务水平,加强贫困地区农产品交易市场、田间临储设施、集配中心、冷链储运等基础设施建设。促进跨区域农产品产销衔接,推动零售市场多元化发展。商业服务网点、农资和商品配送中心、农畜产品交易市场和农产品冷链等项目建设向贫困县倾斜,支持皖北和大别山区建设以农副产品深加工、药材等为特色的区域性市场,支持邮政、供销合作、快递等系统在贫困乡村建立服务网点,大力发展贫困村农超对接、直供直销、连锁经营等新型流通业态,构建农产品、工业品双向畅通的流通渠道。

大力发展电商扶贫。将"互联网+"与脱贫攻坚相对接,优先在贫困县实施电子商务进农村综合示范县和省级电子商务示范工程创建活动,大力开展电商扶贫,使贫困户能通过电子商务销售自产特色农产品、购买生产生活资料,促进贫困户增收节支。加强贫困地区农村电商人才培训,对于贫困户通过电商平台创业就业的,鼓励地方政府和电商企业免费提供网店设计、推介服务和经营管理培训,给予网络资费补助、小额信贷等支持。支持电商企业拓展农村业务,加强贫困地区农产品网上销售平台建设,提高贫困村网上销售农产品和购买生产生活资料服务覆盖率。鼓励引导电商和电商平台企业开辟特色农产品网上销售平台,与贫困户、种养大户、家庭农场、农民合作社建立直采直供关系,促进特色农产品网上销售,促进贫困户增收。支持邮政、供销及大型电商、快递企业等电商平台企业拓展农村业务,特别是向贫困村延伸,逐步建成县级有服务中心、乡镇有服务站、村有服务点的电子商务服务体系。加强交通、物流、供销、邮政等部门及大型电商、快递企业信息网络共享衔接,鼓励多站合一、服务同网。

专栏4 商贸流通扶贫工程

(一)现代物流体系建设工程。

培育壮大贫困地区商贸流通主体,流通网络布局把贫困地区作为重点,流通设施建设向贫困村倾斜。

(二)电子商务工程。

实施省级电子商务示范工程创建。培育省级电子商务进农村示范县、示范乡镇和"电商村",探索制定电子商务服务规范和工作指引,充分发挥农村电子商务精准扶贫的助推作用。

1. 建站设点。鼓励地方政府和电商企业对贫困地区电商站点购置电脑、打印机、显示屏和网点装饰、代办物流快递服务点等,给予适当补助和小额信贷支持。

2. 宽带网络优惠。地方通讯公司负责宽带网络入户建设,为开办网点的贫困村设计提供特惠流量包,对贫困村网络流量资费给予适当补助。

3. 培训支持。发挥商务、农业等部门的资源优势,对贫困地区各级干部和农民群众普及电商知识。支持各类电商服务企业、就业培训机构、电商平台对贫困村开办网店及从事电子商务服务免费开展培训。

4. 冷链建设。支持有实力的电商企业在有条件的贫困地区建设生鲜冷链物流设施,完善生鲜农产品流通渠道。

(三)电商精准扶贫工程。

加强与京东、苏宁等电商平台的合作,积极实施电商精准扶贫工程,通过瞄准贫困人口精准发力,大力开展用工扶贫、产业扶贫和创业扶贫,助推我省坚决打赢脱贫攻坚战。

第五节 资产收益扶贫

加强股份合作。按照"资源变资产、资金变股金、农民变股东"的思路,组织开展资产收益扶贫工作。加快推进贫困地区农村土地承包经营权确权登记颁证和农村集体林权改革,根据国家统一部署,推进农村宅基地和集体经营性建设用地使用权改革试点。鼓励和引导农民将已确权登记的土地承包经营权入股龙头企业、农民合作社等新型农业经营主体,与其形成利益共同体,分享土地规模经营收益。积极推进集体资产入股,将贫困村集体所有房产、土地、林地、水面、荒山荒坡、滩涂等资源资产评估入股,增加集体经济收入。

多渠道增加贫困户资产收益。财政扶贫资金和其他涉农资金投入设施农业、林业、养殖、光伏、水电、乡村旅游等项目形成的资产,可折股量化到贫困村和贫困户,尤其是丧失劳动能力的贫困人口。资产可由村集体、农民合作社或其他经营主体统一经营。强化监督管理,明确资产运营方对财政资金形成资产的保值增值责任,建立健全收益分配机制,确保资产收益有效回馈持股贫困户。支持农民合作社和其他经营主体通过土地托管、牲畜托养和吸收农民土地经营权入股等方式,带动贫困户增收。贫困地区水电、矿产等资源开发,赋予土地被占用的村集体股权,让贫困人口分享资源开发收益。

组织开展水电、矿产资源开发项目占用集体土地补偿试点。在贫困地区选择一批水电、矿产资源开发项目先行试点,创新资源开发占用农村集体土地的补偿补助方式。因项目建设占用或影响导致土地被征收、征用的农村集体经济组织,可将集体土地及土地上的附属资产等折股量化,形成集体股权,使贫困村集体和贫困人口分享资源开发收益。通过试点,形成可复制、可操作的运行模式和制度安排,在全省贫困地区水电和矿产资源开发项目中推广实施。强化资产运营和收益分配监管,建立健全收益分配和风险防控机制,确保贫困户收益保底、按股分红、定期兑现。

第四章　实施就业脱贫

加强职业技能培训,实现"培训一人、就业一人、脱贫一户"目标。通过落实就业扶持政策和综合运用就业服务手段,帮助有就业意愿的贫困户家庭劳动力(以下简称贫困劳动者)实现就地就近就业或转移就业。加大对贫困户外出务工人员和贫困户家庭大中专毕业生等返乡创业的支持力度,促进以创业带动就业。

第一节　大力开展职业技能培训

构建贫困劳动者职业技能培训体系。围绕技工大省建设,大力实施春潮行动、新型职业农民培育计划、技能脱贫千校行动、雨露计划等职业技能培养和提升计划,将贫困劳动者作为重点,开展大规模职业技能培训。整合各部门各行业培训资源,以就业创业为导向,以政府购买服务形式,引导用人单位通过订单培训、定岗培训、定向培训等方式,对贫困劳动者开展就业技能培训、岗位技能提升培训和创业培训。实施贫困劳动者免费培训政策。加大对贫困妇女的职业技能培训和就业指导服务,提高妇女参与产业发展脱贫致富的能力。

提高贫困劳动者技能培训精准度。依托职业院校(技工院校)、公共职业训练基地、培训机构等,坚持以就业为导向,强化实际操作技能训练和职业素质培养,使贫困劳动者达到上岗要求或掌握初级以上职业技能,着力提高培训后的就业率。深入推进农民工职业技能提升计划,根据行业特点和岗位技能需求,结合技术进步和产业升级对职工技能水平的要求,加强在岗贫困劳动者培训,帮助他们进一步提升劳动技能和稳定就业能力。对有创业意愿并具备一定创业条件的农村转移就业劳动者,结合当地产业发展和创业项目,根据培训对象特点和需求,针对性开展创业意识培训、创办企业培训、创业模拟实训等,提高其创业能力。开展重点群体免费接受职业培训行动,组织开展贫困劳动者、未升学初高中毕业生、农民工免费职业培训,对贫困劳动者按规定给予生活费补贴。

专栏5　职业技能培训工程

(一)残疾人职业技能提升计划。

从2016年开始,启动实施残疾人职业技能提升计划,确保有就业愿望和培训需求的残疾人都能接受相应的职业培训。到2020年,力争使不同类型的残疾劳动者都有机会接受一次相应的职业培训。

(二)技能脱贫千校行动。

从2016年开始,按照全国统一部署,组织技工院校开展技能脱贫千校行动。到2020年,使每个有就读技工院校意愿的贫困户家庭应、往届"两后生"都能免费接受技工教育,每个有劳动能力且有参加职业培训意愿的贫困劳动者每年到技工院校接受至少1次免费职业培训,并推荐就业,实现"教育培训一人,就业创业一人,脱贫致富一户"的目标。

(三)在岗提升培训。

支持已就业的在岗贫困劳动者,根据其意愿通过"工学一体"就业就学、企业新型学徒试点、定岗培训等形式开展岗位提升培训,提高劳动技能和稳定就业能力。

第二节　多渠道促进转移就业

推进就近就地就业和转移就业。积极开展劳务信息服务,公共就业服务机构负责收集贫困地区企业招工信息,筛选出适合贫困劳动者的岗位,通过村组宣传栏、进村入户、手机短信等形式将岗位信息送至贫困户家中,帮助贫困劳动者就近就地就业或季节性打工。公共服务机构要紧密结合"千企帮千村"行动,公开招募选择一批热心公益、待遇较高、交通便利的国有企业、民营企业作为就业扶贫基地,建立乡企对接、村企对接机制,支持贫困劳动者到扶贫基地就业。将贫困劳动者转移就业与产业聚集园区和城镇化建设相结合,鼓励引导企业吸纳贫困劳动者就业,财政资金给予支持的企业或产业园区,应优先安排贫困劳动者就业。鼓励适合分散式、家庭作坊式生产的企业在贫困地区设立工厂或车间,组织无法外出就业的贫困劳动者在家从事手工编织、来料加工、农产品深加工等工作,大力发展居家就业等新业态,促进就地就近就业。

引导劳务输出脱贫。开展皖江地区与皖北地区劳务输出对接试点工作,帮助皖北地区贫困劳动者到皖江地区实现稳定就业。进一步加大就业专项资金向贫困地区转移支付力度。引导和支持用人单位在贫困地区建立劳务培训基地,开展好订单定向培训,建立和完善输出地与输入地劳务对接机制。建立完善劳务输出地与劳务输入地精准对接机制,鼓励有条件的地方对跨省务工的贫困人口给予交通补助。大力支持家政服务、物流配送、养老服务等产业发展,拓展贫困地区劳动力外出就业空间。动员职业中介机构、行政村或乡村能人介绍或组织贫困劳动者转移就业,对成功介绍或组织到企业就业的,给予一次性奖励。

保障转移就业贫困人口合法权益。对在城镇工作生活一年以上的农村贫困人口,输入地政府要承担相应的帮扶责任,优先提供子女教育、住房保障、卫生计生、精神文化生活等基本公共服务,就业暂时遇到困难的要及时优先提供就业援助。维护进城落户贫困人口土地承包经营权、宅基地使用权、集体收益分配权,支持引导其依法自愿有偿转让。加强对城镇稳定就业的贫困劳动者的人文关怀,全面深入了解其工作、生活和思想状况,开展新市民培训,培养诚实劳动、爱岗敬业的作风和文明健康的生活方式,努力推进贫困劳动者本人融入企业、子女融入学校、家庭融入社区、群体融入城镇。

促进贫困家庭高校毕业生就业。加大对贫困家庭大学生的就业服务力度,根据其特点和求职需求,创新服务方式,改进服务措施,提高服务质量,力争使每一名有就业意愿的贫困家庭学生毕业半年内都能实现就业或参加到就业准备活动中。推荐未就业贫困家庭毕业生参加相应的职业培训和技能鉴定,提升职业技能;组织贫困毕业生参加就业见习,积累就业经验,并及时提供职业指导和就业信息,帮助他们尽快就业。

专栏6 就业脱贫工程

(一)省级就业扶贫基地建设。

开展省级就业扶贫基地招募工作,被确定为就业扶贫基地的企业,要制定招工计划,适当降低招聘条件。人力资源社会保障、扶贫部门负责向就业扶贫基地推荐农村贫困劳动者,企业从中自主确定聘用人选,并签订劳动合同、缴纳社会保险费。

(二)劳务协作对接。

开展皖江地区企业与贫困地区劳务对接,通过举办专场招聘会、到就业扶贫基地参观等形式,组织贫困劳动者省内转移就业。

第三节 大力支持创业

加大对贫困人口创业的政策扶持。降低贫困人口创业门槛,深化商事制度改革,放宽经营场所登记要求,允许"一址多照""一照多址"和集群注册。各级公共就业服务机构要指导贫困劳动者结合当地特色,在投入小、风险低、自己熟悉的领域创业,重点支持通过"企业+贫困户""农民合作社+贫困户"或加盟农村电商等形式创业,以提高创业成功率。为有创业意愿的贫困劳动者提供免费创业培训,符合条件的落实扶贫小额贷款或创业担保贷款及财政贴息,并给予一次性创业补助。制定政府购买创业服务清单,调动教育培训机构、创业服务企业、电子商务平台等各方面积极性,提高创业服务质量和效率。落实减税降费政策,持有《就业创业证》的贫困劳动者创办个体工商户、个人独资企业的,可按规定享受税收减免政策。

支持贫困家庭大学生、农民工等返乡创业。开展贫困地区农民工等人员返乡创业培训五年行动计划(2016—2020年),进一步推进农民工、贫困人口等人员返乡创业培训工作。对有创业意愿的贫困家庭大学生,纳入青年创业计划,组织参加创业培训,提供创业服务,落实创业扶持政策。充分发挥贫困地区商会、农民工服务工作站点等作用,支持事业有成的农民企业家把适合的产业转移到家乡再发展,组织积累了一定资金、技术和管理经验的农民工返乡创业兴业,带动家乡贫困劳动者就地就业创业。

第五章 实施易地扶贫搬迁

组织实施好易地扶贫搬迁工程,加强规划约束、政策支持和组织保障,确保搬迁群众住房安全得到有效保障,水、电、路等基础设施基本完善,教育、医疗等公共服务需要得到基本满足,迁出区生态环境有效改善,安置区特色产业加快发展,生活水平不断提高。"十三五"期间,搬迁8.3万贫困人口,使搬迁群众搬得出、稳得住、能发展、可致富。

第一节 明确搬迁范围和对象

易地扶贫搬迁对象主要是居住在深山区、石山区、地方病多发等生存环境恶劣、生态环境脆弱、自然灾害频发、不具备基本发展条件的地方,以及居住过于分散、基础设施和公共服务设施配套难度大的地方的贫困人口,优先安排受泥石流、滑坡等地质灾害威胁的贫困人口,以及确需与贫困人口同步搬迁的其他农户。“十三五”期间,我省实施易地扶贫搬迁的范围涵盖全省9个设区市、28个县(市、区),共8.3万人。

第二节 积极稳妥实施搬迁安置

因地制宜选择搬迁安置方式。统筹考虑水土资源条件、城镇化进程、贫困人口分布及搬迁对象意愿,结合新型城镇化、工业园区建设、城镇保障性安居工程和美好乡村建设,主要采取集中和分散相结合的安置方式实施搬迁安置。集中安置主要包括依托靠近交通要道的中心村,在本行政村内就近集中安置;依托新开垦或调整使用的耕地,建设移民新村集中安置;结合新型城镇化建设,依托小城镇或工业园区安置;挖掘当地生态旅游、民俗文化等资源,依托乡村旅游区适度集中安置等。按照安置区选择要求,在确保具备集中规模开发的水土资源条件,无地质、洪涝等自然灾害隐患且尽可能实现集中规模安置的基础上选定安置区。分散安置主要包括依托安置区已有基础设施、公共服务设施以及土地、空置房屋等资源插花安置;引导搬迁群众通过进城务工、投靠亲友等其他方式自行安置。

合理确定住房建设标准。根据搬迁对象经济承受能力和生活习惯,按照“保障基本、安全适用”的原则,中央补助的贫困户人均住房建设面积不超过25平方米(宅基地严格按照当地标准执行)。对于按照一户一宅安置的,可在分配的宅基地预留续建空间,但在稳定脱贫前,禁止搬迁贫困户自行举债扩大安置住房建设面积。其他确需与贫困户同步搬迁的农户,由市县根据当地居民生产生活习惯、结合地方财力和农户自筹能力统筹考虑住房建设标准,坚决防止盲目扩大住房面积,防止因建房致贫返贫。

配套建设基础设施和公共服务设施。根据安置区人口规模及分布、风俗习惯等因素,以方便搬迁对象使用为原则,统一规划建设安置区水、电、路、气、网以及污水、垃圾处理等基本设施,同步配套建设教育、卫生、文化等公共服务设施,保障搬迁对象生产生活基本需要和基本公共服务需求。

拓宽资金筹措渠道。积极争取中央预算内投资,鼓励和引导农户自筹部分建房资金。调整地方政府债务结构,由省政府向省级投融资主体注入项目资本金。通过农业发展银行、国家开发银行等相关金融机构发行专项建设债券设立的专项建设基金,为省级投融资主体注入项目资本金。由农业发展银行安徽省分行、国家开发银行安徽省分行等相关金融机构为省级投融资主体提供易地扶贫搬迁长期贷款,财政将对贷款给予贴息。各县(市、区)要统筹地方财力,加大易地扶贫搬迁投入力度。创新融资方式,采取政府购买服务的模式,省政府确定由省投资集团控股有限公司管理的省建设投资有限责任公司发起设立的子公司“安徽省易安建设投资有限责任公司”为省级投融资主体,作为项目资本金承接主体和信贷资金承贷主体,依据政府购买服务协议进行融资。各县(市、区)根据情况确定一家项目实施主体,通过与“安徽省易安建设投资有限责任公司”按照市场化原则签订协议,获得贫困人口易地扶贫搬迁资金。贷款期限由相关金融机构与承贷主体根据还贷能力、工程建设进度等确定,一般不超过20年。省政府出台相关政策,市县政府统筹可支配财力(含土地出让形成的纯收益),支持投融资主体还贷。

专栏7 易地扶贫搬迁工程

(一)建设任务。

“十三五”期间,计划完成全省8.3万贫困人口搬迁任务。规划建设贫困户住房约208万平方米,配套建设安置区道路约1350公里、铺设饮水管网约2000公里、供配电网约1300公里;改造基本农田约4.1万亩,新增及改善灌溉面约3.6万亩,复垦宅基地约3.2万亩;修复迁出区生态约6.6万亩。

(二)资金筹措。

“十三五”期间,全省易地扶贫搬迁总投资约75亿元,其中:中央预算内专项投资5.81亿元;省政府发行地方政府债券8.1亿元;国家开发银行、农业发展银行发行专项建设债券设立的专项建设基金4.15亿元,并提供易地扶贫搬迁长期贷款约29.05亿元。

专栏8 易地扶贫搬迁土地支持政策

各地新增建设用地指标优先满足易地扶贫搬迁项目建设需要。在分解下达城乡建设用地增减挂钩指标时,向易地扶贫搬迁任务重的地区倾斜。在满足城镇化需要的基础上,集中连片特困地区和片区外国家扶贫开发工作重点县以及开展易地扶贫搬迁的贫困革命老区县城乡建设用地增减挂钩节余指标可在省域范围内调剂使用。鼓励通过城乡建设用地增减挂钩优先解决安置所需建设用地，对不具备开展增减挂钩条件的，优先安排安置所需新增建设用地计划指标。土地整治项目新增的土地，优先保证易地扶贫搬迁宅基地建设及生产用地需要。

第三节　促进搬迁群众稳定脱贫

强化脱贫导向，在规划、搬迁、标准、举措等方面聚焦脱贫，围绕促进搬迁贫困户发展生产和稳定就业，使搬迁群众自力更生实现脱贫。

大力发展安置区特色优势产业。聚焦贫困村和贫困户，充分考虑安置区资源禀赋、环境承载情况，大力实施产业扶贫等脱贫攻坚工程。扶持农业资源丰富的安置区发展特色农业，建设农产品生产基地，发展农产品加工业。在旅游资源丰富的安置区，完善旅游基础设施，挖掘文化内涵，丰富旅游产品，大力发展特色旅游业。支持搬迁安置区发展物业经济，增加搬迁户财产性收入。

多措并举促进搬迁户就业增收。结合农业园区、工业园区、旅游景区和小城镇建设，采取技能培训、产业促进、创业带动、政策扶持、就业服务等精准手段，提高搬迁群众就业能力，引导搬迁群众从事种养加工、商贸物流、家政服务、物业管理、旅游服务等工作，拓宽搬迁对象增收渠道。实施"小城镇乐业工程"，把促进易地搬迁的贫困人口就业创业和推进小城镇建设紧密结合起来。

第六章　实施生态保护脱贫

贯彻国家生态文明建设战略，推进安徽生态强省建设，坚持生态保护与经济发展并重，治理环境与改善民生并举，加强贫困地区资源保护和生态修复，增强贫困地区可持续发展能力。逐步扩大对贫困地区和贫困人口的生态补偿力度，增加生态公益岗位，使贫困群众通过参与生态保护实现就业脱贫。

第一节　加大贫困地区生态保护和修复力度

开展贫困地区水土资源保护。开展耕地轮作休耕试点，推行耕作层剥离再利用，鼓励秸秆还田、种植肥田植物和增施有机肥等土壤改良方式，增加土壤有机质，巩固提升耕地质量。推广测土配方施肥技术、水肥一体化技术和病虫害绿色防控技术，减少化肥、农药使用量。实施淮河流域上游、大别山南麓、新安江流域等区域，以及其他有水土流失治理任务贫困县的水土流失治理和水土保持生态修复，推进水土保持生态清洁型小流域建设，增强贫困地区的发展潜力和后劲。

推进贫困地区生态系统建设。强化皖西、皖南等生态屏障区的天然林保护及防护林建设。将全省贫困地区的天然林优先纳入国家天然林保护工程范围，并按有关政策给予补助。进一步加大退耕还林、天然林保护、长江防护林建设等重大生态工程实施力度，项目和资金安排优先向贫困地区倾斜，动员贫困人口参与生态保护和建设工程，提高贫困人口受益水平，降低因灾致贫返贫发生率。结合国家重大生态工程建设，引导贫困群众调整产业结构，因地制宜发展环境友好型农业，大力发展生态经济林产业。

专栏9　重大生态建设扶贫工程

（一）重大林业生态工程。

1. 退耕还林工程。"十三五"期间，实施新一轮退耕还林，新增任务的80%安排到贫困县，并优先用于扶持贫困户。验收合格后，由县级财政将第1年800元/亩的补助款直接打入贫困户一卡通，第3年、第5年验收合格后，再分别打入300元、400元。退耕还林补助期满的重点生态林纳入公益林补偿范围。

2. 天然林保护工程。"十三五"期间，全面停止天然林商业性采伐，优先将贫困县内的天然林纳入国家天然林保护工程范围，并将具有重大保护价值的天然林生态系统，通过建立自然保护区和国家公园，实行重点保护和整体保护。提高天然林保护补助标准。

（二）重大国土整治工程。

1. 贫困县水土保持工程。2017年底前，完成国家级贫困县中列入国家重点建设工程规划的金寨县、舒城县、六安市裕安区、岳西县、太湖县、潜山县等6个县（区）和省级贫困县定远县、六安市金安区的水土保持任务，每个县（区）每年治理水土流失面积6—20平方公里。在国家安排新一轮规划项目时，争取将有水土流失治理任务的贫困县纳入规划范围。到2020年，初步建立水土流失综合防治体系，有效遏制贫困地区水土流失状况。

2. 生物多样性保护工程。支持贫困地区建设国家级和省级自然保护区、森林公园、湿地公园，并优先安排中央和省级财政专项补助资金，实施自然保护区和湿地公园基础设施建设、湿地保护与恢复等项目。

第二节　加强农村环境综合整治

加强贫困村污染治理。在贫困村积极开展改厕改圈、生活垃圾治理、生活污水处理、畜禽养殖污染和农村面源污染防治等环境整治工作,并普遍建立村庄保洁制度。以中央农村节能减排资金作为“种子”资金,带动各级环保涉农资金投入,确保项目和资金安排优先向贫困地区倾斜,不断加强环境基础设施建设,在改善贫困村生态环境的同时,提供环保设施运行管理和卫生保洁等公益就业岗位,优先安排贫困人口就业。

改善贫困村人居环境。坚持规划先行、彰显特色、因地制宜的原则,围绕“硬化、亮化、绿化、美化”目标,加强基础设施建设,推进村容村貌整治,改善贫困村生产生活条件。鼓励开展生态村、乡镇创建,保护和尊重乡村自然地貌、田园风光和山水格局。创新建管长效机制,改变重建设轻管理的现象。加强宣传教育,引导村民养成健康文明的生活习惯,自觉建设好、维护好共有的人居环境,为贫困村脱贫打下基础。

专栏10 改善贫困村人居卫生条件

(一)改厕改圈。

结合美丽乡村建设、农村人居环境改善、城乡环境卫生整洁行动等相关工作部署,通过政府支持、村集体补助、农民部分承担的方式,拆除、改造旱厕,加快推进卫生厕所改造。农村危房改造应配套建设卫生厕所,村委会、学校、卫生室等公共设施优先配建卫生公厕。畜禽养殖密集区域实现粪污分户收集、集中处理。及时清理村内道路、公共空间等区域的禽畜粪便。规范粪便堆放点管理,远离水源和居住区堆放,沤熟后应及时使用,防止粪污乱流。严禁人畜粪便直接排入水体。

(二)农村生活垃圾治理专项活动。

实施农村生活垃圾3年治理行动,在积极推进垃圾源头分类减量、就近就地利用的基础上,因地制宜通过“户集、村收、乡镇转运、市县处理”“户集、村收、乡镇转运、乡镇处理”“户集、村收、村处理”等模式开展贫困村生活垃圾治理,提高村庄垃圾集中收集点和转运设施的卫生水平。逐步取缔敞开式生活垃圾收运设施,禁止露天焚烧垃圾。到2017年底,贫困村农村生活垃圾治理实现全覆盖。

第三节 建立健全生态补偿机制

建立稳定增长的投入机制。在积极争取中央财政资金的基础上,加大省级财政对国家重点生态功能区贫困县的转移支付力度,扩大政策实施范围,完善转移支付补助系数,逐步提高重点生态功能区生态保护与修复的资金投入水平。

继续完善纵向生态补偿机制。在贫困地区开展综合生态补偿试点,拓宽公共财政对贫困地区的支持渠道。健全森林生态效益补偿动态调整机制,稳步提高公益林补偿标准。探索公益林赎买机制,逐步将国家退耕还林补助期满的重点生态林纳入公益林补偿范围。加大湿地生态补偿力度,积极争取将贫困地区的国家级重要湿地全部纳入湿地补偿范畴。

积极探索横向生态补偿机制。根据谁受益谁补偿的原则,引导和鼓励开发地区、受益地区与生态保护地区,流域上游地区与下游地区,采取资金补助、协作共建等方式,开展横向生态补偿。运用碳汇交易、生态产品服务标识等补偿方式,探索市场化补偿模式,引导各类受益主体履行生态补偿责任。支持具备重要饮用水功能及生态服务价值、受益主体明确、上下游补偿意愿强烈的跨地区流域,开展生态补偿试点,并逐步向湖泊、湿地、林地等领域扩展,推动建立横向生态补偿制度体系。强化中央和省级财政资金引导作用,根据环境质量改善情况,分别对建立横向生态补偿机制的跨省流域和跨市流域给予资金奖励。

专栏11 生态补偿试点示范

(一)开展生态补偿试点。

“十三五”期间,继续推进新一轮新安江流域生态补偿机制试点,通过采取资金补助、对口协作、产业转移、人才培训、共建园区等方式,利用外部资源为当地脱贫攻坚增添助力。以省级财政资金为引导,继续推进在合肥市和六安市之间实施的大别山区水环境生态补偿试点,探索经济相对发达地区帮助经济相对落后地区脱贫的新机制。

(二)完善公益林生态补偿机制。

巩固完善针对国家重点公益林和省级公益林的森林生态效益补偿制度,健全公益林补偿标准动态调整机制,进一步提高补偿标准。

第四节 创新生态建设和补偿资金使用方式

调整生态建设和补偿资金支出结构,支持在贫困县以政府购买服务或设立生态公益岗位的方式,以森林管护、农村保洁等为重点,让贫困户中有劳动能力的人员参加生态环境管护工作。同时,借助大黄山国家公园创建契机,充实完善国家公园管护岗位,增加国家公园、自然保护区周边贫困人口参与巡护和公益服务的就业机会,拓展贫困人口增收渠道。

专栏12 生态公益岗位脱贫行动

(一)生态护林员岗位。

利用生态补偿和生态保护工程资金,全省安排生态护林员岗位11484个,在国家级贫困县中选择身体健康、遵纪守法、责任心强、能胜任野外巡护工作的当地贫困人口转化为生态护林员,通过购买服务,每人每年给予一定的专项补助。

(二)护渔员岗位。

在国家级贫困县中选择身体健康、遵纪守法、品行端正、责任心强、熟悉水性、热心公益的贫困渔民,经过培训转化为护渔员,协助渔业部门对渔业水域开展常态化巡逻,每人每年给予一定的专项补助。

(三)生态区生态保护公益岗位。

在各级森林公园、湿地公园、自然保护区,安排贫困人员从事森林管护、防火和接待服务等工作,增加劳务收入。

(四)农村环卫保洁岗位。

设置农村卫生保洁和环卫设施运行管理等公益岗位,优先保障当地有劳动能力的贫困人口上岗就业。

第七章 实施智力扶贫

坚持扶贫先扶智,让贫困家庭子女都能接受公平有质量的教育,以提高贫困人群基本文化素质和贫困劳动者技术技能为抓手,精确对准贫困地区和贫困人群教育最薄弱领域,着力从源头上阻断贫困的代际传递。

第一节 加强教育扶贫

提升贫困地区基础教育水平。加快完善贫困地区学前教育公共服务体系,扶持贫困地区加强公办幼儿园建设。全面改善贫困地区义务教育薄弱学校办学条件,办好必要的村小学和教学点,完善贫困地区义务教育学校布局和义务教育经费保障机制。实施特殊教育提升计划,提高贫困地区特殊教育普及水平。实施贫困地区普通高中改造计划,推进贫困地区普通高中多样化、特色化发展,提高办学质量。努力办好贫困地区的远程教育,加快贫困地区教育信息化建设步伐,通过有线、无线等方式解决“最后一公里”问题,提高学校信息基础设施建设水平。通过改善乡村教师生活待遇、强化师资培训、结对帮扶等方式,加强贫困地区师资队伍建设。

降低贫困家庭学生就学负担。全面落实家庭经济困难学生资助政策,实行贫困户家庭经济困难学生资助全覆盖。对普惠性幼儿园的贫困户家庭经济困难儿童优先予以资助。对义务教育阶段贫困户家庭经济困难寄宿生补助生活费。对普通高中贫困户家庭经济困难学生优先给予国家助学金资助,免除公办普通高中贫困户等家庭经济困难学生(含非贫困户家庭经济困难残疾学生、农村低保家庭学生、农村特困救助供养学生)学杂费;对民办普通高中符合条件的学生,按照当地同类型公办普通高中免除学杂费标准予以补助。对公办中职学校全日制正式学籍贫困户家庭经济困难学生免除学费,对民办中职学校符合条件的学生按照当地同类型同专业公办中职学校免除学费标准予以补助;对中职学校全日制正式学籍一、二年级贫困户家庭经济困难学生补助国家助学金。对普通高校贫困户家庭经济困难在校大学生补助国家助学金,并在新生入学资助、勤工助学、校内奖助学金、困难补助、学费减免、研究生“三助”岗位津贴等方面优先予以资助。优先办理贫困户家庭经济困难学生生源地信用助学贷款;对因死亡、失踪、丧失劳动能力、家庭遭遇重大自然灾害、家庭成员患有重大疾病以及经济收入特别低确实无法按期偿还贷款的借款学生,分别由经办的县级教育机构或经办农村商业银行启动还款救助机制。

提高高等教育服务贫困地区的能力。提升省属高校服务地方经济社会发展能力,发挥高等学校在人才扶贫、科技扶贫、智力扶贫、信息扶贫等方面的积极作用,为贫困地区经济社会发展提供更多人才和智力支撑。实施省属高校面向农村地区定向招生的“地方专项计划”,拓宽农村贫困地区学生就读高校的渠道。根据贫困地区对全科医生的需求,支持省属医学院校加大定向培养力度。加强乡村师资队伍建设,实施乡村教师支持计划,为全省乡村学校定向培养全科教师,基本实现全省村小、教学点每校有1名全科型教师。组织高校、科研院所与贫困地区企业开展产学研合作,选择部分有一定基础和发展前景的企业进行重点帮扶,支持其发展壮大,带动当地经济发展。支持省内高校加大对口支援力度,建立对口支援长效机制。

增强职业教育扶贫功能。支持贫困地区实施职业教育质量提升计划,加强有专业特色并适应市场需求的中等职业学校建设。在实施安徽省职业教育质量提升工程计划中,加大对贫困地区和皖北地区倾斜力度,支持重点建设一批职业教育省级示范特色学校、示范特色专业和开放共享型实习实训基地。加大职业教育面向贫困地区定向招生力度,支持省内发达地区职业院校到贫困地区招生并引导毕业生在就学地就业,最大范围吸纳贫困家庭学生接受优质高等职业教育。鼓励职业院校面向贫困家庭开展多种形式的继续教育和培训。按照"应学尽学"原则,引导贫困家庭子女攻读职业院校并给予政策支持。相关部门统筹安排扶贫助学资金,对在中、高等职业院校就读的贫困家庭子女,实施资金补助。

专栏13 教育扶贫工程

(一)农村义务教育学生营养改善计划。

以国家集中连片特困地区和家庭经济困难学生为重点,通过开展农村义务教育学生营养改善计划试点、改善就餐条件、鼓励社会参与,逐步改善农村义务教育学生营养状况。

(二)高中阶段教育普及攻坚计划。

在国家级贫困县新建、改扩建一批办学条件达标的普通高中和中等职业学校,加强教学用房、实验室、图书室(馆)、学生宿舍、食堂、体育场(馆)等建设,配齐教育教学所需仪器设备和图书,增加高中阶段教育资源。

(三)职教圆梦行动。

加快推进高职院校分类考试招生,省级教育部门统筹协调本省的国家示范和国家重点中职选择就业好的专业,单列招生计划,从2016年开始针对贫困户家庭子女招生。

(四)特殊教育提升计划。

重点支持贫困地区特殊教育学校和招收较多残疾学生随班就读的普通义务教育阶段学校(含特教班)建设资源教室(中心)、配备特殊教育学校设备设施。

(五)乡村教师支持计划。

从2016年起全省每年定向培养2500名全科型乡村教师,指标安排向贫困地区倾斜;扩大"特岗计划"实施规模,每年面向贫困地区招聘特岗教师不少于3000名,"国培计划""省培计划"集中支持乡村教师培训,将贫困地区乡村教师轮训一遍。

(六)教育扶贫结对帮扶。

从学前教育、义务教育、普通高中、职业教育、高等教育、继续教育、贫困家庭学生等7个层面构建全领域结对帮扶关系,全面覆盖我省贫困地区每一所学校、每一位教师、每一名学生及每一个贫困户家庭。

第二节 加强科技扶贫

加大科技扶贫支持力度。强化项目支持,将各类科技项目向31个贫困县倾斜。切实加大资金支持力度,建立稳定资金来源渠道,将省一般性科技转移支付资金主要用于科技扶贫。突出人才支持,建立政策激励机制,鼓励科技人才扎根贫困地区基层建功立业,对在贫困地区基层开展科技扶贫表现突出的专业技术人员,在职称评聘等方面给予倾斜。

提升贫困地区科技服务能力。科技部门上下联动、形成合力,建设科技创新服务机构和平台,加强新型农村科技服务体系建设等,提升贫困地区科技创新能力和基层科技服务能力。强化贫困地区基层农技推广体系建设,利用现代农业产业技术体系等平台加大科技帮扶力度,在贫困县建设科技成果转化示范基地,推进绿色高效生产技术集成、示范与推广。支持科研机构、农业技术推广机构建立互联网信息帮扶平台,为贫困户免费传授技术、提供信息等服务。

加强科技人才培训。围绕贫困地区主导产业发展、优势资源开发利用和农民生产的实际需求,扩大贫困地区新型职业农民培育覆盖面,加大对村组干部、种养大户、农民合作社理事长、家庭农场经营者等实用人才带头人和大学生村官培养力度。通过专家、技术人员上门就近就地培训和行业部门远程教育等多种手段,广泛开展农业实用技术培训,培养一批具有较强科技意识和一定技能,能主动吸纳、接受和应用现代科技的新型农民,增强贫困地区农民的"自我造血机能"和自我发展能力。组织专业技术人员,对有需要的贫困户开展农业实用技术普及培训,入户进行科技扶贫技术指导,提高贫困劳动力脱贫致富技能。

专栏14 科技扶贫工程

(一)农村实用技术推广。

加强乡镇或区域性农技推广、动植物疫病防控、农产品质量监管等公共服务机构建设,配备村级农技联络员。壮大农技推广队伍,全省每个贫困村至少配备1名村级农技联络员。

(二)科技特派员制度。

结合"三区"人才专项计划,组织千名科技特派员(每个贫困县每年选派15—20名)开展科技帮扶,通过激励政策和措施,鼓励其深入贫困乡村,通过实地指导、技术培训,以及新技术、新品种推广等多种形式,向农民传授科技知识,帮助贫困地区解决生产中的技术问题。

(三)"万名专家服务基层"计划。

实施"万名专家服务基层"计划,开展专家技术精准扶贫,组织1000名高层次专家(每年选派200名左右)开展技术扶贫,为基层集聚创新资源、突破关键技术、优化产业结构、改善民生建设、培养急需人才发挥作用。

第三节 加强文化扶贫

建立完善贫困地区公共文化服务体系。按照精准扶贫、精准脱贫的要求,重点面向革命老区以及国家级贫困县乡镇(街道)、贫困村,实施文化"四扶一加强"(扶实施、扶人才、扶活动、扶项目,加强组织保障)行动计划。以基层综合文化服务中心建设、广播电视服务网络建设、农民阅读服务、数字文化服务、乡土人才培养、流动文化服务、农村留守老人妇女儿童文化帮扶等为重点,实现文化产业、文化事业专项资金向贫困地区倾斜,集中实施一批文化扶贫项目,完善贫困地区公共文化服务体系,提升贫困地区公共文化服务水平,丰富群众文化生活。

加大文化扶贫支持力度。创新方式,注重实效,继续实施"三区"文化人才支持计划,通过政府购买服务方式为贫困地区行政村(社区)配置一批基层公共文化服务岗位,鼓励大中专毕业生向基层一线公共文化单位流动,壮大群众文化辅导员等志愿者队伍,加强贫困地区文化人才建设,为推动文化扶贫工作提供人才支持。鼓励公共文化服务机构面向贫困地区、贫困人口开展精神扶贫和有针对性的科普培训,传播科学知识,丰富文化生活,引导贫困人口崇尚科学、抵制迷信、破除陋习,倡导积极向上、科学健康的生活方式。支持贫困地区依托当地特色文化资源,发展演艺会展、旅游休闲、工艺美术、体育健身等文化产业。

加强贫困地区文物保护利用。加大贫困地区传统村落保护力度,支持贫困地区挖掘保护和开发利用红色文化资源。实施一批贫困地区重点文物保护工程。指导督促贫困地区文化文物部门抓紧编制国保省保单位维修、传统村落整体保护利用、大遗址保护、革命文物维修保护等项目方案,积极向国家争取资金与政策支持。加强文旅深度融合,拓展文物利用,发挥文物宣传教育作用。

专栏15 文化扶贫工程

(一)基层综合文化服务中心建设。

每年建设一批国家级贫困县中心村农民文化乐园,提升贫困地区公共文化设施条件。

(二)"送戏进万村"活动。

积极开展"送戏进万村"活动,丰富贫困地区群众的精神文化生活。

(三)"送戏进乡镇(校园)"活动。

积极开展"送戏进乡镇(校园)"活动,把优秀剧目送到贫困地区乡镇(校园)。

(四)政府购买基层公共文化服务岗位。

通过政府购买服务的方式为贫困地区行政村(社区)配置一批基层公共文化服务岗位,加强基层公共文化服务力量,保障贫困地区群众基本公共文化权益。

(五)特色文化品牌活动。

推进县域公共图书服务一体化建设,组织开展农民群众阅读活动。深化"百馆(站)千村文化结对"活动。加强贫困地区民间文化艺术之乡建设,大力支持群众自办文化。到2020年,在贫困地区基本形成"一县一特色""一乡一品牌""一村一团队"的发展格局。

第八章 实施社保兜底脱贫

完善农村社会救助体系,促进扶贫开发与社会保障有效衔接。充分发挥农村低保等社会救助制度在稳定脱贫中的保障作用,对无法通过产业扶持和就业帮助等脱贫的家庭实行社会保障兜底脱贫。

第一节 提高社会救助水平

完善农村最低生活保障制度。将符合农村低保条件的贫困家庭人口全部纳入农村低保范围,实现应保尽保。建立农村低保标准动态调整机制,根据上年度本地区农村居民人均消费支出水平等因素,及时调整低保标准。加大省级统筹工作力度,制定农村低保标准调整方案,确保2020年前全省农村低保标准都能达到或高于国家扶贫标准。

精准认定和帮扶低保对象。健全低保对象认定办法,探索建立农村贫困家庭评估指标体系,以家庭收入、财产为主要指标,适当考虑家庭成员残疾、患病等支出型贫困因素,综合评估家庭贫困状况。完善低保家庭经济状况核对机制,优化审核审批程序。

出台农村低保制度与脱贫攻坚政策有效衔接的实施办法,力争到2017年全面实现扶贫线和低保线“两线合一”。采取就业成本减扣、低保渐退等措施,引导有劳动能力的低保对象依靠自身脱贫。

健全特困人员救助供养制度。建立城乡统筹、政策衔接、运行规范、与经济社会发展水平相适应的特困人员救助供养制度。制定并严格执行特困人员认定办法,科学测算基本生活标准和照料护理标准。加强特困人员供养服务机构建设和管养,重点拓展护理功能,优先保障完全或部分丧失生活自理能力的特困人员。统筹推进特困人员救助供养制度与其他社保制度的有效衔接。

全面高效实施临时救助工作。科学制定救助标准,规范救助对象认定,提升托底救助能力,增强救助时效性。做好“救急难”工作,加快推开“救急难”综合试点,建立主动发现、部门协同、信息共享、慈善衔接机制。引导社会力量积极参与,统筹救助资源,发挥制度合力,确保困难群众求助有门、受助及时、急难可救。组织实施“同舟工程”,发挥央企参与“救急难”的重要作用。

第二节 逐步提高农村基本养老保障水平

统筹推进城乡养老保障体系建设。坚持全覆盖、保基本、有弹性、可持续方针,把完善城乡居民养老保险制度作为脱贫攻坚、改善民生的重要途径之一,到2020年基本实现养老保障人员全覆盖。推动《国务院关于建立统一的城乡居民基本养老保险制度的意见》在贫困地区落细落实,指导贫困地区全面建成制度名称、政策标准、管理服务、信息系统“四统一”的城乡居民养老保险制度。

提高城乡居民养老保险待遇。完善缴费与待遇挂钩的激励机制,适时提高最低缴费档次,增加个人账户积累,提高个人账户养老金水平。充分考虑贫困人口实际缴费能力,对贫困人口保留现行最低缴费档次。在全国基础养老金最低标准的基础上,适时调整全省基础养老金最低标准,支持和鼓励有条件的贫困地区提高当地基础养老金标准。健全服务网络,为参保居民提供方便快捷的服务。

第三节 健全“三留守”人员和残疾人关爱服务体系

完善“三留守”人员服务体系。通过政府购买服务、设置公益岗位、引入志愿者等方式,引导社会力量为农村留守儿童、留守妇女、留守老人“三留守”人员提供关爱服务。加强留守儿童关爱服务设施和队伍建设,健全留守儿童关爱服务网络。推动未成年人社会保护工作,依法开展受监护侵害未成年人权益保护工作。研究制定留守老年人关爱服务体系相关政策,推进农村社区日间照料中心建设,提升乡镇敬老院服务保障能力,推动形成区域性养老服务中心。支持农村幸福院等社区养老服务设施建设和运营,建立健全关爱互助帮扶机制。加强对“三留守”人员的生产扶持、生活救助和心理疏导。

完善贫困残疾人关爱服务体系。将残疾人普遍纳入社会保障体系,并予以重点保障和特殊扶持。支持发展残疾人康复、托养、特殊教育事业,逐步建立完善残疾人康复救助制度,落实并完善专项社会保障政策措施,全面实施困难残疾人生活补贴和重度残疾人护理补贴制度。加强贫困残疾人适用技术培训,优先扶持贫困残疾人家庭发展生产,支持引导残疾人就业创业。

提升农村社区服务能力。推进农村社区综合服务设施和综合信息平台建设,拓展学前教育、妇女互助和养老服务功能,积极培育农村社区社会组织,开展社区社会工作服务,统筹城乡社区服务体系规划建设。利用现有公共服务设施开辟儿童活动场所,90%以上的农村社区建设1所儿童之家。探索建立儿童社会保护“监测预防、发现报告、评估转介、帮扶干预”反应机制。逐步建立社区“三留守”人员信息库,扩大服务终端、远程监控等信息技术应用。

专栏16 兜底保障脱贫

(一)农村低保标准动态调整。

省政府统筹制定农村低保标准动态调整方案,确保2020年前全省范围内农村低保标准都不低于国家扶贫标准。农村低保标准低于国家扶贫标准的地区,按照国家扶贫标准综合确定本地区农村低保的最低指导标准。农村低保标准已达到国家扶贫标准的地区,参照上年度当地农村居民人均消费支出等因素动态调整,确保农村低保实际水平不降低。

(二)农村低保与扶贫开发衔接。

将符合农村低保条件的贫困户纳入低保范围,将符合扶贫条件的农村低保户纳入扶贫政策帮扶范围,发挥惠民政策合力。对于返贫家庭,分别纳入临时救助、医疗救助、农村低保等社会救助制度和扶贫政策帮扶覆盖范围。

第四节 推进贫困户危房改造

全省农村危房改造政策向贫困县倾斜,整合使用危房改造、抗震设防、灾损农房恢复重建项目资金重点支持贫困户危房改造。因地制宜确定危房改造方式，与易地扶贫搬迁有机结合，探索公租房在农村试点，着力提高危房改造的实效性。加强危房改造工程质量安全巡查与指导监督，确保有抗震设防要求的危房改造达标。

专栏17　农村危房改造工程

到2017年底，完成全省3000个贫困村农村危房改造任务；2019年底，完成全省贫困户农村危房改造任务；2020年，完成全省所有农村危房改造任务。

第九章　实施健康脱贫

通过加强医疗卫生服务能力建设，到2017年底，贫困县域内就诊率达到90%；综合医疗保障体系基本建立，贫困人口基本实现兜底保障。到2020年，贫困人口医疗保障和医疗服务水平进一步提升，重大传染病、地方病、慢性病得到有效防控，健康水平明显提高；贫困县卫生资源、居民健康、公共卫生、疾病防控等主要指标力争达到全省平均水平，因病致贫、因病返贫问题得到有效控制。

第一节　提高贫困人口医疗保障水平

切实减轻贫困人口看病就医费用负担。着力推进"三保障一兜底"，形成贫困人口基本医保、大病保险、医疗救助和兜底保障相互衔接的医疗保障体系。降低贫困人口基本医保及大病保险补偿门槛，提高补偿比例，扩大贫困人口慢性病、重大疾病医保补偿病种目录。贫困人口全部纳入医疗救助范围，加大医疗救助力度。市县政府承担兜底保障责任，并设立健康脱贫医疗专项补助资金，对贫困人口在省内医疗机构就诊，在享受基本医保、大病保险、医疗救助等综合补偿及扣除个人年度自付费用上限额后剩余的合规医药费用实行兜底保障。将符合条件的贫困残疾人医疗康复项目按规定纳入基本医疗保险支付范围。支持引导社会慈善力量参与医疗救助，鼓励有条件的地区探索运用商业保险工具支持健康脱贫工程。

实行贫困人口县（市、区）域内住院先诊疗后付费的结算机制。建立县（市、区）域内先诊疗后付费的结算机制，实行基本医保、大病保险、医疗救助、贫困人口健康脱贫医疗专项补助资金联动，实现"一站式"信息交换和即时结算服务。加快推进贫困地区医保支付方式改革，积极推行临床路径管理与按病种付费。制定贫困人口分级诊疗管理办法，严格县域外诊治条件，规范就医秩序。严格规范医疗机构诊疗行为，加强费用管理，严控不合理检查检验、药品、耗材等费用。

第二节　开展贫困人口大病慢性病分类救治

开展贫困人口家庭医生签约服务。为贫困人口每人建立1份电子健康档案、1张健康卡，为每个贫困户确定1名乡村医生签约。区别不同健康状况，按照疾病患者、高危人群和一般人群对贫困人口实行分类健康干预，提供基本公共卫生、健康管理、基本医疗等服务。

实施贫困人口大病和慢性病分类救治。以县（市、区）为单位开展贫困人口因病致贫、因病返贫调查工作，进一步核实贫困人口中因病致贫返贫家庭及患病人员情况，对需要治疗的贫困大病患者和慢性病患者按规定病种实行分类救治。对一次性能治愈的大病，集中力量进行治疗；需要维持治疗的，由就近具备能力的医疗机构实施治疗；需要长期康复治疗的，确定定点医院或基层医疗卫生机构实施定期治疗和康复管理。

第三节　加强贫困地区疾病预防控制

加大重大传染病、地方病和慢性病防控力度。加强重点传染病防治，进一步降低贫困地区结核病发病率，遏制艾滋病传播，实现血吸虫病传播阻断。加强肿瘤随访登记及死因监测，扩大癌症筛查和早诊早治覆盖面。加强严重精神障碍患者筛查登记、救治救助和服务管理，减轻贫困患者负担。实施农村贫困户饮水安全巩固提升工程，完成贫困村、贫困户降氟降砷改水工程建设，基本控制地方性氟（砷）中毒危害。深入开展爱国卫生运动，改善贫困地区人居环境。加强健康促进和健康教育工作，广泛宣传居民健康素养基本知识和技能，使其形成良好卫生习惯和健康生活方式，有效控制和减少多发病、慢性病的发生、发展。

实施基本公共卫生和重大公共卫生项目。落实国家基本公共卫生服务项目，保障贫困地区群众享受基本公共卫生服务。在贫困地区全面实施儿童营养改善、新生儿疾病免费筛查、妇女"两癌"免费筛查、孕前优生健康免费检查等重大公共卫生项目，提升贫困地区妇幼健康服务水平。

第四节　提升贫困地区医疗卫生服务能力

加强贫困地区医疗卫生服务能力建设。按照"填平补齐"原则，加强贫困地区县级医院（含中医院)、妇幼保健机构、乡镇卫生院、村卫生室标准化建设,配置所需医疗设备,实施社区服务中心空白点建设。优先支持贫困县医学影像中心、临床检验中心和远程医疗项目建设,实现城市优质医疗卫生服务向贫困县延伸,县级医院与县域内各级各类医疗卫生服务机构互联互通。加快推进分级诊疗制度建设,到2017年底,贫困县县域内就诊率达到90%。

深入开展医疗卫生对口帮扶工作。组织实施三级医院与贫困县医疗机构建立稳定持续的"一对一"帮扶和医联体关系,签订帮扶责任书,明确帮扶目标任务。采取"组团式"帮扶方式,向被帮扶医院派驻1名院长或副院长及相关医务人员进行蹲点帮扶,重点加强近3年县(市、区)外转出率前5-10个病种的相关临床和辅助科室建设,推广适宜县级医院开展的医疗技术。建立帮扶双方远程医疗平台,开展远程医疗服务。

强化贫困地区卫生人才培养培训。加强贫困地区基层医疗卫生人才引进和培养,优先安排贫困地区住院医师规范化培训,为贫困地区订单定向免费培养医学类本专科学生,每年招聘一定数量的特岗全科、专科医生。组织开展适宜医疗技术项目推广,加强技术培训和规范应用。有针对性地加强中医药适宜技术推广,到2020年使贫困地区每个乡镇卫生院至少有2名医师、每个村卫生室至少有1名乡村医生掌握5项以上中医药适宜技术,为常见病、多发病患者提供简便验廉的中医药服务。

支持中医药事业发展。在贫困地区优先实施"十三五"基层中医药服务能力提升工程行动计划,在贫困地区县级公立中医医院、乡镇卫生院和社区卫生服务中心建立中医馆、国医堂等中医综合服务区。加快中医药特色人才培养和使用,积极探索农村定向培养中医药人才计划。积极推进中药产业园建设和中药企业兼并重组,促进中医药产业集聚发展、做大做强。加强亳州等中药材电子商务交易平台、商品交易所、期货贸易市场建设以及现代物流配送系统建设,进一步巩固提升亳州"中华药都"的地位和影响。

专栏18 健康脱贫工程

(一)构建"三保障一兜底"综合医保体系。

"两免":贫困人口参保个人费用由财政全额代缴;实行县(市、区)域内先诊疗后付费,并取消住院预付金。

"两降":降低贫困人口基本医保(新农合)住院补偿起付线,县(市、区)域内普通门诊不设起付线;降低大病保险起付线。

"四提高":提高基本医保(新农合)门诊和住院补偿比例;扩大重大疾病及慢性病报销病种范围,提高保障水平;提高大病保险分段补偿比例;提高医疗救助水平。

"一兜底":设定贫困人口医疗费用"351"兜底保障线,贫困人口在县(市、区)域内、市级、省级医疗机构就诊,通过基本医保、大病保险、医疗救助等综合补偿后,个人年度自付费用分别不超过0.3万元、0.5万元和1万元,剩余部分合规医药费用实行政府兜底保障。

(二)贫困县医疗卫生服务机构标准化建设。

按照"填平补齐"的原则,实施贫困县县级医院(含中医院)、妇幼保健机构、乡镇卫生院、村卫生室标准化建设,配置所需医疗设备。

第十章 实施基础设施建设扶贫

以道路、水利、电力、网络等为重点,加强贫困地区基础设施建设,加快破除发展瓶颈制约,着力改善贫困地区生产生活条件。

第一节 实施农村道路畅通工程

加快实施县级公路畅通工程、乡级公路畅通工程,推进老村级道路加宽改造工程、撤并建制村路面硬化工程、贫困村内较大自然村道路硬化工程、贫困县非贫困村内较大自然村道路硬化工程建设,对现有公路进行升级改造或路面改善,加强农村公路安全防护,到2018年底全面完成农村道路畅通工程,解决群众行路难、运输难问题。通过省及以上资金补助、市县整合、帮扶单位帮扶、社会支持、村级"一事一议"等多种渠道筹集工程建设资金。加大对贫困地区农村道路畅通工程建设支持力度,提高建设补助标准。实施县级公路畅通工程,省及省以上资金对省级贫困县、国家级贫困县的补助分别比一般地区提高16.7%和33.3%;实施乡级公路畅通工程、老村级道路加宽改造工程、撤并建制村路面硬化工程、贫困村内较大自然村道路硬化工程,省及省以上资金对省级贫困县、国家级贫困县的补助分别比一般地区提高15%和20%。建立健全农村公路养护管理长效机制,确保养护管理人员、资金落实到位,推动养护工作规范化、常态化。

专栏19 农村道路畅通工程

（一）实施县级公路畅通工程。

通过对现有公路进行升级改造或路面改善，到2017年6月底，使全省每个乡镇具备1条连接国省干线或县城的路况良好的三级及以上公路。

（二）实施乡级公路畅通工程。

通过对现有公路进行路面改善，到2017年底，使全省每个乡镇具备1条与相邻乡镇最短捷的路况良好的四级及以上公路（其中31个贫困县中农村公路密度小于25公里/万人的乡镇各增加1条通往相邻乡镇或主干道的四级及以上公路）。

（三）实施老村级道路加宽改造工程。

到2018年底，完成交通运输部认定的建制村优选通达路线窄路面拓宽改造任务，原则上在原有路面宽度的基础上加宽不低于1米，对原有路面宽度已达4.5米的路段不再拓宽改造。

（四）实施撤并建制村路面硬化工程。

到2018年底，完成交通运输部认定的撤并建制村路面硬化任务，路基宽度不低于5米，路面宽度不低于4米；特殊路段路基宽度不低于4.5米，路面宽度不低于3.5米；错车道设置间距原则上不大于500米。

（五）实施贫困村内较大自然村道路硬化工程。

对全省3000个贫困村在实施撤并建制村路面硬化的同时，增加实施较大自然村道路硬化工程，到2018年底，每个较大自然村硬化一条从村口到既有农村公路的最短捷连通道路，路基宽度不低于4.5米，路面宽度不低于3.5米；特殊路段路基宽度不低于4米，路面宽度不低于3米；错车道设置间距原则上不大于500米。

（六）实施31个贫困县非贫困村内较大自然村道路硬化工程。

在全省31个贫困县已实施贫困村较大自然村通硬化路的基础上，对非贫困村选取1个较大自然村实施1条通村硬化路，解决贫困村和非贫困村的相邻道路连接，大幅提升全省贫困地区整体路网连通水平。

第二节 加快水利基础设施建设

全面解决贫困地区安全饮水问题。编制完成《全省农村饮水安全巩固提升工程精准扶贫实施方案（2016—2018年）》。通过改造、配套、联网、新建等工程措施，以集中式供水为主、分散式供水为辅的方式，解决贫困户的饮水安全问题。强化水源保护，发展适度规模集中供水，大力提高贫困地区自来水普及率、供水保障率和水质合格率。

加快贫困地区水利工程建设。推进农田水利建设，重点支持贫困村“八小”水利工程建设。加快贫困地区长江、淮河干流和重要支流治理，加快实施沿淮阜南县、颍上县、寿县等县的进一步治淮重点工程。推进中小河流治理工程，实施长江崩岸治理应急工程。加快建设引江济淮、下浒山水库、江巷水库、月潭水库和贫困地区中小型水库，推进大中型病险水闸除险加固工程，实施淠史杭、驷马山、茨淮新河、花凉亭等大中型灌区续建配套与节水改造工程。加快推进山洪灾害治理工作、山区小水电、抗旱应急水源等民生水利工程建设，全面提升贫困地区防灾抗灾能力。加强贫困地区水土流失治理和水生态环境保护。

专栏20 水利建设扶贫工程

（一）安全饮水工程。

2018年底前实现3000个贫困村村村通自来水，解决贫困村、贫困户的饮水不安全问题。

（二）“八小”水利工程改造提升。

优先安排贫困县及贫困村“八小”水利工程改造提升项目，力争2018年底前将贫困村范围内的“八小”水利工程全部改造一遍。

（三）水土保持和山洪灾害防治工程。

2016—2017年完成金寨县、舒城县、岳西县、太湖县、潜山县、定远县、六安市裕安区和金安区等县（区）水土保持重点工程建设任务，每个县（区）每年治理水土流失面积6—20平方公里。在金寨县、潜山县等开展非工程措施和工程措施建设，提高山丘区山洪灾害防御能力。推进金寨县、舒城县山洪灾害防治非工程措施和金寨县、潜山县等县山洪沟治理项目建设。

第三节 推进农村电网改造升级

结合国家实施新一轮农村电网改造升级工程，推进贫困地区110千伏及以下电网改造升级。加快贫困地区变电站（变压器）增容布点，持续推进网架结构优化。加大岳西县、太湖县、潜山县等县水电供区电网改造投资力度。加快推进满足新建光伏发电、风力发电等分布式新能源接入的配套电网建设。

专栏21 电网升级改造工程

（一）贫困地区农村电网升级改造。

到2018年，解决贫困地区农村电网“卡脖子”

"低电压"等问题,供电能力、质量和可靠性明显提升。到2020年,户均配变容量达到2.2千伏安/户,超过全国平均水平,供电自动化和普遍服务水平显著提高。

(二)贫困村通动力电工程。

至2016年底,全省存在通动力电问题的171个行政村405个自然村全部建设改造完毕,提升贫困地区电力普遍服务水平。

第四节 加快贫困地区农村信息化建设

加快贫困地区信息基础设施建设。加快贫困地区宽带接入和校园网建设,基本解决义务教育学校和普通高中、职业院校的宽带接入问题,教学点局域网络连通多媒体教学设备和教学用机,每个教学点都有数字资源接收和播放设备,教学点在线课堂项目覆盖所有具备条件的教学点及其所在的中心学校。积极推进电信普遍服务试点工作,促进偏远贫困地区光纤到村。

提高贫困地区信息化水平。开展互联网为农便民服务,提升贫困地区农村互联网服务水平,扩大信息进村入户覆盖面。把加快推进贫困村信息化建设纳入国家农村信息化示范省建设范围,整合开放各类信息资源,加强信息员培训,为农民提供信息服务。

专栏22 农村信息化工程

加快贫困地区宽带接入和校园网建设。到2020年,贫困地区所有行政村通宽带,20户以上自然村和主要交通沿线通信信号基本覆盖,20户以上已通电自然村基本实现通宽带,每个村至少培训确定1名有文化、懂技术、能服务的信息员。

第十一章 实施金融扶贫

充分发挥金融支持贫困地区发展和贫困农户增收作用,以发展普惠金融为基础,重点针对大别山片区、皖北地区等有扶贫开发任务的70个县(市、区),创新金融服务产品,健全金融服务体系,全力推动贫困地区金融服务到村到户到人,努力让每一个符合条件的贫困人口都能按需求便捷获得贷款,让每一个需要金融服务的贫困人口都能便捷享受到现代化金融服务,为坚决打赢脱贫攻坚战提供有力有效的金融支撑。

第一节 加大金融精准扶贫力度

持续扩大贫困地区融资规模。加强贫困地区贷款投放,推进扶贫再贷款政策落实,贫困地区银行业金融机构可贷资金主要用于当地信贷投放。压实金融机构责任,量化指标,强化考核,贫困县每年各项贷款增速力争高于当年全省各项贷款平均增速,新增贷款占全省贷款增量的比重高于上年水平,贫困户贷款增速高于农户贷款平均增速。积极支持贫困地区企业对接多层次资本市场,推进贫困地区符合条件的上市公司和非上市公众公司通过增发、配股,发行公司债、可转债等多种方式拓宽融资来源。鼓励支持省股权托管交易中心壮大农业板块,设立林业板块,拓宽贫困地区企业融资渠道。

加大对特色产业金融支持力度。支持能吸收贫困人口就业、带动贫困人口增收的绿色生态种养业、经济林产业、林下经济、森林草原旅游、休闲农业、传统手工业、乡村旅游、农村电商等特色产业发展。开展金融产品和服务方式创新,努力满足特色农业基地、现代农业示范区、农业产业园区的金融需求。健全和完善扶贫金融服务主办行制度,对带动贫困人口致富成效明显的新型农业经营主体,按吸纳贫困户脱贫致富情况给予扶贫贷款支持。对有稳定还款来源的扶贫项目,允许采用国家开发银行、农业发展银行发放过桥贷款方式,为政策允许的重点领域扶贫项目提供过渡性资金支持,撬动商业性信贷资金投入。

大力推进扶贫小额信贷。实施扶贫小额信贷工程,大力支持农村商业银行、村镇银行等金融机构向符合条件的贫困户提供5万元以内、3年以下免抵押、免担保的信用贷款。扶贫小额信贷实行利率优惠,贷款利率在同期基础利率的基础上上浮幅度不超过10%。人行合肥中心支行设立支农再贷款专项额度,支持农村金融机构发放扶贫小额信贷。财政专项扶贫资金对获得信用贷款的贫困户按基础利率给予贴息支持。

支持贫困人口就业就学金融需求。加大创业担保贷款、助学贷款、妇女小额贷款、康复扶贫贷款实施力度。国家开发银行安徽省分行、农村商业银行等金融机构对普通高校家庭经济困难学生发放生源地助学贷款。

支持贫困地区易地扶贫搬迁和基础设施建设。充分发挥开发性金融、政策性金融扶贫作用,国家开发银行安徽省分行、农业发展银行安徽省分行要按照微利或保本的原则发放长期贷款,支持贫困地区易地扶贫搬迁、特色产业发展、重点项目建设,支持贫困地区交通、水利、电力、能源、生态环境等基础设施和文化、医疗、卫生等基本公共服务项目建设。创新贷款抵质押方式,支持农村危房改造、人居环境整治、新农村建设等民生工程建设。加快组建省级扶贫开发投融资平台,统筹承接全省易地扶贫搬迁、扶贫开发和农业发展专项贷款。

专栏23 金融脱贫攻坚

(一)支农再贷款"项目化直贷"精准扶贫。

金融机构利用人民银行支农再贷款资金发放贷款的利率按照人民银行有关规定执行,原则上,匹配自有资金发放的贷款利率给予适当优惠。

(二)支持带动新型农业经营主体。

对新型农业经营主体吸纳贫困户脱贫致富情况给予扶贫贷款支持,按每吸纳1户贫困户给予10万元以内的贷款进行累加,新型农业经营主体单户贷款额度最高不超过200万元,其中农业产业化龙头企业单个贷款额度最高不超过500万元。贷款额度50万元(含)以内,在风险可控的前提下可采用信用方式发放。

(三)生源地信用助学贷款。

对普通高校家庭经济困难学生发放生源地信用助学贷款,全日制普通本专科学生(含第二学士学位、高职学生)每人每年申请贷款额度最高为8000元,全日制研究生最高为12000元,学生在读期间贷款利息由财政全额补贴,延长助学贷款期限至20年、还本宽限期3年。

第二节 全面提高贫困地区金融服务水平

创新精准扶贫金融产品。建立精准扶贫金融服务档案,实行"一户一档"。稳妥推进试点地区农村土地承包经营权、农民住房财产权等农村产权融资业务,拓宽抵质押物范围。探索推进大型农业机械设备、运输工具、林地所有权、林地使用权、水域滩涂养殖权等新型抵质押担保方式,有效拓展贫困地区抵押物担保范围。鼓励扶贫龙头企业为带动贫困户脱贫的农户或农业经营主体提供贷款担保。加快贫困地区农村信用体系建设,推进"信用户""信用村""信用乡镇"评定与创建,鼓励发放无抵押免担保的扶贫贴息贷款和小额信用贷款。

健全金融扶贫开发组织体系。壮大农村商业银行规模,推动徽商银行改革,大力发展普惠金融,推动大中型银行重心持续下沉,向贫困县及其乡镇延伸服务网点。优先支持在贫困地区设立村镇银行、小额贷款公司、融资性担保公司等金融机构。支持贫困地区培育发展农民资金互助组织,稳步开展农民合作社内部信用合作试点,逐步形成功能互补、协调配合、共同参与的金融扶贫开发新格局。

多渠道提供新兴金融服务。在有效防范风险的前提下,支持贫困地区金融机构建设创新型互联网平台,开展网络银行、网络保险、网络基金销售和网络消费金融等业务;支持互联网企业依法合规设立互联网支付机构;规范发展民间融资,引入创业投资基金、私募股权投资基金,引导社会资本支持精准扶贫。大力发展手机支付服务,推动金融机构在农村地区发展移动金融服务,构建覆盖广大农村和边远地区的支付结算网络。实施基础金融服务"村村通"工程,加快建设惠农金融服务室。

专栏24 普惠金融推进工程

深化农村支付服务环境建设,推动支付服务进村入户。加强贫困地区支付基础设施建设,持续推动结算账户、支付工具、支付清算网络的应用,巩固助农取款服务在贫困地区乡村的覆盖面,鼓励探索利用移动支付、互联网支付等新兴电子支付方式开发贫困地区支付服务市场。加强农村信用体系建设,促进信用与信贷联动。深入推进"信用户""信用村""信用乡镇"评定与创建,鼓励发放免抵押免担保的扶贫贴息贷款和小额信用贷款。强化贫困地区金融消费者权益保护。贫困地区深入实施农村金融教育"金惠工程",提高金融消费者的金融知识素养和风险责任意识。

第三节 建立风险补偿和分担机制

完善政策性融资担保机制。支持贫困地区设立扶贫小额贷款风险补偿金,为金融机构对贫困户精准发放扶贫小额信用贷款提供风险补偿。完善贫困县政策性融资担保机构国有资本金持续补充机制。支持有条件的贫困地区设立政府出资的农业融资担保机构,重点开展扶贫担保业务。积极推广新型政银担合作机制,推进融资担保机构与银行对接,为扶贫开发提供融资担保。

扩大农业保险产品类型。鼓励有条件的贫困地区逐步提高政策性农业保险的保费补贴标准,积极推广大宗农作物(牲畜)政策性附加补充保险和商业保险模式,稳步推进森林、育肥猪保险试点。加大对贫困地区特色农业保险省级奖补力度,鼓励各地提高特色农业保险覆盖率。继续在山区、库区开展农房保险试点,鼓励贫困地区开展农机具保险试点,推广天气指数保险试点,探索开展目标价格、收入保险试点,支持有条件的地方给予一定保费补贴。全面推进贫困地区人身和财产安全保险业务。鼓励保险机构建立健全针对贫困农户的保险保障体系,探索发展贫困人口综合性扶贫保险,缓解贫困群众因病致贫、因灾返贫问题。

第十二章 实施社会扶贫

坚持政府主导和社会参与相结合,广泛动员和凝聚社会力量参与脱贫攻坚,统筹谋划、创新机制,搭建平台、畅通渠道,形成政府、市场、社会互为支撑,专项扶贫、行业扶贫、社会扶贫“三位一体”的大扶贫格局。

第一节 推进定点扶贫

明确定点帮扶目标任务。以帮扶对象稳定脱贫为目标,细化、深化、强化定点扶贫工作,明确定点单位工作职责。将定点扶贫工作与党群工作相结合,动员本部门、本系统干部职工参与到定点扶贫中来。继续选派优秀中青年干部担任贫困村第一书记(驻村扶贫工作队队长),推动帮扶地区、帮扶群众如期脱贫。坚持精准扶贫、精准脱贫,突出定点帮扶工作重点,协助当地党委和政府拓宽工作思路,创新扶贫方式,抓好中央和省各项扶贫政策落地。鼓励定点帮扶单位发挥自身特点和部门优势,利用当地资源,因地制宜开辟脱贫致富路子。

健全定点帮扶工作机制。加强与国家定点帮扶我省贫困县的机关单位联系,做好中央企业定点帮扶贫困革命老区“百县万村”活动的协调服务,积极争取政策、资金、项目、信息、技术、人才、智力、市场等方面的支持。进一步健全单位包村、干部包户、领导联系贫困地区制度,明确帮扶职责,做到帮扶重心下移、措施到位有效,确保各包村帮扶单位落实扶贫责任、不脱贫不脱钩。

专栏25 定点扶贫联系单位和联系对象

健全领导联系和单位帮扶贫困地区制度,实行省级领导分别联系31个贫困县、市级领导联系到县乡、县级领导联系到乡村的联系制度。全面落实单位包村、干部包户和驻村扶贫工作队定点帮扶制度,确保全省每个贫困村均有定点帮扶责任单位,每个贫困户均有帮扶责任人,做到不脱贫不脱钩。

第二节 引导企业、部队、社会组织和志愿者开展帮扶

推进村企结对共建。强化国有企业帮扶责任,深入推进省属国有企业定点帮扶贫困村。充分发挥各民主党派、工商联、无党派人士在人才智力扶贫上的优势作用,鼓励民营企业积极参与“千企帮千村”精准扶贫行动。组织动员省内扶贫意愿强的各类企业,与贫困村开展结对共建活动,到贫困村投资兴业、吸纳就业、捐资助贫。扶贫龙头企业要发挥示范带动作用,切实履行扶贫责任,带强一批产业,带动一批项目,带建一批基础设施,带富一批农户。

发挥部队帮扶优势。把地方所需、群众所盼与部队所能结合起来,优先扶持家境困难的军烈属、退役军人等群体。省军区系统和武警总队帮扶本辖区范围内相关贫困村脱贫。驻贫困地区作战部队实施一批具体扶贫项目和扶贫产业,部队生活物资采购注重向贫困地区倾斜。发挥思想政治工作优势,深入贫困地区开展脱贫攻坚宣传教育,组织军民共建活动,传播文明新风,丰富贫困人口精神文化生活。发挥战斗力突击力优势,积极支持和参与农业农村基础设施建设、生态环境治理、易地扶贫搬迁等工作。发挥人才培育优势,配合实施教育扶贫工程,接续做好“八一爱民学校”援建工作,组织开展“1+1”“N+1”等结对助学活动,团级以上干部与贫困家庭学生建立稳定帮扶关系。采取军地联训、代培代训等方式,帮助贫困地区培养实用人才,培育一批退役军人和民兵预备役人员致富带头人。发挥科技、医疗等资源优势,促进军民两用科技成果转化运用,组织军队和武警部队三级医院对口帮扶贫困县县级医院,开展送医送药和巡诊治病活动。帮助革命老区加强红色资源开发,培育壮大红色旅游产业。

引导社会组织扶贫。通过政府购买服务等方式,鼓励行业协会、商会、学术团体、专业团体、联谊团体、公益慈善组织等各类社会组织进村入户开展扶贫济困活动,推动包村包户、结对帮扶。积极争取中国扶贫开发协会、中国扶贫基金会、中华慈善总会等省内外社会组织参与我省扶贫开发,特别是在筹集扶贫开发资金方面发挥优势,加大扶贫济困投入。

开展扶贫志愿行动。实施扶贫志愿者扶贫行动计划,鼓励和支持志愿者组织、青年学生、专业技术人员和社会各界人士到贫困地区参与扶贫调研、支教支医、文化下乡、科技推广等扶贫活动。建立社会工作专业人才引领志愿者服务机制,实施社会工作专业人才服务贫困地区计划,以农村留守人员、老年人、残疾人、青少年、妇女儿童为服务重点,开展社会

工作专业服务。引导广大社会成员和港澳同胞、台湾同胞、华侨及海外人士，通过爱心捐赠、志愿服务、结对帮扶等多种形式参与扶贫。

专栏26 社会扶贫精准帮扶行动

（一）"千企帮千村"精准扶贫行动。

以民营企业为帮扶方，以贫困村和贫困户为帮扶对象，以签约结对、村企共建为主要形式，动员全省民营企业，采取产业扶贫、就业扶贫、公益扶贫等方式，帮助贫困地区加快脱贫进程。

（二）贫困地区特困群体、农村留守人员社会关爱行动。

支持社会工作服务机构和社会工作者为贫困地区农村留守人员提供生活救助、精神慰藉、能力提升等服务，建立完善社会支持保护体系。为贫困地区因生活、工作受挫失去生活信心的救助对象，提供心理疏导、资源链接、社会融入等人性化、个性化、专业化服务，给予特殊的人文关怀，帮助他们提升自我脱贫与发展能力，重树生活信心。

（三）"邻里守望"志愿服务行动。

支持志愿服务组织开展"邻里守望"志愿服务试点，以空巢老人、残障人士、农民工及困难职工、留守儿童等群体为重点对象，广泛动员社会力量，开展生活照料、困难帮扶、文体娱乐、技能培训等方面的志愿帮扶活动。

（四）实施巾帼脱贫行动。

坚持精准扶贫、精准脱贫基本方略，对贫困户中的妇女优先进行技能培训、金融扶持、政策兜底、爱心救助、结对帮扶，鼓励支持贫困妇女就业创业、增收脱贫。

第三节 推进脱贫交流合作

搭建社会扶贫信息服务平台。以贫困村和贫困户建档立卡信息为基础，结合贫困村、贫困户致贫原因和实际需求，建立社会扶贫项目库。以现代网络信息技术为载体，搭建扶贫信息服务平台，向社会发布贫困村、贫困户需求信息，实现贫困村、贫困户需求信息与社会各界扶贫资源有效对接。积极倡导发展公益众筹等社会扶贫新模式，提高社会扶贫资源筹集、配置和使用效率。

深化南北结对合作。加强南北结对合作设区市、县（市、区）协作力度，建立精准对接机制，深化合作内容，依托南北结对共建产业园区，强化以企业合作为载体的扶贫协作，推动人才、资金、技术等资源要素向贫困地区流动，确保帮扶资金主要用于带动贫困村、贫困户增收脱贫。按照优势互补、互利共赢、长期合作、共同发展的原则，通过政府引导、社会帮扶、人才交流、职业培训、建立基地等多种形式深化全方位扶贫，探索建立乡镇之间、行政村之间的扶贫协作机制，促进贫困地区加快发展，带动贫困群众如期脱贫。

打造扶贫公益品牌。全力打造"10·17"扶贫日公益品牌，开展贫困村项目认领、捐资捐助等系列活动，引导社会各界积极参与扶贫，促进社会各方面资源向贫困地区聚集。继续推进雨露计划、光彩事业、春蕾计划、爱心包裹、三支一扶、同心示范工程等公益活动，发挥扶贫公益品牌效应。

积极开展国内国际交流合作。坚持"引进来"与"走出去"相结合，充分利用国内国际两个市场、两种渠道和两类资源，大力引进资金、信息、智力、理念、经验等省外国外资源，重点用于贫困人口脱贫，支持省内脱贫攻坚事业。

专栏27 深化交流合作重点活动

（一）开展脱贫攻坚激励行动。

按照国家统一安排，对在脱贫攻坚期间，对作出重要贡献的社会各界以及涌现出的先进典型给予年度表彰。

（二）南北结对共建行动。

鼓励支持南部经济发达地区社会工作行业组织、服务机构或社会工作专业人才对口帮扶贫困地区社会工作机构，通过人才支持、项目支持、督导支持、培训支持等方式，带动贫困地区社会工作服务开展和能力提升。

（三）扶贫志愿服务品牌培育行动。

探索建立志愿扶贫动员机制、参与机制、管理机制。通过政府购买、公益创投、社会资助等方式，引导支持志愿服务组织和志愿者参与扶贫志愿服务，培育发展精准扶贫志愿服务品牌。

第十三章 加强重点区域脱贫攻坚

按照"区域发展带动扶贫开发，扶贫开发促进区域发展"的基本思路，以大别山片区、皖北地区和革命老区为主战场，着力改善贫困地区区域发展环境，显著提升贫困地区发展能力，为"十三五"末解决区域性整体贫困提供有力支撑。

第一节 推进重大基础设施建设

构建贫困地区内联外通的交通运输通道。加快建设一批高速铁路、高速公路、高等级航道,加强与国家公路网、铁路网规划和建设的衔接,构建大别山片区、皖北地区和革命老区内联外通的交通运输主通道。加快建设旅游快速专线、城际快速通道和高速公路连接线。进一步改善淮河干流等航道通航条件,完善港口功能和设施配套。完善安庆、六安、阜阳等运输枢纽功能,提高综合运输与中转能力。支持阜阳机场由4C升级为4D改扩建工程,迁建安庆民航机场。鼓励通用航空发展,新建若干对改善片区交通条件、促进旅游资源开发以及提高应急保障能力具有重要作用的通用机场。

强化贫困地区能源保障。建设两淮大型煤炭基地,煤炭开发积极向亳州、阜阳等地区拓展,完善煤炭运输储备配送体系。加强两淮矿区煤层气抽采利用和煤矸石、煤泥等综合利用。规划、建设一批大容量高参数低能耗坑口电站,实施大中城市和产业集聚区热电联产。支持开展直供电试点,加快建设淮南至南京特高压输变电工程,加强城乡电网建设和改造升级,推进电网智能化。加快金寨抽水蓄能电站等建设,支持贫困地区小水电开发。鼓励在荒山、荒坡、荒滩等未利用地和水面建设光伏电站,支持贫困地区建设集中式光伏扶贫电站。充分利用秸秆和林木资源等,建设一批生物质能发电项目。积极开发风电,加快建设一批风电项目。推进与国家"西气东输""川气东送"主干线相连接的省内支干线管网建设,形成布局合理、安全可靠、覆盖全片区的天然气管网系统。

第二节 提升公共服务水平

深入实施民生工程,着力解决人民群众最关心最直接最现实的利益问题,进一步健全基本公共服务体系。实施学前教育行动计划、全面改善贫困地区义务教育薄弱学校基本办学条件工程、农村义务教育学生营养改善计划,推动义务教育资源向农村、贫困地区倾斜。支持建设一批高水平大学和重点学科。加强各级医院、急救中心、专科医院、社区卫生服务中心建设,推进以全科医生为重点的基层医疗卫生队伍建设,提升医疗卫生服务水平。充分挖掘历史文化资源,深入实施文化惠民工程,大力发展文化事业和文化产业。加快构建覆盖城乡的就业服务体系,大力发展职业教育和职业技能培训,做好农村贫困人口就业工作,扩大就业容量,提高就业质量。完善基本养老和基本医疗保险制度,提升社会保障能力。

第三节 加强重点区域规划实施

深入实施《大别山片区区域发展与扶贫攻坚规划(2011—2020年)》,全面落实支持片区发展的财税、金融、投资、产业、土地、生态等方面政策,切实加快大别山片区脱贫攻坚步伐。以建设淮河生态经济带、加快淮河流域综合治理与绿色发展为契机,进一步完善支持政策,推动皖北地区脱贫攻坚。推进实施《安徽省贯彻落实大别山革命老区振兴发展规划实施方案》,落实支持革命老区开发建设指导意见,深入推进革命老区振兴发展行动计划,扩大对革命老区的财政转移支付规模。

第十四章 保障措施

把脱贫攻坚作为重大政治任务和最大民生工程,按照"六看六确保"要求,创新体制机制,加大政策支持,强化组织实施,落细落准落实脱贫攻坚任务。

第一节 创新体制机制

精准扶贫机制。健全精准识别机制,严格标准、程序和监管,找准核实扶贫对象,不断完善扶贫信息,建立脱贫攻坚大数据管理平台,根据实际情况实施有进有出的动态管理。健全精准施策机制,针对贫困类型和成因,对贫困村、贫困户实行分类扶持、组合用策,切实做到资金使用精准、项目安排精准。健全精准帮扶机制,完善领导联系帮扶制度,精准选配第一书记,精准选派驻村扶贫工作队,明晰帮扶职责,不脱贫不脱钩。

监测评估机制。建立第三方评估机制,搞好制度设计,制定工作规范,明确流程、操作标准以及工作要求,监测评估到每一个贫困家庭、每一个贫困人口,实行监测评估全覆盖。在实施中,做到"严格规程、严格条件、严格培训、严格保障、严格纪律",确保监测评估客观公正、结果真实,确保真脱贫、脱真贫。

防范返贫机制。建立跟踪回访制度,对脱贫成果定期开展"回头看",对调查核实的返贫人口,及时跟进衔接措施,靶向应对,阻止返贫,做到不稳定脱贫不脱钩。不断延伸帮扶链条,积极探索大户带动贫困户的利益联结机制以及资产收益、社会养老等新型扶贫模式。精准对接贫困人口风险状况,量身定制保险产品,切实增强贫困人口的抗风险能力。更加重视教育扶贫,治穷根,坚决阻断贫困代际传递。认真做好贫困地区干部群众的宣传、教育、培训、组织工作,充分激发贫困群众内生动力。

责任落实机制。实行省、市、县、乡、村五级书记一起抓扶贫,一级抓一级,“一把手”抓“一把手”,层层签订脱贫攻坚责任书,推进责任链闭环管理、无缝对接。省委、省政府对全省脱贫攻坚工作负总责;设区市党委、政府主要负责同志是本区域内脱贫攻坚第一责任人,负直接责任;县级党委、政府承担主体责任,党政主要负责人是第一责任人,负直接责任,坚决做到不脱贫不调整、不“摘帽”不调离。乡村两级作为扶贫开发的实施主体,须把上级的决策部署理解到位、政策措施执行到位。各部门各单位主要负责同志是脱贫攻坚直接责任人,须主动履职、积极作为,认真落实“单位包村、干部包户”定点帮扶制度,做到不脱贫不脱钩、不脱贫不断线。

扶贫资金项目管理机制。完善财政专项扶贫资金和项目管理办法,优化要素配置,进一步简政放权,将扶贫资金直接安排到县级,项目审批权限一律下放到县级。坚持廉洁扶贫、阳光扶贫,加强财政监督检查和审计等工作,建立健全扶贫资金、项目信息公开机制,构建常态化、多元化资金项目监管机制。对挪用、截留扶贫项目资金的,以“零容忍”的态度发现一起、查处一起,决不姑息。

财政涉农资金整合使用机制。改革财政涉农资金管理使用机制,赋予贫困县统筹整合使用财政涉农资金的自主权。支持贫困县围绕突出问题,以摘帽销号为目标,以脱贫成效为导向,以脱贫攻坚规划为引领,以重点扶贫项目为平台,把目标相近、方向类同的涉农资金统筹整合使用,激发贫困县内生动力。各行业各部门要大力支持资金整合,把自主权下放到县级,指导县级提高管好用好扶贫资金和设计、执行扶贫项目的能力,提高扶贫项目设计与贫困人口发展需要对接的精准度。

利益联结机制。大力发展“龙头企业 + 农民合作社 + 农户”等生产经营模式,发展多种形式的土地经营权流转,探索产权制度改革,推进资源变资产、资金变股金、农民变股东“三变”改革,让贫困户通过入股分红等方式更多分享农业全产业链和全价值链的增值收益。

扶贫对象退出机制。坚持实事求是、分级负责、规范操作、正向激励,让扶贫对象按规定标准和程序精准有序退出。贫困人口脱贫审定权限在乡镇级,脱贫程序为评议公示、审定公告、备案标注、颁发脱贫光荣证。贫困村出列审定权限在县级,出列程序为村级申请、乡镇初审、县级审定、备案标注。贫困县摘帽审定权限在省级,摘帽程序为县级申请、市级初审、省级核查、审定公示、摘帽审批(对符合摘帽标准的省级贫困县,由省委、省政府审批;国家级贫困县,经国务院扶贫开发领导小组审核同意后,由省委、省政府审批)。贫困人口脱贫、贫困村出列、贫困县摘帽后,在一定时期内原有扶贫开发政策保持不变,支持力度不减,留出缓冲期,确保实现稳定脱贫。对提前摘帽的贫困县,给予一定奖励。

考核、约束和反馈机制。进一步完善贫困地区考核评价体系,创新贫困地区考核评价方式,充分发挥考核的导向作用,将考核结果与干部使用挂钩,对脱贫攻坚实绩突出的优先提拔使用,但仍要继续兼任现职,做到不脱贫不调整、不摘帽不调离;对未能完成年度脱贫攻坚目标任务的,按中央有关规定执行,并实行“一票否决”,对其党政主要负责同志进行约谈,且不予评先评优。对脱贫攻坚工作力度不大、任务完成较慢的地方和单位要约谈主要负责人,对弄虚作假搞“数字脱贫”、违反扶贫开发政策规定的要严肃追究责任。明确贫困县脱贫攻坚主体责任和党政主要负责同志任期内脱贫攻坚责任,严格控制财政资金投向城区建设的比例,严格控制楼堂馆所建设,严格控制“三公”经费,严禁享乐主义奢靡之风。坚决刹住穷县炫富之风,杜绝形象工程、面子工程。强化贫困县约束机制督查,对贫困县违反约束事项的,要严格问责,追究有关负责人和直接责任人的责任。尽快建立反应灵敏、运转高效、分级负责、协同发力的重大涉贫事件处置反馈机制,构建涉贫舆情收集平台,对重大涉贫事件,坚持早发现、早报告、早处置,及时解疑释惑、疏导情绪、引导舆论、有效应对,采取措施防止事态扩大,避免造成不良影响,对处置不力、不及时的,要追究责任、严肃处理。

第二节 加大政策支持

财政政策。加大对贫困地区一般性转移支付,省财政厅和省有关部门加大对贫困县一般性转移支付的支持力度。贫困县新增一般性转移支付资金,原则上主要用于脱贫攻坚。加大对贫困地区专项转移支付,省级按照当年地方财政收入增量的 20% 以上增列专项扶贫资金预算。省直部门分配涉及民生的专项转移支付,最大限度地向贫困地区、贫困村、贫困人口倾斜。贫困县及所在设区市,按照当年地方财政收入增量的20%以上增列专项扶贫预算;其他有扶贫开发任务的设区市、县(市、区),按照当年地方财政收入增量的10%以上增列专项扶贫资金预算。省级分配市县两级的新增地方债,优先用于脱贫攻坚。统筹扶贫资金,建立扶贫资金统筹整合清单,除各种补贴给农民个人的资金、救灾资金及其他国家规定有特殊用途的专项资金外,将中央、省、市、县四级安排的扶贫资金、各类涉及民生的专项转移支付资金、地方政府债券以及财政撬动的社会资金等各类资金,捆绑集中使用,全部纳入整合范围。充分发挥财政资金引导作用,撬动金融资金、社会资本参与脱贫攻坚。

投资政策。积极争取增加贫困地区中央基础设施建设投资规模、提高补助标准,完善补助方式。下放项目审批权限,优化审批流程。严格落实国家在贫困地区安排的公益性建设项目取消县级配套资金的政策。统筹可支配财力,加大对贫困地区投入力度。在脱贫攻坚中推广政府与社会资本合作、政府购买服务等模式。

土地政策。支持贫困地区根据第二次全国土地调查及最新年度变更调查成果,调整完善土地利用总体规划。新增建设用地计划指标优先保障脱贫攻坚用地需要,专项安排国家级和省级贫困县年度新增建设用地计划指标,用于脱贫攻坚。安排土地整治工程和项目、分配下达高标准基本农田建设计划和补助资金时,向贫困地区倾斜。加大增减挂钩推动扶贫开发及易地扶贫搬迁力度,允许国家级贫困县将增减挂钩节余指标在省域范围内流转使用。争取国家在我省贫困地区开展国土资源管理制度改革试点,开展历史遗留工矿废弃地复垦利用等未利用地开发利用试点。

干部人才政策。切实加强贫困地区干部队伍建设,重点加强县级党委和政府脱贫攻坚领导能力建设,改进县级干部选拔任用机制,可以对贫困县党政主要领导实行省直管直派。把脱贫攻坚工作实绩作为选拔使用干部的重要依据,对表现优秀、符合条件的可以就地提级。加大选派优秀年轻干部特别是后备干部到贫困地区工作的力度,有计划地选派后备干部到贫困县或扶贫开发任务重的乡镇挂职任职。把扶贫开发与基层组织建设结合起来,抓好以村党组织为核心的村级组织建设,选好配强村级领导班子,鼓励和选派思想好、作风好、能力强、真心为群众服务的优秀年轻干部、退伍军人、高校毕业生到贫困村工作,精准选配第一书记,精准选派驻村扶贫工作队。改进贫困地区基层公务员考录工作和有关人员职业资格考试工作,研究提出倾斜性政策意见。加大贫困地区干部教育培训力度。研究制定引导人才向基层和艰苦地区流动的激励政策,在待遇、职称、津贴、选拔任用等方面给予倾斜,切实解决实际困难。在贫困县工作的专业技术人员,在职称、待遇方面实施倾斜政策。鼓励高校应届毕业生到贫困地区就业创业。

第三节　强化组织实施

明确责任分工。实行"中央统筹、省负总责、市县抓落实,工作到村、帮扶到户"的工作机制。省发展改革委会同省扶贫办负责规划的组织实施、统筹协调与监测评估等工作。各有关部门按照职责,制定脱贫攻坚行业规划、行动计划或实施方案,出台相关配套支持政策,向扶贫投入更多力量和资源,并负责推进落实,同时加强规划实施的业务指导和督促检查。省级负责组织指导制定省级及以下脱贫攻坚规划,为规划实施提供组织保障、政策保障、资金保障和干部人才保障,并做好监督考核。县级党委和政府负责规划的组织实施工作,并对规划实施效果负总责。市级党委和政府做好上下衔接、域内协调和督促检查等工作。

加强扶贫机构和队伍建设。切实加强省、市、县三级扶贫机构和队伍建设,有扶贫开发任务的市、县(市、区)扶贫部门独立设置,有扶贫开发任务的乡镇设扶贫工作站,有扶贫开发任务的村设扶贫专干,保障工作经费,确保扶贫工作有效开展;把贫困地区干部和扶贫系统干部培训纳入各级党政干部培训计划。

强化具体实施。依托脱贫攻坚大数据管理平台,定期开展规划实施情况动态监测和评估工作。监测评估结果是脱贫攻坚工作成效考核的重要依据,应及时向省政府报告。本规划确定的约束性指标以及重大工程、重大项目、重大政策和重要改革任务,要明确责任主体、实施进度要求。对纳入本规划的重大工程项目,简化审批核准程序,优先保障规划选址、土地供应和融资安排,实行定期点评通报,确保如期完成。

附件略

安徽省人民政府办公厅关于进一步规范省级预算管理有关工作的意见

（皖政办〔2017〕9 号）

省政府各部门、各直属机构：

为认真贯彻执行《中华人民共和国预算法》，进一步规范省级预算支出管理，切实提高政府工作效能和财政资金使用效益，经省政府同意，现就省级预算管理有关工作事项提出以下意见：

一、凡经省人民代表大会批准的省级预算项目，由省直各部门按批准预算执行，省政府不再研究。

二、按照《中华人民共和国预算法》规定，因增加或减少预算总支出、调入预算稳定调节基金、调减预算安排重点支出数额、增加举借政府债务数额等四种情况，由省财政厅编制预算调整方案，经省政府常务会议审定后，提请省人民代表大会常务委员会审查和批准。

年度预算执行中，无大事、急事、要事原则上不办理预算追加；为落实党中央、国务院和省委、省政府重大决策部署，必须追加预算的，由省财政厅按照预算管理程序办理，原则上每年 7 月、11 月编制省级预算调整方案，经省政府常务会议研究后，按规定提请省人民代表大会常务委员会审查和批准。

三、按照《中华人民共和国预算法》规定，年度预算执行中，由于发生自然灾害等突发事件，急需动支省长预备费的，由省长审定执行，报省政府常务会议备案；其他需要动支省长预备费的，由省政府常务会议审定后执行。

本意见自印发之日起执行。省政府或省政府办公厅有关预算管理文件规定与本意见上述内容相抵触的，按照本意见执行。

安徽省人民政府办公厅关于印发安徽省脱贫攻坚期产业精准扶贫规划的通知

（皖政办秘〔2017〕33 号）

各市、县人民政府，省政府各部门、各直属机构：

经省政府同意，现将省农委、省扶贫办《安徽省脱贫攻坚期产业精准扶贫规划》印发给你们，请结合实际贯彻执行。

安徽省脱贫攻坚期产业精准扶贫规划

产业是发展的根基，脱贫的主要依托。产业精准扶贫是如期实现脱贫目标的重要举措，是其他扶贫措施取得实效的重要支撑，也是实现贫困人口持续稳定脱贫的根本途径。为贯彻落实《农业部等九部门关于印发贫困地区发展特色产业促进精准脱贫指导意见的通知》《中共安徽省委安徽省人民政府关于坚决打赢脱贫攻坚战的决定》和《安徽省“十三五”脱贫攻坚规划》，扎实推进全省产业精准扶贫工作，特编制本规划。

一、产业精准扶贫现状

2011 年国家实施新一轮扶贫开发以来，省委、省政府深入贯彻落实党中央国务院脱贫攻坚重大战略部署和要求，创新扶贫开发工作机制，着力推进产业精准扶贫，形成了良好开局。扶贫产业体系初步形成。基本形成以特色粮油、蔬菜、茶叶、林特、水果、中药材、畜禽、渔业、光伏、休闲农业和乡村旅游等为主导的扶贫产业体系。新型农业经营主体带动力逐步增强。贫困地区大批能人返乡创新创业，合作社、家庭农场等新型农业经营主体不断涌现，探索形成股份合作、订单帮扶等多种利益联结机制，带动贫困户脱贫致富。产业扶贫融资渠道加速拓宽。深化扶贫项目贴息贷款管理体制改革，推广小额到户扶贫贴息贷款，创新扶贫再贷款政策，启动“惠农兴业”农户扶贫贷款项目，构建“三位一体”的保险扶贫模式。产业扶贫体制机制不断创新。出台《关于特色种养业扶贫工程的实施意见》，各地加快产业扶贫规划编制，建成建档立卡贫困户数据库，逐户制定脱贫计划和帮扶措施，将产业发展落实到户，实现贫困人口与产业精准对接。贫困地区居民收入持续较快增长。2015 年，全省 20 个国家级贫困县农民人均可支配收入达 8951.6 元，比 2011 年的 5196.0 元增加 3755.6 元，增长 72.3%，年均增幅达 14.9%，高于全省平均水平 1.5 个百分点。

推进脱贫攻坚期产业精准扶贫，既充满机遇，又面临新的挑战。

从机遇看：政策支持力度前所未有。产业精准扶贫顶层设计清晰明确,各级相关配套政策全面出台,将项目和资金最大限度向贫困地区倾斜,为产业精准扶贫提供有利的政策环境。外部拉动更加强劲。全省经济总量将不断扩大,综合实力持续增强,以及新型城镇化的加速推进,以工促农、以城带乡政策的深入实施,为产业精准扶贫提供强劲拉动力。市场需求不断扩大。主动适应消费需求结构升级发展新趋势,积极发展特色农产品生产和加工,加速拓展农业多种功能,不断发展新型业态,为产业精准扶贫提供巨大市场空间。扶贫工作机制逐步完善。各地基本建立精准扶贫精准脱贫、扶贫资金项目管理、脱贫攻坚考核等机制,搭建各主体广泛参与的产业精准扶贫合作平台,为产业精准扶贫提供强劲驱动力。

从挑战看:扶贫产业选择难层次低。贫困地区农业生产规模小,经营分散,高端、特色、高效、绿色农产品少,品牌多而杂,扶贫产业主要集中在生产环节,加工、储藏、流通等环节依然薄弱,精准选择扶贫产业和提升产业竞争力任务艰巨。新型经营主体带动力仍然较弱。新型农业经营主体承担产业扶贫项目和带动贫困户脱贫积极性不高,与贫困户间的风险与利益分配不均衡,联结方式相对单一,提高新型经营主体带动力任务艰巨。扶贫产业支撑体系不健全。缺乏扶贫产业所需的新品种、新技术,针对贫困户的培训不足,市场体系建设落后,基础设施依然薄弱,产业发展用地难,提高扶贫产业可持续发展水平任务艰巨。资金供求结构性矛盾突出。贫困地区各类经营主体资金需求旺盛,但由于缺少担保抵押等原因,普遍面临贷款难、贷款贵、期限短等问题,有效满足经营主体资金需求任务艰巨。

综合判断,推进我省产业精准扶贫工作虽然面临不少挑战,但总体上机遇大于挑战,处于大有作为的重要机遇期。面对新形势,应对新挑战,要坚持问题导向,齐心协力、主动担当,扎实推进产业精准扶贫工作,坚决打赢产业精准脱贫攻坚战。

二、指导思想、基本原则和目标任务

(一)指导思想。

全面贯彻党的十八大和十八届三中、四中、五中、六中全会精神,深入贯彻习近平总书记系列重要讲话特别是视察安徽重要讲话精神,统筹推进"五位一体"总体布局,协调推进"四个全面"战略布局,牢固树立并切实贯彻创新、协调、绿色、开放、共享的发展理念,以推进贫困地区供给侧结构性改革为主线,以全面实施"五大发展行动"为总抓手,以促进建档立卡贫困人口增收脱贫为核心,发挥新型农业经营主体带动作用,加大财政投入和金融支持力度,加快培育一批能带动贫困户长期稳定增收的优势特色产业,努力实现贫困人口脱贫致富。

(二)基本原则。

——坚持因地制宜,产业精准。综合考虑贫困地区资源优势、产业基础、市场需求、技术支撑等因素,立足资源环境承载力,选准产业,优化布局,合理确定扶贫产业发展方向、重点和规模,提高产业发展的持续性和有效性。

——坚持科学设计,项目精准。整合资金、技术等要素资源,着力关键环节,注重贫困户的参与度,兼顾长期效益和短期收益,科学设计项目,找准项目实施与贫困户受益的结合点,构建有效的利益联结机制。

——坚持聚力到户,受益精准。瞄准建档立卡贫困户,加大政府支持,加强社会动员,调动贫困人口积极性,凝聚合力,加快推动产业发展,将建档立卡贫困户长期、稳定受益作为产业帮扶边界,防止在实施中走样。

——坚持市场导向,效益精准。充分发挥市场在资源配置中的决定性作用,尊重新型农业经营主体和贫困户的市场主体地位和经营决策权,依据市场需求确定发展思路,确保产业发展效益精准,扶贫对象持续受益。

——坚持保护生态,绿色发展。牢固树立绿色发展理念,以农业资源环境承载力为基准,走资源节约、环境友好、技术先进的现代农业发展道路,实现贫困地区生产、生活、生态协调兼顾。

(三)目标任务。

贫困县统筹整合资金,在符合规定的条件下,优先用于扶持产业发展。经过脱贫攻坚,全省贫困地区特色粮油、蔬菜、茶叶、林特、水果、中药材、畜禽、渔业、休闲农业和乡村旅游、光伏等十大主导产业明显发展壮大,利益联结机制不断完善;每个贫困县发展一批脱贫带动能力强的特色产业基地,重点贫困县基本建成具有当地特色的支柱产业体系;重点贫困村至少发展1项特色产业,贫困地区每个有劳动能力的贫困家庭至少能从事1项特色种养业;通过产业扶贫带动贫困人口脱贫比重达51.8%,专业大户、家庭农场、龙头企业等新型农业经营主体带动比例不低于70%；贫困县农民人均可支配收入增长幅度高于全省平均水平，通过产业发展力争使贫困人口每年人均增收达到千元以上。

三、区域布局与产业发展

（一）区域布局。

综合考虑全省贫困地区资源禀赋、产业基础、生态环境等各种因素，按照宜农则农、宜牧则牧、宜渔则渔、宜林则林的要求，着力构建皖北平原区、沿淮湖洼区、江淮丘陵区、皖西大别山区、沿江平原区和皖南山区等六大产业精准扶贫区域新格局。

——皖北平原区。皖北平原贫困地区要以建设皖北四化协调先行区为契机，加快转变农业生产方式，加强农业基础设施建设，推进农业规模化、集约化、标准化经营，重点发展优质专用小麦、玉米、薯类、大豆、花生、肉牛、肉羊、生猪、禽类、蔬菜、水果、林特、中药材、休闲农业和乡村旅游、光伏等特色主导产业，构建粮饲兼顾、农牧结合、循环发展的新型种养结构，支持贫困地区建设一批农产品生产、加工基地，带动贫困人口脱贫致富。

——沿淮湖洼区。沿淮湖洼贫困地区要充分发挥沿淮特有的生态资源优势，加强低洼地综合治理，以生态农业为重点，大力发展具有沿淮特色的现代适应性农业，重点发展优质水稻、优质专用小麦、大豆、水果、水生蔬菜、水产、水禽、杞柳、休闲农业和乡村旅游、光伏等特色主导产业，构建各具特色的适应性农业发展新模式，延长产业链，支持贫困地区打造沿淮适应性加工产业，带动贫困人口脱贫致富。

——江淮丘陵区。江淮丘陵贫困地区要发挥合肥都市圈现代农业先行区优势，加强江淮分水岭综合治理，强化农田水利基础设施建设，大力发展设施农业、生态农业、精品农业，重点发展优质水稻、杂粮、蔬菜、禽类、生猪、水产、水果、林特、休闲农业和乡村旅游、光伏等特色主导产业，支持贫困地区加快农产品精深加工和现代物流体系建设，带动贫困人口脱贫致富。

——皖西大别山区。皖西大别山贫困地区要加大基础设施建设力度，强化生态环境保护，进一步改善生产生活条件，大力发展特色生态农业，打造山区特色生态农业样板区，重点培育高山蔬菜、高山有机米、茶叶、林特、中药材、特色畜禽、水产、休闲农业和乡村旅游、光伏等特色主导产业，带动贫困人口脱贫致富。

——沿江平原区。沿江平原贫困地区要综合利用长江沿线农业资源，加强水利建设和生态保护，大力发展生态高效农业，重点培育优质水稻、油菜、蔬菜、畜禽、水产、休闲农业和乡村旅游、光伏等特色主导产业，积极推广稻鳖共生、稻虾蟹共养等生态种养模式，支持贫困地区打造一批面向长三角的农产品生产、加工基地，带动贫困人口脱贫致富。

——皖南山区。皖南贫困地区要以高水平建设皖南国际文化旅游示范区为契机，大力发展全域旅游，加快完善基础设施，改善提升旅游环境，重点培育特色水稻、高山蔬菜、茶叶、林特、水果、畜禽、水产、蚕桑、休闲农业和乡村旅游、光伏等特色主导产业，推动农旅融合，带动贫困人口脱贫致富。

（二）产业发展。

加快培育特色粮油、蔬菜、茶叶、林特、水果、中药材、畜禽、渔业、休闲农业和乡村旅游、光伏等十大主导产业，大力发展农产品加工业和相关服务业，推进农村一二三产业融合发展，形成主业突出、多业并举、各具特色的产业精准扶贫发展格局。

——特色粮油产业。重点发展优质特色品牌粮油，支持贫困村、贫困户发展具有地方特色的小宗品种，加快市场化、规模化进程。开展专用品牌粮食试点，完善专用粮食绿色生产技术推广与服务体系。支持粮食专业村实施“双千工程”，积极推广生态种养模式，支持粮食专业村实行农牧结合、以种定养发展青贮玉米和优质饲草。在绿色增产关键技术物化补贴上给予重点倾斜。支持贫困地区加快完善粮油烘干、仓储、加工设施，建立优质粮油产品精深加工体系，构建粮油营销网络，打造区域特色粮油品牌。

——蔬菜产业。重点发展高山有机蔬菜、水生蔬菜和特种养生菜等蔬菜品种，充分利用农作物秸秆和林木资源，大力发展食用菌生产，努力拓宽市场渠道，提高种植效益。改善贫困地区蔬菜生产设施条件，鼓励有条件的贫困村发展日光温室、大棚等设施蔬菜。对于贫困地区蔬菜生产专业村、带动贫困户发展蔬菜生产和就业的新型农业经营主体，优先安排实施蔬菜标准园项目。支持新型农业经营主体加快推进蔬菜贮藏、保鲜等体系建设，完善蔬菜批发和零售网络，逐步形成连接省内、辐射全国的蔬菜销售和信息服务网络。

——茶叶产业。重点发展皖南和皖西大别山区茶叶生产,扶持有条件的贫困地区围绕茶产业发展休闲农业与乡村旅游。在茶叶主产县贫困村优先安排茶产业绿色增长模式攻关示范。支持推广无性系茶园,开展低产茶园综合治理,实施茶园绿色防控,优先支持茶叶标准园创建。引进茶叶清洁化加工设备及其配套技术,改造厂房和加工环境,发展绿茶和红茶精深加工,开发茶叶多功能性。构建茶叶产地交易市场和电子商务平台,实施品牌发展战略,提升茶叶在国内外的知名度。

——林特产业。重点发展油茶、山核桃、板栗、香榧等主要木本油料与坚果产业,积极发展笋用竹产业、苗木花卉产业、蚕桑产业及林下养殖、林下种植、林下食(药)用菌培植等林下经济,在有条件的贫困地区发展柳编、构树、瓜蒌等产业。在贫困地区开展林特产品标准化示范,推广名优品种和适用技术,培育一批特色明显、类型多样、竞争力强的林特产品专业村。重点支持贫困地区建立特色经济林基地,发展特色林产品加工,延伸林特产业链,打造知名林特产品品牌。完善市场体系,利用已组建的省及地方各级木本油料产业协会,构建市场信息平台。

——水果产业。重点发展梨、苹果、葡萄、石榴等传统水果,积极发展桃、杏、枣、草莓、蓝莓、樱桃、枇杷等特色水果。在贫困地区重点开展技术培训与服务,推广适用新技术、新品种。加强果品仓储、流通、加工等产业基础设施建设,延伸水果产业链条,提高水果种植效益。重点扶持带动能力强的果品加工龙头企业建设保鲜贮藏库和分级加工生产线。支持企业采取零售终端、与国内知名销售集团合作、网上销售等渠道打开销售市场。

——中药材产业。重点发展皖北地区、大别山区和皖南山区中药材生产,鼓励中药材生产和加工企业在贫困地区建设稳定、可控的中药材基地,扶持龙头企业在做大做强中药饮片、中药提取物和中成药等主导产业的同时,积极向食品、保健品等领域延伸,培育壮大集种植收购、生产加工、物流配送一体化的现代中药材龙头企业。依托皖籍中药材文化资源,打造中医药文化品牌,发展中药文化特色旅游,带动贫困村、贫困户增收致富。

——畜禽产业。重点发展生猪、家禽、牛羊养殖和兔、蜂等特色品种养殖,充分利用皖北秸秆资源优势和皖南、皖西南草场资源优势发展肉牛、肉羊养殖。支持畜禽养殖专业村推广绿色低碳循环养殖模式,重点支持畜禽养殖专业村推进村内农作物秸秆和畜禽粪污资源化利用。引导粮食生产专业村发展畜禽养殖,构建种养结合生态循环。生猪大县奖励资金要加大对贫困地区生猪养殖专业村支持。畜禽标准化养殖项目、肉牛基础母牛扩群增量补贴、生猪良种补贴、肉牛良种补贴、奶牛良种补贴、农村沼气建设项目等,优先安排在畜禽养殖专业村。

——渔业产业。重点发展鲢鱼、鳙鱼等滤食性鱼类生产,大力发展洁水型增殖放流和特色有机鱼产业,扩大山区特有鱼类和名特优品种的生产规模,在有条件的贫困地区发展休闲渔业。支持水面资源条件较好的贫困村发展大水面生态友好型渔业,科学确定品种结构和密度,在渔业资源人工增殖放流、水产种质资源保护区建设专项资金上给予倾斜安排。支持有条件的贫困村开展池塘标准化健康养殖,优先安排渔业标准化健康养殖项目、渔业财政项目实施池塘标准化改造,完善健康养殖配套设施。

——休闲农业和乡村旅游产业。重点在水果、茶叶、渔业、林业、人文历史等特色资源丰富和生态优美的贫困村,以及城市、名胜景区、自然生态区、森林公园周边的贫困村发展休闲农业、森林生态旅游。指导专业村兴办农家乐、开心农场、开心菜园、采摘园、休闲垂钓基地等,兴建森林旅游景区(点),创建“森林旅游人家”。支持专业村休闲农业、森林旅游基础设施以及道路交通建设,兴建垃圾污水无害化处理等设施。深度开发休闲农业特色商品,大力发展智慧休闲农业,延长产业链条。推进政府营销与休闲农业组织营销相结合、休闲农业与旅游景区营销相结合。积极打造“一乡一节,一品一节”的新格局,提升休闲农业和乡村旅游的影响力。加强休闲农业、森林旅游从业人员培训,将休闲农业、森林旅游讲解员、导览员纳入职业技能培训体系。

——光伏产业。大力推进贫困村和贫困户发展光伏产业,重点扶持大别山片区县、国家和省扶贫开发工作重点县实施。支持无集体经济收入或集体经济薄弱、资源缺乏的贫困村以及无劳动力、无资源、无稳定收入来源的贫困户优先开展光伏扶贫。按照省级补助、县(市、区)安排、贫困户自筹的方式落实贫困户光伏电站建设资金。采取县(市、区)财政专项扶贫资金安排、小额扶贫贴息贷款等途径,解决贫困村村级光伏电站建设资金。村级集中模式光伏扶贫发电站由当地政府委托相关部门提供定期巡检等技术服务,产生的人工等成本费用、材料等硬件费用由相关部门负责落实,户用电站资产收益用于保证贫困户可支配收入。

四、产业扶贫机制与模式

(一)建立产业扶贫机制。

产业精准扶贫要找准产业发展与贫困户增收结合点,建立产业选择、主体带动、利益联结和金融帮扶等产业精准扶贫各环节联结机制,确保贫困户精准受益。

——产业选择机制。依托主导产业,发挥当地主导产业优势,选择适合贫困户脱贫产业,将精准扶贫与主导产业发展相结合,提高扶贫产业发展水平,带动贫困村户脱贫。依托特色资源,发挥贫困地区资源优势,变特色资源为经济效益,带动贫困村户脱贫。依托新型业态,通过发展乡村旅游、农村电商等新型业态,解决贫困地区信息闭塞、产品销售不畅难题,带动贫困地区脱贫致富。

——主体带动机制。发挥能人带动,鼓励返乡能人因地制宜发展产业,吸纳贫困户耕地、劳动力等资源,构建与贫困户利益共同体。发挥企业带动,通过招商引资、村企共建等方式,引导龙头企业在贫困地区投资,建设生产加工基地,带动当地资源开发和贫困人口就业。发挥合作社带动,通过产业合作、股份合作、资金互助等方式,组织贫困地区各类资源要素,推进生产经营的规模化、标准化,提高贫困户与企业和市场的对接能力。发挥集体经济组织带动作用,利用村集体在精准识别贫困户、产业选择和市场服务的优势,将产业扶贫与壮大集体经济有效组合,带动贫困户增收。发挥园区带动,依托各类现代农业园区载体发展特色产业,形成"园区+新型经营主体+贫困户"的产业扶贫综合体。

——利益联结机制。利用股份合作模式,将贫困户可入股经营的资产入股给新型经营主体统一经营,获得分红收益;农村土地承包经营权、财政资金投入形成的项目资产,折股量化给贫困村和贫困户;集体所有的经营性资产折价入股,贫困户享受集体收益分配权。利用订单模式,引导贫困户与新型主体签订合同,按照合同要求进行生产,产品由新型经营主体按照合同保底收购。利用托管模式,政府以购买服务的形式,将国家给予贫困户的扶持资金、土地、牲畜等直接委托给有帮扶意愿和能力的新型经营主体,获得约定收益。利用务工模式,贫困户根据时间、劳动力等,自主到附近产业基地务工,获取稳定收入。

——金融帮扶机制。利用信贷扶贫,大力推进扶贫小额信贷,降低融资成本,壮大政策性融资担保机构,推广新型政银担合作机制。利用基金扶贫,设立扶贫小额贷款风险补偿基金,金融机构对建档立卡贫困户发放精准扶贫小额信用贷款提供风险补偿。建立村级扶贫互助担保基金,贫困县村级扶贫互助社与金融机构合作建立扶贫互助担保基金。利用农业保险扶贫,根据产业发展需要,扩大保险范围,开发保险新品种,提高贫困主体的抗风险能力,财政对农业保险给予保费补贴。

(二)推广产业扶贫模式。

要在产业扶贫实践中,总结推广一批可复制的成功范例,因地制宜选择产业扶贫路径,鼓励各地探索一批有效的产业精准扶贫模式,增强产业精准扶贫、精准脱贫的实效性。目前主要的模式有:

——"主导产业+龙头企业+合作社+订单帮扶+扶贫金融"模式。该模式适用于主导产业相对成熟、产业链完善的贫困地区。龙头企业与合作社、贫困户建立合作关系,发展订单农业。龙头企业负责制定生产计划和技术规程,按协议价收购农产品,开展加工增值、销售和品牌打造,并根据带动贫困户数量获得贷款资金和扶贫资金。合作社流转贫困户土地统一经营,或组织贫困户生产,并提供农资、技术、农机等服务,贫困户获得产品销售收益、扶贫资金入股分红和土地出租收益。

——"返乡能人+土地入股+小额贷款"模式。该模式适用于资源相对不足、尚未形成主导产业,但有一批返乡能人的贫困地区。通过优惠政策,吸引能人返乡创业,支持能人根据市场需求自主选择产业。支持能人建设产业基地,贫困户以土地经营权入股,由能人统一经营,贫困户在基地就业,并获得入股分红和务工收入。贫困户所获扶贫贴息小额贷款可入股到生产基地,能人负责到期偿还贷款,并按照约定向贫困户支付资金入股分红。

——"特色资源+合作组织+担保+保险"模式。该模式适用于拥有特色农产品、旅游资源等特色资源的贫困地区。政府出台扶持政策,引导贫困村、贫困户成立合作组织,开发特色资源,贫困户在合作组织指导下开展生产经营。财政出资组建扶贫担保机构,按照一定比例撬动银行向合作组织贷款,合作组织统一承接、使用、管理和偿还贷款。贷款折股量化到贫困户,并入股到特色产业项目,贫困户按约定获得分红收益。政府与保险公司合作,向合作组织提供农业保险,财政给予一定补贴。

——“龙头企业+融资平台+政策性银行+入股分红”模式。该模式适用于拥有带动能力强的大型龙头企业的贫困地区。政府整合各类扶贫资金,组建产业扶贫融资平台,扶贫资金精准量化到贫困户。融资平台以一定比例撬动政策性银行提供长期、低息贷款,贷款主要用于形成经营性资产。融资平台与龙头企业签订合作协议,资产租赁给龙头企业,龙头企业每年向融资平台支付租金,租金在偿还贷款利息后,按股向贫困户分红。合同期满后,形成的资产交由融资平台,贫困户继续享受分红收益。

五、政策保障

(一)加大产业扶贫投入力度。

加强项目资金整合,以贫困县为主体,统筹整合各级财政涉农资金,支持贫困地区农业基础设施建设和产业发展,建立协调机制,加强指导和监管。聚集产业发展,创新财政投入机制,对纳入统筹整合财政涉农资金范围的重点贫困县,资金项目审批权限完全下放到县。加大倾斜支持力度,各级安排项目资金时,要给予贫困县、贫困村、贫困户、带动贫困人口的新型农业经营主体优先或倾斜安排。

(二)创新金融扶持政策。

鼓励各类金融机构加大对贫困地区产业扶贫的金融支持,搭建农户融资平台。通过建立落实税收优惠、贴息支持、财政奖补及过桥资金、融资担保、风险补偿等机制,鼓励金融机构创新金融扶贫产品和服务,引导更多信贷和社会资金投向扶贫产业。支持贫困地区设立扶贫贷款风险补偿基金。鼓励农业银行、农商行、邮储银行及村镇银行等金融机构为评级授信贫困户提供5万元以内、3年以下免抵押、免担保扶贫小额贴息贷款支持。

(三)提高农业保险保障水平。

因地制宜开发保险产品,探索开展价格保险、指数保险、收入保险、气象保险等试点,通过保费补贴、以奖代补等方式予以政策支持。加强贫困地区农业保险基层服务体系建设,鼓励保险机构设立基层服务网点,积极发展扶贫小额信贷保证保险。鼓励开展光伏扶贫保险项目试点,通过财政补贴以及光伏企业补贴等方式为参保农户提高政策支持。提高保险公司理赔工作效率,及时开展接报案、查勘定损和赔款支付工作。

(四)完善农业用地政策。

新增建设用地计划指标优先保障扶贫开发用地需要,专项安排国家和省级扶贫开发工作重点县年度新增建设用地计划指标。加大贫困地区休闲农业、农产品产地初加工等用地保障,支持通过开发荒山、荒地、荒滩发展休闲农业。鼓励贫困户依法采取转包、出租、互换、转让及入股等方式流转承包地。支持贫困户以土地承包经营权入股形式与其他农户组建农民合作社,按规定分红。在贫困户自愿的基础上,鼓励流入方优先流转贫困户的土地。

(五)强化科技和人才支撑。

建立农技服务精准到户机制,加强建档立卡贫困户技能培训和市场信息服务。创新扶贫产业科技推广体系,鼓励农业科研单位、涉农企业、技术团体与贫困地区各类新型经营主体合作对接。培养一批懂技术、会经营、能带领贫困户脱贫致富的带头人。引导贫困地区农民工返乡创业,在规划选项、技术服务、市场销售等方面给予重点指导。加大支持农民创新创业政策推进落实力度,鼓励有劳动能力的贫困农民通过创业脱贫致富。

六、组织实施

(一)加强组织领导。

建立健全产业精准扶贫规划实施协调机制,各地要成立产业精准扶贫工作领导小组,制定县级产业精准扶贫规划,强化主体责任,建立党委政府主导,农业、扶贫、发展改革、财政、林业、商务、旅游、金融等部门分工负责的产业精准扶贫工作机制。

(二)加强进展调度。

依托精准扶贫大数据平台,建立建档立卡贫困户参与产业脱贫信息报送制度,动态跟踪、及时更新产业扶贫信息,实施精准化管理,提高透明度,会同有关部门建立工作调度制度,快速准确地掌握分析产业扶贫实施情况和工作成效。

(三)加强示范推广。

总结一批可复制、可推广、服水土、接地气的优秀范例,办好产业扶贫现场观摩,切实发挥典型引路作用。各地根据具体情况和需求因地制宜、因村因户提出可操作、有实效的具体方式方法,灵活选择、有机组合产业精准扶贫模式。

(四)加强评估考核。

将产业精准扶贫工作纳入省对各市、县政府脱贫攻坚工作成效考核,省扶贫开发领导小组要组织开展联合督查,有关单位要组织行业督查,扶贫、发展改革、财政、审计等部门以及各资金使用管理部门要加强对产业精准扶贫相关资金的监督检查。

安徽省人民政府办公厅关于完善支持政策促进农民持续增收的实施意见

(皖政办〔2017〕48 号)

各市、县人民政府,省政府各部门、各直属机构:

为强化农民增收政策支持,力争到2020年全省农村常住居民人均可支配收入达到全国平均水平,根据《国务院办公厅关于完善支持政策促进农民持续增收的若干意见》(国办发〔2016〕87 号)精神,经省政府同意,提出如下实施意见。

一、完善农业支持保护制度,夯实农民增收基础

(一)加大农业基础设施投入。坚持把农业农村作为各级财政支出的优先保障领域,固定资产投资重点投向农业基础设施建设。统筹建设资金,协调推进高标准农田建设,到2020年,全省建成高标准农田4670万亩,亩均粮食综合生产能力提高100公斤、节本增效270元。继续加强农田水利建设,重点解决农田水利“最后一公里”问题。加强防洪减灾、农业科技、粮食仓储物流和粮食产后服务中心等基础设施建设。以“三河一湖一园一区”生态文明示范创建为引领,组织实施山水林田湖生态保护和修复工程。有序推进新一轮农村电网改造升级工程。(省发展改革委、省财政厅、省国土资源厅、省农委、省水利厅、省林业厅、省粮食局等负责)

(二)强化金融支农服务。强化金融机构激励约束机制,鼓励其扩展“三农”业务,推动大中型银行重心下沉,推进服务网络及业务向县区延伸。创新村镇银行设立模式,强化农村商业银行支农作用,规范发展农村资金互助组织,稳妥开展农民合作社内部信用合作试点。鼓励金融机构利用互联网技术,为农业经营主体提供小额存贷款、支付结算和保险等金融服务。支持金融机构开展订单、仓单、保单和应收账款质押融资业务。扎实开展信用户、信用村、信用乡镇创建和金融生态环境评价活动。深入开展农村承包土地的经营权和农民住房财产权抵押贷款试点,积极开展大型农机具、农业生产设施抵押贷款。加快农村各类资源资产权属认定,推动部门确权信息与银行业金融机构联网共享。综合运用财政税收、货币信贷、金融监管等政策措施,推动金融资源向“三农”倾斜,确保农业信贷规模持续增加、贷款比重不降低。(省政府金融办、人行合肥中心支行、安徽银监局、安徽证监局、省农委、省林业厅等负责)

(三)创新农业保险产品。进一步提标扩面增品、降低门槛、优化服务,完善我省农业保险制度。在稳定发展政策性农业保险基础上,积极支持商业性农业保险健康发展,引入适度竞争机制,构建良性市场格局。继续落实好皖北地区产粮大县粮食作物保险省级以上财政差别化保费补贴政策。支持开展主要粮食作物补充性商业保险。扩大森林保险、育肥猪保险和水产养殖保险试点,开展“商品林政策性保险 + 商业保险”模式试点,推进农机具、家禽、肉牛羊和制种等保险试点。建立政策性保险保额动态调整机制,适时调整保险保额标准。探索开展农产品目标价格、收入指数保险试点。继续开展“保险 + 期货”试点。继续实施特色农业保险省级财政以奖代补政策。鼓励开展多种形式的互助合作保险。大力推动地方发展特色保险,丰富保险品种,有效扩大保险覆盖面。推动土地确权成果与农业保险农户信息共享,优化理赔操作程序,提高理赔的精准性、便利性。经过3—5年努力,实现农业保险覆盖农业自然风险和市场经营风险,基本满足各类新型农业经营主体综合保险需求。(安徽保监局、省财政厅、省政府金融办、省农委、省林业厅等负责)

(四)探索财政撬动金融支农新机制。综合运用奖励、补贴、税收优惠等政策工具,加大对“三农”金融服务的政策支持,重点支持发展农户小额贷款、新型农业经营主体贷款、种养业贷款、粮食市场化收购贷款、农业产业链贷款、大宗农产品保险、林权抵押贷款等。落实县域金融机构涉农贷款增量奖励和农村金融机构定向费用补贴政策。加快全省农业信贷担保体系建设,推进省农业信贷担保业务向县延伸。全面推进农业信贷担保“劝耕贷”模式,持续开展新型政银担合作。创新财政资金使用方式,实施好新型农业经营主体融资风险补偿试点项目。探索“财政补助、农户自缴、社会帮扶”等模式,引导成立多种形式的农民资金互助组织,有效提升小额信贷可得性。加快设立省级政府引导基金,支持组建农业产业投资基金,鼓励社会资本投资农业私募股权投资基金和农业科技创业投资基金。(省财政厅、人行合肥中心分行、安徽银监局、安徽证监局、安徽保监局、省政府金融办、省农委、省林业厅、省粮食局等负责)

二、调整优化结构,挖掘农业内部增收潜力

(五)完善农业结构调整政策。按照稳粮、优经、扩饲的要求,加快农业结构调整,到2020年,全省牧业、渔业产值占农林牧渔业产值比重分别调整到29%和10%。推进园艺作物、畜禽水产养殖、屠宰标准化创建,到2020年,全省畜禽养殖规模化率达到75%,水产健康养殖示范面积比重达到65%。加快推广节水、节肥、节药技术设备,推进化肥减量提效、农药减量控害。开展主要农作物生产全程机械化推进行动,打造农机农艺农信融合示范应用平台。到2020年,全省建设1000个综合性全程农事服务中心,农业科技进步贡献率达到65%以上,主要农作物耕种收综合机械化率达到80%。深入实施"放心粮油"和"主食厨房"工程,到2020年,建成2400个"放心粮油"供应网点和1200个"主食厨房"直营店。开展"绿色皖农"品牌培育计划,支持新型农业经营主体发展"三品一标"农产品,积极培育知名农业品牌。实施种养业废弃物资源化利用、无害化处理区域示范工程,加快推进秸秆综合利用产业化进程,到2020年,全省农作物秸秆综合利用率达90%以上,养殖废弃物综合利用率达70%以上。加强农产品成本调查和价格监测分析,认真落实粮食最低收购价政策。(省农委、省水利厅、省林业厅、省发展改革委、省科技厅、省财政厅、省环保厅、省粮食局等负责)

(六)推进农业适度规模经营。落实和完善财税、信贷、保险、用地、项目支持等扶持政策,大力培育新型农业经营主体和服务主体。深入推进家庭农场、农民合作社、农业社会化服务示范创建活动,重点扶持规模适度的家庭农场,规范农民合作社建设,培育专业化服务组织。探索开展粮食生产规模经营主体营销贷款改革试点。积极推行"一户一块田",引导农户通过互换承包地等方式实现按户连片经营。健全土地流转服务体系,引导农户依法自愿有序流转土地经营权。加大对农业生产托管服务支持力度,大力发展以土地托管为主的服务带动型规模经营。到2020年,全省多种形式适度规模经营占比达到50%。(省农委、省发展改革委、省财政厅、省国土资源厅、人行合肥中心支行、安徽银监局、安徽保监局、省粮食局等负责)

(七)加快农产品加工业转型升级。通过招商引资、兼并联合、股份合作等方式,加大龙头企业培育力度。大力培育以龙头企业为核心,生产、加工和服务一体化的现代农业产业化联合体,完善农业产业链与农民利益联结机制,力争到2020年,现代农业产业化联合体发展到3000个。组织实施优质农产品原料基地建设、农产品加工业转型升级、农业新业态拓展、龙头企业培育、农业品牌创建等五大工程,推进农业产业化大提升,力争到2020年,农业产业化直接带动农民人均增收2000元。(省农委、省发展改革委、省经济和信息化委、省财政厅、省林业厅、省商务厅、省工商局、省旅游局、省粮食局等负责)

(八)培育壮大新产业新业态。大力发展乡村休闲旅游产业,推进农业与旅游、教育、文化、健康养老等产业深度融合,组织实施休闲农业和乡村旅游提升工程,积极创建国家级、省级休闲农业与乡村旅游示范县和示范点,到2020年,休闲农业与乡村旅游业年营业收入达到3500亿元。大力发展农产品电子商务,支持农产品电商平台和乡村电商服务站点建设,实施快递下乡工程,推动商贸、供销、邮政、电商互联互通,加强从村到乡镇的物流体系建设。深入实施信息进村入户工程,引导普通农户、各类新型农业经营主体与电商企业建立多形式联营协作关系,实现线上线下互动发展。到2020年,农村互联网普及率达到52%,信息进村入户村级信息服务站覆盖率达到80%。(省农委、省发展改革委、省财政厅、省经济和信息化委、省商务厅、省旅游局等负责)

(九)健全产业链利益联结机制。创新发展订单农业,支持龙头企业为农户提供贷款担保和技术服务,资助农户参加保险。鼓励农民合作社从产品合作走向产业合作,从单一要素合作走向全要素合作,从生产终端合作走向全产业链合作,完善普通农户参与规模经营的利益分配机制。鼓励大型粮油加工企业与农户以供应链融资等方式结成更紧密的利益共同体。以土地、林地为基础的各种形式合作,凡是享受财政投入或政策支持的承包经营者均应成为股东方,并采取"保底收益+按股分红"等形式,让农户分享加工、销售环节收益。(省农委、省林业厅、省粮食局、省发展改革委、省财政厅等负责)

三、促进农民转移就业,增加农民工资性收入

(十)加强新型职业农民培育。建立健全新型职业农民教育培训、认定管理、政策扶持"三位一体"培育制度,到2020年,培训职业农民20万人。加大农村实用人才带头人、现代青年农场主、职业经理人和新型农业经营主体带头人培训力度,到"十三五"末,实现新型农业经营主体带头人轮训一遍。建立农技人员联系新型职业农民跟踪服务制度,依托农业技术推广单位、涉农企业、农民合作组织、涉农职业院校和农林示范基地,开展特色产业发展关键技术培训。鼓励有条件的地方将新型职业农民纳入城镇职工社会保障体系。(省农委、省教育厅、省人力资源社会保障厅、省林业厅等负责)

(十一)完善城乡劳动者平等就业制度。健全职业培训、就业服务、劳动维权"三位一体"农民工服务机制,落实农民工与城镇职工平等就业、同工同酬制度。从严查处克扣、拖欠农民工工资行为。深化皖江、皖北劳务对接合作,开展多层次、多形式的省内劳务对接。组织开展"春风行动""民企招聘周""就业援助月"等就业服务专项活动,开展送岗位、送政策、送信息下乡,引导农民工有序转移就业。继续实施农民工职业技能提升计划,逐步提高职业培训针对性和有效性。加强基层就业服务平台建设,各项服务延伸到村,逐步形成"农村半小时就业服务圈"。在制定征地补偿安置方案时,要明确促进被征地农民就业的具体措施。(省人力资源社会保障厅、省农委、省国土资源厅等负责)

(十二)支持农民创业创新。以扶持农民工、大学生、退役士兵、农业科技人员等返乡下乡创业创新为重点,加大涉农领域简政放权、放管结合、优化服务的改革力度,营造"双创"良好环境。实施农民工返乡创业行动,提升现有农民工创业园、创业孵化基地、创客服务平台功能,提供一站式服务。到2020年,重点打造200个省级返乡下乡创业创新示范园区(基地),扶持返乡下乡人员创业20万人,带动就业100万人以上。实施返乡下乡创业创新主体培育工程,鼓励引导积累一定资金技术、管理经验、销售渠道的农民工返乡开展创业,每年开展返乡下乡创业培训和创业辅导10万人次。将符合条件的创业创新项目纳入强农惠农富农政策范围,进一步落实支持农村创业创新的市场准入、财政税收、金融服务、用地用电、创业培训、社会保障等方面的优惠政策。(省农委、省人力资源社会保障厅、省发展改革委、省科技厅、省商务厅、省林业厅、省旅游局等负责)

(十三)鼓励规范工商资本投资农业农村。落实引导规范工商资本投资农业农村的政策措施。工商资本投资建设高标准农田、生态公益林等连片面积达到一定规模的,允许在符合土地管理法律法规和土地利用总体规划、依法办理建设用地审批手续、坚持节约集约用地的前提下,利用一定比例的土地开展观光和休闲度假旅游、农产品加工流通等经营活动。探索建立政府与社会合作共建和政府购买公益服务等机制,放宽农村公共服务机构准入门槛,支持工商资本进入农村生活性服务业。加强对工商企业租赁农户承包地的监管和风险防范,建立健全资格审查、项目审核、风险保障金制度。(省发展改革委、省财政厅、省国土资源厅、省水利厅、省农委、省商务厅、省林业厅、省旅游局等负责)

(十四)充分发挥新型城镇化辐射带动作用。加快培育中小城市和特色小城镇,提高吸纳和带动农村劳动力就业能力。加快推进户籍制度改革,全面实施居住证制度,放宽农业转移人口落户条件。以县级行政区为基础,以建制镇为支点,组织实施农村一二三产业融合发展试点示范,引导农村二三产业向县城、重点乡镇及产业园区等集中,发挥产业集聚优势。探索农村新型社区和产业园区同建等模式,带动农村产业发展和农民增收。完善城乡土地利用机制,制定城镇建设用地增加与农村建设用地减少相挂钩的政策。(省发展改革委、省公安厅、省国土资源厅等负责)

四、推进农村集体产权制度改革,增加农民财产性收入

(十五)深化农村集体产权制度改革。充分运用农村承包地确权登记颁证成果,在坚持农村土地集体所有,稳定农村土地承包关系的基础上,探索建立农村"三权分置"格局和运营机制。加快"四荒地"、宅基地、农房、集体建设用地等确权登记颁证。统筹协调推进农村土地征收、集体经营性建设用地入市、宅基地制度改革试点。推进征地制度改革,完善对被征地农民合理、规范、多元保障机制。按照国家统一部署,组织开展农村集体经营性建设用地入市改革试点工作,推进农村集体经营性建设用地与国有建设用地同等入市、同权同价,建立兼顾多方的土地增值收益分配机制,合理提高个人收益。全面开展农村集体资产清产核资,稳步推进农村集体经营性资产股份合作制改革试点,以股份或份额形式量化到本集体经济组织成员,保障农民集体资产权利。有效维护进城落户农民土地承包权、宅基地使用权、集体收益分配权,支持引导其依法自愿有偿转让上述权益。完善集体林权制度,引导林权规范有序流转,鼓励发展家庭林场、股份合作林场。以市县为重点,加快农村产权流转交易市场建设,组织开展农村产权交易市场建设标准化创建,落实市场建设与运营补贴,提高市场服务能力,力争到2018年实现涉农县(市、区)全覆盖。(省农委、省财政厅、省国土资源厅、省林业厅等负责)

(十六)推进"三变"改革试点。加快推进资源变资产、资金变股金、农民变股东"三变"改革,增加农民财产性收入。出台"三变"改革试点工作指导意见,进一步扩大改革试点范围。加强制度建设,研究制定入股合同示范文本,规范合同签约履约行为。强化运营监管,将"三变"形成的集体股权和收益纳入农村集体"三资"管理平台统一监管。探索建立健全风险防控机制,鼓励试点地区采取设立专门风险基金等办法,有效防控风险。各级各部门安排的发展村级集体经济资金,要重点投向开展"三变"改革试点的村。(省农委、省财政厅、省国土资源厅、省林业厅、省工商局等负责)

(十七)探索农村集体经济发展的有效途径。支持农村集体经济组织利用未承包到户的集体"四荒地"、果园、养殖水面等资源发展现代农业项目,利用生态环境和人文历史等资源发展休闲农业和乡村旅游。鼓励村集体在符合土地利用规划和乡村建设规划的前提下,探索利用闲置的各类房产设施、集体建设用地等,以自主开发、合资合作等方式发展相关产业。鼓励整合利用集体积累资金、政府帮扶资金等,通过入股或参股农业产业化龙头企业、村与村合作、村企联手共建、扶贫开发等多种形式发展集体经济。有条件的地方可以结合实际,探索留地安置制度。力争到2020年,全面消除无集体经营性收益的"空壳村"。(省农委、省财政厅、省国土资源厅、省林业厅、省旅游局等负责)

五、落实和完善惠农政策,增加农民转移性收入

(十八)落实农业补贴政策。进一步提高农业补贴的指向性、精准性和实效性,重点支持粮食主产区、适度规模经营、农民增收和绿色生态。探索建立生态保护补贴制度,利用激励机制引导各类主体加强耕地资源和生态环境保护,推动建立绿色转型的农业补贴政策。扎实推进农业补贴"三合一"改革,重点支持耕地地力保护和粮食适度规模经营。完善农机购置补贴政策,推动农机农艺农信融合发展,加大对粮食烘干等机械补贴。落实林业补贴政策,争取扩大湿地生态效益补偿试点范围。落实产粮大县、生猪调出大县等奖励政策,加大对粮食生产功能区、重要农产品生产保护区和特色农产品优势区建设支持力度。(省财政厅、省发展改革委、省国土资源厅、省农委、省水利厅、省林业厅、省粮食局等负责)

(十九)强化精准扶贫、精准脱贫。持续加大扶贫综合投入力度,以大别山片区、皖北地区和革命老区为重点,深入实施产业脱贫、就业脱贫、易地扶贫搬迁、生态保护脱贫、智力扶贫、社保兜底扶贫、健康脱贫、基础设施建设扶贫、金融扶贫、社会扶贫等脱贫攻坚十大工程。创新扶贫开发机制,完善脱贫攻坚领导责任制、扶贫资金投入监管机制、精准扶贫动态管理机制、扶贫攻坚工作成效考核监督机制、扶贫对象退出机制、社会参与扶贫机制。确保到2020年,全省贫困人口全部脱贫、贫困村全部出列、贫困县全部摘帽。(省扶贫办、省农委、省人力资源社会保障厅、省发展改革委、省教育厅、省卫生计生委、省民政厅、省水利厅、省林业厅、省旅游局、省财政厅、省政府金融办等负责)

(二十)完善农村社会保障制度。完善城乡居民基本养老保险制度,健全多缴多得、长缴多得的激励约束机制,完善缴费补贴政策,引导农村贫困人口积极参保续保,逐步提高保障水平。到2020年,基本实现养老保障人员全覆盖。整合城乡居民基本医疗保险制度,适当提高政府补助标准和个人缴费标准及受益水平。加快推进城乡居民医保制度整合,持续推进全省异地就医结算。完善农村低保对象认定办法,科学合理确定农村低保标准,确保2020年前,全省农村低保标准都能达到或高于国家扶贫标准。扎实推进农村低保制度与扶贫开发政策有效衔接,实现农村低保标准和贫困标准"两线合一",做好农村低保兜底工作,加强城乡各项养老保险制度、医疗保险制度的衔接,畅通参保人员双向流动的制度转换通道。(省人力资源社会保障厅、省卫生计生委、省民政厅、省财政厅等负责)

六、强化工作保障,确保各项政策有效落实

(二十一)加强组织领导。各地要增强促进农民

增收的责任感和紧迫感,切实加强组织领导,建立健全工作机制,结合当地实际进一步拓宽农民增收渠道,确保各项政策措施落到实处。选好配强村级领导班子,突出抓好村党组织带头人队伍建设,精准选派第一书记和驻村工作队,充分发挥他们在促进农民增收中的作用。(各市、县人民政府等负责)

(二十二)加强部门协调。各有关部门要根据本意见精神,按照职能分工,强化协同配合,加大工作力度,抓紧制定和完善具体政策措施。省农委、省发展改革委要充分发挥职能作用,会同相关部门定期会商农民增收形势,跟踪评估本意见落实情况,及时向省政府报告。(省农委、省发展改革委等负责)

(二十三)强化督查考核。实行农民增收市、县(市、区)政府行政首长负责制,将其纳入政府目标管理考核内容。建立监督检查制度,每年对促进农民增收目标任务完成情况开展专项督查。(省政府督查室、省农委、省发展改革委、省人力资源社会保障厅、省统计局、国家统计局安徽调查总队等负责)

省人大重要财经文献

在省十二届人大七次会议闭幕会上的讲话

李锦斌

各位代表,同志们:

省十三届人大一次会议,在全体代表和与会同志的共同努力下,圆满完成了各项议程,即将胜利闭幕。这是一次高举旗帜、维护核心的大会,是一次凝聚人心、鼓舞士气的大会,是一次民主团结、创新求实的大会,是一次不忘初心、继续前进的大会。

会议期间,各位代表牢记神圣使命,依法履行职责,共商发展大计,体现了强烈的政治担当,展示了良好的精神风貌。会议审议通过的省政府工作报告和其他各项报告,凝聚着全体代表的智慧,反映了全省人民的意愿,是做好我省当前和今后一个时期工作的重要指导性文件。会议圆满完成各项选举任务,实现了中央及省委人事安排格局,展现了安徽政通人和、砥砺奋进的大好局面。大会举行了宪法宣誓活动,表达了忠于宪法法律、推进依宪执政的鲜明态度。大会的圆满成功,必将极大地鼓舞7000万江淮儿女更加紧密地团结在以习近平同志为核心的党中央周围,更加积极地投身决胜全面小康、全面建设现代化五大发展美好安徽的伟大实践!

这次大会选举产生了省十三届人大常委会组成人员,选举我担任省人大常委会主任,这是各位代表和全省人民对我们的信任和重托。我们一定忠于宪法和法律,自觉接受党和人民监督,在省人大常委会历届班子奠定的良好基础上,不忘初心,牢记使命,永远奋斗,继续开创人大工作新局面。

各位代表,同志们! 回首过去的五年,是安徽发展史上极不平凡、浓墨重彩的五年,也是全省人大工作蓬勃发展、成效卓著的五年。全省各级人大及其常委会坚持以习近平新时代中国特色社会主义思想为指导,全面贯彻落实党的十八大、十九大精神和习近平总书记视察安徽重要讲话精神,坚定政治方向,勇于担当尽责,奋力开拓创新,推动人大工作水平全面跃升。一是服务大局着力作为,展现了大格局。围绕发展战略性新兴产业、推进脱贫攻坚、支持实体经济、加强生态文明建设等重点工作,综合行使立法、监督、决定等法定职权,支持政府依法行政,促进“两院”公正司法,使人大工作更好地向中心聚焦、为大局出力。二是依法履职提高水平,彰显了大担当。突出立法引领、监督保证和更好行使重大事项决定权等,修改大气污染防治条例、立法条例、监督条例等一批法规制度,促进了决策科学化民主化法治化。三是代表工作强化质量,体现了大情怀。充分尊重人大代表主体地位,完善支持和保证代表履职机制,不断提高代表议案建议办理质量,有效发挥了代表了解民情、反映民意、集中民智的独特作用。四是自身建设富有成效,实现了大提升。把加强政治建设摆在首位,把加强基层人大建设作为重点,切实提高履职能力,有力推动人大工作创新发展,为推进民主法治建设、促进全省经济社会持续健康发展作出了重要贡献。

由于任职年龄原因和工作需要,省十二届人大常委会的一些同志不再担任新一届省人大常委会的领导职务,还有一些同志不再担任新一届省政府、省法院的领导职务。多年来,这些同志牢记党和人民的重托,恪尽职守,勤奋工作,在各自岗位上为安徽的持续发展付出了很大辛劳,作出了优异成绩。在此,我提议大家以热烈掌声,向省十二届人大代表,向省十二届人大常委会组成人员,向因工作需要和年龄关系离开新一届班子的同志,表示衷心的感谢和崇高的敬意!

各位代表,同志们!中国特色社会主义进入了新时代,新时代要有新气象,更要有新作为。党的十九大开启了全面建成社会主义现代化强国的伟大征程,省委十届六次全会全面对标十九大精神,确立了“一建设、三同步”的目标思路和阶段性安排。这次大会认真贯彻中央及省委要求,全面部署了未来五年经济社会发展的主要任务,吹响了为人民谋幸福的“集结号”,发出了全面建设现代化五大发展美好安徽的“动员令”。幸福都是奋斗出来的。我们要认真贯彻落实以习近平同志为核心的党中央决策部署,以“等不起”的紧迫感、“慢不得”的危机感、“坐不住”的责任感,不驰于空想、不骛于虚声,抓紧每一天、干好每一年,确保大会确定的目标任务落到实处,努力建成向总书记绝对看齐、让党中央绝对放心的现代化五大发展美好安徽。

全面建设现代化五大发展美好安徽,必须始终高举伟大旗帜、树牢“四个意识”。习近平新时代中国特色社会主义思想是引领中国特色社会主义新时代的一面伟大旗帜,我们踏上新征程,就要把这面伟大旗帜举得更高,在全省党员干部群众当中深深扎根。要坚定不移筑牢理想信念之魂,把学懂弄通做实习近平新时代中国特色社会主义思想作为重要政治任务,发扬学到底、悟到位的精神,努力把学习成果转化为维护核心、看齐中央,坚定信念、锻造党性,指导实践、推动工作的实际行动。要坚定不移维护党的领导核心,坚决忠诚维护看齐习近平总书记这个全党拥戴、人民爱戴的好领袖,切实增强政治定力、政治判断力、政治执行力,始终在政治立场、政治方向、政治原则、政治道路上同以习近平同志为核心的党中央保持高度一致。要坚定不移贯彻中央决策部署,牢牢把握党和国家事业发展的大方向、大原则、大战略,坚持在大局下定位、大局下行动,紧密结合实际创造性开展工作,确保习近平新时代中国特色社会主义思想和中央各项决策部署在安徽大地上落地生根。

全面建设现代化五大发展美好安徽,必须始终践行新发展理念、推动高质量发展。进入新时代,我省经济从高速增长阶段转向高质量发展阶段,这是新的历史方位和阶段性特征。我们要牢牢把握高质量发展这个根本要求,深入推进供给侧结构性改革,大力实施五大发展行动计划,推动质量变革、效率变革、动力变革,加快建设现代化经济体系。要聚力实施创新驱动发展战略,奋发努力抓好量子信息科学国家实验室创建,加快推进合肥综合性国家科学中心、合肥滨湖科学城、合芜蚌自主创新示范区、系统推进全面创新改革试验省“四个一”创新主平台建设,大力推进“三重一创”建设,形成由点到面的省域创新网络体系。要聚力推进城乡区域协调发展,统筹抓好“一圈一带三区”建设,大力提升县域经济发展水平,深入实施乡村振兴战略,全面推进美丽乡村和特色小镇建设,着力构建竞相发展、多极支撑的区域发展新格局。要聚力推进生态文明建设,坚持生态优先、绿色发展,落实生态文明建设规划,扎实推进中央环保督察反馈意见整改,持续抓好长江流域环境整治和生态保护,全面启动巢湖新一轮综合治理,深入推进农村厕所、垃圾、污水整治“三大革命”,加快打造绿色江淮美好家园。

全面建设现代化五大发展美好安徽,必须始终深化改革开放、切实增强发展活力。今年是改革开放40周年,安徽作为农村改革的主要发源地,必须大力弘扬“大包干”精神,敢闯敢试,敢走新路,争当击楫中流的改革先锋。要在思想再解放中闯出新路子,强化“小创新小发展、大创新大发展、不创新难发展”的思想观念,坚决破除一切思维束缚和观念羁绊,坚决破除因循守旧、固步自封、骄傲自满,坚持在变中求新、变中求进、变中突破,以思想大解放推动安徽大发展。要在改革再深入中释放新红利,持续抓好医药卫生体制、司法体制等国家级改革试点,推深做实农村综合改革、国资国企、行政管理体制、财税金融等重点改革,争当改革的促进派、实干家,坚定不移将改革进行到底。要在开放再扩大中增添新动能,深度融入国家"三大战略",加强与"一带一路"沿线国家和地区交流合作,加快推动我省与沪苏浙联动发展、省内其他城市与合肥联动发展、各城市之间联动发展,加速"引进来"与"走出去"步伐,全面提升开放型经济水平,着力打造内陆开放新高地。

全面建设现代化五大发展美好安徽,必须始终坚持以人民为中心、不断增进民生福祉。中国共产党人的初心和使命,就是为人民谋幸福,为民族谋复兴。不忘初心、方得始终。我们要坚持以人民为中心的发展思想,把人民对美好生活的向往作为矢志不渝的奋斗目标,使人民获得感、幸福感、安全感更加充实、更有保障、更可持续。要全力打赢脱贫"攻坚战",坚持精准扶贫、精准脱贫方略,坚持"六看六确保"和"七个不落、一个不少"的基本要求,扎实开展"重精准、补短板、促攻坚"专项整改行动,大力推行"四带一自"产业扶贫模式,全面深化落实"351""180"健康扶贫政策,集中攻克深度贫困这个坚中之坚,确保全面小康路上一个不少、一个不掉队。要全力织密民生"保障网",扎实推进基层基本公共服务功能建设,大力发展教育、医疗、就业、文化等各项社会事业,抓住老百姓最急最忧最怨的问题,解决好群众最关心最直接最现实的问题,使发展成果更多更公平惠及全体人民。要全力筑牢安全"防火墙",坚持共建共治共享,加强和创新社会治理,持续深化平安安徽建设,严密防范和依法打击各类违法犯罪行为,深入开展安全生产"铸安行动",努力实现安全发展、稳定发展、和谐发展。

全面建设现代化五大发展美好安徽,必须始终勇于自我革命、推进全面从严治党。习近平总书记指出,"要把新时代坚持和发展中国特色社会主义这场伟大社会革命进行好,我们党必须勇于进行自我革命,把党建设得更加坚强有力"。我们要全面落实新时代党的建设总要求,坚持以政治建设为统领,深入践行"三严三实",全面推进党的建设新的伟大工程。要把抓班子、带队伍作为重中之重,认真贯彻好干部标准,扎实推进"三案"精准管理,不断强化干部培养、教育、管理和监督,切实增强"八个本领",努力打造信念过硬、政治过硬、责任过硬、能力过硬、作风过硬的高素质干部队伍。要把强基层、夯基础作为鲜明导向,以提升组织力为重点,突出政治功能,加强支部建设,真正把基层党组织建设成为宣传党的主张、贯彻党的决定、领导基层治理、团结动员群众、推动改革发展的坚强战斗堡垒。要把纠"四风"、改作风作为永恒课题,严格执行中央八项规定精神和省委《实施细则》,大兴密切联系群众之风,大兴调查研究之风,大兴求真务实之风,大兴艰苦奋斗之风,持之以恒克服形式主义、官僚主义,久久为功祛除享乐主义和奢靡之风。要把反腐败、倡清廉作为重要保证,加强党对反腐败工作的统一领导,构建党统一指挥、全面覆盖、高效权威的监督体系,坚持"六破六立",注重经常性地警示教育,以全面从严治党永远在路上的坚韧,持之以恒正风肃纪,坚决夺取反腐败斗争压倒性胜利,让安徽政治生态像自然生态一样呈现出山清水秀。

各位代表,同志们!人民民主是我们党始终高扬的光辉旗帜,人民代表大会制度是我国的根本政治制度。我们要坚定不移走中国特色社会主义政治发展道路,坚持党的领导、人民当家作主、依法治国有机统一,推进科学民主依法立法,实行正确有效监督,更好行使重大事项决定权,推动人民代表大会制度和人大工作完善发展,奋力开创新时代人大工作新局面。

人大代表是国家权力机关的组成人员,是代表人民参加行使国家权力。希望全体代表倍加珍惜党和人民的信任,模范遵守宪法法律,依法履行代表职责,不断提高能力本领,切实树立良好形象。当前,要带头学习宣传贯彻本次大会精神,最广泛地团结和动员广大人民群众,共同把大会确定的各项目标任务落到实处,共同创造更加美好幸福的生活。

各位代表,同志们!习近平总书记指出,时代是出卷人,我们是答卷人,人民是阅卷人,我们决不能因为胜利而骄傲,决不能因为成就而懈怠,决不能因为困难而退缩。让我们更加紧密地团结在以习近平同志为核心的党中央周围,以永不懈怠的精神状态和一往无前的奋斗姿态,拥抱新时代,践行新思想,实现新作为,为全面建设现代化五大发展美好安徽而奋斗,奋力谱写新时代中国特色社会主义的安徽篇章!

2018 年政府工作报告

——2018 年 1 月 22 日在安徽省第十三届人民代表大会第一次会议上

省人民政府省长　李国英

各位代表:

现在,我代表省人民政府,向大会报告政府工作，请予审议，并请各位省政协委员和列席人员提出意见。

一、过去五年和2017年工作

省十二届人大一次会议以来的五年，是安徽发展进程中很不平凡的五年。全省人民在党中央、国务院及中共安徽省委的坚强领导下，坚持以习近平新时代中国特色社会主义思想为指导，全面贯彻落实党的十八大、十九大精神和习近平总书记视察安徽重要讲话精神，积极面对经济发展进入新常态等一系列深刻变化，坚持稳中求进工作总基调，攻坚克难，开拓进取，扎实推进省第九次、第十次党代会各项决策部署，胜利完成“十二五”规划，顺利实施“十三五”规划，现代化五大发展美好安徽建设迈出坚实步伐。

经济发展取得重大成就。坚定不移贯彻新发展理念，深入推进供给侧结构性改革，发展质量和效益不断提升。全省生产总值从1.72万亿元增加到2.75万亿元，年均增长9.1%。财政收入从3026亿元增加到4858亿元，年均增长9.9%。城镇、农村常住居民人均可支配收入分别达31640元和12758元，年均增长8.8%和10.3%。

经济结构不断优化。近两年化解煤炭、生铁粗钢产能1672万吨、631万吨，商品房去化周期从19个月减少到12.7个月，降低企业成本1700亿元以上。新兴产业重大基地、重大工程、重大专项建设全面展开，创新型现代化产业体系加快构建，战略性新兴产业产值、高新技术产业增加值年均增长20.2%和14.5%。金融机构存贷款余额、社会融资规模实现翻番。旅游总收入年均增长18.8%。基于“互联网+”的新业态发展迅速，快递业务量从1.4亿件增加到9亿件。现代农业建设扎实推进，粮食最高产量突破700亿斤，农产品加工业产值年均增长10.5%。加快与沪苏浙一体化发展，皖江8市整体纳入长三角世界级城市群。区域发展国家级战略平台覆盖“五大板块”，常住人口城镇化率从46.5%提高到53.5%。

基础设施体系显著改善。引江济淮工程全面开工，高铁网络不断加密，城市轨道交通从无到有，新桥国际机场、京福高铁（安徽段）等一批标志性工程相继建成。高速铁路运营里程从726公里增加到1430公里，高速公路通车里程从3210公里增加到4673公里，建成农村道路畅通工程5.5万公里。解决2179万农村人口饮水安全问题。完成中心村电网改造，光缆通达所有行政村。移动宽带用户普及率从13.9%提高到63.9%。电子商务进农村实现全覆盖。

创新型省份建设取得重大成果。深入实施创新驱动发展战略，科技创新能力和科技成果转化水平显著提升，区域创新能力稳居全国第一方阵。合肥综合性国家科学中心获批建设，正在成为国家重要的战略科技力量。系统推进全面创新改革试验，扎实推进合芜蚌国家自主创新示范区建设，区域创新网络不断完善。每万人发明专利拥有量从1.29件增加到7.7件。新增国家“千人计划”人才143人，培育和引进高层次人才团队115个，培养高技能人才42.8万人。获国家自然科学奖、国家技术发明奖、国家科技进步奖62项。量子信息、热核聚变、稳态强磁场、铁基超导等前沿技术率先突破，全球首颗量子通信卫星“墨子号”、全球首台量子计算机由中科大主导研制，全球最薄触控玻璃实现量产，液晶显示全球最高世代线建成投产，科大讯飞智能语音入列国家人工智能四大开放创新平台，合肥微尺度物质科学国家研究中心获批建设，全国首家智慧医院挂牌运营，创新引领型发展在江淮大地呈现蓬勃生机。

全面深化改革实现重大突破。国家级重大改革试点取得重要阶段性成果，农村土地承包经营权确权登记颁证提前1年完成，新型城镇化试点省建设全面展开，医药卫生体制综合改革试点成效显著。深入推进“放管服”改革，率先建立实施政府权责清单制度和编制周转池制度，率先实现“双随机、一公开”监管全覆盖。商事制度改革不断深化，民营经济活力持续增强，各类市场主体从192.5万户增加到381.4万户。积极推进国有企业改革，大力发展混合所有制经济，江淮汽车、华安证券、建工集团整体上市。农村集体产权制度改革稳步推进，755个村实施“三变”改革。农村合作金融机构全部改制为农村商业银行，政策性融资担保体系实现县域全覆盖，首家民营银行新安银行设立，省股权托管交易中心建成运营，挂牌企业达1859家。改革的广度、深度、力度日益增强，改革的动力、活力、红利日益显现。

内陆开放新高地建设迈出重大步伐。实施双向互动、内外联动的全面开放，“一带一路”和长江经济带重要节点地位日益凸显。推进外贸优进优出，高新技术产品出口比重从6.2%提高到24.7%，跨境电商贸易额年均增长30%。坚持“引进来”“走出去”并重,实际利用外商直接投资673亿美元,年均增长13%,境外世界500强在皖设立企业增加到152家,江淮大众新能源汽车、海螺海外发展、马钢收购瓦顿等国际产能合作顺利实施。推进开放大通道大平台大通关建设,合肥中欧国际货运班列加密延伸,新增国家级开发区6家,设立综合保税区3家、保税物流中心(B型)4家、进境指定口岸11个。国际贸易“单一窗口”建成运行,复制推广自贸区改革试点经验56项。外事、侨务、对台、港澳工作取得新成效。

生态环境质量持续改善。节能减排任务全面完成,主要污染物排放量持续削减,单位生产总值能耗下降23.1%。加强大气、水、土壤污染综合防治,PM10年均浓度下降11.1%,主要河流、湖泊总体水质稳中趋好。农村厕所、垃圾、污水“三大革命”扎实推进,人居环境不断改善。全面推行河长制,率先探索林长制,全国首个跨省生态补偿机制试点在新安江流域展开。千万亩森林增长工程圆满完成。加快“三河一湖一园一区”生态文明示范创建,巢湖流域、黄山、蚌埠、宣城入列国家生态文明先行示范区,生态强省建设不断取得新成绩。

文化事业和文化产业蓬勃发展。中国特色社会主义和中国梦深入人心,社会主义核心价值观广泛弘扬。马鞍山、合肥、铜陵、芜湖、淮北、蚌埠、宣城、安庆先后入列全国文明城市,总数居全国第3位。入列“中国好人榜”增加到1162人,连续10年全国第一。文化惠民工程深入实施,省市县乡公共文化设施实现全覆盖。11部作品获“五个一工程”奖,5人获中国戏剧“梅花奖”,大运河(安徽段)入选世界文化遗产。文化产业快速发展,省出版集团、发行集团稳居全国文化企业30强。全民健身和竞技体育全面发展。哲学社会科学、参事文史、档案、地方志等工作持续加强。文化主旋律更加响亮,正能量更加强劲,文化强省建设不断迈上新台阶。

脱贫攻坚战取得决定性进展。贯彻精准扶贫精准脱贫方略,落实“六个精准”“五个一批”,坚持“六看六确保”,全面实施脱贫攻坚十大工程,贫困人口从679.1万人减少到120.2万人,贫困发生率从12.6%下降到2.2%。产业扶贫覆盖所有贫困村,建成村级光伏电站6317个、户用31.5万户。完成6.3万贫困人口易地搬迁。“雨露计划”和建档立卡贫困家庭在校学生资助实现全覆盖。创造性实施“351”“180”健康脱贫政策,探索出解决因病致贫的有效途径。我们践行“小康路上一个都不能掉队”的庄严承诺,举全省之力、汇各方之智,朝着如期打赢脱贫攻坚战的战略目标扎实推进、不懈奋斗。

人民生活水平明显提高。贯彻以人民为中心的发展思想,大力发展社会事业,持续实施民生工程。县域义务教育基本均衡提前3年实现全覆盖,学前三年毛入园率、高中阶段和高等教育毛入学率、高考录取率连续5年超过全国平均水平,3所高校、13个学科跻身国家“双一流”建设,教育信息化走在全国前列。城镇新增就业335万人。覆盖城乡居民的社会保障体系基本建立,新增各类保障性安居工程190.6万套,完成农村危房改造75.6万户,基本医保、大病保险、医疗救助实现全覆盖。健康安徽建设取得明显进展,医疗卫生服务体系、城乡养老服务体系、食品药品安全治理体系不断完善,分级诊疗制度覆盖16个市,建立医联体279个,医共体扩大到66个县区。加强和创新社会治理,信访制度和社会矛盾多元化解机制更加完善,安全生产形势持续稳定,公共安全防控体系全面构建,连续8年进入全国平安建设先进行列。民族宗教、妇女儿童、老龄、残疾人、红十字等事业不断发展,气象、地震、防灾减灾、援藏援疆等工作取得新成绩。

以党在新形势下的强军目标为引领,积极支持国防和军队改革,大力推动军民融合深度发展,国防教育、国防动员、人民防空和双拥优抚安置工作进一步加强,驻皖部队和民兵预备役人员为安徽改革发展稳定大局作出了重要贡献。

刚刚过去的2017年,我们以实施五大发展行动计划为总抓手,较好完成稳增长、促改革、调结构、惠民生、防风险各项任务。着力促进实体经济发展,出台促进经济平稳健康发展“30条”和支持“三重一创”、科技创新、制造强省、技工大省建设等若干“10条”意见,实施“四送一服”双千工程。着力下好创新“先手棋”,全力推进“四个一”创新主平台建设,全面构建技术、平台、金融、政策四大创新支撑体系,合肥综合性国家科学中心、量子信息与量子科技创新研究院、大气环境污染监测先进技术与装备国家工程实验室等启动建设。着力推动开放型经济发展,成功举办“锦绣安徽迎客天下”全球推介、第十届中博会、中国国际徽商大会、“四百”对接等重大活动,对外贸易大幅度回升。着力加强重点污染防治,积极抓好中央环保督察反馈问题整改,省级环保督察实现全覆盖,整体环境质量稳中趋好。着力打好脱贫攻坚年度战役,扎实开展“重精准、补短板、促攻坚”专项整改行动,集中力量攻克深度贫困地区,再战再捷目标圆满实现。着力抓好民生工作,居民增收提速,公共服务提质,社会保障提标,社会大局和谐稳定。全省生产总值增长8.5%,财政收入增长11.1%,固定资产投资增长11%,社会消费品零售总额增长11.9%,进出口总额增长23.7%,城镇、农村常住居民人均可支配收入增长8.5%和8.9%,居民消费价格涨幅1.2%,城镇登记失业率2.88%,单位生产总值能耗下降5%,实现了经济稳中有进、结构优化、稳中向好。

各位代表!

过去五年,政府建设得到加强,政府治理能力不断提升。我们大力推进法治政府建设,依法全面履行政府职能,严格实施政府权力运行监管、重大事项合法性审查、政府法律顾问等制度。提请省人大常委会审议法规议案59件,制定修改废止省政府规章88件,全省办理行政复议案件40522件。自觉接受人大监督,依法执行人大决议决定,办理人大代表建议4054件。主动接受政协民主监督,开展各类民主协商73项,办理政协委员提案4729件。全省统一的网上政务服务平台建成运行,网上办理事项超过85%。扎实推进政府系统全面从严治党,深入开展党的群众路线教育实践活动、“三严三实”专题教育、“两学一做”学习教育、“讲重作”专题警示教育,严格执行中央八项规定精神和省30条,驰而不息加强作风建设,深入推进党风廉政建设和反腐败斗争,营造了风清气正的良好环境,凝聚了干事创业的磅礴力量。

各位代表!

过去五年,我们经受了各种风险挑战的考验,走过了一段砥砺奋进的历程,取得这样的成绩很不容易。我们深切体会到,以习近平同志为核心的党中央坚强领导,习近平新时代中国特色社会主义思想的科学指引,是战胜风险挑战、不断夺取胜利的根本保证。全省人民在中共安徽省委领导下,树牢“四个意识”,加强改革创新,奋力闯出新路,以永不懈怠的精神状态和一往无前的奋斗姿态,书写了现代化五大发展美好安徽建设的精彩华章。在此,我代表省人民政府,向在各个岗位上辛勤工作的全省人民,向给予政府工作大力支持的人大代表和政协委员,向各民主党派、工商联、各人民团体和社会各界人士,向驻皖解放军指战员、武警官兵和政法公安干警,向关心支持安徽改革发展的中央各部门、兄弟省市区、港澳台同胞、海外侨胞和国际友人,表示衷心的感谢!

同时,必须清醒看到,我省发展不平衡不充分的问题比较突出,面临不少困难和挑战。发展质量和效益还不高,创新能力还需大幅提升,生态环境保护任重道远。企业经营成本较高,民间投资增长放缓,实体经济发展活力有待增强。脱贫攻坚任务艰巨,城乡居民收入距全国水平尚有不小差距,群众就业、教育、医疗、居住、养老等方面的现实问题还没有解决到位。政府工作还存在许多不足,有些改革和政策措施落实不到位,一些干部适应经济发展新常态的能力不足,少数干部懒政怠政,“四风”问题特别是形式主义、官僚主义仍未根本解决。我们要直面这些矛盾和问题,以更努力的工作、更扎实的举措加以解决,决不辜负人民的期盼!

二、全面开创现代化五大发展美好安徽建设新局面

党的十九大开启了全面建设社会主义现代化国家新征程,引领着安徽现代化建设的美好前程。省委十届六次全会确立了“一建设、三同步”的目标思路和阶段性安排,绘制了现代化五大发展美好安徽建设的宏伟蓝图。站在新时代历史方位,我们要紧扣社会主要矛盾变化,把握阶段性发展规律,坚定不移践行新发展理念,与时俱进推动高质量发展,更好满足人民日益增长的美好生活需要,不断开创安徽现代化建设新局面。

今后五年工作的总体思路是:全面贯彻落实党的十九大精神,以习近平新时代中国特色社会主义思想为指导,深入贯彻落实习近平总书记视察安徽重要讲话精神,按照省第十次党代会和省委十届六次全会的部署要求,坚持稳中求进工作总基调,统筹推进“五位一体”总体布局和协调推进“四个全面”战略布局,坚持以人民为中心的发展思想,坚持以实现高质量发展为根本要求,坚持以供给侧结构性改革为主线,坚持以五大发展行动计划为总抓手,坚决打好防范化解重大风险、精准脱贫、污染防治的攻坚战,全面实施科教兴皖战略、人才强省战略、创新驱动发展战略、乡村振兴战略、区域协调发展战略、可持续发展战略、军民融合发展战略,全面推进经济强省、文化强省、生态强省、科教强省、人才强省建设,坚定地在践行新发展理念中闯出新路,决胜全面建成小康社会,加快建设现代化五大发展美好安徽。

今后五年发展的主要目标是:

——发展质量和效益显著提升。发展方式转变、经济结构优化、增长动力转换取得突破性进展,产业迈向全球价值链中高端,人力资本素质明显提升,全要素生产率明显提高,质量效益和主要指标增幅在全国发展方阵中走在前列,人均生产总值与全国差距明显缩小。

——创新能力显著跃升。综合性国家科学中心和产业创新中心基本建成,一批前瞻性基础研究、应用基础研究实现重大突破,科技成果转化体系不断完善,依靠创新驱动的引领型发展加快涌现。

——发展协调性显著增强。乡村振兴取得重要进展,城乡居民收入差距进一步缩小。与沪苏浙一体化发展水平显著提升,"五大板块"阶段性发展目标全面实现。城市群能级持续提升,城镇化率明显提高。

——生态环境质量显著改善。能源资源利用效率、生态系统稳定性和环境质量稳步提升,大气、水、土壤污染等突出环境问题得到有效防治,生态文明制度体系基本确立。

——经济开放度显著扩大。高标准大通道、高水平大平台、高效率大通关基本实现,贸易和投资便利化程度明显提高,进出口贸易特别是新业态新模式发展提速,国际产能合作、创新能力合作加快推进,开放型经济体系日益完善。

——人民群众获得感幸福感安全感显著增进。居民人均收入基本达到全国平均水平,现行标准下农村贫困人口全部脱贫,公共服务体系更加健全,社会文明程度显著提高,法治安徽、平安安徽建设扎实推进,确保全面建成小康社会得到人民认可、经得起历史检验。

今后五年的主要任务是:

(一)加快打造创新型省份,筑牢现代化经济体系建设的战略支撑

把创新作为引领发展的第一动力,推动经济发展质量变革、效率变革、动力变革,增强经济创新力和竞争力。

打造高效协同的创新体系。依托"四个一"创新主平台,加强区域创新体系和技术创新体系建设,强化战略科技力量,提升科技成果转化水平。建设合肥综合性国家科学中心,打造国家创新体系的基础平台、原始创新的重要策源地。建设合肥滨湖科学城,打造国家实验室核心区、大科学装置集中区、教育科研区。建设合芜蚌国家自主创新示范区,打造产业创新引领区、科技成果转化示范区。系统推进全面创新改革试验,打造制度创新先行区。实施更加积极、更加开放、更加有效的人才政策,培养和造就一大批高水平科技人才和创新团队,培养和造就一大批优秀企业家,培养和造就一大批知识型、技能型、创新型劳动者。

打造更高质量的供给体系。深化供给侧结构性改革,统筹推进制造强省、质量强省建设,加快打造创新型现代化产业体系。以现代化新兴产业重大基地、重大工程和重大专项建设为主要依托,以高端制造、智能制造、绿色制造、精品制造和服务型制造为主攻方向,以集成电路、新型显示、智能语音、工业机器人、新能源汽车、高性能新材料等领域为突破重点,培育具有国际竞争力的先进制造业集群。支持传统产业优化升级,加快新技术、新管理、新模式运用,推动互联网、大数据、人工智能和实体经济深度融合,努力塑造更多依靠创新驱动的引领型发展,为高质量发展提供持久强劲动力。

打造更具活力和效率的现代市场体系。积极推进产权制度改革,深化国资国企改革,支持民营企业发展。大力推进要素市场化配置改革,实现要素自由流动。加快完善公平竞争市场环境,全面实施市场准入负面清单制度和公平竞争审查制度,清理废除妨碍统一市场和公平竞争的各种规定和做法,使各类市场主体向往汇聚,让创业兴业活力竞相迸发。

(二)推进城乡融合发展和区域协调发展,提升全省发展整体效能

建立健全城乡融合发展体制机制和政策体系,建立更加有效的区域协调发展新机制,增强发展的协同性、联动性、整体性。

实施乡村振兴战略。坚持农业农村优先发展,按照产业兴旺、生态宜居、乡风文明、治理有效、生活富裕的总要求,加快农业农村现代化。推进城乡建设统一规划、产业合理布局、基础设施互联互通,引导城市资源要素向农业农村流动,促进城乡融合发展。巩固和完善农村基本经营制度,深化承包地"三权分置"和农村集体产权制度改革。推进质量兴农、

绿色兴农，构建现代农业产业体系、生产体系、经营体系，促进农村一二三产融合发展。持续抓好美丽乡村建设，加强农村突出环境问题综合治理，实现百姓富、生态美的统一。加强优秀乡村文化传承发展，丰富农民精神文化生活。培养造就一支懂农业、爱农村、爱农民的“三农”工作队伍，健全自治、法治、德治相结合的乡村治理体系。让农业成为有奔头的产业，让农民成为有吸引力的职业，让农村成为安居乐业的美丽家园。

实施区域协调发展战略。深度融入国家区域发展总体战略，完善“五大板块”发展统筹协调机制，推动各区域在主体功能定位下实现高质量发展。深化与沪苏浙一体化发展，共建具有全球影响力的世界级城市群。推动合肥都市圈一体化发展，进一步增强创新竞争力和带动力，建设具有较强影响力的国际化都市圈和支撑全省发展的核心增长极。推进皖江城市带创新升级、绿色发展，加快建设具有国际竞争力的先进制造业和现代服务业基地。强力推动皖北地区全面振兴，加快完善产业、基础设施和公共服务体系，打造人水和谐、绿色共享的淮河生态经济带。高水平建设皖南国际文化旅游示范区，努力建成美丽中国先行区、世界一流旅游目的地和中国优秀传统文化传承创新区。加快大别山革命老区振兴步伐，提升特色产业支撑力、基础设施保障力和生态环境竞争力，解决区域性贫困问题。支持资源型城市经济转型发展，加快发展接续替代产业，创建可持续发展示范区。提升城镇化质量，强化城市群主体，促进大中小城市和小城镇协调发展。

加强基础设施网络建设。构建现代化水利支撑体系，优化水资源配置，提升河湖管护能力，加快实现江淮安澜、河湖健康、人水和谐。构建现代化综合交通运输体系，推进高速铁路建设，完善高等级公路网和农村公路网，加速航空、水运建设，加快建成全国重要的综合交通枢纽。构建现代化能源体系，完善油气管道布局，建设坚强智能电网。构建现代化网络信息体系，光纤网络和4G全面覆盖城乡，积极推进5G商用。构建现代化物流体系，加快建设高效畅通的物流平台，提升临港物流园区水平。

（三）坚持生态优先绿色发展，打造生态文明建设安徽样板

牢固树立社会主义生态文明观，像对待生命一样对待生态环境，建设人与自然和谐共生的美丽安徽。

推进绿色发展，实现绿水青山与金山银山有机统一。把“生态＋”理念融入产业发展，构建市场导向的绿色技术创新体系，形成节约资源和保护环境的空间格局、产业结构、生产方式。推进能源生产和消费革命，倡导简约适度、绿色低碳的生活方式。培育绿色产业市场主体和新增长点，壮大节能环保产业集群。

加强污染防治，还自然以宁静、和谐、美丽。构建政府为主导、企业为主体、社会组织和公众共同参与的环境治理体系，坚决打好污染防治攻坚战，保卫蓝天、保卫碧水、保卫净土，不断增进全省人民绿色幸福感。

保护生态系统，筑牢生态安全屏障。严守生态保护红线、永久基本农田、城镇开发边界三条控制线，实施重要生态系统保护和修复重大工程，统筹山水林田湖草系统治理，坚决制止和惩处破坏生态环境行为，让江淮大地生态美起来、环境靓起来，让我们的家园永葆山清水秀、共享天蓝地绿！

（四）加快推动全面开放，打造内陆开放新高地

全面融入国家三大战略，坚持“引进来”“走出去”并重，不断提升双向互动、内外联动的开放水平。

展开全面开放空间新布局。加强与“一带一路”沿线国家和地区的开放合作，构建面向全球的贸易、投融资、生产、服务网络。加强与长江经济带各省市的合作，构建承东启西的产业、基础设施和要素市场枢纽。加强与沪苏浙、京津冀、粤港澳大湾区等区域合作，构建承接沿海地区产业、资本、技术转移高地。

打造更高质量开放型经济新体系。培育对外贸易新业态新模式，拓展对外投资新领域新方式，构建招商引资新机制新载体，加快开发区改革和创新发展，提升利用外资技术溢出和产业升级效应。

形成投资贸易自由化便利化新体制。全面实行外商投资准入前国民待遇加负面清单管理制度，营造稳定公平透明、法治化、可预期的营商环境。积极创建中国（安徽）自由贸易试验区，主动跟进融入自由贸易港建设，加强口岸和海关特殊监管区域建设，打造更高能级的开放型经济新平台，走出更加宽广的对外开放新路子。

（五）促进发展成果更多更公平共享，创造人民更加美好的生活

坚持以人民为中心，聚焦“七有”目标，补齐民生短板，让人民有更多的获得感、幸福感、安全感。

全面发展社会事业。优先发展教育事业,深化教育改革,推进教育现代化。大力发展普惠性托育服务事业,推动义务教育优质均衡发展,高度重视农村义务教育,普及高中阶段教育,努力让每个孩子都能享有公平而有质量的教育。完善职业教育和培训体系,加快一流大学和一流学科建设。健全学生资助制度,使绝大多数城乡新增劳动力接受高中阶段教育、更多接受高等教育。坚持就业优先战略和积极就业政策,不断提高居民收入水平。全面建成覆盖全民、城乡统筹、权责清晰、保障适度、可持续的多层次社会保障体系,实施全民参保计划,统筹城乡社会救助体系,加快建立多主体供给、多渠道保障、租购并举的住房制度。推进健康安徽建设,深化医药卫生体制综合改革,实施食品安全战略,加快老龄事业和产业发展,全面建立优质高效的医疗卫生服务体系、健康产业体系和养老孝老敬老政策体系。

坚决打赢脱贫攻坚战。以大别山区、皖北地区和行蓄洪区特别是深度贫困地区为主战场,深入实施精准扶贫精准脱贫方略,突出产业就业扶贫,着力补齐基础设施和公共服务短板,构建稳定脱贫、防范返贫的有效机制。尽锐出战,精准施策,确保到2020年现行标准下农村贫困人口全部脱贫、贫困村全部出列、贫困县全部摘帽,坚决做到脱真贫、真脱贫。

推动文化繁荣兴盛。培育和践行社会主义核心价值观,广泛开展理想信念教育,深化中国特色社会主义和中国梦宣传教育,深入实施公民道德建设工程,推进优秀传统文化传承。坚持以人民为中心的创作导向,推出更多思想精深、艺术精湛、制作精良的精品力作。深化文化体制改革,完善现代公共文化服务体系,健全现代文化产业体系和市场体系。

深化平安安徽建设。弘扬生命至上、安全第一的思想,健全公共安全体系和社会治安防控体系,严格落实安全生产责任制,坚决遏制重特大安全事故,提升防灾减灾救灾能力。坚持共建共治共享,加强社会治理制度建设,完善预防和化解社会矛盾机制,提高社会治理社会化、法治化、智能化、专业化水平。让社会持续安定,让人民永续安康!

三、2018年重点工作

今年是贯彻落实党的十九大精神的开局之年,是改革开放40周年,也是建设现代化五大发展美好安徽的重要一年,做好各项工作意义重大。

经济社会发展的主要预期目标是:全省生产总值增长8%以上,财政收入增速高于经济增长,固定资产投资增长10.5%左右,社会消费品零售总额增长11.5%左右,居民消费价格涨幅3%左右,城镇常住居民人均可支配收入增长与经济增长同步,农村常住居民人均可支配收入增长8.5%以上,新增城镇就业63万人,城镇调查失业率控制在5%以内,节能减排完成年度目标任务。

重点做好十个方面工作:

(一)加强创新能力建设,促进产学研深度融合

推进重大科技基础设施建设。加快建设合肥综合性国家科学中心,推进合肥滨湖科学城规划和建设。建设量子信息科学国家实验室支撑体系,开工建设聚变堆主机关键系统综合研究设施,开展合肥先进光源预研,支持合肥微尺度物质科学国家研究中心、认知智能国家重点实验室等建设,建设首批10个安徽省实验室。

推进科技成果转移转化。建设首批10个安徽省技术创新中心。开展企业研发准备金、创新券制度试点。发展科技融资担保、科技保险,重点支持初创期科技企业。实施科技企业孵化器、加速器建设和升级工程,支持企业、开发区在海外设立离岸创新中心。建立省科技成果在线登记系统和技术市场数字平台。建立知识产权创造、保护、运用机制,支持知识产权法庭建设。建成安徽创新馆。

加强科技人才培养和引进。开辟人才激励“绿色通道”,实施以增加知识价值为导向的分配政策,提高科研人员科技成果转化收益比例。开辟人才引进“绿色通道”,启动国家科学中心引进海外人才百人计划,加强院士工作站、海外人才工作站建设,引进扶持50个高层次科技人才团队。开辟人才职称“绿色通道”,完善科技事业单位岗位统筹管理机制,建立有利于人才脱颖而出的职称评价制度。

(二)深化供给侧结构性改革,抢占创新型产业和智慧经济发展制高点

继续抓好“三去一降一补”。再退出煤炭产能690万吨,压减生铁粗钢产能228万吨。推进“僵尸企业”处置,破除无效供给。推动煤炭、冶金、化工、建材、纺织、食品等传统产业新一轮技术改造。对工业强基技术改造项目给予设备购置补助、贷款贴息等政策支持。落实中小微企业税收优惠政策,扩大电力直接交易规模,清理规范涉企保证金,压减工业产品生产许可证,进一步降低企业成本。

大力发展先进制造业。实施新能源汽车、智能语音、集成电路、工业机器人、现代医疗医药等专项支持政策，加快建设先进制造业产业集群。建成江淮大众新能源汽车、中安联合煤化工等重大项目。实施“皖企登云”计划，开展智能制造试点示范，推进生产线、车间数字化改造和智能工厂培育。深化绿色制造体系建设，开展绿色设计产品、绿色工厂、绿色园区创建。开展提升制造业质量标准行动，筹建省技术标准创新基地，启动国家检验检测高技术服务业集聚区建设。积极发展技术服务、工业设计、现代金融、供应链物流、人力资源培训等生产性服务业。

深入实施军民融合发展战略。加快建立完善军民融合发展组织管理体系、工作运行体系和政策制度体系，大力促进要素互融共用。加快省军民融合综合信息服务平台建设，支持企业、高校、科研院所与国防军工单位合作，加强军民技术转化运用、军民融合交流对接，实施一批国家重大军民融合建设项目，打造一批军民融合产业发展基地。支持有条件的地区争创国家军民融合创新示范区。

加快发展智慧经济。人工智能的浪潮已经来临，我省要发挥优势，不失时机站上潮头。实施新一代人工智能产业体系构建工程，加快发展智能芯片、智能终端等制造业，大力培育电子商务、大数据、云计算、数字创意、移动传播等数字经济产业集群。加快“中国声谷”建设，支持人工智能产业集聚区发展。完善信息网络基础设施，构建大数据交易平台。突出应用示范和引领，在医疗、教育、养老、物流、农业、城市管理等领域，开展“智慧+”应用试点示范。

(三)扩大消费和有效投资，进一步加强重大基础设施建设

促进消费稳定较快增长。落实促进消费政策，开展放心消费创建活动。扩大信息消费，推进宽带网络提速降费，引导共享经济新业态有序发展。加快新能源汽车推广应用，实施车购税优惠政策。扩大健康消费，大力发展医疗、体育、养老、养生等产业。加快旅游业发展，大力培育旅游新产品新业态，提升公共服务质量和景区管理水平，推进乡村旅游服务标准化、产品特色化、营销智慧化。

促进民间投资稳定增长。落实鼓励民间投资政策措施，加大基础设施、社会事业和公用事业等领域开放力度，吸引民间资本进入。完善政府和社会资本合作模式，健全PPP项目价格和收费适时调整机制，开展政务失信专项治理，提高民间资本收益预期。

推进基础设施重大项目建设。全面实施现代基础设施体系建设规划。开工建设昌景黄、池黄高铁，力争开工合新、宣绩高铁，建成杭黄高铁。实施10条断头国省干线公路贯通项目，开工建设沪汉高速无为—岳西段、溧宁高速黄山—千岛湖段，全面推进县县通高速补齐项目，加快建设芜湖—黄山、蚌埠—固镇高速公路，开工建设德上高速池州—祁门段，新增高速公路160公里、一级公路350公里。开工建设芜宣机场，改扩建阜阳、池州、安庆机场，推进蚌埠、亳州、宿州、滁州民用机场和黄山机场迁建等前期工作。开工建设新汴河航道安徽段。开展港口资源整合，建立统一的港口发展管理体制和运行机制。引江济淮主体工程完成投资160亿元，开工20座重点易涝地区排涝泵站、70个中小河流治理和250座小型水库加固项目。建成准东—皖南特高压直流工程、合肥—六安天然气干线。

(四)大力实施乡村振兴战略，推进“三农”工作全面发展

扎实推进现代农业建设。划定粮食生产功能区、重要农产品生产保护区，建设高标准农田400万亩以上。推进特色农产品优势区创建，推行家禽业“规模养殖、集中屠宰、冷链运输、冰鲜上市”新模式。以发展多功能大循环农业为重点，加快农业示范园区转型升级。实施农业品牌提升行动，加强“三品一标”农产品认证，创建16个农产品质量安全示范县。深入实施农业产业化发展工程，创建产值超50亿元的农产品加工示范园区5个，推动“主食厨房”经营网点向社区、向农村延伸。培育新型农业经营主体，发展农业产业化联合体500个，创建农村一二三产融合发展示范园6个。

深化农村综合改革。深入贯彻习近平总书记小岗村座谈会重要讲话精神，大力弘扬“大包干”精神，努力走在改革前列。发展多种形式适度规模经营，推进农村承包地确权登记颁证成果应用，建设土地承包经营权信息管理平台，深化农村承包地经营权抵押贷款试点。全面开展农村集体资产清产核资，推进农村集体产权制度改革和农村“三变”改革，壮大集体经济。探索盘活用好闲置农房和宅基地的有效办法。深化供销社综合改革，推进集体林权、农垦

等改革。

着力补齐农村突出短板。今年集中力量抓好农村环境“三大革命”和五项建设巩固提升行动,加快建设美丽乡村。农村环境“三大革命”的目标是:完成自然村80万常住农户卫生厕所改造,农村生活垃圾无害化处理率达60%,完成200个乡镇政府驻地污水设施建设。五项建设巩固提升行动:一是农村道路巩固提升行动。建好、管好、护好、运营好农村公路,谋划一批加宽改造、路面硬化项目,打通一批“末梢路”,畅通一批“循环路”,建设一批“产业路”。二是农村电商全覆盖巩固提升行动。拓展农村电商网点功能,加强农产品网销上行引导,强化品牌培育,实施农村电商人才培训和企业培育计划。三是农村饮水安全巩固提升行动。推进农村水厂升级改造,提高农村自来水普及率、集中供水率和水质达标率。四是农村电网改造巩固提升行动。实施新一轮农网改造升级,提升深度贫困地区、行蓄洪区供电可靠性,加快水电供区电网移交和改造。五是农村义务教育巩固提升行动。推进农村义务教育办学条件标准化提升、教师队伍建设、校园信息化建设,推动县域内城乡义务教育一体化改革发展。

促进县域经济振兴。县域经济转型发展任务重,要格外重视,更多支持。大力发展特色经济,支持创建一批特色产业集聚发展基地,促进县域开发园区转型升级,引导特色小镇健康发展。提升科技成果转化能力,加强与省内外高校院所、知名企业合作,支持建设一批成果转化基地和异地孵化器。完善农民工返乡创业支持政策和服务体系。大力发展现代招商,推行专业化招商、联合基金招商。促进企业引入新业态、新模式,大力发展“互联网+”,努力实现借势发展。

(五)纵深推进重点领域改革,推动开放型经济加快发展

深化国资国企改革。加强国有资产有效监管,开展出资人委派总会计师试点。改革国有资本授权经营体制,推动国有企业战略性、专业化重组,促进国有资本做强做优做大。推进国有企业混合所有制改革,支持整体上市。完善国有企业法人治理结构,推进规范董事会建设和职业经理人制度试点。基本完成国有企业“三供一业”分离移交,切实减轻企业负担。

深化“放管服”改革。启动实施市场准入负面清单制度,规范审批权责和标准。统筹推进“多证合一”“证照分离”改革,推动“照后减证”。完善“双随机、一公开”监管,深化综合执法改革。全面建成全省政务服务“一张网”,加快一网通办、不见面审批。努力把安徽打造成为全国审批事项最少、办事效率最高、投资环境最优、市场主体和人民群众获得感最强的省份之一。

深化财税体制改革。推进省以下财政事权和支出责任划分改革,加快建立全面规范透明、标准科学、约束有力的预算制度,健全预算执行与预算编制挂钩机制,全面实施绩效管理。优化财政支出结构,压缩一般性支出,加大对供给侧结构性改革、民生工程、脱贫攻坚、生态环保等领域和重点项目支持力度。深化国税、地税征管体制改革。

深化金融改革。发展普惠金融,改善“三农”、中小微企业等薄弱环节金融服务,完善新型政银担业务,实现“劝耕贷”农业县全覆盖。推进省农村信用联社改革,支持农村商业银行资本联合。推动企业上市挂牌,完善省级股权投资基金体系,提升省股权托管交易中心综合服务功能,提高直接融资比重。

全面提升开放型经济发展水平。启动实施农产品、家电等传统产品出口提升计划,扩大汽车、装备、电子信息等优势产品出口。加快建设跨境电子商务综合试验区。加强海关特殊监管区域建设和管理,增强对外贸发展的带动作用。加强与“一带一路”沿线国家工商合作平台建设,加大对企业“走出去”支持和保护。推进开发区优化整合,加快产城融合发展,开展“多评合一”试点。积极参加首届中国国际进口博览会,办好2018中国国际徽商大会。

(六)坚决打好防范化解重大风险攻坚战

严格防控政府债务风险。稳妥处置地方隐性债务风险,摸清底数,严控增量,化解存量。健全以政府债券为主体的政府举债融资机制,规范政府举债行为,推进政府专项债券改革,完成政府存量债务置换。建立对地方政府违规举债的问责机制,建立健全地方政府债务管理长效机制。

坚决防范化解金融风险。积极稳妥去杠杆,推进市场化法治化债转股。加强金融机构信用风险、流动性风险、公司治理风险以及“僵尸企业”债务风险防控,支持地方金融机构加大不良资产核销处置力度,提高资本充足率。加强风险管控机制建设,建立健全监测预警、早期干预和应急处置机制,堵住影

子银行、互联网金融监管漏洞,坚决打击违法违规金融活动。

(七)坚决打好精准脱贫攻坚战

今年的减贫目标是,10 个国家级贫困县和 8 个省级贫困县摘帽,700 个以上贫困村出列,70 万以上贫困人口脱贫。

加强产业就业扶贫。推广“四带一自”产业扶贫模式,实施贫困村“一村一品”产业推进行动,扩大电商扶贫、旅游扶贫覆盖面。开展家政扶贫行动,建设家政服务市场与贫困户就业对接平台。新建就业扶贫基地 300 个、就业扶贫驿站 400 个、扶贫车间 600 个。

加大深度贫困地区攻坚力度。新增脱贫攻坚资金、项目、举措向深度贫困地区倾斜。从今年起,省级财政新增扶贫专项资金 50% 以上用于深度贫困县。推进行蓄洪区脱贫攻坚,实施行蓄洪区调整和建设工程,分类推进村(庄)台、保庄圩整治,实施一批居民迁建、环境治理、生产布局、生活保障等项目,大力发展水面种养等适应性产业,改善行蓄洪区生产条件和群众生活环境质量。

加强基层基本公共服务功能建设。落实省定基层基本公共服务标准。加强贫困地区学前教育,实施义务教育控辍保学方案。完成 19879 人建档立卡贫困人口易地搬迁安置任务,安排好搬迁户生产生活,做到“搬得出、稳得住、能致富”。健全贫困地区基本社会保险制度,落实农村低保标准和扶贫标准“两线合一”。加强对贫困老年人、残疾人、重病患者等群体的精准帮扶。优化“351”“180”健康脱贫政策,解决好取药报销不便捷问题。

完善脱真贫真脱贫工作机制。坚持“六看六确保”,落实“七个不落、一个不少”要求,健全防范返贫机制,完善督查考核方式,加强扶贫对象动态管理。落实脱贫后续帮扶,对已脱贫人口在攻坚期内脱贫不脱政策。落实非贫困村贫困人口的支持政策和帮扶措施,消除“死角”和“盲区”。完善包保机制和驻村扶贫工作队管理制度,打造懂扶贫、会帮扶、作风硬的扶贫干部队伍。深入开展扶贫日活动和扶贫志愿者行动,完善大扶贫格局。

(八)坚决打好污染防治攻坚战

推进重点领域污染防治。持续抓好中央环保督察反馈问题整改,深入实施环境保护“五个一”专项行动。加强重点行业重点企业污染源治理和机动车尾气治理,强化道路施工、建筑工地、港口码头等扬尘污染防治。推进重点流域水污染防治,实施淮河流域综合治理,启动巢湖新一轮综合治理,坚持共抓大保护、不搞大开发,加强长江流域环境整治和生态保护。全面开展土壤污染状况详查,建立污染地块和农用地土壤环境管理信息化系统,强化固体废弃物处理和农业面源污染防治。

今年还将抓好三个专项行动:一是城乡黑臭水体治理行动。大力推进县城黑臭水体排查治理,启动实施农村黑臭水体排查治理,城市黑臭水体消除比例达 80% 以上。二是畜禽养殖废弃物资源化利用行动。推广产业化模式,创建一批综合利用试点,畜禽粪污综合利用率达 70% 以上。三是秸秆综合利用推进行动。完善收储运销体系,推进秸秆发电项目和秸秆气化能源利用工程建设,加快秸秆综合利用现代环保产业园区建设,秸秆综合利用率达 88% 以上。

发展绿色低碳循环经济。推进绿色技术开发利用,加快节能环保、清洁生产、清洁能源等产业发展。新增可再生能源装机规模 150 万千瓦。推进资源全面节约和循环利用,严格实施能源消耗、水资源消耗、建设用地总量和强度“双控”制度,盘活一批闲置低效建设用地,建成一批节水型企业、学校、灌区。开展创建节约型机关、绿色家庭、绿色学校、绿色社区和绿色出行等行动。

完善生态环境管理制度。抓好生态保护红线划定方案实施,对划定的范围实行强制性严格保护。严格落实河长制、湖长制,全面推行林长制。加强森林病虫害防治,推进林业增绿增效行动,完成造林 120 万亩。加强采煤塌陷区综合治理和绿色矿山创建。扩大生态补偿机制覆盖面。推进环保机构监测监察执法垂直管理制度改革,探索建立环境信用联合激励和惩戒机制。

(九)加快社会事业发展,提高保障和改善民生水平

办好公平优质教育。全面实施第三期学前教育行动计划,新建、改扩建公办幼儿园 300 个,学前三年毛入园率提高到 86%。推进中小学教师“县管校聘”管理改革,义务教育巩固率达 94% 以上,全部消除义务教育阶段 66 人以上超大班额。加快普及高中阶段教育,推进中考、高考综合改革,深化职业教育产教融合、校企合作。推进一流大学和一流学科建设,支

持高校优势特色学科发展和高水平科技创新平台建设,深化中德教育合作示范基地建设。加强继续教育,办好特殊教育,发展老年教育。支持和规范民办教育发展。加快推进首批364所智慧示范学校和实验学校建设。

推进更高质量更加充分就业。坚持以创业带动就业,深入实施"创业江淮"行动计划,持续实施高校毕业生就业创业促进计划和基层成长计划。扎实做好农民工、去产能分流职工、城镇就业困难人员等群体就业工作。建设一批就业创业服务平台,拓展公益性就业岗位,加强新产业、新业态职业技能培训。构建和谐劳动关系,保障农民工工资按时足额支付。

加强多层次社会保障体系建设。将城乡居民基础养老金最低标准提高50%。调整企业和机关事业单位退休人员养老金。实施高风险行业工伤保险扩面专项行动,开展生育保险和职工基本医疗保险合并试点。提高城乡低保标准和优抚补助标准。

加大住房保障力度。实行公租房实物配租和租赁补贴并举,对低保、低收入住房困难家庭加快实现应保尽保,将符合条件的新就业无房职工、外来务工人员等纳入保障范围,新开工保障性安居工程28.18万套,基本建成23.75万套,完成10万户农村危房改造。因城施策加强房地产市场调控,盘活存量住房,发展住房租赁市场特别是长期租赁,完善促进房地产平稳健康发展的长效机制。

推动文化事业繁荣发展。加快省美术馆、百戏城、科技馆建设,推进政府购买基层公益文化岗位试点。推进明中都皇故城、凌家滩、禹会村、双墩、寿春城等国家考古遗址公园建设。实施地方戏曲振兴计划,支持文房四宝等传统工艺传承发展,加强现实题材文艺创作生产。推进文化产业示范基地建设,支持省属文化企业做强做优做大,培育专精特新中小文化企业。推进传统媒体和新兴媒体深度融合,加强传播手段建设和创新。繁荣发展哲学社会科学,加强参事文史、地方志和档案工作。

推进健康安徽建设。深化医药卫生体制综合改革,加强医疗、医保、医药联动。推进城乡医保制度整合和管理体制改革试点。深化医联体建设,实现县域医共体全覆盖,完善分级诊疗、双向转诊机制,提高家庭医生签约服务水平。健全现代医院管理制度,推进公立医院薪酬制度改革。完善智慧医疗试点示范。加强疾病预防控制。强化食品药品安全监管,健全食品药品质量追溯体系。大力发展中医药事业,支持社会办医,发展健康产业。开展居家和社区养老服务改革试点,创建智慧养老院,建设30个医养结合示范项目。深化计划生育服务管理改革,加强儿科、产科建设。深入开展全民健身活动,办好第十四届省运会、第七届省残运会。

今年计划投入1067亿元,继续实施33项民生工程,其中新增学前教育、智慧医疗与家庭医生签约服务、农村环境"三大革命"等工程,要精准实施、精细管理,让人民群众得到更多实惠。

(十)加强和创新社会治理,提升平安安徽建设水平

推进社会治理体系建设。积极预防和化解社会矛盾,开展信访"三无"县乡村"联建、联创、联评"活动。加快省市县乡村综治中心标准化建设,开展智慧社区建设试点,城乡社区网格化服务管理达到国家标准。完善社会福利、慈善事业等制度。加强妇女、儿童权益保护,健全农村留守儿童、妇女、老人关爱服务体系。发展残疾人事业,加强残疾康复服务。促进民族团结、宗教和睦。加强援藏援疆工作。

深入开展"守护平安"系列行动。健全立体化、信息化社会治安防控体系,依法打击和惩治黄赌毒黑拐骗等违法犯罪活动。严厉打击网上虚假信息诈骗、倒卖个人信息等不法行为,营造清朗的网络空间。推进安全生产"铸安"行动常态化实效化,推进安全生产风险管控"六项机制"制度化规范化,实现重点行业领域专项整治全覆盖。深化防灾减灾救灾体制机制改革,加强气象、水文、地震等工作。守护平安,"防"字当头,今年切实抓好两项行动:一是安全保障监测体系建设行动。推进道路交通、城市管网、消防、危险化学品等重点领域安全防控监测信息系统建设,及时监测预警风险隐患,提前采取管控措施,有效防范事故发生。二是地质灾害防治行动。建成地质灾害三维信息平台系统、在线监测预警系统和应急指挥处置系统,加强地质灾害隐患排查、风险评估和综合治理。

积极支持国防和军队现代化建设。全面贯彻习近平强军思想,牢固树立全民国防意识,着力加强全民国防教育,着力完善国防动员体系,大力支持驻皖解放军、武警部队、民兵预备役和人民防空建设,扎实做好双拥优抚和退役军人安置工作,让军政军民团结之树根深叶茂。

四、全面加强政府自身建设

新时代要有新气象,更要有新作为。我们要坚持以人民为中心,牢记职责使命,加强政府改革创新,不断提升履职能力和水平。

着力打造政治过硬、本领高强的政府。树牢"四个意识",强化政治责任,坚决忠诚维护看齐习近平总书记这个全党拥戴、人民爱戴的好领袖,坚决维护以习近平同志为核心的党中央权威和集中统一领导,坚决做到"五个纯粹"。推进"两学一做"学习教育常态化制度化,开展"不忘初心、牢记使命"主题教育,不断培植精神家园。面对社会主要矛盾变化和高质量发展要求,把建设学习型政府摆在突出位置,全面增强"八种本领",增进专业知识、专业素养,坚持战略思维、创新思维、辩证思维、法治思维、底线思维,善于把握机遇、应对挑战、防控风险,善于处理各种复杂矛盾,勇于战胜前进道路上的各种艰难险阻,牢牢把握工作主动权。

着力打造依法行政、治理高效的政府。加快建设法治政府,坚持按法定权限履行职责,更加自觉接受人大法律监督、工作监督和政协民主监督以及社会各方面监督,全面深化政务公开,确保权力在阳光下运行。深化政府机构改革,推进权力"瘦身"、服务"健身"。规范行政裁量行为,加快建立权责统一、权威高效的行政执法体制。创新政府治理,加快建设智慧政府,优化行政资源配置,提高行政效率。认真听取人大代表、政协委员、民主党派、工商联、无党派人士和各人民团体意见,加强政府智库建设,广泛凝聚群众智慧,提高政府决策科学化、民主化、法治化水平。

着力打造清正廉洁、纪律严明的政府。认真履行全面从严治党主体责任,自觉遵守中央八项规定精神及省委实施细则,驰而不息整治"四风"问题,严肃查处侵害群众利益的突出问题。深化廉政风险防控,严防权力滥用和设租寻租,加强对财政资金使用、公共资源交易、国有资产管理等重点领域的监督管理。坚持无禁区、全覆盖、零容忍,支持纪检监察机关依法依规履行职责,推进审计管理体制改革和审计监督全覆盖,推动干部清正、政府清廉、政治清明。

着力打造勤政为民、敢于担当的政府。牢记为民宗旨,始终把全省人民对美好生活的向往作为奋斗目标,时刻把群众最急最忧最怨的问题记在心上、抓在手上。把创造良好营商环境摆在突出位置,加强政府诚信建设,进一步构建"亲""清"新型政商关系,常态化推进"四送一服"双千工程。力戒形式主义、官僚主义,发扬求真务实精神,大兴调查研究之风,把功夫下到察实情、出实招、办实事、求实效上。大力营造愿作为、敢担当的风气,旗帜鲜明为那些勇于担当、踏实做事的干部鼓劲撑腰,激励广大公职人员尽职尽责、苦干实干,创造出无愧于时代、经得起实践和历史检验的业绩!

各位代表!

伟大时代充满创造,赢得未来唯有奋斗。让我们更加紧密地团结在以习近平同志为核心的党中央周围,在中共安徽省委的坚强领导下,同心同德,锐意进取,扎实工作,奋力谱写全面建成小康社会、加快建设现代化五大发展美好安徽的壮丽篇章!

关于安徽省2016年决算的报告

——2017年7月26日在安徽省
第十二届人民代表大会
常务委员会第三十九次会议上

省财政厅厅长　罗建国

安徽省人民代表大会常务委员会:

省十二届人大七次会议审查批准了《关于安徽省2016年预算执行情况和2017年预算草案的报告》。现在,2016年安徽省决算已汇编完成。根据《预算法》等法律法规和省人大常委会安排,受省人民政府委托,我向省十二届人大常委会第三十九次会议报告2016年全省决算情况,请予审议。

2016年,在省委、省政府的正确领导和省人大的依法监督下,全省各级各部门,全面贯彻党的十八大和十八届三中、四中、五中、六中全会精神,深入学习贯彻习近平总书记系列重要讲话精神和治国理政新理念新思想新战略,深入学习贯彻习近平总书记视察安徽重要讲话精神,坚持以新发展理念统领发展全局,坚持稳中求进工作总基调,扎实推进稳增长、促改革、调结构、惠民生、防风险,保持了经济平稳健康较快发展和社会和谐稳定,较好地完成了省十二届人大六次会议确定的目标任务,全省决算情况较好。

一、2016年预算收支决算情况

(一)一般公共预算收支决算情况。

2016年,全省财政收入完成4373亿元,为年初汇编预算数的101.4%,比上年(下同)增长9%。其中:地方一般公共预算收入完成2673亿元,为预算的102.4%,增长8.9%。加中央补助收入2611亿元,债务等收入1514亿元,预算总收入6798亿元。

2016年,全省一般公共预算支出完成5523亿元,增长5.4%。加债务还本等支出1187亿元,支出合计6710亿元。收支相抵,结转下年88亿元,净结余为0。

2016年,省级地方一般公共预算收入完成251亿元,增长1%。加中央补助收入2611亿元,债务等收入1220亿元,省级预算总收入4082亿元。

2016年,省级一般公共预算支出完成645亿元,下降4%。加补助市县支出2232亿元,债务还本等支出1164亿元,支出合计4041亿元。收支相抵,结转下年41亿元,净结余为0。

根据《预算法》有关规定,将其他相关事项报告如下:

1.税收返还和转移支付情况:2016年,经过积极争取,中央支持力度进一步加大,对我省税收返还和转移支付合计2611亿元,增加126亿元,增长5.1%。一是税收返还254亿元,增加79亿元,增长45.4%,主要是增值税收入划分改革后,中央对我省税收返还大幅增加;二是转移支付2357亿元,增加47亿元,增长2%。其中,一般性转移支付1580亿元,增加158亿元,增长11.1%,一般性转移支付中均衡性转移支付达到675亿元,规模持续保持全国第3位;专项转移支付777亿元,减少111亿元,下降12.5%。

2016年,在省级收支矛盾较大的情况下,省财政进一步加大对市县支持力度,省对市县税收和转移支付合计2232亿元,增加69亿元,增长3.2%。一是税收返还155亿元,增加72亿元,增长87.3%。二是转移支付2077亿元,与上年基本持平。其中,一般性转移支付1233亿元,增加47亿元,增长4%;专项转移支付844亿元,下降50亿元,下降5.6%,转移支付结构持续优化。

2.政府债务规模结构情况:经财政部核定,并报经省人大常委会批准同意,我省2016年末地方政府债务限额为5894.1亿元。截至2016年底,决算反映的全省政府债务余额5294.5亿元,其中,一般债3309.4亿元,专项债1985.1亿元,债务余额低于批准限额,政府债务率61.4%,比财政部确定的风险警戒值100%低38.6个百分点,政府负债率22%,比国际通用参考警戒值60%低38个百分点,债务风险总体可控。

3.权责发生制列支情况:按照《预算法》和国务院有关规定,2016年省级财政权责发生制核算列支资金35.8亿元,列支内容主要是高校建设、基建投资等国库集中支付年终结余资金。对于上述资金,省财政厅将在预算执行中加强管理,及时拨付,尽快发挥资金效益。

上述收支决算数,与今年1月份向省人代会报告的2016年预算执行数相比,全省地方一般公共预算收入没有变化,一般公共预算支出减少7亿元,主要是因为市县进一步规范债务还本支出列支方式。

(二)政府性基金收支决算情况。

2016年,省级政府性基金收入46亿元,下降3%,主要是按规定将部分政府性基金转列一般公共预算;加专项债务收入730亿元,中央补助收入等49亿元,省级政府性基金总收入825亿元。省级本年安排支出8亿元,增长44.9%;加地方政府专项债务转贷支出730亿元,补助市县、调出资金等支出76亿元,支出合计814亿元,结转下年11亿元。

(三)国有资本经营收支决算情况。

2016年,省级国有资本经营预算收入19亿元,增长23.7%;加中央补助收入29亿元、上年结余收入4亿元,预算总收入52亿元。省级本年安排支出16亿元,增长30.7%;加补助市县等32亿元,支出合计48亿元,结转下年4亿元。

(四)社会保险基金收支决算情况。

2016年,省级社会保险基金预算收入243亿元,增长9.6%;加上年结余收入563亿元,预算总收入806亿元。省级本年安排支出128亿元,增长8.6%,结转下年678亿元,社会保险基金运行情况良好。

2016年,省级政府性基金、国有资本经营和社会保险基金收支决算数,与今年1月份向省人代会报告的2016年预算执行数相比,主要收支项目数额基本没有变化。

二、2016年预算执行效果

(一)推进供给侧结构性改革,促进经济转型升级。明确中央和省50%、市(县)和企业50%的比例,创新共管账户管理,支持完成国家下达的煤炭、生铁和粗钢去产能任务，妥善安置职工3.8万人。安排住房保障类专项资金，撬动政策性金融机构资金，棚户区改造货币化安置率56.5%，推动房地产去库存。采取“借转补”、股权投资等方式，支持“三重一创”和创新型省份建设，培育壮大经济发展新动能。支持合芜蚌获批国家级自主创新示范区，争取财政部授权9项先行先试改革举措，改革完善省级财政科研项目资金管理，支持建设量子信息国家实验室、中科大一流大学和科大先研院，塑造更多依靠创新驱动的引领性发展。投入97.5亿元，带动社会投资37.3亿元，支持农田水利建设，安排5亿元启动资金支持灾后水利水毁修复与薄弱环节建设性治理三年行动计划，安排25.5亿元实施“一事一议”项目1.4万个，投入187.9亿元建设美丽乡村，支持建设高标准农田，着力推进农业供给侧结构性改革。

（二）落实积极财政政策，支持实体经济发展。全面落实结构性减税和普遍性降费政策，全年减免税费702.4亿元，增长29.7%，支持各类市场主体轻装上阵。推进政策性融资担保体系建设，创新“劝耕贷”和“政采贷”担保品种，国有融资担保机构的贷款担保费率降至不超过1.2%，继续调拨续贷过桥资金，进一步缓解中小微企业融资难题。以注入资本金形式拨付南北合作共建园区资金9.3亿元，带动市县投入10.2亿元，撬动金融贷款104.7亿元，支持园区经济发展。省级安排专项资金推进皖江示范区、皖北地区和大别山革命老区发展，支持城市五统筹和新型城镇化试点省建设，促进区域协调发展。争取中央基建资金117.6亿元、国际金融组织和外国政府协议贷款2.4亿美元，筹集更多资金扩大有效投入。继续安排文化强省、服务业发展、军民融合、养老产业化等资金，促进消费和产业转型升级。统筹支持电子商务进农村综合示范县、商务诚信体系、物流标准化等试点，促进对外贸易，进一步推动实体经济持续健康发展。

（三）加大民生投入，增强群众获得感。全省民生支出4626亿元，占全省财政支出的83.8%。精心组织实施33项民生工程，投入资金825.5亿元，增长13.6%，集中力量做好普惠性、基础性、兜底性民生建设。成功延续新安江流域生态补偿试点政策，健全大别山水环境生态补偿机制，有力保障重点生态功能区、千万亩森林增长工程、大气污染防治和秸秆综合利用等生态文明建设，打造宜居生活环境。多渠道筹措资金提高养老金、新农合及城镇居民医保财政补助、基本公共卫生服务财政补助等标准，推进农村低保标准和扶贫标准“两线合一”，促进基本公共服务均等化。拨付社会救助资金65.6亿元，发放家庭经济困难学生资助资金27.4亿元，拨付重度残疾人护理补贴4.2亿元，投入防汛救灾资金28.3亿元，财政资金向困难群众进一步倾斜。投入173.4亿元全力保障脱贫攻坚，下放涉农资金审批权、使用权，支持贫困县统筹整合使用财政涉农资金。在全国率先设定建档立卡贫困人口医疗费用“351”兜底保障线，继续实施光伏扶贫、产业扶贫、易地扶贫搬迁等。2016年，我省省级党委和政府扶贫开发工作成效考核获得“好”等次，获得国家奖励资金4亿元。在财政部专项扶贫资金绩效评价和贫困县涉农资金整合绩效评价中，我省均位列A类等次，获得奖励资金1.6亿元。

（四）深化财税改革，加快构建现代财政制度。全面推开营改增试点，2016年5月1日成功实现税制转换，全年减税105亿元，小规模纳税人实现100%减税，新纳入试点的四大行业实现全面减税。2016年7月1日起推进资源税从价计征改革，公布我省铁、石灰石等资源税税目税率表，促进资源节约和高效利用。印发全面推开营改增试点后调整省与市县增值税收入划分过渡方案，保持省与市县财政体制基本稳定。制定并实施支持农业转移人口市民化若干财政政策，安排奖励资金9.9亿元，引导各地吸纳农业转移人口，推动新型城镇化进程。规范转移支付管理，清理整合规范专项转移支付，省对下专项转移支付由2013年的502项压缩到115项，省对下一般性转移支付占比较2013年提高5.1个百分点。按规定将水土保持补偿费等政府性基金转列一般公共预算，省级政府性基金和国有资本经营预算共调入一般公共预算12.8亿元。持续推进预算信息公开，依规公开政府预决算和“三公”经费预决算，部门决算公开中首次公开机关运行经费、政府采购、国有资产占用、预算绩效管理等情况，并增加相关解释说明，增强预决算信息透明度。根据2016年财政部通报，我省预决算公开度居全国第5位、中部第1位。

（五）强化财政管理，提升财政服务和保障水平。强化预期管理，坚持依法征收，全省财政收入增幅9%，增速与经济发展保持同步，好于年初预期。全省地方财政收入中税收占比连续五年居中部第1，收入质量稳居中部前列。区域财政整体向好,14个市财政收入超100亿元,68个县(市、区)财政收入超10亿元。优化财政支出结构,严控一般性支出,全省“三公”经费下降23.8%,交通运输、农林水、城乡社区和金融等经济发展类支出增长9.7%,教育、科技、医疗卫生、社保和就业等社会事业类支出增长10.5%。强化财政内部控制,优化预算编制、资金分配等业务流程,推动预算单位和市县财政内控建设,基本构建了权力运行的制约和监督机制。建立分项牵头、主体负责、协作配合的审计整改责任机制,对审计反映的部门专项资金执行期限不明确、政府性基金编制不细等问题,出台加强财政资金管理制度建设、省级项目库管理办法、规范市县预算编报等文件,并会同省级有关预算部门全部整改到位,及时将整改情况向省人大常委会报告并向社会公开,促进审计整改有效落实。全面落实从严治党要求,深入开展“两学一做”学习教育和“讲看齐、见行动”学习讨论,扎实开展预算部门会商、财政系统帮联、机关和基层支部结对共建、扶贫双包定点帮扶、在职党员进社区等工作,财政干部和队伍作风建设取得新成效,为加强财政管理提供了坚强组织保障。

三、落实省级决算审查决议情况

2016年7月,省人大常委会第三十一次会议通过关于批准安徽省2015年省级决算的决议。一年来,财政部门认真落实决议要求,主动适应经济发展新常态,有效实施积极财政政策,深入推进财税体制改革,切实加强财政管理,取得新的成效。

(一)关于进一步提高预决算编制水平。严格落实《预算法》和《安徽省预算审查监督条例》,加大预算法规业务培训,强化部门预决算意识。连续六年提前启动编制预算,拓展编制周期,省市县乡同步启动,规范市县预算编制。完善基本支出供给标准,健全事业单位分类改革后财政补助政策,强化省级项目库管理,提高预算编制科学性。规范预算执行,无大事、急事、要事原则上不办理预算追加,基本实现“预算一年,一年预算”。省级对51个项目53亿元进行评审论证,省市县三级全面推进预算公开评审论证。细化转移支付预算编制,专项转移支付分市县细化编制率近80%,采购预算细化编制到采购品目和执行时间,从编制源头促进预决算衔接。推进试点单位项目支出经济分类填报,优化部门决算网络审核流程,提高决算编审质量。推进政府综合财务报告试点,运用大数据技术加强决算分析,进一步推动预算部门规范财务管理。

(二)关于进一步提高财政资金使用效益。建立健全预算执行动态监控、财政存量资金清理收回、财政存量资金与预算安排相结合等机制。积极盘活财政沉淀资金用于增加有效投资和补短板,存量资金规模控制位居中部省份第一。2016年,全省一般公共预算结转结余占财政支出1.6%,低于财政部规定上限7.4个百分点。进一步规范行政事业单位国有资产出租出借、处置等收益管理,完成全省事业单位及其所办企业国有资产产权登记,确保行政事业单位国有资产安全完整、保值增值。绩效目标编制覆盖所有财政性资金,做到绩效目标编制与预算编制同步、绩效目标审核与预算审核同步、绩效目标批复与预算批复同步。2016年,财政部对地方财政管理工作进行综合考核,我省获优秀等次,位居全国第4,我省推荐的1市3县为全国地方财政管理工作的先进典型市县,获中央财政奖励9000万元。另外,省财政积极配合支持有关部门在优化营商环境、改善地方科研基础条件、落实地方水利建设投资、落实就业创业政策等方面,共同获得国务院表扬,并获得相应的资金奖励。

(三)关于进一步加强地方政府性债务管理。强化政府债务预算管理,编制新增债务预算调整方案,提请省人大常委会审查和批准。加强和规范债务限额管理,严格规范举债程序和担保行为,禁止违规担保和变相融资,推进政府债务信息公开。科学安排债券发行,全年发行政府债券1687.3亿元,增长30.4%。其中,新增债券458.7亿元,增长66.8%,支持地方政府扩大有效投入;置换债券1228.6亿元,增长20.6%,对2016年到期的政府债务本金实现全覆盖。债券平均发行利率3%左右,每年可节约融资成本近80亿元,有效缓解地方政府融资压力。引导各地依法规范运用PPP模式,32个项目入选财政部第三批PPP示范项目,计划总投资774亿元,入选项目数和总投资额均位居全国第3。支持政府融资平台公司市场化转型,依法依规筹措资金,促进财政经济可持续发展。

(四)关于进一步推进相关改革工作。建立健全政府采购监督管理办法、政府集中采购目录及政府采购限额标准等制度,强化省级政府采购项目合同履约验收、需求管理、代理机构监督检查等工作,切实提高政府采购效率。深入推进公共资源交易管理体制改革,全省各市县(区)政府采购项目全部进入当地公共资源交易中心执行,实现场外无交易。全面推开农业补贴“三合一”改革,通过“一卡通”发放惠农补贴资金275.1亿元,支持全省农村土地确权登记颁证提前一年完成中央试点任务,支持农村公共服务运行维护、国家扶持村级集体经济发展、村集体资产股份合作制改革等试点,推动农业农村改革迈出新步伐。实施城乡义务教育经费保障机制,支持公立医院债务化解,对市县国有林场改革进行奖补,支持司法、农垦、公安、商事制度改革,充分发挥财税改革的基础性和保障性作用。

一年来,在省人大的依法监督和悉心指导下,财政改革发展取得一定成效。省级预算执行和其他财政收支审计结果表明,2016年省级预算执行和其他财政收支总体情况较好,预算管理的规范化、科学化水平进一步提高。但我们也清醒地认识到,在预算管理和运行中还存在一些困难和问题。如,财政收入增速趋缓与支出刚性矛盾加大;部分财政支出项目存在只增不减的格局,部分预算部门的政府采购项目支出进度不快,财政支出绩效有待进一步提高;部分省级专项资金执行期限不明确,财政资金管理制度需进一步健全;个别部门的决算意识有待进一步增强,决算编制质量有待进一步提升;一些地方存在违规担保和变相举债问题,局部地区债务风险不容忽视,等等。对此,我们将高度重视,采取措施,努力加以改进。

四、下一步财政重点工作

今年是党的十九大召开之年,是实施“十三五”规划的重要一年,也是供给侧结构性改革的深化之年,财政支持发展和保障民生的任务更重、责任更大。下一步,我们将重点做好以下工作:

(一)着力强化预算管理。依法加强税收征管,严格规范非税收入征管。强化财政预期管理,加强收入预测和执行分析。按照“保重点、控一般、促统筹、提绩效”要求,进一步优化财政支出结构,强化预算项目储备管理,改变财政支出项目只增不减的固化格局。积极推动建立预算单位自评、财政重点评价、第三方评价三位一体的绩效评价体系。深化部门预算管理改革,探索支出经济分类科目改革试点,推动政府性基金支出预算进一步细化到部门、到项目。加强对市县预算编制工作的指导,推进省市县编制中期财政规划,一体化提升预算管理水平。

(二)着力深化财税改革。持续深化预算信息公开,拓展预算公开评审,积极打造阳光财政。多举措盘活政府资金、资产、资源,推进财政资金统筹,探索建立“大专项+任务清单”机制,提高财政资金使用绩效。继续清理规范并逐步减少省对下专项转移支付,提高一般性转移支付规模和比例。配合推进增值税、资源税等立法,积极推进健全地方税体系。贯彻落实中央和地方收入划分总体方案,推进省以下财政事权和支出责任划分改革,激发财政体制机制活力。

(三)着力规范债务管理。进一步规范地方政府举债融资行为,加强政府债务预算管理和限额管理,加强政府债务监督考核,将风险预警结果与债券资金分配挂钩,确保不发生系统性区域性财政风险。健全以政府债券为主体的举债融资机制,加强地方融资平台管理,规范政府和社会资本合作(PPP)模式运用,全面组织开展地方政府融资担保清理整改工作,坚决制止以购买服务名义违法违规举债融资,依法依规筹措更多资金支持经济社会发展。

(四)着力严肃财经纪律。持续抓好《预算法》《安徽省预算审查监督条例》等财经法律法规的贯彻落实,坚决落实人大审查决议,认真办理人大代表建议议案和政协委员提案,主动接受人大代表和政协委员监督。推进预算联网监督,完善省级预算联网监督系统,选择有条件的市开展试点。积极落实审计监督要求,抓好审计整改。深化财政内控建设,强化市县财政管理,加强财政资金监管,确保财政资金、干部安全,为经济社会发展提供良好财经环境。

依法加强财政管理,更好发挥财政职能作用,对于促进经济社会发展意义重大。我们将全面贯彻省委、省政府各项决策部署,认真落实省人大对预算监督的各项要求,扎实推进“两学一做”常态化制度化和“讲政治、重规矩、作表率”专题学习教育,坚持用新发展理念统领发展全局,全力支持实施五大发展行动计划,强化责任担当,积极主动作为,持续推进财政改革发展各项工作,为加快建设创新协调绿色开放共享的美好安徽作出积极贡献,以优异成绩迎接党的十九大胜利召开!

关于安徽省2017年上半年预算执行情况及下半年工作意见的报告

——2017年7月26日在安徽省
第十二届人民代表大会
常务委员会第三十九次会议上

省财政厅厅长　罗建国

安徽省人民代表大会常务委员会:

受省人民政府委托,我向省十二届人大常委会第三十九次会议报告2017年上半年预算执行情况和下半年工作意见,请予审议。

一、上半年财政预算执行情况

(一)一般公共预算执行情况。

1. 收入情况。

上半年,全省财政收入完成2615亿元,完成预算的55.5%,比上年(下同)增长12.3%。其中,地方一般公共预算收入完成1515亿元,完成预算的54.5%,增长3.6%,按财政部统一口径增长9.6%。

分级次看,省级财政收入完成153亿元,增长6.2%。16个市完成2462亿元,增长12.7%。其中,76个县(区)完成985亿元,增长17.2%。

分区域看,皖江示范区、合肥经济圈、皖北三市九县、大别山革命老区财政收入分别完成1709亿元、1064亿元、420亿元和80亿元,分别增长12.2%、15.8%、16.5%和22.2%。

分项目看,全省财政收入中税收收入完成2151亿元,增长14.6%。其中,增值税完成909亿元,增长78.7%,主要是营业税改增值税,相应大幅增加增值税;消费税完成180亿元,增长9.4%;企业所得税完成431亿元,增长21.5%,主要因房地产、煤炭等行业效益回升和汇算清缴去年所得税拉动;个人所得税完成114亿元,增长36.7%,主要受财产转让所得增加、应税群体扩大以及居民收入增长等影响。非税收入完成464亿元,增长2.7%。

2. 支出情况。

上半年,全省财政支出完成3423亿元,完成预算的62.7%,增长18.8%。

分级次看,省级财政支出完成484亿元,增长27.8%。16个市完成2939亿元,增长17.4%。其中,76个县(区)完成2875亿元,增长6.3%。

分科目看,重点支出保持较快增长,节能环保支出82亿元,增长61.2%;科学技术支出128亿元,增长46.5%;医疗卫生与计划生育支出419亿元,增长35.8%;农林水支出311亿元,增长29.7%;城乡社区支出599亿元,增长27.8%;教育支出513亿元,增长17.4%;社会保障和就业支出553亿元,增长14%。

(二)省级政府性基金预算执行情况。

上半年,省级政府性基金收入11亿元,完成预算的56.4%,增长15.5%;支出2.7亿元,完成预算的17.6%,增长100%,加补助市县21亿元,合计支出24亿元,同口径完成预算的65%。

(三)省级国有资本经营预算执行情况。

上半年,省级国有资本经营收入0.1亿元,完成预算的1.3%,根据国有资本收益收取管理办法,省属企业一般在9月底前完成国有资本收益上缴;支出3.4亿元,完成预算的26.8%。

(四)省级社会保险基金预算执行情况。

上半年,省级社会保险基金收入187亿元,完成预算的65.6%,增长21.7%;支出64亿元,完成预算的30.1%,增长11.5%,主要因我省机关事业单位养老保险制度改革5月份启动,当期支出偏低。

上半年,预算执行呈现总体平稳、稳中有进、好于预期的态势,财政收支实现"时间过半、任务过半",主要特点有:一是收入运行更加平稳。全省财政收入增长12.3%,高于全年增长预期3.3个百分点。前六个月,财政收入累计增幅分别为9.1%、9.5%、9.5%、10.7%、12.4%、12.3%,增速总体平稳,运行较为稳健。二是收入质量保持良好。全省地方一般公共预算收入中税收占比为70.9%,高于上年同期2.8个百分点,位居中部前列。与经济发展密切相关的增值税、企业所得税、个人所得税、消费税等主体税种增长16.1%,拉动收入增长的作用进一步增强。三是争取中央支持有力有效。上半年,财政部下达我省转移支付资金2259亿元,增长12.4%,特别是争取均衡性转移支付734亿元,总额继续居全国第3位。四是预算执行不断加快。全省地方财政收入和财政支出分别完成年初预算的54.5%和62.7%,分别超序时进度4.5和12.7个百分点。在财政部1—6月全国财政收支通报中,我省一般公共预算支出进度居全国第3位。五是重点支出保障有力。坚持保重点、控一般、促统筹、提绩效,

1—6月,全省“三公”经费支出下降11.5%,集中财力办大事,保障“三重一创”、“全创改”、民生工程、脱贫攻坚等重点支出,为经济社会发展提供了有力的支撑。

二、上半年全省财政预算执行成效

今年以来,围绕“一大目标,五大任务”,加强政策聚焦,强化资金绩效,创新体制机制,推动全省经济平稳健康发展。

*(一)着力创新发展,提升经济质量效益。*支持供给侧结构性改革。认真贯彻落实五大发展行动计划,全力支持钢铁、煤炭行业化解过剩产能和脱困发展。统筹安排151.2亿元推进棚户区改造等保障性安居工程建设,棚改货币化安置17.8万户,占年度目标任务的53.7%,较去年同期提高13个百分点。从国有资本经营预算中安排4亿元,支持国有企业职工家属区“三供一业”分离移交,加快剥离国企办社会职能和解决历史遗留问题。加快推进市场化养老服务产业试点,安排文化强省专项资金,继续支持开展文化惠民消费季活动,适度扩大总需求。全面落实减税降费政策。落实增值税简并税率、扩大享受企业所得税优惠小型微利企业范围、提高科技型中小企业研发费用加计扣除比例等政策,今年1—6月,全省减税574.7亿元,增长33.9%;贯彻落实国家、省行政事业性收费和政府性基金政策,取消城市公用事业附加和新型墙体材料专项基金、扩大残疾人就业保障金免征范围,减少涉企收费24.3亿元,增长35.8%。统筹推进创新体系建设。安排专项资金97亿元,支持“三重一创”、制造强省、科教大省、技工大省等建设,政策兑现实行资金总量统筹,克服碎片分散多头,加快发展动能转换。支持实施系统推进全面创新改革试验,安排专项资金12亿元,保障企业研发投入、科技成果转化、产业技术创新战略联盟等创新全链条政策落地。安排中国制造2025安徽篇专项资金7.2亿元,大力推进企业转型升级。安排3亿元贴息资金,支持省信用担保集团、省投资集团用于引导建立省产业发展基金。统筹安排资金,支持量子信息国家实验室、合肥综合性国家科学中心、合芜蚌国家自主创新示范区等重大创新平台建设。安排省级人才专项资金4.9亿元,支持引进高层次人才,打造创业创新人才高地。支持农业供给侧结构性改革。下拨产粮大县首批奖励资金20.7亿元,支持57个产粮大县发展粮油生产。下达粮食仓库建设及维修改造资金1.2亿元,支持粮安工程建设。推进农业信贷担保体系建设,完善“劝耕贷”模式,1—6月,为2197家新型农业经营主体提供贷款担保7亿元。制定支持农业产业化加快发展实施方案,统筹财政涉农资金,5年共安排25亿元,支持设立100亿元安徽省现代农业产业化投资基金,推动农业产业化发展。投入农田水利专项资金18.5亿元,支持实施小型农田水利改造提升“5588”工程,农业生产条件持续改善。

*(二)着力协调发展,促进区域城乡统筹。*推进区域协同发展。安排26.7亿元,支持皖江示范区、皖北工业园区、南北合作共建产业园、大别山革命老区、皖南国际文化旅游示范区、郑蒲港、苏滁产业园建设,加快形成圈带互动、多点支撑的五大板块联动发展格局。对皖北三市、国家和省扶贫开发工作重点县区符合条件的项目,“三重一创”等相关奖补资金额度上浮20%,加大对薄弱地区倾斜力度。统筹城乡一体发展。安排5亿元,支持特色小镇建设,安排城市“五统筹”资金4亿元,支持新型城镇化试点省建设。落实农业转移人口市民化若干财政政策,促进农业转移人口与当地居民享受同等基本公共服务。“一卡通”发放惠农补贴资金104.8亿元。投入6.7亿元,开展农村公共服务运行维护试点,投入6.9亿元,开展国家扶持村级集体经济发展试点。安排12.6亿元,支持加强农村基层党组织保障工程建设。全省安排“一事一议”财政奖补资金21.7亿元,带动群众筹资和社会捐赠等3.7亿元,实施项目1.1万个,有力推动农村公益事业发展。支持重大基础设施建设。争取中央新增我省地方政府债务限额728亿元,增长54.9%,全年计划发行地方政府债券1100亿元,着力缓解地方财政压力。获得国际金融组织和外国政府协议贷款3.6亿美元,积极筹集资金138亿元支持引江济淮、铁路、公路等重大工程和基础设施建设。支持市县实体经济。安排14亿元支持政策性融资担保体系建设,完善“4321”政银担合作机制,全省政策性融资担保机构147家,在保余额1713.1亿元,放大倍数4.4倍。继续安排续贷过桥资金10亿元,带动市县投入30.5亿元,撬动贷款303.2亿元,扶持企业5822户,切实缓解中小微企业融资难题。安排县域金融机构涉农贷款增量、担保增量、上市挂牌、新设金融机构等奖励资金1.6亿元,引导金融服务实体经济发展。

(三)着力绿色发展,打造生态文明样板。突出支持生态文明建设。拨付国家重点生态功能区转移支付资金15亿元,出台秸秆产业化支持政策,下达秸秆禁烧和综合利用奖补资金16.3亿元,拨付秸秆发电奖补资金1亿元,对秸秆产业化龙头企业、秸秆利用产业示范园区等给予奖补。贯彻落实林业“双增”行动政策,支持林业生态建设。下达环保专项资金6.2亿元,支持大气、水和土壤污染防治。下达4.4亿元支持铜陵市节能减排财政政策综合示范,下达2.8亿元支持池州市海绵城市建设试点,下达2.8亿元支持合肥市地下综合管廊试点城市建设。深入推进生态补偿机制。巩固新一轮新安江流域上下游横向生态补偿,下达中央财政补偿资金2亿元、省级补偿资金2.2亿元,浙江省补偿资金由1亿元提高到2亿元,新安江流域总体水质为优。稳步实施大别山区水环境生态补偿,下达省级补偿资金1.2亿元,合肥市、六安市均按要求落实补偿资金。积极支持美丽乡村建设。投入专项资金53.9亿元、整合涉农资金47.4亿元、吸引社会资金20.4亿元,支持534个乡镇政府驻地建成区整治、670个省级中心村建设。督查指导各地优化资金投向,支持推进农村垃圾、污水和厕所专项整治“三大革命”,加快改善农村人居环境。大力支持水利薄弱环节治理。下达水利薄弱环节治理三年行动资金17.5亿元,支持实施主要支流及中小河流治理、重点区域排涝能力建设、小型病险水库除险加固等项目400个。从新增地方债中安排30亿元,用于各地灾后水利及农业基础设施建设,支持加快补齐水利基础设施短板。

(四)着力开放发展,强化要素等高对接。深化与沪苏浙一体化发展。支持通道和通关建设,成功争取国家物流标准化试点政策在芜湖、合肥、马鞍山落地,争取将合肥、阜阳、铜陵纳入全国第二批电信普遍服务试点范围,安排资金1.4亿元支持公路运输场站、物流园区和海关口岸等建设。优化财政资金、项目、政策和制度管理,支持省内中心城市与长三角城市联动发展。支持各地在法定权限内,制定招商引资优惠政策,支持外资以特许经营方式参与基础设施建设,深化与“一带一路”沿线国家项目与产能合作。支持引进来走出去。整合设立电子商务省级专项资金4000万元,落实“电商安徽”建设资金,支持农村电子商务、培育电商主体、省级公共服务体系等建设。安排流通业发展资金,推动商贸流通业结构性改革。统筹3亿元促进外贸发展,全力打造内陆开放新高地。打造对接基金平台。省级安排奖补资金,大力推广政府与社会资本合作(PPP)模式,截至6月底,我省纳入财政部PPP综合信息平台项目224个,投资额2452亿元,落地率62.5%,超过全国平均落地率28.3个百分点,其中,财政部示范项目落地率81.4%,居全国第3位。每年安排20亿元,5年共安排100亿元,支持设立省“三重一创”产业发展基金;每年安排10亿元,5年共安排50亿元,支持设立省中小企业发展基金,为引资引智提供基金支撑。

(五)着力共享发展,增进人民群众福祉。切实加大民生投入。调整优化财政支出结构,将更多财力向基层一线倾斜、向困难地区倾斜、向弱势群体倾斜,民生方面的投入力度不断加大,全省民生支出2918亿元,占全省财政支出的85.2%,增长21.3%,保障教育、社保、医疗卫生、就业、科技、节能环保等重点支出需要。省政府出台关于扎实推进民生工作的意见,聚焦普惠性、基础性、兜底性民生建设,持续增进民生福祉。精心实施民生工程。将高校毕业生就业见习财政补助标准由每人每月600元提高到800元,将新型农村合作医疗、城镇居民基本医疗保险财政补助标准由每人420元提高到450元,将基本公共卫生服务财政补助标准由每人45元提高到50元,将免费教科书、家庭经济困难寄宿生补助覆盖范围扩大到城乡义务教育学生,将免除公办普通高中在籍在校建档立卡等家庭经济困难学生学杂费纳入补助内容。1—6月,拨付民生工程资金863亿元,占年初计划筹资额的91.8%,超序时进度41.8个百分点,健全完善民生工程联络协调、通报考评、绩效评价、宣传引导工作机制,33项民生工程有序推进,一批群众普遍关心的民生问题持续得到解决。有力促进就业创业。拨付16.3亿元,支持大众创业、万众创新,重点支持农民工、高校毕业生、困难群体就业创业。落实化解钢铁煤炭过剩产能职工安置社会保障政策,拨付4.9亿元,购买5万个公益性岗位,积极保障困难群众稳定就业和基本生活。完善就业援助措施,对贫困家庭劳动者提供每年1次免费技能培训,支持零就业家庭动态“清零”。全力支持脱贫攻坚。落实专项扶贫资金与地方财政收入增量安排机制,省级安排专项扶贫资金15亿元,增长36.4%,高于中央财政扶贫资金增幅6.1个百分点;市县安排专项资金42.5亿元,整合涉农资金102.9亿元。安排地方债31亿元,支持贫困村基础设施建设。下达省级补助资金2.5亿元,支持各地实施"351""180"健康脱贫工程,探索了一条解决因病致贫因病返贫问题的新路,受到国务院领导批示肯定。探索资产收益扶贫,建立带动贫困村集体和贫困户持续稳定增收的长效机制。截至6月底,全省有2.6万个产业扶贫项目采取资产收益扶贫方式运营,涉及资金62.2亿元,带动2598个村集体村均增收4.4万元,带动59.4万贫困人口人均增收662元。各项资金的保障到位,为全省扶贫工作提供有力财政支撑,我省省级党委和政府扶贫开发工作成效考核获得"好"等次,获得国家奖励资金4亿元。在财政部专项扶贫资金绩效评价和贫困县涉农资金整合绩效评价中,我省均位列A类等次,获得奖励资金1.6亿元。

三、上半年财税改革进展

上半年,按照省委改革要点和财政部的部署要求,加快推进财税体制改革,持续提升预算管理水平,为全省经济社会发展释放财税改革红利。

一是持续深化财税改革。推进预算管理改革。加大政府预算统筹力度,将政府性基金新增建设用地土地有偿使用费转列一般公共预算,省级政府性基金预算和国有资本经营预算共调入一般公共预算2.1亿元。完善跨年度预算平衡机制,启动编制省级2018—2020年中期财政规划和部门三年滚动财政规划。扎实推进预算公开,除涉密部门外,所有使用财政资金的省级预算部门及时公开2017年部门预算和"三公"经费预算,16个市105个县(区)有序公开预算。加大财政存量资金统筹使用力度,省级从收回存量资金中安排2亿元用于脱贫攻坚。建立收支通报机制,及时批复和下达预算资金,省级涉企资金加快落实到具体项目和实施单位。推进税收制度改革。稳步实施营改增改革试点,改革实施以来,累计减税324.2亿元,其中,改革全面推开一年来,减税118亿元,全省共有营改增试点纳税人61.7万户,较试点之初增加58.6万户,增加19倍,新增就业岗位逾45万个。配合推进增值税、资源税等立法,做好环境保护税开征准备和个人所得税税制改革前期准备,积极推进健全地方税收入体系。推进财政体制改革。省委、省政府出台推进省以下财政事权和支出责任划分改革的实施意见,明确改革推进的总体要求、基本原则、主要内容和保障措施,促进各级政府更好履职尽责。加大对市县转移支付力度,下达转移支付资金1891亿元,增长12.5%,其中,新增均衡性转移支付43亿元用于支持市县发展。印发进一步清理规范专项转移支付的通知,继续压缩专项转移支付,提高一般性转移支付比重,省对下专项转移支付由2013年的502项压减到2017年的115项。推进债务管理改革。完善全口径政府债务管理,将地方政府债务中的一般债和专项债分类纳入一般公共预算和政府性基金预算,规范政府债务限额管理。加强政府债务风险防控,省政府印发安徽省政府性债务风险应急处置预案,对市县政府性债务风险进行动态监测、评估和预警,将风险预警结果与新增债券资金分配挂钩。认真贯彻国家六部委关于进一步规范地方政府举债融资行为有关要求,会同省发展改革委、人行合肥中心支行、安徽银监局、安徽证监局、司法厅、财政部驻安徽专员办等转发进一步规范地方政府举债融资行为的通知,开展摸底排查,按照积极稳妥、分类处置的原则限期整改。制定下发安徽省政府购买服务摸底排查工作方案,全面开展地方政府融资担保清理整改工作,坚决制止地方政府以政府购买服务名义违法违规融资,积极防范财政风险。

二是持续强化财政管理。提前编制预算。连续6年提前召开预算编制工作会议,连续2年省市县乡四级一体布置预算编制工作,预算编制周期进一步拓展。建立省级预算项目储备管理机制,未入库项目原则上不安排年度预算、不纳入中期财政规划、不分配政府债券资金、不列入政策支出范围。建立项目安排与预算执行、动态监控等挂钩制度,综合运用人大审查、审计监督、绩效管理结果,切实提高预算安排的前瞻性和科学性。政府综合财务报告编制试点覆盖省市县三级,积极推动预决算相互衔接。加强预期管理。坚持实事求是、把握规律、均衡运行原则,强化财政预期管理,健全财税库收入征管分析联席会议机制,完善收支分析通报制度,密切跟踪宏观经济和税制改革对收入的影响,加强财政收支形势研判,避免财政收入增长大起大落。硬化预算约束。省政府出台进一步规范省级预算管理有关工作的意见,明确预算执行中无大事、急事、要事原则上不办理预算追加,省级预算支出管理进一步规范。依法规范预算调整,编制新增地方政府债务限额预算调整方案,提请省人大常委会审查和批准。强化预算绩效。健全绩效评价指标体系,对省级21个重点项目和4个预算部门整体支出进行绩效评价,涉及资金70.8亿元。深化财政涉企项目资金管理信息系统应用,全省5465个项目纳入系统管理,涉及资金69.73亿元。建立县级基本财力保障绩效评价机制,修订完善市县财政管理综合评价指标体系,对市县的预算编制、财政收支、预算管理等进行综合评价,提升市县财政管理水平。在财政部2016年地方财政管理工作综合考核中,我省获综合优秀,位居全国第4位,国务院通报表扬激励。推荐的合肥市、岳西县、肥东县、临泉县等1市3县,被评为全国地方财政管理工作先进典型市县,市获得3000万元、每县获得2000万元中央财政奖励资金。另外,省财政积极配合支持有关部门在优化营商环境、改善地方科研基础条件、落实地方水利建设投资、落实就业创业政策等方面,共同获得国务院表扬,并获得相应的资金奖励。近日,在财政部2016年度省级财政部门预算绩效管理工作考核中,省财政厅获得全国优秀等次第二名。

三是持续支持其他领域改革。破解公立医院债务化解难题,在全国率先以省政府名义出台加强公立医院债务化解及管理工作的意见,2017—2020年,省财政安排20亿元新增债券额度,对市县公立医院债务化解工作给予综合奖补,安排5亿元奖补资金,对省属公立医院和31个贫困县债务化解给予贴息或还本给予奖补。推进政府购买服务改革。发布2017年安徽省级预算安排政府购买服务实施目录,涵盖基本公共服务、社会管理性服务、行业管理与协调服务、技术性服务、政府履职所需辅助性事项、其他服务事项等6个大类共计266项政府购买服务具体内容,支持符合条件的事业单位及社会组织承接政府购买服务,促进公共服务供给主体多元化。改革省级财政科研项目资金管理。公开2017年省级财政科研项目资金目录,涉及科研资金17亿元,制定印发安徽省科技重大专项、重点研究与开发计划、自然科学基金资助项目等资金管理办法,建立健全科研项目资金和科研仪器设备管理机制。推进司法体制改革试点。深入实施18家试点法院检察院财物省级统一管理改革,完善试点单位财政财务管理体制机制。支持法官、检察官和司法辅助人员工资改革试点,积极落实人员经费,确保试点单位“员额制”等政策兑现到位。

与此同时,认真落实《预算法》和《安徽省预算审查监督条例》,依法接受省人大和人大代表监督,强化落实法定事项报告、民生工程视察巡视等工作机制,持续提升联系服务人大工作水平。推进预算联网监督,出台预算联网监督建设方案和联网系统管理暂行办法,5月底已实现省级预算联网监督上线运行。努力提高人大代表建议议案办理质量,省财政厅办理人大代表建议251件。贯彻落实审计法律法规,健全审计配合责任机制,制定问题清单、责任清单和整改落实清单,实行边查边改,对审计反映的省级水资源费征管不到位、部分中央专项转移支付未及时分配下达等问题,积极督促省级有关预算部门落实整改。

总体看,上半年全省财政经济运行总体较好,积极因素进一步增多,延续了近年来形成的良好发展态势。与此同时,我们也清醒地认识到,财政运行中还存在一些不容忽视的困难和问题:财政收入增速趋缓,财政预算的刚性执行与新任务、新情况、新要求不断出现的矛盾加大;省级财政调控能力较弱,区域之间财力不均衡问题凸显;尽管依法依规贯彻落实结构性减税政策和普遍性降费政策,但经营性收费等制度性交易成本依然较高;财政专项资金项目仍然偏多,资金分散、政策碎片的问题仍然存在;部分项目细化不够及时,预算执行“钱等项目”依然突出,绩效考核指挥棒的作用需要进一步发挥,等等。对此,我们将高度重视,采取措施,努力加以改进。

四、下半年财政工作安排

下一步,我们将深入学习贯彻习近平总书记系列重要讲话和治国理政新理念新思想新战略,深入学习贯彻习近平总书记视察安徽重要讲话精神,认真贯彻落实省委、省政府决策部署,用足用活积极财政政策,充分发挥财政职能作用,确保完成年度目标任务。

一是突出收入预期管理。按照“以月保季、以季保年”的要求,坚持相机把控,完善财政收入分析通报调度机制,加强横向对比调度、重点区域调度、重点行业和企业调度,提高精准度。强化收入征缴入库管理,平稳有序组织收入,确保完成全年9%的收入增长预期目标任务,力争在执行中争取更好结果,确保财政收入有质量、可持续。

二是落实积极财政政策。全力支持五大发展行动计划,着力推进供给侧结构性改革,加力推动创新发展四个支撑体系,积极支持“三重一创”“去降补”“全创改”、合肥综合性国家科学中心等重大政策实施,加强重点支出进度考核通报,保障各项重大政策措施的有效落地。全面落实结构性减税和普遍性降费政策,支持降低制度性交易成本,切实减轻企业负担,千方百计培育财源、涵养财源、壮大财源、厚植财源。进一步完善政策性融资担保体系,着力解决中小微企业融资难、融资贵问题,激发市场主体活力,促进实体经济发展。

三是全力保障改善民生。积极推进民生工程建设,大力促进就业创业,积极支持教育、社保、医疗、养老等社会事业发展。全力支持脱贫攻坚,督促有关部门加快资金拨付,尽快发挥资金效益。加大生态环境保护和治理力度,支持加快实施重大水利工程建设,着力支持农业供给侧结构性改革、农业产业化、农村综合改革、美丽乡村建设、农村电商全覆盖,提升现代农业发展水平。

四是扎实推进改革落地。持续深化预算信息公开,推进建立公开透明预算制度。进一步规范地方政府债务管理,切实防范财政风险。配合有关部门制定重大基地重大工程重大专项管理办法,切实加强资金监管。牵头做好重点领域支出同财政收支增幅或生产总值挂钩事项清理规范工作,在预算编制中创新完善重点支出财政保障方式,确保事业发展需要。密切关注中央关于共同事权改革、收入划分改革、地方税体系改革动向,扎实做好改革政策对接和数据测算等前期工作。

五是强化财政资金绩效。科学编制 2018 年预算,坚持勤俭办一切事业、集中财力办大事、有所为有所不为,从严从紧控制“三公”经费等一般性支出,腾出更多资金支持经济社会发展。健全跨年度预算平衡机制,通过分年度、多渠道、分层级、分类别,加强财政政策、项目、资金统筹整合,确保财政预算中长期平衡。严控预算追加,清理盘活存量资金,探索建立“大专项 + 任务清单”资金管理模式,推动改变项目支出只增不减固化格局。建立预算绩效管理闭环责任链条,加强绩效评价运用,切实发挥绩效考核指挥棒的导向作用,不断提高财政资金使用效益。

年内财政改革发展任务艰巨而繁重。我们将在省委、省政府的坚强领导下,在省人大的依法监督下,认真落实本次会议有关决议,推进“两学一做”学习教育常态化制度化,突出“讲重作”,加强党建、强化作风,紧盯目标、狠抓落实,严格纪律、压实责任,为建设五大发展美好安徽作出积极贡献,以优异成绩迎接党的十九大胜利召开。

关于安徽省 2017 年预算执行情况和 2018 年预算草案的报告

——2018 年 1 月 22 日在安徽省第十三届人民代表大会第一次会议上

省财政厅厅长　罗建国

各位代表:

受省人民政府委托,向大会报告安徽省 2017 年预算执行情况和 2018 年预算草案,请予审议,并请省政协委员和列席人员提出意见。

一、落实省十二届人大七次会议预算审查决议情况

2017 年,全省各级财政部门认真落实省十二届人大七次会议决议要求,充分发挥财政职能作用,持续推进财税体制改革,规范财政预算管理,提升财政资金绩效,自觉接受人大监督,不断提升依法理财水平。

(一)突出发挥财政宏观调控作用,积极财政政策提质提效。全面落实减税降费要求,扩大有效投入,更好发挥积极财政政策效应。企业税费负担持续减轻。取消、停征、调整涉企行政事业性收费 35 项、政府性基金 6 项,全省涉企行政事业性收费项目减至 29 项,全部为中央设立,省级设立的涉企行政事业性收费全部取消;政府性基金减至 17 项,全部为中央设立,商标注册费标准降低 50%。对行政机关在行政审批过程中依法依规委托的技术性服务经费,全额纳入预算予以保障,进一步规范和减轻企业中介服务费用。失业保险单位缴费费率降至 0.5%,困难企业依规缓缴养老、医疗、失业、工伤、生育保险费。全年减免税费 987.1 亿元,其中减税 920.3 亿元,较上年增长 38.9%,给企业带来真金白银的实惠。政府债务作用积极发挥。全年共发行政府债券 1462.1 亿元,保障了在建和新建重点项目资金需求。财政存量资金有效盘活。建立财政存量资金清理机制,省级一般公共预算项目支出当年使用不完的,原则上收回预算,将更多资金用于经济社会发展的亟需领域。健全专项转移支付定期评估和动态退出机制,整合政策目标相似、投入方向类同、管理方式相近的专项资金。加大政府性基金预算和国有资本经营预算调入一般公共预算统筹使用的力度,国有资本经营预算调入一般公共预算比例提高到20%,统筹用于保障基本民生和促进经济社会发展。

(二)突出深化财税体制改革,现代财政制度加快构建。按照中央和省委深化财税体制改革部署,坚持问题导向,进一步巩固改革成果,加快改革步伐,推动改革取得新进展。预算管理改革持续深化。我省第二部地方性财政法规《安徽省非税收入管理条例》,于2017年11月经省十二届人大常委会第四十一次会议审议通过,自2018年1月1日起施行,进一步强化了非税收入管理的规范性和严肃性。出台省级预算项目储备管理办法,建立项目申请、组织论证、申报备选、审核评审、确定储备、滚动管理6项入库程序,目前省级预算部门入库项目共3905个,实现规范入库、滚动管理,使纳入项目库的预算项目一经批准,资金即可立即拨付、项目即可立即实施,提高部门预算安排的可执行率。拓展权责发生制政府综合财务报告范围,由财政系统延伸至全省所有部门和单位,更加全面准确反映整体财务状况和运行情况。按照《预算法》和国务院有关规定,2017年省级财政权责发生制核算列支资金27.9亿元,主要是基建投资、高校政府采购等国库集中支付年终结余资金。税收制度改革全面落实。扎实推进营改增试点政策落地,简并增值税税率,降低农产品初加工等行业增值税税负,明确金融、房地产开发、教育辅助服务、重点群体创业就业等增值税优惠政策。截至2017年底,全省营改增试点纳税人68.7万户,试点以来累计减税435.5亿元。扎实推进环境保护税改革,科学测算提出我省大气污染物和水污染物适用税额标准建议,并报经省人大常委会批准,2018年1月1日起我省正式开征环境保护税,地方税体系进一步健全。财政体制改革稳步推进。出台推进省以下财政事权和支出责任划分改革实施意见,促进各级政府更好履职尽责。比照中央与地方增值税收入划分方案,调整省对市县增值税返还办法,保障市县既有财力,调动市县发展经济和培植财源的积极性。优化省对下转移支付结构,省对下一般性转移支付占比较上年提高0.6个百分点,支持市县统筹更多财力促进发展。以法治思维和法治方式推进财政工作,规范财政重大事项合法性审查和重大事项决策程序,共进行合法性审查203件。

(三)突出全面规范公开透明,财政预算管理更加科学。围绕预算编制、执行、公开、监督四个环节,进一步谋实举措、优化管理,主动接受人大政协监督,主动推进开门理财和阳光理财,不断提升财政预算管理的科学化水平。预算编制更加全面规范。持续推进按经济分类科目编制预算项目改革,分地区、分项目编制转移支付预算,提高预算编制精细化水平。出台省级部门公用经费定额标准预算管理暂行办法,提高预算编制标准化水平。滚动编制2018—2020年中期财政规划和部门三年滚动财政规划,加强项目储备与中期财政规划的衔接,提高预算编制的前瞻性。预算执行更加约束有力。省政府出台进一步规范省级预算管理有关工作的意见,严格执行省人大批准的预算,做到无大事、急事、要事不追加,硬化预算约束,实现"预算一年,一年预算"。建立财政收支通报制度,实行按月通报、及时提醒、重点调度,预算执行进度持续加快,一般公共预算执行进度走在全国前列。选取25个省直部门、11个市、县(区)开展政府资产报告编制试点,2017年省级行政事业单位国有资产收益7.1亿元全部及时上缴国库,做到应收尽收、规范使用。预算公开更加统一细化。制定预算公开工作方案,统一公开政策、公开要求、公开表格,规范预算公开。细化"三公"经费和预决算公开内容,增加政府采购、财税制度、财政监督、项目绩效目标等信息。设置统一公开平台,除在部门门户网站设置预决算公开专栏外,省级130家公开部门,全部通过省政务公开网统一、同步公开部门预决算和"三公"经费预决算情况,更好接受社会监督。资金分配更加阳光透明。围绕全程留痕、全程公示、全程监督,健全设立审批、分配审核、公开公示、监督检查等配套制度和实施细则,加大项目申报指南、项目管理办法、项目分配结果、绩效评价情况等信息公开力度。深入推进村级财务公开,所有分配到乡村的财政资金,要求实行县乡村三级公示,同步公开资金制度、分配结果等信息,方便社会公众查询监督。预算监督持续加强。依法接受人大监督,及时向省人大及省人大常委会报告预算调整方案、人大决议落实情况等事项,扎实做好省财政厅承办的253件人大代表建议议案办理工作,及时把意见建议吸纳转化为财政政策。加强与人大预算信息网络联通,制定预算联网监督工作方案和任务清单,省级预算联网监督系统上线运行,同步推进市县预算联网监督试点，提升预算监督效率。自觉接受政协民主监督，坚持“把主办件当作精品来办，把会办件当作主办件来办”，承办提案280件全部办结。落实审计监督全覆盖要求，建立审计重要问题及整改情况统计报送制度，完善审计联系协调、整改责任、跟踪检查等机制，对省级预算执行和其他财政收支情况审计中发现的问题，明确细化政府性基金预算编制等6项整改任务，并会同相关预算部门全部整改到位。

（四）突出健全管理机制，资金使用绩效明显提高。按照“花钱要有效，用钱要负责”要求，突出成本效益导向，健全预算绩效管理机制，提高每一分财政资金的使用绩效。2017年，我省在全国财政管理绩效考核中居优秀等次第4位，获得国务院通报表扬，奖励资金0.9亿元；在财政部预算绩效管理考核中，获评全国先进单位第2名。绩效制度更加健全。出台推进2018—2020年财政绩效管理意见，建立覆盖所有部门（单位）和财政资金，贯穿事前、事中、事后全过程的绩效管理体系。规范绩效评价指标体系，制定33项民生工程绩效评价办法，出台城镇保障性安居工程财政资金绩效评价实施细则、水污染防治专项资金绩效评价办法、政策性农业保险绩效评价暂行办法、县级基本财力保障机制绩效评价办法等，分领域推动预算绩效管理。出台省级财政评审协作机构评审质量稽核管理办法，强化第三方评价质量监管，提高绩效评价质量。预算评审持续拓展。持续推进开门办预算，通过专家集中评审、网络评审、联合评审、第三方机构评审等方式，重点将新增安排、专业性较强、社会关注的72个项目纳入公开评审，涉及金额86.6亿元，预算安排47.7亿元，审减率44.9%；评审2个部门整体支出，涉及金额20亿元，预算安排12.8亿元，审减率36%，预算编制的公众参与度和透明度进一步提高。评价结果强化运用。扩大预算绩效目标覆盖面，实现部门预算项目编制绩效目标全覆盖。拓展绩效评价范围，由项目评价拓展到部门整体支出和财政政策，突出工程类民生工程、政府性投资项目和大额专项财政资金，对高校毕业生“三支一扶”、自然科学基金、公共机构节能专项等21个重点项目、省林业厅等4个部门整体支出、粮食产业化等3项政策开展重点绩效评价，涉及资金217亿元。建立绩效评价结果与预算编制、转移支付分配、债务额度分配挂钩机制，并依据评价结果调减或增加项目预算资金规模。在一系列加强预算绩效管理的举措下，我省困难群众基本生活救助绩效评价考核连续3年位居全国第1，2017年我省社会救助工作中央财政补助资金增幅高于全国平均增幅6个百分点；专项扶贫资金绩效评价和贫困县涉农资金整合绩效评价位居全国A类等次，获中央扶贫专项资金奖励4亿元、财政部绩效奖励1.6亿元。

二、2017年预算执行情况

2017年，面对严峻复杂的财政经济形势，在省委、省政府的坚强领导下，在省人大和省政协的监督支持下，全省财政系统坚持以习近平新时代中国特色社会主义思想为指导，全面贯彻党的十八大、十九大精神和习近平总书记视察安徽重要讲话精神，认真落实省第十次党代会、省委十届六次全会精神以及省十二届人大七次会议决议，积极践行新发展理念，全面落实积极财政政策，倾力保障改善民生，有力保障经济持续健康发展和社会和谐稳定，财政运行稳中有进、好于预期，预算执行情况总体良好。

财政收入稳定增长。坚持依法理财治税，加强预期管理，规范收入征管。经过努力，2017年，全省财政收入完成4858亿元，增长11.1%，完成省十二届人大七次会议确定的9%预期增长目标。其中：地方财政收入2812亿元，同口径增长7.9%。地方财政收入中税收占比70.1%，较上年提高0.6个百分点，连续多年位居中部前列，体现了经济运行的质量和效益。

争取支持取得实效。2017年，中央财政下达我省转移支付2603亿元，增长10.5%，其中均衡性转移支付733.9亿元，新增64.2亿元，总额位居全国第3。全年发行政府新增债券687.9亿元，置换存量债务774.2亿元。全省财政支出达到6202亿元，比地方财政收入多出3390亿元，有力支持了教育、科技、社保、交通、城乡社区等重点支出快速增长，财政对全省经济社会发展的支撑力和保障力明显增强。

支出结构持续优化。面对财政支出刚性持续增强的新形势，按照省委、省政府“保重点、控一般、促统筹、提绩效”的要求，一方面，深挖潜力，降低行政运行成本。2017年，严控一般性支出，全省实现国务院确定的减少5%以上的目标；全省“三公”经费下降5.4%。另一方面，进一步加大市县和基层财力支持力度，并下放资金项目分配权。2017年，除保障全省性、跨区域重大项目外，省财政对市县转移支付达到2332.5亿元，增长12.3%。其中，一般性转移支付

1399.1 亿元,增长 13.5%,专项转移支付 933.4 亿元,增长 10.6%,市县财政支出占全省财政支出的比重为 87.3%,市县政府统筹保障能力进一步提升。

债务风险有效管控。制定政府性债务风险应急处置预案和地方政府性债务风险分类处置指南,积极落实财政部制止违法违规举债担保等要求,进一步规范地方政府举债融资行为,做到守土有责、守土尽责。截至 2017 年底,全省政府债务余额 5823.4 亿元,债务限额 6622.1 亿元,债务余额低于债务限额,债务风险总体可控,守住了不发生系统性区域性财政金融风险的底线。

(一)全省和省级预算收支执行情况。

1. 一般公共预算。

2017 年,全省地方一般公共预算收入 2812 亿元,同口径增长 7.9%,加:中央税收返还 317.5 亿元、转移支付 2603 亿元、地方政府一般债务收入 653.2 亿元、调入资金等 839 亿元,收入合计 7224.7 亿元。全省一般公共预算支出 6202 亿元,增加 679 亿元,增长 12.3%,加:一般债务还本支出 539.2 亿元、调出资金等支出 483.5 亿元,支出合计 7224.7 亿元。

省级地方一般公共预算收入 274.7 亿元,增长 9.3%。加:中央税收返还 317.5 亿元、转移支付 2603 亿元、地方政府一般债务收入 653.2 亿元、调入资金等收入 389.1 亿元,收入科目合计 4237.5 亿元。省级一般公共预算支出 784.9 亿元,增长 21.6%。加:对市县税收返还 214.5 亿元、对市县转移支付 2332.5 亿元、一般债务还本支出 60 亿元、一般债务转贷市县支出 578.6 亿元、调出资金等支出 267 亿元,支出科目合计 4237.5 亿元。

2017 年省级一般公共预算收支执行具体情况如下:

(1)收入执行情况。主要是:增值税完成 6.7 亿元,为预算的 60.8%,主要是落实营改增试点政策,带来的减税效应持续显现。企业所得税完成 116.6 亿元,为预算的 105.5%,主要是经济运行平稳向好、企业利润增长较快等因素带动。个人所得税完成 30.3 亿元,为预算的 121.1%,主要是居民收入增长及股利、股息、红利所得增加等因素影响。专项收入完成 53 亿元,为预算的 118.5%,主要是部分市县土地出让收入保持较快增幅,按规定从土地出让收益中计提的农田水利建设资金上缴省级统筹部分增加。国有资源(资产)有偿使用收入完成 34.2 亿元,为预算的 87.6%,主要是中央出台矿业权出让制度改革方案,中央分享比例由 20% 提高到 40%,省与市县收入相应减少。

(2)支出执行情况。主要是:一般公共服务支出 46.9 亿元,教育支出 116.1 亿元,科学技术支出 33 亿元,文化体育与传媒支出 27.8 亿元,医疗卫生与计划生育支出 17.7 亿元,农林水支出 96.9 亿元,交通运输支出 63.5 亿元,商业服务业等支出 2.5 亿元,金融支出 6.1 亿元,住房保障支出 14.1 亿元,等等。省级一般公共预算支出完成预算的 95.1%,主要是由于部分基础设施项目跨年度实施等因素影响。

2. 政府性基金预算。

省级政府性基金预算收入 22.7 亿元,加:专项债务收入 817.1 亿元、上年结余收入 11.3 亿元、中央补助收入 27.8 亿元,收入合计 878.9 亿元。预算支出 11.8 亿元,加:专项债务转贷支出 817.1 亿元、补助市县支出 39 亿元、调出资金 5 亿元、结转下年 6 亿元,支出合计 878.9 亿元。

3. 国有资本经营预算。

省级国有资本经营预算收入 14.3 亿元,加:中央补助收入 12.9 亿元、上年结余收入 3.6 亿元,收入合计 30.8 亿元。预算支出 9.4 亿元,加:补助市县支出 14.9 亿元、调出资金 2.7 亿元、结转下年支出 3.8 亿元,支出合计 30.8 亿元。

4. 社会保险基金预算。

省级社会保险基金预算收入 218 亿元,加:上年结余收入 677.4 亿元,收入合计 895.4 亿元。预算支出 141.4 亿元,加结转下年等,支出合计 895.4 亿元。

以上预算执行情况,具体详见《安徽省 2017 年预算执行情况和 2018 年省级预算草案》。上述预算执行数字在决算编制汇总后,会有部分变化。

(二)主要支出政策落实情况。

一年来,各级财政部门加强预算统筹,创新支持方式,加快资金拨付,狠抓政策落地,为深入推进五大发展行动计划提供了有力支撑。财政服务创新发展取得新成效,发挥创新型省份建设、科技成果转化等资金政策效益,带动战略性新兴产业、高新技术产业快速增长,三次产业结构持续优化;财政服务协调发展推进新举措,健全完善各项区域财政政策,增加城市工作“五统筹”、农村道路畅通工程等资金投入,支持推动城镇化率持续上升;服务绿色发展增加新投入，加大环境保护及生态治理奖补、节能与生态建设等资金投入力度，生态文明安徽样板加快推进；服务开放发展拓展新空间，加大外贸促进、现代基础设施建设和电商发展的支持力度，带动招商引资和外经外贸发展，促进对外贸易优进优出；服务共享发展增进新福祉，全力支持脱贫攻坚，积极保障民生工作和基本公共服务均等化，牵头实施33项民生工程，人民群众获得感显著增强。

一是围绕质量效益，支持经济更加有力。主动适应引领经济发展新常态，围绕重大政策落地、重大项目实施、重要领域发展，优化支持重点，强化资金聚焦，省级累计兑现支持重点产业和经济发展方面资金205亿元，财政服务和支持实体经济发展积极有效。积极支持"三重一创"建设。省级"三重一创"专项资金由40亿元增加到60亿元，累计支持24个战略性新兴产业集聚发展基地、16个重大工程、18个重大专项建设，涉及新一代信息技术、高端装备制造、新材料、生物医药等产业领域，实现了全省战略性新兴产业产值较快增长。积极支持创新型省份建设。安排13亿元创新型省份建设专项资金，支持205个省重大科技专项、48个科技团队、46家创新平台、85家众创空间等孵化机构，促进科技成果转化产业化。安排8.3亿元，支持合肥综合性国家科学中心，支持核聚变主机关键系统等重大科学装置建设，加快建设量子信息与量子科技创新研究院，塑造更多依靠创新驱动的引领型发展。省级人才专项资金增加到4.9亿元，加大人才培育和引进力度，为创新驱动发展提供坚实人才支撑。积极支持供给侧结构性改革。累计拨付31.7亿元，继续兑现钢铁、煤炭行业化解过剩产能人员安置等有关资金奖补政策，支持化解煤炭、生铁粗钢过剩产能，支持妥善安置职工。统筹工业转型升级和工业投资综合奖补等专项资金23.7亿元，推动我省制造业做大做强和提质增效。省级设立军民深度融合发展专项资金，支持"中国声谷"建设，引导云计算、大数据、移动互联网等发展，培育经济发展新动能。

二是围绕格局优化，促进区域协调发展。全面落实省委、省政府各项区域发展政策，加大转移支付力度，补齐区域发展短板，形成全省发展一盘棋的联动格局，不断增强发展的整体性。支持"一圈一带三区"建设。支持合肥都市圈一体化发展，提高都市圈影响力和辐射力。支持江北江南产业集中区、郑蒲港和中新苏滁产业园区建设，支持皖江城市带承接产业转移示范区各市产业发展。落实加快皖北发展各项政策，支持皖北南北合作共建产业园区发展，对皖北三市、国家和省扶贫开发工作重点县（区）符合"三重一创"、制造强省、科技创新、技工大省等有关政策条件的产业项目，奖补资金上浮20%。支持黄山、池州、宣城创建国家全域旅游示范区，加快皖南国际文化旅游示范区发展。完善促进大别山革命老区又好又快发展财政政策，提高基础设施建设和基本公共服务保障水平。着力县域经济提升。引导社会资本参与县域开发区建设，支持县域特色经济、民营经济、商贸强县、生态名县和旅游文化名县建设，促进一二三产业融合，打造县域经济增长新亮点。安排省级流通业发展专项资金，支持商贸流通体系建设，健全省级应急储备制度。统筹5亿元，以"借转补"方式扶持25个特色小镇建设，并采取"以奖代补"方式对年度评估情况较好的特色小镇予以奖励，推动特色小镇规划编制、基础设施和公共服务设施建设、生态环境保护和主导产业培育。支持新型城镇化建设。安排城市工作"五统筹"专项资金4亿元，重点支持城乡规划改革创新、绿色生态城市、地下综合管廊、黑臭水体治理、城市设计（双修）试点。拨付5.6亿元，推动池州市海绵城市建设、合肥市地下综合管廊试点。统筹10.5亿元，继续实施支持农业转移人口市民化若干财政政策，根据农业转移人口实际进城落户以及各地提供基本公共服务情况等因素分配资金，引导各地提高户籍人口城镇化率，城乡结构持续优化。提升基础设施支撑能力。补齐困难地区县域公益性项目建设短板，对中央预算内投资安排在国家连片特困地区大别山片区县、国家扶贫开发工作重点县（区）和省扶贫开发工作重点县（市、区）的公益性建设项目，原由县级承担的配套资金由省级全额予以保障。投入29.3亿元保障合安高铁、商合杭客专、杭黄客专、郑徐客专等铁路建设，投入59.3亿元支持国省干线公路建设和养护，投入17.7亿元支持全省高速公路建设，投入7.3亿元支持沱浍河航道临涣至南坪段整治工程、淮河干流航道三河尖至蚌埠闸段整治等水运基础设施建设，投入2.2亿元推进合肥、黄山、九华山、阜阳、安庆等5个民航机场共开通航线133条，区域互联互通水平显著提升。积极支持开放发展。落实稳定外经、外贸增长系列政策，统筹3.9亿元，推动外贸发展方式转变和进出口结构调整,提升对外贸易合作水平。支持开放载体建设,推进中德合作产业园建设,支持合肥、芜湖、马鞍山综合保税区,以及蚌埠、安庆保税物流中心加快建设运行,宣城保税物流中心获批建设。支持各市、县政府及开发区在法定权限范围内,因地制宜制定招商引资优惠政策,保持政策的连续性和稳定性。按照打造"四最"营商环境要求,积极参与"四送一服"双千工程,严格落实公平竞争审查要求,加强特定优惠政策审查和限制,对新出台的财政政策进行公开解读,积极营造各类主体公平竞争的市场环境。

三是围绕补齐短板,促进城乡融合发展。全面压实脱贫攻坚财政责任,坚决落实各项强农惠农富农政策,持续加大财政农业投入,扎实推进农业供给侧结构性改革,农业农村发展活力持续增强。全力支持打赢脱贫攻坚战。认真落实"六看六确保"要求,以省政府名义出台深入推进产业脱贫工程、防范返贫确保稳定脱贫和进一步强化脱贫攻坚政策落实意见,修订完善财政扶贫资金管理办法,全面下放资金项目审批权,推行资金使用"负面清单",推进财政支持精准扶贫、监测评估、防范返贫、责任落实"四个全覆盖"。严格落实专项扶贫资金预算保障责任,全省财政专项扶贫资金达96.6亿元,增长71%,其中,争取中央投入32亿元、增长56.1%,省级投入17.2亿元、增长56.4%,市县投入47.4亿元、增长89.6%。安排31亿元地方政府债务资金,市县盘活存量资金16亿元支持扶贫工作,已整合涉农资金163.2亿元,增长85.9%。支持农业产业化。拨付5亿元,重点支持农业产业化主导产业发展。推进现代农业产业园创建,支持宿州市埇桥区、马鞍山市和县成功获批创建国家现代农业产业园,获中央财政创建补助资金2亿元,启动省级现代农业产业园创建,打造一批农业供给侧结构性改革和现代农业发展的先行区和展示区。加强农业设施建设。拨付36.6亿元,建设高标准农田416.1万亩,持续提升农业综合生产能力。探索农田水利综合改革试点,新增安排灾后水利建设专项资金20亿元、从新增地方债切块30亿元重点用于灾后水利建设,加快提升水利工程防洪减灾能力。健全农业支持保护体系。推进玉米收储制度改革,支持政策性粮食库存消化,完善粮食主产区利益补偿机制,提高粮食综合生产能力。建立政策性农业保险费率调整机制,推进农业保险提标、扩面、增品,提供风险保障600亿元,较好发挥了政策性农业保险在稳定农业生产方面的重要作用。推进农村综合改革。通过积极争取,我省成为全国农村综合性改革试点实验省,安排专项资金支持天长市和宣州区先行先试,促进支农政策的集成链接、发挥整体效应。支持推进土地所有权、承包权、经营权"三权"分置改革,扩大农村集体资产股份合作制改革试点,推进"资源变资产、资金变股金、农民变股东"三变试点。投入资金6.7亿元,推动肥西等10个县(区)完善农村公共服务运行维护机制。投入资金7亿元,推动黄山区等20个县(区)718个村开展集体经济试点。省级安排13.2亿元,支持建立以财政投入为主的村级组织运转经费保障机制,健全村干部报酬和村级组织运转经费动态增长机制。

四是围绕基本民生,为民理财更加彰显。坚持民生为本,积极践行为民理财理念,聚焦普惠性、基础性、兜底性民生建设,调整优化支出结构,着力解决人民群众普遍关心的突出问题,不断增进民生福祉。持续加大财政民生投入。全面落实以人民为中心的发展思想,以省政府名义出台扎实推进民生工作意见,建立民生工作协调推进机制,规划安徽民生工作五年蓝图。全省民生支出5274亿元,增长14%,占全省财政支出85%,较上年提升1.2个百分点。落实33项民生工程财政牵头责任,强化资金筹措管理,加强项目跟踪调度,邀请代表委员视察,33项民生工程全部完成,全省财政投入民生工程资金940.6亿元,增长13.9%,有力解决了一批群众关心关注的切身利益问题。扎实推进技工大省建设,安排专项资金9.7亿元用于技能培训、高技能人才培养、现代技工教育等工程项目,有力促进了技工队伍扩大规模、提升质量。安排就业补助资金23.7亿元,支持开展就业扶持工程,购买公益性岗位保障困难群众稳定就业,支持搭建创业服务"云平台",就业创业政策体系进一步健全。调整退休人员基本养老金,月人均增加143元,提高城乡居保补贴标准,落实困难群体代缴政策,不断提升我省养老保障水平。基本公共卫生服务经费提高到年人均50元,服务项目扩大至14类55项,城乡居民医保财政补助提高到年人均450元,建立基本医疗保险、大病保险、医疗救助、疾病应急救助等保障体系,基本医疗和公共卫生服务均等化、可及性不断提高。投入5.6亿元保障

159.9万人享受高龄津贴、42.8万老年人享受居家养老服务补贴。农村低保标准由年人均3773元提高到4289元,实现农村低保标准和扶贫标准“两线合一”。支持社会事业加快发展。省级安排教育资金116.1亿元,支持扩大学前教育资源,统一城乡义务教育学生“两免一补”政策,全面改善义务教育薄弱学校办学条件,落实困难学生资助政策,实现农村义务教育教学点“在线课堂”建设全覆盖、义务教育基本均衡县域全覆盖、家庭经济困难学生资助全覆盖。落实国家生均拨款等政策,鼓励社会力量兴办教育,促进民办教育健康发展。省级安排医疗卫生资金17.7亿元,推进医药卫生体制综合改革,深化公立医院改革,支持公立医院债务化解,落实取消药品加成政策,支持医院参与医联体试点和智慧医院建设。深入实施文化惠民工程,推进公共文化服务中心示范点、文化信息共享工程、送戏进万村、农村电影放映等文化活动,支持重点文物和非物质文化遗产保护,省市县乡公共文化设施实现全覆盖。支持残疾人康复、培训、就学和择业。将安全生产监管执法经费纳入同级财政全额保障范围,推进平安安徽建设。持续增加生态文明支出。省级安排美丽乡村专项资金13.4亿元,全省整合涉农资金62.8亿元支持美丽乡村建设,改善农村人居环境,一体化推进农村厕所、垃圾、污水专项整治“三大革命”。安排17.1亿元重点生态功能区转移支付,全面落实主体功能区规划,统筹推进“三河一湖一园一区”建设。建立林业增绿增效行动综合奖补机制,推动实施各地林业增绿增效行动。支持全省绿色建筑示范项目及建筑产业现代化,统筹安排6亿元加快推进长江、巢湖、淮河等重点流域水污染防治,安排3.5亿元提前淘汰黄标车,加大退耕还林还湖力度,支持山水林田湖生态保护修复工程试点。建立健全大别山水环境生态补偿机制,累计投入8亿元,实施生态补偿项目184个,带动社会投入40亿元。建立健全新安江流域综合治理和生态补偿机制,累计投入补偿资金39.5亿元,带动试点项目投资120.6亿元,生态补偿政策效益显著。

五是围绕创新方式,资金引导撬动效果增强。通过引入市场化机制,强化金融工具结合,带动市县跟进,优化财政资源配置,充分发挥财政资金“四两拨千斤”的作用,撬动更多社会资本支持经济社会发展。推进资金改基金。按照“资金改基金、拨款改股权、无偿改有偿”原则,省级累计拨付54亿元,支持设立省“三重一创”、种子投资、中小企业发展、农业产业化等10只产业基金,已撬动社会资本设立运营基金规模达624亿元,基金总规模计划1214亿元,推动构建覆盖企业种子期、初创期和成熟期的股权投资基金体系,做到差异化定位、分领域侧重,形成“政府引导、市场化运作、专业化管理”政策体系。放大政策性担保作用。统筹20.3亿元,以风险补偿、增量奖励等方式,深入推进“4321”政银担合作模式,政策性融资担保服务能力进一步提升。五年累计投入170.8亿元,带动市县注资87亿元,有力地支持了全省140家政策性融资担保机构,为30万户中小微企业提供融资担保达6995亿元。三年累计安排续贷过桥资金30亿元,带动市县资金28亿元,对符合条件的小微企业提供临时性资金支持,帮助2.7万户企业周转资金1647.8亿元。为解决因农业信贷抵押物不足难以贷款融资的问题,按照“低成本、少环节、成批量、可持续”的原则,加大“劝耕贷”推广力度,以勉励、鼓励、奖励农耕为目的,通过银政担“抱团”,构建“资源联手开发、信贷集合加工、风险共同管理、责任比例分担”的农业信贷担保模式,服务种养大户、家庭农场、农民专业合作社、农业产业化龙头企业、粮食产业联合体等新型农业经营主体,单户贷款额度最高100万元,龙头企业原则上最高融资额度不超过5000万元。统筹27.8亿元,推动农业担保体系建设,促进农业信贷担保业务向基层一线延伸,执行1.2%的全省政策性担保机构最低担保费率,银行执行基准利率最高上浮不超过国家基准利率的20%,累计为7355户新型农业主体提供信贷担保35.2亿元,在保余额22.2亿元,为种养大户、家庭农场、农民合作社等新型农业经营主体提供了信贷资金需求,降低了融资成本。深化政府与社会资本合作。制定推进PPP项目实施意见、操作指南、合同指南、物有所值评价指引和财政承受能力论证指引等一系列操作性强的政策,建立动态项目库,保障社会资本合规合理收益。2017年,我省纳入财政部PPP综合信息平台管理项目248个,投资额2613.7亿元,落地193个,投资额2024.8亿元,落地率77.8%,其中民企参与85个项目,参与率44%,高于上年2.7个百分点。截至目前,我省PPP国家示范项目共43个,落地38个,落地率88.4%,撬动更多社会资本参与经济社会建设。引导金融资金支持发展。鼓励金融服务实体,拨付普惠金融发展专项资金6.5亿元,实施好县域金融机构涉农贷款增量奖励、新型农村金融机构定向费用补贴和新设引进金融机构奖励政策,带动直接融资增长34.4%。落实支持企业上市和区域性股权市场发展政策,大力推进多层次资本市场发展,为实体经济发展注入更多金融活水。完善财政奖补机制。更多采取奖补办法,引导市县和市场更多资金支持发展。省级安排9.6亿元奖补资金,带动银行贷款600多亿元,新开工棚户区改造33.9万套,完成农村危房改造15.1万户。统筹安排18.6亿元秸秆禁烧和综合利用奖补等资金,引导带动社会投入近60亿元,秸秆综合利用步伐明显加快。加大政府购买服务奖补力度,2017年全省共实施政府购买服务项目4388个,涉及资金107.9亿元。累计投入近23亿元,支持新建、改扩建公办养老机构1888所,社会办养老机构434所,养老机构床位数达到33万张。建立产业扶贫奖补机制,实现产业扶贫项目覆盖到所有贫困村。统筹安排财政"一事一议"奖补资金15.5亿元,带动省以下各级财政补助6.2亿元,带动村集体和其他投入3.8亿元,建设村级公益事业项目1.1万个,受益人口3128万人,村级公益事业取得新成效。

六是围绕压实责任,保障政策更快落地。通过加强与预算部门会商联动、对市县财政帮联督促,压实预算部门执行责任,压实项目单位资金使用责任,推动构建覆盖政策落地的全链条责任机制,以责任的压实推动政策的落地。强化部门和市县主体责任,加快财政资金拨付。省级预算批准后及时下达,要求预算部门及时分解和下达预算资金,省对下一般性转移支付在预算批准后30日内下达,省对下专项转移支付在预算批准后60日内下达,对支出进度缓慢的市县压减转移支付。简化政府采购计划申报、资金支付流程,健全政府采购通报、会商、约谈、责任落实等机制,压实采购人的采购需求、采购政策、信息公开、履约验收以及完善内控的管理责任,加快政府采购预算执行进度。建立扶贫资金按月通报、季度约谈和绩效挂钩三项机制,省级扶贫资金提前两个月全部拨付到位。压实惠农资金发放责任,统一资金审核和发放程序,全省惠农"一卡通"发放各类涉农补贴285.7亿元,惠及3374万人。2017年,全省一般公共预算结转结余资金占财政支出1.4%,低于财政部规定上限7.6个百分点。强化项目实施单位主体责任,严格财政资金监管。加强预算资金管理制度建设,修订完善省级部门预算管理办法、省一般性转移支付和省级财政专项资金管理办法等制度;省对下专项资金全部制定管理办法,实现"一个(类)专项、一个办法",明确资金管理主体责任。加强财政监督检查,对全省清理盘活财政存量资金、预决算公开、政府债务、预算编制执行、专项资金等五项重点工作开展专项监督检查,深入开展会计监督工作,组织开展财政扶贫资金集中检查、财政扶贫领域监督执纪问责等专项工作,促进财政资金安全规范高效使用。加强自身建设,转变财政部门作风。坚持全面从严治党,深入推进"两学一做"学习教育常态化制度化、"讲重作"专题教育和专题警示教育,持续加强财政系统作风效能建设,引导带动财政干部树牢"四个意识",坚定"四个自信",做到"五个纯粹"。建立财政系统党风廉政建设正面清单和负面清单,全面推进财政部门政治建设、思想建设、组织建设、作风建设和纪律建设,将制度建设贯穿其中,深入推进反腐倡廉,始终保持财政为民务实清廉的本色,为各项政策落地保驾护航。

党的十八大以来,财政部门始终坚持围绕中心、服务大局,主动应对经济新常态,牢固树立并贯彻落实新发展理念,扎实推进依法理财、民主理财、科学理财,财政"十二五"规划圆满完成,"十三五"规划顺利实施,省财政厅2012年以来连续两次获评全国文明单位,获得全国"六五"普法先进单位、财政部预算管理绩效考核优秀单位等省级以上表彰150余项,财政改革发展取得积极成效。

财政综合实力迈上新台阶。五年来,财政收入规模突破4000亿元大关,累计完成超过2万亿元,年均增长9.9%。地方财政收入中税收占比连续多年稳居中部六省前列,财政收入有质量、可持续。16个市财政收入全部突破100亿元,其中合肥市财政收入突破1200亿元,54个县突破10亿元,区域财政水平整体提升。财政支出达到6202亿元,五年累计完成超过2.6万亿元,年均增长9.4%,对全省经济社会发展的支撑力明显增强。

财政服务发展实现新作为。五年来,充分发挥积极财政政策调控和引导作用,财政用于科技、交通运输、商业服务等支持经济发展类支出年均超2000亿元,全力支持供给侧结构性改革,落实"三重一创"、去降补、创新发展等政策,累计减免税费超3000亿元,促进实体经济蓬勃发展。建立以地方政府债券为主体的举债融资机制,发行政府债券4443.5亿元。争取国开行和农发行棚改贷款1876亿元,规范推广运用PPP模式,为经济社会发展注入强劲动能。

财政保障民生再上新水平。五年来,更多财力向基层一线倾斜、向困难地区倾斜、向弱势群体倾斜,民生支出累计2.2万亿元,占全省财政支出八成以上;累计投入3784亿元,精心实施49项民生工程。全省"三公"经费年均下降15.9%。保障就业、教育、医疗、社保等重点支出实现较快增长,支持民族宗教、妇女儿童、老龄、红十字等事业不断发展,专项扶贫资金预算保障机制和"351""180"健康脱贫、综合医疗资金保障体系基本健全,支持大气、水、土壤污染防治和环境治理力度持续加大,基本公共服务均等化建设成效显著。

财税体制改革取得新进展。政府收支全部纳入预算管理,中长期财政规划全面启动。累计制定1300余件财政制度,实现财政制度规范全覆盖。政府性债务规模基本适度、风险总体可控。营业税正式退出历史舞台,资源税改革全面推开,环境保护税正式开征,在全国率先建立省级涉企收费清单制度。省以下财政事权和支出责任划分改革稳步推进,转移支付改革持续深化,省级支出占比持续下降,财力下沉更加明显,省以下财政体制更加完善。

财政全面从严治党开创新局面。深入开展党的群众路线教育实践活动、"三严三实"专题教育、"两学一做"学习教育、"讲重作"专题教育和专题警示教育,扎实开展"管党治党宽松软问题"专项治理、基层党组织标准化建设等工作,推进财政走访巡察、内部控制、交流轮岗、制度规范四个全覆盖,保持财政为民务实清廉形象。

各位代表!

过去的五年,面对经济新常态和国内外经济形势的复杂变化,全省财政运行总体平稳、财政绩效不断提升,财政事业加快发展。这些成绩的取得,是省委、省政府坚强领导、科学施策的结果,是省人大、省政协以及各位代表委员依法监督、有力支持的结果,是各地各部门攻坚克难、共同努力的结果。同时,我们也清醒地认识到,财政运行中还存在一些不容忽视的问题,面临一些困难和挑战。主要是:一是在经济下行压力较大的形势下,财政收入增速趋缓与支出刚性矛盾加大,财政运行紧平衡特征更加明显,市县收入趋势分化,部分基层财政运行面临较大压力,项目支出只增不减的固化格局需进一步打破;二是面对人民日益增长的美好生活需要,财政保障政策还存在不平衡、不充分,财政民生政策还存在不完善、不协调;少数市县、部门和预算单位重分配轻管理,财政资金还存在碎片化分散化,引导撬动市场作用发挥不够有力,资金使用绩效有待提高,绩效管理责任还未全面压实,加强财政绩效管理十分紧迫;三是财经纪律还不够严格,项目资金使用监管还未全覆盖,资金跑冒滴漏现象仍未禁绝,监管责任需要进一步压实;四是一些地方依然存在违规担保和变相举债问题,局部地区债务风险不容忽视;等等。对此,我们将聚焦问题、找准根源、精准发力,努力改进提高。

三、2018年省级预算草案

2018年是贯彻党的十九大精神的开局之年,是改革开放40周年,是决胜全面建成小康社会、实施"十三五"规划承上启下的关键一年。全省财政收入增速面临放缓,财政支出刚性不断增强,财政收支矛盾更加突出。根据市县区预算汇编及经济增长预期目标、财税政策变化情况,2018年全省财政收入预期增幅将高于经济增长。

(一)2018年省级预算编制的指导思想和基本原则。

2018年省级预算编制的指导思想:坚持以习近平新时代中国特色社会主义思想为指导,全面贯彻落实党的十九大精神和中央经济工作会议精神,深入贯彻落实习近平总书记视察安徽重要讲话精神,认真落实省第十次党代会和省委十届六次全会精神,扎实贯彻省委经济工作会议精神,坚持稳中求进工作总基调,坚持新发展理念,坚持以人民为中心的发展思想,统筹推进"五位一体"总体布局和协调推进"四个全面"战略布局,以供给侧结构性改革为主线,以五大发展行动计划为总抓手,全面从严治党强化政治保证,坚决打好防范化解重大风险、精准脱贫、污染防治攻坚战,按照"保重点、控一般、促统筹、提绩效"的财政预算管理要求,持续深化财税改革,提升财政服务保障水平,推动质量变革、效率变革、动力变革,统筹做好稳增长、促改革、调结构、惠民生、防风险各项工作,为决胜全面建成小康社会、加快建设现代化五大发展美好安徽提供财力支撑。

2018年省级预算编制的基本原则:按照"保重点、控一般、促统筹、提绩效"要求,着力提高预算保障能力和管理水平。依法理财强化基础。全面贯彻落实《预算法》等法律法规,认真落实人大有关决议精神,规范预算编制,推进预算公开,推动预算工作法治化、制度化和规范化。统筹兼顾保障平衡。积极化解财政收支矛盾,统筹省与市县分配关系,统筹年度之间财力平衡,统筹政府预算体系衔接,确保财政持续平稳运行。优化结构促进发展。坚持发展第一要务,优化财政支出结构,严格控制一般性支出,集中财力支持中央和省委、省政府重大政策、重大改革、重大项目落地生根,促进经济社会平稳健康发展。深化改革提升绩效。将绩效理念深度融入预算管理全过程,强化预算绩效管理,创新财政支持经济社会发展方式,最大限度发挥财政资金使用效益。

(二)2018 年收入预计和支出安排。

2018 年,省级预算按一般公共预算、政府性基金预算、国有资本经营预算、社会保险基金预算等四本预算编制。具体如下:

1. 一般公共预算。

省级预算收入 279.3 亿元,加:中央税收返还 317.5 亿元、中央转移支付 2177.6 亿元、调入预算稳定调节基金等 301.4 亿元,收入合计 3075.8 亿元。省级预算支出 673 亿元,减:省级预算提前下达市县(区)转移支付 23.4 亿元,加:中央提前下达转移支付列入省级预算 249.1 亿元,省级预算支出 898.7 亿元。加:对市县(区)税收返还 216.5 亿元、对市县(区)转移支付 1923.6 亿元、一般债务还本支出 14 亿元、上解中央支出 23 亿元,支出合计 3075.8 亿元。

2018 年,省级一般公共预算安排具体情况如下:

(1)收入预算安排情况。主要是:企业所得税预算为 126.3 亿元,比上年执行数增加 9.7 亿元,增长 8.3%,主要根据收入征管部门预计增长情况测算。个人所得税预算为 32.6 亿元,比上年执行数增加2.3 亿元,增长 7.7%,主要根据城镇居民收入预计增长情况等因素测算。环境保护税预算为 4.5 亿元,《中华人民共和国环境保护税法》于 2018 年 1 月 1 日正式实施,根据 2017 年省级排污费征收情况等预计。专项收入预算为 44.5 亿元,比上年执行数减少 8.5 亿元,下降 16.1%,主要原因是原征收的排污费改征环境保护税,相应减少专项收入等。行政事业性收费收入预算为 8.5 亿元,比上年执行数减少 3.4 亿元,下降 28.8%,主要是落实普遍性降费政策,根据行政事业性收费执收部门预计测算。

(2)支出预算安排情况。主要是:一般公共服务支出预算为 71.2 亿元,较上年预算增加 7 亿元,增长 11%,主要是兑现人员工资调整经费等。国防支出预算为 2 亿元,较上年预算增加 0.1 亿元,增长 6.4%,主要是人防异地建设费收入增加,支出安排相应增加。公共安全支出预算为 34.8 亿元,较上年预算增加 3.2 亿元,增长 10.1%,主要是兑现人民警察执勤津贴及法定工作日外加班补贴经费。教育支出预算为 96.5 亿元,较上年预算增加 9.7 亿元,增长 11.1%,主要是新增安排高校改革发展经费等。科学技术支出预算为 43 亿元,较上年预算增加 17.2 亿元,增长 66.6%,主要是增加合肥综合性国家科学中心等“四个一”创新主平台建设等支出。文化体育与传媒支出预算为 35.4 亿元,较上年预算增加 3.5 亿元,增长 10.9%,主要是安排滨湖文化中心建设等支出。社会保障和就业支出预算为 51.1 亿元,较上年预算增加 5.3 亿元,增长 11.5%,主要是新增安排机关事业单位养老保险缴费等支出。医疗卫生与计划生育支出预算为 24.1 亿元,较上年预算增加 2.4 亿元,增长 10.9%,主要是增加公共卫生服务等支出。节能环保支出预算为 19 亿元,较上年预算增加 2.1 亿元,增长 12.4%,主要是增加环境污染治理和新能源汽车推广应用等支出。农林水支出预算为 67.2 亿元,较上年预算增加 7 亿元,增长 11.6%,主要是增加扶贫等支出。交通运输支出预算为 74.9 亿元,较上年预算增加 6.6 亿元,增长 9.6%,主要是增加农村“四好”道路畅通工程等支出。资源勘探信息等支出预算为 45.6 亿元,较上年预算增加 4.6 亿元,增长 11.1%,主要是增加现代化经济体系建设等支出。商业服务业等支出预算为 7.3 亿元,较上年预算增加 0.7 亿元,增长 10.2%,主要是增加电子商务发展专项等支出。金融支出预算为 7.1 亿元,较上年预算增加 0.6 亿元,增长 8.8%,主要是增加普惠金融等支出。住房保障支出预算为 16.1 亿元,较上年预算增加 1.4 亿元,增长 9.1%,主要是增加随工资安排的公积金等支出。粮油物资储备支出预算为 2.4 亿元,较上年预算增加 0.2 亿元,增长 8.3%,主要是增加医药、食盐等物资储备支出。其他支出预算为 9.7 亿元,较上年预算增加 0.8 亿元,增长 8.6%,主要是安排防灾减灾突发事件应急经费,以及工资调整、养老改革经费等支出。

2. 政府性基金预算。

2018 年，省级政府性基金预算收入 21.2 亿元，加：上年结余收入 5.9 亿元、中央补助收入 12 亿元，收入合计安排 39.1 亿元。支出安排 39.1 亿元，其中：本年支出 20.2 亿元，省对下转移支付 13.7 亿元，结转下年 5.2 亿元。

3. 国有资本经营预算。

2018 年，省级国有资本经营预算收入 14.7 亿元，与上年执行数相比，增加 0.4 亿元，增长 2.7%。主要原因是省属企业归属于母公司所有者的净利润增加。其中：利润收入 10.3 亿元，增加 0.7 亿元；股利、股息收入 4.4 亿元，减少 0.3 亿元。加：上年结转 3.8 亿元、中央补助收入 3.9 亿元，收入合计 22.4 亿元。支出相应安排 22.4 亿元，主要用于解决省属企业历史遗留问题及改革成本支出 7.5 亿元，国有企业资本金注入 7 亿元，调出资金 3 亿元，省对下转移支付 3.9 亿元，其他支出 1 亿元。

4. 社会保险基金预算。

2018 年，省级社会保险基金预算收入 387.2 亿元，较上年增长 77.6%。加：上年结余收入 754.1 亿元，收入合计安排 1141.3 亿元。支出安排 1141.3 亿元，其中：本年支出 269.9 亿元，增长 90.9%，结转下年 871.4 亿元。收支均大幅增长的主要原因是 2018 年机关事业单位养老保险制度全覆盖后新增预算收支。

以上预算具体安排详见《安徽省 2017 年预算执行情况和 2018 年省级预算草案》。

四、以高质量的财政改革发展服务现代化五大发展美好安徽建设

面对经济新常态的深刻变化，面对财政改革发展的艰巨任务和预算平衡的较大压力，全省各级财政部门突出“八个聚焦”，全力服务决胜全面建成小康社会、加快建设现代化五大发展美好安徽。聚焦深化供给侧结构性改革，支持实体经济发展，促进经济高质量发展。聚焦创新驱动发展战略，围绕“三重一创”、科技创新，促进创新人才集聚，支持构建现代化经济体系。聚焦实施乡村振兴战略，坚持质量兴农、绿色兴农，加大农业投入力度，加快推进农业农村现代化。聚焦实施区域协调发展战略，完善支持“一圈一带三区”及县域经济、园区发展等财政政策，增强发展的平衡性。聚焦生态文明建设，健全促进绿色生产和消费的财政政策，支持打好大气、水、土壤污染防治攻坚战，支持推进河长制、湖长制和林长制，建设美丽江淮。聚焦保障改善民生，围绕“七有”目标，积极保障民生工作，深入实施民生工程，支持打赢脱贫攻坚战，推进基层基本公共服务均等化。聚焦深化财税体制改革，全面实施绩效管理，健全地方税体系，坚决防范和化解地方政府性债务风险，加快建立现代财政制度。聚焦纵深推进全面从严治党，全面推进财政政治建设、思想建设、组织建设、作风建设和纪律建设，将制度建设贯穿其中，深入推进反腐倡廉，全面增强“八种本领”，打造过硬的财政干部队伍。

2018 年，重点做好八个方面工作：

（一）*着力支持现代化经济体系建设*。按照高质量发展要求，整合资金设立现代化经济体系专项资金，推动传统制造业转型升级，深化供给侧结构性改革，全面落实“三去一降一补”政策，支持再退出煤炭产能 690 万吨、压减生铁粗钢产能 228 万吨；支持将符合条件的新就业无房职工、外来务工人员纳入保障范围，支持新开工保障性安居工程 28.18 万套，完成 10 万户农村危房改造，推动建立多主体供给、多渠道保障、租购并举的住房制度。创新省级创新型省份专项资金支持方式，支持科技成果转移转化和加强科技人才培养与引进力度，支持提高科研人员科技成果转化收益比例，支持创新驱动发展战略深入实施。重点支持合肥综合性国家科学中心、合肥滨湖科学城、合芜蚌国家自主创新示范区、全面创新改革试验省等“四个一”创新主平台建设。继续安排“三重一创”专项引导资金，加快推进重大新兴产业基地、重大新兴产业工程、重大新兴产业专项建设，支持“中国声谷”、新能源汽车、现代医疗和医药等产业发展。支持共享经济、智慧产业、“互联网 +”、物流快递等新业态、新模式、新技术、新产品，大力促进现代服务业，促进军民技术双向转移转化，推进大众创业万众创新深入发展。支持开放型经济发展，加快打造内陆开放新高地。引导金融更好服务实体，扩大民间投资，有效防范财政金融风险，继续实施积极财政政策，全面落实各项减税降费政策，进一步降低实体经济企业成本，促进实体经济发展。

（二）*着力支持区域协调和乡村振兴发展*。创新财政资金投入方式，全面落实全省“一圈一带三区”各项区域财政政策，持续支持合肥都市圈和江北江南集中区、郑蒲港、中新苏滁等皖江城市带建设，加大对皖北、皖南、大别山区以及革命老区、生态功能区、粮食主产区、资源枯竭城市转移支付力度,健全县级基本财力保障机制,促进县域经济发展,支持与长三角一体化发展,提高区域发展的整体性和协调性。继续安排铁路、公路、航运等专项资金,支持现代基础设施体系建设。安排特色小镇、城市工作"五统筹"专项资金,加大农业转移人口市民化转移支付力度,支持一批特色产业集聚发展基地,支持引导建设特色小镇健康发展,大力推进新型城镇化。贯彻落实乡村振兴战略,切实把农业农村优先发展各项政策落到实处,加大财政农业投入,省级财政统筹安排30亿元支持农村"四好"道路畅通工程,推进建设高标准基本农田400万亩以上,推进灾后水利薄弱环节建设性治理行动计划,改善农业农村发展支撑条件。支持深化农业供给侧结构性改革,增加农业产业化和农业科技创新资金规模,启动质量农业和绿色农业建设,支持创建16个农产品质量安全示范县,支持农业产业化联合体500个,支持茶产业发展。采取先建后补方式,支持拓展农村电商网点功能,支持实施农村电商人才培训和企业培育计划,支持加快农村电子商务建设。深化农村综合改革,建立健全城乡融合发展体制机制和政策体系,激活"三农"发展新动能,让农业成为有奔头的产业,让农民成为有吸引力的职业,让农村成为安居乐业的美丽家园。

(三)着力保障改善民生和创新社会治理。坚持以人民为中心的发展思想,围绕"幼有所育、学有所教、劳有所得、病有所医、老有所养、住有所居、弱有所扶",持续加大民生投入力度,扎实做好民生工作。牵头实施33项民生工程,聚焦民生短板,加大基层基本民生和贫困地区民生建设力度,新增学前教育、智慧医疗与家庭医生签约服务、农村环境"三大革命"等6项民生工程,加大资金投入,健全管养机制,完善民生工作绩效、责任、激励、监查问责"四位"一体的工作推进机制,压实部门和市县项目主体责任,加强工程类项目设计、施工、监理和检测各个环节的监督,提升工程实施绩效,推进解决重点民生问题,确保民生政策落到实处。全省民生工程计划投入1067亿元,较上年增长13.5%。全面贯彻打好脱贫攻坚战的要求,落实财政保障责任,持续加大财政投入,深入推进贫困县涉农资金整合,省级财政新增扶贫专项资金50%以上用于9个深度贫困县,加大对32个贫困地区基层基本公共服务功能建设的支持力度。同时,加大对非贫困地区基层基本公共服务功能建设支持力度。办好公平优质教育,支持全面实施第三期学前教育行动计划,支持新建、改扩建公办幼儿园300个,加大普及高中阶段教育投入,支持职业教育产教融合、校企合作,支持推进一流大学和一流学校建设,支持推进首批364所智慧示范学校和实验学校建设,支持民办教育发展,提高教育发展水平。推动文化事业繁荣发展,支持公共文化建设和省美术馆、百戏城、科技馆建设,扩大政府购买服务基层公益文化岗位试点,支持培育一批专精特新中小文化企业,支持推进文化产业示范基地建设。支持全面实施全民参保计划,提高退休人员基本养老金标准,提高财政负担的城乡居民养老保险基础养老金最低标准水平,适时调整优抚补助标准,统筹支持城乡社会救助体系,支持开展居家和社区养老服务改革试点,支持推进养老服务体系建设,加强多层次社会保障体系建设;持续深化医药卫生体制综合改革,稳妥推进省、市(县、区)公立医院债务化解,着力健全公立医院政府投入机制,提高城乡居民基本医疗保障财政补助标准,继续提高基本公共卫生经费标准,支持推进医联体、县域医共体建设,支持完善智慧医疗试点示范,支持发展中医药事业,推进健康安徽建设。支持深化平安安徽建设,支持推进司法体制改革试点,推动完善社会纠纷化解机制,支持深入开展"铸安行动",强化食品药品监管,推动形成有效的社会治理、良好的社会秩序,促进社会和谐稳定。积极支持国防建设。积极支持深化监察体制改革试点。

(四)着力支持污染防治和生态文明建设。全力支持打好污染防治攻坚战各项要求,支持实施环境保护"五个一"行动,加大环境保护支持力度,支持打赢蓝天保卫战,开展大气污染防治行动,支持加快重点行业污染源整治和移动污染防控,推进秸秆禁烧和综合利用;支持打好碧水攻坚战,支持开展水污染防治行动,实施黑臭水体治理行动,支持推进巢湖、淮河等重点流域综合治理,支持长江流域水污染治理、水生态修复、水资源保护,落实共抓大保护、不搞大开发要求;支持实施净土行动,支持土壤污染治理和农业面源污染防治,推动生态环境质量总体改善。统筹支持山水林田湖草生态保护修复,推进"三河一湖一园一区"生态文明示范创建,巩固完善新安江流域和大别山水环境生态补偿试点成果,在全省范围内建立地表水断面生态补偿机制。设立河长制、林业增绿增效行动等专项资金,支持深化生态环境监管体制改革。加大资金支持力度,深入推进美丽乡村建设及农村厕所、垃圾、污水专项整治“三大革命”,支持完成自然村80万常住农户卫生厕所改造、完成200个乡镇政府驻地污水设施建设,支持分类推进村(庄)台、保庄圩整治,持续改善沿淮行蓄洪区人居条件。支持节能环保、清洁生产、清洁能源等产业发展,使主要污染物排放量继续明显减少,推进资源全面节约和循环利用,实现绿水青山和金山银山有机统一。

(五)着力深化财税体制改革和严格防控政府债务风险。按照财税改革总体部署,进一步完善政府预算体系,持续推进预算信息公开,拓展预算公开评审论证,强化对资金使用的全方位监督,避免资金使用“碎片化”、重复安排和固化投向,推动建立全面规范透明、标准科学、约束有力的预算制度。细化预算编制,健全预算支出标准,滚动编制中期财政规划,完善预算项目储备机制,严格落实预算支出执行通报制度,进一步减少资金沉淀,加快预算执行进度,提高预算执行质量和效率。进一步落实营改增试点等改革政策,配合推进增值税、资源税等立法,做好个人所得税税制改革前期准备,积极推进健全地方税体系。分领域推进省以下财政事权和支出责任划分改革,贯彻落实中央和地方收入划分总体方案,推动建立权责清晰、财力协调、区域均衡的省以下财政体制。按照中央及省委、省政府部署和财政部安排,健全以政府债券为主体的政府举债融资机制,全部完成政府存量债务置换,推进政府专项债券改革,发挥规范举债对经济社会发展的支持作用。按照坚决打好市县政府隐性债务清理战、隐性债务存量稳妥处置战、隐性债务增量严控战“三大战役”的部署,落实“四清四实”要求,制定加强隐性债务风险防控的工作方案,全面开展隐性债务清理和梳理工作,依法依规、积极稳妥做好分步分类分级化解工作,建立对地方政府违规举债的问责机制,规范政府举债行为,严控债务风险。

(六)着力加强财政资金绩效管理。紧紧围绕提升财政资金使用效益,将绩效理念和方法深度融入预算编制、执行和监督的全过程,覆盖四本预算,完善绩效公开、报告和问责制度,形成可考核、可量化、可追溯、可约束的“四位一体”绩效管理制度体系。强化绩效目标管理,加强绩效目标执行动态监控,建立预算安排与绩效目标、资金使用效果挂钩的激励约束机制,推动绩效评价提质扩围,提升财政资金使用绩效。创新财政支持方式,支持政府与社会资本(PPP)合作,推进“资金改基金、拨款改股权、无偿改有偿”,更加注重加强资金监管和绩效提升,充分发挥财政资金的支持引导和撬动作用。牢固树立过紧日子思想,从严控制一般性支出,坚决反对铺张浪费和大手大脚花钱,将更多的资金用于促进发展和保障改善民生。

(七)着力依法接受人大政协监督。认真落实《预算法》《安徽省预算审查监督条例》,依法主动接受省人大、省政协和代表委员监督,做到联系服务全覆盖、接受监督全方位。强化落实法定事项报告、议案提案办理、民生工程视察等机制,主动征求、广泛听取省人大代表、省政协委员意见建议,努力提高人大代表建议议案和政协委员提案办理质量,依法依规按时向省人大及省人大常委会报告有关财政事项,深化预算联网监督,持续提升联系服务人大代表和政协委员工作水平,自觉在人大、政协监督下依法加强财政管理。

(八)着力全面从严治党。坚决贯彻新时代党的建设总要求,把党的政治建设摆在首位,持续开展习近平新时代中国特色社会主义思想学习教育,深入推进“两学一做”学习教育常态化制度化,认真开展“不忘初心、牢记使命”主题教育,增强“四个意识”,加强干部管理,提升理财本领,为财政改革发展凝心聚力。落实全面从严治党和党风廉政建设“两个责任”,自觉遵守中央八项规定精神及省委实施细则,驰而不息整治“四风”问题,持之以恒正风肃纪,持续推进作风建设,严格财政资金监督执纪问责,推动全面从严治党向纵深发展。

各位代表!

新时代开启新征程,新时代应有新作为。做好2018年财政工作任务繁重、使命光荣。我们将在省委、省政府的坚强领导下,在省人大的依法监督和省政协的民主监督下,依法落实省人民代表大会及省人大常委会的决议,坚定信心、迎难而上、锐意改革、砥砺奋进,强化财力保障和政策支撑,为决胜全面建成小康社会、加快建设现代化五大发展美好安徽作出积极贡献!

全省财政工作重要文献

在全省财政工作视频会议上的讲话

省财政厅党组书记、厅长　罗建国

(2018年1月3日)

同志们:

今天上午,我们召开了16个市及2个直管县财政局长座谈会,传达学习了肖捷部长在全国财政工作会议上的重要讲话精神和张少春副部长的总结讲话要求,大家交流了2017年财政工作特别是党的十八大以来的工作体会,梳理分析了当前财政工作形势和存在的问题,并就做好下一步财政工作提出了意见和建议,同时,厅领导结合各自分工,对相关工作进行了布置,共同研究谋划2018年财政工作。参加今天下午视频会议的有各市、县(区)财政局中层以上干部和乡镇财政所长以及财政厅处级以上干部。这次视频会议的主要任务是,深入学习贯彻党的十九大精神,以习近平新时代中国特色社会主义思想为指导,认真落实省委十届六次全会、省委经济工作会议和全国财政工作会议要求,总结2017年特别是党的十八大以来全省财政工作,部署2018年财政工作任务。2017年12月27日—28日,财政部召开全国财政工作会议,会前,李克强总理和张高丽副总理作出重要批示,刚才我们进行了全文传达。李克强总理和张高丽副总理对2017年以及党的十八大以来的财政工作给予充分肯定,向广大财政干部职工表示慰问,对做好2018年财政工作提出指示要求。全国财政工作会议召开以后,财政厅迅速向省委、省政府领导汇报会议精神以及贯彻落实的意见建议。省委、省政府对这次全省财政工作会议高度重视,会前,李锦斌书记、李国英省长和邓向阳常务副省长指示我们要把会议开好,并分别作出重要批示。国务院领导和省委、省政府领导的重要批示精神,既是对我们工作的充分肯定和信心鼓舞,更是对我们的殷切期望和责任鞭策,体现了对财政系统的重视、对财政工作的支持、对财政干部的关怀,也对做好今年的财政工作提出了明确的要求,鼓舞了干劲,振奋了精神,我们要认真组织学习、深刻领会、全面落实。下面,我讲几点意见。

一、以习近平新时代中国特色社会主义经济思想为指导,把握财政工作方向

党的十八大以来,以习近平同志为核心的党中央提出了一系列治国理政新理念新思想新战略,形成了习近平新时代中国特色社会主义经济思想,有力指导并推动了我国经济发展取得历史性成就、发生历史性变革。全省各级财政部门和广大财政干部要把学习贯彻习近平新时代中国特色社会主义经济思想作为重大政治任务,真正学懂弄通做实,以此武装头脑、指导实践、推动发展,确保财政工作始终沿着正确的方向前进。

一要坚持财政政治原则。习近平新时代中国特色社会主义经济思想,概括起来就是"七个坚持",其中第一个坚持就是坚持加强党对经济工作的集中统一领导。财政工作是经济工作的重要内容,所有任务都是党领导下的具体工作。财政干部必须讲政治,树牢"四个意识",把党的领导体现在财政工作的各方面各环节。要牢记使命职责。当前,财政任务很重、财政工作很难、财政干部很苦,同时,财政使命光荣。组织上既然把我们放在这个位置上,财政使命呼唤我们走到一起,就必须不忘初心、牢记使命、永远奋斗,树立对党、对人民、对历史高度负责的精神,守土尽责、有位有为。要提高政治站位。坚定不移地围绕中心、服务大局,坚决反对财政工作中的分散主义、自由主义、本位主义、地方保护主义,绝不允许搞上有政策、下有对策,防止不切实际地定目标,更不能搞选择性执行,要不折不扣地把党中央、国务院的决策部署和省委、省政府的部署要求及财政部的工作安排落到实处。要强化党建意识。自觉地强化党的意识,坚决贯彻民主集中制,引导财政干部以党性为原则、以宗旨为己任,确保政令畅通、令行禁止。

二要坚持财政为民服务宗旨。习近平总书记强调,要坚持以人民为中心的发展思想。财政取之于民、用之于民。我们要始终把为民理财作为财政工作的根本出发点和落脚点,不断提升人民群众获得感幸福感安全感。要注重保基本。立足基本民生、底线民生、兜底民生,加大对脱贫攻坚和基本公共服务的投入,将财力向基层一线、困难地区、弱势群体倾斜,多做"雪中送炭"的工作。要注重可持续。在发展中补齐民生短板、促进社会公平正义,在经济发展可持续、财力可支撑的基础上,既尽力而为、又量力而行,不作超越发展阶段的过高承诺。要注重精准性。针对人民群众最关心最直接最现实的利益问题,区分类型,增强财政资金和政策的针对性精准性,发挥好政府投入的主体和主导作用,完善财政民生政策体系,集中发力补好短板。要注重建机制。制度安排体现激励约束,合理均衡政府、单位和个人负担。支持公办民营、民办公助、政府购买服务、PPP等模式,鼓励和支持社会力量、金融资本、基层资源共同兴办教育、医疗、养老等事业,提高基本公共服务均等化的供给质量和水平。

三要坚持贯彻五大发展理念。习近平总书记强调,新发展理念就是指挥棒。实践证明,创新、协调、绿色、开放、共享的五大发展理念,是顺应时代潮流、厚植发展优势的战略抉择。我们要牢固树立和践行新发展理念,更好地支持实施五大发展行动计划。要贯彻创新发展理念。深化财税体制改革,研究完善财政政策,把更多的财政资源配置到培育发展新动力、拓展发展新空间、建设发展新体制上。要贯彻协调发展理念。加大对乡村振兴战略和县域、皖北、大别山革命老区发展、新型城镇化建设,以及对文化事业和文化产业发展的支持,促进形成城乡区域、物质文明和精神文明平衡发展结构。要贯彻绿色发展理念。围绕环境整治和生态建设的重点领域、关键环节,做好资金保障,继续落实好促进绿色发展的各项财税政策。要贯彻开放发展理念。支持参与"大战略"、构建"大平台"、优化"大环境",发展更高水平的开放型经济。要贯彻共享发展理念。持续加大民生投入,以组织实施民生工程带动民生问题有效解决,扎实做好保基本、兜底线的工作,更好地发挥社会保障的稳定器作用。

四要坚持市场与政府的财政改革取向。全面贯彻落实习近平总书记"坚持使市场在资源配置中起决定性作用,更好发挥政府作用"的经济思想,蹄疾步稳地推进全面深化财政改革。要遵循市场规则。坚持市场无形、财政有形,市场无限、财政有限,市场有力、财政有为,市场有序、财政有效的原则,财政重点保障经济社会发展中关乎基础、前沿、底线和市场失灵的领域,积极补齐短板,把市场能够做的、交给市场去做,能够支持市场做的、支持市场去做。要加快自身改革。积极推进省以下财政事权和支出责任划分改革,逐步建立权责清晰、财力协调、区域均衡的省以下财政关系。推动建立全面规范透明、标准科学、约束有力的预算制度,全面实施绩效管理。进一步落实营改增、资源税、环保税等改革政策。要强化财政对其他改革的支撑。统筹支持推进金融、国企、国资、住房、商事制度等重点领域和关键环节的改革,充分发挥财政改革在整体改革中的基础性、支撑性作用。

五要坚持财政政策宏观视野。习近平总书记强调,当前和今后一个时期,制约我国经济发展的因素,供给和需求两侧都有,但矛盾的主要方面在供给侧。我们要坚持以供给侧结构性改革为主线,在宏观经济环境的大背景下,聚力增效实施积极的财政政策,更好地服务高质量发展。要加强政策跟进落实。密切跟踪积极财政政策的走向,吃透把准政策的重点和力度,严格落实好减税降费政策,提高财政支出的公共性和普惠性,发挥好转移支付促进区域协调发展的作用。要加强政策创新完善。围绕实施五大发展行动计划,把握时机、力度和效果,完善财政政策工具,发挥政策导向作用,使财政政策适应宏观经济发展变化,更好地促进生产要素合理配置。要加强政策综合叠加。把实施积极的财政政策与落实稳健的货币政策结合起来,与落实产业政策、微观政策、改革政策、社会政策结合起来,积极构建更加公开公平的财政政策体系。

六要坚持财政工作问题导向。当前仍处在发展关键期、矛盾凸显期,特别是随着全面深化改革的深入推进,要解决的都是牵动性强的深层次问题,都是一些难啃的“硬骨头”,必须牢记习近平总书记“安不忘危、治不忘乱”的谆谆教诲,善于发现问题,敢于正视问题,勇于解决问题。要善于发现问题。通过常态化开展“回头看”等形式,及时认真总结和汲取经验教训,深入思考并及时查找财政党建和业务方面存在的问题和不足,做到不诿过、不贰过。要敢于正视问题。对查摆出来的问题一定要及时、认真、分类梳理,把问题清单列出来,做到不掩盖、不回避、不推脱。要分析解决问题。弄清问题性质、找到症结所在,制定整改清单和责任清单,切实把问题消灭在萌芽状态、趋势状态、可控状态,以问题的有效解决推动工作的高效落实。

七要坚持正确的财政工作策略和方法。习近平总书记强调,稳中求进工作总基调是治国理政的重要原则,是做好经济工作的方法论。我们要坚持两点论和重点论相统一,在战略上综合统筹、在战术上分类精准,该稳的要稳住、该进的要进取。要保持战略定力。充分认识形势变化的客观性,保持积极财政政策的取向不变,把握好财政收支的量、财政运行的度,加强预期管理,引导各地各方面更加注重激发市场主体活力。要强化底线思维。始终绷紧财政可持续这根弦,充分考虑经济发展水平和财力状况,兼顾当前与长远、需要与可能。加强地方政府债务管理,强化财政收支运行状况的监测分析,深入研究和积极参与金融、房地产等重点领域的风险防范,牢牢把握工作主动权。要增强进取意识。既坚守住“盾”、也用好“矛”,主动落实党委、政府决策部署并树立更高的工作标杆,加强财政政策分析和形势研判,自觉当好参谋助手,使财税政策制定、制度安排设计、管理方式方法等更加符合现代财政治理的要求。

二、以积极有效的财政工作服务五大发展美好安徽建设

刚才,我们传达学习了李锦斌书记、李国英省长、邓向阳常务副省长的重要批示精神,省领导对2017年财政工作成绩给予充分肯定。过去的一年,各级财政部门强化财政预期管理,坚持目标结果导向,全省财政收入4858亿元,增长11.1%,超过年初省人代会确定的9%的预期目标2.1个百分点,其中,地方财政收入2812亿元,增长7.9%,地方财政收入中税收占比70.1%,财政收入有质量、可持续;全省财政支出6204亿元,增长12.3%,预算执行好于预期,财政各项工作任务圆满完成。这是全省广大财政干部齐心协力、开拓进取、奋发有为、共同努力的结果。在这里,我谨代表财政厅党组向大家表示慰问和感谢!

这几年,很多市县财政局都荣获全国、省、市、县文明单位,省财政厅也连续荣获“全国文明单位”称号,荣誉弥足珍贵、成绩来之不易。五年来,我们认真贯彻落实省委、省政府决策部署和财政部工作要求,坚持稳中求进工作总基调,牢固树立并贯彻落实新发展理念,有效实施积极财政政策,统筹支持稳增长、促改革、调结构、惠民生、防风险,打了许多漂亮仗,财政运行总体平稳、稳中有进、好于预期,为服务五大发展美好安徽建设作出了积极贡献。

一是财政收支跨上新台阶。坚持依法征收,坚决不收过头税,厚植涵养财源,强化收支预期管理,妥善应对经济下行和落实结构性减税政策的双重压力,全省财政收支继续保持稳定增长。收入规模稳步扩大。全省财政总收入由2012年的3026亿元跃升至2017年的4857亿元,接近5000亿元,累计超2万亿元,争取的中央转移支付总额连续多年位居全国第3位。收入质量保持较好。全省财政总收入中税收占比保持在80%以上,地方财政收入中税收占比连续多年稳居中部六省第1位。收入与经济增长相适应。财政总收入年均增长9.9%,高于GDP年均增长近1个百分点,为经济持续健康发展提供有力支撑。财政支出保障有力。财政支出规模由2012年的3961亿元跃升至2017年的6202亿元，连续跨越三个千亿元台阶，年均增长9.4%，坚持节约和集约并重，集中财力办大事，各项重点支出得到切实保障。

二是服务五大发展更有力。坚持围绕中心、服务大局，深入贯彻落实五大发展理念，围绕省第十次党代会提出的五大发展行动计划，全省各级财政部门积极响应、主动作为、全力支持，在政策上、资金上、项目上、管理上全面对接，有力支持了五大发展行动计划实施。五年来累计减免税费2900亿元，创新财政支持方式，投入54亿元支持设立省股权投资基金，投入164.5亿元支持政策性融资担保体系建设，在全国率先推进4321新型政争担合作机制，创新“劝耕贷”“政采贷”模式，缓解小微企业融资难题，为全省五大发展行动计划有力有序推进提供了财政支撑。服务创新发展。省级累计安排120亿元“三重一创”专项资金、45亿元创新型省份建设专项资金、26.5亿元企业技术改造和中小企业发展专项资金，推进“全创改”“合芜蚌”建设，支持合肥综合性国家科学中心和“双一流”大学建设，改革完善省级财政科研项目资金管理等政策，促进大众创业万众创新。服务协调发展。累计安排142.8亿元，推动南北共建产业园区建设，支持皖北地区、皖江示范区、大别山革命老区和皖南示范区及大黄山国家公园建设，实现财政区域支持政策全覆盖。服务绿色发展。省级累计安排200多亿元支持大气、水、土壤污染防治，促进秸秆综合利用，支持千万亩森林增长工程全面完成，在全国率先实施跨流域生态补偿试点，深入推进新安江流域和大别山生态补偿机制建设，组织合肥环巢湖地区等地的生态修复工程项目申报国家山水林田湖生态修复试点，全面推行河长制、湖长制，率先探索林长制，推动美丽乡村建设，支持打造生态文明建设安徽样板。服务开放发展。省级累计安排近250亿元支持公路、铁路、港口岸线建设，推进大通道大平台大通关建设，促进外贸发展，培育壮大外贸主体，强化对外经贸交流，加快打造内陆开放新高地。服务共享发展。民生支出累计2万亿元，占全省财政支出八成以上，精心实施43项民生工程，人均受益5000多元，社保、教育、医疗卫生等支出实现较快增长，基层基本公共服务均等化持续推进，财政扶贫工作获得财政部奖励资金1.6亿元，民生福祉持续增强。

三是财政改革取得新成绩。五年来累计组织召开41次改革领导小组会议，制定全面深化财政改革工作要点，逐项分解省委明确财政牵头的改革事项，建立工作台账，实行挂图作战。目前，省委明确财政厅承担的51项牵头改革事项已全面完成。加快推进财政自身改革。深化预算管理制度改革，2012年上半年开始，就一般不追加预算，当年预算追加减少60.5%，2013年明确全年一般不追加，当年预算追加进一步下降63%，改变“一年追加、追加一年”，基本实现了“预算一年，一年预算”。2012年年底规定，当年结余一律当年收回，并按照中央和省委、省政府要求，对历年结余进行全面清理，建立起结余结转资金定期清理机制。2013年首次对15个部门的16个重点支出项目共23.6亿元进行公开评审，并逐步完善评审机制、扩大评审范围，促进预算资金分配更加公平合理。省级在全国率先将四人预算报送同级人大审查批准，将政府收入和支出全部纳入预算管理，国有资本经营预算收益收取比例提高到18%，预算信息公开、预算公开评审省市县三级全面覆盖，连续6年提前启动预算编制，连续2年将预算编制会议召开到乡镇财政一级，中期财政规划编制全面启动，预算项目储备、预算执行考核、动态监控等机制初步建立。建立完善涉企资金项目管理系统，对涉企资金进行信息化比对，减少重复多头申报。财政供养人员系数连续多年为全国最低省份之一，“三公”经费年均递减18.6%。财政结余资金年底全部收回，预算追加严格控制，预算管理水平进一步提升。建立地方政府债务规模控制机制，探索建立以地方政府债券为主体的举债融资机制，规范政府举债行为。推进税收制度改革，全面推开营改增改革试点，成功实现税制转换，累计减税近800亿元，确保所有行业税负只减不增。全面推开资源税改革，促进资源节约高效利用。2018年1月1日起全面开征环境保护税，推进生态环境保护。推进财政体制改革，省对下专项转移支付由512项压减到91项，建立省级部门专项资金管理清单并对外公开，建立农业转移人口市民化奖励机制，出台推进省以下财政事权和支出责任划分改革的实施意见，健全县级基本财力保障机制，市县财政统筹能力进一步提升。积极支持其他领域改革。支持教育改革，出台进一步完善城乡义务教育经费保障机制的实施意见，推动建立城乡统一的义务教育经费保障机制。全省106个县区全部通过县域义务教育均衡发展国家评估认定,提前3年实现省政府向教育部的承诺,位居中部第一。支持农业改革,全面推开农业三项补贴合并改革,率先在全国推进农业信贷担保体系建设,推动建立村级公共基础设施管护机制,支持农垦、国有林场改革。支持推进司法体制改革试点,科技成果使用权、处置权和收益权管理改革试点,以及医药卫生体制综合改革、商事改革,保障机关事业单位工资及养老保险、公务用车等改革的顺利推进,充分发挥财政改革的基础性和保障性作用。

*四是财政法治建设更健全。*认真学习贯彻《预算法》等法律法规,加强财政普法宣传,实行法律顾问坐班制,建立行政诉讼常态化制度,强化财政法治观念,推进依法理财。省财政厅先后获得全国“六五”普法先进单位、全国财政“六五”普法先进单位等荣誉称号。有序推进财政立法。《安徽省财政监督条例》《安徽省非税收入管理条例》两部地方性财政法规先后于2014年3月1日、2018年1月1日起施行。强化财政制度建设。省财政累计制定1300余件财政制度,废止570件财政制度,推进财政制度规范全覆盖。深化财政行政审批改革。财政行政审批事项由24项减至3项,均为法律规定事项。动态调整财政权责清单,确定权责事项11项。开展重大执法决定法制审核。完善社会公众参与决策机制、重大决策风险评估机制、法律顾问制度等,建立财政重大事项合法性审查机制,仅2017年,合法性审查财政重大事项203件(次)。强化财政内部控制。驻厅纪检组全程参与财政厅“三重一大”事项,省财政构建1个基本制度、8个专项风险内控办法和36个内控操作规程的内控制度体系。主动接受人大审计监督。坚决落实人大审查决议,省财政认真办理人大代表建议和政协委员提案2577件,建立常态化联系服务人大代表、政协委员工作机制,主动接受人大代表和政协委员监督。落实审计监督全覆盖要求,建立审计重要问题及整改情况统计报送制度,强化审计整改和结果应用。加强财经纪律的监督检查。先后开展预决算公开、财政扶贫资金、小金库专项治理等20余次财政专项监督检查,促进财政运行安全高效。

*五是系统体系建设更加紧密。*各级预算部门和财政部门牢固树立“一盘棋”思想,在党委、政府的领导下,按照“三严三实”要求,坚持同心同行同向,加强预算部门会商、财政系统帮联,实现财政财务、财政系统一体化,形成财政系统的最大合力。健全了财政财务一体化。坚持主动赴预算部门会商工作,省级累计会商1万余次,市县累计会商50万余次,实现财政财务互为补充、相互支持。夯实了财政系统一体化。建立健全财政帮联、重点工作调研等机制,实现预算编制、预算改革等重点工作同部署、同推进、同落实,上下联动、同频共振,打通财政制度落地的“最后一公里”。强化了财政作风一体化。全面落实从严治党责任,认真践行监督执纪问责“四种形态”,扎实开展财政机关和基层党组织结对共建、财政系统帮联、扶贫双包定点帮扶,对市县财政部门和机关处室单位政风行风进行巡察,保持财政为民务实清廉形象。

五年来,全省财政实力不断迈上新台阶,财政管理逐步规范,财政改革持续推进,财政绩效稳步提升,财政服务和保障作用有效发挥,促进了全省经济社会持续健康较快发展。成绩的取得,得益于习近平新时代中国特色社会主义思想的引领,得益于深入学习贯彻习近平总书记系列重要讲话特别是视察安徽重要讲话精神,得益于省委、省政府的坚强领导,得益于各级各部门的大力支持和共同努力,得益于全省财政系统的戮力同心、攻坚克难。在看到成绩的同时,我们也要清醒地看到,当前财政工作还面临一些问题,财政发展还不平衡,财力保障还不充分,预算约束还不严格,财政绩效制度还不健全,财经纪律还不严肃,财政风险还有隐患,财政改革还不到位,财政专项资金还有碎片、分散的情况,财政纪律执行和检查还存在“灯下黑”,等等。对此,我们要高度重视,认真对待,采取务实举措,努力加以解决,不断提升财政服务和保障水平。

三、以高质量的财政改革发展提升五大发展美好安徽现代化建设水平

2018年,是贯彻党的十九大精神的开局之年,做好财政工作尤为重要。党的十九大对财政改革发展提出了新的要求,对现代财政制度建设提出了更高的目标。抓好2018年及今后财政工作,必须深入学习贯彻党的十九大精神,坚持以习近平新时代中国特色社会主义思想为指导,认真贯彻习近平新时代中国特色社会主义经济思想,认真落实省委经济工作会议和全国财政工作会议部署,牢牢把握稳中求进工作总基调,按照省委、省政府决策部署以及李锦斌书记、李国英省长、邓向阳常务副省长对财政工作

的批示要求，以五大发展行动计划为总抓手，继续实施积极的财政政策，深化财税体制改革，加快现代财政制度建设，实现财政更有质量、更可持续发展，为决战决胜全面建成小康社会、建设现代化五大发展美好安徽提供坚实的财力支撑。

2018年财政工作主要把握以下原则：

一是坚持稳健运行抓好预期。收支安排要实事求是、积极稳妥，与经济社会发展水平相适应，充分考虑落实减税降费政策等因素影响。加强跨年度预算平衡，强化财政收支预期管理，确保财政持续平稳运行，着力推动解决发展不平衡不充分问题。

二是坚持优化结构保障重点。进一步调整优化支出结构，突出抓重点、补短板、强弱项，突出财政公共性和普惠性，集中财力支持打好三大攻坚战，支持实施七大战略，着力支持“五个强省”，保障民生工程、脱贫攻坚、基本公共服务等基本民生以及省委、省政府重大政策落地，促进经济社会持续健康发展。

三是坚持创新方式提升绩效。按照党的十九大报告“全面实施绩效管理”的要求，把绩效理念深度融入预算管理全过程，创新财政支持经济社会发展方式，积极推进“资金改基金、拨款改股权、无偿改有偿”，加强财政资金与金融工具、产业基金和社会资本的合作，提升财政撬动引导效果，最大限度发挥资金使用效益，全面提高财政资源配置效率。

四是坚持化解风险强化管控。积极稳妥处置地方政府债务风险，按照“四清四实”专项整治工作要求，积极清理市县政府隐性债务，稳妥处置隐性债务存量，坚决遏制隐性债务增量，坚持“开前门、堵后门”，切实规范政府举债行为，常态化加强全口径政府举债管理。

2018年重点抓好以下工作：

一要着力做好2018年预算安排和保障。根据省委经济工作会议精神，2018年，财政收入增速高于经济增长，这是省委站在全省发展的全局高度，对各级党委政府、各级财政部门提出的明确要求，我们务必抓好落实，科学确定收入目标，做到上下同频、同步推进，全力保障中央和省委、省政府重大决策部署落地生效。要聚焦支持民生工程、脱贫攻坚、基本公共服务等基本民生，全力保障重点支出。民生工程是安徽的品牌。今年，省里继续实施33项民生工程，投入规模将超过1000亿元，民生项目有所调整，各地要做好政策衔接，既要确保民生支出占比提升，增幅高于财政支出增长，又要立足实际，统筹民生政策、民生项目、民生资金，不能寅吃卯粮。城乡居民基础养老金提标政策、机关企事业单位人员增资政策等，都是硬性支出，各地要全力落实好民政、养老、医疗、教育等领域保障政策。考虑到现有省以下财政体制，收入划分充分让利于市县，市县还是有安排空间的。要继续加大财政扶贫资金投入，落实好扶贫资金与地方财政收入增量挂钩等要求，支持打好脱贫攻坚战。要做好统筹整合文章，不能表面光，要有钉钉子的认真精神，该整合的要依规全部整合。近期，省委、省政府印发了《关于加强基层基本公共服务功能建设的意见》，省财政将按照“省担大头”原则，向32个贫困县区聚焦。同时，还将重点支持行蓄洪区庄台微动力污水处理设施、保庄圩动力污水处理设施建设。市县在资金上负担很少，但一定要承担好建设、管理的主体责任，把钱安排好、使用好，发挥财政资金应有效益。要聚焦支持实体经济，落实更加积极有效的财政政策。省财政整合设立现代化经济体系建设专项资金，支持制造强省建设，落实“三去一降一补”任务，深化供给侧结构性改革。要按照社会主义市场经济的方向推进，全面落实减税降费政策，激发市场主体活力，促进实体经济蓬勃发展。要聚焦创新驱动，夯实财源建设。省财政安排合肥综合性国家科学中心建设资金、创新型省份建设等科技专项资金，支持“四个一”创新主平台建设。同时，继续安排“三重一创”专项引导资金、产业发展基金贴息、省级融资担保风险补偿基金，支持促进经济转型升级。各地要多措并举，综合施策，发挥财政资金撬动作用，厚植培育财源税源。财政部门领导和干部要到创新驱动的前沿和实体经济一线，深入了解情况，共同研究创新资金使用方式，树牢“资金改基金、拨款改股权、无偿改有偿”理念，推动园区转型升级，各市县财政部门对本地园区都要建立考核评价机制，确保投资有效益、产品有市场、企业有利润、员工有收入、政府有税收，实现经济转型升级和培育壮大财源的良性互动。要强化园区、国企、金融及行政事业性单位资产管理，财政部将全面部署相关工作，各地要不等不靠，结合化解地方隐性债务，依规加强管理，积极盘活资金资产资源，避免闲置浪费。要聚焦绿色生态，支持环境保护。省财政继续安排环境保护及生态治理奖补资金，支持实施环境保护“五个一”行动，加快水污染防治，强化土壤污染管控和修复，推动生态环境质量总体改善。统筹支持山水林田湖草生态保护修复,推进"三河一湖一园一区"生态文明示范创建,巩固完善新安江流域和大别山水环境生态补偿试点成果,推进省域范围水环境生态补偿。省财政安排专项资金,支持河长制及农田水利"最后一公里",深入推进美丽乡村建设及农村厕所垃圾污水"三大革命",持续改善沿淮行蓄洪区人居条件。另外,环境保护税已经开征,费改税后,环保税要全额用于环保,省里分成一点,是考虑到各地平衡,加大对生态功能区、资源枯竭、环境承载力差等地方倾斜。各地要加大投入力度,采取有力措施,积极支持绿色生态和环境保护。要聚焦乡村振兴战略,支持三农工作。习近平总书记在中央农村工作会议上提出了中国特色社会主义乡村振兴的"七条道路",即:城乡融合发展之路、共同富裕之路、质量兴农之路、乡村绿色发展之路、乡村文化兴盛之路、乡村善治之路、中国特色减贫之路,我们要认真贯彻。近年来,全省对三农投入持续加力,现有政策也不少,通过多渠道统筹推进。比如,按照国务院要求,今年将扎实推进农业担保信贷省市县全覆盖,这是服务三农的重要平台,市县要给予人才、场地等支持,支持撬动三农发展的社会资源和金融资本。同时,我们设立了农业产业化基金,各地要做好对接。另外,在支持三农生产流通、农村环境资源保护、农村公共服务、林业、水利、粮食等方面都有相关政策,各级财政部门特别是主要负责人要充分认识三农工作重要性,认真学习政策,加强财政投入,强化资金管理,确保乡村振兴战略涉及财政的要求在财政部门落地生根。2 月份,省委将召开全省农村工作会议,财政预算要超前谋划,做好安排。

二要着力强化政府债务风险的防控和管理。近年来,我省地方政府债务管理改革取得了积极进展,制度体系、管理机制进一步完善,债务水平总体来说比较平稳。在看到成绩的同时,也要看到政府债务风险防控工作面临更加严峻的形势,中央经济工作会议把防范化解重大风险特别是做好隐性债务风险防范和处置摆在更加重要位置来部署推进,省委经济工作会议作了具体部署,全国财政工作会议提出了严格要求。全省各级财政部门要切实增强责任感和使命感,按照中央及省委、省政府部署和财政部安排,落实"四清四实"要求,高度重视并扎实推进防范和化解隐性债务各项工作。要做好清理梳理工作。全面、准确开展隐性债务清理、梳理工作,严格按照统一口径和规定范围,摸清底数,科学研究,系统分析,为隐性债务化解打下坚实基础。要做好控制限制管理工作。健全以政府债券为主体的政府举债融资机制,规范政府举债行为,全部完成政府存量债务置换,严格控制新增隐性债务存量,进一步推进政府专项债券改革,发挥规范举债对经济社会发展的支持作用。要做好分步分类分级化解工作。制定加强隐性债务风险防控的工作方案,明确我省推进工作的时间表、路线图,进一步细化分解工作任务,制定年度工作计划和阶段性工作规划,确保省委省政府确定的各项任务要求全面落实到位。要做好责任界定工作。加强隐性债务管理坚持省负总责、省以下分级负责、省对下实行不救助的原则,做到厘清边界、妥善化解。进一步压实市县政府和相关部门的工作责任,建立党委和政府领导、财政部门牵头、其他部门配合的工作格局。各级财政部门要发挥好牵头协调作用,推动发展改革、金融、审计等部门各负其责。财政部门主要领导要亲自抓,加强力量,充实人员,调配得力干部,完善领导小组等工作机制。要严格考核问责,将债务率等债务风险指标以及遏制隐性债务增量、化解隐性债务存量情况纳入省对市县政府目标管理考核体系。建立地方政府举债终身问责和债务问题倒查机制,做到终身问责、倒查责任。在严堵违法违规举债"后门"的同时,2018 年中央将适当开大"前门",增加安排专项债券规模,保障合理的融资需求,各地要提前谋划专项债券对应的项目安排,待中央新增债务限额确定后,努力做到早分配、早发行、早使用、早见效。

三要着力推进财政改革的深化和落地。坚持把改革作为财政工作的先手棋,完善改革推进机制,强化改革工作责任,推动改革任务落实,始终保持工作力度和连续性,落实好深化财政改革各项工作。常态化改革要巩固深化。政府四本预算还需进一步完善,预算公开评审论证还需进一步拓展,专项转移支付还需持续压减,预算支出标准需要进一步健全,中期财政规划管理还需持续推进,预决算信息公开还要厘清薄弱短板、压紧压实责任、强化改进提升。突破性改革要进一步推进。从财税体制改革看,省以下财政事权和支出责任划分还需进一步完善,地方税体系建设尚未取得实质性进展,行政事业单位国有资产等重点领域改革需要进一步推进,要集中力量突破改革瓶颈。支撑性改革要积极推动。在推进财政自身改革的同时,要坚持做改革的“促进派”，统筹推进医药卫生体制改革、农村综合改革、司法体制改革等社会管理体制改革，实现财政改革与其他改革的有机衔接、相互促进。同时，要深化改革责任制度落实。建立健全每项改革的推进制度，压紧压实每项改革的落实责任，确保财政改革任务精准有效实施、及时准确落地，切实发挥财政改革应有的效应。

*四要着力保持财政的稳健运行和绩效提升。*当前，财政运行需要分类分级分层统筹协调联动，财政收入可持续性需要进一步增强，财政管理需要进一步强化，财政质量和效益需要进一步提升。要巩固预期管理。各地要结合经济发展情况，实事求是，科学确定收入目标，进一步完善收支分析研判调度机制，加强与征管部门的协调配合，依法依规组织收入，切实加强非税收入管理，在确保完成收入目标的基础上，保证收入质量。进一步优化财政支出结构，实现财政收支平稳可持续。要加强国库调度。着力加强库款管理，确保库款规模处于合理水平。强化财政预算执行管理，加快财政重点支出进度。积极盘活财政资金存量，规范财政资金存放行为，提高资金管理绩效。进一步规范财政专户和预算单位银行账户管理，保障财政资金安全。要强化政府采购提质提效。政府采购是预算运行中的重要环节。目前，政府采购预算执行难问题没有得到根本性的改变，政府采购涉法涉诉急剧增长。要强化预算单位采购主体责任，进一步落实采购人主体责任、发挥主体作用，特别是发挥科研单位采购主体作用。要进一步推进政府采购“放管服”，简化优化审批审核流程，加快实施“互联网＋政府采购”行动。要进一步硬化预算约束，将政府采购执行情况纳入绩效评价，体现权责对等、放权和问责相结合。要实现预算绩效管理全覆盖。将绩效理念和方法深度融入预算编制、执行和监督的全过程，做到预算项目、预算管理环节全覆盖。要强化绩效评价与审计工作的衔接，推动绩效评价提质扩围。建立绩效评价结果与预算安排、政策调整挂钩机制，强化绩效责任硬约束，消减低效无效资金。

*五要着力加强财政资金使用的监督和检查。*通过监督和检查，推动财政资金依规安排、依规分配、依规使用。要明确监督检查重点。对扶贫、企业奖补、教育、就业、社保、以及财政安排的工程类建设等领域资金，要重点关注、重点监督、重点检查，坚决查处各种扰乱财经秩序的行为。要压实资金监管责任。财政资金一头联系着财政部门、一头联系着项目单位和预算单位，要压实省级预算部门在项目论证、预算执行、资金使用、采购计划等方面的管理责任，建立健全覆盖省直单位自身管理、行业系统管理、下属单位财务管理责任链条，确保资金管理责任延伸并覆盖到基层、到项目。各级财政部门特别是基层财政部门，要强化资金监管意识，一方面，强化问题导向，突出财政资金监管流程和重点领域、关键环节，进一步加强财政资金制度建设，扎紧关严管理制度“笼子”；另一方面，利用信息化技术，利用财政涉企信息系统既有成效，对资金走向实时监控、预警，保障财政资金安全。要拓展资金监管方式。财政部门要进一步强化内部监督意识，主动接受专员办监督，全力配合专员办做好各项工作。同时，积极配合巡视、审计等方面的工作，共同加大监督力度，不断提升监管实效。

*六要着力严格财政工作的责任和落实。*一分部署，九分落实。在责任和落实中要注重发挥考核“指挥棒”作用，健全财政工作考核评价机制，压实落实财政工作责任。要突出重点。按照省委、省政府重点工作考核的部署要求，坚持简单明了、清晰明确的考核评价原则，重点对预算编制、财政运行、财政改革、财政政策落实等财政重点工作完成情况进行考核评价。要完善机制。严格落实省委、省政府关于精减工作考核的要求，结合省政府对各市政府目标管理绩效考核、脱贫攻坚专项考核等，对涉及财政领域的考核指标进行修改完善。同时，通过落实财政工作约谈制度、继续实行奖惩通报等方式，强化财政内部工作约束。三要强化结果运用。将相关财政重点事项的考核评价结果与省对市县转移支付安排、财政评先评优等工作挂钩，以倒逼责任落实、倒逼管理规范，从而进一步营造团结、紧张、严肃、活泼的工作氛围，推动财政工作有质量、可持续。

四、以永不懈怠的韧劲推动财政全面从严治党向纵深发展

加强党的建设是做好财政工作的政治保证。党的十八大以来，全省各级财政部门将党的建设摆在更加突出的位置，持续推进政治建设、思想建设、组织建设、作风建设、纪律建设等取得了显著成绩，有力地保证了全省财政干部队伍思想的纯洁、素质的提高、能力的增强、作风的端正，保障了艰巨繁重的财政工作任务的圆满完成。但也要清醒地认识到,全面从严治党仍然面临着新形势新要求,党的十九大明确提出了党的建设八项任务。推进财政全面从严治党,永远在路上。我们要坚决贯彻新时代党的建设总要求,认真落实中央的部署以及省委、省政府党组、省纪委和财政部党组的要求,以永不停歇的决心、永不懈怠的韧劲,纵深推进财政全面从严治党,进一步营造山清水秀的财政政治生态和风清气正的财政理财环境。

一要牢固树立理想信念。理想信念是管根本、管基础的,是管财政干部、管财政事业的。没有坚定的理想信念,就不可能坚持原则、敢于担当、无私奉献。财政党员干部在肩负财政使命、履行财政职责、为民理财服务过程中,要把坚定理想信念放在心中最高位置,坚定马克思主义的信念信仰,坚定共产主义的远大理想和中国特色社会主义的共同理想,始终为实现"两个一百年"奋斗目标、实现中华民族伟大复兴中国梦贡献力量。要坚持把政治建设摆在首位,深入推进"两学一做"学习教育常态化制度化,认真谋划开展"不忘初心、牢记使命"主题教育,把思想政治教育融入日常抓在经常,引导党员干部牢记党的宗旨,拧紧世界观、人生观、价值观的"总开关",进一步树牢"四个意识"、坚定"四个自信"、做到"五个纯粹",始终打牢思想根基、提高政治站位、明晰工作方向。

二要始终严守纪律规矩。无规矩不成方圆。财政部门只有带头落实预算法等财经法律法规和规章制度,才能带动预算单位和社会各界执行财经纪律、维护财经秩序。广大财政干部要学习遵守党章,学习贯彻"两准则四条例",严格遵守政治纪律、组织纪律、廉洁纪律、群众纪律、工作纪律、生活纪律和财经纪律,自觉用党规党纪规范行为,时刻在党纪党规下想问题、做决策、办事情,以自己的一言一行示范引领预算单位和社会各界增强纪律意识。财政党员领导干部特别是主要负责同志,要切实树牢"严是爱、宽是害"的理念,坚持把纪律和规矩挺在前面,教育督促党员干部讲规矩、守纪律,对苗头性、倾向性、潜在性问题早提醒、早纠正、早处置,对藐视纪律甚至公然违纪的要坚决严惩,真正让党纪党规成为财政党员干部心中带电的"高压线",做到真管真严、敢管敢严、长管长严。

三要强化队伍能力建设。实践证明,财政干部队伍是能战斗的、能打硬仗的。但对照习近平总书记在十九大报告中提出的增强"八种本领"的要求,仍有较大差距。全省财政干部都要自觉共同推动队伍能力建设。要认真贯彻《关于新形势下党内政治生活的若干准则》,加强党组自身建设,全面落实民主集中制各项制度。同时,深入推进基层党组织标准化建设,用好批评与自我批评的武器,切实增强党内政治生活的政治性、时代性、原则性、战斗性,推动财政党内政治生活、政治文化和政治生态建设。要坚持正确的选人用人导向,坚持五湖四海、公道正派,坚持因岗择人、因事用人,在思想上坚决抵制、反对"老乡圈""战友圈""同学圈""同事圈""社会圈""朋友圈"等"圈子文化",让有为的人有位、让有为的人受到褒奖,营造风清气正、正气充盈、"不要找"的政治生态。要加强教育培训,注意培养专业能力、专业精神,着力增强财政干部本领。这里要强调的是,县乡财政干部尤其是乡镇财政干部,工作任务重、责任大、困难多、十分辛苦。市县财政部门要继续支持和加强乡镇财政所建设,关心乡镇财政干部的成长,为财政事业筑牢根基。

四要坚持务实作风品格。财政工作容不得水分和虚假。财政部门和财政干部必须始终保持务实扎实落实的作风。要深入学习贯彻习近平总书记关于进一步纠正"四风"、加强作风建设的重要批示精神,认真践行"三严三实"要求,严格落实中央八项规定精神、省委《实施细则》以及财政厅党组《实施办法》,以组织开展"查问题、出硬招、改彻底"作风建设大排查为契机,健全财政作风建设常态化长效化机制。要巩固扩大部门会商、结对共建、系统帮联、定点帮扶、系统政风行风巡查等成果,抓机关、带系统、促基层。新一届人大代表即将选举产生,要主动上门走访,宣传财政政策,做好对接服务。要大兴调查研究之风,深入基层、走访慰问、了解民情,精准救助、精准帮扶,扎实做好关心困难群众生活工作。要严格执行预算工作、民生工程工作等推进落实情况约谈制度,严格落实各项工作、各项管理、各项任务的责任,加大专项督查、重点督查、整体督查和专项问责、重点问责、整体问责力度,确保各项财政工作有部署、有责任、有督促、有检查、有落实。

五要坚守廉洁自律底线。全省各级财政部门党组织要切实肩负起全面从严治党和党风廉政建设的主体责任,更加重视和全力支持纪检机构履行职责,坚持对腐败零容忍的政治态度,旗帜鲜明支持财政纪检机构监督执纪问责,积极践行并运用好监督执纪“四种形态”,对财经领域特别是财政部门自身的腐败案件,要严格执纪审查,深化巡察监督,找准症结、举一反三、完善制度、堵塞漏洞。主要负责同志要履行好第一责任,带头发挥领导干部“关键少数”作用,管好自己、领好班子、带好队伍,推动领导班子成员履行好分管领域的领导责任,共同落实好“一岗双责”。要落实党员干部直接责任,通过与党员干部层层签订党风廉政建设责任书等方式,层层压实责任、层层传导压力,以责任落实推动工作落实,确保财政事业持续健康发展、财政干部持续健康成长。

同志们,新时代呼唤着新气象新作为。让我们以习近平新时代中国特色社会主义思想为指导,认真贯彻习近平新时代中国特色社会主义经济思想,在省委、省政府的坚强领导和省人大的依法监督下,在财政部的关心指导下,锐意进取,开拓创新,埋头苦干,扎扎实实做好各项工作,为推动新时代财政事业持续健康发展、建设现代化五大发展美好安徽作出新的贡献!

在市财政局长座谈会上的讲话

省财政厅党组书记、厅长　罗建国

(2018 年 1 月 3 日,根据录音整理)

今天上午,我们一起座谈交流,主要任务是学习贯彻省委经济工作会议及全国财政工作会议精神,总结2017年及党的十八大以来全省财政工作,研判当前财政形势,分析存在的困难与问题,研究谋划2018年财政重点工作。刚才,16个市和两个直管县的财政局长介绍了财政工作情况,并提出了工作建议,我们将认真研究吸纳。每位厅领导结合分管工作提出了要求,我都赞同,大家要认真学习领会,结合本地实际,抓好贯彻落实。总体感觉,今天的会议,既是工作交流会,也是政策业务培训会,达到了预期效果。新的一年已经开始,回首这几年的工作,我感受最深的是,全省财政干部队伍是优秀的、是能战斗的,市县财政部门对财政厅党组是充分支持、充分理解、充分服从、充分信任的,上下一心、共同努力、合力奋进,财政工作取得了一个又一个成绩,省委省政府是满意的。锦斌书记、国英省长、向阳常务副省长分别对财政工作作出重要批示,对我们的工作给予充分肯定,对下一步工作提出了明确的要求,给我们财政部门撑腰打气。下午,还将在全省财政工作视频会议上传达省领导的重要批示精神。我们一定要认真组织学习、深刻领会、全面落实。参加今天会议的是厅班子成员、16个市和两个直管县的财政局长,以及厅机关各处室(局)、厅属各单位主要负责同志,大家都是财政工作的带头人、都是“关键少数”。领导干部发挥好带头作用,是财政部门取得优异成绩的重要因素,也是财政工作经验的重要启示。学习贯彻好习近平新时代中国特色社会主义经济思想,贯彻落实好党中央国务院和财政部对经济财政工作的部署要求,圆满完成好省委省政府以及市县党委政府交给财政部门的工作任务,履行好财政支持全省经济社会发展的使命职责,继续打造好忠诚干净担当的财政干部队伍,仍然需要在座的发挥好带头作用。这里,我就“带头”两个字,谈几点认识和体会。

一、带头抓学习认识

学习认识是工作的先导。党的十九大作出中国特色社会主义进入了新时代的重大政治判断,确立了习近平新时代中国特色社会主义思想的重大历史地位,并就推进党和国家各方面工作提出了一系列新要求新目标新任务。中央经济工作会议系统阐述了以“七个坚持”为核心的习近平新时代中国特色社会主义经济思想,省委十届六次全会、省委经济工作会议对全省经济工作部署了具体任务,全国财政工作会议对今年财政工作作出了具体安排,市委市政府也都提出了相应的发展战略,这些理论原则、部署安排是我们做好财政工作的基本遵循和重要指南。在座的各位要把学习作为头等大事,带头学习党的十九大精神和习近平新时代中国特色社会主义思想,带头学习中央经济工作会议、省委经济工作会议、省委十届六次全会和全国财政工作会议精神,结合本地实际、结合财政实际、联系岗位实际,常态长效学、反复深入学、融会贯通学,通过学习进一步统一思想、凝聚共识,叠加力量、聚焦工作,达到内化于心、外践于行、知行合一、学以致用的效果。

二、带头抓谋划安排

一切工作都离不开谋划安排。一天工作有一天的谋划安排,一个月工作有一个月的谋划安排,一年工作有一年的谋划安排,一个部门工作有一个部门的谋划安排,一个处(科)室工作有一个处(科)室的谋划安排,一个领域工作有一个领域的谋划安排。

磨刀不误砍柴工。今天我们在这里交流,就是总结经验、谋划思路、布置工作,切实将中央和省委省政府、财政部部署的各项工作任务在财政部门落到实处。在谋划安排时,在座的都要想在前面、走在前列,既要把上级的政策要求、政策范畴、工作部署等吃透,也要把本地本部门的情况摸透,上下结合、通盘考虑、系统谋划、做好安排。刚才,在工作交流时,我提到了园区发展,各市财政部门回去以后,要针对本地园区,谋划建立考核评价机制,确保投资有效益、产品有市场、企业有利润、员工有收入、政府有税收。在谋划安排的过程中,要坚持问题导向,既把工作梳理好总结好,还要奔着问题去、冲着问题找。要通过组织开展"回头看"、内部巡查等方式,经常查找是否存在党的领导弱化、党的建设缺失、全面从严治党不力以及纪律规矩不严、作风不实等问题,并针对问题做好谋划安排,从而以问题的及时发现解决促进工作部署更加精准、工作落实更加顺畅。

三、带头抓推进调度

财政部门的工作相当于大海,预算单位的工作相当于江河细流,资金、政策、项目、管理等问题相当于流水,不断地往财政部门汇集。作为财政部门的主要负责同志,要带头做好河道的管理员,既要及时清淤、净化,还要经常梳理、疏通,这些工作都需要推进调度。财政工作推进既有内部的、也有外部的,既有当前的、也有长远的,既有具体的、也有综合的,涉及财政党建和财政业务的方方面面。在工作推进时,大家要坚持亲力亲为、置身其中,发挥示范引领作用,善于抓重点、突出抓难点,敢于并善于定调子、做决断,当好财政工作的"带头人",引领基层财政部门和预算单位财务机构共同推进财政财务工作。要把推进调度作为一种工作习惯,在工作落实过程中,要定期不定期地听取汇报,全面掌握情况,动态跟踪效果,督促检查传导工作责任,及时发现存在的问题,纠正偏差、完善政策、巩固成果,做到亲自部署推进、亲自统筹协调、全程参与到位。

四、带头抓正风严管

正人必先正己。要以自己的一身正气带动广大财政干部的风清气正,这是党员领导干部的党性所在、责任所在。正风要体现在坚持正确的选人用人导向上。要带头在思想上坚决抵制、反对"老乡圈""战友圈""同学圈""同事圈""社会圈""朋友圈"等"圈子文化",坚持五湖四海、公道正派,坚持因岗择人、因事用人。职务提升总是有限和相对的,职务提升是为了工作,而工作则不是为了职务提升,提拔重用了,得之可贺,但暂时未得到,也无妨。大家要带头摆脱"升迁焦虑",并积极引导财政干部在职务职位上克服攀比和摆脱焦虑,切实通过持之以恒、踏实苦干的优良业绩和作风,实现岗位和人生的芳华,从而共同营造风清气正、正气充盈、"不要找"的政治生态。正风还表现在敢于批评与自我批评上。批评与自我批评是党员领导干部的基本职责和综合素养以及政治品格要求。大家既要带头正确对待批评,主动接受批评,做到有则改之无则加勉;又要带头开展批评,对财政干部错误言行要严厉批评、及时纠正,通过用好批评与自我批评的武器,不断提升政治觉悟和思想境界,从而达到抵制各种不正之风的效果。同时,要带头严管。既要带头加强财政政策制定和执行、财政资金分配和使用、财政项目申报和推进等财政业务管理,示范带动预算单位和社会各界进一步用好财政资金;也要带头严格党组建设、党支部建设、党小组建设和党员干部建设,"严管就是厚爱",教育督促党员干部讲规矩、守纪律,做到真管真严、敢管敢严、长管长严。

五、带头抓落实责任

一打纲领不如一个行动。一切工作都要落实责任,不落实责任都是零。大家要落实好财政全面从严治党和党风廉政建设以及财政业务工作的第一责任人职责,带头落实领导干部的"一岗双责",以自己的一言一行示范引领、以上率下,形成主要领导带班子成员、领导干部带一般干部的正向激励工作格局。要传导责任压力,不仅自己要建立工作责任清单,班子成员、科股室负责同志、每位财政干部都要建立工作责任清单,明确每一项工作的第一责任、主体责任、分管责任、牵头责任、配合责任、直接责任,使各项工作都明确到岗、落实到人。在落实责任的过程中,要针对出现的问题,及时建立问题清单和措施清单,并进一步细化完善责任清单。会后,厅相关处室单位要认真对照梳理,建立任务和责任清单。同时,16个市和两个直管县财政局要认真学习领会本次会议精神,聚焦会议安排部署的任务,细化措施,明确责任,建立清单,切实通过责任的落实、我们共同的努力,推动财政工作有力有序有效开展。

全省财政工作篇

全省财政工作综述

2017 年全省财政工作综述

【概况】2017 年,在省委的坚强领导下,全省各级财政部门深入学习贯彻习近平新时代中国特色社会主义思想,深入贯彻落实习近平总书记视察安徽重要讲话精神,认真贯彻落实省委常委会工作要点,坚持稳中求进工作总基调,认真实施积极的财政政策,统筹支持稳增长、促改革、调结构、惠民生、防风险,全省财政运行总体平稳、稳中有进、好于预期。全省财政总收入 4858 亿元,同比增长 11.1%;其中,地方财政收入 2812 亿元,同口径增长 7.9%;全省财政支出 6204 亿元,增长 12.3%,财政各项工作有力有序有效推进,为全省经济社会稳定健康发展提供坚实财政保障。

【深入学习贯彻习近平总书记系列重要讲话精神】认真落实省委《深入学习贯彻习近平总书记系列重要讲话精神若干规定》,把深入学习贯彻习近平总书记系列重要讲话精神作为重大政治任务、摆在重要位置,切实通过学习系列重要讲话,领会习近平新时代中国特色社会主义思想。

精心安排部署。制定厅党组深化学习贯彻习近平总书记系列重要讲话精神的实施意见、学习宣传贯彻十九大精神的实施意见,把学习贯彻习近平总书记系列重要讲话精神作为推进“两学一做”学习教育常态化制度化、“讲重作”专题教育和专题警示教育的重要内容,纳入厅党组中心组理论学习计划和全厅学习研讨主题,制订学习计划,细化学习内容,明确学习分工,落实学习责任。

深入学习领会。把学习习近平总书记系列重要讲话精神与学习贯彻党的十八大及历次全会精神、党的十九大精神以及省第十次党代会、省委十届六次全会精神结合起来,发挥厅党组中心组理论学习示范带动作用,组织重温习近平总书记视察安徽重要讲话精神“三个一”活动,开展“认真学好用好《习近平谈治国理政》第二卷、大力弘扬‘红船精神’”“学习《习近平的七年知青岁月》暨‘作表率,我们怎么办’”等专题研讨,厅党组推荐阅读《十八大以来,习近平大力“劝学”“促学”》《习近平谈务实作风》等文章,召开政策业务学习专题会议、学习上级重大政策文件,引导财政干部树牢“四个意识”、找准大事要事、支持服务发展。厅党组中心组入选 2017—2018 年度全省党委(党组)理论学习中心组联系点,是省直机关唯一入选单位。

强化督导推进。将学习贯彻习近平总书记系列重要讲话精神纳入“党建工作三个清单”,坚持综合督查和专项督查相结合、明查和暗访相结合,充分运用省委深入学习贯彻习近平总书记系列重要讲话信息化平台,加大厅领导、驻厅纪检组、人教处、机关党委、机关纪委等走访巡查力度,定期梳理排查工作进展和存在问题,建立问题清单、整改清单和责任清单,推动学习贯彻各项工作扎实有序推进。

严格考核问责。将习近平总书记系列重要讲话精神学习贯彻情况纳入处室单位年度综合考核、干部年度考核和处室单位党支部书记抓基层党建和全面从严治党述责述廉评议重要内容,确保学习领会到位、贯彻落实到位。

【推动全面从严治党向纵深发展】将党的建设摆在更加突出的位置,持续推进政治建设、思想建设、组织建设、作风建设、纪律建设,将制度建设贯穿其中,深入推进反腐倡廉建设,做到一心一意谋发展、聚精会神抓党建、驰而不息转作风。

严格落实"两个责任"。认真执行《中国共产党党组工作条例(试行)》、省委实施细则和财政厅党组工作规则,严格落实厅党组推进全面从严治党的实施意见和"两个责任"任务清单,出台厅领导履行"一岗双责"抓党建工作制度,召开7次厅党建工作领导小组会议,制定党建工作要点及问题措施责任"三个清单",半年向全厅干部通报机关党建和人事教育工作情况,加强对党建工作的谋划、部署和推进。制定《厅党组关于加强和规范党内政治生活若干规定》《厅领导班子重要工作情况通报制度》,坚决贯彻执行民主集中制,严格执行"三会一课"、领导干部双重组织生活、谈心谈话等制度,召开"讲重作"专题教育民主生活会,厅领导以普通党员身份参加支部活动86次。印发《关于进一步加强和改进机关党支部建设工作的意见》《推进基层党组织标准化建设实施方案》,制定党支部书记和委员职责,建设厅直机关"六有"标准党员活动室、支部共建共享活动阵地和党建文化墙,全厅29个党支部年度考核验收达标,达标率71%。全力支持驻厅纪检组履行监督执纪问责职责,安排新录用人员继续充实驻厅纪检组,单列驻厅纪检组经费,让驻厅纪检组全程参加各类重要会议,厅党组书记2次走访驻厅纪检组,征求对厅党组自身建设和财政党风廉政建设意见建议,积极会同驻厅纪检组综合运用监督执纪"四种形态",约谈函询处级以下干部21人,出台厅党组巡察工作实施办法,对3个厅属单位开展政治巡察,梳理共性问题在全厅通报,引导财政党员干部按本色做人、按角色做事。

坚持正确选人用人导向。坚决贯彻落实"好干部"标准,严格执行干部选拔任用工作条例,认真落实"六选六不选"要求,坚持公道正派、五湖四海,坚持宽领域、一体化、分层次、分类别做好干部选拔任用和日常监督管理工作,推动全厅干部"一盘棋"交流配置,全年交流轮岗干部30人,其中处级干部22人、科级干部8人,完成重要岗位干部交流轮岗计划。实行处室单位主要负责人离任前审计,对新录用人员、职位晋升干部、交流轮岗干部、处室单位主要负责人等开展廉政和作风建设集体谈话10次、涉及98人。

持续改进财政作风。认真学习贯彻习近平总书记关于进一步纠正"四风"、加强作风建设的重要批示精神,严格落实中央八项规定精神以及省委实施细则,出台厅党组贯彻落实中央八项规定精神深入推进作风建设实施办法等,深入推进与预算部门会商工作,扎实推进定点帮扶颍东区和"双包"帮扶吴寨村工作,认真开展城乡基层党组织结对共建,健全省对市县财政帮联工作机制,对全厅处室单位及市县财政部门开展专项巡察,常态开展效能作风明察暗访。牢固树立过紧日子的思想,按照规定落实一般性支出压减幅度不低于5%的要求,带头厉行节约、反对浪费,全厅三公经费下降21.1%。

坚守廉洁理财底线。出台厅党组关于进一步加强党风廉政建设的若干规定、深入推进重点领域廉政建设的意见,制定财政党风廉政建设工作要点,制定全面从严治党和落实党风廉政建设"两个责任"任务清单,全厅党员干部共同签订党风廉政建设责任书,开展述责述廉评议考核,通过厅党组会、厅反腐倡廉建设领导小组会议、全厅干部职工大会、全省财政系统视频会议等方式,及时传达学习贯彻中央及省委省政府有关廉政建设的部署要求,组织全厅党员干部赴金寨县革命烈士陵园和寿县小甸镇开展红色教育、赴合肥市预防职务犯罪警示教育基地接受警示教育,编印《全省财政系统反腐倡廉经验做法和违纪违法典型案例》《家庭家教家风家道家规家训》,引导财政干部把廉洁从政作为职业操守和思想道德底线,树立为民务实清廉的财政干部形象。省财政厅连续第三次获评"全国文明单位"称号,2012年以来连续5年获评省直机关效能建设先进单位,厅领导班子2015、2016年度连续获评省委综合考核"好"等次。

【促进经济平稳健康发展】认真落实省委、省政府关于五大发展行动计划、促进经济平稳健康发展新30条意见等政策措施,大力支持供给侧结构性改革、推动经济提质增效升级。

积极扩大有效投入。争取中央基建资金185.2亿元,通过扩大注册资本金等方式,支持水利、公路、地方铁路、水运、民航及引江济淮、海绵城市、地下管廊等建设。发行地方政府债券1462.1亿元,着力缓解地方财政压力,保障在建和新建重点项目资金需求。大力推广PPP模式,纳入财政部PPP综合信息平台管理库项目248个,投资额2613.7亿元,落地率77.8%,撬动更多社会资本参与经济社会建设。

支持"去降补"。累计拨付31.7亿元,继续兑现奖补政策,支持化解煤炭、生铁粗钢过剩产能,支持妥善安置职工。下达中央财政棚改资金96亿元、省级资金6.6亿元、中央预算内投资补助40.5亿元,将货币化安置与安排财政补助资金和政策性贷款挂钩,对比例较高的市县给予倾斜。

全力支持创新驱动发展。通过设立引导基金和采用后奖补、贷款贴息、借转补、购买服务等方式,省财政安排资金近100亿元,支持"三重一创"、全面创新改革试验、合肥综合性国家科学中心、制造强省、科教大省、技工大省等,政策兑现实行资金总量统筹。出台《改革完善省级财政科研项目资金管理等政策实施意见》等,开展省级财政科研项目资金管理改革政策落实情况专项检查。

促进实体经济发展。进一步落实结构性减税和普遍性降费政策,全省减免税费987.1亿元,其中减税920.3亿元,增长38.9%,贯彻"放水养鱼",激发市场主体活力。省财政安排14亿元支持政策性融资担保体系建设,继续安排续贷过桥资金10亿元,缓解中小微企业融资难、融资贵。统筹工业转型升级和工业投资综合奖补等专项资金23.7亿元,推动安徽省制造业做大做强和提质增效。下达7.2亿元支持实施先进制造业发展"一号工程",争取国家电子商务进农村综合示范中央补助资金1.35亿元、整合设立专项资金4000万元,保障加快电商安徽建设,安排9000万元支持民航事业发展。

【支持统筹城乡区域协调发展】认真落实强农惠农富农政策,积极整合财政相关资金,创新财政支持方式,发挥财政引导撬动作用,支持协调发展、开放发展。

支持推进农业供给侧结构性改革。制定安徽省以绿色生态为导向的农业补贴制度改革实施方案,及时发放中央财政补贴资金72亿元。统筹27.8亿元,推动农业担保体系建设,大力推广农业"劝耕贷"担保模式,累计为7355户新型农业经营主体提供信贷担保35.2亿元。起草省现代农业产业化投资基金组建总体方案,省财政计划五年时间安排引导资金25亿元,基金总规模达到100亿元,通过股权投资方式,扶持农业产业化发展。探索"4P"及"资源变资产、资金变股金、农民变股东"改革,积极引导撬动社会投入,加快建立农田水利建设与管护长效机制。统筹安排21.7亿元实施一事一议财政奖补资金,投入资金7亿元深入推进国家扶持村级集体经济发展试点,投入资金6.7亿元完善农村公共服务运行维护机制。

支持生态文明建设。下达秸秆禁烧和综合利用奖补资金16.31亿元,拨付秸秆发电奖补资金1.02亿元,出台秸秆产业化支持政策,对秸秆产业化龙头企业、农作物秸秆资源利用现代环保产业示范园区建设等给予奖补。安排下达环保专项资金6.18亿元,支持大气、水和土壤污染防治。拨付补偿资金10.2亿元,深入推进新安江生态补偿机制试点,推动建立新安江绿色发展基金。下达补偿资金2.12亿元,继续实施大别山区水环境生态补偿,探索省内地表水跨界断面生态补偿。下达资金17.14亿元,落实生态功能区转移支付政策。省级安排美丽乡村专项资金13.4亿元,全省整合涉农资金62.8亿元,支持推进美丽乡村建设,一体化推进农村垃圾、污水、厕所专项整治"三大革命"。

支持区域一体发展。统筹10.5亿元,继续实施支持农业转移人口市民化若干财政政策。实现财政区域支持政策全覆盖,狠抓重大平台建设,省财政安排专项资金支持皖江示范区、皖北工业园区、南北合作共建产业园、大别山革命老区、皖南国际文化旅游示范区、苏滁产业园、郑蒲港、城镇"五统筹"、新型城镇化试点省、特色小镇等建设。安排专项资金支持大通道、大平台、大通关建设。对省级服务贸易特色出口基地、企业在省内口岸等货物仓储费用、企业对外投资等通过补贴、贴息、出口信贷等方式给予支持,促进企业走出去。

【切实保障改善基本民生】在财政收支矛盾突出的情况下,坚持节约和集约并重,努力让群众共享多享发展成果。

加大基本民生投入。以省政府名义出台《关于扎实推进民生工作的意见》,明确2017—2021年安徽省民生工作的总体要求、主要任务和保障措施。

全省民生支出 5274 亿元,占全省财政支出的 85%,增长 14%,保障教育、就业、社保、医疗、公共安全等重点民生支出需要。33 项民生工程投入 940.6 亿元,增长 13.9%。

全力支持脱贫攻坚。把支持精准扶贫精准脱贫作为最大的民生工程,严格落实专项扶贫资金与地方财政收入增量安排机制,建立扶贫资金支出按月通报机制、季度约谈机制和绩效挂钩机制,探索健康脱贫工程政策体系,财政专项扶贫资金投入 96.6 亿元、增长 71%,并从新增政府债中切块安排 31 亿元、从市县存量资金中盘活安排 16 亿元,整合涉农资金 163.2 亿元、增长 85.9%,用于脱贫攻坚。

促进公共服务均等化。统筹 97.68 亿元落实城乡义务教育经费保障机制,统筹 17.54 亿元落实职业院校生均拨款政策,统筹 6.8 亿元支持公办幼儿园和普惠性民办幼儿园发展。统筹安排资金 23.7 亿元,保障高校毕业生、农民工、贫困劳动者等重点群体稳定就业创业。足额拨付城乡居民医保补助资金 257 亿元,统筹安排 22 亿元,健全综合医改运行补偿机制。以省政府名义出台《关于加强公立医院债务化解及管理工作的意见》,安排 5 亿元新增债券额度、1 亿元专项奖补资金用于全省公立医院化债,并对贫困县给予倾斜。统筹拨付 82.4 亿元,强化特困供养制度保障,推进养老服务体系建设,加快发展居家和社区养老服务,以中央引导资金 6 亿元为基础设立基金,开展以市场化方式发展养老服务产业试点。统筹专项资金 1 亿元,用于安全生产预防及应急。安排公安科技强警项目 1.4 亿元,支持推进平安安徽建设。

【不断深化财税体制改革】召开 15 次厅改革领导小组会议,及时传达上级精神,落实"三察三单"制度,建立工作台账,实行挂图作战,扎实推进省委、省政府和财政部明确的财政改革任务。

深入推进预算管理改革。出台进一步规范省级预算管理工作意见,连续 6 年提前启动预算编制,省市县三级预算同步规范及时公开,建立全省收入预期管理机制、预算执行考核结果与预算安排挂钩机制,以及预算工作推进落实情况约谈制度,从严从紧控制预算追加,强化支出提速提效。建立省级预算项目储备管理机制,推进开发园区、县级基本财力保障机制绩效评价,开展盘活存量资金等专项检查,深化财政涉企项目资金管理信息系统建设应用,纳入系统管理项目数 16177 个、申报项目通过率 76% 左右。认真组织开展违规担保举债融资清理整顿工作,以省政府办公厅名义印发《政府性债务风险应急处置预案》,制定《安徽省政策性融资担保体系风险监测预警处置预案》,加强政府性债务管理和风险防范,截至 2017 年底,全省政府性债务余额 5823.4 亿元,债务限额 6622.1 亿元,债务余额低于债务限额,债务风险总体可控。

推进省以下财政体制改革。以省政府名义出台关于推进省以下财政事权和支出责任划分改革的实施意见。连续 6 年清理整合规范专项转移支付,省对下专项转移支付由 2012 年的 512 项压减到 2018 年的 91 项,并下放项目和资金审批权,建立健全省级部门专项资金管理清单并对外公开,实现清单之外无专项。

推进税制改革。省人大常委会审议通过《安徽省非税收入管理条例》,落实和完善全面推开营改增试点政策,科学设立环境保护税应税适用税额标准。在全国率先建立省级涉企收费清单制度,常态化公开涉企收费、行政事业性收费、政府性基金目录等三个清单,在 2016 年度地方财政管理工作考核中,安徽省综合优秀位居全国第 4,获得国务院通报表扬激励。

(办公室)

财政专项工作概述

深入学习宣传贯彻党的十九大精神

【概况】党的十九大召开后，全厅各级党组织和广大党员干部以高度的政治责任感和历史使命感，积极践行“学懂、弄通、做实”要求，全面贯彻落实中央决策部署、省委部署要求和省直机关工委工作安排，整体把握、全面系统，突出重点、抓住关键，深入开展大学习、大宣讲、大培训、大调研、大落实，展现新气象实现新作为，确保学习宣传贯彻十九大精神工作有序推进、扎实有效。

【谋划组织】财政厅党组把学习宣传贯彻习近平新时代中国特色社会主义思想和党的十九大精神作为一项重要政治任务，摆上重要议事日程，先后召开财政厅党组扩大会议、厅长办公会议、厅党建工作领导小组会议、财政厅党组理论学习中心组学习会议等10余次，学习贯彻中央、省委相关会议文件和各级领导的重要讲话精神，研究部署学习贯彻工作。省委《关于全面落实中央〈决定〉精神扎实推进党的十九大精神学习宣传贯彻工作的意见》和省直机关工委《关于深入学习宣传贯彻党的十九大精神的实施意见》一出台，厅主要负责同志亲自部署、亲自谋划，第一时间研究出台财政厅党组《关于认真学习宣传贯彻党的十九大精神的实施意见》，并按照“大学习、大宣讲、大培训、大调研、大落实”要求，进一步细化分解工作任务，研究制定理论宣讲、革命传统教育、党员干部培训、专题调研等工作方案。召开省财政厅学习宣传贯彻党的十九大精神大会，传达全省学习宣传贯彻党的十九大精神大会和李锦斌书记、李国英省长重要讲话精神，全面动员部署全厅学习宣传贯彻党的十九大精神工作。结合工作实际，各处室单位党支部制订学习计划，排出任务表、时间表、路线图，一个时间节点一个时间节点往前推进，以“钉钉子”精神全面抓好落实。

【强化学习】落实“大学习”要求，坚持及时学，组织全体党员干部集中收看党的十九大开幕会和中外记者见面会实况，聆听习近平总书记所作的十九大报告和见面会重要讲话精神。第一时间学习十八届七中全会、十九届一中全会精神，研读党的十九大报告、中央纪委工作报告、《中国共产党章程(修正案)》及相关决议精神，及时集中传达省委常委扩大会议精神、学习省委书记李锦斌的重要讲话，传达省纪委常委扩大会议精神、学习省纪委书记刘惠的重要讲话，准确把握习近平新时代中国特色社会主义思想的丰富内涵，深刻领会党的十九大精神实质。坚持系统学，做到读原著、学原文、悟原理，及时订购发放《中国共产党章程(2017版)》《中国共产党第十九次全国代表大会报告》《中国共产党第十九次全国代表大会文件汇编》《党的十九大报告辅导读本》《习近平谈治国理政》第二卷和《习近平新时代中国特色社会主义思想学习纲要》等重要文献及辅导读物，通过

"三会一课"、党员活动日等形式,组织党员干部反复深入学、融会贯通学,全面透彻、准确系统地掌握党的十九大精神,为做好财政各项工作夯实政治基础、思想基础和行动基础。坚持深入学,组织中心组全体成员开展自学,深入学习习近平总书记所作的十九大报告、中央领导参加有关代表团讨论时的讲话精神、省委书记李锦斌和省长李国英在安徽代表团讨论时的讲话精神、《人民日报》和人民论坛相关文章。召开财政厅党组中心组学习会议,开展十九大精神集体学习研讨,厅领导结合学习,联系自身思想实际和分管工作,谈感想,谈体会,谈认识,谈收获,谈打算。印发财政厅党组《关于认真学好用好〈习近平谈治国理政〉第二卷的通知》,深入研读《习近平谈治国理政》第一卷和第二卷、习近平总书记关于弘扬"红船精神"等革命精神的重要指示、习近平总书记《弘扬"红船精神"走在时代前列》的署名文章。召开党组理论学习中心组学习会,集中观看了《弘扬"红船精神"走在时代前列》专题片,传达省委理论学习中心组学习会议精神,学习李锦斌书记重要讲话要求,围绕"认真学好用好《习近平谈治国理政》第二卷,大力弘扬'红船精神'"开展集中学习研讨,联系思想实际和工作实际,厅领导作交流发言,整理印发厅领导在每次财政厅党组中心组理论学习会议研讨发言,及时组织各处室单位党支部开展学习研讨,广大党员干部坚持把思想摆进去,把职责摆进去,畅谈学习心得、分享学习体会、深化学习成果。

【丰富形式】深入学习贯彻习近平总书记在瞻仰中共一大会址时的重要讲话精神,认真开展"五个一"活动,组织财政厅党组中心组成员赴金寨县,参观红二十五军军政机构旧址、红军纪念堂和革命博物馆,在革命烈士纪念塔前集体重温入党誓词,党组书记主持召开党组中心组"不忘初心、牢记使命、永远奋斗"专题座谈会。组织全厅党员干部赴合肥蜀山烈士陵园,瞻仰安徽革命烈士事迹陈列馆,开展革命传统教育,深切缅怀革命先烈,集体重温入党誓词,各党支部结合教育活动,召开专题研讨会,进一步统一思想,凝聚共识,激发力量。认真落实"大宣讲"要求,厅领导到各处室单位党支部,以及乡镇财政所和定点帮扶县区双包帮扶村等基层一线开展主题宣讲37场次,其中厅主要负责同志带头宣讲十九大精神10场次。各处室单位党支部把握关切、创新方式,积极组织党员干部开展"微党课、微宣讲、微解读"活动,各处室单位党支部书记共开展宣讲112场次,征集支部书记和党员干部学习百字感言405篇。积极利用中央宣讲团宣讲、省委中心组理论学习会议、李锦斌书记和李国英省长赴基层宣讲十九大精神等学习成果,联系财政工作,及时传达学习,提升学习宣讲利用率和影响力。认真落实"大培训"要求,积极安排厅领导和处级干部参加省委、省直工委举办的集中学习培训,举办为期6天的科以下干部学习贯彻十九大精神集中培训班,邀请省委党校、省直工委党校、安徽大学等4名专家教授辅导宣讲报告。充分利用主流媒体、安徽先锋网、安徽干部教育在线、学习安徽APP以及安徽机关党建网、安徽纪检监察客户端、安徽财政综合办公网、微信微博和《安徽财政》等媒体平台,通过线上线下等各种学习形式精读原文、悟透原理。常态化开展"党组书记推荐阅读"活动,财政厅党组书记带头研读《人民日报》《人民网》《中国纪检监察报》刊发文章,撰写阅读感言,推荐《习近平谈务实作风》等文章38篇,领学带学促学。

【压实责任】牢固树立全员学习、大学习意识,压实财政厅党组主体责任、厅领导分管责任、厅相关职能处室牵头责任、党支部直接责任、支部书记第一责任人责任、党员干部学习责任,层层传导压力、层层落实责任,切实构建完整闭合的责任链条。结合学习贯彻党的十九大精神,健全完善财政厅党组理论学习中心组"1+8"制度体系,出台财政厅党组《贯彻〈中国共产党党委(党组)理论学习中心组学习规则〉实施意见》,修订出台集体学习、个人自学、理论宣讲、专题调研、督导督学等8项制度,进一步规范中心组学习。财政厅党组坚持带头学习、带头研讨、带头宣讲、带头践行,厅领导带头撰写体会文章共计13篇,示范引领各处室单位党支部和广大党员干部扎实做好学习贯彻工作。出台《厅领导履行"一岗双责"抓党建工作制度》,明确厅领导督导督学责任,指导督导处室单位党支部抓好学习贯彻工作。严格双重组织生活,集中开展厅领导到所在支部参学督学党的十九大精神专题学习活动,结合财政工作,阐释解读党的十九大精神,引导党员干部自觉从十九大精神中找指针、找方法、找路径。落实相关职能处室组织协调责任,结合"两学一做"学习教育常态化制度化和基层党组织标准化建设,建立内部定期学习情况通报制度和走访巡查制度,编印厅《学习贯彻党的十九大精神情况通报》12 期，动态反映财政厅党组和各处室单位党支部学习贯彻的具体举措和实际行动，进一步统筹好、谋划好、落实好全厅学习宣传贯彻工作。及时向省委省政府、财政部、省纪委、省直机关工委报送学习贯彻的动态、进展和成效，积极及时、全面准确地做好对外宣传工作，努力营造良好学习氛围。安徽卫视《安徽新闻联播》及省直机关工委《七月风》作采访报道和宣传。

【推进落实】落实"大调研"要求，制定财政厅《关于开展学习宣传贯彻十九大精神专题调研的通知》《关于布置 2017 年财政重点调研课题任务的通知》，围绕学习贯彻党的十九大精神，谋划加快建立现代财政制度、支持精准脱贫等 6 个专题调研主题，布置 26 项财政重点调研课题任务，每个课题都由一名厅领导牵头负责，制定调研提纲，细化任务分工。厅领导班子成员分别选择 2 个市县，厅领导亲自带领课题组深入基层、深入企业、深入农村，采取听介绍、查阅资料、现场调查和实地调研等方式，了解情况、总结经验，查找问题、研究对策，每个课题都形成了具有前瞻性、针对性和可操作性的调研报告，为财政部门贯彻落实党的十九大精神提供决策依据。各处室单位党支部班子结合工作实际，通过结对共建、定点帮扶、市县帮联、专项检查等方式，扎实开展专题调研。在充分调研的基础上，形成专题调研报告 6 篇、重点课题调研报告 26 篇，调研报告提出的对策建议和思路举措，应用于 2018 年全省财政工作要点、财政支持保障基层基本公共服务功能建设的实施意见等文件起草，进一步加强成果转化，切实发挥调研指导财政工作实践的作用。认真落实"大落实"要求，对 2017 年全省财政工作情况进行全面"回头看"，梳理年内重点工作任务，进一步实化细化工作举措、明确具体抓手措施，把各项工作落细落小落实，圆满完成了 2017 年度财政工作目标任务。对标对表党的十九大作出的决策部署，把工作思路再完善、工作举措再细化、工作干劲再提升，有针对性地制定贯彻落实的具体举措，形成《关于 2017 年和过去五年财政工作及 2018 年和未来五年目标思路的报告》《关于今年以来财政工作情况和贯彻十九大精神工作总体思路举措的报告》等，细化制定《2018 年全省财政工作要点》，明确做好预算安排和保障、加强财源培育和壮大、提升财政民生保障能力和水平等 6 大类 40 项工作任务，确保十九大提出的各项目标任务在财政部门落地生根、开花结果。

（机关党委）

推进财政全面从严治党和党风廉政建设

【概况】2017 年，省财政厅深入学习习近平新时代中国特色社会主义思想和党的十九大精神，认真贯彻落实党中央、中央纪委以及省委、省纪委和财政部关于推进全面从严治党、加强党风廉政建设的决策部署，财政全面从严治党和党风廉政建设取得新的明显成效，有力保证财政各项工作持续健康稳定发展。

【深化落实管党治党"两个责任"】落实"两个责任"任务清单，制定年度党风廉政建设工作要点，召开全省财政反腐倡廉建设工作视频会议，明确财政全面从严治党和党风廉政建设年度工作任务。组织全厅党员干部职工共同签订党风廉政建设责任书，开展处室单位党支部书记抓基层党建和全面从严治党述责述廉评议考核工作，强化主体责任和"一岗双责"。先后召开 21 次厅反腐倡廉建设领导小组会议，推动财政全面从严治党和党风廉政建设向纵深开展。制定 2017 年度机关党建工作要点及"三个清单"，深入推进基层党组织标准化建设，厅直机关党委首批通过省直工委组织的标准化建设考核验收并在全省作经验交流。选准配齐机关纪委书记、副书记，制定机关纪委职责，印发《关于加强党支部纪检工作的通知》，强化落实"两个责任"的日常监督。

【持续推动纪律作风建设】深入领会习近平总书记关于进一步纠正"四风"、加强作风建设的重要指示精神，认真贯彻落实中央八项规定及实施细则精神和省委实施细则，制定厅党组深入推进作风建设实施办法，不断把财政作风建设引向深入。出台《中共安徽省财政厅党组关于加强作风能力建设的意见》《安徽省财政厅工作人员违反效能建设制度问责暂行规定》《安徽省财政厅党员干部操办婚丧喜庆暂行规定》，巩固机关纪律作风建设成效。开展"管党治党宽松软问题"专项治理再动员、再推动、再落实，围绕查摆确定的 32 个具体问题和 44 条整改措施，认真做好纠差补缺。坚持党管干部原则，坚持好干部标准，坚持正确选人用人导向，严格按制度和程序组织干部选拔任用，严格落实"六选六不选"和"凡提四必”要求,防止选人用人失察。制定《安徽省财政厅开展扶贫领域突出问题专项整治实施方案》,印发《关于进一步加强财政扶贫领域监督执纪问责工作的通知》,明确各级财政部门党组财政扶贫工作主体责任和纪检组监督责任,扎实开展财政扶贫资金专项检查,对发现的问题,及时提出整改要求。落实厅领导、驻厅纪检组走访巡查制度,发现苗头性、倾向性问题及时处置。及时果断处理1个厅属单位违规在全省财政系统布置工作问题,并在全省财政系统会议上通报,取得处理一起、警示一批、教育一片的良好政治效果。每逢重要节假日,提前介入,重申作风建设要求,不折不扣执行作风建设规定,不踩“红线”、不闯“禁区”。坚持查处违反中央八项规定精神问题月报告和零报告制度,坚持定期与不定期相结合进行明察暗访,强力推动中央八项规定精神落地见效。全年先后组织开展明察暗访16次、公车使用检查26次,并组成3个督查组对“酒桌办公”情况进行督查。坚持处室单位内部每周1次作风效能自查,抓早抓小、防微杜渐。

【压紧压实管党治党政治责任】出台《中共安徽省财政厅党组巡察工作实施办法(试行)》,明确巡察工作的指导思想、机构人员、范围内容、程序方法和纪律责任等内容,强化党内监督,推动处室单位全面从严治党和党风廉政建设落地生根、开花结果。抽调33人次组成3个巡察组,对3个厅属单位党支部开展巡察。巡察监督始终坚持问题导向,围绕坚持党的领导、加强党的建设、全面从严治党,聚焦“六项纪律”,着力发现问题。通过3轮巡察,共发现并反馈97个具体问题。建立巡察整改“双责任”、“双报告”机制,加强整改督办,跟踪整改进展,解决一个、销号一个,确保整改任务件件有回音,事事有着落。先后两次印发巡察发现有关问题通报,梳理出21个共性问题及其表现形式通报给各处室单位,要求未巡察对象认真对照问题表现,举一反三,自查自纠、即知即改、未巡先改,坚决“不贰过”。

【净化优化财政政治生态】加强党风廉政教育。印发《中共安徽省财政厅党组关于认真学习宣传贯彻党的十九大精神的实施意见》《关于进一步深化学习贯彻习近平总书记系列重要讲话精神的实施意见》,采取厅党组集体学习、专题研讨、辅导宣讲、党课教育、集中培训、在线学习、“党组书记推荐阅读”、撰写心得体会和主题征文等方式,多途径开展党风廉政教育,筑牢拒腐防变思想防线。组织开展党内政治生活若干准则和党内监督条例知识测试,全厅486名党员干部赴合肥市预防职务犯罪警示教育基地接受警示教育,厅党组中心组成员和各党支部书记、纪检委员赴寿县小甸镇开展红色教育活动。制定《关于深入推进重点领域廉政建设的意见》《关于进一步加强党风廉政建设的若干规定》《省财政厅党员干部负面言行提醒清单》,进一步强化党员意识、纪律意识、规矩意识。编印《安徽省财政系统违纪违法典型案例选编》,共选编71个近年来发生在省财政系统的违纪违法典型案例,警醒财政干部职工知敬畏、存戒惧、守底线。坚持任前廉政谈话制度,分别对7名新任处级干部、30名交流轮岗干部、9名挂职锻炼干部、4名军转干部、10名新录用公务员进行廉政谈话,警示提醒绷紧廉洁之弦。用好用足第一种形态。树立“抓早抓小也是成绩”的监督执纪理念,对反映一般性、苗头性、倾向性问题的及时谈话提醒,防止“小问题”演变成“大问题”。厅党组全年及时约谈处级及处级以下工作人员21人;驻厅纪检组先后函询7人,对3名处级干部进行廉政提醒谈话,6名处级干部进行廉政警示谈话,另有诫勉谈话1人,红脸出汗成为常态。依规开展执纪审查。注重从巡视巡察、财务审计、信访举报和日常督查等工作中梳理问题线索,健全完善廉政档案,认真组织排查、处置每一件问题线索。全年共收到信访举报件30件,直接处置问题线索10件,其中谈话函询4件、谈话函询转初步核实2件、初步核实3件、立案审查1件。认真落实省纪委执纪审查安全工作会议精神,建设执纪审查标准化谈话室,制定医疗保障方案,努力保障执纪审查工作安全。

【强化正风肃纪】修订完善《财政扶贫资金管理办法》,全面推行“负面清单”管理,开展财政扶贫领域监督执纪问责工作检查、扶贫资金集中检查、乡镇财政扶贫资金专项检查等行动,在全省财政系统通报2起扶贫领域侵害群众利益的典型案例,提醒深刻自省、引以为戒,确保财政资金、财政干部、财政事业安全。对中央大气污染防治专项资金监督检查中发现的问题督促追责问责,全省共纠正和整改245个问题,给予党纪政纪处分8人,作出书面检查、诫勉谈话和组织处理96人。对1个县财政局落实土地出让收支政策不力、问题整改长期拖延敷衍的问题,约谈县政府分管负责人和市、县财政局主要负责人,通报批评该县财政局，并督促依法进行信息公开。认真抓好财政部专员办扶贫资金专项检查问题整改，及时约谈被检查3个县（区）政府以及财政局主要负责人，限期整改，督促问责。

（驻厅纪检组）

全面深化财政改革

【概况】2017年，省财政厅坚持以习近平新时代中国特色社会主义思想为指导，全面贯彻党的十八大、十九大精神和习近平视察安徽重要讲话精神，认真贯彻落实中央和省委各项改革决策部署，坚定改革方向，强化改革担当，狠抓改革落地，6项牵头省委工作要点重点改革任务全部完成，有力推动财政发展，也为现代化五大发展美好安徽建设提供有力支撑。省财政厅主要负责同志亲力亲为抓改革工作并建立改革推进情况约谈制度受到省委深改组充分肯定。省财政厅创新落实"三察三单"制度，被省委改革办作为示范样板单位向省直单位推广。

【深入学习贯彻，全面对接落实】召开财政厅深改领导小组会议15次，第一时间深入学习贯彻习近平新时代中国特色社会主义思想特别是全面深化改革重要思想，传达学习中央和省委深改组会议、文件精神，研究部署贯彻落实举措。召开"五大发展行动与财政重点改革和现代财政制度"、"收看专题片《将改革进行到底》"两大专题学习研讨，厅主要负责同志带头作主题发言，其他厅领导作中心发言，处室单位交流发言，形成《厅深改领导小组成员亲力亲为抓改革交流材料汇编》和《省财政厅组织收看电视专题片〈将改革进行到底〉学习研讨材料汇编》。召开厅政策业务学习专题会议，集中学习中央和省委省政府重要改革政策文件精神。召开全省市县长财政工作、财政改革与综合工作、预算改革、省级财政科研项目资金管理改革等培训班，有力增强财政工作领导和财政干部全面深化改革的思想自觉、政治自觉和行动自觉。对于中央深改组会议审议通过且需要安徽省财政贯彻落实的清理规范重点支出同财政收支增幅或生产总值挂钩事项、财政事权与支出责任划分改革等改革事项，第一时间与财政部对接，了解中央文件决策程序、政策精神和工作部署，提前做好谋划准备，草拟改革方案意见，多次向财政部领导和省委、省政府主要领导汇报，规范重点支出预算安排、深化省以下财政事权与支出责任划分改革先后经过省委深改组会议审议通过。

【健全工作机制，主动加强联络】进一步加强改革组织领导，建机制，抓平台，勤沟通，多汇报，全面落实好省委深改组和省委改革办交办的各项工作任务。调整充实厅改革领导小组副组长和领导小组成员，全面落实《省财政厅关于完善深化财政改革工作机制的通知》，完善厅改革办工作规则，优化改革办人员配置，建立完善各处室单位改革工作联络员制度，在全厅形成厅改革领导小组、各位厅领导、改革办和各处室单位分工负责、合力推进的工作机制。规范全面深化改革工作平台事项办理流程，设立AB岗制度，明确专人负责平台每天签到签收和报送工作，及时上传月更新、季盘点、半年总结及其他各类文件材料，全年办理上传平台各类文件资料80余件。厅主要负责同志多次参加省深改组会议，汇报相关财政改革工作。厅分管负责同志带队赴省委改革办，就改革方案制定和改革任务推进落实等事项了解导向、寻求指导。厅改革办经常通过电话，主动向省委改革办请示汇报。邀请省委改革办同志就强化改革管理推进机制做专题辅导。就深化地方政府机构改革、督察考核办法、平台管理等向省委改革办提出意见建议。认真总结提炼改革典型案例，主动做好改革成果信息报送，全年向省委改革办报送信息7条，《大别山区水环境生态补偿改革案例》被省委改革办汇编收录，《省财政疏堵结合为地方债加上"安全锁"》信息刊发在省委改革办《改革工作简报》第21期上。

【突出关键少数，扎实推进改革】全面对标中央和省委改革最新要求，厅主要负责同志始终把改革作为财政工作的总牵引，抓在手上、扛在肩上，亲自主持厅深改组会议，亲自研究部署改革任务，亲自带队开展调研谋划，亲自审核把关方案质量，亲自督察改革举措落实，经常性听取厅改革办汇报，审核签发所有改革文件材料，真正做到全程负责、一抓到底。各分管厅领导主动靠前抓改革，6项牵头改革任务逐一分解落实到牵头厅领导、牵头责任处室和配合参与处室主要负责人，列明改革具体时间表、路线图和可检验的成果形式，实行挂图作战，确保各项改革落地有声、见事有人。年初厅改革办建立6项改革总台账，各牵头责任处室建立单项改革子台账，并进一步细化台账反映内容，逐月滚动管理，做到准确反映工作举措、工作进展、工作成效、存在问题和下一步安排。围绕年度改革任务，结合财政重点工作调研、学习宣传贯彻十九大精神“大调研”活动等，深入基层、深入一线、深入部门、前往省外，开展调研活动，采取座谈交流、上门走访、问卷调查等方式，广泛征求基层干部和群众代表、省人大代表和政协委员、相关部门和专家学者等的意见建议，形成26篇高质量调研报告，其中《预算审核向支出预算和政策拓展》《安徽省政府向社会力量购买服务改革跟踪调研报告调研报告》上报全国人大预工委和财政部。认真制定改革方案，分层次征求省直有关部门、市县政府和财政部门等的意见，预算编制进一步扩大公开评审论证范围，新安江流域上下游横向生态补偿“十三五”规划邀请中国环境科学院有关专家审查论证，政策性融资担保体系风险监测预警处置预案等方案报送省政府法制办进行前置合法性审查，并严格按照规定时限提请研究审议。紧盯改革施工路线图，逐月开展改革盘点对账，总结经验，巩固成效，完善举措，6项财政改革有力有序圆满完成。政府购买服务改革制度进一步完善，支持事业单位改革和培育社会组织发展稳步推进，全年实施购买服务项目4276个，涉及预算资金100亿元。省级财政科研项目资金管理改革“1+6”政策体系基本形成，70多家单位制定内部管理办法，制定率达80%以上。政策性融资担保体系风险监测预警处置预案有效实施，风险防控体制机制进一步完善。政府性债务风险应急处置预案和债务风险分类处置指南相继出台，争取到财政部分配安徽省新增债务限额728亿元，发行安徽省2017年政府债券1462.1亿元。预算管理改革不断深化，省以下财政事权和支出责任划分改革稳步推进，省级专项转移支付由2012年的512项压减到2017年的115项，政府预算、部门预算和“三公”经费预算及时公开。新一轮新安江流域上下游横向生态补偿进一步巩固，大别山区流域水环境生态补偿稳步实施。

【强化跟踪督察，着力营造合力】始终把督察作为推进改革的重要举措，健全督察制度，完善督察机制，创新督察方法，实现财政督察工作常态化制度化，进一步营造全省财政和预算单位合力推进财政改革的良好格局。全面开展日常督察，对6项牵头改革任务实行闭合运行管理、全程跟踪督办、全程在线留痕，对出现或可能出现的进度偏慢等问题，及时督促牵头处室进行纠偏。严格执行“三察三单”，及时制定督察方案，要求各牵头处室扎实开展自查，并组织改革办成员单位组成督察组，认真开展季度督察、半年督察和年底督察，形成督察报告、督察清单、整改意见书和整改落实反馈情况报告等。认真开展重点督察，扎实做好迎接省委改革办“双查双督”行动，对6项牵头改革逐一开展自查，全面落实整改措施，及时上报整改落实情况。厅主要负责同志于9月初带队开展新安江流域生态补偿机制改革调研督察，形成高质量调研督察报告，针对督察中发现的问题，及时向黄山市下发整改意见书，督察发现的问题均整改到位。全面落实厅领导处室走访制度，完善与省直预算单位会商机制，健全财政系统帮联制度，加强对财政改革跟踪调度。先后开展政府购买服务、省级财政科研项目资金管理、政府性债务风险应急、政策性融资担保体系风险监测预警等改革政策落地专项督察，进一步加大相关改革情况通报和约谈力度，对贯彻不力、落实不到位的，约谈处室主要负责人、市县财政局主要负责同志或领导班子集体，切实打通改革落地“最后一公里”。将改革完成情况纳入处室单位年度综合考核、纳入市县财政绩效综合评价内容，形成鲜明的改革导向。

【坚持探索创新，打响安徽品牌】在深化财政改革中，始终坚持先行先试，不断探索创新出切合安徽实际的新思路、新举措、新亮点，持续释放改革红利。积极争取国家试点，及时下好改革先手棋，主动加强与财政部的日常联系，密切关注改革最新动态，精准把握中央改革决策部署要求，争取到财政部、环保部2015—2017年继续对新安江流域生态补偿实施第二轮试点，争取到财政部、住房城乡建设部和水利部将池州市列入2015—2017年海绵城市建设试点，争取到财政部、住房城乡建设部将合肥市列入2016—2018年综合管廊试点城市。认真抓好试点落实，对于国家层面的三项试点任务和大别山流域水环境生态补偿省级改革试点任务，省财政厅充分发挥省级牵头抓总作用，突出体制机制创新，加强政策设计，加强沟通协调，加强调研指导，严格工作要求，严格规范管理，建立工作台账，认真做好阶段性和终期评估工作，完善后续工作举措，推动试点扎实有效开展。注重试点复制推广，及时向省委、省政府或财政部报送试点进展情况，总结经验做法、反映成效问题并提出下一步打算建议，形成一系列可在全国复制、推广的经验。2017年7月，中央第四环境保护督查组来安徽省督查时，充分肯定安徽省探索建立生态补偿机制，财政部、环保部将安徽模式复制推广到江苏、山东等省份。海绵城市建设试点和综合管廊试点城市在全国多个城市推开。

（厅改革办　张小龙）

推进政府向社会力量购买服务

【概况】2017年，全省财政部门继续贯彻落实国家和省有关政府购买服务改革政策措施，不断深化政府购买服务改革工作，实施政府购买服务项目4388个，涉及预算资金107.9亿元。

【进事业单位政府购买服务改革及社会组织发展】会同省编办并报经省政府同意，印发《关于做好事业单位政府购买服务改革工作的实施方案》（财综〔2017〕47号），明确不同类别事业单位实施政府购买服务的角色定位、工作要求，逐步扩大事业单位政府购买服务项目、金额，进一步规范目录编制、购买机制、预算管理、绩效评价、信息公开等政府购买服务工作流程。会同省民政厅并报经省政府同意，印发《关于通过政府购买服务支持社会组织培育发展的实施意见》（财综〔2017〕980号），从总体目标要求、加大政府向社会组织购买服务的支持力度、提升社会组织承接政府公共服务能力和组织实施措施等四个方面对中央政策规定进行细化、实化。

【坚决制止以政府购买服务名义违法违规融资】印发《安徽省财政厅转发财政部关于坚决制止地方以政府购买服务名义违法违规融资的通知》（财债〔2017〕810号），要求各地各部门规范政府购买服务管理、制止以政府购买服务名义违法违规举债融资。严格按照规定范围实施政府购买服务，特别是严禁将货物、建设工程、基础设施建设、建设工程与服务打包、融资行为等纳入政府购买服务范围；严格规范政府购买服务预算管理，坚持先有预算、后购买服务；严禁利用或虚构政府购买服务合同违法违规融资；切实做好政府购买服务信息公开。制定《安徽省政府购买服务摸底排查工作方案》，全面部署摸底排查我省政府购买服务情况，明确清理规范对象、内容、推进步骤、时间节点及责任分工。针对排查出的问题，对症下药，通过列入当年或以后年度预算安排、转为PPP项目、提前还款、终止解除协议、修改购买服务年限等方式进行整改，坚决制止地方以政府购买名义违法违规融资行为。

【进一步强化政府购买服务预算管理】按照《安徽省财政厅转发财政部关于做好政府购买服务指导性目录编制管理工作的通知》要求，继续做好分部门政府购买服务指导性目录编制管理工作。督促省级部门梳理公共服务事项，建立公共服务清单，对应当由政府举办并适宜采取市场化方式提供、社会力量能够承担的服务事项予以明确，纳入部门购买服务指导性目录并适时完善。同时增强指导性目录的约束力，以此作为政府购买服务预算项目确定的依据。继续将政府购买服务预算纳入“二上二下”预算编制流程，与省级部门预算同步编制、同步审核、同步批复、同步执行。加强购买服务项目和资金审核，提高购买服务预算编制的科学性、规范性、合理性。

【加大政府购买服务信息公开及宣传力度】以省财政厅官方网站“政府购买服务专栏”为窗口，及时宣传政府购买服务政策，交流各地举措成效和特色经验，有效提升群众对政府购买服务工作的知晓度、满意度、支持度。通过省财政厅网站和安徽省政府采购网，向社会公告《2017年安徽省级预算安排政府购买服务实施目录》，注明购买方式、实施时间、联系电话等信息，方便社会各界登录查询并参与承接政府购买服务。实施目录涵盖基本公共服务、社会管理性服务、行业管理与协调服务、技术性服务、政府履职所需辅助性事项、其他服务事项等6个大类，共计266项政府购买服务内容。积极拓宽宣传渠道，创新宣传形式，加大政府购买服务宣传的力度、广度和深度。利用省财政厅微信平台及时发布购买服务相关信息，做好改革政策的宣传解释。《安徽日报》以《安徽省推进事业单位政府购买服务改革》《政府买服务，事业单位添活力》为题，两次刊发文章宣传安徽省推进事业单位购买服务改革工作。6月份，安徽电视台在安徽新闻节目对政府购买服务成效进行深度报道。

【加强政府购买服务调研督查工作】开展全省政府购买服务改革跟踪调研，通过实地察看、座谈交流等方式，全面了解2014年以来各地落实国家和省政府购买服务改革政策措施情况，总结成功经验，聚焦突出问题，进一步强化购买服务改革工作落实，形成市级调研报告16篇，完成汇总调研报告《安徽省政府向社会力量购买服务改革调研报告》《改进政府购买服务工作有关问题及建议》供领导决策参考。会同省民政厅赴六安、铜陵、安庆、黄山四市开展政府向社会组织购买服务督查工作,了解各地通过政府购买服务支持社会组织培育发展政策落实情况。

【统筹推进政府购买服务工作】合肥市完善承接主体守信激励和失信惩戒机制。开展市属社会组织诚信承诺活动,将社会组织承接服务信用记录纳入年检和评估指标,发布年度社会组织诚信名单。建立全市信用信息数据库,及时公示企业失信违规行为,对不法企业的不良行为记录,在市公管局网、公共资源交易中心网、公共服务场所电子屏"三网"同步公开,同时在"信用合肥"公开,加大交易市场主体违规失信成本。铜陵市强力推进政府购买服务项目实施,按季召开4次项目实施推进会议和2次调研督查活动,了解项目进展情况,分析存在问题,研究推进措施,不断提升购买服务实施效果。阜阳市建立政府购买服务督查制度,将政府购买服务工作纳入年度财政工作督查内容,每年开展两次。重点围绕购买服务项目预算执行、资金使用、资金绩效等方面开展督查,及时发现问题并督促整改。黄山市出台政府购买服务流程规范,制定购买服务流程图,统一操作标准,细化工作流程,方便项目执行。亳州、六安、淮北等市在财政局门户网站政府购买服务专栏,公告购买服务政策规定、进展、经验交流等相关信息,提高购买服务信息公开、透明度。省文化厅"送戏进万村"管理服务网络平台正式运行,初步实现演出现场、演出质量情况、观众情况等动态监管,也同时实现采购信息的集中公开、经验做法的宣传交流等功能。省管局购买"公车管理信息平台运行维护"服务,通过"公车管理服务标准化,公务出行服务标准化"使信息化平台和制度体系无缝融合,有力保障公车改革顺利实施,实现用车便捷、派车及时的目标。省残联推进政府购买残疾人服务试点工作向纵深延伸,试点范围逐步扩展到残疾人社会保障、医疗、康复、法律维权、教育、技能培训、就业、扶贫、文化、体育、托养、照料、住房保障和无障碍服务等各个领域。

(综合处)

推进税制改革

【概况】2017年,省财政厅在厅党组的统一领导下,按照十八届三中全会关于完善税收制度的总体部署,针对近年来国家多项税收制度改革密集出台的情况,主动谋划,提前介入,积极发挥牵头抓总作用,在改革过程中攻坚克难,确保各项改革政策在本省平稳落地,改革试点稳步推进。

【积极开展环境保护税开征准备工作】根据财政部环保税开征的总体部署和安排,省财政厅牵头建立安徽省环境保护税开征准备工作联席会议机制,会同省地税局、省环保厅制定安徽省环境保护税开征准备工作方案,明确工作分工和时间节点。选取部分重点行业及重点企业开展应税大气污染物和水污染物适用税额调研测算,提出安徽省应税大气污染物和水污染物适用税额标准的建议(即按照环保税法规定的下限确定安徽省的应税大气污染物和水污染物适用税额标准),经省政府第121次常务会议审议后,2017年12月20日省十二届人大常委会第四十二次会议表决通过。为确保安徽省环境保护税从2018年1月1日起顺利实施,省财政厅加大政策宣传力度,牵头协调并提请省政府召开新闻发布会,通过主流媒体进行宣传报道。

【稳步推进营改增试点】及时贯彻落实试点政策,印发简并增值税税率、重点群体及退役士兵创业就业等改革试点政策。积极做好改革试点情况跟踪调研,布置全省16个市跟踪上报试点企业典型案例,累计上报80多户典型企业试点运行情况。结合省政府"四送一服"双千工程,做好企业反馈营改增试点等税收问题的跟踪落实。总结分析安徽省全面推开营改增试点运行一年取得的成效及存在问题,向财政部报送《安徽省营改增试点运行情况总结》,并就安徽省营改增试点等税制改革情况,在财政部召开的全国部分省市税制改革情况座谈会上作交流发言。多次报送安徽省营改增试点运行成效信息,其中7篇信息被省委省政府采纳。2017年,安徽省共有营改增试点纳税人68.65万户,试点累计为企业减税177.69亿元。

【积极落实税收法定原则】按照2020年完成"落实税收法定原则"的总体部署,近年来税法立法工作明显提速。2017年省财政厅组织对《船舶吨税法(征求意见稿)》《耕地占用税法(征求意见稿)》《车辆购置税法(征求意见稿)》《契税法》《资源税法》等多部法律开展调研、测算,提出修改意见,部分法律在充分征求各市意见并经省政府同意后上报财政部。

2017年12月27日，十二届全国人大常委会第三十一次会议表决通过了《烟叶税法》和《船舶吨税法》，使现行18个税种中，立法的税种增加到6个。

【加强税收政策调查研究】会同相关部门做好农产品增值税进项税额核定扣除试点情况调研、城镇土地使用税落实情况评估、商业健康保险个人所得税试点实施情况调研、健全地方税体系专题调研、股权激励和科技成果转化税收优惠政策落实情况调研、土地增值税暂行条例执行情况调研等6项专题调研，及时向财政部提出相关政策建议。2017年省财政厅税政条法处共形成各类税收政策调研报告11篇。

（税政条法处　杨玉林）

推进财政事权与支出责任划分改革

【概况】2017年，以省政府名义出台关于推进省以下财政事权和支出责任划分改革的实施意见，突出中央省级基层衔接、政府市场社会协调，全面推进省以下财政事权和支出责任划分改革。

【贯彻落实方针政策】落实财政事权由中央决定的要求，提出按照中央领导、合理授权、依法规范、运转高效的财政事权和支出责任划分模式的方向，科学合理划分省以下财政事权和支出责任，充分调动省以下各级政府干事创业的积极性和主动性，切实落实中央授权范围内地方财政事权的责任。确定省财政厅、省编办等有关部门承担牵头责任，主要负责组织、协调、指导、督促推进省以下财政事权和支出责任划分改革工作。省各职能部门要落实部门主体责任，在广泛征求有关部门和市县意见基础上，研究提出本部门所涉及的基本公共服务领域改革具体实施方案。通过有效授权，合理确定市以下各级政府财政事权，使基本公共服务受益范围与政府管辖区域保持一致，激励市以下各级政府尽力做好辖区范围内的基本公共服务提供和保障，避免出现地方政府不作为或因追求局部利益而损害其他地区利益或整体利益的行为。

【深化经济体制改革】结合现有省以下各级政府职能配置和机构设置，将信息比较容易获取和甄别的作为省级事权，更多、更好发挥市以下各级政府尤其是县级政府组织能力强、贴近基层、获取信息便利的优势，将所需信息量大、信息复杂且获取困难的优先作为县以下事权，提高行政效率，降低行政成本。明确正确处理政府与市场、政府与社会的关系，合理确定政府提供基本公共服务的范围和方式，将应由市场或社会承担的事务，交由市场主体或社会力量承担。对应由政府提供的基本公共服务，明确承担财政事权和支出责任的相应政府层级，使市场在资源配置中的决定性作用得到充分发挥。对影响全省经济社会稳定、涉及全省基本公共服务均等化、具有明显外部性以及受益范围覆盖全省的基本公共服务由省级政府负责，地区性基本公共服务由市以下政府负责，跨市的基本公共服务原则上由省级政府和市政府共同负责。

【发挥财政职能作用】参照中央改革的总体要求、基本原则、时间节点，立足全局、着眼长远、统筹规划、分步实施，合理划分省以下财政事权，围绕科学、合理、规范的目标，明确省级财政事权，保障市以下履行财政事权，减少并规范省级与市以下共同的财政事权，更好地满足基本公共服务需求。按照“谁的财政事权谁承担支出责任”的原则，合理确定各级政府的支出责任，避免将过多支出责任交给基层政府承担。对属于省级与市以下共同财政事权，根据基本公共服务的受益范围、影响程度，区分情况确定省级与市以下的支出责任以及承担方式。提出研究制定省以下收入划分方案，进一步理顺全省各级财政分配关系，形成财力与事权相匹配的财政体制。完善省对下转移支付制度，清理整合与财政事权划分不相匹配的转移支付，增强财力薄弱地区尤其是困难地区和革命老区的财力。

（预算处　乔传宗）

推进预算信息公开

【概况】省财政厅认真推进预算公开，着力在完善制度、细化内容、完整规范、拓展领域等方面下功夫，安徽省预算透明度不断提升。上海财经大学发布的《2017年中国财政透明度报告》反映，安徽省透明度位居全国第4。

【坚持预算公开制度引领】始终将制度建设作为推进预算公开的主抓手，指导省市县各级一体化落实预算公开工作任务。一方面，完善预算公开制度体系。先后出台关于进一步推进预算公开工作的实施意见、预决算公开操作规程实施意见、进一步做好预决算公开工作的通知等文件,落实公开主体责任,明确公开范围和内容,形成预算公开的基础制度支撑。另一方面,着力推进规范化公开。每年,省财政厅结合预算公开重点任务,制定预算公开工作方案,对年度预算公开工作做出安排,统一公开内容、公开格式、公开时间,形成统一的工作遵循。

【坚持预算公开内容细化】细化内容是预算公开“看得懂、能监督”的保障,也是预算透明度的重要体现。2017 年,省财政厅坚持公开明白账、明细账。围绕预算安排分配细化。公开省对16 个市一般性转移支付、税收返还分配情况,专项转移支付同步分项目分地区公开,让公众充分了解预算资金安排情况和分配结果。围绕支出两个维度细化。从支出功能分类和经济分类两个维度细化公开,预算支出公开到功能分类项级科目;一般公共预算基本支出公开到经济分类款级科目,全方位反映财政资金花在哪里、使用方向。围绕收支解释说明细化。在公开预决算收支的同时,重点围绕收入项目和支出科目进行解释说明,解读财政收支政策,分析增减变化原因,为预算收支配上“说明书”。

【坚持预算公开完整规范】突出完整公开和规范公开两个侧重点,主动接受社会监督。实行预算全口径公开,将一般公共预算、政府性基金预算、国有资本经营预算、社会保险基金预算全部向社会公开。部门预决算公开涵盖部门收支和“三公”经费,以及机关运行经费、政府采购支出、国有资产占用使用情况和预算绩效管理工作开展情况。建设两个公开渠道,进一步规范公开形式,预决算做到“双公开”,省级预决算在部门门户网站公开的同时,还在省政务公开网统一专栏同步公开,为公众获取信息提供便利。完善公开统计机制,制定印发《关于做好预决算公开情况统计工作的通知》,定期统计省直部门和市县预算公开情况,及时反映预算公开工作成效、意见建议等,督促预算公开及时规范。

【坚持预算公开拓展领域】按照有序推进、逐步拓展原则,不断推动新领域公开,努力将公开贯穿预算管理改革全过程。一方面,推进预算绩效公开。2017 年,省级积极推进重点项目情况及其预算绩效目标公开,选择农田水利建设专项资金等 10 个重点项目,公开项目立项依据、项目内容、起止时间等信息,并细化公开项目绩效目标设置情况,在拓展预算绩效公开上迈出关键一步。另一方面,推进政府债务信息公开。2017 年,省级分省和市县两个级次公开一般债务、专项债务 2016 年余额限额和 2016 年末余额情况,对政府债务风险防控、债务率、负债率做出说明,政府债务管理信息透明度进一步提升。

（预算处　贾成亮）

盘活财政存量资金

【概况】2017 年,省财政厅坚持从严从紧要求,着力建立健全盘活存量资金长效机制,不断提高财政资金使用效益。

【强化制度规范】以省政府办公厅名义出台《关于进一步规范省级预算管理有关工作的意见》,明确预算执行中,无大事、急事、要事原则上不办理预算追加,基本实现“预算一年、一年预算”。省财政厅印发《关于做好财政存量资金报送工作的通知》,定期统计市县盘活存量资金情况,督促市县摸清存量、甄别来源、分类盘活。

【严格清理盘活】建立财政存量资金定期化、实时化、一体化清理机制,预算执行结束后全面清理,预算执行中动态清理,省市县同步清理,严控结转结余资金规模。2017 年,全省一般公共预算结转结余 86 亿元,占财政支出 1.4%,低于财政部规定上限7.6 个百分点。积极开展财政专户分类清理工作,编制全省财政专户存量目录。截至 2017 年底,全省财政专户数量较 2015 年底减少 32%。

【提升资金绩效】连续 5 年清理专项转移支付,省级专项转移支付由 2012 年的 512 项压减到 2017 年的 115 项,压减率达到 78%,超过中央财政专项转移支付压减率 11.6 个百分点。调整结构保重点,统筹盘活财政存量资金,保障脱贫攻坚、民生短板等国务院和省委、省政府重大支出需要。2016 年省级从收回财政存量资金可统筹部分安排 3 亿元,2017 年继续安排 2 亿元,支持脱贫攻坚。市县严格落实清理收回存量资金可统筹部分 50% 以上用于脱贫攻坚政策,2016 年统筹安排 8.2 亿元用于脱贫攻坚,安徽省在财政部组织的财政专项扶贫资金绩效评价和贫困县涉农资金整合绩效评价中,均位列 A 类等次,获得财政部奖励资金 1.6 亿元。突出财政管理绩效,安徽省连续 2 年获得国务院财政管理工作绩效考核表彰,2017 年位居全国第 4 位。

【加快预算执行】强化预算编制源头管理,从

2012年起，连续6年提前启动编制预算，项目支出细化到具体实施单位和内容，确保预算一经批复就能立即执行。建立省级与市县预算编制同步工作机制，从2016年起，连续2年将预算编制会议召开到乡镇财政，实现省市县乡四级预算编制工作整体推进。加快资金拨付进度，建立限时执行制度，明确代编预算、转移支付执行期限。动态跟踪预算执行情况，坚持实行“双通报”，支出进度定期通报到市县财政局，同步通报到市委、市政府主要负责人。

（预算处　贾成亮）

开展预算公开评审论证

【概况】2017年，省财政厅共组织2批13期评审会，评审72个项目86亿元，评审项目数量和资金规模均比上年增长近50%，进一步提高预算编制的公众参与度和透明度，得到省领导和省人大的充分肯定，也得到社会各界和专家们的积极认可。

【注重顶层设计】系统整体谋划，明确“三项原则”，为预算评审“定调”。坚持阳光透明，评审面向人大代表和政协委员、面向社会群众，保障群众知情权和参与权，为推动实施全面规范、公开透明的预算制度提供有力支撑。坚持严把关口，一把尺子量到底，从严落实省政府“保重点、控一般、促统筹、提绩效”要求，通过评审科学安排预算，保障各项决策的到位、改革的落地、政策的兑现。注重成果运用，严格落实人大审议结果，充分借鉴审计监督意见，结合绩效评价及财政监督检查情况，进一步提高评审论证实效性，推动预算支出安排更实、支持方式更优、监督更到位、制度更健全。

【丰富评审方式】在专家集中评审基础上，积极运用网络评审、联合评审、第三方机构评审等评审方式，专家、部门、市县、第三方共同评审预算，进一步丰富评审主体，扩大预算评审论证参与面，切实提升预算评审论证实效。一方面，继续发挥专家集中评审现场感强、沟通充分、公开透明度高、参与广泛的优势，灵活运用近年来积累的成功评审经验，来自各方面的专家们现场集中评审51个项目，占评审项目总数的71%，为预算评审整体顺利推进奠定坚实基础。另一方面，突出其他评审主体各自优势，与专家集中评审相辅相成，为整个预算评审工作提供重要支撑。突出网络评审“评审论证不受空间和时间限制、专家背靠背独立评审可最大限度减少互相干扰”优势，专家利用网络平台评审7个项目。突出联合评审“评审参与组织者更加贴近项目实际、评审更具针对性”优势，联合合肥市财政局评审1个项目，联合省直部门评审7个项目。突出第三方评审“第三方机构专业技术性强可提高评审科学性”优势，委托第三方机构评审6个项目。

【突出评审实效】合理设置评审指标体系，精心制定评审规则，将省领导李锦斌提出的“保重点、控一般、促统筹、提绩效”要求落实到评审工作中，将皖政〔2016〕29号文件中新设专项资金立项评审要求落实到评审工作中，将评审论证作为进入预算项目库的必要程序，不断提高预算安排的科学性，保障省委省政府的各项决策部署落地，保障各项社会事业改革政策兑现，保障民生支出需要。评审专家包括人大代表、政协委员、审计专家、政策研究人员、高校学者、主流媒体人员等，素质优良、结构合理、代表广泛。他们参与预算评审相当于预算编制的项目向社会公开、过程向社会公开、政策向社会公开、决策向社会公开，进一步推动财政工作面向社会、面向群众，体现从“闭门编预算”到“开门办预算”的转变，让预算评审逐渐成为预算公开透明的“金字招牌”。积极接受人大监督，建立评审监督机制，邀请人大常委会预工委同志作为预算评审监督员，对评审程序、评审规则和评审纪律等方面进行全方位、全过程监督。另外，积极落实审计监督要求，邀请审计部门同志作为评审专家直接参与评审论证，并将审计提出意见的设立5年以上的专项转移支付全部纳入评审。严把预算审核关口，突出绩效导向，把绩效情况作为预算评审重要内容，结合项目资金的绩效评价及财政监督检查情况，引导预算部门合理设定绩效目标、创新资金投入方式、兼顾经济社会综合效益，督促预算部门加强项目支出定额标准体系建设，推动财政资金用在刀刃上、更好发挥撬动和引导作用。经过实践的磨合，“财政牵头、部门配合、专家论证”的评审机制逐步成熟，为推进预算管理改革各项工作提供重要支持。

（预算处　卓帅）

完善省对下转移支付

【概况】2017年，省财政厅进一步完善一般性转移支付办法，规范专项转移支付管理，强化转移支付预算执行，不断增强市县政府财政保障能力。

【规范省以下转移支付管理】省政府办公厅印发《安徽省财政一般性转移支付资金管理办法》和《安徽省省级财政专项资金管理办法》，主要对转移支付的设立调整、分配使用、预算决算、责任划分、绩效评价、审计监督以及信息公开等做出规定，对加强省以下转移支付管理，提高财政资金使用的规范性、安全性和有效性，起到重要推动作用。

【完善一般性转移支付办法】按照公平公正、公开透明、统筹兼顾的原则，完善省对下均衡性转移支付办法、重点生态功能区转移支付办法以及资源枯竭城市转移支付办法等一般性转移支付管理办法，对资金性质、测算分配、规范使用、绩效管理等做出明确规定，努力缩小地区间财力差距，促进全省基本公共服务均等化。

【推动转移支付同农业转移人口市民化相挂钩】修订完善省财政农业转移人口市民化奖励资金管理办法，以各地农业转移人口实际进城落户数为核心因素，分配下达市县2017年度奖励资金10.49亿元，支持市县政府提高农业转移人口基本公共服务保障能力，引导推动有能力在城镇稳定就业和生活的农业转移人口举家进城落户，加快推进国家新型城镇化试点省建设。

(预算处　陈曦)

加强财政绩效管理

【概况】2017年，省财政按照深化预算管理制度改革的要求，将预算绩效评价重点由项目评价逐步拓展到部门整体支出和政策、制度、管理等方面，进一步健全全过程预算绩效管理机制，努力实现预算绩效管理的常态化、规范化、制度化。安徽省在全国财政管理绩效考核中居优秀等次第4位，获得国务院通报表扬；在财政部预算绩效管理考核中，获评全国先进单位第2名；困难群众基本生活救助绩效评价考核连续3年位居全国第1名；安徽省社会救助工作中央财政补助资金增幅高于全国平均增幅6个百分点；专项扶贫资金绩效评价和贫困县涉农资金整合绩效评价位居全国A类等次，获中央扶贫专项资金奖励4亿元、财政部绩效奖励1.6亿元。

【健全绩效管理工作机制】出台《关于推进2018—2020年财政绩效管理的意见》，推进市县财政部门开展预算绩效管理工作，提出到2020年，建立覆盖所有部门(单位)和财政资金，贯穿预算管理事前、事中、事后全过程的绩效管理体系。根据省人大十二届七次会议关于进一步加强预算绩效管理要求，印发《关于进一步加强民生工程绩效评价的通知》(民生办〔2017〕7号)。省财政会同省直相关部门全面修编完善33项民生工程绩效评价办法，共45个评价办法和54套评价指标，实现制度全覆盖，做到“突出重点、规范统一、注重操作”，推进安徽省民生工程绩效管理工作规范化建设。出台《安徽省县级基本财力保障机制绩效评价办法》，有针对性地扎紧预算绩效管理的制度“笼子”，进一步推动重点领域预算绩效管理。出台《安徽省级财政评审协作机构评审质量稽核管理办法》，以项目为单位对协作机构的人员安排、评审报告、评审质量、评审效率、职业道德等方面进行稽核考评，强化第三方评价质量监管，提高绩效评价质量。

【完善绩效管理工作链条】持续推进开门办预算，通过专家集中评审、网络评审、联合评审、第三方机构评审等方式，重点将新增安排、专业性较强、社会关注的72个项目纳入公开评审，涉及金额86.6亿元，预算安排47.7亿元，审减率44.9%；评审2个部门整体支出，涉及金额20亿元，预算安排12.8亿元，审减率36%，预算编制的公众参与度和透明度进一步提高。全面编制预算绩效目标，并对重点项目绩效目标进行第三方评审，推进绩效目标管理规范化，明确绩效目标编制、审核、批复的规范程序和具体要求；强化绩效目标的应用，推进绩效目标与预算编制深度融合，把绩效目标作为预算执行、绩效评价、绩效问责的重要依据。开展绩效目标执行监控，根据年初批复的绩效目标，财政部门指导并督促预算部门、单位对绩效目标实现情况、项目实施进程和资金支出进度进行跟踪监控，及时纠偏，确保完成预设目标。全面实施项目支出绩效评价，省直各部门按照要求对全部项目支出进行自评并提交自评报告，实现绩效自评全覆盖，省财政委托社会中介机构对重点项目开展绩效评价。强化评价结果应用，通过省级预算联网监督系统向省人大常委会预算工委推送2016年度财政重点项目绩效评价报告，初步实现重点项目绩效评价报告在线接受人大审查监督。印发《安徽省财政厅关于2016年省级财政支出重点项目绩效评价情况的通报》,通报重点财政支出项目绩效评价结果,倒逼相关部门和单位进一步重视绩效、加强绩效,进一步提升财政资金的使用效益和财政预算的管理水平。建立绩效评价结果与预算编制、转移支付分配、债务额度分配挂钩机制,并依据评价结果调减或增加项目预算资金规模。省直各部门在公开2016年度部门决算同时,公开本部门预算绩效管理工作开展情况。

【实施重点项目绩效评价】按照深化预算管理制度改革的要求,安徽省预算绩效评价重点由重点项目评价拓展到部门整体支出和政策、制度、管理等方面。2017年,共完成绩效评价项目44批次380个,评审资金2063.91亿元,连续3年省级评审资金规模位居全国前列。民生工程、社保资金保值增值、政策性农业保险、农产品安全等典型项目的开展,实现省级预算重点项目、民生工程项目全覆盖。连续两年在全省开展政府债券投资项目绩效评价,在财政自查的基础上采取第三方评价的方式,加强对债券资金的拨付和使用管理。特别是在全国率先开展的县级基本财力保障项目绩效评价工作,标志着安徽省绩效评价工作向市县财政管理综合评价拓展,对预算绩效管理的支撑作用进一步增强。加强评价质量控制和考核。财政重点绩效评价由财政部门牵头,依托财政投资评审机构,借助社会中介机构专业力量,做精做深,做出亮点,充分发挥财政重点评价的示范导向作用。持续规范绩效评价业务流程管理,在建立的操作规程、报告格式范本、稽核评比办法、评价指标体系、评价报告集中点评制度的基础上,加强14大类项目评价指标体系框架的应用和完善,开展绩效评价实施方案(模板)的编制工作,试行评价方案和评价指标会审点评制度,将业务流程控制的关口进一步前移,从源头加强评审质量控制,不断提高评审工作水平。

【构建全省绩效管理工作上下联动格局】在做好省级绩效管理工作的基础上,省财政指导市、县全面开展预算绩效管理工作,加大对市县的培训和交流力度,建立激励约束机制。截至2017年,安徽省预算绩效管理工作延伸到省市县各级预算单位,覆盖到公共财政预算、社保基金预算、政府性基金预算和国有资本经营预算等全口径预算资金,融入预算编制、预算执行、预算监督的各个环节,形成以省级为引领,省市县三级联动的工作格局,实现“横向到边、纵向到底”的管理目标。合肥市努力在预算绩效管理方面做到“五个全覆盖”,全面推进绩效管理与预算管理深度融合,创新开发财政支出政策库,建立财政支出政策集中储备、预算编制、动态监控、绩效评价的全过程管理机制。六安市坚持多管齐下,实施预算绩效管理多样化,邀请人大代表、政协委员、审计部门等全程参与预算公开评审和绩效评价工作,引导社会公众监督财政资金使用绩效,形成全社会“讲绩效、重绩效、用绩效”的良好氛围。

(债务办　谷媛)

加强政府性债务管理

【概况】2017年,安徽省认真贯彻落实国务院《关于加强地方政府性债务管理的意见》(国发〔2014〕43号)精神,坚持“修明渠、堵暗道”,加快建立以政府债券为主体的地方政府举债融资机制,夯实将政府债务纳入预算管理的基础,对地方政府债务实行规模控制和风险预警,发挥政府债务管理在推进供给侧结构性改革中的积极作用,切实防范和化解财政金融风险。

【健全安徽省地方政府债务管理制度】印发《2017年安徽省政府置换债券定向承销发行簿记建档规则》《2017年安徽省政府置换债券定向承销发行兑付办法》《2017年安徽省政府债券招标发行规则》《2017年安徽省政府债券发行兑付办法》等文件,夯实安徽省地方政府债券发行管理的制度基础。提请以省政府办公厅名义印发《政府性债务风险应急处置预案》(皖政办秘〔2017〕10号),转发财政部《地方政府性债务风险分类处置指南》,进一步细化方案、对症下药、加强指导,防患于未然。

【发挥地方政府债券融资主渠道作用】组织市县财政部门对2017年置换债券、新增债券需求进行统计,做好各批次债券发行的数据汇总和信息披露工作。结合上一年度各承销机构债券承销情况,对省政府债券承销团进行动态调整;定期召集债券承销团会商协调,确保2017年安徽省政府债券发行顺利实施。分别采取定向承销和公开招标的方式,发行安徽省2017年政府债券1462.1亿元,其中:新增债券687.9亿元,为地方政府扩大有效投入提供了资金支持;置换债券774.2亿元,对缓解地方政府偿债压力、防控债务风险、优化债务的期限结构、降低融资成本、促进全省经济平稳健康发展起到积极作用。

【对政府举债实行限额管理】经积极争取,获财政部分配安徽省新增债务限额728亿元,根据各地债务风险和偿债压力,提出安徽省2017年新增债务限额分配方案,提交省政府常务会议审定后及时下达市县。按照因素法做好2017年新增债务限额分配工作,将预警结果和分配市县新增债券额度挂钩,对被风险预警和风险提示的分别按照分配额度的10%和5%进行扣减,同时,做好新增债券的预算调整工作。印发《关于进一步加强地方政府债务限额管理的通知》(财债〔2017〕88号),对截至2016年底政府债务余额超过限额的地区进行通报和约谈,要求超限额地区认真核实债务信息,积极筹资偿还债务,实时监控债务余额增减变化,确保2017年底债务余额不超过核定限额。

【管好用好政府债券资金】在组织市县财政部门对2016年置换债券资金使用情况开展自查的基础上,配合财政部驻安徽专员办开展专项核查,督促相关市县对照财政部整改建议,限期做好整改工作,省政府对存在问题的市县进行通报批评,汇总整改结果上报财政部。针对地方政府置换债券使用中存在的具体问题,印发《关于做好2017年地方政府存量债务置换工作的通知》(财债〔2017〕217号),要求各级财政部门加快存量政府债务置换进度;定期与财政部驻安徽专员办沟通会商,召开市财政局长和政府债务办主任工作会议,明确责任要求,着力构建长效机制。印发《关于开展2016年度新增地方政府债券资金绩效评价工作的通知》(财债〔2017〕707号),对2016年度新增地方政府债券资金开展绩效评价工作,将绩效评价结果作为今后年度分配新增债券额度的参考依据,进一步强化支出责任和效率,切实提高债券资金使用效益。

【坚决制止违法违规举债融资】印发《关于坚决制止违法违规举债担保行为的通知》(财债〔2017〕488号),依法界定地方政府债务边界,推进融资平台公司市场化转型和融资,防止为专项建设基金项目提供本金回购、保底收益承诺等任何形式担保,规范推进PPP项目实施,严禁通过保底承诺、回购安排、明股实债等方式进行变相融资。印发《关于促进市县政府规范融资的指导意见》(财债〔2017〕1526号),从分类推进政府融资平台公司转型发展、积极鼓励融资平台公司市场化融资、防范融资平台公司经营风险转化为财政风险、规范实施政府购买服务项目、在公共服务领域大力推广PPP模式、着力保障PPP项目规范可持续发展、充分利用PPP模式盘活存量优质资产、努力创新PPP项目融资方式、大力推进分类发行专项债券试点工作、充分发挥地方政府债券的融资功能等十个方面促进市县政府规范融资。认真贯彻落实财政部《关于进一步规范地方政府举债融资行为的通知》及《关于坚决制止地方以政府购买服务名义违法违规融资的通知》要求,督促指导各地认真自查、登记台账、限期整改。

【强化政府债务管理考核】按照省政府办公厅《关于开展2016年目标管理绩效考核工作的通知》(皖政督办〔2017〕2号)要求,采用债务率、新增债务率、逾期债务率等风险指标,对2016年16个市政府性债务管理情况进行量化评分。印发《2018年安徽省政府性债务管理考核暂行办法》(财债〔2017〕1362号),进一步强化对出现政府性债务风险事件的惩戒,加强对债务管理水平的考核和结果运用,引导地方政府牢固树立债务风险意识,压实各级各部门的管理责任。

【加强地方政府债务信息公开】省级财政部门按照地方政府债券发行有关规定及时披露相关信息,通过中国债券信息网等媒体,公布债券发行额度、发行利率等信息;各级财政部门按照财政部的统一部署,做好本地区政府债务总体情况公开工作,主动接受社会监督。

(债务办　韩晓峰)

支持创新型省份建设

【概况】2017年以来,省财政深入学习贯彻习近平新时代中国特色社会主义思想,牢固树立新发展理念,贯彻实施五大发展行动计划,深化财政科技体制改革,科学配置财政科技资源,提高财政科技资金质量和效益,着力解决制约创新发展的财政体制机制问题,充分激发全省创新活力和创造潜力,全力服务支持创新型省份建设,为建设五大发展美好安徽提供强劲支撑。

【加大财政科技投入】坚持把科技创新摆在发展全局的核心位置重点保障。持续加大财政科技投入。2017年,全省财政科技支出263.6亿元,较上年增长1.6%。2016年全省财政科技支出259.5亿元,位列全国第六位;占财政支出4.7%,位列全国第三位。2012—2017 年,全省财政科技支出年均增幅 22.4%。保障创新政策兑现。突出把创新落实到创造新的增长点上,围绕“三重一创”、科技创新、制造强省等政策文件,统筹科技产业等专项资金 97 亿元,支持各项创新政策落地,惠及 4200 多家企业和单位、4800 多个项目。支持合肥综合性国家科学中心建设。强化高端引领,省市共建重大科技创新平台。省委、省政府将创建量子信息科学国家实验室作为科技创新“一号工程”,省、合肥市前期安排 50.7 亿元支持国家实验室以及中科大高新园区建设。安排合肥先进光源预研项目和类脑智能技术及应用国家工程实验室资金 3370 万元。承诺支持聚变堆主机关键系统综合研究设施建设。推进创新税收优惠政策落实。全省共有 1547 户高新技术企业享受 15% 优惠税率的所得税优惠 41.4 亿元;76 户软件、集成电路企业所得税优惠 2.1 亿元。发布全国首份《财税优惠事项清单》,收录 486 项减税政策,打造优惠政策“一本通”。

【深化财政科技管理改革】坚持问题导向,着力破解制约创新的管理体制瓶颈。实施国有科技型企业股权激励政策。2016 年 2 月,国有科技型企业股权和分红激励政策在全国范围推开,安徽省在总结前期合芜蚌三市试点基础上迅速推开。截至 2017 年底,累计实施 159 户,激励人员 2966 人,激励金额 6.29亿元。推进科研项目资金管理改革。出台实施意见,扩大高校院所科研项目预算调剂、结转结余、绩效支出等资金管理自主权和差旅费、会议费、采购管理等财务自主权。截至 2017 年末,全省 70 多家省属高校院所制定改革完善科研项目资金管理等政策的内部管理制度。深化科技成果“三权”改革。下放科技成果使用权、处置权和收益权。实施科技成果转化激励政策,明确科技成果转化收益奖励比例不低于 70%。21 家单位签订合同 225 项,总收入 8912.4 万元,分别较上年增长 87.5%、140.8%。

【创新人才培养引进扶持机制】将支持人才培养引进,作为科技保障重点协调推进。支持创新型人才培养引进。安排 1.2 亿元,重点支持“特支计划”、“百人计划”、“115 产业创新团队”、以及高层次人才综合信息服务平台建设等。参股扶持高层次科技人才团队创新创业。2014—2016 年,累计安排 4.8 亿元参股扶持 72 个团队携带具有自主知识产权的科技成果来皖落地转化创办企业,带动项目投资 30 亿元。2017 年安排 2.8 亿元,较上年增加 9000 万元。支持大众创业万众创新。2015 年,合肥市入选首批国家小微企业创业创新基地城市示范,截至 2017 年,中央财政下达 9 亿元,带动合肥市整合各类资金达 1554.2 亿元,其中地方财政投入 163.2 亿元、社会资本投入 1382 亿元,营造“大众创业、万众创新”的良好氛围。

【促进科技金融融合】优化支出方式,支持打造覆盖企业全生命周期的资金保障体系。推动省级股权投资基金体系建设。2017 年安排 27 亿元,支持设立 300 亿元省“三重一创”产业发展基金、200 亿元中小企业发展基金、20 亿元种子投资基金等。支持设立 150 亿元的安徽省创业风险投资基金,侧重支持初创期、成长期前端企业发展。深化多层次资本市场改革。2017 年省财政安排 1659 万元,支持 67 户企业成功办理上市辅导备案登记、成功实现上市(挂牌)融资 14.4 亿元。安排 3600 万元,支持 168 户专精特新企业在省股权托管交易中心挂牌。实施知识产权质押和科技保险补助。自 2010 年起启动专利权质押贷款试点工作,截至 2017 年底,全省 16 市累计专利权质押贷款 1115 笔,融资额达 106.1 亿元。实施科技保险补偿补助政策,对关键研发设备、项目投资损失等 12 个险种,按保费的 60% 补助。2017 年,安排保险补助 77 项,资金 612.6 万元。争取国家首台(套)重大技术装备保险补偿资金 221 万元。

(教科文处)

财政支持生态文明建设

【概况】2017 年,省财政根据生态文明建设有关要求,通过加强政策创新、健全体制机制、加大投入力度,着力从生产方式、消费模式、发展理念等多个方面支持和引导绿色循环低碳发展,积极推进生态文明建设。

【加快构建绿色生态屏障】实施森林和湿地资源保护等重大生态工程。省财政统筹下达资金 11.1 亿元,其中中央财政生态保护与修复和林业改革发展资金 8.2 亿元,省财政林业各项补助资金 2.8 亿元,年度湿地保护与修复资金增长 100%,森林防火及病虫害防治资金增长 38.5%,重点支持退耕还林、森林生态效益补偿、森林抚育、国有林场改革、千万亩森林增长工程建设奖补等项目。推进皖江生态文明示范区建设。提前下达 2017 年池州市海绵城市试点补助资金 2.8 亿元,进一步加快城市生活污水处理厂和配套管网建设,提高运行效率。推进淮河生态经济带建设。安排拨付专项资金3137万元,支持淮北、阜阳、淮南三市11个采煤塌陷区村庄搬迁项目,进一步加强对采煤塌陷区生态修复和治理支持力度。加快新安江生态经济示范区建设。推进新安江上下游横向生态补偿试点,拨付安徽省、浙江省省级补偿资金10.2亿元,指导黄山市制定新安江流域上下游横向生态补偿"十三五"规划;支持皖南国际文化旅游示范区和大黄山国家公园建设,下达绩效奖补资金5000万元。建设巢湖流域国家生态文明先行示范区,积极支持亚行贷款巢湖流域水环境综合治理项目,协议利用亚行贷款2.5亿美元,重点支持河道整治、生态湿地建设、污水收集与处理、机构能力加强、非点源污染防控示范等方面。支持大别山绿色发展示范区建设,深入推进大别山区水环境生态补偿试点,安排下达省级补偿资金1.32亿元,落实合肥市补偿资金0.4亿元,对推进生态补偿政策开展调研完善工作,指导和督促六安市加快生态补偿项目实施。

【抓好重点领域污染防治】落实大气污染防治行动计划。提前下达中央大气污染防治资金3.46亿元,下达省级大气污染防治综合奖补资金2亿元,下达提前淘汰黄标车省级奖补资金1.52亿元,支持各地防治大气污染。支持重点流域水污染防治。拨付2017年中央财政水污染防治资金3.67亿元,支持全省9个市和3个湖泊水环境治理。加大土壤污染防治力度。统筹安排土壤污染防治资金0.72亿元,支持安徽省开展土壤污染详查及土壤污染防治工作。推进城乡环境综合整治。将农村垃圾治理和农村生活污水治理纳入美丽乡村民生工程项目,切块安排补助资金4亿元,进一步完善农村垃圾处理模式,促进农村人居环境改善;按照水污染防治行动计划要求,安排下达农村环境整治资金3592万元,对纳入规划的800个行政村农村环境整治任务给予支持;贯彻省委省政府农村环境"三大革命"部署,将农村改水改厕补助资金纳入2018年预算,实行以奖代补、先建先补、早建早补。加大对"三线三边"矿山地质环境治理项目支持力度,安排补助资金4834万元,支持全省18个矿山地质环境恢复治理项目。

【大力发展绿色循环低碳经济】支持秸秆产业化利用。按照小麦、玉米、油菜20元/亩、水稻10元/亩的标准,全省各级财政共计安排秸秆禁烧和综合利用奖补资金16.31亿元,省财政拨付秸秆发电财政奖补资金1.02亿元。变堵为疏,出台秸秆产业化支持政策,省财政下达农作物秸秆产业化利用奖补资金1.26亿元,对秸秆产业化龙头企业、农作物秸秆资源利用现代环保产业示范园区建设等给予奖补。大力推广绿色建筑和建筑产业化。下达绿色建筑及建筑产业现代化奖补资金5000万元,支持全省绿色建筑示范项目、绿色生态示范城区、建筑产业现代化综合试点和示范基地等方面。加大新能源汽车推广应用力度。按照国家新能源汽车推广应用要求,争取中央财政2015年度新能源汽车补贴资金19.62亿元、2016年度新能源汽车补贴资金10.14亿元,下达省级补贴资金2.67亿元,支持安凯、江淮、奇瑞等省内新能源汽车企业发展。

【健全资源有偿使用和生态补偿机制】推动建立流域上下游横向生态补偿机制。按照国家要求,主动会同省环保厅等部门初步研究制定安徽省加快建立流域上下游横向生态保护补偿机制的实施方案,按照区际公平、权责对等,市县为主、省级引导,试点先行、分步推进的原则,充分调动流域上下游地区的积极性,加快形成"成本共担、效益共享、合作共治"的流域保护和治理长效机制,有序推进地区间横向生态保护补偿。巩固新一轮新安江流域上下游横向生态补偿。为进一步推进新安江生态补偿机制,稳步实施第二轮试点,及时争取和协调补偿资金,各生态补偿项目正在稳步实施。黄山市按照要求编制农村垃圾和污水处理实施方案,并建立新安江绿色发展基金。安徽、浙江两省财政厅主要负责同志在新安江街口断面开展联合调研,并对新安江上游地区生态保护进行考察,就新一轮生态补偿进行商讨。稳步实施大别山区水环境生态补偿。根据水质监测结果,省财政厅拨付2017年省级补偿资金1.32亿元,并将合肥市补偿资金0.4亿元拨付至六安市。六安市制定生态补偿资金管理办法、项目管理办法等配套文件,并筛选出水资源保护和水污染治理等项目,部分项目开始实施,且效果良好。落实生态功能区转移支付政策。积极争取国家生态功能区转移支付资金,下达2017年安徽省65个县(区)生态功能区转移支付资金13.95亿元,并按照国家有关规定,要求享受转移支付的政府和有关部门要切实增强生态环境保护意识,将转移支付资金重点用于各地生态环境保护和涉及民生的基本公共服务支出。

(经建处)

财政支持综合医改工作

【概况】2017年，省财政认真贯彻全国和全省卫生与健康大会精神，按照省委、省政府医改工作部署，围绕提升保障水平、完善政府投入、推进债务化解，履职尽责，主动作为，深入推进综合医改工作，着力支持"健康安徽"建设。

【提升医疗卫生及医改保障水平】2017年是自2009年新医改启动以来安徽省医改投入力度最大、投入增幅最快、占财政支出比重最高的一年，全省医疗卫生支出597.8亿元，较上年增长近120亿元、增幅为25%；全省医疗卫生支出占财政总支出的比重为9.64%，较上年提高1个百分点。新增支出重点用于城乡基本医保提标扩面、基本公共卫生服务均等化、健康脱贫"351""180"工程、公立医院债务化解奖补、公立医院事业发展等方面。

【研究完善公立医院政府投入机制】省财政厅成立专题调研组，通过实地走访、座谈交流、查阅台账、统计分析、政策梳理等多种方式，深入基层"解剖麻雀"，形成《关于健全财政医改投入机制问题的调研报告》，提出支持公立医院、基层医疗卫生事业等若干建议，并逐步将报告建议转化为政策成果。2017年，省财政从发行地方政府债券资金中安排5亿元，支持省、市及贫困县公立医院基本建设、设备购置、人才培养等方面事业发展。统筹世行医改贷款项目资金2.85亿美元，分年度支持基层医疗卫生事业发展，并着力向贫困地区和薄弱环节倾斜。

【健全公立医院债务管理长效机制】2017年1月，省政府在全国率先出台《关于加强公立医院债务化解及管理工作的意见》，按照"锁定存量、严控增量、依法依规、分级分类、综合施策"的思路，总结经验、创新方式，综合运用债券置换、财政补助、自筹资金、协商谈判、争取政策支持等多种途径，有效解决公立医院债务问题，构建公立医院债务化解及管理工作新机制，引起国务院医改办、财政部及兄弟省份高度关注，《人民日报》等主流媒体进行报道，各方面的总体评价是：安徽的做法，不仅通过合理的财政投入撬动了公立医院债务化解这个"老大难"，更为关键的是花钱"买"了个公立医院债务管理的长效机制。此外，省财政厅牵头制定《公立医院债务审计甄别工作方案》《公立医院债务化解及管理工作考核奖补办法》等配套文件。完成债务审计甄别工作，有效建立债务化解奖补制度，债务管理长效机制逐渐成型，2017年补助资金全部下达，起步阶段各项任务圆满完成。

（社保处）

支持制造强省建设

【概况】2017年4月，省政府出台《支持制造强省建设若干政策》，统筹工业转型升级（中国制造2025安徽篇）专项资金和工业投资综合奖补等专项，支持高端制造、智能制造、精品制造、绿色制造、服务型制造等五大制造，支持电子信息、软件和大数据产业发展，支持企业做大做强，推动安徽省制造业做大做强和提质增效。

【支持五大制造】推动高端制造。对符合条件的技术改造项目、省内研制和使用首台（套）装备的单位、主导制定国际（国家）标准的企业给予补助，单项奖补资金从50万元到500万元不等。对在皖全国电子信息、软件百强企业、新注册为总部的大数据企业给予奖补，对"核心电子器件、高端通用芯片及基础软件产品"重大科技专项，按国家确定的比例配套。推动智能制造。对获得国家智能制造试点示范项目、通过国家两化融合管理体系标准评定、被认定为智能工厂、数字化车间和年度购置10台及以上工业机器人（自由度≥4）等企业给予奖补。推动精品制造。对获得"三品"示范、制造业单项冠军示范、技术创新示范、质量标杆、"安徽工业精品"的企业给予奖补，单项奖补资金从20万元到300万元不等。推动绿色制造。对评定为绿色工厂、绿色产品和节能环保"五个一百"专项行动优秀企业给予奖补，单项奖补资金从50万元到100万元不等。推动服务型制造。对获得服务型制造示范企业、中小企业公共服务示范平台和工艺美术大师工作室等给予奖补，单项奖补资金从50万元到100万元不等。

【支持企业做大做强】对主营业务收入达到一定规模和新进入全国制造业500强、民营企业500强的企业和企业领导班子给予奖补。对专精特新和成长型小微企业给予奖补。对国家新型工业化示范基地、小微企业创业创新基地进行奖补。以上单项奖补资金从30万元到500万元不等。

【强化要素支撑】进一步落实国家出台的税收优

惠政策,鼓励市县对技改项目按招商引资政策落实税收优惠。设立省中小企业发展基金,力争5年总规模达200亿元。对制造业中小企业开展设备融资租赁业务的进行补贴,每户企业最高可达500万元;对在省股权托管交易中心挂牌的专精特新企业每户给予一次性奖补20万元。2017年,省财政落实兑现制造强省建设资金23.7亿元,其中3亿元用于设立省中小企业发展基金。共有近1900户企业获资金支持,受惠企业数量较2016年提高1倍多。项目安排向国家和省扶贫开发工作重点县(区)倾斜,所有扶贫县(区)均有企业获支持,共支持项目近480个、资金约3.9亿元。政策资金的有效落实,有力支撑全省工业经济平稳健康发展,工业发展韧性增强。2017年,全省规模以上工业增加同比增长9%,居全国第六、中部第二位。

(企业处)

支持政策性融资担保体系建设

【概况】近年来,在省委省政府高度重视下,全省各级财政坚持“扶小微、广覆盖、低费率、可持续”的原则,打造全省政策性融资担保体系,创新“4321”政银担合作机制,形成“安徽担保”模式,安徽省经验做法受到有关方面充分肯定,国务院融资性担保业务监管部际联席会议专门发文推广。截至2017年末,全省各级财政共投入257.8亿元(其中省财政170.8亿元,市县财政87亿元),支持全省141家政策性融资担保机构净资产达656.6亿元(占全省融资担保行业净资产78.2%,其中市级机构平均净资产约8亿元、县级机构平均净资产约3.5亿元),比体系建设前(2013年前,下同)增长194%;在保企业户数11.3万户,比体系建设前增长163%;在保余额1822.6亿元(其中政银担业务在保余额778.3亿元,超额完成600亿元的年度目标任务),比体系建设前增长72%;放大倍数4.6倍,比体系建设前增长1.6倍。担保费率1.2%,比体系建设前降低40%。担保代偿率2.57%,风险基本可控,未发生系统性、区域性重大风险。

【加大财政投入】针对安徽省民营经济发展相对滞后和县域政策性融资担保机构“小、散、弱”的现状,省财政自2013年起积极调整支出结构,整合专项资金,通过专项转移支付、省担保集团注资参股、发展农业信贷担保公司等多种方式,着力加强政策性融资担保体系建设。省财政自2016年起每年安排专项资金,建立省级融资担保风险补偿专项基金,并要求市县财政根据当地实际落实风险补偿资金,为政策性融资担保做好资金保障。

【构建政策性担保体系】以省担保集团为龙头,通过股权和业务等纽带,加快构建全省政策性担保体系。省财政不断壮大省担保集团实力,增强其再担保能力,鼓励市县政策性担保机构加入再担保业务合作,提高再担保覆盖面,增强机构间风险对冲和分散能力。支持省担保集团与德国有关担保银行合作,并在全国率先成立担保资产管理公司,将其作为担保产业链上的重要一环和行业生态修复系统。

【创新政银担合作模式】2014年,以中央财政担保风险分担补偿试点为契机,借鉴德国担保银行经验,建立由原担保机构、省再担保机构、合作银行及地方按4∶3∶2∶1比例分担风险的政银担风险分担及代偿补偿机制,为全省单户在保余额500万元以下、最高不超过2000万元的小微企业担保提供风险补偿。2015、2016年,政银担合作模式连续两年被安徽省深化改革领导小组列为重点改革任务,省财政会同有关部门不断完善机制,进一步将“税融通”、道德信贷、惠农安居贷及进出口科技贷等纳入支持范围。

【提高担保效益】以省政府文件形式明确提出到2017年底,全省融资担保机构平均放大倍数达到5倍以上,其中省市国有机构达到7倍以上,县级国有机构达到5倍以上。2013年起,明确要求政策性融资担保机构年化担保费率原则上不超过1.5%。2016年6月起,进一步将担保费率降至1.2%,同时省担保集团免收再担保费。实施担保增量奖励政策,省及同级财政对符合条件的融资担保机构按其在保余额增加额,分别给予一定奖励。省财政建立对省担保集团和市县政策性融资担保机构绩效考核办法,对放大倍数、扶持小微企业数量、风险控制、担保费率等进行考核评价,考核结果及约谈整改情况与省财政扶持政策、负责人薪酬及同级政府对金融机构综合考核等挂钩。

【加强担保风险管控】财政部门代表政府履行政策性融资担保机构出资人职责,加强融资担保机构财务监管。根据防范金融风险要求,研究制定《安徽省政策性融资担保体系重大风险事件监测预警处置预案》,要求各地设立领导组织、制定风险预案、开展风险监测预警、落实风险事件报告,加强风险防控能力,摸清风险底数,着力防控政策性融资担保体系风险,守住不发生系统性风险底线。

（金融处）

实施33项民生工程

【概况】2017年,省财政厅认真贯彻落实党的十九大精神以及省第十次党代会、省委十届六次全会部署,按照省委省政府部署要求,主动作为,务实进取,不断提升民生工程组织实施工作水平,在推进“稳增长、调结构、惠民生”方面发挥重要作用,有力提升五大发展美好安徽现代化水平。全省累计拨付民生工程资金940.6亿元,增长13.9%,33项民生工程目标任务全部完成。

【强化精准调度】层层签订目标责任书,召开民生工程通报调度会和5次专题会议,按月梳理项目和资金进展并形成分析报告。会商部门70多次,督导市县30多次,协调调度解决项目实施、计划下达、工程进度等问题。

【强化制度建设】加强制度设计,强化机制建设,制定关于加强民生工程联络协调、绩效评价、通报考评、宣传引导、科学安排等5个文件,对重点工作进行规范,不断推进民生工程制度化、规范化、科学化和长效化。

【强化资金保障】调整优化财政支出结构,压缩“三公”经费等一般性开支,集中财力保障民生工程资金。通过财政撬动带动,引导市场、社会、集体和个人参与,保障民生工程建设需要。

【强化建后管养】加大管养投入力度,各级财政累计投入管养资金21.5亿元,增长16.2%。督促市县采取购买服务、公建民营、民办公助等办法,促进所有工程类项目发挥长久效益。

【强化绩效评价】全面修订完善33项民生工程绩效评价办法,选择所有10个工程类项目和2个补助类项目开展第三方评价。服务省人大常委会副主任沈素琍、花建慧及省政协副主席李卫华视察民生工程。

【强化宣传引导】通过召开新闻发布会、在线访谈、制作专题宣传片等方式,加大宣传力度,解读民生政策,不断提高群众对民生工程政策的知晓度。加强《安徽民生工程》网络平台建设,累计发布信息近5000条。

【任务完成情况】全省民生工程提质提速,新增6项进展顺利,提标扩面5项执行到位,33项民生工程任务全面完成。加强脱贫攻坚、“二农”等工作,保障低保、五保、孤儿、重度残疾人、生活无着人员等各类困难群体340多万人,实施健康脱贫兜底“351”和“180”工程,满足特困群体和困难人员的兜底保障,受理审批城乡困难群体法律援助案件近9万件。围绕就业、教育、社会保障、健康卫生等重点领域,完成技工大省技能培训45万人,义务教育经费保障600多万名城乡学生,覆盖城乡的社会保障体系基本建立,城乡居民医疗保险惠及5900万人,推动基本公共服务进一步完善。在住房、道路、安全、水利等领域加强建设,建成棚户区33万套,完工农村道路畅通工程2万公里,农产品食品安全工程完成快检和检验室1800套(个),水利薄弱环节治理完成投资70亿元,让群众共享多享改革发展成果。

（民生办）

处室单位工作概述

办公室工作概述

【概述】2017年,办公室紧紧围绕财政中心工作,积极践行“忠诚正直、勤学勤业、服务协调、守规自律”要求,一心一意谋发展、聚精会神抓党建,不断提高服务能力和水平,获省委省政府和财政部多项工作“先进单位”,获“全省财政系统先进集体”称号,连续第3次获评“省直机关文明处室”称号,连续5年获财政厅“先进党支部”称号。

【强化学习,增强政治定力】把握学习方向。扎实推进“两学一做”学习教育常态化制度化和“讲重作”专题教育、专题警示教育,认真开展“三个一”活动,组织支部集中学习16次、支部专题学习研讨10次、党小组学习24次,深入学习贯彻党的十九大精神和习近平新时代中国特色社会主义思想,及时传达学习重要文件、重要会议、领导讲话精神,认真学习罗厅长推荐文章,不断提升政治觉悟和理论素养。注重学习自觉。在内网办公室主页“主任推荐”“秘书交流”栏目推荐政治理论、党史国史、法律法规等主题学习文章,完善支部“流动图书角”,开展干部教育在线学习,参与各类业务培训,积极参加学法用法、依法行政、保密教育等知识测试,引导全室干部自觉学习、主动学习、常态学习。强化学习效果。坚持把政治理论学习与政策业务学习结合起来,持续推行周五例会制度,定期调度重点工作,及时补缺补差,切实把厅党组的部署要求第一时间贯彻落实到具体工作中。

【强化党建,加强支部建设】推动支部建设标准化。对照基层党组织标准化建设要求,按规定做好支部换届选举、党费收缴、党组织关系排查、党员教育培训等基础管理,制定支部党建重点事项督办清单,明确专人负责党支部、党小组工作活动记录和党员信息管理,做到支部档案记录分类化、盒装化、规范化。支部首批通过省直工委基层党组织标准化建设验收。推动组织生活规范化。制定党支部、党小组活动计划,严格执行“三会一课”、民主评议党员、谈心谈话、“党员活动日”等制度,召开支部党员大会10次、支部委员会12次、党小组会24次,支部书记带头讲党课4次,党员干部之间谈心谈话50余次,开展“讲重作”警示教育等专题组织生活会3次。推动整改落实常态化。建立党建“三查三单”工作台账,制定问题清单、措施清单和责任清单,每月梳理排查、督促整改。对照巡察共性问题,制定办公室党员干部负面言行提醒清单、自查自纠问题清单,做到任务到人、责任到岗。

【强化担当,着力优化服务】加强政务协调。印发《建议提案办理工作暂行办法》,牵头办理253件人大建议、280件政协提案,办结率和满意率均为100%。推行“科技+督查”的网上督办机制,牵头办理“省委重大决策部署贯彻落实推进机制”信息化平台转办事项171件，办理省政府“五大系统”转办事项28件，按时办理省委、省政府督办件、限时文和省领导批示事项595件。厅公文办理工作在全省政府秘书长和办公室主任会议上作经验交流，督查工作在全省政务督查培训班上作书面交流。加强信息宣传。健全信息宣传包保制度，编发报送各类信息936条，省委、省政府及财政部采用178条，组织重点宣传报道410余篇(次)。升级改造安徽财政综合办公网，完善厅门户网站网页栏目，发布政务微信微博信息776条。印发全面推进政务公开工作实施方案，主动公开财政政务信息2476条、答复公众咨询2600件、办复信息公开申请46件，财政厅政务公开工作在省直部门政务公开重点工作推进会上作经验交流。加强运转保障。扎实做好档案归档、公文运转、公务用车、办公用品等基础工作。深化保密管理，制定4个保密规范性文件，《安徽保密工作》全文转载财政厅保密督导检查办法，升级技术检查装备、加强保密日常检查，组织3批次144人赴省保密教育实训中心开展保密警示教育，财政厅保密工作做法在全省保密办主任专题研修班上作经验交流。

【强化作风，提升工作效能】推进效能建设。自觉落实效能建设“八项制度”等规定，严格落实外出报备制度、工作考勤负面清单制度、效能作风内部自查制度。牵头推进机关效能建设，印发厅机关效能建设工作要点、2017年综合考核工作办法，建立机关明察暗访常态化机制，开展明察暗访和效能建设走访巡查15次。厅效能建设典型做法被评为省直机关“效能建设最佳典型案例”。改进工作作风。牵头起草厅党组关于加强作风能力建设的意见、贯彻落实中央八项规定精神深入推进作风建设实施办法，认真落实中央八项规定精神、省委实施细则以及厅党组实施办法，落实“马上就办”工作制度，严格执行作风建设责任清单制度，深入推进“四零”服务，持续开展“四比四问”活动。联系服务基层。印发进一步做好信访工作的意见，牵头做好政务中心财政窗口服务，扎实推进结对共建、“双包”定点帮扶、党员干部进社区工作，向基层学习，为群众服务。

【强化约束，筑牢廉政防线】压实廉政责任。认真落实全面从严治党和党风廉政建设“两个责任”以及领导干部“一岗双责”，明确每位支部委员职责，组织党员干部学习贯彻党章和“两准则四条例”、观看廉政警示教育片、参加警示教育和革命传统教育，推动全室同志签订并落实党风廉政建设责任书。加强内部控制。编印《办公室日常工作规范流程汇编》，严格落实《办公室主任守则》《办公室工作人员守则》《办公室内部控制操作规程》，认真实施办公室17个岗位的内部控制制度，完善班子议事规则和决策程序。推进公开理财。带头执行财经纪律，按时公开全厅预决算和“三公”经费信息，严格机关内部财务审批，规范资产购置、使用和处置管理，认真落实内部审计制度，定期开展财务专项检查，加强厅属单位财务管理，全厅财务管理水平不断提高，全厅“三公”经费同比下降21.1%。

(办公室　代云霄)

综合处工作概述

【概况】2017年，在财政厅党组的坚强领导下、在兄弟处室单位的大力支持下，综合处紧紧围绕基层党组织建设和财政改革发展两大核心任务，坚持突出重点、统筹推进、问题导向、精准施策，年度各项工作任务顺利完成。

【强化学习教育】坚持个人自学和集中学习相结合，全年组织集中理论学习42次，撰写心得体会、学习综述50余篇。组织开展支部书记讲党课、革命传统教育、党章党规测试等党员教育活动，以“陈、杨、周”案为反面教材，在全处党员干部中开展“讲、重、作”专题警示教育，增强政治定力、纪律定力、道德定力、抵腐定力。

【抓好基础建设】研究制定《综合处支部民主议事规则》《综合处支部强化履职能力建设实施办法》《综合处支部思想政治学习教育制度》《综合处支部廉洁自律制度》《综合处作风建设若干规定》等五项制度。以基层党组织标准化建设为抓手，系统整理党建标准化资料台账，建立7大类25个小类的纸质档案和电子档案，通过厅机关党委组织的标准化达标验收。建立支部党建微信群和厅内网支部党建专栏，营造“学”“做”结合的浓厚氛围。积极开展结对共建、定点帮扶，与庐阳区亳州路街道南河湾社区党组织结对开展基层组织共建、慰问帮扶困难群众等活动。

【落实廉政责任】细化党风廉政建设责任分解，处室主要负责人带头认真履职，努力形成“人人有担当、层层抓落实”的责任体系。组织支部全体党员干部签订党风廉政建设责任书,研究部署党风廉政建设具体工作安排,做到令行禁止,确保政令畅通。对照责任分工,不定期开展内部自查自纠,找问题、定措施,落实党风廉政建设责任。

【提升工作作风】坚决反“四风”,确保处内全体党员干部守纪律、讲规矩,努力营造良好的政治氛围和工作环境。积极开展调研会商和业务培训,听取意见和建议,解决困难和问题,完善制度,优化方式方法,提升业务管理水平。严格落实机关效能建设制度,并根据财政综合工作岗位特点,推行交叉岗位制、一岗多责制,注重工作时效,提高工作质量,做到严谨细致、精益求精。

【完成财政改革牵头协调任务】第一时间传达学习中央深改领导小组会议和省委深改领导小组会议精神,细化分解省委部署的6项改革任务,完善“三位一体”的改革推进机制,落实“三察三单”制度,抓好改革落地。全年上报省委深化改革信息平台信息40余条,报送省委改革办综合信息9篇,省委深改组《改革工作简报》刊发财政厅综合信息1篇。财政厅落实“三察三单”制度做法、推进改革试点完成情况由省委改革办向省直单位推广。财政厅全面深化改革平台工作在省委改革办组织的改革信息平台工作考核评比中名列前茅。

【深化政府购买服务改革】会同省编办印发《关于做好事业单位政府购买服务改革工作的实施方案》,会同省民政厅印发《关于通过政府购买服务支持社会组织培育发展的实施意见》,深化全省政府购买服务相关工作。编制印发《2017年安徽省级预算安排政府购买服务实施目录》,公布6大类266项政府购买服务具体内容。全年实施政府购买服务项目4388个,涉及预算资金107.9亿元。

【推进机关事业单位工资分配制度改革】按照省委省政府部署,配合省人社厅规范完善驻肥省直机关事业单位一次性工作奖励政策和省直驻肥以外机关事业单位一次性奖励政策,完成省直驻肥机关事业单位一次性工作奖励审核、兑付工作。牵头研究出台文件,规范省政府驻外办事处津贴补贴发放管理。配合省人社厅等有关部门出台文件,稳步推进全省法官检察官工资制度改革、公立医院薪酬制度改革。

【推进“放管服”改革】落实中央统一部署,取消或停征41项中央设立的行政事业性收费,将商标注册费征收标准降低50%,将重大水利工程建设基金和大中型水库移民后期扶持基金征收标准降低25%,全年减轻企业负担超过40亿元。取消收取货物港务费,实现省级设立的涉企行政事业性收费项目清零,每年减轻企业负担3.2亿元。

【推进事业单位分类改革】配合省编办印发《关于承担行政职能事业单位改革试点的实施意见》《关于从事生产经营活动事业单位改革的实施意见》,配合省人社厅印发《安徽省承担行政职能事业单位改革试点中人员过度安置工作实施办法》,稳步推进事业单位分类改革工作。

【开展公平竞争审查工作】印发《安徽省财政厅关于建立公平竞争制度有关问题的通知》,建立财政厅公平竞争审查长效工作机制。对省财政厅牵头印发或起草的规范性文件及其他政策措施,按照“初审—复审—合法性审查”的程序,认真开展财政政策自我审查。

【推进城镇保障性安居工程建设】及时分配下达中央和省级财政城镇保障性安居工程专项资金8.1亿元,为落实安徽省城镇保障性安居工程建设任务提供财力保障。组织开展2016年度全省城镇保障性安居工程财政资金绩效评价,安徽省绩效评价总得分95.2分,名列全国各省市前列,被财政部综合司列为“优秀”等次。

【强化国有土地出让收支管理】按月分析上报全省土地市场运行和土地出让收支政策执行情况。严把土地出让收支管理政策关口,强化土地出让收支管理,妥善处理南陵县土地出让收支违规问题等涉访、涉诉事件。

【强化财政票据管理】通过政府采购确定两家票据承印企业,开展安徽省财政票据印制服务,规范票据印制管理。接受财政部委托,牵头核销15家中央驻皖单位历年财政票据,受到财政部综合司通报表彰。

【加强彩票市场和预算管理】落实国家对体育彩票销售机构擅自利用互联网销售彩票违规使用业务费问题整改要求,强化彩票市场监管。坚持向“补短板”的社会事业倾斜,强化“十三五”时期中央彩票公益金支持地方社会公益事业发展资金管理,统筹5.81亿元中央专项彩票公益金,支持全省学前教育行动计划和智慧经济发展。

(综合处)

税政条法处工作概述

【概况】2017年,税政条法处按照财政厅党组的部署和要求,紧紧围绕财政中心工作和改革重点目标,深入推进"两学一做"学习教育、"讲重作"警示教育活动,认真学习贯彻党的十九大报告精神,积极发挥财税政策对经济社会发展引导作用,大力推动法治财政建设和处室党建工作,较好地完成各项工作任务。2017年省财政厅被财政部授予全国重点企业税源调查快报工作先进单位。

【开展环境保护税开征准备工作】根据财政部环保税开征的总体部署和安排,省财政厅牵头建立安徽省环境保护税开征准备工作联席会议机制,会同相关部门制定安徽省环境保护税开征准备工作方案。选取部分重点行业及重点企业开展应税大气污染物和水污染物适用税额调研测算,提出安徽省应税大气污染物和水污染物适用税额标准的建议(即按照环保税法规定的下限确定安徽省的应税大气污染物和水污染物适用税额标准),经省政府第121次常务会议审议后,12月20日省十二届人大常委会第四十二次会议表决通过。为确保安徽省环境保护税从2018年1月1日起顺利实施,省财政厅加大政策宣传力度,牵头协调并提请省政府召开新闻发布会,通过主流媒体进行宣传报道。

【稳步推进营改增试点】及时贯彻落实试点政策,印发简并增值税税率、重点群体及退役士兵创业就业等改革试点政策。积极做好改革试点情况跟踪调研,布置16个市跟踪上报试点企业典型案例,累计上报80多户典型企业试点运行情况。结合省政府"四送一服"双千工程,做好企业反馈营改增试点等税收问题的跟踪落实。总结分析安徽省全面推开营改增试点运行一年取得的成效及存在问题,向财政部报送《安徽省营改增试点运行情况总结》,并就安徽省营改增试点等税制改革情况,在财政部召开的全国部分省市税制改革情况座谈会上作交流发言。多次报送安徽省营改增试点运行成效信息,其中7篇信息被省委省政府采纳。2017年,安徽省共有营改增试点纳税人68.65万户,试点累计为企业减税177.69亿元。

【做好个人所得税改革准备工作】根据《个人收入和财产信息系统建设总体方案》要求及财政部的统一部署,开展省级政务部门个人信息系统调查。在2016年初步调研的基础上,组织召开省直近50个部门的培训会布置相关工作,为建立综合与分类相结合的个人所得税制度做好基础性工作。

【落实税收法定原则】组织对《船舶吨税法(征求意见稿)》《耕地占用税法(征求意见稿)》《车辆购置税法(征求意见稿)》《契税法》《资源税法》等多部法律开展调研、测算,提出修改意见,部分法律在充分征求各市意见并经省政府同意后上报财政部。2017年12月27日,十二届全国人大常委会第三十一次会议表决通过了《烟叶税法》和《船舶吨税法》,使现行18个税种中,立法的税种增加到6个。

【全面规范落实减税政策】2017年国家继续加大减税政策力度,相继出台了50多份税收优惠政策文件,省财政厅有效推进政策落实,着力服务实体经济发展。助力优化营商环境,帮助企业降低制度性交易成本,切实减轻企业负担。2017年,全省结构性减税920.3亿元,同比增加257.5亿元,增长38.9%。从税收结构看,主体税种减税力度大,其中企业所得税减免364.5亿元,较上年同期增加118.4亿元,增长48.1%;增值税减免285.3亿元,较上年同期(含营业税)增加50.9亿元,增长21.7%;两项税收减免规模占减税总量的70.6%。地方税种减免税幅度增加显著,契税、城镇土地使用税呈现较大幅度增长,其中契税减免116.4亿元,较上年增加40.5亿元,增长53.3%。城镇土地使用税减免17.9亿元,较上年增加6.7亿元,增长60.3%。从优惠政策着力点看,呈现以下特点:税制改革减税成绩显著。营改增试点政策红利不断释放。随着营改增政策不断完善,企业设备更新、行业转型升级的速度都明显提升。包括金融业在内的四大行业全面减税。对科技创新的支持力度不断加大。据统计,2017年全省共1547户高新技术企业享受15%优惠税率的所得税优惠共计41.43亿元;2910户企业享受固定资产加速折旧优惠,折旧额13.24亿元;76户软件、集成电路企业享受企业所得税优惠2.1亿元;8家上市公司为1823名员工和3家非上市公司的18名员工办理了股权激励延期纳税政策的备案。小微企业税收优惠覆盖面不断扩大。所得税优惠政策的企业范围由年应纳税所得额30万元扩大到50万元;增值税小规模纳税人起征点优惠政策时间延续到2020年。这些政策使更多的小微企业得到优惠。2017年共12.8万户小微企业享受企业所得税优惠10.22亿元,包括小微企业和个体工商户在内的86万户增值税小规模纳税人享受增值税起征点优惠35.11亿元。加大税收政策分析,聚焦政策落实落地。针对安徽省脱贫攻坚重要任务,对企业扶贫涉及的税收优惠政策进行专门梳理和解读。规范政策制定,严格依法办事。按照现行税收法律、法规和政策规定,把好税收政策关,对涉及税收政策的文件,制止地方政府和部门擅自制定税收优惠政策或越权减免税的情况,全年提出相关建议180余条。

【主动服务企业】拓宽沟通渠道,强化企业纳税服务。联合相关部门成立"走进企业"财税政策调研组,选择科大讯飞、江汽集团等10户重点企业和中国声谷孵化器平台进行动态跟踪,解决企业财税政策落实问题。同时,通过微信、QQ等新媒体平台提供政策查询、疑问答复交流等互动服务,对税收优惠政策解疑释惑。创新宣传载体,提升政策知晓率。会同相关部门联合编制全国首份《财税优惠事项清单》及政策解读,并在各自门户网站上同步公开发布,通过可比对的方式,让税收优惠政策更加直观明了。充分利用广播电视、报纸杂志、在线访谈、办税服务厅公告栏等媒介开展政策宣传,确保税收优惠政策惠及安徽省更多纳税人。

【支持培育外向型经济发展】做好海关特殊监管区的申建工作。配合合肥市做好出口加工区升级为综合保税区验收工作,做好皖东南(广德)保税物流中心(B型)的申报、沟通协调工作并获国家批准。配合做好马鞍山综合保税区审批、建设、验收准备等工作。为省内新型显示器件生产企业争取5年累计12.6亿美元设备免税进口额度。就马钢连铸钢坯出口关税税率问题,经与财政部关税司沟通争取,使关税税率由20%降至15%,2018年将进一步降为5%。就省内化工企业降低二醋酸纤维素片进口关税问题向财政部提出政策建议。

【加强税收政策调查研究】会同相关部门做好农产品增值税进项税额核定扣除试点情况调研、城镇土地使用税落实情况评估、商业健康保险个人所得税试点实施情况调研、健全地方税体系专题调研、股权激励和科技成果转化税收优惠政策落实情况调研、土地增值税暂行条例执行情况调研等6项专题调研,及时向财政部提出相关政策建议。2017年省财政厅税政条法处共形成各类税收政策调研报告11篇。

【做好税政基础工作】召开全省各市税政工作人员培训会议,重点讲解当前税制改革动向以及财政部相关调查软件填报等。做好重点企业税源调查工作,建立快报制度,加强信息沟通,及时解决填报单位或企业的问题,按季上报300户企业快报调查工作。完成全省税式支出统计测算工作,对2016年安徽省306项税收政策落实情况进行测算统计,并形成《2016年度安徽省税式支出测算分析报告》,在分析2016年税式支出规模的基础上,对十八大以来的税式支出政策的变化趋势进行梳理并形成专门分析材料上报财政部。牵头完成纸尿裤重点产品调查工作,并在对安徽省和福建两省调查数据分析基础上向财政部上报相关调研资料。

【开展各项认定工作】牵头组织相关部门联合认定安徽省小动物诊疗行业协会等20家社会团体非营利组织免税资格;会同相关部门确认87家社会团体和基金会可享受公益性捐赠税前扣除政策;配合做好2017年高新技术企业认定工作,共审批1817户企业高新技术企业资格;对全省申报企业涉及的第一批102家、第二批99家会计师事务所的资质进行审核确认。

【加强法治财政建设】建立健全厅法治财政建设领导小组,罗建国厅长担任领导小组组长。充实法治工作力量,建立全厅法治联络员制度。2017年,省财政厅党组召开10次法治财政建设领导小组专题会议,研究部署全省财政系统年度和阶段性财政学法、用法、守法、执法等等一系列涉法工作。

【财政立法取得新进展】积极配合省人大常委会法工委、省政府法制办做好《安徽省政府非税收入管理条例》立法调研、论证等各项工作。《安徽省非税收入管理条例》经省十二届人大常委会第四十一次会议通过,自2018年1月1日起施行,这是自《安徽省财政监督条例》之后安徽省的又一部财政方面的地方性法规。

【加强财政普法】贯彻落实《全省财政法治宣传教育第七个五年规划(2016—2020年)》,结合实际,组织实施普法工作。加强工作规划,制定印发《2017年省财政厅法治工作要点》,提出财政普法工作阶段性目标任务和要求。加强资料准备,编印《财政法律知识读本》等普法材料,同时将上述普法材料电子版发放给财政干部学习使用。创新普法形式,结合

"12·4国家宪法日",组织赴和平广场宣传宪法、《会计法》《安徽省非税收入管理条例》等法律法规和财政政策。组织赴吴寨村开展结对共建法治扶贫讲座。组织全财政厅干部和全省财政系统从事法治工作干部共计500余人进行"宪法、财政法律法规知识测试"。组织全省广大财政干部参加第十一届全国百家网站、微信公众号法律知识竞赛活动、第十四届全国法治动漫微电影征集展播(映)活动等。

【动态调整财政权责清单】严格规范财政权力行使,动态调整财政权责清单,确定权责事项11项,及时更新权力运行流程图、廉政风险点、权力运行监管细则,并向社会公布,接受监督。积极开展省级以下行政许可事项统一规范、省级其他依申请类权力事项颗粒化等规范化标准化工作。

【完善重大事项合法性审查机制】推进重大执法决定法制审核试点,制定《安徽省财政厅重大执法决定法制审核目录》,将"会计中介机构审批"、"中外合作经营企业外国投资者提前收回投资审批"2项行政许可纳入合法性审查范围,共有6项重大执法决定纳入法制审核(含4项行政处罚)。严格执行《安徽省财政厅重大事项合法性审查程序规定》及《操作规程》,全年对重大财政事项、信息依申请公开、法律文书合法性审查203件。

【加强财政制度建设】认真贯彻执行《安徽省财政厅关于推进制度规范全覆盖工作的实施意见》,全年制定完善259件财政制度,涵盖预算管理、国库管理、财政财务管理、机关作风建设等财政工作各个方面。加强财政规范性文件制定管理,严格按照《安徽省行政机关规范性文件制定程序规定》要求,遵守规范性文件制定程序,落实规范性文件制定合法性审查、前置审查、备案等制度,全年共制定规范性文件50件,文件合法性审查、前置审查、备案率均为100%。深入开展财政制度清理工作,对1952年以来,省财政厅起草或者会同其他省直部门共同起草的,提请省政府、省政府办公厅印发的200余件文件提出清理意见。对2001年至2013年2月省财政厅制定的868件制度文件提出清理意见,宣布失效570件。开展涉及"生态文明建设和环境保护"、"放管服"改革文件专项清理,梳理涉及"生态文明建设和环境保护"文件共46件,其中废止(失效)12件,保留34件。涉及"放管服"改革文件共63件,其中失效12件,保留51件。

【加强涉法涉诉事项管理】完善法律顾问制度,落实省委办公厅、省政府办公厅《关于推行法律顾问制度和公职律师制度的实施意见》,通过政府采购,聘请安徽华人律师事务所为省财政厅法律顾问,法律顾问实行工作日坐班制,充分发挥法律顾问在制定重大行政决策、推进依法行政中的作用,全年共审查合同文本、制度文件、工作咨询160件(次)。依法办理涉法涉诉事项,以高度负责的态度,坚持以事实为依据、以法律为准绳,妥善办理行政复议、行政诉讼案件28件,及时化解行政纠纷。其中,办理各市行政复议案件10件,省财政厅作为行政复议被申请人案件10件,行政应诉案件8件,所有行政应诉案件全部胜诉。加强涉法涉诉案件剖析,每月至少对1个国内发生的影响较大案件进行分析、探讨,不断提升法治素养和工作能力。

【防范财政法律风险】主动服务,提前介入,对每一项可能引起涉法涉诉的具体行政行为,全过程梳理排查,各环节风险评估,从源头控制法律风险;共同研究,对于可能出现的法律风险,给予风险提示,会同业务处室、法律顾问,提出预案,提前准备;加强协调,针对政府采购、财政信息依申请公开、申请依法履职等事项与法院、省政府法制办、市县财政部门的沟通、联系。

【推进财政系统法治建设】召开全省市县和省财政厅处室法治联络员财政法治工作培训会议,领学十九大报告关于法治建设的重要论述,邀请合肥市中院、省政府法制办合法性审查处处长、财政部条法司相关专家授课。采取以案释法的方式对合法性审查、行政复议、行政诉讼等有关工作进行培训。组织开展财政行政执法案卷评查,采取"一对一、背靠背"方式,将全省16个市、2个直管县分成8组,分38个打分项,对执法案卷进行打分评查,对发现的问题和不足及时给予纠正、指导。

【加强处室党建】健全支部组织建设,加强党员教育管理,完善组织关系管理,开展党员组织关系排查。常态化开展支部学习,扎实开展党内组织生活,"三会一课"按照规定要求召开,支部书记带头讲党课,处内其他党员也结合工作实际讲党课。完善工作运行机制,建立"党员活动日"制度,确定每月10日为党员活动日。建立党员联系基层制度,推动党员干部到基层一线和企业单位。结合税制改革,赴科大讯飞等公司,调研了解情况,宣讲财政政策。结合财政普法宣传,赴杏花社区、阜阳颍东区吴寨村等走访慰问生活困难党员和老党员10余人。完善日常台账记录。完善支部党务公开、支部情况通报和党员定期评议党支部书记等民主评议等台账记录,制定《税政条法处党支部党费交纳管理办法》。

【提升处室党建软实力】强化理论学习。认真学习领会党的十九大精神,开展十九大报告精神宣讲活动,认真学习《党章》《习近平谈治国理政》。及时传达学习省委省政府和省纪委有关会议精神等,切实将全处党员干部思想统一到中央、省委省政府和厅党组的决策部署上来,统一到建立现代财政制度的具体实践中。全年共召开党支部会议41次,党员干部撰写学习综述、心得体会、调研报告及各类征文20余篇。处主要负责同志自觉履行"一岗双责",处领导身体力行、以上率下,形成"头雁效应"。全处党员干部严格贯彻落实中央八项规定、省委省政府"三十"条和厅党组三十条具体要求,2次组织生活会共提出15个问题并加以整改。认真组织开展好处作风建设检查,严格落实效能建设"八项制度",建立处级干部效能检查轮查制,做到真查、真巡、真记、真报、真谈、真改,推动处作风建设常态化长效化。加强廉政建设,处内每位同志均签订廉政责任书,积极开展经常性党性宗旨教育、党风党纪教育和廉洁从政教育,逢会必讲廉政风险,时刻敲响廉政警钟,自觉克服"差不多、过得去"等模糊认识。一年来,全处同志工作状态良好,未发生一起违反效能建设和党风廉政建设行为。

(税政条法处 杨玉林)

预算处工作概述

【概况】2017年,按照厅党组统一部署,预算处从党建和发展两方面入手,紧扣夯基础、强管理、提服务三条主线,扎实完成年度各项任务。

【加强学习教育】把政治建设摆在首位、落在实处,全年集中学习47次,开展谈心谈话100余次,完成综述和征文50余篇,持续强化政治意识,严守政治规矩。创新学习形式,完善领学制度,采取专题研讨、集体学习、党小组讨论等形式,做到每月有专题、每月有总结,厅长罗建国9次以普通党员身份参加预算处党支部学习,对支部建设提出明确要求。压实一岗双责,坚持书记带头、班子示范、全员跟上,班子成员和党小组组长实行"一岗双责",整体推进支部党的建设、组织建设、廉政建设和作风建设,形成以身作则、以上率下、以点带面的工作推进机制。严格组织生活,制定支部标准化建设工作方案、建立支部"党员活动日"、完善支部"三会一课"制度,不断夯实组织建设。全年召开党员大会12次、支委会12次,支部书记上党课4次,4个党小组召开党小组会90余次,开展廉政集中谈话6次,全员签订党风廉政建设责任书,组织党员深入滨湖惠园社区,以及结对共建的界岭村60余人次,发展预备党员1名。

【保障收支运行】针对财政收入增长波动、支出调度难度加大、中央转移支付呈现新变革的情况,强化衔接、精准对接,实现了财政收入稳中有进、有质量、可持续。紧盯经济运行态势,按月分地区、分科目、分行业分析,每月定期或不定期召开调度会议,每月3次汇总各市收入情况,月度终了按日通报入库进度,一对一分析研判,全年实现精准调度。加快预算执行进度,每月分处室、分部门、分市县通报预算执行进度,将支出责任细化落实到人、到科目、到项目,采取周对接、旬督促、月调度,细分16项考核指标,加大执行考核力度,促进预算执行提速增效。2017年,安徽省一般公共预算月度支出进度7次位居全国前列,政府性基金4次位居全国第1。持续强化与预算司的联系沟通,积极组织部分省份财政经济分析座谈会,及时完成省以下财政体制、转移支付管理、预算管理改革等20余篇调研汇报材料,多次派人到预算司参与转移支付测算,如实反映安徽省财政实际,为本省争取最大利益。2017年争取均衡性转移支付734亿元,居全国第3位。

【深化预算改革】根据省委确定的改革任务,围绕政策管理、制度完善,持续推进预算管理改革。全年相继出台省以下财政事权和支出责任划分改革、财政支持基层基本公共服务功能建设、清理规范重点支出挂钩事项,以及修订重点生态功能区转移支付办法等20余项制度。制定预算公开工作方案,推进130家省级公开单位按时公开,指导16个市105个县区公开落实。上海财经大学发布的2017年财政透明度报告,安徽省位居全国第4、中部第1。盘活存量资金,动态跟踪结转规模、把控总盘子,坚持实行存量统计"双通报",既落实结转结余只减不增要求,又保持与收支总量相适应。全面梳理重大支出政策,建立台账清单,按照发展政策、区域政策、民生政策等9大类,实行条目化管理。全年办理政策会签等文件350余件,注重创新财政支持方式,提高预算政策质量。

【科学编制预算】坚持阳光预算、透明预算,规范预算编制流程,提高预算编制质量。建立项目储备机制,制定预算项目储备管理办法,建立组织论证、审核评审等6项流程,省级入库项目3905个,实现规范入库、滚动管理,提高预算可执行率。制定公用经费定额标准办法,健全以综合定额为主体,单项定额为补充的"1+7"定额标准体系。梳理近3年项目支出执行数据,分类别、分项目研究支出规律,为探索建立项目支出标准奠定基础。做好养老改革预算保障,深入研究养老改革政策,制定在职人员缴费流程,规范预算调剂程序,按单位性质分类保障376个单位预算经费。清理规范专项转移支付,通过取消一批、整合一批、规范一批、压减一批、改列一批,省对下专项转移支付数量,由上年的115项压减到91项。

【提高服务水平】持续强化效能建设,积极服务处室、服务市县、服务人大和审计监督部门,提高文字材料综合水平,提高预算指标运转效率。提高综合文字材料质量,全年起草预算报告、决算报告、审计整改报告等重要文字材料,向省委、省政府、省人大等报送近200余件,并加强与省委办公厅、省政府办公厅对接,保障各项材料零差错、高运转。优化预算指标服务,通过整合指标模块,实现指标在线打印、控制和审核,全年下达6万多条指标,做到指标管理零差错。首创转移支付项目代码,制定代码管理流程,实现代码终身查询。主动服务人大政协,制定预算联网监督工作方案和任务清单,初步建成省级预算联网监督系统,实现在线监督支付数据。完善联系服务代表委员制度,创新编印《图景绘预算》《参阅材料》,进一步创新预算报告和预算文本展示,增加图表附件内容,制作报告AR视频和H5,邀请人大会议主席团视察预算文本,获省委、省政府主要领导和省人大代表、政协委员的充分肯定。积极对接审计监督,制定落实审计监督全覆盖的意见,牵头多次对接审计署、审计厅、财政部驻皖专员办,会商审计事项30余次,按月跟踪审计项目、审计问题、审计整改,确保审计整改有效。审计报送省人大报告中,涉及财政问题仅2项,问题是近年来最少。

(预算处　周剑锋)

国库处工作概述

【概况】2017年,在厅党组坚强领导下,在各处室、单位的大力支持下,国库处坚持抓改革、强管理、促执行、固基础,推进各项财政国库工作迈上新台阶。

【国库改革取得"三大突破"】政府综合财务报告编制先行先试。首次在全省范围内同时开展部门财务报告和政府综合财务报告编制工作,覆盖省、市、县、乡(镇)四级财政和全省两万多家部门单位,成为全国少数几家编制范围实现全覆盖的省份,得到财政部充分肯定。国库集中支付制度改革到边到底。会同国库支付中心对8市16县区32个乡镇开展实地调研,研究印发进一步推进县乡国库集中支付制度改革的通知,促进乡镇国库集中支付模式和流程规范化、标准化,打通改革"最后一公里"。国库支付电子化管理提速扩面。财政部门、预算单位、代理银行、人民银行取消纸质单据,使用电子凭证,全流程在线办理资金拨付,在保障安全的同时,提高支付效率。截至2017年末,全省所有地市和33个县区顺利实现支付电子化管理。安徽省电子化管理业务覆盖范围之广、推进速度之快、规范程度之高位居全国前列。

【国库运行强化"三项管理"】强化财政库款管理。建立完善库款管理的岗位责任、统计分析和考核约谈工作机制,坚持按月对市县进行考核通报。协调债务办做好债券资金的发行入出库工作,确保债券资金入库4个工作日内及时转贷市县。在财政部2017年度库款考核中,安徽省始终位居全国前列,6次位居前三,其中两次全国第一,并在9月全国部分省市库款管理会议上作经验介绍。强化资金调度和存量绩效管理。为促进经济平稳健康发展,超调资金10亿元继续设立中小微企业转贷资金池。积极开展市县财政用款需求预测,提高财政国库资金调度的科学性、均衡性和及时性。全年共调度资金1800余笔,金额2381亿元,有效保障全省重点民生工程和重大项目建设。积极盘活资金存量,开展省级国库现金管理100亿元,分存社保基金200亿元,定存财政专户资金12.3亿元,预期利息收入4.6亿元。强化预算执行管理。认真编制全省预算执行旬月报和日快报,为领导决策提供重要参考。规范股权投资、债务核算、调入资金操作流程。着力提升全省财政决算编制水平，在财政部2016年度决算评比中，安徽省总决算荣获二等奖第一名，部门决算荣获优秀等次。积极做好存量资金清理、国库集中支付结余消化以及国债转贷资金清收工作，全年收回存量资金9700万元、消化国库集中支付结余资金29.7亿元、收回国债转贷资金本息2.1亿元。做好地方政府债券还本付息工作，省级归还财政部代发代还资金本息63.4亿元，代市县垫付还本付息资金155.9亿元。

【国库安全筑牢“三道防线”】筑牢预算执行风险控制防线。强化行政权力制约和监督制度体系，制定《预算执行和资金支付流程图》，修订《国库处内部控制操作规程》，完善岗位设置、管理流程和风险防控措施。印发《安徽省省级国库集中支付动态监控管理暂行办法》，省本级预算执行动态监控范围已涵盖119家部门及所属895家基层预算单位。开展全省预算执行动态监控管理培训和综合考评。筑牢账户管理安全防线。开展财政专户分类清理工作，编制全省财政专户存量目录。截至2017年末，全省财政专户数量较2015年底减少32%。认真贯彻省政府重点领域廉政建设工作要求，开展省级公益一类事业单位银行账户清理规范工作，共撤销账户204个，账户数量下降42%。筑牢资金存放安全防线。制定财政部门和预算单位资金存放管理实施意见，指导各级财政部门和预算单位建立健全科学规范、公正透明的财政部门和预算单位资金存放管理机制，规范资金存放行为，防范利益输送。

【支部党建提升“三种力量”】提升党员干部“学习力”。健全学习制度，创新方式方法，采取学习辅导、收听收看、配乐朗读等方式，提高政治学习的针对性和实效性。积极参加“党组书记推荐阅读”活动。组织党员干部认真学习阅读《让朋友圈清清爽爽》《国家的钱不能乱花》《让认真成为一种习惯》等38余篇，参加党组中心组理论学习扩大会12次，组织国库系统学习2次，支部集中学习57次、专题研讨12次、撰写学习体会和征文20余篇。增强支部建设“组织力”。坚持将“两学一做”抓在平常、融入日常，深入开展“讲重做”专题警示教育。对标对表支部标准化建设要求，着力做好支部标准化建设工作。打造特色党建活动阵地.因地制宜建设党建文化墙，开辟党建图书角、党员活动专栏和党务公开专栏。在深入开展结对共建、定点帮扶、在职党员进社区活动的同时，充分运用安徽先锋网、安徽纪检监察、干部教育在线等“两微一端”新媒体平台，探索开展“微党课”、“微宣讲”、“微解读”10余次。通过座谈交流、实地参观、便民服务等多种形式，组织开展主题党日活动12次。全面落实基本组织生活制度，全年共召开党员大会4次、支部委员会16次、组织生活会4次，开展党课活动8次、谈心谈话22次，征集意见建议16条。保持党员干部“廉洁力”。坚持“两个责任”，履行“一岗双责”，将廉政责任压实传导至每位党员干部，层层签订党风廉政责任书。财政资金存放银行出具27份廉政承诺书，防范利益输送行为。强化纪律教育，加强机关作风效能建设，组织参观党史展览、瞻仰烈士陵园，观看《榜样》《将改革进行到底》《巡视利剑》等专题片，加强财政国库和支部党建制度建设，制定出台制度办法12个，编发《全省财政国库系统内控制度选编》，推动业务和党建工作规范化、制度化。全年支部开展日常督查巡查100余次，处内干部谈心谈话42次。

（国库处）

政府债务管理办公室工作概述

【概况】2017年，在厅党组的坚强领导下，在兄弟处室单位的大力支持下，债务办紧紧围绕“规范管理、防控风险、扩大融资、提升绩效”的目标，按照厅党组的统一部署和要求，进一步夯实基础、改革创新，发挥政府债务管理在推进供给侧结构性改革中的积极作用，全面提升预算绩效管理水平，进一步加强支部党建工作。

【健全安徽省地方政府债务管理制度】印发《2017年安徽省政府置换债券定向承销发行簿记建档规则》《2017年安徽省政府置换债券定向承销发行兑付办法》《2017年安徽省政府债券招标发行规则》《2017年安徽省政府债券发行兑付办法》等文件，着力夯实安徽省地方政府债券发行管理的制度基础。提请以省政府办公厅名义印发《政府性债务风险应急处置预案》(皖政办秘〔2017〕10号)，转发财政部《地方政府性债务风险分类处置指南》，进一步细化方案、对症下药、加强指导，防患于未然。

【充分发挥地方政府债券融资的主渠道作用】组织市县财政部门对2017年置换债券、新增债券需求进行统计，做好各批次债券发行的数据汇总和信息披露工作。结合上一年度各承销机构债券承销情况，对省政府债券承销团进行动态调整；定期召集债券承销团会商协调，确保2017年安徽省政府债券发行顺利实施。分别采取定向承销和公开招标的方式，发行安徽省2017年政府债券1462.1亿元，其中：新增债券687.9亿元，为地方政府扩大有效投入提供资金支持；置换债券774.2亿元，对缓解地方政府偿债压力、防控债务风险、优化债务的期限结构、降低融资成本、促进全省经济平稳健康发展起到积极作用。

【对政府举债实行限额管理】经积极争取，获财政部分配安徽省新增债务限额728亿元，根据各地债务风险和偿债压力，提出安徽省2017年新增债务限额分配方案，提交省政府常务会议审定后及时下达市县。按照因素法做好2017年新增债务限额分配工作，将预警结果和分配市县新增债券额度挂钩，对被风险预警和风险提示的分别按照分配额度的10%和5%进行扣减。做好新增债券的预算调整工作，印发《关于进一步加强地方政府债务限额管理的通知》（财债〔2017〕88号），对截至2016年底政府债务余额超过限额的地区进行通报和约谈，要求超限额地区认真核实债务信息，积极筹资偿还债务，实时监控债务余额增减变化，确保2017年底债务余额不超过核定限额。

【管好用好政府债券资金】在组织市县财政部门对2016年置换债券资金使用情况开展自查的基础上，配合财政部驻安徽专员办开展专项核查，督促相关市县对照财政部整改建议，限期做好整改工作，省政府对存在问题的市县进行通报批评，汇总整改结果上报财政部。针对地方政府置换债券使用中存在的具体问题，印发《关于做好2017年地方政府存量债务置换工作的通知》（财债〔2017〕217号），要求各级财政部门加快存量政府债务置换进度；定期与财政部驻安徽专员办沟通会商，召开市财政局长和政府债务办主任工作会议，明确责任要求，着力构建长效机制。印发《关于开展2016年度新增地方政府债券资金绩效评价工作的通知》（财债〔2017〕707号），对2016年度新增地方政府债券资金开展绩效评价工作，将绩效评价结果作为今后年度分配新增债券额度的参考依据，进一步强化支出责任和效率，切实提高债券资金使用效益。

【坚决制止违法违规举债融资】印发《关于坚决制止违法违规举债担保行为的通知》（财债〔2017〕488号），依法界定地方政府债务边界，推进融资平台公司市场化转型和融资，防止为专项建设基金项目提供本金回购、保底收益承诺等任何形式担保，规范推进PPP项目实施，严禁通过保底承诺、回购安排、明股实债等方式进行变相融资。印发《关于促进市县政府规范融资的指导意见》（财债〔2017〕1526号），从分类推进政府融资平台公司转型发展、积极鼓励融资平台公司市场化融资、防范融资平台公司经营风险转化为财政风险、规范实施政府购买服务项目、在公共服务领域大力推广PPP模式、着力保障PPP项目规范可持续发展、充分利用PPP模式盘活存量优质资产、努力创新PPP项目融资方式、大力推进分类发行专项债券试点工作、充分发挥地方政府债券的融资功能等十个方面促进市县政府规范融资。认真贯彻落实财政部《关于进一步规范地方政府举债融资行为的通知》及《关于坚决制止地方以政府购买服务名义违法违规融资的通知》要求，督促指导各地认真自查、登记台账、限期整改。

【强化政府债务管理考核】按照省政府办公厅《关于开展2016年目标管理绩效考核工作的通知》（皖政督办〔2017〕2号）要求，采用债务率、新增债务率、逾期债务率等风险指标，对2016年16个市政府性债务管理情况进行量化评分。印发《2018年安徽省政府性债务管理考核暂行办法》（财债〔2017〕1362号），进一步强化对出现政府性债务风险事件的惩戒，加强对债务管理水平的考核和结果运用，引导地方政府牢固树立债务风险意识，压实各级各部门的管理责任。

【加强地方政府债务信息公开】省级财政部门按照地方政府债券发行有关规定及时披露相关信息，通过中国债券信息网等媒体，公布债券发行额度、发行利率等信息；各级财政部门按照财政部的统一部署，做好本地区政府债务总体情况公开工作，主动接受社会监督。

【夯实绩效管理工作基础】印发《关于推进2018—2020年财政绩效管理的意见》，提出到2020年，建立覆盖所有部门（单位）和财政资金，贯穿预算管理事前、事中、事后全过程的绩效管理体系。出台《安徽省县级基本财力保障机制绩效评价办法》，有针对性地扎紧预算绩效管理的制度“笼子”，进一步推动重点领域预算绩效管理。完善第三方评价机制,制定出台《安徽省级财政评审协作机构评审质量稽核管理办法》。

【实施重点评价工程】按照深化预算管理制度改革的要求,预算绩效评价重点由重点项目评价拓展到部门整体支出和政策、制度、管理等方面,推动绩效评价向纵深发展。2017 年纳入省级重点绩效评价的项目共 47 个,其中重点项目评价 21 个,部门整体支出评价 4 个,政策、制度、管理评价 3 个,预算评审认证项目评价 19 个。财政重点绩效评价由财政部门牵头,依托财政投资评审机构,借助社会中介机构专业力量,做精做深,做出亮点,充分发挥财政重点评价的示范导向作用。

【完善绩效管理工作链条】开展省级部门绩效目标执行监控试点工作,印发《关于开展 2017 年度省直部门项目支出绩效目标执行监控试点工作的通知》,选择省旅游局、省文化厅等 19 个部门开展试点工作,强化支出处室和预算部门对绩效目标的跟踪监控,及时纠错纠偏,确保实现预算批复时确定的绩效目标。实现省级重点项目绩效评价结果联网监督。按照省级预算联网监督要求,7 月,通过省级预算联网监督系统向省人大常委会预算工委推送 10 份 2016 年度财政重点项目绩效评价报告,涉及财政资金 142 亿元,其中:涉及农业、科技、文化等领域重点支出项目 7 个,金额 136 亿元、省商务厅等 3 部门整体支出绩效评价,金额 6 亿元。初步实现重点项目绩效评价报告在线接受人大审查监督。实现省级重点项目绩效评价结果公开。8 月,印发《安徽省财政厅关于 2016 年省级财政支出重点项目绩效评价情况的通报》(财绩〔2017〕1183 号),通报 50 个重点财政支出项目绩效评价结果。《通报》指出,省级纳入财政支出重点绩效评价的财政支出项目总体评价情况良好,评价所涉及的重点财政支出项目资金使用效益进一步提高。得分在 80 分以上的 36 个,占评价总数的 72%,较上年上升 18 个百分点;得分在 70 分至 80 分之间的 10 个,占评价总数的 20%,较上年下降 23 个百分点;得分 70 分以下的 4 个,占评价总数的 8%,较上年提高 5 个百分点。

【抓实党员日常教育】采取多种形式,推动学习教育融入日常,引导党员干部树牢“四个意识”、坚定“四个自信”、强化党员意识。抓好集中学,全年组织集中学习 45 次,认真学习党章党规、习近平总书记系列重要讲话、十九大精神等内容,及时学习中央、省委省政府和厅党组决策部署,学习“党组书记推荐阅读”文章,全面掌握从严治党、党风廉政建设等规定。开展自主学,党员干部以《习近平谈治国理政》《习近平总书记重要讲话文章选编》等为蓝本,制订自学计划,认真开展自学,全员按时完成了干部在线教育,积极参加宪法、财政法律法规知识测试和征文等活动,撰写个人体会 20 多篇。组织研讨学,围绕“重规矩、我们怎么做”、“作表率、我们怎么办”等专题,先后组织 12 次专题研讨,交流思想、提高认识,并结合“陈、杨、周”等一些反面典型案例,集体研讨、剖析原因,从中汲取教训。拓宽渠道学,赴寿县等地开展了红色教育,赴合肥市预防职务犯罪警示教育基地开展警示教育,先后 3 次深入社区开展服务活动,联合银行党支部开展党日活动,积极参加纪检、党务、十九大精神学习等专题培训。

【加强基层党组织建设】支部书记切实履行“一岗双责”,落实党建工作、党风廉政建设主体责任,扎实推进从严治党、党风廉政建设等工作。健全党建工作机制,年初制定党建工作等计划、分工到人,责任到人,全体党员签订党风廉政建设责任书,形成年初有承诺、工作有计划、落实有措施、推进有台账、执行有监督、年终有总结的工作机制。严格党内政治生活,坚持“三会一课”制度、谈心谈话制度,开展批评与自我批评,坚决贯彻执行民主集中制,全年召开党员大会 6 次、讲党课 4 次、党日活动 8 次、组织生活会 4 次、开展谈心谈话 28 人次、民主评议 1 次。推进党建标准化建设,完成党员组织关系排查、信息采集、核实登记工作,实行党费按月缴纳和登记手册制度,及时办理党员关系转接,并严格按照标准化要求,完善支部标准化建设台账,积极创争达标。强化支部纪检工作,明确纪检工作责任人,贯彻落实《关于加强党支部纪检工作的通知》等要求,明确纪检工作任务、强化纪检工作职责,健全处室监督制度,不断提升纪检干部履职能力。

【强化廉政作风建设】积极推进工作会商、结对共建、困难帮扶等工作,密切联系群众,不断改进作风。通过召开座谈会、深入基层调研等形式,广泛听取市县及单位意见建议,收集意见建议近 30 条,有针对性采取业务培训、专题分析、与财政部沟通解决等措施,尽力解决基层需求。抓好工作会商,全年工作会商 21 次,涉及商业银行、财政部专员办、证券交易所、市县财政局等单位，协调解决“政府置换债券定向承销发行、清理规范举债融资担保行为、债务风险预警”等20多个问题；会同经建处等6个党支部，积极做好与亳州市利辛县程杨村党支部的结对共建工作，并按帮扶要求，处领导多次实地走访帮扶贫困户，帮助分析致贫原因、谋划帮扶措施，务实有效做好定点帮扶工作。提升服务效能，严格执行中央八项规定、省委30条和省财政厅30条具体措施，认真落实效能建设各项制度，严格执行“马上就办”工作制度、《省财政厅党员干部负面言行提醒清单（30条）》等工作要求，树立良好服务形象。

【党建业务同推进】坚持党建和业务工作齐抓共管，同部署、同推进。副厅长孟照红多次以一名普通党员身份参加债务办支部活动，与党员谈心谈话、讲党课、开展工作调研，指导党建业务工作。债务办常务副主任尹祥领在颍东区挂职，每周来回奔波，两边兼顾，领导率先垂范、党员干部齐心协力，圆满完成全年任务，有效推进各项工作。2017年成功发行政府债券1462.1亿元，进一步发挥地方政府债券融资的主渠道作用；印发执行《2017年安徽省政府置换债券定向承销发行簿记建档规则》等制度，进一步健全了安徽省地方政府债务管理制度；印发执行《关于进一步加强地方政府债务限额管理的通知》，进一步强化政府举债限额管理；印发执行《关于坚决制止违法违规举债担保行为的通知》，进一步坚决制止违法违规举债融资；印发执行《2018年安徽省政府性债务管理考核暂行办法》，进一步加强对债务管理水平的考核和结果运用；印发执行《关于推进2018—2020年财政绩效管理的意见》等，进一步夯实绩效管理工作基础；省级部门绩效目标执行监控试点工作的开展、省级重点项目绩效评价结果联网监督的实现、省级重点项目绩效评价结果的公开，进一步完善绩效管理工作链条。

（债务办　韩晓峰）

行政处工作概述

【概况】2017年，在财政厅党组的坚强领导下，在厅领导的关心支持下，行政处深入学习贯彻十八大、十九大、十九届一中、二中、三中、四中全会精神和习近平新时代中国特色社会主义思想，坚决落实厅党组各项工作部署，坚持党建引领，注重支部建设、党风廉政建设和行政财政财务管理工作一体化推进，坚持依法依规，注重科学理财，强化服务意识，创新工作举措，全面完成年度各项工作任务。

【推进国家监察体制改革试点】制定《省财政厅关于监委转隶人员、办公用房和设备经费保障方案》，落实责任处室和责任人。根据改革后监委职能变化，在编制省纪委2018年预算时，统筹安排办案等各项工作经费，并及时与省直相关部门会商，就监委改革职能划转涉及的办案经费、执法执勤车辆等划转数量达成一致意见，确保监委改革转隶工作平稳有序推进。

【深化人才体制机制改革】会同相关部门制定《关于合肥综合性国家科学中心建设人才工作的意见（试行）》（皖办发〔2017〕23号）。通过加大引才奖补力度，完善人才奖励政策，聚力引进国际国内高层次人才来皖创新创业，支持合肥综合性国家科学中心建设。2017年度，引进高层次人才437人，比上年同比增长117.4%。

【大力支持群团改革】在做好省妇联、团省委群团改革经费保障工作的同时，按照财政事权和支出责任相适应的原则，督促市县落实支持群团改革保障的主体责任。

【扎实推进民生工程】配合相关部门制定《提升农村基层党建与服务经费保障实施办法》（皖组通字〔2017〕48号），明确提升农村基层党建与服务经费保障民生工程项目实施的政策机制、审核机制、统计分析机制、监督检查机制、绩效评价机制等，实现了我省农村基层党建与服务经费保障全面达标。

【支持质量安徽建设工程】安排质量部门专项经费3.67亿元，支持质量提升和质量监督工作，同时加大“安徽省政府质量奖”奖励力度，奖励额度由50万元提高至100万元，同时增设个人奖奖金10万元。

【支持旅游强省建设】安排省级旅游事业发展相关专项资金2.2亿元，比上年增长14.46%，支持旅游强省“五个一批”等重点旅游项目建设，鼓励和支持地方旅游事业发展，特别是贫困地区旅游事业发展。积极争取中央财政支持，会同相关部门申报国家旅游发展基金项目9个，申请国家旅游发展基金项目补助3740万元，比上年增长20%。

【落实民族宗教经费保障政策】安排“少数民族补助经费”、“民族企业技术改造贷款贴息项目资金”1550万元，支持少数民族聚居区的基础设施建设和民族特色种养业产业基地、少数民族产业化龙头企业和专业合作组织发展。认真贯彻落实中央和省委省政府对宗教工作的部署和要求，支持宗教管理、人员培训与宗教院校建设，安排宗教工作相关经费700万元。

【服务对外开放发展】安排省外办各项经费6044.6万元，比上年同比增长62.7%，重点支持“开放的中国：锦绣安徽迎客天下”外交部安徽全球推介活动、中俄“两河”流域地方合作理事会、美国和墨西哥“安徽周”等一系列重大外事活动开展。

【建立预算执行推进机制】制定并印发行政处《关于建立政府采购清单制度的通知》，要求对口联系省直单位及时细化年初预算安排的政府采购项目，确保细化到部门、落实到责任人。认真执行部门预算执行通报和约谈制度。2017年共约谈15家预算执行进度滞后的部门单位财务主要负责人，并对年度预算执行考核靠后的6家省直单位扣减下一年度预算安排的项目资金180万元。开展预算执行进度专题会商。2017年，9家省直单位收回预算指标14675万元，较上年增加7994万元，处室整体预算支出进度为88.8%，比上年增加4.2个百分点，指标结余比上年减少5000万元。

【强化“三公”经费动态监管】4月，在全省范围内开展2016年度“三公”经费支出情况专项检查，进一步加强“三公”经费管理。成立两个督查组分南北两片，选择8个市并延伸到所属16个县（区）73家财政拨款单位，开展“三公”经费专项督查工作。通过“三公”经费专项检查，总结“三公”经费管理好经验、好做法以及存在的不足和问题，纠正各地各单位在“三公”经费管理中存在问题。2017年，全省“三公”经费支出比上年下降5.4%，“三公”经费管理成效明显。

【完善财政支出相关管理制度】制订《安徽省台湾产业园区发展专项资金管理暂行办法》《安徽省大学生村官创业兴皖富民专项资金使用管理办法》等，进一步规范相关专项资金分配使用范围，强化资金监管责任。并修订出台《省直机关会议费管理办法》《省直机关培训费管理办法》，根据中央办法并结合我省实际，提高会议费和培训费标准，有效保障省直机关会议、培训工作开展。出台《关于做好中短途出差和赴偏远地区下乡公务出行保障工作的通知》《关于全省挂职、选派、异地任职干部待遇有关问题的补充通知》等，进一步完善公务用车制度改革相关配套制度。参与制定《安徽省事业单位公务用车制度改革实施意见》，推进安徽省事业单位公务用车制度改革。

【健全内部控制制度】修订完善《行政处工作规则》《行政处党风廉政责任制度》等10项内部管理制度，编印《内部管理制度汇编》，强化制度管人、管事。

【完善部门会商机制】与对口联系的43个部门开展会商，100%全覆盖。2017年，行政处与对口联系的43个部门累计会商442次，解决实际问题383个。通过会商，解读政府采购执行、财政资金管理、省级预算执行和预算编制挂钩等有关政策，切实做到用心、用情、用意为省直部门服务，得到被服务省直部门单位普遍认可和好评。

【深化结对共建活动】组织党员干部赴寿县堰口镇许寺民族村和宁国市开展共建活动，向贫困老党员捐助慰问。积极争取相关资金，支持结对村农村基础设施建设和农业产业项目建设以及宁国市妇女创业活动等，为当地群众解决实际问题。2017年，许寺民族村贫困户脱贫20户共70人，集体收入达18.58万元，增长106%，村民年人均收入预计达到10764元，增长15%。

【推进“两学一做”常态化制度化学习教育】积极开展集中学习、自学、专题研讨及支部书记和党员干部讲党课等活动。2017年，集中学习50次，开展“两学一做”专题学习36次，开展廉政专题学习30次，开展专题学习研讨14次，厅领导讲党课2次，支部书记讲党课2次，党员干部讲党课2次。

【持续强化党风廉政建设】严格贯彻落实中央八项规定、省委三十条和厅党组三十条等有关要求，坚持“一岗双责”制度，签订年度党风廉政建设责任书，落实反腐倡廉建设联络员工作机制。认真开展处长与副处长、处长与经办同志、副处长之间、副处长与经办同志等廉政谈话，认真填写《党员领导干部个人事项报告表》。组织开展廉洁从政教育，积极参加赴合肥市预防职务犯罪警示教育基地警示教育等各类学习教育活动，筑牢拒腐防变的思想防线。

【认真学习贯彻党的十九大精神和习近平新时代中国特色社会主义思想】制定《行政处党支部“十九大报告”学习计划》，明确领学人和时间节点。组织参加处级干部专题轮训及全厅科以下干部学习贯彻党的十九大精神专题集中培训班。深入学习和把握党的十九大的精神和习近平新时代中国特色社会主义思想，结合财政行政财务管理工作实际，找不足，谈体会和工作思路，不断增强做好新时代财政工作的政治责任感和历史使命感。

【扎实推进基层党组织标准化建设】制定《行政处党支部2017年党建工作“三个清单”》《行政处党支部标准化建设电子台账》，统一党支部台账目录、建设标准、账套文本和格式，公示党员党费缴纳情况，着力提升行政处党支部建设规范化、标准化水平。

【推动处室重点工作全面完成】服务保障好对口联系的43家省直单位预算管理工作，做好省直机关出国经费管理、公车定点大修、定点加油、统一保险、省直机关会议定点饭店管理、少数民族村结对共建、省级“两纲”示范县等具体工作及31个省直领导小组成员单位有关工作事项。注重发挥党员先锋模范作用，以“两学一做”学习教育为契机，加强党性修养，强化宗旨意识，认真学习厅长推荐阅读文章，有针对性地开展经常性的谈心谈话活动，增强党员干部工作责任感。科学合理安排工作，及时调整工作分工，采取“ABC”岗补位，做到全处一盘棋，确保岗位、责任、任务三覆盖、三落实。

（行政处）

政法处工作概述

【概况】2017年，在厅党组的坚强领导下，在兄弟处室的支持帮助下，政法处深入学习贯彻党的十九大和十八届六中全会精神，贯彻新时代党建总要求，深入落实“两个责任”，坚决反对“四风”，积极践行新发展理念，持续改革创新，强化责任担当，扎实完成各项工作任务。

【推进“平安安徽”建设】支持公安机关“大防控”体系建设，统筹安排公安科技强警项目经费，基本建成网侦、技侦、图侦等系统。支持建立统一社会信用代码制度和相关实名登记制度，加强社会服务管理信息化建设。保障打击治理突出违法犯罪，支持诈骗电话防范拦截系统建设，支持打击“e租宝”等非法集资活动，消除影响社会安全稳定隐患。抓好重大活动、重要敏感节点维稳安保保障，完善财政经费急应保障机制，开辟“绿色通道”，主动保障安徽省做好G20峰会、“一带一路”国际合作高峰论坛等安保维稳工作资金需求。

【加强社会综合治理体系建设】继续做好综合治理、维稳处突、防邪反恐、司法救助、社区矫正等经费保障工作。健全完善矛盾纠纷多元化解机制。支持省委政法委、省公安厅、省司法厅等部门开展严重精神障碍患者肇事肇祸管控、预防青少年违法犯罪、罪犯改造和强制隔离戒毒人员管理等工作，有效预防和减少公共安全隐患。参与研究制定《安徽省多元化解纠纷促进条例》《安徽省预防未成年人犯罪条例》《关于进一步加强诉讼与非诉讼纠纷解决方式对接工作的意见》等，支持相关经费纳入财政预算，鼓励可以通过购买服务等方式，将矛盾纠纷多元化解工作委托给社会力量承担。扎实推进法律援助民生工程实施，全省投入法律援助经费8700多万元，受理案件8.9万件，超额完成年度目标。

【巩固执法执勤用车改革成效】进一步贯彻落实执法执勤用车配备使用管理暂行办法，完善执法执勤用车配备、使用、管理。会同省公安厅研究出台《关于进一步强化公安机关执法执勤用车保障有关问题的通知》，强化公安机关执法执勤用车保障。李建中副省长分别在财政厅上报的《关于强化公安机关执法执勤用车保障有关情况的汇报》及《关于落实公安机关执法执勤用车保障有关情况的汇报》上作出批示肯定。财政厅上报的《我省公安机关执法执勤用车改革情况存在问题及工作建议》被省委《安徽信息》采用。

【支持社会治理领域改革】深化司法体制改革试点，开展十余次不定期督导、调研，并建立问题清单，细化责任分工，逐项研究解决。加强同司改各成员单位的协调配合，对司改试点单位上划人员范围进行认定，为下一年度工资统发创造条件，有效防范财务风险。明确离退休人员政策，妥善处理聘用人员。强化经费保障，总结改革经验成果，遵循司法规律，建立符合审判、检察业务特点的支出分类保障体系，逐步实现经费供给定额化和标准化，注重缩小区域间经费保障水平的差异。全面落实法检两院职业保障政策，及时兑现员额制套改增资，积极落实法官、检察官和司法行政人员、司法辅助人员绩效考核奖金，保障司法人员尽早享受改革红利，树立正确的激励导向。

【推动监察体制改革落地】强化会商协调，赴省检察院就省检察院转隶省监委执法执勤车辆具体划转编制数量当面协商议定,保证省监委相关工作的及时推进。及时制定全省检察院转隶经费、资产划转办法,为试点全面推开提供制度保障。根据要求,认真把握政策和方法步骤,严格执行中央及省委各项政策规定,与省纪委机关、省检察院联合下发《关于深化国家监察体制改革试点工作涉及检察机关经费、资产划转有关问题的通知》,对检察系统转隶资产、经费范围、方法、时间、程序及工作要求进行详细规定,切实保障新组建监委机关及检察机关办公办案工作需要。

【积极配合推进公安改革】贯彻落实《安徽省全面深化公安改革实施意见》,健全完善警务保障机制,加强大案要案、突发事件侦破处置专项经费保障。落实财政支持户籍制度改革政策,支持省公安厅人口信息管理系统建设,建立人口动态管理机制,为建立健全支持农业转移人口市民化的财政政策体系提供基础数据。进一步规范公安机关警务辅助人员管理,配合省公安厅共同出台《关于加强和规范全省公安机关警务辅助人员管理工作的通知》,进一步规范警务辅助人员管理体制。

【支持推进商事制度改革】积极筹措资金,继续加大工商系统信息化建设投入,支持"多证合一,一照一码"登记制度改革、国家法人库(安徽)和全省广告监测平台系统的建设,形成以网络信息技术为支撑,以"经济户口"管理为基础,以综合动态监管为核心的工商登记监管和行政执法新体系,实现企业注册登记网上申请、受理、审核、发照全程电子化,为推进深化商事制度改革提供有力的信息化支撑。配合工商局研究制定"双随机、一公开"相关政策,及时报送财政厅"随机抽查事项清单""执法检查人员名录库"等材料。

【加强部门预算管理】牢固树立全心全意为人民服务宗旨,坚持寓管理于服务之中,把服务部门、服务基层、服务群众当作是自己分内的事情,加强与归口预算部门联系沟通,优化工作机制,健全完善制度,不断强化部门预算编制、执行和监督,努力提升财政政法预算管理整体绩效。

【实施"管理服务延伸工程"】推进财政财务业务一体化管理,加强协调配合,提高业务部门参与度,要求预算单位财务部门主动与业务部门加强工作对接,全方位多维度地了解掌握业务工作,避免信息不对称,实现财务业务融会贯通,提升财务管理水平。找准管理服务延伸着力点,要求各预算单位以预算编制、预算执行和监督管理作为切入点,加强财政资金分配使用、公共资源转让、国有资产监管、政府采购等方面的工作,将财政政策、财政信息、财政服务和财务管理向二级和三级预算单位延伸,向业务处室及部门单位领导延伸。坚持绩效优先,对没有制定绩效目标的项目不予安排预算,强化结果运用,将绩效评价和预算执行结果与编制挂钩。指导省司法厅、省地税局、省工商局完成项目支出绩效目标执行监控试点工作。组织市县开展政法转移支付报表会审,连续4年在财政部政法经费绩效考核中获得"优秀"等次。省直机关加强效能建设活动简报对政法处管理服务延伸工程实施情况予以宣传肯定。

【综合施策加快预算执行进度】向归口部门发出10次预算执行通报,召开6次部门预算执行调度会,处领导带队上门会商60余次,累计会商140余次,研究解决部门预算编制、执行中的问题。按照"三查三单"制度要求,建立项目资金支付、政府采购、盘活存量资金等重点工作执行台账,制定问题清单、整改清单和责任清单,逐个研究,逐条分析,梳理执行的关键节点,实行销号管理。全年采购项目执行率一直高于平均水平,2017年预算结转规模同比低于上年。

【健全完善制度加强风险防控】制定修订看守所在押人员伙食金额及实物量标准、人民防空专项经费、地方消防经费等6个管理办法。督促预算单位健全各项预算、资产和财务内控管理制度,堵塞漏洞,提高内部管理水平,构建风险防控机制,保障部门各项经济活动规范有序,财务支出合法合规。对预算单位在审计、巡视、督查检查中发现和指出的财务问题,督促部门及时整改到位,对于落实有偏差的,及时纠正;对于落实有困难的,积极协助解决。同时,要求举一反三,查找财务工作短板。

【加强支部建设】坚持把支部建设摆在首位,持续强化支部政治、思想、组织、作风、纪律和制度建设。认真组织支部学习,制定《政法处学习贯彻党的十九大精神实施计划》《政法处政策理论学习制度》,全年组织集中学习35次,组织专题学习研讨14次。"七一"期间,邀请朱长才副厅长为全处党员干部讲党课,支部书记每季度在支部上党课。组织开展党内政治生活若干准则和党内监督条例知识测试。扎实开展标准化建设,完成支部班子换届,增补支部纪检委员,进一步加强支部纪检工作。完成党员基本信息采集。建立支部组织架构图。规范党员管理，组织参加警示教育、红色教育等活动，规范党费、工会会费收缴，按要求开展党员民主评议，定期排查党组织关系。加强党建工作档案资料整理、归集，认真填写《党支部工作记录本》，形成支部标准化建设纸质和电子台账。完成全国党员信息管理系统、“两学一做”纪实评价系统等信息录入。延伸扩展支部活动，持续改进作风，与省边防总队联合开展“向部队学作风，借警营促养成”主题党日活动。赴省未成年犯管教所开展“主题党日”活动，与省未管所机关第四党支部召开座谈会，向少年犯赠予图书。赴省警卫局与后勤处党支部开展共建活动，交流十九大精神学习体会和党建经验做法。两次赴包河区沁心湖社区参加“学雷锋志愿服务”和“安全生产月”主题活动，深入颍东区吴寨村开展司法行政定点帮扶，深入庐江县开展综治联系督导，配合做好寿县许寺民族村结对共建工作。健全制度严格约束，强化廉洁纪律，签订《党风廉政建设责任书》，严格落实“一岗双责”。制定党建工作“三个清单”，持续整改提升。落实省委和厅党组“完善制度堵塞漏洞”要求，制定支部班子工作作风建设、廉洁自律建设、履职能力建设、思想政治建设四项制度。引导、督促支部党员严格执行党章党规、两准则四条例、八项规定、省委“三十条”和财政厅“三十条”，认真落实效能建设“八项制度”和文明办公“五要五不”要求，严格执行离岗告示制度、请销假和外出报备制度。

（政法处　陈晋）

教科文处工作概述

【概况】2017年，在财政厅党组的坚强领导下，教科文处按照“一心一意谋发展、聚精会神抓党建”要求，一方面，紧紧围绕财政中心工作和教科文事业改革发展重点，加大财政投入保障力度，优化财政支出结构，推动教科文事业又好又快发展。另一方面，深入学习贯彻党的十九大精神，扎实开展“两学一做”，深入推进支部标准化建设，加强全面从严治党建设，转变工作作风，提升工作效率，为财政教科文事业发展提供坚强有力的保障。2017年，全省财政教科文支出1362.4亿，占全省财政支出22%，较2016年增加107.8亿元，增幅为8.6%，争取中央财政资金152.2亿元，较2016年增加9亿元，增幅为6.3%。全面圆满完成年度各项工作任务。

【加快预算执行进度】2017年，省直教科文部门一般公共预算总指标218.6亿元，较上年增加7.5亿元；支出212.2亿元，较上年增加8亿元；结转结余指标6.4亿元，较上年减少0.5亿元；预算执行率为97.1%，较上年加快0.4个百分点。政府性基金总指标7.8亿元，较上年增加1.5亿元；支出6.3亿元，较上年增加2.5亿元；结转结余指标1.5亿元，较上年减少1亿元；预算执行率80.3%，较上年提高20.4个百分点。加大盘活存量资金清理力度，全年收回结转结余指标5.1亿元，依法下达转移支付资金148.3亿元。强化部门预算执行主体责任，开展2017年度省级预算执行考评，强化部门预算执行与预算编制挂钩意识，对预算执行得分低于80分的4家单位，扣减2018年部门预算49万元。多次召开预算执行督促会，对省教育厅、省科技厅、省文化厅、省委宣传部等预算执行重点部门一对一会商，按照“不低于序时进度、不低于上年同期进度”的硬性要求，督促部门完成预算执行任务。

【加强政府采购管理】强化部门（单位）政府采购主体责任、加大政府采购上年结转资金盘活力度、落实政府采购预算执行结果与预算编制挂钩机制。会同省教育厅印发《关于做好省教育厅所属预算单位2017年政府采购预算执行工作的通知》《关于开展政府采购预算执行专项整治工作的通知》，对高校采购预算执行开展专项整治，强化采购计划申报、采购合同履行、加快政府采购预算执行，实行政府采购预算执行情况月报制度和政府采购包保责任制，落实采购预算执行结果与预算编制挂钩机制，调度会商通报督促，不断提高部门（单位）政府采购预算编制质量和执行效率。2017年，省直教科文部门政府采购预算执行进度64.5%，同比提高15.2个百分点。

【完善资金管理办法】为规范财政资金使用和管理，会同教育、科技、文化等相关部门，进一步制订完善财政教科文领域专项资金管理办法，相继制订出台《安徽省中央财政支持学前教育发展资金管理办法》《安徽省城乡义务教育补助经费管理办法》《安徽省重点研究与开发计划资金管理办法》《安徽省省级国家电影事业发展专项资金管理办法》等21个专项资金管理办法，明确专项资金管理和使用原则，资金用途和方向，分配与拨付方式，绩效与监督职责，切实做到“资金安排到哪、办法建立到哪、监督跟踪到哪”，不断规范和加强专项资金管理。

【加强绩效评价结果运用】委托财政投资评审中心开展自然科学基金、部校共建传媒学院资金、农村义务教育薄弱学校改造计划专项资金、普通高中国家助学金、非物质文化遗产保护专项资金等11个专项资金绩效评价，对财政资金进行跟踪问效。组织实施省档案馆新馆建设及运行维护、省美术馆陈列布展第二阶段等2个项目经费预算评审，压减项目经费共计6430.8万元。会同教育、文化等部门，分项目制定教育、文化民生工程绩效评价方案和绩效指标体系，突出绩效评价在财政资金分配、使用、管理中的突出作用，提高财政资金使用质量和效益。

【推进政府购买服务】推进政府购买服务改革，督促部门编制政府购买服务指导性目录，进一步规范政府购买服务。2017年，省直教科文部门政府购买服务项目45个，涉及预算金额9265万元。重点推进政府购买“送戏进万村”活动，统筹使用每村每年4400元文化活动补助资金，由县级文化行政管理部门统一集中采购，送戏2万场。试点推进政府购买基层公益文化岗位，近100个市县财政部门会同文化主管部门选择部分有条件的行政村，配置由公共财政补贴的文化协管员和文物协管员试点岗位2894个，着力解决村级公共文化设施“有人办事”和文物保护单位“有人保护”问题。

【重点保障教育民生工程】实施城乡义务教育经费保障机制，统筹资金65.2亿元，支持各地推进实施城乡义务教育经费保障机制，实现“两免一补”和生均公用经费基准定额资金随学生流动可携带。实施高校、中职和普通高中家庭经济困难学生资助，通过国家奖助学金、助学贷款、免学杂费等多种形式，统筹资金24.3亿元，对符合条件的各级各类家庭经济困难的学生予以资助，确保每一个孩子不因家庭经济困难而终止学业，惠及近98万名学生。实施贫困地区义务教育学生营养改善计划，2017年起，将国家集中连片特困地区13个县区，及安徽省新增地方试点的8个国家扶贫开发重点县（区）义务教育学生营养改善计划纳入民生工程，统筹资金8.2亿元，对农村义务教育阶段学生提供营养膳食补助，实现营养改善计划国贫县（区）全覆盖，惠及148.2万名中小学生。

【支持基础教育普及】持续扩大学前教育资源。推进实施第三期学前教育行动计划，统筹资金8亿元，支持各地通过新建改扩建公办幼儿园，公建民营、民办公助、政府购买服务等多种形式，扩大学前教育资源。基本实现“每个乡镇都建有1所独立建制的公办中心幼儿园”的目标。推进义务教育均衡发展。统筹资金16.6亿元，支持贫困地区义务教育薄弱学校按照“保运转、保急需、保基本”的原则，改善基本办学条件。2014年以来，安排省级资金共1.5亿元，支持实施在线课堂建设，基本实现全省农村义务教育教学点在线课堂全覆盖，保障农村义务教育教学点开齐开足国家规定的课程。2017年10月，全省106个县区全部通过县域义务教育均衡发展国家评估认定，提前3年实现省政府向教育部的承诺，位居中部第一，全国第九。改善贫困地区普通高中办学条件。统筹资金2.1亿元，重点支持国家集中连片特困地区县、国家和省扶贫开发工作重点县普通高中学校校舍改扩建、配置图书和教学仪器设备以及体育运动场等附属设施建设。实施特殊教育提升计划。支持实施安徽省第二期特殊教育提升计划，落实义务教育阶段特殊教育学校生均公用经费6000元补助标准。统筹资金1539万元，重点支持困难地区和薄弱环节，加强特殊教育基础能力建设。

【构建现代职业教育体系】贯彻落实职业院校生均拨款政策，2017年，公办中职学校（含技工学校）生均拨款不低于5000元，公办高职院校（含技师学院）生均拨款达到1.2万元。统筹资金17.5亿元，支持各地实施现代职业教育质量提升计划；从省属高职院校生均拨款总额内每年统筹1亿元，支持省属公办高职院校优势特色项目，促进高职院校健康发展。

【促进本科高校内涵式发展】会同省教育厅，督促省属高校严肃财经纪律、强化内控体系建设、严格控制新增银行贷款，加强财务管理，规范财务行为。改革高校预算拨款制度，完善基本支出体系，分类构建项目支出体系，立足保基本，突出扶优扶强，发挥高校自身积极性。在省属本科高校生均拨款总额内统筹安排4.2亿元，支持省属本科高校一流学科、领军骨干人才及团队项目与高水平大学建设。支持高校科研经费改革，激发创新创造活力，加大简政放权和激励力度，为高校科研人员潜心研究创造良好环境，进一步提升高校科研资金使用效益。

【支持贫困地区教师队伍建设】贯彻落实《安徽省人民政府办公厅关于实施乡村教师支持计划（2015—2020年）的通知》（皖政办〔2015〕62号）精

神,保障乡村教师待遇。2017 年,省财政统筹资金近 3 亿元,支持实施特设岗位教师计划、"三区"人才支教计划,改善贫困边远地区教师队伍结构;统筹资金 1.2 亿元,支持实施中小学及幼儿园教师"国培计划",提升学校专业骨干教师教学水平。全面实施乡镇工作补贴制度,落实国家集中连片特困地区乡村教师生活补助政策。

【支持合肥综合性国家科学中心建设】支持创建量子信息科学国家实验室,根据支持创建量子信息科学国家实验室的意见,省、合肥市前期投入 24 亿元支持量子信息科学国家实验室建设,并为国家研究经费配套 10 亿元,按 1∶2 比例分担原则,省投 11.3 亿元。截至年末省财政拨付资金 8 亿元,剩余 3.3 亿元按序时进度拨付。落实合肥先进光源预研项目和类脑智能技术及应用国家工程实验室配套资金 3370 万元。承诺支持聚变堆主机关键系统综合研究设施建设。

【保障科技创新政策兑现】围绕省委省政府出台的《支持科技创新若干政策》,省财政统筹安排资金 13 亿元,综合采取公开竞争立项、单位研发后补助、研发团队奖励、股权投资或债权投入等扶持方式,聚焦支持引导企业加大研发投入,开展重大关键技术攻关,支持科技人才团队创新创业,促进科技成果转化产业化,培育发展高新技术企业,支持科技企业孵化服务,加强农业科技创新和科技服务体系建设,支持产业技术创新战略联盟建设,推进大型科学仪器设备资源共享共用,强化知识产权创造、保护和应用 10 条创新政策,惠及 2000 多家企事业单位,有力发挥财政资金杠杆作用,建立"企业愿意干、政府再支持"、"市县愿意干、省里再支持"的扶持机制,营造"大众创业、万众创新"的良好氛围。

【落实科研项目资金管理改革政策】牵头起草《关于改革完善省级财政科研项目资金管理等政策的实施意见》,公开 12 个省直部门、68 个财政科研项目,实施公开竞争研发、后补助、稳定支持三类管理和差异扶持;加强宣传解读,召开新闻发布会,网站公开解读材料,举办培训班,扩大政策知晓率;在财政一体化管理信息系统启动"科研项目资金"和"科研仪器设备"标识功能,简化科研项目资金预算调剂、结转结余、采购管理等流程;扩大科研院所间接费计提、劳务费列支、国际合作交流等财务自主权;牵头制定科技重大专项、自然科学基金、哲学社会科学规划项目等七个资金管理办法;委托中介机构实施全面检查,督促政策落地。共 70 多家省属高校院所制定科研项目内部管理制度,制定率 80%。广大科研人员普遍反映改革政策提高科研经费使用效益,获得感增强。

【牵头推动科技创新重大工程】在厅内牵头会同相关处室推进全面创新改革试验、创新发展行动计划、合芜蚌自主创新示范区升级版等重大工程,以及制度和政策创新体系建设工作。印发《省财政厅系统推进全面创新改革试验 2017 年工作要点及任务分工》,教科文处重点会同资产处研究职务科技成果混合所有权改革试点工作,多次组织赴相关单位和高校开展座谈研究。积极会同省科技厅等部门起草实施五大发展行动计划和四大创新体系实施意见,顺利完成全创改自查和督查工作。印发《安徽省财政厅实施省创新发展行动实施方案任务分工》,建立创新发展重大工程台账,按月总结创新发展行动计划进展情况,动态推进各项工作有序开展。

【推动科技成果转移转化】3 月,赴安徽大学开展科技成果转化调研。5 月,会同省科技厅率先选择安徽大学、省农科院等 6 家单位开展科技成果转化年度报告试点,形成《安徽省科技成果转化 2016 年度总结报告》。6 月,召开部分高校工作座谈会,深入了解高校院所科技成果转化管理总体情况、存在主要问题和意见建议。9 月、12 月开展科技成果转化统计总结。2017 年,21 家省属高校院所签订转化科技成果合同数 225 项,较 2016 年增加 105 项,增幅 87.5%;总收入 8912.4 万元,较 2016 年增长 5212.4 万元,增幅 140.85%。省属本科高校科技成果转化收益用于重要贡献人员和团队的比例为 80%。会同省科技厅起草《安徽省科技成果转化引导基金组建方案和管理办法》,统筹资金设立省科技成果转化引导基金。

【推进公共文化服务体系建设】贯彻落实《关于加快构建现代公共文化服务体系的实施意见》,加大省级转移支付,重点向大别山等革命老区和皖北地区倾斜。2017 年,统筹公共文化服务体系建设专项资金 4.6 亿元,实行因素法与项目法相结合的分配办法,重点支持公共数字文化建设、广播电视覆盖等项目,促进各地落实《安徽省基本公共文化服务实施标准(2015—2020 年)》。统筹省级文化强省资金 4000 万元,重点支持全省 540 个村级公共文化服务中心示范点、109个国家级贫困地区“百县万村综合文化服务中心示范工程”等项目建设及运行。

【推动文化惠民项目提质增效】统筹资金2.1亿元,推动全省1836个公共文化体育场馆免费低收费开放,支持组建全省公共图书馆阅读推广联盟、文化馆活动联盟和博物院陈列展览联盟,整合公共文化场馆资金资源,形成资源共享、优势互补、区域联动。统筹资金420万元,支持建设安徽文化云公共文化服务管理平台。投入资金1.9亿元,支持文化信息共享工程、送戏进万村、农村电影放映等农村文化建设活动。安排1000万元,支持开展第四届安徽文化惠民消费季。统筹体育彩票公益金1.1亿元,支持体育特色小镇、青少年俱乐部、社区多功能运动场等建设,保障安徽省参加第十三届全运会群众体育比赛,稳步推进全民健身工作。

【促进传统特色文化传承发展】统筹资金2.4亿元,重点支持60处国家级和50处省级重点文物保护单位的修缮和展示利用。统筹资金3115万元,资助59位国家级和502位省级非物质文化遗产传承人开展传习活动,支持41个省级和44个国家级非物质文化遗产保护项目、15个传承人抢救性纪录项目。

【持续扶持文化产业企业发展】安排省级文化强省专项资金2亿元,争取中央文化产业发展专项资金1亿元,综合采取项目补贴、贷款贴息等方式,重点支持安徽省特色、示范性和带动性强的文化产业、文化精品创作生产等367个项目,丰富文化产品供给,培育骨干文化企业,构建现代文化产业体系。安排省级体育产业专项扶持资金2000万元,支持品牌体育产品生产制造、体育场馆运营服务等,提升体育产业发展水平和实力。认真履行省属文化企业国有资产监管职责,相继批复时代出版传媒股份有限公司重大资产重组、发行可交换债券,新华发行集团发行中期票据等8项资产批复事项,支持企业融资30亿元。

【推进党建工作标准化】先后制定《教科文处支部2017年党建工作计划》《教科文处党支部关于认真学习宣传贯彻党的十九大精神的计划》等计划方案7个,细化任务,分解到人。高度重视政治理论学习,深入学习党的十八大、十九大精神和习近平新时代中国特色社会主义思想。实行领学制度,每个专题确定专人作主题发言,其他同志结合实际发言,支部书记做总结。全年集体学习53次,开展专题学习研讨12次。落实“党员活动日”制度,认真落实“三会一课”和民主评议党员等基本制度,全年召开支部大会6次,支委会18次,组织开展讲党课活动4次。扎实开展“两学一做”学习教育常态化制度化专题学习,深入推进“讲重作”专题警示教育活动。积极开展基层党组织标准化建设,开辟党建标准建设园地,进一步建章立制,完善制度。开展支部换届选举,配强支部领导班子。开展党员日常教育管理,强化服务功能,拓宽服务领域,增强服务本领。2017年,教科文处通过党支部标准化建设考核验收。

【持续推进作风建设】牵头负责岳西县石关乡张家村结对共建,深入实地调研,广泛征求群众意见,研究制定帮扶项目。开展“送温暖、献爱心”活动,在元旦、“七一”等重大节日,组织开展走访慰问12户困难党员和群众,送去慰问金和物品6000元。全年深入基层调研48次,切实做到问需于民、问计于民。组织在职党员进社区服务,深入包河区淝南社区开展在职党员社区服务活动2次,召开党建工作座谈会,学习交流支部标准化建设经验做法。听取社区干部对财政工作的意见和建议,走访慰问社区退休老党员、企业老职工3户,为老人送去油、米等暖冬物资。落实双包帮扶责任,结对帮扶颍东区正午镇吴寨村3户贫困家庭,深入帮扶家庭了解劳动力状况、家庭收入、经济来源等情况,分析致贫原因,帮助提出脱贫思路,谋划帮扶措施,并给予慰问金。做实做细部门会商,综合采取汇报、会议、上门、约谈等会商形式,与21个省直教科文预算部门开展会商。累计会商276次,解决问题323个。坚持突出重点,把部门预算编制、“三公”经费及预决算公开、绩效评价、审计整改等,列入会商工作重点,推动工作开展。把预算执行和政府采购预算执行进度作为重点,将未按进度执行部门列入重点单位主动会商。

【深化党风廉政建设】增强廉洁自律意识。学习传达全省反腐倡廉建设工作视频会议精神,组织全处同志参加廉政警示教育活动,收看收听廉政建设每月一课或专题报告等,不断增强全处党员干部廉政风险防控意识,从严从紧要求和约束自己。二是落实党风廉政建设责任。签订《2017年党风廉政建设责任书》,落实处室主要负责人、党员干部个人责任,支部设置纪检委员,专门负责支部纪检工作。加强廉洁自律和家风建设,树立严管就是厚爱的思想。支部书记、支部委员开展谈心谈话活动,了解党员干部工作、生活和学习等情况,掌握廉洁从政、廉洁自律情况,督促和提醒处内同志警钟长鸣,打牢思想根基、扎进制度“笼子”,保证财政干部安全。三是加强廉政制度建设。研究制定党风廉政“一个清单、四项制度”,即:《教科文处党员干部负面言行提醒清单》《教科文处党支部班子工作作风建设制度》《教科文处党支部班子廉洁自律建设制度》《教科文处党支部班子履职能力建设制度》《教科文处党支部班子思想政治建设制度》,修订完善《教科文处党支部党风廉政建设规定》,增强廉洁自律意识,加强履职能力建设,凝聚党员干部精气神。四是持续开展效能建设。学习效能建设有关规定和要求,及时传达落实效能暗访通报要求,增强规矩意识、责任意识和违纪意识,进一步强化工作举措,创新工作方法。建立处内效能建设巡查制度,全处同志相互监督、警醒,处领导不定期巡查,严格落实效能建设规定。建立处内效能建设负面清单,全处全年没有发生违反效能建设的问题。

(教科文处 侯正华)

经济建设处工作概述

【概况】2017年,经建处深入贯彻习近平新时代中国特色社会主义思想,坚持以新发展理念统领发展全局,认真落实财政厅党组各项决策部署,坚持问题导向、强化责任意识,主动适应经济社会发展新常态,围绕财政中心工作,服务经济建设大局,较好完成各项工作任务。

【发挥投资有效作用】紧跟政府投资宏观形势,累计争取中央基建资金185.2亿元,下达重大水利工程建设省级投资26.9亿元,下达省统筹基本建设资金11亿元。多渠道筹集水利建设资金,通过发行地方债20亿元,争取中央补助42亿元,用于补充引江济淮有限责任公司注册资本金。支持公路建设,下达资金71.36亿元,支持各地做好国省干线公路建设和养护资金保障工作;下达成品油价格改革补助资金5亿元,由各地统筹用于国省干线公路建设和养护;下达44亿元,支持农村道路畅通工程建设和农村公路养护;安排6亿元支持省交投控股集团公司做大注册资本金规模,提升参与国省干线公路建设的能力。安排地方债券资金45亿元,支持各市交通投资公司做大注册资本金规模,提升投融资能力。支持地方铁路建设,安排专项补助资金20亿元(一般预算、地方政府债券各10亿元);落实税收和相关支持政策,安排并拨付专项补助资金9.25亿元支持省投资集团做大注册资本金和铁路投资基金规模,提升参与地方铁路建设的投融资能力。加快水运、民航事业发展,拨付2亿元支持省港航集团做大注册资金规模,提升参与国家和省规划的干线航道网水运基础设施建设。拨付8000万元支持民航事业发展,积极争取中央财政民航发展基金1.3亿元,支持安徽省民航事业发展;积极配合省民航机场集团继续争取中央财政补助省民航机场集团发展基金12093万元(其中国家集中安排1091万元,机场自主安排11002万元)。支持海绵城市和地下综合管廊建设,下达池州市、合肥市2017年海绵城市建设试点、地下综合管廊试点资金各2.8亿元,指导两市做好试点各项工作,及时向财政部报送项目进展和资金使用情况。

【促进产业转型升级】根据省政府统一部署,积极研究谋划,形成“三重一创”、科技创新、制造强省、技工大省为核心的创新驱动和产业发展政策体系,省财政安排资金97亿元,通过设立引导基金和采用后奖补、贷款贴息、借转补、购买服务等方式,支持省内重点产业发展、重大工程建设、重大技术攻关、科技成果转化、高端装备制造、高级人才培养等工作。系列政策统筹衔接、相互补充、资金进行有效统筹,形成规模系统的支持创新和产业发展政策格局,充分发挥财政资金效益。

【落实区域发展政策】落实区域发展政策,加大对皖北、皖江和大别山革命老区支持力度。安排下达皖北“3+7”南北合作共建产业园区发展资金9.5亿元(市级每个园区2亿元,县级每个园区0.5亿元),并在产业发展相关政策上对皖北区域予以倾斜;安排下达支持皖江发展专项资金8.4亿元,重点支持江南、江北和中新苏滁产业园区建设;安排下达支持皖北地区及大别山革命老区园区发展专项资金8亿元,重点用于基础设施、现代农业、生态环保和库区移民等方面建设。

【支持棚户区改造】按照分城施策原则,继续支持房地产去库存工作,充分发挥棚改融资理事会职能作用,提升棚改资金保障和省级平台融资能力,提高棚户区改造货币化安置水平,推动政府购买棚改服务工作。大力推进棚改货币化安置,加大棚改货币化安置政策支持,2017年安排下达中央财政棚改专项资金96亿元、省级棚改专项资金6.6亿元,中央预算内投资补助40.5亿元，并将货币化安置与安排财政补助资金挂钩，对比例较高的市县给予倾斜。总结推广“政府搭桥”、“房票安置”经验做法，鼓励各地优化货币化安置服务，满足居民多样化住房需求，加快消化房地产库存。

【推进生态文明建设】以绿水青山就是金山银山的战略指导思想，加快构建绿色江淮美好家园为目标，加大资金投入，完善政策措施，改革体制机制，加大自然生态系统和环境保护力度支持力度。安排下达环保专项资金6.18亿元，支持大气、水和土壤污染防治；深入推进新安江上下游横向生态补偿试点，拨付补偿资金10.2亿元，指导黄山市建立新安江绿色发展基金；继续实施大别山区水环境生态补偿，安排补偿资金2.12亿元，支持流域上游地区生态环境保护和饮用水源地安全；安排下达秸秆禁烧和综合利用奖补资金16.31亿元，拨付秸秆发电财政奖补资金1.02亿元。变堵为疏，出台秸秆产业化支持政策，下达资金1.26亿元，对秸秆产业化龙头企业、农作物秸秆资源利用现代环保产业示范园区建设等给予专门奖补。强化矿山地质环境恢复治理与保护，着力引导、推进“绿色矿山”建设，加快“三线三边”矿山生态环境治理进程。进一步强化矿山地质环境恢复治理与保护，督促矿山企业履行责任义务，做好取消矿山地质环境治理恢复保证金，建立矿山地质环境治理恢复基金衔接工作。继续实施采煤塌陷区村庄搬迁工程“以奖代补”政策，加大采煤塌陷区综合整治力度，强化地质灾害工程治理项目管理和资金管理。

【深入实施民生项目】持续推进城市“五统筹”工作，将“一尊重、五统筹”要求贯穿支持城市发展全过程各方面，安排并下达城市工作“五统筹”专项资金4亿元，用于地下综合管廊建设、跨市域城镇体系规划编制、城乡规划建设管理综合信息平台建设和城市工作标准编制等。会同省住建厅制定印发《安徽省城市工作“五统筹”专项资金管理办法》。按照民生工程统一部署，积极做好农村危房改造、农村安全饮水、农村道路畅通、棚户区改造、城市老旧小区改造、秸秆综合利用提升工程及农村垃圾处理、农村改水改厕等民生工程推进工作。争取并下达中央农村危房补助资金8.62亿元，安排并预拨农村危房改造专项资金2.73亿元；安排并下达老旧小区改造专项资金2亿元；安排并下达特色小镇建设专项资金5亿元，用于支持全省首批25个特色小镇建设；从2017年预拨的美丽乡村建设省级补助资金中安排4亿元，用于农村垃圾、污水治理和对自然村农户厕所改造，分类分档予以补助，实行以奖代补、先建后补、早建早补。拨付农村道路畅通项目资金30.58亿元，安排一般债券农村公路建设资金5亿元，支持市县财政部门做好资金保障工作。

【保障国家粮食安全】落实粮食安全省长责任制，及时拨付省级粮油储备费用，提高储备轮换的科学性，减少价差损失。2017年，累计拨付粮油储备补贴资金及三轮粮食挂账利息补贴8.01亿元，有力保障省级粮油储备任务的落实。巩固提升粮食仓储设施水平，以粮库智能化升级改造项目国家重点支持省份为契机，在2016年下达2.09亿元的基础上，拨付2017年项目资金3407万元，保障安徽省“智慧皖粮”信息化三期项目建设顺利实施。积极争取安徽省2017年产粮大县奖励资金19.65亿元、产油大县奖励资金2.27亿元、产粮大省奖励资金3.93亿元、优质粮食工程资金3亿元、生猪调出大县奖励资金9683万元。拨付高标准农田建设资金20.43亿元，进一步夯实现代农业发展基础，提升粮食综合生产能力，保障国家粮食安全。

【落实财政预算改革具体任务】积极做好部门单位预决算和“三公”经费公开工作；提前下达2018年预算比例进一步提高；2017年专项转移支付预算细化率超过93%。进一步加大政策宣传，以支出进度倒逼预算安排，以预算安排促进预算执行，全年联系部门主动收回结余指标，全年指标结转控制在8亿元，预算执行率达到99%。

【争取新安江流域生态补偿机制延续】2017年皖浙两省财政和环保部门通力协作，新安江流域生态补偿试点工作扎实推进并取得阶段性成效。2017年10月，厅长罗建国与浙江省财政厅厅长徐宇宁在皖浙两省交接断面水质监测点进行考察，专门赴黄山市调研新安江生态补偿机制，召开座谈会，了解评估新安江流域生态补偿机制试点工作实施成效、资金筹措保障和群众满意度等情况，并就深化合作机制进行会商并达成共识，12月皖浙财政、环保部门共同向财政部、环保部请示，要求延续新安江生态补偿机制。

【完善大别山区水环境生态补偿工作】根据水质监测结果，下达六安市2017年省级补偿资金1.32亿元、2016年度市级补偿资金4000万元。进一步完善政策体系，按照流域面积占比，新增岳西县和六安市下达省级补偿资金1200万元，并作为补偿基数予以保留。

【抓好矿产资源权益金制度改革落实】按照国务院关于矿产资源权益金制度改革的工作部署，会同省有关部门在周密测算、征求有关部门和市县政府意见的基础上，制定符合安徽省实际的贯彻落实方案，上报省政府审定后印发实施，确保矿业权出让收益征收管理平衡过渡。贯彻落实财政部等三部门关于取消矿产地质环境治理恢复保证金的意见，在充分调研基础上，出台分类退还保证金的工作方案，并按要求建立矿产地质环境治理恢复基金，进一步健全矿产资源有偿使用制度，落实企业矿山环境治理责任。

【积极配合做好中央环保督察工作】根据中央环保督察工作要求，4—5月，中央第四环保督查组对安徽省开展环境保护进驻督察工作。根据省委、省政府及厅党组要求，经建处积极配合省环保厅做好督察保障工作，选派专人参加督察，落实环保督察工作经费，受到中央环保督察安徽省协调联络组来信表扬。按照环保督察"包保"工作要求，厅长罗建国带领经建处专程赴涡阳县和谯城区督察调研突出环境问题整改工作，对中央环保督察组转办和省环保督察组交办的问题逐一进行实地察看督导，全面了解整改工作进展和成效，研究整改工作存在的问题，提出有针对性的工作建议。

（经建处）

农业处工作概述

【概况】2017年，在财政厅党组坚强领导下，农业处深入开展"两学一做"、"讲重做"活动，牢固树立"四个意识"，团结奋进、攻坚克难，扎实做好财政支持脱贫攻坚和农业供给侧结构性改革工作。

【巩固支部战斗堡垒】以"两学一做"学习教育常态化制度化和"讲重作"专题教育为主线，全面落实"一岗双责"。创建支部微信群，推荐分享正能量文章。创建"周计划"、"周例会"制度，树立人人都是岗位"一把手"思想。严格落实"三会一课"制度，召开党员大会8次、支部专题会议36次，开展党课6次、组织生活会3次、主题党日活动6次。以支部标准化创建为契机，对照标准化建设7大类、57小项全面梳理，不断夯实支部建设。严格落实党风廉政建设责任制。制定加强支部建设工作实施意见、落实党风廉政建设"两个责任"实施办法、内部管理制度、内部控制制度、党员干部负面言行提醒清单等多项制度。

【持续加大财政支农投入】省财政持续加大支农投入，并积极争取中央投入，确保省委、省政府"三农"部署全面保障落实。2017年全省财政专项扶贫投入累计达96.6亿元，同比增长71%；积极争取中央资金2亿元，加大农业产业化投入，支持埇桥区、和县创建国家现代农业产业园；省财政新增专项资金20亿元，支持灾后水利薄弱环节建设；2013—2017年省财政累计投入49.3亿元，支持完成小型水利改造提升"5588"工程；2013—2017年省财政累计投入17.1亿元，支持完成千万亩森林增长工程。

【持续推进财政支农改革创新】深入推进农业信贷担保体系建设，指导省农业信贷担保公司将担保业务、机构和人员力量向基层一线倾斜，加快"劝耕贷"推广，积极协调各方顺利完成省农担公司从省担保集团脱钩，累计为7355户农业经营主体提供信贷担保35.2亿元，在保余额22.2亿元。依托省国元集团发起设立安徽省农业产业发展基金，省财政计划通过国元集团出资25亿元（年出资5亿元），到2021年基金总规模达到100亿元。开展农田水利综合改革试点。选择定远县、阜南县开展以"4P"、"三变"为重点的农田水利综合改革试点，探索农田水利建设管护新机制。启动开展以绿色为导向的农业补贴改革，巩固农业补贴"三合一"改革成果，及时将72亿元补贴资金兑付给农民；支持全面推行河长制、林长制，保护绿水青山。支持推进农口部门改革，安排专项资金，支持稳步有序推进国有林场改革、农垦改革。

【持续夯实预算基础管理】加大省级农口部门专项资金整合归并力度，开展"大专项+任务清单"改革试点，推进省级农口部门一般预算与非税预算统筹安排使用。狠抓预算执行，全年完成财政支农预算支出255.5亿元，政府采购当年完成80%以上，在省直部门保持前列。牢牢扭住绩效管理"牛鼻子"，制定《林业改革发展资金管理办法实施细则》《林业改革发展资金预算绩效管理暂行办法实施细则》《安徽省财政扶贫资金绩效评价办法》。组织开展7个重点财政支农项目资金绩效评价和省林业厅整体支出绩效评价，不断提升财政支农资金使用效益。

（农业处）

社会保障处工作概述

【概况】2017年,社会保障处认真贯彻厅党组决策部署,践行"三严三实"要求,扎实推动"两学一做"常态化制度化,围绕中心、团结奋进,积极推进社会保障事业健康发展。安徽省就业、公立医院、养老服务三项工作获得国家通报激励表彰,社保基金预决算和社会救助绩效评价两项工作连续多年获得全国一等奖,财政厅获2016年度省双拥工作、计划生育工作优秀单位。

【推进就业创业】贯彻落实就业优先战略和积极就业政策,统筹安排就业补助资金23.7亿元,精心组织开展就业扶持民生工程,保障高校毕业生、农民工、贫困劳动者等重点群体稳定就业创业,着力实现更高质量和更充分就业。

【推进技工大省建设】制定并实施技工大省建设若干政策,省财政统筹资金10亿元,大规模开展职业技能培训,注重解决就业结构性矛盾,鼓励创业带动就业。

【推进"三去一降一补"】贯彻执行国家降低社保费率政策,减轻企业缴费负担26.8亿元。发挥失业保险基金稳岗作用,统筹安排就业补助资金,积极支持做好相关企业职工安置工作。

【率先破解公立医院债务化解难题】在全国率先出台《加强公立医院债务化解及管理工作的意见》《公立医院债务化解及管理工作考核奖补办法》,统筹安排并下达化债新增债券奖补5亿元和专项奖补1亿元,着力构建债务化解及管理工作长效机制。

【健全投入保障机制】围绕医改五项基本医疗卫生制度建设,进一步调整和优化支出结构,多渠道筹集资金,集中向贫困地区和薄弱环节发力。2017年,省财政安排5亿元,支持公立医院事业发展。争取世行医改贷款项目资金2.85亿美元,重点支持基层医疗服务能力建设。

【深化医改重点任务】配合相关部门出台23个医改配套文件,着力推进医联体、医共体建设,促进城乡居民基本医保制度整合和医保支付方式改革,稳步实施家庭医生签约服务。统筹安排资金35亿元,支持12大类44项基本公共卫生项目和免疫规划、艾滋病防治、血吸虫防治等重大公共卫生项目实施。

【聚焦脱贫攻坚】推进社保领域"就业脱贫工程、社保兜底脱贫工程、健康脱贫工程",推进农村低保与扶贫"两线合一"(农村低保标准达到年人均4288.8元,较上年增加516元,较扶贫线高出38.3%),创造性地建立健康脱贫"三保障一兜底一补充"综合医疗保障体系("351"和"180"工程),为打赢脱贫攻坚战提供强力支撑。

【聚焦提标惠民】按照中央的部署要求,稳步提高基本公共卫生服务财政补助标准(每人每年45元提高到50元)、城乡居民基本医保财政补助标准(每人每年420元提高到450元)、城乡低保人员基本生活待遇(城乡低保标准分别达到年人均6335元、4288.8元,较上年增加407元、516元)、特困人员基本生活保障标准(集中和分散供养标准年人均分别为7284元、5328元,较上年分别增加264元、120元);精心测算,科学调整全省机关事业单位和企业退休人员养老金待遇标准,调整幅度为6%,每人每月平均增加143.7元,切实增加人民群众获得感。

【聚焦优化供给】按照"居家为基础、社区为依托、机构为补充"总体要求,全面推进公办养老服务机构综合定额管理和等级评定管理,进一步激励和加快养老服务体系建设,推进居家和社区养老服务改革发展,着力优化养老服务供给质量和水平。2017年安徽省居家和社区养老服务获财政部考核优秀等次,并获得奖励资金200万元。

【完善管理制度建设】紧盯社保资金管理的关键环节,出台企业职工基本养老保险省级统筹、促进就业工作激励、社会养老服务体系建设、社保民生工程绩效评价等制度办法20余项,进一步建立健全社会保障制度体系。

【规范社保基金管理】完善社保基金预决算编制审核流程,理顺编审程序,提升编审质效,进一步硬化约束社保基金预决算管理。分二批筹集资金431.5亿元,委托全国社保基金理事会投资运营,加强社保基金保值增值。

【创新社会救助资金管理】围绕供给侧改革和放管服要求,在全国率先统筹整合目标接近、资金投入方向类同、资金管理方式相近的城乡低保、城乡医疗救助等八项社会救助资金80亿元,把零散资金拧成"一股绳",从制度体系上打破长期以来社会救助资金使用结构固化、无法调剂使用的僵局,进一步优化资金供给。《中国财经报》《安徽日报》先后专题报道安徽省做法。

【强化资金绩效管理】安徽省连续三年获得全国低保绩效评价考核第一名，为中央财政加大对安徽社会救助资金的支持奠定良好基础。2017年，中央财政补助安徽省社会救助资金增幅较全国平均增幅高出6个百分点。李国英省长对此批示："安徽省2016年度困难群众基本生活救助工作，在财政部、民政部的绩效评价中得分居全国第一位。这是全省各级财政、民政部门共同努力，积极工作的结果，成绩值得充分肯定和表扬！"

【抓好党建作风】强化学习教育，扎实推进"两学一做"常态化制度化，认真学习党的十九大精神，开设社保处学习交流微信群，建立支部学习目录，坚持集中研讨推动，注重学思学研结合，组织开展教育活动20余次，撰写心得体会15篇，完成厅重点课题3篇。强化班子带头，坚持民主集中制，强化班子建设，紧紧围绕处室建设"五要五不"（要理性不要任性、要理解不要误解、要埋头不要埋怨、要团结不要团伙、要补台不要拆台），以处长办公会、支委会为牵引强化工作落实，推进处室网格化管理，扎实推进党支部标准化建设，顺利通过省直机关工委标准化建设现场达标考核，不断提升队伍凝聚力和战斗力。强化作风效能，强化处室党员干部的作风效能意识。全年组织开展结对共建3次、部门一体化会议5次、部门会商127次、党员进社区2次、服务联系基层29次。强化廉政建设，坚持财政业务和党风廉政两手抓两手硬，全员签订党风廉政建设责任书，全面落实"一岗双责"，全力筑牢"四个意识"，推动保障财政社保事业科学可持续发展。

（社保处）

企业处工作概述

【概况】2017年，在财政厅党组的坚强领导下，企业处牢固树立五大发展理念，全面加强党支部建设，积极推进制造强省建设，全力支持去产能降成本，推动电商安徽建设，服务开放发展，企业处牵头开展的去产能、"三供一业"工作获得李国英省长的批示，四送一服双千工程获得省政府"双优"表彰。

【落实制造强省政策】省财政加大统筹资金力度，落实兑现制造强省建设资金23.7亿元，其中3亿元用于设立省中小企业发展基金，全面贯彻落实省政府《支持制造强省建设若干政策》。近1900户企业获得了资金支持，受惠企业数量较2016年提高1倍多，项目安排突出向省委省政府关于坚决打赢脱贫攻坚战、推进合芜蚌国家自主创新示范区建设和促进皖北地区又好又快发展等重大决策部署倾斜，充分体现政策意图和导向作用。强化政策资金使用管理，制定印发相关制度办法，对制造强省建设资金预算安排、监督检查、绩效评价等进行明确，提高政策的透明度和操作性。

【持续推进化解过剩产能】累计下达去产能奖补资金9.85亿元，其中：中央4.94亿元，省级4.91亿元，专项用于钢铁煤炭行业化解过剩产能职工分流安置，全力做好资金保障管理。继续完善资金管理制度，根据人社部等五部委《关于做好2017年化解钢铁煤炭行业过剩产能中职工安置工作的通知》（人社部发〔2017〕24号）和省政府第185号、199号专题会议精神，研究印发了《关于去产能职工分流安置资金使用管理有关问题的通知》（财企〔2017〕494号），进一步调整完善专项奖补资金政策，适当拓宽资金使用范围，提高资金使用效率。认真做好去产能奖补资金申报、测算工作，及时统计上报去产能月报，积极参与去产能验收，全面完成化解过剩产能任务（全年退出钢铁产能126万吨，煤炭产能705万吨，分流安置职工2.3万余人）。

【推进"四送一服"双千工程】根据省政府统一部署，为营造有利于实体经济发展的良好环境，财政厅专门成立"四送一服"双千工程工作组，赴淮南市扎实开展工作，实现"干部走下去、问题收上来，措施落下去、服务跟上来"，财政厅"四送一服"工作得到省政府肯定。会同有关部门研究出台降低实体经济企业成本举措"新10条"，全方位、多层次降低实体经济企业土地使用、融资、用能和交通运输成本，落实国家减税降费和政府性基金政策，给予企业社会保障政策支持，清理规范涉企保证金。省财政继续安排11亿元省民营经济发展资金，向93个县（市、区）政策性融资担保机构注资，用于充实担保机构资本金，提高担保机构实力，强化服务中小企业发展能力。

【稳步实施国企国资改革】全力推进"三供一业"分离移交。会同有关部门积极争取2017年中央下放企业职工家属区"三供一业"分离移交中央财政补助资金，获中央财政补助资金13亿元。通过省级国资预算安排2017年度省属企业财政补助资金2.2亿元,落实省属企业(不含中央下放企业)财政补助资金,截至年末,企业与接收方签订移交协议121万户。认真落实全省国有企业职教幼教退休教师待遇。争取财政部加大对安徽省全省国有企业职教幼教退休教师待遇补助资金支持,重新核定安徽省基数7013万元,较原基数增加1169万元,增长20%。提前下达2018年国有企业职教幼教退休教师待遇补助资金4157.1万元。配合推进国企国资改革。配合省国资委等部门研究出台规范董事会、员工持股等多个配套文件,形成安徽省国资国企改革“1+N”政策体系。积极推动安徽马钢粉末冶金有限公司等8户企业开展员工持股试点,完成江汽集团、华安证券、建工集团整体上市,在50户企业实行混合所有制改革,积极推进国资监管机构以管资本为主的职能转变,启动国有资本投资运营公司试点,支持加强国有企业党的建设。全面推进国有科技型企业股权和分红激励政策。开展推进国有科技型企业股权和分红激励政策落实情况自查,关注反映政策实施中发现的新情况,为企业和地市解疑释惑。安徽省合芜蚌三市获批股权激励政策试点以来,累计实施159户,其中合肥59户、芜湖54户、蚌埠40户、铜陵6户,累计激励人员2966人,激励金额6.29亿元。

【加快推进电商安徽建设】新设电商发展专项资金。按照“渠道不乱、合力推进”原则,整合设立电子商务发展专项资金4000万元。研究制定安徽省的电子商务发展专项资金管理办法,明确支持方向和重点。推进电子商务进农村全覆盖。研究完善电商进农村全覆盖工作方案,按照“大干大支持、小干小支持、不干不支持”原则,制定出台2018年省级电子商务进农村全覆盖奖补政策,明确具体的支持方式、支持内容和支持标准等;并对贫困地区适当倾斜,按非贫困地区补助标准的20%上浮。争取安徽省利辛、阜南、太湖等9个国家级贫困县纳入国家电子商务进农村综合示范范围,获得中央财政资金1.455亿元。四年来,安徽省共30个县纳入示范范围,累计获中央财政资金5.2亿元。积极推动电信普遍服务机制试点。安徽省分二批共八个市纳入国家电信普遍服务试点,累计获中央财政补助资金1.95亿元,两批试点全面竣工验收,有力支持农村电信基础设施和电商安徽建设。

【保障开放发展行动】创新外贸发展方式。省财政安排外贸促进政策资金1.18亿元,统筹中央财政近2亿元(包括国家进口贴息、服务外包和技术出口),紧紧围绕全年进出口目标任务,推动安徽省外贸稳定增长,加快外贸转型升级,积极培育安徽省外贸发展新动能。支持企业“走出去”。省级安排对外投资合作专项资金2800万元,统筹中央资金2500余万元,支持安徽省企业“走出去”,引导安徽省企业大力开展国际产能和装备制造合作,积极参与“一带一路”建设。搭建开放合作平台。做好第十届中博会暨徽商大会经费预算编审工作,统筹安排大会活动经费4527.2万元,依法依规做好经费保障,认真做好接待江西省政府代表团各项工作。安排专项资金改造升级徽商大会官方网站,打造永不落幕的徽商大会。省财政安排600万元专项资金用于海关单一窗口建设。配合相关部门做好“单一窗口”项目招标采购等相关工作,全力支持单一窗口建设。加快复制推广上海等自贸区贸易便利化等改革试点经验,推动海关和检验检疫进一步优化通关流程、提高通关效率。

【促进商贸流通发展】安排省级流通业发展资金6200万元,支持培育限上流通企业、农产品流通体系和农村流通体系建设。及时拨付省级活畜、食糖储备资金800万元,对活畜储备企业资质进行重新评估认定,健全省级应急储备制度。积极推进国家物流标准化体系等试点政策落实,加强对中央服务业专项资金支持项目管理,加快推进建设进度,提高财政资金使用绩效。积极发挥中安健康养老产业基金咨询委员会作用,提高初筛项目质量,配合做好相关审计监督等工作,对涉及的问题积极整改完善,二期基金顺利设立并正式运营。

【持续改善移民生活条件】累计下达安徽省大中型水库移民后期扶持资金22.3亿元,其中:直补资金7.07亿元、项目资金7.66亿元、工作经费1629万元、跨省际流域库区资金412万元、小型水库移民扶助资金3000万元、提前下达2018年资金7.07亿元,支持改善库区移民生产生活条件,推进库区移民脱贫攻坚。坚持问题导向,制定出台加强大中型水库移民后期扶持资金使用监督管理的通知,强化资金监管,着力提高资金使用绩效。

【规范加强党支部建设】认真制定党支部2017年度党建工作计划、党建工作“三个清单”,明确职责分工,扎实抓好组织实施。以基层党组织标准化建设为契机,围绕支部的组织设置、班子队伍建设、党员教育管理等七个方面,全力推进党支部标准化建设并顺利通过验收。确定专人负责支部党建制度、学习记录、档案整理录入、台账收集整理等工作,切实夯实党建基础,提升支部标准化建设水平。认真学习贯彻《党章》《关于新形势下党内政治生活的若干准则》等相关党纪法规,严格执行“三会一课”、组织生活会、谈心谈话等制度,推进“两学一做”学习教育常态化制度化和开展“讲重作”专题教育,切实加强党员日常教育管理,党员先锋模范作用彰显,支部凝聚力、战斗力显著增强。

【强化党风廉政建设】切实增强党风廉政意识,实施谈心谈话制度,把谈话处置问题线索作为履行主体责任的重要抓手,通过层层传导压力,压实主体责任,让第一种形态“咬耳扯袖、红脸出汗”成为常态。全面落实党风廉政责任,把党风廉政建设与财政业务工作同部署、同推进,推进财政制度建设,规范权力运行。坚持日常和重大节日提醒制度,化解或降低廉政风险,筑牢拒腐防变的思想防线。加强廉政风险防控,严格执行组织生活会制度,重要工作和重大事项都在集体研究决定以后实施,杜绝“一把手说了算”、暗箱操作等行为的发生。严格执行公务接待、公车使用规定,不碰“底线”、“红线”。全处同志廉政风险防控意识进一步增强,保证资金、事业、队伍安全。

(企业处　张铭)

金融处工作概述

【概况】2017年,在财政厅党组的坚强领导和关怀下,在兄弟处室、单位的大力支持和帮助下,立足公共财政职能,我处围绕中心,服务大局,创新思路,积极作为,着力促进经济与金融良性循环,圆满完成各项工作任务。

【加强财政金融政策研究】深入学习贯彻习近平新时代中国特色社会主义思想和党的十九大精神,坚决贯彻落实省委、省政府决策部署及全国和全省财政、金融工作会议等精神,适应把握引领经济发展新常态,密切关注服务实体经济、防控金融风险、深化金融改革等政策和要求,为领导决策提供依据。积极深入基层、单位等开展调查研究,全年累计调研19次、30天,人均5天,形成和提交《安徽省财政PPP工作推进情况及问题和建议》《发挥财政职能作用引导金融服务实体经济发展》《关于参与安徽保监局政策性农业保险专项检查工作中发现的有关问题和现象》《关于政策性融资担保体系风险情况的报告》《关于2017年1—9月份续贷过桥资金运行情况的报告》等10余篇专题调研报告。全年开展会商共96次、覆盖40个单位,联系服务基层群众43次,进社区2次,研究解决问题126个,宣传财政政策89项。全年报送各类信息60条,被省委省政府和主流媒体宣传报道和采用近50条(次),较上年增加40条(次),综合采用率达80%,信息数量和质量均位居全厅前列。

【引导金融服务实体经济发展】支持省级股权投资基金体系建设。协调相关业务处室统筹安排并拨付36亿元,参与制定《省级股权投资基金体系建设实施方案》及种子、风投和产业基金管理办法,研究出台省级种子和风投基金项目投资奖励办法,支持组建覆盖企业全生命周期的省级股权投资基金体系。支持普惠金融发展。制定出台《安徽省普惠金融发展专项资金管理实施细则》(财金〔2017〕224号),落实县域金融机构涉农贷款增量奖励、农村金融机构定向费用补贴、创业担保贷款贴息等政策,争取中央财政奖补资金6亿元,全国占比5.2%,居全国第4位,支持全省新增发放涉农贷款587亿元,较上年同比增长33.4%,全省新增发放创业担保贷款52.1亿元,支持就业人数5.2万人。支持地方金融组织体系建设。实施新设和引进金融机构奖励政策,省财政兑现奖励资金2917万元,支持各类银行业金融机构在全省新设县域支行85个,引导社会资本新设1家村镇银行和1家总部性金融机构,进一步丰富地方金融业态,增强地方金融服务实力。支持中小微企业融资发展。省财政继续超调10亿元,支持各地建立小微企业续贷过桥资金。截至2017年末,本年共扶持企业户数14568户,周转金额749.32亿元,周转次数为19.62次,超额完成年度周转12次的预期目标。支持拓宽企业融资渠道。实施支持企业上市(挂牌)融资奖补政策,省财政兑现1659万元,支持22户企业办理上市辅导备案登记、2户企业成功上市、43户企业实现挂牌融资28.3亿元,帮助中小企业打通资本市场融资渠道。拨付皖北三市七县及金寨县现代产业园区发展专项资金9.8亿元,进一步提升园区融资发展能力。

【规范发展政府和社会资本合作模式】组织各地

精心谋划PPP项目,对经审核符合条件的115个项目通过综合信息平台,对社会公开发布。项目总投资1262亿元,涉及交通运输、市政工程等多个行业领域;积极承办百家知名民企PPP项目合作对接会,现场推介项目1035个,总投资8232亿元。通过综合信息平台对项目实行全流程管理,督促市县加快项目实施进度,及时更新项目实施信息;按季对各地PPP项目实施进展进行通报;建立安徽省财政PPP项目库,实行能进能出的动态管理,定期对入库项目进行清理。建立激励制度,会同省发改委下发《对推广政府和社会资本合作(PPP)模式成效明显市县加大激励支持力度的实施办法》,对推广PPP模式效果明显、社会资本参与度高的市县,在安排以奖代补资金、有关专项资金、中央预算内投资PPP前期工作专项补助时优先支持,推动形成主动作为、竞相发展的PPP推广良好局面。加大政策支持,牵头或参与制定《关于加强财政引导支持推进公共服务领域政府和社会资本合作工作的通知》和《安徽省支持政府和社会资本合作(PPP)若干政策》,连续2年下达省级PPP奖补资金共1亿元,支持地方积极规范开展PPP工作。加强与中国政企合作投资基金(中国PPP基金)对接。截至2017年末,全省财政部入库项目259个,总投资2706亿元。落地项目193个,总投资2025亿元,落地率74.5%,开工项目134个,开工率69.4%。落地项目中民营企业参与项目85个,占比44%,较去年增长2.7个百分点,投资额627.6亿元,占比30.93%。全国示范项目43个,总投资919.5亿元,落地38个,开工32个,4个项目入选示范项目案例全国推广。安徽省国家级贫困县PPP项目覆盖率为100%,居全国第一,全省项目落地率、示范项目开工数居全国第二,项目落地数、开工数居全国第三,示范项目落地数居全国第四。争取中央资金1.34亿元,获奖项目数居全国第一,资金量居全国第二。李国英省长批示:“此项工作有成效,应予表扬!”邓向阳常务副省长批示:“把省长的表扬化为做好工作的动力,进一步加大力度,把工作做细做实,争取更大成绩。”

【推动政策性农业保险提质增效】会同有关部门以省政府办公厅名义出台《关于深入推进农业保险转型升级的实施意见》(皖政办秘〔2017〕98号);联合印发《关于进一步做好政策性农业保险相关工作的通知》(财金〔2017〕291号)和《关于做好政策性农业保险经办机构招标等工作的通知》(财金〔2017〕292号),进一步加强和规范农业保险管理,推动提高理赔的精准性、时效性、便利性。制定政策性农业保险民生工程实施办法和考评办法,通过建立完善政策、审核、实施、拨付、监管和考核等六大机制,加大工作调度和督导力度,扎实增进广大参保农户获得感。积极回应代表委员、市县政府及基层群众等期盼和关切,对经办机构进一步引入竞争机制,督促和指导16个市圆满完成新一轮经办机构招标确定工作,推动全省经办机构由2家增至3家,经办区域和承办业务等发生变化调整,实现经办机构竞争选择全省全覆盖。印发《关于进一步扩大森林保险试点范围的通知》(财金〔2017〕229号),支持扩大森林保险试点,实现森林保险试点全省全覆盖。支持农业保险产品创新,实施省级财政以奖代补政策,省财政安排拨付2500万元,支持和鼓励各地开展大棚蔬菜、经济果林、水产养殖、畜禽等40余种地方特色优势农产品保险,推动实现特色保险“一县一品”。贯彻财政部农业大灾保险试点文件要求,在全省产粮大县中选择14个试点县,启动大灾保险试点工作。政策实施后,试点地区三大粮食作物保额总体增长幅度为90%,农业保险保额和赔付标准大幅提高。推广黟县农业保险试点经验,推动以省政府办公厅名义出台《全省农业保险扩大试点实施方案》,探索建立三级农业保险保障体系,并由邓向阳常务副省长召开现场会进行部署推动,实现试点工作全省市域全覆盖。2017年,全年争取获得中央资金8.8亿元,全国占比6.5%,资金量居全国第五,支持全省投保大宗农作物9472万亩、重要牲畜141万头、森林4730万亩,综合投保率达到90%以上,高于全国平均20个百分点,风险保障600亿元。全年农业保险经办机构累计赔付11亿元,191.5万户次农户受益。

【推进政策性融资担保体系建设】深化政银担合作模式。省财政安排3亿元,充实省级融资担保风险补偿专项基金,缓解融资担保机构后顾之忧,增强银行参与合作信心;督促省担保集团充分发挥龙头作用,加强与合作银行“体系对体系”对接,加强准入担保机构管理,做大政银担业务规模。加强风险防控。会同有关部门研究制定《安徽省政策性融资担保体系重大风险事件监测预警处置预案》,完成省委改革领导小组要求于6月底出台《预案》的任务。督促各地成立工作组织,制定本地风险预案,开展半年度风险监测预警，按季填报风险预案落实工作任务清单，加强风险排查，摸清风险底数，消化风险存量，控制风险增量，着力防控体系风险。总体来看，各地风险防控体制机制进一步建立完善，少数地方代偿风险较高，但仍旧可控。罗建国厅长批示："此项工作系统性、关联性很强，希望务实扎实抓紧抓实抓好，切实将风险防控工作贯彻落实好"。开展绩效考核。修订完善省担保集团负责人经营业绩考核办法，对省担保集团进行综合考核，考核结果报省委考核办。对全省124家市县政策性担保机构开展绩效评价，考核结果与省财政扶持政策、负责人薪酬及同级政府对金融机构综合考核等挂钩，促进提高担保资源使用效益。截至2017年末，全省共123家政策性融资担保机构加入政银担合作，覆盖全省16个省辖市、103个县（市、区）（包括开发区）。全年政银担业务新增担保额763.95亿元，较去年同比增长9.24%，超额完成600亿元的年度目标任务，扶持企业18481户（包括小微企业、个体工商户及农户）。

【加强财务资产和预算资金管理】夯实财务基础管理。认真做好2016年度全省近400家金融企业财务决算报表汇编工作。召开财务决算验审会，切实提高财务信息数据质量，全面掌握地方金融企业运行情况，着力提升财务监管水平。安徽省全国金融企业业务决算报表工作连续第6年受财政部通报表彰。据财政部金融企业财务报表统计，安徽省地方金融企业资产总额2.5万亿元，较年初增长16.2%。加强国有资产基础管理。做好地方金融机构国有资产产权登记和保值增值工作，完成地方金融类企业产权登记139户。加强对国有金融资产产权交易所监管，掌握2016年省内非上市金融企业国有资产转让情况，严格进场交易制度。开展绩效评价工作。做好绩效评价数据资料的收集、审核和确认，提前完成2016年度全省365户国有金融企业绩效评价工作，注重绩效评价结果运用，将评价结果与金融企业负责人薪酬管理挂钩，切实提高绩效评价工作的公信力和影响力。稳步推进薪酬改革。按照省薪改领导小组统一部署，注重规范性，把握程序性，召开负责人薪酬工作布置会，学习有关文件精神，进一步明确审核要求，规范材料报送。在审核过程中，多次与三家省属金融企业沟通交流，督促依规办理，圆满完成2015、2016年度徽商银行、省担保集团和省联社负责人薪酬审核、备案和信息披露工作。依法履行出资人职责。研究下达省担保集团年度主要目标任务，督导担保集团积极主动完成省政府交办的各项任务。加强对省担保集团"三重一大"事项审批，促进省担保集团有关重大决策、重大项目和大额度资金运作事项科学、规范决策，促进担保集团健康发展。加强财政预算管理。通过提前下达、预拨、加快审核兑现等方式，加快财政金融类资金支出进度。抓好部门预算执行，及时审核支出计划，指导部门开展预算公开自查。坚持问题导向，加大政府采购预算执行力度，认真梳理部门政府采购执行中存在的问题，有针对性地提出解决方案，切实提高执行效率。在精准掌握部门采购预算支出进度的基础上，加大动态督导，实行点对点指导，确保政府采购预算执行和部门预算执行序时同步。

【加强党支部建设】加强政治理论学习。制定支部和个人学习计划，坚持开展"党员活动日"活动，积极开展专题学习研讨，处级干部带头撰写心得体会；支部书记和纪检委员积极参加党务和纪检业务培训；认真落实"三会一课"制度，按时召开组织生活会，广泛谈心谈话，开展批评与自我批评，切实提高党性修养，不断增强和树牢"四个意识"和"四个自信"，坚决与中央、省委及厅党组部署要求保持一致。全年开展"三会一课"等活动71次，1人次获得"优秀共产党员"荣誉。推进标准化建设。根据支部标准化建设要求，梳理完善支部台账记录等基础性、日常性工作，并加强"党员活动室"建设，制作党务公开栏和党建文化墙。在紧抓党建"规定动作"的基础上，积极探索创新"自选动作"，建立健全支部学习、议事、党风廉政、党内监督等15项制度，创新建立讲党课制度，通过微党课、PPT等形式开展全体党员讲党课。建立党建与业务月度计划任务清单，按月对单销号，将党建与业务同部署、同落实。针对厅巡查发现的共性问题和自查发现的个性问题，举一反三，立行立改。支部顺利通过标准化建设考核验收。加强党风廉政建设。认真组织学习《准则》《条例》，积极参加各项反腐倡廉教育活动，多次学习重温《2017年党风廉政建设责任书》。支部书记严格履行"一岗双责"要求，带头执行《准则》《条例》及相关规定，增强党风廉政意识。制定金融处议事制度和工作规则，重大事项集体决策，有效保证资金安全。提升作风效能水平。严守中央八项规定精神深入推进作风建设有关规定要求，以扎实举措和责任落实推动作风长效建设。配合做好岳西县石关乡张家村结对共建工作,帮助推进定点帮扶颍东区和吴寨村脱贫攻坚任务。积极组织在职党员到庐阳区吴郢社区报到,研究建立联系服务基层群众和调研工作台账,进一步密切党群干群关系,支部作风和效能建设水平明显提升。

(金融处)

国际债务管理处工作概述

【概况】2017 年,在省委、省政府的坚强领导和财政部的工作指导下,按照财政厅党组统一部署安排,在各级政府和有关部门的共同努力下,安徽省与国际金融组织、外国政府机构贷款合作以及清洁发展基金委托贷款工作取得积极成效。安徽省成功签署世行贷款项目 2 个,获贷款额 4.35 亿美元;成功签署德国促进贷款项目 4 个,合计贷款额 8500 万欧元。

【争取国家部委和国际金融组织贷款支持】加强与项目单位对接,积极谋划申报项目。转发国家发改委、财政部关于申报国际金融组织贷款项目的通知,要求各市及有关部门结合实际,精心谋划国际金融组织贷款项目,认真开展申报准备工作。按照财政部关于《国际金融组织和外国政府贷款项目前期管理规程(试行)》要求,对项目申报单位进行财政能力评审,确保申报单位符合地方债务管理限额要求。对申报单位偿债能力进行有效分析,进一步加强债务风险管控。加强与国家主管部委和国际金融组织对接,主动推介申报项目。罗建国厅长带队前往财政部、亚投行等部委和国际金融组织,主动上门汇报,介绍安徽省国际金融组织贷款工作情况及申报项目概况,积极争取财政部和国际金融组织对安徽省外资贷款工作支持。

【做好国际金融组织贷款咨询服务】2017 年,安徽省有 3 个国际金融组织贷款规划项目处于前期准备阶段,分别为:世行贷款安徽省养老服务体系建设项目、安徽农村公路提升改造示范项目,欧洲投资银行贷款大别山安徽片生物多样性保护与近自然森林经营项目,合计贷款额 4 亿美元,涉及项目单位 26 个。9 月 7—8 日,召开全省国际债务管理工作座谈会,对下一步工作计划进行研究讨论,对各市财政局和贷款项目办开展工作指导和业务培训,印发《国际债务管理工作文件汇编》。利用掌握的贷款政策和积累的工作经验,提供咨询,审核文件,促进项目单位做好项目选定、设计、财务评估和债务落实,积极配合有关部门做好列入规划项目的前期论证和准备工作,创造条件,推动项目尽快谈判签约。积极参与各项考察、调研和会商活动,为项目开展建言献策,积极与国际金融组织沟通协调,并参与贷款项目谈判全过程。

【国际金融组织贷款项目谈判签约取得新成果】4 月 11 日,世行贷款安徽公路养护创新示范项目的《贷款协定》《项目协议》正式签订,贷款额 1.5 亿美元。该项目旨在提高安徽省公路资产管理水平,转变公路养护管理理念,提高养护资金利用率,充分利用国际金融组织贷款服务安徽省交通行业。6 月 30 日,世行贷款安徽医疗卫生改革促进项目的《贷款协定》《项目协议》正式签订,贷款额 2.85 亿美元。此项贷款由中央财政偿还 50%,剩余 1.425 亿美元,由安徽省负责偿还。世行贷款安徽医疗卫生改革促进项目是安徽省第一个采用结果导向型贷款模式的项目,该贷款模式改变以往逐笔提款报账的做法,程序进一步简化,但对项目实施提出更高要求,对贷款管理工作也提出新的挑战。

【加强国际金融组织贷款在建项目指导和监督检查】及时了解和掌握项目进度,推进项目建设实施。结合国际金融组织对在建项目的年度检查,与项目主管部门一起,深入项目现场,开展实地检查。对检查中发现的问题提出整改意见,要求地方政府和有关部门按时整改落实。加快项目执行进度,建立项目进度通报制度,对进展滞后的项目予以发文通报,并将通报范围扩大至各市、县政府领导、有关部门领导和财政局一把手,起到提醒、督促作用。

【夯实财务管理基础工作】履行协议承诺,重点抓好项目财务管理、资金管理、会计核算、债务分割、资金回收等财务基础工作。严格按照签订的转贷协议履行还贷责任和义务,自觉维护信用。2017 年,安徽省共提取国际金融组织贷款 1.58 亿美元,偿还国际金融组织贷款本息 1.08 亿美元。2017 年,国际处国际金融组织贷款的所有在建项目接受年度审计,管理的资金、账户、凭证、报表等资料齐全、规范、严谨、无误,审计未提出任何异议。

【做好外国政府贷款管理工作】2017 年,在外国政府贷款国别和额度大幅下降的不利情况下,安徽省成功签署四个德国促进贷款项目转贷协议,分别是池州秋浦河(杏花村段)生物多样性保护与发展项目、淮南市职业教育园区建设项目、宣城市技术学院建设实训基地项目及合肥市第五人民医院购置医疗设备项目。积极联系沟通外方机构,成功接待德国复兴信贷银行总部董事一行来皖考察合肥垃圾焚烧发电项目、合肥市第五人民医院项目,并获高度评价。积极配合日本协力银行开展日元贷款城市生活垃圾处理项目后评估工作。圆满完成法国开发署总部专家对安徽省天堂寨生物多样性保护与发展项目的中期检查工作。严格把关新申报项目,组织各市财政局进行国外贷款项目申报及财政评审工作,经与省发改委多次会商、严格筛选,申请将阜阳职业技术学院新校区建设项目列入2017年外国政府贷款备选项目规划,并申报亳州市北关历史街区保护等五个项目列入2017年外国政府贷款滚动项目库。组织项目区财政局,对全省26个在建项目进行现场检查,提交项目进度报告,切实加强在建项目监督管理,确保规范运作,进一步提高安徽省外国政府贷款项目的实施质量和贷款资金的使用效益。2017年度提回贷款4614万美元,偿还贷款本息1.3亿美元,按时结清到期债务,获财政部和转贷机构好评。

【做好清洁发展基金委托贷款管理工作】围绕清洁发展委托贷款的政策要求和扶持方向,积极组织各地上报新项目。2017年安徽省新申报4个项目。按时偿还清洁发展委托贷款本息共计1.2亿元人民币。按照基金委托贷款管理办法要求,组织对结项项目的绩效评价工作,对安徽昊源化工集团有限公司20万吨/年合成氨原料路线改造工程项目和安徽全柴动力股份有限公司消失模铸造项目开展绩效评价工作。报告已经上报基金中心,为将来基金委托贷款项目管理工作提供借鉴参考。

【推进党支部标准化建设】8月,国际处召开党员大会选举产生党支部,并报厅机关党委批复。党支部成立后,认真组织学习,全体党员注重增强党员意识、党章意识、标准化建设意识、从严治党意识。建立党支部标准化建设台账,及时维护好标准化建设平台系统,建立健全党支部各项制度。每周开展一次支部学习,每月召开一次支部大会,每月开展一次党员活动,每周、每月开展支部工作自查。学习贯彻党的十九大精神,进一步加强党风廉政建设和责任落实,强化作风,严抓效能建设,做好党员到社区报到服务工作。注重政治理论学习与业务实际相结合,推动业务工作开展。

(国际处　孙朝松)

农村财政管理局工作概述

【概况】2017年,农村局认真学习贯彻党的十八大、十九大精神,深入学习领会习近平新时代中国特色社会主义思想,坚决贯彻厅党组决策部署,努力推进党建标准化,全面落实党建责任。扎实推进"两学一做"学习教育常态化制度化,认真开展"讲重作"专题警示教育,狠抓局党支部政治思想、作风和党风廉政建设。围绕财政中心工作,践行五大发展理念,坚持问题导向,强化风险防范意识,积极探索新时代农村财政管理路子。建立健全涉农资金监管制度,助力财政脱贫攻坚。创新惠农补贴管理发放机制,夯实乡镇财政管理基础。紧扣服务财政"三农"目标任务,努力提升管理绩效,着力增强农民群众获得感。

【做好乡镇涉农资金监管工作】围绕脱贫攻坚和财政"三农",强化乡镇财政资金监管主责主业意识,推动资金监管工作向纵深拓展。印发《关于建立乡镇财政督查工作制度的通知》,建立省市县乡四级督查制度,强化行政权力制约和监督,推进依法理财,推动乡镇财政管理常态化制度化。出台《完善乡镇财政资金监管指导性意见》,明确乡镇财政监管涉农资金的主体责任和协作责任。构建职责清晰、公开透明、责任追究、监督有力的监管制度体系。认真贯彻《关于推进乡镇涉农资金信息公开的实施意见》,落实资金政策、执行、管理、结果和"分类+分层"、"墙上+网上"公开公示制度要求,提升信息公开实效。开展乡镇财政财务互审制度、乡镇包村干部监管涉农资金机制落实情况督查,促进制度机制发挥预期作用。按照《乡镇财政资金监管绩效评价暂行办法》,将涉农扶贫资金监管机制、党风廉政建设作为重要指标,进一步落实"三个清单"、财政财务互审、包村干部监管等制度机制,对2016年全省乡镇财政资金监管工作进行绩效评价,强化结果运用。落实厅党组和驻厅纪检组关于财政脱贫攻坚的部署要求,配合驻厅纪检组通报两起财政所干部违纪违法案例,警醒广大财政干部吸取教训、引以为戒,深入推进基层财政党风廉政建设和反腐败工作,保证财政资金安全、财政干部安全、财政事业安全。印发《安徽省财政厅关于推进财政扶贫领域监督执纪责任落实开展财政扶贫资金专项督查工作的通知》,配合驻厅纪检组和农业处开展财政扶贫资金专项检查。督促指导脱贫攻坚重点市县建立完善监管制度机制。

【落实各项财政惠农政策】认真贯彻落实中央和省委、省政府各项惠农政策,强化责任落实,完善工作机制,精准落实政策,提升管理服务水平。推进惠农补贴系统功能拓展,压实相关部门主体责任。会商省扶贫办、农村信用联社、邮政储蓄银行、农业银行,联合下发文件,完善升级惠农补贴资金项目名称及代码和简称,补齐农民群众对惠农补贴政策和补贴资金"看不清楚、分不明白"短板。规范补贴资金账户管理,清理盘活结余资金,甄别贫困户脱贫户信息,完善农户基础信息数据,拓展补贴系统信息化应用,加强数据分析。按照《惠农补贴资金管理发放绩效评价暂行办法》,结合省级重点检查、日常工作掌握、管理发放系统提供的有关数据、党风廉政建设等情况,对2016年惠农补贴资金管理发放开展绩效评价,评价结果通报全省,强化结果运用。2017年,全省发放惠农补贴资金285.7亿元,覆盖30大类102小项。其中,发放贫困户各类补贴资金70.9亿元,32个国家扶贫重点县(含叶集)发放贫困户各类补贴资金54.8亿元。惠及1467万户,3374万乡村人口,其中,贫困户103.9万户,贫困人口310多万。

【加强调研指导谋划基层财政管理】3月,到合肥、六安、宿州、芜湖市部分县区就乡镇财政管理和资金监管工作情况进行专题调研,目的是加强乡镇财政管理,完善乡镇财政资金监管政策措施。4—6月,在全省组织开展乡镇财政扶贫资金监管现状调研,对32个(含叶集区)国家和省级重点县资金管理使用情况进行统计分析,目的是健全完善乡镇涉农扶贫资金监管制度。畅通信息渠道,建立农村财政管理信息报送制度,及时掌握基层工作动态、创新举措、经验做法,提高工作指导的针对性,扩大工作的影响力。2017年,全省各市、县(区)和财政所共报送信息594条,多篇基层做法经验推荐厅办公室使用。结合绩效评价抽查和相关调研工作,到金寨县斑竹园镇、青阳县陵阳镇等省级联系点开展调研,目的是坚持问题导向,总结交流联系点经验做法。12月,开展农村财政管理局职能的转型与延伸专题调研,目的是服务乡村振兴战略,探索新时代农村财政管理转型发展和职能拓展新路子,谋划2018年农村财政管理工作。

【夯实农村财政管理基础】督促指导乡镇财政围绕服务脱贫攻坚、新型农业经营主体、农业供给侧结构性改革等,加强能力素质、制度体系、服务载体、干部作风和党支部建设,增强综合服务能力。深入推进落实乡镇财政"三个清单"制度,规范权力、明确责任、提升服务。认真开展乡镇财政财务互审工作,加强经验交流,创新互审方式,拓展互审内容,提高互审质量。全省1266个乡镇实施包村干部监管涉农资金机制,1266个乡镇开展财政财务互审,覆盖率均达98%。根据财政部关于做好全省乡镇财政基本信息编制工作的通知精神,认真组织落实编报工作,加强与预算、国库等相关科室的沟通配合,保障数据的一致性、衔接性。落实信息编报工作责任,一级抓一级,严格按照填报说明和要求填列各项数据,确保数据准确,对乡镇财政预算收支情况等进行全面了解和掌握。编报结果表明,全省1254个乡镇(不含街道办和县级开发区)财政所共有人员8392人,乡镇财政供养人员达11.48万人。积极做好宣传工作,进一步规范、促进信息报送,弘扬传递农村财政正能量。"发挥乡镇财政'显示器'作用助力财政支农政策落地生根惠及于民"等5篇经验做法在中国财经报、安徽日报等主流媒体进行宣传报道。全年培训市县(区)农村局长、省级联系点财政所长和惠农补贴系统管理人员共计400余人。

【认真落实支部党建责任】农村局党支部深入学习贯彻党的十八大、十九大精神,围绕财政厅党组布置的"服务中心、建设队伍"核心任务,紧贴财政中心工作、紧抓财政农村业务,认真落实管党治党政治责任,全面加强思想建设、组织建设、作风建设、反腐倡廉建设和制度建设,努力推进党建工作再上新台阶。全年,局党支部组织学习60次,学习党组书记推荐文章37篇,撰写研讨综述文章14篇、撰写个人心得(体会)材料29篇。建立完善农村局党支部廉政建设、作风建设、效能建设制度等10项制度。扎实推进"两学一做"常态化制度化,认真开展"讲重作"专题警示教育。积极参加厅组织的廉政警示教育、红色教育等活动。认真执行党内法规,扎实推进"管党治党宽松软问题"专项治理。全年召开专题学习会18次、集体廉政谈话4次,积极回应、妥善处理群众来信来访和政务公开工作等共34件(起)。对照基层党组织标准化建设细则,从组织设置、队伍建设等7个方面推进局党支部标准化建设。全年召开支部党员大会6次、召开支部委员会(支部会议)12次、支部书记上党课5次、开展民主评议党员1次、开展党员活动日12次、开展党员谈心活动26人次、召开组织生活会5次。赴阜阳市颍东区吴寨村走访帮扶3户困难户;在职党员进合肥市庐阳区大杨镇吴郢社区2次,宣讲农村财政政策,慰问3户困难党员及党员家属。局党支部"突出'五个一'抓党建助力农村财政管理新实践"党建典型材料被安徽机关党建网刊用,并被省直工委向上推荐。农村局党支部成为厅首批达标党支部之一。

(农村局)

会计处工作概述

【概况】2017年,在省财政厅党组的坚强领导下,在财政部会计司的大力指导下,会计处深入学习贯彻习近平新时代中国特色社会主义思想,全面贯彻党的十八大、十九大精神和习近平视察安徽重要讲话精神,紧紧围绕全省经济社会发展大局和财政中心工作,认真贯彻落实《安徽省会计改革与发展"十三五"规划纲要》,圆满完成年度各项工作任务。

【推动实施会计准则制度】推动实施政府会计准则制度。相继转发固定资产、公共基础设施和政府储备物资等政府会计具体准则以及《政府会计制度-行政事业单位会计科目和报表》,提出贯彻落实要求。采取财政厅门户网站宣传、举办省直单位财务负责人及市县财政干部培训班、电话咨询服务、个别重点指导等形式,多措并举推动实施政府会计准则制度,有力保证安徽省政府权责发生制财务报告制度改革顺利推进。推动实施企业会计准则制度。在财政厅门户网站转发固定资产、政府补助等企业会计具体准则以及相关解释和规定,提出实施要求。会同省国资委等省直有关单位,进一步抓好涉及"三去一降一补"、兼并重组、破产清算、增值税缴纳、职工社保等会计处理规定贯彻落实,为深入推进供给侧结构性改革、出具高质量的会计信息报告提供制度保障。推动实施行政事业单位内控制度。组织全省行政事业单位,自2017年3月起全面施行内部控制报告管理制度,以此促进内控建设,提高单位规范内部权力运行的"防火墙"意识,有效提升单位治理水平。组织2016年度行政事业单位内部控制编报工作,根据全省13617家单位填报的内控基础性评价结果,形成《2016年度安徽省行政事业单位内部控制报告》上报会计司。配合做好相关会计制度征求意见工作。先后组织市县财政部门、省直相关单位和部分专家教授,积极参与《会计法》《关于加强国家统一的会计制度贯彻实施工作的指导意见》等6份文件征求意见以及相关问卷调查工作,及时汇总反馈意见上报会计司。贯彻落实《会计档案管理办法》,会同省档案局,制定下发《安徽省会计档案整理要求及案卷格式》,进一步加强和规范安徽省会计档案管理。

【释放会计行业活力】释放会计人员创新活力。落实厅长办公会学习研究贯彻新《会计法》精神,第一时间下发《安徽省财政厅关于认真做好宣传贯彻新<会计法>有关工作的通知》,取消会计从业资格门槛,废止相关会计管理制度,终止办理会计从业资格相关行政服务事项,改造原会计从业人员信息管理系统,研究加强会计人员诚信建设及继续教育服务,更加注重依法从业、遵守职业道德和持续保持专业胜任能力,让更多人才加入会计队伍。释放会计师事务所市场活力。在行政审批环节做"减法",放宽事务所准入条件,进一步简化设所审批、办理程序,积极跟进省政府推行"互联网+政务服务"模式,将事务所年度基本信息纸质报备改为网上报备,进一步优化网上审批、网上报备流程,有效实现"减证便民",让事务所少跑路,增强事务所获得感,全年办理新设事务所9户、变更备案75户和跨省迁出1户。在日常监管环节做"加法",全面落实事务所审批事项受理公示、设立公告和信用公示三项制度,更加注重事务所事中事后监管,对不符合设立条件或报备信息滞后的4户下达《整改通知书》,对日常监管、执业质量检查和来信来访中发现违规问题的16户事务所负责人进行约谈,依法依规注销5户事务所,较好地营造公平的会计服务市场环境,促进注册会计师行业的持续健康发展。扎实做好2016年度事务所信息报备和总结工作,按时上报会计司。截至2017年末,全省事务所共276家,行业收入接近20亿元。释放基层会计工作活力。认真执行《安徽省代理记账管理实施办法》,将代理记账机构审批、监督管理权限全部下放至市县财政部门,充分发挥市县财政部门就近就地监管的作用,调动基层会计管理工作积极性,引导、鼓励代理记账机构加强自律、加快发展。

进一步加强省级工作指导,扎实开展2016年度代理记账机构发展情况信息报备及换证工作,形成分析报告,上报会计司。截至7月末,全省代理记账机构712家,年度业务收入为1亿多元。

【加强管理会计建设】推动“产学研”深度合作。邀请省内3所重点高校和5家企事业单位,组织召开“产学研”工作会商会,坚持人才带动、单位主体、信息化助力,支持省内高校和企事业单位对接,培养一批适应需要的管理会计人才。鼓励企事业单位与高校业务深度合作,完善现代企业制度,加强预算绩效管理。运用安徽会计领军人才和高级会计师人才资源,建立管理会计专家咨询机制,梳理业财融合经验,加强交流研讨,推动管理会计重点工作扎实开展。加强指导应用。深入江汽集团、科大讯飞等大型企业开展调研指导,了解管理会计在单位管理和价值创造中的重要作用,加快单位会计职能从重核算到重管理决策的拓展,形成案例材料,及时上报会计司。7月,时任财政部部长助理赵鸣骥、会计司司长高一斌等领导实地调研安徽省管理会计开展情况,对管理会计在企业中的应用落地给予充分肯定。2017年9月,财政部颁布首批22项管理会计应用指引后,进一步加大指导力度,推动江汽等企业认真组织实施。完善推广机制。将管理会计列入会计人员继续教育重要内容,通过媒体积极宣传管理会计应用实践,推广经验做法,展现安徽省管理会计成果。安徽电力、安徽盐业、安徽省立医院等单位管理会计案例有效发挥典型引领作用,推动管理会计实践应用。

【优化完善会计人员队伍】做好会计初中级职称资格考试。针对2017年度安徽省会计初中级报名考试人数大幅增长的新情况,严格按照财政部会计初中级资格无纸化考试部署要求,及时下发通知,开展考务培训,强化主体责任,优化考试报名缴费方式,突出抓好考点考场布局、机房硬件配置、保密安全管理、突发情况处置、打击高科技作弊等重点环节,深入考点巡视巡查,圆满完成会计初中级近13万人报名考试,初级6人、中级4人入选全国会计资格考试“金榜”。加强会计高端人才选拔培养。认真组织好安徽省参加全国会计领军人才考试选拔和跟踪服务工作,2名人员新入选全国会计领军人才。截至2017年末,在皖全国会计领军人才共26名。有序实施财政部大中型企事业单位总会计师素质提升工程,全省共组织6期240人次参加培训。组织安徽参加全国高级会计师专业技术资格考试,全国合格标准通过率达64.5%,创历史新高。调整扩充高级会计师资格评委库,正高级评委库由31人增至38人,副高级评委库由90人增至153人。改革会计专业高级技术资格评审标准,评审通过6名正高级会计师和323名副高级会计师。强化会计人员继续教育。采取上下联动、分层分级方式,省级重点抓高级,市县抓中初级,力求做到分工明确、重点突出、会计人员全覆盖。拓展“互联网+”继续教育模式,以网络培训为主、面授教育为辅,方便广大会计人员随时随地学习。创新继续教育层级,设立初、中、高三个级别教育课程,供不同级别会计人员选学。进一步加强网校监管,积极开展第三方评价,提高网络继续教育质量。2017年,全省会计人员继续教育达到18.5万人。

【不断提升作风效能】全面加强廉政教育。压实“一岗双责”,落实党风廉政建设责任制,明确支部书记党风廉政主体责任、其他党员干部直接责任,形成业务工作拓展到哪、党风廉政建设就延伸到哪。深入学习《习近平总书记关于党内政治生活、政治文化、政治生态重要论述摘编》《中国共产党章程》和《准则》《条例》,从“陈、杨、周”和财政系统违纪违规案件中汲取教训,参观合肥市预防职务犯罪警示教育基地,组织收看廉政教育专题片,督促和教育引导全处同志筑牢“防线”、守住“底线”、不越“红线”。严格规范权力运行。修订《会计处工作规则》,完善《会计处内部控制操作规程》,制定《支部党员干部言行负面清单》,强化个人权力制约,重要事项集体研究,重大事项处务会通报。健全完善会计师事务所行政审批权责清单,严格按照“受理、承办、审核、批准、办结”的业务环节,规范会计事务所行政审批。全面推进高级会计师评审“四公开三公示”,主动接受各界监督。切实改进工作作风。相继开展会计人员继续教育和代理记账机构管理情况工作调研,按时完成分管厅领导牵头的财政重点调研课题《加强安徽省代理记账管理的对策建议》研究任务。扎实做好处室负责人对口帮扶吴寨村贫困户脱贫工作,2次开展党员进社区服务活动。先后与40家单位开展工作会商,主动征求意见建议,推动相关工作顺利开展。认真办理来信来访,全年回复厅长信箱咨询17条、厅门户网站咨询2137条,解答电话和上门咨询

3000余次。主动营造舆论氛围。改进厅门户网站会计管理网页,优化厅内网处室网页,并通过厅门户网站、财政微信等新媒体,及时做好政策发布和典型宣传。借力中央和省内主流媒体,加大宣传工作力度。《安徽日报》《中国会计报》、财政部门户网站、厅门户网站、《安徽财政》共发表11篇宣传稿件,分别报道安徽省宣传贯彻新《会计法》、推进会计领域"放管服"改革、加强管理会计建设和代理记账机构管理等的做法成效和典型案例。获《中国会计报》新闻宣传工作先进单位、《中国会计年鉴》2016年度稿件撰写三等奖,2人获得《中国会计报》新闻宣传工作先进个人称号。

(会计处 王光杰)

行政事业单位国有资产管理处工作概述

【概况】2017年,行政事业国有资产管理处以"保障履职、配置科学、使用有效、处置规范、监督到位"为目标,落实监管责任,健全制度体系,积极构建省级行政事业国有资产管理新体系和新机制,扎实有效地推动全面从严治党、党风廉政建设、党支部建设、业务工作协调发展,荣获财政厅2017年先进党支部。

【创新国有资产监管方式】积极探索技术类无形资产管理,以安徽大学为试点单位积极探索技术类无形资产管理。在省级行政事业单位全面推行国有资产出租、处置纳入资产所在地公共资源交易平台交易,推进国有资产交易法制化、规范化、透明化,提高国有资产交易的效率和效益。推动资产评估行业管理改革,推进资产评估机构备案管理。

【摸清行政事业国有资产家底】积极开展政府资产报告编制试点工作,提升政府债务管理水平。认真开展地方政府性债务投资项目资产清查登记工作。扎实开展2016年资产统计报表编制工作,对安徽省行政事业单位资产占有、使用、变动以及管理情况等进行统计、分析。认真开展行政事业国有资产核实工作,对31个省级主管部门申报的资产核实事项进行核实批复。

【实施全生命周期资产管理】全面加强资产配置管理,规范资产出租处置审批,防止国有资产流失。严格对外投资管理,强化资产收益管理,将资产出租、处置收益全部划解至国库,纳入预算管理。2017年省级行政事业单位共上缴资产出租收益3.33亿元,资产处置收益3.76亿元,对外投资收益1.01亿元。规范国有资产评估管理,维护国有资产安全稳定。

【构建国有资产长效管理机制】会同省机关事务管理局出台《安徽省省级行政事业单位房产地产统一管理暂行办法》,规范和加强省级行政事业单位房产地产统一管理工作。印发《安徽省财政厅关于进一步规范和加强省级行政事业单位房产出租管理的通知》,切实规范和加强省级行政事业单位房产出租管理。印发《安徽省财政厅关于从事生产经营活动事业单位改革中国有资产管理的有关规定》,明确经营类事业单位改革中国有资产管理的有关要求。印发《安徽省财政厅关于做好安徽省资产评估机构备案管理工作的通知》,规范资产评估行业行政管理。

【推进党建廉政再上新台阶】深入学习贯彻党的十九大精神,严格落实理论学习制度。2017年共开展支部学习36次,专题研讨14次。组织赴寿县小甸集特支纪念馆开展主题党日活动,加强党性教育和革命传统教育。认真学习党规党纪和习近平新时代中国特色社会主义思想以及中纪委、省纪委全会精神,从思想源头上筑牢廉洁自律的防线。建立廉政谈话制度,达到关口前移、抓早抓小的目的。深入推进"两学一做"学习教育常态化制度化和党支部标准化建设,夯实党建工作基础。2017年,资产处党支部获财政厅先进党支部称号,成为财政厅第一批达标的党支部。

(资产处)

国有资本经营预算处工作概述

【概况】2017年,国有资本经营预算处按照省委省政府的决策部署和财政厅党组的工作安排,认真贯彻落实全省财政工作会议精神,坚持党建引领,夯实支部党建基础;坚持问题导向,不断完善制度机制;坚持改革创新,着力提升预算管理水平,较好地完成各项任务。

【严格国资预算收入管理】加强预算编制管理,及时批复2017年省级国有资本经营预算,明确年度收支目标,强化预算约束。积极组织省属企业申报上交国有资本收益,严把收益审核关,并下达上交通知,确保收益及时足额入库。33户省属企业纳入收益申报范围,全年收缴国有资本收益14.3亿元,比年初预算超收3.19亿元。

【强化预算支出管理】加强预算支出审核,结合收益入库情况,及时拨付项目资金,发挥国资预算引导和支撑作用。清理整合结余结转资金,督促单位加快推进项目实施,资金支出进度进一步加快。全年拨付国资预算项目资金11.4亿元,其中支持设立股权投资基金5亿元、省属企业"三供一业"分离移交2.2亿元、商合杭铁路建设等重点项目4.2亿元,保障省政府确定的重大项目实施。

【加大国资预算统筹力度】积极推进财政资金统筹使用,根据年度国资预算收入完成情况,及时确定划转一般公共预算金额。2017年省级国资预算资金累计向一般公共预算调出2.72亿元,占当年国资预算收入19%。不断加大调入力度,积极会同省国资委,研究确定将2018年国资预算调入一般公共预算的比例提高至20%,更大力度支持保障和改善民生。

【完善省级国资预算制度】认真落实全面深化改革任务要求,研究制定《省级国有资本经营预算管理暂行办法》,明确国资预算收支范围和功能定位,强化对国资预算编制、执行、审批等全过程的管控,推进优化国有资本布局结构,进一步提升国资预算的科学性和完整性。

【加强国资预算收支政策研究】牢固树立和贯彻落实新发展理念,不断改进预算支出方式,强化国资预算注资管理。积极会同相关部门,研究提出国资预算支持设立股权投资基金、省属文化企业免交资本收益、提高国有资本收益上缴公共财政比例等政策建议,推动省属企业转型升级、加快发展。注重信息宣传,全年共有6条信息被财政部、省委省政府采用,努力扩大政策影响力。

【加强与部门联系会商】主动赴省直有关部门和省属企业,就国资预算编制、资本收益上交、政府采购执行、项目建设等进行会商交流,强化政策宣传,督促指导加快预算执行进度,提高资金使用效益。配合预算处,及时向省人大报告国资预算编制、预算执行等情况,主动接收人大监督,不断提高预算工作管理水平。

【建立政府投资基金报告制度】按照财政部统一部署,及时开展全省政府投资基金运行情况季报工作。通过强化培训、建立机制、压实责任,顺利完成政府投资基金运行情况季报数据的填报审核工作,并如期报送财政部,为全面掌握政府投资基金运行情况,加强政府投资基金财政监管奠定基础。

【科学编制2018年国资预算】及时启动2018年国有资本经营预算编制工作,明确预算支持重点和编报要求,指导省属企业合理编报预算支出项目计划。按照中期财政规划管理要求,顺利完成2018—2020年国有资本经营三年收支规划编制工作,提高预算资金安排的科学性、合理性。

【优化预算支出结构】兼顾国资国企改革、国有经济布局结构调整需要,统筹安排2018年国资预算收支规模和支出结构,着力支持省属企业"三供一业"分离移交、解决国有企业历史遗留问题,确保改革任务按时间要求有序推进。积极支持重大基础设施建设、前瞻性战略性产业发展,推进股权投资基金体系建设,支持省属企业改革创新,促进国有企业提质增效,提升国有资本质量和效益。

【强化国资预算监督检查】推进预算支出项目绩效评价,积极会同投资评审中心,对国资预算资金使用开展重点项目绩效评价,强化评价结果应用,将评价结果作为预算安排的重要依据。积极配合审计部门,做好2016年国资预算执行审计工作。针对审计提出的问题和建议,督促部门单位积极整改落实,并及时反馈整改结果,切实规范资金使用行为。

【加强地市国资预算工作督促指导】组织开展全省国资预算管理业务培训,顺利完成全省2018年国资预算、2016年国资决算汇总编报工作,并如期上报财政部,促进地市国资预算工作规范开展。

【提升党建工作水平】经常性开展党性教育,推进"两学一做"常态化制度化,及时组织学习习近平总书记系列重要讲话和党的十九大精神,不断增强"四个意识"。及时传达学习省委、省政府和厅党组的重要会议精神,通过开展专题学习研讨、撰写心得体会、集中上党课等形式,深化学习教育成果。认真履行党建工作责任制,扎实推进基层党组织标准化建设,不断规范支部学习、工作档案等基础工作,完善党建工作机制。严肃党内政治生活,进一步规范"三会一课"制度,组织开好专题民主生活会和组织生活会,坚持问题导向,积极开展谈心谈话、批评与自我批评等活动,建立查找解决问题的长效机制,不断强化党性修养和党性锻炼。认真落实党风廉政建设“两个责任”，强化“一岗双责”，深入开展“讲重作”专题教育和警示教育，树牢廉洁自律意识。加强支部纪检工作，明确支部纪检委员责任，注重党员日常监督教育管理，严格执行廉洁从政有关规定。强化内控制度建设，把内控要求融入日常管理，切实有效防范风险。严格执行中央八项规定、省“三十条”和厅党组三十条要求，认真落实作风建设“两个清单”，促进工作作风持续转变。坚持严字当头，强化正反面典型教育。立足处室实际，坚持上门会商，主动服务预算单位和省属企业。积极参与结对共建、定点帮扶，结合“党员活动日”，深入开展党员进社区志愿服务、政策宣讲、慰问困难群众等活动，不断增强宗旨意识和服务意识。

（国有资本经营预算处　谢勇）

监督检查局工作概述

【概况】2017年，在财政厅党组的高度重视和坚强领导下，监督检查局认真学习贯彻习近平总书记新时代中国特色社会主义思想和党的十九大精神，根据财政部和财政厅党组的安排部署，有序开展各项财政监督检查工作，较好完成各项工作任务。贯彻落实全面从严治党要求，切实加强支部建设，加强干部队伍建设，取得一定成效。

【会计监督】贯彻“双随机一公开”要求，制定出台《安徽省财政厅随机抽查工作细则》，建立检查对象名录库和检查人员名录库，将全省237家非证券资格会计师事务所全部纳入检查范围，确定省财政厅在内的26名人员列入检查人员名录（包括会计处和注协人员）。随机选取45户被检查的会计师事务所，组织开展全省2017年度会计监督检查工作，对14户事务所进行行政处理，对1户事务所作出撤销的处罚，对2户事务所和4名注册会计师作出暂停执业的处罚。

【财政扶贫资金专项检查】根据财政部、国务院扶贫办统一部署，从2017年3月16日开始，财政厅会同省扶贫办组织3个检查组，对全省6个国家级扶贫工作重点县2015年、2016年中央专项扶贫资金、中央专项彩票公益金支持革命老区扶贫开发资金和统筹整合涉农资金情况开展全面检查。共抽查14个乡镇、15个村，走访34户，检查中央资金55351万元，涉及问题金额23396.27万元。

【全省预决算公开情况专项检查】采取全面自查、上级抽查相结合的方式，对全省负责政府或部门预决算编制工作的部门和单位2016年决算和2017年预算公开的及时性、完整性、细化程度、公开方式及真实性开展检查，覆盖面100%。并派出4个检查小组，分赴全省4个市及所辖的4个县开展抽查。共在线填制政府检查表格248份，在线填报部门检查表16234份。

【财政监督管理专项工作】根据财政部统一部署与厅党组安排，围绕全省2016年度的清理盘活财政存量资金、预决算公开、政府债务监督管理、预算编制执行监督管理、专项资金监督管理等五项重点工作内容，组织财政厅业务处室和预算单位开展自查自纠和抽查。监督检查局开展重点检查，同时督促指导市县同步开展。

【财政系统内控建设】以内控制度执行为重点，推进省市县三级财政部门加强内控建设，不断提高内控制度的执行力。组织修改完善现有内控制度，研究制定内控检查评价办法和风险事件应对办法。

【“小金库”治理】参与省委巡视整改工作领导小组“小金库”专项治理工作督查调研，赴蚌埠市、怀远县、淮南师范学院等6市6县3所高校开展督查调研。持续加强“小金库”举报案件受理查处。

【“涉企系统”常态化应用管理】根据财政厅党组决定，“涉企系统”管理工作由专项集中办公转为常态化管理，监督检查局负责日常管理工作。及时做好相关工作交接，对“涉企系统”常态化应用进行安排布置，扩充预警规则，健全功能模块，畅通共享渠道，优化管理方式，推进常态应用。

【加强党支部建设】抓好理想信念教育，从思想源头推进党建工作，组织各类活动与研讨，增强党员干部自豪感、使命感和归属感。抓好政策理论学习，推进学习型党支部建设。认真制定支部学习计划，积极参加全厅学习培训和专题教育，落实党支部集体学习制度，有效提升党员干部的政策理论水平。抓好支部标准化建设，围绕《推进基层党组织标准化建设实施方案》，开展自查自纠，对标落实整改。建立工作台账，持续推进支部标准化建设工作。抓好党规党纪贯彻执行，制定监督检查局党员干部负面言行提醒清单29条，进一步严明政治纪律和政治规矩。落实党的组织生活制度，定期召开支部党员大会及支委会和4次专题组织生活会，督促党员干部遵守党内法规制度,加强党员日常管理。抓好专项学教活动,开展“管党治党宽松软问题”专项治理,研究制定6项措施。推进“两学一做”学习教育常态化制度化,开展“讲重作”专题教育和警示教育,参加红色教育和警示教育活动,促进全面落实从严治党要求。

(监督局)

政府采购处工作概述

【概况】2017年,政府采购处深入贯彻落实党的十九大精神,在财政厅党组坚强领导下,在相关处室单位支持配合下,深化制度改革,加大监管力度,规范采购行为,推进信息公开,各项工作稳步推进,全省政府采购规模759.73亿元,其中省本级采购规模70.52亿元,安徽省政府采购改革与发展取得明显成效。

【加强政府采购制度建设】为做好政府采购预算编制及执行工作,提高政府采购质量和效率,先后制定印发《安徽省2018—2019年政府集中采购目录及政府采购限额标准》《关于进一步做好政府采购信息公开工作的通知》《关于印发〈涉密专用信息设备采购管理规定〉的通知》等制度。与厅采购监管办联合制定印发《关于进一步做好省级政府采购有关工作的通知》《关于推广网上商城政府采购有关工作的通知》《关于省级预算单位通用办公设备实行网上商城采购有关事项的通知》等一系列制度和办法。制度建设被财政部中国政府采购报评为全国“年度创新奖”。组织开展政府采购文件清理工作,按照省政府统一部署,对2001—2013年2月印发的文件进行全面清理,纳入清理范围的文件42件,提出废、改、立意见;同时,开展“放管服”改革文件专项清理,梳理文件28件,拟废止(失效)6件。

【加大政府采购监管力度】依法处理政府采购投诉举报案件。随着政府采购规模和范围的不断扩大以及供应商依法维权意识增强,政府采购投诉举报案件呈井喷式增长。2017年,省本级共收到各类投诉举报、信访案件80件,相较去年成倍增长。全年下达投诉处理决定书19件、监督检查决定书4件;终止处理决定书5件;行政处罚决定书9件;其余案件均认真答复或转办。处理政府采购投诉行政复议4起,行政诉讼2起,均无败诉。开展全省政府采购代理机构检查工作,按照财政部2017年全国政府采购代理机构监督检查工作要求,依法依规对全省47家代理机构进行检查,处理处罚32家代理机构,其中省本级处理处罚2家。

【全力推进政府采购信息公开】财政部在全国范围内开展政府采购信息公开第三方评估工作,省财政厅高度重视,厅长办公会专题研究政府采购信息公开事宜。政府采购处会同厅采购监管办、信息中心在较短的时间内对中国政府采购网安徽分网进行升级改造和全面改版,并与各市逐一进行信息系统对接调试。组织人员力量对上万条信息公告逐条进行梳理,对发现的问题及时整改,并将安徽省政府采购信息公开工作具体做法,专题向财政部书面汇报,得到财政部肯定。安徽省政府采购信息公开工作获全国排名第六的成绩。

【大力发展“互联网+政府采购”】根据财政部关于“积极推进电子化采购、大力发展政府采购电子卖场”等工作要求,2017年,专门印发《关于推广网上商城政府采购有关工作的通知》《关于省级预算单位通用办公设备实行网上商城采购有关事项的通知》。在全省范围内推广网上商城采购,省本级将原实行批量采购的12类通用办公设备全部纳入网上商城采购,有效提高政府采购效率。2017年,网上商城点击量超两千万次,省直单位网上商城采购订单8538笔,成交金额1.48亿元。

【充分发挥政府采购政策功能】认真贯彻落实财政部、工业和信息化部《关于印发〈政府采购促进中小企业发展暂行办法〉的通知》精神,对中、小微型企业产品的价格给予一定比例扣除,用扣除后的价格参与评审。落实财政部、司法部《关于政府采购支持监狱企业发展有关问题的通知》,通过预留采购预算份额支持监狱企业发展。为缓解中小企业融资难、融资贵局面,面向全省开展政府采购信用融资及融资担保工作,积极落实《安徽省政府采购信用融资及融资担保工作方案》,2017年,通过“政采贷”发放贷款1.2亿元,有效缓解中小微企业融资难。政府采购服务中小企业的能力进一步增强,政府采购支持和促进中小企业发展的政策功能得到有效彰显。

【加强支部党建和党风廉政工作】组织开展支部“两学一做”常态化制度化学习教育和“讲政治、重规矩、作表率”专题警示教育。抓好支部政治理论学习及支部党建工作,支部组织全体党员深入学习党的十九大精神和习近平总书记系列重要讲话精神,系统学习和研讨罗建国厅长推荐阅读的文章，支部集中学习65次。先后开展“五大发展行动与财政重点改革和现代财政制度”等专题研讨10次。全年累计记录支部学习研讨情况6万多字。认真做好党支部标准化建设工作，按照财政厅机关党委统一部署，安排专人负责，根据台账要求，积极整理相关资料，对考核验收中存在的问题认真整改落实。强化支部反腐倡廉及处室作风与效能建设，全面贯彻落实中央八项规定、省委省政府三十条规定和厅三十条要求，积极推进“一岗双责”和“两个责任”落实。进一步加强支部制度建设，结合支部自身建设的需要，先后制定出台《政府采购处党支部“三会一课”制度》《政府采购处党支部学习制度》《政府采购处党支部“一岗双责”制度》等9项制度。积极开展支部党建活动，先后组织全体党员开展上党课、党员活动日、组织生活会、民主评议党员、党员进社区、谈心谈话、结对共建及帮联、警示教育、传统教育等多项活动，进一步提升党员意识，提高党员服务水平。

（采购处　侯洪玮）

农村综合改革处工作概述

【概况】2017年，在财政厅党组的坚强领导下，综改处始终发挥党建的引领作用和基层干部群众的主体作用，牢固树立主动服务大局的理念，坚持“支部建设、作风建设、处室建设和业务建设”同步推进，坚持工作任务＋清单＋绩效＋监督“四位一体”整体推动，全面落实农村综合改革转移支付资金67.3亿元，圆满完成全年目标任务，各项工作取得显著成效。

【党支部和党风廉政建设】贯彻财政厅党组和驻厅纪检组决策部署，按照基层党组织标准化建设要求，全面加强支部建设，坚持做到年度有计划、月周有安排，不断强化政治理论学习，健全完善支部建设和学习台账，全面提升支部建设和管理水平。全年开展“三会一课”学习60多次，学习厅党组推荐阅读文章近40篇；开展业务学习近30次，开展专题学习研讨30余次，组织撰写学习心得和学习综述50余篇，制定支部学习制度、支部党员进社区和联系基层等近10项制度。牢固树立全流程防控理念，开展廉政学习和警示教育，不断完善内部控制规程，先后制定作风建设责任清单、工作考勤负面清单、党员干部负面言行清单，并坚持资金分配等重大事项集体研究、集体决策，全面筑牢党员干部拒腐防变的思想防线和制度防线。全年开展廉政专题学习近30次，开展廉政谈话20人次。

【农村综合改革重点工作】全省各级财政部门认真贯彻落实财政部决策部署，聚焦重点领域，健全完善制度，科学规划项目，强化政策落实，各项工作扎实高效推进。安排一事一议财政奖补资金21.7亿元（其中中央财政10.5亿元、省财政5亿元、省以下财政6.1亿元），带动村集体组织投入、农民筹资、社会捐赠等3.8亿元，建成村级公益事业项目1.1万个，覆盖1万多个行政村，占行政村总数的66%，项目受益人口3128万人，占全省乡村人口的63%。同时，发挥一事一议政策平台作用，积极统筹资金支持脱贫攻坚工程，投入20个国家重点贫困县的财政奖补资金达5亿元，占中央和省级财政奖补资金的32%。安排国家扶持村级集体经济发展试点资金7亿元（其中，中央财政资金3亿元，市县乡三级财政4亿元），在庐江等20个县（区）开展国家扶持村级集体经济发展试点，718试点村建设集体经济发展项目740个，推动试点村新增集体经济收益达到4093万元（村均5.7万元），带动村民增收4765万元（其中贫困户增收1152万元）。安排国家农村综合性改革试点试验资金5500万元，推动天长市和宣州区围绕建立健全村级集体经济发展、乡村治理、农民持续增收和乡村生态文明发展等“四大机制”探索创新。两个试点地区统筹整合资金3.2亿元，规划建设试点项目建设195个。在界首市、东至县、黄山区开展省级试点。试点地区充分发挥试点试验在统筹协调、体制创新、资源整合方面的优势，统筹整合、综合集成和有效链接试点区域现有政策措施，并将集成的政策措施落实到村，检视验证政策综合效应，为全面深化农村改革探索路径，为实施乡村振兴战略积累经验。安排农村公共服务运行维护试点资金6.7亿元，其中，省级财政0.8亿元，县（区）财政2.2亿元，整合资金2亿元，村集体和社会投入1.7亿元，在肥西等10个县（区）开展试点，支持试点地区在县级政府层面积极探索将当前农村道路、小型水利、农村垃圾清运等20多项农村公共服务纳入运维范围，统筹现行“部门化、碎片化”的运维制度和资金，建立健全产权主体明晰，分类责任明确，政府主导、村级主体、社会组织和农民群众积极参与的农村公共服务运维新机制。安排村级组织运转保障资金近28亿元（其中,省级财政13.2亿元),继续实施“提升农村基层党建与服务经费保障”民生工程,全面落实《安徽省农村基层党建保障工程三年行动计划》政策要求,建立健全村干部保障和基本运转经费动态增长机制。全省1.5万多个行政村基本运转经费和9万多名村干部报酬保障全面达标,基本建立以财政投入为主的农村基层组织保障机制,农村基层党建和服务保障能力不断提升。

【联系服务基层情况】结合农村综合改革职能和工作性质,始终树立贴近基层、贴近群众、尊重基层首创精神的理念。先后深入全省50多个县(区)、近200个乡镇、800多个村开展调查研究,收集基层意见建议200余条,总结基层实践经验100余条。先后形成调研报告5份,其中《安徽省村级集体经济试点工作调研报告》被选送至省委、省政府;通过《安徽财政信息》编辑上报信息120余篇,被省委、省政府和财政部采用6篇,让基层实践“走出去”,形成综改“安徽经验”。

(综改处)

民生工程办公室工作概述

【概况】2017年,省财政厅深入学习宣传贯彻党的十九大精神,按照省委省政府决策部署,认真履行民生工作、民生工程和共享发展行动计划(城乡居民持续增收工程)牵头抓总职责,会同全省各级各部门,加强协调调度,强化制度建设,狠抓政策落实,圆满完成全年各项工作任务,取得圆满成效。其中,省财政厅牵头实施民生工程做法,被评选为省直机关效能建设“双十案例”最佳典型案例。

【及早部署落实】年初,省政府印发了《关于2017年实施33项民生工程的通知》(皖政〔2017〕10号),部署2017年民生工程工作。会同有关部门制定实施办法,提请省政府与16个市政府及8个有直接实施任务的省直单位签订目标责任书,下达工程项目计划,督促各地3月底前部署落实完毕。

【强化资金保障】调整优化财政支出结构,压缩“三公”经费等一般性开支,集中财力保障民生工程资金。通过财政撬动带动,引导市场、社会、集体和个人参与,保障民生工程建设需要。2017年全省33项民生工程累计投入资金940.6亿元,增长13.9%。

【健全制度机制】加强制度设计,强化机制建设,制定关于加强民生工程联络协调、绩效评价、通报考评、宣传引导、科学安排等5个文件,对重点工作进行规范,不断推进民生工程制度化、科学化和长效化。

【强化精准调度】召开民生工程通报调度会和专题会议,按月梳理项目和资金情况进展并形成月度分析报告。强化过程管控,加强部门联系,累计会商部门70多次,督导市县30多次,协调调度解决项目实施、计划下达、工程进度等问题。

【加强绩效评价】协调省直部门全面修订33项民生工程绩效评价办法,选择所有10个工程类项目和2个补助类项目开展第三方评价。完善社情民意调查方案,对城乡群众进行电话访问,民生工程群众满意度首次突破90%,达到90.6%,增长3.1个百分点。

【人大政协视察】提请省人大常委会副主任沈素琍、花建慧及省政协副主席李卫华视察民生工程,参加省人大民生工程代表建议重点督办会、省政协专题调研会,办复人大政协建议提案全部满意。

【注重建后管养】加大管养投入力度,各级财政累计安排建后管养资金21.5亿元,增长16.2%。强化市县管养主体责任,硬化经费预算,狠抓政策落实,鼓励发挥市场作用,采取社会化方式共建共享,促使工程类项目长久发挥效益。

【深化宣传引导】制作《共享发展惠民生》专题宣传片,参与政风行风热线解答群众问题,加强《安徽民生工程》网络信息平台建设,全年累计发布工作动态、媒体聚焦、图看民生、群众话民生等各类信息近5000条。召开新闻发布会、开展在线访谈,宣传民生工作,解读民生政策。

【推进民生工作】代拟并提请省政府印发《关于扎实推进民生工作的意见》《2017年全省民生工作要点》《省民生工作领导小组成员名单》,研究制定《关于建立民生工作协调推进机制的通知》,以实施33项民生工程为抓手,扎实推进64项民生工作。贯彻落实党的十九大、省委十届六次全会、中央和省经济工作会议精神,研究谋划2018年全省民生工作要点。

【落实共享发展】认真落实省委省政府五大发展行动计划部署,将牵头城乡居民持续增收工程列入工作重点,逐项分解细化,推动任务落实,按月汇总报送省财政厅实施共享发展行动进展。制定城乡居民持续增收工程施工方案和共享发展行动实施方案责任分工表等,全年累计登记台账179条,在共享发展行动简报上刊登信息 7 篇。

（民生办）

人事教育处工作概述

【概况】2017 年，在财政厅党组的坚强领导下，在驻厅纪检组的监督指导下，在兄弟处室单位的大力支持下，人教处深入学习贯彻习近平新时代中国特色社会主义思想和党的十八大及其历次全会、十九大精神，不断强化支部党建、党风廉政建设和作风效能建设，认真履行财政人事教育工作职责，圆满完成财政厅党组赋予的各项工作任务。

【坚定财政干部理想信念】牵头推进“两学一做”学习教育常态化制度化、开展“讲重作”专题教育和专题警示教育。财政厅党组高度重视，厅主要负责同志坚持以身作则、率先垂范，18 次主持召开党组会、协调小组会研究制定实施方案、工作计划和重大活动，主持召开厅党组中心理论学习 15 次，带头交流发言 16 次，以普通党员身份参加支部活动 10 次，推荐阅读 37 篇。其他厅领导交流发言 49 次，以普通党员身份参加支部活动 86 次，撰写体会文章 94 篇。认真开展“三个一”活动，深入学习十八届六中全会精神、习近平总书记视察安徽和“7.26”重要讲话精神、《习近平谈治国理政》第二卷、《习近平的七年知情岁月》等，扎实开展“讲政治，我们怎么讲”、“三如何”等 7 次专题研讨。组织全厅党员干部分别赴金寨、寿县小甸集、蜀山烈士陵园等开展革命传统教育，赴合肥市预防职务犯罪警示教育基地开展现场警示教育，及时通报“陈、杨、周”案、部分省管干部违纪违法案件和财政系统违纪违法案件，以及其他典型案例。厅领导班子分别召开 2016 年度民主生活会和“讲重作”专题警示教育专题民主生活会，查摆问题 40 个，制定整改措施 85 项，全部整改落实到位。精心开展党的十九大精神培训。坚持分层分批、多种形式开展党的十九大精神培训，做到全员覆盖。服务全体厅级领导参加省委组织部统一轮训，组织全厅 143 名处级干部参加省直工委轮训调学，组织 284 名科以下干部举办集中培训，在内网开辟学习论坛，组织征文活动，推动广大财政干部学懂弄通做实党的十九大精神。

【打造高素质专业化财政干部队伍】精心做好干部选任。积极发挥厅党组选人用人参谋助手作用，按照好干部标准和省委“六选六不选”要求，全年厅党组共提拔干部 29 人，交流干部 30 人，安排 14 名干部分别赴新疆、西藏、吴寨、临泉等地挂职，招录 10 名公务员，招聘 5 名事业单位工作人员，安置 5 名军转干部。扎实开展财政业务培训。紧密围绕财政中心工作，积极服务财税改革，进一步提升财政干部专业精神和专业能力。财政厅与省委组织部联合举办市县政府领导干部财政改革与财政政策培训班，培训市县政府领导干部 122 人。有关处室单位与干教中心协同举办财政业务培训班 28 个，培训干部 5771 人次。指导各市开展财政基层培训，培训乡镇财政干部 4335 人，农村财会人员 14562 人。服务召开青年干部座谈会和国防教育座谈会，圆满完成年度培训、调学和网络培训任务。从严从实监管干部。坚持严管就是厚爱，帮助财政干部适应在监督下工作。先后 2 次组织 28 名干部进行宪法宣誓。组织 151 名干部按照首次填报要求完成个人有关事项集中填报，随机抽查 16 人，重点抽查 6 人，对存在漏报情形的 2 人分别进行批评教育。完成全厅 434 名干部的年度考核、29 名干部的提拔考察、10 名新提拔人员与 6 名新录用人员的试用期考核、1 名干部的挂职考核。协同相关处室单位开展考勤检查 24 次，严格审批干部因私出国（境），审批干部请销假 266 人次，对 2 名违反效能建设制度的干部进行问责。

【服务促进全厅中心工作】服务财政厅党组自身建设。提请出台《厅党组关于认真学习贯彻〈县以上党和国家机关党员领导干部民主生活会若干规定〉的通知》，服务厅领导班子召开 2 次民主生活会，认真做好方案拟定、意见征集、沟通衔接、会务保障、材料整理等各项服务保障工作，确保顺利成功召开。会同驻厅纪检组、办公室、机关党委和各处室单位，圆满完成省委对厅领导班子和省管干部的综合考核迎检任务，厅领导班子获“好”等次，厅主要负责人获优秀等次。服务全厅党建和党风廉政建设。提请出台《厅党组印发〈关于加强和规范党内政治生活若干规定〉的通知》，进一步严肃党内政治生活。严格述职述廉述德制度，组织各处室单位领导成员提交述职述廉述德报告 107 份。提请出台《谈心谈话实施办法》，服务厅党组与 60 人次干部进行任前谈话。配合参加厅属单位巡察，认真完成交办的各项任务。服务深化“放管服”改革。协同有关处室单位，梳理省级政务服务事项，编制会计中介机构审批等 5 项服务事项实施清单,确保各项政务服务事项达到政务平台上线要求。组织指导各市财政部门编制市县乡政务服务事项实施清单,会同经建处完成省信用担保协会脱钩试点工作。服务广大财政干部。提请开展全省财政系统双先评比,厅党组研究确定50个先进集体和86名先进工作者。调整核算干部工资1453人次,完成362名干部的养老保险参保登记,完成729人次干部一次性工作奖励的核算发放工作,服务4名干部参加职称评定。

【加强人教处自身建设】认真开展学习教育。先后制定各类学习计划15个,开展支部学习56次,专题研讨24次,开展党的十九大精神宣讲2次,上党课4次,撰写心得体会10篇。积极参加厅统一组织的各类教育活动,组织全处干部赴渡江战役纪念馆开展革命传统教育。加强支部标准化建设。制定出台支部党建制度11个,健全完善支部活动,充分发挥支部政治功能。按时完成支部班子换届,明确副书记负责支部纪检工作,加强入党积极分子教育培养,重要事项全部提交支部会议集体研究决定。落实"三个清单",建立7类党建工作台账,并实现信息化管理。不断加强业务建设。建立业务政策学习制度,适时召开专题业务学习会,详细解读政策规定和工作要求,提升干部业务能力和政策水平。就工作中出现的问题和不足,及时召开5次业务组织生活会,开展批评与自我批评,引导全处干部不断改进提高。不断加强廉政作风建设。修订完善处室管理制度15个,全处干部签订党风廉政建设责任书,将责任细化分解到人。经常性开展廉政谈话,提醒全处干部时刻警惕腐败侵蚀,自觉遵守廉政、作风、效能、保密等各项规定。

(人教处)

机关党委工作概述

【概况】2017年,在财政厅党组的坚强领导下,在各处室单位党支部的大力支持下,机关党委始终把政治建设摆在首位,组织全厅党员干部深入学习贯彻党的十八大和十八届三中、四中、五中、六中、七中全会及省第十次党代会精神,深入学习贯彻习近平新时代中国特色社会主义思想和党的十九大精神及省委十届六次全会精神,严格落实全面从严治党和党风廉政建设"两个责任",财政机关党建工作取得新的进步。财政厅连续3届荣获"全国文明单位",财政厅机关党建工作连续2年在省委综合考核中获得"好"等次。

【深入推进财政政治建设】制定财政厅党组深化学习贯彻习近平总书记系列重要讲话精神的实施意见,组织党员干部重温习近平总书记视察安徽重要讲话精神,深入学习贯彻习近平总书记"7·26"重要讲话精神,《安徽日报》刊登厅党组中心组学习贯彻习近平总书记系列重要讲话精神的做法。积极配合推进"两学一做"学习教育常态化制度化,扎实开展"讲重作"专题教育、专题警示教育,制定财政厅党组中心组年度学习计划和理论学习实施意见,修订集体学习、督导督学等8项制度,服务保障厅党组中心组学习会15次,编印8期专题研讨材料。财政厅党组中心组省直机关唯一入选2017—2018年度全省党委(党组)理论学习中心组联系点,党组中心组学习经验做法在全省中心组学习秘书培训会议上交流。大力弘扬'红船精神',组织党员干部认真学好用好《习近平谈治国理政》第二卷,观看《将改革进行到底》电视专题片,认真研读《习近平的七年知青岁月》。服务"党组书记推荐阅读"活动,推荐38篇文章。

【深入学习贯彻十九大精神】出台财政厅党组宣传贯彻党的十九大精神的实施意见,全力参与制定理论宣讲、革命传统教育、党员干部培训、专题调研等工作方案,积极保障和配合专题学习、宣讲、培训、调研、落实等活动。组织召开省财政厅学习宣传贯彻党的十九大精神大会,认真组织全体党员干部集中收看党的十九大开幕会和中外记者见面会实况,学习十九大报告及相关决议精神,学习省委有关会议及李锦斌书记的重要讲话精神。学习贯彻习近平总书记在瞻仰中共一大会址时的重要讲话精神,认真开展"五个一"活动,分别组织全厅党员干部赴金寨县革命烈士纪念塔、合肥蜀山烈士陵园,集体重温入党誓词。邀请省委党校、安徽大学教授,作"治国理政思想的新飞跃"、"新时代新思想新征程"等宣讲报告3场次。服务厅领导到厅各处室单位党支部和基层一线宣讲37场次。积极组织党员干部开展"微党课、微宣讲、微解读"活动,基层党组织书记开展宣讲112场次,征集支部书记和党员干部学习百字感言405篇。积极服务学习贯彻十九大精神集中培训班,邀请省委党校、省直工委党校、安徽大学等专家教授作辅导授课。编印财政厅《学习贯彻党的十九大精神情况通报》12 期。

【全面推进标准化建设】制定厅领导履行“一岗双责”抓党建工作制度，保障厅党建工作领导小组会议 10 次，厅党组半年全面通报机关党建工作情况，组织召开机关党委委员民主生活会，4 次组织召开支部组织生活会，厅领导参加所在支部活动 86 次。建立支部党建工作情况季报送及通报制度，制定党支部书记和委员职责，召开党支部书记抓基层党建和全面从严治党述责述廉评议测评考核会议。制定机关党建工作要点及问题、任务和责任“三个清单”，制定发展党员年度计划，集中组织 37 个党支部完成换届选举工作。会同安徽组织干部学院举办党务工作培训班，邀请省委组织部、省纪委、省委党校和安徽大学有关专家领导，为各党支部书记、副书记和纪检委员等 80 余人作辅导授课。安排 15 名支部书记参加轮训班调学。深入开展庆祝建党 96 周年系列活动，评先表彰 10 个先进党支部和 46 名优秀共产党员。制定《厅党组关于进一步加强和改进机关党支部建设工作的意见》，《关于建立党员活动日制度的实施方案》《推进基层党组织标准化建设实施方案》，召开厅推进基层党组织标准化建设动员部署会，邀请省直机关工委组织部领导作标准化建设讲座，组织编印《安徽省财政厅基层党组织标准化建设工作手册》，建立网上党支部，推行党支部标准化建设电子台账系统，建设厅直机关“六有”标准党员活动室，制作全厅党支部活动阵地展板 20 个、党建文化墙 8 面。探索制定厅党支部标准化建设量化考核验收指标，细化实化 82 项评分标准，对申报达标 37 个党支部进行量化考核验收，这一创新得到省直工委考核验收组的好评。全厅 29 个党支部年度考核验收达标、达标率 71%。厅标准化建设做法分别在全省和省直机关作经验交流。进一步规范党费收缴、使用和管理，认真开展党组织和党员基本信息采集工作，严格组织党支部开展软弱涣散基层党组织摸底排查工作，扎实做好省委组织部基层党建重点任务督查调研工作，细致做好省直机关党建工作制度贯彻执行情况督查工作。

【净化优化财政政治生态】组织召开全厅党员干部大会，集中学习习近平总书记关于进一步纠正“四风”、加强作风建设的重要指示精神，中央有关通知精神和新华社《形式主义、官僚主义新表现值得警惕》文章，以及李锦斌书记的重要批示，坚决纠“四风”、强作风。印发《关于深入推进重点领域廉政建设的意见》，开展经商办企业和“酒桌办公”专项整治。扎实开展“管党治党宽松软问题”专项治理，查摆 32 个具体问题，制定 44 条整改措施均已落实到位，省直机关协调小组办公室和省直机关工委多次宣传推介财政厅经验做法。认真学习贯彻省纪委、省直机关纪工委有关会议精神，制定机关纪委职责，认真履职尽责，印发《关于加强党支部纪检工作的通知》，组织支部纪检委员参加全省财政纪检干部培训班。积极运用监督执纪“四种形态”，机关纪委参与谈话函询 1 人，审查审理材料 1 件；核查信访举报信 1 件。参加 3 个厅属单位党支部政治巡察，及时发现问题，反馈巡察情况，限期整改落实，并印发共性问题通报各处室单位党支部，警示警醒，拓展政治巡察震慑效果。积极参加作风效能明察暗访、节假日公车检查。服务保障厅领导、纪委委员、支部书记和纪检委员赴寿县小甸镇开展红色教育活动，组织全厅党员干部赴合肥市预防职务犯罪警示教育基地接受警示教育，收集编印全省财政系统反腐倡廉经验做法和违纪违法典型案例，编印《省财政厅党员干部负面言行提醒清单(30 条)》。坚持问题导向，开展系统全面从严治党调研，推动系统党建同频共振、协调推进。

【深化财政为民服务举措】深入开展“双联系”工作，与 7 个村级和 1 个社区基层党组织开展结对共建，2 批次集中组织处室单位党支部与村两委班子及党员群众，召开联席会议，共同过组织生活 14 次，走访慰问帮扶困难党员群众 142 人次，捐赠慰问金 4.8 万元。服务推进定点帮扶颍东区和“双包”帮扶吴寨村工作，主动与其他 7 家帮扶单位的沟通协调，定期召开省直定点帮扶颍东区工作协商会、协调会和座谈会。保障厅领导 12 次赴颍东区吴寨村实地调研走访，组织处级党员干部走访慰问 151 人次。制定完善包保机制加强定点帮扶工作任务分解表，完善财政厅包保机制。做好 3 名干部成立驻村扶贫工作队入驻吴寨村开展帮扶工作，组织开展“扶贫日”捐款活动，认领吴寨村三风路道路建设项目，捐赠 70 万元支持吴寨村“扶贫工厂”建设、光伏发电项目建设以及“资产收益”扶贫。认真做好会商统计和通报工作，全厅共会商 2846 次，厅领导带队 137 次，为预算单位解决问题 2775 个，真正把财政的政策制度、管理监督和支持服务送到部门。全厅各处室单位下基层联系工作共537次,厅领导带队122次。

【打造活力财政机关文化】深化厅文明创建工作成果,服务保障厅精神文明建设领导小组会议3次,积极申报第五届全国文明单位,6个厅属单位获评2014—2016年度省直机关文明单位、8个处室获评第三届省直机关文明处室,厅直机关和厅国库支付中心获评"第十一届安徽省文明单位"。认真开展文明大展台信息报送工作,文明单位大展台发布信息67篇,省直机关党建网发布信息47篇,安徽先锋网发布信息35篇。积极培育和践行社会主义核心价值观,观看电视专题片《榜样》,深入开展在职党员到社区服务群众活动。制定厅党组《关于加强和改进工青妇工作的实施意见》《安徽省财政厅机关工会经费管理办法》,召开厅机关工会、妇委会代表大会,选举产生新一届机关工会、妇委会。落实生病探望、定期体检、干部年休假和谈心谈话等制度,慰问困难党员群众、离退休老同志及生病住院职工80人次。组织青年党团员赴阜阳市颍东区吴寨村开展"走基层访一线服务五大发展行动"调研实践活动,调研报告获省直机关一等奖,吴寨村被省直机关工委评为"省直机关青年党团员调研实践基地"。组织收看2017年安徽省读书演讲电视大奖赛及颁奖仪式实况转播,收集编印《家庭家教家风、家道家规家训》,组织参加省直机关"最美家庭"评选、第八届"省直机关读书月"、第五届"书香三八"读书等活动,组织开展体会文章交流、主题征文比赛活动,厅阅览室接待党员干部650人次,共借阅图书杂志2500余册。开展无偿义务献血、"金秋助学"和"春蕾计划"10元捐及省直机关各类体育文艺活动。学习厅国资预算处谢勇同志见义勇为先进事迹,积极申报安徽好人"助人为乐"候选人。财政厅一大批同志在参加全省和省直机关的各项争先评优、竞赛评比中荣获表彰。

(机关党委)

离退休处工作概述

【概况】2017年,在财政厅党组的坚强领导下,离退休处全面学习宣传贯彻党的十八大、十九大和习近平新时代中国特色社会主义思想,认真落实中央3号和省51号关于加强和改进老干部工作的文件精神,聚焦中心任务,强化自身建设,改进工作作风,不断提高服务管理水平,圆满地完成了全年各项任务。获全省老干部工作先进集体称号,并在财政部举办的全国财政系统老干部工作培训会上作经验交流发言。

【提高政治素养和业务本领】全面准确学习宣传贯彻党的十九大精神。认真组织集中收看党的十九大开幕式直播,组织反复学习党的十九大报告和新党章,坚持读原著、学原文。收看《将改革进行到底》《法治中国》《大国外交》《不忘初心、继续前进》等电视专题片,撰写个人学习心得体会。积极参加厅组织的瞻仰革命先烈纪念馆,重温入党誓词活动。扎实推进"两学一做"学习教育常态化制度化。支部制定年度"两学一做"学习教育计划和"讲政治、重规矩、作表率"专题教育计划,列出支部党建工作"三个清单"。"利用互联网+",给老干部党支部建微信群,深入宣传推广关注"安徽老干部"微信公众号。加强老干部工作业务学习。以中央3号和省51号文件为统领,认真学习掌握老干部工作相关法律、法规、政策和上级文件精神。

【打牢支部全面建设根基】推动基层党组织标准化达标建设。把离退休干部支部和在职人员支部标准化建设同谋划、同部署、同督促,循序渐进地推动四个离退休干部支部标准化建设。着力抓好制度建设。严格落实"三会一课"制度,加强和规范党内政治生活。完善"双联系一共建"制度,开展吴寨村结对帮扶、在职党员进社区和小岗村结对共建活动,定期上门慰问帮扶老党员和困难群众。着力抓好党员管理和工作台账记录。严格规范党费收缴和公示。

【开展增添正能量活动】开展以"展示阳光心态、体验美好生活、畅谈发展变化"为主题的正能量活动。组织老干部参加以宣扬中华传统文化和中国梦等主题的书画、摄影、文艺表演等活动。在第四届省老年人书画艺术展和"锦绣安徽"第28届书画展中离休干部李明真的书画作品分别获得优秀奖。依托省市两级老年大学,助力实现老有所学、老有所乐、老有所为。坚持每季度举办厅内老干部竞技麻将比赛,定期举办财税审系统老干部麻将比赛,充分调动离退休干部网宣员的积极性,引导老干部利用媒体、微信、QQ等传播正能量,退休干部宋宝泉制作多媒体课件对十九大报告进行"微解读"。先后组织党员参观安徽名人馆、爱国将领张治中故居、滨湖湿地公园、巢湖中庙,观看爱国主义题材影片《战狼2》。组织老干部体验合肥一号线地铁，游览万达文化旅游城、极地海洋馆、庐江冶父山国家森林公园，重阳节组织老干部游览肥西三河古镇、庐江汤池相思林自然风景区。

【提升服务管理工作质量】抓好“两项建设”。始终坚持落实好老干部日常政治学习、通报情况等制度，引导老干部支部每季度召开一次党员大会，并推行参会签到制度。落实“两个待遇”。给每位老干部订阅两份杂志、一份报纸，发放《安徽财政》和《财政信息》，坚持每季度汇编一册理论学习资料下发给每一位老干部。坚持重大节假日走访慰问，罗建国厅长带队挨家走访慰问厅级离退休干部，各处室负责人带队分别上门慰问从本处室退休的老干部。共走访和接待老干部来电来访300余人次，到医院探望生病住院老干部20余人次，坚持每季度为老干部报销医药费，按计划有序组织离退休保健对象、退休干部和退休妇女干部年度体检，结合重要节日和纪念建党96周年，支部和机关党委一同慰问9名生活困难老党员，为3名符合条件的离休干部向省委老干部局申报特殊困难帮扶资金2万余元，“七一”前夕，给年满80、90周岁的4名老同志登门祝寿，主动协助病逝的4位老干部的家属做好有关善后服务工作。

【加强处室自身各项建设】狠抓制度建设根本。进一步完善支部思想政治工作制度和党内监督制度，制定本处党员干部负面言行提醒15条。加强党风廉政建设。支部书记向厅党组签订责任书压实责任，认真落实“一岗双责”主体责任，完善支部党员向党支部述职述廉。对8名离退休干部经商办企业行为，在各支部党员大会上进行严肃通报。高度重视效能建设工作。严格执行《省直机关效能建设八项制度》《财政厅工作人员违反效能建设处罚管理规定》，做到时时有提醒，周周有检查，月月有总结分析。

（离退休处）

农业综合开发局工作概述

【概况】2017年，在财政厅党组的正确领导下，在分管厅长的悉心指导下，在各处室单位支持帮助下，农发局紧紧围绕财政三农中心工作和厅党组部署要求，按照“抓班子、带队伍、强管理、重监管、促发展”的思路，凝心聚力，锐意进取，团结拼搏，务实推进，较好地完成各项工作任务。

【加强机关党的建设】认真开展支部标准化建设。全面落实党建工作“一岗双责”制，制定支部标准化建设实施计划，修订完善党建工作制度6个，严格执行“三会一课”等制度，及时做好信息填报、材料整理等工作，按时完成支部标准化建设达标申报工作，并通过验收。切实发挥党员干部先锋模范作用，积极响应省委和厅党组号召，2名同志自愿到基层挂职锻炼，3名同志选调到厅机关挂职工作。深入推进“两学一做”学习教育常态化制度化。坚持把学习宣传贯彻党的十九大精神作为首要的政治任务，认真制定学教育计划、专题研讨计划10个，组织集中学习46次、开展专题学习研讨8次、撰写学习体会文章30多篇、报送学习综述12篇，切实做到学习教育有计划、有学习、有体会、有研讨、有收获、有综述。持续加强党风廉政建设。认真开展“讲重作”专题教育和廉政警示教育，高度重视、配合支持巡察工作。按照巡察反馈意见，举一反三、全面查摆问题，扎实认真抓好整改落实，修订完善18项内部管理制度，实施3名同志在局内轮岗交流，纵深推进财政农发系统风险防控。在厅内率先出台农发局党员干部负面言行提醒清单，在局内按旬常态化开展效能建设明察暗访。

【服务改革发展大局】积极推动农业供给侧结构性改革。全面落实省高标准农田建设意见，安排财政资金18.04亿元，建设121.04万亩规模连片、适宜现代农业发展的高标准农田。认真贯彻省政府推进农业产业化加快发展实施方案，安排财政资金5.9亿元，扶持710个具有牵引带动优势的项目，促进农业优势产业发展。牢固树立“绿水青山就是金山银山”的理念，安排财政资金2.03亿元，实施生态综合治理19.12万亩，促进促进农业可持续发展。按照“全产业链集成式开发”的思路，扎实推进临泉、泗县高标准农田建设模式创新试点，推动农村三产业融合发展；选择来安县、宣州区开展支持新型农业经营主体贷款贴息试点，积极探索解决贷款难、贷款贵的有效途径；通过公开竞争选择歙县、谯城两个县（区）开展田园综合体建设探索实践。主动服务脱贫攻坚大局。安排32个国家和省工作重点县省以上财政农发资金11.06亿元，占资金总额45.86%，超过省政府规定投入占比不低于40%近6个百分点。积极开展资产收益扶贫，探索建立财政投入收益有效回馈贫困村、贫困户的长效扶贫机制,全省共有20个县(市、区)开展资产收益分享探索,涉及59个项目、财政投入9031.2万元,折资入股1273.4万元。全力支持美丽乡村建设。安排省级专项资金13.4亿元,督促指导市县足额落实专项资金、有效整合涉农资金、积极吸引社会资金。2017年,全省共安排专项资金56.7亿元、整合涉农资金62.8亿元、吸引社会资金76.4亿元。认真落实农村"三大革命"部署,将40%省级专项资金专门用于农村垃圾、污水和厕所专项整治,加快改善农村人居环境。加强基础信息报送和整理分析,增强工作指导的针对性;修订完善工作评价办法,增强评价的精准性;主动配合第三方独立开展绩效评价,增强绩效意识;完成2015、2016两个年度全省美丽乡村建设资金管理考核评定,牵头开展皖北片2015年度、沿江片2016年美丽乡村建设省级验收工作,受到省美丽乡村建设工作领导小组好评。

【提升项目资金绩效】完善政策制度。根据省和厅党组清理规范性文件的要求,清理废止(含失效)文件69个,结合贯彻财政部84号令,制定修订《安徽省农业综合开发资金和项目管理实施办法》《安徽省农业综合开发项目评审办法》等9个制度办法。结合巡察反馈意见,制定修订各项内部管理制度,形成用制度规范行为、以制度规范服务,按制度办事、靠制度管人的管理机制。加强基础工作。强化局机关干部职工日常业务学习,举办全省农发管理信息系统和财政农发政策业务两个培训班,提升综合能力水平。督促指导市县严格执行资金和项目管理政策制度,加快项目建设进度和质量监控,规范资金使用管理。认真编报年度资金决算和项目统计,均获得国家农发办通报表扬。强化监督检查。深化政务公开,在媒体上公开财政农发政策制度、公示立项评审结果,在项目区发放明白纸、设立公示牌公开项目资金、建设内容等,主动接受社会各界特别是项目区广大农民监督。加强市县财政农发工作督查,对三个县(区)的现代农业园区项目和两个县的高标准农田建设模式创新试点项目开展专项督查,及时发现问题,督促整改提升。积极配合审计部门开展专项审计,主动配合财政部驻安徽专员办开展农发重点监控和高标准农田建设绩效评价,认真抓好整改落实。

【营造良好工作环境】开展专题调研。主动适应农业农村改革发展新要求,组织开展财政支持美丽乡村建设、农业综合开发服务脱贫攻坚等6个专题调研,总结经验,查找短板,谋划思路,提出对策。根据省委、省政府部署,积极参加小岗村改革发展专题调研,认真撰写调研报告,提出发展对策建议。李锦斌书记对专题调研报告作出重要批示,给予充分肯定。加强信息报送。认真贯彻国家农发办、厅办公室关于信息报送的部署要求,对出台的政策制度、重要活动和工作安排及各地的经验做法和成效,及时撰写工作报告、编写专题信息等,按时报送国家农发办和厅办公室。全面做好财政厅门户网站、财政综合办公网农发局网页及财政支持美丽乡村建设专题的维护与更新。强化舆论宣传。围绕财政农发中心工作、重点工作,组织开展"中国梦·农发情"主题摄影和"走过三十年·我与农业综合开发"征文活动,向国家农发办报送主题摄影作品和征文20余篇。主动与媒体对接,在《农民日报》《中国农业综合开发》《安徽日报》等国家和省级媒体上宣传安徽省财政农发做法成效20多篇。

(农发局)

非税收入征收管理局工作概述

【概况】2017年,在财政厅党组的统一领导、驻厅纪检组的有效监督和各处室单位的大力支持下,非税局全体干部职工团结一致,开拓创新,奋发进取,党建与发展均取得新成绩。

【非税管理条例顺利出台】经过近五年的艰苦努力和积极工作,2017年11月17日,省十二届人大常委会第四十一次会议审议通过《安徽省非税收入管理条例》并颁布实施,成为安徽省财政领域第二部地方性法规,有力推进全省省非税管理法治化和构建现代财政制度步伐。

【非税征管改革稳步推进】公共支付平台建设取得积极成果。作为省政府"互联网+政务服务"改革交办财政厅的重要任务,按时完成全省统一公共支付平台的主体建设。截至当年,线上实现银联和支付宝支付功能的接入,线下支付平台专用POS正式部署;完成支付平台与省市两级政务服务平台、公安交通安全综合服务管理平台、全省法院诉讼管理系统的对接,实现全省交通违法罚款和部分行政性收费全程在线缴纳。全省公共支付平台架构和功能在全国处于领先,12月14日国办政务公开办在合肥召开全国会议,省政府专门安排财政厅作工作介绍。非税收入电子化缴库全省推开。财政非税管理系统与人行国库信息处理系统(TIPS)对接,以缴库信息电子化传输取代原有的纸质票据传递,实现省、市、县三级非税收入的征收、清算、缴库全程电子化。2017 年安徽省实现的非税收入中,电子化缴库比例超过40%,居全国领先水平。省直财政票据实现"一站式"管理。顺应政务服务"两集中、两到位"要求,将省直财政票据发放、核销、销毁等业务,全部纳入省政务服务中心财政窗口办理,代开财政票据全部做到电子开票,实现财政票据"一站式"管理和服务。全年共发放各类财政票据 354 万份、核销 301 万份、销毁 1.5 万份。

【非税收入任务圆满完成】2017 年,全省非税收入完成4170 亿元,增长 46.2%,其中一般公共预算收入 841.8 亿元,增长 3.3%,占地方财政收入比重 29.9%,下降 0.6 个百分点,总量创新高,质量再提升。严格预算管理。除教育收费、彩票发行费外,所有非税收入按照政府收支分类科目和性质、类别,分别纳入一般公共预算、政府性基金预算和国有资本经营预算管理。全年省级新增30 家事业单位国有资产收入纳入非税收入管理。强化运行监控。根据新修订《预算法》关于财政收入预算由约束性转向预期性和省委省政府相关要求,积极参与财税库横向联动机制和财政内部沟通协调机制,加强非税收入收缴分析、预测和资金核算,对重点地区、重点单位、重点项目收入实施跟踪监控,保障非税收入平稳运行。规范非税征缴。加强纵向指导,重点督查市县非税收入预期管理、降费减负政策落实、电子化缴库等情况;强化部门监督,对9 家省直部门开展征管稽查,重点查处非税收入收缴不及时、票据使用不规范等问题;及时清理待查,全年省级共清理待查资金 36.7 万笔51.5 亿元;加快分成划解,保证非税收入资金及时、足额、安全缴入国库或财政专户。

【加强党建廉政和作风建设】抓责任落实。制定局机关党建、廉政和作风建设年度计划,设立局机关党务工作组,明确责任,形成"人人担责、逐级负责、层层落实"的联动机制。抓政治学习。深入开展"两学一做",重点学习党的十八大、十九大、习近平新时代中国特色社会主义思想,以及省十次党代会等精神,统一思想认识,提高政治站位。落实省和厅党组、驻厅纪检组各项规定,强化警示教育,夯实思想作风。抓专题活动。积极参加厅里组织的各类专项活动,认真开展"讲重做"和"三个一"专题研讨,多次组织党员进社区、进单位、进基层"党员活动日"活动。抓支部建设。坚持"三会一课"制度,支部书记和支委带头上党课、谈认识、讲体会;对照《党章》规定和基层党组织建设要求,认真整改存在的问题,强化支部标准化建设。抓党员关怀。经常开展谈心谈话,鼓励党小组长履责建言,倡导年轻同志到财政窗口、扶贫村、厅改革办、财政部等岗位锻炼,主动关怀青年党员缓解思想包袱和生活压力。抓风险防控。严格按照《党风廉政建设责任书》落实党风廉政职责,认真自查并整改厅机关巡察中发现的问题。完善《局机关内部控制操作规程》,仔细排查风险点,健全内控体系,规范权力运行。管班子队伍。班子成员之间大事必商量,小事多沟通,依律依规办事;领导对下级注意把握思想动态,经常进行提醒规劝,以德以理服人。严财务管理。实行局机关财务分管局长一支笔审批,万元以上支出经班子集体研究后呈报分管厅领导审批。对近五年财务开支进行全面清理,发现问题,及时整改,完善制度。效能建设抓在日常。办公桌统一放置"警示牌",明示上班"三不"原则。建立效能每周巡查制度,实时登记台账。逢会必讲效能,重要时间节点经常"温馨提示"和督促检查。作风建设抓在平常。扎实开展工作会商,全年共会商 75 次、单位 88 个,解决实际问题 50 多个。认真做好结对共建和定点帮扶,多次慰问困难党员、群众,捐赠办公用品、体育用品等。调查研究抓在经常。积极利用财政重点工作督查、非税监督检查、支部党员活动等机会,深入基层调查研究,有力推进非税管理立法和信息化建设等项工作开展。

(非税局 徐进超)

国库支付中心工作概述

【概况】2017 年,支付中心在财政厅党组的坚强领导下,深入学习宣传贯彻十九大精神,以习近平新时代中国特色社会主义思想为指引,围绕财政中心工作,以党建促业务,以党建提服务,保障财政资金支付安全、高效、规范、科学。全年纳入省级国库集中支付的财政性资金支出总量达 1779 亿元,同比增长 27%,其中,累计支付预算安排资金 1254 亿元,同比增长 26%;累计支付省级财政专户资金 525 亿元,同比增长36%。2017年,中心获第十一届“安徽省文明单位”荣誉称号。

【完善省级集中支付运行机制】贯彻落实中央、省委省政府决策部署,按照财政科研项目资金管理、政府采购项目资金实行财政授权支付(省级政府投资基建项目除外)等政策要求,适时调整资金支付方式目录,进一步明确预算单位主体责任,扩大授权支付范围,优化基本建设项目资金直接支付审核流程及内容,明确科研项目资金经济分类科目预算调整审批流程、调整时间等事项,不断促进省级集中支付基础运行更加科学化、规范化。

【深化集中支付动态监控】健全和完善动态监控制度,制定省级国库集中支付动态监控操作规程,规范动态监控业务操作,优化内部岗位分工,细化岗位职责,切实推进监控工作有序规范高效;完善预警规则,提高预警的针对性、精确性和科学性,2017年实现对省级部门预算131万笔资金支付,895个零余额账户余额情况进行动态监控,10次修改“事业发展经费”等预警问题的规则描述,9次纠正代理银行预算单位零余额账户余额信息反映不完整等问题,加快支付中心由前台代办审核向全程系统监控预警服务转型。罗建国厅长在呈报的《2017年度省级国库集中支付动态监控报告》上作出“对省级国库支付动态监控工作取得的成绩应予肯定和表扬!”的重要批示。

【强化支付电子化管理】不断拓宽电子化管理覆盖范围,完善财政资金监控链条。年初,集中支付跨年度退回业务电子化管理上线运行,实现财政资金支付全过程电子化管理和监控,办理年度退款业务271笔,涉及财政资金4626万元。推进以客观、第三者的电子业务审计机制建设,加固财政资金运行安全,支付信息化建设更加成熟科学、安全可靠。12月,国库支付业务安全审计系统正式上线运行。

【融入国库管理工作】与厅国库处共同推进省级财政总预算会计管理改革,提高省级总预算会计核算效率和科学化管理水平,改变两家分别核算、重复核算的现状;协同推进县乡集中支付改革、县区电子化管理、市县动态监控系统建设等改革,全面提升市、县、乡三级国库集中支付运行规范化、科学化。

【配合财政重点工作保障】加强与厅业务处室合作,贯彻落实财政部《支出经济分类科目改革方案》要求,配合养老改革、司法改革等改革需要,积极做好相关国库集中支付和一体化系统升级改造等工作,保障各项改革在集中支付环节畅通无阻。

【支部班子建设】切实履行党建和党风廉政建设主体责任,主要负责人亲自领导党建工作,研究部署“两学一做”、“讲重作”专题警示教育、党组织标准化建设、效能建设、保密管理、安全管理等重点工作;建立重点工作任务推进表,挂图作战,督促党建和党风廉政建设任务落实;着重强化纪检委员监督责任,独立开展监督检查工作,并直接向支部书记反馈问题线索;修订干部职工问责制度,新增违反廉洁和效能情况的责任追究及处置,用制度保障支部监督执纪责任的落实。

【党员思想建设】深入学习十九大精神,通过知识竞赛、观看十九大党章公开系列课、观看红色主流戏曲和电影,不断增强“四个意识”,树立“四个自信”;积极引导干部职工开展自学活动,建设图书阅览室、党员活动室,营造浓厚党建文化氛围,潜移默化中推进政治生态建设常态长效;组织党员积极参加社区服务和结对共建,通过义务植树、关心空巢老人、关爱特殊群体、“我为地铁送清凉”等活动,进一步加强党员干部的群众意识。

【支部基础建设】以党支部标准化建设为契机,健全完善中心党支部工作规则等一系列党建制度,严格落实“三会一课”等制度;深入开展支部书记讲党课、普通党员讲党课等活动,做到支部书记谈心谈话人员全覆盖、重点全覆盖、问题全覆盖;规范民主议事程序,按要求公开党务,全面夯实党支部堡垒。

【支部廉洁建设】认真执行“廉政每月一课”和廉洁谈话制度,干部外出调研、挂职锻炼和效能建设出现的苗头问题,支部书记均第一时间进行廉政谈话;制定印发《支付中心党支部内部监督工作制度》,每半年开展一次党员监督检查活动,从学习教育、工作质量、廉洁自律等方面对党员进行监督考核,对出现的落实不力、执行不严、思想松懈等问题,及时批评指正,并将监督结果纳入年度党员评议;密切联系党外群众,引入群众监督,主动听取党外群众意见建议,完善支部监督工作。

【提升财政集中支付服务效能】以内控管理建设为主线,建设完善干部问责实施细则等11项内部管理制度,做到用制度管人、管事、管钱,打造一支严谨廉洁、实干创新、高效服务的集中支付队伍。2017年,走访9个市20余个县区,深入基层财政所、基层银行网点、基层预算单位，开展6次市县国库集中支付业务调研、4次代理银行专项监督检查、6次上门培训，查找难点疑点，从改革一线破解发展难题，做好基层服务；利用集中支付数据优势，发挥信息高效性，加强预算执行分析、动态监控信息分析，为省级预算执行提供动态监控信息反映9份，监控分析3期，专题反映1份，并为全省财政系统提供《2016年国库集中支付工作年度报告》；充分利用财政厅门户网站、QQ群、一体化平台等网络方式，方便预算单位、全省支付系统开展业务交流和及时掌握最新政策和改革要求，全年，组织问卷调查2次，在线解答问题500余条，组织各类会商61次，实际解决问题110余个；重新修订银行代理业务综合考评办法，对省级7家代理银行进行专项联合检查，组织开展银行之间业务学习观摩，进一步强化代理业务差错处理机制，全方位促进代理银行提高效能，畅通集中支付“最后一公里”服务。

（支付中心）

财政信息中心工作概述

【概况】2017年，在财政厅党组的坚强有力领导下，信息中心以习近平新时代中国特色社会主义思想为指导，深入学习贯彻落实党的十九大、十八大及十八届三中、四中、五中、六中全会精神，一心一意谋财政信息化发展，聚精会神抓党的建设，较好完成年度各项工作任务，为全省财政改革发展提供有力技术支撑和服务保障。

【规范信息化项目建设管理】严格按照《安徽省财政厅信息化建设管理暂行办法》、信息系统内控管理办法等制度规定组织项目实施，在实践中学习、探索和总结，修订《信息中心内部控制操作规程》、编制《信息中心信息化项目管理操作规程》（征求意见稿），制定20多类文书和技术文档模板，通过加强项目方案和预算内部研讨会商、组织专家论证、严格履行政府采购程序，验收严格把关等，进一步规范项目建设和实施管理。制定《驻点运维人员日常行为规范》，定期召开运维管理会议，强化运维人员安全和规范管理，提升运维服务能力。

【完成重点工作任务】扎实开展信息系统统建统管。贯彻落实财政部相关要求，采取全省大集中方式，部署全省权责发生制政府财务报告管理、地方预算综合管理系统、新版地方政府性债务管理系统和农村综合改革管理系统，顺利完成全省3万多用户管理、权限配置和操作培训，配合业务处室做好项目实施和管理，圆满完成政府财务报告、稳增长及转移支付、债务资产等信息管理和数据上报。认真贯彻落实财政部工作要求。精心组织财政部2016年度地方财政信息化建设情况统计工作，连续两年荣获财政部颁发的先进单位表彰。做好财政部赴皖开展财政业务电子档案有效性调研工作。12月下旬，安徽省应邀参加财政部组织的全国金财工程验收会，作为唯一的地方代表作用户发言。牵头推进财政厅政务信息系统整合共享工作。按照省政府工作部署，在财政部指导下，积极谋划，印发工作方案，开展信息资源摸底调查，清理“僵尸”信息系统，完成门户网站办事指南与省政务服务平台对接，按照“先联通，后提高”的原则，开展一体化应用统一门户建设。

【支撑财政业务改革发展】深化财政一体化管理系统应用。完成科研项目资金管理、支付消息推送、政府采购网上商城对接、政府采购年终结转、支出经济分类改革等功能升级改造。安全办理支付业务134.1万笔，金额达2424亿元。为处室和预算单位提供上门服务700余次、网络、电话服务6000余次。国库集中支付业务审计系统初见成效。配合国库部门完成项目需求调研、数据采集、程序开发和测试工作。系统上线后，强化支付操作行为监控，可有效防范前台操作不规范、后台操作不受控等安全风险。积极推进政府采购网升级改造。改造政府采购网的版面、栏目和内容管理，实现全省政府采购项目公告、招标文件、成交公告、合同等信息全程公开，安徽省政府采购信息公开透明度第三方测评位列全国第6名，获财政部好评。做好综合办公网升级改造。运用新技术架构，构建以公文办理为重点的协同办公系统，实现原始数据迁移，系统成功上线，平稳运行。做好专项业务系统的应用支撑。根据业务处室需求，完善部门预算编制、部门决算、涉企资金、惠民补贴、行政资产等信息系统升级维护工作。开展省级财政数据治理。梳理各信息系统数据字典库的结构设计和基础值集，编制安徽《财政业务基础数据规范》2.0版安徽扩展集，搭建元数据管理平台，为深化财政数据分析利用奠定基础。

【指导市县信息化建设与应用】转发财政部关于国密算法升级、财政防病毒软件升级等文件，举办全省财政信息化应用工作培训会,开展全省网络安全检查,在专网接入安全改造、等保测评、灾备演练、病毒处置等信息安全管理、政府财务报告系统实施、以及市县国库支付电子化试点推广等工作中,为市县提供指导和技术服务。

【强化网络安全保障】开展计算机保密检查。配合厅保密办对全厅内网计算机进行保密检查,编写《检查工具下载使用操作指南》,完成全厅368台内网机器的检查,顺利完成财政部和省保密局对财政厅的保密检查工作,未发现涉密文件违规存储问题。科学处置蠕虫病毒。针对"永恒之蓝"勒索蠕虫病毒大规模爆发,迅速启动应急响应预案,制定处置方案,紧急修复漏洞,举办病毒处置培训,指导全厅和市县开展补丁升级,全省财政系统均未发生病毒感染情况。做好软件正版化工作。牵头开展厅软件正版化工作检查,通过以查促改、边查边改等办法,完善工作台账、为全厅计算机使用正版软件提供服务支撑。做好信息安全保障工作。严格执行安全管理制度,加强机房整改。开展重要信息系统源代码审计、等级保护测评、应急演练,定期开展网站漏洞扫描、渗透性测试,完成国庆、十九大等重要时段安全保障任务,加强日常安全检查、确保信息系统安全运行。编制印发《安徽省财政厅网站安全管理办法》,强化网站信息和网络安全管理。

【加强理论学习】中心党支部以深入学习贯彻党的十九大精神和习近平新时代中国特色社会主义思想为统领,以深入推进"两学一做"学习教育常态化制度化、"讲政治、重规矩、做表率"专题教育系列活动为主线,强化理论学习,树牢"四个意识",推进全面从严治党。全年共参加和组织学习研讨55次,撰写心得体会和活动综述42篇。坚持学思结合、不断强化思想武装。

【加强党支部标准化建设】严格党内政治生活,认真开展党支部学习、党员活动日、组织生活会、民主评议党员等活动,及时做好党费收缴等工作。全年开展"三会一课"、党员活动日等活动48次、支部书记讲党课4次,培养1名入党积极分子,充分发挥基层党组织的战斗堡垒作用,提高党支部的凝聚力,首批通过基层党支部标准化建设考核验收。

【狠抓党风廉政建设】中心主要负责人履行"一岗双责",带领班子成员以身作则,把从严治党和党风廉政建设工作与信息化职能工作同谋划、同部署。支部选举纪检委员,强化责任监督。全员签订《党风廉政建设责任书》,支部书记开展集体廉政谈话,及时提醒,早打招呼,明确责任。全体党员赴渡江战役纪念馆、烈士陵园重温入党誓词,以陈杨周案作反面教材、赴合肥监狱接受警示教育,始终绷紧廉政之弦。完善信息化项目预算、采购、验收等关键环节制度建设,严格执行"三重一大"集体讨论、民主决策、主任办公会议定程序,讲规矩、守纪律、强约束,全面推进从严治党和党风廉政建设,不断营造风清气正的良好氛围。

【深化作风效能建设】深入贯彻落实中央八项规定、省"三十条"、厅"三十条"规定,纠正"四风"不止步。建立效能建设负面清单、中心言行负面清单,中心领导每周抽查工作纪律情况。上门走访38家基层预算单位、会商99次。全年开展结对共建活动6次、多名党员3次下社区,班子成员结对帮扶的吴寨村3户贫困户今年全部脱贫。中心班子成员躬身垂范、党员干部积极进取、攻坚克难,始终保持良好的精神风貌、以"钉钉子"精神持续改进工作作风,提升服务效能。积极配合厅党组巡察组对中心开展巡查工作,认真落实整改要求,举一反三,长抓不懈。

(信息中心)

财政投资评审中心工作概述

【概述】2017年,省财政投资评审中心在厅党组的坚强领导下,在有关处室、单位的大力支持下,牢固树立全面服务于预算绩效管理的意识,精心开展绩效评价、预算评审、专项核查、PPP项目信息平台管理和论证等各项业务,扎实开展"两学一做"学习教育常态化制度化、"讲政治、重规矩、作表率"专题教育行动,进一步加强制度建设、作风建设、队伍建设和廉政建设。全年完成各类评审项目71批次497个,评审资金额2069.08亿元。其中评审预算项目21个,投资额3.22亿元,审减0.94亿元,审减率29.19%;绩效评价项目44批次380个,评审资金2063.91亿元;专项核查项目4批次94个,涉及财政资金1.69亿元;新评审入库PPP项目89个,占入库项目总数的35.89%。

【省级绩效评价项目成果显著】评价资金规模逾2000亿元,继续稳居全国前列。开展县级基本财力保障、社保资金保值增值、政策性农业保险、农产品安全等典型项目评价工作,评价影响力进一步提升。评价结果定期通报机制基本形成,起草《安徽省财政厅关于2016年省级财政支出重点项目绩效评价情况的通报》(财绩〔2017〕1183号),印发省直各部门,取得较好影响。通过省级预算联网监督系统,向省人大常委会预算工委推送10份2016年度重点项目绩效评价报告,其中涉及农业、科技、文化等领域重点支出项目7个,省商务厅等整体支出评价项目3个,初步实现重点项目绩效评价报告在线接受人大审查监督。评价工作聚焦"创新、协调、绿色、开放、共享"的发展理念,尽可能的引用行业标准、历史标准、计划标准评价项目实施效果,提出问题、分析原因,并将落脚点放在合理化意见建议上,评价质量进一步提升。

【预算评审应急保障性作用突出】开展的21个预算项目中,年中追加的计划外应急性项目19个,占比90%。大多数项目规格高,领导重视,支出规模小而零碎,要求时间紧。本着服务大局,服务于重点工作的精神,积极调配人力,安排专家开展评审,并加强与项目主管部门单位协商和沟通。如"开放的中国:锦绣安徽迎客天下"外交部安徽全球推介活动项目、省委办公厅"业务应用系统安全可靠平台迁移项目"、省政府办公厅"省级统一政府热线服务平台建设项目"、"2017年阿斯塔纳世博会中国馆安徽活动日"、"中俄'长江－伏尔加河'地方合作理事会"等多批次追加项目均在较短时间内及时出具各方认可的评审结论,第一时间为业务处室的专项支出管理提供详实决策依据。

【积极做好PPP相关服务工作】按照厅党组安排,评审中心积极做好PPP项目入库评审管理相关服务工作。加强项目入库评审确保项目质量。按照PPP相关政策规定,对项目方案和评价论证等资料进行评审,严格项目入库标准;印发《安徽省财政厅政府和社会资本合作项目入库评审操作办法》,进一步压实市县责任,提升安徽省入库项目质量。加强PPP项目财政支出责任管理防范风险。严格控制财政支出责任,确保符合财政部"每一年度全部PPP项目需要从预算中安排的支出责任,占一般公共预算支出比例应当不超过10%"的要求。积极做好PPP相关工作。建立PPP项目按季度通报制度;积极开展评价论证、省级PPP奖补资金申报审核和示范项目申报评审等相关工作。截至2017年10月31日,安徽省纳入财政部项目管理库项目248个,投资额2613.74亿元,落地183个,落地项目总投资1908.85亿元,落地率73.79%;安徽省43个国家示范项目,投资额919.52亿元,落地38个,落地率88.37%。根据财政部发布的第8期季报,安徽省多项指标全国领先:落地项目数全国第三,落地率全国第二(第一为上海,共2个项目);国家示范项目落地率和开工率均高于全国平均水平。

【制定民生工作评价指标及评价办法】组织精干力量,对33项民生工程主管部门提供的绩效评价办法和指标进行完善,按照与民生办共同编定的《民生工程绩效评价办法模板》以及《安徽省财政支出绩效评价指标框架》(财绩〔2016〕627号)的要求,修编完善45个评价办法和54套评价指标。整个修编工作做到"突出重点、规范统一、注重操作",为安徽省民生工程绩效管理工作规范化建设做出积极贡献。

【参与全国性评审工作】3—5月份参与财政部预算评审中心布置的国家财政支出项目绩效评价工作,承担完成宁夏、新疆和新疆生产建设兵团等3个省区的"农村水电增效扩容"、"公共文化服务体系建设"等4个项目的绩效评价工作,并配合做好涉密的"新疆及宁夏少数民族地区特殊教育补助项目"现场评价工作,部中心给予"报告质量很高,基础工作相当扎实,问题分析到位"的良好评价。

【规范评审工作管理】根据转型发展工作需要,针对评审工作发现的问题,相继修订和出台《安徽省级财政评审协作机构评审质量稽核考评办法》(财办〔2017〕1095号)、《安徽省财政投资评审中心协作机构选用管理暂行办法》(财评审〔2017〕4号)、《安徽省财政投资评审中心工作规则》《评审中心党支部关于印发党风廉政建设主体责任清单的通知》等制度办法,进一步规范评审工作管理。

【开展评审协作机构库建设】通过政府采购的方式,公开选聘40家会计师事务所、20家工程造价咨询机构、20家资产评估机构、13家咨询服务及经济社会研究机构作为评审协作机构,既有与中心长期合作的原有骨干,又吸纳北京、上海等知名中介,还有如复旦大学、同济大学、上海财经大学、安徽行政学院等具有高校背景的智库资源,给财政评审协作队伍注入新鲜血液,为财政评审工作提供更加得力可靠的智力保障。

(评审中心　李昌鹏)

政府采购监督管理办公室工作概述

【概况】2017年,在财政厅党组的坚强领导下,采购监管办紧紧围绕财政中心工作,以“立足职能有作为,服务大局重实效”为工作目标,按照“简化程序、优化服务、提高效率、提升质量”工作思路要求,以学习贯彻党的十九大精神为重点,扎实推进“两学一做”学习教育常态化制度化和“讲政治、重规矩、作表率”专题警示教育,一手抓采购监管服务,一手精耕支部党建,连续五届获评省直机关文明单位;7月,采购监管办党支部被省财政厅党组表彰为“先进党支部”。

【服务预算支出和重大项目执行】执行进度明显提升。和2016年同期相比,全年项目计划申报、完成情况、支出进度均有明显提升。截至12月31日,省级政府采购预算指标104.73亿元(其中当年预算指标57.46亿元,上年结转预算指标47.27亿元),申报采购计划102.50亿元,计划申报率97.9%;完成资金支付64.38亿元(其中当年预算支出30.43亿元,上年结转资金支出33.95亿元),资金支付金额较上年增加16亿元;采购预算支付进度61.5%,资金支付进度较上年增长13个百分点。2017年共下达6212个任务书,总金额为92.80亿元;下达网上商城3222个任务书,总金额为1.12亿元,签订合同3395个,合同金额1.016亿元。其中,安徽合肥公共资源交易中心受理采购项目2137个,预算45.36亿元,完成项目2056个(含2016年结转250个),预算金额45.30亿元,合同金额42.04亿元,节约资金3.26亿元,资金节约率为7%。跟踪服务保障重大项目执行。坚持问题导向,积极与厅有关处室、采购处、省级预算单位和安徽合肥公共资源交易中心开展工作会商,制定详细工作计划,倒排时间进度,靠前服务,因地制宜对采购预算执行中遇到的问题提出合理的解决方案,有力保障教科文处“国培”计划、经建处全国秸秆综合利用博览会、社保处全省一、二类免疫疫苗、政法处“司法改革”试点、行政处滨湖政务中心后勤保障、企业处全省无线宽带进乡村、农业处全省农村土地确权、综合处福彩体彩等一大批重大项目的采购执行。建立健全工作机制。为加快支出进度,监管办立足自身不断完善服务举措,建立省级政府采购预算执行项目台账,按项目逐个与省级预算部门(单位)明确采购执行存在问题、资金计划支付时间和责任举措,建立问题、举措和责任“三清单”,坚持按月对账销号,压实预算单位主体责任;坚持政府采购预算执行通报和政府采购联络员会商制度,及时沟通协调解决采购预算执行中存在问题;加强和省级预算部门(单位)沟通、会商和约谈,通报采购预算执行情况,指导督促采购预算执行,积极传导采购资金支出压力,全年开展各类工作会商152次。

【服务中心工作】立足职能,积极开展监督检查和集采代理机构考核,及时妥善处理信访举报。10月,利用10天时间对安徽合肥公共资源交易中心2016年度政府采购工作进行检查考核,全年受理信访举报56起;积极配合巡视、审计、纪检监察、检察等部门调阅项目档案材料,提供业务咨询服务,配合省委巡视组、省人民检察院等21家单位共调阅项目档案156个(卷);认真落实厅党组工作要求,积极提供人员支持,抽派5名干部到厅处室和财政窗口挂职,派员参加“四送一服”和监督检查等工作。

【服务预算单位】按照分管厅领导“简化程序、优化服务、提高效率、提升质量”工作思路要求,坚持问题导向,直面问题,创新制度,服务单位,指导会诊预算单位项目执行,协调交易中心解决问题,为预算单位提供培训服务。6月,按照省直部门(单位)、省属高校(学校)两个不同批次分类组织全省政府采购业务培训,共发放《安徽省政府采购工作手册》《省级政府采购监管服务平台用户操作手册》《省级财政一体化管理信息系统操作手册(政府采购模块)》《安徽省政府采购网信息公告发布操作手册》等8种业务资料、工具书600余套,受到428名与会者一致好评。2017年先后义务到省直机关工委、省地税局、农科院、农委、省气象局、安医大、商贸职业学院等单位进行培训26次,培训人数共计4030人。

【服务创新采购】提供在线业务咨询服务。坚持“互联网+”思维,充分利用信息化手段,坚持省级政府采购QQ群提供实时在线咨询服务,宣传政府采购法律法规,提供政府采购操作手册;截至2017年12月31日,省级政府采购业务群入群人数达1387人,日均在线人数986人,累计在线解答采购执行问题134211条。创新采购方式。积极推广使用网上商城,省财政不建商城,搭建平台,引入徽采、皖采商城,由预算单位自主选择商城交易。推行全流程电子化招标采购。积极应用网上招投标,指导合肥交易中心开展电子化招投标，降低企业投标成本，提高采购效率，让群众“少跑腿”、数据“多跑路”，实现计划申报、任务下达、供应商网上投标、合同备案、资金支付等全流程电子化。

【延展采购服务】进一步简政放权，按照放管结合、公开透明、明责高效的原则和“抓两头，简中间”的思路，将监管服务向“两头”延伸，即向前坚持监管关口前移，加强采购预算编制的审核把关，积极指导和服务省直部门单位采购预算编制工作；向后即进一步强化政府采购项目合同履约和资金支付审核服务，积极协调解决履约过程中的纠纷，保障政府采购各方当事人的权益。印发通知对合同履约、合同付款、合同验收、验收监督以及违规情形处理进行明确，加强履约过程中的监管。另外，专门对采购合同补充事项、简化采购资金支付手续、规范采购剩余资金使用、严格办理采购资金结转等四个方面进行补充规定，加强政府采购事后监管。

【服务信息公开】严格按照《财政部关于进一步做好政府采购信息公开工作有关事项的通知》要求，落实信息公开工作主体责任，及时做好相关信息系统和网站专门功能的升级改造，开放采购人分散采购信息公开通道，增加数据接口；从监督指导举措、信息发布平台建设情况、采购信息公开情况三大方面，组织对省本级政府采购信息公开情况开展专项检查，对省直预算单位分散采购信息公开情况进行抽查考核，全力推进省级政府采购信息公开，在财政部政府采购透明度第三方评估中名列前茅。

【支部建设概况】采购监管办党支部坚决贯彻落实中央、省委决策部署和厅党组党建工作要求，始终把抓好党建工作作为第一要务，认真学习贯彻党的十九大精神，扎实推进“两学一做”学习教育常态化制度化和“讲政治、重规矩、作表率”专题教育及专题警示教育活动，推动支部党建标准化建设，精耕支部党建。

【抓党员经常性学习教育】坚持周一集中学习日制度，强化政治理论学习，以学习习近平新时代中国特色社会主义思想和党的十九大精神为重点，系统深入学习党章党规党纪，及时传达学习省委省政府、厅党组重要会议精神，深入开展“讲政治、重规矩、作表率”专题教育。按要求制订党建工作计划，组织集体学习92次，学习罗厅长推荐阅读文章38篇，开展专题学习研讨9次，56人次作重点交流发言，支部班子成员发挥引领作用坚持带头作研讨发言，支部报送的“微党课”典型案例在省直机关征集活动中获二等奖。

【抓班子管理和队伍建设】以推动基层党支部标准化建设为抓手，认真抓好支部换届选举和改选工作，认真落实“一岗双责”；坚持民主集中制原则和“三重一大”决策制度，严格落实“三会一课”制度，创新完善支部政治生活，扎实开展支部组织生活会，积极开展交流谈心，用好批评和自我批评武器；完善支部标准化建设和管理，积极做好人员信息动态管理等；注重党员教育培训，全体党员制定自学计划，采取分散自学与集中授课、经验交流、研讨发言以及开展“每月一讲”业务讲座等形式，分门别类有针对性的实施培训计划。2017年，共举办专题业务讲座6次，全员完成干部在线学习任务，干部学分制考核优秀率达100%。

【抓日常作风和效能建设】坚决落实中央八项规定精神、省委省政府“三十条”和财政厅党组“三十条”，坚持在常和长、严和实、深和细上下功夫，作风效能建设常抓不懈，结合推动“两学一做”学习教育常态化，融入日常，抓在经常，围绕开展“讲政治、重规矩、作表率”，把纠正“四风”问题往深里抓、实里做，坚持内部巡查工作制度，全年共开展内部工作巡查41次，主要巡查工作时间上网浏览与工作无关的网页、QQ聊天、玩游戏、看电影、炒股和长时间玩手机等违反效能建设的人和事。

【抓全面从严治党和党风廉洁建设】始终把落实全面从严治党、党风廉洁建设“两个责任”作为一项重要的政治任务来抓，认真落实党风廉洁建设责任制，把党风廉洁建设纳入年度工作要点，制定任务分解表，层层签订责任书，加强反腐倡廉教育，坚持采购监管业务与党建两手抓、两手硬，不断提高政治站位，强化履职意识，压实全面从严治党和党风廉洁主体责任。组织党员干部以“陈杨周”案件为反面教材，开展“讲重作”专题警示教育活动；按照厅党组和驻厅纪检组《关于巡察发现有关问题的通报》中梳理的“15个共性问题及其表现”，监管办党支部集中开展“严肃纪律规矩、提升作风效能”专项整治活动，认真对照问题表现，举一反三，提前做好自查自纠、即知即改、未巡先改。

（采购监管办　李道兵）

财政科学研究所工作概述

【概况】2017年,在财政厅党组的坚强领导下,科研所认真学习宣传贯彻党的十九大精神,深入落实全面从严治党要求,坚持围绕中心,服务大局,充分发挥党建引领作用,推动财政科研和财政宣传等各项业务工作顺利开展。

【开展课题研究】围绕财政厅党组开展"大调研"的部署安排,面向全厅征集财政重点调研课题选题,经厅党组会议审定,确定2017年财政重点调研课题26项,积极做好课题的跟踪搜集和协调服务,推动调研课题研究工作顺利进行。集中开展4项课题研究,完成调研报告4篇。紧密关注学术动态,积极申报省政府政策研究室和中国财政学会相关专业性课题。

【加大学术交流】参与中国财政科学研究院的智库建设,完成"降成本"和地方财政经济运行2项在线问卷调查任务。参加中国财政学会、省社科院和省社科联等举办的各类学术年会和理论研讨会,紧密关注学术动态。加强与安徽大学、安徽财经大学等高校的合作交流,围绕财政学术研究,实现资源整合与互补,不断提升科研水平。配合全省科技统计调查工作,按时向省科技厅在线报送科学研究与技术服务业事业单位调查情况。

【强化成果应用】汇编2016年财政重点调研课题26项,印制成册并发放全省财政系统学习交流,积极发挥调查研究工作的参谋助手作用。推动所内课题成果应用,3篇研究报告在《经济研究参考》杂志上发表。

【办好财政杂志】围绕财政中心工作,加强《安徽财政》组稿力度,认真策划设计,筑牢全省财政系统的宣传阵地。全年出刊12期,采编稿件687篇,围绕"十九大精神"、"两学一做"、"脱贫攻坚"、"民生工程"、"财政改革"、"党风廉政"、"县长谈财政"等宣传重点,开辟专题栏目37个。

【加强财政橱窗宣传】围绕财政大事要闻,制作财政橱窗展板142个,动态跟踪,滚动更换,展示财政良好形象。

【编纂《安徽财政年鉴》】制定《安徽财政年鉴》(2017卷)编纂工作方案,加强分工,优化流程,把好内容、体例关口,在编纂质量上下功夫,提升年鉴的实用性、权威性和存史价值。

【制作财政宣传影像】精心制作财政专题片,加强与安徽电视台的战略合作,广泛搜集素材,认真撰写脚本,加快后期合成制作进度。2016年度财政专题片在省"两会"期间放映。搜集整理设计图片百余张,编印财政工作画册,以图文并茂形式展示财政工作全貌。编纂《媒体看财政》,搜集省内外主要媒体对财政工作的宣传报道600余篇,挑选160篇汇编成册供学习交流。

【联系对接部属财政媒体】借助中国财经报社、中国财政杂志社、中国财政经济出版社等财政媒体的力量和优势,加强沟通交流,认真配合做好新闻采集、调研采访等工作,及时完成布置的财政宣传工作任务,助推部属财政媒体加大对安徽财政的关注和报道。

【做好省珠算心算协会接收工作】按照厅党组将珠算协会挂靠科研所的部署,完成工作交接。积极与省民管局协调沟通,顺利召开换届大会,成立新一届理事会,完成协会章程修改,变更法人代表、变更名称等工作。

【加强摄影服务】围绕全厅和各处室单位的重大会议、重要活动,安排专人跟踪摄影,并做好图片的分类归档,及时提供给相关处室单位。全年共安排出访摄影153次。

【加强支部党建】加强党建工作谋划,制定支部党建工作计划,认真组织学习宣传贯彻党的十九大精神,严格落实"三会一课"制度,全年集中学习43次,开展专题研讨15次,上党课4次。全面推进支部标准化建设,建立完善支部党建工作档案,加强党员信息系统管理。进一步规范党内政治生活,开展民主评议1次,召开组织生活会3次。广泛开展谈心谈话活动,发挥纪检委员作用,加强党内监督。走访吴寨村帮扶贫困户1次,配合农业处与泗县长沟镇汴河村开展结对共建,赴逍遥津街道县桥社区开展党员进社区活动2次。加强党员活动室建设,规范使用经费,夯实党建工作基础。

(科研所)

注册会计师管理处(注册会计师协会)工作概述

【概况】2017年,注册会计师管理处在省财政厅党组的正确领导和中注协、中评协的悉心指导下,认真学习贯彻党的十九大精神，在思想上政治上行动上同以习近平同志为核心的党中央保持高度一致，自觉把党的十九大精神贯彻到行业发展和行业党建中，各项工作取得显著成效。厅党组书记、厅长罗建国作出重要批示：2017年省注协围绕行业发展质量、会员执业水平和行业党建，积极进取，锐意创新，取得新的成绩，应予表扬！2018年希望再接再厉，认真贯彻十九大精神，进一步着力行业党的建设，进一步着力行业发展质量，进一步着力提高会员执业水平，加强协会党支部建设，坚持一岗双责，建设廉洁注协。

【行业发展规模与质量稳步提高】注会行业收入由2013年的9.07亿元增长到2016年的14.13亿元，年均增长16.16%；评估行业收入由1.05亿元增长到1.87亿元，年均增长21.27%。年收入超1000万元的事务所达33家，超2000万元的事务所达15家，超3000万元的事务所达7家，分别比2013年增加8家、8家和5家。

【支持引导力度持续加大】连续4年实施执业机构加快发展支持政策，对事务所做强做大、拓展业务领域、开展理论研究、吸引精英人才、培养优秀人才、建设后备人才队伍等6个方面进行奖励，累计奖励230万元。

【开展执业质量评价】首次开展会计师事务所财务报表审计业务质量竞赛评比，评比过程充分体现了公开、公平、公正原则，对24家获奖事务所授牌、48位签字注册会计师颁发荣誉证书和奖金。充分运用评比结果，组织获奖事务所大会交流质控经验，引导行业广大从业人员牢固树立质量至上的理念。

【拓展新业务新业态】持续开展新业务评比活动，推出一大批创新服务品种和服务业态。评选新业务12项，奖励64万，较上年增长1/3。积极推广新业务，在协会网站设置"新业务拓展"专栏，宣传获奖项目的背景、做法、成效和启示；在业务培训班安排项目负责人交流经验，供广大会员互学互鉴。

【信息化运用水平稳步提升】依托协会网站、OA系统，打造优质服务会员平台。优化防伪报备系统功能，防范假冒审计报告，全年报备审计报告59206份。动态更新诚信证明基础数据库，全年事务所自助开具诚信证明2713份。宣传推广审计软件，鼓励事务所选用，提升审计质量。

【考试组织保障有力】全省注册会计师报名人数37056人，报考总科次为95428科次，较上年分别增长23.63%和25%。综合阶段593人报名。资产评估师考试报名人数1263人，总科次3301次。

【培训针对性有效性增强】为主任会计师、党支部书记、领军人才、业务骨干、新注册人员、助理人员等不同主体，分别量身定制培训内容。全年分层次、分类别共举办培训班22期，参训人数近4000名。

【执业质量监管加强】联合检查会计师事务所43家，单独检查会计师事务所6家、资产评估机构17家。落实惩戒帮扶机制，19家执业机构、6名执业人员受到不同程度处罚，对受到惩戒的事务所和注册会计师及评估师，持续跟踪、落实整改。举办执业质量检查案例与风险防范专题培训班2期，帮助被检查机构提高执业质量，规避执业风险，组织专家上门指导帮扶问题较突出的事务所。

【防范执业风险举措有力】发布执业风险提示27条。妥善处置投诉举报5起。实地查明提供虚假年检材料，给予1家事务所公开通报。将涉嫌低价中标业务列入执业质量重点检查范围，约谈多家涉嫌低价中标事务所负责人。净化执业队伍，按规定注销执业资格56人。

【学习贯彻党的十九大精神】严格按照厅党组部署安排，把学习党的十九大精神作为首要政治任务，在学深弄懂做实上下真功。发挥班子示范作用，带头开展宣讲。通过协会宣传栏、网站党建动态、党员微信学习园地等营造学习氛围。印发行业学习宣传贯彻党的十九大精神的指导意见，推动全行业迅速掀起学习热潮。举办全省事务所党组织书记能力提升培训班，重点宣讲党的十九大精神。

【持续推进行业党建工作】厅党组书记、厅长罗建国主持召开党组（扩大）会议，专题研究推进行业党建工作。召开行业党建工作推进会，学习传达贯彻财政部党组、厅党组关于加强行业党建工作会议精神。印发实施方案，推进行业"两学一做"学习教育常态化制度化。指导事务所党支部开展标准化建设，落实330万元补助资金推动党员活动室建设，50家事务所支部通过属地标准化验收。推进党的组织和工作覆盖，110家事务所支部覆盖有党员的190家单位；印发行业党建工作指导员管理办法，向无党员事务所委派指导员。赴4市16家事务所开展调研督导，推动党建工作落实。统筹推进行业统战团建工作，被省委统战部授予新的社会阶层人士统战工作联络站。

【落实全面从严治党主体责任】落实《厅党组关于巡察发现有关问题的通报》,制定全面从严治党向纵深推进14条举措,做到即知即改、未巡先纠、未巡先改。从严规范党的组织生活,全年召开党员大会23次,支委会12次,讲党课8次,组织生活会4次,支部会议38次,党小组会24次。落实效能建设内部督查制度,坚持每周对效能情况开展督查。以“讲重作”警示教育为抓手,开展廉政谈心谈话3次、廉政专题报告1次、廉政专题学习8次、廉政专题组织生活会1次。出台协会劳务支出管理办法,规范劳务支出范围、标准和审批流程。

【拓宽行业发展宣传渠道】推动事务所品牌建设,发布2017年全省会计师事务所前50家、资产评估机构前30家综合评价信息。编写第二份注会行业服务发展集锦,全面展示行业服务安徽经济社会发展新成就,中注协秘书长专门来信给予充分肯定。积极宣传协会建设和行业发展,人民网、新华网、《中国会计报》等媒体采用信息13篇,协会网站发布信息613条。组织行业专家参与有关经济社会发展论坛活动。

(注协　王克法)

财政干部教育中心工作概述

2017年,在财政厅党组和分管厅长的正确领导下,在厅机关各处室局、厅属各单位大力支持下,干教中心深入学习贯彻党的十九大精神、习近平新时代中国特色社会主义思想和厅党组决策部署,进一步狠抓支部党建、内部管理,认真谋划干教培训工作,各项重点工作有序开展,中心党支部荣获省直文明单位称号,干部教育培训工作2011—2016年连续六年获得财政部表彰,单位发展的推动力、执行力、保障力明显增强。

【筑牢党建基础】中心党支部以开展支部标准化建设为抓手,紧扣深入学习贯彻党的十九大精神和“两学一做”学习教育常态化制度化两条主线,更加注重政治学习、组织建设和廉洁建设,不断增强支部凝聚力、向心力和战斗力。制定支部年度政治理论学习计划、月度重点学习内容和每次政治理论学习目录,共组织干部职工集中学习33次,开展14次专题研讨。建立干教中心党支部微信群,定期更新党建最新动态。强化业务知识学习,通过集中培训、岗位练兵等形式,提升干部职工业务能力和水平。成立中心党建工作领导小组和执纪问责领导小组推动各项工作落实监督。按时完成支部换届选举,严格按要求重新开展党费核算和收缴,进一步建立健全党支部工作档案。严格落实“三会一课”制度,召开12次支委会、12次党小组会和33次支部党员大会,全年广泛开展谈心谈话活动8次,召开2次支部专题组织生活会。严格执行党政“一把手”负总责和“一岗双责”,召开中心党风廉政建设和作风效能建设专题会,与全体党员干部签订党风廉政建设责任书。制定重点工作任务分解表和廉政档案记录,定期开展支部书记抓党建、“一岗双责”和干部职工年度述职述德述廉,强化内部效能建设督查,每年全员组织干部职工参加警示教育和厅内网廉政教育课。持续强化公务接待审批,认真落实培训人员培训经费标准,严格执行厅出国(境)管理。以结对共建、扶贫“双包”和在职党员进社区工作为载体,2次深入结对共建村,走访慰问困难党员群众,赴颍东区吴寨村看望扶贫双包户,了解脱贫攻坚进展情况。积极响应厅机关党委“春蕾计划”10元捐和扶贫日捐款活动,干部职工踊跃参与,奉献爱心。按照省直工委要求,及时更新文明大展台信息资料,全年上传文字图片资料95份。

【突出服务中心】根据《2017年省财政干部教育培训计划》要求,干教中心积极谋划、开拓思路,努力创新培训内容,改进培训方法,提高培训质量。2017年,中心成功举办3期乡镇财政所长岗位培训班,协助人教处举办市县政府领导干部财政改革与财政政策培训班和全省财政基层培训工作培训班,与厅处室(局)、单位联合举办28期业务培训班,为财政改革发展提供有力人才保证和智力支持。

【开展乡镇财政所长岗位培训】8月下旬至9月上旬,组织举办3期乡镇财政所长岗位培训班,450余名乡镇财政所长参加培训。培训前,广泛征求厅人教处、农村局等相关处室意见建议,精心制定培训实施方案。摸索创新培训模式,增强授课方式的针对性和互动性,积极整合多方资源,认真谋划适合乡镇财政干部的精品课程,引导学员从“要我学”向“我要学”转变。

【协助举办领导干部岗位培训班】3月24日至27日,协助人教处举办全省市县政府领导干部财政改革与财政政策培训班，来自全省各市政府分管财政工作的负责人，各县（市、区）政府主要负责人或分管财政工作的负责人，共计122人参加培训。培训内容分地方政府债务管理、减税降费与支持实体经济发展、转移支付与事权改革、财政支持农业供给侧改革与脱贫攻坚、PPP与公共服务供给等5个专题。

【协助举办全省财政基层培训管理者及师资培训班】6月25日至27日，协助人教处举办2017年全省财政基层培训管理者及师资培训班。培训班总结近年来财政基层培训工作，部署今后财政基层培训工作任务。课程设计上既注重省情讲解又突出培训实际，主要包括新常态下安徽经济发展的机遇、挑战与对策、现代培训理念与培训方法、案例教学的课堂组织与控制、培训班课程设计与质量评估四个方面。

【开展财政业务培训】认真抓好《安徽省财政厅财政业务培训管理暂行办法》贯彻落实工作，完善财政业务培训流程，加强与厅机关处室（局）、厅属各单位的协调沟通，努力提高财政业务培训管理工作规范化、制度化、科学化水平。全年，与厅机关处室局、厅属单位联合举办28期业务培训班，培训学员5771人。在培训过程中，坚持主动对接，热情服务，认真做好业务培训班的通知印发、跟班管理、摄影摄像和打印证书等工作。

【积极完善培训配套工作】精心谋划准备，多方整合资源，有序推进《徽文化与“五大发展理念”》精品课件制作工作。严格按照财政部干教中心《关于开展2017年度全国财政系统干部教育培训工作评估的通知》要求，认真梳理全年干教培训工作，整理上报材料，撰写自评报告。按照印刷排版顺序，及时整理全年28期业务培训班全套资料，并积极联系印刷单位，准备汇编成册。

【作好应急预案】根据干教培训几头在外，即培训地点外租、培训教师外聘、培训教材外备的特点，制定针对的应急预案，如设备、教师、课件等，避免因地点临时更换、外请教师因病因事等突发情况，造成培训中断、停歇情况发生。

【持续推进作风效能建设】认真贯彻落实中央、省委、省政府、省财政厅关于改进作风密切联系群众若干规定和加强厉行勤俭节约规定。定期通报各级违反规定通报，成立民主理财工作领导小组，发扬民主，规范支出，切实做到警戒警醒。全年33次集中学习中，23次涉及作风效能议题，及时传达省直效能办和厅效能建设相关会议精神，部署中心作风效能建设工作，切实讲在经常，抓在常长。强化制度约束，中心效能办38次开展内部效能建设督查，按时登记考勤负面清单，切实要求中心干部职工强化思想认识、强化纪律约束、强化责任落实。

【强化安全规范操作管理】落实保密安全要求，按时按要求参加保密安全教育培训，3次开展保密安全自查和软件正版化检查。结合中心内部职能调整实际，进一步修改完善中心内控操作规程，该规程从中心工作职责及主要工作任务、各科工作职责及岗位设置、中心内部控制操作规程和内部控制风险事件应对机制四个部分，明确职责，规范流程，落实责任。

【全力做好单位内部事务】制定年度工作要点，召开12次中心工作例会，细化工作任务，落实工作责任。配合办公室完成内部监督审计，认真落实处理意见整改。按时编报2016年单位财务决算报表、单位人员、工资统计报表和2018年单位预算，及时做好中心人员养老保险、职业年金核算上报工作。办理法人、组织机构代码证和车辆年检工作。认真做好调整中心人员公积金缴存比例、社保缴费基数、人员职级、薪级工资调整等工作。注重信息宣传，编写工作动态信息32期，后勤保障能力进一步提升。

（干教中心）

行政事业单位资产管理中心工作概述

【概况】2017年，在财政厅党组的坚强领导和分管厅长的直接指导下，在驻厅纪检组的严格监督下，资产中心坚持问题导向，强化服务宗旨，破除阻力促改革，从严从实抓党建，落实落细做保障，工作取得显著成效。本年度，中心获厅综合考核先进单位、厅优秀党支部等多项荣誉，并通过首批标准化基层党组织验收。

【推进资产管理创新】突出重点，夯实资产管理基础。推进制度建设，修订完善资产处置、出租操作规程；配合资产处出台《省级行政事业单位资产处置监管暂行办法》《关于进一步规范和加强省直行政事业单位房产出租管理的通知》等文件。配合资产处做好省级行政事业单位资产核实工作，审核资产盘盈、盘亏和资金挂账等事项,全面掌握省级行政事业单位资产管理情况。作为试点单位,参加财政部资产管理信息系统升级改造工作,巩固资产清查成效,及时更新资产管理信息系统,实现账实相符、账账(信息系统)一致。紧贴实际,推进资产管理改革。配合资产处,制定《房产、地产统一管理暂行办法》。针对资产管理工作存在问题,开展《省级行政事业单位房产土地统一管理方式研究》《探索省级行政事业单位报废资产定点报废制度》和《省级行政事业单位房产出租有关问题的思考》等专项调查研究,完成三篇调研报告。按时将省级行政事业单位资产出租项目纳入合肥公共资源交易平台,统一公开交易。加强管理,做好资产管理业务。扎实推进资产业务,加强出租收益监缴,全年共监缴出租收益33362.32万元,备案出租合同1166份,完成28家单位房产公开拍租,实际成交租金累计2241.87万元/年,较拍租底价增长13.2%;完成52家单位资产处置,实际成交金额5694.89万元,较评估值综合溢价率22.6%。其中,重点完成事业单位所办企业股权处置5笔,成交金额共3428.31万元,较评估价增值42.1%。

【提升后勤保障水平】树牢“安全第一”意识,落实综治安全责任。健全综治工作机制,落实综治目标管理责任制,提升应急保障联动反应机制,牵头的机关综治工作,连续八年被省委省政府评为“优秀”等次。坚持执行机关安全巡查和节假日值班制度;开展安全专项检查12次,开展办公楼消防设备联动试验2次、防雷检测1次,及时更换维修办公楼周界报警系统控制器主板,完成厅办公楼和宿舍区部分消防灭火瓶的更换,组织厅应急保障队员开展扫雪除冰活动,确保机关办公秩序有序运行。积极开展2017年度社会管理综合治理宣传月活动;组织消防安全知识专题讲座2次,开展消防安全应急演练1次,有效提升处理应急突发事件的能力。强化“服务至上”理念,做好机关服务保障。做好后勤保障,严格来访接待,提升会议服务;完成杏花宿舍区热水管道改造、杏花宿舍区和淮河路宿舍区部分住户的屋面防水维修等;配合驻厅纪检组完成执纪谈话室的改造;完成办公区生活垃圾分类工作;年度重点工作厅大楼空调改造项目顺利完工。强化物业监督管理,开展物业服务满意度调查,坚持物业管理“一线巡查”。不断完善改进食堂,提升就餐服务水平。做好机关办公节能减排,财政厅再次荣获公共机构节能先进单位。积极投身改革实践,解决企业划转后续问题。针对财印厂老职工的诉求,在厅党组和分管厅长的坚强领导下,中心全力以赴,与出版集团会商、沟通。经不懈努力,最终通过企业改制改革得到妥善处理,赢得职工、财印厂和出版集团认可。

【抓好干部队伍建设】强化政治建设,坚定理想信念。坚持以政治建设为统领,坚定维护党中央权威和集中统一领导,筑牢“四个意识”。严肃政治生活,扎实开展“讲重作”专题教育活动;迅速传达学习十九大精神,用习近平新时代中国特色社会主义思想教育和武装头脑。始终把理想信念教育作为一根红线贯穿始终,持续推进思想建设。创新学习方式,组织参加革命传统教育,参观学习党建引领新农村建设成果展,坚持“移动课堂”教学,自觉践行“两学一做”学习教育。强化组织建设,激发队伍活力。以提升组织力为重点,建设高素质专业化干部队伍。落实支部书记主体责任,按时完成支部换届选举。严格执行“三会一课”制度,加强支部日常管理。深化结对共建,开展文明创建和志愿服务,积极参加庐阳区党建共建活动,中心先后获得“省直文明单位”和“省直最佳志愿服务组织”荣誉称号。注重综合能力培养,加强干部队伍建设,先后选派6名青年党员干部到政务中心窗口、机关处室协助工作。支持工青妇工作,关心关怀伤病困难职工,提升中心凝聚力。强化党风廉政建设,持续改进作风。坚定不移全面从严治党,持之以恒正风肃纪。履行“一岗双责”,落实“两个责任”,坚持廉政谈话制度,常提醒,勤警示,强化廉政意识。深化风险防控,规范权力运行,认真对照驻厅纪检组巡察厅属单位发现有关问题的通报,开展自查自纠,制定重大工程项目施工前廉政谈话、零星办公用品和维修工程采购流程、纪检委员党风廉政监督等一系列制度,严肃财经纪律,严格公务接待。坚决反对“四风”,狠抓效能建设,严格执行中央八项规定、省委和省财政厅三十条,贯彻落实习近平总书记关于反对“四风”的重要指示精神。加强效能检查,深入开展“四零”服务竞赛活动。严格遵守保密工作制度,加强保密教育,开展保密自查,切实增强干部职工保密意识。

(资产中心)

市县财政工作篇

合肥市财政工作综述

合肥市财政工作概述

【概况】2017年，合肥市财政系统深入贯彻落实党的十八大及十八届三中、四中、五中、六中全会和习近平总书记系列重要讲话精神，按照市委、市政府的决策部署，坚持党建引领，统筹推进稳增长、调结构、惠民生、促改革、防风险，完成年初确定的各项目标任务。合肥市被国务院评为财政管理工作先进典型市。全市财政收入完成1251.15亿元，增长12.3%。其中：地方收入655.9亿元，增长6.68%，扣除“营改增”预算级次调整因素影响，同口径增长12.75%。全市税收收入1102.75亿元，占财政收入的88.14%。全市财政支出964.13亿元，增长12.13%。

【支持转型升级】全面落实“营改增”等结构性减税和普遍性降费政策，2016年5月至2017年底全市累计减税114.8亿元，其中建筑、房地产、金融、生活服务四大试点行业减税40.4亿元，总体税负下降14.69%。充分发挥融资担保、续贷过桥等财政金融工具的撬动作用，有效缓解中小企业融资难题。提请市政府修订出台2017年“1+3+5”产业扶持政策体系，形成产业投资基金、创业投资基金和天使投资基金构成的新框架，建立联合审核、绩效评价、政策联动、风险防控新机制，全年累计安排兑现产业扶持政策资金31.26亿元。争取中央财政奖励资金9亿元，撬动社会资本数百亿元，完成“小微企业创业创新基地城市示范”目标任务。支持重大创新体系建设，全年累计投入22亿元支持合肥综合性国家科学中心建设，落实3.58亿元推进科大先研院等协同创新平台建设。制定出台《合肥市市级财政科技项目和资金管理办法》《合肥市支持协同创新平台发展专项资金管理办法》，建立适应科技创新规律、科学高效、监管有力的科技项目和资金管理机制。

【支持民生事业】全市民生支出818.4亿元，增长16%，占全市财政支出的84.9%，较上年提高2.8个百分点，保障教育、医疗、就业、社保、文化、体育等公共事业发展。足额拨付各类扶贫资金14.69亿元，建立全市财政支持脱贫攻坚清单，对全市财政扶贫资金及项目实施动态管理，按季开展重点督查，提高扶贫资金使用绩效。推进民生工程建设，全年累计投入110亿元，实施“31+9”项省市民生工程，其中：65亿元政策补助类资金全部发放到位；投入工程类项目资金43亿元，累计完工项目4.3万个，完工率100%，惠及760万人。加强生态文明建设，统筹安排108.76亿元，用于环巢湖综合治理、黄标车提前淘汰、秸秆禁烧和综合利用、重点土壤污染治理等生态建设以及环保能力建设。拓宽资金筹集渠道，拨付大建设资金216.8亿元，保障市政道路、城市高架桥等基础设施建设；统筹可用财力150亿元，支持轨道交通项目建设。累计对县（市）区转移支付513.14

亿元,其中:中央和省级转移支付151.88亿元,市级转移支付361.26亿元,支持县(市)区均衡发展和乡村振兴。

【构建现代财政制度】全面调研四个城区和三个开发区的财政体制运行情况,提请市政府出台《关于进一步完善市区(开发区)财政体制的通知》,调整市对区财政体制和转移支付制度,完善市与区收入分配机制和事权与支出责任划分,将新增财力向区级倾斜。建成运行财政支出政策库,健全支出政策跟踪落实评估机制,提高2018年预算编制和三年滚动规划的科学性和有效性。深化预决算信息公开,首次公开债务情况、单项100万元以上的专项设备购置类项目和信息化项目及部门预算绩效目标编制情况等。持续开展政府综合财务报告试编的同时,探索试编部门财务报告,实现市本级和县(市)区、市直各单位全覆盖。扩大政府采购预采购范围,各环节实行"2521"限时办结。扩大授权支付范围,完善国库集中支付动态监控管理,稳步推进市本级295家预算单位全部纳入财务集中平台管理,凝聚监管合力。开展县区国库支付电子化管理改革,保障财政资金安全、高效运行。严格执行全过程预算绩效管理,50万元以上的重大专项资金编制绩效目标并纳入公开评审,组织开展部门预算绩效管理考核,对2017年编制绩效目标的835个项目和84个财政重点评价项目开展绩效运行监控,对2016年31个重点支出项目进行第三方绩效评价。健全与部门预算安排、转移支付分配、国库资金调度相挂钩的存量资金清理收回机制,督促各县(市)区、各市直部门开展存量资金自查和清理,提高资金使用效益。将政府购买服务项目全部纳入预算管理,全市安排政府购买服务资金15.32亿元,购买服务项目633个,分别比上年增加4.7%和22%。规范实施PPP项目物有所值评价和财政可承受能力论证,有序推进财政部PPP示范项目建设。

【政府债务管理】提请市政府出台《政府性债务风险应急处置预案》,落实国家关于债务管理的最新要求,修订完善《合肥市政府性债务管理暂行办法》,将债务管理纳入政府目标考核范围,严格执行限额管理。全面摸底全市债务情况,深入开展全市政府举债融资行为清理整改、置换债券资金使用情况核查和2016年度新增债券绩效评价,综合运用债务率、还本付息率、逾期债务率等指标对债务风险进行动态监控。合肥市债务管理工作获省委主要领导批示肯定,并作为典型经验在全省推广。

【自身建设】认真学习党的十九大精神和习近平总书记系列重要讲话精神,常态化制度化推进"两学一做"学习教育,开展"讲政治、重规矩、作表率"专题教育、专题警示教育等主题教育活动。严格执行中央八项规定,落实省、市相关要求。推进结对到困难村、帮扶到贫困户,进村入户开展结对帮扶。广泛开展帮扶留守儿童、慰问困难群众等志愿服务。建立财政局领导班子成员到窗口坐班制度,压实效能建设工作责任,持续深化"互联网+政务服务"、政务公开、主动上门会商、微博微信、12345政府服务直通车、窗口服务等服务方式和载体。深入推进机关廉政文化建设,严格执行内部控制制度,规范财政权力运行。开展预算单位财务检查、"小金库"专项整治等外部监督,防范各类财政财务风险。落实派驻纪检机构改革工作,积极配合并主动接受驻局纪检组监督。严格执行《党政领导干部选拔任用工作条例》,严格履行干部选拔任用程序并进行全程纪实,切实做到领导干部报告个人事项、任前廉政考试和廉政谈话全覆盖。持续推行"周纪实、月小结、季考评",完善绩效考核机制,深入开展学习型机关建设和"结对传帮带"活动,大力培养优秀年轻干部。

(宋文萍)

肥东县财政工作概述

【概况】2017年,全县一般公共预算收入完成56.6亿元,较2016年增长18.8%。其中:地方收入完成35.65亿元,增长12.6%。中央收入完成20.95亿元,增长31%;全县一般公共预算支出完成72.39亿元,较2016年增长26.8%。

【加强财政收支调控】财政部门发挥牵头协调作用,围绕全年收入目标,细化工作方案,每月定期或不定期召开月度财税联席会议,利用"金税三期"工程和肥东县综合治税平台,建立财税部门间定期协调机制,落实各项财税政策。定期开展重点企业税源调查工作,及时掌握重点企业的生产经营变化情况和税收情况。不断完善营改增新机制下的征管职责和征管方式,逐步完善协税护税的长效机制和规范的委托代征工作制度,确保税源不流失,实现财政增收。积极盘活财政存量资金,加大预算统筹力度,清理消化2016年末存量资金17.09亿元,清理消化率94.3%,统筹用于城市基础设施、公路建设、重大水利工程等重点领域。

【促进经济提质增效】贯彻执行国家各项税收优惠政策,继续取消、停征和归并一批政府性基金、行政事业性收费,落实阶段性降低部分险种社会保险费等措施,全年减轻企业税费负担超7.4亿元。修订完善县级扶持产业发展政策体系,强力推进"调转促",全年兑现产业发展政策奖补资金6246万元;争取省"三重一创"政策奖补资金400万元,支持4家高新技术企业成长发展。加强政策性融资担保体系建设。加强财政金融对接,通过"4321"政银担、税融通、大湖名城政保贷、续贷过桥资金等新型财政金融产品,累计为企业解决贷款220亿元;安排1.5亿元,支持中小企业融资担保公司发展壮大,全年在保企业395户,在保余额22.67亿元,担保放大倍数4.7倍。积极鼓励和引导社会资本,推进VR小镇和机器人小镇PPP项目建设工作,完成"物有所值"和"财政承受能力"两评报告。

【保障重点支出需求】全年民生支出61.37亿元,占一般公共预算支出的84.8%,比上年提高4.6个百分点。大力实施37项民生工程,累计投入24.7亿元,新建项目点20039个(其中,本年度完工14576个)。全年安排各类扶贫资金2.06亿元,实施特色种养业扶贫项目10527个,安装家庭光伏电站3116户(其中通过小额信贷光伏贷安装2710户),投放扶贫小额贷款1.17亿元。通过一般预算和政府性基金预算资金分别安排政府性投资项目资金3.88亿元和64.4亿元,保障市政交通基础设施类和保障性安居工程等重点项目建设。投入8.76亿元,支持千万亩森林增长工程、秸秆禁烧和综合利用工程、环巢湖生态修复工程建设;投入1.98亿元,推进农村环境"三大革命"专项整治,打造农民安居乐业幸福家园;投入2.58亿元支持农田水利提升改造、病险水库除险加固和中小河流治理等项目建设;投入3819万元用于农业综合开发土地治理和产业化经营奖补;投入"一事一议"财政奖补资金4571万元,支持266个村级公益事业项目建设;打卡发放惠农补贴4.31亿元;投入政策性农业保险保费618万元,化解农业生产风险。

【提升财政管理水平】进一步完善政府预算体系,将新增建设用地有偿使用费收支转列为一般公共预算,取消排污费、水资源费等专项收入专款专用,取消城市公用事业附加和新型墙体材料专项基金。深化预算编制改革,深入推进支出政策预算编制,试点推进部门整体支出绩效目标编制,全面实施支出经济分类改革。稳步推进财政信息公开,全面公开政府、部门预决算、"三公"经费预决算信息,推进专项资金、财税政策以及预算绩效和国有资产等信息公开。坚持集中财力办大事,严控"三公"经费及非刚性、非重点等一般性支出,保障民生改善和支持经济发展。全面推进预算绩效管理,实现部门预算绩效自评全覆盖,引入第三方开展20个重点项目绩效评价,涉及资金1.43亿元。深化国库集中支付改革,推进国库集中支付电子化改革试点,财政资金运行更加安全高效。深入推进政府购买服务改革,提高政府公共服务效率,全年拨付购买服务资金8382万元,涉及项目43个。修订完善政府性债务管理办法,出台政府性债务风险应急处置预案,严格政府债务预算和限额管理;积极优化债务结构,全年共争取省代理发行置换债券9.64亿元,专项置换肥东县地方政府到期存量债务,有效降低债务利息负担。

(陈徐新)

肥西县财政工作概述

【概况】2017年,全县公共财政预算收入完成80.92亿元,同比增收5.42亿元,增长7.2%,其中:地方财政收入完成46.68亿元,同比增收4.56亿元,同比增长10.8%。财政收入中,各项税收收入入库73.16亿元,占财政收入的90.4%,同比增收2亿元,增长2.8%,财政收入总量、地方财政收入总量在全省76个县(区)中居于首位。全县公共财政预算支出完成69.6亿元,为全年调整预算的99.7%,比2016年的64.3亿元增支5.3亿元,增长8.3%,其中:一般公共服务、公共安全、教育等8项支出完成57.8亿元,增长18.3%。

【财政收入管理】加强涉税平台综合利用,主动挖掘财源潜力,强化重点税源监控,完善收入预期管理工作联动机制。加强财税库银及相关园区的协调机制建设,强化财政收入研判分析和入库管理。建立收入预警制度,按月通报乡镇(园区)财政收入完成情况,确保财政收入持续稳定增长。

【财政支出管理】足额保障基本支出,按政策和标准安排人员经费和公用经费，确保运转正常。全面落实惠民政策。对涉及教育、科技、农业、医疗卫生、社会保障等重点民生支出，足额安排支出预算，全面落实到位。加大防范化解重大风险、脱贫攻坚和环境保护投入。围绕大建设和重点项目筹措资金，为重点工程建设顺利实施提供资金保障。

【财政体制改革】制定《肥西县本级预算管理综合考评办法》，建立县直单位预算执行情况通报制度，加大对执行率较低单位的督查力度。出台《关于印发全面推进预算绩效管理的通知》《关于印发肥西县预算绩效管理工作考核实施细则的通知》《关于印发县直部门预算绩效目标管理暂行办法的通知》等文件，建立财政部门牵头，县直预算部门实施的绩效目标管理工作机制。强化政府债务管理，建立政府性债务风险预警制度，动态监控债务风险考核指标，制定《肥西县政府性债务风险应急处置预案》，切实防范和化解财政金融风险，维护经济安全和社会稳定。推进国库集中支付电子化改革，组织改造业务管理系统，强化安全管理，建立完整的电子支付安全支撑体系。通过电子化改革，实现预算单位、代理银行、人民银行、财政四方互联互通，支付效率有效提高。推进预算公开，做好“四个统一”，即;统一公开时间、统一公开形式、统一公开模版、统一单列“三公”经费，县直70家单位的部门预算、“三公”经费预算以及县本级政府预算和“三公”经费预算及时全面公开，社会反响良好。

【实施民生工程】实施省市民生工程37项，投入资金16.75亿元，其中:中央及省财政7.2亿元、市财政1.69亿元、县财政6.78亿元，其他资金1.07亿元。全年实际拨付资金16.75亿元，资金拨付率100%。2017年肥西县民生工程任务全部完成。

【服务经济发展】支持推进供给侧结构性改革。落实减税降费政策，加大各项税收优惠政策落实力度，全面推开营改增，加强行政事业收费和政府性基金管理，及时清理取消、停征、减免的收费项目，实行清单对外公布，全年减税降费6.3亿元，实体经济成本进一步下降。支持物流企业持续健康发展。采取给予物流企业专项奖励等有效措施，促进产业结构调整和现代服务业加快发展。推进农业供给侧结构性改革。加大调整优化农业产品结构、生产结构和区域结构等政策支持，2017年县级安排24336万元，用于农业发展奖励、改善农业的基础设施、农业资源的保护修复和现代农业示范区建设，推进农业供给侧结构性改革。优化升级产业政策导向功能，全年兑现各类产业发展政策奖补资金25233万元，其中：现代农业奖补907万元、促进新型工业化政策奖补18933万元、自主创新奖补2775万元、商贸服务业奖补1515万元、金融服务业奖补324万元、文化旅游产业奖补167万元、高层次人才(创业团队)奖补612万元，惠及企业300多家。推进双创示范建设，支持拥有自主知识产权、科技含量高、创新能力强、商业模式新的科技企业、初创期科技型企业发展，支持大学生创业，支持企业技术中心建设。全年完成技术合同成交额9600万元、新建众创空间数3个、高新技术企业认定82家、新建科技企业孵化器4个、新增小企业创业基地12家、新增商贸企业聚集区3个、新增小微企业就业人数26082人、新增市场主体户数25806户。推进金融创新产品应用，县财政出资2400万元设立天使投资基金，用于支持种子期企业。同时，在原有1000万元风险补偿金的基础上，增加1000万元作为“政保贷”风险补偿金。运用财政奖补手段，鼓励金融机构加大对政府增信金融产品的投放力度，对符合条件的政策性融资担保机构，“税融通”年度业务发生额达到规定额度的，给予高管及营销团队一次性奖励。1—12月份，全县新型政银担业务累计放款8.1亿元，超额完成年度目标任务。支持美丽乡村、生态文明先行示范区建设，全年投入专项资金9043万元，较上年增加17%，其中县级财政预算资金6578万元、省级财政配套支持资金758万元，市级配套资金为1707万元。助力美丽乡村建设，整合各类支农项目资金1亿元，涵盖10类26项支农项目，并吸引社会投资9000余万元。

【国有资产管理】稳步推进国有企业家属区“三供一业”分离移交工作。开展国有企业“三供一业”基本情况摸底调查，研究制定工作实施方案，推进物业管理移交框架协议的签订，督促接收企业加快工程进度，于年底实现供电、供水工程完工移交。

【法治财政建设】健全完善“三重一大”议事制度，建立财政局主要负责人为组长，班子成员参加，各业务科室全覆盖的法治工作领导小组，定期研究部署财政法治建设工作。加强财政管理，强化权力运行制约，严格执行预算法、会计法、采购法和财政监督条例等财经法规，健全覆盖财政资金和管理运行全过程的制度规范体系和制度执行评价监督机制。

【支持脱贫攻坚】加大财政脱贫攻坚投入,全年预算安排30352.15万元,整合涉农资金2600万元,清理收回资金186万元,上年结转债务资金20万元,为脱贫攻坚提供资金保障。制定《肥西县扶贫专项资金管理办法》,建立财政扶贫支出周报、月报制度和财政扶贫资金绩效评价制度,进一步加强财政专项扶贫资金管理,提高资金使用效益。按照"急事急办、特事特办"的原则,建立限时办结制度,规定各环节办结时限,加快项目立项、预算下达、实施进度、资金拨付。制定《肥西县财政局开展扶贫领域突出问题专项整治实施方案》将扶贫资金管理列入财政监督重点内容,确保资金运行安全、精准高效。

【农业信贷担保】推行"劝耕贷"新模式,"政银担"三方分别按照30%、20%、50%风险比例共担,规定凡新型农业经营主体具备可持续经营条件,无需任何抵押便可通过"劝耕贷"得到贷款。截至2017年底,"劝耕贷"共惠及125户种养大户、家庭农场、合作社等新型农业经营主体,共获得"劝耕贷"资金7300万元,户均获得58.4万元。

【管理制度建设】开展"制度建设年"活动,加强财政系统内部建设,修订完善《财政局工作规则》《财政局内部管理制度》《财政局机关财务管理制度》《乡镇财政所(分局)职责和内部管理制度》《乡镇财政所(分局)管理办法》和《乡镇财政所(分局)财务管理办法》6项制度,进一步完善管人、管事、管钱制度。

【财政队伍建设】推进"两学一做"学习教育常态化制度化,开展"讲看齐、重担当、作表率"专题教育。加强党风廉政建设,严格履行主体责任,强化权力运行制约监督,坚决遏制和预防腐败现象。抓好中央"八项规定"精神落实,持之以恒反对和纠正"四风",在全县财政系统开展治理"微腐败"专项工作。完成13个乡镇财政所(分局)和财政局机关15个科室(局、中心)主要负责人的交流轮岗工作。

(吴华旗)

长丰县财政工作概述

【概况】2017年,全县各级财政干部坚持稳中求进工作总基调,主动适应经济发展新常态,积极应对挑战,奋力攻坚克难,财政收支运行总体平稳、质量提升、保障有力、稳中向好。全县财政一般公共预算收入完成55.14亿元,同比增收5.64亿元,增长11.4%。全县一般公共预算支出61.66亿元,同比增支7.26亿元,增长13.3%。财政支持改革发展和社会民生等重点领域得到较好保障。

【资金筹措】积极争取上级资金支持,落实到位一般性转移支付、专项转移支付、上级转贷地方政府债券等364898万元;保障土地出让前期资金需求,支持土地上市,全年实现土地出让金671644万元;全年减免增值税、企业所得税3598万元,兑付贷款贴息827万元,免收工业投资项目行政事业性收费1759万元,兑付企业固定资产投资奖补5596万元;通过"政银担"、"政保贷"、"税融通"、"过桥贷"等新型金融产品,累计为企业解决贷款19.31亿元,有效缓解中小企业融资难题。

【民生保障】坚持以人为本,统筹整合各类资金,集中财力向精准扶贫倾斜、向民生保障覆盖、向社会事业延伸。全年实施38项民生工程,累计投入资金16.7亿元,扶贫工作、三农工作、创业就业、社会保障、教育文化以及城乡基础设施和公共服务等取得实效。优化整合财政扶贫资源,统筹财政扶贫资金30903.4万元,通过产业、就业、教育、健康、金融、社保兜底等扶贫方式,实现全县建档立卡扶贫对象精准扶贫全覆盖。

【财政改革】深入推进改革,创新工作机制,强化监管,注重发挥财政资金效益,财政管理科学化精细化水平进一步提升。预算编制体系日趋完善、预算约束力明显增强、预算管理公开透明。政府性债务管理规范有序,融资成本有效降低,债务结构进一步优化,国库集中支付改革深入推进,财政预决算和"三公"经费公开全面推行,预算结余结转定期清理机制逐步建立,财政存量资金有效盘活,财政预算支出加快执行,财政资金使用效益显著提升,财政资金监管体系更加完善,政府性债务管理规范有序,国资管理制度日益健全。

【财政队伍建设】持续开展"两学一做"学习教育,对照"五查五看"要求,开展"民主评议党员"与"做长丰财政好干部"活动,引导党员自觉按照党员标准规范言行,坚定理想信念,提高党性觉悟,严明政治纪律,严守政治规矩。持续加强作风建设,以创建政风行风先进单位为载体,持续推进机关作风和效能建设工作常态化、持续化、制度化,加强干部交流轮岗,挤干懒政怠政空间,提升干部工作效能。加强意识形态工作,明确财政局党组、党总支及各支部作为意识形态工作的主战场与主阵地,建立局党组书记、局党总支书记、各支部书记为责任主体的意识形态工作问责机制。注重加强好人好事的正面宣传,加强财政战线上正能量的传递弘扬,加强社会主义核心价值观宣传,加强对意识形态工作的资金保障。

【获得荣誉表彰】县财政局获合肥市2014—2016年度先进单位、全省节约型公共机构示范单位;全县财政收入在全省排名第三,县财政局牵头的"双创"工作(荣事达)获得全国双创示范基地、第二批国家专业化众创空间示范单位、国家工业旅游示范基地称号,防范和处置非法集资、民生工程工作分别代表长丰县在省市做经验交流发言;牵头的职工医保市级统筹考核、财政总决算、财政金融业务报表获全市先进单位;支持配合的民营经济、墙改、文明县城创建、土地集约节约利用、食品安全示范县创建、招商引资、农产品质量安全、美丽乡村建设、"平安农机"示范县创建、社会信用体系建设、全国百强县创建、草莓大会、园林县城、河长制、安全生产、法治创建、水资源管理、计划生育目标管理等分别获国家、省、市表彰;县财政局机关被县授予招商引资、秸秆禁烧和综合利用、政务服务、双拥、计划生育综合治理、目标管理优秀单位等。

(孙青松)

庐江县财政工作概述

【概况】2017年,庐江县财政收入完成30.74亿元,比上年增长14.7%。其中:地方收入17.62亿元,比上年增长0.4%;上划中央收入13.12亿元。全县财政支出完成58.45亿元,比上年增长12.9%。

【财政收入管理】年初全面分析预测全年财税经济形势,合理确定收入预期目标并分解落实任务,实行预期目标管理,压实工作责任。强化组织收入工作领导,县政府对财税工作实行常态化调度,狠抓收入均衡入库。坚持依法征管,着力抓好采矿、建筑、房地产、金融等重点行业的税收动态监控,强化税收管理和跟进服务,加强重点企业和行业的纳税评估,努力挖潜增收,促进重点税收及时入库。进一步加大协税护税工作力度,强化税源监控,加强外来建安企业税收征管,同时强化镇(园区)和县直各相关涉税单位责任,加强协调配合,堵塞征管漏洞,防止税收流失。严格政府非税收入"收支两条线"管理,加强监督检查,保障政府非税收入及时足额入库。

【保障重点支出】贯彻落实厉行节约各项规定,进一步规范预算执行行为,硬化预算约束,加快支出进度,提高预算执行率。坚持科学合理调度财政资金,调整优化支出结构,大力压减一般性支出,严控"三公"经费、会议费和培训费,集中财力保障脱贫攻坚、民生工程、教育、社会保障、医疗卫生等重点支出。全年累计拨付财政扶贫资金38595万元,其中预算安排专项资金24256万元,整合涉农项目资金5617万元,全力保障脱贫攻坚。拨付专款4443万元,用于提高城乡居民养老保险、农村五保和低保补助标准。发放财政惠农补贴资金59595万元,实施一事一议财政奖补项目202个,拨付奖补资金4198万元。增加村级转移支付补助765万元,用于提高村(居)干部报酬和村(居)运转经费标准;支持秸秆禁烧和综合利用,拨付补助资金6246万元。投入专项资金7684万元,用于污染治理、生态建设以及环境保护。全县社会保障和就业、教育、科学技术、医疗卫生与计划生育等支出分别增长32.5%、69.4%、15.5%、9.3%,财政保障能力增强。

【服务经济发展】贯彻执行中央、省、市稳增长促发展政策措施,审核兑现各类扶持资金8904万元,其中兑现县级扶持产业发展及支持"双创"政策体系资金1349万元。落实市级"1+3+5"政策,修订完善庐江县产业扶持政策和"双创"支持政策体系,支持实体经济调结构转方式促升级,促进"双创"三年目标任务完成,全年新增市场主体8971户。认真落实减税降费政策,全年办理政策性退税7074万元,取消停征10项行政事业性收费,全年减征1600万元。继续加强县中小企业担保公司融资担保能力建设,增加注册资本金2966万元,提升融资担保能力。创新融资担保方式,扩大小微企业续贷过桥资金规模,服务中小微企业融资担保需求,全年为289户企业担保贷款8.6亿元,为135户企业提供续贷过桥资金6.2亿元。整合各类涉农资金5632万元,全力支持美丽乡村建设。全年投入农业综合开发资金2548万元,建设高标准农田1.7万亩。积极支持大建设、大交通、大发展,争取市级专项转移支付6亿元,多渠道筹集资金35.7亿元,用于庐城和高新区基础设施、合安高铁、引江济淮等重点工程建设和政府性债务还本付息。

【增进民生福祉】全年实施38项民生工程，累计投入资金23.67亿元，增长7.15%。强化民生工程"一把手"负责制，继续深化月度计划制、会商调度制、工作落实制、责任追究制、绩效评价制等"五制"推进机制，动态管控民生工程实施过程中存在的问题。严格监督问效，通过政府督查、人大政协视察巡查、审计监督、民生工程特邀监督员以及群众社会监督等方式，自觉接受监督，增强民生工程实施透明度和群众满意度。不断探索建立民生工程后期管养长效机制，加大民生工程后期管护投入力度，致力后期管护工作的突破与创新。围绕"三宜三美"目标打造美丽乡村升级版，汤池镇三冲中心村荣获全国人居环境整治示范村，白山镇、万山镇卅埠村、长冲村荣获省级生态镇、村。投入资金9758万元，大力实施农村道路畅通、农村危房改造和饮水安全工程等民生工程，改善群众生产生活条件。完善医疗保障救助体系，拨付专项资金5886万元，大力推进健康脱贫工程，助推脱贫攻坚。

【深化财税改革】认真落实财税制度改革政策，完善"营改增"后国地税部门联合办税机制，提高税收征管效率。积极做好环境保护税开征准备工作，稳步推进环境保护税改革。完善县镇财政管理体制，充分考虑"营改增"全面推开因素影响，进一步优化县镇财政分配关系。完善财政预算追加管理办法，规范县本级财政预算追加行为。深化部门预算管理改革，修订完善公用经费支出定额标准，实行项目支出分级管理，推行政府预采购制度，规范资产预算编制，增强预算编制规范性和准确性。大力推进财政预决算信息公开工作，细化公开内容，主动接受社会监督。不断深化国库集中支付制度改革，全面推进会计集中核算向国库集中支付转轨，强化集中支付动态监控管理；开展国库集中支付电子化改革工作，实现财政与银行电子化支付。进一步加强政府性债务管理，建立债务风险预警监控机制和资金支付偿债机制，有效防范政府性债务风险。加强财政监督检查，重点强化财政扶贫、医疗保障等财政专项资金的监督检查。

（徐玉清）

巢湖市财政工作概述

【概况】2017年，巢湖市财政局在巢湖市委、市政府的正确领导下，认真贯彻落实省、合肥市财政工作会议精神，围绕年初既定目标，分析研判收入形势，统筹安排各项支出，在加快支出进度的同时，着力深化财政改革，创新财政体制，全市预算执行情况总体平稳。

【财政收入管理】市财政局围绕年度收入目标，强化部门主体责任，加强收入分析调度，依法严格征管；强化地方属地责任，堵塞税收漏洞，加强重点企业联系和调研，保持财政收入平稳增长；开展零散税收征管工作，确保应收尽收。全市累计完成财政总收入30.97亿元，增长10.2%，其中地方财政收入18.33亿元，增长2.75%。

【财政支出管理】按照公共财政保障要求，合理调度资金，坚持保基本、保民生、保稳定的原则，确保工资发放、机关运转、民生工程、重点支出和市委、市政府决策部署落实到位，有力促进全市经济社会平稳健康发展。全市累计完成财政支出42.57亿元，同比增长4.4%，增支1.81亿元。其中：八项支出34.05亿元，同比增长11.6%，增支3.53亿元；民生支出34.94亿元，同比增长4.5%，增支1.52亿元。实施38项民生工程，累计投入资金16.86亿元，其中巢湖市配套资金3.21亿元。认真贯彻落实中央八项规定精神，坚持厉行节约，加强日常管理，狠抓制度落实，全市"三公"经费支出继续下降，其中，市本级"三公"经费2528.35万元，公务接待费和公车运行维护费等较往年大幅减少。坚持精准扶贫，共计安排扶贫资金22986.02万元，支持脱贫攻坚。

【财政体制改革】根据市委改革办2017年深化改革工作要点，出台《关于进一步完善市乡财政管理体制的通知》，完善市、乡镇财政管理体制，促进城乡经济社会协调发展。出台《关于全面推进预算绩效管理工作的通知》等文件，推进预算绩效管理，将绩效要求贯穿于预算编制、执行和监督的全过程。出台《巢湖市追加预算资金管理办法》和《巢湖市本级财政结转结余资金管理办法》，严格预算追加及结转结余资金管理，财政支出得到有效控制。出台《关于进一步加强部门预算管理的通知》，落实部门预算执行主体责任。强化国有企业监管，建立市属国有企业巡查制度，完善收入分配机制和公司治理结构。继续将政府性债务收支纳入预算管理，对政府性债务规模实行限额管理。巢湖市利用省政府代发债券资金置换成本高、期限短的存量债务4.04亿元，年节约资金成本约1500万元。

【服务经济发展】主动为重点企业做好服务,了解生产经营情况,帮助协调解决,支持企业发展,做好巢湖市2017年产业扶持政策修订工作,出台《巢湖市人民政府关于印发巢湖市促进产业发展5个政策文件的通知》。做好巢湖市“双创示范”工作,争取“双创示范”中央专项资金1301万元,建成小微企业创业基地3个,完成高新技术企业认定21家,技术合同成交额达10200万元,新增市场主体21829户,新增小微企业就业人数22810人。同时,认真执行各级扶持企业发展政策,联合市经信委、商务局、市场局等部门做好2016年产业扶持政策兑现工作,兑现促进新型工业化发展政策资金1410.86万元、促进商贸服务业发展政策资金423.82万元、中小企业国际市场开拓资金93.2万元、资源优惠政策资金251.18万元、质量强市奖励资金161万元等。拨付市金源担保公司民营经济发展专项扶持资金2202万元(省级专项和巢湖市各安排1101万元),用于充实金源担保公司国有资本金,增强巢湖市地方国有融资担保公司服务中小企业的能力。

【加强财政监督】加强非税收入管理,开展非税收入专项检查,规范行政事业单位国有资产处置和出租收入管理。开展财政资金安全检查,确保财政性资金管理安全、规范、有效。加强行政事业单位内控管理,完成全市行政事业单位内部控制报告编报工作。落实加快财政支出进度要求,督促跨年度工程类项目加快实施,完善竣工验收、决算审计等程序,实现加快支出。积极防范债务风险,制订《巢湖市投融资管理办法》,规范政府举债行为,杜绝不规范举债融资行为。

(孔勇)

瑶海区财政工作概述

【概况】2017年,瑶海区财政总收入16.92亿元,完成调整预算的100.48%,其中地方收入11.34亿元,完成调整预算的100.22%。一般公共预算支出23.95亿元。

【收入预期管理】克服“营改增”、房地产行业调控的双重政策影响,创新工作举措,推动财政收入依法征管,均衡入库。制订《瑶海区关于建立区长走访服务企业长效机制的实施办法》,组织开展走访企业和协税护税工作,由区长、副区长带队,深入全区112户重点企业进行走访调研,累计收集解决问题49个。强化税源管理,开展综合治税专项行动,对全区异常税源企业进行全面摸排,统计清理在瑶海区不规范纳税企业164家,及时下达整改通知书并陆续整改。严格政府投资项目税收管理机制,依规全面核查全区重点施工项目的税收缴纳情况,紧抓源头控税,确保辖区重点项目建设税收足额征缴。全年全区政府工程项目累计清缴税收约3000万元。

【重点支出保障】不断优化支出结构,科学精细理财,财政统筹能力和资金调度能力进一步提升,基本公共服务保障水平不断提高。加大建设投入,全年安排大建设工程类资金支出17.75亿元,拆迁补偿类资金支出13.14亿元,市政绿化老旧小区改造及管护资金投入9417万元。支持社会事业全面协调发展,拨付教育基建项目经费5.32亿元,拨付就业再就业补贴资金8739.7万元,拨付卫生计生工作及建设专项经费1.56亿元。加快实施19项省级民生工程、7项市级民生工程,累计投入民生工程资金2.29亿元。制定《瑶海区“九个一”惠民工程资金管理办法》,年初筹集资金2亿元用于“九个一”工程,规范“九个一”工程资金筹集和使用管理,提高资金使用效益,确保项目顺利推进。

【促进经济转型发展】提升金融服务水平,加大政保贷、税融通、政银担、过桥续贷等财政金融产品实施力度,为全区400多户中小微企业提供流动资金支持9.5亿元,帮助缓解企业融资难、融资贵问题。由省市区三级国企合作,筹建总规模达5亿元的安创瑶海产业风险投资基金。积极推进大众创业、万众创新。投入1000万元完成区级企业公共服务平台建设,不断优化创业、创新环境。牵头制定《瑶海区扶持产业发展政策的若干规定》和“1+7”政策体系,分类制定“1+7”政策宣讲企业名册,成立7支政策宣讲队,对不同行业企业进行针对性宣讲,覆盖辖区重点企业200余家。

【财政改革】推进预算编制改革,建立预算编制基础数据库,夯实预算编制工作基础。完善预算编审模式,预算会商、会审、审批规范化运行。进一步深化预决算信息公开,在细化公开支出功能分类科目和经济分类科目的基础上,首次增加国有资产占有情况和政府采购情况。推动代理记账工作有序转轨,对具备会计核算基本条件的单位,恢复其会计核算主体职能;对不具备条件的单位,按照政策要求,委托第三方代理记账,进一步压实预算单位财务会计管理责任。加快推进电子化支付改革,建立与人行、代理银行的联席会议制度,正式上线电子化清算系统。按照省市财政部门统一部署,开展财政网络标准化改造工作,完成省、市、区三级联通的财政专网建设,实现专线专网专机专人,财政业务安全性有效提升。

【规范财经秩序】加强财政专户资金存放管理,全面梳理全区预算单位183个银行账户及资金余额,清收街镇开发区建设账户资金5.8亿元。盘活财政存量资金,清收历年沉淀存量资金2346万元,年度执行过程中收回区直部门预算指标结余资金2720万元调整使用。通过招标和竞争性谈判方式提高资金收益率,全年增加资金收益达6000多万元。强化资金动态监管,将所有预算单位资金纳入国库集中支付范围并实行动态监控,全年支付资金79682笔计136.77亿元。着力强化对重点单位、重大项目的资金监控,累计预警14917笔,退回违规申请支付1392笔计12135万元。

【国资管理改革】加强国有资产监管,出台《瑶海区国有资产管理暂行办法》和《瑶海区国有(集体)资产租赁管理暂行办法》,组织开展国有资产清理、事业单位产权登记、国有资产专项督查工作,全面摸清家底,规范国有资产管理,确保国有资产保值增值。加快推进国有企业改革,调整并规范运行区国资管理领导小组,明确工作职能,制定议事规则。出台国资公司改革方案,初步建立国企管理人员薪酬制度改革方案,探索建立国企管理人员市场化招聘制度。扩大国资公司经营业态,增强公司实力,服务全区经济工作,成立文旅公司经营瑶海图书城、大剧院、恒通文化产业园等文化旅游资源;成立复兴房地产公司落实市政府下达的安置房土地划拨改出让工作任务,负责全区安置房项目建设。

(徐文艺)

蜀山区财政工作概述

【概况】2017年,全区财政总收入跨越30亿元新台阶,完成32.15亿元,增幅6.02%,完成预算调整数的100.11%。其中:地方财政收入19.31亿元。全年一般公共预算支出共计完成33.98亿元。

【支持转型升级】全年投入资金2.2亿元,加速蜀山经济开发区及西部新城现代化建设发展步伐,不断增强长期发展后劲,培植壮大财源。其中:5000万元用于自主创新基地建设,3000万元用于电子商务基地建设。制定出台一系列产业扶持政策,夯实产业基础,激发经济活力。统筹安排促进服务业发展、电子商务发展、文化旅游发展等资金5600万元,并结合蜀山区科技优势,安排1000万元科学技术资金,引导和支持企业科技研发及成果转化,加速培育一批具有较强竞争力的新兴产业,做大财政增收蛋糕。全区科学研究与技术服务业发展强劲,财政收入贡献额突破8500万元,同比增长22.8%。发挥财政职能,进一步提升魅力蜀山城市品质和内涵。其中:投入1.5亿元,支持学校建设、社区卫生服务中心建设、大建设及旧城旧村改造等;投入1亿元,用于城区绿化管养、绿化大会战及四季花海建设等;投入7138万元,用于市政设施综合管养;投入6000万元,用于全区老旧小区综合整治及物业管理创新;投入3500万元,用于平安蜀山及智慧蜀山建设发展;投入3000万元,用于美丽乡村建设。积极搭建小微企业与资本对接平台,审批创业、创新示范专项资金超过2000万元。举办大型银企对接会,并通过“政保贷”、“续贷过桥”、“税融通”等金融产品,缓解中小微企业融资难和融资成本高等问题。制定扶持金融产业发展政策,加大支持企业上市、上新三板力度,充分利用资本市场做大做强。

【深化财税改革】深入推进财税体制改革,加大重要领域和关键环节的财政改革创新力度。推进地方预算公开工作,开展蜀山区2017年政府预算、部门预算及2016年政府决算、部门决算公开自查专项活动,并就机关运行经费、政府采购情况、重点项目绩效情况、国有资产占有及使用情况等热点内容进行详细公开说明,预算透明度进一步提高。出台《蜀山区人民政府办公室关于印发〈蜀山区预算绩效管理考核问责暂行办法〉的通知》等系列文件,将超过50万元的预算项目全部编制绩效目标,同步试点编制部门整体支出绩效目标管理。首次将预算绩效管理纳入预算编制系统,统筹推进绩效目标编制、绩效评价结果运用,将绩效管理贯穿于预算管理全过程。进一步完善协税护税机制,每月定期召开协税护税联席会,及时查找和解决税收征管中的问题和困难。进一步加强重点行业、重点企业走访调研,加大政企沟通力度,提高政府服务质量。同时加强对基层协税护税人员的业务指导和培训,强化基层力量,完善协税护税奖惩机制,激发基层能量。开展财政事权和支出责任划分涉及问题的调研,主动作为,准确把握政策导向。对全区近三年来资产、收入、支出、事权下划、重大事项调整及未来三年项目投入、大建设和旧城旧村改造资金投入等方面进行全面梳理和汇总,积极向上争取政策资金。

【坚持惠民利民】调整和优化支出结构,将新增财力全部用于支持民生事业需求。推动教育事业优质均衡发展,区本级教育支出总量5.43亿元,占财政支出的比重为22%,其中,投入义务教育保障经费4217万元,蜀麓幼儿园、琥珀五环幼儿园等六所幼儿园装修改造费用3485万元。坚持财力向弱势群体、困难群体和特殊群体倾斜,完善社会救助体系,落实孤寡老人、重度残疾人、大病救助等“救急难”措施。农村低保、农村五保供养、贫困残疾人救助等进一步提标扩面。全年区本级社会保障和就业支出1.64亿元,其中:弱势群体救助及各类慰问经费投入1500万元,卫生计生部分专项补助资金投入3540万元,基本公共卫生服务专项经费投入543万元。全区共实施民生工程31项,部分民生工程超额完成预期目标。加快保障性安居房建设,全年新开工动力东村二期项目441套,完成率116%。全年基本建成产业园四期公租房项目4788套,完成率100%。产业园三期公租房1359套已建成即将分配入住。小庙公租房308套、产业园四期公租房4788套共计5096套房屋计划年底交付使用。

【提升管理水平】加强国库管理,区直各部门与各镇街、开发区全部实行国库集中支付和公务卡改革,所有财政资金均通过财政一体化平台集中支付,严格按照预算资金用途执行用款计划,并积极筹备财政支付电子化上线工作,财政资金收付透明度增强,财政资金使用效率提高。规范政府采购项目审批审核工作,出台《蜀山区公共资源交易项目招标文件审查办法(试行)》。通过“网上商城”,顺利实现在线直购电商商品和在线支付,进一步降低政府采购成本,提高政府采购效率。全年网上商城采购(直采)数量1466794笔,预算金额6184.47万元,采购金额4907.21万元,节约金额1277.26万元,节约率20.65%。全面加强国资管理,“三供一业”分离移交工作取得阶段性成效,蜀山区涉及企业户数共20家,其中:央企12家,省属企业8家,供电、供水、供气及维修改造、管理移交框架协议签约率均提前完成全年目标任务。国有资产划转工作有序进行,针对区直部门房产,“两证”齐全的全部划转至城投公司;针对街道资产,采取逐步推进的方式,分期分批进行。加强财政内部控制规范性,出台《蜀山区财政局关于开展行政事业单位内部控制基础性评价工作的实施方案》,规范财政资金管理。严格非税收入管理,建立收费项目库动态化管理机制。积极开展重大财政资金项目、“三公”经费支出和盘活沉淀资金专项检查。

(黄潇)

庐阳区财政工作概述

【概况】2017年,面对经济发展新常态,庐阳区财政局在区委、区政府的坚强领导下,积极践行新发展理念,全面贯彻党委、政府和上级部门决策部署,紧密围绕全区中心工作,有效实施积极财政政策,加大财政运行调度,深化财政管理改革,加强财政党的建设,先后获“省级金融总部集聚区”、“安徽省保险业绿色发展示范区”、“全市财政宣传先进单位第一名、信息先进单位第二名”、“全市财政信息化优秀单位”、“2016—2017年全区党建创新项目”等荣誉。全区财政总收入完成35.75亿元,增长5.07%,财政收入总量、增幅在全市四城区中分别居第二、第三位;全区财政总支出完成30.31亿元,同比增支5.65亿元,增长22.92%。全区一般公共预算收入完成35.66亿元,同比净增1.73亿元,增长5.08%,超出年初预算序时进度0.14个百分点。其中地方收入完成19.93亿元,下降1.50%,超出年初预算序时进度0.48个百分点;中央收入完成15.73亿元,增长14.79%。全区国有资本经营预算收入完成900万元。

【组织收入】把依法组织收入作为工作第一要务,创新实施综合治税。建立健全组织领导、协调联动等机制,开展8次日常调度、2次综合调度、12次运行分析,先后开展漏征漏管户清理、建安项目“先税后款”、专业市场治税、土地增值税清算专项行动,凝聚治税合力促增收,有效化解减税降费、税源流失等减因素。全区全口径税收收入完成108.17亿元,增长7.45%,实现财政收入32.28亿元,增长4.04%,

占财政总收入的90.3%。加强与合肥市财政局沟通，推动合肥市调整市区财政体制，将增值税、企业所得税、个人所得税、城建税市区分成调整为以2017年为基数、增量按50%:50%比例，市级地方教育附加收入65%专项分配城区，新体制下庐阳区获更多财力。争取经营性土地出让净收益阶段性分成，庐阳区分享6.7亿元。成功争取省级新增债券5亿元、置换债券9000万元，以较低的融资成本保障重点项目实施。争取省级"点对点"专项支持庐阳资金2300万元，支持教育文化事业和创新创业。

【服务发展】支持三大功能区建设，安排11000万元支持城隍庙二期、逍遥十八巷等街区改造，支持传统商贸业层级提升；投入1954万元"双创"资金、973万元高技术企业发展资金，促进高技术产业集群发展；投入6939万元支持环巢湖生态修复、绿化品质提升和美丽乡村建设，支持文旅商融合发展。支持实体经济发展。落实结构性减税政策，严格执行涉企收费清单，取消预防性体检费等3项行政事业性收费，降低企业负担。拨付金融业、商贸业、高技术服务业、文化旅游业等扶持产业发展政策资金6540万元，助力产业转型升级。通过政保贷、政银担、过桥贷、"两类机构"等累计提供发展资金78.4亿元，解决中小企业融资难、融资贵问题。

【民生保障】聚焦"七有"领域，持续加大民生投入，不断增进人民群众获得感、幸福感和安全感。投入1.71亿元，完成"22+7"项省市级民生工程，全面优化民生工程调度、督查、通报、绩效"四位一体"推进机制，推出"精准救助服务平台"和"云诊室"等"互联网+"民生品牌，投入1758万元在农家书屋等60个民生项目点推行建后管养政府购买服务，美好乡村建设项目荣获全国"人居环境范例奖"。庐阳区在四城区中唯一荣获2017年度全省民生工程绩效奖补奖。支持民生事业发展，全区民生类支出24.68亿元，增长23.1%，占全区财政支出81.4%，民生保障力度进一步加大。拨付教育经费80258万元，安排8344万元加快教育信息化建设，投入2900万元保障7个新建幼儿园如期开园，支持教育强区建设。拨付基本公共卫生服务、城乡医疗等资金14724万元，投入2299万元支持基层医疗卫生机构建设，支持医药卫生体制改革。拨付残疾人社会救助、城市低保等各类救助资金31143万元，拨付就业补助资金10341万元、最低生活保障资金829万元，兜牢社会保障底线。投入5000万元支持老旧小区整治，拨付5000万元支持城市管理提升，安排3000万元支持美丽乡村建设，促进城乡统筹发展。

【引导金融】庐阳区成功获批全省首个省级"金融总部集聚区"和全省唯一"保险业发展绿色示范区"称号，突破品牌制约瓶颈。启动金融生态科技城金融总部基地招商，建设国际对冲基金孵化基地。先后引入中英人寿、庆余资本对冲基金等22个金融项目，全区各类金融及分支机构615家，银行、保险、证券业省级总部各占全省总量60%、54%、26%。其中消费金融、商业保理等新兴金融机构88家；会计师事务所、律师事务所等金融服务机构143家。创新搭建项目方与资本方对接"鹊桥"，举办四季"庐阳融创"项目资本对接会，累计对接项目方157家、资本方107家，解决企业融资需求34亿元。首建直接融资后备企业库，入库企业49家。志邦橱柜和中环环保先后在主板和创业板上市，全区上市企业增加至5家；安徽交建完成报局辅导，中皖辉达和金曦网络成功在新三板挂牌，全区新三板挂牌企业7家；亿纵电子和尚蓝环保挂牌安徽省股权交易中心（又称"四板"），形成"主板+创业板+新三板+四板"的多层次资本市场格局。

【财政改革】科学编制部门预算，健全多元化预算编审机制，坚持项目评审全覆盖。实施中期财政规划，滚动编制2018—2020年部门预算，跨年和延续实施的项目全部编入规划，强化中期规划对年度预算的约束。深化预决算信息公开，首次公开政府债务情况。率先在全市城区实施国库集中支付电子化改革，完善动态监控规则，提高预算执行效率和质量。推行全过程绩效管理。在全市城区率先出台预算绩效管理工作方案等四个规范性文件，将预算绩效管理纳入区政府目标考核。2018年区本级50万元以上专项资金项目全部编制绩效目标并纳入公开评审，引入第三方专家机构，全程参与绩效考评，评价结果挂钩下年度预算安排，提高财政资金使用绩效。深化公共资源交易改革，出台履约验收管理、质疑投诉处理等6项制度，网上商城采购范围扩大至所有常用办公用品，组建15类小额零星项目招标定点库，推进电子化开评标，上线产权项目网上竞价系统，全面运行市区一体化交易平台，项目交易实现全过程留痕、电子化监控。区级平台累计办结项目5485个（含网上商城采购4740个），成交金额2.24

亿元,分别增长53%和28%,交易规模首次突破2亿元。

【财政监管】出台区级政府性债务管理办法等3项制度,规范举债程序和风险应急处置,严格债务限额管理、余额管理和预算管理。开展清理排查违规融资举债担保行为专项行动,防范债务风险。截至年末,庐阳区政府债务余额16.636亿元,其中一般债务8.4亿元、专项债务8.236亿元,债务风险完全可控。金融监管严格常态。严格“两类机构”常态监管和年度合规性检查,联合公安、市场监管等部门对辖区8家P2P网络借贷机构现场检查,开展各类交易场所清理整顿“回头看”,组织开展防范非法集资集中宣传月活动,守住不发生系统性金融风险的底线。加强财政监督,建成覆盖全区预算单位的财政业务专网,实现内外网络完全隔绝,确保财政业务系统运行安全,信息化建设荣获“全市财政信息化优秀单位”称号。强化财政财务监管,先后开展“三公”经费专项检查、“小金库”专项清理,严肃财经工作纪律。

【党的建设】推进“两学一做”学习教育常态化制度化和“讲重作”专题教育,围绕学习党章党规、系列讲话等,组织12次集中理论学习,开展“三个一”活动,围绕4个主题开展4次专题研讨,举办党的十九大精神专题培训,组织党员撰写认识体会87份,引导干部树牢“四个意识”、坚定“四个自信”。推进党组织标准化建设,夯实基础工作,党员活动室完成“六有”标准化改造,支委委员补选按程序完成,6名党员组织关系及时调转,党费收缴和使用规范公开,支部和在职党员公开承诺践诺39条,党组织活动经费纳入财政预算,“三会一课”制度常态化执行,党员谈心谈话64次,召开1次专题民主生活会、2次组织生活会,开展12次主题党日活动、1次民主评议党员。2017年党支部标准化达标通过首批验收。落实“一线为民工作法”、“四联四定”等联系群众制度,解决群众问题31个;严格考勤和请销假、重点工作督办,“强作风、重实干、破难题”主题实践活动中确定的十大难题全部破解。严格执行民主集中制,“三重一大”事项均集体讨论、民主决定。坚守正确用人导向,选优配强机关中层干部。通过组织观看警示教育片、重温入党誓词、撰写廉政心得体会35份,筑牢干部廉政防线。

(冯朝旭)

包河区财政工作概述

【概况】2017年,合肥市包河区财政总收入完成52.76亿元,增幅7.54%;地方一般公共预算收入完成32.99亿元,增幅2.97%。财政总支出47.87亿元,增幅3%,占调整预算数的99%,全部为地方一般公共预算支出。

【财政收入管理】全区财政收入增长与社会经济发展相匹配,财政收入总量与增速均位列城区第一,税收收入占比92.05%。积极组织收入,优化收支结构,实现收入和财力平稳、持续增长,财政运行的质量和效益进一步提高。建立健全规上企业服务及综合治税机制,实施分级管理、动态监控,开发建立企业纳税名录库,探索与工商、税务等相关信息系统建立接口,实时比对分析纳税异常数据。建立多部门税收分析协调联动机制,强化收入预测和动态分析,重视收入组织和统筹管理,保证平稳有序入库。加强重点税源培育,围绕五大平台建设,大力培育新兴税源,特别是金融平台和金融产业。大力培育楼宇经济税源,截至2017年底,全区108个楼宇综合体,共有税源户8094户,税收千万元企业180家,纳税亿元企业18家。

【财政支出管理】强化预算约束,加快支出进度,加强分析跟踪督查,完善进度通报机制,提高预算执行效率,确保重点项目资金及时拨付到位。通过盘活存量资金等方式加大财政资金统筹力度,2015—2017年累计盘活财政存量资金约5亿元,支持重点领域发展,提升财政资金的即期拉动效应。

【财政体制改革】按照事权、财权相统一的原则,在街镇财政体制调研的基础上,进一步改革公共财政管理,综合考虑财力与事权的匹配性,支持各街镇(大社区)民生和社会事业发展,以及公益性基础设施建设等方面需要,严格划清政府与市场的边界,进一步完善区与街镇财政体制。

【民生工程实施】全区实施28项民生工程项目,其中省定21项,市定7项,累计使用(发放)资金28927.16万元(保障房项目跨年度实施),资金拨付率100%。全区补助类项目按序时进度发放,工程类项目按计划有序推进。

【服务经济发展】优化项目和资金申报、审批流程,改一次兑现为批次兑现,改年度兑现为季度兑现,提高财政资金使用效益,解决企业“救急难”。推进双创示范建设,提前完成高新技术企业、新增小微企业就业人数、新增市场主体户数、小微企业营业收入4项指标;因地制宜利用旧楼宇、旧厂房、旧街巷等“三旧”资源,创新思路“腾笼换鸟”,改造为双创基地和众创空间。发挥资金杠杆作用,牵头发起设立和泰产业投资基金,形成总规模10亿元的母基金,重点支持包河区重大产业项目落地和创新发展。大力支持民营企业发展,连续五年共投入6043万元资金,用于充实国有融资担保机构的国有资本金。发挥小微企业续贷过桥资金作用,持续开展科技贷和农宜贷和政银担业务。精准扶持企业上市,实施“包河百企上市(挂牌)”三年行动计划,建立“全区拟上市企业资源库”,实行动态管理、分类指导,“一户一档”跟踪服务。举办资本市场工作推进会,设立“绿色通道”,建立上市服务协同机制。

【国有资产清查】摸清底数,对全区57家国有企业进行清理整改;深化包河区区属国有企业改革,全面实行“产权清晰、权责明确、政企分开、管理科学”的制度体系;拟定《包河区区属国有企业负责人经营业绩考核办法》征求意见。对全区214个行政事业单位国有资产年度报告管理,建立健全资产管理制度,修订出台《包河区行政事业单位国有资产管理暂行办法》文件;合理配备并节约、有效使用资产,将各单位的闲置资产调剂给有需要的单位,做到物尽其用。

(王月荣)

合肥高新技术产业开发区财政工作概述

【概况】2017年,合肥高新区全口径财政收入完成106.6亿元,较上年同期增长17%;公共财政收入完成31.33亿元,增长7.6%;地方收入完成16.9亿元,增长0.4%,其中:税收15.4亿元,非税收入1.5亿元。2017年支出总额106.2亿元,其中:一般公共预算支出60.25亿元(八大类支出51.2亿占85%,增长14%),基金预算支出45.5亿元,国资预算支出4413万元。

【税源管理】实现税源数据共享,通过比对工商、税务、国土等部门提供的相关材料,发现税源异常情况,及时协助企业办理税务变更。定期组织召开财税联席会议。深化财政经济形势分析,密切注意财政收入动态,认真分析财政收入形势,加强对重点税源、重点企业的调查,深入分析财政体制和经济运行中存在的问题。对重大项目企业加强税源监控,清理200家重点招商引资企业产能、税收等协议约定事项完成情况,针对享受税收优惠政策且政策期即将结束的企业,财政、经贸、招商及合作园区相关部门及时与企业沟通,减小税收波动,确保平稳过渡。

【预算管理】加强预算执行管理,制订《高新区预算管理办法》,规范预算编制、预算追加、预算调整流程,及时向市财政报备预算调整事项。扩大预算项目公开评审范围,首次将政府购买服务、教育设施采购纳入评审范围。继上年对3个试点单位开展部门整体支出绩效评价自评工作基础上,2017年部门整体支出绩效评价编制实行全覆盖。年度预算执行结束后3个工作日,各预算单位提交部门整体支出绩效自评报告,同时启动2018年预算下达工作。完善绩效评价机制和流程,印发预算绩效管理四项制度及问责办法,组织第三方中介机构对2016年20个重点项目及10所学校义务教育经费保障机制开展财政资金使用绩效评价。积极推进区本级财政预算信息公开准备工作,根据预算法要求,在规定的时间内,通过政府门户网站公开高新区2017年财政收支预算及“三公”经费预算、2016年财政收支决算及“三公”经费决算,2016年度财政收支预算审计情况等,提高财政预算工作透明度。强化全口径预算和跨年度平衡,推进公共财政收支预算及决算、“三公”经费预算及决算、审计查出问题整改情况信息公开。出台预算绩效管理四项制度及问责办法,组织第三方中介机构对20个重点项目及10所学校义务教育经费保障机制开展财政资金使用绩效评价。按规定撤销财政专户1个,盘活存量资金3575万元。

【国库管理】加强财政资金安全管理,根据财政资金管理相关规定,全面梳理工作中存在问题,重新定员定岗位,明确岗位责任。按规定撤销财政专户1个,盘活存量资金3575万元。启动权责发生制政府综合财务报告试编工作,将政府债务、还本付息纳入政府财务报告,为下年度预算编制提供数据支持。编制财政收支决算,按照“统一表式、统一口径、统一布置、加强协调、严格审核、提高质量、数据共享”的工作原则,进行对账、算账、审核、汇总,完成2016年度财政决算编审工作,获合肥市财政总决算评比二等奖,合肥市预算支出进度考核三等奖。

【政府性债务管理】坚持开源节流,进一步防范和化解政府性债务风险,累计争取国家、省、市各类上级资金22亿元,其中化债资金9亿元,引江济淮征迁款11.31亿元。积极争取将香樟大道改造工程等5个新建项目列入合肥市重大基础设施项目建设,缓解高新区资金压力。全面开展债务清理甄别,合理控制债务规模,2017年底高新区债务总额123.06亿元,平均债务年限6年,其中政府性债务为42.88亿元,占总体债务的比重为34.84%。

【国有资产管理】履行区属国有资产出资人职责,完善国有企业绩效考核体系,实现薪酬与经济效益紧密挂钩机制。积极探索国企转型路径,强化国有股权投资行为合规性审核。推进"三供一业"分离移交工作,完成电建、车城、国风小区的水、电、气户表改造工作,维修改造工程全面开工。规范国有资产租赁管理,高新国有房屋租赁经营公司正式挂牌运营。

【民生工程实施】围绕扶贫工作、"三农"工作、创业就业、社会保障、教育文化以及其他城乡基础设施和公共服务等六方面,深入实施省、市、区"19+7+1"项民生工程,累计投入资金约3.2亿元,其中,省市工程类项目全年共投入7710万元,省市补助类项目全年共拨付4390万元,区定民生项目投入约2亿元。从项目完成情况看,4个工程类项目均于9月底提前完成任务目标。其中,棚户区改造项目完成新建2082套;食品安全工程项目完成2个快检室建设;群众体育设施建设项目完成6个全民健身苑和1个笼式多功能健身场建设;校舍维修项目完成3569平方米改造。补助类项目中,保障类项目惠及全面,农村低保、五保供养、孤儿等应保尽保,合计保障821人,共发放资金118.7万元;贫困精神残疾人、残疾儿童、困难残疾人、重度残疾人等应补尽补,共补助1511人,共发放药费、生活补助等资金177.7万元。培训类项目效果显著,企业新录用人员、退役士兵等技能培训6000余人,困难人员公益性岗位、高校毕业生就业实习岗位开发203个,均超额完成目标任务。保险类项目体系牢固,城镇居民基本医疗保险、城乡居民基本养老保险共完成参保人数55133人,全面完成目标任务;基本养老金应发尽发,惠及7100人;城乡医疗救助补助直接救助744人,共发放资金434万元。围绕合肥综合性国家科学中心核心区建设,利用前沿的科技和理念推动民生工程创新。融合"互联网+"等新兴技术,将其普遍应用于居民医保、居家养老服务及公租房管理。高新区以社(村)居委为单位建立起覆盖全区的微信群通知体系,并实现支付宝缴纳保费;居家养老资金结算实现电子化。公租房管理系统功能多元化,配套开发手机APP,实现公租房从信息发布、申请、审核、公示、配租、合同签订、租后管理、退租等一系列环节以及数据建档的信息化,同时结合门禁系统和停车管理,为入住租户提供全方位服务。

【服务经济发展】修订出台2017年扶持产业发展"2+2"政策体系,加大平台建设、项目落户、成果转化等支持力度,累计扶持企业2512家次,扶持金额8.93亿元。发挥财政"撬动"金融作用,开发政府增信产品,形成以省青年创业引导资金、创新贷为代表的八大财政金融产品,累计投入财政资金1.2亿元,全年扶持595家企业融资17亿元。其中省青年创业引导资金试点3年来累计支持项目461个,支持金额3亿元,直接带动就业7000余人。引导园区4家银行开展投贷联动试点,累计发放22家企业6500余股权期权类贷款,累计向25家创投机构投资企业授信2亿元。打造全省股权投资集聚高地,新增国有参控股基金10支,总规模达到530亿元,累计完成投资约25亿元,投资企业约180家。新引进金融基金项目60余个,管理资金规模约800亿元,累计集聚股权投资基金150余支,管理资金总规模达1600亿元。纳入统计的近百支股权投资基金2017年完成投资项目数109个,投资金额119亿元,其中高新区项目数50个,投资金额90亿元。超额完成小微企业"双创示范"目标任务,3年内新建众创空间30家,新增科技企业孵化器8个,新增市场主体户数13616户,其中新增小微企业9593户,小微企业营业收入达到1353亿元。全面建成高新区"互联网+"创业创新服务平台——"合创汇",其中"金融超市"板块累计发布12家银行的31款金融产品,累计3次发放7000万元合创券,1240家次企业成功领取。

【国有资产清查】巩固全区行政事业单位资产管理清查结果,夯实国有资产日常管理基础。做好清查的后继资料完善和账务处理工作。按季度进行账账、账实核对,实现动态化管理,达到账实、账卡、账账一致。修订出台相应固定资产管理办法,对资产管理流程的表单全部线上操作,对人员调动资产移交进行明确，对资产实物报废等开辟简单公开处置等绿色通道。完善定期培训制度，每月固定安排2次专项培训。加强服务器安全维护，加装防火墙，确保软件安全运行。

（吴华双）

合肥经济技术开发区财政工作概述

【概况】2017年，合肥经济技术开发区综合财政收入140.86亿元，其中：税收收入完成132.14亿元，同比增长5.3%。全年完成一般公共预算收入33.51亿元，增长10.8%。其中，地方收入完成19.38亿元，增长11.1%。完成综合财政支出75.68亿元，其中一般公共预算支出37.96亿元。严格执行厉行节约有关规定，严控"三公"经费，全年"三公"经费支出下降8.28%。

【收入征管】分解落实市政府确定的年度收入目标。按季度召开收入形势分析会，积极挖掘增收潜力，及时解决组织收入中存在问题。积极配合区国税局争取免抵调增值税指标。印发《关于对区内经营区外纳税企业实施整改督办的通知》，落实半月通报和定期调度工作机制。针对排查发现的区内经营区外纳税企业，建立"六个一"工作机制。组织开展综合治税，落实《合肥经济技术开发区协税护税工作方案》，进一步明确涉税部门职能职责，建立健全协税护税工作机制，加强税源管理，堵塞税收征管漏洞。

【扶持产业发展】加大资金投入，重点支持企业科技创新、重点企业技改及增产增销。落实产业优惠政策，印发《2017年合肥经济技术开发区"4+4"扶持产业发展系列政策》，首次将总部经济和楼宇经济纳入扶持范围。加强信贷融资，全年续贷过桥、税融通、政保贷及政银担分别完成5.64亿元、1.51亿元、3900万元及4.79亿元。出台科技贷风险补偿资金池等创新金融产品。辖区海恒担保取得11家金融机构担保授信，授信总额度超过11亿元，累计为40余户企业提供3.1亿元担保。修订2017年促进金融业发展政策系列政策，对企业上市、挂牌等融资行为进行扶持奖励，累计拨付579万元资金。大力发展政府引导基金，修订完善开发区引导基金管理办法，出资设立合肥经开区科技创新基金有限公司。

【支持项目建设】争取市财政专项补助、地方债券转贷资金等保障项目建设资金。建立项目投资控制体系，拟定《合肥经济技术开发区政府性投资项目投资评审操作规程》和《合肥经济技术开发区政府性投资项目绩效评价操作规程》、修订《政府投资建设项目工程变更管理若干规定》，为项目投资控制补全政策短板，形成一整套项目投资管理体系。做好工程预决算审核办理工作。

【实施民生工程】按照保民生、保重点的支出原则，集中财力提升民生保障水平。全区共实施25项民生工程，其中省定民生工程19项、市定民生工程6项，累计投入1.2亿元，民生工程项目直接惠民15万人。按照与市政府签订的民生工程目标任务，抓好落实，全面完成各项民生工程目标任务。完善民生工程后期管护机制，公租房、五保供养中心、老少活动家园、农家书屋、残疾人康复站、全民健身苑等项目实施政府购买后期管护。

【推进财政改革】稳步推进财政绩效管理工作，印发《合肥经济技术开发区全面推进预算绩效管理工作方案》和《合肥经济技术开发区预算绩效管理工作考核及问责暂行办法》，明确未来几年开发区预算绩效管理工作计划，强化对部门绩效管理工作的考核问责。要求2018年预算编制需对50万元以上项目全部编制绩效目标，且与预算同步编制、审核与批复。扩大公开评审范围，邀请市人大、市政府办公厅、市审计局、市财政局组成评审小组，对各预算单位申报的26个新增项目纳入公开评审。强化财政资金使用效率，区财政按月对部门项目支出情况进行通报。全面推进财政国库支付电子化管理工作，制定工作方案，对工作流程和岗位设置进行优化再造，并同步完成网络标准化改造、调试工作。

【提升工作效能】印发政府采购信息公开通知，要求集中采购机构、采购人按照有关文件要求切实做好采购项目信息公开工作，实现政府采购项目的全过程信息公开。发挥财政监督职能，强化对P2P等互联网金融机构和"两类"公司的监管力度。出台《防范非法集资宣传月活动工作方案》《涉嫌非法集资风险专项排查活动实施方案》等一系列文件政策，加大防范和打击非法集资宣传排查力度。强化涉农资金监管，出台《关于进一步加强和规范财政涉农、脱贫攻坚资金信息公开的通知》和《合肥经济技术开发区2017年村居财务监督检查工作计划》，加大涉农资金监管力度。

【强化国资监管】推进海恒集团整合改革。推进企业负责人薪酬制度改革。拟定区属国有企业负责人薪酬改革方案。成立合肥海恒房屋租赁公司，专业运营管理经营性资产。开展国有经营性资产全面清查审计，共清查资产142万平方米，对审计中发现的问题督促海恒集团整改到位。加大歇业公司清理力度。加强行政事业单位资产监管。对全区行政事业单位资产清查审计中发现的问题，督促落实整改，防止国有资产流失。

(林敏)

合肥新站高新技术产业开发区财政工作概述

【概况】2017年，新站高新区共完成财政收入15.58亿元，较上年增长14.11%，高于预期2.11%。地方财政收入完成9.98亿元，较上年增长5.85%，剔除营改增后中央地方分成比例调整因素影响，同口径增长11.08%。

【收入预期管理】全区相继出台《协税护税联席会议制度》《社区协税护税目标管理暂行办法》以及《关于加强新站区非税收入收缴管理的通知》等文件，建立收入预期管理协调机制。区财政局与国税、地税部门密切配合，及时掌握税源结构变化，强化非税收入征管，全年清理欠费(税)近2亿元。加强经济形势与预算执行分析，建立涉税平台，加强对重点税源和纳税大户的监控分析，按月做好经济形势和预算执行分析。强化非税收入征管，在全区进一步明确非税收入收缴管理要求，将非税收入预算细化到各征收部门，对相关企业欠缴的土地流转租金、植树造林租金会同业务部门采取措施积极清缴。

【重点支出保障】围绕全区打造"三城三区一基地"目标，区财政局积极发挥财政基础性、保障性作用，财政支出规模不断扩大。财政支出总规模达103.05亿元。其中：公共预算支出37.35亿元，较上年增支2.14亿元，增幅6.07%；民生类投入33.21亿元，占公共预算支出比重达89%；政府性基金预算支出65.7亿元，较上年增长45.88亿元，增幅231%；支持基础设施建设资金71.6亿元。积极筹措资金扶持产业发展，区级安排扶持产业发展资金9亿元，同比增幅80%，促进全区平板显示、新能源、智能制造等优势产业发展。积极利用政保贷、政银担、税融通、小微企业续贷过桥资金等金融产品，发挥财政资金"四两拨千斤"作用，支持小微企业发展。政保贷累计发放9户企业共计3880万元，税融业务完成26户3287万元，政银担业务完成5.2亿元，小微企业续贷过桥资金新增4.8亿元、支持企业112户、周转率16.01次。对全区政府性债务风险进行动态监测和评估预警，严格规范政府举债融资行为，将全区债务规模控制在合理水平，全年争取政府置换债券资金15.42亿元，完成除国开行贷款外，全部一类债务置换政府债券工作，节省利息支出近2亿元。

【财政各项改革】深化预算改革，积极探索"大专项+任务清单"项目分层管理模式，建立专项资金管理办法。强化中期财政滚动规划编制，探索编制维修类、建设类、资产购置类项目滚动预算，实施项目预采购，逐步建立跨年度预算平衡机制。强化预算执行，建立预算执行动态监控机制，加快预算执行进度；深化国库集中支付改革，加强资金安全风险防控。规范财务支出管理，严控三公经费"只减不增"。稳步推进信息公开，完善财政预决算、部门预算、决算及"三公"经费预决算、政府采购信息公开内容，加大公开力度。全面实施绩效管理，完善绩效评价指标体系，建立自评和委托评审、部门整体支出绩效评价和重点项目支出评价相结合的绩效管理模式，加强评价结果运用。加强预算资金管理，将经费报销制度印刷成册，并进行专项业务培训，强化公务支出依法、合规。转发《合肥市财政局合肥市监察局关于进一步加强公务接待经费管理的通知》，进行专题培训和业务讲解，加强公务接待费管理。深化国库集中支付改革，梳理业务流程，制定管理办法，实现人民银行合肥中心支行、国库集中支付代理银行和区财政国库集中支付的电子化支付。

【国有资产管理】扎实开展行政事业单位资产集中报废工作，共处置28个单位的报废固定资产账面价值总计454.68万元，涉及局办、社区、学校和卫生院共计7766件。加强资产预算审核工作，新增资产配置预算，实行年度预算管理。制订《新站区2018年通用办公设备家具预算编制参考标准表》，运用资产配置标准和价格参考标准，做好资产预算审核工作，在保证满足工作需要的基础上，防止超标配置情形出现。全年组织开展对两家平台公司的业绩考核，设定二类8项指标对平台公司的资产保值增值、融资成本管理、国有经营性房产管理进行全方位考核。

【公共资源交易管理】完成全区2017—2019公务车定点保险、定点维修建库、通用设备供货、财务审计库、小额零星房建、市政、装饰类施工库的建库工作。扎实开展标后履约反馈工作,收集各类交易项目履约反馈表700余份,对履约不合格的2家施工企业联动市公管局监察支队予以“曝光”处罚和约谈。下发《新站高新区财政局公共资源交易中心内部控制操作规程的通知》(合新财〔2017〕23号),为14项权力运行制订18项防控措施。推进市县区一体化信息系统建设,10月份顺利完成区级公共资源交易系统N和1系统上线工作,大大提高工作效率,信息化管理水平大幅提升。加强全区招投标工作监督管理及服务,积极参加市公管局业务例会,共同维护全市公共资源交易秩序。组织开展全区公共资源交易政策要点及操作业务培训。全年完成公共资源交易项目1206项,其中:上报市级项目197项,预算金额75.41亿元;区级项目1009项,预算金额25539.75万元,同比增加65%。

【民生工程实施】全区分别实施18项省定和7项市定民生工程,涵盖扶贫工作、三农工作、就业创业、社会保障、教育文化、基础设施和公共服务等七大类共25项。全年投入资金2.02亿元,资金拨付率100%。全区及时分解目标任务,按月组织召开推进会,分类推动各项目实施,督促各项目“早启动、早实施、早见效”。深入落实包保责任制,组织开展文艺下乡、政策宣讲、演讲比赛、广告牌及文化墙宣传、“五进”等系列宣传活动,推动各项工作规范有序和快速实施,顺利完成年度各项目标任务,其中校舍维修改造、技工大省技能培训等15个项目提前或超额完成。

【党建工作】健全党风廉政建设工作机制,局党支部认真落实主体责任,坚持“一把手”为第一责任人,主要领导亲自抓,下发年度工作要点及任务分解文件,周工作例会及时跟进落实,并纳入年度考核。加强反腐倡廉和纪律教育,深入开展“讲政治、重规矩、作表率”专题教育,贯彻落实党的十九大精神,系统组织学习《中国共产党廉洁自律准则》等党的各类文件并观看《打铁还需自身硬》《巡视利剑》等反腐倡廉教育专题片;传达学习《省财政厅反腐倡廉建设工作视频会议》精神;把党风廉政建设与财政改革、财政管理有机结合起来,着力营造守纪律、讲规矩的良好氛围。积极开展专题教育活动,设立党员活动室,建立局党支部微信群,严格执行“1+4”制度,认真履行“党员活动日”制度,联合站北社区新店党总支赴革命老区金寨县,开展革命历史教育活动。积极开展结对帮扶共建活动,慰问社区困难党员12户。组织开展“廉洁家访”活动,访问8名职工家庭,推进家庭助廉。参观市预防职务犯罪警示教育基地,现场接受党性党风党纪教育,远离职务犯罪,筑牢拒腐防变的思想防线。

(蒋小雷)

巢湖经济开发区财政工作概述

【概况】2017年,全区一般公共预算收入完成64666万元,占市政府考核目标60820万元的106.3%,同比增长19.3%。其中,地方收入完成37739万元,同比增长7.7%。全区2017年政府性基金预算收入完成1775万元,占预算的355%,较上年净增加1474万元。

【财税征管】全年财政总收入和地方收入增速均列全市前茅,财政收入质量大幅提高,税收收入占总收入比重由上年88%提高到93%。建立收入分析机制,关注宏观经济走势,做好重点税源摸排。定期组织财税等部门召开收入分析会,加强收入调度,细化征管措施,重点对政府投资项目建安税进行把关,确保非税收入及时入库。充分发挥协税护税作用,组建国地税联合办税服务厅,使税源信息效益最大化,开创协税护税工作新局面。优化辖区融资环境,在省市已有金融政策基础上,为企业增信,设立担保风险补偿金;推行“税融通”风险分担新模式;出台“政银担”财政补贴政策;创新推出科技创新贷等措施,帮助解决区内小微企业融资难题。

【优化支出】全区支出26.33亿元,其中用于棚户区改造、特色小镇建设、电子商务产业基地和现代农业示范区建设等基础设施建设投入约13亿元;支持奇瑞新能源汽车、燃气轮机、生物医药等战略性新兴产业发展投入约2.82亿元;合理预测和安排建设资金、债务还本付息资金,防范财政风险,债务还本付息支出8.28亿元;用于保民生、保工资和社会事业发展等支出约2.23亿元。

【财政改革】推进预算绩效管理工作,成立区预算绩效管理工作领导小组,出台《关于全面推进预算绩效管理的意见》《全面推进预算绩效管理工作实施方案》等七项制度,建立分类绩效评价指标体系。通过公开招标重新确定23家中介机构库,对全区11个省市民生项目全部进行评价,实行预算绩效评价结果应用制度,与2018年度预算编制挂钩。全面推进预算信息公开,在合肥政务信息公开网和开发区管委户门户网站上公开2017年政府财政预算、部门预算以及“三公”经费预算。推动国库集中支付改革,制定区国库集中支付电子化改革实施方案,进一步加强内控流程,强化监督机制,确保财政资金支付安全。规范公共资源交易工作,于2月21日整合政府采购中心和建设工程招投标中心,成立合肥巢湖经济开发区公共资源交易中心,全年受理项目240个,预算金额6232万元,中标金额4814万元,资金节约率33%。

【民生工程】实施“10+1”项民生工程,其中省定项目10项类,市定项目1项。拨付资金近1.1亿元。年初开发区管委会将2017年民生工程工作任务分解到各部门,与各部门签订目标责任书,各部门明确任务分工,实行一把手负责制。出台《民生工程综合绩效管理考评办法》。建立民生工程工作推进会议制度,由区委领导、区民生办总结通报上月工作完成情况,按月调度项目进展工作。同时制定出台具体民生工作实施方案加快工作推进并加强监督核实,保质保量全面推进。组织开展民生工程“五进”(进社区、企业、学校、村居、农户)宣传活动,提高民生工程知晓率。拓宽信息宣传渠道,建立微信交流群,通过平台发放宣传册、政策文件、调查反馈表等信息,并持续推进信息网上公开公示。

【财政管理】推行“互联网+政府采购”模式,基本实现交易全程电子化,有效解决开发区政府采购零星项目采购效率低、成本高等问题。加强行政事业单位资产动态管理,草拟《合巢经开区行政事业单位国有资产配置、使用和处置管理暂行办法》,修订完善财政一体化平台政府采购模块申报流程。严把固定资产购置审批关,优化资产配置,在进行固定资产账务核算的同时,登记固定资产台账、政府采购审批台账,确保资产账实相符。加大审计监督力度,陆续出台《委托中介机构业务工作规程》《关于全面推进预算绩效管理的意见》《全面推进预算绩效管理工作实施方案》《预算绩效管理考核问责暂行办法》《区直部门预算绩效目标管理暂行办法》《预算绩效管理考核实施细则》等一系列制度文件,为审计、预算绩效管理工作开展提供制度保障。年初与区监察局共同制定审计监督全年工作计划,完成半汤街道九个村居财务审计工作、完成2016年度预算重点项目绩效评价工作、配合市审计局完成2016年预算执行审计。通过公开招标,建立18家中介机构项目库,充实审计监督队伍。完成五谷农庄资产评估、舜达建材等固定资产投资审计、187个工程项目的结算审计等。加强财政监督,开展反腐倡廉制度建设“回头看”活动,围绕规范权力运行、转变工作作风、规范资金管理和使用,突出抓好制度建设。出台《区公共资源交易项目交易中心方式管理规定》等21项制度。制定《财政局政策理论学习制度》《合肥巢湖经开区财政局2017年干部教育培训工作计划的通知》,不定期召开财政大讲堂活动,通过邀请市公管局、市金融办等专家宣讲,领导上讲台,银企对接会等活动,提高财政干部的工作效率和综合能力素质。

(倪玉云)

淮北市财政工作综述

淮北市财政工作概述

【概况】2017年,全市一般公共预算总收入完成107.6亿元(地方收入61.6亿元,上划收入46亿元),较年初预期超收11.5亿元,超预算12%,同比增长15.3%;全市一般公共预算总支出完成152亿元(地方财力支出74.7亿元,上级转移支付资金支出77.3亿元),为预算的104.1%,同比增长6.5%。市本级一般公共预算收入完成32亿元(税收收入25.2亿元、非税收入6.8亿元),为预算的92%,同比增长4.9%。市本级一般公共预算支出完成55亿元(本级财力支出38亿元,上级转移支付资金支出17亿元),为预算的87.6%,因市对县区转移支付加大至7.8亿元,同比下降8.8%。市本级政府性基金预算、国有资本经营预算、政府性债务较好完成年初预算;全市社保基金预算和市开发区及煤化工管委会预算得到较好执行。

【财政收入】围绕年初目标任务,加强综合治税管理,定期召开联席会议,强化收入征管分析,加强收入预期管理,先后印发《关于进一步加强财政收入征管工作的通知》《淮北市人民政府办公室关于加强综合治税工作的实施意见》和《关于淮北市关于进一步加强收入征管分析工作的通知》等制度办法,确保财政收入依法征管、均衡入库,实现财政收入快速增长,全年任务大幅超额完成,财政收入总量再超百亿大关,为107.6亿元,同比增长15.3%,增幅排名全省第4位;总收入中税收收入94亿元,占比87%,收入质量排名全省第1位,财政总量和质量同步提升。积极争取各类上级转移支付资金和政府债券资金等97.5亿元。

【支持发展】推进"去降补"、"调转促"政策落实,兑现市扶持产业发展"1+3"系列优惠政策,深化"营改增"等税制改革,全面落实减税降费及购房契税补贴政策,支持园区基础设施建设,注资市建投等融资平台公司,奖励企业上市直接融资,设立市县两级续贷过桥资金,扩大小额担保贷款业务,持续推进城区道路和管网修建、淮北至萧县北客车联络线和符夹线扩能改造、中湖及东湖治理等重点工程建设等。累计拨付去产能中央及省财政奖补资金2.5亿元、"三供一业"分离移交资金15.4亿元,设立2亿元扶持产业发展资金和产业投资引导基金,拨付"三重一创"建设资金4000万元,兑付创业担保贷款贴息资金1600万元,设立小微企业续贷周转资金1.9亿元,支持银行和金融机构扩大信贷投放。全年减免税费9亿元、降低企业保险费1.6亿元,实施营改增和资源税改革减税5800万元,有力支持实体经济发展。兑现购房补贴3000万元,推动房地产去库存。积极推行PPP模式,淮水北调淮北市配水工程等4个PPP项目完成投资48亿元,落实重点投资23.7亿元,推进重大项目建设。

【民生保障】积极推进基本公共服务均等化。民生方面支出累计415亿元,占财政累计支出的83%,有力保障教育、医疗、就业、社保等公共事业的发展。全力保障脱贫攻坚。建立全市财政支持脱贫攻坚清单,实施对财政扶贫资金及项目实施动态管理,开展扶贫资金绩效评价和成效考核,按季开展重点督查,督促财政扶贫资金加快支出进度。及时足额拨付各类扶贫资金2.1亿元,支持推进产业扶贫、金融扶贫、教育扶贫、医疗扶贫、政策兜底等,全市计划出列村15个,脱贫人口8981人。持续推进民生工程建设。重点安排民生工程资金40.7亿元,34项民生工程任务全面完成,全市民生工程工作连续9年保持全省前列。支持城乡均衡发展。投入资金3600万元,实施高标准农田建设。发放惠农资金5亿元,落实政策性农业保险补贴资金4300万元、理赔2785万元,保障农民增收。统筹资金3.4亿元,支持5个镇政府驻地、28个中心村和230个自然村环境整治项目。加强生态文明建设,投入2亿元,推进黑臭水体整治和秸秆禁烧综合利用。

【财政改革】完善财政体制机制。研究制定碳谷产业新城财税体制运行暂行办法,确保项目顺利推进。强化预算约束机制。加强全口径预算管理,不断提高国有资本经营预算统筹力度。科学调整公用支出定额,适时启动政府综合奖励方案。加强预算的刚性约束,从严控制预算的调整和追加。加强"三公"经费管理,大力压缩一般性支出。建立支出考核综合体系,坚持分月考核,对支出进度低于序时的,实行通报和调整收回项目支出预算制度。深入推进国库集中支付电子化改革,着力构建完善动态监控系统。进一步扩大购买范围,政府购买服务改革稳步实施。深化预算信息公开,市本级81个预算部门,除涉密部门外,均按要求将预算信息全部公开,实现预算公开全覆盖。支持国资国企等项改革。出台《淮北市深化国资国企改革的实施意见》,"僵尸"企业依规清理,国有企业活力不断提高。加强行政事业单位资产管理系统建设,推行电子化条形码管理,实施对在用资产的控制。政府性债务风险可控。制定下发《淮北市人民政府政府办公室关于印发淮北市政府性应急处置预案的通知》,完善政府债务风险预警机制和应急处置机制。强化政府债务限额管理,合理管控政府债务规模,有效降低政府债务风险。全面清理规范政府举债融资行为,切实加强对融资平台融资管理,深入推进地方融资平台市场化转型,对查出的违规举债行为按照规定要求及时整改到位。建立健全财政监督管理长效机制。加大社保、扶贫、民生等项目的监督管理,重点对18个涉及资金11.3亿元重大项目进行绩效评价;加强财政内控制度建设,不断扩大预算公开评审范围,积极落实审计整改意见,"法治财政"、"阳光财政"逐步实现。

【党建工作】严格落实党组主体责任,党组书记第一责任,分管领导直接责任和班子成员的"一岗双责"。着力推进"两学一做"常态化制度化,突出问题导向,推进问题整改,进一步解决党员队伍在思想、组织、作风、纪律等方面存在问题。细化党风廉政建设和反腐败工作的组织领导和责任分工,层层签订廉政责任书和廉政承诺书,将党风廉政建设责任分解到各领导成员,把具体任务落实到各科室,形成一级抓一级、层层抓落实的工作责任体系。开展多种形式的廉政教育,不定期发送廉政短信提醒,组织科室负责同志述廉报告。积极推进政风行风和加强队伍建设,着力打造"为民、务实、清廉"的财政干部队伍。

(郭建平)

濉溪县财政工作概述

【概况】2017年,濉溪县财政总收入完成33.58亿元,同比增长11.1%。全县财政支出58.2亿元,同比增长15.3%。濉溪县财政局先后获得"安徽省文明单位"、"淮北市民生工程工作优秀单位"、"濉溪县人民民生工程工作优秀单位"、"濉溪县安全生产先进单位"等荣誉称号。

【健全税收征管体系】注重经济财政运行情况调研分析,全面了解财源情况,准确把握财政收入增长点。充分运用税收征管保障平台和第三方涉税信息平台,加强税源变化的实时监控和动态分析,确保税收收入足额入库。完善考核机制,科学分解任务,量化工作目标,落实工作责任,做实做好收入征管工作。加强部门协调,建立定期联席会议和综合治税制度,积极协调收入征管部门,分析问题,研究方案,齐抓共管,合力促进财政收入平稳增长。

【稳定财政收入增长】与国地税部门沟通研究,及时将任务分解落实到各征收部门。密切注视财政收入动态,认真分析财政收入形势,及时清欠税收,规范预算外收入管理,确保财政收入快速增长,均衡入库。加大财源培植工作力度,协调配合税务部门全面管控重点税源和潜在税源，在濉芜产业园、经济开发区方面加大财政投入，引导企业快速发展，塑造良好的企业发展氛围。扎实推进综合治税工作，完善综合治税平台功能，健全财、税、库、银等部门工作联系制度，加大涉税信息分析应用，加强收入调度，确保均衡入库。强化非税收入与基金收入征管，加大土地出让金等政府性基金征收力度，积极探索公共资源有偿使用收入征缴机制，强化"收支两条线"管理，不断壮大财政实力。

【推进实体经济发展】继续壮大县担保公司规模，县财政配套1302万元，建立民营经济扶持专项资金，累计为178户(次)中小企业提供担保5.68亿元，减轻企业融资担保费用800万元。规范政府债务管理，拓宽融资渠道。充分利用PPP模式，加快推进公共基础设施发展。评审入库项目2个，分别是濉溪县乡村医养结合项目，总投资3.75亿元；濉芜产业园商贸基础设施项目，总投资6.45亿元。创新设立中小企业续贷过桥资金，缓解中小企业还贷资金压力。累计帮助县域108家企业办理过桥资金164笔，涉及过桥资金7.8亿元，资金周转次数达11次，为企业减少利息负担1000万元以上。做好创业促就业小额担保贷款的发放和贴息工作。创业小额担保贷款担保基金达3000万元，审核发放小额担保贷款2030笔，累计发放小额担保贷款1.86亿元，累计支付贷款贴息898.6万元。

【统筹社会事业发展】实施省定33项民生工程中的31项，投入资金19.42亿元，并全面完成目标任务，惠及全县110万人民群众，民生工程工作连续多年位居市前列省先进。持续推进扶贫资金管理工作，濉溪县分配扶贫资金共计1.82亿元，支出比例100%。县级共盘活财政存量可统筹使用资金为3232.91万元，安排用于扶贫支出共计1616.5万元，整合其他资金884.5万元，共计整合2501万元，用于扶贫比例超过50%，整合涉农资金5709万元。加大资产收益扶贫工作力度，全年资产收益扶贫资金6033万元，设立扶贫小额信贷风险准备金1600万元，贴息准备金663万元，为贫困户购买人身保险50万元，发放贫困小额贷款1.69亿元。推动提升社会保障水平，新型农村合作医疗大病保险覆盖所有乡镇，城乡居民基本养老保险项目养老金发放率100%，城乡医疗救助项目实现应助尽助。教育与文化类项目均衡发展，免费开放15个公共文化场馆。文化专项补助255.6万元已全部拨付到位；各项任务均超额完成。促进创业就业，开班创业培训274人次，完成目标任务的137%，培训合格率95.5%，发放补贴资金45.57万元。全年培训新型农民505人，完成目标任务的100%。累计开发公益性岗位441个，现在岗人员329人，完成目标任务的133.63%；累计开发318个见习岗位，完成目标任务的198.75%。提升城乡公共服务水平，建成13个农残快速检测系统，4个食品检测室，全面保障居民食品安全。加快推进基本住房保障类项目，实施12个棚户区改造项目，实现开工建设11038套，基本建成6776套，改造1个老旧小区，大大改善群众的居住环境。

【推进城乡协调发展】推进农业产业化经营，组织实施高标准农田建设项目4个，计划总投资3027万元。产业化贷款贴息项目10个，贴息金额610.4万元，引导银行金融资本3.06亿元投入农业产业化建设。不断加快农业产业化经营步伐，推进现代农业发展。扎实开展一事一议财政奖补工作，全县共批复146个项目，批复资金总额为3190万元：其中财政奖补资金2625万元，村集体投入金额429.3万元，社会捐赠赞助66万元，村民筹资58.2万元，其他资金11.5万元。全县完工项目146个，完工比例100%。完善美丽乡村建设资金管理，积极筹集2017年度各级美丽乡村建设资金6745.2万元，其中：省级资金995.2万元，市级资金3750万元，县级资金2000万元。

【提升财政管理水平】推进预算管理制度改革，建立完善一般公共预算、政府性基金预算、社保基金预算体系，试编三年滚动财政规划和部门财政规划。加快推进预算信息公开，按时全面公开全县138家预算单位预决算和"三公"经费信息，实现预算信息公开全覆盖。不断规范政府性债务管理，科学合理制定债务收支计划，清理、甄别、锁定政府存量债务，实施债务审批制度，严格债务举借程序，防范政府债务风险。推动财政国库管理制度改革，加大国库集中支付和公务卡改革力度，县直、镇(园区)国库集中支付和公务卡结算不断推进，并加强国库集中支付动态监控。创新惠农补贴资金发放工作新机制，加大对"安徽省财政厅惠农补贴查询平台"和"民生360微信查询平台"的宣传力度。认真规范发放工作流程，全县通过"一卡通"系统打卡发放资金3.79亿元。开展财政资金安全检查工作，对各单位资金余额统计表、银行存款余额对账单以及资产负债表进行审核。树立风险防控意识,有效堵塞管理漏洞,保证财政资金安全、规范、高效运行。开展会计监督工作。同时开展扶贫领域突出问题专项整治、预决算公开专项检查等各项工作,完善财政内控制度体系建设。深入推进乡镇财政资金监管工作,加强对乡镇财政资金监管工作的组织领导,健全资金监管的绩效考评办法,完善信息通达、公开公示、抽查巡查等工作流程,健全镇财政资金包村监管员制度。认真开展权责发生制政府综合财务报告试编工作,制定试编工作实施方案,组织预算单位完成在线集中录入财务报表工作,完成财政总决算、财政专户等数据的录入,最终形成试编报告上报。

(刘洋)

相山区财政工作概述

【概况】2017 年,相山区财政总收入累计完成 13.58 亿元,比去年同期增收 2.56 亿元,同比增长 23.2%。区级财政收入累计完成 5.05 亿元,比去年同期增收 0.43 亿元,同比增长 9.3%。

【强化税源管理】将预算收入任务及时分解到各征管单位,并签订目标责任书。建立完整的税源监管制度,对房地产业、金融业等重点行业,对增值税、企业所得税等重点税种,实行重点监管,确保足额入库。全区税收收入完成 4.69 亿元,同比增长 9.4%;其中增值税 1.97 亿元,同比增长 85.2%;企业所得税 2158.8 万元,同比增长 24.2%;个人所得税 686.8 万元,同比增长 55.2%;契税 3997.4 万元,同比增长 30%;房产税 2323 万元。同比增长 19.9%。成立“相山区综合治税领导小组”,建立区直有关部门和税务部门定期会商制度,并建立三级协税护税联络机制。设立新兴产业发展引导资金、现代商贸业发展扶持资金、建立政银企融资平台,加大对凤凰山经济开发区建设项目的融资力度,积极培育和涵养税源,促进重点项目落地建设。

【优化支出结构】加强对预算执行的监督管理,按计划和进度拨款,保证财政支出顺利实施。调整优化支出结构,着力支持以改善民生为重点的社会事业,加快民生支出方面,13 项大民生合计支出 10.51亿元,其中教育支出 1.89 亿元,科技支出 2155 万元,文化体育与传媒 391 万元,社会保障与就业 2.13亿元,医疗卫生 7992 万元,城乡社区 1.33 亿元,农林水事务 3521 万元,促进各项事业有力发展。

【深化财政改革】稳步推进国库集中收付改革。进一步完善国库管理制度,探索建立预算执行动态监控系统,实现全程监控财政资金支付活动。盘活各项沉淀资金。加大整合力度,统筹用于扶贫、美丽乡村建设、民生工作以及城乡基础设施建设等方面。提高资金绩效。建立政府综合财务报告制度、综合性评价体系,增强资金约束,强化监督管理,确保财政资金合理、安全、高效运行。

【建立民生工程长效机制】调整充实区民生工作领导小组成员单位,领导多次牵头协调、一线督查民生工作,及时解决项目实施中遇到的难题。将 29 项民生工程的目标任务细化分解,签订民生工作目标责任书。强化资金保障,确保民生工程资金及时安排到位,及时拨付到位,及时支付到位。年初制定财政预算时,确保民生工程资金优先安排、优先配套,建立民生工程资金拨付“绿色通道”,全年民生资金累计投入 38.38 亿元。强化效果提升,突出多形式宣传,突出大堂课宣传,突出宣传效果,突出抓“回头看”。民生办制定《相山区 2017 年民生工作宣传方案》;拨付镇街和村社区民生工作宣传经费 22 万元;通过市区民生工程宣传网页、《民生工程简报》等编发信息 300 余条,被市级以上媒体采用近 260 条。查找民生工程实施以及建设管理中存在的问题,进一步扩大民生工作成效,提升群众满意度和知晓度,建立民生工程长效机制。

【规范国有资产管理】出台《相山区行政事业单位国有资产配置管理暂行办法》和《相山区行政事业单位国有资产处置管理暂行办法》,严格按照“单位申请,主管部门审核,财政局审批”的程序办理,规范和加强相山区行政事业单位国有资产配置管理,完善资产管理与预算管理相结合的机制,提高国有资产使用效益。完成 2016 年行政事业单位国有资产报表编报工作。

(党黄凡)

杜集区财政工作概述

【概况】全区财政总收入 6.39 亿元,同比增长 19%。地方财政收入完成 3.15 亿元,同比增收 2147 万元,增长 7.3%。其中:税收收入完成 2.72 亿元,占财政收入的比重为86%。全区财政支出11.78亿元,同比增支1.83亿元,增长18%。其中:区本级财政支出10.48亿元,同比增支1.9亿元,增长22.2%。民生领域支出9.96亿元,同比增长19%,民生支出规模占全区公共财政预算支出的85%,“三公”经费累计支出1134万元,同比下降6.4%,集中财力保障民生等重点支出需要。

【收入增长】经济发展企稳向好,财政收入稳中有增,地方财政收入实现7.3%的增幅,收入质量提升,税收收入占比稳定于85%左右。强化收入责任,收入目标“划块分方”落实到镇(街道)和区直部门,落实目标责任,充分调动各级各部门征收积极性和主动性。落实征管机制,建立月会联席、协控联管、信息共享等制度,关注重点行业,加强重点项目工程管理,加强项目的状态分析,及时掌握建设工程企业的施工进度和税收收入,确保应收尽收。优化收入质量,坚持扩张总量与优化结构并重,努力提高一般预算收入占财政总收入的比重、税收收入占一般预算收入的比重,有效促进地方可用财力增长。

【优化支出】加强预算执行管理,统筹调度财政资金,严控一般性支出,“三公”经费下降6.4%,集中财力保证重点支出需要,不断加大对教育、社会保障、“三农”及民生工程等重点领域的投入力度,财政资金的使用效益增强。健全“全口径”政府预算管理体系,强化预算支出管理,严格遵循预算安排,定期分析预算执行状况,会商督促预算执行,跟踪后续执行进展,减少资金滞留,控制结余结转资金。落实绩效管理制度,强化支出责任和效率意识,推进绩效管理与预算管理全过程有机融合。强化财政资金统筹,整合重大项目资金、重点科目资金、财政存量资金,整合使用支持方向相同、扶持领域相关的财政资金,建立财政资金统筹使用机制。

【支持发展】扶持实体经济发展,激发内生动力,厚植发展优势。通过结构性减税、财政贴息、金融担保、以奖代补等方式,助力重点企业,扶持小微企业,增强区域发展的活力,奠定财政增收基石。继续加大对企业的扶持力度,民营经济发展专项扶持资金3891万元注入辖区融资担保公司,放大资金效应,“4321”政银担合作体系在保企业112家,当年新增16家企业,新增担保1.16亿元,担保总额5.96亿元,年末担保余额2.03亿元,担保放大倍数3倍。设立产业扶持基金5000万元,累计支持11家实体企业资金3060万元,为20家企业提供过桥资金6864万元,有效支持实体经济发展。进一步调整财政性资金使用方向和结构,保证重点税源企业的可持续增加,积极培植新税源。在安排使用财政建设性资金方面,保障重点项目的投入和扶持力度,加大对城市基础设施的投入,进一步改善投资环境。提高金融服务能力,完成6家企业四板挂牌,累计新三板上市企业1家,四板挂牌企业19家,“税融通”融资1.2亿元,直接融资10.22亿元,实体经济发展活力增强。

【支持三农】落实强农惠家政策,发放补贴资金2930.4万元,其中农业支持保护补贴873万元,受益农户4.9万户。实施政策性农业保险,撑起农业保护伞,种植业参保小麦、玉米、大豆10.24万亩,养殖业参保能繁母猪614头、奶牛443头,开展葡萄特色农业保险643亩,全年兑现6个险种理赔资金121.73万元。投入1798万元,完成5个市级中心村美丽乡村建设。投资660万元,实施太阳能路灯、道路硬化等一事一议项目20个。实施农业综合开发,大力发展现代农业,投入805万元,完成石台镇高标准农田建设项目,治理土地6000亩。投入补助146万元,补助2个家庭农场水果种植基地产业化项目,新建温室大棚6895平方米。试点推行“劝耕贷”业务,为10家新型农业经营主体放款1500万元,解决农业经营主体融资无抵押物问题。

【攻坚扶贫】筹集扶贫专项资金854万元,支持扶贫产业发展,完善社会兜底等保障机制。健全资金监管机制,确保扶贫资金“接得住”“用得好”“管得严”,保障精准扶贫力度。创新开展“新型农业经营主体+贫困户”分贷统还金融扶贫资产收益扶贫,为317户贫困户发放贷款1585万元,实现每一贫困户每年3500元分红收益。

【民生工程】增大民生投入,完善公共服务体系,保障群众基本生活,34项民生工程全部完成任务,民生工作连续7年全市领先。全年累计拨付民生工程资金2.32亿元,农村低保对象、五保老人、孤儿、贫困残疾人等弱势群体5230人基本生活得到保障,人均受益1700元,医疗保险、医疗救助、“351”和“180”兜底避免因病致贫,道路畅通、农田水利、农产品食品安全等公共服务设施建设,进一步改善城乡居民生产生活条件。

【勤政廉政】深入学习贯彻党的十九大会议精神,切实以习近平新时代中国特色社会主义思想统一思想和行动,推动新时代财政改革发展事业取得新进步。强化思想建设,严格遵守政治纪律和政治规矩,认真履行全面从严治党和党风廉政建设,提升财政队伍干部的党性修养、业务本领和综合素质。不断深化投融资体制、税收制度、金融体制改革等,不断释放改革红利、基层活力、市场动力、资金合力,建设现代化经济体系。健全风险制度,有效防范财政业务、预算、资金执行、债务等方面的风险,确保不出现区域性和系统性风险。进一步拉高工作标杆,开创财政工作新局面。

(朱杰)

烈山区财政工作概述

【概况】2017 年全区财政总收入完成 4.95 亿元,同比增长 12.6%,完成年度任务的 107.6%。财政支出完成 13.45 亿元,同比增长 31.5%。建立协税护税联动机制,加大建筑行业协税护税力度,有效堵塞漏洞。加大非税收入的征管力度,积极盘活财政存量资金,财政收支实现平稳增长。

【加大民生保障】切实加大民生投入,全区民生支出 10.72 亿元,占全区财政支出的 81%,教育、社保、医疗卫生、就业、科技、节能环保等重点支出得到较好保障。聚焦普惠性、基础性、兜底性民生建设,持续增进民生福祉。精心实施民生工程,健全完善民生工程联络协调、通报考评、绩效评价、宣传引导工作机制,全年扶贫工作、"三农"工作、就业创业、社会保障、教育文化、其他城乡基础设施和公共服务等 6 大类 29 项民生工程完成全年目标任务,民生工作走在全市前列。

【落实惠农政策】积极落实惠农政策,促进经济社会良性循环发展。全年发放各项惠农补贴资金 5800 万元,惠及农户 6 万多户。"一事一议"财政奖补工作稳步推进。2017 年实施一事一议财政奖补项目 29 个,投入资金 1073 万元,受益人口 7.73 万人。扎实做好政策性农业保险保费财政补贴工作,区级财政配套资金 51.8 万元,为 3 万多种植业、养殖业参保户提供 1.37 亿元的风险保障。农业综合开发项目投入效益显著,全年投入农业综合开发项目资金 900 万元,实施宋疃镇和村高标准农田建设项目、古饶镇年储存 800 吨水果储存保鲜项目和年产 60 吨酶法生产硫酸软骨素贷款贴息项目。

【提升经济质量效益】支持供给侧结构性改革工作。统筹安排 1.94 亿元推进棚户区改造等保障性安居工程建设。安排 3906 万元,支持盛大担保公司扩股增量。全面落实减税降费政策,落实增值税简并税率、扩大享受企业所得税优惠小型微利企业范围、提高科技型中小企业研发费用加计扣除比例等政策。贯彻落实国家、省行政事业性收费和政府性基金政策。安排专项资金 7296 万元,支持企业加快发展。

【加大财政监管力度】开展"三公"经费支出情况专项整治工作,制定具体整改措施,建立防治"三公"经费管理的长效机制;督促各单位建立健全内部控制制度,完善经费管理制度和内部稽查制度等。继续深化部门预算改革,推行部门预算会商制度。进一步加强"三公"经费预算管理、农村集体"三资"执行管理,加强对财政专户资金的清理使用,大力推进和完善各项财政改革。严格财政监督,定期开展财政专项资金检查。对非税收入"收支两条线"执行情况、乡镇财政管理情况以及社会保障、支农、教育、卫生等专项资金使用情况进行监督检查,确保财政资金安全运行。

【加强廉政风险防控】认真贯彻落实上级关于党风廉政建设和反腐败工作的部署要求,结合"两学一做"、"讲重勇作促"专题警示教育活动,全面落实党风廉政建设主体责任,签订党风廉政建设目标责任书。深化财税体制改革,建立内部财务操作规程和印章管理制度,从源头上、机制上有效防控廉政和业务风险。扎实推进党风廉政建设宣传和教育工作,深入推进全面从严治党,确保财政干部和财政资金双安全。

(潘德哲)

淮北经济开发区财政工作概述

【概况】2017 年,淮北经济开发区实际完成总收入 3.25 亿元,同比下降 8%;区本级收入实际完成 1.73亿元,同比下降 4%。一般公共预算支出 2.26 亿元,同比增长 24%;政府性基金支出 149 万元用于偿还专项债券利息。

【加强税源建设】加强区域税源调查,及时合理分解下达收入任务,加强财税部门纵横向的沟通联系,及时解决存在问题,密切跟踪收入即时动态,加强收入征管,做到“以旬保月、以月保季、以季保年、均衡入库”。财税联动,加强税收征管工作。积极与驻区税务部门联系会商,及时下达收入分解任务,联合开展税源调查,实时掌握税源动态,深入挖潜,监控税收入库情况。同时,协调相关部门积极配合地税部门开展土地使用税、房产税等欠税清理,共清理欠税1635万元。重点税源企业税收增长幅度明显。华润金蟾实现税收5306万元,同比增长8%;华孚色纺2017年实现税收5483万元,同比增长3%。新入驻园区项目税收有较大增长。京信电子、均瑶等新入区项目累计实现税收约3600万元,约增加1600万元。其中均瑶全年实现税收2254万元,同比增长94%;祥泰实现税收520万元,同比增长58%;相邦实现税收411万元,同比增长329%;京信电子实现税收187万元,同比增长40%。

【强化财政支出管理】积极调整优化支出结构,集中财力保障重点支出需要,严控行政运行成本,全力保障管委会各项决策部署的落实和企业经济发展的支出。其中基本建设支出1.31亿元,扶持企业发展支出2690万元。

【科学精细化管理】加强财政监督管理工作,实行日常监督和重点检查相结合。按照上级财政部门要求和监督工作计划,继续认真组织开展专项资金自查及重点检查。加强国有资产管理,确保开发区国有企业资金安全、完整和高效运作,明确各项资金的审批权限及审批程序,加强国有资产管理。加强政府债务管理,明确划清政府与企业界限,政府债务只能通过政府及其部门举借,不得通过企事业单位等举借。加强重大支出监管力度。开发区成立重大支出监督委员会,严把支出审核关,草拟《关于成立淮北经济开发区重大支出审核监督委员会的通知》《淮北经济开发区财政性资金审批管理办法(试行)》《淮北经济开发区会计核算支付中心内部管理制度》《淮北经济开发区关于加强重大支出审核监督的若干意见》等文件,进一步加强财政性资金管理,规范资金审批和拨付程序,优化开发区财力资源配置。

【加大企业扶持力度】帮助企业用好惠企政策,开展“四送一扶”活动,通过宣传国家、省、市出台的系列惠企政策,提高企业对政策的知晓面;为企业争取产业政策基金、获批资质、提升行业地位等提供指导;落实政策兑现,真正让惠企政策落地生根,提振企业发展信心。针对企业融资困难,通过用足用活税融通以及产业投资基金和产业扶持发展专项资金等政策,缓解企业资金需求。通过龙兴担保公司,为75家企业提供担保贷款,在保金额3.69亿元。通过龙兴担保公司,为55家企业提供小微企业债共计2.77亿元。其中,为园区内企业16家提供7630万元担保贷款,为园区外企业39家提供2亿元担保贷款。为帮助企业解决融资困难,通过市建投商贸公司设立原材料供应链平台,以此方式为企业提供流动资金周转,为每个企业提供300万到800万不等的资金。

【扶贫工作初见成效】区财政局到濉溪县临涣镇四里村进行扶贫工作,建档立卡贫困户结对子,开展“一对一”帮扶。区财政局下派同志到濉溪县临涣镇湖沟村进行扶贫工作。湖沟村以脱贫攻坚、促进经济社会发展,坚持开发式扶贫方针,大力发展主导产业,着力改善贫困群众生产生活条件,不断加强农村基本公共服务体系建设,全村农民收入稳步提高,扶贫攻坚工作取得显著成效。2017年湖沟村脱贫37户,85人,剩余11户26人计划2018年脱贫,剩余未脱贫贫困人口占有率为0.43%。

【加强干部队伍建设】认真开展“两学一做”、“讲重勇作促”等活动。加强政治业务学习,提振队伍精气神。组织干部职工深入学习习总书记系列重要讲话精神等;组织业务培训;观看电教专题片;积极在干部职工中开展理想信念和廉洁从政教育,提高廉政意识,着力提振财政干部精气神。在扎实开展“两学一做”活动中,不断推进作风和效能建设,解放思想、转变作风,增强服务意识,建设高效能机关。加强党风廉政建设,落实党风廉政建设责任制。高度重视财政资金安全管理工作,把抓收支与抓管理结合起来,把抓业务与抓党风廉政建设结合起来,将财政资金安全管理作为党风廉政教育和法制法纪教育的一项重要内容,提高财政干部依法理财意识。强化机关党建工作,建立机关党建机制。扎实推进党的思想、组织、作风、制度和反腐倡廉建设。大力弘扬、牢固确立服务开发区大局、服务基层群众的使命感和自觉性。改进财政干部管理体制,优化用人机制,建立干部交流、轮岗制度。

(孙晓晨)

安徽(淮北)新型煤化工合成材料基地财政工作概述

【概况】2017 年,安徽(淮北)新型煤化工合成材料基地全年完成一般公共预算收入 8370 万元,同比增长 34.7%,其中税收收入实现 8328 万元,占一般公共预算收入的 99.5%。地方一般公共预算收入完成 4082 万元,同比增长 18.2%;全年完成支出 5805 万元,其中八项支出 5599 万元,占总支出的 96.5%,为基地发展提供坚强的财力保障。

【加强税源管理】狠抓财源建设,建立完善财政和国、地税联席工作机制,组织召开重点税源企业座谈会,密切关注税源变化趋势。加强对重点企业的跟踪监控,保障税收收入及时入库。开展纳税辅导,落实税务新规。主动对接国税地税,邀请税务专家走进园区,对企业进行纳税辅导,为纳税企业提供全面的政策解读。

【优化支出结构】进一步优化支出结构,统筹安排支出,严格控制一般性支出增长,保障重点项目支出。安排资金用于扶持企业科技创新,推进产业结构优化;安排资金用于淮岚北路、基地北环路、园区管廊等基础设施建设;与陈口村深入开展机关党组织与农村党组织结对共建工作,安排专项资金用于扶贫,帮助贫困户尽快实现稳定脱贫。

【深化财税改革】坚持依法理财,保证财政资金安全规范运行。积极推进各项财政改革,进一步提升财政科学化管理水平。严格执行新预算法各项规定,坚决把各项政策措施贯彻落实到财政管理和改革发展各项工作中。全面推进财政信息公开。深入推进预决算公开工作,细化公开内容,完善公开方式,扩大公开范围。推行财政预算改革,强化预算管理。严格贯彻落实预算法和预算管理制度,完善财政预算收支编制内容,认真编制 2018 年财政预算。推动国库集中支付改革,加快财政信息化建设。

【推动企业上市挂牌】推荐临涣水务股份有限公司、淮北华康物流有限公司上市挂牌,成为煤化工基地首批上市(挂牌)的企业;制定出台企业上市(挂牌)优惠政策《关于推动企业利用资本市场转型升级的若干政策意见》,企业完成主板上市和新三板上市均有不同奖励。加快项目建设进度,培育上市(挂牌)主体。2017 年,安徽卓泰化工科技有限公司、安徽润亚热力有限公司、淮北宝相气体有限公司、安徽临涣化工科技有限公司、吉善永盛等新建企业陆续投产运营。

【强化财政作风建设】深入开展“三严三实”专题教育、“两学一做”教育常态化制度化和“讲重勇作促”专题警示教育活动,坚持每周五开展学习和工作推进会议,加大对工程建设、征地拆迁、政府采购等重点领域的审计监督,营造风清气正的干事氛围。

(张天阳)

亳州市财政工作综述

亳州市财政工作概述

【概况】2017 年,亳州市财政总收入完成 171 亿元,为预算的 105.3%,同比增收 23.6 亿元,增长 16%,财政收入排名全省第 10 位,财政总收入增幅排名全省第 3 位。其中:地方财政收入完成 94.6 亿元,为预算的 102.5%,同比增收 7.5 亿元,增长 8.6%;中央收入完成 75.4 亿元,为预算的 109.1%,同比增收 15.8 亿元,增长 26.6%;国有资本经营预算收入完成 0.9 亿元,为预算的 113.7%,同比增收 0.2 亿元,增长 32.8%。亳州市财政支出完成 325 亿元,为预算的 148.9%,增长 16.5%。

2017 年,市财政局荣获省人社厅、省财政厅授予的 2013—2017 年度全省财政系统先进集体、中国财政科学研究院颁发的全国财政科研宣传工作特别奖,政府性债务管理、乡镇财政资金监管绩效评价在省厅考核中均名列第一,其他 12 项工作均被省厅评为先进。招商引资工作荣获全市优秀等次。

【财政收入管理】亳州市积极应对经济下行和落实结构性减税政策双重压力,坚持综合治税、依法征收,规范非税收入征管,强化收入预期管理,保持财政收入质量稳定,财政实力增强。全市财政总收入同比提高 2.8 个百分点,其中,税收收入完成 147.7 亿元,占财政总收入比重 86.4%,较上年提高 0.4 个百分点,居全省第 3 位。全市主体税种收入完成 107.4 亿元,同比增收 15.6 亿元,增长 17%,拉动财政收入增长 10.6 个百分点,拉动税收收入增长 12.3 个百分点,总量占比 62.8%,同比提高 0.5 个百分点。小税种收入完成 40.4 亿元,同比增收 5.4 亿元,增长 15.3%,拉动财政收入增长 3.6 个百分点,拉动税收收入增长 4.2 个百分点。全市 15 个税种 12 增 3 降,按增量居前 5 位的分别是增值税 67.9 亿元、企业所得税 20.3 亿元、车辆购置税 8.6 亿元、消费税 14.1 亿元、土地增值税 4.3 亿元。

【财政支出管理】亳州市落实《预算法》等规定,按照“有保有压,有促有控”原则,调整优化支出结构,严格控制“三公”经费指财政拨款支出安排的出国(境)费、车辆购置及运行费、公务接待费,大力压减一般性支出预算 2353 万元,超额完成省政府要求压缩 5% 目标。加大政府性基金、国有资本经营预算与一般公共预算统筹力度,将每项政府性基金结转规模超过该项基金当年收入 30% 部分和全部国有资本经营预算收入调入一般公共预算,用于增强财政保障能力,财政支出及时性、有效性、均衡性、安全性提升,财政支出保障有力。全年民生支出完成 282.3 亿元,增长 16.4%,占财政总支出的 86.9%。按支出功能科目分类,增量居前 5 位的分别是城乡社区支出 44.5 亿元、医疗卫生与计划生育支出 44.3 亿元、教育支出 58.5 亿元、一般公共服务支出 23.3 亿元、国土海洋气象等支出 5.3 亿元。

【服务经济社会发展】落实省、市关于五大发展行动计划(实施创新发展、协调发展、绿色发展、开放发展和共享发展行动计划)等工作部署,强化财政保障,全面完成2017年度岗位责任目标等各项任务。落实减税降费政策,推进营改增改革,落实减免企业和个体工商户增值税、企业所得税等22亿元。落实取消、缓征行政事业性收费政策,为企业减负1亿元。落实财政扶持经济发展政策,整合安排工业发展、创业扶持、科技创新、商贸发展等专项扶持资金1.5亿元,其中:工业发展专项资金2400万元,用于支持工业发展;创业扶持专项资金1500万元,用于支持亳州老乡返乡创业创新;商贸发展专项资金2574万元,用于支持商贸流通企业发展;科技专项资金1995万元,用于支持科技创新。创新财政投入方式,每年安排产业引导基金3000万元,主要用于引导社会资本向初创期、成长期中小微企业投资,促进经济结构调整和产业升级。继续采取"借转补"和事后奖补办法,支持促进实体经济发展;落实社会力量办医、办学、办养老机构补助政策,支持社会力量办事业;落地PPP项目10个,投资总额105亿元。落实市政府《着力缓解中小微企业融资难融资贵问题的意见》,支持解决续贷过桥资金3.7亿元、周转贷款61亿元,帮助1557户中小微企业贷款融资。支持完善城市公共服务设施。公共设施、环境卫生等城乡社区支出44.3亿元,同比增长136.4%,促进城乡面貌改善。扶贫支出14.6亿元,同比增长1.1倍,改善贫困地区生产和生活条件,提高贫困人口生活质量和综合素质,支持促进贫困地区发展经济和社会事业。投入旅游产业、中药等制造业、中小企业发展资金1.9亿元,扶持经济发展。安排教育、科技、文化、社会保障、医疗卫生支出152亿元,同比增长17.3%,促进社会事业协同发展。

【民生支出保障】优化支出结构,坚持保障和改善民生,预算支出安排向民生、扶贫、城市建设、支柱产业、社会事业等重点领域和重点项目倾斜。全市民生支出完成282亿元,同比增长16.3%,占财政支出的86.8%。其中民生工程支出144.4亿元,同比增长15.2%,支持实施32项民生工程。落实惠农政策,全市财政部门通过"一卡通"打卡发放惠农补贴29.9亿元,较上年增加0.4亿元,人均受益549元;投入1.72亿元开展政策性农业保险,兑现理赔1.02亿元。支持城乡统筹发展,筹集2.6亿元,实施村级公益事业"一事一议"财政奖补项目917个。落实1.1亿元,实施农业综合开发项目,支持改造中低产田8.4万亩。落实4.06亿元,用于秸秆禁烧和综合利用。投入3亿元,支持美丽乡村建设和农村环境整治"三大革命",促进农村生产生活条件改善。

【财政重点改革】深化预算管理改革,市政府出台《亳州市市以下财政事权与支出责任划分改革实施方案的通知》,明确财政事权与支出责任。出台《市级财政专项资金管理实施细则》,压实资金管理主体责任。深化预算执行管理改革,制定《市级预算执行考核办法》。清理各类重点支出与财政收支增幅、生产总值等指标挂钩事项。加强全口径预算管理,推进"开门办预算"。首次在政府门户网站设立部门预算公开统一平台,集中按时公开政府、部门预决算和"三公"经费信息。率先在全省完成县级国库集中支付电子化改革试点。深化绩效管理改革,对扶贫、民生工程等2283个预算项目进行绩效评价,涉及资金28亿元,评价结果与预算安排挂钩。深化政府购买服务改革,印发《关于做好事业单位政府购买服务改革工作的通知》,推进财政供给方式转变。深化政府性债务管理改革,出台《亳州市政府性债务风险应急处置预案》,加强政府性债务风险应急处置。深化国有企业改革,完善市属企业负责人经营业绩考核办法,推动古井集团所属8家四级子公司压减管理层级,推进建安集团战略转型和资产重组。

【国有资产监管】落实市委、市政府关于建安集团转型决策部署,通过资源分类整合,组建新的建安集团和城建发展控股集团、文化旅游控股集团、交通投资控股集团;支持保安公司成功在"新三板(全国中小企业股份转让系统)"挂牌;支持安徽古井酒店员工持股试点;出台《关于印发〈市属企业功能界定与分类方案〉的通知》,推动企业结构调整和转型发展。以市政府名义出台《亳州市人民政府办公室关于印发亳州市市属企业负责人经营业绩考核办法的通知》,加强市属企业负责人经营业绩考核。出台《关于印发〈亳州市市属企业负责人薪酬管理办法〉的通知》,完善市属企业负责人激励约束机制。出台《关于建立市属企业全面风险管理工作定期报告制度的通知》,加强市属企业风险管控。出台《关于印发〈亳州市市属企业担保管理暂行办法〉的通知》《关于加强市属企业担保管理有关事项的意见》,规范市属企业担保行为。加强国有资本收益收缴,国有资本经营预算收入完成8098万元,为预算的103.6%,其中:建安集团完成5020万元,为预算的100%;古井集团完成3077万元,为预算的109.9%。加强行政事业单位国有资产监管,开展地方政府性债务投资项目资产清查和市级国有资产核实,规范资产处置审批和收益管理,收缴资产出租收益594万元、资产处置收益2178万元。

【机关党的建设】完善《亳州市财政局党组中心组理论学习制度》,党组理论学习中心组开展12次专题学习,领导干部上党课6次,开展党的十九大精神宣讲报告会2次,参加党员干部137人次。建立财政局党支部微信平台和财政党建文化墙,学习宣传党的理论和政策。落实"三会一课"制度,党组成员坚持以普通党员身份参加所在党支部、党小组组织生活。机关党委和第一、第二党支部按规定进行换届选举,健全机关基层党组织,开展机关党建述职评议考核工作,市财政局1人荣获市直机关优秀共产党员,1人荣获优秀党务工作者。严格党员发展程序,培养入党积极分子4名,发展党员1名,按时收缴党费。推进基层党组织标准化建设,市财政局机关党组织标准化建设首批通过市级验收。加强组织建设经费保障,市级预算安排基层党组织建设工作经费2000万元、非公企业党建工作经费20万元、基层党建季度督查调度工作经费10万元。市财政局建立由局党组书记、局长任组长的意识形态工作领导小组,落实意识形态工作责任制,将意识形态工作纳入市财政局党建工作责任制和民主生活会、述职报告内容,学习贯彻意识形态工作应知应会常识,部署开展意识形态工作,强化财政信息宣传,营造财政工作舆论氛围。

【党风廉政建设】落实党风廉政建设和反腐败工作部署和要求,开展廉政教育,通过组织机关全体人员到市廉政教育中心接受教育、观看警示教育片等,开展警示教育。年初,市财政局党组书记、局长与局各科室和二级机构负责人签订《党风廉政建设责任书》,落实党风廉政建设各项任务要求,上半年、下半年开展党风廉政建设和反腐倡廉工作自查和督查。落实中央八项规定和省、市加强作风建设规定及要求,印发《市财政局关于进一步开展违规使用公车违规接待违规使用办公用房专项治理工作实施方案》,开展违规使用公车违规接待违规使用办公用房专项治理。出台《关于公款购买酒类实行备案制度的通知》,对公款购买酒类实行备案制,严防公款吃喝等"四风"反弹。加强廉政风险防控,规范财政权力运行和干部廉洁理财。及时办理市委、市政府领导批示、交办事项和网上办事大厅、市长热线及上级领导网上留言等事项,确保政令畅通和各项任务落实。

【民生工程工作】突出"双调度"抓部署,即:市委、市政府把民生工程作为市委常委会和市政府重点工作,列入每季度全市经济工作督查调度会重点,市政府主要负责同志对民生工程实行双月调度,各位副市长实行单月调度,民生工程工作纳入对市直部门的机关效能考核和对县区的目标管理绩效考核。突出"四个一"抓问效,即:坚持每月一调度、一排名、一通报、"一封信",加强民生工程督促检查;落实"四制",即:"问题销号制"、"分级约谈制"、"周统计制"、"责任倒逼制",进行跟踪问责问效。突出"早快严"保资金,即:早编预算、早安排,项目资金快办快拨、资金支出严格管理,为民生工程提供资金保障。突出"三宣传"造氛围,即:开展常态化宣传,通过安徽日报、安徽电视台等媒体播发510多篇报道,通过亳州晚报、亳州广播电视台等开设《探访民生工程》《民生工程惠万家》《民生工程在行动》等系列专题栏目;开展专题化宣传,开展民生工程"宣传月"活动,发放政策宣传单页8500余份、宣传画3000余张、宣传手册1000多份;开展民生工程标识推广宣传,即:在农村饮水安全、老旧小区整治、农村道路畅通等工程类项目竣工标识牌标注"安徽民生工程"形象标识,扩大群众对民生工程的知晓度。突出重效益抓管理,即:一方面,突出抓基础,分项目制定行事历及年度工作计划,推进基础数据建设,印发《亳州市民生工程网上信息公示办法》,市、县区各民生工程牵头单位实行网上公示民生工程项目,资金发放类项目逐级审核和公开公示,公开接受监督。另一方面,完善建管机制,明确各县区政府的民生工程项目建后管理主体责任、工程项目主管部门具体责任,将部分民生工程项目管养纳入政府购买服务名录,如:谯城区将农村饮水安全工程实行公司化管理、农村清洁工程采取社会化参与管理方式,取得较好效果。加大对新建和已建工程管养投入,全市民生工程建后管养投入7422.4万元,较上年增长19%。组织开展农村危房改造、小型水利工程改造提升、美丽乡村建设项目绩效评价。

2017年,全市32项民生工程计划投入资金

141.5亿元,累计落实资金 149.4 亿元,资金落实率 105.6%,支出资金 144.2 亿元,资金支出率101.9%。32 项民生工程全面完成年度目标任务,其中:15 项工程提前一个季度完成任务,13 项工程超额完成年度任务。

【财政干部队伍建设】推进“两学一做”学习教育活动,组织党员干部学习党章党规,学习习近平总书记系列重要讲话精神等,推进“两学一做”学习教育常态化制度化,强化“四个意识”,增强党员干部职工党性修养。开展“讲政治、重规矩、作表率”专题教育和专题警示教育,组织党员干部,到市廉政教育基地开展警示教育,到皖北烈士陵园等接受革命传统教育,到涡阳县义门镇李园村开展扶贫帮扶活动。对照违纪违法案件,组织开展研讨,召开专题民主生活会,查摆领导班子存在问题,认真进行整改。坚持党管干部原则,落实干部选拔任用等规定,按照好干部标准选人用人,实行干部交流轮岗,加强干部教育管理,开展离退休干部走访慰问。推进效能建设,完善《市财政局机关效能责任追究办法》,坚持上门会商、首问负责、限时办结等制度,推动效能提升和争先进位。加强与人大代表、政协委员联系,及时办理人大代表议案建议和政协委员提案。开展法制宣传教育、国防教育和业务培训,提升干部职工依法理财水平和业务水平。

涡阳县财政工作概述

【概况】2017 年,涡阳县财政收入突破 20 亿元大关。全年一般公共预算收入完成 20.88 亿元,同比增长 15.7%,一般公共预算支出完成 64.16 亿元;政府性基金收入完成 39.6 亿元,其中土地出让金收入完成 38.7 亿元,政府性基金支出完成 44.48 亿元。

【财政收支管理】实行全口径预算管理,探索建立科学规范、公开透明的预算制度,开展预算公开评审和预算、决算及“三公”经费信息公开工作。优化整合财政资金,盘活财政存量,压缩一般性支出,加大重点支出保障力度,做到一般性支出和“三公经费”只降不增,扶贫民生领域投入只增不降。建立财政支出进度通报机制,深化国库集中支付制度改革,开展绩效评价,落实公务卡制度。加强非税收入管理,注重从票据源头控制,开展收支两条线检查。推进政府购买服务工作,完善政府购买服务体系。

【国库管理】严格执行预算,加强资金调度,项目支出预算按各项专项投资计划和财政性投资项目建设计划以及项目进度及时拨付,及时落实到位各项工业扶持政策资金。加强月度县本级预算支出进度分析,及时反映预算执行动态。增强预算单位的预算执行责任意识,强化财政资金使用的追踪问效,提高财政资金效益性和安全性。加强预算支出执行动态监控,全面跟踪财政资金支付流程,严防违规操作和年终“突击花钱”,确保财政资金安全。编制政府综合财务报告,2016 年度权责发生制政府综合财务报告试点编制范围覆盖到全县所有预算单位(含乡镇),县财政局汇总后编制 2016 年度全县政府综合财务报告,全面梳理政府资产、负债事项,深入分析政府财务和运营状况,服务宏观决策。

【行政财务管理】严肃财经纪律,提高经费使用效益,提高工作规范化水平。全年公共安全工作经费支出 2.04 亿元,教育工作经费支出 10.9 亿元,科技工作经费支出 7126 万元,文化工作经费支出 3883 万元。

【经济建设管理】按照《关于进一步规范财政专项资金支付管理的通知》要求,发挥财政资金引导作用,对专项资金、专户资金及预算追加资金进行流程再造,提高资金运转效率,积极筹措资金,加快支出进度,推进 2017 年大建设项目建设。对各类专项资金开展不定期检查。

【农业财政管理】落实政策性农业保险工作要求,创新工作机制,规范业务操作。全年午季小麦完成承保面积 179.2 万亩,秋季种植业承保面积 190.1 万亩,其中:玉米 57 万亩、大豆 133.1 万亩。年度养殖业保险承保能繁母猪 3.3 万头。全县参保率达到 90% 以上。全年共理赔 2497.04 万元,其中小麦理赔 12.11 万亩,理赔 1205.03 万元;大豆理赔 12.4 万亩,理赔 731.03 万元;玉米 6.1 万亩,理赔 498.48 万元;能繁母猪 625 头,理赔 62.5 万元。

【农村与乡镇财政管理】推进惠农补贴信息化,实现惠农补贴资金发放更快捷、更准确、更安全。全年共打卡发放惠农资金 16 项 7.7 亿元,受益农户达 115.5 万人(户)。将安徽惠农补贴发放信息查询平台系统与县财政局网站链接,方便群众查询,提升公开公示效果。建立健全乡镇财政资金监管机制,加强镇村基本支出、扶贫资金、补贴资金和项目资金监管,确保党和政府的惠农政策贯彻落实到位。规范乡镇和村级财政财务管理工作，全县农村财政职能建设、制度建设、作风建设、能力建设等进一步加强，管理和服务水平进一步提升。

【农村综合管理】投入5437.38万元实施一事一议财政奖补项目253个，147万人受益。其中道路216项、下水道6项、路灯27项、植树造林1项、小型农田水利1项、文化广场2项。审批资金6640.34万元，其中：村民筹资1135.18万元、村民捐资67.78万元、财政奖补5437.38万元。

【社会保障财政管理】累计实现社保基金收入19.81亿元，较上年15.89亿元增收3.92亿元，增幅25%；累计支出17.58亿元，较上年14.96亿元增支2.62亿元，增幅18%。就业资金收入2501万元，城乡最低生活保障资金收入8090万元，城乡医疗救助资金收入3015万元。供养五保人员8290人，全年拨付生活补助资金4179万元，供养孤儿770人，全年拨付生活费871万元；同时对生活无着落人员救助支出121万元。拨付基本公共卫生资金5126万元、重大公共卫生资金724万元、基层医改补助资金520万元、县级公立医院零差率补助资金592万元，城乡居民基本公共卫生服务和基本医疗服务需求得以保障。

【非税收入征管】坚持以票管收，做到源头控收。进一步规范非税收入票据的保管、发放、购领、使用、核销等日常管理，严把票据使用核销关，坚持"分次限量、核旧领新、票款同步"的原则，特别对往来票据进行严格审核，做到以旧换新，及时纠正票据使用中的违规行为。开展财政票据年度检查工作，强化票据监督职能。抓好非税收入征收管理信息化平台建设，推进"非税收入征收管理系统软件"升级，推行使用电子化缴库。

【政府采购】全县共完成招标采购类项目679个，预算金额31.22亿元，中标金额27.46亿元，节约资金3.76亿元，节约率12.1%。其中建设工程项目262个，预算金额13.02亿元，中标金额10.73亿元，节约资金2.29亿元，节约率17.6%；政府采购项目417个，预算金额18.20亿元，中标金额16.72亿元，节约资金1.47亿元，节约率8.1%。

【政府债务管理】涡阳县分二批承贷省发行置换债券2.68亿元，其中：定向发行债券1.11亿元，公开发行债券1.57亿元（一般债券0万元、专项债券1.57亿元）。涡阳县承贷省公开发行新增政府债务10.98亿元，其中新增一般债务1.75亿元、专项债务9.23亿元。经省政府批准，省财政厅核定，县人大常委会同意，涡阳县2017年政府债务限额71.78亿元，其中一般债务限额41.48亿元、专项债务限额30.29亿元。截至2017年末，涡阳县政府债务余额60.14亿元，未超过政府债务限额，政府债务风险总体可控。截至2017年末，涡阳县地方政府性债务余额60.28亿元，其中：政府债券49.98亿元（一般债券33.40亿元、专项债券16.58亿元）、政府存量债务余额10.15亿元（一般债务3.55亿元、专项债务6.59亿元）、或有债务余额1342万元。

【财政监督检查】涡阳县加强财政监督工作，全年共开展财经纪律检查、政府采购检查、公务接待费专项检查、小金库及会计基础工作检查和财政扶贫资金检查等检查5次，上下联动检查2次，对乡镇财政所巡查12次，下发财政检查交办书50余份，下发次财政处罚决定书30余份，没收违规资金60万余元，纠正违规资金近300万元。建立财政专项资金监管系统，对财政资金实行动态监管，实现实时动态监管、预警短信提醒、实时办公查询、报表数据统计四大功能。

【"小金库"专项整治】制定下发《关于全面构建"小金库"防治长效机制实施细则》，实行"小金库"治理承诺制度，与各乡镇及单位签订财经纪律执行目标责任书，完善"小金库"治理长效机制。7月下旬，成立8个检查组，对29家非税收入单位和25个乡镇（含经开区）进行小金库及会计基础工作检查。

【会计管理】加强对会计从业人员的管理，聘请省内知名专家对400县直单位会计、财政干部集中开展继续教育培训；加强会计代理记账机构管理，现已有12家机构取得会计代理记账资格，促进全县会计代理记账规范化管理。

【国有资产管理】构建管理网络，全面实行国有资产专管员制度，在全县各行政事业单位至少配备1名国有资产专管员，明确工作职责，进一步规范和加强行政事业单位国有资产管理，建立健全资产管理目标责任制。实行资产管理网上申报制度，全面推进行政事业单位资产管理信息化工作，资产的使用、处置、收益上缴全部实行资产管理网上申报审批制。严格执行资产管理规定，实行资产处置审批制度，未经批准不得进入处置程序；国有资产处置须经具备资质的中介机构评估，评估结果要经财政部门备案或核准;资产处置遵循公开、公正、公平的原则,全部通过拍卖竞价方式公开处置。国有资产处置收入全部上缴财政,实行“收支两条线”管理。

【财政扶贫资金管理】全县安排使用各类财政扶贫专项资金2.833亿元,其中:中央资金4295万元、省级资金8190.7万元、市级1.33亿元、县级2540.5万元。其中光伏扶贫8860万元、产业发展资金6623.3万元、农村道路畅通工程3857.9万元、村级临时救助经费1372万元、危房改造1286.4万元、健康脱贫1098.5万元、农村低保调标2340.65万元、五保供养提标769.5万元、扶贫小额信贷资金901万元、发展村集体经济资金390万元、教育扶贫资金224.5万元、技能脱贫资金94.5万元。

【农业综合开发工作】全面推进国家农业综合开发2016年高标准农田建设项目、国家农业综合开发2016年第二批高标准农田建设项目、亚行贷款农业综合开发项目和产业化经营项目建设,改善农业基础设施,打造农业优势特色,提高农业效益,加强项目扶贫攻坚,促进经济社会发展、农业增产、农民增收。

【民生工程实施】实施省定民生工程及县政府民生实事项目,加快补齐民生短板,共实施31项民生工程,全年累计投入资金29.56亿元,圆满完成年度民生工程目标任务。扶贫方面投入资金5.85亿元,“三农”方面投资1.93亿元,创业就业方面投资983.98万元,社会保障方面投资10.92亿元,教育文化方面投资2.05亿元,其他基础设施和公共服务方面投资8.71亿元。

(谢雨婷)

蒙城县财政工作概述

【概况】2017年,蒙城县完成财政收入28.3亿元,占年度预算的105.9%,比上年同期增收4亿元,同比增长16.5%。其中:一般公共预算收入完成16.8亿元,占年度预算的99.1%,比上年同期增收1.3亿元,同比增长8.3%;中央收入(含出口货物退增值税)完成11.4亿元,占年度预算的156.7%,比上年同期增收2.6亿元,同比增长30%。税收收入完成24.3亿元,比上年同期增3.45亿元,同比增长16.5%,占总收入的比重为85.9%,财政收入稳定增长。财政支出完成61.35亿元,比上年同期增支8.85亿元,同比增长16.9%。其中:民生口径支出完成54亿元,占总支出的88%,比上年同期增支8亿元,同比增长17.5%;八项支出完成47.2亿元,比上年同期增支10.5亿元,同比增长28.6%;财政支出首次突破60亿元大关,支出规模不断扩大,民生支出保障有力。

【财政收入管理】加强收入预期管理,落实各征收部门月度任务,每月10日前召开国地财三个征收部门会议,要求各征收部门按新任务逐月落实,确保全年收入的预期目标完成。抓好综合治税工作,加强对重点税种、重点税源、重点行业的监控和管理,建立健全重点税源监控机制,及时了解和掌握企业的生产经营和资金运行情况,提高对重点税源的控管能力。贯彻落实营改增政策实施,加大营业税的清收力度,确保在政策规定期限前将欠缴税收清收到位。抓好重点企业和重点行业的税收,加大对许疃煤矿、江淮安驰等重点企业及交通运输业等重点行业的税收征管及扶持力度。

【财政支出管理】按照财政部、中国人民银行《关于进一步加强和规范国库集中支付电子化管理工作通知》要求,推进国库集中支付电子化管理工作。作为全省支付电子化第一批改革试点县区,率先完成直接支付电子化上线工作。电子化支付系统上线后,提高财政资金支付效率和资金安全,通过自助柜面实现预算单位足不出户即可“全天候”办理资金支付业务;取消纸质单据流转,变“人工跑腿”为“数据跑腿”,提高资金支付效率,最快一笔支付数据从单位录入凭证到资金拨付成功历时3分58秒;通过系统自动加盖电子印章,每100笔耗时不到30秒,效率提升百倍;通过电子校验和系统自动对账,不再进行电子信息与纸质单据的人工核单,有助于及时快速发现问题,强化财政资金运行监控水平;未经授权的人员“进不来、看不到、改不了”,经过授权的人员“丢不了、拿不错、赖不掉”;对工作人员的业务行为进行严格约束,加上电子凭证库系统,实现对每一笔资金都可查询、可追踪、可回溯的全方位、全周期的监控体系。

【预算管理】严格预算编制,以预算管理为抓手,提高聚财、理财、管财、用财的能力和水平。依据三年滚动财政预算建立跨年度预算平衡机制,落实部门预算公开评审制度,推动预算绩效目标管理,扩大绩效目标执行监控和评价范围。当年选择20个单位预算进行公开评审，财政部门根据部门上报的收支预算和绩效目标，邀请人大代表、政协委员和有关部门专业人员、专家进行公开评审，审减资金4.8亿元。坚持定期公开预决算、“三公经费”信息，建立统一信息公开平台，便于管理和查询，自觉接受人大监督和社会监督。强化预算执行。所有的收入和支出必须按照预算进行，对必要的预算调整，必须按照审批程序，避免预算调整的随意性和盲目性，提高预算执行的严肃性，提高财政资金使用绩效。加强预算支出管理，一般性支出压减5%，全年盘活存量资金1.3亿元，提高资金使用效率，节约政府资金运营成本。

【精准扶贫】加大财政资金扶贫力度，将当年财政收入增量的20%以上、涉农资金统筹整合出的40%以上、清理收回财政存量资金可统筹使用部分的50%以上、以及压缩出的行政办公费用于扶贫工作。财政局密切联系县扶贫办、农委相关涉农资金管理部门，主动会商项目管理部门，加强专项扶贫资金管理，严格按照各项资金用途、审批手续、流程，提高资金使用效率，确保专项资金拨付率达到省、市考核要求。全年累计投入扶贫资金6.37亿元，其中：财政专项扶贫资金投入2.67亿元，其中：中央资金4553万元、省级资金7201.4万元、市级资金8151.88万元、县级配套资金6767.73万元，拨付2.67亿元，拨付率100%。统筹整合涉农资金3.7亿元，其中：中央资金8081万元、省级资金1.02亿元、市、县配套资金1.92亿元，拨付3.7亿元，拨付率100%。

【民生工程】持续做好保障和改善民生工作，31项民生工程全部完成年度目标任务，累计投入资金36.9亿元，同比增长29.42%。投入教育文化2.21亿元，有效促进教育均衡发展，丰富城乡居民精神文化生活；投入扶贫工作3.46亿元，使弱势群体的基本生活得到有效保障；投入“三农”工作2.39亿元，助力农业丰产丰收，美丽乡村提档升级，激发村干部干事热情；投入就业创业1500万元，多渠道保障和增加就业，劳动者就业技能、创业能力逐年提高；投入社会保障11.96亿元，使群众在医疗、大病和养老保险及公共卫生等方面的保障持续巩固，“保障网”更加密实；投入城乡基础设施和公共服务16.73亿元，补齐水利短板，推动秸秆综合利用，保障百姓舌尖上的安全，进一步改善市民居住条件。

【社会保障】贯彻落实省、市财政社会保障工作会议精神，积极参与、支持机关事业单位养老保险和医药卫生体制改革，扩大城乡居民社会保险的覆盖面，完善社会保险基金预决算制度，强化社保基金监管，社保基金保值增值逐年提高，努力实现各类社会群体“应保尽保”。全年社保基金收入16.28亿元，支出14.78亿元。其中：机关事业单位养老保险缴费12984人，缴费金额1893.98万元。社会保障累计支出5.5亿元，其中：社会保障和就业类支出4.11亿元，医疗卫生类支出1.39亿元。

【政府工程建设】围绕政府重点工程任务，与主管部门、发改委配合，综合工程进度、资金来源、支付节点等因素合理安排资金需求，重点做好高标准基本农田建设、保障房及棚户区改造、征地拆迁、城乡基础设施建设等重点工程资金保障。全年累计投入各类工程建设资金41亿元，投入3.65亿元实施2016年、2017年38万亩高标准基本农田建设项目。投入6541万元实施农村饮水安全工程，重点解决9.7万人农村居民饮水安全问题。对出租车、城市公交、农村道路客运、渔业、林业、岛际水路等车船及继续实施成品油价格改革财政补贴政策，打卡发放补助资金2080万元。拨付棚户区改造补助资金3.72亿元；拨付秸秆禁烧资金1.23亿元及黄标车淘汰资金845万元。筹集各类资金28.1亿元，加大对征地拆迁、道路建设、绿化亮化工程、开发区建设、山桑路、庄子小学建设等县重点工程项目的投入力度，提升全县城乡基础设施建设水平。

【帮扶企业发展】继续做好中小微企业过桥续贷资金管理，加大财政投入，全力支持实体经济发展确保周转资金达到8.30亿元。全年共申报金融机构各类普惠金融发展专项资金奖励1942.80万元，续贷过桥资金规模为7375万元，累计周转贷款金额22.24亿元，帮助379家企业渡过资金周转关，周转率超30.2次。服务实体经济，培育企业发展，全年拨付企业发展资金共5.83亿元。其中：工业企业发展专项资金5545.40万元；支持金融企业发展和新三板资金1432.80万元；商贸流通企业发展资金748.29万元；培育企业发展专项金额3.05亿元；物流企业（营改增）奖扶支出2.01亿元。通过开展“四送一服”活动，建立与95户企业常态化联系机制，帮助安徽江淮安驰汽车有限公司等94家企业获得2017年度县扶持企业发展专项资金1253.07万元，通过落实企业奖扶政策，促进实体经济发展，工业企业经济增加值和附加值得到明显提升。

【教科文工作】紧紧围绕年度工作目标任务,完善财政对教科文事业投入机制,发挥教科文发展对经济社会发展的引领和支撑作用,加大教科文创新投入,大力支持教科文事业改革发展,着力保障教科文领域民生实事,切实提高科学化精细化管理水平。全年教科文事业累计投入13.54亿元,其中:教育类投入12.44亿元,科技类投入7241万元,文化体育事业类投入3799万元。

【三公经费管理】加强"三公"经费管理,严控"三公"经费支出。按照低于上年实际支出5%的标准,核定各单位全年"三公"经费控制数,全县"三公"经费总预算数为1944.6万元。其中,因公出国(境)费10万元;公务接待费383.6万元;公务用车购置及运行费1551万元。全年累计支出1924万元,同比下降6%。其中,公务接待费支出355万元,同比下降14.7%;因公出国(境)费支出5.7万元;公务用车费支出1563.3万元,同比下降4%。

【非税收入管理】以组织收入为中心,以非税征管信息化平台为依托,大力加强非税收入征管,扎实推进科学化精细化管理,各项工作扎实有序推进。强化征管措施,非税收入大幅提升。严格按照年初编制的非税收入预算,着力抓好重点执收单位、重要收入项目和关键环节,推动收入按序时进度缴库。利用非税征管信息系统进行源头管理,规范非税收入征管和收缴行为,有效促进非税收入增长。加强收费稽查,收费政策落实有力。结合2013年以来国家实施的降费政策,5月,在全县开展收费清理改革落实情况督查工作,对全县16家收费单位降费政策落实情况全面检查,清理收费问题金额约13.8万元。7月,市财政局、市物价局在全县开展健康证收费情况检查工作,收缴蒙城县中医院违规收费资金246.39万元。严格票据管理,"以票控收"成效明显。年初按照用票单位上报的票据使用计划,汇总上报全县2018年非税票据使用计划,确保全县非税收入收缴工作正常开展;严格财政票据购领程序,严把财政票据核销关;配合物价部门做好票据年审工作。全年累计入库非税收入73.98亿元。

【国有资产管理】蒙城县国有资产监督管理委员会于2017年7月正式成立,与县财政局一个机构两块牌子,由财政局国资办承担国资管理日常工作,负责依据上级领导机关有关国有资产监督管理的法律法规和文件规章精神,指导全县行政事业单位国有资产管理工作;履行出资人职责,监管国有企业的资产运营。做好国有资产月报年报、指导各行政事业单位维护好"国有资产管理系统"等日常工作,对资产处置、国企资产划转、国有企业资产年报、资产产权(变更)登记、"三供一业"分离移交、生产经营类事业单位核查等专项业务进行创新。

【乡镇财政工作】加强乡镇财政资金监管体系建设,强化村级集体"三资"管理、整体推进服务型财政所创建,切实提升乡镇财政管理水平。全年乡镇财政收入完成7.32亿元,占年初目标收入任务的123%,同比增长15%。财政支出完成3.56亿元,其中:一般公共服务支出2.29亿元,文化体育传媒支出404万元,社会保障就业支出3396万元,医疗卫生支出1326万元,农林水支出6800万元,住房保障支出540万元。加强三公经费支出管理,全年三公经费支出296.78万元,占年初预算的96%,同比下降5%,其中:公务招待费121万元,占年初预算的96%,同比下降7.4%,车辆运行维护175万元,占年初预算的96.8%,同比下降3.3%。规范惠农资金发放,严格按照省财政厅"六到户、八不准"、惠农补贴资金"一卡通"工作要求和发放流程,将粮补、综补、直补"三卡合一"确保惠农补贴资金发放的安全高效发放,全年累计"一卡通"发放惠农资金发放7.37亿元。

(陈中利)

利辛县财政工作概述

【概况】2017年,全县财政总收入完成20.01亿元,为年初预算的103.66%,同比增长16.29%。全县公共财政预算支出63.91亿元,增长18.41%。

【服务经济发展】拨付专项补助资金11.28亿元,省转贷新增债券资金9.8亿元,实施一批基础设施和民生工程。累计拨付县级城市建设资金3.6亿元,专项用于县城污水处理、道路建设、学术报告厅等方面,支持提升城市品位。拨付拆迁补偿资金3.5亿元,支持棚户区改造等重点项目建设。安排"引淮济亳"工程污染源搬迁补偿资金5000万元,拨付各类产业发展资金2000万元、金融发展专项资金1728万元,安排县配套民营经济发展专项资金1148万元。财政过桥贷资金4700万元,累计为155家(次)企业发放过桥资金8.6亿元,周转18次以上,较好地缓解企业融资难、融资贵问题。

【民生工程实施】全县32项民生工程累计拨付民生工程资金37.18亿元，占计划投入资金的101.9%。工程类项目全部提前完工，资金类等其他项目全面兑现，有效提升全县167万群众生活福祉。年初，出台《利辛县人民政府关于2017年实施民生工程的通知》(利政〔2017〕1号)，并根据人员变化调整充实民生工程工作领导组织。县财政局组织有关单位根据目标任务，足额将民生工程所需资金列入预算，确保民生工程资金需求。坚持对民生工程实施情况进行月调度，将民生工程工作调度列为每月县长办公会固定议题，专题通报工作推进中存在的问题及整改情况，并由县督查中心进行督办。严格实行一月一调度、一月一考核、一月一督查、一月一通报、一月一督办“五个一”工作推进机制，确保各项工程按时间高质量推进。

【支持脱贫攻坚】落实县级专项扶贫资金预算7500万元，占当年地方预算新增财政收入的29%。盘活存量资金，清理收回可统筹使用资金1.36亿元，用于脱贫攻坚。新增债券资金安排重点向扶贫项目倾斜，累计投入3.14亿元，主要用于农村危房改造以及德青源、强英鸭业、浩翔农牧等产业扶贫项目。加强与金融机构合作，切实拓宽扶贫投入渠道，通过融资筹集资金8.05亿元，其中用于易地扶贫搬迁项目1.31亿元、光伏建设项目6.74亿元。整合财政涉农资金8.43亿元，其中：中央3.85亿元，省级1.71亿元，市级2.12亿元，县级7500万元。全县累计投入资金18.5亿元，主要用于产业扶持、健康扶贫、教育扶贫、易地搬迁扶贫等脱贫攻坚十大工程。

【财政监督检查】组织开展扶贫资金专项检查，结合全县“五查五看”春季大走访活动，县财政局组成四个检查组，对23个乡镇财政专项扶贫资金使用情况进行专项检查，严肃查处扶贫资金管理使用中的违规违纪行为，确保扶贫资金专款专用、安全运行、精准高效。开展“三公经费”专项检查，县财政局抽调专人组成5个小分队，对全县6个乡镇和23个县直单位“三公”经费支出和管理进行重点抽查，及时发现“三公”经费支出中存在的问题和薄弱环节，确保中央八项规定精神落到实处。牵头抓好“小金库”专项整治、滥发津补贴专项整治及“回头看”工作，严肃财经纪律，强化财务管理。

【深化财政改革】出台《利辛县财政资金拨付管理办法》，明确财政业务人员在资金拨付环节不直接与施工方、供货方接触，进一步简化程序、提高效率、防控风险。突出重点，针对脱贫攻坚、教育均衡等重大项目资金，出台《利辛县财政扶贫资金管理办法》等4个专项资金管理办法，进一步强化对专项资金的管理和监督。继续推进财政预决算和“三公”经费信息公开，进一步扩大公开范围，细化公开内容。严格控制“三公”经费支出，全县“三公”经费支出继续保持下降态势。县级审批政府工程建设和货物采购项目566个，预算(控制)价41.29亿元，中标价37.13亿元，节约资金4.16元，节约率10.1%。政府和社会资本合作(PPP)的市政基建项目(总投资估算为24.4亿元)、交通基建项目(总投资估算为7亿元)，已进入公开招标程序。全面规范政府融资举债行为，清理核实政府存量债务，加强限额管理，防范和化解风险。

【财政队伍建设】深入开展“讲重作”专题警示教育，按照县委统一部署，聚焦“严肃党内政治生活、建设良好党内政治文化、净化优化政治生态”主题，开展理论学习、现场教育、对照反思、集中研讨活动，召开专题民主生活会，建章立制，增强广大党员干部守规矩意识，筑牢思想防线，推动全县财政持续健康发展。扎实开展精准帮扶脱贫活动，遴选76名党员干部深入旧城施桥、程集赵桥等村，开展驻村扶贫工作。全年办理县人大建议1件、政协委员提案2件，办理过程和办理结果满意度均为100%。在局机关推行工作日志制度，工作日志一天一记录、一月一抽查，促使干部自我检查、自我管理，提升工作效率。围绕推进财政重点改革、重点工作、作风建设等，19个股室、单位对23个乡镇财政所帮联督查。强化服务意识，落实部门会商，全年累计会商362次，解决问题343个，进一步优化服务、提升效能、改进作风。

谯城区财政工作概述

【概况】2017年，全区完成财政收入36亿元，占年初预算34.3亿元的105%，同比增长15.3%。财政收入质量进一步提高，税收占比为86.9%，比上年提升1个百分点。财政支出完成71.95亿元，同比增长15.1%。其中，民生支出完成64.86亿元，同比增长14.7%。

【财政改革】按照《预算法》规定，区人代会批准预算后的20日内,及时将2017年预算批复到区直各部门。针对性地选择2018年度项目支出较多、职能领域对经济社会发展影响较大、行业代表性较强的经济技术开发区、林业局、审计局等36个部门进行预算公开评审,落实"开门办预算",增强预算编制公开透明度。按照预算公开"四统一"要求,除涉密部门外,在区政府网站以及部门网站"预算公开专栏"公开部门预算和"三公"经费预算。同时,印发《预算法》宣传手册500余册,通过宣传月活动,增强普法效果,进一步规范业务,提高理财能力。组成决算审核汇编小组,集中审核、汇编2016年度财政总决算和各部门决算。在9月15日公开全区财政总决算,9月22日集中统一公开全区预算部门决算。将惠农补贴一卡通发放端口延伸至各业务主管部门,实现信息资源共享,惠农补贴打卡发放安全、准确、及时,荣获省级惠农补贴资金管理和乡镇财政资金监管一等奖的表彰。加强乡镇财政工作档案管理,截至2017年底全区有13个财政所获"省一级档案目标管理单位"称号,达标超50%以上。2017年度三公经费累计支出2014.8万元,比年初预算2856.4万元减少支出29.5%。

【民生工程】全区实施31项民生工程,投入资金40.5亿元,全部完成目标任务,民生工程工作再次获得全市第一。通过财政惠民"一卡通",及时足额发放财政资金6.46亿元,项目57项,惠及群众57万多人次(户),创近年财政涉农惠民补贴新高。拨付城乡低保、城乡医疗救助等社会补贴1.03亿元,2.66万人从中受益;拨付高龄补贴428.5万元,2.5万人受益,全区128位百岁老人每人每年享受3600元高龄补贴;拨付各项社会保险基金11.68亿元,其中拨付城乡居民养老保险待遇支出2.03亿元,拨付城乡居民医疗保险待遇支出8亿元。各项基金银行活期存款全部执行优惠利率,做到定存保值增值。发放8个"老字号"补贴3200万元,1.3万老字号人员从中受益,年人均享受补助资金2462元。

【资金监管】制定印发《关于开展2017年预算支出绩效评价工作的通知》,对使用2016年度新增地方政府债券资金实施的项目进行全面重点评价。建立财政存量资金与预算安排结合机制,清理核查盘活财政存量资金,收回财政存量资金6353.8万元,按规定用途统筹使用,其中用于扶贫支出占盘活存量资金可统筹部分的50%以上。取消以报账员名义设立的"个人账号",完成全区170多家预算单位财务人员信息采集,制定国库集中支付电子信息化改革实施方案,完善支付中心人员岗位设置,全面完成国库集中支付电子化管理改革。完善内部控制度建设,按照《中央巡视组对我省开展巡视"回头看"反馈意见的整改方案》精神,开展"小金库"和滥发津补贴"回头看"工作,全区176家单位签订"承诺书",报告"自查自纠"工作情况。

【服务经济】全区到期应偿还债务12.66亿元,使用财政部发行的置换债券归还,到期债务全部偿还。置换债券资金全部到位。制定印发《关于公布2017年区本级政府购买服务实施清单的通知》,在政府及部门网站上进行公告,明确2017年全区政府购买服务实施项目24项,项目预算资金1.02亿元,完成预算支出1.02亿元,资金支付率达100%。建立PPP项目库,实施PPP项目8个,总投资规模达133.2亿元。建立PPP项目咨询库,通过公开招标,确定5家咨询服务机构为PPP项目实施提供全过程咨询服务。筹集财政续贷过桥资金1.03亿元,累计发放过桥资金28.39亿元,支持企业734家,资金周转率27次,有力支持企业发展。加大对金融担保等机构扶持力度,做好药都银行、湖商村镇银行、金地融资担保公司、康乾融资担保公司、新三板上市企业、创业担保贷款贴息等奖励资金申报工作,及时拨付奖补资金733万元。投入1100万元在银行设立谯城区小企业助保金专户,银行按不低于十倍的数额放大,为小企业贷款提供担保。2017年,接受担保贷款企业达29家,发放贷款2.3亿元,充分发挥助保金在企业发展中的重要作用。修订《融资风险补偿基金试点工作实施方案》,与合作银行续签协议,筹集融资风险补偿基金910万元,支持家庭农场和农民专业合作社发展,累计发放贷款112家,发放资金4406万元,促进全区新型农业经营主体发展。支持156家企业申报项目,争取财政资金10467.2万元,整理编印《涉企涉农专项资金申报服务指南》手册,免费发放到企业。

【重点工作】脱贫攻坚方面:安排扶贫资金22.44亿元用于扶持脱贫攻坚,其中各级财政扶贫专项资金安排5.91亿元,整合各类涉农资金5.45亿元,发放扶贫小额信贷资金4.39亿元,投入518座光伏电站建设资金6.69亿元,资金拨付率为100%,确保精准扶贫项目顺利实施。全局61名党员干部承包174

户贫困户，按要求每名帮扶干部坚持每月走访慰问不少于2次，开展贫困户“微心愿”征集活动，积极献爱心捐款4500元。农村综合改革方面：全区一事一议财政奖补项目173个，项目投资规模6174.8万元，其中财政奖补5089.7万元，群众自筹和社会捐赠1085.1万元，开工率、完工率、资金拨付率实现100%。高标准农田建设方面：高质量完成五马镇、颜集镇、赵桥乡2016年高标准农田建设项目，共治理耕地面积3万亩，总投资3969.92万元。2017年度高标准农田建设项目为谯东镇项目和沙土镇项目，完成总工程量的50%，完成2017目标计划的120%。招商引资方面：与南京太平洋集团签订14.9亿元的谯城区城乡一体化PPP项目框架协议，与安徽龙仁堂鑫蟾生物科技有限责任公司签订2.5亿元投资协议，接洽中青实业华佗健康产业基金（暂定名）项目计划投资16亿元。政府采购方面：公开2016—2017年区级政府集中采购目录及限额标准，建立工作台账，完成市区一体化公共资源交易平台建设工作。办结各类采购658项，预算资金51.45亿元，合同资金46.33亿元，节约5.12亿元，节约率9.96%。

【党建工作】落实“三会一课”制度，开展换届程序、党务业务等培训，7月底完成5个基层组织的换届工作，选举产生新一届委员会。每月党员集中活动日统一下达活动主题，开展“戴党徽、亮身份、树形象”等活动。开展“讲看齐见行动”大讨论、“讲政治重规矩作表率”专题警示教育活动，组织“新《党章》集中学习”月活动，扎实推进“两学一做”学习教育常态化制度化工作。针对区委党建工作督查发现的问题，局党组、总支和支部分别进行集体查漏补缺，在全局上下掀起对标清单整改，设置“财政党员示范岗”，完善党员积分制管理考评制度，建立党建推进工作组，确定每周五下午为党建党务专属时间，实行问题整改清单销号制等，财政部门基层党组织标准化建设工作达到标准化要求。坚持廉洁责任书“连年签”，落实警示教育“每月一课”活动，组织收看《蚕食的人生》等警示教育片，认真开展“讲重作”怎么讲、怎么做、怎么办三个专题大讨论，副科级以上人员带头发言讨论，落实民主生活会，净化党内政治生活。持续开展守规矩作表率“三谈心”活动，持续开展党员干部“自画像”特色宣传活动，始终坚持财政政策实施、窗口优质服务和干部廉洁形象宣传，坚持编辑《谯城财政风采》、编印《谯城财政剪报》，开展财政特色宣传。《共产党员》《谯城清风》等11个订阅号达到“全覆盖”，财政信息和宣传始终保持全区位次前10名，谯城区财政局荣获2017年度全区组工信息工作先进集体。4个财政党建工作微信群实行“群主”承诺，用好“微信党支部”平台，落实舆情监控，开展自身教育监督。完成本年度干部在线学习任务，按时办结办事大厅交办事项355件，及时办理回复市长热线、人民网留言、政企直通车反映的问题，回复市长热线56件，回复人民留言2件，办理“政风行风热线”1件，回复政协提案3件，做到件件有回音，事事有落实。

【效能建设】印发《谯城区财政局落实岗位责任制目标暨“四个全面提升”实施工作方案》《谯城区财政局关于进一步加强机关效能建设切实改进工作作风的通知》等文件。明确责任目标，加强部署，制定工作方案，健全组织，综合治理、安全生产、“平安单位”建设等工作得到进一步巩固提升。谯城区财政局连续两年（2016—2017年度）获区政府“集体三等功”嘉奖，财政局党组书记、局长方平红同志获记个人“三等功”。谯城区财政局荣获区委区政府授予的“人口和计划生育综合治理先进单位”、2017年度绩效考评优秀单位；在全市第八届文明单位创建中，被评为文明单位；在全市实施妇女儿童发展规划工作中，被评为2011—2016年度先进集体；全省财政系统2013—2017度“全省财政先进集体”，党组成员、副局长张平同志荣获全省财政系统先进工作者。

（李龙沛）

宿州市财政工作综述

宿州市财政工作概述

【概况】2017 年,全市财政收入完成 156.45 亿元,增收 16.65 亿元,增长 11.9%,增幅居全省第 7 位。全市财政支出完成 345.92 亿元,总量居全省第 7 位,为预算的 105.7%,增支 34.57 亿元,增长 11.1%,增幅居全省第 7 位。

【财政收入】全市财政收入累计完成 156.45 亿元。分收入项目看,税收收入完成 118.39 亿元,增长 17.5%,高于财政收入增幅 5.6 个百分点,占财政收入的 75.7%,比上年同期提高 3.6 个百分点。非税收入完成 38.07 亿元,下降 2.5%,低于财政收入增幅 14.4 个百分点,占财政总收入的 24.3%,比上年下降 3.6 个百分点。分收入部门看,国税部门完成 75.18 亿元,增收 25.19 亿元,增长 50.4%,完成预算的 99.7%(剔除四大行业 1—5 月营改增收入 10.1 亿元影响,同口径增长 30.2%)。地税部门完成 46.21亿元,减收 7.57 亿元,下降 14.1%,完成预算的 101.1%(剔除营改增因素影响,同口径增长 20.5%)。财政部门完成 34.65 亿元,减收 1.39 亿元,下降 3.9%,完成预算的 109%。海关部门完成 4214 万元为净增长,完成预算的 140.5%。分县区情况看,四县一区完成 102 亿元,增长 17.2%,收入总量占全市的 65.2%;宿马园区完成 4.8 亿元,完成预算的 100.2%,增长 14.6%;高新区完成 4 亿元,完成预算的 100.6%,增长 60.6%;开发区(含鞋城)完成 17.2 亿元,完成预算的 95.8%,增长 7.8%;市直完成 28.4 亿元,完成预算的 93%,下降 5.7%。

【财政支出】2017 年,全市财政支出完成 345.92 亿元。从民生支出看,教育、科学技术等十三大类民生支出 297.84 亿元,增长 11.8%,占总支出的比重为 86.1%,比上年同期提高 0.6 个百分点。从重点支出看,与 GDP 核算密切相关的一般公共服务、公共安全、教育、科学技术、社会保障和就业、医疗卫生与计划生育、节能环保、城乡社区等八项重点支出 256.39亿元,同比增长 22.6%,占总支出的比重为 74.1%,比上年同期提高 7 个百分点。

【民生工程实施】2017 年,全市 33 项民生工程投入资金 107.35 亿元,民生工程位居全省第 2 位,取得历史最好成绩。其中,拨付 1.59 亿元实施农村安全饮水工程,共解决 31.29 万户农村居民饮水安全问题;拨付 1.97 亿元实施农村危房改造,受益群众 10800 户;拨付 9 亿元实施农村道路畅通工程,完工道路 1420.425 公里,农村道路、水利等“打基础”项目普遍得到提升,农村生产生活条件显著改善。农村最低生活保障等 18 项补助类资金全部发放到位,农村低保标准由每人每年 3000 元提高到 3800 元,城乡居民医疗缴费财政补助由每人每年 450 元提高到 480 元,城乡居民养老保险基础养老金由每人每年 900 元提高到 1104 元,贫困残疾人救助与康复、重度残疾人护理补贴等“保基本”项目得到保障。

【支持脱贫攻坚】市县两级财政全年实际投入专项扶贫资金3.62亿元，其中，市级1.22亿元、县级2.4亿元，较上年增列专项扶贫资金1.53亿元，增列资金占年度地方财政收入增量的88%。清理收回可统筹存量资金33198万元，安排22556万元用于脱贫攻坚，占可统筹比例88%。全市扶贫资金绩效管理位列全省第一方阵，扶贫开发重点市前三位。强化扶贫资金监督管理，印发《关于进一步加强财政扶贫资金管理工作通知》《关于进一步规范财政扶贫资金管理的通知》《关于全面加强财政扶贫资金监管工作的通知》等系列文件，进一步筑牢扶贫资金监管体系。强化扶贫资金的支出调度，对县区的财政扶贫资金支出管理情况，实行“一月一排名、一月一调度”。强化扶贫资金监督检查，全年开展财政扶贫资金管理使用情况检查督查22次，其中市级3次、县区19次，共检查资金21.9亿元，有效保障扶贫资金安全、规范、高效运行。

【服务经济发展】全面落实“营改增”改革，全年减税7.7亿元；持续清理并减少市级行政事业性收费项目，贯彻落实国家和省市行政事业性收费和政府性基金政策，减轻企业负担2.2亿元。全面兑现促发展各项政策，鼓励企业挂牌上市，拨付市级资金1071万元对3家“新三板”挂牌企业和13家省股权交易中心挂牌企业进行奖励，直接融资规模进一步扩大。拨付3.9亿元支持云计算产业基地建设、科技创新驱动、企业技术改造、科研产业化奖励等。不断加大农业综合开发力度，积极推进农村基础设施建设，拨付2.4亿元实施农村公益事业“一事一议”财政奖补项目1154个。通过“一卡通”发放各项惠农补贴资金34.2亿元，受益农民277.5万户。积极争取上级资金，全市共争取一般性转移支付134亿元，专项转移支付74.2亿元，有力促进经济社会发展。完成政银担业务24.2亿元，有效缓解中小微企业“融资难”、“融资贵”问题。全市安排过桥资金1.65亿元，周转次数达18.6次，共为612家小微企业提供过桥资金30.6亿元，全力推进中小企业发展。

【财政各项改革】围绕建立现代财政制度，深入推进预决算公开，强化社会监督，促进依法理财。实行开门编预算，支出为导向，上门搞服务，围绕2018年预算编制开展上门会商45次。按照事权和财权相统一的原则，稳步推进市区财政体制调整。《宿州市市区财政管理体制调整方案》于2018年1月19日经市政府第1次常务会议审议通过，通过合理划分政府间事权和支出责任，促进市区共同发展。大力推进政府与社会资本合作(PPP)模式，完善PPP项目开发目录，截至2017年底，全市准备实施项目84个、计划总投资576亿元。通过财政部审核认可的落地实施项目21个、项目总投资172.8亿元，落地项目个数位列全省第5位、落地项目投资金额位居全省第4位。强化政府债务管理，建立健全政府性债务风险应急处置机制，严格执行政府债务限额管理，积极高效用好政府债券。全市争取债券资金置换到期政府债务42.28亿元，其中市本级置换35.19亿元；争取新增债券资金51.57亿元，其中市本级新增债券9.19亿元。

（侯卫）

砀山县财政工作概述

【概况】2017年，砀山县财政运行总体平稳，为全县经济社会平稳健康发展提供坚实财力支撑。全县财政总收入完成13.89亿元，完成年初预算13亿元的106.9%，比上年同期增收2.38亿元，增长20.7%。全县财政支出完成42.54亿元，比上年增支7.99亿元，增长23.1%。

【财政收支管理】全县财政总收入完成13.89亿元，完成年初预算13亿元的106.9%，比上年同期增收2.38亿元，增长20.7%。全市4县1区增幅排名第1位、总量排名第3位。其中：地方一般预算收入完成8.97亿元，完成年度预算的103.5%，同比增收1.07亿元，增长13.5%；中央级收入完成3.84亿元，完成年度预算的105.4%，同比增收9170万元，增长29.1%。全县财政支出完成42.44亿元，完成年度预算的99.5%，同比增支7.99亿元，增长23.1%。其中：教育、社会保障与就业、医疗卫生和计划生育、农林水事物、住房保障等财政民生支出36.59亿元，同比增支6.99亿元，增长23.6%，占总支出的86.01%，财政支出进一步向民生领域倾斜。

【财政体制改革】继续完善部门预算改革，科学制定各预算单位的支出定额，严格预算编制和执行管理，严格控制“三公”经费，全面推行预算信息公开，提高预算编制的科学性和透明性，加强社会监督。全县“三公”经费累计支出1628万元，同比增加

0.9%,主要原因是公务用车管理中心购新车净增加161万元;继续深化国库集中支付制度和公务卡制度改革。大力推行国库支付电子化管理改革,根据省财政厅启动国库支付电子化系统上线要求,及电子化支付改革的"三个原则""三个阶段"要求有效推进,11月中旬,电子化支付上线试运行。严格执行公务卡强制结算目录,加大公务卡使用情况的监控力度,不断提高公务卡使用率和公务支出透明度,支付中心全年完成直接支付69439笔,金额907392万元,比上年同期新增207799万元;预算单位累计办理公务卡5246张,比上年新增855张,办理公务卡结算业务9336笔,金额2141万元;继续完善非税收入收缴制度改革。加强非税收入分析、日常监管和非税票据管理,建立健全非税收入入库制度,并加强对财政代收人员的管理和业务指导,坚持税收收入和非税收入并重,努力做到应收尽收;认真做好教育、社保等专项资金的监督检查,规范资金管理办法,完善管理措施;加强政府采购预算编制审查,规范政府采购监督管理,积极开展政府采购电子化应用平台系统建设。

【民生工程实施】全县实施33项民生工程,有目标任务的32项(山区库区农村住房保险试点无任务),全部完成年度目标任务。投入民生工程资金17.03亿元(含实物配套等),其中:中央及省财政资金11.01亿元,市级配套资金0.15亿元,县配套资金3.69亿元,群众缴费及自筹资金2.17亿元。农村低保、重度残疾、计生家庭扶助、五保供养、医疗保障、助学体系等补助补贴标准和保障水平不断提高,同时建成一大批打基础、管长远的民生工程项目点。民生工程的深入实施及服务和保障水平的提升,使民生工程政策日渐深入民心,成效日益凸显,公共事业得到长足发展,公共服务更加均等,干群关系进一步密切,社会保障体系更加完备,人民群众尤其是弱势群众"生活难"、"看病难"和"上学难"等问题得到改善,民生工程连续多年保持全市先进行列,人民群众的生活质量和幸福指数不断提升。

【服务经济发展】县财政积极落实各项供给侧结构性改革政策,致力于打造发展型财政,多方筹措资金,全力扶持中小企业及新兴产业发展,助推全县经济转型。拨付民营经济发展专项扶持资金2608万元(县级配套1304万元),拨付民营经济发展专项奖补资金1088万元,全力支持民营企业发展;拨付电子商务综合示范发展专项资金550万元扶持电商产业做大做强;投入扶贫工厂建设资金2400万元,主要用于水果电商建设和扶贫工厂建设,投入水果冷库建设资金2040万元,建设17个水果储藏库,争取省级现代农业示范区项目资金100万元。全力推进"4321"新型政银担合作模式,加大担保增信服务,积极支持中小企业发展,砀山县中小企业融资担保公司2016、2017年度经中国联合信用管理有限公司评定为A级信用担保公司。全年共办理担保业务171笔,担保金额6.25亿元。

【落实惠农政策】进一步规范财政各项涉农补贴资金发放制度,确保资金及时、安全打卡发放到户。全年发放近30项惠民补助资金3.96亿元,涉及农业支持保护补贴、扶贫、养老、民生工程等各方面;认真实施农业综合改革一事一议财政奖补工作。完成一事一议财政奖补项目116个,总投资4315万元,做到贫困村"一事一议"财政奖补项目全覆盖,整合资金投入比例达80%以上;积极实施农业综合开发,提升农业生产能力。实施高标准农田建设项目3个、产业化经营补助项目8个、贷款贴息项目9个,项目总投资4277万元,其中财政资金3826万元;扎实开展政策性农业保险工作。完成午季小麦承保30万亩,养殖业母猪保险3.5万头,特色产业果树承保14.4万亩,保费总额2102万元,其中各级财政配套资金1609万元,农民自缴保费492万元。有效提高农业生产抗灾能力;加大农村环境综合整治投入,支持推进农村垃圾、污水和厕所专项整治"三大革命",加快改善农村人居环境,推进城乡一体化建设,2017年下拨美好乡村建设资金1200万元、三线三边资金2744万元。

【加强债务管控】经安徽省人民政府批准,省财政厅核定砀山县2017年地方政府债务限额33.69亿元,其中:一般债务22.97亿元、专项债务10.72亿元。截至2017年底,砀山县政府债务余额为25.66亿元,其中:一般债务余额19.08亿元,专项债务余额6.58亿元,债务总体水平保持在省财政厅和县人大批准的债务限额内,债务规模处于合理区间、债务风险总体可控。省财政厅代发债券筹集资金55737万元,其中:新增债券资金45985万元,置换债券资金9752万元。新增债券资金已按照文件要求分配到砀山县的18个公益性项目建设。置换债券资金经县政府批准,全部用于偿还经2014年清理甄别的政府存量一类债务。截至年末,新增债券资金和置换债券资金全部使用完毕。

(张浩)

萧县财政工作概述

【概况】2017 年,全县完成财政总收入 23.4 亿元,比上年增收 3.4 亿元,增长 17%,其中地方一般公共预算收入 16.76 亿元。全县财政支出完成59.96 亿元,比上年增加支出 10.45 亿元,增长 21.1%,其中地方一般公共预算支出 59.96 亿元。

【财政收入】2017 年全年完成财政收入 23.4 亿元,比上年增收 3.4 亿元,增长 17%,总量在全市位居第二。其中税收收入完成 15.16 亿元,占财政收入的 64.8%,收入质量较上年有所提高。乡镇财政收入实现新突破,全年完成 9.64 亿元,比上年增长 66.37%,其中超千万元的乡镇达到 14 个,龙城镇完成 3.9 亿元,开发区完成 1.65 亿元。全年非税收入完成 8.24 亿元。

【服务发展】全年争取专项转移支付资金 105000 万元。拨付资金 119600 万元,支持重点项目建设。拨付政策扶持资金 7529 万元,大力支持招商引资企业发展。为外向型企业减免退增值税 2950 万元。为企业融资担保 117990 万元,在保余额 144990 万元。发放小额担保贷款 1560 万元,为广大自主创业者提供资金支持。为小微企业支付贷款贴息资金 396 万元。争取清洁能源贷款 3100 万元,支持企业技术改造。实施 PPP 项目 6 个,吸纳社会资本 34 亿元,张江萧县高科技园区 PPP 项目受到国务院通报表彰。

【民生工程】全县财政支出完成 599636 万元,比上年增加支出 104517 万元,增长 21.1%,增幅在全市位居第二。其中"三公"经费支出 2010 万元,比上年下降 11%。投入 33 项民生工程资金 235560 万元,较上年增加 32560 万元,增长 16.1%,其中县级配套资金 36700 万元。一般公共服务等八项支出 442838 万元,较上年增加 103314 万元,增长 30.43%。教育等 13 大类的民生支出 520057 万元,占公共财政支出的 86.73%。支持义务教育均衡发展,投入资金 10537 万元;教育扶贫资助 990 万元;实施营养改善计划教育惠民工程,拨付补助资金 6525 万元。安排农村文化建设资金 316 万元;公共文化场馆免费开放支出 220 万元。拨付 2120 万元,提高特困人员供养和城乡最低生活保障标准、人均补助标准;完善老年人、儿童等社会福利政策,老字号群体工龄补助 3117 万元,特困人员供养及生活无着人员救助 4712 万元;提高医疗救助比例,拨付救助资金 4068 万元,受益 179579 人;发放城乡居民最低生活保障资金 7188 万元。拨付新农合资金 67393 万元、城乡居民医保资金 4560 万元;安排基层医疗机构改革资金 10423 万元。通过"一卡通"发放涉农补贴资金 71000 万元;安排 87 个村扶贫专项资金 28495 万元,统筹整合涉农资金 78678 万元,大力支持十大脱贫工程,实现 27 个村出列、43369 名贫困户脱贫。拨付就业资金 1593 万元,支持农村劳动力、城镇就业困难人员和高校毕业生就业创业。拨付住房保障资金 28919 万元,推动保障性安居工程建设。落实秸秆禁烧资金 7012 万元。实施农业综合开发项目 12 个,项目总投资 4114 万元。实施一事一议财政奖补项目 215 个,投入资金 5697 万元。积极推进政策性农业保险,筹集保费 3255 万元,拨付理赔资金 2400 万元。

【财政改革】加大存量资金盘活力度,清理存量资金 3189 万元,纳入政府预算统筹使用 1754 万元。实行公务卡强制结算,公务卡支出 1865 万元,较上年增长 23%。建立国库集中支付预警机制,拒付不合规支出 857 万元。强化政府采购预算约束,全年实现政府采购商品服务类金额 25012 万元,节支 2638 万元,节约率 10.7%;建设工程类 110.8 亿元,节约资金 5.76 亿元,节约率4.95%。规范政府性债务管理,争取政府新增一般债券 30694 万元、专项债券 98401 万元、一般置换债券 3292 万元、专项置换债券 31762 万元。

【队伍建设】加强业务培训,安排 3 批 6 人参加省财政厅组织的乡镇财政所长培训班,组织 150 名乡镇财政人员赴阜阳参加业务培训,全年主动会商 176 次,审批会计代理记账机构 2 家,审批政府采购方式 174 件,接受群众业务咨询 389 人次,实现零差错、零投诉。积极开展城乡结对共建,从机关抽调 79 名同志开展一对一扶贫帮困,6 名同志常年驻村帮扶。108 人主动参与文明交通劝导活动,有 9 个财政所被授予市级文明单位,局机关被授予省级文明单位。全年开展"讲重作"等主题教育 7 次,及时办理信访案件 3 起,维护单位和谐稳定大局。在全县目标管理考核中再次获得优秀等次,在招商引资考核中获得二等奖,杨楼财政所被评为全省财政系统先进集体。

(刘光锋)

灵璧县财政工作概述

【概况】2017年,灵璧县财政坚持稳中求进,改革创新,充分发挥财政职能作用,调整优化支出结构,保民生、稳增长,促进全县经济社会协调健康发展。财政收入完成12.5亿元,同比增长19.2%;财政支出完成47.82亿元,同比增长13.8%。

【财政收入】加大税收共治工作力度,促进涉税信息共享,堵塞税收漏洞,保障应收尽收;加大依法治税力度,开展税收“百日攻坚”活动,促进财政收入再上新台阶;加大财税工作调度和考核力度,充分调动各乡镇和职能部门组织征收积极性。全县公共财政预算收入125042万元,占预算107.8%,同比增收20108万元,增长19.2%。其中:地方公共预算收入84342万元,占预算107.8%,同比增收10420万元,增长14.1%;中央收入40599万元,占预算107.5%,同比增收9611万元,增长31%。2017年,税收收入占比提高,收入结构趋于优化。全县税收收入91426万元,同比增收18311万元,增长25%,占全县财政收入的73.1%,同比提高3.4个百分点。增值税、所得税等主体税种对税收收入的增长拉动较大,其中增值税收入39211万元,增长67%;企业所得税收入11967万元,增长66.4%;个人所得税收入2210万元,增长7.9%;土地增值税收入6552万元,增长35.7%。全县非税收入完成33616万元,同比增长5.7%。

【财政支出】大力强化预算执行措施,不断调整优化支出结构,加强支出管理,增强预算执行均衡性和有效性,及时拨付重点、民生工程项目资金,保障重点、民生支出的需求。全县公共财政预算支出完成478212万元,占预算的132.8%,同比增支58162万元,增长13.8%。全年民生支出423504万元,增支52209万元,增长14.1%,占全年支出的88.6%。全县八项支出356821万元,增支71670万元,增长25.1%,占全年支出的74.6%。

【财政监督检查】加强财政内部监督管理。认真贯彻落实《财政部门内部监督检查办法》,对全县乡镇财政所和局直股室、局属单位的财政资金监管、内控建设情况、纪律作风建设等方面进行不定期检查。加强内部控制建设。结合各相关股室业务操作流程,系统梳理各项业务的风险点并拟定防控措施,制定本单位内部控制操作规程,提高内控制度可操作性。加强财政监督检查,重点开展扶贫资金专项检查、预决算信息公开检查、贯彻落实中央八项规定专项检查等,严肃财经纪律,净化经济环境。积极推进“小金库”专项治理工作常态化。

【民生工程工作】全年累计投入33项民生工程资金20亿元,采取“望、闻、问、切”举措,扎实有效推进民生工程实施,圆满完成民生工程目标任务,惠及全县130万群众。“望”,即:点面结合“望”实情,确保工作部署到位、资金落实到位、政策宣传到位;“闻”,即:万人参与“闻”问题,以“万名干部大调研”活动为契机,认真梳理群众反映的民生问题,总结群众提出的意见和建议,及时反馈及时解决。“问”,即:双向交流“问”进度,把民生工程纳入全县重点工程,实行“一把手”负责制,实行每周问题提示制度,做到精准调度,现场办公,进行面对面约谈,直面问题,找准症结,现场解决,推动民生工程顺利实施。“切”,即:解决问题“切”症结,通过找准症结,列出问题清单,层层传导压力,层层分解责任,确保问题得到及时整改,彻底解决民生工程实施症结。

【财政补贴农民资金发放】按照公开透明、阳光操作的要求,进一步规范和加强财政补贴农民资金管理和发放工作,保证各项资金及时、准确地发放到补贴对象手中。全年通过“一卡通”系统发放财政补贴农民资金21大类35项,打卡发放金额6.84亿元,惠及农户47.9万户(人)次。工作中,建立会商机制,加强协调配合,确保补贴清册项目与补贴资金发放要求一致,项目数据准确、信息真实,进一步降低和减少失败数据的二次发放工作;规范操作,强化考核,强化抽查巡查,实行一月一通报,确保财政补贴农民资金各项政策全面贯彻落实;深入推进乡镇财政资金监管工作,切实搭建县乡两级财政资金监管平台;有效开展惠农补贴资金和乡镇财政资金监管绩效评价。经省财政厅考评,灵璧县惠农补贴资金和乡镇财政资金监管工作分别获得全省二等奖和三等奖。

【财政扶贫资金管理】进一步加大扶贫资金预算投入,大力统筹整合涉农资金,切实加强扶贫资金监督管理,加快扶贫资金支出进度,确保扶贫资金精准使用。2017年财政专项扶贫资金县本级预算安排2080万元;清理盘活财政存量资金11198万元;统筹整合涉农资金57352万元。

【PPP项目申报和实施】截至2017年末，灵璧县有10个项目纳入财政部PPP项目库，总投资79.56亿元，其中9个项目通过财政部审核，分别是：灵璧县污水处理PPP项目、灵璧县公安局交通管理大队驾驶人考试中心项目、灵璧县城市路网PPP项目一期工程、灵璧县钟灵毓秀.金色名郡棚改安置房PPP项目、灵璧县公共基础设施PPP项目、灵璧县乡镇污水处理PPP项目、灵璧县城乡生活垃圾治理一体化、灵璧县城区水环境治理工程PPP项目、灵璧县城市公园PPP项目。签订合同进入执行阶段项目有5个：灵璧县污水处理PPP项目、灵璧县公安局交通管理大队驾驶人考试中心项目、灵璧县城市路网PPP项目一期工程、灵璧县钟灵毓秀.金色名郡棚改安置房PPP项目、灵璧县乡镇污水处理PPP项目，其他项目均处于采购阶段。根据11月20日安徽省财政厅第3期PPP项目管理情况通报中，灵璧县通过财政部审核项目数量位居全省第三（含县、市、区及省辖市本级），投资额位居全省第九（含县、市、区及省辖市本级）。

【政策性农业保险工作】认真贯彻落实省市相关文件精神，规范业务操作流程，不断加强完善农业保险工作机制。全县种植业小麦、玉米、大豆累计承保284.76万亩，收取农户自交保费908.53万元，理赔资金2361.3万元。养殖业能繁母猪承保5.2万头，养殖户自交保费61.2万元，理赔资金189.3万元。特色保险育肥猪承保5.7万头，养殖户自交保费34.2万元，理赔资金79.2万元。2017年度灵璧县政策性农业保险工作在省财政厅绩效评价中位居全省第一。

【一事一议财政奖补工作】全县共253个行政村开展一事一议财政奖补工作，占比86%。批复奖补项目263个，投入资金4814万元。其中村民筹资250.6万元，财政奖补资金4563.3万元（中央资金2439万元、省级资金1512万元、县级配套资金612.3万元），惠及全县81万人民群众。项目建设涉及全县63个贫困村，项目投资1048万元，实现省委、省政府提出的贫困村一事一议财政奖补项目全覆盖。所有一事一议财政奖补项目，严格实施项目立项核查和评审制度、严格落实项目县级招投标制度、严格实行标前审计制度。

【农业综合开发工作】实施高标准农田建设项目2个，于8月31日通过市级验收。其中，灵城镇亢田片高标准农田建设项目位于灵城镇西北部，项目区范围为新汴河以南、东起新汴河、南到宿泗路、西到桂沟，总土地面积14.4km^2（2.16万亩），其中耕地1.27万亩，涉及亢田、刘赵、界沟3个行政村，农户1559户，农业人口0.65万人，项目计划投资为1673.4万元；娄庄镇赵家片高标准农田建设项目位于娄庄镇南部，项目区范围为北至娄南沟、东起俞山路、南到三南路、西到姚山村界。总面积27.24km^2，耕地2.7万亩，治理面积0.9万亩。涉及赵家、姚山2个贫困村，农业人口0.82万人，项目总计划投资1078万元。完成2016年产业化财政补助项目5个、编制上报并启动实施2017年高标准农田建设项目2个、完成2017年产业化贷款贴息项目5个。

【行政事业财务管理工作】严格管理教育各类项目资金，加大投入力度，推进全县义务教育均衡发展。2017年对学前教育、义务教育阶段、中职教育、高中教育及薄弱学校改造等专项资金投入42085.84万元。加大文化旅游投入力度，加快文化旅游强县建设，支持基层公共文化服务体系建设，继续落实图书馆、文化馆等免费开放、农村公益性电影放映等文化惠民政策，以及文化园及现代农业博览园景区建设维护，全年共投入文化旅游专项资金2242.62万元。认真落实人口计划生育各项惠民政策，投入计生专项资金1417.86万元。落实村级组织建设专项资金及村民委员会和村党支部干部报酬经费4457.5757万元。配合做好司法体制改革，及时落实政法专项经费。做好三公经费及会议费统计报表及报送工作。

【政府采购工作】2017年度认真编制政府采购预算，公布公开政府集中采购目录，全面实施政府采购网络化管理，加大采购代理机构的监督检查工作力度，规范采购代理机构的执业行为，全面落实“双随机一公开”的要求。全县采购预算达到50527.54万元，实际采购46118.3万元，节约资金4409.2万元，资金节约率为8.7%。其中：公开招标采购金额40751万元，邀请招标采购金额450.7万元，竞争性谈判1457.5万元，询价3392.9万元，单一来源采购66万元。

泗县财政工作概述

【概况】2017年，全县共完成财政收入13.87亿元,增长20.7%;共完成财政支出47.88亿元,增长15%,为全县经济社会发展提供有力保障。

【财政收支管理】泗县财税部门扎实抓好财源建设,科学组织财政收入,全力保障重点支出,全县财政收支超额完成年初预算安排的目标任务。从征收部门完成情况看:国税部门完成6.16亿元,占预算的101%,同比增长52.2%;地税部门完成4.5亿元,占预算的108.2%,同比下降12.8%(营改增影响);财政部门完成3.21亿元,占预算的128.6%,同比增长40.4%。从收入结构完成情况看:税收收入完成10.37亿元,同比增长15.5%,占财政总收入的74.7%;非税收入完成3.5亿元,同比增长39.2%,占财政总收入的25.3%。在抓好财政收入的同时,积极优化支出结构,着力保障改善民生。全年民生支出完成41.49亿元,同比增长15.6%,占财政支出的86.6%,财政八项支出完成33.22亿元,同比增长26.7%。

【脱贫攻坚】全年投入6.33亿元用于脱贫攻坚工作,其中,财政专项扶贫资金1.45亿元、中央福利彩票公益金2000万元、新增地方政府债券5579万元、县级财政安排3560万元、整合涉农资金3.77亿元,为各项脱贫政策的落实提供财力保障。在加大扶贫资金投入、加强涉农资金整合的同时,健全完善扶贫资金和项目监管办法,定期会同纪检、监察、扶贫、审计等部门组织开展扶贫资金和项目监督检查工作,确保财政扶贫资金安全、规范、高效运行,扶贫项目保质、保量、按时完工。扎实做好财政系统的扶贫"双包"工作,积极帮助包保贫困村加强党员活动场所建设,切实提升村级党组织的凝聚力和战斗力;认真开展基层调研活动,为贫困村找准发展路子,争取政策支持,促进村级集体经济发展;全体包保人员定期走访慰问贫困户,帮助贫困户制定脱贫计划,认真落实就业创业、健康、教育等扶贫政策,取得显著帮扶成效。

【服务发展】充分发挥财政职能作用,认真落实省市促进经济平稳健康发展相关政策,努力增加有效投入,全力支持经济发展。设立产业发展引导资金5000万元,重点支持主导产业项目发展。安排500万元电子商务发展专项资金,重点支持电子商务产业园建设。积极发挥省、市支持企业发展专项资金的引导作用,投入599万元支持企业发展专项资金,推动企业转型升级、创新发展。完善中小企业融资担保体系,全年为173户企业提供担保贷款6.89亿元,在保企业207户,担保总额7.9亿元;为76户企业提供助贷资金1.94亿元,切实解决企业融资难题。认真落实《鼓励农民进城购房若干政策规定(试行)》,全年共支付补助资金2303万元,促进农村土地节约集约利用和农村人口有序向县城转移。

【保障改善民生】全县33项民生工程总计投入资金18.55亿元,其中:中央、省级专项补助资金12.96亿元,市县配套资金3.83亿元,其他自筹资金1.76亿元。33项民生工程的顺利实施,有效保障改善人民生活。2017年被评为"全省民生工程绩效考评先进县"。认真做好农业综合开发工作,投入5633.8万元建设高标准农田3.89万亩、完成农业产业化项目1个,其中:投入3955万元,全力抓好高标准农田建设模式创新试点项目建设,有效促进农村一二三产业融合发展。积极做好政策性农业保险工作,全年共发放农作物受灾理赔资金2174.8万元,有效减轻农户因灾损失。统筹做好"一事一议"财政奖补工作,投入3714万元新建道路项目160个、亮化项目17个、环卫项目3个,有效改善农村生产生活条件。有序做好惠农补贴资金发放工作,全年通过"一卡通"发放惠农补贴资金10亿元,保证各项惠农政策真正落到实处,荣获"全省惠农补贴资金管理和发放工作绩效考评一等奖"。

【规范财政管理】按照《预算法》要求,科学编制预算,规范预算执行,扎实做好预决算和"三公"经费信息公开工作,切实提升预算执行效率和经费支出透明度,全县"三公"经费同比下降23.1%。有序推进国库集中支付电子化管理改革,保障财政资金安全,提高资金支付效率,提升财政服务水平。进一步加强全县行政事业单位国有资产管理,严格资产配置审批,杜绝超标准配置资产,降低行政成本;严格资产使用管理,防止国有资产闲置、损失、浪费;严格资产处置审批,防止国有资产流失。认真组织对泗县交警大队等6家单位进行会计信息质量检查,促进各单位进一步规范和改进会计工作。高效做好人大代表建议、议案和政协委员提案办理工作,上门征求意见建议并进行跟踪问效,切实提升办理效率和办理质量。认真落实全面从严治党要求,结合省委巡视反馈问题整改,切实抓好财政系统党建工作,优化工作作风,提升工作效能。

【加强自身建设】坚持把贯彻执行民主集中制作

为维护班子团结和增强班子凝聚力的有效方法，经常召开局党组会议和民主生活会，广泛地听取意见，民主集中，求同存异。坚持局内重要工作、人事任免、经费使用等重大事项，经局党组会集体讨论决定，有效地提升财政领导班子的凝聚力和战斗力。在加强领导班子建设的同时，不断强化干部队伍建设，结合“两学一做”学习教育和“讲重作”专题教育及专题警示教育，积极组织财政系统干部职工开展集中学习和专题研讨、警示教育等活动，切实提升财政系统党员干部的党性修养和廉洁自律意识。有序抓好财政系统业务培训工作，先后组织开展乡镇财政业务、民生工程政策、国有资产管理、行政事业单位内部控制等与财政工作密切相关的培训。

（王杰）

埇桥区财政工作概述

【概况】2017 年，埇桥区财政运行总体平稳，财政预算执行情况总体较好，经济持续健康发展，财政保障能力显著增强。全区一般公共预算收入完成 38.32亿元，同比增收 4.82 亿元，增长 14.4%，全区一般公共预算支出完成 68.67 亿元，增支 7.96 亿元，增长 13.1%，全区政府性基金收入 8.8 亿元，同比增收 3.5 亿元，增长 66%，全区政府性基金支出 8.3 亿元。

【财政收入管理】围绕全年收入目标，采取一系列措施，加大收入力度，推动经济发展行稳致远。积极落实纺织、建材等重点税源行业企业的产业扶持政策，夯实财源税源基础；大力开展综合治税，形成齐抓共管的社会治税合力；持续开展低税负企业专项稽查、房地产建筑安装行业税收专项清理等税收征管工作，堵塞税收征管漏洞；常态性的开展税收组织调度，解决工作中存在的困难和问题。全年全区完成财政收入 38.32 亿元（国税完成 22 亿元，完成年初预算的 98.6%；地税完成 10.2 亿元，完成年初预算的 101%，财政完成 6 亿元，完成年初预算的 138.1%），同比增收 4.82 亿元，增长 14.4%，其中：税收收入完成 31.2 亿元，增长 23.5%，税收收入占财政总收入比重达 81.4%，增收 5.7 亿元，同比增长 22.4%。

【财政支出管理】牢固树立“过紧日子”的理财观念，以完善预算公开机制为契机，加强预算管理，健全预算执行责任制，将预算执行主要环节进行量化，提高支出均衡性、有效性。严格执行《党政机关厉行节约反对浪费条例》，“三公”经费同比下降 26%。加快专项资金分解下达进度，加大支出进度督查通报力度，预算执行进度明显加快；建立结余结转资金管理常态化机制，着力盘活财政存量资金 2.79 亿元，统筹用于重点亟需领域支出。着力构建财政“大监督”格局，积极开展落实财政政策、“小金库”专项治理、财政专项扶贫资金监督检查、会计信息质量和内部监督检查等工作，进一步规范公务支出行为，切实执行会议费、差旅费、培训费等管理制度，财经管理制度体系不断完善。

【财政体制改革】全口径预算体系初见成效，部门预算体系日趋完善，财政中期规划管理稳步推动，政府和部门预决算全面向社会公开。预算绩效评价改革稳步推进；国库管理体制逐步完善，全面启动国库集中支付电子化管理改革，公务卡改革全面铺开，公务支出实现“阳光”操作；政府购买服务改革稳步推进，政府采购、政府投资项目评审等改革持续深化，总投资 30.9 亿元的 G206 曹村至符离北改建工程、S404 宿城至皖苏界改建工程、宿州市循环经济园污水处理厂及配套管网建设、汴河南、汴河北生活垃圾清扫收运城乡一体化项目、埇桥区三馆一院一中心及应用技术学校 6 个 PPP 项目稳步实施。深入推进供给侧结构性改革，全面落实减税降费各项政策，促进实体经济发展。

【政府债务管理】全面清理核实政府存量债务，将债务纳入全口径预算管理，建立债务管理风险预警机制。同时，创新体制机制，深化财政改革，强化管理监督，着力提高科学化规范化管理水平，出台加强政府债务管理的意见，2017 年全区新增一般债券资金 2 亿元，置换债券 0.48 亿元，各项债务指标均在可控范围内。

【民生工程实施】民生支出完成 58.7 亿元，占一般公共预算支出的 87%。安排精准扶贫专项资金 1.73亿元全力支持脱贫攻坚，推进统筹整合使用财政涉农扶贫资金 5.96 亿元，重点加大对产业扶贫、健康扶贫等方面的支持力度，集中财力办好扶贫大事；全面落实惠农政策，促进“三农”发展。全面实施农业“三项补贴”改革，通过“一卡通”发放财政惠农补贴资金 2.8 亿元，支持农村农业基础建设，推动农业产业发展。

完善就业和社会保险政策。着力扩大社会保障体系覆盖面。区本级足额配套资金0.78亿元,城镇居民医保、新农合财政补助标准均提高到450元,城乡居民医保、新农合参合人数达到154.7万人,新农合参合率达到110.25%。农村低保保障标准提高至3800元/年,城市低保保障标准提高至528元/月,保障范围进一步扩大,惠及3.5万城乡低保对象。筹集资金1.8亿元,保障新型农村养老保险和城镇居民养老保险的全覆盖,公共卫生服务水平进一步提升。

保障教育文化发展。投入资金0.3亿元,保障全区公共文化服务体系建设、文化产业发展建设等。筹集资金0.6亿元,支持科技研发、旅游产业和社会公益事业发展。落实资金1.6亿元,建立覆盖全区的城乡义务教育经费保障机制。筹集资金14.4亿元,保障教师工资、教育基础设施建设、困难学生资助体系完善、城区教育布局调整和教育补助政策落实。

支持一事一议和美丽乡村建设。支持村级公益事业建设"一事一议"开展,筹集各方资金0.6亿元,重点支持农村生产生活最急需、群众愿望最迫切的村级基础设施建设,受益农民142万人。投资3.4亿元积极开展美丽乡村建设,积极帮扶乡镇争取创新型试点专项资金支持。

【服务经济发展】兑现各项财政扶持资金1.4亿元,重点支持企业解困、产业转型、"大众创业、万众创新"、互联网+及科技创新建设,促进经济发展后劲。出资1亿元设立产业发展引导基金,引导社会资本积极参与,支持首位产业发展;投入工业企业发展专项资金0.2亿元,鼓励实体经济发展和支持企业上市融资;整合财政、国资资源,有效盘活国有资产,组建城投、文旅投、循投、教投等投融资公司,壮大国有企业运营发展实力,促进教育、园区、旅游等产业发展;落实适度财政补贴政策,推进房地产去库存,促进房地产市场平稳发展,有效降成本增效益。全面实施"营改增"试点,拉长抵扣链条,全年降低企业税负1.5亿元;出台房产税、土地使用税相关激励措施,落实取消和停征部分涉企行政事业性收费项目,促进企业减负增效。落实0.3亿元过桥资金帮助企业度过"还旧贷新"难关,为163家企业办理"4321"担保贷款11.85亿元助推小微企业发展。

【人事教育管理】坚持高标准严要求,扎实开展"两学一做"学习教育及"讲重做"专题警示教育活动。组织全局党员干部学习贯彻党的十九大及习近平总书记系列重要讲话精神,围绕中心、服务大局,将"两学一做"学习教育与财政改革相结合,与业务工作相结合,与作风建设相结合,用学习研讨为财政改革提供精神动力,用财政改革促进学习教育深入推进,用学习教育促进财政业务水平提高,切实做到"两不误、双促进"。

(邵志坚)

蚌埠市财政工作综述

蚌埠市财政工作概述

【概况】2017年,全市完成财政收入274.5亿元,同比增长9.3%,全市财政支出298.3亿元,增长11.3%,其中民生支出完成262.3亿元,占财政支出的88%。市本级财政收入114.5亿元,增长6.3%,其中地方收入37亿元,增长4.6%。市本级财政支出80.3亿元。市本级政府性基金收入74.7亿元,支出65亿元。市本级国有资本经营收入6.7亿元,支出5.1亿元。市本级社会保险基金收入55.9亿元,支出53.4亿元。

【财政收支保持稳定增长】强化目标管理,制定出台2017年财政收入目标考核办法,及时将全年收入任务分解下达到各征收部门和县区,提请市政府将各县区、市直各征管部门组织收入情况纳入市级党政绩效目标考核范围。加强预期调度,制定出台《蚌埠市加强财政收入预期管理实施办法》,全面建立"1+5"收入征管分析制度,细致摸排各项税源情况,建立部门会商联动机制,与税务、海关等部门定期会商,分析收入形势,把控收入进度,确保各项收入及时入库。加快支出进度,及时批复下达年度预算,加快上级转移支付拨付进度,建立跟踪分析、重点调度、定期通报制度,动态掌握重点项目资金的分配使用情况,着力加快支出进度、提高资金效率。优化支出结构,坚持有保有控,加大民生等重点领域投入力度。

【促进经济发展提质增效】加大财政有效投入,统筹安排各类促进经济发展资金49.7亿元,支持中建材超薄玻璃、比亚迪云轨、泰富重工等重点企业、重大项目建设,推进硅基新材料产业集聚发展。安排科技创新资金1.3亿元,支持企业技术研发、科技成果转化和人才培养。新增市级产业引导基金2亿元,支持设立农业产业化投资基金,市级产业引导基金规模扩大到9亿元,通过政府引导、社会资本参与,先后组建或参与支持设立市级投资基金,初步形成总规模约100亿元的基金群,促进产业发展。落实减税降费政策,全市累计"减免抵退"各项税费55.8亿元。全面落实高新技术企业结构性减税政策,扩大小微企业所得税减半征收范围,取消城市公用事业附加和新型墙体材料专项基金,扩大残疾人就业保障金免征范围,取消或停征35项涉企行政事业性收费。缓解企业融资难题,拨付资金4234万元,增加政策性融资担保机构国有资本金。积极筹措资金,充实过桥资金规模,兑现财政奖补政策,支持企业通过新三板挂牌等方式直接融资。

【提高民生保障水平】全力支持脱贫攻坚,落实专项扶贫资金稳定增长机制,全市投入扶贫资金6.2亿元。加强扶贫资金分配、项目安排、支出进度等管理,提高扶贫资金使用效益。进一步提高农村低保和扶贫标准,市辖区由年人均3420元增加到4100元,三县由3180元增加到3818元。出台财政专项扶贫资金绩效考评办法,提高财政资金扶贫绩效。精心实施民生工程,投入资金65亿元,重点抓好新增和提标项目,扎实推进部分项目整合和实施工作。调整"市民生工程协调小组"升级为"市民生工作领导小组",完善资金筹集、项目实施、审计监督等制度,组织开展民生工程监督检查,全面完成年度目标任务。加大公共领域投入,多渠道筹集资金45.2亿元,保障离退休人员养老金及时足额发放。投入资金10.1亿元,支持职教园、体育中心、街头运动场等项目建设。持续提高城乡居民基本医疗保险和基本公共卫生服务财政补助标准。大力支持就业创业,拨付就业资金1.5亿元,支持公共就业服务平台建设,设立青年创业引导资金,全市新增就业7.9万人。

【支持城乡区域协调发展】支持城市大建设,统筹安排土地出让金、政府债券等资金102亿元,支持棚户区改造、轨道交通试验段和市政基础设施等重点项目建设。推广运用PPP模式,支持吸收社会资本开展黑臭水体整治、城市排水防涝等项目建设。支持农业供给侧改革,统筹安排促进农业发展资金20.4亿元,支持耕地地力保护、水利薄弱环节治理等项目建设,促进农业产业化龙头企业加快发展。拨付资金1.4亿元,推进政策性农业保险提标扩面。投入资金2.7亿元,实施"一事一议"财政奖补项目448个、农业综合开发项目36个。发放涉农补贴资金14.8亿元。支持绿色生态发展,拨付环保专项资金1.6亿元,支持水、大气、土壤等环境综合治理。拨付资金1.5亿元,支持秸秆禁烧和产业化利用。拨付资金2.6亿元,支持美丽乡村建设。多渠道筹集资金,保障文明城市创建工作。

【推进财政重点改革】稳妥推进市对区财政体制改革,主动对接省以下事权和支出责任划分改革,制定《蚌埠市市以下财政事权和支出责任划分改革实施方案》。科学编制《2018—2020年中期财政规划》和2018年市本级及部门预算,深入推进预决算信息公开。加强政府债务管理,修订《蚌埠市政府性债务管理办法》(蚌政办〔2017〕44号),完善债务管理制度;制定《蚌埠市政府性债务风险应急处置预案》(蚌政办秘〔2017〕82号),建立风险应急机制,严格政府债务限额和预算管理,规范政府性债务举债程序和资金用途,防控债务风险。争取省转贷政府债券73.7亿元。做好存量债务置换工作,全年节约融资成本约2.6亿元。落实税制改革政策,按照中央、省统一部署,做好环保税开征前各项准备工作。加强"营改增"后税收管理,开展外地建安企业增值税调研,落实增值税简并税率政策。

【规范财政资金管理】规范资金审批管理,制定出台《市本级财政资金审批管理暂行办法》(蚌政办〔2017〕1号),除上级新出台政策、应急救灾等突发事件外,原则上不追加预算;确需追加和调整预算的,每年编制两次预算调整方案报市人大常委会审批。盘活财政存量资金,制定出台《蚌埠市盘活财政沉淀资金用于增加有效投资和补短板实施办法》(蚌政办〔2017〕5号),建立结转结余资金定期清理机制。市本级清理收回财政沉淀资金5.5亿元,全部调整用于经济社会发展重点领域和薄弱环节。健全绩效评价体系,在市直单位自行开展项目绩效评价基础上,组织开展环保项目、民生工程、财政专项扶贫资金等重点项目绩效评价。加强绩效评价结果运用,将无效和低效支出调整用于民生和重点项目,提高财政资金使用绩效。

怀远县财政工作概述

【概况】2017年,全县财政收入完成29.13亿元,增长8.5%。分收入级次看,地方收入完成16.62亿元,下降9%,中央收入完成11.92亿元,增长44.7%。分征管部门完成情况:国税部门完成18.2亿元,增长38.4%;地税部门完成6.63亿元,下降24.7%;财政部门完成4.31亿元,下降12.1%。全县财政支出完成66.63亿元,同比增支9.3亿元,增长16.2%。全县教育、社会保障和就业、医疗卫生、城乡社区事务、农林水事务、交通运输、住房保障等民生方面支出61.36亿元,占全县财政支出比重92%,增长17.7%。

【紧抓收支管理】健全机制搭平台,加强政府投资项目税收征管,建立综合治税平台,实现涉税信息共享,全年查实漏税2200万元。放管结合征非税:一手抓放管服，严格落实企业降费政策；一手抓非税征收，加强非税收入监督检查，全年非税收入完成4.6亿元。突出重点抓稽查，以纳税评估和税务稽查为抓手，重点对企业所得税、土地增值税、房产税开展税务评估评查，全年补缴税款3600万元。因企施策清欠税，全面梳理历年欠税，依法清理欠税3206万元，有效化解税务风险，规范征税秩序。注重绩效控一般，规范定额管理，清理不合理的专项支出，一般性支出压缩2000万元，压缩率5%以上。严格落实中央“八项规定”精神，坚持厉行节约，全县“三公”经费同比下降15.7%。

【服务经济发展】落实减税政策，全面落实“营改增”及中小企业减税政策，释放企业活力，全年为企业减免税费4.1亿元。支持园区发展，投入资金1.26亿元，用于园区土地规划。投入资金1.1亿元，用于道路、孵化园等基础设施建设，提升园区承载能力。强化融资保障，投入资金2444万元，用于增加中小企业融资担保公司注册资本金（注册资本金达4.8亿元），为中小企业担保贷款24.15亿元，有效解决企业融资难题。推动转型升级，注重财政引导，县本级投入资金2.92亿元，争取上级补助资金4398万元，支持企业科技创新和转型升级。突出项目带动，争取地方政府债券1.31亿元，统筹用于城乡基础设施建设、脱贫攻坚等重点项目。

【改善民计民生】支持教育事业均衡发展，全年教育支出15.99亿元，占一般公共财政支出的26.9%，主要用于义务教育保障、困难学生资助等方面。支持科技文化事业发展，全年投入资金1013万元，用于科学发展、全民阅读、戏剧演出等。支持社保体系健康发展，在城乡居民基本养老保险、就业补贴、低保五保等方面投入资金4.54亿元，用于保障居民生活，缓解就业难题，逐步完善困难群体救助体系。支持深化医疗体制改革，全年投入资金7.42亿元，用于城乡居民医疗保险、基层医疗卫生体制改革等方面，切实解决“看病难题”。支持生态环境改善，全年投入资金2.14亿元，在城区保洁、污水处理、农村环境整治、秸秆禁烧、白蛾防治等方面，用于改善城乡环境面貌，提升群众幸福指数。全力打好脱贫攻坚战，投入资金1.43亿元，用于统筹推进产业扶贫、金融扶贫、社保兜底、健康扶贫、就业扶贫等十大工程，完善财政综合投入体系。

【加大支农力度】支持农业供给侧结构性改革，投入资金3.73亿元，用于推进新型农业生产试点、发放农业三项补贴、农机购置补贴等。兜底政策性农业保险，增强农业抵御风险能力。支持农业基础设施建设，贯彻落实乡村振兴战略，投入资金3.26亿元，用于农村农田、水利、公路等基础设施建设，进一步改善农村生产生活条件。支持美丽乡村建设，投入资金1.02亿元，用于统筹推进美丽乡镇、美丽乡村建设。撬动社会资本2.9亿元，用于乡镇政府驻地建成区整治。支持村级组织运转，为实现标准化村级活动场所全覆盖，全年投入资金1.09亿元，用于落实村干部各项报酬和办公经费，新建、扩建村级组织活动场所，巩固和发挥基层党组织“战地堡垒”作用。支持农村综合改革，投入资金3707万元，深化农村综合改革、国有农场税费改革、国有林场改革，统筹城乡发展，推进公共服务均等化。

【完善财政管理体系】预算管理改革全面深化，精细预算编制管理，深入开展预算项目公开评审。全年盘活财政存量资金6133万元，统筹用于脱贫攻坚和重点支出。国库集中支付持续推进，实现县乡预算单位国库集中支付全覆盖，集中支付资金突破70亿元。公务卡消费金额2859万元，比上年增长29.3%，增强公务支出透明度，打造预算单位“阳光支出”。国有资产管理日趋完善，开展城区公共基础设施资产清查工作。全年国有资源（资产）有偿使用收入8681万元。债务管理能力有效提升，出台政府债务管理制度，争取置换债券8.83亿元，有效降低债务成本，减轻还款压力。加强财政监督，开展“小金库”和“滥发津补贴”整治“回头看”，聚焦财政资金管理和运行中的突出问题，规范财政财务行为。

固镇县财政工作概述

【概况】2017年，全县一般公共预算收入完成16.75亿元，增长13.5%。一般公共预算支出完成37.18亿元，增长11.1%。

【财政收支平稳运行】坚持依法征收。强化收入预测和执行分析，注重组织收入、统筹管理，确保财税收入按月平稳有序入库，实现增长12%的奋斗目标。落实税费政策,全面完成“营改增”,实施调整增值税税率,降低运行成本,减轻企业负担,全年共减免企业税费6000万元。强化支出管理,盘活财政存量资金,压减一般性支出和“三公”经费支出。全年安排资金34.8亿元,确保民生领域和重点项目资金需求。

【群众福祉持续增强】实施民生工程,按照“保基本、兜底线、促公平、可持续”的总体思路,立足抓早、抓细、抓实,共投入资金10.5亿元,其中县级配套资金2.8亿元。积极筹措扶贫资金,及时拨付资金,确保精准使用,加强资金监管,确保专款专用。本年度拨付扶贫资金8872万元,脱贫贫困人口6099人。全面落实各项惠农政策,通过财政补贴“一卡通”发放各类惠农补贴18项,补贴金额2.5亿元。政策性农业保险午、秋两季投保183万亩,参保率100%;午季小麦受灾理赔755万元,秋季玉米受灾理赔1000万元。完善财政教育保障稳定增长机制,确保教育优先发展,加大教育扶持力度,支持教育城乡统筹。全年拨付教育各类资金7.55亿元,其中:义务教育经费保障机制改革资金7199万元,教育项目工程建设资金6198万元,顺利通过义务教育均衡发展国家督导检查验收。健全完善社会保障体系,以落实各项民生保障为着力点,全年拨付各类社会保障资金4.63亿元,其中:拨付城乡困难群众基本生活保障1.57亿元,城乡困难群众医疗救助726万元,新农合资金2.77亿元。拨付资金1441万元,推进公立医院综合改革;拨付资金2839万元,完成基本公共卫生服务体系建设。

【生态环境不断改善】整治农村环境,全年拨付农村环境整治经费2500万元,实行农村垃圾市场化运作;拨付专项资金3138万元,实现农作物秸秆综合利用;拨付高标准基本农田建设资金6535万元,支持耕地保护;拨付公路建设养护资金5842万元,加强农村公共服务运行维护;拨付资金3340万元,促进土地综合治理和农村产业化发展。推进美丽乡村建设,全年拨付资金1.01亿元,其中县级财政安排6120万元,实施项目建设24个,其中省级示范村10个,市级示范村6个,县级示范村8个。逐步完善县城基础设施建设,拨付建设资金1.24亿元,持续推进棚户区改造和保障性安居工程建设;安排资金1.30亿元,加大县城道路改造和小街背巷整治,绿化、亮化、美化成效显著。

【财政职能充分发挥】全面加强预算管理,坚持先有预算,后有支出,强化全口径预算管理,完善部门预算编制标准体系,推进预算、决算信息公开,进一步扩大预算公开范围,细化公开内容。全县59家部门和各乡镇2016年决算、2017年预算全部按要求公开到位。盘活财政存量资金,认真贯彻落实有关盘活存量资金各项政策要求,切实提高资金使用效益,进一步加强结余结转资金管理。全年共清理财政沉淀资金2.42亿元,收回资金3939万元,主要用于扶贫和重点领域发展。加大债务管控力度,防范和化解财政金融风险,守住不发生区域性、系统性风险底线,制定出台《固镇县政府性债务风险应急处置预案》和《固镇县政府性债务管理办法》,进一步规范融资行为,对新增政府性债务规模进行严格控制和审批。截至年末,本县系统内债务总额为27.8亿元,其中本年新增债务2.57亿元,债务率、新增债务率、偿债率和逾期债务率4项指标均在省考核范围之内。实施环境保护税开征准备工作,与税务、环保等部门一起,对环境污染企业进行调研,对环境保护税进行测算,成立领导小组,制定工作机制,加强人员培训,广泛开展宣传,为开征环境保护税做好准备工作。用好用活财政资金,支持服务实体经济发展,缓解中小微企业资金周转压力,截至年末,全县续贷过桥资金总额达2400万元,累计扶持企业40家,周转金额2.7亿元,周转次数50次。完善财政内控管理,加强财务监管,规范财政支出,全县共办理公务卡5094张,全年结算消费突破4000万元,是上年的2倍,剔除对公账户转账,支付率达90%以上,使用率和支付率大大提高。

五河县财政工作概述

【概况】2017年,全县完成财政收入17.19亿元,比上年增长4.8%,其中地方财政收入完成11.56亿元。全县一般公共预算支出完成38.61亿元,同比增长14.9%,其中,县本级支出完成34.13亿元。

【财政收入管理】紧紧围绕年初确定目标任务,及时将收入任务数层层分解,落实到各部门、各乡镇,完善目标管理制,明确任务,落实责任,严格考核,奖罚兑现,提高各单位、各部门抓收入的积极性。定期召开联席会议,强化财税收入分析。加强财税工作的协调配合,定期召开国、地、财办公会议,搞好税源分析,加强收支预算执行分析和预测,狠抓收入入库工作,实现财政收入均衡入库。本年度全县完成财政收入17.19亿元,比上年增长4.8%,其中,国税部门8.64亿元,比上年同期下降4.2%;地税部门4.40亿元,比上年同期增长12.2%;财政部门4.15亿元,比上年同期增长20.2%。

【财政支出管理】强化预算管理,通过优化支出结构,压缩一般性支出,加大结余结转资金统筹使用力度等措施,实现财政收支平衡。全年全县公共财政预算支出完成38.61亿元,同比增支5.01亿元,增长14.9%;财政民生支出完成33.58亿元,增长15.2%,占财政支出87.0%。压缩一般公共预算支出和"三公经费"支出,按照压缩5%的原则,压缩本县各部门综合定额指标70多万元;县"三公经费"支出总额为1562万元,同比减少120万元,下降7.1%。

【财政体制改革】做好预算管理制度改革工作,预算编制采取"二上二下"程序,继续深化"开门办预算"、推进预算公开评审工作等方式,不断完善预算管理制度,完成2017年度预算执行和2018年度预算编制。全面推行预算公开,按照《预算法》要求,县本级符合条件的57个部门2017年部门预决算及"三公"经费信息在县政府政务公开网陆续公开。稳步推进三年中期规划编制,2017年在县本级预算部门中全面开展2018—2020年中期财政预算编制工作。加大财政存量资金盘活统筹力度,健全结转结余资金定期清理机制,对转移支付资金连续结转两年以上的、县本级预算安排资金连续结转一年以上的一律清理收回。按照要求对2014—2016年存量资金进行清理盘活,收回政府统筹使用8588.3万元。做好政府性债务管理工作,全面规范政府性债务管理,开展政府性债务监督检查,建立债务风险防范机制,认真开展规范地方政府举债融资行为专项整治,清理举债融资项目3个。积极争取省级债券支持,本年取得新增债券7069万元,置换债券6.48亿元。目前本县政府性债务处于安全可控范围内。落实农业三项补贴改革,坚决执行中央关于三农政策,严格落实强农惠农补贴政策,制定《五河县2017年农业"三项补贴"改革实施方案》,以土地确权面积为发放基础,明确部门、乡镇职责,督促农业部门按时上报补贴发放数据,审核发放资金,全年累计发放农业"三项补贴"资金1.3亿元。推进乡镇财政资金监管工作,财政部门主动与县直相关部门会商、与软件公司联系,争取形成共识,形成工作合力,切实做到乡镇财政资金监管信息通达、公开公示、抽查巡查等内容。全年公开公示1720次、抽查巡查810次,纳入监管资金12.32亿元,其中:单位预算资金5.14亿元、补助类资金30项4.8亿元、村级财务资金0.75亿元、项目类资金1.63亿元,监管工作初见成效。做好2017年财政监督管理专项工作,按照《安徽省财政厅关于做好2017年财政监督管理专项工作的通知》(财监〔2017〕776号)要求,相继开展"小金库"和滥发津补贴整治"回头看"、清理盘活财政存量资金、深入推进预决算公开、强化政府债务监督管理、强化预算编制执行监督管理、强化专项资金监督管理6个财政监督管理专项工作,重点牵头开展"小金库"和滥发津补贴整治"回头看"工作。通过自查自纠、抽查、重点检查和整改落实四个阶段工作切实增强预算法治意识,严格依法理财,严肃财经纪律,强化风险防控,确保重大财税政策落实。

【民生工程实施】全年33项民生工程中,五河县有目标任务31项,总投入资金17.08亿元,比上年增长9.42%,民生工程惠及全县医疗卫生、文化教育、劳动就业、社会保障、农业生产、住房保障等多个领域,全部完成年度目标任务。拓宽筹资渠道,加强资金保障,将民生工程配套资金足额纳入财政预算,优先安排,全年安排县级配套资金2.59亿元,同比增长23.4%。实行资金垫付制度,在预算时预留资金1650万元,对于上级资金不能同步到位时,资金由县财政先行垫付。强化监督检查,规范项目实施,采取综合督查和专项督查相结合方式,对民生工程政策贯彻落实情况、项目进展情况进行督查,实地督查14次,开展"回头看"工作1次,上门会商81次,召开推进调度会议6次,全力保障民生工程项目实施。加大宣传力度,营造良好氛围。利用报刊、网站、公开栏等载体,充分发挥媒体宣传主渠道、网络宣传主窗口、基层宣传主阵地作用,丰富宣传载体,加强舆情管理,5月至6月举办民生工程“宣传月”活动,11月举办民生工程“宣传周”活动,悬挂宣传标语700多条,发放宣传资料10万余份。在财政部网站发表信息4篇,在省级媒体发表宣传信息31篇,市级媒体发表宣传信息165篇,编制民生工程简报21期。

【服务经济发展】增加社会保障投入,全县社会保障支出9.22亿元,其中,城市低保补助3861人,农村低保补助18164人,财政共补助资金7322.92万元;新型农村合作医疗补助支出3.54亿元;公共卫生建设支出4389万元。落实惠民强农政策,2017年发放财政补贴资金4.3亿元,涉及32个补贴项目,26个批次,受益农户达到14万;确保各项惠民政策落到实处。投入财政奖补资金2073万元,累计实施一事一议财政奖补项目140个,投入财政资金1926.4万元,实施2个高标准农田示范工程项目1.5万亩。投入美丽乡村建设专项资金6277万元,确保全县7个乡镇建设区、5个省级中心村和20个市县中心村建设工作顺利开展。贯彻科教兴国战略,拨付义务教育公用经费4975.8万元,学前教育奖补资金611.3万元,各类助学资金2084.8万元;安排资金7827.6万元用于义务教育薄弱学校校舍维修和新建、改建校舍及附属设施,购置必要的教育教学设备及图书等。持续加大扶贫资金投入,本年度各级财政安排资金8282.9万元,整合扶贫相关资金1.42亿元,分别用于农村道路畅通工程、健康脱贫、技能脱贫、扶贫信贷和医疗保险保障补助以及小额扶贫贷款风险保证金等项目。其中,中央财政扶贫资金1447.6万元,省级财政资金639.8万元,市级扶贫资金691万元,县财政专项资金1338万元,比上年增长678万元,增幅达38%;扶贫存量资金1152万元;其他财政资金1295.5万元,债券资金1719万元。推进重大项目和重点工程建设,积极联系协调相关部门,特别是环保、交通、住建、国土、水利、农业等部门,大力推进农村道路畅通、保障房建设、千亿斤粮食田间工程、秸秆禁烧等重大项目和重点工程建设,加强监督,严格按照项目进度拨款。全年投入千亿斤粮食田间工程拨付2795.5万元;投入资金1.63亿元支持棚户区改造、保障性安居工程等项目建设;投入秸秆禁烧专项资金3841.8万元,饮用水源头上移项目资金907万元,拆网还湖项目资金2997万元,污水处理费849.3万元,开展园林城市建设和城市文明创建1068.78万元,城市和农村生活垃圾处理2571.7万元等,改善本县人居环境。

【国有资产清查】本年度全县行政事业单位机构282(含主管单位)个,总资产合计25.38亿元,总资产增长3.5亿元,增长率为27.04%,资产处置账面原值293.79万元,资产收益1598.3万元。规范国有资产管理,严格处置流程,坚持公开拍租、拍卖国有资产,确保国有资产保值增值,本年度国有资产处置、出租和拆迁补偿收入1.55亿元,其中国有资产处置收入1.52亿元,出租收入305.87万元。

龙子湖区财政工作概述

【概况】2017年,全区实现财政收入11.40亿元,较上年同期9.85亿元增收1.55亿元,增长15.8%。实现财政支出8.30亿元,较上年同期6.28亿元增加2.02亿元,增长32.2%。其中财政民生支出6.70亿元,较上年同期5.54亿元增长21%。

【财政收入管理】面对辖区重点税源大户减收以及营改增等政策性减税因素,区财政局把完成财政收入任务作为第一工作目标,密切关注全面推开营改增改革和国家结构性减税政策影响,认真分析影响本区收入的各种不利因素,科学总结和预判收入形势,夯实收入目标管理责任制,明确乡、街(中心)、各有关职能部门在财税收入征管工作中的任务、要求和职责,增强组织收入动力。强化措施抓征管,强化税政宣传,联合区国税局对辖区建安企业开展营改增纳税辅导,就营改增后建筑业税收征管体制变化依法进行纳税宣传;狠抓税收清欠,联合区国税局、区地税局邀请辖区欠税企业召开清缴欠税会议,强调欠税失信后果,调查摸底欠税原因,分类施策;加大协税护税力度,面向乡、街(中心)开展招商引资涉税和建筑业涉税政策培训,协助乡、街(中心)开展招商引资活动,全年乡、街(中心)招商引入本区企业30家,促进财政增收1400万元。源头控制抓非税,规范非税收入管理,加强监督检查及重点收入来源监测,严格落实以票管收、源头控收,确保非税收入依法及时、足额征收。

【财政支出管理】服务经济发展,协助全区各级各部门征集、筛选、上报项目,全年累计争取上级各类专项补助资金3.2亿元。采取"有保有压"的理财方式,从有限的区级可用财力中挤出资金培育重点企业发展、配套重大项目建设,其中:拨付全区首家新三板挂牌企业安泰医药140万元,拨付棚户区改造项目资金3.1亿元、安置房建设资金2.31亿元,老旧小区改造资金7650万元。

【财政体制改革】加强财政监督,会同区监察局联合开展"巧立名目滥发奖金补贴"专项整治工作,查处违规发放津补贴单位16家,违规发放项目14个,收缴违规发放津补贴23.48万元。严控"三公"经费,全区财政预算安排"三公"经费238万元,较上年下降20%。严格非税收入票据管理,严把票据"计划、领购、审核、稽查"四道关,严格执行"验旧领新、全额入库、票款分离"的票据管理制度,进一步加强与执收单位的沟通联系,及时全面掌握执收单位的收入动态情况,坚决做到源头控制、应收尽收。加大政府财务人员培训力度,组织91家预算单位开展部门决算编制培训,讲解部门决算编制操作方法及要求;组织全区财务人员学习权责发生制财务报告编制方法,提升政府财务管理规范化水平。

【保障民计民生】支持改善人居环境,投入资金1.7亿元支持创建全国文明城市、农村环境卫生整治、保障性安居工程、17个老旧小区整治改造、9个农村"一事一议"财政奖补项目等方面。支持教育事业,投入资金2000万元用于解决农村中小学薄弱学校改造,校舍维修,推进学前教育行动计划,农村义务教育阶段学校教师特设岗位计划等方面。免除城乡义务教育阶段学生学杂费并补助学校公用经费学生数13629人,向城乡义务教育阶段免费提供国家课程教科书学生数13629人;维修改造农村义务教育阶段学校校舍面积1.13万平方米。支持医疗卫生与计划生育事业,投入资金2400万元用于基本药物补助、城乡医疗救助、新农合和城镇医疗保险基金、基本公共卫生服务、重点公共卫生专项、食品安全、计划生育服务专项等方面。建设5个快速检测室,奖补无公害农产品企业1家。支持社保和就业,投入资金4600万元用于基层政权和社区建设、就业补助、义务兵优待、儿童和老年福利、残疾人事业、农村低保、城市和农村生活救助。城乡居民养老保险参续保人数达到0.9万人,参加城镇医保人数达到3.5万人,新农合覆盖率达到122%,低保金惠及人口5567人,救助贫困残疾人1450名。及时兑现惠民利民政策,通过"一卡通"发放惠农农业三项支持保护补贴342万元,补贴面积4.08万亩,惠及农户5215户,发放农机购置补贴23万元。扩大政策性农业保险覆盖面,参保产品种类覆盖小麦、玉米、水稻、大豆等,近万户农户受益。全面梳理民生提标政策,精细编制财政预算,把财力配置向民生领域倾斜。

【服务经济发展】清理盘活财政存量资金;初步建成区级地方预算综合管理系统;严格非税收入票据管理;深入开展财政监督检查;发挥金融作用有突破,"新三板"挂牌企业实现"零"突破。蚌埠市安泰医药股份有限公司在区财政局(金融办)积极协调解决瓶颈问题后,于上半年通过全国中小企业股份转让系统挂牌核准,成为全区首家、全市第25家"新三板"挂牌企业。

【国有资产清查】强化全区资产综合管理。完成2016年度资产年报编报工作,对全区96家行政事业单位进行业务指导,按时完成全区资产年报汇总上报工作;规范资产增加、处置手续,加强新增资产录入审核工作,规范资产处置申报审批手续,实行网上和纸质同步申报审批,严防国有资产流失;加强固定资产动态管理,对固定资产增加、使用、变动或处置等环节全过程进行控制和管理。

蚌山区财政工作概述

【概况】2017年,全区公共财政预算收入12.36亿元,增长2.8%,增加3359万元。其中:地方公共财政预算收入8.58亿元,下降3.1%,减少3769万元;上划中央公共财政预算收入3.65亿元,增长21%,增加6326万元;出口退税1369万元,下降12.6%,减少198万元。全区公共财政预算支出10.91亿元,增长14.4%,增加1.37亿元。其中财政民生支出9.53亿元,同比增长14.3%,占财政总支出87.4%,惠及全区约16万人口。

【加强财源建设】加强财政、国税、地税和乡街之间的协同配合,加大税法宣传力度,不断提升办税服务水平,严格税收定额核定,积极开展纳税评估,加强税务稽查,加快税收信息交换频度,搭建税收征管综合服务平台,实现服务和管理相促进。推进重点项目建设,培植优质、可持续税源,增强财政事业发展后劲,保持财政收入持续稳定增长。推进街道财税服务所职能建设,充分调动街道协税护税积极性,建立健全街道协税护税网络,增强协税护税力量,探索和制定税收委托代征办法,加强对分散、零星税源的征收管理。加强非税收入征缴力度,确保非税收入应收尽收。

【优化支出结构】保障人员支出、人员公用经费等基本支出,以及民生工程支出需要。年度职工医疗保险、住房公积金等财政配套资金、13 个月工资及增资和养老金等均全部按时、足额保障到位。保障政府考核项目资金,一般公共服务支出、公共安全支出、教育支出、科学技术支出、社会保障和就业支出、医疗卫生与计划生育支出、节能环保支出、城乡社区支出等八项 GDP 增幅考核指标支出保障有力。保障“三农”支出需要,城乡社会事业协调发展。农业生产资料补贴、政策性农业保险补贴、美丽乡村建设、残疾人补助、农村低保、农村五保户供养、“老字号”人员补贴、村干部补助等惠农资金按年初预算全部保障到位,城乡社会事业协调发展。

【加强财政收支信息公开】加强政府信息公开平台信息更新和维护,实行财政预决算、专项资金使用情况及三公经费信息公开,对财政收支行为、财政政策、财政调整事项、财政收支预判及其他公众关切事项及时向社会发布,主动接受公众监督。

【民生工程全面完成】按照市政府 2017 年民生工程目标任务书要求,认真测算民生工程配套资金,建立民生工程资金保障制度,加强与各民生工程实施部门协调配合,实行民生工程督查制度,民生工程全面推进。本区承担 33 项民生工程中的 21 项,区级配套资金 5875.1 万元,全部保障到位。

【开展“小金库”专项整治】要求区直各部门、各单位根据“小金库”检查方案要求认真开展自查自纠,自查面为 100%,签订《“小金库”清理检查情况承诺书》,并在蚌山区政府网站和财政局信息公开网上向社会公开发布本级“小金库”专项整治工作举报电话、邮政信箱和电子信箱,及时受理社会各界和群众举报。要求各部门、各单位对群众反映和举报的有关线索,对违规收费、罚款及摊派设立“小金库”等违法违规设立的“小金库”情况进行全面检查,不设盲区、不留死角。区财政部门协同区纪检、组织及审计等部门成立联合检查组,对群众举报的线索和“小金库”问题频发、易发单位进行重点检查。查实的“小金库”资金一律收缴财政,发放给个人的一律予以追缴。

【加强债务管理】制定《关于成立蚌山区政府性债务管理领导小组(债务应急领导小组)的通知》(蚌山政秘〔2017〕29 号),成立以区长为组长、常务副区长为第一副组长,分管债务的副区长为副组长、各相关部门、乡街主要负责人为成员的政府性债务管理领导小组(债务应急领导小组),领导小组办公室设在财政局。并相继出台《蚌山区政府性债务管理办法》(蚌山政办〔2017〕31 号)和《蚌山区政府性债务风险应急处置预案》(蚌山政办秘〔2017〕50 号)。根据《国务院关于加强政府性债务管理的意见》(国办发〔2014〕43 号)和国家六部委《关于进一步规范地方政府举债融资行为的通知》(财预〔2017〕50 号)文件及省市相关文件和会议要求,对存量债务进行认真梳理、研究,对政府债务管理平台数据进行动态管理和维护,使融资行为更加规范,控制财政、金融风险。本年化解存量债务 9150 万元,其中,一类债务 3150 万元,三类债务 6000 万元。

【打击非法集资】加强政策宣传,制定《蚌山区打击和处置非法集资工作实施方案》,建立由区主要领导亲自抓、分管领导具体抓、各有关职能部门共同参与的工作机制和责任机制,严格工作责任制度和责任追究制度。结合实际制订详细的工作计划,明确工作责任和要求,分阶段细化和分解排查责任,并联合区相关部门对辖区各类类金融机构、P2P 公司、股权众筹、建筑企业等进行全面梳理排查,切实做到思想认识到位,组织领导到位,工作落实到位。通过向辖区广大经营户和消费者宣传非法集资的新形式和新特点,提高社会公众投资风险意识和识别能力,引导群众远离非法集资。与公安、纪检委等相关部门紧密配合,加强信息沟通,形成合力,全方位进行金融风险排查工作。坚决依法对非法集资行为保持高压态势,防止死灰复燃。

【加强内部控制和监督检查】制定20多项岗位责任制和AB岗岗位制度，细化岗位设置，积极开展内部资金安全自查及两个乡的财政资金安全检查，确保财政资金运行安全、规范、高效。

【行政事业单位资产管理】定期组织区属行政事业单位加强国有资产清查和系统录入工作培训，完善资产管理办法，规范固定资产的领用、交接、处置和核销程序，做好财务核算与资产管理工作的衔接，做到账账相符、账卡相符、账实相符，全面、准确、完整地反映蚌山区国有资产状况，实现数据库动态管理。

禹会区财政工作概述

【概况】2017年，全区完成财政总收入17.73亿元，同比增长15.4%。其中：地方收入12.27亿元，同比增长15.7%。全年财政总支出完成13.2亿元，同比增长24.7%。财政民生支出增幅27.8%，财政民生支出占财政支出比重90.2%。

【财政收入管理】当前经济形势稳中向好，财税部门克服“营改增”政策和结构性减税等因素影响，继续加强收入调度，每月组织收入分析，密切关注税源增减变化态势，强化税源监控，严格税收稽查和欠税征缴，确保收入应收尽收。

【财政支出管理】重点支出方面：落实教育经费投入保障机制，投入义务教育经费、教育“均衡发展、教育展翅”工程等2.45亿元，用于学校标准化建设、品牌学校打造以及农村薄弱学校建设等，用于改善中小学办学条件。加强政法部门建设，投入公共安全资金2998万元，用于改善办案条件。推进文化事业建设，投入经费342万元，用于非物质文化遗产保护、文化场所建设和居民健身活动，丰富辖区群众文化娱乐生活。投入科技创新资金1823万元，用于创新专利人奖励等。支持环卫事业发展，投入环卫经费6431万元，支持环卫改制和更新环卫设备，提升环卫覆盖能力；投入老旧小区改造、农村公路畅通工程、文明创建经费1.05亿元，用于改善城乡环境。

【财政体制改革】继续深化预算管理改革，深化预算信息公开，加快预算执行进度，继续规范整合项目，提高预算资金使用效益。认真做好国库集中支付改革各项工作，统筹规划、稳步实施，确保改革取得成效，继续厉行节约，严控各项支出，大力压缩“三公经费”，集中财力保运转、办民生实事、解发展难题。定期开展财政监督检查，强化专项资金监管，完善财政监督职能，规范监督程序和手段，努力构建完备的财政监管体系。

【民生工程实施】始终把保障和改善民生作为工作的出发点和落脚点，在教育均衡、社会事业发展、困难群体救助、提高基本公共服务供给方面不断加大投入。通过健全民生资金筹集、民生督查、信息公开、建后管养等制度，有力推进民生工程实施。全年财政投入民生工程资金2.3亿元，其中区级配套7214万元，26项民生工程圆满完成年度目标任务。

【服务经济发展】加快推进退市进园步伐，拨付中粮生化、丰原集团、天润化工等企业各项补贴及搬迁资金4.5亿元。改进工作作风、服务实体经济，积极协助企业申报项目专项资金共计2974万元，主要用于拨付企业项目奖补资金、企业外贸促进政策资金、皖北贴息等，切实减轻企业负担。

【国有资产清查】全面完成全区106家行政事业单位资产信息系统数据核查、审核上报市财政局。每月在省财政厅财政企业会计“信息网络报送系统”中对全辖区内23家大、中型国有企业和非国有企业资产快报进行一一审核上报。开展2017年度行政事业单位土地和房屋清查工作，对各单位实际持有的房产和土地情况进行全面清查和核实，旨在真实完整掌握国有资产的管理和使用情况，提高资产监督管理水平。

淮上区财政工作概述

【概况】2017年，全区财政总收入14.25亿元，较上年实绩增长15.6%，增收1.92亿元。其中：地方财政收入10亿元，较上年同期增长10.6%，增收9600万元；中央收入4.58亿元，较上年同期增长39.4%，增收1.15亿元；出口货物退增值税1882万元，较上年同期降低49.8%，减收1870万元。财政总支出15.36亿元，较上年实绩增长29.6%，增支3.51亿元。

【财政收入管理】及时分解任务，明确责任。围绕财税收入目标,细化征管措施,完善奖惩激励机制,提高组织收入积极性;加强财税工作协调配合,提高收入分析预测的准确性;加大对重点项目、重点工程的税收征管力度和对规模企业纳税情况掌控力度,及时掌握重点税源变动情况,做到应收尽收;认真组织、精心安排,做好营改增工作衔接和服务;加大非税收入征缴,规范收入管理,提高非税收入入库均衡性。

【财政支出管理】严格贯彻中央“八项规定”精神,厉行节约,执行“三保一压”预算支出原则,调整财政支出结构,压缩一般性支出,控制“三公”经费支出,集中财力优先保障基本支出、民生支出和重点支出。围绕区委、区政府的中心工作和重点工作做好资金保障,部门业务费、定额公用经费和部门项目支出按计划足额拨付,扶持企业发展、民生工程、城市基础设施建设等区政府重点项目支出得到较好保障。当年全区所属党政机关、参公单位和事业单位“三公”经费预算664.4万元,实际执行257.8万元,较上年同期下降24.7%,减少84.4万元。

【民生工程实施】全年实施6大类27项民生工程,总投资3.37亿元(不含棚户区改造资金),其中上级资金2.23亿元,地方配套资金1.14亿元,资金拨付率达100%,27项民生工程全部完成年度目标任务。其中修建农村道路40.62公里;推进美丽乡村建设工程,完成曹老集镇、沫河口镇、梅桥镇3个镇政府驻地建成区整治;完成曹老集、沫河口镇成片小型水利改造提升工程2万亩;全区政策性农业保险投保27万亩,保险赔付率100%;全面完成秸秆综合利用工作,建立秸秆综合利用示范片4个,面积15万亩;区级拨付民生资金1400万元,全面建立城乡医疗卫生保障体系。民生工程成效显著,群众知晓度、满意度逐步提升,参与民生共建积极性进一步增强。

【深化财政体制改革】完善基本支出定额标准,落实养老保险等改革政策。及时公开2017年政府、部门和“三公”经费预算,公开机关运行经费和政府采购信息。推动国库集中支付电子化改革。积极盘活存量资金,采取“收、调、减、控”四项措施,提高资金使用效益,区本级盘活存量资金1.27亿元,及时调整用于急需领域。

【行政事业单位资产管理】全区行政事业单位建立信息化管理系统,对单位资产情况采取全流程监管。各单位建立资产卡片账目,同时,财政部门对资产采购、处理加大监督审批,有效改进过去资产处理随意、账目不清晰等状况。

【财政监督管理】开展“小金库”清查工作。在各单位自查基础上,选择部分重点单位进行检查,通过清查治理,形成有效震慑。开展涉农资金补贴督查。制定督查方案,派专人负责核查工作,保证涉农补贴资金安全。

(钟敏)

蚌埠高新技术产业开发区财政工作概述

【概况】2017年,全区实现财政总收入23.47亿元,同比增长13.6%,增幅分别超全省、全市2.5、4.3个百分点,其中地方财政收入14.84亿元,同比增长20.5%。全区一般公共预算支出14.13亿元,同比增长32.3%,全年财政民生支出14亿元,占财政支出的90%,同比增长49.3%。

【强化收入征管】本年度财政收入受经济结构调整、结构性减税等多重因素影响,增收形势不容乐观,区划调整后,运转与保障性支出、社会事务支出大幅增加,可用财力紧张,建设资金短缺。区财政部门强化调度,会同税务部门对区内纳税大户进行摸排走访,掌握企业生产经营和税源情况,每月统计分析重点企业税收增减变化情况,进行财政收入形势分析,协调税务部门有针对性地采取措施,明确责任,应收尽收。同时加强非税收入管理,规范票据使用,推动非税收入工作规范化。按照《预算法》相关规定,及时将高投集团利润收缴入库,确保财政收入实现稳定快速增长。加强收入的计划性,进一步强化财政收入预测机制,做到早计划、早安排、早落实;重视财政收入分析工作,通过分析找差距、定措施、抓落实。同时,做好对土地出让金的跟踪,确保土地出让收入及时足额入账。积极拓宽融资渠道,协助高投集团完成筹融资工作。充分运用现有资金,盘活存量资产,多渠道筹集金融、市场、社会各种资金,解决建设资金不足问题。

【规范财政资金管理】严格按照新《预算法》的要

求,强化预算约束。控制一般性支出,压缩“三公”经费,做到“只减不增”,主动接受社会监督,降低行政运行成本。密切关注财税体制改革,做好财政、部门预决算和“三公”经费预决算信息公开,完善机关和事业单位工资改革,加强政府性债务管理和公务用车改革等工作;积极盘活沉淀资金。按照有关文件要求,通过将结余结转资金列入下年财力、调整预算、追加预算、收回预算统筹使用等方式,积极盘活财政存量资金,提高资金使用效益。完成高新区对于违规政府债务、政府购买服务情况摸底、清理、整改工作。一般债务和专项债务余额不超过省下达的债务限额,无逾期债务、无违规债务。

【推进国库集中支付改革】实施国库集中支付制度改革,区财政局牵头开展前期准备工作,完成会计集中核算向国库集中支付制度转轨工作,确保2018年1月1日以国库集中支付为主要形式的现代国库管理制度正式运行。推进依法理财,规范资金运行,强化财政监督,加强库款管理和使用效益。

【加大民生保障力度】高新区严格按照省、市民生工程工作部署和要求,紧紧围绕目标任务,压紧压实责任,全力推进各项民生工程实施。按照年初任务目标,逐级分解,明确责任。在任务目标基础上,通过召开民生工程推进会和联络员会议,以会议、文件、电话等方式进行推进和督办,配合深入现场督导民生工程项目建设。强化财政资金配套,不留缺口,确保民生工程资金刚性到位。在做好资金配套等工作情况下,高新区民生工作紧抓宣传,保障民生政策群众知晓,持续开展民生工程政策和成效常态化宣传。高新区承担的19项民生工程项目,各项资金足额及时拨付到位,各项目进展顺利。

【加大企业支持力度】及时足额拨付上级专项资金。积极兑现税收奖励、新三板资助、上市融资奖励、外贸促进奖励、专利资助、工业贴息等企业政策,利用高新担保公司助推中小企业发展。本年,高新担保公司注册资金从1.5亿元增资到2亿元;在保企业135户,在保余额亿元,担保倍数为6.9。多措并举助力企业新三板挂牌工作,全区共12户企业在新三板正式挂牌,祈艾特电子、华泰公司、艾尼科环保、百特新材料等企业新三板挂牌工作有序推进。积极做好新形势下招商引资工作,结合高新区实际,印发《高新区关于清理规范税收奖励政策有关事项的通知》,制定印发《高新区产业扶持基金实施管理办法》《高新区产业扶持基金实施细则》,对签订合同优惠政策的执行、未来新入区企业(项目)扶持政策进行明确规定和要求。

【加强国有资产管理】对管委会及所属行政事业单位2017年新增固定资产进行网络平台登记,并进行审核确认。为配合区内国库集中支付改革,本年末对各单位往年固定资产进行梳理。

蚌埠经济开发区财政工作概述

【概况】2017年,全区完成财政收入17.68亿元,同比增收2.40亿元,增长15.7%,其中地方收入实现10.44亿元,同比增收4644万元,增长4.7%。全年一般公共预算支出13.08亿元,比上年同期增加2.74亿元,同比增长26.5%。

【收入保持平稳较快增长】加强统筹协调,主动到国地税部门征管一线掌握财政收入信息,及时发现并解决财政收入征管中存在的问题,落实征管责任。加强税收分析预测,实现涉税信息共享,挖掘增收潜力,切实做到应收尽收。强化非税收入征管,规范征管行为,加大非税收入源头控管力度,“以票管收”,催收促缴,非税收入实现稳步增长。多措并举抓征管,确保收入任务顺利完成。

【完善预算管理】借助财政一体化大平台的上线,完善财政预算管理体制,规范财政预算管理工作。除待列事项外,全区所有部门财政预算均纳入一体化大平台进行管理,实现部门预算编制、下达、执行、调整、审核、监督全过程信息化,完善财政监督管理长效机制,切实加强和规范财政监督管理。为适应财政一体化大平台对财政资金分类管理要求,及时梳理资金,按照性质及用途开立银行账户,初步实行一类资金一个账户核算,杜绝资金管理混乱、沉淀、挪用现象发生。

【强化审计监督职能】充分发挥管委会赋予的审计监督职能,主动前移监督关口,变单纯事后审计为事前、事中提前介入相结合的审计监督,切实提高财政资金的使用效益。全年共对4个新建重点工程项目进行跟踪审计,及时发现和解决存在的不合理、不规范问题,做到防患于未然。全年完成一般公共预算安排的政府投资建设项目竣工决算审计120个,截至2017年12月31日所出具的报告显示,审减金额142.34亿元,审减率8.6%。

【推进国库集中支付改革】于本年1月1日起在全区全面推进财政国库集中支付制度改革。初步建立起区域国库单一账户体系,加强对单位预算执行过程的监督控制。同时制定《蚌埠经济开发区财政国库集中支付制度改革实施方案》《蚌埠经济开发区公务卡实施方案》等规章制度,确保改革有章可循,规范运作。建立国库单一账户体系、实行新的支付方式,本次改革从运作机制和制度设计上改变过去分散、多重设置银行账户,层层拨付、占压资金的状况。提高预算执行透明度,为财政运行管理和宏观经济调控构建起及时可靠的信息基础,提高整体财政资金的运行效率和使用效益。本年度实现集中支付业务19328笔,金额16.69亿元,其中公务卡支付2467笔,金额438.76万元。

【提高核算质量】严格执行财经纪律,按照行政、事业单位会计制度,严格执行部门预算,完善财务审核稽核制度,理顺财务信息反馈机制,提升制度执行水平。抓好财务报销环节,规范支付报账程序,严格审核报销凭证,对不符合规定的单据,坚决不予报账。编制《经济开发区集中支付资金业务审核规范》,用以指导全区各预算单位财务开支管理工作,增强财务开支业务办理和监督管理工作的可操作性,使执行方和监督方有具体的、统一的评判依据,形成监管合力。按管委会关于厉行节约的要求,严控一般性行政开支,特别是加强公务接待费、公务车购置及运行维护费、因公出国(境)费等“三公”经费控制,并及时提供全区各单位部门预算执行情况及“三公”经费数据。

【加强金融监管】加大宣传防范和打击非法集资力度,扩大排查范围。本年度在印制各类防范非法集资宣传品和摸底辖区相关企业数量方面均比上年有大幅度提高。本区全年发生非法集资案件两起,比上年减少案件两起,案件数量明显下降。加强对辖区内小额贷款公司和融资担保公司监管工作,及时报送小额贷款公司财务报表,按时完成小贷公司年度现场检查和年度绩效考核工作;融资担保公司年度绩效考核、信用评级工作,以及维护融资担保行业统计和监管信息平台。经过区财政部门摸排,发现四家违规经营P2P网络借贷的公司,下达整改通知、多次上门约谈,现已全部整改。

【保障改善民生】全年发放325万元农业支持保护补贴,补贴面积3.8万亩,惠及8798户农户。发放区级配套奖励蚌埠融资担保集团有限公司2017年度担保贷款增量奖励资金63.8万元。向本区95位移民人口发放2017年大中型水库移民后期扶持直补资金5.7万元。

(杨辰宁)

阜阳市财政工作综述

阜阳市财政工作概述

【概况】2017 年,全市财政收入完成 277.05 亿元,位次前移一位,居全省第 5 位;增幅 22.6%,居全省首位。全市一般公共预算收入完成 157.62 亿元,同比增长 17.7%,收入质量进一步优化。全市一般公共预算支出 515.42 亿元,居全省第 2 位;增幅 18.3%,居全省首位。

【强化收支管理】通过持续推进财政改革,强化财政收入预期管理,完善财政收支调度机制,全市财政运行呈现出稳中有进、进中向好、好中提质的特点,财政收支在全省实现争先进位。财政保障能力进一步提升,安排8亿元,出台支持新型工业化、现代农业、现代服务业、创新创业人才建设以及招商引资扶持奖励办法"4+1"政策;投入 166 亿元支持教育、科技创新及卫生事业发展,投入 78 亿元支持"三农"建设,民计民生持续改善、脱贫攻坚成效显著、基础设施日益完善、基本公共服务均等化水平明显提升,行政机关、事业单位以及群团组织等各项工作得到有力保障。

【支持经济发展】支持拆违拆旧,全市完成征迁 3200 万平方米,市级统筹 200 亿元支持阜城征迁 1500 万平方米,有力保障一大批重点项目顺利实施。支持城乡环境整治,统筹 16 亿元推进农村环境"三大革命",全市共清理农村垃圾 104 万吨、开工建设 15 座乡镇污水处理厂、完成改厕 9.5 万户;总投资 308 亿元的阜城水系综合整治项目加快推进,14 条黑臭水体治理初见成效。支持绿化提升,统筹 24.5 亿元完成造林 12 万亩,新建双清湾等城市游园、公园 180 个,阜城绿化覆盖率达 26%。支持工业转型升级。设立 15 亿元风险投资基金、10 亿元产业发展基金、1 亿元国元种子创业投资基金以及 1.5 亿元秸秆综合利用产业发展基金,支持全市产业转型升级。统筹 4 亿元对创新创业、人才发展、企业上市、贷款贴息以及企业重点项目等进行奖补。市融资担保公司融资担保总额 146 亿元,担保业务放大倍数达12.4 倍;安排 2 亿元助保贷风险补偿金,为企业融资 21 亿元;安排过桥资金 1.5 亿元,全年周转 25 次,降低企业融资成本 0.9 亿元。继续落实结构性减税和普遍性降费政策,全年结构性减税 56 亿元,清理行政事业性收费项目 17 个,减轻企业负担 13 亿元。支持全民招商,安排 1.3 亿元支持招商引资,全市对外开放度进一步提升。

【保障民计民生】坚持优化支出结构,集中更多财力向民生领域倾斜。全市财政民生类支出 442 亿元,比上年增加 69 亿元。统筹 159.2 亿元实施 33 项民生工程,解决一大批群众最关心、最直接、最现实的利益问题。新建水厂 147 个,解决 237 万人的饮水安全问题;新建农村道路 1991 公里,缓解群众出行难问题;维修改造农村义务教育校舍 44 万平方米,"全面改薄”任务提前一年完成。建立完善专项投入、统筹整合、金融协同“三位一体”的扶贫资金筹集机制，统筹35.6亿元保障脱贫攻坚年度任务全面完成，建成易地扶贫搬迁集中安置区18个，入住率100%；完成贫困户危房改造4万户；516个贫困村集体经济增收0.6亿元，16.2万贫困人口增收2亿元；健康脱贫“351”“180”政策使46万人次贫困人口受益。全面开展扶贫资金绩效评价，促进扶贫资金安全高效使用。

【支持社会事业】全力推动社会事业快速发展，不断提升基本公共服务均等化水平。支持教育优先发展，免除110万城乡义务教育学生学杂费8.5亿元，免除5万名中职和普通高中学生学费1亿元，保障家庭经济困难学生顺利就学，全市义务教育基本均衡提前三年实现全覆盖。市本级教育投入8亿元，同比增长66%。持续加大医疗卫生体制改革，统筹41亿元用于全市城乡居民基本医疗保险补助，标准由420元提高到450元。统筹26亿元支持“防未病、看小病、治大病”防治服务体系建设，分级诊疗模式逐步实现。市本级安排0.8亿元用于提升重点专科等基本公共卫生服务建设，是上年2.2倍。统筹4亿元推进机关事业单位养老保险改革，向6.3万名农村五保供养对象发放补助2.3亿元，帮助社会办养老机构新增床位2360张。市本级科技投入2亿元，同比增长335%。统筹2亿元用于就业创业补贴，20万人从中受益。支持基础设施建设，统筹26.6亿元保障实施15条国省干线公路。安排2亿元用于南照淮河取水、输水管网改造。安排1.6亿元支持民航事业发展，旅客吞吐量突破60万人。统筹320亿元保障阜城建设，城区面积扩大到130平方公里。统筹46亿元支持阜城道路桥梁提升行动，新建改造城区道路147公里、新建续建桥梁10座，市民出行更加便捷。市规划馆、市民中心建成使用，大剧院、一中新校区加快建设，城市功能更加完善。认真贯彻绿色发展理念，统筹20亿元支持大气、水、土壤污染防治，全市建设12万亩高标准农田、午秋两季秸秆禁烧实现零火点，阜城新购150辆新能源公交车、建成环保网格化监测系统，餐饮油烟专项整治行动效果明显。统筹28亿元支持特色乡镇、美丽乡村建设，75个乡镇政府驻地建成区整治和71个中心村建设进展顺利，阜阳生态环境持续改善。

【加强财政管理】贯彻财政管理新理念，强化预算执行力度，财政管理的科学化、规范化、精细化、法治化水平全面提升。坚持以规范化精细化管理为目的，完善财政支持政策。坚持以提高支出效率为目的，全面实施标准定额管理，实现支出流程再造。坚持以提高财政保障能力为目的，用足用活各类政策。全市实施政府购买服务棚户区改造项目59个，总投资645亿元；推广政府与社会资本合作模式，全市40个项目纳入财政部PPP项目库，投资额478亿元，入库项目数、投资额均居全省第一；成功发行土地收储专项债61亿元，总额居全省第一。加大一般公共预算统筹力度，推进综合预算编制；加强中期财政规划管理，编制范围覆盖到所有县市区；加大预算公开力度，阳光财政建设持续推进。坚持以提升资金效益为目的，全面实施绩效管理。清理盘活财政沉淀资金16.5亿元，优先支持脱贫攻坚和民生改善。制定市级预算管理考核办法，对单位预算管理进行全过程考核。坚持以合法合规使用为目的，全面推进财政监督检查，保障资金安全。坚持以防范风险为目的，严控举债方式，加强债务限额管理，加大债务考核力度，举债融资行为进一步规范。严格落实联系人大代表和政协委员常态化工作机制，邀请人大代表、政协委员等对预算编制项目进行公开评审。提高人大建议议案和政协提案办理质量，建议提案办理答复满意度100%。大力开展会商工作，全市财政系统共计会商8189次，解决问题8465个。

【推动党的建设】全面深入学习宣传贯彻党的十九大精神，深入开展“四个一”活动：每名局领导参加所在党支部对党员、干部进行一次专题学习辅导；各党支部分别举行一次专题学习交流会，撰写一篇心得体会，组织一次党员学习笔记展示。充分利用阜阳财政信息网、阜阳财政微信群、QQ群等互联网媒介和公示栏、标语、横幅等形式，积极运用财政道德讲堂、周例会、青年读书会等阵地广泛宣传。持续加强制度建设，通过废、改、立，继续在预算管理、财政改革等方面制定完善规范性文件。全年共制定32份制度文件。严格落实联系人大代表和政协委员常态化工作机制，将全市76个省级以上人大代表分片包干落实联系任务。努力提高人大建议议案和政协提案办理质量，全年共办理建议提案7件，答复满意度100%。巩固会商服务制度、结对共建、“双包”定点帮扶等作风建设成果。全市财政系统共计会商8189次，解决问题8465个。坚持和健全民主集中制，集思广益,科学决策,促使各项政策落实走上科学化、制度化轨道。认真执行基层党建工作“三个清单”,严肃党内组织生活,完善“三会一课”制度,严格落实领导干部双重组织生活会、党性定期分析等制度,推动党内政治生活规范化、制度化、常态化。严格执行《党政领导干部选拔任用工作条例》,对干部选拔重要环节全程纪实。认真学习党章、党规和《中国共产党廉洁自律准则》,树牢“四个意识”。全面加强党风廉政建设,积极主动适应派驻机构工作转型,从组织上、制度上、后勤上支持派驻纪检组。通过层层签订党风廉政责任书、开展科室主要负责人述职述廉、加强廉政文化建设等多项措施,严格落实和认真履行党风廉政建设“两个责任”,增强财政干部的大局意识和廉政意识。

(孙立宏)

太和县财政工作概述

【概况】2017 年,太和县财政工作坚持以“抓增收、强保障、惠民生、严管理”为重点,主动适应经济发展新常态,实施积极的财政政策,深入推进财税体制改革,全面提升财政管理绩效,有力保障县委、县政府重大决策部署,促进经济平稳健康发展和社会和谐稳定,全县财政经济运行保持稳中向好态势。

【财政收入管理】全年财政收入实现 40.21 亿元,较上年增长 31%,总量位居全市第一、全省第十,增幅位居省、市第一,其中:地方收入 24.96 亿元,较上年增长 22.3%。财政总收入中,税收收入 33.55 亿元,占总收入的比重 83.5%;非税收入 6.64 亿元,占总收入的比重 16.5%。牢牢把握稳中求进总基调,始终把促进财政增收提质作为第一要务。在促进财政收入总量增长的基础上,着力提升财政收入质量,确保地方收入稳步增长,进一步提升政府财政调控能力。加强部门联动,深挖税源补短板。重点监控主体税种、重点税源及纳税大户,及时掌握税源动态,提高财源税源分析水平,在培育增值税、消费税、所得税等主体税种的同时,加大对耕地占用税、土地增值税、车辆购置税等税种的挖潜力度,形成新的税源增长点。落实减费降税措施,减轻企业负担,支持实体经济发展,加快企业转型升级步伐,培育和壮大地方财源税源。规范非税收入管理,推进非税收入信息化建设,实现非税收入电子化征缴,提高非税收入征管质量和效率,确保财政收入应收尽收。

【财政支出管理】全年财政支出 80.71 亿元,较上年同期增长 11.3%。财政保障能力进一步增强。严格落实新《预算法》规定,全县 70 个县级预算单位在县政府门户网站公开晒出 2016 年部门决算和“三公”经费决算、2017 年度部门预算和“三公”经费预算,实现县级部门预决算全公开。强化支出预算执行管理,根据中央省市关于推进财政资金统筹使用、强化支出预算执行管理的相关规定,明确部门预算支出进度时间节点和目标要求,切实加快项目资金支出进度,减少滞留、趴窝专项资金数额,充分发挥财政支出对经济增长的拉动作用,保障全县重点项目支出及民生政策资金的足额落实。强化财政监管职能,全面开展预决算公开、违反财经纪律、“小金库”治理检查工作,严格控制政府性楼堂馆所、“三公经费”、会议费、培训费等一般性支出,全县部门“三公”经费支出逐年下降。

【财政体制改革】强化政府采购约束,提升政府采购信息化管理水平,全年完成政府招标采购项目 130 个,执行政府采购预算资金 13.69 亿元,实际成交金额 13.35 亿元,节约财政资金 3400 万元,政府采购综合资金节约率为 2.5%。开展行政事业单位内部控制建设,全县 202 个机关事业单位及 31 个乡镇全面完成内部控制建设,有效提升全县各单位财政财务管理水平。规范津贴补贴制度,推进收入分配改革。拨付资金 2769 万元,用于原民办代课教师、老年乡村医生和老放映员等八老群体生活补助;拨付资金 2.18 亿元,用于调整机关事业单位工作人员基本工资和离休人员的离休费。加强地方政府债务管理。全年共发行置换债券资金 5.59 亿元,新增债券资金 10.13 亿元,截至年末,全县政府债务 46.60 亿元,低于省人民政府批准的债务限额,地方政府性债务规模合理、可控。大力推广 PPP 模式,纳入财政部 PPP 综合信息平台的项目共 8 个,总投资 73.79 亿元,落地项目 5 个,总投资 54.27 亿元,落地率 73.5%。

【民生工程实施】全面梳理民生提标政策,精细编制财政预算,把财力配置向民生领域倾斜。预计全年财政民生支出达 70 亿元,占财政预算支出的 86.3%。持续加大教育投入,足额落实各项教育政策。投入 2.05 亿元,用于义务教育免学杂费和公用经费补助;投入 390 万元,用于义务教育阶段家庭贫困寄宿生生活补助;投入3713.06万元,用于义务教育均衡发展第二批信息化建设;投入6800万元,用于沙河路小学和建设路小学建设;投入1688.2万元,用于中等职业学校和普通高中家庭经济困难学生资助。深化医疗体制改革,增强公共卫生保障,使困难群众老有所养,病有所医,促进社会和谐稳定发展。拨付资金8.18亿元,用于城乡居民医疗补助;拨付资金7407万元,用于基本公共卫生、重大传染病医疗救治、"两癌筛查"等重大公共卫生服务。筹集资金1400万元,用于落实居民大病救助;拨付资金6143万元,用于保障基层医疗卫生机构经费;拨付资金5638万元,用于农村部分计划生育家庭发放奖励扶助及特殊扶助。完善社会保障体系建设,全面建成覆盖全民、城乡统筹、权责清晰、保障适度、可持续的多层次社会保障体系。拨付资金1.09亿元,用于城乡居民最低生活保障支出,农村低保标准提高到3684元/年,城市低保标准提高到6648元/年;拨付资金856万元,用于全县3.6万名老年人高龄津贴发放;拨付资金2225万元,用于完善重度残疾人护理补贴,提高困难群体救助水平;发放补贴1158万元,惠及约6100人,用于"创业补贴"、"就业扶贫补贴"等各类就业补贴;全面开展机关事业单位养老金制度改革,参保率达到95%。加大"三农"投入。筹措资金2.26亿元,支持现代农业、农村基础设施、农田水利、绿色生态和防汛抗旱建设,促进全县农业经济稳步发展。从财政预算资金、盘活存量资金、上级政策性扶持资金、新增地方政府债券、整合涉农资金及社会资本融资等方面精准落实扶贫资金,共落实扶贫资金8.24亿元,落实扶贫小额贷款资金4.31亿元,为全面打赢脱贫攻坚工作提供资金保障。落实惠民惠农补贴。投入资金9951万元,支持高标准农田建设;通过"一卡通"方式,实施农业支持保护补贴、计生奖扶、农村残疾人生活救助、农村低保五保、产业扶贫等27项惠农补贴资金6.08亿元,累计享受77.33万人(户)次,真正让群众得到实惠。加大城乡设施和生态环保投入,投入资金1.15亿元,用于实施老城区综合整治,对道路进行整修美化,对管网进行维修完善,对老旧小区进行整治规范,进一步提升老城区形象;投入资金3.23亿元,用于农村公路建设;投入资金680万元,用于城乡公交一体化运营补贴;投入资金1.15亿元,用于继续推进"一事一议"财政奖补和美丽乡村建设;投入资金9971万元,用于实施城乡环境整治工作,城乡环境卫生得到有效改善;投入资金1.21亿元,用于实施农村秸秆禁烧环境整治和农村无害化卫生改厕,提升生态环境水平。

【服务经济发展】准确把握经济发展形势,加大积极财政政策实施力度,坚持供需两端发力,推动供给侧结构性改革,支持地方经济结构转型。筹措资金4.18亿元,用于公租房和农村危房改造工作,建立以公租房为主的住房保障体系,改善居民居住环境;投入专项资金4.04亿元,扶持企业发展,助推企业结构优化升级;投入专项资金2537万元,用于支持制造强省建设和推进"三重一创"建设,支持中小企业发展壮大。全年财政"过桥"资金累计放款7.64亿元,受益企业88家,为企业成功续贷资金9.80亿元,减少企业融资成本3000余万元,积极防范和化解企业资金链风险;补充县中小企业融资担保公司资本金3.25亿元,累计为中小微企业及三农企业提供贷款担保17.30亿元,切实解决企业融资难、融资贵等问题。充分利用政府发债、政策性银行贷款等融资方式,施行多渠道融资,扩大有效投入,融资35.60亿元,成功发行全市县级第一支企业债12亿元,用于推进基础设施建设和地方经济发展。

(关朝兴)

界首市财政工作概述

【概况】2017年,界首市财政总收入31.01亿元,较上年增长21.8%;其中中央收入完成13.79亿元;地方财政收入完成16.34亿元。税收收入总额为27.44亿元,税收收入占财政收入的比重为88.47%,财政收入占GDP的比重为17.23%。全年一般预算支出51.48亿元,较上年增长32.9%,增支12.74亿元。

【财政收入管理】围绕"工业强市"目标,用好用活有限财政资金。统筹资金支持重点项目建设,确保项目顺利推进和投资规模适度增长,建立财政预算项目库,入库项目1457个。创新财政扶持方式,设立产业发展引导资金2亿元,吸引社会资本投向创新创业、新兴产业、城市基础设施、民生事业发展等领域,逐步实现财政收入从投资型向发展型转变。认真兑现产业发展、招商引资、园区建设、品牌创建、基地建设等扶持政策和奖励政策。加强收入预测,严格执行《关于建立界首市财政收入预测制度的通知》

要求,加强部门配合,结合年度收入预算,合理预测每月收入。加强税收管理,严格执行《关于加强协税护税工作的意见》和《界首市综合治税管理办法》等制度,加强重点税种、重点行业、重点企业税收的动态监控,及时掌握收入进度和税源发展变化趋势,切实增强组织收入的主动性。加强非税收入征收管理,确保及时入库,增强政府统筹能力。灵活运用政策,争取上级资金和政策支持,增强财政实力,培育财源后劲。

【财政支出管理】坚持集中财力办大事,切实保障全市重点支出需要。坚持预算法定原则,严禁超预算或者无预算安排支出,严控预算追加,严禁虚列支出、转移或者套取预算资金。严控一般专项支出,坚持过紧日子,集中财力,突出民生重点,严格控制新增专项资金项目。完善项目资金管理,实施项目化管理,督促项目实施单位进一步规范项目财务管理和会计核算制度,确保财政资金落到实处。将绩效目标作为资金分配和项目遴选的重要判断标准,切实提高资金使用绩效。提升预算编制透明度,进一步细化预算公开内容,强化预算公开责任制,确保预算公开工作顺利进行。

【财政体制改革】深化财税体制改革,市与乡镇、高新区事权和支出责任关系更加明晰,乡镇和高新区财力得到进一步充实和壮大;开展简化增值税税率结构工作,营造简洁透明公平的税收环境。深化投融资体制改革,加快国有平台公司实体化、规范化、市场化、职业化、集团化运作,推进公司转型发展,有序推进全市 PPP 项目工作。深化农村综合改革,界首市被省政府确定为省级农村综合性改革试点试验县(区)。市财政整合资金 2200 万元投入到村集体经济发展试点试验工作,每个试点村可获财政补助 20 万—60 万元。加强债务管理,切实防范政府性债务风险。成立市政府性债务管理领导小组,出台政府性债务风险应急处置预案,加强政府性债务的预算管理和限额管理,加强政府性债券资金的争取和管理,新增政府债券资金全部安排到棚户区改造等公益性建设项目,置换政府债券资金全部用于纳入政府债务平台管理的存量债务。开展政府性债务风险排查和中长期支出事项监测,守住不发生区域性系统性风险的底线。

【民生工程实施】优化支出结构,保障重点支出需要,加大对民生领域投入。足额保障建设项目资金,加强建设项目资金调度,推进基础设施建设。加大民生工程建后管养资金投入,合理安排建后管养经费,吸引社会力量参与建后管养,提升建后管养水平。积极兑现惠农政策,及时发放补贴类资金。开展资金绩效评价,监督资金使用效益。全年民生支出 45.24 亿元,占财政支出的 90%,实施民生工程 31 项,投入各级各类资金 21 亿元;通过“一卡通”发放各类惠农资金 2.58 亿元;投入保障房建设资金11.38 亿元;建设高标准农田 11585 万亩,投入资金 1506 万元;为美丽乡村建设 PPP 项目配套资金 3297 万元;投入农村改厕资金 528 万元,受益农户 5326 户。

【服务经济发展】围绕工业强市目标,大力服务发展工业经济。加大企业扶持力度,催生企业发展后劲,全年投入 4 亿多元支持重点项目建设。加大支持科技创新,提升工业企业科技水平。设立民营经济发展扶持资金 2424 万元,科技创新奖励基金 1800 万元,推进工业项目建设、引导转型升级。加大企业保障支出,全年市财政安排支出 1818 万元,用于企业职工培训、社保补贴和失业岗位补贴,提升企业员工劳动素质,增强职工能力水平。积极争取上级扶持企业资金,支持重点项目、高新企业建设。全年争取上级扶持资金 0.8 亿余元,惠及 130 余家企业。发挥财政资金杠杆引领作用,运用财政贴息等政策,增强工业企业经济推动力,政策性担保公司累计办理担保业务 181 笔,担保贷款 12.49 亿元,为 48 家企业提供“续贷过桥”资金 3.9 亿元。

【国有资产清查】建立健全管理制度,制定出台制度文件,规范行政事业单位资产配置、使用和处置行为,积极指导各行政事业单位完善国有资产管理办法,强化国有资产管理制度保障,做到有章可循、有规可依。规范国有资产处置,坚持实行“集中管理、统一处置、有效监督、严格控制”的管理办法,通过产权交易机构公开处置资产,有效提升国有资产处置收益。加强资产管理信息化建设,初步搭建财政部门、主管部门和行政事业单位之间的资产动态管理信息平台。扎实开展事业单位产权登记。至 2017 年末,界首市资产账面总额 31.75 亿元;资产实有总额 31.66 亿元。负债账面总额 6.05 亿元;负债实有总额 6.05 亿元。净资产账面总额 25.7 亿元;净资产实有总额 25.6 亿元。

(黄广泉)

阜南县财政工作概述

【概况】2017年,阜南县累计完成财政收入15.03亿元,较上年同期增长20.2%,其中,地方一般预算收入完成9.10亿元,增长10.9%;上划中央收入完成5.93亿元,增长38.2%。全县一般预算支出累计完成62.94亿元,同比增长12.9%。

【加强收入征管】面对艰巨、复杂的财政收入形势,营改增政策性结构性减税等因素多重叠加,阜南县建立财税收入联席会议制度,加强与国、地税等有关部门的协调配合,及时了解和准确掌握税务部门征管情况。建立乡镇和经济开发区收入完成情况通报制度,强化对重点行业、重点企业收入趋势的跟踪和分析,全县财政收入平稳增长。充分发挥监督职能,开展非税收入收缴重点检查,追缴资金1741.81万元;加强乡镇财政资金监管,通过"乡镇财政资金监管系统"累计传递资金监管信息2217条,纳入监管资金总额4.21亿元,保障乡镇财政资金稳妥、安全、有序运转;开展2017年度会计信息质量检查,追缴违规资金79.75万元,处罚违规单位4家,处罚金额4.3万元。

【保障重点支出】在加强收入征管的同时,坚持依法科学理财,认真落实积极财政政策;严控一般性支出,加强"三公"经费管理,进一步优化支出结构,出台《阜南县人民政府关于进一步做好增收节支工作的意见》(南政秘〔2017〕69号),加强专户资金管理,撤销上级财政部门批准保留外的所有财政专户;不断加快资金拨付进度,确保各项重点支出需求,支出效益进一步提高。建立财政存量资金月度报告制度,盘活财政存量资金2.4亿元,提高财政资金使用效益。加大资金统筹力度,将新增建设用地土地有偿使用费收入转列一般公共预算统筹使用。

【强化改革创新】积极落实营业税改征增值税试点政策和资源税改革政策,为企业降税减负,激发企业活力,促进现代服务业发展。完善财政供养人员动态管理机制,积极推行政府购买服务,从制度上、源头上确保财政供养人员只减不增。认真贯彻执行预决算公开,全县78个一级部门全部公开部门预算及"三公"经费,接受社会各界监督。大力推进国库集中支付改革,实现会计集中核算向国库支付转轨,预算单位工资经费、一般公共预算经费、财政对职工社会保险补助资金,包括养老保险补助全部纳入平台一体化支付,国库集中支付业务的范围进一步扩大。

【推进民生工程】实行分管县长负责制和县直民生工程主管部门班子成员包保责任制,"一对一"包保建设类项目。每月召开一次民生工程调度会,实行"一月一调度,一月一通报,一月一排名,半年一站队,年终一总评"的管理办法。在县电台、电视台开辟《民生365》专栏,采访民生工程受益对象,通报已建或在建民生工程项目进展情况,提高民生工程的社会影响力和群众的获得感。开设民生工程资金管理专户,建立民生工程资金拨付"快速通道",对已审核认定的补助类民生工程项目,县财政先行垫付,确保达到或超过序时进度。不定期开展巡回督查,严格奖惩,严肃问责。阜南县民生工程进度快,项目实施质量有保障,组织实施的32项民生工程全面完成。

【服务经济发展】争取债券资金12.51亿元,其中置换债券资金2.99亿元,分别用于城投公司、城南污水处理厂和县土地储备发展中心存量债务的定向置换;新增政府债券额度9.52亿元,分别用于扶贫、棚户区改造和道路、水利等基础设施建设方面,为阜南县社会发展提供资金保障。着力支持实体经济发展,实施企业融资担保,有效缓解中小微企业融资难的压力;投入1000万元用于旅游开发,引导金融和社会资本参与全县旅游事业发展;加大企业科研投入,安排2000万元鼓励阜南县企业进行科技创新,安排100万元补贴实体企业科技研发;设立5000万元招商引资专项经费,支持民营企业参加各类境内外交易会、展销会、博览会等,开展对外合作,开拓国际市场,推动阜南县招商引资提质提速;投入500万元,设立出口退税资金池,帮助解决出口企业面临的资金困难。

【落实"三农"政策】把支持农村发展、农业增效、农民增收作为财政工作的重要任务,狠抓落实,务求实效。通过"一卡通"方式累计打卡发放惠民补贴资金5.81亿元,发放农业支持保护补贴1.71亿元,补贴耕地155.9万亩,补贴农户29.292万户。安排扶贫专项资金2.79亿元,实施扶贫项目30个,一事一议项目建设资金投入1.03亿元,批复实施道路建设、小型水利设施建设、路灯安装等项目373个。认真实施高标准农田治理和利用亚行贷款农业综合开发项目,累计完成治理面积1.44万亩,新挖土方7.8万方，新建涵46座；新建板桥17座；新打机井30眼、配套30台；新修水泥路4.92公里；节水工程20公顷；秸秆还田机械3套，项目区农业基础设施条件和抵御自然灾害能力得到改善提升，实现经济效益和社会效益的双丰收。

【保障脱贫攻坚】加大扶贫资金投入力度，安排扶贫专项资金2.79亿元，实施扶贫项目30个，整合扶贫资金1.11亿元，清理回收资金用于脱贫攻坚1010万元。加强财政扶贫资金监管，对28个乡镇和县经济开发区2016—2017两个年度的财政扶贫项目资金使用情况进行“地毯式”检查，针对存在的问题及时进行整改，确保扶贫专项资金使用效益。积极开展扶贫帮扶活动，为帮扶村添置办公设备，帮助改善脱贫攻坚工作条件，创新扶贫活动载体，开展文化扶贫活动，进村入户，送文化、送科技、送政策、送信息，为贫困户提供文化扶贫的技术指导。

（蔡秉钧）

临泉县财政工作概述

【概况】2017年，临泉县财政局深入学习贯彻落实党的十八届三中、四中、五中、六中全会和十九大会议精神，积极领悟践行习近平新时代中国特色社会主义思想，围绕“富民强县、安居乐业”临泉梦，主动出击、积极作为，全面深化财政改革、不断完善体制机制，有效发挥职能作用、着力提升管理水平，圆满地完成各项目标任务，为全县经济社会健康发展提供坚强财力保障。

【财政收入平稳增长】全面推进“营改增”改革，大力挖掘收入潜力，加强日常监控和征管，准确掌握收入走势，全力堵塞管理漏洞，持续提升收入征管水平，确保做到依法治税、应收尽收、足额入库，全年完成财政收入200171万元，较上年增收45892万元，增长29.7%。其中国税完成96399万元，同比增收29949万元，增长45.1%，占财政总收入的48.2%；地税完成70852万元，同比增收8479万元，增长13.6%，占财政总收入的35.4%；财政完成32920万元，同比增收7464万元，增长29.3%，占财政总收入的16.4%。政府性基金收入完成316344万元，占年度调整预算262284万元的120.6%，同比增收91893万元，增长40.9%。财政收入再上新台阶，在全市8个县市区中总量第5位、增幅第3位，实现历史新跨越。

【财政支出保障有力】一般公共预算支出完成741996万元，支出结构不断优化、重点支出保障有力。用于保工资、保运转的基本支出300508万元，占财政支出的40.5%；用于民生支出275900万元，占财政支出的37.2%；用于社会事业发展和城乡一体化建设支出165588万元，占财政支出的22.3%。

【全力支持脱贫攻坚】围绕坚决打赢脱贫攻坚战、决胜全面建成小康社会、实现“县摘帽、村出列、户脱贫”的工作目标，积极统筹整合涉农资金用于脱贫攻坚，全年共计整合156000万元。全力拓宽贫困村、贫困户增收渠道，努力盘活壮大村集体资产，科学限定村集体资产收益使用范围，确保村集体资产收益分红到户。2017年，全县村集体资产收益达4406.21万元，其中贫困村收益为2546.99万元。村集体资产收益用于分红1421.48万元，其中用于贫困村分红1071.78万元。受益农户19692户，受益人口59994人。

【积极防范债务风险】制定《临泉县政府性债务管理办法》，建立政府性债务风险处置预案，根据债务总量、债务结构、综合财力等因素，综合运用债务率、偿债率、逾期债务率等债务风险指标，对政府债务的规模、结构和安全性进行动态监测和评估，对高风险区域进行及时预警。2017年，政府负有偿还责任的债务34.85亿元，债务率为28.82%，新增债务率6.45%，逾期债务率0%，债务总体规模较小，债务风险总体在可控。

【全面提升管理水平】全年“三公”经费支出1708万元，下降3.56%；加强国库集中支付平台信息化建设，全年通过国库集中支付39.56亿元；各项涉农补贴资金9.61亿元，通过一卡通及时发放到户；全面推进预决算信息公开，政府预决算、部门预决算和“三公”经费，按统一的时间、内容、格式向社会公开，自觉接受社会各界的监督，积极打造阳光财政；深入推动全面从严治党，持续加强财政干部队伍建设，积极推进“两学一做”学习教育常态化制度化，有效开展“讲政治、重规矩、作表率”专题教育，引导全县财政系统干部职工牢固树立“四个意识”、坚守“四个自信”，持续转变工作作风、不断提高工作效率，坚持廉洁自律、严格依法办事，坚决做到不踩“红线”、不闯“雷区”。

（杨阳　戴绘颖）

颍上县财政工作概述

【概况】2017年,全县累计实现财政收入30.28亿元,增长19.9%。地方收入完成17.22亿元,增长2.6%。全县一般公共财政预算支出累计完成65.12亿元,同比增长18.3%。

【积极组织财政收入】建立健全收入预期管理机制,积极配合税务部门做好重点税源的统计监测,定期开展财税部门会商工作,认真分析财政收入形势,加强对重点行业、重点企业的动态监控。挖掘非税收入潜力,完善非税收入征管机制,严格执行"收支两条线",确保非税收入应收尽收。注重财源建设,立足于当地经济发展和税源后劲不足的现状,推进招商引资,支持经开区、循环经济园区基础设施建设和入住企业的发展,积极培植后续财源。

【提升财政保障能力】积极争取上级资金,7家金融企业向省财政厅申报涉农贷款增量奖励资金691.6万元。中银富登村镇银行申请农村金融结构定向费用补贴978.6万元。共有19家企业上报28个项目制造强省建设专项资金,共2450万元。安排专项资金2598万元充实颍上县融资担保公司资本金。搭建政府融资平台,争取政策性银行融资支持。为高铁站建设、农村安全饮水、环境综合整治、阜颍公路河治理、县乡路网工程、城乡基础设施建设等25个项目计划融资206亿元。PPP模式融资有效推进,入库八个项目签约实施,累计投资48.9亿元,对增强社会资本参与信心,发挥积极示范带动作用。积极争取地方政府债券资金,全县争取上级新增政府债券资金19963万元、置换债券资金75600万元,有力地支持经济建设和社会发展。

【支持民生事业发展】实施32项民生工程,总投资29亿元,其中,中央、省财政投入18.4亿元,市级0.3亿元,县配套7.1亿元,其他3.2亿元。补贴发放类项目按序时发放,公共服务类及其他项目按政策要求正常开展工作,切实办好顺民意、解民忧、惠民生的实事。教育支出14.32亿元,增长18.34%,进一步改善教育基础设施,推动义务教育均衡发展。医疗卫生与计划生育支出10.34亿元,用于基本公共卫生服务财政补助、公立医院改革和基层医疗机构体制补助等,促进公共卫生事业发展。社会保障就业支出12.54亿元,用于城乡低保、优抚及特困户和困难人群基本生活保障及城乡医疗救助等,进一步提高财政保障弱势群体的能力。科学技术支出0.4亿元,用于科学技术研究与开发、科技普及、图书馆等文化服务体系建设。

【深化财政各项改革】加强预算编制管理,提高预算透明度,强化预算刚性约束,创新预算管理方式。严格执行中央八项规定,严控"三公"经费、会议费、培训费等支出,确保实现"零增长"。进一步推行预决算公开,全县一级预算单位在政府门户网站依法及时公开本单位预决算及"三公"经费,并对机关运行经费安排及使用情况予以详细说明。强化财政监督管理,积极开展专项治理检查,依法对查出的问题进行处理和整改。实行阳光采购,严格执行采购过程"三分离",确保政府采购公开公平和公正。强化资产管理,将部门预算批复作为安排新增资产配置和批准政府采购的重要依据,严格规范资产处置手续,切实把好出口关。严格履行资产处置程序,遵循公开、公平、公正原则对处置资产统一纳入县公共资源交易中心公开实施,确保阳光交易。

【大力支持脱贫攻坚】财政扶贫资金安排5.44亿元,其中,财政扶贫专项资金1.83亿元(中央资金9632.5万元,省级资金3019.4万元,市级资金1607.73万元,县级资金4000万元),盘活存量资金2000万元。统筹整合其他涉农资金3.41亿元。共完成100个项目,资金规模5.44亿元。支持美好乡村建设资金6000万元。扶持现代农业发展资金2000万元;落实中央各项惠农政策,及时足额发放农业支持保护补贴资金、扶贫项目补贴资金、优抚、低保等20个项目补贴资金8.05亿元,受益82.5万户。开展资产收益扶贫试点,实施产业扶贫"六个一"到户工程和"一村一品"及特色种养业项目推动资产收益扶贫,投入资金1.54亿元,每户增收4000元。实施光伏扶贫工程推动资产收益2100万元,每户增收3000元。贷款入股分红推动资产收益10772户,每户收益分红3000元。专业合作社带动分红推动资产收益2412户,每户分红收益3000元。落实单位帮扶责任,继续做好"单位包村、干部包户"工作,除重点帮扶颍淝村外,新增4个乡镇9个行政村的对口帮扶工作,共承担五个乡镇10个村的306户的贫困户结对帮扶任务。

【推进行风建设】贯彻落实中央八项规定和省委"30条办法"、"六项禁令",结合"两学一做"等教育实践活动,开展“正风肃纪”提振行动,促进明察暗访工作常态化,有效遏制“四风”问题发生。提升工作效能,财政局成立效能工作领导小组,加强对机关工作人员效能考核,加大对基层站所、窗口单位明察暗访的密度和力度,严肃查处各类违反机关效能规定的行为。积极参与县监察局主办的政风行风热线节目,进一步加强行风建设,县财政局2016年度行风评议获县直单位考核第一名。外部监督,充分发挥群众监督作用,提高工作效能,通过多种方式征求县财政局在“四风”方面和行风建设工作中存在的问题,进一步拓宽社会监督渠道。强化廉政从政,县财政局党组始终把党的思想建设放在首位,以尊崇党章、遵守党规为基本要求,教育引导党员干部自觉坚定理想信念,提高党性觉悟,增强政治意识、大局意识、核心意识、看齐意识。严格落实领导干部“一岗双责”工作机制,层层签订《党风廉政建设责任书》。完善内控制度规范,创新完善“事前的部门预算、事中的国库集中支付和政府采购、事后的财政监督和绩效评价”环环相扣与流程协调的管理体系。

(顾录昌)

颍州区财政工作概述

【概述】2017年,在克服经济下行和税收体制调整带来的减收影响下,颍州区财政总收入完成36.04亿元,占年初预算110.1%,增长26.68%,财政收入提前两个月完成全年收入目标任务。全区公共财政支出完成38.89亿元,同比增长16.94%,为颍州各项事业发展提供坚实财力保障。

【财源建设】积极探索应用PPP模式、政府购买服务等方式,加大政府投资参股,吸引社会资本参与城区基础设施建设。投入政府性投资项目资金91.57亿元,累计新增项目贷款合同金额24.34亿元,到位贷款资金13.38亿元。区担保公司共发放各项担保贷款96笔,担保额6.2亿元,完成续贷过桥资金贷款金额为2.274亿元,扶持企业25家。

【扶贫工作】围绕贯彻落实“精准扶贫、精准脱贫”的基本方略,加大资金整合保障力度。全年投入财政扶贫资金总量40975.83万元,93个扶贫项目全部完工或实施完毕,各项目实施单位实际支出40300.86万元,使用率98.35%,确保省下达的8500贫困人口脱贫,15个贫困村出列的年度目标任务完成。

【民生保障】按照“守住底线、突出重点、完善制度、引导舆论”的民生工作要求,以建立民生工程任务清单、责任清单、问题清单为抓手,强力推进民生工程建设。2017年,实施33项民生工程,投入资金131183.93万元,各项民生工作取得显著成效,收到良好的社会效益。

【财政监督】围绕内部财务管理、预算执行、资金拨付、专项资金安排、国库集中支付等财政管理的关键环节,进一步规范权力运行流程,明确风险控制流程和关键控制节点,加强财政检查工作的针对性和拓展性,努力实现财政监督的多层次、常态化、全覆盖。

【队伍建设】以“讲政治、重规矩、作表率”专题教育为抓手,从“两学一做”学习教育常态化制度化建设出发,力促财政干部达到合格党员的标准和要求;以基层党组织建设为突破口,稳妥推进党的组织制度、干部人事制度、基层组织建设制度等改革,不断提升基层党建水平。

【创建活动】按照“学习优先、提高财政干部综合素养,效率优先、提高机关效能管理建设,服务优先、提高理财惠民服务水平,廉洁优先、提高履职拒腐防变能力”的思路,深入推进结对帮扶、志愿者服务、追忆英烈、道德讲堂、无烟办公区等项创建活动,荣获全省财政系统先进集体等多项称号。

(苑文龙)

颍泉区财政工作概述

【概况】2017年,全区一般公共预算收入完成17.58亿元,比上年决算增长15%。其中:地方收入预计完成10.6亿元,增长7.6%;上划中央收入预计完成6.9亿元,增长30.3%;出口退税完成800万元,下降43%。全区一般公共预算支出预计完成31.54亿元,比上年决算增长17.4%。

【强化增收节支】持续加强收入调度,落实协税护税机制,深化目标考核,财政收入实现稳步增长。建立综合治税平台,开展企业经营状况调查,税源管控能力进一步提升。不断强化非税收入管理,发挥票管作用,试行非税电子化缴库改革,推动收入管理信息化。进一步优化支出结构,严格控制“三公经费”等一般性支出,集中财力优先保障脱贫攻坚、民生工作等重点领域,支出绩效不断提高。

【服务经济发展】深入推进供给侧结构性改革,加快实施“双轮驱动”,大力支持重点项目建设,实现政府性投融资92.3亿元,保障能力进一步提升。助力推动蓝天工程,投入环境治理资金8330万元,发展环境逐步优化。全力支持招商引资工作,拨付资金625万元。充分发挥财政资金撬动作用,投入3000万元设立产业投资引导基金;累计为145家企业提供担保贷款7.3亿元,担保放大倍数4倍;为38家企业提供过桥续贷资金1.73亿元,市场活力进一步激发。积极推动科技创新及智能产业发展,投入3740万元推动工业转型升级。深入实施PPP项目,带动资金20.6亿元,区域投资环境逐步优化。

【助推脱贫攻坚】以脱贫攻坚为抓手,加大“三农”扶持力度,投入资金6.17亿元。大力支持农村基础设施建设及环境整治,投入“一事一议”财政奖补资金2366万元、农业综合开发资金5625万元、农村安全饮水资金7776万元、农村危房改造资金5758万元、农村道路畅通资金7735万元、美丽乡村建设资金6717万元,拨付农村环境综合治理资金4331万元、秸秆综合利用资金4930万元,农村人居环境得到有效改善。强化惠农政策落实,发放各类惠农补贴资金3.39亿元。加大农业风险保障,政策性农业保险理赔1085万元。持续推动农村金融改革,累计发放支农贷款2.24亿元,现代农业发展动力进一步激活。全力支持脱贫攻坚,落实健全资金保障机制,加强资金绩效评价,强化资金监督管理,共投入3.43亿元用于脱贫攻坚,有力推动精准脱贫。

【促进民生改善】全年投入民生工程资金12.2亿元,其中区级配套资金3.27亿元,全区实施的31项民生工程全部完成目标任务。文化教育优先发展,拨付义务教育经费保障资金8323万元,发放高校、中职和普通高中家庭经济困难学生资助722万元,免费开放公共文化场馆6个。社会保障逐步健全,完成棚户区改造货币化安置5356户,投入城乡居民基本养老保险8872万元、社会养老服务体系建设资金460万元,拨付农村低保及五保供养资金6439万元。医疗卫生体系更加完善。拨付“351”、“180”政策资金1437万元、城乡居民基本医疗保险2.86亿元、公共卫生服务资金2685万元、城乡医疗救助资金875万元,赔付城乡居民大病保险1838万元。就业创业持续推动,完成技能脱贫培训821人,企业新录用人员培训1103人,退役士兵培训268人,新型职业农民培训520人;开发公益性岗位487个、高校毕业生就业见习岗位236个。完成民生工程向民生工作调整准备,制定民生工作实施意见,总领安排五年民生实施规划,进一步提高群众幸福感和获得感。

【深化机制改革】全面深化预算编制改革,加大预算统筹力度,科学编制年度预算,深入推进中期财政规划和部门三年滚动预算编制,预算约束进一步增强。加大存量资金盘活力度,收回结转结余资金4412万元。政府购买服务质量持续优化,实施项目11个,资金1.21亿元。政府集中采购方式更加灵活,协议供货范围逐步扩大,采购资金2.45亿元,节约率为12.6%。进一步加强公务卡管理,强制结算目录更加明细,公务支出更加规范。深入实施国库集中支付平台一体化改革,支付资金32.64亿元。机关事业单位养老保险制度改革扎实推进,参改单位141家,11833人,社会保障制度更加公平有序。

【加强监督检查】专项开展“小金库”及滥发津补贴督查,进一步增强重点领域管控能力。多层次开展扶贫专项资金检查,有效规范资金使用管理,提高资金使用绩效。扩大预算评审范围,常态推进预算信息公开,内容更加细化透明。深化镇村财务互审,组织惠民政策落实情况督查,乡镇财政资金监管体系进一步完善,乡镇资金监管、惠民补贴发放工作连续6年荣获全省一等奖。加大政府采购监督检查力度,对3家违规供应商进行依法处罚。涉企系统监管更加有效,涉及企业13家,资金1300万元。财政资金五项检查深入开展,民生及扶贫资金监管全方位延伸,运行管理更加高效。

【推进依法理财】遵循预算法定原则,规范政府收支行为,主动接受人大监督,预算执行更加科学。加强政府债务限额及预算管理,定期向人大常委会汇报债务管理情况,认真遵照人大决议,落实债务风险应急处置机制及新增债券绩效评价机制。严格执行《政府采购法》《会计法》,政府采购行为和会计基础管理进一步规范。加强审计对接,按照审计要求建立问题整改台账,落实整改意见,资金绩效评价体系日益完善。

(黄月光)

颍东区财政工作概述

【概况】2017年,颍东区财政收入完成16.93亿元,占调整预算的112.9%,比上年13亿元增收3.97亿元,同比增长30.6%。财政支出29.20亿元,占调整预算的100%,同比增加16.0%,增加4.02亿元。

【财政收入管理】加强国、地、财协调会商,强化财政收入监测分析研判,细化分解任务,层层压实责任,加大组织收入力度。建立重点税源大户联系制度,紧盯增值税、企业所得税、个人所得税等主体税种,加强对金融、房产、能源等几个重点税源的调查,促进税收按序时进度入库。以综合治税平台为载体,加强重点税源监控力度,加强国有资产收益和非税收入管理,力争应收尽收。加大支持招商引资及园区建设力度,助推项目落地和实施,厚植财源基础,促进财政收入稳定增长。

【服务经济发展】围绕"双轮驱动"战略和区委重大决策部署,统筹安排财力,积极盘活存量,用好增量,全力支持五大专项行动和重点项目建设。安排征迁补偿资金22.92亿元,保障性住房建设资金10.78亿元;投入9.13亿元,推进城乡道路建设;投入城乡环境整治资金3935万元,推进沟塘河治理、绿化提升等工程;筹措资金7248.80万元,支持昊源化工等重点企业转型升级;发挥融资担保平台作用,担保金额12.40亿元,在保余额14.00亿元,担保放大倍数超7.40倍,解决园区内中小企业融资难问题;加大政府和社会资本合作(PPP)模式推进力度,全年共签订实施安徽颍东经济开发区—煤基新材料产业园区污水处理及再生水回用工程等5个PPP项目,计划总投资18.69亿元,财政资金撬动作用得以充分发挥。

【民生工程实施】切实把好预算、审批、改革、督查等四关,从源头上严格控制一般性支出规模,节用裕民,腾出更多资金用于民生改善和经济发展。按照"保基本、兜底线、促公平、可持续"的原则,进一步加大对教育、社会保障和就业、医疗卫生和计划生育、城乡社区等八项支出的投入。全年财政支出28.71亿元,其中财政民生类支出24.92亿元,占全部财政支出总量的85.34%。同时,进一步规范资金拨付程序,简化办事程序,加快资金支出进度,推动民生项目和五大专项行动有效落实。完成33项民生工程目标任务。2017年,区财政累计拨付33项民生工程10.80亿元,较上年增长53%,确保全年33项民生工程顺利完成,惠及全区50多万群众。

【扶贫资金整合】区本级财政2017年增列扶贫专项资金1724万元,占地方收入增量5755万元的29.96%,超上级规定9.96个百分点。通过盘活存量资金用于脱贫攻坚1500万元。全区计划统筹整合资金3.79亿元,占应纳入整合资金的92%;实际整合扶贫资金3.60亿元,占计划整合资金的95%;支出资金3.41亿元,占计划整合资金的90%。三项均超过省规定的"3个80%"的要求。安排资产收益扶贫资金1.13亿元,用于全区44个贫困村和47个非贫困村的村集体资产投入,贫困村集体经济增收678.49万元,村均增收13.57万元,带动贫困人口增收总额378.57万元。以正午镇吴寨村为试点,积极创新扶贫投入方式,推进农村集体资产、产权"三变"改革,实现"三变"改革在50个贫困村全覆盖,有效促进贫困户脱贫致富。

【财政体制改革】连续四年提前启动编制预算,给预算单位以更加充足的时间谋划预算编制工作。稳妥推进预决算公开,区本级75个一级预算单位和12个乡镇办按规定公开预决算信息。邀请人大代表、政协委员开展预算公开评审,共对2个单位、4个项目论证,涉及资金0.7亿元。推进编制2018年—2020年中期财政规划和部门三年滚动预算,促进中期财政规划与区域总体规划、专项规划和宏观经济政策的有机衔接,提高预算编制的前瞻性。推进"财银直联"正式上线,实现财务数据高度共享,强化资金运行监管,财政直接支付效率和准确率大大提高。加大力度盘活存量资金,加强财政资金统筹和会商力度,将结转2年以上的财政专户结余资金6024万元调入预算内,用于扶贫等重点项目的支出。深入推进惠农补贴资金管理和"一卡通"打卡发放操作方式改革,深化农业"三合一补贴"改革工作,推动财政支持农业生产全程社会化服务试点工作。积极试行扶贫投入方式改革。

【资金绩效管理】积极推进内控建设,全区129家单位初步建立覆盖经济活动的内部控制体系,做到经济业务管理规范有序,内控管理职责清晰,实现内部管理的法治化、规范化。坚持统筹考虑地方发展和财政承受能力,建立政府性风险应急处理预案,适度控制债务规模,防范债务风险;推进债务置换,主动联系债务单位,通过直接支付,完成置换债券2.10亿元;积极采取措施化解逾期债务,政府负有偿还责任的债务无一逾期。全年共组织政府采购招投标活动550余次,执行各类采购预算7.26亿元,节约财政资金1.05亿元,资金节约率14.46%。全面实施预算项目绩效目标制,先后出台《小型农田水利提升工程资金绩效考评办法》《农村道路畅通工程资金绩效考评办法》等文件,开展乡镇财政资金监管绩效评价、惠农补贴资金管理发放绩效评价以及预决算公开、涉农补贴资金和财政扶贫资金等专项检查,提高财政资金使用效益。

(王德伟)

阜阳经济技术开发区财政工作概述

【概况】2017年,阜阳经济技术开发区综合财力收入14.25亿元,同期增收3.56亿元,同比增长33.3%,增幅全市第二。地方收入完成5.81亿元,同比增幅43.2%;财政总支出完成5.12亿元,同期增支1.38亿元,同比增长36.8%。其中:八项支出完成3.29亿元,同期增支6803万元,同比增长26%。

【财务管理】做好财务安全文章,坚持"一审,二看,三通过"的工作原则,在兼顾效率的同时,认真审核每一笔财政资金,核查每一份报账手续,精心管好钱账。推动开发区机关财务制度改革,牵头制定《阜阳经济技术开发区财务管理暂行办法(征求意见稿)》《阜阳经济技术开发区管委会机关财务实施细则》等相关制度,推进会计集中核算模式向国库集中支付模式的转变,逐步形成权责对等的财务体制,推行预算编制软件化,预算编制向精细化、精准化推进。实行国库集中支付制度,资金管理更规范,更安全,更透明。推行采购网上询价机制。通过网上询价,线下再比价的方式,选择优质供货渠道,同类商品比价格、比服务、比质量,全年采购额,同比环比均出现不同程度下降。树立"服务"意识,为园区企业服务,集中财力支持企业发展,全年拨付产业引导资金4743万元,惠及企业近百家,进一步壮大企业发展,提升企业生产竞争力,培育新的税收增长点。

【财政收入】协调配合税务部门,年初做好税源普查,摸清家底,做好征收计划,季度督查,半年考核,年末总结。征收工作有方案,有计划,有督查,有考核,做到应收尽收。2017年财政总收入完成142438万元,同期增收35562万元,增长33.3%,增幅居全市第二位,提前两个月完成年初制订的(117600万元)收入计划。

【财政支出】围绕全年支出预算,强化预算执行管理,压减一般开支,严格控制三公经费,财政支出向民生领域倾斜,重点保障教育、医疗、卫生、社会保障等民生支出,支出结构不断优化。2017年财政支出52107万元,同期增支13796万元,增长36.8%。按支出方向分类:教育支出5870万元,与上年持平;产业扶持支出4743万元,同比增长112%;基础建设投入10679万元,同比增长96%。

【民生工作】全年承办民生工程任务17项,拨付资金104000万元,占年初任务的144.3%,资金拨付率100%。按照"横向到边,纵向到底"的原则,17项民生工程基本实现民生项目全覆盖。提早启动民生工程,保障落实资金,3月将预算内民生工程类资金安排到位,比往年按照省市指标下达提前2个月做好准备工作。截止到2017年10月份完成全年资金拨付,提前两个月完成全年民生任务。对建后管养等工程类做好绩效评价。完善民生工作机制,建立民生工作领导小组,完善资金保障机制和监督检查机制,规范补助类项目申领程序和资金使用,提高财政资金效益。

【财政监督】开展涉农资金、民生工程资金、扶贫资金以及存量资金等专项检查,对发现的问题,明确责任单位,限时整改,盘活存量资金600多万元,进一步强化财政监督作用,发挥财政资金使用效益。

【信息公开】开展预决算信息公开,三公经费公开,部门预决算信息公开,形成预决算信息公开机制,协调指导预算部门公开信息数据的梳理、审核工作,做到每月一汇总,每月一公开。

【财政队伍】加强学习教育。引导全局党员深入学习党章党规、习近平总书记系列重要讲话,认真落实基层党组织标准化建设,坚持联系实际工作,加强作风锻炼,提升党员能力和水平;加强警示教育,用身边的案例警醒身边的人,党员干部有更直接的认识,从而树立不敢腐、不想腐的畏惧心理;财政队伍不断优化,全年无安全事故发生。

(王颍林)

淮南市财政工作综述

淮南市财政工作概述

【概况】2017年，淮南市财政部门牢固树立新的发展理念，认真落实积极财政政策，主动适应经济发展新常态，依法加强征管，完善预算管理，圆满完成年初确定的预期目标。全市财政收入完成162.3亿元，完成预算的101.2%，增长7.5%。其中：地方财政收入完成101.3亿元，完成预算的100.6%，增长4%。全市财政支出完成233.3亿元，占调整预算的106%，增长7%。按现行财政体制测算，全市实现财政收支平衡。

【加强财政预算管理】出台《淮南市人民政府办公室关于进一步规范市级预算管理有关工作的意见》《淮南市人民政府关于推进市以下财政事权和支出责任划分改革的实施意见》《淮南市人民政府办公室关于印发淮南市财政一般性转移支付资金管理办法和淮南市市级财政专项资金管理办法的通知》《中共淮南市委办公室淮南市人民政府办公室关于清理规范重点支出同财政收支增幅或生产总值挂钩事项有关问题的通知》《淮南市人民政府办公室关于做好市本级财政专项资金公开工作的指导意见》等规范性文件。通过建章立制，进一步规范财政预算管理。围绕科学预测、依法征管、精准调度、有效分析，建立健全国税、地税、海关、人行、财政部门间横向以及市级与县区上下级间纵向联动机制，切实做好财政收入预期管理工作。按月召开国税、地税、海关、人行、财政等部门以及县区财政局收入征管联席会议，强化会商研判，对财政收入做到依法征管、掌握主动、把准预期、精准把控。

【做好财政结算平衡工作】认真细致做好与省财政和县区财政的结算工作。逐项梳理省对市、市对县区结算事项，重点对增值税、所得税返还基数及增量、省对市“体制补助基数”变化情况进行核对。落实出口退税、消费税列入体制基数的政策，并分配下达县区，纳入2017年预算编制。市财政局与各县区财政局反复核对，就涉及体制的结算事项提前告知，征求意见，为年终平衡夯实基础。每一笔结算事项都以结算单的形式送达县区，方便县区对账。在完成与省财政和县区财政结算的基础上，全力做好预算平衡表的编制工作，并按时上报市政府和省财政厅，圆满完成2016年财政年终收支平衡工作。

【完善PPP项目管理】严格对照《全国PPP综合信息平台系统项目信息录入填报说明》，对全市入库项目信息进行完善。新增或带星号字段中凡是未录入的，或者已录入但信息不正确的，全部进行补录或更正。完善全市53个储备项目基本信息，在横向上实现对全市PPP储备项目信息的全覆盖。截至2017年末，市本级论证项目8个，其中，入库项目5个。智慧城市民生领域建设PPP项目(智慧医疗)，总投资1.3亿元，财政总支出责任2.4亿元。中兴路、南纬七路及综合管廊 PPP 项目,总投资 10.4 亿元,财政总支出责任 17.9 亿元。大气环境监测与综合治理系统建设 PPP 项目(智慧环保),总投资 0.97 亿元,财政总支出责任 1.64 亿元。孤堆至毛集段一级公路改建工程 PPP 项目,总投资 23.7 亿元,财政总支出责任 35.8 亿元。高新区道路工程 PPP 项目,总投资 11.4 亿元,财政支出责任 17 亿元。论证项目为:淮南市非正规垃圾堆放点治理 PPP 项目,总投资 2.2 亿元,财政支出责任 3.4 亿元,于 2018 年 1 月 26 日完成物有所值评价及财政承受能力论证评审;八公山景区路网建设 PPP 项目,总投资 4.7 亿元,财政支出责任 9.3 亿元;山南新区综合医院 PPP 项目,总投资 16.7 亿元,财政支出责任 30.6 亿元。全市推进项目 8 个:城市轨道交通项目、楚都大道项目、新 206 国道改造洛河 - 曹庵段项目、山南至新桥机场快速通道项目、G345 凤台至毛集快速通道项目、寿州古城、八公山 5A 级景区建设项目、焦岗湖国家湿地公园 5A 级景区(国家级旅游度假区)建设项目。

【强化民生工程调度管理】2017 年 3 月 6 日,市人民政府第 110 次常务会议专题研究民生工程工作,市政府多次召开民生工程部署协调会,市民生工程领导小组、市直牵头部门和各县区政府坚持和完善月度调度、督查、考核、通报等制度,全市民生工程工作形成步调一致、共同推进的良好机制。针对项目不同特点,积极开展上门会商、专题研究、精准调度等措施,取得较好成效。采取强有力措施,加快项目实施进度,尤其是当年新增项目和工程类项目,督促和指导市直牵头单位和县区制定项目完工时间进度表,对项目实施进度细化到月、量化到点,逐项逐月指挥调度,确保 33 项民生工程实施进度不低于序时进度和全省平均进度,做到工作提前开展、项目提前谋划、任务提前布置、资金提前安排。将民生工程资金预算与部门预算统一布置、统一编制、统一报审、统一批复,全面落实民生工程资金筹集安排渠道。进一步完善民生工程资金“绿色通道”,采取提前预拨、超进度拨付、应急拨付等方式,做到支付申请随到随审、资金拨付随审随拨;建立健全财政部门内部科室之间、财政与牵头部门之间的横向联动机制,各级民生工程领导小组办公室与成员单位、财政部门的纵向协调机制。认真开展绩效评价,对 2016 年实际实施的 32 项民生工程,通过县区自评、单位复核、重点抽查等,实现绩效评价全覆盖。11 月份出台《关于加强民生工程绩效评价工作的通知》,重点选择 2017 年新增及工程类的 11 个项目,开展绩效评价。针对绩效评价中发现的问题,及时下发问题通报和整改通知,要求整改措施到位、制度完善到位,进一步提高民生工程实施绩效和资金效益。

【开展财政监督管理专项工作】根据财政部、省财政厅统一部署,制定《淮南市财政局关于做好 2017 年财政监督管理专项工作的通知》(淮财监〔2017〕657 号)和《2017 年财政监督管理专项工作实施方案》(淮财监〔2017〕658 号),内容包括清理盘活财政存量资金、深入推进预决算公开、强化政府债务监督管理、强化预算编制执行监督管理、强化专项资金监督管理五个方面。通过自查自纠、抽查、重点检查和整改落实四个步骤,市本级盘活存量资金 5.3 亿元;市本级政府和部门预决算公开工作能够按照 2017 年预决算公开工作方案要求较好的完成,针对检查发现问题,通知相关单位及时整改;加强政府债务限额管理、加大存量政府债务置换、规范举债融资行为、完善政府性债务管理制度、清理整改以政府购买服务名义违法违规融资行为、推进平台公司转型发展、强化债务管理考核;通过强化预算编制执行监督管理,提高预算支出的及时性、有效性和安全性,各责任科室对口部门未出现挤占挪用财政资金现象,保持“三公”经费只减不增;通过对扶贫专项资金的重点检查,各预算单位能够围绕涉农专项资金,从拨付、使用、结算等环节进行监督管理,进一步提高专项资金的使用效率,未发现截留挪用、骗取套取、贪污侵占专项资金等违法行为,不存在公款私存吃利息和用于投资理财谋私利等违规行为,针对检查存在的“资金等项目”、扶贫资金支出不平衡及资金管理不规范等问题,检查组对各县区提出整改建议。开展 2015 年、2016 年置换债券使用情况专项检查。根据淮债办〔2017〕303 号文件,于 2017 年 6 月 2 日至 2017 年 6 月 12 日,对涉及债券置换的县区(园区)财政部门、市直相关单位及融资平台公司等债务单位、相关主管部门 2015 年及 2016 年置换债券的使用情况进行检查。通过检查,发现有关县区及单位存在问题,发现问题的单位积极整改。

【提升国库财政资金效益】为保证财政资金安全性、流动性和收益性,加强党风廉政建设和完善公共财政治理体系,根据《安徽省财政厅关于进一步加强财政部门和预算单位资金存放管理的实施意见》(财库〔2017〕514 号），结合实际制定《关于进一步加强财政部门和预算单位资金存放管理的实施细则》（淮财库〔2017〕451 号）。明确社会保险基金等大额财政专户资金采取竞争性方式存放；财政专户资金资金量较小的，市级 5 亿元及以下，采取竞争性方式或集体决策方式选择开户银行。从文件下发之日起，财政专户所有定存全部上报局长办公会议审议。促进资金保值增值。在保证财政资金安全、满足日常资金需求前提下，积极采取多项措施，实现财政性资金保值增值。办理“对公定活通”。与商业银行签订“对公定活通”协议，将活期账户中平时闲置的资金视为定期存款，并按照存入时间长短，进行分段计息，享受最长定期利率。试行“竞争性存款”。在严格程序，确保合规的前提下，共对 14 亿社保基金实行竞争性存放，增加利息收入约 1580 万元，实现社保基金收益最大化。2017 年财政专户（含社保基金）累计实现利息收入约 2.2 亿元。盘活财政专户存量资金。根据财政部和省财政厅关于盘活市本级财政存量资金有关文件要求，分科室对市本级财政专户结余结转资金 2.06 亿元进行统计、核实，逐一梳理，汇总上报《市级盘活财政存量资金情况统计表》，按照要求及时调入一般公共预算统筹使用。

【支持农业可持续发展】完善小型农田水利设施建设。巩固推进小型农田水利改造提升工程“八小水利”建设、小型农田水利建设。加快建立建管并重的小型水利工程良性运行机制，落实《淮南市小型农田水利工程管护资金管理办法》，大力推进发展物业化管护公司、水利专业合作社、农民用水者协会、新型农业生产经营主体等新型管护组织。支持现代农业生产体系建设。安排现代农业发展专项资金 4100 万元支持开展粮食绿色增产增效示范行动，重点对推广优质专用品种、新型肥料、绿色农药、节水灌溉技术、新型机械作业等给予补助，减少化肥、农药等不合理使用。支持产学研结合，加快研发推广生物育种、农机装备、智能农业、生态环保等关键技术。大力支持推进育繁推一体化，提升种业自主创新能力。支持提升农产品质量安全。实施食品安全战略，安排专项资金 226 万元，支持实施乡镇及社区农产品质量安全检测和认证体系建设民生工程，加强乡镇农产品质量安全监管能力建设，全面推进“三品一标”质量认证。支持农业生态建设保护。安排 3640 万元专项资金用于创森工程。完善森林生态效益补偿机制，提高公益林生态效益补偿标准。支持森林增长工程，落实退耕还林补助政策。

【做好煤炭行业化解过剩产能工作】出台《淮南市化解煤炭行业过剩产能职工分流安置专项奖补资金审核拨付程序》（淮府办秘〔2016〕172 号）、《淮南市财政局关于加强煤炭行业化解过剩产能职工分流安置资金使用管理的通知》（淮财企〔2016〕503 号），解决去产能和职工分流安置资金具体使用管理问题；加强资金管理，确保资金合理使用。按照《安徽省钢铁煤炭行业化解过剩产能职工分流安置资金共管账户管理暂行办法》（财企〔2016〕1180 号）规定，淮南矿业（集团）有限责任公司在淮南矿业集团财务有限公司开立共管账户，对中央和省级专项奖补资金、市和企业按规定承担的职工分流安置资金，实行专户管理，专账核算，专款专用。淮矿集团去产能分流安置资金共管账户累计收入 10.87 亿元，累计支出 10.85 亿元。有效实施奖补资金的监管，规范资金使用流程。市财政局与发改委、人社局联合制定《淮南矿业（集团）有限责任公司化解过剩产能职工分流安置资金共管账户资金申请审批和监管办法》（淮财企〔2016〕506 号），共同签署《淮南矿业（集团）有限责任公司化解煤炭过剩产能职工分流安置资金共管账户监管协议》，淮南矿业（集团）有限责任公司在化解过剩产能过程中依规申请职工安置费用，由市发改委、人社局、财政局审核批准后，从化解煤炭过剩产能职工分流安置资金共管账户中拨付奖补资金。

【加强政府债务限额管理】淮南市逾期债务为 3.72亿元，逾期债务降为历年最低水平。按照财政部关于地方政府债务实行限额管理、举债不得突破批准限额的要求，全面实行政府债务限额管理，依法设置政府债务“天花板”。省财政厅核定淮南市 2017 年地方政府债务限额为 302.37 亿元（一般债务限额 157.17 亿元，专项债务限额 145.20 亿元）；其中：市本级政府债务限额为 209.85 亿元（一般债务限额 96.56 亿元，专项债务限额 113.29 亿元）。截至 2017 年末，淮南市各级政府债务余额均在核定的限额内。加强存量政府债务置换。加强置换政府债务，支持将高息债务置换成低息债务，将短期债务置换成较长期债务。2017 年置换存量政府债务 36.7 亿元，加上 2015 至 2016 年置换的 99 亿元，累计置换 135.7 亿元。全年降低利息成本约 6 亿元。健全完善债务管理制度。认真贯彻新《预算法》，出台《淮南市人民政府关于加强政府性债务管理的实施意见》《淮南市政府性债务管理暂行办法》《淮南市地方政府债务风险评估和预警暂行办法》《淮南市政府性债务风险管理考核暂行办法》。及时制定《淮南市政府性债务风险应急处置预案的通知》和《淮南市财政局关于印发地方政府性债务风险分类处置指南的通知》。明确债务风险预警、信息报送、分类处置要求,对县区级政府分别设定事件情形,并明确分级响应和应急处置措施。规范举债融资行为。针对融资过程中一些不规范的行为,全面开展自查,认真梳理近年来的融资情况,对融资合规性进行甄别,对不合规行为提出整改意见,建立整改台账。按时完成全市政府融资担保、以政府购买服务名义违法违规融资行为清理整改工作,切实规范地方政府举债融资行为。

【开展会计监督检查】根据《中华人民共和国会计法》、省财政厅《关于开展2017年度会计监督检查工作的通知》(财监〔2017〕639号)等有关文件要求,积极开展会计监督检查工作。配合省财政厅开展非证券资格会计师事务所专项整治工作。制定并印发《淮南市财政局关于印发〈2017年代理记账机构会计信息质量检查方案〉的通知》(淮财监〔2017〕769号)。根据文件要求,合理筛选被查机构,确定12家被检查机构(市本级6家、凤台县3家、寿县3家),代理记账总户数为483户,其中市本级373户、凤台县95户、寿县15户(截至2016年12月底数据)。

寿县财政工作概述

【概况】2017年,全县完成财政总收入16.07亿元,同比增长29.1%。其中税收收入完成12.93亿元,占比80.4%,财政收入质量进一步提升。完成一般公共预算支出57.57亿元,增长12.6%。

【加大民生保障力度】调整优化财政支出结构,将更多财力向基层一线倾斜、向困难地区倾斜、向弱势群体倾斜,民生投入力度不断加大。十三大类民生支出47.93亿元,为预算的131.15%,增长10.25%,占财政总支出83.3%,保障教育、社保、医疗卫生、就业、节能环保等重点支出。实施32项民生工程,安排县级配套资金2亿元,全年投入资金24.3亿元,着力保障基础性、普惠性、兜底性民生。

【保障脱贫攻坚资金支出】全力保障全县扶贫资金需要,确保地方财政收入增量的20%安排用于扶贫。投入财政专项扶贫资金1.94亿元、统筹整合资金4.25亿元,重点支持全县建档立卡贫困村基础设施建设和产业发展、改善贫困村生产生活条件,使资金更加向脱贫整合聚焦。盘活财政存量资金2770万元,用于健康脱贫兜底“351”、“180”工程和小额信贷风险补偿金。新增债券资金1.1亿元,重点用于贫困村基础设施建设和改善贫困村生产生活条件。投入资产收益扶贫资金1.6亿元,积极探索建立资产收益扶贫制度体系。加大贫困村赵台村结对帮扶力度,认真落实“双包”责任制,集中时间、集中力量进行为期两个月脱贫攻坚大排查活动,赵台村脱贫攻坚取得明显成效,完成2017年度150户、287人的户脱贫、村出列任务。

【推动经济平稳健康发展】推动工业转型发展。拨付工业及民营经济发展专项资金3000万元、天使投资基金2000万元,加大对新兴产业、中小微企业、技改升级、挂牌上市企业等扶持力度;拨付资金7000万元,重点支持新桥板块建设,2017年,财政税收增量70%以上来源于新桥板块;投入1000万元,支持乡镇工业集中区标准化厂房建设。县财政局获2017年度“支持发展工业和民营经济工作优质服务单位”称号。大力发展现代农业。拨付年度现代农业奖补资金1200万元,用于现代农业激励政策兑现、土地流转奖励和安徽瓦埠湖现代农业综合开发示范区、迎河现代农业示范区建设;以土地流转为抓手,大力发展现代农业,拨付国家农作物秸秆综合利用促进耕地质量提升试点项目县级配套1500万元。2017年度农业综合开发工作在全市考核位列第一名。积极发展现代服务业。推进担保平台建设,注资2421万元县信达担保公司(其中县级922万元),放大企业贷款规模。以“互联网+”产业园平台建设为抓手,大力发展电子商务,兑现奖补资金230万元。安排农村金融综合改革专项资金500万元,用于农村金融综合改革体系建设,引导金融机构加大对“三农”支持力度。拨付旅游发展专项资金300万元,用于支持古城旅游宣传和推介。

【加强资金管理和制度建设】全力应对义务教育均衡迎“国检”。面对义务教育国检省考压力,合力推进,全年投入义务教育均衡发展资金3.31亿元,确保财政投入顺利通过国家检查。积极推进财政监督检查全覆盖。建立财政监督和绩效评价引入第三方项目库,招标确定6家社会中介机构作为备选服务单位。全年完成18项专项检查和新增债券资金绩效评价,其中委托第三方参与7项,收缴财政资金1.19亿元。加强财政制度建设。全年制定出台财政管理制度157个,其中涉及资金管理方面的文件104份。加强与预算单位开展会商,全年开展会商1314次。推进国有企业改革和国有资产管理。县国投集团公司、新桥投资公司等初步完成改革任务。制定《中小学闲置校园校舍处置办法》,全面开展新老城区闲置资产清理登记。

【推进预算管理工作】全面建立统一公开平台,按时完成政府预算和68家县直部门预算及"三公"经费信息公开工作。完善政府预算体系。严格按照《预算法》规定,2017年继续细化编制一般公共财政预算、政府性基金预算、社会保险基金预算、国有资本经营预算,实现编制四本预算的法定要求。将政府性基金新增建设用地土地有偿使用费转列一般公共预算。强化财政体制管理。制定《寿县2017年税收征管工作考核细则(试行)》,建立税收征管激励新机制,从税收征管质量、税收任务完成等方面对国税、地税实行月考核、年评定,压实责任,充分调动税收征管工作积极性。制定《寿县人民政府关于调整完善乡镇财政管理体制的意见》(寿政秘〔2017〕102号),进一步理顺县乡财税体制,让利于乡镇,调动乡镇发展经济的积极性。

【深化财政改革】创新财政投入方式。通过政府购买服务、PPP等方式支持经济社会发展,全面启动PPP实施。投资超亿元的瓦埠湖大桥、海绵城市、寿县县域农村生活垃圾治理工程等7个PPP项目有序推进,并通过专家组物有所值评价和财政承受能力评估,其中,寿县体育中心游泳馆开工建设。盘活统筹财政资金。加大财政存量资金统筹使用力度,建立资金盘活制度,盘活财政存量资金近4亿元,其中收回资金中统筹使用资金5531万元,50%部分按政策用于扶贫。整合涉农资金,制定《寿县2017年统筹整合财政涉农资金实施方案》,明确统筹整合规模4.25亿元,整合资金全部用于1131个脱贫攻坚项目。牵头整合21家涉农项目资金8500万元,吸引社会金融资本9500万元支持美丽乡村建设。县财政局获美丽乡村建设先进单位。落实减税降费政策。落实出台的各项减税降费措施,落实全面推开"营改增"试点和"放管服"改革政策,严格落实国家和省清理规范政府性基金和行政事业性收费政策,认真落实社会保险降费政策,降低市场交易成本,继续延续城镇土地使用税有关政策,切实减轻企业和群众负担。持续清理规范政府性基金和行政事业性收费72项,年均涉及金额3200多万元。

【严格财政风险防控】推进债务预算管理改革。完善全口径政府债务管理,将地方政府债务中的一般债务和专项债务分类纳入一般公共预算和政府性基金预算。编制新增政府债务预算调整方案,提请县人大常委会审查和批准。规范政府债务限额管理。推进预算绩效工作,省财政厅评审中心对2016年县级基本财力保障情况和革命老区项目开展专项评价,县级同步开展2016年新增债券绩效评价,涉及项目40个,资金3.75亿元。加强政府债务风险防控。建立健全政府性债务风险应急处置工作机制,成立政府性债务风险应急处置工作领导组,制定《寿县政府性债务风险应急处置预案》。健全政府性债务动态监测、评估和预警机制。地方性政府债务处于良性区间,2017年预计债务率70%,远低于100%的预警线。开展政府融资担保清理。认真贯彻国家六部委关于进一步规范地方政府举债融资行为有关要求,印发《寿县政府融资担保清理整改工作施方案》,全面清理2015年以来政府融资平台融资项目,涉及需要整改项目18个、融资金额21.66亿元,按照财政部等六部委文件要求,在规定时限内整改到位。建立权责发生制制度。继续开展县级权责发生制政府综合财务报告试编工作,积极探索解决方法。不断清理国库各项往来款项,维护财政资金安全。加强全过程财政监督管理,防范财政风险。完善行政事业单位国有资产管理制度,加强国有资产事前、事中、事后全过程监督,确保国有资产安全规范运行。深化国库集中支付改革。进一步推进县乡国库集中支付制度改革,从国库集中支付模式、流程,公务卡制度、预算执行动态监控、会计管理等方面全面规范的管理方式;全面推进国库集中支付电子化管理。

凤台县财政工作概述

【概况】2017年,凤台县财政部门全力支持"稳增长、促改革、调结构、惠民生",财政各项工作稳步推进。全县财政收入完成38.54亿元,同比增长7.0%,公共财政预算支出完成39.82亿元,增长10.5%。

【加强财政制度建设】严格债券资金管理,妥善处理债务偿还;加强政府债务预警,设立债务风险指标;健全风险处置机制,防范化解财政风险;建立债务管理长效机制,实行限额管理制度;不断推进政府债务债券化,逐步优化债务结构。依法制定凤台县县级财政拨款结转和结余资金管理办法(试行)、《凤台县县级财政专户资金存放商业银行管理改革实施方案和凤台县县级财政专户资金存放商业银行考核评价激励办法》及一事一议、涉农补贴资金、扶贫资金、民生工程各项目专项资金管理办法等。

【支持教育事业发展】全县共计安排义务教育公用经费5854万元,免费教科书专项资金790万元;继续落实好落实好中职城乡家庭经济困难学生资助及免学费政策,全年共拨付资金1193.84万元,教育部门审核上报后通过民生工程和惠民一卡通及时发放;投入5808.18万元用义务教育均衡发展;投入790万元用于春季中小学免费教科书及教辅资料;投入2687万元农村义务教育阶段薄弱学校改造资金;县财政安排科技研发与发展计划经费资金371万元,用于支持企业的科技项目发展。

【加大文化事业投入】认真落实文化投入政策,县财政安排各类文化体育专项资金1337万元,推动文化事业发展;完善公共文化服务体系;大力实施"送科普、送戏下乡、送电影"工程;积极利用乡镇文化站的基层文化平台作用,为群众提供丰富多彩的文化活动,提高群众的文化质量;继续做好公共博物馆、纪念馆和爱国主义教育基地的免费开放;进一步做好非物质文化遗产代表作保护工作。

【服务社会经济发展】推进PPP项目的规范实施。会同相关部门组织专家对凤台县城乡环卫一体化(生活垃圾治理)PPP项目进行物有所值评价和财政承受能力论证。依据有关文件要求及专家评审意见,该项目通过物有所值评价,适合采用PPP模式实施,且财政收入能够承受该项目的政府支出责任。落实省委、省政府促进经济持续健康较快发展的文件精神,强化政策执行力,及时兑现招商引资奖励189.59万元、奖励2016年度工业经济考核资金215.5万元、惠农安居贷64万元、普惠金融县级配套18万元、中能众诚凤台电工科技产业园有限公司集中供电所建设补贴资金60万元、安徽恒远电子称重设备有限公司招商引资奖励45.56万、亿联电子商务产业园扶持资金91万元、拨付原安徽省凤台船厂改制重复出让资产处理资金130万(基金)等,确保各项政策奖励及扶持资金落到实处。加大环保支持力度。安排秸秆禁烧和综合利用资金5782.9万元,保障全县秸秆禁烧和综合利用工作顺利开展。

【促进农业农村发展】严格执行省财政厅"一卡通"打卡发放有关规定,全面落实各项强农惠农补贴政策,进一步完善"一卡通"财政补贴农民资金发放和管理系统,实现县级按时统一打卡发放。全年共发放涉农补贴资金2.17亿元,推进政策性及特色农业保险试点政策调整,全县参与政策性农业保险试点工作的16个乡镇和3个国有农场,完成小麦承保面积56万亩;能繁母猪承保7166头;大棚蔬菜6307亩;果树6480亩;水产养殖保险32500亩;水稻承保面积51万亩;大豆27688亩;玉米8466亩,农作物的承保面达91%。农民自缴保费621.3万元,拨付财政补贴2408.5万元,其中:中央财政补助资金916.5万元、省财政补助574万元、市财政补助391万元、县财政补助527万元。推进国家农业综合开发土地治理和推进农业产业化发展。2017年度农业综合开发土地治理项目计划在杨村镇实施,建设面积6200亩;项目计划总投资677.6万元,其中财政投资677.6万元。项目招投标程序完成。支持建设现代化农业、支持生态建设、防灾救灾、职业农民培训、民生工程、农业全程社会化服务体系建设、小型农田水利建设、县重点绿色长廊建设、创建森林城市建设和美丽乡村建设等农业产业化发展,建立农业保护机制,以粮食生产、动物疫病防控体系建设为基础,提高农业防灾、减灾能力,加大财政支持力度,支出1.55亿元,发放农业支持保护补贴9454万元。深化农村综合改革。按照"村级申报、乡镇审核、县级审批"工作流程,审批2017年度一事一议项目172个,共计投入2530万元,拨付资金2453万元,年底全面实施完成建设项目;投入1100万元持扶持桂集镇大王村、朱马店镇联民村、大兴集乡武集村、尚塘乡郭王村、杨村镇杨村村等五个村集体经济发展项目、农村公共服务运行维护及国有农场公益事业发展项目。

【加强财政监督管理】科学编制预算。科学测算、统筹安排,以"有保有压、量力而行、收支平衡、集中财力办大事"为原则,在2017年初完成本年度预算编制工作,并在县十七届人大常委会第一次会议上向县人大常委会汇报。加强收支管理。完善预算执行管理机制,及时、规范办理财政直接支付业务,严格按照批复的预算、用款计划以及项目的进度支付资金。实现国库集中支付106681笔113.73亿元。进一步规范行政事业性收费和政府性基金,加强政府非税收入票据管理,帮助企业降低制度性交易成本、税费负担。加强财政监督和绩效管理。进一步梳理和规范财政内控制度;开展"小金库"专项整治自查工作;开展会计师事务所执业质量检查;配合省专员办开展置换债券资金检查;配合县政府开展清理规范地方政府举债融资行为检查等工作并取得明显成效。加强国有资产管理,完成2016年度全县225家行政事业单位的资产统计报表审核、汇总和上报工作。截至2016年底,县行政事业单位固定资产账面总值为75.58亿元,负债账面总数40.34亿元。加强会计行业管理,做好会计从业人员资格证书发放,组织参加会计继续教育培训。加强乡镇财政资金监管。进一步完善乡镇财政资金监管信息通达、公开公示、抽查巡查等重点环节制度和流程图,资金监管规范化、制度化、常态化。传递到乡镇资金监管信息1605条,乡镇财政资金公开公示631次,县级抽查巡查16次,乡镇开展抽查巡查428次,监管的资金总额3.6亿元。

大通区财政工作概述

【概况】2017年,大通区财政部门认真落实积极财政政策,主动适应经济发展新常态,依法加强征管,实施精准调度,强化预期管理,工作任务完成良好。全区财政收入完成5.59亿元,为年预算的100.6%,同比增长6.1%。全区财政支出完成4.95亿元,下降3.5%。

【加大民生投入】加大对民生领域资金投入力度,切实保障以改善民生、提升公共服务质量为重点的资金需求,全年13大类民生支出4.19亿元。根据省、市总体部署,紧扣民生工程目标任务,精心组织谋划,突出机制完善,强化工作责任,狠抓任务落实,全年拨付民生工程资金1.5亿元,全力推进24项民生工程实施。认真落实惠农补贴政策。规范和加强惠农补贴资金发放管理,确保各项惠农补贴资金及时、准确、足额、安全发放到位。全年发放惠农补贴资金16大类63个批次4600万元,累计补贴对象3.8万户(人)。

【推进财政改革】强化预算管理。规范和细化财政预算编制,提高年初预算到位率,减少预算调整,加强预算执行管理,按照经济分类编制2018年部门预算。全面推进预决算公开。加大预算信息公开力度,区政府及51家一级预算单位部门预决算信息和"三公"经费信息全部公开到"项"级科目。扩大政府购买公共服务领域。出台向社会力量购买服务指导目录,规范政府购买公共服务流程,将适合采取市场化方式提供公共服务产品的领域,逐步交由具备条件的社会力量承担,支持事业单位改革和社会组织培养发展。加强公共资源交易监管。开通淮南市政府采购网上商城,招标建立代理和小额施工资源库,出台《大通区政府公共资源交易业务基本流程(试行)》等文件,规范公共资源交易行为,提高政府采购及工程建设招标采购效率、效益和透明度。

【强化财政监督管理】建立内部控制制度。制定下发内部控制各项具体制度,着力提高财政工作效率和服务质量,避免财政政策制订和资金分配过程中的业务风险与廉政风险。健全财务管理制度。修订《大通区区直部门财政拨款结转和结余资金管理办法》《大通区区直行政单位财务管理暂行办法》等管理制度,加强财政监管,建立起以"审核把关""动态监管"为中心的管理机制。开展专项资金检查和重点督查。对财政支农项目、扶贫资金、民生工程资金、乡镇财务和农村三资管理等开展专项检查,对检查发现的问题积极督促整改,确保资金安全;开展"小金库"治理、规范津补贴和"三公"经费支出情况重点督查,规范财经秩序,全区"三公"经费下降16%。加强国有资产管理。完善行政事业单位资产管理信息系统平台数据,明晰产权主体,夯实管理基础,明确资产管理责任,提高资产使用效率。

田家庵区财政工作概述

【概况】2017年,田家庵区财政部门落实积极财政政策,深化财税体制改革,狠抓预算执行管理,优化财政支出结构,切实保障和改善民生,提高资金使用效益。全区财政收入15.54亿元,同比增长13.6%。财政支出完成9.88亿元,同比增长9.4%。实现财政收支平衡。

【提升财政收支质量】强化财政收入预期管理,密切关注经济形势变化,加强财政运行监测分析,做好预研预判,促进财政收入平稳增长。建立财税库征管联席会议制度,依法组织收入,确保各项税收应收尽收。加强重点税种、重点企业税源监控,督促完成年度预期目标。完善非税征收管理,强化执收部门征缴责任,促进非税收入稳定增长。

【保障民生事业发展】强化重点支出保障,确保民生支出和重点支出均衡增长,推进关系群众切身利益的事业发展。全区民生支出完成8.1亿元,占全区财政支出的85%。实施省级33项民生工程,召开全区民生工程动员会,印发《关于印发田家庵区2017年33项民生工程任务分解表的通知》(田政〔2017〕19号),及时有效筹措区级配套资金4000万元。大力推进脱贫攻坚,发挥财政职能,足额配套专项扶贫资金,加快项目建设和资金拨付进度,各级财政扶贫资金834万元,支出率100%。

【加强财政资金管理】全面深化改革,完善政府预算体系,加强预算管理,认真执行《预算法》,严格按程序审批资金,落实财政资金管理制度建设。深化财政业务建设,建立预算执行管理长效机制,硬化预算约束。推进预算公开,2月10日,公开62家区级预算单位2017年政府、部门和"三公"经费预算。加强财政资金管理,推进国库集中支付改革。严格遵守中央八项规定和省市相关规定,严控"三公"经费,全区"三公"经费支出220万元,下降2.7%。

【强化政府采购管理】全区完成政府采购预算约为2355万元(申报计划金额),实际采购金额约为2166万元(中标金额),节约财政资金约为189万元,资金节约率约为8%。代理公司在采购中心平台预计完成的采购项目约为20个,采购预算约为864万元(申报计划金额),实际采购金额约为836万元(中标金额),节约财政资金约为28万元,资金节约率约为3.2%。小额零星工程共抽取项目数为27个,金额为1717.8万元。开展公共资源交易市场(建设工程、政府采购、产权交易)专项联合执法检查活动,进一步规范招投标各方主体行为,净化公共资源交易市场,促进公共资源交易事业健康发展。

谢家集区财政工作概述

【概况】2017年,谢家集区财政工作坚持稳中求进总基调,牢固树立和贯彻落实新发展理念,坚持以推进供给侧结构性改革为主线,进一步树立过紧日子的思想,加大财政支出优化整合力度,保障重点领域支出,着力克服财政收支矛盾,全区财政运行总体平稳。2017年全区财政收入为2.27亿元,同比下降4.8%,全年财政支出7.2亿元,同比增长1.9%。

【强化税源征管】全区财政工作紧紧围绕区委决策部署和全区经济社会发展大局,紧紧抓住组织收入这一中心,全力化解收支矛盾。认真开展税源排查,做到排查全面,税源清楚。紧盯重点税源不放松,加快税收入库工作。千方百计清缴欠税,加大催缴清缴力度。大力优化非税收入管理,逐步提高国有资产有偿使用收入比重。同时积极争取上级财政支持,着力抓好预算执行和资金调度,保证全区各项基本支出和重点工作需要,保障全区各项经济社会事业的持续稳定发展。

【优化支出结构】坚持压一般,保重点的原则,把有限的财力用到促进经济社会发展的关键领域。全区三公经费支出同比下降9.5%,会议费支出同比下降6.6%。按照保障基础性、普惠性、兜底性民生原则,投入2.31亿元确保民生工程如期完成;拨付522.55万元全力支持脱贫攻坚顺利实施;兑现846.16万元推动医药卫生体制改革持续深化;先行拨付2191万元推进机关事业单位养老保险顺利实施;配套840.61万元促进就业政策全面落实;下达546万元推动农村环境整治有效改善;投入715.95万元保障秸秆禁烧工作取得成效。

【推进民生工程】全区各级各部门按照"抓早、抓实、抓细"总体要求,凝心聚力、狠抓落实,民生工作进度较往年明显加快,资金拨付更加及时,项目运行管理更加规范。全区25项民生工程累计支出2.31亿元。其中:农村基层党建投入1064万元,有效解决全区56个行政村运行困难和村干部待遇低的问题;农村低保、五保等救助类项目支出2837万元,缓解全区0.44万低收入人群生活困难;城乡居民养老保险、居民医疗保险、农业保险等项目投入1.05亿元,有效解决近20万群众生产、生活后顾之忧;义务教育经费保障机制投入1594.96万元,保障全区20156名万中小学生接受教育的权利;小型水利改造提升、美丽乡村、农村危房改造等项目共计投入2362.6万元,促进全区农村基础设施建设的提升。

【保障财政资金安全】加大资金监管力度,严把国库支付审核关;坚持财政互审机制,提升乡镇财政资金监管能力;不断扩大重点监督范围,扶贫资金、惠民资金、政府性投资专项督查先后实施;日常监督形成常态,按计划开展三公经费、政府采购、固定资产检查;落实内部监督机制,健全财政内控管理制度;财务制度更加完善,财经纪律深入人心;政府预决算公开更加透明,自觉接受人民群众的广泛监督。全区7.2亿元支出全部纳入各类监督范围。

【规范国库支付和政府采购】规范国库集中支付,完善业务流程和岗位操作规程;加强财政支出管理,严把审核“政策关”;加强会计基础工作,统一科目管理;严控现金支出,提高支付透明度。政府采购制度不断完善,采购标准、采购限额更加规范。工程项目招投标制度逐步建立,小额施工库、招投标代理库正式运行。项目招投标实行分级管理,应进必进,职责分工更加明确,财政支出效益显著提高。

八公山区财政工作概述

【概况】2017年,八公山区财政部门认真贯彻各项财税政策,开展财政工作,积极促进全区经济社会平稳发展。全年完成财政收入2.66亿元,同比增长18.3%。全年财政支出4.18亿元,同比增长3.7%。

【开展增收节支工作】克服宏观经济持续下行、支柱产业缺失短收等多重压力,加强收入征管,实现财政收入和地方收入双增长;精准把握工作重点和发展方向,争取上级支持,全年上级补助及调入资金3.5亿元,增大区财政保障能力。对重点支出保障有力。将财力优先用于保工资、保运转、保民生,调优支出结构,保障全区发展需要。统筹资金保障教育、社会保障、农林水事务、医疗卫生、节能环保、住房保障六项重点支出2.96亿元,占财政支出的70.6%。一般性支出继续下降。强化财政财务监管,严格差旅费、会议费、招待费开支范围和标准,进一步压缩一般性支出,全区一般性公共支出较上年下降5%,全区“三公”经费支出同比下降4%。

【实施民生工程】全年民生类支出为3.52亿元,为财政支出的84%,实施全省33项民生工程涉及23项(常规项目已合并),投入资金1.02亿元,目标任务全面完成。其中,拨付785万元落实基层党建三年行动计划,切实保障村(居)干部各项报酬、养老保险、医疗保险和人身意外伤害保险及基层党建与服务经费,兑现计划生育家庭特别扶助资金等。通过惠民“一卡通”直接发放3800万元,惠及群众14.76万人次,不断提高农村居民最低生活保障水平、特困人员供养及生活无着人员社会救助、残疾人生活和护理补贴、城乡困难群体法律援助等,应助尽助;拨付920万元提高基本公共卫生服务、农村文化活动的质量和水平,健全社会养老体系,完善城乡居民基本养老保险等,让发展成果惠及人民。

【完善财政体制机制】按照区委全面深化改革总体部署,确定深化预算执行和加强债务风险预警等重点任务,细化工作台账,进一步落实财政资金管理制度建设,编制政府综合性权责发生制报告,积极跟进税制改革,做好全面推开“营改增”后续工作,支持供给侧改革,服务五大发展行动计划,做好“三去一降一补”,推进“三重一创”建设,促进经济转型升级,减收实体经济税收2855万元,着力优化发展环境和生态环境,支持招商引资和项目落地。加强政府债务管理,将政府债务收支纳入预算管理,并及时出台《八公山区政府债务管理意见》和《八公山区政府债务风险预警》,严格执行限额规定,建立有效防范和化解财政风险机制。

【加强财政制度建设】认真执行《预算法》《会计法》《采购法》等各项财经法规,加强财政业务管理和制度建设,先后出台《八公山区政府投资项目暂行管理办法》《八公山区本级财政资金审批程序》《关于加强行政事业单位会计基础工作规范化管理严肃财经纪律的通知》《关于进一步规范财务管理制度的若干意见》《关于落实八公山区政府性投资工程建设项目招标人责任的通知》等多项财经管理制度,完善各类财务管理制度和专项资金管理办法,夯实财经管理制度基础。严格预算执行,强化预算约束,严格资金审批、项目审核制度,推动财务管理日益严格、规范。深化预决算信息公开,提高财政透明度和参与度,强化政府向社会购买服务的预算管理。

【开展监督检查】组织对2016—2017年“三公经费”支出情况和非税征缴及会计信息质量检查、对2014—2017年公共资源交易项目招投标情况进行检查,进一步加强政府采购和公共资源交易管理。派员参加巡视巡查,以落实巡视巡查整改工作促进规范财政财务管理;开展财政绩效评价,对民生工程中的基本公共卫生项目资金开展绩效评价,进一步落实部门预算执行责任,提高财政资金绩效。自觉接受人大监督、落实人大审查决议,认真办理人大代表建议议案和政协委员提案,其中主办2件,协办3件,给予代表和委员的答复均得到认可。积极落实审计监督要求,建立责任清单和督查清单,不断提高理财水平。

潘集区财政工作概述

【概况】2017年,潘集区财政工作切实加强财政监管,突出服务水平和保障效能,致力提高财政运行质量和效率。实现财政总收入6.42亿元,同比下降19.2%。公共财政总支出完成11.59亿元,同比下降8.2%。

【深化财税金融体制改革】召开工作调度会,开展专题调研,广泛征求乡镇(街道)和区直相关部门的意见建议,形成《潘集区乡镇财政体制改革实施方案》,明确乡镇(街道)税收分成和招商引资的激励政策。PPP项目管理,有6个项目进入市级PPP项目库,推进秸秆及固体废弃物综合利用项目和产业与城市运营一体化项目完成可研编制;产业与城市运营一体化项目咨询管理机构招投标工作已经完成,江苏汇诚投资咨询管理有限公司中标,正在研究"两评一案"的编制。与国都债券公司合作筹备发行区建投公司债券,已完成对区建投公司的财务审计(初稿)、合法性经营审查(初稿)、公司经营信用评级等工作;区政府和安徽路网公司签订产城一体化PPP项目战略合作协议,明确由区建投公司作为政府出资单位和社会资本方成立SPW公司,参与项目的建设、维护、运营、收益;依托平圩经济开发区基础设施、工业标准化厂房建设项目向市产发集团申请1亿元产业引导基金,基金已到位,并投入到开发区污水输送管网工程等项目建设;向市储备中心申请土地储备金2075万元,用于5个地块的土地报批和收储;积极用好"税融通"政策,平圩开发区龙强机械制造有限公司符合政策条件获得1000万元"税融通"贷款。

【深化农村综合改革】稳步推进农村集体产权制度改革,深化农村土地"三权分置"制度改革,开展"资源变资产、资金变股金、农民变股东"改革试点。巩固扩大农村土地承包经营确权登记颁证成果应用。盘活村集体"三资",对闲置校舍进行全面摸排,下放使用权和管理权,发展壮大村级集体经济。推进农业供给侧结构性改革,发展"互联网+"现代农业,开展农业专业合作社一二三产融合发展试点。挂牌成立农业担保投资公司。制定"电商潘集"建设实施意见。

【强化增收节支工作】围绕财政工作任务和收支目标,把组织收入作为首要任务,签订并严格执行财政收入目标责任制,将收入任务层层分解、逐级落实,千方百计组织收入,做到"扩面增收",应收尽收。健全非税收入管理机制,全面清查非税收入,努力挖掘非税收入潜力,对应组织的收入做到应收尽收,完善措施,强化管理,严格执行统筹比例,做到税费并重、预算内外并举,努力增加财政收入。加强预算管理,严格预算约束,大力降低行政运行成本,严格控制和压缩会议费、招待费、考察费、公(业)务费、公车购买等非生产性支出,勤俭办一切事业,除国家法律法规、政策规定和解决突发事件等因素必须增加的支出外,其他一般性支出实现零增长。严格执行政府收支分类核算,加强预算执行分析预测,确保重点,兼顾一般,适时调整支出结构,科学合理调度资金,及时发现解决或向上级汇报解决财政运行中出现的矛盾和问题。

【推进民生工程】2017年,全区共实施民生工程29项,其中:扶贫工作9项、"三农"工作5项、创业就业3项、社会保障5项、教育文化4项、其他城乡公共服务等3项。2017年潘集区民生工程工作立足"抓早、抓实、抓细",坚持问题导向、过程导向、结果导向和绩效导向,全区牵头部门及各乡镇(街道)狠抓落实、精准发力,全区民生工程的各项工作有序推进、各项制度持续完善、各项措施逐步落实、各项指标大幅提升,全面完成2017年度29项民生工程目标任务。

毛集实验区财政工作概述

【概况】2017年,毛集实验区财政工作认真落实积极财政政策,主动适应经济发展新常态,依法加强征管,完善预算管理,完成确定的预期目标。全区财政总收入完成2.45亿元,同比增长24.9%。财政支出4.31亿元,同比增长13.9%。

【民生保障】实施省级民生工程27项,投入财政资金1.7亿元,其中区级配套资金约3630万元。27个民生工程项目进度及资金拨付进度全部完成年度任务。大力推进脱贫攻坚,发挥财政职能,加大保障力度,整合涉农资金,投入资金1256.2万元,全区共批复一事一议财政奖补项目46个,财政奖补资金598.9万元,受益人口12万人。全区累计发放农业支持保护补贴资金1846万元;农村低保资金1071万元;城市低保资金395万元;五保供养资金209万元;孤残儿童补助资金60万元;优抚资金231万元;重残人护理补贴资金51万元。

【发展举措】完成农业综合开发投资1036万元,支持美丽乡村建设区级投入资金1000万元;支持企业发展,落实产业扶持政策,兑付资金800多万元;支持万家灯火公租房建设资金1700万元;支持组建区级政策性融资担保公司资金3900万元。

【财政管理】加强预算管理,推进财政预算精细化、科学化、规范化管理,严格按照"两上两下"的程序,编制完成毛集实验区2017年度预算及区直55家部门预算工作,全区部门预算编制覆盖面达100%。通过政府网站信息公开栏对部门预算进行公开,督促各部门细化预算公开内容,扩大预算公开范围,规范预算公开程序,主动应对预算公开的社会舆情。严格遵守中央八项规定和省市相关规定,严控"三公"经费。扩大预算单位国库集中支付覆盖面,严格执行现金管理规定,积极推进公务卡结算业务的办理。积极与银行对接,实现银行、财政和预算单位之间的数据自动对接,进一步提高国库支付工作的质量和效率,做到清算及时准确无差错。引导金融机构积极参与毛集实验区经济社会发展,组织开展银企合作对接会议,做好区级美泰融资担保公司组建、挂牌等工作,解决中小企业融资难融资贵问题;认真落实属地管理,在全区范围内开展非法集资宣传、互联网金融跨界排查、农村地区非法集资宣传、企业集资风险排查、小贷公司现场检查等工作。配合完成经开区标准化厂房PPP项目入国家项目库工作。

淮南高新区(山南新区)财政工作概述

【概况】2017年,淮南高新区财政工作做好稳增长、促改革、调结构、惠民生、防风险等各项工作,全区财政收入完成5.6亿元,同比增长15.6%;财政支出完成6.4亿元,同比下降8.3%。

【保障民生事业】认真实施十八项民生工程。制订《高新区(山南新区)管委会关于2017年实施33项民生工程的通知》,与区直牵头单位、三和镇签订2017年目标责任书,进一步细化分解目标任务,逐一分解到责任单位和实施主体,将任务落实到每一项民生工程当中。分项目制定18项民生工程实施方案、资金管理办法、民生工程专项督查工作方案、民生工程联络员工作职责等相关配套文件,保证各项民生工程有章可循,按计划实施。足额筹措资金,全年累计拨付民生工程资金1554.18万元。累计拨付棚改资金4493万元,推动新区安置点建设。

【推进脱贫攻坚】确保扶贫资金落实到位。累计安排扶贫资金933万元,按要求全部及时拨付至三和镇、会计核算中心或惠民一卡通账户。其中:基础设施建设550万元,产业扶贫113.4万元,金融信贷220.74万元。积极推动金融扶贫。联合通商银行对所有贫困户进行评级授信,与符合条件的43户贫困户签订的《借款合同》并按每人5万元发放贷款,发放贷款总量215万元,超额完成全年目标任务,合同约定贷款期限内由项目单位按每人每年0.3万元向贫困户支付固定收益补贴,贷款贫困户享受收益补贴6.45万元。扶贫小额信贷开展切实带动新区贫困户的增收。

【统筹城乡协调】严格执行省财政厅"一卡通"打卡发放有关规定,全面落实各项强农惠农补贴政策,进一步完善"一卡通"财政补贴农民资金发放和管理系统,实现区级按时统一打卡发放。全年一卡通发放各类补贴资金1701.72万元。加强农村综合治理。拨付四个村安全饮水工程20万元,村级发展资金40万元,大郢村路网工程及改厕经费85万元。加大宣传力度,拨付5万元资金专项用于"向垃圾宣战、建美好家园"的宣传。推进污染治理,全年拨付秸秆禁烧及综合利用资金74万元。加强大气污染综合防治,拨付锅炉整治补偿资金67万元,用于淘汰整改燃煤锅炉。

【加强债务管理】夯实债务统计基础。按要求进一步规范政府性债务的填报口径,配合专员办、审计等部门,对政府债务进行确认、核实。2017年底,高新区一类债务余额为27.22亿元,其中一般债务10.55亿元,专项债务16.67万元。规范融资举债行为。对近年来融资情况进行逐笔梳理和核查,涉及整改的贷款有5笔,金额为9.34亿,涉及政府购买服务整改的贷款有1笔,金额为1.6亿,按财政部专员办要求,在限期内全面完成各项整改任务。提高贷款使用效益。配合公司对高利率的债务进行置换,根据开发建设需求,统筹部分贷款资金并合理制定贷款使用计划,切实提高资金使用效益。加强债务风险防范。严格按照《国务院关于加强地方政府债务管理的意见》(国发〔2014〕43号文件精神,加强政府债务管理,严格执行债务限额规定,做好债务的预算编制、风险监控、统计分析工作,确保规模适度,风险可控。

【强化财政制度管理】结合工作实际制定并出台《高新区财政资金支出管理办法》《高新区政府采购管理办法》《高新区政府性债务管理暂行办法》等一系列规范性文件推动预算编制、政府性项目资金申请等各项工作有序进展,收入和支出各项工作管理得到进一步规范。围绕新区发展中心工作,加强对土地报批、扶贫项目、征地拆迁等专项经费的管理,建立扶贫资金、征地拆迁周转金、小额贷风险金、中央预算内投资资金等各类专项资金管理办法,确保专款专用和资金安全。民生工程方面,按照省、市要求及时配合主管部门制定各类民生工程实施办法、民生资金管理办法及民生工程资金筹集办法等一系列文件,确保民生资金的安全、规范。加强政务公开。按要求对部门预决算、三公经费预决算及时公开,提高财政资金使用透明度,自觉接受社会及群众监督。

淮南经济技术开发区财政工作概述

【概况】2017年,淮南经济技术开发区财政部门扎实做好稳增长、促改革、调结构、惠民生、防风险等各项任务,财政工作有序推进,财政运行总体平稳。全年开发区财政收入实现5.24亿元,同比下降1.2%。全年财政支出完成2.9亿元,同比下降8.3%。

【加强资金管理】制定规范经开区财政资金管理办法。为减少资金拨付流程、提高资金拨付效率,加强区级财政资金管理,开发区财政局起草制定《关于进一步规范淮南经济技术开发区财政财务资金拨付的相关通知》《关于进一步规范财政企业类专项资金管理工作的通知》《关于加强区直单位银行账户管理工作的通知》。继续推进财政扶持资金优惠政策。全年企业政策兑现及工业项目扶持资金共5423万元。兑现税收补助资金共1926万元。兑现2017年度企业创新发展提质增效专项资金382万元。清理不动户资金和财政结转资金。根据《淮南市市级盘活财政沉淀资金自查工作方案》和市委第一巡查组市委要求,上缴会计核算中心基本户不动户资金363.9万元至本级财政。对截止至2016年12月31日的预算部门实有历年滚存结余全面梳理核查,核实滚存结余资金868.2万元,清理回收上缴至开发区金库。

【组织实施民生工程】结合上年度经开区民生工程实施情况,及时召开民生工程领导小组会议,并与各有关部门签订2017年度民生工程目标责任书,进一步细化分解任务,建立健全工作机制,制定民生工程领导小组会议制度、民生工程领导小组成员单位职责和民生工程信息宣传制度。6—12月民生工程县区考核完成情况打分经开区均第一。市民生办安排检查组于2017年9月29日对淮南经济技术开发区2017年1—9月残疾人生活和护理补贴及退役士兵培训民生工程进行检查,这两类项目均超额完成目标任务。全面推进"一事一议"财政奖补事项。经开区"一事一议"财政奖补项目主要用于道路硬化、危桥改造、村民活动器材项目等基础设施公益事业。全年财政奖补项目行政村共4个,项目总投资56万元,筹资人数4802人,筹集资金7.2万元,申请财政奖补48.8万元,惠及6000人。

【规范村居管委会资金审批流程】根据《关于进一步加强中共淮南经济技术开发区村居工作委员会、淮南经济技术开发区村居管理委员会工作的实施意见》(淮开工〔2016〕84号)文件精神,村居管委会享有独立的财务审批权,为确保财政资金使用安全,发挥主观能动性,督促指导村居管委会制定《淮南经济技术开发区村居管理委员会财务管理办法》(经村委〔2017〕23号),明确村居管委会资金管理办法和拨付流程,提高资金使用效率。

淮南现代煤化工产业园区财政工作概述

【**概况**】2017年,煤化工园区财政局紧紧围绕财政与财务中心工作,坚持求真务实,履职尽责,攻坚克难,努力开拓园区财政工作新局面。

【**财政收入**】坚持"经济工作项目化,项目工作责任化",围绕年度目标任务,压实责任,奋力推进园区经济发展。全年园区完成固定资产投资46亿元,同比增长158%;完成招商引资49亿元,同比增长253%;实现工业总产值1.43亿元,同比增长65%;实现工业增加值7177万元,同比增长49%;高新技术产业增加值675万元,实现零的突破;全年园区财政收入4038万元(其中国税收入799万元,地税收入3239万元),同比增长32%。

【**金库设立**】淮府〔2016〕3号和淮财预〔2016〕208号文件明确园区财政管理体制并要求设立园区金库。总投资267亿元中安煤化一体化项目计划,2019年6月试生产,项目达产后,可实现年销售收入约90亿元,年税收约8亿元。园区按市人行要求重新整理材料上报审核待批设立金库。

【**财务管理**】按时编报部门预决算、资产年报、内控年报,认真贯彻落实厉行节约反对浪费条例,严肃财经纪律,监管国有资产资金的使用。完成园区管委会及内设机构的财务集中核算、固定资产管理、政府性债务管理、内部控制建设等工作。

【**投融资管理**】协助园区投融资平台公司完成银行贷款2000万元、续贷1500万元。截至2017年底,平台公司总资产6.65亿元,融资贷款余额3.75亿元,资产负债率74%。所融资金全部用于园区土地收储和基础设施建设等支出。

滁州市财政工作综述

滁州市财政工作概述

【概况】2017年,全市财政收入完成289.3亿元,增长12.8%。全市财政收入占GDP比重为17.9%。全市税收收入完成220.6亿元,增长10.8%,占财政收入76.3%。县级收入占全市比重67.5%,占比高于上年0.5个百分点。6个县(市、区)收入总量超过20亿元,其中天长市收入超45亿元。滁州经济技术开发区财政收入40亿元,增长17.3%;苏滁产业园区财政收入4.158亿元,增长59.9%。全市财政支出完成380.3亿元,同比增长13.5%,其中民生支出完成331.3亿元,增长14%,占财政支出总量的87.1%。全市“三公”经费下降1.1%,压减一般性支出1602万元。

【创新驱动】安排科技创新专项资金0.9亿元。设立科技型中小企业风险补偿基金。支持设立科技金融产品“滁科贷”,解决科技型中小企业融资难问题。设立0.4亿元战新产业专项引导资金,支持全市8个战新产业集聚发展基地建设。争取上级资金1.5亿元,地方配套1.6亿元,支持滁州经开区智能家电产业集聚发展。落实人才引进政策,支持院士助滁、国家“千人计划”招引和博士引进三大行动。市级安排电子商务产业发展专项资金0.1亿元,全力打造“电商滁州”。

【服务发展】着力减税降费。落实简化增值税税率结构、扩大小微企业所得税优惠范围等优惠政策,全年结构性减税36亿元以上;取消城市公用事业附加、新型墙体材料专项基金,取消或停征18项中央设立的行政事业性收费,完善涉企收费项目目录清单动态管理,年减少企业收费1.3亿元。扩大有效投资。全市争取新增债券资金37亿元以及水利、交通、棚户区改造等专项资金43.6亿元,支持城镇化等重大基础设施建设;市级统筹调度140亿元,加快老城区道路白改黑、市博物馆、图书馆等重点项目建设;投入4亿元,支持滁州大道和G328、G104国道等重大交通基础设施建设;发挥财政资金撬动作用,推动高教科创城等9个PPP项目成功落地;滁州市财政超调4亿元,支持高教科创城、苏滁园区项目建设。缓解企业融资难题。全市投入1.6亿元,支持9家国有担保公司做大做强;安排1500万元,支持成立市担保资产管理公司;推进“4321”新型政银担合作机制,累计放款58.8亿元,受益企业3505户;安排续贷过桥资金2.6亿元,撬动贷款48.8亿元,周转19次,扶持企业1042户。

【民生保障】2017年,全市民生支出331.3亿元,占财政支出总量的87.1%。投入资金100.1亿元,完成33项民生工程建设。学有所教方面，统筹安排资金1.8亿元，保障实验中学苏滁校区、实验中学高中部、东坡路初中、五中扩建等项目建设；拨付378.2万元，支持滁城主城区15所普惠性民办幼儿园建设；免费教科书、家庭经济困难寄宿生补助覆盖范围扩大到城乡义务教育学生，高校、中职和普通高中家庭经济困难学生资助全部发放到位。劳有所得方面，拨付就业资金1.3亿元，为2985名就业困难人员落实社保补贴，为3万多人提供免费职业介绍，安置1530名就业困难人员在公益性岗位就业，为1328人开展创业培训。病有所医方面，投入20亿元，落实提高医疗保险财政补助标准政策；推进医保管理体制改革试点，完成市医保中心组建工作，争取省资金0.1亿元支持市级3家公立医院重点学科建设，拨付0.2亿元支持儿童医院扩建。老有所养方面，落实职工养老金提标政策，发放高龄津贴0.6亿元、惠及11.7万人。住有所居方面，拨付5.5亿元，新开工棚户区改造1.5万户，基本建成棚改和公租房1.9万套，完成农村危房改造1.1万户；市财政对全市贫困户危房改造新建房屋按1000元/户标准拨付补助资金394万元。弱有所扶方面，发放农村低保金3.4亿元、惠及11.6万人；拨付5.7亿元，落实最低生活保障政策；拨付1.8亿元，推进残疾人生活补贴扩面提标。

【脱贫攻坚】全市投入扶贫资金共10.5亿元，较上年增长37.7%，支出进度稳居全省第一方阵。全市在123个贫困村全面推开资产收益扶贫工作，探索出6种可复制、可推广的资产收益扶贫模式，来安县六郎村资产收益扶贫模式被省财政厅作为典型案例在全省推广，来安县六郎村、明光市新管村资产收益扶贫模式代表安徽省被推荐到财政部。在全省扶贫工作会议上，市局代表市委、市政府做资产收益扶贫工作专题书面交流。2017年，全市贫困村实现资产收益分红全覆盖，惠及1.6万户和4.6万贫困人口，人均增收427元。资产收益分红成为贫困人口尤其是无劳力和弱劳力、残疾人贫困户增收脱贫的重要渠道。

【支农发展】围绕美丽乡村建设，投入4亿元，统筹整合涉农资金2.9亿元、吸引社会资本10.3亿元，支持45个乡镇政府驻地建成区整治和31个省级中心村、5个市级中心村建设。围绕促进农民增收，通过“一卡通”发放惠农补贴29.7亿元，惠及235万人(户)，人均受益1262元，强农惠农政策有效落实；加强农业信贷担保体系建设，推进“劝耕贷”；完成新一轮政策性农业保险经办机构招标工作，兑现政策性农业保险赔款1.4亿元、受益农户30万户次，为农民灾后恢复生产、稳定收入提供有力保障。围绕发展现代农业，投入专项资金0.4亿元，支持现代农业示范区、农业物联网和农产品电子商务建设，全市新增农民合作社487个、家庭农场1176个；投入4.7亿元，完成高标准农田建设项目治理36.2万亩。围绕农村综合改革，投入1.4亿元，实施“一事一议”财政奖补项目737个；全市争取省综合改革试点奖励资金0.9亿元，较上年增加0.6亿元，天长市入选国家农村综合性改革试点试验，2017—2018年每年获得国家奖补资金2750万元；农村公共运行维护试点、扶持村级集体经济试点等农村改革稳步推进；争取上级资金1.3亿元、市县两级财政预算安排2.1亿元，支持国有林场改革和发展。

【财政改革】严控政府性债务风险，出台滁州市地方政府性债务风险应急处置预案。2016年度省政府目标管理绩效考核中，滁州市政府债务管理工作名列全省第一，市局政府债务管理工作获2016年省财政厅考核一等奖。深化预算管理制度改革，印发部门预决算公开操作规程、预算执行考核、支出管理内部规程、预算公开评审、项目储备管理等多个管理办法，注重压实主管部门责任，注重定额管理，注重建立项目储备库，注重绩效评价，注重完善预算公开评审和结果运用。加强县乡国库集中支付改革，各县(市、区)预算单位直接支付申请电子化上线。全力推动“三保合一”工作。12月28日，滁州市医改办、滁州市医保中心正式揭牌组建，标志着城镇职工基本医保、城镇居民基本医保、新型农村合作医疗等医保经办机构实现“三保合一”。

【财政管理】推进政府预算统筹，将新增建设用地土地有偿使用费转列一般公共预算，加大政府性基金预算、国有资本经营预算调入一般公共预算力度；建立市级预算项目储备管理机制，未入库项目不安排预算、不纳入中期财政规划、不列入政策支出范围。加强财政资金管理制度建设，出台加强市级行政事业单位财务管理的50条意见,完善专项资金制度建设,出台战略性新兴产业集聚发展基地建设专项资金管理等18个办法,实现“一个专项资金、一个管理办法”。提高财政信息化水平,全面推进县(市、区)国库集中支付电子化改革,实现财政资金支付电子化、清算无纸化,财政支出效率显著提高;市县两级非税收入电子化缴库正式运行,非税收入收缴管理水平有效提升。推进政府购买服务,制定《滁州市政府向社会力量购买服务实施办法》,制定规范化操作流程,统一发布政府购买服务指导目录,促进公共服务供给主体多元化。2017年全市政府购买服务项目200个、预算金额9.8亿元。加强国有资产管理,推进资产管理与预算管理、财务管理、债务管理相融合,完善“先预算、后购置”源头管控和内控制度落实,资产管理的科学化、规范化和信息化水平进一步提升;完成政府资产报告的试点编报和地方政府性债务投资项目资产清查登记工作,初步摸清政府资产“家底”。加强政府采购管理,启动“徽采商城·滁州”网上交易平台,全面推行政府采购集中支付项目无纸化备案,提高政府采购效率。

【党的建设】市财政局机关专门配备1名机关党委专职副书记,对机关原有支部进行整合优化后成立5个支部。深入推进“两学一做”学习教育活动和“讲重作”专题警示教育活动。组织党员干部赴上海一大会址、浙江嘉兴南湖等地学习革命精神等活动。组织十九大知识竞赛和考试等活动。签订廉政建设目标责任书,开展新任干部、轮岗干部、新进人员廉政建设谈话等。

(谢喜亮)

天长市财政工作概述

【概况】2017年,全市公共财政收入完成45.9亿元,为年初预算的100.9%,增长11%。全市公共财政支出完成54.4亿元,增长13.3%。

【助推经济稳定增长】支持创新驱动发展,设立科技创新专项资金1.5亿元、天使基金1亿元;足额安排科技重大专项配套,支持公共研发平台、科技成果转化基地建设,支持引进全国高校、科研院所等在天长设立分支机构,支持高层次科技人才投入,支持企业招才引智,促进企业自主创新。扎实推进“去降补”,及时拨付“制造强省”建设资金2733万元;审核兑现工业企业集约化用地、工业经济发展三十条、现代服务业、内外贸、电子商务产业园等各项财政扶持资金1.6亿元;减免缓各项地方税费3亿元,切实减轻企业负担。进一步优化金融环境,加强政策性融资担保体系建设,新增担保公司国有资本金5917万元;继续强化“政银担”合作,拨付“政银担”风险补偿基金224万元;进一步壮大过桥资金规模,全年扶持企业200户次,过桥续贷资金15亿元,资金周转率达26次。

【保障重点支出】投入0.9亿元,巩固完善义务教育经费保障机制,落实中职和普通高中家庭经济困难学生资助政策。投入1.6亿元,加大教育基础设施建设,促进教育事业均衡发展。投入1.6亿元,落实城镇居民基本养老保险政策,支持社会养老服务体系建设。投入4.9亿元,落实城乡居民基本医疗保险、大病保险、公共卫生服务、妇幼健康及计生奖特扶等政策,落实基层医疗机构体制改革政策,支持公立医院综合改革试点和村医疗能力提升。投入1.1亿元,继续提高农村最低生活保障标准,落实特困人员供养及生活无着人员救助政策,对贫困残疾人、重度残疾人给予生活补助和护理补贴,足额发放高龄津贴、居家养老和老字号群体补助。投入1.5亿元,保障城乡环境整治、城镇污水处理、垃圾转运站运转和垃圾异地焚烧处置。投入1.2亿元,取缔非法小土窑和轮窑,继续实施森林增长工程、黄标车淘汰、小锅炉改造、秸秆禁烧综合利用奖补。投入2.8亿元,支持农田水利改造和水利薄弱环节治理,提升农业生产能力。投入0.6亿元,支持现代农业发展,落实政策性农业保险补助政策。投入1.8亿元,支持农村道路畅通工程、美丽乡村建设。投入0.5亿元,支持农村危房、棚户区和城市老旧小区环境改造。投入0.5亿元,支持全国文明城市创建和“平安城市”建设。投入0.6亿元,保障农村综合改革、农村集体资产股份权能改革等顺利推进。投入0.7亿元,提升农村基层党建和服务水平,促进村级集体经济健康发展。

【完善预算体系】健全预算编制体系,将政府的收入和支出全部纳入预算,加强预算体系统筹,强化政府采购预算、政府购买服务预算编制管理,健全预算编制与结转结余资金管理结合机制,推进上级转移支付收入、部门各类收入、财政存量资金统筹使用。继续开展结转结余资金清理,盘活财政存量资金。将财政结余资金和一年以上的结转资金,全部收回预算统筹安排。试编部门权责发生制财务报告,将政府综合财务报告细化到部门,准确反映政府整体财务状况。加快财政信息化建设,开展财政信息安全等级保护网络改造工程,全面实施国库集中支付电子化改革。进一步完善预决算信息公开。明确公开主体,细化公开内容,规范公开格式,在规定时间内将相关信息全部在政府信息网公开。

【推进农村综合改革】国家级"农村综合性改革试点试验"和"扶持村级集体经济"、"农村公共服务运维"两项省级试点先后落户天长,天长成为全省唯一承担三项改革试点任务的县(市),每年争取资金近5000万元。其中,农村综合性改革试点试验进展顺利。成立由书记、市长任组长的双组长制领导小组,下设七个工作推进小组,形成市、镇、村三级联动机制。研究制定市级实施方案,同步出台六项配套方案,梳理县级层面已建立制度37个,初步形成1+x的政策体系。扶持村级集体经济试点精准发力。对确定的31个重点村实行分类扶持,明确市直单位城乡结对共建责任,并将工作落实情况纳入年度市直单位党建工作重点考核内容。市"三十强"企业与30个集体净资产薄弱村结对,实施精准帮扶提升。农村运维试点改革深入推进。全市15个镇(街)设立管护办,154个行政村(社区)成立公共设施管护站,农村公共服务运维和市场化保洁覆盖率达100%。动员吸收社会资本参与,并将农村道路、小型水利、一事一议财政奖补、美丽乡村建设等项目的运行维护资金进行整合,全市累计投入运维资金达1.3亿元。

【加强干部队伍建设】扎实开展"两学一做"学习教育常态化制度化和"讲政治、重规矩、作表率"专题警示教育活动。先后组织党员干部到廉政教育基地接受警示教育、邀请市纪委领导作反腐倡廉专题辅导报告、集中观看警示教育片、重温入党誓词等一系列党建活动。加强财政系统党风廉政建设。每季度对全市财政系统党风廉政建设、作风建设等情况进行全面巡查,对巡查中发现的问题,按照"一岗双责"、"一案双查"要求,下发整改通知书,约谈相关责任人,责令限期整改到位。

明光市财政工作概述

【概况】2017年,全市财政收入完成164812万元,占年初预算100.4%,较上年增长12.5%。财政收入增幅在滁州8个县市区排第4位,税收收入占财政收入比重为73.3%,税收占比在滁州市排名第2。2017年非税收入40762万元,增长29%,占年初任务103%。

【优化支出结构】严控一般性支出,压缩"三公"经费,优先保障民生工程及重点项目支出。清理预算单位结余结转资金6820万元,统筹安排用于市重点项目建设和民生工程支出。规范政府采购,全市政府采购事项494项,预算25.38亿元,节约率21.6%。2017年,全市一般公共预算支出386425万元(含上级转移支付支出),增支37543万元,增长10.8%。政府性基金支出完成239550万元,增长256%。其中,财政民生类支出完成34.9亿元,同比增长8.7%,占财政总支出的90%。

【保障民生工程】33项民生工程拨付资金176000万元,其中本级配套37600万元。拨付住房保障资金32909万元,加大棚户区和城市老旧小区改造投入力度。棚户区改造新开工1248套、基本建成264套。更新改造小型泵站923千瓦、加固新建小型水闸4座、改造灌溉面积1万—5万亩的灌区2处、扩挖塘坝4150口、整治河沟60条、改造灌区末级渠系4万亩。完成农村危房改造1018户。共建农村饮水供水工程5处。完成8个乡镇政府驻地建成区建设、8个省级中新村建设。完成技能脱贫、企业新录用人员、退役士兵、新型农民等各类培训3275人。完成农村道路畅通工程2016—2018年计划,共建864.6公里县乡村道路。整治改造城市老旧小区总建筑面积2.68万平方米。实施秸秆还田80万亩、秸秆固化成型燃料生产点1个、生物质户用气化炉100台。新建乡镇农产品安全快检系统17套,建立农产品质量安全认证体系10家。建设乡镇食品药品监管所食品检验室4个、批发市场食品快速检测室1个。水利薄弱环节治理主要支流1条、中小河流2条、小型病险水库除险加固17座。维修改造农村义务教育学校校舍面积12417平方米。农村基层党建与服务经费预算3105万元已全部到位。荣获滁州市2016年度县市区民生工程先进单位一等奖、连续两年获省绩效奖补县。

【"三农"和谐发展】切实保障强农惠农政策落实,拨付明西街道、石坝镇、明南街道和张八岭镇高标准农田建设项目以及林东水库灌区节水改造项目等农业综合开发项目资金4083.26万元。拨付秸秆禁烧与综合利用以奖代补资金2152万元。完成"一事一议"财政奖补项目63个,投入资金1576万元,惠及48个行政村22.3万人。"一卡通"发放涉农补贴20项共计38116万元。

【实施脱贫攻坚】2017年上级财政共安排专项扶贫资金3748.20万元,其中:中央财政资金1550万元,省级财政资金1379.5万元,滁州财政资金818.7万元;本级财政年初预算安排扶贫资金2320万元;收回以前年度存量资金用于脱贫攻坚425万元;涉农整合资金3404.1万元;2016年以前年度结转结余资金50万元;共计9947.3万元。2017年全市扶贫资金支出9947.3万元,扶贫资金支出率100%。拨付扶贫专项资金6493万元,整合相关资金21252万元,用于产业、就业、智力、健康等脱贫攻坚"十大工程"。创新资产项目收益扶贫方式,实现收益120万元,受益贫困人口1171人。

【支持实体经济】实施"工业强市",稳定经济增长,安排5635万元扶持企业发展资金;拨付民营经济发展资金2424万元;试点开展"政银担"业务,2017年末政银担在保297户,较上年增长6.8%;在保额76288万元,较上年增长13.22%,实现区域内商业银行政银担业务全覆盖。累计为35户企业发放"税融通"14100万元。截至2017年12月底续贷过桥资金总规模达2350万元,累计为128家企业发放续贷过桥资金70700万元。争取皖北发展专项资金2000万元,安排园区建设补助资金5400万元。

【深化财政改革】健全公共财政预算体系,将政府所有收支全部纳入预算管理。深化国库集中支付改革,实施国库集中支付动态监控,推行电子化管理。启动扶持村级集体经济发展试点工作,全面推开"营改增"工作,积极落实资源税政策,加快PPP项目推广。在财政体制方面,调整市乡财政体制,调动乡镇抓财政收入积极性。

【政府债务管理】完成地方政府存量债务清理甄别工作,建立地方政府性债务的"借、用、还"机制。全市2017年共收到地方新增政府债券资金34628万元。新增债券根据我市实际,优先用于支持棚户区改造等保障性安居工程建设、普通公路建设发展及城市地下管网建设改造等重大公益性项目支出。争取地方政府一般债券收入11663万元,地方新增专项债券收入22955万元,分别用于公立医院债务化解、农业基础设施及其他公共设施建设等。

【财政监督管理】全市盘活财政专项转移支付存量资金3000万元,全部用于偿还政府债务和支付工程款。累计清理收回部门历年结转结余资金320万元。对5家单位进行会计信息质量检查。组织全市54个政府部门以及66个二级单位开展"小金库"专项整治自查自纠,并在此基础上对市经信委等25个部门和单位进行重点检查。内控方面,起草制定机关运转、预算编制、预算执行等8个风险防控办法。2017年,66个市直单位和17个乡镇、街道的部门预决算和"三公"经费预决算均按时公开。建立起地方政府性债务的"借、用、还"机制。加强专项资金检查,全市共自查清理涉企、涉农、扶贫等专项资金95项。

【财政自身建设】深入推进"两学一做"常态化制度化与"讲政治、重规矩、做表率"专题教育与专题警示教育活动,开展"结对共建"、"社区文明创建"、"千名党员进万家"春风行动等资困帮扶活动。明光市财政局党总支荣获明光市委表彰先进基层党组织,获省级"文明单位"称号。在2016年度效能考评中,明光市财政局荣获市直部门经济发展类考核第一名,党风廉政建设考核良好。全年,明光市财政局5次获"单位之星",4人获"干部之星"荣誉称号。

定远县财政工作概述

【概况】2017年,定远县财政局紧紧围绕中心工作,坚持稳中求进工作总基调,以推进供给侧结构性改革为主线,认真实施积极财政政策,支持"五大发展行动",凝心聚力、真抓实干,圆满完成年初"两会"和县委、县政府部署的各项任务。

【强化财政收支管理】财政运行总体平稳、质量提升、保障有力、稳中有进。全县一般公共预算收入完成205121万元,占年初预算102.6%,增长13%。总量在滁州8个县市区位居第五,增幅位居第三。全年一般公共预算支出突破67亿元,增长34.5%,总量增幅均居全市第一。

【保障脱贫攻坚】统筹各级各类扶贫资金

64504.35万元。建立健全扶贫资金管理制度,加快资金拨付进度,全年拨付扶贫资金6.4亿元,拨付进度99%。全力推进资产收益扶贫,研究制定《关于开展资产收益扶贫的指导意见》等相关规定。在全面清产核资的基础上,建立贫困村资产台账。按照“四议两公开”程序实施资产收益折股量化分配,分配结果向特困和病残贫困人员倾斜。全县70个贫困村折股量化资产6104.28万元,全年资产收益572.1万元。全县10293户贫困户、29295个贫困人口户均分红301.05元,人均分红105.78元,在全市乃至全省率先实现资产收益折股量化贫困村全覆盖。

【保障民生共享发展】以群众需求为导向,加大民生投入,推动民生事业稳步发展。投入25亿元实施33项民生工程。安排1.2亿元,用于老旧小区改造、长征路菜市场改造提升、城市公交提升等十件为民实事建设。支持教育文化事业发展,全县教育支出9.07亿元。支持创业就业,创业就业培训3149人,新开发就业扶持公益岗位450个,新增就业3599人。完善社会保障体系,提高企业退休人员基本养老金、城乡低保等补助标准,累计发放各类社保补贴134509万元。

【支持创新绿色发展】加大支持产业扶持和企业技术改造。安排产业扶持资金1亿元、天使投资基金和创新券配套1100万元、企业挂牌上市奖励资金600万元。扶持实体经济发展。充分发挥诚信融资担保公司作用,在保余额5.2亿元,为企业提供续贷过桥资金周转10.6亿元,有效缓解中小微企业融资难问题。注重生态环境保护。支持绿色发展,安排绿色长廊工程5000万元,拨付1800万元秸秆禁烧专项资金、500万元绿色公交车购置资金,绿色发展成效明显。

【推进城乡统筹发展】支持重点项目建设,全年城乡基础设施建设、经济开发区和盐化工业园建设、美丽乡村建设、江巷水库建设等重点工程建设支出32亿元。全县农林水事务支出24.04亿元,增长81.2%。全面落实强农惠农政策。深化农业补贴“三合一”改革,及时发放各项惠农补贴资金67488万元,惠及全县542408人。着力支持农业供给侧结构性改革,统筹安排7923万元实施高标准农田、小型农田水利提升、新增千亿斤粮食项目等。在全市率先开展“劝耕贷”,全年发放“劝耕贷”1亿元。持续推进“美丽乡村”建设。积极争取省级美丽乡村专项资金1297万元,县级财政安排7000万元支持美丽乡村建设。全面深化农村综合改革。投入“一事一议”财政奖补资金2674.3万元实施项目142个,支持农村公益事业发展。

【深化财政管理改革】推进电子化支付改革,国库支付电子化业务圆满成功。继续深化预算改革。大力推进预决算信息公开,实现2016年部门决算和“三公”经费决算、2017年部门预算和“三公”经费预算公开全覆盖。深入推进“营改增”改革,全年为企业减税1.2亿元,整体税负下降1.14个百分点。对取消或停征的41项中央设立的行政事业性收费进行全面清理,全年为企业减费2000万元。

【加强风险防控】有效防范政府债务风险,强化政府债务风险管理,全县政府债务规模适度,风险可控,主要考核指标良好。强化资金安全防控,主动接受审计和社会监督,积极推进依法理财。制定《定远县财政专项资金管理办法》,完善国库集中支付动态监控规则,健全财政业务内部控制制度。建立乡镇财政“权力清单、责任清单、服务清单”,推进乡镇包村干部监管涉农资金、乡镇财政财务互审,强化基层服务型财政所建设。加大财政监督力度,深入开展“小金库”和规范津补贴专项整治,开展扶贫资金、财政存量资金等检查,防范财政资金运行风险。

【开展党建工作】深入开展“两学一做”常态化学习教育和“讲重作”警示教育活动。积极学习宣讲十九大精神,组织开展基层党建“大走访、大调研、大宣讲、大督查、大整改”活动。切实加强组织建设,狠抓意识形态工作和理论中心组学习。积极组织党员干部深入基层察民情、办实事。

全椒县财政工作概述

【概况】2017年,全椒县财政收入累计完成24.47亿元,占年初预算的100.8%,较上年增长13%。全县一般公共财政预算支出累计完成35.9亿元,较上年同期增长12.3%,其中:十三大类民生支出32亿元,较上年同期增长10%,民生支出占比89.2%;财政八项支出完成27.6万元,较上年增长25%。争取省财政公开发行政府新增债券4.5亿元,其中土地储备专项债券3887万元。

【实施民生工程】抓资金保障,2017年民生工程财政总投资9.75亿元,较上年增长12.7%,管护经费投入 4080 万元,较上年增长 18.6%。抓规范管理,新修订《全椒县民生工程考核办法》《全椒县民生工程协调小组成员单位工作职责》等 7 项工作制度。抓实施进度,对建设类项目开工率、完工率按旬通报、按月排名,对节点时间内进展缓慢的单位及时开展效能约谈。抓宣传报道,印制《2017 年全椒县民生工程政策直通车》10 万份,对全县 94 个村民生工程宣传专栏内容进行更新,将与扶贫相关的民生工程办事流程制成漫画在村宣传栏张贴。拍摄民生工程题材微电影《鳜鱼王》《谁该吃低保》在省民生网上播放,常年开通县城农贸市场、街心花园等 4 块大型户外显示屏宣传民生工程。

【加大支农投入】抓好农发项目建设,高标准农田建设项目土地治理全面完工,并经省、市验收。支持美丽镇村建设,全年美丽乡村建设专项资金实际到位 8000 万元,整合到位各类财政资金 13300 万元,吸引社会资金实际到位 24200 万元。全面安排一事一议财政奖补工作,以贫困村为导向,全年共安排项目 94 个,项目预算 1671 万元,覆盖 10 个镇 80 个村。财政奖补资金申报金额 1635 万元,村民自筹资金 12.2 万元,整合其他资金 17.6 万元。落实扶贫工作,全年 9 个贫困村累计发放资产收益扶贫 46.45 万元,556 户贫困户 1401 个贫困人口受益。中央、省、市和县财政投入的扶贫资金累计达 7797.4 万元全部拨付到位。推进政策性农业保险,2017 年度午季小麦、油菜投保面积 42 万亩,总保费 651 万元,其中县财政配套 147 万元,理赔 3.4 万元,赔付 356 万元;秋季水稻、棉花、玉米投保面积 64.5 万亩,总保费 1560 万元,其中县财政配套 235 万元;能繁母猪投保 27000 余头,保费 162 万元,其中县财政配套 8.1 万元,理赔 798 头,赔付 79.8 万元。及时按新综补政策兑付强农惠农补贴,全年通过惠农补贴"一卡通"系统打卡发放各项补贴资金 12 批次、22 万人次,发放各项补贴资金 3.8 亿元。

【推进财政改革】推进预算信息公开,扩大公开范围、细化公开内容、拓展公开领域、完善公开机制,推进专项资金、政府采购、政府债务和财税政策公开。完善新一轮县镇(开发区)财政体制,制定印发《全椒县 2017—2020 年县镇(经开区)财政管理体制的通知》,新财政管理体制扩大了镇、经开区为发展经济社会对资金的自由支配权。健全预算标准体系,完善基本支出定额标准,将公用定额从 3000 元/人、年调整到 5000 元/人、年;对部分支出项目进行淘汰,改变支出项目只增不减的固化格局;加强人员编制管理,完善财政供养人员基础信息管理,准确编制财政预算。推进国库集中支付电子化改革,11 月 6 日正式上线运行。巩固"三项补贴"改革成果,2017 年农业支持保护补贴资金 9340 万元全部打卡发放到户,累计发放农业支持保护补贴 84861 户,发放补贴资金 9594 万元。继续深化医药卫生体制改革,落实基层医药卫生体制综合改革补偿政策;巩固完善县级公立医院综合改革成果,推动县级公立医院债务审计认定;药品零差补助资金按季预拨 480 万元,年底按门诊数结清;安排资金 6700 万元,用于县中医院维修改造;拨付 2200 万元用于提升基层卫生医疗机构服务能力,拨付 800 万元购买配置基层卫生院软件设施。

【规范财政资金管理】加强"三公"经费常态化管控,制定印发《关于进一步加强"三公经费"、会议费等行政经费管理的通知》,建立"三公经费"支出月报、季报制度。规范国库集中支付,加强重要领域和重点资金动态监控管理。加大对会议费、出国费、接待费、购车经费等资金支付。严格按照规定时限要求办理预算单位集中支付申请。完善政府采购管理,将凡使用财政资金采购政府品目及限额标准的工程、货物和服务采购的资金纳入政府采购平台统一管理。正式启动"徽采商城·滁州"进行网上采购,要求县直各国家机关、事业单位、社会团体使用财政性资金 30 万元以下的货物采购,进入网上商城直接采购和竞价采购两种采购模式。开展财政资金监督检查,组织开展会计监督检查、秸秆禁烧和综合利用奖补资金使用管理情况专项检查,开展"滥发津补贴"、"小金库"斩草除根行动等财政监督检查。

来安县财政工作概述

【概况】2017 年,全县财政收入完成 24.8 亿元,较上年增长 24%。其中,国税收入 10.4 亿元,增长 38.5%;地税收入 9.5 亿元,增长 10.7%,实现在全市财政收入中总量前移一位、财政收入增幅第一、税收增量第一、税收占比第一的"四个一"新突破。

【加大民生投入】稳步推进民生工程项目建设,全县投入民生工程保障资金 8.4 亿元,其中县级配套资金 1.9 亿元,融资途径引入资金 22.7 亿元,实施农村饮水安全等5个方面31项民生工程项目,累计惠及人群达200多万人次,民生工程满意度调查位列全市第一。全力支持医疗卫生体制改革。制定出台县级公立医院债务化解及管理实施办法,累计拨付三家县级公立医院化债资金6867万元,保障县级公立医院医改后轻装前行。持续加大社会保障救助力度。严格落实城乡居民最低生活保障制度,按时足额发放低保资金6706.13万元,五保供养资金1185.69万元。建立医疗救助兜底机制,全年救助9242人次,支付救助资金1128.53万元。城乡居民养老保险参保缴费人数达19.56万人,共征收保费3372.35万元,参保率99.82%,超额完成市下达的目标任务。全力保障教育文化事业发展。化解教育债务2436万元。落实文化馆(站)、图书馆免费开放资金100万元、农村文化建设资金156万元。

【支持脱贫攻坚】统筹整合涉农资金,形成脱贫攻坚合力。细化水利发展、美丽乡村、农村基础设施和农业综合开发等4大类7小项可整合项目清单,共整合财政涉农资金944.65万元,全部用于来安县扶贫事业,整合项目为农村安全饮水工程和美丽乡村建设项目,惠及两个贫困村和3000贫困人口。创新资产收益扶贫模式,张山乡罗顶村和舜山镇六郎村共同被评为市级资产收益扶贫示范村,其中六郎村创新资产收益"46235"分配法,让贫困户持续收益、保底分红,被安徽省财政厅、安徽省农业委员会、安徽省扶贫开发领导小组办公室作为村级资产收益扶贫示范案例在全省推广。

【扶持实体经济发展】建立系列扶持政策,整合形成《来安县涉企类文件汇编》,帮助企业申报政策性奖励。拨付中冶华天水务公司污水处理费及泵站电费2733.48万元;拨付全县新增限额以上商贸企业、上台阶限上商贸企业、优秀商贸企业2016年奖励资金64.8万元。拨付两区企业相关扶持政策资金共计14321万元;兑现全县亩均税收贡献奖1541万元。完善市县政策性融资担保体系。对加入市再担保体系的政策性融资担保机构为单户在保余额2000万元及以下的非融资服务类小微企业和农户提供融资担保发生的代偿,实行政府、参与合作试点的银行和担保公司三位一体、共同分担。发挥财政资金杠杆作用撬动社会资本。探索推进PPP模式,新城区基础设施建设PPP项目、G345改建PPP项目、水环境综合治理及市政公共基础设施PPP项目、双创产业园PPP项目通过审核,累计吸引社会资本达33.2亿元。

【推动财政体制改革】启动新一轮乡镇财政管理体制改革,坚持超收财力向乡镇倾斜,重点支持乡镇创新发展。简化资金拨付流程,制定《来安县财政局预算资金支付流程管理暂行办法》。全县预算单位国库支付电子化管理正式上线试运行。"三保合一"改革顺利推进,城镇职工基本医疗保险管理中心和城乡居民基本医疗保险管理中心顺利合并。加强干部队伍建设,共提拔副科级以上干部6名,向组织推荐拟提拔副科级干部3名;提拔副股级以上中层干部26名,其中30周岁以下副所长6名;对12个财政所及2个分局担任现岗位三年以上的人员全部进行了轮岗,将财政所及财政分局人员工资关系全部收回局机关统一管理。

凤阳县财政工作概述

【概况】2017年,全县实现财政收入27.3亿元,同比净增2.88亿元,增长11.9%;全年公共财政预算支出完成445488万元,增长14.12%。财政收入持续多年在滁州市位居总量第二位。

【支持重点项目建设】完成云霁街改造、凤凰山绿化一期工程,县中医院新院区、社会养老服务中心主体完工,完成老城区棚户区改造3312户;推进农村环境"三大革命",建设美丽乡村中心村重点项目358个、修建道路30公里、铺设雨污管网106公里、新装自来水入户1918户、架设路灯1020盏、新建文化广场1.5万平方米,成功创建1个省级生态村、6个市级生态乡镇和19个市级生态村。

【持续改善民生福祉】投入资金13.7亿元,支持扶贫工作、"三农"工作、就业创业、社会保障、教育文化、其他城乡基础设施和公共服务等。继续加大教育、社会保障和就业、医疗卫生和计划生育、农林水等十三大类民生方面投入。

【全力保障扶贫攻坚】认真贯彻落实党的十九大精神和习近平总书记关于脱贫攻坚系列讲话特别是视察安徽和小岗重要讲话精神,按照省委、省政府决策部署,围绕"9+1"工程,按规定比例增列专项扶贫资金预算,积极盘活存量资金和统筹整合财政涉农资金支持脱贫攻坚工作。全县10个贫困村高质量出列,7001名贫困人口如期脱贫,实现了21个贫困村资产收益扶贫全覆盖,资产收益贫困户数941户,收益贫困人口2626人,分红总金额59.9769万元。

【扎实推进财政改革】全面推进预决算公开,实现预算单位全覆盖;深化预算管理制度改革,做好预算执行工作,严格按照预算、用款计划、项目进度、有关合同和规定程序及时办理资金支付;政府债务全部纳入全口径预算管理,债务预算同政府预算一起编制,实行限额管理,在限额内举借,严把债务风险控制指标;深化国库集中支付改革,实现所有预算单位开通直接支付电子化,乡镇开通授权支付电子化;推进政府和社会资本合作,引导社会资本参与基础设施项目建设,投资1.7亿元的小岗村农产品深加工产业园基础设施建设已基本完工,投资12.86亿元的G345凤阳段公路改造工程项目完成工程量的15%;投资25.8亿元的淮滨新区基础设施建设及配套工程项目已完成“一方案、二报告”审核,进入省财政厅PPP信息平台并审核通过,进入采购阶段。

【加强干部队伍建设】严格落实党组主体责任和纪委监督责任。深入学习贯彻习近平总书记系列重要讲话特别是视察安徽重要讲话精神,推进“两学一做”学习教育常态化制度化,认真开展“讲政治、重规矩、作表率”专题警示教育,严格遵守党章党规党纪。严肃财经纪律,坚持科学理财、民主理财、依法理财。

琅琊区财政工作概述

【概况】2017年,全区累计完成财政收入159370万元,占预算的103.1%,增长13.4%。全区实现一般公共预算支出154072万元,占预算的105.8%,同比增长11.6%。

【完成年度收入目标】紧盯年度收入目标,强化部门主体责任,加强收入分析调度,依法严格征管。强化税收征管责任,加强收入调度,加强重点企业联系和调研,保持财政收入平稳增长。加强税收监管,开展零散税收征管工作,堵塞税收漏洞,确保应收尽收。全区累计完成财政收入159370万元,占预算的103.1%,增长13.4%。

【促进经济持续健康发展】认真执行各级扶持企业发展政策,联合区经信委等部门审核兑现20户企业城镇土地使用税奖励政策资金947万元,结合“四送一服”和重点企业帮扶,帮助协调解决问题,支持企业发展。安排产业发展专项资金,加大科技投入,支持企业科技研发,奖励企业科技创新。落实好《琅琊区支持建筑安装企业发展奖励办法(试行)》,支持建筑企业做大做强。及时拨付省民营经济发展专项资金1053万元,落实区配套资金1053万元,用于琅琊融资担保公司增资扩股,积极为企业和两园区建设提供融资帮助,落实并及时拨付市、区续贷过桥资金1200万元,为琅琊区企业积极开展过桥续贷业务;积极协助企业申报工业、商务、环保等专项资金项目,配合开展高新技术企业调查认定,收到市战新产业基地建设资金470万元,区按比例落实配套940万元,及时拨付各类涉企专项资金727.8万元。

【促进社会事业全面发展】全区实现一般公共预算支出154072万元,占预算的105.8%,同比增长11.6%,其中财政民生支出完成132357万元,增长11.9%。教育、社会保障和就业、医疗卫生和计划生育、农林水等重点支出分别增长12%、8.7%、15%、6.1%。继续聚力实施27项民生工程,累计投入资金2.06亿元,较上年增长24%,其中区级财政配套6474万元,较上年增长21%。全区“三公”经费同比下降11.7%。坚持精准扶贫,区财政落实扶贫资金投入1104万元,支持脱贫攻坚。

【提升依法理财水平】贯彻落实预算法,将政府所有收支全部纳入预算管理,加大政府性资金统筹力度。加强财政收支分析,提高预算执行效率和质量。完善支出绩效评价体系,强化部门责任主体意识。强化预算约束,严格按序时进度和项目进度审批用款额度,从严控制预算追加。深化国库集中支付改革,实施国库集中支付动态监控,加强财务审核监督。继续清理盘活财政存量资金,加快一般公共预算结转结余资金使用进度,发挥资金使用效益。继续将政府性债务收支纳入预算管理,对政府性债务规模实行限额管理。全年完成债券置换8555万元,有效降低政府债务成本。将2017年新增一般债券额度1908万元用于水利基础设施和农村道路畅通工程建设,编制预算调整方案,经区人大常委会批准后安排使用。制定预决算公开工作方案,督促指导区直部门做好预决算公开工作,2017年区直部门、街道(公共服务中心)均按时间要求完成预决算信息公开工作。

【坚持财政监督】加强非税收入管理,开展非税收入专项检查,规范行政事业单位国有资产处置和出租收入管理。发挥会计集中核算监督职能,加大对预算单位财务支出的审核力度。完成琅琊区行政事业单位内部控制报告编报工作。落实加快财政支出进度要求，督促跨年度工程类项目加快实施。通过审计部门稳增长审计，督促完善竣工验收、决算审计等程序，加快实现支出。牵头开展政府系统重点领域“小金库”自查工作。全区101家行政事业单位完成自查自纠工作，自查覆盖面100%。单位负责人均填报“小金库”清理检查承诺书，以及“小金库”专项整治自查自纠情况统计表，自查未发现“小金库”。

南谯区财政工作概述

【概况】2017年，南谯区财政局坚持以习近平新时代中国特色社会主义思想为指导，认真履行财政职能，坚持依法理财，努力增收节支，不断深化和推进财政改革，支持和促进全区经济和社会事业的和谐发展。

【财政收入实现稳定增长】全区共完成财政总收入20.25亿元，占年初预算的102%，同比增长14.3%。其中：地方一般预算收入完成14.68亿元，完成年初预算的104.3%，同比增长9%；上划中央收入完成5.57亿元，完成年初预算的96.5%，同比增长31.1%。全区累计完成一般公共预算支出24.53亿元，占年度预算108.1%，较上年同期增支1.66亿元，同比增长7.3%。其中：教育、社会保障、医疗卫生等13大类民生支出累计完成22.28亿元，完成年度预算109.4%，占全区支出总额的90.8%。一般公共服务等八项支出累计完成19.72亿元，完成年度预算119%，同比增长29.5%。全区美丽乡村建设实际完成投资近3.2亿元、扶贫专项资金1423.7万元、民营经济发展1023万元、农村低保1735万元、城市低保1311万元、土地整治项目经费1394万元。

【民生工程持续深入实施】持续实施27项民生工程，在扶贫、就业、社会保障、文化、教育、医疗等方面发力，努力给人民带来看得见、摸得着的实惠，让更多人民群众共享发展成果。全年民生工程投入8.86亿元，其中区级配套资金达5.5亿元。

【全面推进各项财政改革】深化预算管理制度改革。强化全口径预算和跨年度平和，推进预决算和“三公经费”信息公开。对区直6家单位的2017年项目预算进行公开评审，进一步提高预算安排的透明度和科学性。严格按照预算法规定，按时、全面公开政府预算、部门预算和三公经费预算，建立预决算公开定期上报制度，对所有预算公开单位公开时间的及时性、公开内容的完整性、合规性逐一进行检查。深入推进税收制度改革。加强对营改增企业和资源税改革企业的税源调查，切实了解财税政策变化对企业的影响，及时贯彻落实各类减税降费政策，并采取积极的财政扶持政策，减轻企业负担，促进企业持续健康发展。积极推行区国库集中电子化支付制度改革。减少财政支付事前审核环节，着重预算执行的动态监控和事后监督。全面应用电子化手段，设立动态监控预警目录，转变财政监管方式，推行放管结合，以达到财政资金安全、高效运行的目标。全年148家支出单位上线电子化支付。

【依法理财确保资金安全】深化非税收入征收管理。加大征管力度，做到“应收尽收”。加强票据管理，强化非税收入源头管控。从严审核非税收入预算，做到应缴尽缴。坚持“分次限量、核旧领新”原则，严控非税收入票据发放，加强票据使用、核销与销毁监管。规范国库中心支付工作。进一步优化流程，提速增效，实行国库支付全覆盖。及时办理代发工资发放业务，确保工资每月10日前能够及时发放。加强乡镇财政管理。抓好乡镇财政日常管理工作。做好镇办人员变动的指标追加追减工作，对村干部补贴等进行测算拨付。开展乡镇财政财务互审，提高乡镇财政财务管理水平。

六安市财政工作综述

六安市财政工作概述

【概况】2017 年,六安市财政收入完成 184 亿元,较上年增长 20%;财政支出完成 375 亿元,较上年增长 9.67%。

【收入征管】加强收入预期管理。建立财政收入预期管理考核制度,认真落实"1+4+8"收入预期管理工作机制,健全征管工作绩效考评、约谈、通报制度,强化各级各部门组织收入的责任。扎实做好月度财政收入执行情况分析,不定期开展行业税收形势专题分析,科学研判财税经济形势,确保财政收入增长平稳有序。强化综合治税信息管理。不断发挥协税护税机制作用,加强与国、地税等部门的沟通协作,扩大涉税信息采集范围和利用效率,全市收集各类涉税信息 36.84 万条,查补税收 1.67 亿元。规范非税收入管理。建立健全经常性稽查制度,实行非税收入执收大户动态监测,确保非税收入及时足额征缴入库。全市完成非税收入 31.46 亿元,占财政收入的比重 17.09%。全面推广非税收入财政直征模式,在全市各县区实行"单位开单、财政开票、银行代收、收入直达"的方式征收非税收入。全面清理市直单位财政票据,注销 73 家单位票据购领证,清理以前年度领用的财政票据 93.4 万份。加强政府性基金管理。全面落实政府性基金管理制度,将地方教育附加等 19 项政府性基金预算 3.8 亿元转列一般公共预算。强化政府土地出让金征收、解缴和使用等环节监管,从源头上把好基金收入关。市本级实现政府土地出让金收入 42.38 亿元。

【支持发展】支持供给侧结构性改革。投入资金 21.4 亿元,设立战略性新兴产业集聚发展、政府投资基金、工业发展、国企改制、政银担合作风险代偿补偿、招商引资、科技创新驱动、旅游业发展、节能减排、人才战略等产业发展专项资金,支持"三重一创"建设、"三去一降一补"、传统工业转型升级、大众创业万众创新、现代服务业发展等。按照"消化一批、转移一批、整合一批、淘汰一批"的原则,完成 21 家"僵尸企业"资产处置、职工安置和企业注销工作。降低制度性交易成本。全面落实结构性减税和普遍性降费政策,将企业职工基本养老保险单位缴费比例从 20% 降到 19%,失业保险总费率由 2% 降至 1.5%,取消或停征 41 项行政事业性收费,取消城市公用事业附加和新型墙体材料专项基金,扩大残疾人就业保障金免征范围,全年减免税费 33.65 亿元,较上年增长 20.75%。"营改增"试点全面推开,实现试点企业总体税负只减不增。优化财政支持方式。成立市级政府投资基金有限责任公司,2017 年安排 7.5 亿元做大政府投资基金规模,通过"母基金+子基金"方式,参股设立子基金 4 支,通过市场化运作和股权投资方式引导社会资金支持产业发展。市财政安排 2 亿元支持市融资担保公司做大做强,发放

"4321"新型政银担贷款40.5亿元、续贷过桥资金21.6亿元、创业担保贷款7.5亿元、"税融通"贷款6.2亿元,缓解中小微企业融资难、融资贵。

【民生保障】全力支持打赢脱贫攻坚战。将脱贫攻坚作为重中之重,落实专项扶贫资金预算保障责任,全市投入各类扶贫资金37.4亿元,其中专项扶贫资金3.6亿元、债券资金6.5亿元、整合财政其他涉农资金23.8亿元、盘活财政存量资金可统筹部分3.5亿元。积极稳妥扩大资产收益扶贫试点范围,投入11亿元支持420个村开展资产收益扶贫,带动贫困人口19万人,人均增收992元。提请市政府出台《六安市扶贫项目管理暂行办法》,实行扶贫项目化管理,建立扶贫项目库,切实提高扶贫项目管理精细化水平和项目安排精准度。精心组织实施民生工程。全市投入36项民生工程资金190.6亿元,其中各级财政投入108.95亿元,较上年增长17.5%。落实民生工程任务清单、责任清单和问题整改清单管理制度,运用民生工程信息管理系统,坚持项目实施月调度、月督查、月排名、月通报,健全民生工程约谈机制,将"问题清单"整改销号情况和"回头看"落实情况纳入对市直部门和县区考核,36项民生工程实施任务全面完成。提升就业和社会保障水平。推进技工大市建设,安排就业补助资金500万元,支持困难群众稳定就业。投入资金0.39亿元,鼓励企业吸纳就业困难人员。稳步提高养老保险待遇和社会救助保障能力,城乡居民基本养老保险基础养老金最低标准从每人每月70元提高到75元,实现农村低保标准与农村贫困线"两线合一"。在全省率先实行城镇居民医保和新农合"并轨",整合执行城乡居民医疗保险基金。投入资金1.49亿元用于生活无着落人员社会救助及城乡医疗救助,投入资金0.53亿元用于农村居民最低生活保障。投入资金1.47亿元,落实"351""180"医疗保障政策。支持社会事业加快发展。全市教育投入67.5亿元,推进教育事业均衡发展,支持中心城区义务教育阶段公办学校三年行动建设计划,落实中高职学校生均拨款制度,青少年示范性综合实践基地正式运营。支持152家公益性文化设施向社会免费开放,17个公共体育场馆向社会免费或低收费开放,实施国家重点文物保护项目2个。实行市属公立医院全面预算管理制度,投入资金1.38亿元支持化解公立医院债务。

【支持三农】推进现代农业发展。全市农林水事务支出65.79亿元,增长9.87%。全市投入6.44亿元支持农村基础设施建设,启动薄弱环节建设性治理,完成15条中小河流治理建设任务。投入农业综合开发资金2.36亿元,建设高标准农田11.28万亩,培育农民合作社、家庭农场、专业大户等新型农业经营主体70个。支持美丽乡村建设。投入美丽乡村建设财政专项资金3.3亿元,支持47个乡镇政府驻地建成区整治和118个省级中心村建设。投入"一事一议"财政奖补项目资金1.94亿元,实施项目843个,农村公益事业进一步加快发展。促进农民持续增收。在做好政策性农业保险的基础上,开展大棚蔬菜、茶叶、育肥猪、淡水养殖等10余种特色农产品保险,拨付保费补贴资金1.19亿元,着力分散和化解农业生产风险。推进政策性农业保险市场化进程,通过公开招标确定3家保险公司分县区承办2018—2020年政策性农业保险业务。全市通过"一卡通"发放各类惠民补贴资金36.4亿元,惠及城乡居民150余万户。

【改革创新】深化预算管理改革。市县区全面完成2018—2020年中期财政规划编制工作。市直82家部门和四县三区政府提前公开预决算和"三公经费"预决算。完善市直选派帮扶和挂职干部、单位扶贫、创建工作、因实施"放管服"改革收费减少单位经费缺口等财政保障政策和公益一类事业单位财政补助政策。进一步规范市对县区转移支付管理,优化资金使用方式,提升资金使用绩效。深化国库集中支付制度改革。完善国库集中支付管理制度体系,优化国库集中支付流程,适度扩大财政授权支付范围,推进预算执行动态监控,重点加强对"三公"经费支付、公务卡支付、政府采购支付等监控,进一步强化预算单位预算执行主体责任,提高财政资金运行效率和使用效益。深化国资国企改革。按照"产权集中、分类管理,公开处置、收益统筹"的原则,对市直行政事业单位统管的经营性国有资产实行公开出售、竞价招租,实现收入4600万元。启动新一轮市属国有企业改革,加强国有企业外派监事工作,选择投融资类国有企业开展经营业绩考核,推动组建市国有资产管理运营有限公司。有效防范政府债务风险。出台政府性债务风险应急处置预案,健全政府性债务动态监测、评估和预警机制,严格落实政府债务预算管理和限额管理,全市申请省代理发行政府债券95.96亿元,其中新增债券48.74亿元,置换债券47.22亿元,年节约融资成本支出约2亿元。开展不规范融资担保行为、以政府购买服务名义违法违规融资行为清理规范工作,防范和化解财政风险。加快存量政府债务置换工作,督促债务单位与债权人提前协商签订置换协议,确保2018年8月底前非政府债券形式存量政府债务全部置换完毕。

【监督管理】加强预算执行管理。召开全市预算执行工作座谈会,建立预算执行情况定期清理制度,按月对预算执行进度进行量化考核。健全财政存量资金动态管理和定期清理机制,全市盘活财政存量资金39.3亿元。认真贯彻落实中央和省、市委关于厉行节约的各项规定,全市"三公"经费同比下降8%,同时按5%比例压减一般性支出1.7亿元。加强财政财务管理。全面推行部门财务统管,对市直24个部门所属68家单位财务实行部门集中统管,对无会计核算能力的43家单位由财政委托社会中介机构实行代理会计核算。规范特设账户管理,加强市直单位代管资金核算,严禁财政预算资金纳入往来代管资金管理。从严控制现金用款额度,实行年度总额控制、月度限额管理,市直单位全年现金支出364.20万元,同比下降24.91%。加强财政监督检查。强化预算绩效管理,扩大预算评审范围,对市直36个重点项目和5个部门整体支出预算进行公开评审。探索建立项目支出定额体系,市直单位选择信息化建设、农业产业化等149个项目制定支出定额标准。加大检查力度,对82家市直单位开展预算公开全面检查,11家单位开展会计监督检查,6家单位开展预决算公开、专项资金使用管理等专项财政监督检查;开展代账机构经营情况检查,及时纠正不规范经营行为。认真做好审计整改工作,公开审计发现问题整改信息,促进审计整改有效落实。

【队伍建设】推进"两学一做"学习教育制度化常态化。制定推进"两学一做"学习教育常态化制度化实施意见和2017年度工作计划、"讲政治、重规矩、作表率"专题教育实施方案,召开局党组专题民主生活会和支部专题组织生活会,局党组书记作"两学一做"专题党课报告。举办十九大精神宣讲党课报告会、"拥抱新时代携手向未来"演讲比赛,及时学习宣传贯彻十九大精神。加强党风廉政建设。落实全面从严治党要求,制定推进全面从严治党、落实党风廉政建设"两个责任"实施意见。召开党建工作推进会、党风廉政建设暨反腐败工作部署会,通过组织签订责任状、廉洁从政承诺书、季度例行约谈、定期报告党建工作、年度述职、评议党员、考核问责等方式,层层压实压紧责任。建立每周党组中心组政治理论学习和局长办公会业务学习制度,开展结对共建、志愿服务、扶贫双包定点帮扶活动。分别派驻扶贫工作队赴金寨县张畈村、码头村开展结对帮扶工作,争取和安排资金80万元、50万元支持项目建设。坚持法治财政建设。积极推进行政事业单位内控制度建设,指导全市1017家单位制定内部控制制度。开展公共服务清单和中介服务清单清理规范工作,梳理局内16项公共服务事项和4项中介服务事项。修订《六安市财政局(国资委)购买社会中介机构服务管理暂行办法》,调整、充实社会中介机构备选库,进一步提高财政监督工作质量。严格政府采购行为监管,受理政府采购投诉16起,办理行政复议案件1起。强化机关效能建设。创新预算编制会商方式,与市直90家预算单位进行集中会商,财政保障和服务水平进一步提升。建立重点工作清单管理制度,完善日常目标绩效考核实施细则,对重大事项提前预告,平时交办工作限时办结,推动工作落地见效。主动联系服务人大代表、政协委员,办理人大代表议案5件、政协提案15件,发送手机报28期。行政审批服务窗口受理办结服务事项17418件;国库支付中心办理集中支付业务13.99万笔,增长15.08%;两名科长获评"十佳科长"。

(赵雪蕾)

霍邱县财政工作概述

【概况】2017年,全县财政收入完成19.5亿元,同比增长16.8%;财政支出完成55.4亿元,同比增长2.3%。

【收入征管】印发《关于下达2017年财政收入预算的通知》(霍政办〔2017〕2号),健全收入征管工作机制。狠抓收入预测,建立"以旬保月、以月保季、以季保年"的收入精准调度机制。印发《关于进一步加强"营改增"后税收征管源头管控工作的通知》(霍政办秘〔2017〕3号),落实项目备案制、票据审核制、联合办税制、信息共享制,严把施工许可关、合同签订关、税收征管关,严防税费流失。强化协调联动,加强收入分析,打好征管基础。开展政府非税收入直征,简化程序,强化管理;集中清理非税收入票据,确保收入足额入库。

【预算执行】推动绩效评价。通过社会购买服务,对2016年度部门专项、新增债券等22项、49274万元财政资金使用情况开展绩效评价,评价结果与以后年度预算编制挂钩,提高财政资金使用效益。印发《霍邱县财政资金管理实施办法》(霍政办〔2017〕9号),进一步压实部门主体职责,对财政资金的分配使用、监督管理等提出更为明确的要求,为强化预算执行提供制度保障。按照“量入为出”的原则,坚持无预算不列支、有预算不超支,确需增支的,严格按规定程序办理。对全县“三公”经费预算执行开展复查,确保“三公”经费稳步下降,2017年“三公”经费支出2257.1万元,同比降低36.7%。

【脱贫攻坚】印发《霍邱县2017年度统筹整合使用涉农资金支持脱贫攻坚实施方案》(霍政办〔2017〕3号),设立涉农资金整合专户,按照上级要求将所有整合资金纳入专户管理。加大财政投入,全年累计投入资金84894万元支持脱贫攻坚,其中各级财政安排专项扶贫资金24471万元、整合各级涉农资金34020万元、县本级清理存量资金11711万元、新增债券安排资金14692万元,重点实施十大工程。建立扶贫资金公示制度、项目跟踪制度,加强资金使用会商力度,加快扶贫资金拨付进度,确保达到上级绩效考评要求。

【民生工程】实施34项民生工程,累计投入资金273260万元,较上年增加24118万元、增长9.6%;其中县级配套42022万元,较上年增加4353万元、增长10.6%。建立清单管理、序时推进、按月调度等工作机制,实行“流动黄旗”警示管理,推进民生工程实施。按照“确保第一方阵、力争位次前移”的要求,压实部门主体职责,加快工程实施。强化督查调度,加强各成员单位之间协调配合,形成整体合力。强化宣传动员,营造民生工程实施良好氛围。

【财政改革】推进项目资金分离管理。对“一事一议”、农业综合开发实行项目和资金分离管理,明确各自职责,进一步规范项目和资金管理。推进财政资金统筹使用。印发《霍邱县进一步做好盘活财政存量资金工作方案》(霍政办秘〔2017〕48号),收回财政存量资金53665万元,其中财政可统筹使用23422万元,用于脱贫攻坚和经济社会发展急需的领域。严格政府性债务管理。印发《霍邱县政府性债务风险应急处置预案》(霍政办秘〔2017〕143号),加强政府性债务风险防范。成立不规范融资担保行为清理整改工作领导小组,认真开展清理整改,规范融资担保行为。累计收到政府债券116936万元,其中置换债券38816万元、新增债券78120万元,均已按政策要求支付完毕。优化政府采购程序。提高货物、服务采购限额,启用“徽采商城”网上采购,取消公开招标报名环节。完成采购225项,节约资金1646万元。探索PPP模式试点。实施城区十八条市政道路等ppp项目,累计投资240000万元。推进国有资产管理改革。规范县属企业国有资本收益管理,清收县属投融资企业不良资产2847万元。强化财政监管。开展“小金库”专项治理和滥发津补贴专项检查,规范财政资金使用。加强部门预决算及“三公”经费信息公开,不断提升财政透明度。

【党风廉政建设】积极开展整治“中梗阻”专项活动,以“讲政治、重规矩、作表率”专题教育活动推进“两学一做”学习教育常态化、制度化,以问题整改推动财政工作落实。从严落实党风廉政建设“两个责任”,实行局领导班子、内设机构负责人“一岗双责”,完成轮岗交流28人,优化队伍结构。

(郭本胜)

金寨县财政工作概述

【概况】2017年,全县财政收入完成14.64亿元,增长21.89%;财政支出完成45.72亿元,同比增长6.13%。

【财政运行】收入形势好于预期。进一步完善综合治税和收入预测调度机制,强化重点税源和主体税种监管,加强非税收入管理,“电子化”收缴全面建成,全县财政收入保持平稳较快增长,收入质量全面提升,税收收入占财政收入83.9%,较年初预算提高6.4个百分点。外争内筹成效明显。将对上争取和盘活存量作为缓解县级财政支出压力的有效途径,注重向上争取政策、争取项目、争取资金,全年争取上级财政补助资金409483万元;加大财政结余结转资金清理归并力度,盘活财政存量资金9163万元。重点支出保障有力。按照“保重点、控一般”原则,采取统筹整合、盘活存量、用好增量、调优结构等措施,科学统筹有限财力,全力保证重点支出需要。全县累计拨付脱贫攻坚、移民搬迁、棚区改造、宅基地改革等资金267100万元,压缩一般性支出260万元。

【支持发展】支持工业经济发展。筹集资金5100万元,通过设立民营经济发展资金、创新驱动资金、技术改造资金等,支持引导企业发展壮大;安排资金2404万元,扩充利达公司资金本,增强公司服务企业担保能力;拨付资金5224万元,对850户小额担保贷款进行贴息,支持大众创业就业;安排资金4000万元,设立企业续贷过桥资金,缓解63家企业融资难题;认真落实国家减税降费政策,实行土地使用税减半征收,累计减免税费7505万元,惠及2832家企业。支持农特经济发展。以农业供给侧结构性改革为重点,加大投入促进农村经济发展。投入资金33000万元,加强农业基础设施建设,治理重点河流2条,新建塘堰堤坝1308处,改造农田2万亩,新增耕地3500亩,夯实农业发展基础;投入资金7817.84万元,在古碑、梅山、槐树湾、油坊店等乡镇实施农业综合开发,集中推进土地生态治理和低产农田集中连片开发。安排资金2100万元,持续支持八大特色产业发展,强化产业带动,促进农业增效;安排资金1100万元,创新推进特色种养业保险,全年签订种植业、林业保单447.17万亩、家禽保险1348头,农业、林业抗风险能力全面提升。支持旅游经济发展。围绕“三色”旅游,助推全域旅游发展。统筹资金4594万元,重点支持马鬃岭、六安茶谷、房车营地和全县登山步道等建设,着力推进新景点开发、老景区提升;争取资金4236万元,重点用于汤家汇红色小镇、南溪立夏节起义旧址建设,丰富全县红色旅游内涵;投入资金900万元,用于朱家老湾、晏家老宅、姜氏老屋等传统村落修复工程,保存古民居,留住乡愁;安排资金244万元,继续对景区创A、宾馆挂星、农家乐授牌给予奖励,提升全县旅游服务环境。支持城乡统筹发展。安排资金15600万元,用于现代产业园路网改造、标准化厂房、实验学校等建设配套,完善园区承载功能;安排资金58705万元,用于棚户区改造、居民购房补贴,加快城镇化进程;落实资金14694万元,支持城乡保障安居工程、农村危房改造、城市配套工程等,改善人居环境;落实资金15481万元,新建农村公路、村组道路504.55公里,实现县乡均衡发展。支持区位优势提升。筹集资金79559万元,用于火车站快速通道、金江路拓宽、小南京至泗道河旅游道路等重点项目建设资本金,推进区域发展;落实资金17348万元,通过实施“三线三边”、农村环境综合整治、美丽乡村建设等,推进生态文明建设进程;安排资金2560万元,支持森林城市、双拥模范县及卫生健康、食品安全示范县创建示范工作,优化发展环境,提升老区品位。

【支持扶贫】增加投入助脱贫。按年财政收入增量20%增加扶贫专项投入,全年安排扶贫专项资金6000万元,较上年净增2700万元;按存量财力50%用于脱贫攻坚,全年统筹存量资金6971万元;整合涉农资金66238万元,集中用于“3115”十大扶贫工程建设;安排债券资金10100万元,支持71个贫困村基础设施建设,加快贫困村脱贫出列步伐。围绕“两业”助脱贫。围绕“脱贫推进年”活动,全力支持产业脱贫、就业脱贫。统筹资金14284万元,支持乡村立足自身资源,发展“一乡一业、一村一品”特色产业,实现贫困户增收;全面落实贫困户产业奖补政策,累计发放奖补资金1121.83万元,惠及1.71万贫困家庭;统筹资金33744万元,建成100兆瓦光伏扶贫电站1座,发电收益转入扶贫基金;筹集资金10341.91万元,在9个乡镇建设联户型光伏扶贫电站11处,采取贷款贴息、收益分红等形式,新吸纳12030贫困户入股,稳定贫困户增收;落实资金139.91万元,用于“企业招聘面对面”“乡村招聘会”“送岗位下乡”等活动开展,为贫困劳动者搭建就业平台;发放资金619.8万元,奖励贫困者就业创业,鼓励贫困家庭就业增收;拨付资金1319.5万元,通过购买服务增设公益性岗位2565个,实现贫困劳动力就近就业。完善政策助脱贫。强化健康脱贫,落实贫困人口综合医疗保障、大病专项救治、贫困妇女“两癌”免费筛查等,累计为8.43万贫困人口代缴参保费用1517.4万元,及时兑现“351”、“180”综合医疗保障补偿政策。推进兜底脱贫,实现脱贫线与低保线“两线合一”,提高保障标准,发放资金8841.16万元,24026人因此受益。安排资金1000万元,落实电商扶贫奖补制度,激励电商参与扶贫,拓宽贫困家庭经营收入渠道。

【民生建设】在省定33项、市定3项基础上,新增3项县级民生项目,全年实施民生工程39项,累计投入资金18.75亿元,其中县级配套7.81亿元。大力促进教育全面发展。坚持教育优先发展战略,持续加大教育投入力度,推进薄弱学校改造、义务教育营养餐计划落实,教育教学环境全面改善,全县教育支出占财政支出比重为21%;投入资金3773.9万元,强化职业学校运转经费保障,加强职业教育实训基地建设,不断完善职业学校教学功能,全面促进职业教育发展。大力提升医疗服务能力。投入资金44559.2万元,支持公共医疗卫生体制改革,提升公立医院和乡村基层医疗卫生服务功能,切实改善城乡群众就医条件;安排资金1000万元,积极推行全民健康体检,全县城乡居民享受普惠健康医疗服务。大力构建公共文化服务体系。投入资金2527.2万元,通过建设农民文化乐园、农村体育广场、农家书屋等,使广大农村居民共享经济社会发展成果。

【财政管理】推进财政管理。建立健全公共财政、国有资本经营、政府基金和社保基金“四本预算”,将所有政府资金全部纳入预算,增强预算管理系统性和完整性;完善县乡财政体制,结合国家财税政策变化和县情实际,制定新一轮乡镇财政管理体制,将财力向乡镇倾斜,实现乡镇财权与事权相统一;强化政府债务管理,严格债务限额管理,厘清政府债务、企业债务界线,开展不规范政府融资清理整改,剥离县级融资平台政府融资职能,建立债务风险预警机制,防范财政运行风险。深化财政改革。深化预算管理改革,建立预算绩效评审和会商机制,依法科学编制预算,试编三年滚动预算,不断强化政府预算在财政管理中的主导作用;推进财政信息公开,不断拓展公开内容和范围,保障公众对财政资金分配使用的知情权、监督权,提高财政管理透明度。推进国库支付电子化改革,按照“指标控制计划、计划控制额度、额度控制支付”原则,建立线上支付环环相扣、相互制约的资金运行动态监管机制,确保资金支付规范、安全、高效。推进财政资金管理改革,按照“谁使用、谁负责”的原则,下放财政专项资金管理权,压实部门和乡镇支出责任,逐步取消财政专项资金县级报账,使专项资金使用“权、责、利”相统一。强化财政监督。强化预算编制监督审查,通过预算编制审查,有效提高预算编制精准性、合规性、科学性,确保预算编制质量。强化基层财政财务监督检查,以规范乡镇财政财务管理为目标,在23个乡镇全面开展预算管理、财务管理、资金管理专项检查,切实提高基层财政财务管理水平。强化财政资金使用监督检查,重点开展涉农资金、扶贫资金等财政专项资金检查,及时发现和处理套取、挪用财政资金等问题,确保财政资金使用精准和高效。

(吴孔文)

霍山县财政工作概述

【概况】2017年,全县财政收入完成18.73亿元,同比增长10.77%;财政支出完成27.51亿元,同比减少0.75%。

【征管调度】严格按照预算收入目标,强化财政收入预期管理,认真分析形势,压实收入责任,积极协调,加大与国、地税的配合,实现信息共享;加大税源调查,特别是加强对重点行业、重点税源、重点企业的调查;强化征管措施,精准把控入库进度,做到应收尽收。强化非税收入管理,源头控收、以票管收,加强非税收入票据管理,加强专项稽查,完善制度建设,确保非税收入质量。全年非税收入占总收入12.8%,收入质量进一步提高。

【支出管理】强化预算执行管理。不断提高预算编制的科学性和完整性,杜绝编制过头预算和“影子”项目,缩小预决算之间差异,减少财政资金沉淀。加快预算执行进度,优化、简化程序,提高资金拨付效率,加快资金支付进度。全年全县财政总支出27.5亿元,占预算139.5%,其中民生支出累计完成23.2亿元,同口径同比增长3.4%,占总支出比重为84.2%。加大盘活存量资金力度。细化责任举措,研究出台《霍山县关于盘活财政存量资金用于增加有效投资和补短板工作的实施意见》,加大对沉淀闲置、使用效益不高的资金统筹使用力度,及时清理盘活,充分发挥财政资金使用效益。盘活存量资金15544.6万元,用于支持全县社会经济发展重点领域和关键环节。支持战略性新兴产业发展。整合财政支持产业发展专项资金,筹措资金1.2亿元,用于支持加快推进战略性新兴产业发展,不断延伸完善战略性新兴产业链条。有力助推企业发展。积极支持供给侧结构性改革,取消、停征、减免行政事业性收费和政府性基金以及减免税等惠企政策。合理利用政策红利,鼓励企业申报项目,获企业发展专项资金4500万元,发挥财政资金引导作用,安排企业转型升级资金1000万元、科技创新驱动发展战略专项资金800万元、企业生产标准化创建和商标创建500万元用于企业优化产业组织结构;安排人才专项资金100万元,鼓励引进高层次人才,提升企业创新能力。推进财政贴息及续贷过桥工作,支持小微企业发展,全年共发放产业化发展贷款贴息项目5个,共445.2万元;续贷过桥资金专户资金 803 万元、开办“转贷通”业务 49 笔,金额 20114 万元。

【民生工程】按照省市统一部署,全力实施 33 项民生工程,履行牵头抓总职责,积极协调推进;强化监督责任,建立约谈机制;拓宽宣传渠道,提高政策知晓率;落实绩效考评,形成“上下联动,相互协调,合力推进”的工作格局。全年计划投入 9.1 亿元,到位资金 9.1 亿元,占计划投资额 100%;实际支付资金 9.1 亿元,占到位资金 100%。其中补助类项目及时准确发放,部分项目提前完成;工程建设类项目快速推进,项目建设基本完工;社会保险类项目有效实施,提前完成参保任务。脱贫攻坚保障得力。全年计划投入财政扶贫专项资金 11374.89 万元,其中中央财政 2984.6 万元;省财政 4621.8 万元;市财政 1446.26 万元;县本级安排 2322.23 万元。完成太阳水电站、杨三寨红茶项目、与儿街凡冲茶叶合作社项目等第一批资产收益扶贫试点工作,出台《霍山县资产收益型扶贫项目操作规程》,“资源变资产、资金变股金、农民变股民”初见成效。全年累计支出 11682.77万元,支出进度 99.67%。细化制度措施,加强扶贫资金管理监督,研究出台《关于 2017 年财政扶贫资金拨付和支出管理办法补充规定的通知》《关于加强乡镇财政扶贫资金监督管理工作的紧急通知》《开展扶贫领域突出问题专项整治实施方案》,确保扶贫资金支出进度和资金安全。社会保障能力不断提高。加大财政资金投入,城乡低保、五保供养标准、优抚待遇全面提标。不断完善自然灾害等生活救助制度,切实保障困难群众生活利益。完善医疗保险制度,确保医保补偿及时兑现,深化医疗卫生体制改革,保障医疗卫生计生事业健康发展。切实做好义务教育经费保障,全力做好中职、普高和义教家庭困难学生资助,有力保障教育事业发展。

【政策落实】做好“一卡通”打卡发放工作,全年累计打卡发放各项惠农补贴资金 4.6 亿元。严格落实“三项补贴”改革,及时发放打卡到户 74755 户 2270.15 万元、农机购置补贴(五批)96 万元。建立完善农业保险制度体系,形成农业保险服务网络,规范农业保险承保,严格理赔程序,确保理赔款及时发放到位,全年种植业承保 22.48 万亩、公益林承保 165 万亩、商品林承保 30.27 万亩、养殖业能繁母猪承保 3071 头,理赔合计 628.4 万元,并全部发放到位。强化工作措施,加大农业综合开发力度,全面完成 2016 年度农发项目 12 个,总投资 2826 万元,其中财政资金 2622.6 万元,自筹资金 203.4 万元;稳步推进 2017 年度农发项目,共立项实施农业综合开发项目 13 个,其中:土地治理项目 2 个,产业化发展补助项目 4 个、贴息项目 7 个,项目计划总投资 2605.4 万元,其中财政资金 2363.2 万元,自筹资金 242.2 万元。支持推进美丽乡村建设,全年县级安排专项资金 3400 万元,整合各类涉农资金 5683.7 万元,2016 年度 7 个省级中心村,9 个乡镇政府驻地建成区已通过省市验收,并严格按照专项整治“三大革命”,提升中心村建设标准要求,实施 2017 年度 13 个省级中心村、6 个乡镇政府驻地建成区建设。全面推进村级公益事业建设“一事一议”财政奖补工作,审批项目 48 个,总投资 1538 万元,全年已完工 48 个,完工率为 100%。

【信息建设】推进财政信息中心建设。设立财政信息中心,顺利完成机房搬迁、重建,办公楼综合布线,新机房系统集成等工作,完成实施财政信息化系统二级等级保护建设,建立健全财政信息化设备、机房、网络管理等各项制度,为财政信息化建设提供基础保障。推进非税收入征收管理信息化平台建设。完成霍山县非税收入征收管理系统软件执收单位端(B/S 版)的改造升级,提高系统的稳定性、安全性及便利性,推进非税收入信息网络化征管的进程。安装运营电子化缴库系统,实现非税核心系统、汇缴银行、县金库及非税局多方系统的有效衔接。推进“网上商城”上线运行。通过前期供应商征集,采购单位经办人员培训,网上商城运行制度建设等工作,县政府采购“网上商城”正式上线运行。推进国有资产系统平台建设。完成登录方式由外网登录转为 VPN 内网登录,提高资产管理平台安全性。完成全县国有资产报表统计工作,汇总后资产账面金额 334969 万元。进行国有资产清查,对 72 家单位进行资产报废处置,处置金额 6100 万元,有效确保账、实、系统的一致性。

【制度创新】完善县乡财政体制。充分开展调研,积极深入思考,制定新一轮县乡(园区)财政体制,合理划分县乡事权和支出责任,确保事权和财力相匹配,充分调动乡镇(园区)发展经济、增收节支的积极性,同时增强县本级对财力的统筹力度。开展国库集中支付电子化改革。严格按照上级有关要求,完成专业光纤线路安装、“大平台”软件升级改造、电子签章制作、支付业务培训等前期工作，实施国库集中支付电子化改革，率先实现互联网＋政务服务规划，完成群众办事“多跑网路，少跑马路”目标。强化预算管理制度改革。健全政府预算管理体系，强调全口径预算管理，着手开展中期财政规划管理，强化三年滚动预算对年度预算的约束，科学编制财政预算；加强预算收入管理，建立健全税源数据库，强化税收入库管理，完善非税收入征缴制度和监督体系，全面实行非税收入直征模式；优化财政支出结构，加强县级统留专项资金管理，积极开展县级大额专项资金绩效评价，加强存量资金清理，着力盘活财政存量资金，倾力保工资、保运转、保民生，进一步优化财政支出结构。推进政府性债务管理改革。妥善置换到期的政府性债务，建立和实施政府性债务监测预警机制，积极防范化解债务风险。加强债务管理，规范地方政府举债融资行为，制定《霍山县政府性债务风险应急处置预案》，加强对政府性债务风险的防范和管控。严格执行地方政府性债务举债限额管理规定，进一步规范PPP项目可行性研究，上移审批关口，严控PPP项目财政支出规模。推进不规范融资担保行为整改，成立霍山县违规举债融资担保行为清理整改领导小组，拟定《霍山县违规担保举债整改工作实施方案》，厘清政府性债务和政府支出责任，全面掌握政府性债务和政府支出责任现状，并对不规范融资担保行为和政府购买服务项目进行全面清理整改。

【行风纪律】开展政风行风巡查。制定出台《霍山县财政局政风行风巡查工作实施办法》，成立巡查组，根据年度巡查工作计划，以每三年为一个巡查周期，对财政系统下属的21个机关股室、局属单位以及16个乡镇财政所（分局）全面进行巡查。积极开展家风建设。结合财政文化特色，以“做好家教、树好家风、建好家庭”为主题，在系统内部开展征文活动。举办以“传优良家风树廉洁清风”为主题的第十二期道德讲堂活动，不断推进干部思想道德建设提高，为县域经济文化发展凝聚出党风更正、政风更清、作风更好的正能量。深化部门会商。注重加强学习与政策宣传相结合、了解情况与解决问题相结合、定期会商与不定期会商相结合，在实际工作中提炼好经验、好做法。共开展部门会商428次，解决问题309个。完善内控管理制度。做好内部控制基础性评价报告工作，出台《关于全面推进行政事业单位内部控制建设的实施意见》《霍山县财政局（国资委）关于开展行政事业单位内部控制基础性评价工作的实施方案》，进一步提高内部控制水平和效果。加大财政部门内部监管力度，重点关注预算安排执行、履行财政管理职责、内部控制制度建设等情况。提升目标管理。严格对照各项管理制度和考评细则，认真做好各项考核评比、机关党建和老干部工作，不定期地对财政工作完成情况、“讲政治、重规矩、作表率”专题警示教育活动开展情况、效能建设情况等进行督查督导，积极为结对共建村争项目、争资金，努力改善结对共建村的基础设施建设，以严的标准、实的作风，牢固树立财政干部的良好形象，认真履行脱贫攻坚工作职责，不断提升财政工作整体水平。

（刘一夫）

舒城县财政工作概述

【概况】2017年，全县财政收入完成210231万元，增长27%；财政支出完成454462万元，增长6.33%。

【收入预期管理】进一步完善收入征管分析制度体系，加强收入预期管理，确保财政收入依法征管、均衡入库，实现财政收入有质量、可持续增长。

【保障脱贫攻坚】足额拨付县本级扶贫资金。严格落实专项扶贫资金预算与财政收入增量挂钩机制，2017年县本级专项扶贫资金预算2280万元，较上年增列900万元，增列专项扶贫资金占2017年度地方级财政收入增量的27%。管好财政涉农资金。成立涉农资金统筹整合工作领导小组。制定《舒城县2017年度统筹整合财政涉农资金实施方案》《舒城县财政扶贫资金管理办法》等文件和“项目、资金、绩效”三项清单，对涉农资金整合方式、安排使用、资金拨付与监管等进行明确规定，确保扶贫资金公开透明和规范使用。全县计划整合财政涉农资金33052.98万元，全年实际整合各级资金3.8亿元，资金整合率100%，占年初计划整合数的115%，整合后资金全部投向贫困村和贫困人口，用于基础设施建设等急需的领域。

【服务经济发展】积极发挥财政资金引导作用，及时兑现“三重一创”、科技创新驱动专项资金，推动中小企业转型升级和发展壮大。全面落实小微企业税收优惠政策，继续清理规范一批行政事业性收费，减轻企业负担。县财政继续安排5000万元中小企业发展专项资金,扶持中小企业发展。安排金龙担保公司资本金1228万元,为74户小微企业提供担保贷款86494万元;继续深化“4321”政银担合作,全年发放“4321”银政担贷款35320万元;管好用好续贷过桥资金,全县续贷过桥资金周转贷款金额65536万元;加快实施税融通业务,全年发放贷款2395万元。落实资金10.5亿元,保障县重点工程建设和征地拆迁安置等顺利进行。安排资金4736万元,继续对县经济开发区、杭埠经济开发区和舒茶工业集中区等园区基础设施建设加大资金投入。

【保障改善民生】加大民生投入,全县民生支出381767万元,增长6%。精心实施民生工程,34项民生工程计划投入18.6亿元,其中县级配套1.9亿元。进一步落实通报约谈、平台监督、清单管理等制度,健全建后管养长效工程类民生工程机制,工程类项目全部完工,补助类项目资金发放到位,参保补偿类项目报销补偿及时,一批群众普遍关心的民生问题持续得到解决,人民群众的获得感持续增强。多渠道筹措资金及时兑现企业职工和事业单位退休人员养老金待遇调整,全面实施机关事业单位养老保险改革。不断提升基本公共服务水平,新农合和城镇居民医保参保财政补助提高到450元,基本公共卫生服务补助提高到50元。全面落实农村贫困人口医疗保障制度,启动健康脱贫“351”工程,建立“180”补充医保专项资金。全面落实《安徽省农村贫困人口综合医疗保障制度实施方案》,实现贫困人口基本医保全覆盖。配合民政门组织开展低保扶贫“两线合一”工作的专题调研活动,推进农村低保标准和扶贫标准“两线合一”,县财政新增资金1120万元,农村低保月平均发放标准由190元提高到220元,不断改善弱势群体和困难群众生活条件,提升社会保障能力。支持惠民政策落实,及时足额落实各项惠农补贴,让每名群众都充分享有改革发展的红利。通过“一卡通”打卡发放各类惠民补贴资金6.52亿元,涉及29项,惠及25万多户城乡居民。统筹安排补贴资金820万元,促进困难人员、高校毕业生、农民工等特殊群体就业。发放创业担保贷款7400万元,用于扶持不同群体就业创业和支持失业人员再就业。

【财政管理改革】推进预算信息公开,全面公开2017年政府预算、部门预算和“三公”经费预算信息。巩固厉行节约成果,加强“三公经费”管理,降低行政成本,全县“三公”经费下降5.1%。扎实推进国库集中支付电子化改革,县直预算单位全面实行支付电子化。完成权责发生制政府综合财务报告编制工作,完善县乡财政体制工作,进一步推进公共服务均等化。加强国有资产管理,完成全县52家国有企业家底摸底和清产核资工作。公开出租国有资产收入1416万元,处置国有资产收入5518万元。加强乡镇财政监督,进一步贯彻落实《安徽省乡镇财政管理条例》,加强乡镇财政资金监管,全面开展民生、扶贫领域专项检查以及执行财经纪律方面进行专项整治工作,对存在的问题进行整改。加强政府采购管理,改进政府采购方式,启用“徽采商城·六安”电子化采购平台,全年政府采购预算金额168736万元,实际采购金额达140051万元,节约资金28685万元,节约率17%。加强政府性债务管理,出台《舒城县政府性债务风险应急预案》,建立健全政府性债务风险应急处置工作机制。强化融资管理,清理规范融资担保行为。探索使用PPP模式,G206升级改造工程项目已面功运用PPP模式,新增投资8.4118亿元。

【财政党建工作】县财政局党组认真落实从严治党“两个责任”和“一岗双责”。班子成员带头立标杆、重品行、守信念,坚持讲政治、重规矩、作表率,始终把党风廉政建设工作放在财政资金和财政干部“双安全”的高度常抓不懈。积极践行县委关于监督执纪“四种形态”落实五项工作机制要求,持续深入开展谈话提醒、警示教育和家风建设。强化学习教育,持续开展干部教育和财政业务培训,认真组织开展“两学一做”常态化制度化学习教育和“讲政治重规矩作表率”专题警示教育。组织全局党员干部学习贯彻党的十九大精神,切实优化财政干部队伍作风,不断增强财政干部履职尽责的能力和水平。深入持久开展文明创建活动,荣获第九届六安市文明单位和第十四届舒城县文明单位称号。

(许珍银)

金安区财政工作概述

【概况】2017年,全区财政收入完成20.03亿元,增长6.87%;财政支出完成43.23亿元,同比增长16.89%。

【助推经济发展】加强融资平台建设,区城投公司资产总额超110亿元,融资实力、抗风险能力显著增强;新组建金安产业投资发展有限公司,注册资本1亿元,通过股权、债权投资方式支持全区中小企业发展;2017年初,成立六安市金达新能源开发有限公司,全力服务全区光伏扶贫事业。截至当年末,全区融资平台各类公司数量达8个,基本满足不同类型融资需要。城投公司申报项目23个,获批14个,获批资金48.6亿元,到位资金34亿元;其中城投债11.9亿元。服务全区经济建设。支持园区基础设施建设,全年用于南山新区建设资金4亿元,金安经济开发区建设资金1.9亿元,木南示范园区建设资金0.23亿元;支持乡镇建设资金2亿元。投入农村交通路网建设资金1.6亿元,水利项目设资金2.1亿元;投入棚改安置、异地搬迁资金3.1亿元;归还前期园区建设借款到期本息12.3亿元。支持实体经济发展。强化融资担保。不断提高金安融资担保公司的融资担保能力。全年为企业提供担保180笔,担保贷款80000万元;增量过桥资金。逐年增加过桥资金(小企业应急周转资金)总量,资金总规模增至4800万元。全年为33户企业提供50笔应急过桥资金27875万元。做实担保贴息。积极做好小额担保贷款工作,推进民营企业健康发展,促进全民创业就业。全年发放小额担保贷款14000万元,兑付贴息资金870万元。落实财政奖补政策。全年累计兑现企业奖补资金2544万元。消化房地产库存,兑现房补政策,全年支付购房补贴856万元。

【推进财政改革】强化预算管理,进一步规范区本级财政预算编制、执行和监督,积极实施三年滚动预算编制。实施支出经济分类科目改革,提升预算编制的科学化、精细化水平。加强部门会商,在2018年部门预算编制工作中,共开展集中和分散会商67场次。全面实现预算信息公开,进一步扩大公开范围,细化公开内容。及时完整地公开政府预算、部门预算和"三公经费"预算,公开率100%。积极推进专项资金、政府采购、政府债务和财政政策公开,公开范围进一步扩大。盘活财政各类存量资金,建立存量资金定期清理机制和跨年度预算平衡机制,每年对当年结余资金及连续两年未用完的结转资金,经清理后一律收归预算,用于补充预算稳定调节基金,弥补以后年度财力不足。全年共牵头组织清理盘活各类财政存量资金27484万元。盘活财政存量资金全省排名第一。加强政府性债务管理,全面实施《金安区政府性债务管理办法》《金安区乡镇政府债务管理办法》和《金安区乡镇政府债务考核工作实施细则》,规范部门、单位、乡镇举债和偿还政府性债务行为。要求乡镇按年度偿还计划逐年消化债务,严禁违规新增债务,确保乡镇债务只减不增。每月编制《政府性投资项目融资动态》,加强政府性投资项目融资工作的动态管理,切实防范和化解项目融资风险。坚决纠正和防止脱离实际和承受能力的过度举债行为,对发生的违法违规举债行为依据债务管理办法和债务考核细则从严惩处,追究责任,督促整改。推进国有资产管理改革。推进资产管理与预算管理的有机结合,加强国有资产(资源)有偿使用管理,全年实现国有资产有偿使用收入1749万元。完成公车改革移交的车辆处置工作,全年,成功拍卖公车109辆,拍卖总收入164.75万元。组织开展全区行政事业单位国有资产核实工作,发现有36个部门单位涉及资产盘盈、盘亏、资金挂账现象。推进财政涉企项目信息系统应用。加大涉企项目申报比对系统应用,从源头上阻止涉企项目资金多头申请、重复申报、挤占挪用等问题。加强涉企项目资金监管力度,提高涉企项目资金使用效率。全年共申报审核涉企项目36条,申报资金950万元。加强政府性基金管理。建成"预算控制、票据监管、收缴分离、收入直达、平台报结、系统核算、绩效考核"的非税收入征管模式。规范土地出让金征收方式和征收行为,严格征收范围、标准和期限,做到依法征管、应收尽收。全年预计征收土地出让金47116万元。强化财政监督,开展"三公经费"公开检查,对全区一级预算管理单位的"三公经费"的公开情况进行检查;开展扶贫专项资金监督检查,对全区19个乡镇2016年12月至2017年5月所有的上级扶贫专项资金进行监督检查;对区内管理的四个代账机构进行监督检查;加强内部控制管理工作,成立内部控制委员会,制定八项内部控制管理制度和十六项内控操作规程。2017年,区财政局获省财政厅2016年度全省乡镇财政资金监管工作绩效评价一等奖、惠农补贴资金管理发放工作绩效评价一等奖。积极推进PPP项目管理。加强项目遴选。建立完善全区PPP项目库,全区共筛选PPP项目66个,项目总投资285.9亿元。加快项目落地。落地PPP项目4个,项目总投资51.3亿元。不断深化财政国库管理制度改革,实现国库支付电子化管理,提升国库管理水平,保障财政资金安全。充分做好协调和服务,切实发挥牵头和协调作用,与人民银行积极会商,确保按照规范性要求开展实施工作。加强对代理银行的培训和指导,不断提升代理服务水平。指导好预算单位的业务调整,在加强资金安全的基础上,为预算单位提供安全高效的软件平台。统筹安排好软硬件厂商技术力量,做好技术服务保障。11月实现直接支付业务上线运行。着力推进非税收入征管方式改革。2017年初,全面启动政府非税管理征收管理方式改革工作,5月底完成执收单位调研、分单位征管方式确定,非税管理系统硬件安装、软件安装、基础数据录入、银行端口连接、业务操作培训等基础工作。起草并下发《关于改进金安区政府非税收入征管方式的实施方案》。推进POS机安装,9月份全面实现区直单位开票、财政直征、收入直达的征收管理模式。

【保障改善民生】实施36项民生工程,其中省级民生工程33项,市级民生工程3项。全区民生工程总体进展顺利,补助类项目做到按时发放,报销补偿类项目开展有序,培训类项目按时推进,大部分建设类项目均超序时进度,部分项目提前完成年度目标任务。早动手、早谋划、早预算,足额安排和落实民生工程区级配套资金。全年民生工程预算24.8亿元(含自筹),其中区级配套5.1亿元(含融资),全年资金足额到位,全额支付。积极强化监管。坚持民生工程资金"一户管",严格按资金管理办法规范支付,确保项目实施进度与资金拨付进度相匹配。积极牵头抓总。发挥民生工程牵头抓总职能,共组织召开24次调度会,确保民生工程顺利实施。组织开展16次综合性督查,对发现的问题,制定清单,实行"盘点销号"。完善民生工程特邀监督员制度,充分发挥其监督公信力。积极争先进位。认真研究省、市历年民生工程考核办法,有针对性地做好迎检工作,总结历年民生工程工作经验教训,科学合理地做好区内民生工程推进工作,充分调动各地各部门做好民生工程工作的积极性和主动性。进一步落实养老保障政策、医疗保障政策、社会救助政策、社会福利政策,落实积极的就业政策,不断深化落实医疗卫生体制改革。多渠道筹集社保资金,切实保障人民群众的民生问题。全年共组织征收筹集职工养老、医疗、失业、工伤、生育、城乡居民医疗、城乡居民养老等7类九项社会保险基金142865万元,拨付各类保险待遇支出138052万元。全年拨付民政部门社会保障资金17784万元,拨付卫生、人社、残联等其他部门社保类专项资金12645万元。

【统筹城乡发展】积极推进农业综合开发,促进现代农业建设。完成2016年高标准农田项目建设,完成投资1554万元。2016年产业化项目8个,完成建设项目7个,并通过市级验收合格。落实2017年产业化项目,当年全区产业化项目均为贷款贴息项目,贷款贴息项目10家,贴息额694.4万元。着力做好农村综合改革,加大奖补政策落实。申报审批一事一议财政奖补项目167个,概算总额为5793万元(其中,财政奖补资金2440万元),受益人口22万人,受益率63%。项目实施面68%。稳步推进扶持村级集体经济发展试点工作,支持68个重点贫困村和20个非重点贫困村计88个村发展村级集体经济,申报审批扶持项目94个,共安排财政补助资金4390万元。积极开展农村公共服务运维试点工作,出台《金安区农村公共服务运行维护机制建设试点工作实施方案》。统筹整合各类运维资金3600万元,其中区财政安排2800万元。完善农村基层组织保障机制,坚持以区为主,全面落实村级组织运转经费保障政策,足额安排财政保障资金6010万元。大力支持脱贫攻坚,强化财政资金投入。加大统筹整合涉农资金使用脱贫攻坚的力度,做到应整尽整。全年整合财政扶贫专项资金16745万元、整合涉农资金19013万元、存量资金1278万元、债券资金9112万元、农户光伏融资9000万元,合计55148万元。其中区本级17383万元。组织全区68个贫困村发展村级集体经济产业,累计投入4180万元。进一步强化扶贫资金监管,建立健全各项扶贫资金管理制度17个。建立财政脱贫资金管理负面清单,强化问题整改。全面推行扶贫项目公告公示制度。扎实开展扶贫资金检查,全年共开展扶贫资金督查4次。科学制定"三项"清单,加强财政脱贫资金、脱贫项目动态监督。

【完成重点工作】完成区委、区政府部署的重点工作任务。上半年,完成老船厂项目征迁扫尾工作。长安厂项目征迁任务 90 户,完成 84 户,进度一直处于领先。抓好暖企行动,帮扶工作力度不减、强度不弱。推进联系诚宇公司在建项目,项目投资 20000 万元,在建工程有序推进。抓好招商引资,提前完成全年目标任务。抓好计生工作,继续实行目标责任制管理,确保无一例违规案例。抓好脱贫攻坚。继续开展扶贫、结对共建活动。围绕全区"68 个贫困村出列、18600 名贫困人口脱贫"总任务,全面贯彻落实区委、区政府脱贫攻坚决策部署,科学谋划,统筹安排,切实加强扶贫资金使用和监管。进一步强化包村和包户"双包"责任,重点帮扶,精准扶贫,坚决打赢脱贫攻坚战。区财政局获 2016 年度招商引资、项目帮扶、暖企行动、文明创建、重点工程征迁五块奖牌,奖牌总数在获奖单位中位居第二。

【党风廉政建设】大推进财政系统党风廉政建设,深入推进廉政风险防控管理,完善财政权力运行监督制约机制。区财政局党组与机关股室、乡镇街财政所(分局)签订 5 级党风廉政责任书。着力加强党的纪律建设,深入落实"两个责任",坚决反对"四风",健全和完善惩治和预防腐败体系,增强财政干部自我约束、端正品行、依法行政的能力。确保财政资金安全、财政干部安全、维护财政系统良好形象。加强党建和创建工作。推进"两学一做"学习教育常态化制度化,成立领导小组,印发实施方案,召开动员大会,每月组织一次中心组学习扩大会议。建立党员活动日制度,党支部将每月 25 日作为机关党员活动日。积极开展"道德讲堂"进基层、"志愿服务"到社区、"扶贫攻坚"入农户,组织党员干部旁听职务犯罪案件庭审,开展财政系统新录用人员岗前廉政教育谈话。围绕"做好家教、树好家风、建好家庭"主题,开展专题讨论交流,开展"讲重作"专题警示教育,建立支部微信群,组织读书演讲比赛,培育党员干部荣誉感,增强党员干部先锋性。

【干部队伍建设】认真贯彻落实中央八项规定,常抓不懈,持之以恒。践行公开承诺,保持常抓的韧性和长抓的耐性,不断巩固和深化教育实践活动成果,把落实中央八项规定和省、市、区相关规定作为长期任务抓紧抓实,加大惩戒问责力度,紧盯财政风险点和关键节点,严守《廉政准则》和《安徽省财政厅工作人员廉洁从政若干规定》,加大检查监督力度,执好纪、问好责、把好关。深入开展帮扶工作。区财政局机关与东桥镇莲花村建立结对帮扶,党总支与莲花村支部成立联合党委。针对贫困村制定脱贫攻坚三年规划,通过实施村级光伏电站、打造柿树林生态园、发展现代高效农业和盘活村级集体资源增加村集体经济收入。通过结对扶贫、联帮扶贫、创业扶贫、光伏扶贫、教育扶贫、产业扶贫、金融扶贫等增加贫困户收入。2017 年,全局扶贫包保干部 77 人,帮扶涉及东桥镇 6 个村,79 户。到户次数累计 934 人次,户均 12.13 人次。3 月份开展扶贫大走访和入户调查,制定帮扶措施计 492 条,9 月份开展大排查,帮扶措施一户一策,条条精准。扎实开展机关效能建设。在机关继续全面推行"马上办"工作制度,建立日常绩效考核工作制度,严格落实《金安区财政局效能建设日常绩效考核暂行办法》,坚持"年计划、周调度、月考核、季兑现、年总评"工作推进机制,对干部职工进行每月量化考核,每季度兑现奖惩。在 2016 年度的区直机关效能建设考核中,区财政局位列第一,在"万人行风评议"中社保股名列第二。区财政局荣获 4、5 月份效能之星称号。

(管领中)

裕安区财政工作概述

【概况】2017 年,全区财政收入完成 19.29 亿元,同比增长 21.39%;财政支出完成 45.01 亿元,同比增长 8.71%。

【依法征管】完善财税收入征管分析机制和"两长一员"协税护税工作机制。继续坚持"以旬保月、以月保季、以季保年"的财政收入调度管理机制。加强财政收入分析和预期管理,找准加强财源建设的重点领域和关键环节,平稳有序组织收入,措施得力,均衡入库。全区税收收入完成 167604 万元,增长 27.78%。加强非税收入管理,推进"放管服"改革落地生效,政府非税收入征收事项入驻政务大厅,全面推行收入直征,收缴管理更加科学便利。全区非税收入完成 23256 万元,非税比重较上年下降 5.29 个百分点,收入质量进一步提升。增强财政保障能力。强化预算管理,切实履行财力保障责任,新增资金重点保障民生、脱贫攻坚、基本运转等重点领域支出。民生类支出345956万元,占财政支出84.27%,财政保基本、保重点、保发展、保民生能力进一步增强。

【资金整合】把脱贫攻坚作为最大政治任务和第一民生工程,创新举措,大胆实践,打造涉农资金整合“五个一”裕安模式,涉农资金整合工作纳入全省示范,国务院扶贫办、财政部及省、市给予充分肯定,受到国家级新闻媒体跟踪报道。全年投入各类扶贫资金72405万元,其中:统筹整合资金52039万元(中央资金28222万元,省级资金13856万元,市级资金3398万元,区级资金6563万元),债券资金9520万元,收回存量可统筹部分用于脱贫攻坚10846万元。全力促进群众收益递增。安排8131万元,支持35738户贫困户发展种养加产业。投入17719万元,建成39个村级光伏电站和7900户户用光伏电站,支持推行资产收益扶贫,进一步增强贫困户收益。小额信贷38095万元,支持7713户贫困户贷款创业。创新“新型经营主体+贫困户”分贷统还模式,发放贷款34875万元,6975户贫困户实现就近就业、入股分红、土地流转等多途径获益。投入27332万元实施道路、水利、饮水安全工程等基础设施建设,贫困村基础设施明显改善,贫困群众自我发展能力和意愿明显增强。着力增强资金使用监管。把强化扶贫资金监管与反腐败工作相结合,排查风险点,出台监管办法,加强风险防控。建立资金支付月报制度,资金结余实行“周通报”,实现项目早实施、资金早支出、群众早受益。建立专项与随机、自查与互查、日常与重点的督查检查制度,保持扶贫资金监督检查常态长效,确保资金使用安全高效。

【支持发展】支持实体经济发展,扎实开展“四送一服”,落实降成本减轻实体经济负担政策,推动经济稳步向好。兑现工业发展等专项资金5208万元,支持企业“调转促”。投入民营经济发展专项扶持资金2590万元,充实融资担保公司国有资本金。全区融资担保在保余额55022万元,服务129家企业,办理续贷过桥资金2.2亿元,有效缓解小微企业融资还贷压力。发放创业担保贷款17953万元,扶持创业、带动就业。全面推行“营改增”,有效发挥税费政策调节作用,促进企业减负增效。助力绿色振兴发展。投入3256万元支持大别山区水环境生态保护,投入2312万元支持林业发展,投入1879万元支持秸秆禁烧,投入915万元支持“一谷一带”、“三线三边”。积极推进乡镇污水处理厂、农村生活垃圾处理等PPP项目建设。推动农业可持续发展。投入农业综合开发资金2944万元,治理土地2.22万亩,打造石板冲乡、单王乡、青山乡高标准农田、生态综合治理等亮点项目。安排2280万元,支持茶业、蔬菜、旅游、白鹅等特色产业发展。发放“一卡通”惠民补贴54697万元,惠及城乡居民40.4万人(次)。发放农业支持保护补贴8485万元,全面完成农业“三项补贴”改革,进一步调动农民种粮的积极性。及时打卡兑付政策性农业保险保费补贴1502万元,着力分散和化解农业生产风险。

【民生工程】扎实高效实施民生工程。坚持以全面落实清单管理为抓手,按照“年计划、月通报、季调度、年考评”的工作要求,高效推进33项民生工程实施,投入资金20.6亿元,其中区级财政配套2.4亿元,较上年增长34%,学有所教、劳有所得、病有所医、老有所养、住有所居、弱有所扶不断取得新进展。切实增强社会保障力度。建立基本医保、大病保险、医疗救助三重保障体系,对城乡居民医疗进行综合保障,有序有效落实“351”“180”健康脱贫政策。为建档立卡贫困户、五保、低保、计生家庭和重点优抚对象等代缴医疗保险和养老保险个人筹资费用6100万元。全面完成城乡居民基础养老金提标,年增加支出890余万元,惠及14.57万人。拨付保障性住房专项资金9101万元,国家安居工程政策得到进一步贯彻落实。机关事业单位养老保险制度改革稳步推进,参保14658人,参保率为96.18%。全力支持社会事业发展。投入89350万元,落实教育发展政策,巩固完善农村地区义务教育校舍安全保障长效机制,着力构建保障教育公平体制机制,区域内义务教育发展基本均衡提前两年实现全覆盖,全区高位次通过教育迎“国检”。学前教育资助标准由每人每年500元提高至1000元,实现贫困家庭在园幼儿资助“全覆盖”。投入2021万元,支持文化旅游提升发展。投入8400万元,足额保障基层医疗卫生机构人员经费。安排3187万元,化解基层医疗卫生机构存量债务。社保基金101070万元实行定期优惠利率,实现保值增值3550万元。拨付1414名村干部各类补助和基层党建资金4261万元,全面提升农村基层党建与服务经费保障水平。安排专项资金全力保障全国健康促进区创建工作顺利推进。深入推进美丽乡村建设。建立健全长效运管机制,投入财政资金4756万元,一体化推进农村垃圾污水厕所专项整治“三大革命”。投入美丽乡村国家试点资金、省市区财政专项资金、区整合及融资共10325万元,推进37个中心村、7个政府驻地集镇建设,农村人居环境进一步改善,连续三年获省美丽乡村建设先进县区称号。

【财税改革】深入推进预决算信息公开。通过政府门户网站公开2016年政府决算和2017年政府预算,推动79个区直部门单位和23个乡镇街及开发区公开部门预决算,公开率100%,现代财政制度建设进一步推进。继续清理盘活财政存量资金。建立盘活财政存量资金长效机制和定期清理工作机制,对财政专户和部门单位账户财政结转结余资金进行全面清理,盘活存量资金收缴国库14495万元。建立部门存量资金与预算挂钩机制,对区直单位预算平台结转结余和部门单位未使用的项目资金,收回调整使用。着力规范政府性债务管理。按照“控规模、调结构、强管理、防风险”的目标,持续推进地方政府性债务管理改革。清理整改不规范融资担保行为,进一步完善风险防控机制,形成债务管理、风险预警、应急处置管理体系。发行新增债券29328万元,专项用于支持脱贫攻坚、“一谷一带”、棚户区改造、交通基础设施等重点领域建设。发行置换债券25451万元,化解政府存量债务。持续深化国资国企改革。全区行政事业单位资产实行常态化管理,专项清理登记全区债务资产。积极解决企业历史遗留问题,专项安排213万元用于全区企业维稳和帮扶解困。开展民营经济发展专项扶持资金项目绩效评价,为企业与银行搭建发展桥梁。盘活粮食企业闲置资产,加大“粮安工程”投入。全面实行“三资”管理职能划转。出台村级财务管理相关制度,农村集体“三资”业务划归财政管理,全面摸清资金、资产、资源底子,顺利完成“三资”移交,全区农村集体“三资”管理工作制度化、规范化进一步增强。扎实推进国库集中支付电子化。实现国库集中支付系统与人行、代理行清算支付业务无缝对接,全区184家预算单位及乡镇街全部纳入电子支付系统,国库集中支付“无纸化”运行,财政资金支付效率、安全管理水平明显提升。

【队伍建设】强化理想信念教育。认真落实意识形态工作责任制,扎实推进“两学一做”学习教育常态化制度化,深入开展“讲重作”专题教育和专题警示教育,进一步补足精神之钙,树牢“四个意识”、坚定“四个自信”,自觉用习近平新时代中国特色社会主义思想武装头脑、指导实践。持续加强作风建设。认真贯彻落实中央八项规定,进一步明规矩守纪律,不断巩固拓展作风建设成果。不断深化效能建设,构建完善严和实的长效工作机制,坚持“三严三实”,践行“四讲四有”,不断提振财税干部干事创业精气神。全面提升履职本领。建设强有力的领导班子,不断提高班子成员谋全局、抓发展、带队伍的能力。建设科学合理的人才梯队,优化结构,把优秀干部用起来,严把人员“入口关”,确保新录用人员具备专业胜任能力。“以会代训”,加大教育培训和培养力度,加快知识更新,提升人员整体素质。全力抓好党建工作。认真学习贯彻党的十九大精神,推动从严治党向纵深发展,紧紧围绕服务中心、建设队伍,以推进基层党组织标准化规范化建设为抓手,强化党建工作,努力使各项工作符合新时代要求,跟上新时代步伐。

(李传保)

叶集区财政工作概述

【概况】2017年,全区完成财政收入60066万元,增长55.84%;完成财政支出132144万元,增长34.30%。

【预算管理】加强预算管理制度建设,修订《区本级预算管理办法》《关于加强地方政府性债务管理的实施意见》,完善股室单位财政预算管理职能,建立税收数据月报机制等,管理制度、工作机制进一步完备、规范。深化集中支付制度改革,试点推进国库集中支付电子化,严格控制库款实拨,严禁以拨作支,将各类专项资金全部纳入集中支付范围。严格政府债务管理,将政府债务分类纳入预算,大力争取置换债券,积极筹措偿债资金,加快消化存量债务,有效防控债务风险。开展财政存量资金清理,累计收回财政沉淀资金68项计11626.38万元,全部盘活用于脱贫攻坚及财政重点领域支出。加强综合治税平台运用,综合治税各成员单位信息采集、报送工作规范开展,税务部门利用信息平台查遗补漏有序推进,通过综合治税平台累计查补税费117.11万元,其中:增值税35.78万元、三税附加税费33.1万元、城建税33.1万元、企业所得税15.13万元。

【民生改善】围绕优先保障和改善民生,全面加大民生领域财政投入,全年用于教科文、社保就业、卫生计生、农林水、节能环保、交通运输、住房保障等社会民生领域的财政支出达7.38亿元,增长42.63%,占财政支出总额86.72%。持续实施民生工程。全区实施的35项民生工程工作成效显著,8月起连续4个月全市考核中位居第一,全年累计投入资金5.8亿元(其中区级配套9041万元)。优先支持教育事业发展。切实加大教育投入力度,保障教育各项经费落实到位,保证义务教育教学正常运转。累计投入2.23亿元,用于支持义务教育均衡发展工作。支持城乡公共文化服务建设。全年拨付科学、文化、广播、宣传资金732万元建设文化惠民工程,促进教科文事业持续发展。完善社会保障体系。重新核定城乡低保和农村五保,提高养老保险、农村五保以及优抚对象保障水平,发放城乡基本养老保险4691万元,城乡低保资金1935万元、农村五保资金1041万元。安排资金1572.72万元,落实农村危房改造项目。深化医药卫生体制改革。提高新农合、城乡居民医保及基本公共卫生服务人均补助标准,改善基层医疗卫生条件。

【新农村建设】加快涉农资金支付进度,拨付涉农资金13973万元。其中:社会保障类资金4550万元,农业和农村类资金5373万元,扶贫项目补助资金3278万元,其他财政资金772万元。精心实施农业开发项目,投资1571.2万元,实施1个土地治理项目、4个产业化补助项目,项目涉及五个行政村,治理面积0.85万亩,覆盖十三个村民组,建成后,带动项目区内三十五户贫困户脱贫进程,促进农民增产增收。认真开展一事一议财政奖补项目。全区48个村获批实施45个一事一议财政奖补项目,19个贫困村全覆盖,涉及项目共投入财政奖补资金823.5万元,受益人口10.6万人。

【财政保障】牢固树立发展意识,充分履行财政部门职能,主动研究上级政策,积极争取各级政策支持。全年累计争取上级转移支付资金78678万元、置换债券20828万元、新增债券14830万元,有力地支持全区经济社会事业发展。推行国有企业市场化运作模式,发展壮大企业资产规模,着力提升筹融资能力,全力支持棚户区改造项目。

【财政管理】按照预决算公开工作要求,全区48家预算单位全部于规定时间在门户网站完成预决算公开工作。加强采购监督,严格项目评审。全区共实施政府采购项目170次,其中政府集中采购79次,节约资金1001.10万元,节支率15.59%。完成评审项目7个,预算总资金1319.8万元,评审值1304.71万元,综合审减15.09万元,综合审减率1.14%。重视开展培训工作,提升财会人员职业技能。11月组织开展财政支农政策培训,共计培训116人,提升农村财会人员政策理论水平和业务技能。完善区级资产管理制度体系。制定区级行政事业单位国资配置、处置、使用管理等相关制度,以2017年3月31日为基准期,在全区范围内开展行政事业单位国有清查核实,以夯实行政事业单位国有资产管理基础信息。加强财政票据管理,规范票据发放程序,严格要求及有关规定发放财政票据。严格领用手续,对领用单位实行凭证购领、限量发放、验旧换新、票款同步的管理制度,把票据管理和资金管理结合起来,做到以票管收、以票控收。

(陈永波)

六安经济技术开发区财政工作概述

【概况】2017年,全区财政收入实现187941万元,增长20%;财政支出完成65960万元,增长25.5%。

【财政收入管理】做好收入预测和进度分析,密切跟踪收入动态,注重协调,挖掘潜力,创新征管方式,加强稽查监管,落实财政稳增长举措,实现收入稳步增长。会同征管部门提出2017年财政收入目标及中期财政规划,将收入任务细化分解到各征收部门,强化目标责任,充分调动征收部门积极性。印发《六安开发区财政局关于全面实行政府非税收入财政直征工作的通知》(六开财〔2017〕12号),印制《六安开发区政府非税收入缴款通知书》,从7月1日起全面实行政府非税收入财政直征工作，简化操作程序，减少收缴环节，杜绝坐收坐支、公款私存等违规行为发生。编报财政收支总分析，对不同时期、不同行业、不同税种进行分析对比，及时发现存在问题并研究解决。加大综合治税力度，切实堵塞税收征管漏洞，及时清缴历年旧欠，杜绝新欠，防止收入流失。开展土地增值税暂行条例执行情况调研，加强土地增值税征收管理。

【扶持实体经济】落实税收优惠政策，兑付企业节约集约利用土地奖励资金3988.57万元、鼓励企业转型发展奖励资金1858.92万元、招商引资优惠政策奖励资金12189.30万元、各项上级专项资金5397.93万元。部门负责人带队按月到企业走访，围绕“三重两上”项目，帮助14家企业协调解决问题，明确企业推进目标。统筹资金安排土地开发支出11.2亿元，城市建设支出4.35亿元，归还到期贷款本息5.07亿元。转变财政投资方式，与安徽红土创业投资管理有限公司合作设立六安红土创业投资基金。安排财政专项资金支持实体企业续贷过桥3笔，金额1500万元；税融通10笔，金额5166万元；政银担47笔，金额29424万元，缓解中小企业融资困境。

【实施民生工程】召开全年民生工程工作会议，总结表彰和部署全年民生工作。一次性发放项目于上半年全部完成打卡发放。按照进度有序发放各项补助补偿类资金1382.94万元。新建棚户区改造项目完成全年目标任务，完成投资额4500万元。印制民生明白纸、宣传手册、宣传条幅等宣传品，深入基层宣传民生工程活动。支持杭淠湾农贸市场食品检测场所建设，将工作经费纳入财政保障，夯实食品安全工作基础。印发《六安开发区农业三项补贴合并改革实施方案》，“一卡通”发放补贴资金309.6万元，受益群众4302户，做到对象真实，公示到位，清册齐全。联合安徽星瑞齿轮传动有限公司和交通银行六安分行第四党支部到黄堰村开展扶贫活动，组织财政人员对建档立卡贫困户按月走访，整合各类资金204.74万元用于扶贫，对特惠政策落实情况进行跟踪反馈。

【财政管理改革】根据《安徽省人民政府关于促进经济平稳健康发展的意见》（皖政〔2017〕42号）要求，压缩一般性支出10%以上，压缩金额251万元安排到新增民生、扶贫等重点民生支出。加强债务风险管理，成立六安开发区政府性债务管理工作领导小组、印发六安开发区政府性债务风险应急处置预案，全面排查不规范融资担保行为，完成整改8项，金额91621万元。加大盘活财政存量资金力度，锁定2017年初财政存量资金3984万元，制订盘活存量资金计划，用于扶贫、新增预算追加事项等，着力实现财政存量资金管理效益最大化。加强公务卡使用管理，印发《六安开发区预算单位公务卡使用管理暂行办法》（六开财〔2017〕13号），明确公务卡的日常管理、支付管理和财务报销管理，减少现金使用量，提高财政支出透明度。推进政府和社会资本合作，开展文化生态旅游建设项目和产业新城项目财政承受能力和物有所值评价，鼓励和引导社会资本进入，控制政府性债务规模，缓解财政支出压力。PPP综合信息平台日常维护。增购博祥置业安置房资金905万元，拨付新城房产代建安置房资金3952万、竞得大蔚资产管理人安置房1475万元，规范政府购买商品房用于征迁安置工作，帮助企业去库存降成本。调研国库集中支付、国库电子化支付工作，分析开发区当前实施国库集中支付中存在的问题，为开展国库集中支付电子化运作做准备，简化流程，提高支付效率。

【财政监督管理】开展2017年度预决算公开检查和财政监督管理专项工作，及时补差补缺。组织财政监督内控检查4次，针对问题及时整改，真正做到以查促管，以查促改。建立工程款及征地补偿欠款按月核对机制，完善拆迁预付台账管理，审核结算安置房交付1149套，安置面积13.73万平方米，结算超期房租3984万元。建立土地出让收入、城市基础设施配套费收入等非税收入月度对账机制，每月进行核对，及时跟踪追缴欠款，做到应收尽收、应收快收。开展行政事业单位固定资产清查，对资产盘盈、盘亏情况进行分析提出处理意见，依托资产管理系统建立“全面、准确、细化、动态”的行政事业单位资产管理基础数据库。印发开发区财政票据清理检查通知文件，对六安中学和开发区中心校开展财政票据清理工作，规范财政票据购领、发放、保管和核销，健全各项财政票据管理制度。印发《六安开发区财政资金审批制度(试行)》和《六安开发区政府采购实施办法》,进一步规范和加强财政资金管理,规范政府采购行为,提高财政资金绩效。认真组织会计人员参加继续教育培训,努力做好各项财会服务工作,严肃财经纪律,防范和化解违反财经纪律的情况,切实做好廉政建设。

【机关作风建设】严格按照“三会一课”制度,认真召开专题组织生活会,建立支部对标落实行动整改台账,梳理负面问题清单,明确具体整改措施和整改时限。加强智慧党建系统建设,完成党员党组织信息库录入,将每一位党员都纳入党组织的有效管理,按时收缴党费。认真做好党员发展工作。组织支部全体党员开展“讲、重、作”专题警示教育党规党纪知识测试。按时完成“两学一做”纪实评价系统下达的各项任务。积极配合省委、市委和区工委开展专项巡察工作,着力发现发生在群众身边的不正之风和腐败问题,确保巡察工作抓实抓细抓出成效。做好政务信息公开工作,在网站上发布财政要闻、工作动态、党群工作、财政政策法规和政策解读163条,加强政务公开和财政信息化建设,完成年度信息报送任务。

【服务中心工作】坚持招商引资战略不动摇,落实“一岗双责”,引进海通证券六安营业部总部经济项目。参加招商引资项目投资协议书合法性审查,切实发挥职能作用,把好合同审查关。成立文明创建工作领导小组,形成“人人重视,个个参与,全面受益”的创建局面。以“创文创城”和助力魅力中国城为契机开展志愿服务活动。安排专人负责省、市文明单位创建管理系统日常维护和信息上报工作。发挥党支部战斗堡垒和党员先锋模范作用,组织力量集中攻坚,强化责任落实,完成六合城项目拆迁包保工作。

(张成静)

马鞍山市财政工作综述

马鞍山市财政工作概述

【概况】2017 年，马鞍山市各级财政部门积极应对经济转型、政策调整及结构性减税等因素带来的即期影响，克服刚性支出增加等困难，主动适应经济发展新常态，着力推进供给侧结构性改革，促进经济发展和民生改善，圆满完成预期目标，财政运行总体平稳、稳中有进，为全市经济社会稳定健康发展提供可靠的保障。全市实现财政收入 245.29 亿元，同比增长 10.12%，其中：税收收入 207.83 亿元，同比增长 20.02%，占财政总收入比重为 84.73%，比上年同期提高 7 个百分点。全市财政支出 227.7 亿元，同比增长 6.55%。其中，民生支出 189.08 亿元，同比增长 6.15%，占财政总支出比重为 83.04%。

【深化财政改革】进一步加大财政改革创新力度，大力提高理财精细水平。强化预算管理，出台《马鞍山市市级预算管理暂行办法》（马政办〔2017〕25 号），进一步规范预算编制、执行、调整和监督，着力构建全面规范、公开透明的预算管理制度。推进预决算公开，坚持“公开为常态、不公开为例外”原则，印发工作方案，制定部门预算公开模板，统一公开政策、要求、口径、平台，及时完整地公开 2017 年政府预决算、部门预决算和“三公”经费预决算及政府债务情况等相关信息。加强支出调度，制定《预算支出进度考核办法》，按月通报部门支出进度，并与下年度预算安排挂钩。加大存量资金盘活力度，印发《盘活财政沉淀资金工作方案》，建立结转结余资金管理与预算编制挂钩的激励约束机制，积极盘活沉淀资金。加强库款管理，建立库款按月考核通报约谈机制，实行资金调度与库款考核相衔接。2017 年，全市库款保障水平保持在 0.5 倍左右，处于财政部确定的合理区间。推进资金统筹，通过定期评估进一步压减专项资金项目数量，对保留的专项资金，均及时公开清单目录和资金管理办法；加大政府性基金预算与一般公共预算统筹力度，2017 年政府性基金预算调入一般公共预算比例为 13.26%；推进国有资本经营预算与一般公共预算统筹协调，2017 年国有资本经营预算调入一般公共预算比例 23.46%。推进预算绩效评价工作，选取资金量大、社会关注度高、涉及民生支出的 30 个项目开展绩效评价，涉及资金 15.44 亿元，并积极推动绩效评价结果应用。

【推动转型升级】全市各级财政部门优化财政支持经济发展的方式，重点支持招商引资和重点产业项目落地，支持企业技术改造和科技研发。加快产业政策兑现，安排产业扶持资金 9.3 亿元，重点支持全市制造业升级、科技创新、现代服务业及现代农业发展，推进国家和省战略性新兴产业集聚试点。认真贯彻省“三重一创”等 40 条政策，并衔接修订市产业扶持政策，形成“1 + 2 + 6”产业政策体系，着力推进工业强市战略。释放财政金融支持合力，争取省财政专项资金6172万元,推进政策性融资担保体系建设;办理“税源贷”、“固投贷”、“专利贷”、“出口贷”、“创业贷”等政策性贷款6.34亿元,帮助中小企业缓解融资难题;使用还贷周转金扶持企业213户,周转额17.3亿元,帮助企业节约融资成本约0.78亿元。积极落实减税降费政策,全年减税37.26亿元;取消停征25项行政事业性收费,减轻企业和群众负担0.4亿元。积极推进马钢化解产能,拨付马钢去产能专项资金9.47亿元,去产能配套土地收储资金4500余万元,力促马钢提质增效转型升级。

【切实保障民生】全市各级财政部门坚持为民谋福利的宗旨,集中财力解决群众最关心最直接最现实的问题。全市投入资金49.85亿元,推进实施33项民生工程。安排工程建后管养资金0.74亿元,同比增长14.3%。投入资金1.18亿元,实施6件市政府为民办实事项目,解决本地群众关注度较高的民生问题。加大脱贫攻坚投入力度,建立财政专项扶贫资金稳定增长机制。全市预算安排扶贫专项资金0.82亿元,统筹整合涉农资金1.02亿元,实施资产收益扶贫、产业扶贫、健康扶贫等八大扶贫工程。

【防范债务风险】马鞍山市建立健全风险应急处置机制,出台政府性债务风险应急处置预案,成立市政府性债务风险应急处置工作领导小组,负责组织、协调、指挥风险事件应对工作。持续规范政府债务管理,出台《地方债务及PPP工作管理目标考核办法》,修订《地方债务风险预警管理暂行办法》,建立债务风险预警约谈机制;开展违法违规融资担保清理整改、地方政府购买服务违规融资清理整改、PPP管理库项目清理,切实防范债务风险;开展财政金融培训,进一步规范政府举债行为和融资平台融资管理。优化债务结构,加大政府债权置换力度,引导融资主体通过高成本置换为低成本等方式降低债务成本。同时,将市级公立医院长期债务纳入同级政府性债务统一管理、逐步化解。

【加强国资管理】马鞍山市进一步完善国资监管制度,以《关于深化国资国企改革的实施意见》为龙头,出台国企负责人履职待遇、业绩考核办法、薪酬管理办法、提质增效办法等一系列制度,建立“1+N”制度管理体系,基本完成国资国企改革顶层设计。抓好企业分类改革,一企一策推动党政机关、事业单位所属企业脱钩。积极支持发展混合所有制经济,支持江东控股集团在二级及以下企业投资布局新兴产业。完善企业法人治理结构,组建兴马公司、保安公司董事会;指导江东控股集团做好二级子公司董事会、监事会的组建和其成员委派工作,配合市委组织部做好江东控股集团监事会组建工作。

【加强党的建设】扎实开展党的群众路线、“三严三实”和“两学一做”专题教育活动,深入学习宣传贯彻党的十九大精神。开展基层党建标准化建设,拓展财政“145”党建品牌,推进“三会一课”全程纪实和党员积分制管理。完善局务会学习制度,开设“财政讲坛”,组建7个财政专业团队,强化党员干部政治理论和财政业务学习。抓牢“两个责任”,持之以恒贯彻落实中央“八项规定”等各项要求,不断拓宽廉政文化传播载体,扎实开展多层次、多形式的廉政文化建设活动。完善“三重一大”、财政重大事项集体决策、内部问责办法和重要事项催办查办等多项制度,强化党员干部作风效能。组建财政志愿服务队,积极开展结对帮扶、扶贫攻坚等活动,发挥党员干部先锋模范作用。当年,马鞍山市财政局被评为全国文明单位。

含山县财政工作概述

【财政收支】2017年,面对“营改增”等政策性减税降费以及税收征管政策变化等不利形势,坚持依法征管,全力组织收入,完成全年收入预算目标任务。其中:一般公共预算收入完成164442万元,比2016年增加11834万元,增长7.75%,完成预算100%;地方一般公共预算收入108020万元,完成预算99.56%;全县一般公共预算支出271258万元,比2016年增支24356万元,增长9.9%。政府性基金预算收入完成88841万元,完成预算169.8%,加上级补助收入2140万元,上年结余5019万元,新增专项债券转贷收入30090万元,置换专项债券收入转贷收入51110万元;预算支出121751万元,完成调整后预算99.5%,加补助下级支出37867万元,调出按规定转列一般公共预算的政府性基金结转资金3995万元,专项债务还本支出51110万元,预算总支出176610万元,结转下年590万元。国有资本经营预算收入完成534万元,完成预算106.8%,主要为县城投公司缴纳的股权投资及分红收入,国有资本经营预算支出416万元,完成预算106.7%,加调出一般公共预算118万元,年终收支平衡。

【财政职能】围绕“保工资、保运转、保民生、促发展”目标,全力履行财政基本保障职能,促进经济和社会事业发展。保障基本支出,足额保障机关事业单位人员工资和政策性增资,保障机构运转;拨付2000万元保障机关事业单位养老保险改革有序衔接过渡,确保各项政策性增支按规定及时到位。保障民生投入,统筹配套资金2.3亿元,确保33项民生工程顺利推进,全年民生类支出占财政支出85%以上。统一压减机关事业单位一般性支出5%,统筹用于民生领域支出。促进实体经济发展,拨付7100万元充实担保公司注册资本金,做大政银担合作规模,为1506户企业及个体工商户担保贷款9.97亿元,比上年增长27%;发挥中小企业应急周转金作用,累计为企业提供60户次3.71亿元应急“过桥”资金;及时兑现实体经济扶持政策5600万元,拨付750万元科技研发及外贸出口奖励资金,支持企业自主创新和转型升级;统筹资金支持文旅重大活动开展,促进旅游产业发展。加大社会事业投入,安排2500万元支持大气污染防治、垃圾场建设和污水处理运营;拨付5000万元支持公立医院和基层医疗卫生体制改革深入推进和巩固;拨付6600万元支持清溪河防洪治理、林头地质灾害等灾后恢复重建项目建设;支持城市公共自行车等项目建设运营,提升城市生活品质。

【财政改革】全面实施镇级财政体制改革,自2017年1月1日起全面实施新一轮镇级财政管理体制改革,按照属地管理原则,实行收入激励政策,充分调动镇级谋发展、管税源、抓收入和服务企业的积极性,全年镇级财政收入完成79688万元,同口径比上年增长18.6%。推进全口径政府采购预算管理改革,编制2017年全口径政府采购预算,实现全口径政府采购预算管理零的突破,共批复2017年全口径政府采购预算28.5亿元,其中国有投资公司采购计划24.8亿元。深入推进国有资产管理体制改革,加快国有闲置资产划转,首批21家县直单位闲置用房已完成平面图、土地勘界图测绘,其中15家正在不动产登记办证。驻含国有企业“三供一业”分离移交稳步推进,铁鹏水泥、东关水泥厂签订分离移交框架协议,花山矿涉及供电移交并开始改造。

【债务管理】制订印发《关于进一步加强和规范投融资管理的通知》《含山县政府性债务风险应急处置预案》,成立县政府性债务管理领导小组。强化平台融资总额和融资成本管控,严格执行融资报备制度,严禁擅自超计划融资。全年争取到省财政厅转贷含山县地方政府债务置换债券100307万元,新增债券35204万元,年节约债务成本3000万元。

【重点工作】全力支持脱贫攻坚,县级投入6000多万元,支持全县19大类脱贫攻坚项目实施。按照财政扶贫资金管理要求,以资金推着项目走,全程调度扶贫资金支出进度,加强扶贫专项资金绩效评价和跟踪监督,切实提高扶贫资金使用效益,确保扶贫资金安全。推进民生工程实施,出台加强民生工程工作调度和考核办法,对重点项目实行定期和派单调度,全年发送督办单和提示函36份,交通、水利、美丽乡村、棚户区改造、农村危房改造、秸秆综合利用、农村安全饮用水等一大批工程项目顺利实施并按期完工交付使用,得到受益群众和社会各界广泛好评。加强财政监督管理,按照预算公开常态化要求,建立财政资金信息公开专用平台,重点加强预算管理制度、政策以及专项资金的公开公示;强化涉企会计信息和财政资金监督检查,规范企业财务行为;盘活财政沉淀资金,推进财政资金统筹使用,全年共清理存量资金2000余万元;首次试编政府和部门综合财务报告,初步建立报告编制工作机制。

【党风廉政】围绕确保财政干部和财政资金“两个安全”目标,继续把党风廉政建设和反腐败工作摆上突出位置,坚持把纪律和规矩挺在前面,认真落实主体责任和监督责任。认真组织学习中纪委七次全会精神、县纪委全会精神,及时传达学习上级关于违反八项规定精神等作风建设方面有关案例,做到警钟长鸣。组织党员干部观看《作风建设永远在路上》《如何预防职务犯罪》《巡视利剑》等警示教育片,邀请县纪委副书记给全体财政党员干部上党课,翻印全省财政系统违纪违法典型案例教育读本160多本。坚持廉政谈话制度,对16名新提拔调整干部开展任前廉政谈话;班子成员与分管股室和所联系财政所(分局)主要负责人累计谈话40多次,做到常打招呼、勤提醒。加强执纪审查力度,落实党风廉政工作清单,制订印发财政干部廉洁自律“十不准”、礼金礼品消费卡上交登记制度。全年对1名干部给予撤职处分,1名干部立案给予党内警告处分,1名干部给予诫勉谈话。

和县财政工作概述

【概况】2017年,和县财政局始终坚持用服从、服务和支持发展的方式培植壮大财源，用民生为本的理念优化支出结构，以绩效优先的原则用好财政资金，圆满完成年初确定的各项财政任务，各项工作稳步推进，取得较好成效，获全省财政系统先进集体、全省惠农补贴资金管理发放工作绩效评价一等奖、全省乡镇财政资金监管工作绩效评价二等奖、第十七届马鞍山市文明单位、全县综治工作（平安建设）先进单位、全县政务公开先进单位、全县招商引资先进单位等荣誉。

【财政收支】全县（不含郑蒲港，下同）财政收入累计完成186391万元，比上年同期169408万元增收16983万元，增长10.02%，占考核目标18.63亿元的100%，，圆满完成全年财政收入任务；全县财政支出310053万元，同比增长12.16%。教育、科技、医疗卫生、社会保障和就业、住房保障等13类民生支出达260102万元，同比增长13.61%，占财政支出的83.89%，比上年同期提高1.07个百分点。其中：科技、城乡社区、国土资源气象、住房保障等重点支出均保持20%以上增幅。

【财政改革】完善国库集中支付和公务卡改革，全县所有行政事业单位资金纳入国库集中支付，全年国库集中支付资金量达38.7亿元；所有预算单位均实施公务卡结算，公务支出刷卡消费1750万元，使用范围由外出住宿费扩大至日常电费、水费、电话费、车辆维修及加油、会议费、公务接待费等。推进预算体制改革，实行预决算信息公开，全县68个一级预算单位2016年部门预算和“三公”经费预算，以及2015年部门决算和“三公”经费决算，分别于3月28日、9月20日通过“马鞍山政务公开网”集中公开，并不断细化公开内容，让群众看得懂、弄得清。规范国有资产，5月底已完成全县行政事业单位国有资产核实工作加强行政事业单位国有资产管理，进一步摸清“家底”；严格执行2016—2017年政府集中采购目录及政府采购限额标准，共受理单位采购计划970笔，采购金额达19.37亿元。

【民生工程】全县组织实施省市33项民生工程，实际承担30项民生工程（其中农村饮水安全巩固提升工程、贫困地区农村义务教育学生营养改善和山区库区农村住房保险试点3项无我县任务）。经测算，全年33项民生工程资金总投入138225.17万元，筹集民生工程资金139170.23万元，资金筹集率100.68%，实际支出资金132303.2万元。补贴资金发放到位，扩大“一事一议”财政奖补覆盖面，扩大奖补覆盖面，全县71个“一事一议”财政奖补项目全部完工，涉及农田水利、道路建设、文化体育、环卫设施等方面，总投资2200多万元，受益人口29.3万人，群众参与率达84%，村级覆盖面达85%；严格执行国家惠农补贴政策，通过惠农补贴“一卡通”，通过惠农补贴“一卡通”，累计发放惠农补贴资金24985.47万元；2017年发放就业补助专项资金1190万元，发放城乡居民最低生活保障资金5489万元；加大力度支持扶贫攻坚，2017年各级财政专项扶贫资金投入2941万元，财政存量资金安排815.6万元，从新增债中支出627万元，合计投入扶贫资金4383.6万元，用于扶贫项目建设和扶贫工作；加强扶贫资金监管，确保专款专用。

【投融资管理】发挥县振兴担保公司融资平台作用，加强“政银担”新模式合作，完善“税源贷”、“固定资产投资贷”等担保方式，为87户企业和1057个农户提供担保贷款91313.2万元，其中：“政银担”业务79833.2万元，“税融通”业务9630万元，在保企业2532户（含99户企业和2433个农户），在保余额158158.4万元；下调担保费率，降低企业融资成本，对于工业企业年化担保费率按担保金额的0.9%收取，市级以上农业产业化龙头企业及国有粮食收购企业按0.7%收取，中长期项目按0.5%收取，政府融资平台项目免收担保费；设立中小微企业还贷应急周转金，为符合条件的25中小企业拨付10953万元应急周转金，周转率达到365.1%，更好的防范企业贷款续贷期间资金断档风险。

【管理绩效】压减“三公”经费，全县2017年“三公经费”年初预算3040.5万元，实际支出2354.69万元，同比下降13.82%。加强政府性债务管理，按照统筹兼顾、控制规模、优化结构、防范风险要求，建立债务管理机制。全县本级政府性债务余额合计为27.18亿元，其中：政府负有偿还责任债务25.22亿元；政府负有担保责任债务0.05亿元；政府负有救助责任债务1.91亿元。本县债务限额为32.5亿元，现有政府负有偿还责任债务25.22亿元，未超限额。压减一般性支出情况。2017年全县压缩一般性支出180万元，其中县直单位压减60万元，镇区共压减120万元，调整支出结构，把压减数用于扶贫及民生等项目。健全财政会商机制，全年共到预算单位上门会商213次，解决问题198个。实行财政帮联工作机制，建立财政工作联系人大代表制度，走访人大代表，一对一开展联系服务，认真做好2017年建议提案办理工作，收到人大建议、政协提案共23件，其中：主办8件、协办15件。主动做到“三上三下”，即与代表委员沟通不少于三次，责任领导与代表委员见面率达到100%，满意率100%。

【财政监督】开展会计监督检查和财政专项监督检查，根据省市相关文件精神和要求，制定《和县财政局关于开展2017年度会计监督检查和财政专项监督检查的通知》文件，聘请社会中介机构独立开展工作，对于在检查中发现的问题财政局进行通报、限期整改；开展财政扶贫资金使用情况专项检查，制定《和县财政专项扶贫资金检查工作方案》《关于开展2017年度财政扶贫资金使用情况专项检查的通知》，对全县财政系统扶贫资金使用情况进行检查；完善预算编制范围，规范政府债务管理，严控债务风险，编制政府性债务预算；实行综合财政预算，所有收入及安排的各项支出全部纳入预算范围，统一管理、完整反映各项收入与支出。加大各镇涉农资金补贴对象核实、审核和公示力度，完善信息建设。全面运行“一卡通”网络版管理系统，做到县有专人负责、镇有专人协护，确保网络系统在网中规范运行。加大财物互审力度，围绕乡镇财政工作职责和业务，重点对预决算管理、惠农补贴管理发放、项目资金监管、村级财务监管、财务会计管理、内部控制管理等六个方面财政财务管理制度建设及执行情况开展互审工作。

【国有资产管理】开展资产清查，在全县行政事业单位开展国有资产核查工作，全面摸清家底，建立全县行政事业单位国有资产管理信息数据库，对全县行政事业单位国有资产实施动态管理，为加强资产管理提供信息支撑。完善制度建设，转发财政部有关国有资产管理的相关办法，并结合本县实际出台《和县行政事业单位国有资产管理办法》和《和县行政事业单位国有资产处置管理暂行办法》等，进一步明确国有资产配置、国有资产使用、国有资产处置、资产评估与资产清查等相关要求。强化监督管理，以购买服务方式邀请第三方中介机构对全县20家行政事业单位国有资产管理工作进行重点抽查，重点核查单位资产管理制度是否规范、财务核算是否科学、资产处置是否规范、账实是否一致等。

【队伍建设】落实守纪律讲规矩要求，抓好自身建设和廉政建设，加强财政资金监管。扎实开展好党建和反腐倡廉工作，贯彻党的十九大精神，落实党风廉政建设“两个责任”，全面推进从严治党、“两学一做”和“讲看齐、见行动”学习讨论，扎实抓好全县财政财务人员的廉洁自律，转变财政干部工作作风，提高财政干部的业务能力和政治素质；加强财政政策分析和形势趋势研判，为县委、县政府当好参谋助手。认真开展效能建设和政风建设明察暗访，努力提高财政服务质量和水平。严肃财经法规纪律、强化财政资金内制度，将财政监督融入财政管理活动中，重点加大民生资金、扶贫资金、社保资金、环保资金、债务置换资金和专项资金的监管力度，加大财政综合检查和财政专项资金的检查力度，提高财政资金使用效率，树立财政监督权威。通过强化责任担当，促进财政部门安全、财政工作安全、财政队伍安全、财政事业安全。

当涂县财政工作概述

【概况】2017年，当涂县财政以增收为核心，以提高保障能力为重点，以强化管理为主线，以稳增长、调结构、促改革、惠民生、防风险为目标，大力组织财政收入，优化支出结构，深化财政改革，强化财政监督，努力提升财政工作科学化、精细化水平，为全县经济和社会各项事业的健康发展作出贡献。本县财政收入累计完成41.88亿元，同比增长12.5%，财政收入实现稳定增长。其中，非税收入占当年财政收入比重17%，税收质量进一步提升。“三公”经费、行政成本等一般性支出只减不增，政策性支出、民生支出、重点支出落实到位。本县一般公共预算支出完成44亿元。教育、文化体育与传媒、社会保障和就业等13类民生支出36.87万元，民生支出占财政支出比重为83.8%，重点民生支出得到较好保障。严控“三公经费”支出，全年公务接待费同比下降13.19%，会议费同比下降24.5%。通过扩大政府采购规模，规范采购行为，共节约资金1552.76万元，平均节约率为11.2%。

【服务经济发展】安排产业专项基金1300万元，扶持实体经济发展。充实县融资性担保公司注册资本金至1.97亿元，为1233户中小企业提供担保贷款7.93亿元。通过存促贷、股权投资、贴息担保等政策工具，扩大中小企业转贷续贷过桥资金规模。安排财政奖补及贴息资金 1076 万元,对下岗再就业贷款予以贴息。深入落实国家结构性减税和普遍性降费政策,特别是小微企业减税降费相关政策,全年拨付财政各类专项资金 7760.4 万元(其中县级 2554.54 万元),比上年增长 6.5%。

【统筹城乡发展】巩固农业基础,2016 年开展 4 个农业综合开发项目,资金规模达 2170 万元;开展姑孰镇连千村等 8 个高标准农田项目建设,工程建设项目 8.9 万亩,投资 4600 万元。建设一事一议项目,全县申报项目 87 个一事一议项目,完工率 100%。涉及全县 86 个村,全县参与筹资的群众 17.57 万人,受益群众 28.34 万人,其中财政奖补资金 1503.7 万元。

【民生工程实施】积极调整优化财政支出,持续加大民生投入。实施 29 项民生工程,投入资金24.07 亿元,全面完成民生工程各项目标任务。加快社会事业发展,按照序时进度发放补助类社会保障资金 81828.62 万元。其中,发放城乡居民养老保险基金 11425.36 万元;城镇居民医疗保险、城镇职工医疗保险及新农合基金 51471 万元;被征地农民社保金 881.32 万元;拨付义务教育公用经费 2170.78 万元;补助免费提供义务教育教科书 356.78 万元;资助农村家庭经济困难贫困寄宿生、中职及普通高中家庭经济困难学生 564.94 万元;维修改造农村中小学校舍投入资金 741 万元;开工建设 1 所乡镇幼儿园投入 280 万元。加强社会保障和就业工作,全县社会保障与就业支出 43842 万元,进一步扩大社会保障覆盖面;再次调整企业退休人员养老金、城乡低保及农村五保供养标准,安排 717 万元落实“老字号”群体生活补助政策。通过惠农补贴“一卡通”,为 11.3 万农户发放惠农补贴资金 1.76 亿元。

【财政绩效评价】开展 2016 年度产粮大县、民营经济发展、政策性融资担保、林业补助、农村道路畅通等 20 余项资金绩效评价工作,其中惠农补贴资金管理发放绩效评价、乡镇财政资金监管绩效评价获省财政厅表彰。通过设置财政资金评价指标,完善“六位一体”绩效评价体系,群众参与评议。

【财政深化改革】推进预算信息公开改革,全面公开县级政府、部门及“三公”经费 2016 年度决算及 2017 年度预算,公开率达 100%。深化税制改革,积极推进资源税改革实施工作,牵头开展环保税实施准备工作。进一步完善县乡(镇)财政体制。深入推进国库管理制度改革,全县 197 家预算单位纳入国库集中支付,通过“一体化”平台直接支付资金 33.7 亿元,同比增长 4%。严格执行公务卡强制结算目录,通过公务卡结算公务支出 2843.3 万元,同比增长 54%。推进政府购买服务工作,加强政府购买服务项目招标、资金管理。支持重点领域改革,补助 678 万元支持公立医院执行药品零差价政策。

【非税收入征管】继续推行收支两条线改革,加强票据管理,实行非税收入平台一体化管理,确保收入及时入库。严格确认政府非税收入管理,除教育收费、培训费收入继续纳入专户管理外,其余非税收入全部上缴国库,纳入预算管理。加强非税收入资金性质的确认和解库,对每一笔缴入非税收入汇缴结算户的资金进行审核,及时确认资金性质,对纳入预算管理的非税收入按照规定科目类别和规定的时间及时全部解缴入库。深入开展非税收入分析,详细地分析非税收入增减变化的原因,影响非税收入变动的因素以及在收缴执行中存在的问题。

【债务风险防控】实行月报制度,进一步加强地方政府性债务管理,防范化解财政金融风险,强化事前、事中、事后管理。积极争取债券资金,缓解偿债压力。争取省财政发行的债券置换资金,用于存量债务的置换,拉长偿债期限,减少利息支出;成功申报新增债券额度 5.51 亿,用于保障新建和续建公益及基础设施项目。全面整改担保融资,为加强地方政府债务监管,对全县融资项目违规举债担保行为进行排查和清理。制定方案、拟定文件,防范财政金融风险。

【国有资产清查】为加强国有资产监管,保障国有资产保值增值,开展全县行政事业单位国有企业资产摸底清查。摸排内容包括办公用房、经营用房、安置房、公租房、廉租房、单位未房改职工住房、厂房、仓库及土地等各类房地产资产,共摸排资产 3806 处,总面积 468.32 万平方米。其中,乡镇(园)区 64.06 万平方米,县直单位 230.33 万平方米,青山控股集团 173.93 万平方米。

【加强财政监管】为加强财政资金管理,全年安排财政监督计划 22 个,重点开展“三公经费”支出情况专项检查和粮食库存检查。从制度、支出、经费渠道等方面,检查预算单位“三公经费”,对存在问题和薄弱环节,督促整改。联合粮食、农发行等相关部门,对国家临时储备粮、地方储备粮和国有粮食企业的商品粮库存情况进行核实检查。组织 10 个乡镇、4

个园区的财政分局(所)开展2016年度惠农补贴资金发放和乡镇财政资金监管互审,建立健全乡镇财政资金监管机制。

花山区财政工作概述

【概况】2017年,花山区财政局上下在区委、区政府的正确领导下,在市财政局大力支持下,主动适应经济发展新常态,把握“稳中求进”的工作总基调,着力深化财税体制改革,规范组织收入,优化支出结构,促进民生改善,全年财政预算执行情况良好。全区财政收入实现20.82亿元,完成预算的96.4%,同比增长4%。其中:税收收入18.42亿元,同比增长8%;非税收入2.4亿元。非税收入占财政收入比重由去年14.6%,下降至11.5%,收入结构进一步优化,收入质量进一步提高。

【强化收入征管】强化财政收支预期管理,财政运行呈现总体平稳、保障有力、稳中有进的发展态势。建立收入征管联动机制,推进征管部门联动,定期精准调度,完成市对区考核目标。财税服务组深入走访重点企业,积极涵养税源,重点骨干企业税收增幅明显,山鹰公司、马钢嘉华等区重点企业,有较大幅度增长。进一步完善协税护税机制,深化综合治税,发挥涉税信息平台作用,促进税款征收400余万元。规范非税收入征缴,做到非税收入应收尽收。调整优化支出结构,坚持厉行节约,控一般保重点,全区“三公”经费较上年持续下降,民生支出稳步增长。

【推进民生工程】全区实施民生工程33项,其中有实际建设任务24项,筹集并拨付各类民生资金3.12亿元,全面完成年度目标任务。完成企业新录用人员技能培训2136人次,完成新型农民培训任务100人,完成退役士兵培训110人,完成大学生就业见习岗位260人,公益性岗位安排450个,完成两名全职医生专业培训,总投入700万元。居民基本养老保险当年参续保人数达2.36万人,养老金发放率100%,城乡居民医疗保险参续保达10.9万人。建档368457份城乡居民健康档案电子,规范化电子建档率达83.7%。共发放高龄津贴549万元、养老服务补贴60万元。7家日间照料中心正常运转。拨付“两免一补”教育经费2435万元。基层综合文化站免费开放,完成农村文化演出17场、电影放映169场、农村体育活动35场。开工12条农村公路,建设总里程14.03公里。救助困难群众2272人次、发放医疗救助金704万元。按月发放89人五保供养补助,发放2602名残疾人特扶补助166万元,为485名精神病患者发放精神病救助48.5万元,发放2697名重度残疾人护理补贴152万元,按月拨付25名孤儿生活费19万元。赔付1.36万元农业保险受灾款。全面完工3个老旧小区提升整治任务,投入资金2200万元。完成709户棚户区改造任务,投入资金14132万元。农产品质量安全监管站建成,认证奖补1家农产品质量安全绿色企业,建设6个市场快速检验室,并投入使用。

【深化财政改革】坚持改革,强化监督,推进财政精细化管理,提高财政资金使用效益和运行效率。推进预算编制改革,注重预算编制前瞻性和全面性,编制部门三年滚动财政规划。全面公开预决算及“三公经费”,完善预决算公开制度,推行按支出经济分类公开预决算和专项转移支付预算。加强支出改革,大力推进政府购买服务,强化政府采购预算管理,提高财政资金使用效率。逐步推行审批制度改革试点,试点下放审批权的单位,账务严紧、手续完备、审批规范,财务管理水平明显提升。推行区街镇财税体制改革试点,试点的街镇增收节支意识明显提高,税收完成数明显上升,财税工作的积极性大幅提升。加强债务规范管理,出台《花山区人民政府关于加强地方债务管理的实施意见》和《花山区政府性债务风险应急处置预案》,成立债务风险和应急处置工作领导小组,将债务纳入政府目标管理绩效考核。建立花山区政府性债务风险预警机制,强化债务风险防控。加强财政资金监管,对民生工程资金、预决算公开情况、独立核算单位开展专项检查。认真开展财政资金绩效评价工作,定期组织全区财政资金安全检查,发现问题及时整改落实,排除资金安全隐患。国库集中支付制度实现全覆盖。公务卡制度全面实行,逐步实施国库支付电子化改革,力争所有预算单位实现国库资金全程电子化操作。

【强化财政监督】加强制度建设,研究实行定员定岗定责目标责任制和量化考核制度办法措施,进一步夯实工作基础参与财政资金绩效评价。跟踪、分析、评价财税政策实施效果,提出合理化意见和建议。全面推进依法理财工作,以强化法制建设为保证,完善财政监督职能,规范监督程序和手段,加强财政监督管理及绩效评价考核。依法查处各种财政违法违纪行为,积极探索新的财政管理方式。认真贯彻执行《会计法》,加强会计监督。强化预算执行动态监控,以国库集中支付制度为基础、以动态监控系统为平台,对财政资金使用全过程实施监控。动态监控系统实时接收预算单位、代理银行上传的支付信息,对国库集中支付资金的申请、审核、支付等全过程实施监控,根据支付信息判断结果对违规或不规范业务进行预警、阻止或冻结。

【加强国有资产管理】优化国有经济布局和结构,加强资产配置和收益管理,切实提高国有资产监管水平。加强国有产权和股权监管,挖掘盘活现有资产资源,推进国有及国有控股企业结构调整,推进融资平台公司市场化转型改造。完善行政事业单位资产管理体系,提升信息化管理水平,规范资产的使用、划转、核销、管理程序,以资产保值增值作为衡量资产管理水平的唯一标准。开展资产专项清查工作。继续推进区属国有房产的清查工作,对经营性房产、公益性房产、专用房产分类登记,依法依规,有序划转。强化国有房产的使用、出租、出售管理,实现资产的保值增值。

雨山区财政工作概述

【加强收入征管】2017 年,面对财政形势复杂多变,财政收入任务重的局面,区财政局积极采取措施,加大组织收入力度。强化收入目标责任分解,层层落实征收任务,形成较强征管合力。加强收入预期管理,做好收入征管分析和预期工作,增加收入的前瞻性和预见性。促进国、地税部门深度融合,调整征管方式,确保改革后征管措施及时到位。加强对主体税种、重点企业、重点项目等重点税源的动态监管,充分挖掘潜力。以“精细化”管理为手段,切实加强全区非税收入征管工作。全年完成财政收入 15.1 亿元,完成预算(调整预算数,下同)的 100%,比上年增长 1.21%。其中税收收入 12.39 亿元,占收入总额的 82.07%,比上年提高 6.4 个百分点。

【服务经济发展】落实和完善“营改增”、小微企业所得税优惠等一系列减税政策,全面清理规范各类涉企收费工作,着力降低企业运行成本。充分发挥财政资金的杠杆和引导作用,支持企业发展。区财政在财力紧张的情况下,及时向企业兑现政策扶持奖励资金 11638.01 万元,其中兑付企业产业政策扶持、企业自主创新奖励等专项资金 4608.69 万元,兑付再生资源回收利用企业政策扶持资金 6560.17 万元,兑付城镇土地使用税政策奖励资金 469.15 万元。加大企业融资服务力度。积极支持企业上市直接融资,做好各项服务工作;帮助企业开展新型政银担业务、应急周转金业务和税融通业务;支持金福担保公司开展融资担保业务,切实解决企业融资难、融资贵的问题。加大企业融资服务力度。积极支持企业上市直接融资,切实采取措施帮助企业解决融资难问题。帮助企业开展新型政银担业务、应急周转金业务和税融通业务。全年完成“4321”政银担贷款 1.18 亿元、应急周转金 22680 万元、税融通 6000 万元、固投贷 1700 万元。支持金福担保公司开展融资担保业务,2016 年度,公司在保余额 23369 万元,在保企业 232 户,放大倍数 2.2 倍。

【优化支出结构】坚持把保障和改善民生作为财政工作的出发点和落脚点,提高财政支出用于民生的比例。安排教育资金 20511.55 万元,用于城乡义务教育补助、薄弱学校改造、中小学校舍维修、学前教育等,着力提高义务教育质量。安排社会保障资金 17280.43 万元,支持城乡居民养老保险、城乡低保、五保供养、社会化养老、城乡义务兵优待、退役士兵安置、残疾人帮扶、社会救济等工作,不断推动社会保障体系建设。安排卫生资金 6851.67 万元,加强基层医疗卫生机构和公立医院建设,促进基本公共卫生服务均等化。安排文化资金 693.73 万元,推进农村文化建设,改善群众文化娱乐和体育健身条件。安排农业资金 3678.29 万元,加快美丽乡村建设、实施“一事一议”财政奖补,支持小型水利工程改造提升、农业产业化、土地承包确权、森林增长工程建设。安排住房保障资金 8496.62 万元,支持棚户区改造和保障性安居工程配套基础设施建设,改善低收入群体和农民住房条件。

【加强政府融资和债务管理】加强债务管理,防患化解重大风险。积极做好存量债务化解工作,通过以长换短、以低换高、处置资产等方式,消化存量债务,缓解偿债压力。积极推行 PPP 管理模式,鼓励社会资本参与社会建设,拉长还债周期。推进向山独立工矿区 PPP 项目和雨山经开区南区开发项目。积极争取政府新增债券资金 3966 万元,争取置换债券资金 27570 万元,有效缓解财政收支平衡压力和政府偿债压力。建立债务风险化解和应急处置机制，根据市预案，结合雨山区实际，制定雨山区政府债务风险应急处置预案，对政府债务风险进行动态监测、评估和预警。

【深提升财政管理水平】认真贯彻落实新《预算法》，进一步完善政府预算体系，严格按照规定程序编制预算草案，加强预算审查，预算编制工作的质量逐步提高。深入推进预决算公开，加快阳光财政建设。除涉密部门外，全区45个部门预决算和“三公”经费预决算全部在政府信息公开网上对外公开。积极开展盘活财政存量资金工作，在上年收回部门结转结余资金2987.57万元的基础上，继续收回部门结转结余资金2027.41万元。对收回的存量资金，区财政按照规定全部投入使用。贯彻落实《安徽省人民政府关于促进经济平稳健康发展的意见》，按5%比例压缩部门“三公”经费等一般性支出92.02万元。加强支出管理，制定《关于进一步规范财政资金支出审批程序的通知》，进一步明确财政资金审批拨付程序，严格预算执行。

博望区财政工作概述

【概述】2017年，全区财政收入完成90274万元，比上年同期增长27.46%。其中：税收收入完成76040万元，比上年增长34.65%，占财政总收入84.23%；非税收入完成14234万元，同比下降0.84%，占财政收入15.77%。全区一般公共预算支出100748万元，比上年同期增长23.49%。政府性基金支出8405万元，比上年同期增长674.56%。13大类民生支出完成82484万元，比上年增长24.5%，占财政总支出81.9%；一般公共服务、公共安全、教育等8项GDP考核支出76406万元，比上年同期增加19981万元，增长35.41%。

【财政收入】全年财政收入实现高位增长。强化收入调度，坚持财税征管联席会议制度，促进各征管部门联动、协作，逐月落实收入任务，加强涉税信息分析比对应用，实现信息管税、增税目的。加强财源建设，积极落实国家财税优惠政策，减轻企业负担，激发存量企业市场主体活力，全区170户规上企业增加税收0.5亿元；强抓总部招商，培植税收增长点，全年总部经济企业增加税收1.1亿元。加大征管和欠税清理力度，全面深化国、地税联合办税，加强重点行业、重点企业以及重点领域税源监控，有力提高税收征管质量和效率。大力开展欠税清缴活动，全年清理欠税0.39亿元。强化非税收入征管，加强政府非税收入重点领域、重点部门、重点项目监控分析，积极挖掘非税收入增收潜力。

【服务经济】财政部门始终把优化支出结构、强化支出管理、服务经济发展作为财政工作的首要任务，在加快支出进度，强管理、促发展方面取得明显成效。强化约束力，按照“均衡性、有效性、安全性”原则，严格执行年度预算，严格控制预算追加，非经法定程序，不得调整预算。加大清理盘活财政结转结余资金，并确保盘活存量资金当年安排支出，充分发挥财政资金使用绩效。加大资金调度和统筹力度，加强与部门、单位的沟通协调，将支出进度纳入区政府绩效考核，确保各类专项资金及早形成实际支出。同时，全面加强库款管理工作，实现库款管理的“增效益”和“防风险”的双重目标。统筹安排工业企业发展引导资金等各类专项资金4696万元，鼓励企业自主创新和技术改造；安排企业各项政策补助资金10340万元，支持中小企业加快发展，切实减轻企业负担；安排高端数控机床产业基地建设资金4000万元，加快构建创新型现代产业体；安排企业上市扶持资金315万元，培育企业上市；安排专项扶持资金1105万元，注入区横山融资担保公司，加强担保能力建设。

【民生实事】始终坚持“优先保障民生”，实施33项民生工程，投入资金1.54亿元，区级民生工程资金投入较上年增长75.1%。全区财政民生支出82484万元，发展成果更多惠及广大群众。支持“三农”发展，发放农业支持保护、农机具购置等补贴资金2456万元；安排资金1934万元，实施农业综合开发、村级公益事业一事一议财政奖补项目44个；政策性农业保险不断推广新险种，全年赔付金额366万元，受益户数达4932户。支持教育均衡发展，教育经费投入17754万元，在保障基本支出的基础上，大力实施教育改薄工程，全面推进义务教育质量提升行动。推进公共卫生体系建设。投入7306万元用于保障基层医疗卫生机构运转，加大医疗设备投入，深化医药卫生体制改革等，全面提升公共卫生服务水平。支持社会保障体系建设。投入补贴资金1816万元，城乡居民养老保险和新农合实现全覆盖；投入519万元加快养老服务体系建设；拨付377万元解决“老字号”

群体生活困难。支持公共文化事业建设。统筹安排362万元,支持完善农村文化服务体系建设。支持生态环保建设。安排资金1816万元,加快“美丽乡村”建设;安排资金1387万元,实施农村垃圾治理、森林培育、推进大气污染防治等。

【财政监管】充分利用国库集中支付平台电子化改革成果,对财政资金的跟踪监督逐步做到全覆盖,实现对财政资金运行全过程的监督。稳步推进财政内控制度建设。制定《博望区财政局内部控制基本制度(试行)》《博望区财政局法律风险内部控制办法(试行)》等6项内部控制办法,从集约控财、制度管财、规范用财、依法理财方面构建内控制度,确保各项政策推动落实。建立区级部门专项资金管理清单制度。按照“一个(类)专项,一个办法”的要求,制定完善相关项目资金管理办法,及时公开相关信息,接受社会监督。扎实开展财政专项资金、“小金库”专项治理、财政收入质量核查等工作,提高财政监管效果,进一步严肃财经纪律,维护正常财经秩序。依法接受人大、审计监督。及时向人大汇报预算安排、预算调整、重大支出政策、投融资及债务等情况;贯彻落实人大及其常委会有关决议、决定要求。积极利用审计监督成果,切实做好审计整改工作,将审计整改与财政财务管理工作一同部署落实。

【改革创新】不断创新预算公开评审制度。完善评审方式和评审专家结构,扩大评审范围,按照“依据充分、厉行节约、绩效优先、事责统一”的评审原则,分别对34个预算部门,199个2018年预算项目进行预算公开评审,涉及项目金额2.98亿元。不断提升财政绩效评价,更加注重选取资金量大、社会关注度高、涉及民生支出的项目。对于重点评价的项目,创新评价方式,多方衡量项目支出效果,促进评价结果更专业、更科学。全面推进预决算信息公开,全区51个部门按期公开预决算和“三公”经费信息,并按支出经济分类公开预决算和专项转移支付预算,广泛接受社会监督。切实防范债务风险,出台《马鞍山市博望区政府性债务风险应急处置预案》,建立健全政府性债务风险应急处置机制;完善地方政府债务动态监测机制,做到风险早发现、早报告、早处置,防患于未然;合规使用新增债券资金5807万元,拨付置换债券资金3600万元,债务结构得到进一步优化。2017年末全区政府性债务各项指标均在风险安全区内。贯彻落实中央八项规定,规范国内公务接待、培训及因公出国培训等经费的开支标准,全面压缩一般性支出101.80万元,实现压减5%的目标,切实降低行政运行成本。

芜湖市财政工作综述

芜湖市财政工作概述

【概况】2017年,全市财政总收入完成558.4亿元,增长9%,总量位居全省第二。财政收入中税收收入完成458.7亿元,占总收入比重82.1%,同比提高0.8个百分点。地方一般公共财政预算收入311.2亿元,增长4.2%。全市一般公共预算支出完成463.2亿元,增长13.1%,其中民生支出完成404.5亿元,增长16.6%,占总支出比重87.3%。

【落实积极财政政策】注重发挥财政资金“四两拨千斤”的杠杆作用,突出重点,巧用财力,加快转型升级,有序推进供给侧结构性改革。推出芜湖市扶持产业发展“1+5+6”政策体系,多层次、多场次开展政策宣传,累计兑付各类财政奖补资金36亿元,支持传统产业转型升级,促进新兴产业优先加快发展;制定出台财政支持重大公共研发平台建设运营管理办法,多渠道筹集产业创新专项资金,支持重大公共研发平台的建设。贯彻执行各项结构性减税降费政策,兑现简并增值税税率政策、提高科技型中小企业研发费用税前加计扣除比例等减税红利107.2元;减征或停征行政事业性收费项目14个,降低收费标准5项,减轻企业负担6000多万元。持续推进“政银担、税融通、过桥贷”等政策措施,实现市域内“政银担”合作银行全覆盖,累计续贷周转52.6亿元,新增政银担、税融通贷款48.1亿和8.8亿元,缓解中小微企业融资难。首期出资3亿元,设立天使、风险和产业投资基金,制定出台天使、风险和产业投资基金管理办法,改进财政支持产业发展方式,变补助为投资,放大政府资金撬动功能。

【提升收支管理绩效】继续强化收入预期管理,认真分析财税收入形势,加强财政部门和收入征管单位的协调调度,确保各项收入及时、均衡入库。推进国税、地税部门深度合作,提高信息共享水平,拓展税源控管深度。强化财政票据源头管控,狠抓非税征管,挖掘财政增收潜力。加快财政支出进度,出台进一步规范支出预算执行办法,建立支出进度考核通报、预算项目动态调整、指标分配限时办结等六项内部控制机制。出台市级和县区预算管理绩效考核办法,强化财政绩效管理,加快财政支出进度。全年调整未及时实施以及进度缓慢项目资金10.1亿元用于其他急需支出。加强对结转结余资金的清理盘活和使用,市本级盘活存量资金15.1亿元。

【保障改善民生】坚持统筹兼顾、有保有压、民生优先、保障重点的原则安排财政支出,持续加大民生和扶贫投入,优化调整支出结构,着力保障和改善民生,稳步推进社会和谐。按照5%的比例压减预算单位一般性支出,“三公”经费支出预算同比压减11.2%,压减资金统筹用于保障基本民生领域。全力支持脱贫攻坚,落实专项扶贫资金与地方财政收入增量安排机制,市级安排专项扶贫资金1.8亿元,增长近3倍。支持实施健康脱贫工程、产业扶贫等，实现37个村2.38万人脱贫出列。制定出台财政扶贫资金管理办法，确保扶贫资金专款专用、安全运行、精准高效。财政支出继续向民生领域倾斜，全市财政民生类支出404.5亿元，增长16.6%，占财政支出的87.3%。精心组织实施33项民生工程，投入资金108.5亿元。落实强农惠农补助政策，累计发放惠农补贴资金13.3亿元，涉及补贴项目33项，惠及农民210万人。

【推进财税改革】营改增试点平稳运行，绝大部分纳税人实现减税降负。做好环境保护税开征和个人所得税税制改革的前期准备工作，税制改革有序推进。启动编制市级2018—2020年中期财政规划和预算部门三年滚动财政规划，出台市级预算评审论证实施暂行办法，开展预算评审试点工作，切实提高预算安排的透明度和合理性。积极推进预决算公开，出台市直部门预算信息公开考核暂行办法，强化部门主体责任，提高预算信息公开水平。深化国库集中支付管理，严把支出审核关，完善财政资金全流程动态监控机制，全面推进国库集中支付电子化。推进商合杭大桥、城南过江隧道、轨道交通1、2号线一期等PPP项目实施，开展PPP项目识别和项目准备工作，协助县区开展PPP模式项目建设。制定出台事业单位政府购买服务改革工作的实施办法，重点推行政府向公益二类事业单位购买服务，积极推行棚改购买服务，2017年棚户区改造购买服务182.9亿元。

【构建财政监管新格局】强化预算绩效管理，对2016年度66个项目开展绩效评价，涉及资金16.4亿元，探索绩效评价结果应用，初步建立绩效评价结果应用机制。开展县级基本财力保障绩效评价，提升各县财政管理水平。严格地方政府性债务管理，规范开展债务置换。出台市级政府性债务风险应急处置预案，完善政府债务预警机制，做好风险防范和应急处置工作。组织开展政府融资担保清理整改工作，对地方政府性债务投资项目资产进行清查登记。编制政府综合财务报告，推进权责发生制报告改革。规范政府采购管理，财政管理一体化平台与市公共资源交易平台实现对接，“徽采商城”全新政府采购方式运行。开展财政专项资金、预决算公开、政府资金竞争性存放管理等专项检查，规范财政管理，防范政府资金风险。

【强化机关作风建设】组织学习党的十九大精神和习近平新时代中国特色社会主义思想，在系统内掀起学习十九大报告、新《党章》、习总书记系列重要讲话的高潮，牢固树立“四个意识”，坚定维护以习近平总书记为核心的党中央权威和集中统一领导。大力开展党纪党规和党性教育，推进“两学一做”常态化制度化，开展“讲政治、重规矩、作表率”专题教育。实行党风廉政建设与财政业务工作同部署、同推进、同落实，签订党风廉政建设责任书，层层推动“一岗双责”切实履行，促进全面从严治党向纵深延伸。认真执行“三会一课”制度，深入领会《准则》《条例》精神实质，营造严肃健康的政治生活氛围，抓好基层组织建设和制度建设，强化基层党组织管理。开展“亲切服务”专项行动，加强局机关文明创建，强化财政窗口建设和管理，继续推行会商帮联制度，加强对县区财政工作指导，切实提高服务效能。2017年，市财政局荣获“第十三届市级文明单位标兵”称号，政务中心财政窗口连续三年荣获“十佳服务窗口”称号；提拔1名县处级非领导干部、1名正科级领导干部、1名正科级非领导干部和7名副科级领导干部；组织50余名财政干部到上海财经大学集中培训。

无为县财政工作概述

【概况】2017年，全县财政总收入完成35.8亿元，增长10%；全县一般公共预算支出完成63.7亿元，增长16.1%，圆满完成财政各项任务。

【注重收入预期管理】面对经济下行和结构性减税降费等多重因素叠加带来的影响，全县财政部门积极应对挑战，及时提请县政府召开财政、国税、地税等部门参加的收入征管联席会议，紧咬序时进度，加强分析、研判、调度，把好组织收入的力度和节奏。按月编制全县财政《收入简报》和《收支数据》，深入分析财税运行的特点、存在的问题并提出切合实际的建议和对策。出台《无为县2017年乡镇(开发区)财政收入目标考核办法》，强化乡镇责任意识和任务意识，实行收入进度与资金调度、转移支付和政府考核奖直接挂钩办法，调动乡镇组织收入积极性。同时出台《无为县2017年度税收目标考核奖惩办法》，对收入征管部门进行量化考核，促进征管部门挖掘潜力，依法征收。

【保障重点支出需求】坚持有保有压、突出重点的方针,优化支出结构,集中财力办大事、办实事,全年实现财政支出63.7亿元,其中13大类民生支出57.4亿元,占全县财政支出总量的90.1%,切实保障民生支出和脱贫攻坚资金需求。按照“保重点、控一般、促统筹、提绩效”要求,集中财力办大事,统筹建设资金22.1亿元,有力地保障道路、水利、市政、城东园区、高沟园区等重点工程的顺利实施。累计拨付资金8500万元,围绕体制创新、产业支撑、构建城乡公共服务体系,积极探索高沟建制镇示范试点。投入资金3873万元,实施襄安、泉塘高标准农田项目,促进项目区增产增效。投入资金7649万元,用于无为三中、杏花泉小学碧桂园校区建设。倡导绿色发展理念,加大环保投入力度,拨付资金2084万元,用于秸秆禁烧综合利用奖补、黄标车淘汰补助、土壤污染防治。安排资金9650万元,用于长江干线无为段岸线治理和淡水豚保护区专项整治,促进专项整治工作加速推进。

【全面深化财政改革】深化预算管理改革,按规定时间和要求及时网上公开年度政府预决算、部门预决算和“三公”经费预决算。完善预算编制口径,努力做到基本支出体现公开公平,项目预算体现效率效果。结合部门预算编制,调整完善政府购买服务目录,进一步拓宽政府购买服务范围,全年编制政府购买服务预算1.3亿元。配合城投公司,编制政府性投资项目支出预算,完善政府性投资项目预算管理制度,有效避免项目资金多头支付,做到全县建设性项目资金调度“一盘棋”。组织开展县镇财政管理体制调研论证,根据财权与事权相匹配的原则,拟定新一轮县镇财政管理体制方案,切实提高镇级财政保障能力,激励各镇培植财源、强化收入组织的积极性,促进县镇财政同步发展。认真落实中央“八项规定”,从紧从严控制“三公经费”等一般性支出,全县“三公经费”同比下降8.6%。严格政府性债务管理,争取债券资金10.5亿元,其中新增债券资金9.1亿元,主要用于城乡道路、安置房、农田水利、城市老旧小区整治、美丽乡村建设等全县重大公益性项目建设。置换债券资金1.4亿元,用于置换锁定的政府存量债务。严格控制一般债务付息支出不超过当年一般公共预算支出10%、专项债务付息支出不超过当年政府性基金预算支出10%等风险防控指标,切实加强政府性债务风险管理。扎实开展融资担保清理,建立清理整改台账,整改一项销号一项,实行清理整改工作动态管理。积极盘活财政存量资金,继续开展存量资金清理工作,清理财政专项资金1.7亿元,用于财政统筹和社会经济发展。积极协助“小微权力”改革。县财政部门全力配合县纪委开展村级“三资”试点改革,强化对村级“小微权力”的监管,村级“三资”管理职能进一步理顺。建立股室(单位)联系包保镇财政所(分局)资金安全责任制,班子成员分片包干,20个股室分别联系包保1个所(分局),常态化开展财政资金安全监督检查,县财政局纪检组、监察室对整改情况进行跟踪,对整改不及时、不到位的启动问责。针对省委巡视反馈问题涉及财政部门牵头整改任务,扎实开展“小金库”专项整治、出借财政资金专项整治、违规奖励企业专项整治和银行账户清理、滥发津补贴清理等整治工作。创新资金监管方式,开通网上银行查询系统和短信实时提醒系统,强化对资金拨付过程监督,资金安全得到有效防控。

【强化民生资金保障】按照“保基本、兜底线、补短板、促公平”的原则,全年投入民生工程资金34.7亿元,全面实施33项民生工程,进一步增强广大群众的获得感和幸福感。聚焦“精准扶贫、精准脱贫”,全年安排扶贫资金5.8亿元,实现35个贫困村出列,10620户、22750个贫困人口脱贫“摘帽”。全县打卡发放财政补贴资金4.8亿元,国家强农惠农政策得到有效落实。完成水稻等种植业投保面积98.2万亩,全年理赔金额约1100万元,1.1万农户从中受益。筹集资金4094万元,实施一事一议财政奖补项目232个,涉及全县222个行政村和2个国有农场,农村基础设施得到进一步改善。深化“城乡环卫一体化”建设,完善城乡垃圾治理一体化绩效评价体系,按照保洁、收集、清运、处理、养护“五统一”要求,全年投入资金7800万元用于城乡生活垃圾治理一体化,城乡人居环境明显改善。坚持政府主导和农民自愿的原则,采取民办公助、以奖代补、先建后补等方式,投入资金1.4亿元,支持8个镇政府驻地集镇改造和9个中心村基础设施和亮化美化工程建设。拨付各类社保基金12亿元,保障城乡医保、养老等保障性支出;发放民政优抚和社会救济、低保、五保等各类补助3.6亿元,全面兑现民政优抚等补助政策。

【创新财政支持方式】认真贯彻落实县“1+2+X”扶持产业和促进经济平稳较快发展系统政策措施,采取基金、借转补、财政金融产品和事后奖补等投入方式,发挥财政政策、财政资金导向撬动作用。全年投入3.6亿元,及时兑现科技创新、人才奖励、上市奖励等各类扶持产业政策。拨付民营经济扶持资金2434万元,充实第二担保公司资本金,增强为企业融资担保能力。发挥财政资金杠杆作用,出台财政性资金存放银行业金融机构考核办法,将财政存款与银行贷款实行挂钩,按季考核金融机构,促进全县银行业金融机构新增贷款发放规模,支持县域经济社会发展。兑现金融机构奖励资金687.4万元,引导金融机构支持实体经济发展。通过拨付小额担保贷款财政贴息资金2383万元,兑付培训补贴、岗位补贴和社保补贴2053万元,设立创业引导资金400万元、创业扶持资金1210万元和创业担保贷款担保基金4000万元等扶持方式,推动大众创业、万众创新政策落地。落实普遍性降费政策,减少涉企收费2360多万元。

【加强国有资产监管】组织开展全县行政事业单位国有资产清查工作,全县行政事业单位国有资产达75.8亿元,其中,固定资产47.6亿元,进一步摸清家底。对截至2017年6月份的地方政府性债务形成资产进行清理,全县期间内债务总额52.5亿元,形成资产总额83.2亿元,债权债务明了清晰。加强国有资产日常管理,规范资产配置和处置,完善资产拍卖、出租、出借程序,资产管理进一步规范有序。

南陵县财政工作概述

【概况】2017年,全县财政总收入完成28.4亿元,占预算的100%,同比增长10%,其中地方一般公共财政预算收入20.3亿元;全县一般公共预算支出完成39.9亿元,占调整预算的100%,同比增长16.3%。

【服务经济提质增效】全面贯彻"调结构、转方式、促升级"决策部署,扎实推进"三去一降一补",认真落实结构性减税和普遍性降费政策,全年减免税费6923万元,其中减税5918万元、降费1005万元。加快落实产业扶持政策,投入资金8214万元,支持企业技改创新及招商引资奖励扶持。投入资金5856万元,落实鼓励农民进城购房补贴政策,惠及1950户。投入资金856万元,落实人才引进和高校毕业生购房补贴等政策,惠及169人。投入资金484万元,支持74家企业争创品牌商标建设。投入资金549万元,落实打造"建筑之乡"扶持政策。投入资金3776万元,加大中小企业担保扶持力度,推进"4321"政银担合作、"税融通"等政策性融资担保体系建设。投入资金4550万元,支持小微企业续贷过桥资金周转,撬动金融机构贷款7.89亿元,扶持企业126户。投入资金1122万元,落实创业担保贷款贴息、职业培训补贴、社保补贴、公益性岗位补贴等各项就业扶持政策,促进大众创业、万众创新。

【兜底保障改善民生】围绕"补短板、兜底线"目标,集中财力解决普惠性、基础性、兜底性民生问题。投入资金14.93亿元,实施31项民生工程。投入资金8.01亿元,支持教育基础设施建设、教学教辅设备更新等教育事业发展。投入资金891万元,支持公益性文化演出、"三馆一站"免费开放、"目连戏"复排展演及徐家大屋保护等公共文化事业发展。投入资金2.87亿元,深化医药卫生体制综合改革,落实城乡居民基本医疗保险、基本公共卫生服务及计划生育奖扶政策。投入资金3.82亿元,落实城乡居民养老、低保、优抚、"老字号"工龄补助等各项惠民补贴发放,全年发放补贴33项,打卡134批次,惠及174万人次。投入资金1476万元,推进"一事一议"财政奖补项目建设,全年实施"一事一议"建设项目63个。投入资金537万元,推进政策性农业保险工作,全年落实常规险种参保面积63万亩,特色农产品保险参保面积29万亩。投入资金1117万元,实施农业综合开发和支农项目12个。投入资金5234万元,支持6个美丽乡村示范点建设。投入资金9381万元,支持节能减排、市政建设、环境整治等运行维护支出,促进城乡面貌改善。投入资金1.59亿元,支持现代农业、植树造林、水利基础设施建设等支出,巩固农业发展基础。投入资金3859万元,落实村干部待遇,支持农村基层组织建设。

【精准聚力脱贫攻坚】统筹县级财政新增财力和上级转移支付补助等资金6207万元,精准安排扶贫项目,加快资金支出进度,加强资金安全监管,扎实推进精准扶贫,脱贫攻坚成效显著。投入资金3303万元,安排产业扶贫项目11类,产业扶贫占比为53.2%,创建镇、村两级产业示范基地165个,受益贫困户数5297户。探索"产业、就业、金融"三项联动,投入资金850万元,撬动金融机构发放扶贫小额贷款4956万元,惠及2125户。投入资金1876万元,支持贫困村道路畅通工程、农村饮水安全工程、电网改造升级工程和农村信息化改造等基础设施建设。投入资金 203 万元，推进健康扶贫，进一步完善贫困人口慢性病综合保障政策，惠及贫困人口 41098 人次。投入资金 85 万元，推进智力扶贫，对 2181 个贫困户就学子女发放补助资金。投入资金 1000 万元，用于结对帮扶灵璧县脱贫攻坚。

【深化改革提升绩效】合理划分镇级类别，明确界定县镇收支范围，准确核定镇级收支基数，加大县对镇转移支付力度，调整实施新一轮县镇财政管理体制，有效增强镇级基本财力保障能力。加强"四本预算"统筹衔接，加大预算编制统筹力度，提高预算编制的科学性。压实部门预算执行主体职责，坚持未列入预算不得支出，严格预算追加审批程序，建立预算执行通报及结果运用机制，增强预算刚性约束。严格权责发生制核算制度，加强财政结转结余清理统筹使用，严禁以拨作支或虚列支出行为，规范财政决算编制管理，提高决算信息的准确性。扩大国库集中支付管理范围，加强单位银行账户管理，严格账户开设审批程序，将不符合财政专户管理的项目资金调整纳入国库集中支付统一管理，提高财政资金调度能力和支出效率。

【依法履职严控风险】加强政府性债务管理，积极争取省级政府置换债券和新增政府债券额度，严格债务置换管理规定，规范库款垫付到期债务管理，加快债券资金拨付，切实防范债务违约风险。加强国有资产日常监管，强化产权维护，规范资产处置，推进信息化建设，全年清理处置上缴国库各类资产收益 882 万元。加强政府集中采购目录及限额管理，优化采购程序，推进"一站式"服务。全年办理采购申报 13.3 亿元，实际采购 9.4 亿元，节约资金 3.9 亿元。加强非税收入票据管理，建立以票控收机制，严格"收支两条线"制度，推进非税收入电子化缴库改革。加强镇级预算管理，推进镇级国库集中支付制度改革，加强内控制度建设，强化业务人员培训，加大涉农惠农及扶贫资金监督检查力度，建立镇级财务互审和村级财务审计工作机制，提高镇村财务管理水平。加强机关效能建设，深入开展"两学一做"学习教育和"讲重作"专题教育，扎实开展扶贫双包定点帮扶，精神文明创建等服务活动，提升财政干部综合素质。

芜湖县财政工作概述

【概况】2017 年，芜湖县财政局认真落实稳增长、促改革、调结构、惠民生、防风险各项措施，切实履行管党治党责任，深入开展基层党组织标准化建设，强化党风廉政建设主体责任和廉洁自律工作要求，统筹推进财政管理各项工作，财政收支规模均突破 40 亿元大关，全县财政运行情况总体良好。

【强化征收管控】始终将狠抓收入征管、促进财政收入平稳增长作为财政工作的重心。强化部门联动机制，定期召开财税库联席会议，研究收入征管形势，解决征管中存在的困难和问题，针对全县交通运输（物流）业增值税征收现状，及时调整相关扶持政策，既保证收入稳定增长，又提高地方可用财力。2017 年，全县财政收入完成 42.6 亿元，增长 10.5%。

【推进依法理财】印发《关于进一步加强财政资金审批管理的通知》，明确规定县本级财政资金的审批范围、审批程序和工作要求等，印发《芜湖县财政性资金竞争性存放办法》，进一步规范财政性资金存放银行管理，建立财政性资金存放银行机制，确保财政性资金使用安全，提高财政性资金使用效益。严格按照规定及时公开政府预决算、部门预决算和"三公"经费预决算。制定县级部门预算供给政策，做好县级部门通用支出标准体系建设、预算项目库和财政供养人员基础信息库管理工作。认真编制 2018 年县级财政预算及中期财政规划，指导全县财政预算编制、部门三年滚动预算编制。强化财政监督职能，认真开展部门预算执行情况、会计信息质量、财务收支管理情况等专项监督检查，确保全县财政运行安全平稳。

【优化支出结构】继续调整优化支出结构，在保证基本支出和重点项目的基础上，支出重点向民生项目倾斜，新增财力集中用于保障和改善民生，落实各项惠农政策。做好扶持村级集体经济发展试点工作，争取中央扶持村级集体经济发展试点在全县 16 个村居实施，项目资金达 1500 万元，为村级集体经济发展和农民增收提供有力资金保障。实施农业综合开发项目 3 个，总投资 1653 万元。建立美好乡村建设资金保障和管理机制，全面整合各类涉农资金 7000 余万元，支持美丽乡村建设。积极推进政府性投资建设，全力推进一事一议财政奖补工作，全县共实施村级公益事业一事一议财政奖补项目41个,总投资1368万元。

【着力保障民生】财政投入7.2亿元实施31项民生工程,较上年同口径增长10.1%。补助发放类项目按时序进度推进,全年共发放财政补贴农民资金1.71亿元,培训类、参保参合类、建设类项目年内基本如期完成;政策性农业保险为全县4.61万户次农户及1513户次种植大户提供1.8亿元风险保障,大棚蔬菜、森林火灾、烟叶天气指数和水产养殖等特色农业保险试点全面推开,农业生产抵御自然灾害风险能力逐步提升;风险补偿基金贷款试点工作推进有力,全年为199户农村新型经营主体生产发展提供担保贷款5250余万元,促进农民创业、农业发展和农村繁荣。

【促进转型升级】全年拨付购房补贴资金约1.1亿元,促进城市化加快发展;拨付专项资金3000万元全力支持城乡交通一体化,重点保障畅通工程项目实施;拨付大气污染防治专项资金1200万元,全力保障大气污染防治和水生态环境安全专项行动;拨付“三水共治”项目资金2000万元,有效治理全县水环境;全年拨付企业节约集约用地、先进制造业发展、现代服务业发展、转型升级、推进企业上市、产业引导补助资金4.1亿元,促进实体经济发展和产业结构转型升级。

【严格债务管理】将政府债务全部纳入预算管理,对债务系统数据进行及时维护、更新,全面准确汇总上报债务数据。建立健全政府性债务管理机制,成立以县委、县政府主要负责同志为组长的芜湖县政府性债务化解防控工作领导小组,负责领导全县政府性债务化解防控、管理协调与风险应对工作;制定《芜湖县政府性债务风险应急处置预案》,完善政府性债务信息公开制度,建立政府性债务信息互通机制,实行政府性债务变动实时报告制度。

繁昌县财政工作概述

【概况】2017年,全县财政总收入完成47.6亿元,同比增长7%,其中一般公共预算收入31.7亿元;全县一般公共预算支出41.5亿元,同比下降4%。

【财政收入管理】加强收入预期管理,建立健全收入预期管理协作分析机制和财税库联席会议制度,建立收入预测月报制度,确保数据及时准确。强化财政收入征管,完善协税护税体系,加大对主体税种以及重点企业的税源监管,充分运用涉税信息共享平台,开展经济、税收对比分析和部门涉税信息比对,聘请第三方机构随机对各行业企业纳税情况抽查核准,堵塞征管漏洞。建立收入分析机制,加强对“营改增”、收入划分改革等政策分析研究,加强对税收收入下滑的重点税源企业跟踪,分析原因,研究对策,帮助企业解决实际困难。

【财政支出管理】严控一般性支出,从严预算编制,控制预算追加,降低行政运行成本,强化因公出国、公务接待及公务用车管理。细化项目支出管理,部门项目预算按运转类和非运转类编制,运转经费按定额保障,非运转经费根据项目实施进度据实支付。

【服务经济发展】发挥牵头协调作用,完善各项扶持政策,及时兑付各类涉企奖励补助资金2.27亿元,奖扶政策资金兑现率100%。积极配合有关部门争取上级资金支持,共争取上级各类转移支付资金6.39亿元,其中:一般性转移支付3.95亿元;专项转移支付2.44亿元;基金1175万元,主要用于教育、卫生、社会保障、农业、病险水库除险加固、城镇垃圾处理、农村环境整治、农产品质量安全检验检测体系建设、中小企业技术改造等项目建设。

【强化债务管理】共置换政府存量债务13.7亿元;争取新增债券资金1.8亿元,统筹用于公益性项目支出;进一步规范政府性债务管理,成立政府性债务风险(应急)领导小组,制定《严格地方政府性债务管理的通知》,印发《政府性债务风险应急处置预案》。

【提升管理水平】从严从紧编制部门综合预算,严控单位预算追加,对预决算和“三公”经费情况实行网上公开。进一步提高财政资金使用效益,针对农业产业化专项资金、千万亩森林增长工程、水利兴修奖补资金、扶持残疾人就业创业、农村卫生三项基本建设等10个项目开展资金管理绩效评价。推动国有企业改制,商务局、城乡建委、文广新局等部门所属7家国有企业完成改制。继续抓好涉农项目,2016年获港、峨山、孙村高标准农田建设项目接受市级验收,2017年平铺镇高标准农田建设项目、峨山和孙村两个产业化项目获得批复立项,投资1498.2万元,完成47个一事一议奖补项目建设。对财政专户、县级预算单位财政存量资金进行全面清查,累计盘活财政资金1.2亿元,主要用于棚户区改造、城市基础设施、重大水利工程等重点领域。

【改善民生福祉】投入6.4亿元,实施30项民生工程。其中:农村道路畅通工程完工40.9公里;农村危房改造已竣工335户;农村居民最低生活保障累计保障9.7万人次,支出低保金3418万元;发放困难残疾人生活补贴3231人次,发放资金214.2万元;发放重度残疾人护理补贴46431人次,发放资金279.3万元;办理城乡困难群体法律援助案件340件;新型农村合作医疗参保228896人;城乡居民大病保险实施救助876人次;城乡居民基本养老保险参保总人数累计达12.8万人;城乡医疗救助累计发放资金862.3万元;完善社会养老服务体系建设,敬老院累计服务758人次;棚户区改造共签订284户拆迁补偿安置协议;对8个城市老旧小区开展整治,总面积11.5万平方米,涉及居民住户1356户。全县财政民生总支出数为36.4亿元,占总支出比例为87.8%。

【严肃财经纪律】开展"小金库"专项治理,通过前期各单位自查自纠,以及聘请第三方中介机构对部分单位重点检查的方式,均未发现"小金库"问题。进行机关事业单位滥发津贴补贴专项整治,清退违规津补贴20项,累计清退违规津补贴资金269万元。严控"三公经费"管理,完善管控机制,强化预算约束,严把申报审核,加强监督检查。全县"三公经费"整体开支逐年明显下降,2017年县本级"三公经费"累计支出611.2万元,与2016年同期比较下降26%。

镜湖区财政工作概述

【概况】2017年,全区财政总收入完成52.1亿元,完成预算的101.4%,同比增长10.6%。全区一般公共预算支出完成24.9亿元,同比下降6.4%。

【缓解收支压力】在组织收入上,改进工作方法,早谋划、早行动,认真做好政策措施保障。做好落户企业服务,注重新增税源的培育。紧密联系国地税和各中心(街道),及时分解税收任务,分析收入完成情况,解决工作中的实际困难和问题。做好存量企业服务。对重点税源企业主动上门服务,通过充分沟通,有针对性的拟定扶持方案,确保税收及时入库。组织罚没收入、行政性收费等非税收入及时入库。建立规模企业涉税信息数据库,按月采集分析,增强税收征管工作的针对性和准确性。落实高新技术企业、小微企业税收优惠等结构性减税政策,减轻企业负担。在控制支出上,按照"稳增长、调结构、惠民生、保运转、促发展"的支出原则,严格预算支出执行,提高预算执行到位率,确保基本支出预算按序时进度、项目支出预算按项目进度拨付资金。坚持厉行节约,严控一般性支出,切实做到用款计划按指标、拨款支付按程序,压缩"三公"经费支出。

【保障改善民生】全年实施26项省定民生工程任务,投入民生工程资金4.2亿元,其中棚户区改造资金8520万元,城镇居民基本医疗保险1.3亿元,基本公共卫生服务3748万元,义务教育经费保障2993万元,水利薄弱环节治理7888万,社会养老服务体系1308万元。提高政策性农业保险、城镇居民基本医疗保险参保、基本公共卫生服务等项目的补助标准。全年新增就业1万余人,建成保障性住房18万平方米。区文体馆、图书馆和全区42所中小学体育设施全面向市民开放。

【推进财政改革】预算管理方面,在持续强化预算执行刚性的基础上,优化各类财政资金统筹使用的办法,最大程度地发挥好财政资金的使用效应;全面推进预决算公开,细化公开内容、明确公开时限、创新公开方式,以财务公开透明推进政务科学规范。绩效管理方面,先确定绩效目标和标准,再定资金盘子,并开展预算绩效评价工作,引入第三方评价机制,进一步提高预算绩效管理工作质量和专业化水平。政府性债务管理方面,加强政府债务监管,防范债务风险,通过发行置换债券偿还到期存量政府债务,清理整改政府融资担保及政府购买服务协议,推进PPP模式,严控新增债务,同时盘活存量资金。国有资产管理方面,深化国有资产管理考核,加强国有资产购置、使用、处置、报废等各环节的监管,完善区属国有企业考核办法,探索实施区属国有企业负责人薪酬制度改革,对全区国有房屋资产进行全面清查摸底,建立统一台账。

【服务经济发展】引导企业转型升级,加快供给侧改革步伐,落实好结构性减税和普遍性减费政策,全面降低企业负担,让企业实实在在享受政策红利。健全金融服务机制,有效提升"续贷过桥"、"税融通"、"政银担"服务效率和规模,帮助企业特别是小微企业解决资金困难,共支出产业引导资金3.9亿元。提高基层自主理财能力,提高基层自主权,通过下放财权事权进一步增强基层服务发展意识。通过财权与事权统一让基层增加的财力更多地用于基础设施建设,提升中心(街道)协护税积极性、主动性,形成良性循环。加强机关建设,制定完善"三重一大"、预算管理、财务收支、政府采购、资产监管、建设项目管理全方位的监管制度。落实"两学一做"学习教育常态化制度化,深入基层32次。加强党风廉政建设,通过观看廉政图片展,收看专题教育片,集中学习的方式,营造"不敢腐、不能腐、不想腐"的环境。

鸠江区财政工作概述

【概况】2017年,全区财政总收入完成45.6亿元,同比增长10.7%,为调整预算的101.5%。全区一般公共预算支出完成29.7亿元,增长14.4%,为调整预算的100%。

【收支管理】全区各级财税部门和各载体单位强化组织协调,规范支出管理,在经济稳中向好的总体态势下,面临财政增收压力,凝心聚力,财政收支运行平稳,为完成全年经济社会目标任务提供有力支撑。坚持依法征收,强化收入预测和执行分析,重视收入组织统筹管理,保证平稳有序入库。实现财政收入增长与社会经济发展相匹配,收入质量进一步提升。全面落实结构性减税和普遍性降费政策,落实好支持投资、创新、就业等优惠政策,千方百计培育、涵养和厚植财源,加强税源监控分析,摸清重点企业税收变化情况,不定期进行调度,协同抓好收入征管,确保财政收入有质量、可持续。根据二坝园区、高新集聚区管理体制调整,及时测算并调整区与二坝、汤沟两镇财政体制基数,进一步明晰财权事权。强化预算支出管理,印发《关于切实履行主体责任、加快财政支出进度的通知》等,促进加快预算支出进度,盘活统筹存量资金,继续实行项目预算执行动态统筹,当年统筹2.2亿元,切实保障当年刚性支出增长和长江岸线整治等重点项目资金需求。

【创新驱动】以促进供给侧结构性改革为主线,深入推进创新驱动发展战略,转变发展方式,支持经济提质增效。全面落实芜湖市扶持产业发展"1+5+6"政策体系,全方位开展政策宣传,全年累计兑付政策奖补资金6.17亿元,支持传统产业转型升级,促进新兴产业优先加快发展。重点支持新兴产业发展,累计拨付资金8367万元,发挥机器人基础国家试点和省级基地政策优势,推动机器人研究走在前列。抢抓"中国制造2025"和重大新兴产业工程机遇,加快工业转型升级,累计拨付资金4900万元,推进先进制造业发展,助力鸠江区产业发展向中高端水平迈进,支持做实、做强实体经济。支持民营经济和中小微企业发展壮大,发挥"政银担、过桥贷"等政策作用,当年区中小企业融资担保公司资本金投入2448万元、累计企业担保贷款11.8亿元,缓解新兴产业领域和中小微企业融资困难。

【民生改善】全区实施27项民生工程,投入资金4.3亿元,增长9%,大力实施医疗卫生服务、社会保障服务和教育文化体育建设等一系列惠民举措,增强群众获得感。累计发放惠民资金2.55亿元,涉及补贴项目29项,逐步提高城乡低保补助标准,完善医疗救助、残疾人生活救助等社会救助和社会福利体系,防止产生贫困人群。三是按照中央要求以5%的比例压减预算单位一般性支出,优化支出结构,财政支出继续向民生领域倾斜,全区财政民生类支出25.4亿元,增长14.5%,占财政支出的85.5%。累计安排和拨付4519万元,实行农村道路畅通工程、危房改造及特困残疾人生活补贴等,积极支持帮助结对帮扶宿松县加快脱贫,推进脱贫攻坚取得实效性进展。四是坚持统筹发展和绿色发展,按照"绿水青山就是金山银山"的治国理念,累计拨付4940万元,大力支持大气、水污染治理和长江岸线专项整治,兑现森林增长工程奖补,支持大阳埠湿地公园的管护和"清洁城乡、美化家园"环境整治,推进环境生态文明建设取得成效。

【深化改革】按照国家及省、市统一部署,认真贯彻《预算法》,全面树立预算的权威性和严肃性,有序稳妥推进财政改革,提高财政政策的针对性和有效性。坚持先有预算、后有支出,强化预算管理和执行的刚性,严格预算追加行为和规范预算追加程序。进一步完善制度管理,陆续出台《鸠江区人民政府关于加强地方政府性债务管理的实施意见》《鸠江区地方政府性债务风险应急处置预案》《鸠江区行政事业单位国有资产处置管理办法》,修订《鸠江区公共资源交易管理若干规定》,着力控制债务风险、规范资产处理程序和政府采购行为。充分发挥对区属企业财务预算的监管职能,完善国有企业预算编制,挂牌处置国有资产实现收入4776万元。大力推行徽采商城采购方式和规范长效库建设,完成市、区招标事项1857项及办理3项投诉案件,促进公共资源采购规范化。加强预算全面管理,组织区人大财经工委等部门和委托第三方开展预算绩效评价和财政监督重点检查,推进鸠江区行政事业单位内部控制建设,拟定出台《鸠江区机关事业单位差旅费管理办法》《关于进一步加强支出管理严肃财经纪律的通知》等,继续实行并规范国库集中支付制度和公务卡结算制度,规范财务行为,严肃财经纪律。落实全面从严治党主体责任,狠抓财政干部"两学一做"和双联系,组织学习十九大报告,强化干部思想政治教育,打造风清气正的财政干部队伍。

弋江区财政工作概述

【概况】2017年,全区财政总收入完成31.9亿元,完成预算的104.1%,同比增长13.4%,其中税收收入完成30.1亿元,占财政总收入的94.3%,同比提高7.5个百分点,财政收入质量明显提高。全区一般公共预算支出完成17.3亿元,完成预算的113.4%,同比增长2.9%。

【推动产业创新发展】全面宣传落实省市有关支持产业创新发展各项政策,通过积极争取上级政策补助资金和足额配套区级资金,全年累计筹集兑现政策性扶持资金1.3亿元,支持和服务区内企业转型发展。在争取省市政策补助资金的同时,区本级财政通过降低行政运行成本,努力压缩一般性支出,统筹安排产业扶持资金2.9亿元,全力扶持招商引资,努力壮大主导产业,鼓励和引导新兴产业,着力加强财源建设。当年,全区新兴企业发展迅猛,新的税收增长点不断涌现,其中:电子商务龙头企业三只松鼠实现税收4亿元,同比净增收2.5亿元,增长171.6%;奇瑞新能源实现税收7363万元,同比净增收4422万元,增长150.3%。

【加大民生资金投入】全区实施24项民生工程,其中省级23项,市级1项,24项民生工程累计投入资金1.6亿元,圆满完成各项目标任务,人民群众的获得感、幸福感普遍提高。其中:投入1400万元扶贫资金,用于农村道路畅通工程、特困人员供养及生活无着落人员救助、贫困残疾人康复、残疾人生活和护理补贴和城乡困难群体法律援助;投入400万元"三农"资金,用于小型水利工程改造提升、政策性农业保险以及提升农村基层党建与服务经费保障;投入50万元用于促进就进创业;投入1.08亿元社会保障资金,用于城乡居民养老、医疗及公共卫生服务;投入1500万元资金用于义务教育经费保障、公共文化场馆开放等教育文化事化;投入2000万元资金用于棚户区改造和老旧小区整治。

【持续推进财政改革】深化预算管理制度改革,加强预算资金统筹。进一步优化财政支出结构,严格控制和压减一般性支出,一般性支出预算按5%压减。推进预决算信息公开常态化,制定《弋江区部门预算信息公开考核暂行办法》,明确部门责任,强化监督考核。确保预决算信息按时规范公开。加快预算支出执行进度,推行预算执行进度考核通报。出台《关于调整街道资金、资产管理方式的实施办法》,有效控制街道资金结存,促进财政资金高效使用。持续推进财政存量资金清理,全年收回部门预算结转结余资金1800余万元。建立完善内部控制制度,规范财政账户管理,切实加强财政资金安全。试点编制政府综合财务报告,深入分析政府财务状况和运营情况,为健全全区公共财政体系、实现经济社会可持续发展提供合理化建议。

【严格政府债务管理】实行最严格的债务管理,切实加强债务工作领导,规范政府性债务举借行为,健全政府性债务风险预警机制。严格落实以政府债券为主体的举债融资机制,强化人大监督,实行预算管理、限额控制。政府新增公益性项目投资严格执行立项审查报批制度。以芜湖精铝产业园区项目为重点,着力推进PPP模式,引导社会资本参与工业园区基础设施建设。推进政府平台公司转型,对现有平台公司进行全面梳理,逐步剥离平台公司行政化职能,回归投融资功能,引导平台公司向市场化转型。

【强化政府性资产资金监管】强化财政对政府性资产资金的监管力度,规范全区财务资产管理,有效保障国有资产资金的安全。持续开展规范财务工作专项整治行动,对全区财务管理混乱、资金支出不合规和报销手续不规范等问题进行拉网式排查,及时发现问题并适时整改,强化执纪问责。按照《会计法》等相关法律法规要求,细化行政事业单位会计操作流程。开展财务负责人、财务经办人员专业培训,提升业务能力。进一步明确全区行政事业单位财务会计部门职责,强化监督考核。修改完善国有资产管理办法,对全区国有资产实行分类管理,压实管理责任。完善国有资产台账,规范各类国有资产保管和处置程序。加大对担保代偿企业实物资产追偿工作力度,提高不良资产处置效率。

三山区财政工作概述

【概况】2017 年,全区财政总收入完成 28.2 亿元,同比增长 12.1%。全区一般公共预算支出完成 13.7 亿元,同比增长 11.3%。

【财政收支管理】坚持依法征收,定期调度,加强分析研判和统筹协调力度,着力解决财税征管中的困难和问题。强化部门联动,加强分类指导,努力实现财政收入平稳增长。调整优化支出结构,财政支出保障有力。按照“保运转、保民生、保发展”的思路,做到民生支出按政策到位,运转支出按需要落实,法定支出按比例确定,重点支出按要求保障。严格预算执行管理,加快预算支出进度,坚持厉行节约,严控一般性支出。加强财政支出监管,努力提高财政资金使用效益,全区各项支出均得到较好保障。

【改善社会民生】继续加大民生投入力度,全年投入资金 2.6 亿元,稳步实施 26 项民生工程。围绕加快补齐民生短板,集中财力投入到群众最关注、最直接、最亟须解决的问题。财力投入进一步向民生领域倾斜,较好保障各项事业发展,全年用于民生方面支出 11 亿元,占财政支出 80.3%。各项民生工程顺利实施,保障类项目保障有力,补助类项目发放到位,切实做到应保尽保、应助尽助,工程类项目全面建设。投入 530 万元用于农村道路畅通工程,建成完工 17.4 公里;农村危房改造完成验收合格 62 户;城镇居民最低生活保障发放资金 4237 万元,保障 6942 人次;城乡居民养老保险发放养老金 4993 万元;城乡医疗救助 1582 人次,直接救助发放资金 736.9 万元;健全就业服务体系,开展就业创业技能培训 1503 人次;投入 3500 万元推动水利薄弱环节三年行动计划等工程建设。积极争取上级补助资金 3.4 亿元,用于支持棚户区改造、水利工程、城乡社区等项目建设,以及教育、社保等民生事业发展。

【财政监督管理】围绕“保重点,控一般,促统筹,提绩效”的思路,综合各方面财力,合理安排财政支出。规范财政专户管理,撤销各类银行专户 28 个,将分散的资金集中存储;继续清理存量资金,年末收回部门预算结余,保障重点项目支出需要。通过国库集中支付信息平台随时掌握各单位预算执行情况,对重点项目实施跟踪问效,督促各项目主管部门加快项目建设和预算执行进度。认真执行《安徽省财政监督条例》,健全财政内控管理制度和操作规程,提升财政监督水平,优化预算编制、资金分配、政策执行等业务流程。在全区开展“小金库”专项治理工作,推动预算单位内部控制制度建设,强化部门预算管理和财务核算。

【深化财政改革】围绕中央、省市财税改革要求,全面落实各项财政管理改革政策,不断提升财政管理水平。进一步规范政府购买服务操作流程,先后两次对全区 52 个一级部门预算单位开展的政府购买服务项目进行梳理,并发布三山区政府购买服务目录。邀请区人大代表、政协委员作为特邀监督员参与民生工程绩效评价,依法履行财政预算调整程序,将政府性债务等重大事项向区人大常委会报告。按照规范公开程序,统一公开形式,细化公开内容的总要求,不断提高预算单位预决算信息公开质量,推进透明预决算制度建设。开展内控制度和权责发生制政府综合财务报告培训班,通过以会代训的方式帮助全区财务人员提高业务水平。

芜湖经济技术开发区财政工作概述

【概况】2017 年,全区财政总收入完成 81.4 亿元,同比增长 1.2%,其中地方收入完成 44.5 亿元,同比增长 9.4%。全区一般公共预算支出完成 39.1 亿元,同比增长 13.4%。

【收入增长】密切关注财税体制改革发展势态,加强与税收征管部门的协调与联动,定期召开财税部门联席会议。加强与重点企业联系,上门宣传财税政策,摸清税源,跟踪掌握重点税源变化情况,确保财政收入平稳增长。

【财政管理】实行预算编制与项目库对接,推动建立三年滚动预算,对地方债务实行规模控制,纳入预算管理,促进各类事业发展和财政运行的长期性、稳定性。严格预算执行,用好增量、盘活存量,构建全面规范、公开透明的预算制度。进一步完善财政国库集中支付改革,推进营改增、消费税等税制改革,支持政府购买服务、国企国资等改革工作,推进预决算和“三公”经费公开。

【扶持企业】积极宣传、落实各类企业奖励政策，全年共拨付各类企业发展资金16.7亿元，其中包括："一企一策"企业投资补助11.5亿元；兑付土地使用税奖励1.8亿元；购房契税及安家补助、自主创新、上市奖补、技术改造与创新等各项补助奖励资金3.4亿元。为切实加强经开区财政优惠政策资金申报、初审和复审核拨等重点环节的管理，堵塞管理漏洞，确保资金规范兑付，出台《芜湖经济技术开发区工委管委办公室关于规范财政优惠政策资金兑现程序的通知》。

【财政监督】进一步加强财政管理，规范财政行为，强化财政监督，完成财政预算收支执行审计，干部离任及任期经济责任审计，保障性安居工程的投资、建设、分配、运营等情况进行审计，政府性投资项目竣工决算审计，政府性债务管理专项督查工作；加大金融政策贯彻力度，强化金融风险防范处置，成立经开区防范和处置非法集资工作领导小组及经开区互联网金融风险专项整治工作领导小组；为保障国有企业资金安全，强化国有企业对外借款管理，促进担保业务规范化、制度化和程序化，印发《芜湖经济技术开发区工委管委办公室关于进一步加强国有企业对外借款和担保管理的通知》。

【民生工程】积极做好民生工程布置、宣传工作，强化责任落实和基础性考核工作，加大民生工程督导力度，保障民生工程资金需求。经开区共实施完成20项民生工程，拨付民生工程资金1.9亿元。

【招商引财】立足财政职责和财税优势，整合、调动各种招商引资资源和力量，进一步创新招商方式，优化投资环境，完善奖惩机制，做好已落户项目服务。积极配合开展省政府"送政策进企进园活动"，配合招商部门做好项目引进工作，协调解决项目落户过程中所产生的税务、土地、融资等问题，全力以赴抓好招商引资工作。为支持企业发展，相继出台《芜湖经济技术开发区工委管委办公室关于实施高级人才奖励的通知》《芜湖经济技术开发区关于进一步鼓励工业用地及厂房交易的奖励办法》等。

芜湖长江大桥综合经济开发区财政工作概述

【概况】芜湖长江大桥开发区财政局承担区财政管理、招投标管理、国有资产管理、会计核算等职责。按现行财政体制，区级财政收支统计在市级。

【加强税源管理】积极做好税源管理和征缴工作，配合税务部门对区内税收征管户籍进行清理，主动上门宣传财税政策，对区内企业进行营改增等税务知识培训。

【提高资金使用效率】强化资金调度和资金支付审核，保证资金支付安全。对区内项目工程款开展事中审核，所有项目均经过决算审计，按审计结论和合同规定支付款项。

【严格债务管理】成立政府性债务管理领导小组，印发政府性债务风险应急处置预案。开展政府置换债券使用情况专项检查和融资担保清理整改工作，并在规定时间内完成整改。

【支持民生发展】全区共完成949户棚户区改造任务，老旧小区改造顺利进行，百姓喜迁新居。

【规范招投标行为】完成62项公开招标采购项目，均邀请采购单位、主管部门参加，区纪委监察室全程监督，做到公平、公开、公正。

省江北产业集中区财政工作概述

【概况】2017年，全区财政总收入完成18.6亿元，同比增长15.5%。全区一般公共预算支出完成13.5亿元，同比增长20.7%。

【强化财政监督管理】积极配合市审计局完成2016年度各项审计，做好审计服务和审计意见反馈等各项审计检查工作；开展政府性投资项目竣工决算的复审工作；加大金融政策贯彻力度，强化金融风险防范处置，积极组织金融风险排查工作，切实维护交易安全及市场秩序；严控"三公"等公用经费支出，进一步加强和规范"三公"经费预算管理并严格执行；实行大额资金支付上会制度，按月申报100万元以上大额资金支付，确保资金高效使用。规范开展政府存量债务置换工作，切实防范和化解债务风险。

【调整产业扶持政策】进一步改善集中区投资发展环境，加快实体产业集聚，稳定总部经济发展，集中区把握国家及省市政策动态，调整完善集中区实体经济及总部经济政策，出台《安徽省江北产业集中区关于投资促进暂行办法》《安徽省江北产业集中区关于促进总部经济发展的暂行办法》，全年拨付各类企业发展资金5.8亿元。

【严格财政预算管理】编制集中区综合预算，实行准部门零基预算,并按照要求公开三公经费等。支出上实行多重审核复核制度,分设工程造价审核、产业扶持审核、财务复核、总会计师审核、付款复核、事后复核岗位。每个岗位设置AB岗,明确岗位职责,各岗位相互监督;执行现金、银行存款管理制度。定期盘点现金,做到账实相符;积极推广使用财政公务卡,严格按照相关管理办法使用公务卡。

【规范国有资产管理】开展固定资产盘点整理工作,已基本完成园区国有资产评估工作。完善中小企业园、孵化器等厂房出租管理办法。公开招标物业管理单位,动态监管集中区厂房、公租房。开展集中区安置房不动产产权证的办理工作,完成江北天和苑春、夏、秋、冬苑初始登记工作,圆满完成年初市下达的集中区安置房登记任务。

宣城市财政工作综述

宣城市财政工作概述

【概况】全市财政收入完成220.2亿元，增收13.5亿元，增长8.8%。其中，地方财政收入完成143亿元，增收3.7亿元，增长2.6%，占财政收入的比重为64.9%。市本级财政收入完成34.3亿元，增长6.1%；区级财政收入完成39.1亿元，增长10.3%；县级财政收入完成146.8亿元，增长9.1%。全市财政支出完成273.3亿元，增支18.5亿元，增长7.3%。其中，财政民生支出完成240.1亿元，占财政支出的比重达87.9%。市本级财政支出完成48.2亿元，增长7.7%；区级财政支出完成48.6亿元，增长8.8%；县级财政支出完成176.5亿元，增长6.8%。

【结转结余资金清理】2015年及以前年度中央转移支付结余资金、2016年及以前年度省级专项转移支付结余资金和市本级当年预算安排形成的结余资金，由市财政统一收回。共计对143个预算单位结转结余资金进行清理，清理收回资金0.72亿元。所收回财政资金不再结转用于补助预算单位经费不足或一般性项目，全部用于乡村振兴和民生实事类项目。

【政府性基金和行政事业性收费】全市政府性基金收入完成95.6亿元，增长69.5%；全市政府性基金支出完成103.8亿元，增长60.9%。根据财政部《关于取消调整部分政府性基金有关政策的通知》和财政部、国家发改委《关于清理规范一批行政事业性收费有关政策的通知》《关于降低电信网码号资源占用费等部分行政事业性收费标准的通知》等文件，对51项政府性基金和行政事业性收费进行清理或降费。全市清理取消的收费年减轻企业负担2.8亿元，其中4月1日起取消或调整的各项收费，为企业减负4000万元。

【非税收入征管】非税收入完成151.2亿元，为年度预算收入的147.5%，增幅为32.06%；其中市本级完成非税收入44.6亿元，增幅为52.9%。清理盘活长期趴窝资金8000多万元；全面完成96个市直行政事业单位和55个协会、学会2015—2016年度财政票据年审；开展市本级涉及收费、基金调整的执收单位收支情况调研，形成《关于停征部分行费、基金对市本级影响的调研报告》；主动参与土地招拍挂，完善国有土地出让信息共享制度，配合土地部门完成对土地出让收入征缴和清欠。

【政府性债务管理】全市争取到上级债券资金75.68亿元，其中置换债券49.18亿元，新增债券26.5亿元。争取到的上级债券资金利率均低于银行同期贷款利率，在有效缓解地方政府偿债压力和建设资金筹集压力的同时，节约上亿元的利息支出。

【交通领域基础设施建设】安排资金4.21亿元，分别是：省级交通运输专项资金7081万元，国省干线大中修工程专项资金2303万元，道路治超专项经费170万元，“三基三化”试点单位补助经费6万元，国省干线公路建设省级补助资金6318万元,城市公交车成品油价格补助资金500.80万元,车购税一般项目资金265万元,交通运输文化建设先进典型培育经费10万元,2014—2016年内河船舶拆解、改造、新建补助清算资金1070万元,成品油价格和税费改革市县增量资金1135.70万元,中央车辆购置税收入补助地方资金23048.50万元,农村客运、出租车行业成品油价格改革财政补贴资金634.10万元。

【大气、水和土壤污染防治】安排资金8962.80万元,分别是:省级环保专项资金373万元,土壤污染防治818万元,大气污染防治综合奖补资金1740万元,黄标车提前淘汰省级补助133万元,水污染防治资金3883.80万元,环境保护专项补助10万元,国家生态文明建设示范市县及“绿水青山就是金山银山”实践创新基地奖补800万元,秸秆禁烧和综合利用奖补905万元,农村环境整治300万元。

【“三重一创”】安排发改专项资金3850万元,分别是:省级节能与生态建设330万元,省统筹服务业发展引导资金和高技术产业化475万元,重点项目建设“以奖代补”45万元,省级战略性新兴产业集聚发展基地奖励资金3000万元,“三重一创”建设专项引导资金706.40万元。

【工会困难帮扶】安排相关资金165.24万元,分别是:困难职工帮扶87万元、困难劳模10.50万元、“两节”送温暖27万元、省劳动模范先进工作者奖金31万元、省部级劳模低收入和特殊困难补助9.74万元。

【规划建设项目】安排城镇污水垃圾处理设施及污水管网工程1275万元、城市老旧小区整治改造1343万元、绿色建筑60万元、绿道建设142万元、五统筹1871万元、历史文化名城100万元、PPP前期工作经费230万元、省派驻督查员11.20万元。

【保障重点项目】安排保障房及棚户区改造1.11亿元,合同能源管理奖励10.25万元,中心血站血液检测楼建设项目630万、疾控中心公共卫生检验检测中心建设项目900万元,青弋江治理1.75亿元、新网工程140万元,宣城市工业学校产教融合实训基地2000万元,渔业成品油价格补贴资金1055万元。安排国土部门专项资金64.50万元,分别是新增建设用地有偿使用收缴业务费7万元、地质灾害防治50万元、国土资源测量、监测专项经费7.50万元。安排粮食专项资金1015.68万元,分别是:粮食仓库建设及维修改造专项资金945.68万元、粮食产业化专项资金70万元。

【支持城市建设】安排建设资金13.96亿元。分别是:2017年春节拨付工程款4.16亿元,主要有BT项目2543.04万元,市政道路工程10817.53万元,市区零星维修及其他2012.90万元,监理及造价咨询130.45万元,路灯工程款、泵站维修及电费等661.66万元;市政前期费用(勘察、规划设计、图审、环评、可研编制费、PPP咨询费等)2401.43万元,勘察费58.65万元,测绘费19.45万元,园林绿化工程2559.17万元,扬子鳄湖项目4277.61万元,双桥污水处理厂及城市应急备用水源工程740.89万元,市重点工程建设项目8592.14万元(合工大宣城校区880.39万元,图书馆244.09万元,体育中心3820.63万元,文房四宝质量检验中心985.09万元,残疾人康复中心273.15万元,示范性综合实践基地268.97万元,国防动员训练基地115.98万元,反恐训练基地93.81万元,防震减灾综合业务用房及测震台工程166.26万元,特勤消防站39.20万元,开元景德寺塔至谢朓楼景观轴333.90万元,沿街立面整治20.39万元,谢朓历史文化公园76.95万元,海关大楼、国检大楼工程707.00万元,财政服务中心566.00万元),保障性住房项目6785.58万元(夏渡新城二期4645.61万元,桂花园三期2139.97万元);中心城市大建设指挥部成立后,安排9.80亿元,分别是:征地拆迁4.50亿元(宣州区3.50亿元,开发区1亿元),工程建设5.30亿元(市住建委4.70亿元,其他市直单位0.60亿元)。

【财政支企】争取中小企业各类补助资金2.1亿多元,重点支持外贸发展、流通业发展以及企业转型升级等;争取民营经济发展专项资金8739万元,引导各县市区配套民营经济发展项资金7569万元,充实壮大全市担保机构。市本级兑现各类财政奖补资金3483万元,对204家外贸进出口企业增幅、国际市场开拓和出口信用担保等给予补助和奖励资金827.84万元。2017年末全市政府性投资基金总规模达20.25亿元,到位资金达9.99亿元,完成对25个项目和9个科创团队投资,投资总额达6.77亿元。其中:市本级一号基金母基金首期规模2亿元(已实际到位4亿元),全部用于支持市本级产业发展,主要投向大企业、大项目,完成对安徽宣酒集团股份有限公司与安徽中鼎动力有限公司股权投资各1亿元;市本级二号基金母基金首期规模2亿元(其中天使投资基金5000万元),用于支持国家战略性新兴产业、高新技术企业以及科技成果转化企业等发展,推动大众创业、万众创新,出资1.025亿元引导设立三只子基金——安徽火花基金、宣城火花基金和正海基金;市天使投资基金完成对9个科创团队和1个项目投资7600万元。

【农业综合开发】全市争取农发项目68个,投入财政资金1.75亿元,其中:上级财政资金投入16563.36万元,市县财政配套资金1003.84万元。具体为土地治理项目15个(高标准农田项目11个,小流域治理项目4个),财政投入14544.6万元,其中:上级财政资金13713.48万元,安排5149.15万元用于支持脱贫攻坚。产业化发展财政补助项目4个,共投入财政资金317.8万元;产业化发展贷款贴息项目49个,投入财政贴息资金2704.8万元。

【脱贫攻坚】市本级及5个有扶贫任务的县区共增列扶贫专项资金3896万元,市县共安排扶贫专项资金9251万元(其中市本级安排3430万元)。市本级增列扶贫专项资金360万元,4个县区共增列扶贫专项资金3896万元(郎溪县地方财政收入负增长未增列),市县增列扶贫专项资金都超过地方财政收入增量的10%;清理收回存量资金用于脱贫攻坚共3633万元,超过可统筹的50%。全市扶贫专项资金实际支出22613万元,支出进度100%,其中市本级支出727万元、宣州支出6031、郎溪县支出3715万元、泾县支出6220万元、绩溪县支出3797万元、旌德县支出2123万元,完成上级要求达到的全年支出进度任务。

【政府采购管理】全市政府采购预算61亿元,实际采购金额51.81亿元,节约资金9.19亿元,节约率为15.07%。全市完成5个PPP模式项目采购,计划投资总额达581791.45万元,比上年增长22.5%。社会资本介入金额574629.45万元,政府安排金额7162万元。依法受理6起政府采购供应商投诉,维持原有采购结果4起,改变原有采购结果的2起。建立政府采购网上商城——徽采商城·宣城,出台宣城市市本级政府采购网上商城管理办法(试行)和市直单位实行政府采购网上商城采购的通知,规范市本级网上商城采购。

【政策性农业保险】种植业农作物投保面积231.81万亩,民生工程目标任务完成率为163.2%;养殖业能繁母猪投保317791头,民生工程目标任务完成率为204.8%;政策性森林投保816.07万亩,公益林实现应保尽保,商品林覆盖率达81%。政策性农业保险保费7951万元,保险金额51.72亿元,拨付政策性农业保险保费财政补贴资金6166万元,赔付4179.4万元,受益农户3.31万人次。开展家禽、烟叶、大棚蔬菜、茶叶、育肥猪、山核桃、生猪价格指数等特色农产品保险试点,累计投保保费630万元,赔付1170万元,受益农户1040户。

【"三公"经费】"三公"经费支出19066.93万元,同比下降6.3%。重点压减办公楼和业务用房建设及修缮支出、会议费、办公设备购置费、差旅费和"三公"经费等一般性支出,调整优化支出结构,集中财力促发展、保民生。修订完善《市直机关差旅费管理办法》《市直机关会议费管理办法》等管理制度,严格公务接待、因公出国、公车配置等审批程序,规范"三公经费"支出范围和标准;严格执行《宣城市市级行政事业单位国有资产配置管理暂行办法》等,把好资产配置审批关。

【社会保险基金】社会保险基金总收入73.11亿元,增收12.48亿元,增长20.58%;社会保险基金总支出62.41亿元,增支8.59亿元,增长15.96%。其中,市本级社会保险基金总收入14.95亿元,增收5.4亿元,增长56.54%;社会保险基金总支出7.93亿元,增支0.91亿元,增长12.96%。

【会计管理】宣传贯彻实施国家统一会计制度,监督和管理会计工作,推进全市行政事业单位内部控制建设工作;组织实施会计专业技术资格考试、注册会计师考试等会计类考试和会计人员继续教育培训,全年共有6410余人次参加各类会计考试,共有15224名会计人员参加继续教育。

【贷款服务】办理安徽宣城承接东部地区产业转移基地基础设施示范建设项目(贷款1.5亿美元)年度提款到账金额1.73亿元人民币(折合2555万美元),保障项目顺利实施;协助申报1350万美元世行贷款医疗卫生改革促进项目和1908万美元世行贷款公路养护创新示范项目。完成市职业技术学院2000万欧元德促政府贷款项目转贷协议签订。配合人社、人行等部门做好创业担保(贴息)贷款工作,向上申请并按时拨付创业担保贷款贴息资金,全年发放创业担保(贴息)贷款1433笔,完成创业担保(贴息)贷款2.48亿元。年末担保基金余额9172万元;年度实际贴息 1638 万元。

【国库集中支付】市本级下达的集中支付用款计划 81.29 亿元,其中:直接支付计划 48.80 亿元,占下达计划的 60%;授权支付计划 32.49 亿元,占下达计划的 40%。全年受理国库集中支付业务 114978 笔,支付资金 77.62 亿元。其中:直接支付 9474 笔,直接支付金额 48.80 亿元,占支付总额的 63%;授权支付 105504 笔,支付金额 28.82 亿元,占支付总额的 37%。全年支付现金 1828.05 万元,占授权支付业务 0.2%。截至 2017 年底,市本级累计发放公务卡 6418 张,2017 年度公务卡消费 22770 笔,支付金额 3255.39 万元,公务卡消费金额比上年同期上涨 25%。

【民生工程】投入各类资金 68.7 亿元,其中财政投入 42.3 亿元,33 项民生工程年度目标任务全面完成。

【干部队伍建设】选拔任用科级干部 2 批次 13 人(其中正科级干部 8 人),配合市委提拔县处级干部 2 人;对试用期满的 2 名科级干部进行转正考核;公开招录(招聘)、选调工作人员 5 人。选派 1 名县处级干部担任贫困村第一书记、扶贫工作队长,支持脱贫攻坚。落实《党政机关内设机构关键岗位干部交流轮岗办法》,全年交流轮岗干部 11 人,其中科室负责人 5 人;3 名参公人员转任到机关任职。举办财政系统干部能力素质提升班 2 期,选派 30 多名干部参加组织部门和省财政厅举办的培训。

【党的建设】全年专题研究党建工作 6 次、党风廉政建设工作 4 次、意识形态工作 2 次。扎实推进"两学一做"学习教育常态化制度化和"讲重作"专题教育、专题警示教育,深入学习习近平新时代中国特色社会主义思想,以马克思主义中国化的最新理论成果武装头脑。党组中心组全年召开(扩大)会议 12 次,党员干部集中学习 20 余次,开展专题党课 6 场、现场教学 3 次、专题研讨 4 次。开展基层党组织标准化建设,机关党委和 3 个党支部已通过验收。同盛会计事务所党支部连续 4 年被省注协党委评为"优秀事务所党支部",局直属机关党委被省注协党委评为"2015—2017 年度先进行业党组织"。配合市委组织部制定《国有企业党建工作责任制实施办法》,牵头组织选拔市文旅公司副职 1 名。

【党风廉政建设】召开党的建设暨党风廉政建设工作会议,修订《党组工作规则》《落实党风廉政建设两个责任实施办法》。巡察问题整改任务细化分解为 4 大类和 17 小类,明确 49 项整改措施,印发《工作人员庸政懒政行为问责暂行办法》《重要工作督查督办制度》《党风廉政建设约谈工作规程(试行)》等制度 28 项。深化财政会商工作,累计会商 5684 次,通过会商解决问题 3765 个,不断提升财政服务水平。出台《科室负责人履行干部日常监督第一责任人职责报告制度》,将落实党风廉政建设主体责任全程记实制度向内设科室和二级机构延伸,实现全覆盖。

(程佳晨)

郎溪县财政工作概述

【概况】全县完成公共财政预算收入 25.59 亿元,增收 2.23 亿元,增长 9.5%,其中,地方财政收入 17.30 亿元,增收 -0.55 亿元,增长 -3.1%,占财政收入的比重为 68%。全县公共财政预算支出累计完成 31.51 万元,增支 6495 万元,增长 2.1%。其中,财政民生支出 28.05 亿元,占财政支出比重达 89%。

【财政收入管理】全县完成公共财政预算收入 25.59 亿元,增收 2.23 亿元,增长 9.5%,完成年度任务的 102.4%。进一步完善基本支出定额标准,切实保障部门履行职能的基本支出需求。制定财政资金"5+1"制度文件,进一步规范财政资金管理,提高财政资金使用的规范性、安全性和有效性。郎溪县综合治税涉税平台模块通过验收正式运行。全县非税收入完成 15.39 亿元,完成年度预算的 120.75%,同比减收 2.48 亿元,减幅 13.88%。

【财政支出管理】全县公共财政预算支出累计完成 31.51 万元,增支 6495 万元,增长 2.1%。全县六项经费支出 2365.63 万元,比上年同期 2492.33 万元下降 5.08%。整合存量资金 6426.29 万元,并大力压减一般性支出 270.03 万元,重点用于民生、扶贫等重点领域。

【落实财政扶持政策】兑现各项优惠政策,累计办理各类扶持资金 5.11 亿元,支持企业进行技术改造和新产品研发。

【政府性债务管理】争取政府债券资金 10.70 亿元,其中置换债券资金 7.39 亿元,新增债券资金3.30 亿元。

【积极推进 PPP 模式】签约上报发改委的项目包括郎溪县污水处理厂及配套管网建设项目、S214 郎溪段(含 G235 十字至七塔段规划线位)改建工程;已向社会公开的储备项目包括郎溪县第二自来水厂项目、郎溪县老年服务中心项目、郎溪县梧桐湖公园项目。

【民生工程实施】实施省定 33 项民生工程,其中贫困地区义务教育学生营养改善、山区库区农村住房保险试点两个项目没有任务。全年投入民生工程财政资金 6.58 亿元,其中县级配套资金 1.6 亿元。

【农村综合改革】报请县人民政府共批准实施一事一议项目 72 个,其中:道路建设项目 62 个,水利建设项目 2 个,文体建设项目 2 个,环卫项目 6 个。总投资 1236 万元,其中财政奖补资金 929 万元。

【政策性农业保险】政策性农业保险品种为:水稻、小麦、油菜、能繁母猪、公益林、商品林。特色农业保险品种为:大棚蔬菜、烟叶。全年小麦实际承保 3.98 万亩,油菜 0.62 万亩,水稻 33.59 万亩,能繁母猪 5102 头,商品林 1997.3 亩,公益林 4.74 万亩,烟叶 7461 亩,大棚蔬菜 225.85 亩。午季受灾理赔 110.56 万元,秋季水稻受灾理赔 558.39 万元,能繁母猪理赔 29.2 万元,商品林理赔 0.7 万元,大棚蔬菜理赔 2.68 万元,烟叶理赔 26.57 万元。2017 年民生工程政策性农业保险种植业目标任务 29.18 万亩,完成 38.19 万亩,完成率 130.9%。养殖业目标任务 2203 头,完成 5102 头。

【美丽乡村建设】清理美丽乡村 2013—2016 年专项资金使用情况,印发《关于加快美丽乡村建设专项资金报账进度的函》。联合县美丽办修改美丽乡村专项资金管理办法,印发《郎溪县美丽乡村建设专项资金管理办法》。

【资金整合】以精准扶贫、脱贫攻坚、美丽乡村建设中心村以及小农水提升工程为资金整合重点,结合各部门已申报和在实施的财政支农项目实际情况,修订《郎溪县财政支农资金整合工作方案》。

【惠农补贴资金管理】全县打卡发放财政补贴农民资金 17591 万元。惠及农户 96958 户,其中:全县贫困户 807 户,发放惠农补贴资金 522 万元,脱贫户 2121 户,发放惠农补贴资金 1234 万元。

【农业综合开发】全面推进 2016 年土地治理项目和产业化经营项目。2016 年全县国家农业综合开发共有两批次土地治理和产业化项目,共争取到位财政资金 3293.3 万元,其中中央财政资金 2350 万元、省级财政资金 752 万元、市级财政资金 47 万元、县级财政资金 141 万元、县财政代配 3.3 万元。2017 年郎溪县国家农业综合开发土地治理项目 2 个,财政总投资 2142 万元。

【服务经济发展】做好项目谋划和争取及县级重点建设项目推进工作。2017 年,全县到位项目 143 个,到位财政性资金 8.63 亿元。其中:基础设施建设项目 59 个,资金 3.77 亿元;企业扶持及其他项目 84 个,资金 4.86 亿元。县财政局单独及联合其他部门申报、争取到位项目共 57 个,到位财政性资金 6.10 亿元。其中:基础设施建设项目 42 个,资金 3.56 亿元;企业扶持及其他项目 15 个,资金 2.54 亿元。

【政府购买服务】一般预算拨款安排政府购买服务项目 19 个,经费 3758.33 万元,主要用于基本公共服务,技术性服务,政府履职所需辅助性服务等。

【政府采购管理】紧紧围绕全县经济建设大局,全方位拓展政府采购范围,全力做好县级机关、事业单位、团体组织及各乡镇的采购服务。完成集中采购支出 8.80 亿元,节约资金 1.31 亿元,综合节约率 12.98%,其中货物类 5971.25 万元、工程类 7.70 亿元、服务类 5091.62 万元。

【小额担保贷款财政贴息】累计发放创业人员小额担保贷款 3176 万元,其中:微利项目贷款 201[illegible]万元、劳动密集型小企业贷款 1150 万元、妇女贷款 16 万元。支付财政贴息资金 119.44 万元。

【惠民补贴政策】配合县发改委[illegible]成大中型水库移民后期扶持直补资金发放工作,累计 656.22 万元;配合县交通局、海事局做好石油价格改革财政补贴资金发放工作,累计 558.3 万元;配合县农委做好 2016 年棉花实际种植面积核查,按省财政厅要求按时完成棉花补贴资金发放工作,累计发放补贴 3.94 万元。

【中小企业信用担保】省财政厅下达郎溪县 2017 年省民营经济发展专项扶持资金 1180 万元,县财政按照要求及时安排配套资金 1180 万元,并于 4 月底将省级扶持资金和县级配套资金共计 2360 万元及时拨付至县中小企业担保中心,全部用于充实国有融资担保机构的国有资本金。

【部门会商】共开展预算部门会商 95 次,协调解决 2017 年扶贫专项资金安排、美丽乡村建设工作及资金安排、秸秆禁烧和综合利用资金管理办法有关事宜等各类问题。

【会计管理】做好会计从业人员服务,认真组织代理记账机构报备工作,全县按时完成报备工作的代理记账机构9家。

【社会保障】做好社保基金保值增值工作,全年综合收益率达到3.48%。推进全面深化医药卫生体制综合改革工作,按照财政经费定项补助政策,足额安排乡镇卫生院编制内在岗人员、离退休人员经费。建立完善全县村医生活补助工作机制,按照财政部门职责,保障退出村医生活补助正常发放。

(杨阳)

宁国市财政工作概述

【概况】全市财政收入完成44.95亿元,增收3.55亿元,增长8.6%。其中,地方财政收入完成28.86亿元,增收1.54亿元,增长5.6%,占财政收入的比重为64.2%。全市财政支出完成42.04亿元,增长10.5%。其中,财政民生支出完成37.39亿元,占财政支出的比重达88.9%。

【财政收支管理】落实收入目标管理责任制和综合治税考核责任制,奖优罚劣,完善财税联席会议制度,强化综合治税责任制,加强收入调度,实行月调度、季通报、年考评的财税工作分析考评机制。规范非税收入管理,加强监督检查及重点收入来源监测,超年初人代会6%的增幅预期。出台《关于进一步规范市本级追加财政预算审批程序的通知》。坚持集中财力办大事,全力保障重点项目支出,从严控制一般性支出,全年压缩一般性支出307万元,"三公"经费继续"只减不增",同比下降4.12%。

【深化财政改革】完善预算管理制度,强化预算执行约束,规范预算收支。围绕完整准确反映政府收支活动内容,细化和完善部门综合财政预算,编制三年滚动财政规划。通过市政府门户网站和市政务信息公开平台,及时向社会公开市级财政预决算、"三公"经费以及预算单位的年度预决算工作共8条。继续盘活财政存量资金。继续盘活财政存量资金,2017年收回财政存量资金4800余万元统筹使用,最大限度发挥财政资金效益。严格执行《预算法》和《安徽省预算审查监督条例》,依法理财,不断提高财政管理水平和能力。

【保障民生工程实施】累计投入资金12.3亿元,全面完成年度省定33项民生工程任务。全年投入管养经费1500万元,建立民生工程建后管养长效机制,确保民生工程持久发挥效益。投入资金35118万元,健全完善社会保障体系城乡居民合作医疗参合率117%,城乡居民基本养老保险缴费完成率103%。投入资金61261万元,促进教育文化均衡发展。累计投入资金4000余万元,保障老旧小区改造40个,实施背街小巷提升18条,完成建设棚户区改造住房1363套,基本建成棚户区改造住房1445套。完成城市老旧小区整治项目12个。社会养老服务体系建设成效明显,宁国市坞村塔托养所60张床位、宁国市宁墩春晖40张床位、宁国市爱红养老服务中心100张床位均建设完成并投入使用。农村五保供养对象1906名,集中供养率达52%,农村居民最低生活保障应保尽保,收益人数10033人。农村危房改造600户任务全面完成。完成企业新录用人员岗前技能培训2182人,完成新技工系统培养85人,新型职业农名培训350人,全面完成目标任务。公益性岗位开发300个,推荐281名毕业生参加就业见习并拨付生活补贴。21个公共文化场馆全部正常免费开放,完成农村演出(送戏进万村)116场,超额完成全年103场演出任务,完成率为112%。

【扶持实体经济发展】修改完善扶持产业发展"1+1+5+X"政策体系,兑现2016年及以前年度财政奖扶资金32000万元,安排基地专项资金12000万元,完成基地专项资金使用管理绩效评价。拨付省民营经济发展专项扶持资金1170万元,充实国有资本金,增强担保公司实力,推进担保公司改制转型,有力支持市中小企业发展。稳健投放股权投资,宁国中安辰星基金管理公司开展企业股权投资业务,投资3家企业,总投资达3100万元。积极引导企业向省市相关部门申报项目,全年对上争取各类资金19000万元。

【PPP项目建设】成立财政部门PPP工作管理领导小组和办公室,严把财政承受能力论证关,坚守10%底线。"宁国市城北新城综合开发项目"获得财政部第三批示范项目、"宁国市西津河湿地公园项目"获得国家发改委、国家林业局社会资本参与林业生态建设第一批试点项目。"宁国市将城北新城综合开发项目"案例收录财政部《PPP示范项目案例选编(第三辑)》。

【支持农业农村发展】坚持整合资金,因地制宜,高标准建设省级中心村4个,整治集镇建成区6个,大力开展农村环境卫生综合整治,累计投入资金达

4300万元。全年争取上级财政补助资金1694万元，实施农业综合开发项目7个。出台《宁国市2017年扶持村级集体经济发展试点工作实施方案》，累计投入资金1700万元，稳妥推进扶持村级集体经济发展试点工作。全面落实各项惠民补贴政策，全年通过“一卡通”发放惠民补贴共计28项，补贴资金达12869万元。投入资金1000万元，成立特色小镇专项建设基金，为宁国市特色小镇建设和发展注入活力。

【国库支付业务改革】进一步厘清财政部门与预算单位职能，强化预算单位主体责任，扩大财政授权支付范围，进一步规范国库集中支付业务。2017年度累计办理支付业务68944笔，支付资金466050.17万元。其中：预算内资金138120.70万元，非税资金258540.01万元，财政专户43008万元，往来资金26379.03万元，其他资金2.43万元，直接支付5139笔，支付资金388894.85万元，授权支付17551笔，支付资金77155.3万元

【政府采购管理】完善政府采购监督管理制度，全面启动“徽采商城”网上交易，实现协议供货采购项目全部线上采购，提升采购效率。并完成政府采购执法委托，改革采购申请受理及审批办理程序。2017年全年完成政府购买服务项目794个，其中公开招标278个，实际采购金额75090万元，比预算节约10513万元，节约率14%。

【国有资产管理】规范国有资产管理，成立宁国市国有资产监督管理委员会，出台《宁国市企业国有资产监督管理暂行办法》《国资委监管企业负责人薪酬管理暂行办法》和《国资委监管企业业绩考核暂行办法》，组建中介机构服务库和监事人才库，制定相关工作制度，进一步规范国有企业经营，加强企业国有资产监管奠定良好基础。

【债务管理】开展融资担保清理整改和以政府购买服务名义违法违规融资整改工作，严控政府性债务风险，成立宁国市政府性债务管理领导小组，出台《关于进一步加强政府性债务管理的通知》《关于印发宁国市政府性债务风险应急处置预案的通知》，防范和化解财政金融风险。

【财政监督管理】全年完成监督检查项目6个；对2016年度新增地方政府债券资金13072万元组织实施项目的17个项目进行绩效评价，涉及7个职能部门，18个乡镇街道办事处，并延伸到村。

【党风廉政建设】开展“两学一做”学习教育活动。完善“党委议事规则、考勤及请销假、财务、资产”等14项机关管理制度。严肃开展党内政治生活，班子成员带头执行“三会一课”、组织生活会等制度，开展谈心谈话活动29次，对机关4个支部进行换届改选，完成5个标准化基层党组织创建工作并通过验收，建成标准化党员活动室4个。

【队伍建设】局53名干部进行轮岗交流，其中科室、财政所主要负责人33人，提拔中层正职岗位9人，副职岗位4人，优化干部队伍结构，激发干部潜能和活力。组织开展三八工间操比赛、十九大知识竞赛暨文艺竞演等活动，活跃机关氛围，提升财政形象。

（余红艳）

泾县财政工作概述

【概况】全县财政收入完成20.2亿元，增收1.6亿元，增长8.6%。其中，地方财政收入完成13.0亿元，增收9221万元，增长7.6%，占财政收入比重为64.4%。县级财政支出完成28.2亿元，增支2.1亿元，增长7.9%。其中，财政民生支出完成25.3亿元，占财政支出的比重达89.7%。

【保障重点支出】财政支出在保工资、保运转、保民生的基础上，尽力压缩一般性支出，严格控制“三公”经费支出，努力保证重点改革支出不留缺口，增支重点集中在教育、社保、医疗卫生、农林水、节能环保、城乡社区等民生领域。投入3.25亿元，加大对“三农”支持力度，支持农村基础设施建设，支持美丽乡村建设，全面推进农村环境“三大革命”，其中：投入扶贫专项资金6952万元全面实施脱贫攻坚九大专项行动，实现34个贫困村出列、53户129人脱贫。“三公”经费累计支出2061.50万元，上年同期支出2345.59万元，同比下降12.1%。分类盘活、处置财政存量资金，全年共盘活各类财政存量资金4951万元，统筹用于扶贫、教育等民生支出。

【政府债务管理】成立泾县政府性债务管理领导组，制定《泾县政府性债务风险应急处置预案》，出台《关于进一步加强政府性债务管理的通知》，就规范政府举债融资机制、政府购买服务方式、政府与社会资本合作（PPP）模式，严禁违法违规举债担保，强化债务风险防控机制，落实责任追究制度等方面进行

强调和要求。通过置换以及财力安排等方式,2017年到期政府性债务本息合计1.54亿元得到全额置换和偿还。

【乡镇资金调度】加大对乡镇的资金调度,确保乡镇财政平稳运行。按照现行的财政体制,分月对乡镇的调度资金进行测算,在全力保障乡镇工资、公积金、各项保险等基本支出的基础上,全年调度资金8359万元用于乡镇的运转和各项社会事务支出。专项调度土地出让金4085万元,用于支持乡镇基础设施建设和产业发展。

【投融资改革】将全县拟通过PPP方式建设的12个市政项目、4个交通项目,打包为"泾县生态文明提升基础设施建设"和"泾县红色旅游交通路网工程建设"两个项目,总投资43.42亿元,完成招标采购和合同签订,部分成熟子项目进入建设阶段。

【国库集中支付改革】在财政直接支付方式基础上增加财政授权支付方式,对集中支付审核方式进行改革,7月19日在县农行成功办理首笔财政授权支付业务,标志着国库集中之授权支付方式改革正式进入实施阶段。

【政府采购】顺利推行政府采购网上商城方式,并于12月1日正式运行"徽采商城",提高县政府采购效率和节约财政资金。

【民生工程实施】33项民生工程总投入8.02亿元(其中县级配套1.86亿元),增长15.7%。财政补贴农民资金打卡发放惠农补贴资金1.61亿元,涉及16个大项,其中扶贫资金发放611万元。

【服务农村发展】推进国家扶持村级集体经济发展试点,在5个试点村实行重点帮扶联络工作机制。落实财政一事一议财政奖补,申报并审核批准2017年一事一议财政奖补项目87个,总投资1113万元,涵盖道路硬化、小型水利修建、亮化、文化广场建设等,财政奖补项目覆盖43个贫困村。规范革命老区项目,经县政府批复确定涉及民生事务的9个项目上报省财政厅备案,申请中央财政资金1661万元;完成2016年革命老区项目的绩效评价。

【农业综合开发】实施2015—2016年农业综合开发土地治理项目5个,总投资4838万元,实施2015—2016年产业化项目5个,总投资575万元。完成2017黄村镇土地治理高标准农田项目的可研报告及初步设计,通过市、省二级评审获得立项,总投资1470万元。2017年申报产业化项目贷款贴息项目6个,完成贴息168万元。

【服务经济发展】全年累计向上争取上级转移支付资金12.80亿元,争取省调度资金14.22亿元,增强财政对经济社会发展的支撑力。落实企业奖励政策,安排3558万元对工业企业进行奖励,安排196万元对商贸企业进行奖励;1—12月审核兑现企业奖励政策资金2.63亿元;会同县经信委审核拨付企业各类专项补助资金811万元,会同县商务局审核拨付企业各类专项补助资金99万元;做好利用再生资源生产企业发展扶持工作,审核拨付2016年度清算奖励扶持资金1273万元,审核拨付2017年度奖励扶持资金1696万元。多方筹措资金3000万元设立财政周转金用于开发区周转盘活存量土地;开发区企业缴纳的土地出让金全额返还用于支持企业扩大再生产和开发区基础设施建设;拨付资金1.40亿元,用于扶持电机产业基地建设。按1∶1比例筹集县级配套资金1191万元,共计2382万元充实本县担保机构国有资本金,支持担保机构壮大担保能力。提供融资担保服务,县担保公司先后与7家银行建立合作,开展"政银担"和"税融通"等新型担保业务,2017年为107户(次)企业提供2.11亿元融资担保;县担保中心加大追偿力度,追回代偿资金959万余元,以物抵债650余万元。服务重点工程建设,对基建投资项目实行全程监督,根据实际工程进度及合同约定予以拨款,累计审核拨付基建项目资金3.12亿元;积极筹措资金2.04亿元,保障教体新区、千亩园学校、G205、农村道路畅通工程等交通、市政、教育重点项目资金的需求。

【国有资产清查】全县行政事业单位固定资产合计11.27亿元,其中房屋、土地及建筑物6.72亿元,汽车477辆7654万元,专用设备2.47亿元,家具用具装具4565万元。行政事业单位固定资产配置的主要资金来源为财政拨款,部分自收自支事业单位采取自有资金购置。资产的购置和配置均采取公开采购方式,部分资产属上级单位配置形成。2016年公车改革后,行政单位除保留部分执法、执勤用车外,不再保留公务用车。全县行政事业单位固定资产处置严格按照《泾县行政事业单位国有资产处置管理办法》进行,严格履行申报、审核、审批、评估、处置程序,确保资产真实、完整、准确,防止国有资产流失。国有资产收益26万元,主要为行政事业单位闲置房产出租出借收入,所有收入上缴财政专户,实行收支两条线管理。

【开展各类活动】学习宣传贯彻党的十九大精神和习近平新时代中国特色主义思想，开展“两学一做”学习教育常态化制度化和“解放思想、转变作风”大讨论，开展党风廉政教育和“讲重作”专题警示教育，开展文明创建、志愿服务、创建省级卫生县城和扶贫走访帮扶等各类活动。县财政局在目标管理、综治、信访、计划生育、效能建设、双拥、平安单位、文明创建等工作考核中，获得多项荣誉，如：2016 年度县直单位目标管理考核一等奖、第十一届省级文明单位、第八届市级文明单位等。

（金星）

绩溪县财政工作概述

【概况】全县完成财政收入 10.64 亿元，增收 0.9 亿元，增长 9.2%。其中，地方财政收入完成 7.59 亿元，增收 0.22 亿元，增长 3%，占财政收入的比重为 71.3%。全县完成财政总支出完成 16.82 亿元，增支 0.72 亿元，增长 4.4%。其中，财政民生支出完成 14.79 亿元，占财政支出的比重达 87.9%，增幅达 8%。

【加强征收管理】依法加强收入征管，强化税源监管，强化非税收入管理。税收收入完成 7 亿元，同比增长 10.9%；非税总收入完成 6.38 亿元，同比减少 8.4%，其中一般公共预算收入完成 3.6 亿元，同比增长 6.5%。

【民生工程实施】33 项民生工程共投入资金4.83 亿元，同比增长 15.5%，其中县级配套资金8735.96 万元，同比增长 46.08%，新增“水利薄弱环节三年行动”项目资金 1532 万元。

【支持脱贫攻坚】安排财政专项扶贫资金 3724.08万元，其中中央、省、市专项扶贫资金2791.08 万元，县级财政扶贫专项资金 753 万元。印发《绩溪县财政扶贫资金管理实施细则》，明确资金范围、分配原则、使用方向和监督管理要求，强化资金监督管理。增派 1 名扶贫专干，充实扶贫工作队力量；确定 60 余名干部为帮扶责任人，上门走访贫困户 300 余人次。

【落实惠农政策】加大支农资金整合力度，增加“三农”投入，推进美丽乡村协调发展。农林水事务安排共投入资金 24865 万元；拨付农业保费补贴 145 万元，发放理赔资金 65 万元；推进农业综合开发项目建设，2017 年上庄镇生态综合治理项目总投资 1680 万元、伏岭镇高标准农田建设项目总投资 910 万元；发放财政补贴农民资金项目 21 个，受益农户 47322 户，补贴金额近 1 亿元；安排“一事一议”财政奖补项目 83 个，补助资金 478 万元，受益群众 5.3 万人；加快美丽乡村建设，投入各级专项资金和整合涉农资金 1.6 亿元，支持 4 个省级中心村和 4 个乡镇政府驻地建成区整治。

【抓好财政管理】实施内部控制管理，印发《绩溪县财政局内部控制基本制度（试行）》和八个专项内部控制办法，开展涉农专项资金、乡镇财务、“小金库”治理等专项检查，确保财政资金使用安全。推进国库集中支付改革，完善国库集中支付管理制度。发挥财政监督职能，制定和完善“三公”经费等专项管理制度，从严控制公务支出。

【政府性债券管理】争取新增地方政府债券额度 12579 万元，争取置换债券额度 22063 万元，重点安排用于市政道路，农村水利、交通建设，以及卫生、教育、文化基础设施等方面。制定《绩溪县政府债务管理暂行办法》《绩溪县政府性债务风险应急处置预案》，规范政府债券管理。

【政府采购管理】全年政府采购预算 7806 万元，实际采购规模 6611 万元，节约资金 1195 万元，节约率达 15.31%，较上年增长 32.96%。印发《绩溪县政府采购网上商城管理办法（试行）》《绩溪县政府采购电子竞价操作规程》，推进政府采购科学化、精细化管理。

【服务经济发展】落实减税降费政策，减免小微企业、高新技术企业等税收 4564 万元，规范涉企收费，降低企业成本，减收各项费用 1803 万元。加强产业扶持，2017 年绩溪县预设产业基金规模为 1.3 亿元，全年兑现企业扶持资金 9548 万元。提升融资担保服务，大力推进“4321”新型政银担合作模式，协同推进“税融通”业务拓展，全年为企业担保在保户数 122 户，在保金额 56211 万元，有效缓解小微企业融资难题。积极推广运用 PPP 模式，引导和鼓励社会资本参与公共服务供给，省道 215 和西环线项目稳步推进，绩溪县生态文明提升基础设施建设项目、绩溪县城乡污水综合处理项目、绩溪县生活垃圾综合处理项目已通过省财政厅审核录入财政部综合信息平台并全部启动。

【机关效能建设】加强干部学习、培训、岗位锻炼和工作交流,全面提高财政干部政治素质、业务能力和职业道德。加强作风建设,落实党风廉政建设两个责任和领导班子"一岗双责",扎实抓好党风廉政建设。落实领导干部廉洁自律制度、领导干部重大事项报告制度、审批制度和外出报备制度,贯彻落实八项规定和改进工作作风、密切联系群众的各项规定。对局党总支进行换届选举,下设第一、第二党支部。开展"两学一做"常态化制度化专题学习、"讲政治、重规矩、作表率"、党的十九大精神专题学习等学习讨论活动,开展行风巡查、文明创建、财政帮联、工作会商等系列活动,不断提高服务质量和办事效率,提升财政部门良好形象。

(叶燕红)

旌德县财政工作概述

【概况】全县财政收入完成7.8亿元,增收0.6亿元,增长8.6%。其中,地方财政收入完成5.6亿元,增收0.3亿元,增长5%,占财政收入的比重为71.8%。全县财政支出完成14.3亿元,增支1.3亿元,增长9.8%。其中,财政民生支出完成12亿元,占财政支出比重达83.9%。

【财政体制改革】强化全口径预算管理,落实收入预算由约束性转为预期性的要求,规范一般公共预算、政府性基金预算、国有资本经营预算和社保基金预算编制。

【政府性债务】建立风险预警管控机制,政府性债务风险进行动态监测、评估和预警。全县政府性债务余额119183万元,政府或有债务余额5925万元,债务率75.7%。

【PPP工作】政府确定通过PPP模式实施的项目共4个,完成前期准备工作并成功评审进入财政部PPP项目库的项目2个(宣砚小镇文创中心综合体PPP项目、住建委县域乡镇污水处理工程);正在开展前期准备工作和处于识别阶段的项目2个(宣城旅游党校及白地镇通航项目)。工作中把好项目核准关,防止PPP项目泛滥;算好支出账,严格控制"PPP项目支出责任不得超过当年一般预算支出的10%"红线。

【社会民生】民生共投入财政资金2.71亿元,并完成小额担保贷款"整贷直发"工作,全年发放小额担保贷款资金1660万元,发放城市低收入家庭廉租住房补贴462户,补贴85.8万元。在15个部门实施政府购买服务29个项目,政府购买服务预算3163万元。

【养老保险改革】自2017年9月份起,分三步按批次完成机关养老保险的征缴及养老金的支出;社保基金预算收支方面:职工养老保险金征收8766万元,基本养老金预计支出12874万元,预计滚存结余-4108万元;城乡居民基本养老保险金收入4204万元,基本养老金预计支出2769万元,预计滚存结余8190万元。

【支农惠农】通过一卡通发放8400万元;农业综合开发累计完成投资1024万元,其中国家财政910万元,企业自筹114万元。各级财政专项扶贫资金共1994.3万元,以前年度结余资金129.4万元,全年共拨付2123.7万元,其中:2017年县级财政预算安排扶贫专项资金达到510万元。积极推进农业三项补贴改革工作,兑付旌德县农业支持保护补贴资金1376万元;在扶持村级集体经济发展试点上,省财政厅安排旌德县项目资金1408万元。

【政府采购】全年政府采购共980笔,预算8395.65万元,实际采购资金52778.57万元,节约资金8395.65万元,资金节约率为13.72%。

【国有资产监管】按照固定资产核算办法,对全县行政事业单位及国有企业国有资产进一步清查,甄别资产性质,为国投公司转型升级做好前期摸底登记,为政府决策提供依据。

【"三公"经费】"三公"经费支出1320万元,同口径较上年减少67万元,同比下降5%。

【财政队伍建设】通过中心组领学、支部学习、脱产培训等方式,组织党员干部认真学习党十八大和十九大报告精神以及省市党代会精神,营造良好的理论学习氛围;不断完善业务学习制度,中层干部在财政预算、支农培训会上讲解最新的财政业务知识和法律法规;组织全局干部职工积极参与学法用法知识学习和法律知识系列竞赛答题,使全局干部职工法治意识显著增强。

(夏新祥)

宣州区财政工作概述

【概况】全区财政收入完成39.1亿元,增收3.65亿元,增长10.3%。其中:地方财政收入完成26.97

亿元,增长1.47亿元,增长5.7%,占财政收入的比重为68.98%。全区财政支出完成48.58亿元,增支4.08亿元,增长8.8%。其中,财政民生支出完成43.23亿元,占财政支出的比重达88.9%。

【财政收入管理】完善"营改增"全面推开后的税收征管工作机制,推行联合办税,搭建综合治税平台,实现全区52个乡镇街道、行业部门和园区间的涉税信息共享,利用大数据平台管控税收漏洞,防止税收流失。2017年,平台共享数据93.6万条,获取涉税信息2.8万条,共查补入库收入0.3亿元。完善财税库会商制度,坚持财政收入月调度,强化收入预期管理。

【财政支出管理】安排基本公共教育支出,拨付义务教育保障经费0.8亿元;加大社会保障投入,发放城乡居民基本养老保险资金1.9亿元、农村低保0.7亿元、五保供养0.3亿元;提升农村基层党建与服务经费保障水平,全年落实村级基层政权建设资金0.4亿元;保障基本医疗卫生投入,落实基层医疗卫生机构财政补助资金0.6亿元、城乡居民基本医疗保险资金4.6亿元;筹措基础设施建设资金,统筹安排农村畅通工程等道路建设资金1.5亿元、灾后水利水毁修复资金2亿元;落实基本住房保障投入,统筹安排棚户区改造和城镇保障性安居工程专项资金0.9亿元、危房改造资金0.2亿元;安排文明创建活动经费0.8亿元,为争创全国文明城市提供资金保障;丰富群众文体生活,拨付文化旅游发展、公共文化场馆免费开放等资金0.1亿元;先期投入0.3亿元,完成国家自然保护区规模畜禽企业关闭或搬迁,进一步提升城市品质。投入财政资金0.9亿元全力保障脱贫攻坚,安排与舒城县结对帮扶资金0.1亿元。

【财政体制改革】制定出台《宣州区加强财政资金管理实施办法》和《宣州区进一步推进预算公开工作实施意见》,推动全区91个一级预算单位依法及时公开预决算。修订完善《宣州区产业投资基金管理办法》,构建财政资金与金融资源、社会资本之间的系统联运机制。设立宣州区产业转型升级投资基金和宣城火花科创投资公司,推动产业转型升级,促进先进制造业和民生相关的高端服务业发展。投入1.06亿元推进农村综合改革试点试验工作,围绕村级集体经济发展、乡村治理、农民持续增收、农村生态文明发展等"四大机制",制定三年规划方案及实施方案,对50余项出台的政策制度进行梳理完善整合,构建完善的政策支撑体系。

【民生工程实施】投入33项民生工程资金15.45亿元,其中,区本级配套资金3.8亿元,比上年增长41%。开通"宣州民生工程"微信公众号,定期发布民生工程信息,方便广大微信用户及时了解宣州区民生工程政策信息和进展情况,全年通过微信公众平台发布信息100余条,关注用户达到5000余人次。

【服务经济发展】兑现企业奖补资金4.2亿元,其中:再生资源企业奖补2.9亿元,城镇土地使用税财政奖补0.6亿元,产业发展扶持、工业政策性等财政奖补资金0.7亿元。兑现个人购房契税补助近1亿元,全力支持房地产去库存。加大融资担保服务力度,落实民营经济发展专项资金0.12亿元,完善"4321""政银担"风险机制,与八家银行签订"政银担"合作协议,为210户中小企业提供担保贷款330笔,金额达15亿元;通过"税融通"为70户企业提供贷款1.8亿元,缓解中小企业融资压力。

【国有资产清查】规范资产运行机制和管理方式,设置专人管理资产实物卡片并监督使用情况。加强信息化建设,强化"宣州区行政事业单位资产管理信息系统"建设和管理,定期开展操作培训,推动全区各单位正确、全面、及时地记录资产的增加、减少、使用、处置等情况,真实地反映监督资产的增减变动及实际情况。

(阮凯)

铜陵市财政工作综述

铜陵市财政工作概述

【概况】2017年,全市财政收入完成167.82亿元,增长9.1%;全市财政支出完成160.28亿元,增长6.1%。节能减排财政政策综合示范市建设年度绩效考核优秀,三年总评获全国优秀等次第一名,被新华社、《中国财经报》《中国财政》杂志作为先进典型报道;政府购买服务2个案例代表全省入选全国32个政府购买服务典型案例;财政机关荣获全国巾帼建功先进集体和全国财政系统“六五”法治宣传教育先进集体;民生工程是全省两个连续五年获得绩效奖补先进市之一;财政扶贫资金绩效评价获得全省好的等次;公办养老机构转型在全省推广;涉企信息系统运用做法在全省交流发言。

【收入质量提升】坚持依法组织收入,强化预期管理,推进联合办税,建立“日跟踪、周会商、旬调度、月通报”工作机制。全市税收收入完成135.8亿元,占财政收入比重为81%,比上年提高4.2个百分点。

【对上争取新高】紧扣“重要政策”“重大项目”“重点资金”,坚持把对上争取作为实现借力发展、提高保障能力的有效手段,全年共到位上级转移支付资金62.5亿元,比上年增加4亿元。

【增收潜力深挖】推进涉税平台建设,构建税收共治格局,全年查补税款1亿元以上;统筹管理各类政府性资金,市本级实现保值增值收益近2亿元;清理盘活存量资金0.5亿元,支持经济社会发展急需领域。

【资金支持有力】以供给侧结构性改革为主线,认真落实“五大发展”行动计划,全力支持“三个年”活动。全年投入“3+5+X”产业扶持资金3.6亿元,其中:投入创新发展资金8120万元,支持产业集聚基地建设8000万元。累计筹措2.6亿元资金支持创投、风投等基金组建运作,撬动社会资本20多亿元。认真落实国家减税降费政策,推动“营改增”全面实施,兑现税收优惠政策超过22亿元,减免规费7400多万元。

【财政金融联动】完善政府性资金存贷挂钩考核机制,引导金融机构增加贷款投放98亿元。支持融资担保体系建设,筹措国有担保资本金2亿元,较上年增加1亿元,撬动政银担、税源贷、科技贷超过70亿元。投入续贷“过桥”资金1.8亿元,服务企业323户,周转金额21.4亿元。

【政府债务管理】出台债务风险应急处置预案,规范政府筹资行为,落实融资担保清理整改,守住债务管理红线。全年争取政府新增债券48亿元,较上年增加33.9亿元,置换债券31.8亿元,债务资金综合成本控制在6.2%以下。谋划PPP项目库,探索“少花钱、多办事”机制。

【预算管理改革】推行预算公开评审,扩大部门整体支出评审范围,实现100万元以上项目预算评审全覆盖。推行预决算信息公开,86 家预算单位及时公开 2016 年度部门决算、2017 年部门预算和“三公”经费预算。深化国库集中支付改革,强化预算执行动态监控,规范资金运行 6.3 亿元。

【国资国企改革】铜化“混改”成功引入民营战略投资者,普济圩现代农业公司挂牌成立,建投公司转型发展方案获批,国有企业经营业绩考核不断规范,国有企业职工家属区“三供一业”分离移交全面启动。

【扶贫投入加大】市财政投入扶贫资金 5497 万元,高于省定标准 5 个百分点以上,重点支持产业扶贫(光伏扶贫)、健康扶贫、教育扶贫等。

【民生共享发展】加大民生支出保障力度,财政民生支出完成 136.3 亿元,占财政支出的 85%。高质量实施 38 项民生工程,投入资金超过 23 亿元,提前两个月基本完成民生工程建设任务,群众满意度超过 90%。

【支持城乡统筹】投入资金 4 亿多元,重点支持美丽乡村、农村环境“三大革命”、水利薄弱环节治理、江北岸线整治等。

【规范预算执行】强化政府购买服务、政府采购、直接支付三大预算执行,政府购买服务项目 202 个、预算 3.4 亿元,比上年增长 10% 以上;政府采购预算 3.5 亿元,节支率 11%;直接支付项目支出占比 93.6%。

【规范财政监督】完成预算执行、预决算公开、银行账户清理等 18 项检查;规范绩效监管,审核部门预算支出项目 56 个,涉及资金 3.1 亿元;对 31 个项目开展重点绩效评价,涉及资金 3 亿元以上。

【规范“三公经费”管理】牢固树立过紧日子思想,坚持勤俭办一切事业,从严控制一般性支出,“三公经费”下降 11%,公务接待费下降 16%。

(董明辉)

枞阳县财政工作概述

【概况】2017 年,全县一般公共预算收入完成 138080 万元,为预算的 100.1%,增长 10%,其中:税收收入完成 105828 万元,同比增长 8.6%;非税收入完成 32252 万元,同比增长 15.1%;全县一般公共预算支出 389946 万元,增长 6.5%,其中:公共财政民生支出 343982 万元,占一般公共预算支出的 88.2%。

【保障财政运行】加强收入征管,主动争取支持,确保财政收入平稳增长,圆满完成县政府确定的目标任务。强化征管责任,认真落实收入目标管理责任制,及时分解落实收入任务,牵头做好收入征管协调调度。实行收入预测旬报和月报,坚持事前预测、事后分析并重,努力优化财政收入结构,提高财政收入质量。推进综合治税,运用金税三期和涉税信息共享平台,开展经济、税收对比分析和部门涉税信息比对,堵塞征管漏洞。强化纳税信用等级结果应用,促进纳税人依法纳税。强化非税征管,认真落实涉企收费清单管理,严格执行非税收入管理政策,加强非税收入预算审查,狠抓日常征管,源头控管财政票据,不断加强非税收入管理科学化精细化。积极对上争取,坚持项目谋划,把握国家项目资金投向,抓住各类政策机遇,加大项目储备。不断加大对上争取力度,到位资金 24 亿元。

【推进县域经济社会发展】准确把握经济发展形势,加大积极财政政策实施力度,提高经济运行质量和效益。支持去降补等领域改革纵深推进,加快东方造船资产的盘活,继续对购买新建商品房实行财政补贴,推行产权调换货币化补偿安置。成功发行企业债券 10 亿元,发行利率创全国同期同档最低。支持企业升级转型,积极兑现工业、科技、现代农业、现代服务业激励政策和民营经济发展配套资金 0.81 亿元。支持资本市场建设,“新三板”挂牌企业 1 家,“四板”挂牌企业 6 家,多层次资本市场实现重大突破。支持融资担保体系做大做强,省担保集团向枞阳县融资担保公司注资 0.36 亿元,并与枞阳县融资担保公司签订投资协议书。推进枞阳县 PPP 项目制度体系建设,谋划 12 个项目建立 PPP 项目库,总投资 105.9 亿元。县城区水环境综合治理和城乡公交一体化项目已成功入财政部项目库。支持重点基础设施建设,保障城市道路等重点工程建设资金需要,G347 一级公路、农村道路畅通工程、棚户区改造等一批重点项目顺利推进。

【支持民生和社会事业】扎实开展“民生保障提质年”活动,坚持把民生改善摆在突出位置,精心组织实施 39 项民生工程。23 项社保类项目进一步提标,共安排资金 4.2 亿元,比上年增加 0.4 亿元。严格执行民生工程“五个一”工作推进机制,全面推行“清单式”管理,落实各项惠民政策。39 项民生工程总投入22.29亿元,其中县级配套6.14亿元,分别比2016年增加4.93亿元和3.26亿元。农林水、教育、科学技术支出同比增长,医疗卫生、交通运输、文化服务、就业创业、城乡基础设施建设投入力度加大。坚持厉行节约,全县“三公”经费下降17.5%。

【聚焦脱贫攻坚】加大扶贫专项投入,统筹安排财政增量和存量资金,累计投入财政扶贫资金2.3亿元。统筹上级涉农资金支持脱贫攻坚4.22亿元,全部投向贫困村和贫困人口。落实资产收益扶贫,制定《枞阳县资产收益扶贫实施方案》,43个贫困村和7650户光伏扶贫项目如期并网发电,带动贫困人口增收265万元。四是推进扶贫小额信贷。扶贫小额信贷在贷8165户,贷款余额22043.9万元,比年初增加21971.1万元,带动贫困人口增收487.44万元,贫困人口人均增收约600元。

【全面落实强农惠农政策】全力推进劝耕贷,累计为432户适度规模新型农业经营主体提供意向担保13445万元,与年初相比新增9363万元。支持农业加快发展,高标准农田建设项目治理面积1.13万亩,项目投资1694万元。农业产业化贴息项目5个,财政贴息278.6万元,有力支持农业生产健康发展。推进农村综合改革,实施一事一议项目195个,总投资4060.34万元。编制滚动项目库项目728个,计划投入13360万元,录入农村综合改革管理信息系统。全面兑现惠农补贴,圆满完成农业三项补贴改革任务,通过“一卡通”打卡发放各类惠民补贴资金3.83亿元,受益农户46.7万户次。

【推进财政管理改革】围绕建立现代财政制度,积极推进各项改革,提升管理绩效。持续推进“营改增”改革,深化“营改增”试点改革,确保行业税负只减不增。推进国地税联合办税,实行“一站式”服务。深化部门预算改革,部门所有收入和支出全部纳入预算管理。完善定员定额标准,提高年初预算编制到位率,减少预决算差异。同步编制三年滚动预算,提高预算编制的前瞻性。全面推开县级国库集中支付,实现乡镇全覆盖。除涉密单位外,部门预决算信息和“三公”经费全部公开,公开率100%。并将预决算公开的范围扩大到乡镇,部分涉农资金项目延伸到村委会,实现县乡村三级联动。常态化清理财政存量资金,按政策应该收回的坚决收回,统筹用于重点领域。推进国有资产管理改革,探索建立与市场化选任方式相适应的高层次人才和企业经营管理者薪酬制度。提升投资评审效益,完成评审项目548个,核减额19300万元,核减率13.73%。加强财政监督,注重日常监督,探索新的检查方式。加强财政部门内部监督机制,促进严格规范和文明执法。创新金融产品,组建枞阳国厚资产管理有限公司,支持县域企业资产与债务重组,投放徽投灾后重建企业基金9800万元。推进政府购买服务,制定《枞阳县做好事业单位政府购买服务改革工作的实施办法》,建立公共服务清单,不断提高公共服务供给质量和财政资金使用效率。

(何玉斌)

铜官区财政工作概述

【概况】2017年,全区财政收入累计完成29.57亿元(含海关),同比增长18.6%;全区财政收入不考虑海关收入因素(下同)完成14.20亿元,增长8.5%。全区财政支出累计完成12.52亿元,增长1%,有力保障基本运转、社会发展及民生改善等重点支出需要。

【财政保障】出台《铜官区财政收入目标考核办法》,下达镇办社区财政收入任务。强化与国税、地税等征管部门的联系沟通,统筹安排国、地税的收入计划,按月调度收入任务。做好预算执行情况分析,建立动态的每月财政收支分析和纳税统计分析。建立存量资金定期清理机制,盘活存量资金2053万元。

【服务发展】优化财政扶持政策,支持实体经济发展,全年兑现市、区各类产业政策资金超亿元。深入开展“四送一服”双千工程,对重点税源户每月定期开展走访、调研,主动服务和帮助企业解决问题。出台扶持物流业发展政策,优化申报流程,缩短兑现期限。加大对现代物流业、电子商务、金融业的财政扶持和税收、用地等优惠政策支持力度,拨付国家服务业引导资金1000万元,支持新业态新模式培育。充实担保公司资本金2310万元,在保余额5.9亿元,发放续贷资金4.2亿元。

【财政改革】完善区对镇办社区财政体制改革,统一区对社区财政体制,微调镇办现行财政体制。完善国库集中支付改革,实现国库集中支付单位及资金全覆盖;实施预算执行动态监控,出台动态监控管理办法、操作规程及预警规则,进一步保障财政资金安全。开展地方政府举债融资行为整改,完成各类批复要件的清理;争取置换债券化解政府债务2.59亿元,提前一年完成非债券形式存量债务全部置换的目标。稳步推进国有企业职工家属区的"三供一业"分离移交工作,推动相关部门完成6家国有企业9000多户职工家属区数据核对工作。

【民生改善】高标准实施28项民生工程,投入资金1.96亿元。民生保险政策实现全覆盖,累计参保12.6万人次;提供就业岗位2110个;发放救助资金3324万元,累计救助3万人次;稳步实施2380户棚户区改造、2个城市老旧小区集中整治等工程类项目。统筹推进社会事业,安排教育、文化、医疗等公共服务支出近7亿元,促进优质教育资源提标扩面,支持医药体制改革,加强生态环境保护,完善城乡养老、社会救助体系等。

【服务效能】加强预算执行管理,全面推进预决算信息公开,规范公开程序,扩大公开范围,同步公开政府预决算、部门预决算和"三公"经费预决算。编制政府购买服务、政府采购、专项资金预算,确保资金专款专用,堵塞财政管理漏洞。强化财政监督检查,重点开展地方库款和财政专户、预决算信息公开、收入质量等专项检查,完成民生惠农资金、"三公经费"、非税收入等各项专项资金使用的监督检查,不断提高财政资金管理水平。

(洪娟)

义安区财政工作概述

【概况】2017年,在上级财政部门和区委、区政府的坚强领导下,义安区财政系统以稳增长、促改革、调结构、惠民生、防风险为目标,以增收为核心,以提高保障能力为重点,以强化管理为主线,着力打造"保障有力、规范有序、领先创新、廉洁高效、充满活力"财政新图景,财政改革、服务发展、民生保障、绩效管理等各项工作取得明显成效,为促进全区经济和社会发展发挥应有作用。财政收支总量稳居全市县区第一;民生工程处于"全省一流、全市领先"水平;全省农村公共服务运维和扶持村级集体经济发展改革蝉联双试点县区,农村运维改革成为省市样板,区会计核算中心获全省财政系统先进集体。

【做大收入盘子】全区全年财政一般公共预算收入完成38.2亿元,比上年增加3.54亿元,增长10.2%。其中:上划中央收入23.23亿元,比上年增长23.8%;地方收入14.98亿元,比上年下降5.8%;各项税收完成33.83亿元,比上年增长14.45%。全年财政一般预算支出30.63亿元,增长7.8%。强化收入征管,全面加强收入预期管理,与国地税联动,每月开展精准调度,实现财政收入稳步增长。加大向上争取力度,全年争取上级财政转移支付资金10.5亿元,同比增长28%。用好债券资金,研究政府债务管理政策,在防范债务风险的同时,争取新增债券4.3亿元,主要用在交通、水利、美丽乡村建设等民生支出上,有效降低融资成本,有效缓解地方财政压力。充分挖掘潜力,清收财政对外借款及往来款项,用好盘活闲置资金,优化财政资源配置,统筹使用盘活资金1.1亿元。准确掌握资金流量和余额变化情况,通过各种方式开展财政资金保值增值,全年收益达1606万元。

【服务五大发展】加快财政支持"双招双引"工作步伐,兑现"1+7"产业扶持政策资金5.06亿元,出资1000万元支持企业高层次科技人才团队创新创业;安排350万元注入市科技型中小微企业信贷风险补偿资金池,积极实施金融支持科技创新。创新财政支持乡村振兴改革,高效完成年度土地治理项目、国家现代农业园区试点项目、高标准农田建设项目建设任务;支持全省融资风险补偿基金支持农民合作社、家庭农场发展试点工作,注入财政资金900万元融资风险补偿基金,发放贷款47笔,计2175万元,有效解决农民专业合作社和家庭农场融资问题;统筹安排财政涉农资金2020万元,推动现代农业发展;加快农业信贷担保体系建设,扩大"劝耕贷"模式覆盖范围;建立农村产权融资贷款保证保险风险补偿机制,区级足额落实配套资金,对贷款如期偿还的新型农业经营主体按国家基准利率50%给予贴息,市、区财政按5:5比例分担。加大财政支持企业融资发展力度。争取省级民营经济发展专项扶持资金1180万元,区财政按1:1配套,增加担保中心注册资本金,区担保中心注册资本金达3.99亿元,完善"4321"政银担合作机制,年末在保企业322户,在保余额16.7亿元;安排续贷过桥资金8150万元,扶持企业72户,周转贷款金额12.6亿元,帮助中小微企业缓解融资难题。突出财政支持生态文明建设作用,统筹安排8350万元资金,深入实施"蓝天、碧水、净土"三大工程;安排资金6593万元,完成3个乡镇政府建成区整治、14个省级中心村建设。优化财政加大民生支出结构,持续加大民生方面的投入力度,全年十三大类民生支出达25.3亿元,占总支出的82.7%。高标准完成38项民生工程,各级财政到位资金4.6亿元,实际拨付资金4.6亿元,资金拨付率达100%,获2016年安徽省民生工程绩效考评先进区。

【推进财政改革】完善与乡镇、园区分配体制,试行交通运输和建筑施工企业税收属地分成政策,逐步理顺区与乡镇、园区事权和支出责任。非税纳入预算管理。建立全面完整的部门预算,做到预算一个“盘子”、收入一个“笼子”、支出一个“口子”。深化国库集中支付制度改革,将专户资金纳入支付范围,进一步提高国库集中支付比例,减少资金支付环节。推进政府购买服务改革,完善政府购买服务目录,编制政府购买服务预算,强化对承接主体的管理,规范购买服务程序,加强对购买服务工作的日常服务和监管。全区实施政府购买服务项目37个,预算资金5554万元。有序推广PPP模式,会同相关部门精心谋划,梯次推进,有6个项目列入铜陵市2018—2020年PPP项目库,计划2018年实施3个,2019年实施2个,2020年实施1个。

【规范国有资产管理】全面完成行政事业单位资产清查,并升级资产管理系统。截至当年数据,全区行政事业单位资产总额14.38亿元,其中固定资产6.9亿元。五松地区的机关办公用房,归集到区城投公司、好居保障房公司、新农村公司三个平台公司,帐面价值3.88亿元。完成政府性债务投资项目资产清查登记工作。严格规范国有独资、控股及参股企业管理,积极收缴国有资本经营收益,全年收回股份红利120余万元。制定盘活资产实施方案,完善国有资产使用、管理、处置机制,强化国有资产统一监管、统筹使用,加快盘活低效闲置国有资产资源,推进市场化运营,实现“死”资产变“活”资产、资产变资金。妥善处理改制企业遗留问题,加强改制企业资产管理,全年收缴改制企业房屋租金收入33.68万元。严格控制资金审批手续,优先保证改制企业职工生活费及保险费支出,全年共支付改制企业职工生活、保险费及改制费用共计895万元。

【探索农村综合改革】义安区继续被省财政厅列为全省农村公共服务运维试点县(市、区),获试点补助资金800万元,区财政安排1200多万元,在巩固2016年试点工作的基础上,会同城管、水利、交通、美丽办等主管部门开展农村公共服务运维“巩固提升年”活动,围绕统筹运维队伍建设、统筹资金使用、统筹考核奖惩,因地制宜推进运维改革,在运维项目整合、市场化运维等方面取得阶段性成效,得到省财政厅肯定,市委改革办简报专题刊载义安区运维改革做法。2017年义安区继续被省财政厅列入全省扶持村级集体经济发展试点县(市、区),获试点补助资金1341万元。把握试点政策,配合农业部门指导推进14个试点村因村制宜探索发展路径,主要形成盘活资产资源型、新建现代农业设施租赁型、股份合作型和发展物业型等模式,50%以上试点项目实现当年建设当年发挥效益,均能实现村集体年收益5万元以上的目标。

【加强财政财务管理】加强“三公”经费管理,确保“三公”经费只减不增。全区全年公务接待控制数1205.5万元,公车运行控制数703万元。2017年全区公务接待支出442.08万元,较上年同期625.6万元减少183.52;公车运行支出716万元,较上年期同期1039.07万元减少323.07万元。加强政府性投资项目招标工程控制价审核。全年审核项目179项,送审额98105.28万元,净审减额3071.94万元,审减率为3.13%。加强惠农补贴监督管理,全区全年财政补贴农民资金“一卡通”发放计87批次,发放补贴对象127767(户、人),累计发放资金8565.19万元,做到及时规范准确。加强乡镇村财务管理,举办支农政策培训班,对乡镇、村财务人员实行培训全覆盖。开展乡镇财政资金管理、村级财务管理专项检查,针对发现问题督促整改,并指导完善制度建设。加强财政监督检查,出台内部控制基本制度、法律风险内部控制等八个专项管理办法,形成“1+8+21”的内控制度体系。全年开展“三公”经费、预决算公开、盘活财政存量资金等专项检查,以查促管、以查促规范。

(周秉杰)

郊区财政工作概述

【财政收支】2017年,全区不含海关累计完成财政收入95061万元,完成年初预算(下同)的106.09%,同比增长3.24%,累计完成财政支出69988万元,为年初预算(下同)的172.17%,同比下降4.95%。

【民生工作】2017年,全区共实施34项民生工程,其中省级项目 27 项,市级项目 7 项,总投入 20867 万元(区级配套资金 3595 万元),全年拨付区级资金 3832 万元,拨付率达到 106.6%;实施 15 个村级公益事业一事一议项目,投入资金 242 万元;实施大通镇农村公路改造、灰河乡敬老院改造、安铜办镇区道路排水改造等9个为民办实事项目,投入资金 253 万元;通过"惠农补贴一卡通系统"发放各类惠农资金 925 万元。

【支持区域经济发展】区财政拨付民营企业发展专项扶持资金 1395 万元(足额配套区级资金),拨付小额担保财政贴息资金 144.45 万元,兑现海螺水泥、国兴化工、盈德气体等传统产业政策资金 413.31 万元,兑现灵通物流、北广传媒、天扬文化等新兴产业政策资金 338.28 万元。区政府出台《扶持物流业发展的若干规定》等旨在促进区域转型发展的地方性政策。

【财政管理】区民政局、市容局、卫生局等部门编制政府购买服务项目 21 个,安排预算资金 1650.17 万元,其中区本级安排资金 1054.81 万元,项目均在当年完成购买手续并实施。截至 2017 年末,全区共有地方性债务 17428 万元,均为政府一类债务,其中:一般类债务 13308 万元,专项债务 4120 万元。2017 年,区财政向上争取置换债券 7881 万元(其中一般债券 6801 万元,专项债券 1080 万元)置换未到期的高息存量债务,以减轻财政压力。从债务风险角度考虑,郊区 2017 年没有申请新增债券,当年债务付息支出 173 万元。2017 年政府财政预算、2016 政府财政决算及"三公"经费决算分别于 3 月 3 日、9 月 8 日向社会公开,2017 年部门预算及"三公"经费预算、2016 部门决算及"三公"经费决算分别于 3 月 23 日、9 月 28 日向社会公开。

【"三供一业"落实】郊区供水移交 8594 户,物业移交 5956 户并由区政府予以确认,根据《关于签订国有企业职工家属区"三供一业"分离移交协议的通知》的要求和部署,铜山矿业、安庆铜矿、普济圩农场的物业管理分离移交协议的签订工作全部完成。铜山镇与铜山矿业签订分离框架协议,积极协调对接安庆临江水务公司编制改造方案,安铜办完成供水分离移交改造方案的编制工作,待铜陵有色集团公司审定后,将与安庆供水集团签订施工协议和框架协议。

【绩效评价】根据上级财政部门的工作要求和部署,郊区财政完成2016 年度惠农补贴发放、乡镇财政资金监管、政策性农业保险、村级公益事业一事一议等多项绩效评价工作,并积极配合区直部门做好各项民生工程的绩效评价工作。

(吴金妹)

铜陵市经济技术开发区财政工作概述

【概况】2017 年,开发区共组织全口径财政收入 25.37 亿元,完成预算 109.7%,同比增长 21%。其中:地方收入 10.43 亿元,完成预算 114.5%,同比增长 15.8%;上划中央收入 14.94 亿元,完成预算 106.6%,同比增长 25%。

【税源建设】强化收入预期,依托税务"网格化"管理,联合招商、经贸、规划等部门,沟通协作,全覆盖推进征管工作。建立"日跟踪、周会商、月通报"工作机制,定期走访,协同治税,实现收入有质量、可持续。全年完成全口径、非全口径财政收入 25.4 亿元、15.1 亿元,完成预算的 110%、102%,分别增长 21%、15.6%。

【规范支出】全年完成一般公共预算支出 10.07 亿元,完成预算的 131.6%,全面符合支出要求。全年基建支出 6.47 亿元,占总支出的 64.3%,建设性作用明显;全年累计兑现各类扶持资金 2.67 亿元,有力地支持企业发展。"三公"经费持续下降,全年下降5.4%,实现"三公"经费只减不增目标。

【债务管理】清理整改融资担保工作,联合大江公司对 2015 年以来的有关债务逐笔清理,并按要求办理相关手续,确保该项工作顺利完成。积极争取债券置换,按照"控规模、降成本、可持续"的思路,申报并完成 1.988 亿元政府置换债券。

【金融管理】积极配合做好企业上市前后的扶持、协调和服务工作;以债权投入形式推动企业挂牌上市。截至目前,挂牌"新三板"、"新四板"企业共计 26 家,其中"新三板"5 家,"新四板"21 家。以"深入政税银企合作,全面服务小微企业"为主题,通过"税融通"方式,全年累计投放 1.54 亿元,服务企业 51 户。

【国资管理】按照相关要求,完成国有资产清查核实和报表编报工作;完成管委会和直属企业 8 台车辆的评估、拍卖工作。全年完成99个招标项目，总控制价为3.38亿元，中标价为2.81亿元，节约资金0.57亿元，节约率为16.86%。

【财务核算】全年办理核算单位支付申请3521笔，累计审核支付资金14.6亿元。清理历年欠款176万元；组织非税收入2.38亿元，完成预算的100%，严格执行“收支两条线”管理，确保财政资金高效安全使用。建立健全国库集中支付动态监控机制，从源头上建立廉政风险防控机制。

【廉政工作】落实“两个责任”，围绕教育知责、清单明责、常态问责、督促尽责四个关键环节，细化具体工作措施，抓好落实。完善制度体系，共制定10余条制度，涵盖内务管理、资金审批、政策兑现、税收征管等方面，制度逐步完善。强化廉政建设，认真学习“纪律与规矩”、查摆财政工作风险点，改进工作作风，营造“亲清”正商环境。

（夏庚浩）

池州市财政工作综述

池州市财政工作概述

【概况】2017年,全市财政收入完成102.1亿元,增长2%,其中:地方一般公共预算收入完成66亿元。全市一般公共预算支出完成142亿元,下降4.7%。

【收支管理】完善“1+5+7”财税库征管分析机制,按旬统计收入数据、按月调度任务进度。认真落实稳增长系列政策,对全市645户年度纳税100万元以上企业实行重点监控,提高组织收入的主动性。印发《关于加强市区建安企业税源监管的通知》,确保建安企业税收应收尽收。加强财政信息化建设,建设“以财政收支大数据为基础,市县两级动态联动,第三方信息共享”的动态监控信息化平台,加大存量涉税信息收集力度,扩大涉税信息采集范围。下发《关于压缩市直部门一般性支出预算的通知》,提高预算资金年初分配的到位率和预算的可执行性,减少预算执行中的二次分配及资金沉淀,全市压缩一般性支出5%以上。出台《池州市市直预算单位支出进度考核办法》,建立通报约谈制度和预算执行情况与下一年度预算安排挂钩机制。

【服务发展】支持创新发展。投入资金3.2亿元,重点支持大健康、战略性新兴产业集聚发展基地建设;投入资金3.1亿元,支持“三重一创”、工业转型、民营经济等实体经济发展;统筹资金5亿元,参与中安招商股权投资、中安创业投资基金,认缴大健康产业发展基金,放大投资规模17.3亿元。支持开放发展。投入资金1.1亿元,支持全域旅游、最佳摄影地建设,保障全国绿色运动会和摄影大赛成功举办;办理出口退税1.3亿元,支持海关特殊监管区建设,落实区域通关一体化,提升企业本地报关率。支持绿色发展。拨付资金3.9亿元,用于重点地区水污染防治、城镇污水垃圾处理设施及污水管网工程建设等;拨付资金1.31亿元,推动重点生态功能区建设;拨付资金0.95亿元,用于大气污染防治,严控秸秆焚烧,淘汰报废黄标车2104辆;海绵城市累计完成投资额44.79亿元,已建成区域17.05平方公里。支持协调发展。巩固农业“三项补贴”改革成果,发放农业支持保护补贴1.53亿元;投入2.49亿元,支持重大水利工程建设、水利薄弱环节和中小河流治理;投入资金1.7亿元,建设高标准农田11.36万亩,推进山区生态综合治理3.6万亩,进一步改善农村基础设施和农业生产生活条件。扎实做好企业减负。全面落实国家、省各项清费减负政策,建立涉企收费清单制度并对清单实施动态管理,市级涉企收费清单项目总数由75项减少至62项,减幅17.3%。全年“营改增”结构性减税1.7亿元,兑现小微企业税收优惠政策减税1.66亿元。

【民生保障】全市民生类支出122.8亿元,占财政支出比重为86.5%。投入资金35亿元,深入推进

33 项民生工程。市政府将民生工程实施情况纳入全市重点工作调度。完善民生工程建后管养购买服务机制,不断提升民生工程建后管养水平。对本年度实施的 8 个工程类项目、5 个补助类项目开展第三方绩效评价。认真落实中央、省、市脱贫攻坚决策部署,全市拨付财政专项扶贫资金 2.35 亿元,较上年增加 0.87 亿元,增长 58.8%。全面梳理扶贫项目及资金管理制度,严格落实财政扶贫领域执纪问责制度,简化审批程序,提前一个月完成全年支出任务。助力“三农”发展,全市拨付美丽乡村建设专项资金 2.24亿元,整合涉农资金 5.23 亿元。16 个乡镇政府驻地建成区和43 个省级中心村建设全面完成。拨付一事一议财政奖补、农村综合改革转移支付、村级集体企业资金 1.29 亿元,支持村级公益事业建设;拨付基层组织运转、党建标准化建设经费 0.95 亿元,强化基层组织保障。

【财政改革】认真开展“营改增”运行情况跟踪分析,评估改革对行业发展、企业税负的影响;全面调查矿产品储量及开采情况,积极推进资源税改革;认真测算环境保护税收入情况,做好开征前各项准备工作。加强政府性债务管理,全年争取置换债券 30.28亿元。成立市政府主要负责同志任组长的政府性债务管理领导小组,印发《池州市政府性债务风险应急处置预案》,完善政府举债融资和应急处置机制,加大政府债券置换存量债务工作力度,推进融资平台公司市场化转型。认真做好 2016 年政府置换债券核查和地方政府融资担保行为整改工作,建立整改台账,对账销号。规范 PPP 工作管理,结合“国家全域旅游示范区”、“国家级医养结合试点市”建设契机,积极谋划和实施一批具有一定现金流和市场开发价值的第三方付费形式的 PPP 项目。设立池州市 PPP 咨询机构库和 PPP 引导基金。主城区环卫一体化项目落地运营,清溪河流域水环境综合整治 PPP 项目入选全国示范案例。启动贵池区矿产品运输专线 PPP 项目,第三方付费 PPP 项目取得实质性突破。深化国资国企改革,出台《池州市深化国资国企改革实施方案》,推进国有企业重组整合,池州建设投资集团、产业投资集团已挂牌运营,杰达资产经营集团启动重组。制定《池州市国有企业职工家属区“三供一业”分离移交工作实施意见》,加快剥离国有企业办社会职能,解决历史遗留问题。积极支持医改。深化城市公立医院综合改革,全年投入资金 1.4 亿元。制定《深化医药卫生体制综合改革试点实施方案》《池州市公立医院债务审计甄别工作方案》,全面完成公立医院二、三类长期存量债务审计甄别工作。

【财政管理】健全预算管理制度,提请市政府出台《关于进一步推进预算公开工作的实施意见》《池州市市直预算管理办法》《池州市本级财政涉企专项资金管理暂行办法》等制度性文件,加强财政资金管理制度建设,扎紧制度“笼子”。做好预决算信息公开,按时公开 2016 年度部门决算和 2017 年预算,扩大预决算公开范围,细化公开内容,做到预决算公开全覆盖。积极开展预算评审论证,邀请人大代表、政协委员等相关专家组成评审论证专家组,对 20 个预算单位的 25 个项目预算进行评审论证,核减项目预算 0.99 亿元,核减比例达 53.2%,进一步促进部门预算编制科学、高效、透明。清理盘活存量资金。完善结转结余资金定期清理机制,全面清理上年结转结余资金,对超过规定年限的资金按规定收回统筹,全市累计清理存量资金 7.98 亿元。加强库款管理,规范库款保障范围,完善库款管理内控制度,有效防范库款支付风险,保障资金运行安全,池州市库款管理居全省前列。在市直预算单位财政直接支付业务和授权支付试点工作的基础上,全面启动市直预算单位授权支付电子化工作,构建科学规范、信息一体化的国库集中支付管理体系。加强财政监督,对预决算公开的及时性、完整性、真实性及细化程度等方面开展专项检查,促进建立全面规范、公开透明的预算制度。制定出台《关于进一步加强财政资金管理制度建设的实施意见》,完善各项财经管理制度,坚决纠正和查处各种违法违纪行为,从源头上斩断不良作风的“资金链”,确保中央八项规定精神落到实处。

【党建效能】认真落实《关于推进“两学一做”学习教育常态化制度化的实施方案》和《关于在推进“两学一做”学习教育常态化制度化中开展“讲政治、重规矩、作表率”专题教育的方案》,结合单位工作实际,研究制定具体实施方案。组织学习党的十九大精神和习近平新时代中国特色社会主义思想。全面推进基层党组织标准化建设。召开党建工作动员部署会,对照市委《关于推进基层党组织标准化建设的意见》要求,制定基层党组织标准化建设实施办法,开展“对标创建行动”。扎实开展国有企业“四强四优”争创活动,全面增强基层党组织的创造力凝聚力战斗力。强化作风效能建设,制定《池州市财政局干部职工内部问责暂行办法》,巩固深化会商服务预算部门、结对共建、“双包”定点帮扶、财政系统帮联等作风建设成果。文明创建成效显著。扎实开展第五届全国文明单位创建工作,继续保留全国文明单位荣誉称号。

东至县财政工作概述

【概况】2017 年,全县财政收入完成 14.76 亿元,增长 4.5%;全县财政支出完成 30 亿元,增长 3.3%。

【促进经济平稳增长】围绕战略性新兴产业集聚发展、园区转型升级等五大工程,加大财政支持力度,全年拨付涉企相关财政专项资金 7219 万元。其中绿色制造系统集成项目资金 1350 万元,支持民营经济发展资金 2424 万元、支持制造强省资金 1918 万元、电子商务进农村资金 385.4 万元。推进特色小镇建设,争取支持资金 2000 万元,打造尧渡镇袜业制造基地。按照推进供给侧结构性改革任务清单,积极履行财政部门职责。认真落实小微企业税收优惠、企业研发费用加计扣除等政策,减免小微、三农、节能环保、高新技术等企业税收 1.3 亿元。取消或停征河道采砂管理费等行政事业性收费、城市公用事业附加和新型墙体材料专项基金,全年减费 515 万元,切实帮助企业降低成本。加强信贷投放调度,全县 10 家银行业金融机构贷款余额 107.5 亿元,比年初增加 13.2 亿元,完成市下达东至县全年目标任务的 110%,净增额全市县域第一。加大政府性投资,按照“轻重缓急、量入为出、量力而行、保主保重”原则,安排县本级预算资金 5.83 亿元,推进 109 个项目建设。加强 PPP 项目建设,县污水处理及市政排水购买服务、经开区工业污水处理两个 PPP 项目平稳运营,县城乡环卫一体化 PPP 项目试运营,吸引社会资本 3.7 亿元。其中经开区工业污水处理、县城乡环卫一体化 PPP 项目被财政部评为第四批示范项目。

【财政金融协同发力】采用政府购买服务方式,授权委托专业管理机构具体运作,共同设立过桥资金池 2400 万元,其中社会资本出资 600 万元。为 142 户企业提供过桥资金贷款 55786 万元,周转率 23.24 次,极大地发挥财政资金的杠杆作用。全年通过“税融通”累计向 34 家企业发放贷款 13556.9 万元,累计贷款余额 21745.9 万元。截至 2017 年底,中信担保公司在保贷款余额 9.5 亿元,较上年增加1.05 亿元,融资担保放大倍数 3.26,全县九家商业银行纳入新型政银担合作试点,新型政银担合作余额7.04 亿元,累计放款金额稳居全市第一。落实《关于进一步加快推进直接融资工作的实施意见》,用重磅“利好政策”推进企业直接融资,鼓励和扶持企业利用多层次资本市场做大做强。2017 年新增 1 家上市辅导备案企业,龙华化工“新三板”顺利挂牌,众望制药、瀚青生态在四板挂牌。截至 2017 年末,共 29 家企业在“新三板”等场外市场挂牌上市后备企业资源库中。以《东至县农业信贷担保“劝耕贷”创新试点工作实施方案》为总纲,围绕建档立卡、银行尽调、乡镇公示、签约放款、跟踪服务、风险防控、奖惩机制、机构建设、优化乡村治理等十个环节,建立健全管理流程、实施细则、评价机制,初步形成“劝耕贷”推行的标准版。截至 2017 年底,累计办理“劝耕贷”业务 550 户,发放贷款 2 亿元。

【深化财政重点改革】深化预算管理制度改革。完善政府预算体系,加大政府统筹范围。2017 年在全县所有部门全部开展三年滚动预算编制工作。拓展预算编制年限,由一年增加到三年,加强三年支出的统筹谋划,提高预算管理的前瞻性和可持续性;完善预算编制方法,按照“先定政策,再排支出”的思路,加强政策、业务和预算三个方面的有机结合,实现总量控制与结构优化的衔接统一。开展预决算公开工作,全县 56 个一级预算单位在县政府信息公开网和各部门网站上同步公开部门预决算和“三公”经费预决算信息。2017 年全县“三公”经费预算 2258 万元,同比下降 22%。推行乡镇财政管理体制改革。开展《东至县乡镇财政管理体制实施办法》运行成效评估,及时发现存在问题。通过中期调整,完善乡镇财政体制结算办法,及时纠正乡镇“重资金调度、轻财政发展”的错误理念,增强乡镇“一级政府、一级财政”的观念,促进乡镇量财办事、量力而行,调动乡镇抓经济、促发展的积极性。推进国库集中支付制度改革。全县共有 145 个单位纳入“平台一体化”系统,全年通过平台办理支付业务 18943 笔,支付资金 11.3 亿元。其中通过财政直接支付方式办理业务 8.86亿元,授权支付办理 2.47 亿元。从覆盖单位、资金范围以及运行规范化来看,相比 2016 年进一步扩大和提升。支持医药卫生体制改革。加强公立医院改革经费保障,全县公立医院财政落实政策投入资金2408万元。强化基层卫生院改革投入,调整乡镇卫生院预算管理方式,取消收支两条线,实行定项补助,全县乡镇卫生院投入补助资金3944万元。加大新农合资金筹资力度,积极落实国家对新农合筹集资金提标政策,筹资2.9亿,其中县级配套资金2329万元。支持县域医共体建设,制定医共体按人头付费实施方案,按照“总额控制、超支不补、结余留用”的方式,依据县域医共体试点运行绩效考核结果进行结算。推进融资体制改革。推进县政府融资平台公司市场化转型,组建安徽安东投资控股集团有限公司,将城市经营投资、交通投资、教育投资、水利投资等平台公司和保安服务等县属国有公司,整合为集团公司的子公司。剥离融资平台公司的融资功能,进一步厘清政府与市场关系,完成企业债务与政府债务的切割。

【全面推进民生工程】2017年,全县民生支出26亿元,占财政总支出的86.5%,其中33项民生工程县级配套资金1.8亿元。全年财政投入农林水事务资金5.3亿元。强化惠农补贴资金管理和“一卡通”打卡发放工作,全年共发放补贴资金3.31亿元,受惠农户15万余户。在扎实开展种植业基本品种的基础上,积极拓展特色农业保险品种,构筑约20亿元风险保障,全年赔付资金813.45万元。扎实开展村级公益事业建设一事一议财政奖补工作,全年共批复一事一议项目158个,累计投入1994.1万元,其中财政奖补资金1520万元,项目覆盖全县22个贫困村。在用好专项资金基础上,整合各类涉农资金向美丽乡村建设点倾斜,全年共拨付4822万元资金用于三线三边整治、美丽乡村工程建设。全面完成7个乡镇政府驻地建成区整治建设,9个省级中心村、19个县级中心村建设任务。全年拨付扶贫专项资金4118.43万元,其中拨付22个贫困村产业发展项目资金1777万元、农村道路畅通工程928.6万元、健康脱贫资金876.6万元。加大小额扶贫贷款发放力度。为2739户家庭发放扶贫小额贷款13367.2万元。根据《东至县精准扶贫产业到户帮扶项目暂行办法》,统筹安排200万元专项资金支持非贫困村贫困户的产业到户项目发展。全年完成社保基金总收入8.86亿元,完成预算的114.6%,增长17%,为社保基金的健康运行提供保障。农村低保由原来的人均补差198元/月提高到214元/月,城市低保由原来的人均补差390元/月提高到410元/月,审核下拨城乡低保、五保、孤儿等补助性资金6910.5万元。筹集就业再就业资金2540万元,保障各项再就业政策落实。其中落实灵活就业人员社会保险补贴595万元,支付培训、鉴定、职介补贴114万元。提高大学生特岗和公益性岗位人员的补贴标准,拨付补贴878万元;扶持公共就业服务,拨付补贴210万元。全年审核救助符合条件的残疾人对象11342人,发放救助资金818.9万元。积极推进棚户区改造,拨付棚改资金1312万元。全面完成省下达的1350户农村危房改造任务,并超额完成211户。拓展山区库区农村住房保险。全年参保户数12.86万户,理赔511户,赔付资金143.9万元。拨付义务教育公用经费3890.9万元,发放免费教科书41434人,补助资金423.9万元,为5998人发放寄宿生生活费补助327.9万元。完成10个校舍维修改造任务,改造面积34700平方米。为198人提供中职学校国家助学金19.8万元,为4088人提供普通高中国家助学金423.4万元,中职学校免学费164.6万元,普通高中免除学杂费81.2万元。各文化馆、图书馆、文化站总藏书量达到22万余册(件),正常免费对外开放。文化信息共享工程投入资金46.8万元,完成“送戏进万村”468场,农村放映电影2808场,开展体育活动234场。

【防范财政运行风险】印发《东至县人民政府关于进一步加强政府性债务管理的通知》,严禁利用PPP、各类政府投资基金等方式违法违规变相举债。推进政府债务绩效评价管理,聘请第三方中介机构对上年度新增债券资金安排项目进行绩效评价,切实提高政府债券使用效益。积极争取地方政府置换债券,累计置换17.09亿元,有效缓解东至县即期偿债压力。扎实推进县财政局内部控制建设工作,印发《东至县财政局内部控制制度汇编》《东至县财政局内部控制操作规程》,按照内控制度和操作规程要求,深入推进科室、单位内部控制建设,切实规范财政管理。开展乡镇财政财务互审业务,提升乡镇财政依法理财能力。深入推进“小金库”治理长效机制建设,认真做好“小金库”问题举报线索核查工作。组织开展“秸秆禁烧和综合利用”“计划生育专项非打卡资金”等专项资金使用和绩效情况的检查。开展会计监督和全县机关单位财务检查,共查出资产、负债、费用支出等不实资金70.71万元,查缴非税收入95.25万元。创新工作方式,依托省、市公共资源交易平台,启动网上商城采购工作,全年网上商城采购14笔、金额152万元;正式启用网上全流程电子化交易系统。全年完成采购项目148项20873万元,节约资金2993万元,节约率14.3%。优化评审流程,提高评审效率,为政府性投资项目预算管理的合法性、真实性和效益性把好关。全年共评审预决算项目585个,送审金额15.39亿元,审减金额2.29亿元。加强惠农补贴资金监督检查工作,严格执行“六到户、八不准”工作纪律,及时调查处理和反馈农民群众反映的问题,确保惠农补贴资金各项政策落到实处。全年纳入监管平台资金11.45亿元,实现乡镇财政资金监管全覆盖。加强农村“三资”管理,提升村级财务管理水平。

石台县财政工作概述

【概况】2017年,全县一般公共预算收入累计完成2.6亿元,增长8.5%;一般公共预算支出累计完成11.73亿元,增长5.4%。

【财政收入管理】加强收入分析调度,认真测算、合理安排财政收入任务,并下达至各征管部门和乡镇,做到分解早、任务明、责任清。充分调动乡镇和征收部门组织财政收入积极性和主动性。加强税源征收管理,加强对重点行业、重点企业税源的监控,做到应收尽收。加强非税收入征管,实行以票管收,保障非税收入及时足额入库,提高财政收入质量。

【服务经济发展】推进首位产业整合。全年整合旅游发展专项资金10900万元,推动牯牛降景区、蓬莱仙境景区等基础设施改造更新;成立石台旅游发展股份有限公司,合力打造牯牛降综合旅游休闲度假目的地。促进实体经济发展。为企业提供过桥资金,充实担保公司注册资本金,发放“4321”新型政银担贷款,组织规模以上企业挂牌四板培训。加大重点领域投入。全年重点项目投资11.9亿元,保障基础设施、市政建设、扶贫、交通及旅游等重点领域投入。

【民生工程实施】33项民生工程累计投入资金5.15亿元,民生工程任务全面完成。出台义务教育经费保障机制实施办法,全年教育累计支出1.49亿元,各类社保资金2.5亿元,帮扶困难群体及城乡居民就业创业,稳步有序推进机关事业单位养老保险改革。

【农业农村发展】落实惠农强农政策,完善“一卡通”财政补贴农民资金实名制管理系统。加大农业综合开发投入力度,整合农业综合开发项目资金支持乡村旅游扶贫工程项目建设。扎实推进脱贫攻坚,制定脱贫攻坚资金整合清单、项目任务清单和资金绩效清单,全年统筹整合涉农资金1.8亿元用于脱贫攻坚,占纳入整合资金规模的87.2%。

【国有资产管理】拟定投资控股集团公司组建方案,推动融资平台公司市场化运作。出台《关于石台县县属行政企事业单位国有资产处置有关事项的补充通知》,要求限额上国有资产处置在县公共资源交易中心交易。对全县行政事业单位国有资产进行处置。实现政府投资性项目形成的房产信息化管理,完成全县事业单位及事业单位所办企业国有资产产权登记填制和发放工作。支持国有林场改革,对县国有林场资产清查立项批复,并对审计报告进行初审。

【财政监管改革】突出政府债务监管。建立健全债务风险应急处置工作机制,成立县政府性债务管理领导小组,出台政府性债务风险应急处置预案。完成违规担保和以购买服务名义违规融资整改,防范和化解债务风险;完成政府性债务投资项目形成的资产清查登记工作;清理债务余额,缓解当前债务置换压力。规范政府采购行为。按照政府采购目录和标准,完成采购项目节约资金0.58亿元,资金节约效果明显。完善乡财资金监管。进一步完善乡镇财政资金监管信息通达、公开公示、抽查巡查等重点环节制度和流程图,包村干部监管涉农资金工作有序推进,切实加大对乡镇资金监管。

【财政队伍建设】深入开展“两学一做”教育活动,推进基层党组织标准化建设,强化宗旨意识,变“管理”为“服务”,进一步增强党员干部的政治意识、大局意识、核心意识、看齐意识。严格执行中央八项规定精神和省市县有关要求,常态化开展明察暗访、走访巡查,加强机关效能建设和政风行风建设,切实提高履责服务担当能力。深化财政文化建设。进一步巩固和深化文明创建成果,积极开展选派联系村结对帮扶、红色基地学习教育、困难职工慰问、硬笔书法比赛等形式丰富的活动,切实提高集体意识和责任意识。

青阳县财政工作概述

【概况】2017年,青阳县财政局凝心聚力,稳中求进,改革创新,惠民求实,较好地完成各项工作任务。全年财政收入完成14.8亿元,完成调整预算的100%;公共财政预算支出19.57亿元,其中:民生类支出16.94亿元,占财政支出的86.5%。荣获全县综合绩效考核工作A类单位、基层组织建设工作先进单位、综治工作暨建设“平安青阳”先进单位、计划生育综合治理工作先进单位、双拥模范县“七年冠”创建先进单位、招商引资工作优胜单位,党风廉政建设责任制被县委、县政府通报表彰。

【支持经济发展】支持重点项目建设,拨付重点项目和基础设施建设资金6.9亿元。促进产业结构升级,拨付企业发展和奖励资金3313万元。推动全民创业就业,发放小额担保贷款1500万元,拨付贴息资金328万元,补助就业培训补贴资金413万元。推进美丽乡村建设,安排美丽乡村财政专项资金6415万元,整合涉农资金8415万元。

【倾力保障民生】深入推进33项民生工程,投入资金4.86亿元,其中:县级配套资金6133万元。严格落实强农惠民政策,发放涉农补贴资金1.2亿元,拨付农业综合开发资金1040万元,“一事一议”财政奖补资金1022.99万元,政策性农业保险财政补贴资金103万元。持续加大社会保障力度,安排医疗卫生专项资金6295.51万元,低保资金3027.7万元,救助资金782.56万元,被征地农民养老保险825.3万元,“老字号”群体工龄补助资金637.9万元。全力支持脱贫攻坚,统筹整合涉农资金支持脱贫攻坚,扎实开展资产收益扶贫项目,加强财政专项扶贫资金的管理与监督,安排财政扶贫资金4874.37万元。

【加快改革步伐】开展财政存量资金清理,建立财政存量资金定期报告制度,收回超过两年未使用的财政资金4426.65万元。盘活国有资产,整合县级国有公司,组建集专业化、市场化的投资、融资、建设、经营为一体的建设投资集团。加强财政资金管理,制定《关于进一步加强财政资金管理的实施意见》,推行乡镇包村干部监管涉农资金工作,开展行政事业单位内部控制报告编制和内部控制基础评价。常态化开展私设“小金库”和滥发津补贴专项整治,印发《关于全面构建“滥发津贴补贴”防治长效机制的意见》和《关于全面构建“小金库”防治长效机制的意见》,实行年度承诺公示制度、常年受理举报制度、公开曝光制度、部门协作配合制度。

【强化财政监督】加强财政内控建设,制定出台内部控制基本制度、八个专项风险管理办法和内部控制操作规程。建立内部审计机制,对县财政局机关的财务支出、预算、决算执行、固定资产的管理和使用以及各股室专项资金的拨付、管理和使用情况进行监督和审计。建立巡查和约谈机制,制定《青阳县财政系统岗位巡查制度》和《青阳县财政局党风廉政建设约谈制度》,对工作效能进行暗访巡查,进行不定期约谈,做到警钟长鸣。推进党建标准化建设,围绕“打造阳光财政品牌,创建七心党组织”,修订品牌理念,丰富品牌内容,设计品牌标识,建设党员活动室、文化长廊、公开栏和电子显示屏,建立微信公众号,编印宣传手册,制作宣传PPT,不断提升“阳光财政”党建品牌影响力。

贵池区财政工作概述

【概况】2017年,全区财政收入完成28.5亿元,占年初预算100%,比上年增收1.78亿元,增长6.6%,其中地方财政收入17.5亿元,占预算数的102.49%。全年完成财政支出35.45亿元,占年初预算的124.6%,比上年同期下降2.3%。

【狠抓收入征管】2017年,在大力培植壮大地方财税源同时,加大组织收入和入库力度,确保财政收入继续保持稳定增长势头。制订收入计划,年初深入各镇(街、区)开展财政收入调研,认真分析税源、财政收入结构,正确研判经济新常态对财税收入影响,科学合理制定全年财政收入预算。按照区十六届人大一次会议通过的财政预算和政府考核财政收入目标,及早将任务分解下达到财税部门、各镇(街、区)和各基层征收单位,确保收入任务落实。将组织收入入库工作纳入政府主要考核目标,实行定期督办、年终考核。组织召开财税分析会,分析全区经济运行情况和财税工作面临的形势,协调解决问题,确保收入按时间和计划进度均衡入库。2017年财政收入基本保持8%左右增长。积极组织非税收入,继续严格执行“收支两条线”管理,推进非税收入管理系统建设和财政票据精细化管理,规范非税收入监管;加大监督检查和征管力度,抓好土地出让收入、收费收入和其他非税收入征收管理,确保非税收入依法征收和足额入库。2017年非税收入完成7.5亿元,占地方公共财政预算收入的42.9%。

【强化支出管理】严格按照《预算法》等法律法规

的规定，切实提高预算约束力，细化项目支出预算编制，完善公用经费定额标准体系，严格控制“三公经费”预算调整追加，杜绝公款吃喝、超标准接待等铺张浪费行为，确保相关支出特别是“三公经费”预算逐年下降。按照“先重后轻，先急后缓”的原则，统筹安排各类资金，保障重点工作经费，压缩消费性支出，降低行政成本，保证工资、运转、民生、公益事业等重点支出需要。加强监督检查，进一步完善财政监管机制，建立健全内部管理制度，促进财政管理向制度化、规范化、精细化发展；规范财政收支行为及各项操作流程，着重加强对项目支出的管理，严格按批准的计划实施，确保专款专用，提高资金使用效益。

【推进财政改革】将政府债务纳入年度预算，严格限定政府举债程序和资金用途，坚持限额管理与风险防控相结合的总原则，有效防范化解财政运行风险，将贵池区政府债务风险保持在安全区域。拓宽政府采购渠道，提升政府采购效率，降低采购成本，提高服务质量，促进政府采购更加公共透明，2017 年 6 月网上商城政府采购在贵池区全面启动，截止年底，网上商城采购 288 笔，成交额 388.96 万元，节约率 7.1%。深入镇街开展财政体制改革调查研究，分析收入规模和结构，综合考虑各镇街建议和上一轮体制执行情况，确定镇街园区基本支出的规模，制定区镇街新一轮财政体制。全面推进会计集中核算向国库支付转轨，进一步规范国库集中支付财政一体化平台资金支付审核管理，规范业务操作流程，强化资金支付风险防控，加强财务监管。

【提升惠民实效】全区民生支出完成 30.7 亿元，占财政总支出比重的 86.5%，其中：继续实施省定 33 项民生工程投入资金 10.28 亿元，支出结构进一步优化，公共财政职能进一步体现。支持教育事业发展，教育支出完成 6.2 亿元，用于农村中小学薄弱学校改造、校舍维修、城乡义务教育经费补助、发放国家助学金等方面。支持卫生事业，医疗卫生支出完成 3.88亿元，主要用于基层卫生改革、基本公共卫生服务、城乡医疗救助、计划生育服务等方面。支持社会保障和就业事业，社会保障和就业支出完成 5.1 亿元，确保社会稳定。支持改善人居环境，投入资金 1443.7 万元，支持农村“一事一议”财政奖补项目；投入 3670.9 万元用于保障性安居工程、棚户区改造和农村危房改造建设。支持基层党建工作，安排村级组织运转经费 1085 万元，兑现村干部和离任村干部工资 2944 万元，巩固基层党组织的堡垒作用。兑现惠民利民政策，积极创新惠农资金发放监管服务机制，通过“一卡通”发放涉农资金 2.55 亿元。一些事关群众切身利益的突出问题得到有效解决，群众获得感和满意度显著提升。

【加强扶贫资金监管】加强对扶贫资金使用情况的监督检查，全面规范扶贫资金的分配、使用和拨付管理。各级财政安排贵池区扶贫专项资金 4741.99 万元，其中：中央扶贫专项资金 1716.2 万元，省级扶贫专项资金 710.93 万元，市级扶贫专项资金 192 万元，区级扶贫专项资金 2122.86 万元（本级预算安排 2000 万元，清理盘活财政存量资金 122.86 万元）。截止 2017 年末，区财政拨付各级资金 4741.99 万元，地方债扶贫资金 3094 万元。

【加强队伍建设】深入开展“两学一做”学习教育常态化制度化和基层党组织标准化建设工作。结合财政工作实际制定实施方案、学习方案、工作计划，将“两学一做”常态化制度化和基层党组织标准化建设纳入财政重点工作同部署、同实施、同检查，修订《三会一课制度》等 10 项制度，重新制定《党员活动日制度》等 11 项制度，全面规范区财政局党组织生活。推进党风廉政建设和反腐倡廉工作。对 19 个基层财政分局 2016 年以来的财务收支、八项规定及区委要求贯彻落实情况、有无“小金库”及违反财经纪律等情况进行全面督查、检查；积极开展廉政谈话、廉政文化进机关进家庭活动，并与基层财政分局、二级机构、各科室负责人签订《2017 年党风廉政建设目标责任书》，层层落实党风廉政建设责任制，人人肩上有担子，个个心中有责任。推进文明创建工作，2017 年 6 月，区财政局获“安徽省第十一届省级文明单位”称号，连续第 7 次获此殊荣。

九华山风景区财政工作概述

【概况】2017 年，全区实现财政收入 5.27 亿元，同比增长 7%，其中：地方一般公共预算收入 4.84 亿元，同比增长 3.7%；上划中央收入 4257 万元，同比下降 20.3%。全年完成财政支出 5.34 亿元，完成年初预算 106.5%，其中八项支出 5.1 亿元，同比增长 17.3%，增支 7530 万元。

【财政收入】积极支持落实管委会大营销政策，

游客市场进一步扩大。全力拓展动车直达城市的营销点,积极组织各地的旅游营销活动,进一步拓展旅游市场覆盖面,游客量和门票销售收入不断增长。强化收入预期管理,坚持财税联席会议制度,每月定期召开财税联席会,与国税、地税、门票等征收部门联系协调,重点开展面对面的收入调度,确保做到收入均衡入库。强化目标管理和争取上级资金,全年共向上争取项目资金1768万元,为景区建设提供有力的资金保障。会同国土、建设部门做好土地出让挂牌、土地出让金征收工作,全年共征收土地出让金795万元。全年审核拨付土地征收拆迁补偿款、土地报批费用等约1805万元,支付贷款利息支出42.55万元。

【财政支出】进一步加大基本建设资金管理力度,资金使用效益得到提高。加强政府性投资项目管理。将政府性投资项目纳入年度计划,从源头控制项目安排。按照《风景区财政性投资零星工程管理暂行办法》要求,规范财政性投资零星工程审批程序,提高资金使用效益。全年审批各类零星应急工程项目14个,总投资274万元。加强资金管理,严把资金决算审核关。2017年风景区财政性投资基本建设支出5513万元。对竣工验收的工程,在建设单位提供审价申请和竣工决算(结算)资料后,及时委托中介机构进行价格审查。2017年共完成工程价格审核项目48个,送审额1046万元,审定价为922万元,核减资金124万元,平均核减率约为12%,最大限度节约财政资金。

【惠农措施】及时足额审核发放各类涉农补贴资金。认真落实中央惠农政策,与及各相关职能部门密切配合,认真审核并及时发放各项财政补贴农民资金。2017年通过“一卡通”系统分24批次打卡发放14类涉农补贴共1421.73万元,涉及发放8749户次。大力推进已批农发项目实施。完成九华镇生态综合治理项目建设任务、市县两级验收、工程审价决算和跟踪审计和移交管护工作,项目完成总投资330.6万元。完成2016年度池州市九华山风景区年产10吨九华佛茶扩建项目建设并通过验收。完成投资129万元,财政补助资金64.4万元全部拨付。完成2016年九华乡生态综合治理项目建设,该项目于2017年2月正式开工,并于年末通过市县两级验收。组织2018年度农发项目申报,规范项目申报程序,对风景区符合申报条件的单位进行调查,建立项目库。风景区2018年获批一个由九华镇申报的生态综合治理项目和一个由神光岭生态农业公司产业化项目,争取财政资金557.2万元。全面落实乡镇包村干部参与涉农资金和涉农项目监管,乡镇包村干部全过程参与涉农资金发放和涉农项目管理实施,并履行相应手续,确保监管扎实有效。

【民生工程】注重民生工程资金筹措,保障资金及时到位。建立民生工程资金首位预算制,根据民生工程建设内容,及时做好资金测算,纳入财政预算,为民生工程建设提供有效资金保障,2017年九华山风景区总投入资金3717万元,组织实施23项民生工程,本级财政安排拨付民生工程配套资金2000万元。注重部门协作,落实民生工程建设责任。召开风景区民生工程工作会议,与牵头实施单位签订民生工程责任书,将民生工程任务落实到部门,同时将工作完成情况纳入风景区综合目标考核内容。创新宣传方式,进一步提升民生工程知晓度。依托政务网、民生网、旅游网、九华山论坛及乡镇、社保等单位主页,组建民生宣传网络“站群”,多种形式动态更新民生资讯。建立“宣传牌+海报”户外宣传矩阵,在村居、学校、公交站点等人口密集区域设立宣传栏15个、宣传牌50块,张贴宣传海报,解读民生政策。全年发放民生工作宣传册7200份,宣传品1000份。继续完善监督检查机制。组织市人大代表、市党代表、市政协委员组成的民生工程特邀监督员开展视察活动4次,强力推进民生工程实施。继续实行“一月一督查、一月一通报”制度,把民生工程纳入党工委、管委会督查体系,及时掌握工程进展情况,协调解决工程推进中的问题。九华山风景区2017年实施的23项民生工程全部完成建设任务。

【国有资产监管】规范国有企业管理,修订完善章程。根据《安徽省国有企业基层党组织建设标准(试行)》第34条规定,根据要求,审核并修订集团公司和开发公司的国有企业公司章程。围绕管委会重点建设项目,积极筹措调配资金。根据党工委、管委会工作部署,为确保九华山旅游集团公司运营建设资金的需要,促进集团公司稳步健康发展,积极协助集团公司通过多渠道筹集资金,力求合理调配资源,强化资金管理。2017年,集团公司通过上海证券交易所和中国银行间市场交易商协会先后完成超短融、公司债和中期票据等直接融资7亿元,有效缓解集团公司资金需求的压力。配合做好集团公司增资工作。主动对接,引进高新投公司作为战略投资者,实施资产重组,通过股权融合、战略合作、资源整合,进一步增强九华山集团营利功能。积极盘活资产,认真做好资产租赁工作。为确保国有资产的安全、完整,保值增值,积极协同新区开发公司将16处国有房产公开对外拍租,实现租金收入249.69万元。新区开发公司全年实现国有资本经营收入305万元。开展九华山风景区管委会政府性债务及债权自查工作。截至当年,管委会政府性债务余额为8.69亿元,其中政府直接承担偿还责任的为0.95亿元,政府承担担保责任的债务为7.74亿元(债务数据来源九华山风景区管委会地方政府性债务系统汇总表,含财政新增部分,酸雨项目数据属系统数)。认真做好涉及公务用车制度改革车辆处置工作。根据《九华山风景区公务用车制度改革实施方案》,认真做好涉改车辆处置工作,全面完成管委会车改办移交的41辆车辆拍卖处置工作,共拍得收入148.6万元,扣除相关费用后已全部缴入国库,并做好涉改的71台车辆资产处置工作。

【机关建设】认真开展"两学一做"常态化制度化和"讲政治、重规矩、作表率"专题警示教育工作。按照党工委要求,结合工作实际,及时印发方案,召开专题研讨会,开展谈心活动,认真撰写对照检查材料,召开专题民主生活会和组织生活会,针对梳理的意见和建议制定整改清单并及时整改落实到位。开展基层党组织标准化建设工作。根据党工委要求,多次召开专题党组会议,开展基层党组织标准化创建工作,投入3万余元建设财政处党员活动室,组织党员开展奉献日和革命传统教育,丰富活动载体。加强党风廉政建设,开展廉洁从政教育,参观廉政教育基地和观看警示教育片,进一步提高干部职工廉洁从政意识。结合"讲重作"专题警示教育工作,强化执纪意识,力求实现财政收支全过程管理和实时监控预警。深化文明创建,建立卫生保洁常态化机制,定期到财政处责任区开展保洁;建立共创共建常态机制,继续与共建寺庙保持联系,指导开展文明创建工作,带动共同提升,组织开展志愿者服务、"清白行动"、困难党员和困难群众帮扶等活动,切实提升创建水平。

安庆市财政工作综述

安庆市财政工作概述

【概况】2017 年,全市财政总收入 290.9 亿元,为预算的 100.4%,比上年增长 8.7%。其中,地方财政收入 121 亿元,为预算的 106.9%。加省补助、上年结转等收入 288.1 亿元,预算总收入 409.1 亿元。全市公共财政支出 373 亿元,加体制上解、年终结转等支出 36.1 亿元,预算总支出 409.1 亿元。

【财政预期管理】确保财政收入依法征管、均衡入库,实现财政收入有质量、可持续增长。财政收入圆满完成年度预算,税收收入占财政收入的比重达到 86.2%,比上年提高 4.6 个百分点。财政支出保障有力,预算单位一般性支出压减 5%,"三公"经费支出下降 9%,压减资金用于保障扶贫、民生等重点支出。县域财政整体向好,7 个县(市)、区财政收入超过 10 亿元,其中桐城市超过 25 亿元。

【支持实体经济】积极发挥财政资金引导作用,安排 10 亿元兑现产业奖补政策。全面落实小微企业税收优惠政策,继续清理规范行政事业性收费,落实阶段性降低社保缴费政策,减轻企业负担。继续深化新型政银担合作,全年预计在保余额 57 亿元,支持企业超过一千户。发挥续贷过桥资金作用,全市续贷过桥资金周转贷款金额 120.4 亿元,扶持企业 2529 户,全年周转率达 19.5 次。深入推进创业担保贷款,全年新增贷款 3 亿元以上,支持 3000 余人成功创业。树立"既要金山银山,更要绿水青山"理念,全年节能环保投入 10.7 亿元。出台《安庆市大别山区水环境生态补偿办法(试行)》,在全市范围内尝试建立跨界水环境区域生态补偿机制。

【投融资和金融工作】加快建设多层次资本市场,全年新增上市辅导备案企业 6 家、新三板挂牌企业 8 家。太湖县集友股份在上海证券交易所首发上市,成为资本市场支持脱贫攻坚新政全国首家企业,得到省委、省政府主要领导充分肯定。全年新增贷款 236 亿元,增长 17.6%,实现直接融资 150 亿元,均超额完成省定目标任务。继续加大 PPP 模式推广与运用,全市新增落地项目 11 个,新增投资 60.7 亿元,省政府通报表扬安庆市在推广政府和社会资本合作(PPP)方面真抓实干、成效明显。

【基本民生保障】33 项民生工程投入资金 126.4 亿元,各项任务全面完成。进一步健全工程类民生工程建后管养机制,完善人大代表、政协委员督查巡查工作机制。统筹安排资金 67 亿元,支持义务教育均衡发展,加快发展学前教育和职业教育。多渠道筹措资金 4.7 亿元,妥善解决市属高职院校历史债务。加大对高职院校投入,生均经费提高到 1.2 万元。提升基本公共卫生服务水平,新农合和城镇居民医保参保财政补助标准提高到 450 元。安排社会救助资金 9.6 亿元,推进农村低保标准和扶贫标准"两线合一"。市财政统筹安排补贴资金 9540 万元,用于购买公益性岗位、扶持不同群体就业创业和支持失业人员再就业。调整兑现企业职工和事业单位退休人员养老金待遇，全面启动机关事业单位养老保险改革。

【城乡一体发展】支持城市基础设施建设，全面提升中心城市能级。投入资金13亿元，支持206国道等一级公路建设。拨付资金1.5亿元，支持天柱山机场航线扩展到11条。筹措建设资金近百亿元，城区改造棚户区248万平方米、老旧小区167万平方米。助力创建全国文明城市，支持环卫一体化管理和城市执法体制改革。加大扶贫资金投入，出台安庆市产业、小额信贷、资产收益支持脱贫攻坚若干政策，各级财政安排扶贫资金19.4亿元。新增扶贫小额信用贷款27.8亿元，惠及8.1万贫困户。支持资产收益扶贫，贫困村集体经济增收3163万元，带动贫困人口增收7069万元。整合资金14亿元，支持美丽乡村建设。深入推进政策性农业保险，赔付保额近亿元，受益农户近20万户次。投入资金1.2亿元，开展国家扶持村级集体经济发展试点项目130个。统筹资金1.9亿元，实施“一事一议”财政奖补项目1183个。

【财政管理】出台《安庆市财政事权和支出责任划分改革工作实施方案》，进一步明晰市以下政府职责和义务。推进平台公司市场化转型，完成平台公司资产、债权债务和人员划转等工作。推进国有企业“三供一业”及办社会职能分离移交工作。出台《安庆市政府性债务风险应急预案》，建立健全政府性债务管控工作机制。组织开展地方政府融资担保清理整改工作，规范融资担保行为。继续推进支出绩效评价，组织市直单位开展项目自评，委托第三方中介机构实施重点评价。加大财政存量资金盘活力度，统筹用于脱贫攻坚、民生工程和基础设施建设等领域。认真组织学习党的十九大精神，深入开展“两学一做”学习教育和“讲重作”专题教育活动。进一步加强财政系统党风廉政建设，改进工作作风，增强干部履职尽责能力，市财政局荣获第十一届全省文明单位。

（李飞）

桐城市财政工作概述

【概况】2017年，全市财政收入完成26.37亿元，同比增长8.9%。全市财政支出完成45.17亿元，比上年多支6.6亿元，完成全年各项财政工作任务，有力促进全市经济社会各项事业健康发展。

【财政引领】全面落实产业扶持政策。建立“1+3+8”扶持产业发展政策体系，积极落实“三去一降一补”政策，推进企业供给侧结构性改革，支持中小微企业发展。对制造强省项目、促进工业发展项目、绿色农业发展项目、现代服务业及土地使用税予以奖励。优化财政金融政策，投入资金2436万元，持续加大对政策性融资担保机构的资本金注入，降低担保费率，扩大对中小微企业融资担保，截至2017年末，全市在保余额近18亿元。积极推行“政银担”、“税融通”新模式，累计发放政银担贷款6.57亿元、税融通贷款1.37亿元。发放过桥还贷资金34.55亿元，帮助企业解决融资难题。投入4500万元铺底资金，开展助保金贷款业务；投入990万元风险补偿金，开展涉农融资风险补偿金贷款，截至2017年底，全市助保金贷款在贷余额达1.7亿元，涉农融资风险补偿金贷款在贷余额3600万元。积极支持企业上市，2017年，新增新三板挂牌企业3家，1家企业主板上市完成备案。兑付上市奖励补助940万元，税收奖励200万元，实现直接融资17.34亿元。支持加快推进创业创新，发放小额创业担保贷款6570万元，安排贴息资金665万元，推动大众创业，支持万众创新；拨付资金871万元，支持开展电子商务进农村综合示范工作。引导民间资本参与基础设施建设，积极运用政府和社会资本合作（PPP）、政府购买服务等方式，鼓励引导民间资本进入基础设施、公共服务等领域，增强对经济增长的推动力。先后推动落地东部新城公共基础设施建设、城南污水处理厂二期及配套管网、G206小关至桐城段公路改（扩）建工程等9个PPP项目，提升桐城基础设施建设水平，有力促进桐城经济发展。

【民生保障】围绕“扶、建、救、保”四大路径以及“增收、就业、基础设施完善、救助、兜底”五大计划，累计筹措资金1.5亿元，重点支持产业到户扶贫、贫困户危房改造以及“351”、“180”政府兜底工程和扶贫小额信贷风险补偿金。坚持统筹兼顾，不断加大民生投入，着力解决和改善“学有所教、劳有所得、病有所医、老有所养、住有所居、农业和农村基础设施”等基本民生领域问题，建立“责任清单、问题清单、整改清单”的“三单”管理体系，推行重大问题和连续发生问题“约谈”机制,完善分类指导和考核评价机制。2017 年,全市 32 项民生工程累计投入 13.6 亿元,接近全市财政支出的三分之一。

【城乡统筹发展】增加农业农村投入,推进城乡统筹发展。推进农村基础设施建设。围绕解决“出行难”、“吃水难”、“增产难”等难题,积极筹措资金 2.6 亿元,支持建设农村畅通工程 364 公里,解决 1.13万人的农村饮水安全问题,完成 1.68 万亩高标准农田整治;拨付资金 2209.83 万元,支持 206 个村(居)完成 208 个“一事一议”财政奖补项目建设。支持农村经济社会发展。全面落实党对农村工作的集中统一领导,拨付资金 5040 万元,保障村级基层党建和村级活动场所建设,并及时提高村干部工资待遇;筹措资金 2243 万元,支持村级集体经济发展;支持加快新型农村经营主体培育,推进农业供给侧结构性改革,支持推进农村“三变”改革试点,盘活“三资”、惠及“三农”;扎实做好惠农补贴兑付工作,累计通过“一卡通”发放各类补贴 3.94 亿元。支持农村人居环境改善。拨付资金 4505 元,支持 6 个镇 26 个中心村的美丽乡村建设和 1 个整治点整治;支持开展“三大革命”,基本完成陈年垃圾集中清运,秸秆综合利用率达 91.78%,完成 809 户农村厕所改造和南部新区污水处理厂及配套管网建设;投入资金 4313 万元,新开通 3 条农村公交班线,推动城乡公交一体化建设。

【财税体制改革】推进部门预算编制改革,初步建立起一套框架体系完整、内容有机结合、运转高效有序的财政资金分配、使用和管理机制。全面推行预决算公开,建立公开统一平台,扩大公开范围,细化公开内容。全面建立以国库单一账户体系为基础的国库集中支付制度;公务卡支付改革受到广泛支持,2017 年,公务卡支付额首次超过授权支付额;“营改增”试点全面铺开,推动试点行业经济效益提升,增强发展后劲;债务风险得到有效控制,限额管理、预算管理和风险控制等一系列制度执行有力,存量债务置换工作得到财政部推介。国有资产管理制度改革深入推进。建立完善公司法人治理结构和风险防控体系,进一步强化和规范市属国有企业监管,持续整顿规范国有资产管理秩序,完成经营性资产和产权证的移交,全面启动国有房产公开招租工作。政府采购范围、规模持续扩大。“宜采商城”正式上线运行,政府采购合同支持中小企业信用融资建设成效初显。机关事业单位养老保险改革深入推进。全市机关事业单位退休人员退休金全部通过社保渠道发放。

(黄玮程)

怀宁县财政工作概述

【概况】2017 年,怀宁县一般公共预算收入完成 20.33 亿元,占调整预算的 100.65%,同比增收 1.61 亿元,增长 8.62%。全县一般公共预算支出 31.52 亿元,占调整预算的 100.36%,同比增长 4.72%。

【增强财政实力】加强收入预期管理,围绕“进度达序时、增幅达要求、税比达标准”目标,加大组织收入力度,实现国地税征管信息共享,加强重点领域税源调查和风险评估,积极做好对策性政策研究,实现依法征收、应收尽收,均衡入库、提升质量。是拓宽融资渠道,成功发行 9.5 亿城投债,与各银行对接数个融资项目,实现放款 32.6 亿元,保障 G206 国道拆迁安置工程、高河大河综合治理工程县内重点项目建设;创新融资思路,促进城投平台与中电建等央企合作,成立津宁项目公司投融资实体,积极对接滨河等棚改项目。加大对上争取,争取上级转移支付 18.6亿元、省财政置换债券 5.88 亿元、新增债券2.91 亿元,投入支持政府公共服务,助力脱贫攻坚、农业基础设施等建设,有效缓解即期偿债压力,增强县级财政实力。

【助推经济发展】加大扶持实体经济力度,认真贯彻落实国家“营改增”及阶段性税费减免缓征政策,切实减轻企业负担,促进企业做大做强。加强与省市相关政策衔接,结合怀宁县经济发展特色需要,会同相关经济主管部门制订出台四大产业、电子商务、科技创新等中小企业发展专项扶持政策。全年兑现招商引资优惠政策资金 1.68 亿元,落实省市县企业发展专项资金 7600 万元,落实中小微企业政策性减税降费 1 亿余元,降低实体经济成本,培育经济增长新动能。放大金融政策工具效应,通过强化信贷考核和财政性资金存放调度,推动金融机构加大信贷投放,支撑实体经济发展。2017 年全县新增贷款 26.61 亿元,超额完成市定任务。持续提升融资担保实力,努力缓解企业融资难题,2017 年末担保公司在保企业 163 户,在保余额 8.26 亿元,其中“4321”模式 5.25 亿元;续贷过桥资金扶持企业 85 户,周转金额4.5亿元;发放45户企业税融通贷款1.2亿元。鼓励企业利用多层资本市场融资,企业上市挂牌取得新成果,中盛罐业、兴中包装新三板正式挂牌,张晓毛食品、福斯特公司在省专精特新板挂牌。扎实推进PPP项目,“三馆一中心”PPP项目初步建成,S238高河至黄墩段有序推进;县经开区及乡镇污水处理厂(站)项目启动建设。

【着力保障民生】优化财政支出结构,统筹财力安排,全年民生支出27.1亿元,增长4.75%。组织实施31项民生工程,全年投入14.3亿元,其中县财政投入2.45亿元。突出脱贫攻坚,拨付各级扶贫资金1.06亿元,发放扶贫小额贷款3.26亿元,实现2016年底未脱贫建档立卡贫困户全覆盖。增加支农投入,安排项目支出3.12亿元,统筹资金支持农田水利林业等基础设施建设,发放财政补贴农民资金2.82亿元,投入2559万元实施一事一议财政奖补项目235个。独秀现代农业园区累计完成高标准农田、生态治理及产业化发展等项目建设投资13.2亿元,建成高标准农田4万亩,蓝莓基地等园区基础设施日益完善,产业集聚效应明显,吸引50多家龙头企业和合作社落户园区。推进社会事业发展,坚持教育事业优先发展,投入1.4亿元,落实城乡义务教育保障机制。大力发展文化事业,安排专项资金400万元,实施文化强县项目15个;完善社会保障体系建设,加大社保基金征收力度,机关单位养老保险有序推进,低保、五保、残疾人等弱势群体救助力度进一步加大。支持基础设施建设,实施农村道路畅通工程400.38公里,投入资金1.12亿元。争取特色小镇专项资金2000万,支持石牌戏曲特色小镇建设。审核支付G206改建、高河大河综合治理征地拆迁补偿款及工程建设资金近11.05亿元。

【规范财政管理】推行绩效管理,构建单位自评、财政评价、第三方评价“三位一体”的绩效评价格局,重点评价涉及民生领域、社会关注度较高的项目31个,涉及资金9.56亿元,有效提升财政科学化、精细化管理水平。切实提高财政资金使用效率,持续盘活财政存量资金1.58亿元,统筹用于民生保障和脱贫攻坚。完善国库集中支付,坚持按照“横向到边,纵向到底”要求,将县乡两级所有预算单位的财政资金全部纳入平台一体化管理,财政资金支出实现规范化、透明化、信息化。加强财政库款管理,切实防范支付风险。规范国有资产管理,出台《怀宁县行政事业单位通用办公设备家具配备标准》,规范全县行政事业单位通用办公设备家具配备,整合国有集体企业监管职责,规范处置51个行政事业单位资产2259万元。加强债务管理,将一般债务和专项债务收入、安排的支出、还本付息、发行费用分别纳入一般公共预算管理和政府性基金预算管理。有序做好存量债务置换工作,切实减轻债务利息负担和即期偿债压力。

【强化财政监督】加强财政投资评审,完善财政投资评审流程,全年财政投资项目评审金额21亿元,核减额超过1亿元。扎实做好政府采购监督管理工作,完成政府采购6.79亿元,节约财政资金650万元。加大财政监督力度,县乡财政监督检查实现全覆盖,突出扶贫、企业改制等专项资金检查和乡镇财政财务大检查,进一步规范收支行为。结合巡视巡查整改,组织开展津补贴发放、公务接待等专项检查,促进预算单位财务支出规范化,保障财政资金安全有效使用。全面推进预决算和“三公”经费公开,增强预算透明度。加强乡镇财政资金监管,不断完善资金监管工作办法和流程,建立乡镇包村干部监管涉农资金机制,实现乡镇财政资金监管全覆盖,全年纳入监管平台的各类乡镇财政性资金累计5.63亿元。落实金融监管责任,针对重点行业、重点领域存在的隐患,开展非法集资风险安全隐患排查、广告资讯信息排查清理、宣传教育月活动等,营造防范非法集资违法犯罪的良好舆论氛围,引导广大干部群众增强风险防范意识,提高自我保护能力,优化地方金融生态环境。

【抓好队伍建设】持续推进“两学一做”学习教育常态化制度化,认真开展“讲重作”专题警示教育。扎实开展基层党组织标准化建设,严格规范党员发展、党员教育培训、党费收缴、组织关系管理等工作,健全“三会一课”、党员活动日、党务公开、组织生活会和民主生活会等制度。增强落实从严管党治党的政治自觉、思想自觉和行动自觉,完善两个责任工作机制,主动担负起直接主抓、全面落实的责任。严格贯彻落实中央“八项规定”精神,持之以恒纠正“四风”,深入推进党风廉政建设和反腐败工作,主动接受派驻纪检组监督,支持纪检组开展执纪监督问责工作。严抓效能作风,着力健全改进财政工作作风的长效机制,进一步梳理办事流程,减少中间环节、简化工作程序;牢固树立“在岗知责、在岗思责、在岗履责”的责任意识,着力打造财政干部“务实、高效、奉献”的良好形象,为财政发展贡献才智和力量。

(戴名胜)

潜山县财政工作概述

【概况】2017 年,全县一般公共预算收入完成 118920 万元,增长 8%,其中县级一般公共预算收入完成 75729 万元、增长 4.1%;全县一般公共预算支出完成 366825 万元,增长 11.6%。

【扶持实体经济发展】执行结构性减税和普遍性降费政策,落实政府性基金和行政事业性收费目录调整清单。完善加快工业、旅游业、电子商务、现代服务业和现代农业发展若干政策,兑付产业奖补资金 7075 万元,助力小微企业发展。倾力支持招商引资,巩固壮大财源。优化金融环境,综合运用考核奖励、财政性资金存放调度等方式,创新金融支持方式,推动信贷规模增长,实现新增贷款 10.59 亿元。推进银企对接,加大履约督查力度,银企对接履约 6.4亿元。完善汇丰担保公司法人治理结构和推进债权清收的同时,按规运作皖源担保公司,为 12 家企业提供担保 2410 万元。提高续贷过桥资金和助保金使用效率,累计发放过桥贷款 28.1 亿元,助保金贷款 1.29 亿元。推进企业上市(挂牌),出台《推进多层次资本市场建设促进脱贫攻坚实施方案》,着力培育上市(挂牌)后备企业,健全完善扶持政策,深化与国泰君安公司“一司一县”全面合作,推动企业改制上市。恒利机电新三板挂牌获批,雄峰实业等五家企业成功挂牌省股权托管交易中心。利用产业基金为企业“输血”、“造血”,安庆安元基金投资环美刷业 1000 万元,与佳明环保等企业达成深度对接意向。举办全县融资业务专题培训会,帮助企业提高融资能力。

【全力支持脱贫攻坚】优先保障脱贫攻坚投入,财政扶贫资金总投入 64221 万元。其中:整合财政涉农资金 53871 万元(中央、省、市、县专项扶贫资金 13568 万元,清理收回财政存量资金 4445 万元,整合其他涉农资金 35858 万元);安排债券资金 10350 万元,实现保障脱贫攻坚需要。深入推进扶贫小额信贷,出台《深入推进扶贫小额信贷工作实施方案》,综合使用小额直贷、合作发展、入股分红和“1 + 1 + N”信贷模式,发放扶贫小额信贷 43491 万元,促进 10171 户贫困户增收。安排风险补偿资金、贴息资金和保险费 7663 万元,支撑扶贫小额信贷政策实施。积极扶持村级集体经济发展,安排 1823 万元,选择 41 个村开展国家扶持村级集体经济发展试点;安排专项资金 565 万元,支持非贫困村集体经济发展。深化农村产权制度改革,出台《农村集体经济“三变”试点实施方案》,探索创新农村集体资金、资产、资源运行新机制。财政奖补 100 万元,帮助 11 个村“一村一品”建设。支持建成 32 个村级光伏电站。切实做好资产收益扶贫工作,安排 1200 万元作为 60 个贫困村的资产收益扶贫启动资金,入股到落户在贫困村的帮扶企业,并跟踪问效项目实施。

【强化民生政策落实】加大民生实事投入,支持 33 项民生工程建设,总投入 19.62 亿元。开展工程督查、重点调度、跟进管理,工程类项目顺利完工,补助类资金序时发放,保险类政策按规兑现,培训类项目提前完成。8 件实事工程和 29 项重点工程建设资金保障有力。拨付 13407 万元,支持学前教育发展、落实义务教育经费保障机制改革和改善高中办学条件。拨付 1560 万元,推进公共文化服务体系建设。拨付 279 万元,落实“四馆一站”免费开放工作。突出绿色发展理念,足额安排安全环保督察整改项目资金 8097 万元。支付社保基金 67623 万元。安排 3162 万元,在城乡环卫、城区污水处理和保障性住房建后管养等重点领域实施政府购买服务项目。安排农发项目资金 6073 万元,建成王河镇和梅城镇高标准农田、官庄镇、塔畈乡和黄铺镇小流域治理项目,实施黄铺镇土地治理和槎水镇小流域治理项目;安排现代农业项目资金 1086 万元,完成木本油料产业基地建设及抚育。拓展政策性农业保险覆盖面,实施扶贫特色保险,为建档立卡贫困户提供 2072 万元农业风险保障。推进农民合作社和家庭农场融资风险补偿试点,累计为 160 个新型农业经营主体贷款 5501 万元。支持农村“三大革命”、农村道路畅通工程和美丽村镇建设。通过“一卡通”发放惠农补贴 3.31亿元。出台《潜山县村级组织运转经费使用管理暂行办法》《关于村级组织基本运转经费中服务群众支出的若干规定》,完善和规范村级组织运转保障机制。安排一事一议财政奖补资金 2022 万元,支持 99 个村级公益事业项目建设。支持特色小镇建设,总结源潭镇全国建制镇示范试点经验,探索城乡一体化发展新路径。以解决村级环境治理为着力点,推进农村公共服务运行维护试点。

【加强财政收入征管】加强征收工作会商调度，因地制宜地分析预测税源变化情况，密切跟踪重点项目、新增税源和板块收入进展情况，既抓住重点税源，又管好中小税源，促进序时均衡入库。加强税收政策宣传，改善纳税申报服务，加大税务评估稽查力度，有效堵塞征收漏洞，促进税收收入稳步增长。完善税收综合治理机制，强化欠税清收力度，做到应收尽收，坚决杜绝有税不收、收取过头税和越权减免税。进一步扩大政府非税收入代理直征，加强对土地出让和国有资产（资源）处置等收入监管。推行政府非税收入电子化缴库管理，提高非税收入征缴效率。

【深化财政改革管理】进一步提高预算编制的科学性，推动部门预算与资产购置和政府采购的有机衔接，严格执行先预算后支出制度，促进预算执行精细化、均衡化。大力清理盘活财政存量资金，依法依规收回沉淀闲置资金，提升财政资金使用效益。对县直部门和单位一般性支出压减5%，统筹用于重点民生事业；“三公”经费同比下降14.9%。制定政府性债务风险应急处置预案，强化政府债务限额管理和风险预警管理，实施政府融资担保清理整改。加强公务卡结算管理。县投资公司申请发行10亿元的企业债获国家发改委批复，按规做好债券发行工作。政府与社会资本合作项目105国道野寨至桃花铺段改建工程、文化公园（一期）和13个乡镇污水处理项目（一期）签约实施，其中，13个乡镇污水处理项目已入选财政部第四批示范项目，市政和水系治理项目资格预审招标已完成。完成专项建设基金增资入股及股权变更。推进行政事业单位国有资产核查和国有企业调查摸底，出台行政事业单位国有资产配置、使用和处置以及出租出借实施细则，深化国有资产管理。扎实推进省委巡视反馈村级财务问题整改，强化村干法纪政策培训，开展村级财务检查、互查、督查，完善村级支出票据开具规定等五项制度，统一配备村级财务公开查询系统。深入推进财政扶贫资金专项检查，开展扶贫领域突出问题专项整治，对统筹整合使用财政涉农资金及项目实施情况进行检查，全面开展扶贫互助资金专项审计。开展农机购置补贴和易地扶贫搬迁项目资金管理使用、现代农业油茶项目、健康脱贫代缴参合资金返还打卡发放情况检查，实施电商扶贫等政策性项目申报审核，对政策性农业保险和新增债券等项目进行绩效评价。有效实施会计监督，对代理记账机构等会计信息质量进行检查。

【推进全面从严治党】积极适应全面从严治党的新要求，学习贯彻党的十九大精神和新党章，扎实推进“两学一做”学习教育常态化制度化工作和“讲重作”专题教育，通过书记上党课、邀请纪委和检察院人员培训、开展革命传统教育和警示教育等方式加强思想建设，强化新时代中国特色社会主义思想武装；严守政治纪律和政治规矩，贯彻执行《准则》和《条例》等党纪党规，坚持民主集中制，进一步严肃党内政治生活；建立健全全面从严治党工作机制，出台县财政局党组工作规则和加强财政意识形态工作的实施意见，通过“签字背书”、承诺结诺、专题调度等方式，压实“两个责任”和“一岗双责”。大力推进基层党组织标准化建设，机关党支部建设通过标准化验收；财政总支换届顺利完成；2名预备党员转正，实现多年来党员发展“零”的突破。持之以恒正风肃纪，加大执纪监督力度，不定期对廉政建设和作风效能等进行明察暗访，发现问题及时处理。

（袁先礼）

太湖县财政工作概述

【概况】2017年，太湖县一般公共预算收入89545.8万元，比上年实绩增加8795万元，增长10.9%，比年初确定的增长目标提高2.4个百分点，完成省口径84590万元，比上年同期增收6715万元，增长8.6%。其中：税收收入完成75263.7万元，占财政收入比重居全市第一；完成政府性基金预算收入72559.5万元。圆满完成年初确定的目标任务。全年完成一般公共财政支出364323万元，同比增支43806万元，增长13.7%，支出增幅居全市第一。完成政府性基金预算支出80523万元。全年13大类民生支出31.6亿元，同比增支3.8亿元，增长13.7%，占支出总额的86.7%。重点支出中：教育支出83022万元，社会保障37909万元，医疗卫生43090万元，住房保障10512万元。义教均衡发展成效显著，社会救助提标扩面，环境保护投入逐年增加，棚户区改造取得新突破。全县“三公”经费财政拨款支出1662.8万元，同比下降51.4万元，下降3%。

【民生工程】33项民生工程目标任务全面完成，

共投入资金10.6亿元,同比增加1.8亿元,其中县财政安排配套资金2.5亿元。实施农村道路畅通工程553.9公里;改造建档立卡贫困户危房3006户;解决31578人饮水困难;"351"累计保障5076人次,补偿医疗费用341.6万元;"180"工程累计保障59468人次,补偿医疗费用347.7万元;营养餐保障学生数35154人,累计补助2674.1万元;发放五保供养等社会救助资金9803.8万元,受助41583人;为困难群体办理法律援助案件834件。完成7个乡镇政府驻地建成区整治、9个省级中心村和5个市级中心村建设任务;更新改造小型泵站969千瓦、扩挖塘坝1395处、改造灌区末级渠系5万亩;为全县农村13.6万农户住房统一投保,保险赔付50.3万元;种植业承保56万亩、养殖业承保13877头、森林承保148万亩,保险赔付194.3万元;村干报酬保险和村级组织基本运转经费全面达标。培训建档立卡贫困人口及企业录用人员3030人,培训新型农民1050人、培训退役士兵121人;开发公益性岗位247个,高校毕业生就业见习岗位331个,超额完成年度目标任务。全年城乡低保累计发放28.2万人次,发放金额6434万元;新农合、城镇居民基本医疗保险享受待遇111.7万人次,补偿金额2.8亿元;;城乡医疗救助11万人次3016万元;发放高龄津贴12728人384.5万元。免除义教学生学杂费并补助公用经费41649人,补助义教困难寄宿生3789人,维修改造校舍25390平方米;发放国家助学金及补助1872.9万元;开展农村文化演出及体育活动565场,更新农家书屋出版物11656册。投资2986万元完成长河下游右岸泗水港段提防加固工程;投资360万元完成3座小型病险水库除险加固;新建农产品安全快检系统18套,食品安全检验室4家;完成棚户区改造3059套;天龙山庄小区整治全面完成。

【预算改革】推进预算管理改革,按照支出经济分类科目改革的要求,各单位将所有支出按政府预算经济分类和部门预算经济分类两套科目进行编制;大力压缩一般性支出,按照"一般性支出一律减少5%以上的目标"的要求,压减一般性支出1838万元。全面实施养老保险改革,全县246个单位"机关保"改革全部完成,3981名退休人员进入社保系统领取养老金4875万元,拨付养老保险周转金1200万元。所有村干和扶贫专干纳入企业职工养老保险范畴,全年拨付村干养老保险798万元。全面推进预决算信息公开,认真制订预决算信息公开方案,积极部署公开工作。在规定时间内完成82个财政供给单位的2016年度部门和三公经费决算及2017年度部门和三公经费预算的公开工作。对信息公开情况进行全面自查,对公开不规范的单位,督促其整改,直至达标。全年共盘活财政存量资金12791万元,收回历年结余结转财政存量资金5776万元,重新安排急需的支出,支持扶贫攻坚和重点项目建设。

【投资融资】集友股份成功上市效应明显。首期募集的2.55亿元全部投在太湖,集友产业园基本建成。宏宇五洲、金张科技、兴牧公司等一大批公司相继完成股份制改造,正稳步推进报会。光华铝业等12家企业在安徽省股权托管交易中心挂牌。国元证券在太湖县设立营业部,填补太湖县证券行业机构空白。

【金融运行】2017年,全县存贷款余额增速排全市第一,超额完成市政府下达的11亿元新增信贷任务。圆满完成县委、县政府确定的融资60亿元的目标任务,保障全县重点工程建设资金需要,申请9项融资,全年共提款33亿元;积极开展PPP合作,投资8亿元的105国道改建项目已进入实施阶段,投资15.1亿元的县经济开发区扩区(北片东区)项目招标结束,2018年2月份签订合作协议并举行开工仪式;有序开展非法集资和互联网金融风险排查,全县无一例重大非法集资案件。

【企业担保】全年完成担保257笔9.6亿元,开展"政银担"业务156笔6.9亿元,开展税融通业务9笔3960万元,过桥资金48笔1.9亿元。全县担保余额较年初增加8320万元,增长9.7%,放大倍数5.3倍,排全市第2位。通过低门槛、降费率,提高覆盖面,压缩办结时间,企业获得担保资金支持的成功率逐年提高,当年为小微企业减轻担保费负担约1500万元;政策性担保为客户减轻利息负担约911万元。及时办结,为企业减轻利息负担137万余元;积极开展反担保工作,为企业融资中出现的有实际投入无合规抵押提供担保800万元,有力支持产业融合发展,县担保公司被评为全省"十佳担保机构"。

【财政支农】全年筹措各类资金4.9亿元集中用于脱贫攻坚,其中投入专项扶贫资金17556万元,实现17个贫困村出列、27132名贫困人口脱贫,脱贫攻坚成效明显。按照"两不愁、三保障"和"五个一批"、"六个精准"的要求,紧紧瞄准67个贫困村和建档立卡贫困人口,围绕精准扶贫规划项目和十大工程目标任务集中实施,其中用于农业生产发展12331万元、农村基础设施建设27857万元,其他扶贫支出7330万元。投入6361万元用于全县67个贫困村的资产收益扶贫工作,带动村集体经济增收859.4万元。强化农村“三资”管理,继续规范涉农补贴“一卡通”发放,2017年,发放十三项35类补贴资金29573万元,发放“农业三项”补贴4704万元。农发项目扎实推进,全面完成2016年度农发项目11个,获批2017年农发项目14个,总投资4447.7万元,其中财政资金3938.6万元。牛镇镇、城西乡高标准农田建设项目稳步实施,晋熙镇小流域及小池镇生态综合治理项目进展顺利,投入9060万元美丽乡村建设积极推进,农村环境显著改善。积极开展家庭农场保险贷款,累计发放贷款69户4276万元。三村村结对帮扶成效明显,2017年脱贫37户134人。

【财政管理】完成存量政府债务置换11400万元,其中定向置换3400万元,公开发行8000万元。完成对长河大堤水毁恢复、农村道路畅通工程、殡仪馆后续建设等重点建设项目的绩效评价;国有资产管理逐步规范,全年规范配置审批226项1630万元,处置项目42个原值617万元,积极清理地方债投资项目1118个43亿元,完成供水移交任务85户;非税征管措施得力,全面开展非税收入电子化缴库工作,全年实现非税收入11.5亿元;积极引进金融资本,争取金融机构奖励与补助122.4万元;企业奖补兑现及时,2017年累计拨付支持企业发展资金8399万元,有力地支持园区企业发展壮大;会计管理工作扎实开展,全年县直行政事业单位、企业1000多财务人员参加各类财务培训,会计征文多次获省市表彰,内控建设逐步规范,2017年作为考核指标纳入全县绩效考核范畴;一事一议效果明显,2017年投入一事一议财政奖补资金1891万元,建成奖补项目157个,受益24.7万人;国库集中支付严把支出关口,全年发生支付业务11.9万笔,支付资金35.7亿元,通过审核把关,拒付、退回各类不合规条据317笔,退回不合规的支付申请2750万元;财政监督检查持续发力,扎实开展“小金库”检查的同时开展“滥发津补贴”整治工作,强化内控建设;公务用车管理中心保障及时,管理规范,全年无一例安全事故发生;财政信息化建设稳步推进,完成财政机房网络标准化改造和267家预算单位专网改造,确保网络安全,为全面开展电子化支付打下基础。财政和民生工程信息宣传成效明显,全年各级网站及报纸杂志刊登财政信息667条,其中财政部网站采用17条,省市民生工程网站采用110条。

【党建工作】始终把党建工作作为重要的政治任务,自觉贯彻到财政工作的全过程和各方面。巩固“两学一做”学习教育成果,扎实开展“讲重作”专题教育,推进机关党建规范化、制度化。落实全面从严治党“两个责任”,深入开展反腐倡廉宣传教育,切实把纪律挺在前面,坚持依法理财,依法行政,不断提升服务水平,增强干事创业能力。积极开展服务践诺、目标赶超活动,主动会商、上门对接2659人次,全年办理人大代表建议11件,政协委员提案8件,均得到满意答复。提供便民快捷服务,财政局微信公众号关注人数达5000余人,在外务工人员可以轻松地通过公众号查看各种补贴打卡发放情况。文明创建深入开展,财政外部形象不断提升,“全面提升服务水平”见实效,2017年政风行风评议中,财政局位列三类单位第二名,绩效考核被评为优秀等次。集友股份上市得到省委、省政府主要领导批示,投金办被市财政局通报表扬,江塘财政所制订的村级资产收益分配方案被市财政局作为典型经验在全市推广,晋熙分局档案管理完成省一级达标验收。

(周学平)

望江县财政工作概述

【概况】2017年,全县一般公共预算收入完成87746万元,为年初预算85280万元的102.9%,比上年增收9366万元,增长12.3%。全县财政一般公共预算支出完成322121万元,为年初预算221811万元的145.2%,比上年增支36659万元,增长12.8%。

【支持脱贫攻坚】加大扶贫资金保障,全年共投入各类财政资金5.57亿元,其中:按不低于地方财力增量的20%增列县级扶贫资金预算2000万元,严格落实“三个不低于80%”的规定,整合财政涉农资金19208万元,按照收回财政存量资金可统筹部分不低于50%的比例投入扶贫7078万元,统筹安排地方政府新增债券资金10315万元用于扶贫。补充完善扶贫政策,投入757万元实施“1579”补充医保政策;统筹安排500万元对贫困“边缘户”实行困难补助;筹措5000万元支持非贫困村光伏电站项目建设。积极支持扶贫小额信贷工作,设立扶贫小额贷款风险补偿基金4000万元,全年累计发放小额扶贫信贷3.2亿元。强化扶贫资金监管,实行扶贫资金清单管理和绩效评价制度,及时开展扶贫领域各项监督检查,对乡镇和责任部门扶贫资金结余情况实行“周通报”,确保扶贫资金及时发挥效益。

【推进投融资工作】拓展融资渠道,全年实现项目融资21.77亿元。保障大县城建设资金需求,全年支付征地拆迁补偿、棚户区改造、重点工程建设及政府债务还本付息资金14.27亿元,安排土地储备资金5848万元,拨付城镇建设用地报批费用3488万元。完善融资平台建设,加大资源整合,加强资产运作,增强信用评级,持续推进城投债发行。继续推进PPP模式运作,全县新增落地项目3个,安九二期望江至宿松段项目编制工作基本结束,望东长江大桥华阳互通连接线项目进入实施阶段,县污水处理厂委托运营工作完成。

【保障民生改善】调整和优化支出结构,加大民生投入。全年共实施32项民生工程,累计投入资金16.2亿元,其中县财政配套安排2亿元。继续投入2750万元支持农村义务教育薄弱学校改造计划实施,拨付2680万元用于改善普通高中学校办学条件,安排2327万元落实农村义务教育学生营养改善计划,发放家庭经济困难学生资助资金1954万元。全面落实城乡低保和城乡居民基础养老金提标补助政策,稳步提高对孤儿、特困儿童、农村“五保”、“三无”人员等困难群体的扶助标准。全年发放城乡低保金5061万元、五保户和优抚对象生活补助3085万元,拨付就业资金1859万元,发放创业小额担保贷款2300万元。提高公共卫生服务财政补助标准,建立健全基本医保、大病保险、医疗救助、医疗补充保险“四重医疗保障”体系。全年拨付城镇居民基本医疗保险1524万元、城乡医疗救助1345万元和基本公共卫生资金2657万元。拨付文化事业发展资金1534万元,支持农村文化建设、“三馆一站”免费开放、农村电影放映、送戏下乡等农村文化惠民工程实施,推进群众文化和全民健身事业发展。拨付棚户区改造资金3.4亿元、农村危房改造资金1003万元、易地扶贫搬迁资金1205万元,发放保障房租赁补贴66万元,有效改善城乡居民居住条件。

【服务县域经济】加大小微企业税收优惠政策宣传力度,严格涉企收费监管,全年累计减免各项涉企税费9400万元。发挥财政引导资金作用,继续对中小企业实施应急周转、过桥转贷、劝耕贷、助保贷和续保通贷款支持。设立3000万元过桥资金、2000万元助保贷资金,全年共为县内企业实施过桥转贷1.8亿元,办理劝耕贷业务8700万元。扶持实体经济创新发展,安排中小企业发展专项资金3000万元、人才发展专项资金1000万元,拨付300万元在上海设立产业孵化中心,争取电子商务进农村综合示范县专项资金1500万元,支持中小企业技术改造和创业创新。加大重点产业支持力度,设立4000万元产业引导投资基金和1亿元产业发展投资基金,提升产业结构,扶持新兴产业。增强中小企业融资担保能力,拨付民营经济发展专项资金2514万元,支持县担保公司增资扩股。继续深化“4321”政银担合作,共办理中小企业担保贷款2.05亿元、税融通业务3640万元。实施“四送一服”双千工程,共兑现招商引资各项政策奖补资金4109万元,安排招商引资工作经费800万元,全力支持招商安商。加大对上争取支持力度,全年共争取各类财政资金26.4亿元,为县域经济社会发展提供坚实财力保障。

【统筹城乡发展】全年通过“一卡通”平台发放农业支持保护、农机具购置等各类补贴资金3.1亿元。支持农村基础设施建设,安排4203万元实施高标准农田建设和小流域治理工程,拨付7773万元支持灾后水利水毁修复与薄弱环节治理三年行动计划,安排农村道路畅通工程11363万元、农村饮水工程699万元、“八小水利”工程4562万元,改善农村基础设施条件,增强农村发展后劲。改善农村人居环境,安排美丽乡村建设资金3644万元,拨付秸秆禁烧及综合利用奖补资金1473万元,安排城乡环境综合治理资金1337万元,统筹安排3000万元用于推进全县农村垃圾、污水和改厕“三大革命”,保护农村生态环境。完善农村基层组织建设保障,全年安排4081万元,全面落实农村基层党建保障工程三年行动计划。深入推进政策性农业保险,积极开展农业大灾保险试点,推动农业保险“扩面、提标、增品”,减少县级财政配套和规模经营主体缴费负担220万元,全年政策性农业保险预计理赔2400万元。

【深化财政改革】深化预算管理改革,加强全口径预算管理,全面推行零基预算,提高年初预算到位率,大力推进预决算信息公开,全县所有一级预算单位均在县政府信息公开网站统一公开。深化财税体制改革,继续推进"营改增"改革,提前制定望江县环保税开征准备工作实施方案,确保环保税于2018年1月1日顺利开征。加强政府性债务管理,强化政府投融资平台监管,积极开展地方政府融资担保清理工作,健全规范政府债务举借融资机制。健全国有资产监管制度体系,加强资产信息管理系统建设,完善行政事业单位国有资产配置、处置办法,推进资产管理与预算管理、财务管理相结合。完善非税收入管理长效机制,加强非税收入征管政策落实和制度建设,推进财政票据电子化管理和非税收入电子化收缴。

【开展财政监管】积极构建财政综合监督体系,主动接受人大法治监督、政协民主监督、审计监督和社会监督,认真落实各级巡视、督导、巡察和审计整改。加强财政资金安全监管。出台进一步加强财政资金管理制度建设实施意见,加强财政专户和单位银行账户管理,开展廉政风险点排查,完善风险防控制度体系和内部控制机制建设。规范财经秩序,积极开展"小金库"、滥发津补贴、扶贫专项资金、预决算公开、预算编制执行、政府债务监管等专项治理检查,严肃财经纪律。加强"三公经费"管理。认真贯彻落实国务院、省政府关于压减一般性支出相关规定,降低行政成本。加强乡镇财政管理。强化乡镇财政财务互审工作制度落实,乡镇财政资金监管绩效评价在全省考评中荣获二等奖。

(刘敏)

岳西县财政工作概述

【概况】2017年,岳西县完成财政总收入125381万元,为预算的105.4%,增长12.6%。全县一般公共预算收入完成83020万元,为预算的100.9%,增长11%。非税收入完成13927万元,占一般公共预算财政收入的17.5%,同比下降0.9个百分点。实现财政总支出375916万元,为预算的149%,增长19%。其中一般公共预算支出完成313152元。2017年4月24日,岳西县受到国务院办公厅通报表扬,获"全国财政管理工作先进典型市(县)"荣誉称号,并获国家财政部2000万元奖励。5月24日,作为财政预算执行、盘活财政存量资金、国库库款管理、政府债务管理、预算公开等财政管理工作完成情况较好的市、县(市、区),得到省政府办公厅通报表扬。惠农补贴资金管理发放工作、乡镇财政资金监管工作均荣获省一等奖,库款管理综合考核位居全省第一。被省财政厅、人社厅授予全省财政先进集体荣誉称号。

【收支管理】规范收入管理,加强纳税评估和税收稽查,增加税收收入815万元;规范国有资产出租、出借、转让及财政性存款利息收入管理,增加国有资源有偿使用收入4049万元。收入结构持续优化,地方一般公共预算收入中非税收入占比控制在30%以内,较上年降低1.1个百分点。税收收入增长10.7%,高于一般公共预算收入增幅0.7个百分点。及时下达预算指标,拨付财政资金,保障重大改革和发展资金需求,民生支出进一步加快,扶贫资金做到随到随拨、随调随拨。聘请专业机构新增工业、现代农业等专项基金、县级财力保障、扶贫资金、33项民生工程支出绩效评价。根据财政支出绩效评价结果督促相关部门加强制度建设,规范资金使用,压实部门支出责任,确保资金使用效益最大化。

【经济发展】全面执行结构性减税和普遍性降费,全年共减轻中小企业税收负担7211万元,减少行政事业性收费1315万元。拨付资金8107万元,支持企业转型升级、技术改造、挂牌上市。用足用活资本市场扶贫政策,先后引进4家企业将总部及相关厂区搬迁至岳西,运用"绿色通道"机遇推进上市,2家企业辅导备案。扩大财政资金放大效应,运用续贷过桥资金为115家企业周转贷款51813万元。融资担保在保余额64787万元,在保户数767户,比年初增加51户。新型政银担"4321"担保在保余额36070万元。创新财政支持方式,增加4000万元小额扶贫贷款风险金,累计发放小额扶贫贷款47368万元。申请农发行扶贫批发贷款5亿元,扶持村级集体经济和新型农业经营主体发展。利用PPP模式推进城乡环境综合整治,岳西县城乡环卫一体化项目成功实施,协议金额59600万元。

【脱贫攻坚】积极争取上级支持,全年省市转移支付243700万元,较上年增加28600万元,增长13.6%。争取地方政府债券发行规模34213万元,较上年增加17983万元,增长110.8%。优化支出结构,年初明确提出一般性支出下降5%、"三公经费"支出下降10%的"双降"目标,全年压减一般性支出2013万元。全年共统筹安排脱贫攻坚资金130147万元,补短板、强弱项、惠民生。推进涉农财政资金整合,2017 年纳入整合范围的涉农财政资金 64356 万元,整合用于脱贫攻坚 56111 万元,占可统筹整合资金的 87.2%。整合资金支出 54989 万元,为整合资金的98%。盘活存量,全年收回存量资金 4567 万元,其中可用于统筹整合的存量资金 4054 万元,安排用于脱贫攻坚资金 2955.5 万元,占可统筹使用存量资金的 72.9%。2017 年十三大类民生支出 262936 万元,为一般公共预算支出的 86.2%。全年 33 项民生工程资金预计支出 132300 万元,较上年增加 14417 万元。其中县级配套资金 21850 万元,较上年增加 7174 万元。

【内部建设】强化财政全过程全方位制度建设,新出台《岳西县关于进一步加强财政资金管理制度建设的实施办法》《岳西县财政扶贫资金管理办法》等一系列规范性文件,以制度管人、管事、管资金。强化制度执行和监督,组织开展预决算信息公开检查、财政扶贫资金季度监督检查、“三公经费”专项检查、保障性住房建设专项资金检查、“小金库”常态化监管督查。对 2014—2016 年度疑似虚增营业税事项进行全面排查,对 2015—2017 年 9 月非税收入及地方税收中的土地使用税、土地增值税、耕地占用税、契税收入真实性进行全面排查。各项检查开展后立即形成检查报告,对个性问题下发整改意见书,要求限期整改;对共性问题,出台政策,完善制度,规范要求。

【债务管理】把防范债务风险放在更加突出位置,出台《岳西县政府性债务风险应急处置预案》,下发《关于进一步规范村级债务管理的意见》,牢牢守住不发生区域性系统性风险的底线。对各类融资平台公司、国有企业、事业单位前期已签订融资协议进行全面梳理清理,逐一甄别,按要求整改。对政府购买服务项目进行全面摸底排查和规范,防范化解财政金融风险。

(储菊著)

迎江区财政工作概述

【概况】2017 年全区财政收入完成 129564 万元,为年初预算的 100.1%,同比增长 9.1%,实现连续三年均衡增长的良好态势,收入总量位居宜城板块第一;财政支出完成 76172 万元,同比增长 0.2%。其中民生支出 61842 万元,占财政支出的比重高达 84.9%,位居宜城板块第一。

【财政收入管理】坚持收入目标责任制、联席会议制、财税工作定期调度等机制,实现部门联动,合力征管,形成财政指导、乡街服务、税务征管、全区齐抓共管的良好机制。做好收入预期管理,密切关注经济形势,加大监控力度,定期研判、预测、分析,确保税收均衡入库。强化征管手段,全面升级完善全区财税信息平台,严格以票控税,确保辖区建安项目税源不跑、不冒、不漏。全力培植税源,支持中小微企业发展,投入 400 万元全力支持招商引资,优化税源落户环境,全力发掘收入增长点。积极对接,争取上级政策支持,努力淡化城区财政体制对迎江区招商引资企业税收增长点的影响。

【财政支出管理】全区民生类支出 59216 万元,占财政总支出 82%,重点保障教育、社保、就业、农业等领域支出需要。优先发展教育,全年投入 14590 万元,落实义务教育经费保障,加强城乡教育基础设施建设,推进教育均衡发展。完善社会保障,补偿新农合资金 1671 万元,惠及全区 88800 人次;发放城乡居民养老保险资金 1079 万元,惠及全区 27076 人;拨付社会养老服务体系建设资金 240 万元,惠及全区 6571 人。有力促进创业就业,拨付资金 1306 万元,重点支持农民工、高校毕业生、困难群体就业创业。全力支持扶弱帮困,发放低保、五保资金 3277 万元,惠及全区 78317 人次;发放特困人员供养及生活无着人员救助资金 174 万元,累计救助 366 人;发放残疾人生活和护理补贴 286 万元,惠及全区 1367 人;投入 48 万元,为 251 名贫困残疾人提供康复救助。加大农业投入,发放农业支持保护补贴 279 万元,拨付 611 万元支持小型水利工程改造提升;拨付中小河流治理资金 3934 万元;投入 392 万元用于农村道路畅通工程;投入 259 万元完成 13 个一事一议财政奖补项目;投入美丽乡村建设专项资金 1394 万元,整合各类涉农项目资金 968 万元,全面支持长风乡、新洲乡美丽乡村建设;投入财政资金 700 万元,在新洲乡建成高标准农田 5400 亩,提高农业综合生产能力,持续带动农业增效农民增收。推动文化事业发展,支持开放各类文化场馆 11 个,让每个迎江居民都有机会享受到丰富多彩的文化生活。加快社会治安防控体系建设,投入社区管理平台建设资金 276 万元,反恐禁毒,特巡警、消防、信访等经费 1230 万元,保障完善社会治理体系建设。

【财政改革措施】推进财政体制新一轮改革平稳运行。理顺区与乡、街的财政分配关系，建立和完善基本财力保障与激励奖补机制，充分调动乡、街发展经济、培植财源、增收节支的积极性，积极探索经济新常态下的财政体制问题，促进城区区域经济与财政的互哺、循环、良性发展。积极解决中小企业发展资金的瓶颈难题，兑付1468万元支持109家企业转型发展，采用“政府出资、银行担责、企业受益”的模式，设立规模为5000万元的转贷应急专项资金，帮助91家企业解决50600万元融资难问题，位居宜城板块第一。探索政府采购新模式，将货物类商品纳入市“宜采商城”平台统一采购，采购时间由过去的20天缩短为3天，采购效率提高近6倍；完成迎江区小额工程项目定点库组建工作，小额工程类项目采购时间由过去的30天缩短为4天。新模式的运作实现采购过程简洁高效平稳有序运行，方便招投标双方当事人，降低招投标成本。

【国有资产管理】创新国有资产管理新思路，制定国有平台公司目标考核机制，建立工资薪酬和绩效挂钩的考核体系。做大做强平台公司建设，对全区行政事业单位进行资产划转，变行政事业单位“资产”为“资本”。规范国有资产配置行为和标准，对通用办公设备购置及使用设置门槛。强力推进国有企业“三供一业”改革，分离移交工作有序推进。签约率和实际开工率分别为93.67%、63.71%，均高于全市平均进度(54%和4%)。

【民生工程宣传】开拓民生工程宣传新局面，全年在省、市民生网站发送信息计184篇，媒体信息量稳居全市第一。民生宣传形式更趋多样化，通过走访群众、送戏下乡、街头宣传、发送手机信息、制作标示标牌、印制宣传册等方式，提高群众对民生工程的知晓率和满意度。

【金融工作】大力推进金融工作，实现产业引导基金投资零突破。5月份，区产业引导基金决策委员会授权滨江城建公司投资安徽安思恒信息科技有限公司180万元用于智能锁项目，标志着迎江区产业引导基金正式投入运作。开展去杠杆防风险工作，完成股改企业1家，在安徽股权交易中心挂牌交易企业2家，滨江公司发债进入申报阶段。运用政策性担保、产业基金股权投资、过桥资金、招商引资等手段协助91家企业融资5.06亿元，为3家企业引进战略投资者。在全市率先完成政府债务清理整改工作。争取置换债券资金2100万元、新增债券资金1020万元，实施PPP项目1个、谋划PPP项目4个。开展各类专项检查4次，查处2起非法集资小广告案件，吊销2家非法交易场所，全年涉金融案件执行任务完成率达100%、打击恶意逃废债案件完成率达94%、不良资产处置任务完成率达87.5%。成立财政债务风险管理领导小组，出台《安庆市迎江区政府性债务风险应急处置预案》，切实防范和化解财政金融风险。

【基层财政所建设】推动基层财政所达标升级。新洲乡于8月10日成功通过档案目标管理省一级验收，至此迎江区三乡财政所在安庆城区中率先通过档案目标管理省一级验收标准，认定率100%。同时，新洲乡财政所获市级服务型示范乡财政所称号，为全区开展创建服务型乡镇财政所工作画上圆满句号。

(石剑)

大观区财政工作概述

【概况】2017年，全区一般公共预算收入完成7.88亿元，为预算的100%，同比增长9.3%，其中：地方一般预算收入预计完成4.7亿元，同比增长1.7%，加上级补助、上年结转等收入预计为4.5亿元，预算总收入预计为9.2亿元。全区一般公共预算支出预计完成6.2亿元，加体制上解、年终结转等支出预计为3亿元，预算总支出为9.2亿元，当年实现收支平衡。2017年，上级补助大观区政府性基金收入270万元。全区政府性基金支出预计完成270万元，当年实现收支平衡。

【收入组织工作】始终将收入组织作为中心工作，按照“以旬保月、以月保季、以季保年”的工作总基调，积极与国地两税开展税源信息无缝对接，共同采取措施确保区域各项税收应收尽收、颗粒归仓。进一步完善乡镇、街道财政管理体制，积极引导乡镇、街道及主要经济平台发展总部经济，营造全区上下共同培育税源、共同管控税源的良好氛围。主动适应税制改革新要求，适时入企开展走访，了解企业经营状况，帮助解决实际问题，密切与企业联系，拓宽税源渠道，为圆满完成全区年度财政收入目标任务提供坚实保障。

【规范支出行为】牢固树立“过紧日子”理念，集中财力保工资、保民生、保运转。严格预算执行，强化“收支两条线”,确保各项收入及时、足额缴入国库或财政专户;严格预算调整,部门预算原则上不予追加;严格执行部门公用经费、“三公”经费“双降”标准,集中财力办大事、办要事。继续完善国库集中支付制度改革,严把财政资金支付审核关,把好支出“总关口”,启用预算执行动态监控系统,重点对预算单位违规转款、大额提现、“三公”经费支出等事项进行监控。

【民生领域投入】按照“守住底线、突出重点、完善制度、引导预期”的思路,围绕保障和改善民生,在扶贫工作,“三农”工作、创业就业、社会保障、教育文化及其他城乡基础设施和公共服务六个方面,积极组织实施、创新工作机制、强化督查调度,注重整体推进,切实在共享发展上见行动,在增进人民福祉上见成效。2017 年,全区实施 25 项民生工程,其中扶贫工作类 6 项、三农工作类 4 项,创业就业类 2 项、社会保障类 6 项、教育文化类 3 项、其他城乡基础设施和公共服务类 4 项。累计投入资金 2.25 亿元,同比增长 12%,惠及群众 26 万多人。

【盘活资金资产】全面清理财政存量资金,压缩结转结余资金规模,用于增加公共服务供给以及亟须资金支持的重大领域和项目,避免“二次沉淀”。盘活国有资产,进一步规范国有资产管理,组织编制全区 99 家行政事业单位及社会团体 2016 年度行政事业单位国有资产统计报表,对国有资产占有、使用、变动以及管理情况等进行全面统计分析,摸清家底,建立台账。完成国有企业“三供一业”分离移交工作,进一步深化全区国有企业改革,促进企业轻装上阵。认真做好全区 6 家区属国有企业财务快报工作,规范国有资本运营,完善国有企业财务管理。制定出台《大观区国有资本收益收缴管理暂行办法》,理顺政府与企业的分配关系,防止国有资本流失。完成政府财务报告编制工作,政府资产“家底”、政府财务信息、预算执行信息全面、清晰反映。

【推进投融资工作】加大企业直接融资力度,加快推进企业上市。续贷过桥资金效益明显,帮助企业“爬坡过坎”。创新金融手段,谋划成立大观区绿色发展基金,支持战略新兴产业发展、促进传统产业转型升级。永华融资担保公司加快运行,全区平台公司融资渠道拓宽。优化整合全区 6 家平台公司,加快推进企业债券发行。开展各类交易场所清理整顿专项行动,从源头上预防和减少由各类交易场所引发的区域性系统风险;开展非法集资风险排查,形成全区上下处非工作长效机制,金融生态环境持续向好。

【强化财政监督】围绕规范财政资金运行,坚持问题导向,制定实施方案,全面加强存量资金、预算编制执行及预决算公开、政府债务管理、专项资金管理等财政监督工作,突出重点问题、重点领域、重点项目、重点环节,严肃财经纪律,管好用好财政资金,强化风险防控,确保重大财税政策落实;深入贯彻落实“八项规定”,在全区范围内深入开展“小金库”专项整治行动,严禁违规发放津补贴现象发生,严格政策界定,严守纪律底线。加强内部控制制度建设,健全内部控制体系,对财政工作风险进行事前防范、事中控制、事后监督和纠正,风险防范意识不断增强,财政资金使用监管体系不断完善,资金使用绩效进一步提高。

(张国平)

宜秀区财政工作概述

【概况】2017 年,全区财政全口径一般预算收入完成 11.47 亿元,为年初预算 106.4%,比上年同期增长 17%,增幅位列城区第一,全市第一,总量位列全市第七;地方一般预算收入完成 62174 万元,占年初预算的 102.2%,比上年同期增长 7.3%;非税收入完成 3635 万元,占年初预算的 72.7%。

【推动经济发展】着力推进供给侧结构改革,积极发挥财政杠杆作用,服务实体经济转型升级。拨付国际市场开拓资金 8 户企业 56 个项目 126.9 万元、省级外贸促进资金 3 户企业 16.78 万元、产业化经营财政补助资金 3 户企业 161 万元、产业化经营中央财政贷款贴息资金 319.2 万元,合计 623.88 万元。建立地方政府性债务风险预警机制和债务风险应急处置机制,开展新增债务绩效评价工作,主动接受人大对同级政府举债的监督;开展规范地方政府举债行为的自查和整改工作,按要求向相关的 6 家银行发送担保撤销函,涉及融资金额 23.11 亿元。积极运作续贷过桥资金服务小微企业,累计发放续贷资金贷款 3550 万元,扶持企业 15 户;发放扶贫小额信贷 8345 万元,惠及贫困户 1759 户;牵头组织政策性担保公司筹建工作,出资设立鑫桥融资担保有限公司并正式运营。

【优化支出结构】在保工资和保运转的基础上，增加对公共服务和社会事业投入，重点保障扶贫攻坚、文明创建、党建、非公党建、美丽乡村建设等专项支出。全年一般预算支出完成85021万元，比上年同期增长6.4%，加大对教育、卫生、文化、科技、社保等领域的倾斜力度，较上年增加支出4607万元。深入贯彻落实中央八项规定和《党政机关厉行节约反对浪费条例》，严格控制公务经费支出总额，建立"三公"经费监管长效机制，截至当年末，全区"三公"经费支出386.9万元，比上年同期减少17.1%，会议费支出185万元，比上年同期减少36.9%。牵头实施28项(含区定一项)民生工程，新增3个项目，分别是水利薄弱环节治理三年行动、技工大省技能培训及健康脱贫兜底"351"及建档立卡贫困患者慢性病费用补充医疗保障"180"工程；全年民生工程资金总投入2.22亿元，其中区级配套6540.17万元，比上年增长17.1%，各级到位资金21141.96万元，拨付资金21141.96万元，资金拨付率100%。

【落实惠农政策】加强与上级部门的联系和沟通，认真把握政策导向，最大限度争取上级部门资金项目。全年共争取各类专项资金1.94亿元，其中：民生资金15641.74万元、扶贫资金1687.25万元、一事一议资金463.78万元、地方债扶贫资金514万元、农发项目资金1080.28万元。全面推进农发项目建设，2016年实施杨桥镇土地治理项目，总投资1120万元，建设高标准农田0.75万亩、改建排灌站4个、新建衬砌渠道5.822公里、渠系建筑物120座、塘坝4座、砼机耕路3.705公里、沙石机耕路2.279公里、改良土壤0.065万亩、造林0.01万亩，该项目于2017年2月正式动工，进入验收阶段。加大美丽乡村投入强度，及时修订区级美丽乡村财政专项资金管理办法，推行乡镇财政报账制，争取建设美丽乡村财政专项资金2317.6万元，整合涉农资金8332.6万元，吸引社会资金4130万元。进一步完善惠民补贴资金发放制度体系，规范发放操作程序，共发放惠民补贴资金12项43批次2468.94万元资金，做到补贴对象真实、公示内容到位、发放清册齐全、补贴项目完整。及时拟定整合资金支持扶贫方案，规范拨付流程，确保各类扶贫专项资金及时拨付到位，确保扶贫资金充分发挥效益并落在实处，拨付扶贫资金3460.5万元。

【提升财政管理】以财政内网为依托，推进乡镇国库集中支付改革工作，实现区财政局和乡镇财政所纵向联网，对各乡镇预算指标、用款计划、资金支付等实行网上运行、网上监督，资金报账实行网上申请、审核、支付和查询，该系统于11月份正式上线运行。完善国资改革顶层设计，建立以管资本为主的管理模式，推动区融资平台公司转型升级，逐步将区属国有资产划转至龙山凤水公司，推进国有控股公司做大做强，走上市发展之路。及时清理各类财政专户，区财政根据中央、省、市要求于6月底撤销3个财政专户，分别是工资统发专户(徽商银行)、农民补贴资金专户(邮储银行人民路支行)、财政补贴农民资金专户(安庆独秀农商行)，切实规范专户管理，保障资金安全运行。落实审计整改意见，通过加快支出进度、消化暂存款、盘活存量资金，切实提高财政资金使用效率，共消化以前年度暂存款8593万元。狠抓机关作风建设，推行上下班打卡签到、请销假等工作制度，全局干部职工思想观念发生根本性转变，作风建设显著加强，服务质量和办事效率明显提升，以实际行动推动"讲政治、重规矩、作表率"活动深入开展。

(赵磊)

安庆经济技术开发区财政工作概述

【概况】2017年，在宏观经济下行态势下，安庆开发区财政局克服多重困难，累计完成财政收入127237万元，同比增长7.9%，总量和增幅均位列城区第二、县区第四，其中非税收入占财政收入7.8%，位居全市第一；财政支出累计完成50950万元，同比增长11%。

【收入预期管理】进一步完善财税库银协调联系机制，强化收入预期管理，确保财政收入依法征管、均衡入库，实现财政收入有质量、可持续增长。

【引导支持园区经济发展】积极发挥财政资金引导作用，支持区内企业申报2016年四大产业政策，累计完成97家企业申报奖补资金2659万元，并及时兑现奖补资金。落实小微企业税收优惠政策，继续清理规范涉企收费规范标准，累计为13家企业落实减免各项减免费用177.85万元，切实减轻企业负担提供优质服务环境；管好用好过桥续贷资金，过桥资金周转贷款金额5130万元，扶持企业6家，周转率11.4次。设立产业引导发展资金，扶持区内重点企业发展,推动重大项目招商落地生金。

【规范政府性债务管理】加强风险管理,对违法违规举债项目进行梳理,多次协调对接区建投公司、皖江高科公司按规定自查整改,完善政府债务风险预警机制,着力防范和控制财政风险,严格政府债务举借审批程序,严控新增债务,完成地方政府置换债1.2亿元、新增债1026万元,截至2017年末,全区各项债务指标均在规定、安全范围内。

【改善民生保障水平】加大民生投入,全年民生类投入4.27亿元,增长7.6%。精心实施21项民生工程,分别由六个区直部门牵头实施,各项民生工程目标任务全面完成。民生工程年初测算计划投入8909万元,实际到位资金9125万元,实际拨付资金8909万元,占到位资金的97%。全面落实新农合、城镇居民医保、基本公卫服务等项目提标,序时进度发放农村低保、残疾人护理补贴等8个补助类项目,累计发放社保养老金1823.62万元,累计通过"一卡通"发放111个批次涉农资金889.5万元。统筹整合资金发放就业技能培训和岗位技能开发、灵活就业社会保险补贴等就业补助资金547.3万元。安排694.7万元用于农村道路畅通工程、老旧小区整治工程,农产品食品安全工程等4个工程类项目全面完工。

【提升保障服务水平】大力开展政府采购工作,商请市公管局组织6个项目预算资金592万元招标采购,协调推进宜采商城政采模式上线。进一步规范财政票据使用管理,严格票据领购和核销程序,实行综合预算完成非税收入3040万元。按审计署要求落实报送2017年审计数据,全面配合魏晓明市长离任审计组落实上级部署的整改工作。完成站南路(秦潭路－外环北路)四个批次土地报批前期缴费工作,累计支付耕地开垦费等七项费用1.48亿元。

【提高财政管理水平】贯彻落实省、市财政要求,按照5%的比例压减预算单位一般性支出,加大财政沉淀资金盘活力度,统筹4448万元用于老峰片两区共建(二期)棚改项目等民生类的急需领域。推进国库集中支付改革确保2018年元月上线。推进国有企业"三供一业"及办社会职能分离移交工作。全面推进2017年政府预算、部门预算和"三公"经费信息公开。深入开展"两学一做"学习教育和"讲重作"专题教育活动,持续推进财政机关党的建设和廉政作风建设。

(张寿山)

黄山市财政工作综述

黄山市财政工作概述

【概况】2017年黄山市完成一般公共预算财政收入106亿元,增长7%,占预算的100%;地方一般公共预算收入完成75.2亿元,下降0.8%;全市一般公共财政预算支出累计完成186亿元,增长8.7%。全市政府性基金收入完成37.13亿元,增长84.4;支出完成67亿元,增长2.8倍。全市社保基金收入完成38.6亿元,支出完成35.1亿元。

【财政收支管理】全市财税部门坚持依法理财治税,强化收入预期管理,强化任务分解调度,确保依法征管、应收尽收。推进综合治税平台建设,完善黄山市涉税信息共享机制,拓展跨部门税收合作,全面摸排税源信息,市委、市政府出台《黄山市深化国税、地税征管体制改革实施方案》,确保税收职能作用有效发挥。部门预算改革逐步完善,预算编制科学性、规范性、完整性全面加强。强化"花钱必有效,用钱要负责"理念,大力推进预算评审论证工作,选择社会关注度高、金额较大的项目,认真组织开展预算评审论证。推动财政监督与预算管理的有机结合,加强财政监督与预算编制、预算执行、绩效评价、资产管理及国库集中支付等协调合作,强化预算执行动态监控,通过财政一体化平台、财政资金涉企系统等信息化系统运用,及时发现和纠正风险隐患和可疑点,提升监督效能。开展对单位预算资金管理、差旅费制度执行、"三公经费"、车改补贴发放等专项检查。全面推进财政内部控制制度建设,切实强化财政业务管理流程控制,防范和化解财政运行风险。坚持厉行节约,严格控制预算追加,落实国务院和省、市要求按不低于5%比例压减一般性支出,全市压减支出946万元。进一步清理盘活财政存量资金,加强结转结余资金管理,对市本级财政专户存量资金进行清理,清理收回的财政专户存量资金补充预算稳定调节基金。严格控制公务经费支出总额,确保全市"三公经费"总额只减不增。全市"三公经费"财政拨款支出8980万元,同比下降3.5%。财政民生支出152.5亿元,增长9.3%,科技、医疗卫生、节能环保、农林水事务等保障有力,财政八项支出完成132亿元,增长16.4%。

【加大产业扶持】认真研究国家、省相关支持政策,修订出台"1+N"政策体系,不断调整优化财政支出结构,积极落实财税扶持政策和资金,加大对政府重点项目的保障力度。安排2017年市级政府性投资项目共113个,总投资211.67亿元,当年计划投资129.55亿元。加强市本级土地收储资金管理,全年预计拨付资金10亿元。市级投入棚户区改造资金34.43亿元,支持保障性安居工程建设及棚户区改造。特色小镇建设累计获得各类资金支持7.2亿元。组织申报总投资219.4亿元的第二批山水林田湖生态保护修复工程试点项目和总投资21.9亿元的新安江综合治理亚行贷款项目。加大“1+N”等产业政策兑现力度,2017 年预算安排 1.55 亿元,同比增长 9.3%。落实预算执行通报机制,督促部门加快预算执行,建立健全专项资金定期评估和退出机制,切实加强项目统筹整合提高资金使用效益。贯彻减税降费政策减轻企业和个人负担,开展涉企收费清理改革工作,市级涉企收费清单项目总数由 133 项减至 89 项,每年为企业减负 6000 万元。坚持“放管服”相结合,加强政策资金落实情况督查,创新财政财务服务方式,推进产业技术升级和企业技术创新。发挥产业引导基金和战略性新兴产业资金引导作用,以财政资金杠杆效应带动社会资本投入产业园区建设。

【保障改善民生】围绕市委市政府保障和改善民生决策部署,积极应对减收增支压力,坚持新增财力优先向基本民生倾斜。投入 4 亿元,用于义务教育保障经费、家庭困难学生免学费、特困大学生救助、现代职业教育改革及高职院校生均经费达标等。投入 3.5 亿元,加大城乡医疗救助、自然灾害生活救助和临时救助等社会救助力度,保障重点优抚对象和其他生活困难人群基本生活,积极扩大社会基本保障覆盖面。投入 2.25 亿元,全力保障脱贫攻坚,深入实施“十大工程”,强化督查提绩效。投入 9.5 亿元,支持美丽乡村建设,促进城乡统筹发展。投入 1.3 亿元,推进 71 个农业综合开发项目建设,推动特色农业产业发展。投入 79.4 亿元,支持节能环保、城乡社区、交通道路等。通过“一卡通”发放农业支持保护补贴 6214 万元。

【实施民生工程】进一步完善“党委政府领导、财政牵头协调、部门各负其责、群众广泛参与”的工作机制,以项目化手段、工程化措施有序推进民生工程实施,着力解决好人民群众普遍关心的突出问题,着力提高民生保障水平。全市 34 项民生工程(1 项无任务)共完成投资 73.7 亿元,较上年增长 67.8%;累计拨付资金 72.54 亿元,完成年度资金计划的 103.6%,较上年增长 177.8%;全市 34 项民生工程市级和区县配套计划筹集资金 10.46 亿元,实际到位资金 10.89 亿元,完成年度计划配套的 104.1%,市县实际配套资金较上年增长 9.1%,34 项民生工程年度目标任务全面完成。突出建后管养长效机制建设,推广“四同步三整合”做法,不断加大管养资金整合力度,积极探索“政府主导、多方参与、市场运作”多元化投入机制,全市共投入 9951 万元用于建后管养,比上年增长 3.8%,有力保障民生工程持续发挥惠民实效。

【防控债务风险】通过借转补、PPP、基金、政府购买服务等方式,多层次多渠道筹集资金,以市场化运作推动重大基础设施建设。积极争取地方债额度,严格举债程序和限额管理,减少地方政府债务风险。年度下达新增政府债券额度 34.6 亿元,其中市本级 27.56 亿元。结合年初政府投资项目,提出资金分配方案并提请市六届人大常委会第三十二次会议审议通过。全市争取置换债券资金 22 亿元,其中市本级 6.75 亿元。根据债券发行情况,及时与债权人及债务人签署 2017 年置换债券债权解除协议,全年节约利息支出约 5200 万元,其中市本级约 1800 万元。成立市政府性债务管理领导小组(政府性债务风险事件应急领导小组),制发《黄山市政府性债务风险应急处置预案》,进一步规范债务管理和防范债务风险。认真做好 PPP 项目“两个论证”工作,全市纳入 2017 年度备选项目库管理的项目共 14 个,总投资 46.68 亿元。10 个项目通过财政部平台审核发布,总投资 30.97 亿元,其中落地项目 9 个,落地率达 90%。争取中央 PPP 示范项目奖补资金 500 万元和省级 PPP 奖补资金 421 万元。

【生态补偿试点】以推进二轮生态补偿机制试点为抓手,统筹实施“10 个全覆盖、10 个强力推进”,新安江水质持续保持优良,新安江生态补偿二轮试点圆满完成。规范提升农药集中配送网点 453 个,完成禁养区 124 家畜禽养殖场的关闭或搬迁,整治沿江排污口 16 个,完成干流两岸改厕 4020 户,开设垃圾兑换超市 24 家,加大支持月潭水库重点工程建设,强化河长制落实与河道综合执法监管,常态化开展采砂洗砂、电鱼药鱼、禁磷整治。创新资金投入机制,设立新安江绿色发展基金,完成投放 3000 万元,启动 PPP 模式推进全市农村垃圾和污水治理。开展试点绩效评估和生态补偿制度研究,出台《关于健全生态保护补偿机制的实施意见》。成功举办首届新安江绿色发展论坛,论坛的组织、内容和成效得到社会各界的好评,成为推动黄山绿色发展的助推器和对外展示生态文明建设的新名片,为举办第十六届中国水论坛积累经验。

【国企国资改革】继续深化市属企业改革,黄山旅游集团完善内部管理和改革,积极开展对外合作,

"走出去、走下山"步伐进一步加快。城投集团改革措施顺利落地,进一步加快转型发展。落实文投、信投、供销集团改革要求,健全企业法人治理结构。支持推进国有企业"三供一业"分离移交工作,有关驻地央企物业管理分离移交工作有序开展。加强国有企业党建工作,设立中共黄山市委国有资产监督管理工作委员会,实现4户市属企业党组织统一归口管理,推进国有企业基层党组织标准化建设。实施市属企业分类改革和分类考核,落实市属企业负责人薪酬制度改革要求,规范企业负责人履职待遇和业务支出管理。顺利完成市级国有企业资本收益征缴工作,共征缴国有资本收益578万元,开展市属企业经营性国有资产管理绩效评价,推进市直单位办公用房统筹利用。认真做好黄山市与中央企合作发展工作,全面完成省下达黄山市年度目标任务。

【加强党建工作】以推进基层党组织标准化建设为契机,结合巡察整改要求,进一步调整完善党总支、支部成员,落实非公党建工作要求,加强党员教育管理,提高支部的凝聚力、战斗力。深入推进"两学一做"学习教育常态化、制度化,坚持集中学习习近平总书记系列重要讲话精神,以支部为单位围绕"讲政治、重规矩、作表率"开展讨论。深入社区、农村开展党建结对共建,做好扶贫帮扶和走访工作。制定《市财政局2017年党风廉政建设工作要点》,对2017年局党组落实主体责任暨惩防体系建设主要工作任务和市纪委2017年度系列监督检查活动任务进行分解,切实加强党风廉政建设的组织领导,坚持"两手抓",同步推进党风廉政建设和财政业务管理工作。班子主要领导履行"第一责任",带好班子,管好队伍。班子成员结合工作分工及各科室的工作职责,将党风廉政建设和反腐败工作任务分解落实到相关科室,层层签订责任书,按照"谁主管、谁负责"的原则,落实"一岗双责",加强对下属的教育和管理,防范各类业务风险,确保干部廉洁和资金安全。全面推行领导干部落实从严治党两个责任痕迹管理要求,市财政局党组进一步健全完善压力传导机制,编印《黄山市财政局科室及单位负责人落实"一岗双责"痕迹管理工作日志》,夯实党风廉政责任。

(王开琦)

歙县财政工作概述

【概况】2017年,全县一般公共预算收入完成161036万元,同比增长7.2%,占年初预算的100.1%。全年一般公共预算支出完成346545万元。全县一般政府债务余额限额为260135万元,2017年末实际一般政府债务余额为244567万元。全县专项政府债务余额限额为45628万元,2017年末实际专项政府债务余额为44137万元。

【财政收入管理】针对严峻的财政增收形势,坚持把保持财政收入稳定增长作为当前首要任务,在强化收入预期管理机制、加强财税协调、大力培植财源、完善征管措施、挖掘增收潜力上狠下功夫,确保财政收入及时足额入库。全县一般公共预算收入完成161036万元,同比增长7.2%,占年初预算的100.1%,首次迈上16亿元新台阶,增幅位居黄山市区县第3名。税收收入占比63.2%,位居三区四县第3位。

【财政支出管理】全县财政部门坚持围绕中心,服务大局,按照"统筹兼顾、保障重点"和"以人为本,改善民生"的原则,加强政策聚焦、资金统筹和机制创新,精心编制预算,积极调整支出结构,统筹财政资金使用。全年一般公共预算支出完成346545万元,其中:民生支出300709万元,增长12.5%,占公共预算支出的86.8%;财政八项支出253545万元,增长17.4%,确保人员经费、机关运转、社会保障和重点支出需要。

【财政体制改革】调整完善新一轮乡镇财政体制,合理划分县乡财政事权和支出责任,规范县乡财政分配关系,完善超收激励约束机制。深化国库集中支付改革,修订国库集中支付管理办法,优化支出流程,加快预算执行进度。完善政府采购制度,调整政府集中采购目录及限额标准。稳步推进政府购买服务改革,实施购买服务项目21个,预算资金4615万元。深入推进存量资金清理盘活,开展乡镇银行账户及存量资金清理核查,清理预算单位往来资金,全县清理盘活存量资金10378万元,投入民生及扶贫等急需领域。规范预决算信息公开,制定歙县预决算公开实施办法,开展预决算信息公开情况检查,推进预算公开制度化规范化。加强预算绩效管理,对部分重大民生支出和项目支出开展绩效评价,全年共实施绩效评价项目28个,涉及资金47419万元,提升财政资金使用效益。

【民生工程实施】认真履行牵头部门职责,组织实施省市34项民生工程,不断完善机制、创新举措、压实责任，确保民生工程资金及时、足额到位，集中力量做好普惠性、基础性、兜底性民生工作，全年累计完成投资13.58亿元，投资完成率达106.9%，惠及全县近50万城乡居民，一批群众普遍关心的民生问题得到解决，有效增强群众的幸福感和获得感。歙县荣获“2016年度全市民生工程组织实施工作先进县”称号，并受到市政府通报表彰。坚持教育优先战略。落实义务教育公用经费3431万元，安排校舍维修、薄弱学校改造资金2584万元，促进义务教育均衡发展；安排职业教育专项经费984万元，推进现代职业教育体系建设；安排幼儿教育184万元，支持学前教育行动计划实施。深化综合医改。全年新增卫生支出4790万元，城乡居民医保参保人均财政补助标准提高到450元/年，基本公共卫生服务人均财政补助标准提高到50元/年。提高社保水平。新增支出1521万元提高社会福利院运行经费、80－90岁老人高龄补贴、城乡低保金、孤儿基本生活救助、五保供养等补助标准；拨付就业补助资金1422万元，开发公益性岗位461个；落实资金2256万元，扎实推进机关事业单位养老保险制度改革。全力保障脱贫攻坚。全年整合投入财政扶贫资金9675万元，同比增长76.6%。设立健康脱贫医疗专项补助资金908万元，实施设定建档立卡贫困人口医疗费用“351”“180”兜底保障线；安排资金4694万元，继续实施光伏扶贫、农村道路畅通、产业扶贫等；安排技能脱贫专项资金376万元，培训贫困人口8863人；投入易地扶贫搬迁资金4353万元，建成15个集中安置点，支持258户完成易地搬迁。

【服务经济发展】会同有关部门，努力对上争取，全年到位上级财政各类补助资金达20.81亿元，地方政府债券资金2.9亿元；创新重点领域投融资机制，积极推进融资平台公司市场化转型，全年融资到位资金60568万元；统筹使用政府资金，筹集调度各类财政资金9.08亿元，全力推进全县重点项目建设。认真贯彻减税降费政策。围绕推进供给侧结构性改革，积极落实“三去一降一补”政策，大力减轻企业负担。全年政策性减免税收19986万元，取消或停征18项行政事业性收费和2项政府性基金共减负1226万元。是落实扶持政策支持实体经济发展。调整完善城镇土地使用税扶持奖励政策，兑现企业各类税收优惠奖励2181万元，拨付支持工业和科技创新等企业发展专项资金7797万元。加强政策性融资担保体系建设。2017年再次注资担保公司1858万元，筹措3270万元设立续贷过桥资金，落实税融通代偿基金500万元，整合涉农资金520万元设立农业担保基金，积极推进“4321”新型政银担保合作，有效缓解小微企业融资难、融资贵问题。

【生态文明建设】持续推进新安江流域综合治理。投入6531万元实施污水处理“五大工程”，兑现政府和社会资本合作奖补资金129万元，支持污水处理厂二期PPP项目实施，促进污水达标排放。落实水利薄弱环节治理三年行动计划，筹集水利工程建设资金2745万元，实施中小河流治理，减少水土流失。支持大气污染防治。兑现黄标车提前淘汰奖补资金40万元，安排秸秆综合利用资金617万元，安排资金8018万元，用于森林生态效益补偿、森林生态修复、林业有害生物防治及森林防火，保护绿色生态。深入推进全域环境整治。投入1127万元用于农村危房改造和城市老旧小区整治，拨付5600万元配套资金完成676户棚户区改造。投入2100万元支持城市公交体制改革。

【法治财政建设】提升依法理财水平。严格落实权责清单制度，扎实开展公共服务和中介服务事项清理规范工作，提升依法理财和依法行政能力，深入推进法治财政建设。加大财经法规的宣传培训力度，通过干部夜校，对全县290余名财务人员进行培训，提升机关事业单位财务人员的业务能力。加大财政监督力度。全面推行财政监管“双随机一公开”机制，制定随机抽查事项清单，建立随机检查对象、执法人员名录库。制定歙县财政预算执行动态监控管理办法，加强对国库集中支付资金实时动态监控。贯彻落实中央八项规定精神，开展“三公”经费、津补贴和值班费发放情况及小金库的专项督查，全县一般性支出在年初预算的基础上压减5%。开展对财税代理机构会计信息质量检查，规范代理记账行为。加强政府采购监督管理，及时处理政府采购投诉，对2016年以来18个单位的60个政府采购项目合同履约及验收情况进行重点调查。加强国有资产管理，开展国有资产产权清理，积极推进国资国企改革。持续提升联系服务人大工作水平。积极执行县人大各项决议，充分利用审计监督成果，不断提高依法理财水平。主动向县人大大常委会报告财政工作，认真办理县乡人大代表、政协委员的建议提案，自觉接受各级人大代表和政协委员对财政工作的依法监督,不断提高依法行政能力。

(胡小咪)

休宁县财政工作概述

【概况】2017 年,休宁县坚持稳中求进工作总基调,坚定不移贯彻新发展理念,深入实施五大发展行动计划,统筹稳增长、促改革、调结构、惠民生、防风险,财政运行总体平稳,有力促进全县经济和社会各项事业的发展。全县一般公共预算收入完成 111144 万元,占预算的 100.1%,同比增收 7409 万元,增长 7.1%。全县一般公共预算支出 220637 万元,占调整后预算的 114.2%。

【聚集财力】加强收入预期管理。密切关注经济走势,充分考虑供给侧结构性改革等因素,每月召开财税收入调度会议,积极稳妥、科学确定当月收入预期,并分征收部门、分乡镇落实收入计划,形成由县政府分管领导、财税三家及乡镇共同协作的“1 + N”收入征管制度,齐抓共管做好收入征管工作。强化重点税收监管。依托“金税三期”和综合治税平台,全面摸排掌握税源信息,加强重点税源企业和重点行业税收比对分析,跟踪监测重点行业、重点企业,大力推进重点项目税收征管,确保收入及时足额入库。依法依规加强征管。财税部门内部加强管理,外部防止漏洞,提高日常监管水平,严格建筑业税收管理,加大税收稽查,突出清缴企业历年欠税,全年清欠入库税收超 5000 万元;严肃财经纪律,对执收单位以前年度应缴未缴的非税收入进行专项清理,共清缴入库非税 820 余万元,确保收入颗粒归仓。努力争取资金支持。准确把握工作重点和发展方向,主动衔接,积极协调,全年争取上级各类补助资金 16.63亿元,增长 7.2%,为全县经济社会发展提供有效的财力保障。

【促进发展】服务创新发展。设立促进新型工业化专项资金 3000 万元,拨付现代服务业发展资金 1710 万元,深入开展“四送一服”,支持培育发展“专精特新”企业,大力发展现代服务业;扶持民营经济创新发展,拨付民营经济发展专项扶持资金 2122 万元;加快房地产去库存,兑现财政补助购房 2100 套,发放补贴资金 802 万元,促进房地产市场稳定健康发展;积极推进政策性融资担保体系建设,完善担保评审决策机制,强化风险防控,继续推广“4321”、“税融通”等新型政银担业务,年终在保余额 5.84 亿元,切实降低企业融资成本,缓解中小微企业融资难题,增强县域经济发展内生动力。服务协调发展。安排特色小镇建设资金 2000 万元,拨付美丽乡村建设资金 4587 万元,拨付“一事一议”财政奖补资金 934 万元,有力推动农村公益事业发展;服务绿色发展。推进新安江流域综合治理,当年拨付流域内卫生保洁等项目资金 1041 万元;安排资金 497 万元,开展守护青山、守护碧水等“六大行动”推进全域环境综合整治;加强大气污染综合防治,拨付资金 840 万元实施秸秆禁烧和综合利用奖补工作;拨付资金 400 万元、盘活存量资金 1000 万元用于全县禁养区内畜禽养殖场关停整治。服务开放发展。统筹安排资金 1500 万元,开通城区公交,支持城际公交连接,“休屯同城”迈出坚实步伐;拨付外贸及商务发展资金 277 万元,支持企业发展外向型经济,稳步推进电子商务进农村全覆盖;投入资金 1.2 亿元,加大园区基础设施建设,吸引规模大、耗能低、效益高的企业和项目落户。

【惠泽民生】精心实施民生工程。34 项民生工程投入资金 6.95 亿元,占年初计划投资额的 108.3%。高校毕业生就业见习补助标准由每人每月 600 元提高到 800 元,基本公共卫生服务财政补助标准由每人 45 元提高到 50 元,免费教科书、家庭经济困难寄宿生补助覆盖范围扩大到城乡义务教育学生,免除公办普通高中在籍在校建档立卡等家庭经济困难学生学杂费纳入补助内容。有力促进就业创业。拨付资金 1514 万元,支持大众创业、万众创新,重点支持农民工、高校毕业生、困难群体就业创业。全力支持脱贫攻坚。落实专项扶贫资金与地方财政收入增量安排机制,围绕产业脱贫、就业脱贫、健康脱贫等脱贫攻坚十大工程,全年共投入各级财政扶贫资金 6265 万元。提升社会保障能力。完善城乡居民医疗保险制度,推进养老制度、养老体系改革,发放城乡低保、贫困残疾人生活救助、五保供养等各项社会救助金,拨付公租房租赁补贴、农村危房改造资金、老旧小区改造资金共计 1.42 亿元。统筹资金 6740 万元,大力支持水利薄弱环节治理,巩固农业基础设施建设;安排资金 200 万元,支持推进农村垃圾、污水和厕所专项整治“三大革命”,加快改善农村人居环境。落实惠农政策,“一卡通”发放惠农补贴资金 12752 万元。

【推进改革】坚持稳中求进、改革创新,积极履行财政职能,全面深化财政改革。推进预算管理改革。

加大政府预算统筹力度,将政府性基金新增建设用地土地有偿使用费转列一般公共预算,统筹国有资本经营预算调入一般公共预算力度;扎实推进预算公开,除涉密部门外,所有使用财政资金的县级60个预算部门及时公开部门预决算和"三公"经费预决算;完善支出管理,压缩一般性支出,制定县级专项资金管理办法;盘活财政存量资金6013万元,统筹用于民生和重点项目建设,提高财政资金使用效益。推进税收制度改革。全面落实减税降费政策,落实增值税简并税率、扩大享受企业所得税优惠小型微利企业范围、提高科技型中小企业研发费用加计扣除比例等政策,全县政策性减免税费达2.1亿元;配合推进增值税、资源税等立法,做好环境保护税开征准备和个人所得税税制改革前期准备。推进财政体制改革。在充分调研和广泛征求意见的基础上,制定新一轮乡镇财政管理体制方案,合理划分县乡政府间事权和支出责任,使事权与支出责任更好适应,将财力更多向乡镇倾斜,有效调动乡镇培植税源发展经济的积极性,全年乡镇收入增幅达34.1%。深化政府债务管理改革。严格实行政府债务限额管理和预算管理,完善债务风险预警机制,规范政府举债融资行为,切实防范财政运行风险。

【强化规范】开展专项整治。实施"小金库"检查,在单位自查自纠的基础上,重点对36个单位进行专项检查和整改;全面开展县乡两级财政及部门往来款清理,解决部分单位往来款项长期挂账、核算不规范等问题。严控支出管理。强推使用公务卡,印发《关于进一步推进公务卡强制结算的通知》,推行办公费、差旅费、公务接待费、公务用车运行维护费四项公务卡结算,增加支出透明度;严格遵守中央八项规定和省市相关规定,严控"三公"经费,全县"三公"经费支出860万元,同比下降26.6%。强化政府采购管理,出台《2017年政府集中采购目录及政府采购限额标准》,受理政府采购项目2318项,计划采购金额2.5亿元,实际采购金额2.1亿元,节约0.4亿元,节约率19.1%,有效节约财政资金。加强资产管理。盘活国有存量资产,筹建休宁县国有资产投资运营有限公司,提高国有资产使用效率;加强政府资产管理,对部分行政事业单位资产清查情况进行核查,探索建立政府资产报告制度。

(方晓华)

黟县财政工作概述

【概述】2017年,全县公共财政预算收入累计完成4.59亿元,增长7.1%。公共预算财政支出完成11.5亿元,增长4.5%。财政民生十三大类支出累计完成9.3亿元,财政民生支出占公共财政预算支出比重80.8%。

【服务发展】全年争取财政补助资金90034万元、债券资金15298万元,积极盘活存量资金8566.69万元,县域经济社会发展得到有效财力支持。深入落实"营改增"等结构性减税及配套政策,积极简并增值税税率,扩大小微企业所得税优惠政策范围,取消或停征收费项目171项,减轻企业税费负担超千万元。支持实体经济发展,全年安排资金2000万元,加快完善以旅游为主的现代服务业设施建设,"黄山古称黟山,黄山之南·全景黟县"更具影响力;拨付工业企业奖补资金650万元,助力企业强化自主创新能力,推进产业转型升级;拨付特色农业发展资金564万元,支持农业经营主体壮大、精致农业快速发展。新增担保公司资本金2331万元,提升融资担保服务能力。全年提供担保贷款19376万元,年化担保费1.02%;提供还贷应急资金34489万元,减轻企业负担110万元,企业融资难、融资贵问题得到有效缓解。

【收支运行】加强收入预期管理,坚持依法理财、依法治税,全面加强建筑业综合治税力度,政府投资项目税收管理能力不断强化。全力推进西递、宏村、碧阳等三镇民宿和精品客栈等现代服务业税收征管,实现新增税收超100万元。加大欠税清理力度,清理欠税额达1212万元。统筹安排一般预算资金、政府性基金、地方债券资金和存量资金,严格压减一般性支出,着力优化财政支出结构,保障社会事业发展和重点支出刚性需要。全年教育支出9026万元、医疗卫生支出9525万元、农林水支出22793万元、社会保障支出15249万元。整合投入9500万元,支持歙黟一级路(黟县段)、城西路网、桃源幼儿园等一批重点项目建设,公共服务设施水平得到不断提升。

【民生保障】社会保障兜底投入力度不断加大,足额配套34项民生工程建设资金10488.44万元,完成投资44646.72万元,新增支持企业退休人员养老金、城乡居民养老、城乡低保、农村五保、孤儿等群体供养提标保障资金701万元。全面落实高龄补贴、残疾人、抚恤、自然灾害、“老字号”群体工龄补助、计生奖特扶、危房改造等政策资金1700万元。发放强农惠农补贴资金7779.46万元，惠及全县78251人次。大力支持乡村发展，整合资金12000万元，集中整治乡镇政府驻地建成区7个、中心村14个、自然村30个；投入资金1184.8万元，实施柯村高标准农田建设和西递叶村生态综合治理项目；投资488.8万元，完成“一事一议”财政奖补项目55个；拨付549.4万元，扶持农业产业化项目6个。致力脱贫攻坚，千方百计加大财政资金投入，为1995名贫困人口稳定脱贫、7个贫困村出列提供坚强资金保障。安排扶贫专项资金安排扶贫专项资金2479.2万元，实施扶贫项目117个，重点贫困村基础设施、产业发展、集体经济等不断加强。发放扶贫小额信贷2207.5万元，贫困家庭脱贫“造血”能力得到提升。

【财政改革】着力完善预算机制，更新完善部门预算基础信息库，实行“零基”预算管理，政府性收支全部纳入预算管理；供给政策、定额标准、住房公积金财政保障水平、机关事业单位参保缴费标准等得到全面统一，非税收入安排支出管理统筹能力实现提升；对牵动性强、经济社会关注度高、专业技术性较强、预算数额较大且不易确定的预算项目，实施预算评审论证，预算管理的制度笼子进一步扎紧扎牢。稳步推进各项改革，机关事业单位养老保险改革扎实推进，财政投入1400万元，全面完成机关事业单位养老保险并轨；城乡居民基本医疗保险制度整合有效推进，县域医疗服务共同体试点改革取得实效；国库集中支付制度改革进一步深化，全县公务卡累积签约1652张，比2016年底增加680张，2017年度县直单位通过公务卡支出181万元，比上年增加145万元。全面开展清理回收预算单位备用金工作，清理回收80个预算单位50万元备用金。不断深化国企国资改革，全面完成全县行政事业单位资产报表编报、不动产清查、北街公产房划转和直街公产房清理回收等工作；县属企业负责人薪酬制度探索实施；启动国有资产投资运营公司市场化改革；完成63个原值11.73亿元的地方政府性债务投资项目资产清查登记工作。

【财政监督】加强财政监督管理，注重常规检查，组织开展专项内部审计、会计信息质量检查、财务互审，维护财经秩序，提升财务管理水平；强化专项督查，扎实开展“八项规定”大督查、1+N党风廉政专项整治、农村集体“三资”财务监管等，严肃财经纪律，规范收支行为。注重机制建设，出台加强财务管理、取消备用金、推行公务卡、完善政府采购和政府购买服务等系列制度办法，落实“小金库”防治长效机制，财政监督保障作用切实发挥；推进信息公开，全县行政事业单位（除涉密单位外）实现预（决）算全公开，认真落实人大决议和审议意见，严格执行审计整改，切实提升财政管理水平。加强农村“三资”管理，印发《村级支出审批制度（暂行）》《黟县村级工程招投标制度（暂行）》等制度办法，加大从业人员业务培训力度，规范“三资”日常管理，农村集体“三资”规范运作得到切实加强；累计发放催收通知416份，提请诉讼2起，清理“三资”借款794.8万元。加强债务风险防控，出台《政府性债务风险处置应急预案》等文件办法，进一步健全全县政府性债务风险应急处置体制，全面清理、规范政府性融资行为和政府购买服务行为，防范和化解财政金融风险能力得到提升；全年政府性债务余额6.9亿元，在省下达债务限额之内。

【队伍建设】深入推进“两学一做”学习教育常态化制度化，严格按照学习计划，通过专题讲座、集体学习、交流讨论、干部自学等多种方式，深入领会习近平总书记系列重要讲话特别是视察安徽重要讲话精神，学习贯彻党的十八大及历次全会精神等；逐条学习党章和《准则》《条例》等党内法规；开展庆祝建党96周年系列活动等，牢固树立“四个意识”，坚持全面从严治党，把学习领会党中央治国理政的新理念新思想新战略和财政改革发展各项任务相结合，坚持从实际出发，立足本职工作，充分发挥共产党员的责任担当，以转型升级思路稳步推进财政改革进程，提高财政治理能力。加强党风廉政建设，不断丰富廉政学习形式，加强廉政宣传教育活动，开展上廉政专题党课、廉政谈话、组织全局干部参观县廉政警示教育基地、观看警示教育片、组织开展“讲重作”专题（警示）教育活动、学习典型案例等，大力宣传党章、党规、党纪，把纪律和规矩挺在前面，不断强化“科学理财、清廉为民”的价值理念。严格落实签订党风廉政建设责任书制度，认真履行“一岗双责”。加强党的纪律建设，深入落实“两个责任”，坚决反对“四风”，健全和完善惩治和预防腐败体系，增强财政干部自我约束能力，确保财政资金安全、财政干部安全、维护财政系统良好形象。加强干部队伍建设，坚持德才兼备、以德为先的原则,综合考虑年龄结构和能力特点,建设政治过硬、本领过硬、作风过硬、廉洁过硬的财政干部队伍。进一步优化重要岗位干部配备,激发全局业务骨干工作积极性和潜力,2017 年,根据编制职数使用状况、干部队伍建设现状和实际工作需要,在充分听取群众意见的基础上,提拔 5 名干部;加强青年人才培养,根据岗位需求,选任 3 名干部到中层领导岗位上。

(吴少辉)

祁门县财政工作概述

【概况】2017 年,祁门县财政工作在县委政府的坚强领导下,在上级财政部门的指导下,以财政工作要点为统揽,全面贯彻"五大发展理念"和"四个全面"的方针政策,财政收入稳步增长,财政保障不断加强,重点支出支持有力,财政改革有序推进,有力地促进社会各项事业蓬勃发展。全县完成一般公共预算收入 73427 万元,为年初预算的 100.2%,同比增长 7.1%,全县一般公共预算支出完成 176008 万元,同比增长 5.5%。

【财政支出管理】进一步调整优化支出结构,推进厉行节约,按 5% 幅度压减一般性支出。大力盘活财政存量资金,回收财政结转结余资金,清理项目结余,沉淀资金全部调整到保民生、补短板、增后劲的"刀刃"上。全年一般公共预算支出 17.74 亿元,比上年净增支 1.06 亿元,增长 6.3%。其中财政民生支出达 14.35 亿元,占总支出的 80.9%。公共服务管理、社会事业发展、脱贫攻坚、民生改善等重点领域财政保障能力进一步提高,实现保工资、保运转、保民生、保稳定、促发展的目标。

【推进经济发展】立足全县发展大局,积极向上对接,大力争取财政专项资金支持,全年获中央省市财政资金超 10 亿元。争取专精特新、新型工业化发展、工业强基技术改造、智能工厂和数字化车间等项目支持,落实财政扶持资金,促进创新型、科技型企业加快发展。鼓励金融机构加大对涉农实体经济信贷扶持,支持金融机构向上争取普惠金融奖励资金。积极争取上级财政部门的支持,推动公共服务产业建设,祁红特色小镇服务业项目、城乡客运一体化示范县等项目分别通过专家评审。发挥财政资金引导激励作用,加大支持招商引资力度,支持企业转型升级,扶持企业做大做强。落实增值税简并税率,扩大小微企业享受减半征收所得税优惠的范围,取消城市公用事业附加和新型墙体材料专项基金,进一步降低企业成本,为企业发展减负担。充实县担保公司资本金 1047 万元,全面落实"4321"政银担风险机制,为 56 户企业提供 91 笔融资担保服务,担保额 2.86亿元,比上年增加 1200 万元。

【落实协调发展】扶贫攻坚进展顺利,落实地方财政收入增量的 10%、可统筹盘活存量资金 50% 以上用于脱贫攻坚政策,全年财政投入扶贫资金比上年增长 35.5%,全力保障全县"9421"任务布局和脱贫攻坚重点工作实施,全年共投入财政扶贫资金 5630.50 万元,"4000 人脱贫、21 个村出列"的脱贫目标任务全面完成;投入资金 1727 万元,实施完毕 13 个国家农业综合开发项目。落实专项补助资金 4183 万元,整合现代农业、农田水利、危房改造、清洁工程、农村环境连片整治等涉农项目资金 4495 万元,持续推进美丽乡村建设,加快改进农村人居环境,促进城乡协调发展;投入财政补助 566 万元,实施一事一议财政奖补项目 92 个,发放各类涉农补贴资金达 11815 万元,全面落实国家惠农强农政策。

【加强财政管理】持续加大财政监督力度,全年共开展扶贫领域、民生工程、农业专项资金、"三公经费"、财政专项资金等各类检查整治行动 12 次;对全县 24 个部门、6 个乡镇开展财政综合大检查;对全县乡镇和县直机关及二级机构财务人员 300 余人次进行二轮财政财务业务知识培训;针对制度上的漏洞,共出台相关制度文件 15 项,财政经费支出管理制度共 22 项,牢牢扎紧财务制度笼子。开展乡镇财政资金监管和惠农补贴资金管理发放绩效评价,促进乡镇财政健全完善监管制度,提高财政资金使用效益;严格非税收入汇缴结算户管理,规范乡镇存量资产转让收入收缴,确保非税收入按照预算管理方式、预算级次及时足额入库和安全高效运行。

【推动财政改革】优化整合全县文化旅游资源,成立黄山祁红文化旅游发展有限公司,做强文投公司的实力,提高资产运营效果,推进资产的统一管理和国有资本优化重组。完善国库集中支付改革,加强预算执行管理,优化流程,完善动态监控,提升支付时效。推进政府购买服务改革,出台政府向社会力量购买服务方面的规范性文件 5 个,全年试点项目共 39 个,资金达 1900 余万元。推动乡镇财政体制改革,开展县、乡两级政府财政分配关系、科学界定财权事权及支出责任、合理划分收入范围的专题调研,拟订《乡镇财政管理体制实施办法》。

【民生工程实施】全县38项民生工程和10件惠民实事顺利实施,累计投入资金6.8亿元,民生工作亮点纷呈,民生工程综合成效进一步显现。

(余智辉)

屯溪区财政工作概述

【概况】2017年,全区一般公共预算收入完成11.69亿元,占年初预算数11.66亿元的100.3%,同比增长7.3%,增收7931万元。税收收入占公共财政收入的比重为63.4%。一般公共预算支出完成15.72亿元,占调整预算数15.72亿元的100%,同比增长7.7%。全区政府性基金上级补助收入2455万元。政府性基金预算支出完成2455万元,比上年增加474万元,增长23.9%。2017年全区社会保险基金收入完成5.24亿元;社会保险基金支出完成4.77亿元。

【财政收入管理】紧紧围绕区委、区政府确定的全年工作目标,积极协调国、地税部门,加强税源摸排和分析,及时分解落实任务,改进税收征管服务水平,财政收入平稳增长,税收收入占公共预算收入的比重预计较上年提高10个百分点以上。强化财政收入预期管理和动态监控。坚持财税协调联动机制,强化对重点行业、重点企业、重点税种收入增减因素的分析,突出抓好主要税种的监测,做到早研判、早分析、早谋划、早应对,增强收入预期精准度。加大欠税清理力度,确保税款足额入库。积极协助国地税联合开展欠税清理,对系统清欠数据进行分类,分析企业欠税原因,掌握企业实际清偿能力,实施分类管理,密切联系房管、法院、银行等部门,掌控企业资产处置和资金回笼的关键节点实施清欠,确保税款清欠入库。2017年共清理欠税5145万元,切实做到应清尽收。加强个体经济税收征管,优化服务促增收。有效落实个体私营经济发展优惠政策,支持个体私营经济健康发展,改善个体经济发展服务中心服务场所,优化办税服务环境,个体经济税收新增820万元,较上年增长27%。严格非税收入征管,确保应收尽收。深入挖掘非税收入增收潜力,不断提高非税收入信息化、网络化、科学化管理水平,加强国有资产租赁、处置和棚户区改造地块公产房补偿收入及财政性存款保值增值等非税收入的征收管理。全年非税收入征收4亿元。

【财政支出管理】按照《关于进一步加强财政预算管理规定》的要求,按照均衡支出要求,加快资金支出进度,完善预算动态监控机制,动态监测部门预算执行情况,及时总结分析支出执行情况。坚持量入为出的原则,严格执行年初人大审议通过的年度预算,维护预算的严肃性和约束力,确保全年收支平衡。严格按照中央、省、市、区的厉行节约的有关规定,认真落实“八项规定”及相关要求,压缩一般性支出,严格控制“三公”经费增长,规范行政成本管理,切实把有限的财政资金用在刀刃上。严把预算执行关,从紧审核预算调整和追加事项,原则上不再追加一般性支出。

【财政体制改革】推进预算管理改革。扎实推进财政预决算和“三公”经费预决算公开,在内容、形式和要求上更加严格;财政存量资金盘活更加制度化、规范化、精细化,全年共盘活存量资金2821万元;将厉行节约落到实处,压缩一般行政支出、“三公”经费343万元。强力推进政府购买服务改革。扩大政府购买服务范围,加大对城市环境、新安江江面保洁、民生工程等项目的购买力度。规范债务管理。严格执行省政府债务限额管理,及时将省政府下达屯溪区债务限额报区人大常委会批准。2017年度获批新增政府债券资金3210万元用于九龙园区众创园一期项目,切实提高资金使用效益;妥善处置存量债务,2017年争取地方政府置换债券资金3370万元,减少利息支出约600万元,优化债务结构,缓解债务还本付息压力。深化国库管理改革。加快完善国库单一账户体系,国库集中支付实行全覆盖,平台一体化管理、公务卡改革稳步实施。加强地方财政库款管理,加快支出进度,合理压低库款规模。进一步加强财政专户清理,规范预算单位资金存放管理。推进总预算会计制度改革,试行政府股权投资核算。试编权责发生制政府和部门综合财务报告。完善政府采购制度。加强政府投资小型工程项目管理,出台《屯溪区小型工程项目招标投标暂行办法》。全年政府采购金额1.62亿元,节约资金436万元。强化财政监督。对社会聚焦、群众关注的2016年度24个财政支出项目进行绩效评价;开展2017年会计信息质量检查;实施行政事业单位预决算公开、资产管理、财务管理、内控制度建设及三公经费、会议费、培训费、政府采购、非税收入管理等政策落实执行情况重点检查,财政大监督格局稳步推进。

【民生工程实施】屯溪区实施省、市30项民生工程,实际完成投资18.8亿元。除市重点民生工程棚户区改造项目外,其他29项民生工程按年初目标任务和时间节点要求投资完成率达100%。全年拨付2444万元用于区属小学、幼儿园改善办学条件,免除义务教育阶段学生学杂费411万元,拨付建档立卡家庭经济困难学生资助金15万元;启动百鸟亭小学建设,计划投资5500万元,拨付前期费用643万元。公共文化场馆全年免费开放接待55万人次,拨付补助资金230万元。全年发放城镇职工养老金2.79亿元,发放城乡居民、被征地农民养老金2480万元;报销城镇职工医药费5300万元、育龄妇女生育保险费用450万元。不断加大对新型农村合作医疗、城镇居民医疗保险补助力度,报销全区参合农民医药费3626万元、城镇居民医药费3700万元。全面启动机关事业单位养老保险改革,拨付机关事业单位基本养老保险基金补助1252万元。全年发放城乡低保金2850万元,城乡医疗救助资金437万元;拨付资金1212万元落实农村五保、孤儿、残疾人、抚恤、自然灾害等救助政策。推进公共卫生服务体系建设,确保医改政策全面落实到位,安排公共医疗卫生资金4710万元,全区医疗卫生保障和服务能力进一步增强。投入2220万元重点落实再就业困难群体社保补贴、就业培训、就业介绍、公益性岗位补贴等就业扶助政策。为创业人员发放小额担保贷款740万元,为劳动密集型小企业发放贷款1195万元。完成油菜、水稻、棉花等政策性农险投保工作,综合投保率达98%以上;在全市率先完成4.16万亩森林投保工作。有序规范开展涉农资金补贴发放管理工作,全年共发放涉农补贴资金4100万元。

【服务经济发展】加大对上争取力度,全年共争取上级补助资金3.07亿元,支持全区经济和社会事业发展。筹措资金4.4亿元用于黎阳老街、江南新城、九龙园区等重点项目建设。充实江南融资担保有限公司注册资本金990万元,积极深化"4321"政银担风险分担合作机制,担保费率由1.5%调减至1%-1.2%,切实减轻企业负担,全年共为424家企业担保贷款3.66亿元,有力支持全区实体经济发展资金需求。设立首期1亿元产业发展引导基金,出台《屯溪区产业发展引导基金管理办法》,通过产业发展引导基金进一步扶持促进"精、优、特"等优势产业做大做强。

【国有资产清查】开展2016年政府资产报告试点工作,截至2016年12月31日,全区政府经管资产总额为7.74亿元;开展地方政府性债务投资项目资产清查登记工作,截至2017年6月30日,地方政府性债务投资形成资产原值为16.88亿元,政府债务余额3.88亿元,预计债务率26.6%,财政支出责任3.16亿元,债务风险控制在低水平;加快推进行政事业单位国有房产不动产登记划转工作,完成22处房产不动产登记划转;积极参与棚户区改造4处公产房拆迁,扎实做好国有资产配置处置租赁管理,规范经营性资产运营行为,确保实现国有资产保值增值和有效利用,2017年取得经营性资产租金收入731万,比上年增长48.6%;开展全区129家(含二级机构)行政事业单位国有资产清查,截至2016年底,全区行政事业单位共有国有资产价值48357.64万元。进一步强化行政事业单位资产管理,夯实资产管理信息系统数据,推进资产管理与预算管理、财务管理、国库管理相结合。

(汪小燕)

黄山区财政工作概述

【概况】2017年,黄山区财政工作牢固树立和践行"五大发展"理念,主动适应经济发展新常态,主动作为,迎难而上,加强财源建设、强化税源监控,确保财政收入稳步增长,全年公共财政预算收入完成119110万元,为年初预算的100%,比上年同期增长7.0%,增收7803万元;全区一般公共预算支出193449万元,比上年实绩增长3.2%;全区财政民生支出146409万元,较上年增长4.4%,占一般公共预算支出的76%;34项民生工程投资5.35亿元,投资完成率达114%。

【财政收入】区财政局积极应对税制改革,明确收入任务,强化征管措施,细化目标考核,抓好分解落实。定期召开财税协调工作会议,深入分析税收形势,按月调度征管进度,及时协调解决征管难题,细化任务分解,压实工作责任,有效增强收入预期精准度,确保收入足额按月入库。密切跟踪重点企业、重大项目税源变动情况,健全完善综合治税工作措施和考核机制，强化重点税源监管和涉税信息共享利用，全力堵塞征管漏洞，防止税源流失。加大国地税联合稽查力度，重点加强农产品增值税抵扣管理、增值税发票数据应用、印花税风险排查和欠税清理，全年共清理欠税1670万元。积极推进国地税联合办税，设立联合办税服务大厅，实行涉税企业“一窗通办”，方便群众和企业纳税。继续深化财税部门联系乡镇制度，加强税收征管业务指导，提高乡镇税收管理能力。2017年，全区完成财政总收入119110万元，比上年增长7.0%，实现季度均衡入库。

【争取资金】区财政局认真研究财税政策，把握上级资金投向，争取上级政策和资金对黄山区经济社会发展支持的最大化。全年争取上级各类补助资金9亿元、置换债券25576万元、新增债券24594万元。积极推行PPP模式，多渠道吸纳社会资本和金融资本，放大政府投入效果，有效保障浦溪河（城区段）综合治理、东黄山国际小镇等重大投资项目建设资金需求。继续开展美丽乡村建设融资试点，融资2400万元用于6个乡镇政府驻地建成区建设，加快美丽乡村整区推进步伐。

【服务发展】区财政局始终把服务经济发展作为财政工作的核心任务，充分发挥财税政策的支持引导作用，全力保障实体经济发展和重点项目建设的资金需求，有力推动全区经济稳步发展。认真实施“调转促”行动，持续加大财政支持实体经济力度，全面落实小微企业税收优惠政策，积极搭建政银企、税银企合作平台，共兑现企业奖励资金1062万元，发放银企对接项目贷款10.07亿元、“税融通”贷款8000万元、小额担保贷款1390万元、财政贴息223万元，安排科技三项经费920万元、外贸促进资金56万元、工业发展专项资金200万元、旅游发展专项资金340万元，向区担保公司注入资金939万元，有力支持企业技术改造和产业升级，助推实体经济发展，推动招商项目有效落地。

【民生事业】坚持把保障和改善民生作为财政工作的重中之重，集中财力向精准扶贫倾斜，向民生保障覆盖，向社会事业延伸，让更多的城乡居民共享改革发展成果。2017年，全区34项民生工程投资5.35亿元，投资完成率达114%。完善区级财政扶贫投入机制，全年累计安排扶贫专项资金2447.2万元，重点用于产业扶贫、健康脱贫、教育脱贫、兜底保障等脱贫攻坚“十大工程”以及贫困村集体经济发展，积极推进资产收益扶贫，为确保完成年度脱贫攻坚任务提供强有力的资金保障和政策支持。积极落实城乡低保、城乡医疗救助、临时救助、特殊群体补助政策，共发放低保金及各类补助救助资金3084.9万元，累计保障96400人次。积极推进城乡居民养老金提标、“老字号”群体工龄补助、医药卫生综合改革、机关事业单位养老保险制度改革，2182名退休人员养老金纳入社会化发放。继续实施积极的就业政策，落实就业补助资金1278.7万元，实现稳定就业2980人。财政支出继续向教育、卫生等民生领域倾斜，分别投入2.56亿元、1.9亿元用于改善学生就学、群众就医条件。全面落实各项强农惠农政策，发放惠农补贴1.17亿元，落实退耕还林及森林生态效益补偿资金1647.3万元，有力促进农业发展、农民增收和生态保护。投资1.26亿元实施“一事一议”、农村道路畅通工程、小农水重点县、移民避险解困等项目99个，投入591万元用于社会综合治理，有效改善农民生产生活条件，提升群众安全感和满意度。

【财政改革】坚持在改革中破解难题，在创新中谋求突破，积极拓展财政改革的广度和深度。新一轮乡镇财政体制成功实施，进一步理顺区乡分配关系，提高区财政的调控能力，建立增收奖励机制，调动乡镇发展经济、培植税源的积极性，确保乡镇正常运转，建立乡镇基本财力保障机制，有力促进全区经济健康、稳定、均衡和可持续发展。预算管理制度改革深入推进，进一步健全完善预算编制体系，建立跨年度预算平衡机制和存量资金定期清理机制，建成预决算和“三公经费”公开统一平台，盘活财政存量资金1035万元，全覆盖公开预决算部门84个，有利推进预算管理科学化、规范化、精细化。继续深化国库集中支付改革，积极推进公务卡结算方式改革和总会计制度改革，专项资金全部纳入国库集中支付，直接支付比例提高至85%。大力推行政府购买服务，24项服务实行社会购买，涉及资金2927.5万元。政府性债务管理改革不断深化。加强地方政府性债务管理，健全完善风险预警和应急处置机制，进一步优化债务结构，控制债务规模，有效防范化解财政风险，降低融资成本。积极开展地方政府性债务投资项目清查登记，探索国有资产管理系统规范化运用，实现国有资产管理信息化、常态化。财政支持农村综合改革效益凸显。充分发挥财政资金的引导撬动作用，成功争取省级农村综合性改革试点试验，筹措建立特色农业发展基金,大力扶持“五个一”农业特色产业和产业化龙头企业发展,推进乡村振兴。继续开展财政扶持村级集体经济发展试点和农村公共服务运行维护机制建设示范试点,对上争取资金1341万元、整合资金859万元,扶持22个村发展香榧种植、泉水鱼养殖等产业发展,有力增强村居发展后劲;对上争取农村公共服务运维机制建设试点资金800万元,重点用于农村保洁、农村基础设施维护、污水处理等方面,构建“政府主导、群众参与”的运维体系,促进城乡基本公共服务均等化。

【财政监督】区财政局把加强财政资金监管作为财政工作的内在要求,不断完善财政监督体系,全面加强内控管理,确保财政资金规范、安全、高效运行。强化动态管理,加大国库集中支付动态监控、涉企资金监管等信息化系统运用,进一步规范重大财政资金安排决策行为和涉农资金发放流程,强化资金审批、拨付等环节管控,推动财政资金支出全过程监管,确保财政资金规范发放、安全发放。加大专项治理,深入开展“小金库”、“三公”经费、津补贴发放和财政资金专项检查工作,规范单位财务管理,严肃财经纪律。加大对区直单位、乡镇和村居财政资金使用的监督检查力度,突出扶贫资金监督重点,严查向扶贫资金“动奶酪”的行为,切实维护群众利益,不断增强群众获得感。全面摸清往来资金情况,提出分类清理意见,提高财政资金管理使用的规范性、安全性和有效性。强化流程控制和内部管理,推进以制度堵塞漏洞、以制度规范管理、以制度约束权力,筑牢财政资金、财政队伍安全“防火墙”。自觉接受区人大监督,严格执行人大决议,提升财政管理水平,树立良好财政形象。

【队伍建设】区财政局党组不断加强广大财政干部的思想政治理论学习,进一步提高干部政治站位,牢固树立“四个意识”,自觉从政治高度研究、谋划和推进财政工作,确保党的路线方针政策和上级决策部署不折不扣落到实处。时刻牢记岗位职责;敢于担当,迎难而上,提升执行能力,对每项财政工作都要不折不扣地抓好落实。重点围绕脱贫攻坚、五大发展理念、供给侧结构性改革、财税新政策和财经新业务等课题进行宣讲,加强干部理论武装。坚持党建总览,严格党内组织生活,坚持和完善民主评议党员、党员党性分析、领导干部双重组织生活会等制度,使严格的党内政治生活成为一种常态;健全党组织工作的规章制度,保证党建工作有章可依、有规可循。严格作风建设,进一步强化服务意识,主动服务经济社会发展大局、主动服务人民群众、主动服务预算单位,切实提高服务质量和水平。推进简政放权、效能提速、服务提质,以良好工作作风推动财政工作开展。严格落实党风廉政建设主体责任和监督责任,加强廉政教育和反腐败源头治本工作,树立财政干部“一心一意为民、一丝不苟干事、一尘不染从政”的新形象。

(李伟民)

徽州区财政工作概述

【概况】2017年,徽州区财政局在区委、区政府的正确领导下,牢固树立“四个意识”,坚决贯彻上级决策部署,深入学习贯彻落实党的十八大及十八届各次中央全会、十九大精神和习近平总书记系列重要讲话精神,主动适应经济发展新常态,积极践行新发展理念,牢牢把握稳中求进工作总基调,贯彻落实积极的财政政策,加大产业扶持力度,促进财政收入稳步增长,强化民生和重点支出保障,统筹做好稳增长、促改革、调结构、惠民生、防风险各项工作,圆满完成财政各项目标任务,有力地支持全区经济社会平稳发展。全年完成一般公共预算收入11.06亿元,较上年增长7.4%,政府性基金收入完成2.22亿元,一般公共预算支出完成14.04亿元,增长8.5%,政府性基金支出完成1.98亿元,全区财政综合实力进一步增强。

【支持经济发展】加大产业扶持力度,修订完善《黄山市徽州区扶持产业发展的实施意见》,区财政安排产业扶持资金8600万元,较上年增加1500万元。积极落实各项减税降费政策,兑现民营经济发展、外贸奖励、服务业发展等各项奖扶资金8231万元,出口退税4637万元,引导并促进企业转型升级发展。做优做强担保公司,增强企业融资能力。认真落实省市政策性融资担保机构支持产业发展的各项规定,全年累计为区内109户企业提供230笔融资担保业务,担保总额79800万元,占年度目标任务的102.3%。累计责任余额55713万元,融资性担保放大倍数3.3倍。完成政银担业务128笔,担保金额48093万元;完成“税融通”业务31笔,担保金额12223万元;完成“应急还贷”业务101笔,解决应急资金40328万元。全年化解潜在不良债务风险5户，总额达1800万元。区担保公司获2017年度“安徽省最具成长性融资担保机构”称号，为黄山市唯一获此殊荣单位。

【增收节支】加强财政收入征管。强化财政收入预期管理，每月召开财政收入分析调度会，细排财政收入分月计划，确保财政收入有序均衡入库。强化协税护税工作机制，进一步健全综合治税平台，畅通涉税信息传递，加强建筑业和个体工商税收征管，加大税费清欠力度，确保财政收入应收尽收。围绕全区产业发展及重点项目建设积极编报项目向上争资，全年争取上级财政各项资金10.3亿元，超额完成区委区政府确定的对上争资年度目标任务，为全区经济社会事业发展提供有力资金保障。加强财政资金统筹使用工作，加大对财政结转结余资金及部门往来款项清理盘活力度，全年盘活财政存量资金1050.4万元，重点安排脱贫攻坚、农业农村基础设施建设等民生支出。财政资金使用效益进一步提高。坚持厉行勤俭节约，从严控制一般性支出，全年压减一般性支出739.92万元，保障民生和重点改革等支出需要。全区“三公经费”减支66.29万元，减幅11.24%。机关事业单位在职、离退休及企业退休人员政策性调资全部兑现到位，财政民生支出占一般公共预算支出比重进一步提高。

【民生改善】加大财政投入力度，将当年地方财政收入增量的10%以上、盘活存量资金可统筹使用部分的50%以上安排用于脱贫攻坚，全年共安排扶贫专项资金2461万元，瞄准贫困村和贫困人口，精准保障脱贫攻坚“十大工程“资金需求。制定出台《徽州区财政专项扶贫资金管理实施细则》《关于财政支农资金支持资产收益扶贫工作的实施方案》《徽州区财政局开展扶贫领域突出问题专项整治实施方案》等扶贫资金管理文件，安全规范使用扶贫专项资金，突出扶贫资金使用效益，促进扶贫政策全面贯彻落实。扎实推进省市34项民生工程，坚持落实责任、提质增效，强化过程管控、结果考核、建后管养、舆论宣传，足额落实区财政配套资金，全年累计完成投资106383万元，拨付资金102471万元。全年投入1.47亿元，推动各项教育事业协调发展，义务教育经费保障到位，公办义务教育学校实行“零收费”，中小学教学条件不断改善。投入0.41亿元，积极支持构建现代公共文化服务体系，促进文化、体育、广电传媒事业发展。投入1.04亿元，完善就业和社会保障体系，稳步提高保障标准。投入1.03亿元，支持医疗卫生与计划生育事业发展。扎实推进新安江生态保护试点工作，争取试点补助资金1007万元，继续开展农村垃圾清洁"组收集、村集中、乡镇处置"常态化运行，建立区、乡、村三级“河长制”。投入资金792万元，关停畜禽养殖场25家，技术改造4家，在全市率先完成禁养区养殖场关停搬迁任务。投入3600万元，加大对循环园区“治污、脱盐、供热”三个集中基础设施投入。投入资金375万元，“黄标车淘汰”工作圆满收官。

【城乡一体化发展】支持美丽乡村建设，2017累计投入资金7846.6万元，其中：争取省市资金996.6万元，区配套资金3800万元，整合各类资金3050万元，全力支持美丽乡村建设。落实强农惠农政策，规范发放各类惠农补贴资金6645万元，受益农户7.48万户次。继续抓好农业补贴“三合一”改革，全区补贴耕地面积4.84万亩，补贴资金427万元，受益农户1.64万户。推进开展茶叶特色政策性农业保险试点工作，投保面积1.85万亩。投入513万元，实施“一事一议”财政奖补项目47个，推进农村公益事业民主化决策。投入1176万元，实施农业综合开发项目8个，农业基础设施不断改善。安排资金504万元，支持基层党组织、非公企业党组织创建及社区工作有序开展。安排农村基层党组织建设经费1005万元，保障村组织正常运转。

【财税改革】加强政府预算管理，科学编制强化财政预决算公开，增强财政预算透明度。严格政府采购预算编制，属政府采购目录内的事项，均要求部门编制政府采购预算，并严格采购预算执行。坚持“先有预算，后有支出”原则，强化预算约束。持续推进预算管理绩效评价工作。推进国资国企改革，完善黄山徽州浪漫红文化旅游发展有限公司的法人治理结构，推进浪漫红公司市场化转型。开展经营性资产集中管理，对全区出租、出借及可用于经营的国有资产进行摸底、核实，有序移交区国投公司经营管理。深化国库集中支付改革，加强预算执行动态监控，规范现金管理和预算收支行为。全区公务卡激活运行1082张，办理业务1265笔，金额209万元。审核修订或退回预算单位直接支付申请不规范的单据688笔，涉及资金943万元。清理撤销专户5个。大力推进政府购买服务，组织开展政府购买服务业务培训,政府购买服务项目由20项增加到50项,项目资金达到2688万元。强化政府性债务管理,成立政府性债务管理领导小组,制定出台全区政府性债务风险应急处置预案,对政府融资担保和政府购买服务进行全面清理整改。强化债务系统管理和债务风险动态监控,将政府债务规模严格控制在区人大常委会批准的限额以内。全年对上争取地方政府置换债券资金4.58亿元,偿还到期政府性债务本金4.82亿元,年节约利息支出达0.5亿元,政府债务管理进一步规范。

【财政管理绩效】强化制度建设,制定出台"小金库"防治长效机制、专项扶贫资金管理实施细则、规范财政资金管理等文件制度,推进内控制度建设,增强重点领域、重点岗位和关键环节的风险防控,梳理风险点,明确防控措施,构建财政资金安全网。强化财政监督检查,牵头组织开展"小金库"和"滥发津贴补贴"专项整治工作;对全区7个乡镇和17家区直单位开展财政业务"互查互审"及"小金库"清理检查工作;选取3家代理记账机构及其6户代理记账的企业,开展2017年会计信息质量检查;每季开展财政扶贫专户资金检查以及加强民生工程专项资金检查,强化财政资金绩效评价和财政监督结果运用。2017年全区"三公"经费支出523万元,同比下降11.24%,确保"只减不增"目标落到实处。强化财政业务知识培训,邀请专业老师授课,对《行政事业单位内部控制规范(试行)》《设立"小金库"和使用"小金库"款项违法违纪行为政纪处分暂行规定》等财经纪律进行系统讲解培训,开展财政财务业务知识、财经法律法规等培训达600人次,不断提高财务人员业务水平。

【干部队伍建设】按照区委"两学一做"常态化制度化和"讲重作"专题教育要求,制定实施方案,认真组织全体党员干部开展学习教育活动。扎实开展基层组织标准化建设,局党支部标准化创建工作,首批通过区委组织部和区直机关工委组织的达标验收。积极做好脱贫攻坚、结对共建、"创城"等中心工作,全局党员结对帮扶29户贫困户,每月到村走访1次以上,当前计划脱贫的13个贫困户全部实现脱贫,全局党员募集资金,资助1名贫困家庭子女就学,帮助中山社区2名困难群众实现"微心愿"。认真落实党风廉政建设,年初制定党风廉政建设方案和工作要求,召开专题会议,对全年反腐倡廉工作进行全面部署,逐级分岗签订责任书,层层分解落实财政党风廉政建设工作责任,强化痕迹管理,压实"一岗双职"责任。全年开展廉政谈话2场37人次。邀请市委党校老师作专题教育讲座2次。组织党员干部到小练红色教育基地、杨业功纪念馆和市反腐倡廉警示教育基地,接受革命红色教育和廉政警示教育。推进效能建设,制定《徽州区财政局机关效能建设实施方案》,《徽州区财政局创建文明科室活动考核办法》,严格考核奖惩。落实AB岗等局机关工作制度,常态化开展工作纪律监督检查。财政会商和上门服务常态化,全年开展会商104次,其中局外会商65次。建立常态化学习机制,在全区组织开展财政财务业务知识、财经法律法规、内控制度建设等培训,坚持每周集中学习制度。对区委区政府交办事项和局党组决议事项实行每周跟踪督办。加强财政财务人员教育培训工作,不断改进培训方式和内容,进一步提升财政财务人员业务素质。

(程朝萍)

广德县财政工作概述

广德县财政工作概述

【概况】2017年,全县财政系统坚持稳中求进,着力改善民生,圆满完成了各项工作目标任务。2017年实现财政收入37.56亿元,同比增长9.5%,其中:国地两税收入30.8亿元,增长18%;非税收入占财政收入的比重为20.9%,下降5.7个百分点,财政收入质量进一步提高;财政支出完成43.6亿元,同比增长6%,其中:民生支出占89%,教育、医疗卫生、社会保障和民生工程等各项重点支出得到有效保障。

【服务经济发展】充分发挥财政职能,落实国家各项减税降费政策,全年拨付财政扶持资金3.9亿元,兑现企业贴息1510万元;配套1192万元支持担保公司做大,缓解中小企业融资难问题;全年投入资金9149万元,支持民营经济、"三重一创"、企业技术装备研发和产业改造;投入资金3713万元,支持制造强省政策项目;拨付奖补资金1349万元,投入技改设备补助、新产品、技术中心、多层厂房、两化融合;运用PPP模式支持城乡基础设施建设,获得财政部奖励800万元,带动社会资本投入18亿元;到位债券资金10.8亿元,其中置换债券资金8.04亿元,新增债券资金2.76亿元,置换债券全部用于置换一类债务,新增债券依法用于公益性资本支出;向上争取项目275个,到位资金12.4亿元;拨付资金近4亿投入"两区两园"等基础设施建设;安排财政资金8996万元,投入G318、S215国省道路干线及农村道路改扩建和养护;拨付资金1.8亿元,支持棚户区改造、公共租赁住房等保障性安居工程建设,保障农村危房及老旧小区改造重点项目。

【民生投入持续加大】2017年,全县民生类支出38.9亿元,占财政支出的比重达89%。精心组织实施33项民生工程,连续三年荣获"全省民生工程绩效奖补先进县",全年共投入33项民生工程资金13.74亿元,其中:县级财政投入1.5亿元,增长12.8%;共征收社保基金6.8亿元;拨付资金1.05亿元,保障城乡低保、农村"五保"供养等困难群众生活;投入公共安全、医疗卫生、社会保障、教育文化等民生支出17.2亿元;安排专项资金2230万元,支持乡镇生态建设;拨付资金2031万元,实施农村环境综合整治、对秸秆禁烧与综合利用进行奖补等;投入资金8499万元,加大江河湖库水系综合整治,支持森林生态效益补偿。

【强农惠农进一步加强】推进一事一议财政奖补转型升级,项目总数由原来138个减少到101个,投入奖补资金2061万元,项目总数比原来减少30%;探索田园综合体建设改革试点,2017年拨付专项资金250万元,投入邱村镇前路村、吉山村"田园风光小村庄"建设试点;通过"一卡通"发放各类惠农补贴资金2.2亿元,同比增长7%,涉及16大类,42余项,全县15万户农户从中受益,户均收入1458元;实施农业综合开发项目14个,投入财政资金2034万元。政策性农业保险赔付各类款项1052万元;支持美丽乡村建设,投入预算资金3444万元,整合涉农资金40项,整合涉农资金2.2亿元;安排2000万元助力东亭、四合特色小镇创建;拨付项目资金1744万元,投入革命老区道路和桥梁建设。

【财政改革有序推进】坚持“开门办预算”,开展部门项目支出预算公开评审,推进财政预决算信息公开,共盘活存量资金1.8亿元。评价财政支出项目57个,资金7.8亿元。将政府债务纳入预算管理,建立债务规模管理和风险预警机制,2017年置换存量债务8.04亿元,直接减少利息支出2012万元;存量债务余额减少9.62亿元,降低25.67%;一般债务付息支出占比1.15%,专项债务付息支出占比2.95%,债务风险在可控;深化支持医疗卫生体制改革,全年投入财政资金1.05亿元;安排500万元用于誓节卫生院整体搬迁工程;安排资金640万元,用于县级公立医院和乡镇卫生院设备购置维护、重点学科建设;继续完善国库集中支付改革,进一步规范全县预算单位公务卡结算;在环卫作业市场化项目、农村公益电影服务、新型农民培训等22个方面实施政府对外购买服务。

【严格落实从严治党】积极打造“阳光财政惠民生”党建品牌,按“七有”标准建设党支部活动场所,严格落实党支部“三会一课”、党员“固定活动日”和领导干部双重组织生活制度。召开中心组学习会议12次、集中上党课13次、专题研讨39次,征集研讨文章300余篇,组织干部职工赴南湖监狱开展警示教育,观看《永远在路上》等4部警示教育专题片,累计发送廉政提醒短信1000多条;开展常态化“五位一体”巡查,组织不同层面谈心谈话62人次;组建基层财政党支部,目前全县9个财政分局(所)均已成立党支部。建立乡镇财政帮联制度,落实局班子成员和科室一对一分帮到乡镇;加强乡镇财政资金监管,全年共开展抽查巡查334次,公开公示413次,监管资金6.64亿元,项目99个。

宿松县财政工作概述

宿松县财政工作概述

【概况】2017年,宿松县财政一般公共预算收入完成11.56亿元,增长8%,其中:地方财政收入7.35亿元,占一般公共预算收入的63.6%,地方税收收入4.05亿元,同比增长2.6%;非税收入3.3亿元,为一般公共预算收入的28.5%。一般公共预算支出完成46.26亿元,增长10.7%。政府性基金收入完成2.87亿元,政府性基金支出完成4.39亿元。社保基金收入完成2.88亿元,社保基金支出完成3.22亿元。

【优化支出结构】坚持保重点、控一般、促统筹,不断优化财政支出结构,全年支农、教育、医疗卫生、社会保障和就业等直接用于民生的支出达39.25亿元,占财政总支出的84.9%,同比增长10.2%。

【服务经济发展】全面落实减税降费政策,减轻企业税费负担7000万元。深化政银担合作,管好用好续贷过桥资金,帮助企业担保贷款8.1亿元、转贷1.6亿元。发挥财政政策和财政资金杠杆作用,引导全县金融机构新增贷款26.87亿元,存贷比达49.7%,创宿松县历史新高。安排3000万元产业发展基金,支持电子信息首位产业发展;拨付2917万元支持企业发展高端、智能、绿色制造。加快推进企业上市(挂牌)工作,红爱股份完成上市报备。

【支持脱贫攻坚】建立财政扶贫资金稳定增长机制,县财政安排专项扶贫预算2000万元,全年拨付各级专项扶贫资金1.42亿元,统筹整合财政涉农资金规模达4.08亿元;盘活财政存量资金3210万元、安排新增债券资金6973万元专项用于扶贫。设立4131万元扶贫小额信贷风险补偿基金,安排财政贴息资金1301万元,新增扶贫小额贷款4.12亿元。牵头实施资产收益扶贫,财政投入3500万元支持引导资金,实现70个建档立卡贫困村全覆盖,带动1.94万贫困人口享受收益分红。出台《关于发展壮大村级集体经济的指导意见》,鼓励通过创新运作机制、盘活集体"三资"、培育"一村一品"、融入"互联网+"、开展服务创收、发展乡村旅游等途径,带动村集体增收和贫困户脱贫。

【保障民生改善】组织实施年度33项民生工程,投入18.28亿元,增长23.8%。支持社会事业发展,拨付3.27亿元支持义务教育均衡发展提前通过省级评估和国家认定;拨付3500万元提高基本公共卫生服务项目年人均财政补助标准;投入6680万元支持宿松县人民医院新院区建设;安排1649万元用于宿松县电视台迁建项目和农村应急广播建设;拨付170万元用于公共文化场馆免费开放。落实促进就业创业政策,释放小额担保基金900万元,发放小额创业担保贷款4100万元;安排稳岗补贴资金200万元,对企业吸纳就业困难人员就业给予补助;安排220万元开展就业培训和技能鉴定。提高社会保障水平,民政优抚、低保、五保全面提标;安排900万元用于破产改制企业退休人员参加职工医保;拨付各类民政救助资金 18000 万元,保障困难群众基本生活。

【财政管理改革】深化预算管理改革,清理收回财政存量资金 6415 万元,压减一般性支出预算 215 万元,“三公”经费支出下降 5.6%。完成政府投资项目预(概)算评审 450 个,平均综合审减率达 9.5%;开展政府采购预算专项核查,审减采购预算 2100 万元,节约率达 11.5%。健全国有资产管理,制定全县行政事业单位办公设备、家具配备标准;实行单位门面房出租统一公开招标;启动实施属地国有企业职工家属区“三供一业”分离移交,加快剥离国企办社会职能。强化财政监督,牵头开展全县公务经费支出专项整治和村级白条列支工程款专项整治行动,扎实整改省委巡视反馈问题;组织开展会计监督、财政收支检查、乡镇财政互审和村级财务委托审计,进一步严肃财经纪律。

【全面从严治党】深入学习贯彻党的十九大精神,扎实推进“两学一做”学习教育常态化制度化,认真抓好“讲重作”专题教育和警示教育,切实用党的最新理论成果武装头脑、用党章党规规范言行。坚持管人与管事、抓财政工作与抓党风廉政建设相结合,召开全县财政系统反腐倡廉建设工作会议,签订党风廉政建设责任书,推动主体责任落实;支持派驻纪检组加强监督执纪问责,开展提醒谈话、诫勉谈话和廉政谈话 25 人次,给予党纪处分 1 人次。以基层党组织标准化建设为抓手,健全机关党建工作闭环管理体系,宿松县财政局党总支、3 个党支部顺利通过基层党组织标准化建设达标验收。

财政工作大事篇

省财政厅全面深化改革工作大事记

省财政厅全面深化改革工作大事记

2014 年

2 月 14 日 省财政厅全面深化改革领导小组召开第一次会议，学习传达贯彻省委全面深化改革领导小组第一次全体会议及张宝顺书记的重要讲话精神，研究部署财政厅贯彻落实工作。

2 月 15 日 省财政厅成立厅全面深化改革领导小组，下设改革领导小组办公室（挂靠综合处）。

2 月 28 日 省财政厅印发全面深化改革领导小组办公室工作规则。

3 月 1 日 厅长罗建国主持召开厅全面深化改革领导小组第二次会议，审定通过《省财政厅贯彻实施〈中共安徽省委贯彻落实党的十八届三中全会精神全面深化改革的意见重要举措分工方案〉工作方案》，部署近期深化财政改革工作。

3 月 3 日 印发《省财政厅全面深化改革 2014 年工作要点》。

3 月 6 日 省财政厅党组印发《安徽省财政厅贯彻实施〈中共安徽省委贯彻落实党的十八届三中全会精神全面深化改革的意见〉重要举措分工方案》，对财政改革任务进行分解落实。

5 月 12 日 厅长罗建国主持召开财政厅全面深化改革领导小组第三次会议，传达学习张宝顺书记在省委全面深化改革领导小组第二次全体会议上的重要讲话、詹夏来常务副省长在 2014 年全省经济、行政和社会事业领域体制改革任务布置会上的讲话精神，进一步部署落实全面深化财政改革工作。

5 月 21 日 分解落实《省委全面深化改革领导小组 2014 年工作要点》，拟定《安徽省财政厅贯彻实施省委全面深化改革领导小组 2014 年工作要点分工方案》报省政府办公厅。

6 月 11 日 省委政研室副主任、省委改革办专职副主任吴璀平一行来财政厅调研指导财政改革工作。

6 月 20 日 省政府办公厅批复省财政厅《预算信息公开改革施工方案》等 24 项改革施工方案。

6 月 30 日 2014 年财政重点改革工作施工方案印发各市县（区）落实和执行。

8 月 21 日 厅长罗建国主持召开财政厅全面深化改革领导小组第四次会议，传达学习中央全面深化改革领导小组第四次会议精神，学习省委全面深化改革领导小组第三次全体会议精神，讨论修改《今年以来全面深化财税体制改革进展情况和下一步工作建议》。

11 月 9 日 省委督查调研组来财政厅开展全面深化改革重点任务落实情况督查调研。

11 月 26 日 厅长罗建国主持召开财政厅全面深化改革领导小组第五次会议，传达省委全会和省委全面深化改革第四次会议精神，认真学习张宝顺书记讲话精神。

11 月 26 日　向省委改革办报送《省财政厅 2014 年全面深化改革工作情况总结报告》。

12 月 2—5 日　参加中办国办第一督察组就安徽省贯彻落实中央重大决策部署情况座谈会,并提供相关会议材料。

12 月 21 日　厅长罗建国主持召开厅全面深化改革领导小组第六次会议,听取审议全面深化财政改革 2015 年工作要点。

12 月 30 日　开展财政厅 2014 年重点改革任务“对账销号”工作。

2015 年

2 月 9 日　厅长罗建国主持召开厅全面深化改革领导小组第七次会议,传达学习省委全面深化改革领导小组第五次全体会议精神,研究部署 2015 年全面深化财政改革贯彻落实举措。

2 月 16 日　厅长罗建国主持召开厅全面深化改革领导小组第八次会议,总结 2014 年全面深化财政改革工作,研究部署 2015 年财政改革工作任务,讨论《省财政厅 2015 年改革要点和分工方案》。

3 月 31 日　按照省政府办公厅《关于上报 2015 年经济与行政体制社会事业体制财政牵头重点改革任务施工方案的函》要求,汇总上报省财政厅 11 个牵头改革事项共 15 个改革施工方案。

4 月 20 日　按照省委改革办《中共安徽省委全面深化改革领导小组关于印发〈省委全面深化改革领导小组 2015 年工作要点改革任务总台账〉、〈省委全面深化改革领导小组 2015 年重点督办改革任务〉的通知》要求,分解财政牵头改革任务,印发《省财政厅 2015 年改革事项任务分解表》。

4 月 23 日　印发《安徽省财政厅关于印发贯彻实施〈省委全面深化改革领导小组 2015 年工作要点改革任务总台账〉任务分解表的通知》。

5 月 10 日　厅长罗建国主持召开厅全面深化改革领导小组第九次会议暨农业补贴政策改革试点工作专题会议,研究安徽省农业补贴政策改革试点有关事项。

6 月 23 日　厅长罗建国主持召开厅全面深化改革领导小组第十次会议,总结 2015 年全面深化财政改革工作,研究部署当前财政改革工作任务。

8 月　“政策性融资担保助力小微企业发展——安徽省积极推动融资担保体制机制创新”成功入选省委改革办汇编的《2014 全面深化改革大潮涌动江淮》一书。

9 月 2 日　厅长罗建国主持召开厅全面深化改革领导小组第十一次会议,学习贯彻省委九届十三次全体会议报告精神,讨论《省财政厅党组落实省委九届十三次全体会议工作报告任务分工方案深化财政改革实施方案》,梳理财政改革进展情况,分析财政改革面临的形势任务,研究部署年内财政改革工作。

9 月 9 日　省委改革办来财政厅就征求省全面深化改革领导小组第七次会议议题开展调研座谈。

11 月 11 日　厅长罗建国主持召开厅全面深化改革领导小组第十二次会议,传达学习贯彻省委全面深化改革领导小组第七次全体会议和王学军书记重要讲话精神,部署落实年内全面深化财政改革工作安排,研究谋划 2016 年全面深化财政改革工作任务。

12 月 4 日　报省委改革办《2015 年省财政厅牵头改革事项制度成果报审备案汇编》。

12 月 15 日　厅长罗建国主持召开厅全面深化改革领导小组第十三次会议,学习贯彻中央全面深化改革领导小组第十九次会议精神,传达落实省委转发中央开展改革工作督察的文件要求,讨论《省财政厅 2015 年财税体制改革工作总结》《省财政厅 2016 年财税体制改革工作要点》,认真总结 2015 年全面深化财政改革工作,研究谋划 2016 年全面深化财政改革工作任务。

12 月 24 日　中央改革办督察组来皖开展调研督察,省财政厅做交流汇报。

2016 年

2 月 15 日　厅长罗建国主持召开厅全面深化改革领导小组第十四次会议,传达学习贯彻省委全面深化改革领导小组第八次会议精神,总结 2015 年全面深化财政改革工作,通报 2015 年度财政改革信息报送情况,部署 2016 年全面深化财政改革工作任务。

2 月 15 日　印发《省财政厅关于完善深化财政改革工作机制的通知》。

2 月 29 日　厅长罗建国主持召开厅全面深化改革领导小组第十五次会议,传达学习中央全面深化改革领导小组第二十一次会议精神,研究贯彻深入扎实抓好 2016 年财政改革落实工作。

3 月 1 日　印发《省财政厅关于进一步落实改革推进的意见》。

3月3日　印发《省财政厅关于做好财政改革任务责任督察落实工作的意见》。

3月8日　印发《省财政厅贯彻实施〈省委全面深化改革领导小组2016年工作要点改革任务总台账〉任务分解表的通知》。

3月22日　厅长罗建国主持召开厅全面深化改革领导小组第十六次会议，传达学习十二届全国人大四次会议以及“两会”期间习近平总书记系列重要讲话精神，进一步细化财政改革落实工作。

4月22日　省委改革办召开2016年全省改革办主任会议，省委改革办专职副主任吴璀平主持会议，省财政厅作交流发言。

6月24日　厅长罗建国主持召开厅全面深化改革领导小组第十七次会议，第一时间传达学习省委全面深化改革领导小组第九次会议及王学军书记重要讲话精神，谋划安排厅全面深化财政改革近期工作。

6月30日　厅长罗建国主持召开厅全面深化改革领导小组第十八次会议，会议传达学习中央全面深化改革领导小组第二十五次会议精神，学习习近平总书记的重要讲话精神，传达省委全面深化改革领导小组第九次会议精神和王学军书记重要讲话要求，总结上半年全面深化财政改革工作，部署年内全面深化财政改革工作安排。

7月13日　厅长罗建国主持召开厅全面深化改革领导小组第十九次会议，会议传达学习《省委办公厅印发〈关于提高改革方案质量推进改革举措落地的意见〉的通知》和《省委改革办改革任务推进书》，对财政厅牵头承担的2016年省委15项牵头改革任务进展情况进行调度。

7月15日　厅长罗建国主持召开厅全面深化改革领导小组第二十次会议，审议《省财政厅关于贯彻落实省委办公厅提高改革方案质量推进改革举措落地意见的通知》，研究部署财政厅细化分解落实工作。

7月18日　印发《省财政厅关于贯彻落实〈中共安徽省委办公厅印发关于提高改革方案质量推进改革举措落地的意见的通知〉的通知》。

7月22日　厅长罗建国主持召开厅全面深化改革领导小组第二十一次会议，学习传达中央全面深化改革领导小组第二十六次会议和习近平总书记重要讲话精神，研究部署财政厅开展财政改革督察工作。学习传达省科技创新、科技奖励、合芜蚌国家自主创新示范区建设暨系统推进全面创新改革实验工作大会精神，研究部署财政支持全创改相关工作。

7月29日　厅长罗建国主持召开厅全面深化改革领导小组第二十二次会议，传达学习省委全面深化改革领导小组第十次会议精神，传达王学军书记、李锦斌省长在会上关于全面深化改革的重要讲话要求。传达学习全省供给侧结构性改革暨国资国企改革工作会议精神，学习王学军书记、李锦斌省长在会上的重要讲话要求，对财政厅贯彻落实供给侧结构性改革有关工作具体部署。

8月1日　制作《省财政厅全面深化改革领导小组组成和职责图》《省财政厅全面深化改革领导小组办公室组成和职责图》《省财政厅落实省委全面深化改革领导小组2016年工作要点牵头改革任务推进图》《省财政厅全面深化改革督察工作流程图》，实行挂图作战。

8月1日　厅全面深化改革领导小组开展2016年财政改革工作督察，形成《对省委改革要点分解财政厅承担的改革任务开展督察有关情况的报告》和《督察自查表》《重点督察表》。

8月17日　厅长罗建国主持召开厅全面深化改革领导小组第二十三次会议，研究审议《省财政厅全面深化财政改革督察办法(送审稿)》。

8月22日　印发《省财政厅全面深化财政改革督察办法》。

9月28日　厅长罗建国主持召开厅全面深化改革领导小组第二十四次会议，传达学习贯彻省委全面深化改革领导小组第十一次会议精神和李锦斌书记重要讲话要求，部署近期全面深化财政改革工作任务。

10月　“撑起小微金融一片蓝天——安徽省创新政银担合作模式助力小微企业发展”成功入选省委改革办汇编的《争当击楫中流的改革先锋——2015安徽省全面深化改革四十例》一书。

11月14日　厅长罗建国主持召开厅全面深化改革领导小组第二十五次会议，会议传达学习省委办公厅《关于建立改革任务落实“三察三单”制度的意见的通知》和省政府办公厅《关于扎实推进重要领域改革的实施意见》，认真总结2016年全面深化财政改革工作，全面梳理当前财政改革各项工作任务，研究财政厅贯彻落实省委办公厅和省政府办公厅文件具体举措。

11月29日 印发《省财政厅全面深化改革落实“三察三单”制度实施细则(试行)》。

12月27日 厅长罗建国主持召开厅全面深化改革领导小组第二十六次会议，传达学习中央全面深化改革领导小组第三十次会议和习近平总书记重要讲话精神，以及省委全面深化改革领导小组第十三次会议和李锦斌书记重要讲话要求，总结2016年改革工作，谋划2017年改革工作安排。

2017年

2月8日 厅党组书记、厅长、厅全面深化改革领导小组组长罗建国主持召开厅全面深化改革领导小组第二十七次会议，传达学习贯彻省委深改领导小组暨“全创改”领导小组会议精神，研究贯彻2017年系统推进全面创新改革试验任务分工情况。

2月21日 厅党组书记、厅长、厅全面深化改革领导小组组长罗建国主持召开厅全面深化改革领导小组第二十八次会议，传达学习贯彻省委社会治理体制改革专项小组2017年第一次全体会议精神。

2月26日 厅党组书记、厅长、厅全面深化改革领导小组组长罗建国主持召开厅全面深化改革领导小组第二十九次会议，传达学习省委全面深化改革领导小组第十五次会议精神及李锦斌书记在会上关于全面深化改革的讲话要求，学习《省委全面深化改革领导小组2017年工作要点》主要精神，研究部署具体落实工作。

3月13日 印发《省财政厅贯彻实施<省委全面深化改革领导小组2017年工作要点改革任务总台账>任务分解表的通知》。

3月23日 印发《关于做好2017年财政改革工作的通知》和《省财政厅落实省委常委会2017年工作要点任务分工深化财政体制改革工作方案》。

4月4日 厅党组书记、厅长、厅全面深化改革领导小组组长罗建国主持召开厅全面深化改革领导小组第三十次会议，会议传达学习中央全面深化改革领导小组第三十三次会议及习近平总书记在会上重要讲话精神，学习省委全面深化改革领导小组第十六次会议及李锦斌书记在会上重要讲话要求，研究财政厅贯彻落实工作，全面布置推进财政改革各项任务。会议同时传达学习全国医改工作电视电话会议精神，学习省委深改领导小组第十六次会议医改议题及李锦斌书记重要讲话精神，学习李国英省长在医药卫生体制综合改革调研座谈会议上重要讲话精神，部署做好贯彻落实工作。

4月12日 厅党组书记、厅长、厅全面深化改革领导小组组长罗建国主持召开厅全面深化改革领导小组第三十一次会议，传达学习习近平总书记关于主要负责同志抓改革的重要讲话精神，学习省委全面深化改革领导小组第十七次会议精神和李锦斌书记讲话要求，研究具体贯彻落实举措。

4月17日 厅党组书记、厅长、厅全面深化改革领导小组组长罗建国主持召开厅全面深化改革领导小组第三十二次会议，深入学习习近平总书记在中央全面深化改革领导小组第三十三次会议上的重要讲话精神，传达学习李锦斌书记在省委全面深化改革领导小组第十六次、第十七次会议上的重要讲话精神，学习李国英省长在省政府第68次党组(扩大)会议上的重要讲话要求，进一步研究推动主要负责同志抓改革工作。

4月17日 厅党组召开中心组扩大会议，开展“五大发展行动与财政重点改革和现代财政制度”专题学习研讨，进一步学习贯彻中央和省委关于主要负责同志抓改革的总体要求，厅党组书记、厅长罗建国出席会议并讲话。厅领导孟照红、朱艾勇作中心发言，综合处、预算处、国库处、经建处、企业处主要负责同志作交流发言，厅全面深化改革领导小组其他成员作书面交流。会后编印《省财政厅全面深化改革领导小组成员亲力亲为抓改革交流材料汇编》。

5月9日 厅党组书记、厅长、厅全面深化改革领导小组组长罗建国主持召开厅全面深化改革领导小组第三十三次会议，传达学习全省改革办主任座谈会暨“双查双督”行动动员会精神(注:查贯彻习近平总书记“四要四抓”要求情况，督主要负责同志责任落实;查年度改革任务进展情况，督改革方案落地见效)，学习李锦斌书记在省委全面深化改革领导小组第十七次会议上的重要讲话精神，学习唐承沛秘书长全省改革办主任座谈会上的重要讲话要求，通报省委改革办《关于开展“双查双督”行动的方案》，研究部署迎接督查工作安排。

5月12日 厅党组书记、厅长、厅全面深化改革领导小组组长罗建国主持召开厅全面深化改革领导小组第三十四次会议，进一步深入学习全省改革办主任座谈会暨“双查双督”行动动员会精神，传达学习省委改革办《关于开展“双查双督”行动的方案》和

《关于开展“双查双督”行动的补充通知》，听取改革办迎接督查前期准备工作汇报，进一步研究部署迎接督查工作安排。

5月22日　省委政研室副主任吴璀平带领省委改革办第一督查组来厅开展“双查双督”行动。

5月27日　厅党组书记、厅长、厅全面深化改革领导小组组长罗建国主持召开厅全面深化改革领导小组第三十五次会议，传达学习，中央全面深化改革领导小组第三十四次、三十五次会议和习近平总书记重要讲话精神，学习贯彻省委全面深化改革领导小组第十八次会议精神和李锦斌书记重要讲话要求，研究部署下一阶段财政改革工作。

6月21日　省委改革办《改革工作简报》第21期刊发《省财政疏堵结合为地方债加上“安全锁”》。

6月30日　厅党组书记、厅长、厅全面深化改革领导小组组长罗建国主持召开厅全面深化改革领导小组第三十六次会议，传达学习中央全面深化改革领导小组第三十六次会议精神及习近平总书记重要讲话，学习贯彻省委全面深化改革领导小组第十九次会议精神及李锦斌书记重要讲话，研究部署下一步全面深化财政改革工作。

7月3日　省委全面深化改革领导小组印发《关于开展“双查双督”行动情况的报告》，对厅长罗建国亲力亲为抓改革工作以及省财政厅将改革任务完成情况纳入处室单位工作推进约谈等做法给予充分肯定。

7月17日　厅党组书记、厅长、厅全面深化改革领导小组组长罗建国主持召开厅全面深化改革领导小组第三十七次会议，传达学习贯彻中办《关于认真组织收看电视专题片〈将改革进行到底〉的通知》，听取改革办《关于上半年全面深化财政工作情况和年内工作安排的汇报》，研究部署下一步做好全面深化财政改革重点工作。

7月24日　厅党组书记、厅长、厅全面深化改革领导小组组长罗建国主持召开厅全面深化改革领导小组第三十八次会议，传达学习贯彻中央深改领导小组第三十七次会议和习近平总书记重要讲话精神，传达学习贯彻省委深改领导小组第二十次会议精神和李锦斌书记重要讲话，传达学习贯彻省经济和行政体制、生态文明体制、社会事业体制改革专项小组会议精神和邓向阳常务副省长重要讲话，研究部署下一阶段财政改革工作。

7月31日　厅党组书记、厅长、厅全面深化改革领导小组组长罗建国主持召开厅全面深化改革领导小组第三十九次会议，学习贯彻习近平总书记在中央全面深化改革领导小组第三十七次会议上的重要讲话精神，传达学习李锦斌书记在省委全面深化改革领导小组第二十一次会议上的重要讲话要求，进一步回顾大型电视政论片《将改革进行到底》内容，结合财政改革工作实际，开展专题学习研讨，部署做好下一步财政重点改革工作，学习研讨情况编印成《省财政厅全面深化改革领导小组成员观看 <将改革进行到底> 体会材料汇编》。

8月14日　省编办主任郭本纯带领省委改革办调研组一行，前来财政厅开展“深化地方机构改革”工作调研。

8月21日　对照《党的十八届三中全会重要改革举措实施规划〈2014—2020〉》中由财政部牵头或直接参与的40项改革事项，向省委改革办报送《安徽省财政厅贯彻落实党的十八届三中全会重要改革任务情况表》。

9月2—3日　厅党组书记、厅长、厅全面深化改革领导小组组长罗建国带领厅改革办成员单位有关同志赴黄山市开展新安江流域生态补偿机制改革（含太平湖环境综合治理）工作调研督察。

9月7日　厅党组书记、厅长、厅全面深化改革领导小组组长罗建国对《今年以来财政改革工作督察情况报告》作出重要批示：“今年以来，财政改革督察推动和促进各项改革任务落地，应予表扬！并要坚持做到督察常态化制度化。同时要坚持问题导向，并整改到位，做到不二过。”

9月13日　厅党组书记、厅长、厅全面深化改革领导小组组长罗建国主持召开厅全面深化改革领导小组第四十次会议，传达学习习近平总书记在中央全面深化改革领导小组第三十八次会议上的重要讲话精神，传达省委全面深化改革领导小组第二十二次会议精神和李锦斌书记重要讲话要求，听取厅改革办关于2017年以来财政改革工作督察情况的报告，研究部署年内财政改革工作。

9月22日　对照《党的十八届四中全会重要举措实施规划（2015—2020年）》和《党的十八届五中全会重要改革举措实施规划（2016—2020年）》中由财政部牵头的改革事项，向省委改革办报送《省财政厅贯彻落实党的十八届四中全会重要举措情况表》

和《省财政厅贯彻落实党的十八届五中全会重要改革举措情况表》。

10 月 16 日　“大别山水环境生态补偿案例”成功入选省委改革办汇编的《2016 年度全省优秀改革案例》一书。

10 月 27 日　《人民日报》第 16 版以《一江清水何以来？——新安江流域跨省生态补偿两轮试点背后》为题,整版报道安徽省新安江流域跨省生态补偿机制改革试点成效,

12 月 13 日　厅党组书记、厅长、厅全面深化改革领导小组组长罗建国主持召开厅全面深化改革领导小组第四十一次会议,传达学习十九届中央全面深化改革领导小组第一次会议和省委全面深化改革领导小组第二十三次会议精神,学习习近平总书记的重要讲话精神,听取改革办关于 2017 年改革工作进展情况的汇报,研究部署有关工作。

(厅改革办)

省财政厅处室单位工作大事记

综合处工作大事记

1月22日　省财政厅会同省编办印发《关于做好事业单位政府购买服务改革工作的实施方案》，明确不同类别事业单位实施政府购买服务的角色定位、工作要求。

3月23日　省财政厅印发《安徽省财政厅转发财政部关于取消调整部分政府性基金有关政策的通知》，取消城市公用事业附加和新型墙体材料专项基金，扩大残疾人就业保障金免征范围、设置残疾人就业保障金征收标准上限，切实减轻企业负担，促进实体经济发展。

3月30日　省财政厅会同省物价局印发《安徽省财政厅安徽省物价局转发财政部国家发展改革委关于清理规范一批行政事业性收费有关政策的通知》，取消或停征41项中央设立的行政事业性收费，将商标注册费征收标准降低50%，进一步减轻企业和社会负担。

4月1日　《安徽省新型墙体材料专项基金专用票据（预收）》《安徽省新型墙体材料专项基金专用票据（结算）》废止并停止使用。

4月28日　《安徽省财政厅安徽省人力资源和社会保障厅关于进一步规范省政府驻外办事处津贴补贴有关问题的通知》印发实施。

6月　经合肥公共资源交易中心政府采购招标，确定2家企业提供安徽省财政票据印制服务，服务期限3年。

6月22日　省财政厅印发《安徽省财政厅转发财政部关于取消工业企业结构调整专项资金的通知》，取消工业企业结构调整专项资金。

6月30日　省财政厅印发《安徽省财政厅转发财政部关于降低国家重大水利工程建设基金和大中型水库移民后期扶持基金征收标准的通知》，将国家重大水利工程建设基金和大中型水库移民后期扶持基金的征收标准降低25%。

7月24日　省财政厅会同省民政厅印发《关于通过政府购买服务支持社会组织培育发展的实施意见》，支持社会组织平等参与承接政府购买服务项目，优化公共服务供给。

7月31日　经财政厅党组研究决定，将福彩公益金和体彩公益金市县分成资金分别纳入省民政厅、省体育局部门预算管理，综合处负责拟定全省彩票公益金管理政策。

10月16日　省财政厅印发《安徽省财政厅转发财政部关于加强政府性基金和行政事业性收费目录清单“一张网”管理有关事项的通知》，将安徽省行政事业性收费和政府性基金项目纳入全国目录清单“一张网”管理，实行同步动态调整，常态化公布。

10月19—20日　全省财政综合与改革工作培训班在合肥举办，来自全省16个市、82个县区财政综合部门的120位学员参加培训。

11月 受财政部委托,对中央驻皖15家单位开展财政票据重点检查核销。

12月11日 省财政厅会同省物价局、省交通厅印发《安徽省财政厅安徽省物价局安徽省交通运输厅关于做好取消货物港务费工作的通知》,规定自2018年1月1日起取消收取货物港务费。

12月18日 省财政厅会同省物价局、省住建厅印发《安徽省市政公共资源有偿使用收入管理实施办法》,规范市政公共资源有偿使用收入管理,促进市政公共资源有效利用。

(综合处)

税政条法处工作大事记

1月3日 省财政厅厅长罗建国在省财政厅税政条法处上报的《税政条法处2016年工作总结及2017年重点工作安排》上批示:税政条法处2016年认真贯彻积极财政政策,在营改增、资源税改革,以及财政涉法涉诉管理等方面做了大量扎实工作,应予表扬!希望继续加力积极财政政策,巩固完善深化营改增,加强财政政策分析研判,严格和规范财政涉法涉诉管理,着力财政法规的普及教育宣传工作,加强处室党支部建设,建设廉洁处室。

2月7日 印发《安徽省财政厅行政复议和应诉工作规则》,促进行政复议和应诉工作责任清晰、规范有序、依法依规。

2月10日 税政条法处会同政府采购处、省高院行政庭、合肥市中院行政庭,在合肥市财政局召开建立财政涉法涉诉行政案件沟通协调机制第一次会议。

2月13日 合肥市庐阳区人民法院开庭审理淮南星华会计师事务所不服省财政厅撤回设立许可决定一案。

3月3日 税政条法处牵头组织省地税局、省环保厅及省财政厅相关处室召开环境保护税开征前准备工作协调座谈会。

3月24日 合肥市中级人民法院开庭审理安徽星格科技有限公司诉省财政厅投诉处理决定及安徽省人民政府行政复议决定上诉一案。

5月2日 合肥市中级人民法院作出判决,驳回上诉,维持原判。

4月14日 省财政厅税政条法处召开商业健康保险个人所得税政策试点实施情况调研座谈会。

4月24日 财政部关税司在山东省威海市举办全国财政系统关税政策与业务培训班,省财政厅厅长罗建国率省财政厅税政条法处人员出席。

4月27日 合肥市中级人民法院开庭审理北京中电兴发科技有限公司不服省财政厅行政复议决定上诉一案。

5月10日 合肥市中级人民法院开庭审理杨俊不服省财政厅、安徽省人民政府政府信息公开及行政复议上诉一案。

5月17日 合肥市中级人民法院就"北京中电兴发科技有限公司不服省财政厅行政复议决定上诉"、"杨俊不服省财政厅、安徽省人民政府政府信息公开及行政复议上诉"两案分别作出判决,均驳回上诉,维持原判。

5月25日 经审核确认,省财政厅、省国税局、省地税局联合下发文件,公布全省2017年第一批具有免税资格的非营利组织名单。

6月15日 财政部关税司同志专程来省财政厅与省人大代表钱念孙就文物回流进口关税税率优惠减免问题当面沟通,省财政厅副厅长孟照红出席。

6月16日 省财政厅组织全省财政干部参加第十一届全国百家网站、微信公众号法律知识竞赛活动。

6月20日 安徽星格科技有限公司不服省财政厅投诉处理决定及安徽省人民政府行政复议决定一案,安徽星格科技有限公司自愿撤回起诉。合肥市庐阳区人民法院作出准许撤诉裁定。

6月26日 省财政厅制定《安徽省财政厅重大执法决定法制审核目录》,将"会计中介机构审批"、"中外合作经营企业外国投资者提前收回投资审批"2项行政许可纳入合法性审查范围。

6月29日 省财政厅组织全省财政干部参加第十四届全国法治动漫微电影征集展播(映)活动。

6月30日 合肥市庐阳区人民法院就淮南星华会计师事务所不服省财政厅撤回设立许可决定一案作出判决,驳回原告诉请。

7月12日 省财政厅副厅长孟照红主持召开省环境保护税开征准备工作联席会议第一次会议,省地税局、省环保厅分管领导、相关处室负责同志及经办人员参加会议。

7月18日　省财政厅举办全省税式支出测算分析暨重点企业税源调查快报培训班。

8月16日　省财政厅、省国税局、省地税局同步在各自官方网站上发布全国首份《安徽省财税优惠事项清单及政策解读》。

9月15日　经确认，省财政厅、省国税局、省地税局、省民政厅联合下发文件，公布2017年第一批获得公益性捐赠税前扣除资格的公益性社会团体名单。

9月29日　省财政厅对2001年至2013年2月省财政厅制定的868件制度文件提出清理意见，宣布失效570件。

10月16日　财政部条法司向省财政厅发来感谢信，对省财政厅抽调人员支持财政部条法司工作表示感谢，并对王文泉同志在借调期间的积极表现提出表扬。

10月17日　合肥市中级人民法院开庭审理淮南星华会计师事务所不服省财政厅撤回设立许可决定上诉一案。11月7日，合肥市中级人民法院作出判决，驳回上诉，维持原判。

10月24日　省财政厅召开省财政厅处室法治联络员财政法治工作培训会议。

10月31日　省财政厅联合省国税局、省地税局、省科技厅等部门组建的“走进企业”财税政策调研组走进科大讯飞集团，对企业财税政策执行效果进行集体“会诊”，取得良好成效，受到企业好评。

11月1日　省科技厅、省财政厅、省国税局、省地税局联合下发文件，公布全省2017年第一批高新技术企业认定名单。

11月17日　《安徽省非税收入管理条例》经十二届省人大常委会第四十一次会议审议通过，于2018年1月1日起施行。

12月4日　省财政厅结合“12·4国家宪法日”，组织赴合肥市和平广场宣传宪法、《会计法》《安徽省非税收入管理条例》等法律法规和财政政策。

12月4日、12月14日　省财政厅分别组织全财政厅干部和全省财政系统从事法治工作干部共计500余人进行“宪法、财政法律法规知识测试”。

12月13—14日　省财政厅在合肥举办全省法治财政工作培训班，各市、县(区)财政局法制机构负责人及法制工作经办人员，省财政厅各处室(局)、厅属各单位法治联络员近200人参加培训学习。

12月15日　合肥市中级人民法院开庭审理吴丽蓉诉省财政厅、中华人民共和国财政部不履行法定职责及行政复议决定上诉一案。

12月28日　合肥市中级人民法院就吴丽蓉诉省财政厅、中华人民共和国财政部不履行法定职责及行政复议决定上诉一案作出裁定，本案按撤诉处理，按一审判决执行。

12月19日　省财政厅厅长罗建国受省政府委托，向省十二届人大常委会第四十二次会议作关于《安徽省环境保护税应税大气污染物和水污染物适用税额标准的方案(草案)》说明。

12月20日　省十二届人大常委会第四十二次会议表决通过《安徽省环境保护税应税大气污染物和水污染物适用税额标准的方案》。

12月21日　省科技厅、省财政厅、省国税局、省地税局联合下发文件，公布全省2017年第二批高新技术企业认定名单及第一批高新技术企业补充认定名单。

12月22日　省财政厅、省地税局、省环保厅召开环境保护税实施新闻发布会，省财政厅副厅长孟照红出席。

(税政条法处　杨玉林)

预算处工作大事记

1月13日　省财政厅党组书记、厅长罗建国以普通党员身份参加所在预算处党支部组织生活会。

1月13日　印发《2017年预算公开工作方案》(财预〔2017〕33号)，明确预算公开要求、公开工作任务，扎实推进省市县预算公开工作。

1月14日　编印《图文解预算》《财政预算参阅材料》，通俗解读财政预算、财政政策、财政工作。

1月15日　省“两会”期间在安徽大剧院、省人大会议中心和代表驻地设置财政预算服务点，为人大代表、政协委员提供查询服务。期间，省委书记李锦斌、省长李国英等省领导在省人大会议中心查阅了2017年省级部门预算草案，充分肯定了预算编制成绩。

1月16日　受省人民政府委托，厅长罗建国向省十二届人民代表大会第七次会议报告安徽省2016年预算执行情况和2017年预算草案。

1月20日　印发《关于进一步完善财政帮联和

督查工作机制的通知》(财预〔2017〕54号),建立健全财政帮联和督查工作机制,进一步推动依法理财、科学理财、规范理财、阳光理财,更好地服务"五大发展"美好安徽建设。

1月20日　以省政府名义印发《关于实行省对市县增值税定额返还的通知》(皖政〔2017〕12号),落实全面推开营改增后调整省与市县增值税收入划分过渡方案,对1994年实行分税制财政体制改革确定的增值税返还,以2015年为基数实行定额返还。

1月22日　省财政厅就安徽省财政管理绩效考核获国务院表彰情况向李锦斌书记汇报,李锦斌书记批示"值得称赞。望再接再厉,鼓励先进,倡导实干,充分调动和激发地方积极性、创造性"。

2月3日　以省政府办公厅名义印发《关于进一步规范省级预算管理有关工作的意见》(皖政办〔2017〕9号),要求年度预算执行中,无大事、急事、要事原则上不办理预算追加,明确省长预备费动支办理程序,进一步硬化预算约束。

2月8日　省财政厅公开2017年省级财政预算。

2月9日　完成135个省直预算部门2017年部门预算批复工作。在预算批复中,强调省直单位需认真贯彻中央八项规定,牢固树立过紧日子的思想,厉行勤俭节约,健全规章制度,强化制度执行,切实提高财政财务收支管理水平。

2月16日　印发《安徽省财政厅关于2017年民生工程资金筹措事项的通知》(财预〔2017〕128号),确定2017年实施33项民生工程,新增6项、提标5项,全省拨付资金940.2亿元,推进民生工程全面完成。

2月21日　印发《关于切实做好2017年基本民生支出保障工作的通知》(财预〔2017〕148号),明确基本民生支出保障原则,更好地统筹民生政策与经济发展,优先保障民生投入,保障困难群众基本生活。

2月28日　督促省直部门公开2017年部门预算。2017年财政预算和部门预算通过门户网站和省政务公开网同步公开,公开范围进一步扩大,公开内容进一步细化,预算透明度不断提高。

3月20日　印发《关于财政部门落实审计监督全覆盖工作的意见》(财预〔2017〕289号),建立健全财政部门配合审计联系协调机制、信息共享机制、工作保障机制,严格审计整改,推进审计成果运用,以审计监督全覆盖促进财政工作提质增效。

3月29日　印发《安徽省财政厅关于做好2018年省级部门预算编制工作的通知》(财预〔2017〕346号),连续六年提前启动预算编制,拓展编制周期,全面部署安排编制工作,进一步提高预算编制质量。

4月22日　预算处党支部召开政治理论学习会议,厅党组书记、厅长罗建国以普通党员身份参加会议,就推进"两学一做"学习教育常态化制度化、开展"讲政治、重规矩、作表率"专题教育、进一步加强党支部建设作交流发言。

4月23日　李国英省长对财政预算管理工作作出重要批示,在2017年省级预算编制工作中,全省财政部门积极作为、主动服务,有力地保障改革发展和民生支出,预算管理绩效被财政部评为优秀。成效显著,成绩可嘉。特向全省财政财务战线同志们表示祝贺和感谢!今年是党的十九大召开之年,也是供给侧结构性改革深化之年,做好全省预算编制工作意义重大,要牢固树立和贯彻落实新发展理念,落实好积极财政政策,强化预算约束,创新预算支出方式,做好"增收"和"节支"工作,建设现代预算管理制度,为加快建设五大发展美好安徽作出新的更大贡献!

4月24日　印发《关于做好财政存量资金报送工作的通知》(财预〔2017〕495号),建立财政存量资金定期报送机制,跟踪掌握市县盘活财政存量资金工作情况,不断提高财政资金使用效益。

4月24日　印发《安徽省省级预算项目储备管理暂行办法》(财预〔2017〕600号),全面推进建立预算项目储备机制,制定项目申请、组织论证、申报备选、审核评审、确定储备、滚动管理六个储备流程,推动项目安排与预算执行考核、动态监控等挂钩机制建设,切实提高预算项目安排的科学性、规范性和前瞻性。

4月24日　印发《安徽省财政厅关于进一步清理规范专项转移支付的通知》(财预〔2017〕601号),严格"立项审批、压缩存量、分配使用、绩效评价、评估退出"五项任务,认真梳理专项资金申报情况,省对下专项转移支付项目数从2017年的115项压减到91项,并按规定实行清单管理。

4月26日　召开2018年省级部门预算编制工作视频会议,覆盖省市县乡四级财政。厅党组书记、厅长罗建国出席会议并就做好2018年预算编制工作提出要求。省人大常委会委员、预工委主任张万方,省审计厅党组成员、副厅长程家楷出席会议并讲话。省直预算部门分管财务的领导,各市财政局负责同志参加会议。

5月10日 根据厅党组推进"两学一做"学习教育常态化制度化安排,厅党组书记、厅长罗建国以普通党员身份参加预算处党支部组织生活会。

5月10日 省财政厅召开省直部门和市县预算编制业务培训会,对省直部门、市县、厅业务处室同步开展预算编制业务培训,向省直预算部门和市县财政部门宣传解读最新预算编制政策。同时,培训期间召开座谈会,学习交流预算编制经验做法,推动提高财政财务人员业务能力和水平。

5月26日 以省政府名义出台《关于推进省以下财政事权和支出责任划分改革的实施意见》(皖政〔2017〕83号),通过合理划分省以下各级政府在基本公共服务提供方面的任务和职责,形成科学合理、职责明确的财政事权和支出责任划分体系,充分发挥财政职能作用。

5月30日 省级预算联网监督系统成功上线运行,实现省人大对财政资金的实时动态、在线联网监督,为人大依法开展预算监督工作搭建了新平台。

5月31日 省财政厅印发《财政收支通报暂行办法》(财预〔2017〕696号),按月通报市县支出进度、收入质量和盘活财政存量资金情况,督促市县强化市县预算执行管理。

6月16日 财政部预算司副司长吴海军、王新祥等一行人员来皖召开预算编制工作座谈会,安徽省围绕建制度、优流程、立标准、讲均等、重公共、强绩效,持续推进预算编制管理改革作交流发言,山东、江苏、浙江、湖北等省财政厅预算处负责人参加会议并作发言。

6月16日 省财政厅印发《关于建立审计重要问题及整改情况统计报送制度的通知》(财预〔2017〕768号),及时掌握市县财政及部门预算审计重要问题及整改情况,切实提高财政资金使用绩效和财政管理水平。

6月26日 印发《安徽省财政厅关于进一步加强财政收入管理的通知》(财预〔2017〕827号),要求市县进一步规范财政收入管理,确保财政收入依法、依规征管入库,促进财政收入有质量、可持续、平稳有序增长,更好发挥财政职能作用。

6月29日 印发《2017年省对下均衡性转移支付办法》(财预〔2017〕865号),进一步规范省对市县转移支付制度,并下达市县新增均衡性转移支付42.7亿元。

7月5日 厅长罗建国在广州参加全国人大财经委、财政部召开的推进地方人大预算联网监督工作座谈会,罗厅长代表第一小组作交流发言,对安徽省推进预算联网监督工作经验做法作介绍。

7月24日 省长李国英在省财政厅《关于财政部党组成员、部长助理赵鸣骥一行召开驻皖全国"两会"代表委员座谈会工作情况的汇报》上批示:"今年以来,财政部持续加大对安徽省政策、资金和工作支持力度,有效增强了安徽省财政的基本保障能力,提升了安徽省财政科学管理水平,促进了安徽省经济社会平稳健康发展。对此,我们表示衷心感谢"。

7月24—26日 根据财政部统一部署,财政部党组成员、部长助理赵鸣骥一行来皖召开驻皖全国"两会"代表委员座谈会,并深入江淮汽车、科大讯飞调研座谈管理会计工作。

7月25日 受省人民政府委托,厅长罗建国向省十二届人民代表大会常务委员会第三十九次会议报告安徽省2017年上半年预算执行情况和2016年全省决算情况报告。

8月10日 修订完善《安徽省资源枯竭城市转移支付办法》(财预〔2017〕1126号),贯彻落实财政部办法有关要求,进一步规范省以下资源枯竭城市转移支付资金管理,督促市县合理安排预算,切实用好转移支付资金。全年下达市县资源枯竭城市转移支付9.1亿元。

8月10日 印发《2017年省财政农业转移人口市民化奖励资金管理办法》(财预〔2017〕1112号),规范省财政农业转移人口市民化奖励资金管理,进一步提高资金使用效益,引导各地加快推进城镇化建设。全年下达市县农业转移人口市民化奖励资金10.49亿元。

8月25日 印发《安徽省重点生态功能区转移支付办法》(财预〔2017〕1188号),规范省以下重点生态功能区转移支付资金分配、使用和管理。全年下达市县重点生态功能区转移支付17.14亿元,引导各地加强生态环境保护,提高国家重点生态功能区等生态功能重要地区所在地市县政府的基本公共服务保障能力。

9月22日　省财政厅印发《省级预算项目代码编列和使用管理流程》(财预〔2017〕1291号),进一步加强财政预算管理,规范预算项目代码编列和使用,强化财政资金全过程跟踪管理。

9月22日　印发《安徽省财政厅关于核定增值税"五五分享"税收返还基数有关问题的通知》(财预〔2017〕1292号),根据财政部办法,核定市县增值税"五五分享"税收返还基数133.5亿元,并确定以后年度考核办法。

9月28日　印发《安徽省省级部门公用经费定额标准预算管理暂行办法》(财预〔2017〕1325号),完善公用经费定额标准体系建设,依法依规提高行政单位会议培训费定额标准和事业单位综合定额标准,合理保障省级部门正常履职需求。

10月14日　以省政府办公厅名义印发《安徽省财政一般性转移支付资金管理办法和安徽省省级财政专项资金管理办法的通知》(皖政办秘〔2017〕271号),进一步规范转移支付资金的管理。

10月26日　完成"一上"审核并向各部门下达了2018年部门预算"一下"控制数。同时,8—10月,完成2018年省级部门项目库审核,省级预算部门申报的3905个项目全部纳入省级预算项目库,实行统一规范管理。

11月30日　深入开展预算评审论证,结合项目储备机制建设,认真遴选评审项目,邀请人大代表、政协委员、相关专家学者和第三方专业机构,在专家集中评审的基础上,拓展采用网络评审、联合评审、第三方评审等多种方式,分7期评审72个项目86.6亿元;评审2个部门整体预算57.7亿元,进一步提高预算编制的公众参与度和透明度。

11—12月　完成2018年省级部门预算编制"二上"阶段的审核工作,并于12月25日提交省人大预工委进行初步审查。2018年预算编制继续加大省对下专项转移支付清理力度,省级专项转移支付压减至91项,比2017年减少20.9%。

12月16日　编制2018—2020年全省中期财政规划,同步滚动编制省级2018—2020年中期财政规划,进一步优化结构保障重点,提高财政政策的前瞻性。

12月30日　落实2017年政府工作报告要求,按照财政部和省政府统一部署要求,提出压减一般性支出的口径,发文要求市县同步做好压减工作,每月督促市县报送压减进度,圆满完成一般性支出压减5%以上的目标任务。

12月30日　及时研究养老改革实际实施后预算保障政策,按单位性质分类保障预算单位养老缴费,分月分批做好376个已实施养老改革单位的经费测算、指标调剂等相关工作,确保养老改革预算保障顺利实施。

12月31日　全省财政总收入完成4858亿元,增长11.1%;全省财政总支出完成6202亿元,增长12.3%,圆满完成年初确定的预期目标,全省财政收支与经济发展相适应。

(预算处　周剑锋、贾成亮、陈曦、程思远)

国库处工作大事记

1月22日　发布2017年度国库处工作要点,对做好全省财政国库工作提出具体要求

2月23日　下发《关于进一步加强库款管理的通知》,对做好库款管理工作提出明确要求。

3月6—10日　全省财政总决算会审会在合肥召开,全省各市国库科长、财政总决算经办人员40余人参加会议。会议期间,组织人员对各市上报的总决算报表进行认真审核,并召集国库科长对做好全年财政国库工作开展交流。

3月13—17日　全省部门决算会审会在合肥召开,全省各市部门决算经办人员30余人参加会议。

4月26日　下发《关于进一步加强财政部门和预算单位资金存放管理的实施意见》,建立健全财政部门和预算单位资金存放管理机制,防范资金存放安全风险和廉政风险,提高资金存放综合效益。

5月16日　联合人行合肥中心支行,开展对省级公益一类事业单位银行账户进行清理,进一步规范预算单位银行账户管理。

5月26日　省级权责发生制政府部门财务报告制度培训班在合肥召开,省级一级预算单位的财务负责人级经办同志300余人参加会议。

6月2日　厅长罗建国走访国库处,听取情况汇报,征求意见建议,并对进一步做好财政国库工作提出要求。

6月21—23日　全省财政国库业务培训班在合肥召开,全省各市、县(区)国库干部共180余人参加本次培训。

6月21日　国库处党支部开展支部书记讲课活动。

7月13日　全省财政国库科长座谈会在合肥召开,16个市财政局国库科科长参加座谈。

7月18日　《安徽省财政厅关于全面清理规范财政专户工作情况的报告》上报财政部。

8月14日　《安徽省财政厅关于地方库款和财政专户管理专项督查工作情况的报告》上报财政部。

8月23日　下发《关于进一步推进县乡国库集中支付制度改革的通知》,对推进县乡国库集中支付制度改革、规范县乡集中支付制度提出明确要求。

8月28日　省级129家部门、单位,通过门户网站或省政府政务公开网向社会公开2016年度部门决算及“三公”经费情况。

9月13日　全省预算执行和库款管理专题工作视频会议召开,厅党组成员、副厅长孟照红出席会议并做讲话。

9月19日　国库处举办《习近平的七年知青岁月》朗读交流会,厅党组成员,副厅长孟照红出席活动,并对活动给予充分肯定。

10月9日　财政部下发2016年度地方总决算和部门决算工作考评情况的通报,安徽省总决算荣获二等奖,部门决算荣获优秀等次。

10月12日　国库处党支部召开支部换届大会,选举新一届支部领导班子及成员。

10月13日　下发《预算执行动态监控工作督导考核办法》,加强对各地市预算执行动态监控工作的监督。

10月30日　联合人行合肥中心支行,下发《关于全面推进县区国库支付电子化管理工作的通知》,全面推进县区国库支付电子化管理工作提出具体要求。

10月31日　按照财政部要求,按时上报《关于预算执行动态监控考核自评情况的报告》。

11月22—24日　在合肥召开全省财政决算工作会议。各市财政局国库科长,负责财政总决算、部门决算工作的相关人员参加会议。

12月3—5日　全省县级部门决算业务培训班在合肥召开,全省各县(市、区)财政局部门决算人员近200人参加培训。

12月9日　省直部门决算布置培训会召开,省直各部门、单位及有关司法体制改革试点单位财务负责人、部门决算经办同志300余人参加会议。

12月14日　副厅长胡锡萍走访国库处,听取国库处关于处室党风廉政建设和业务建设等情况汇报。

(国库处)

政府债务管理办公室工作大事记

1月13日　安徽省人民政府办公厅印发《政府性债务风险应急处置预案》(皖政办秘〔2017〕10号),在保留中央设定的政府性债务风险四个等级事件基础上,结合安徽省实际,进一步细化省、市级政府债务风险事件触发条件。

1月22日　印发《关于调整2017年安徽省政府债券承销团成员的通知》(财债〔2017〕73号),结合上一年度各承销机构债券承销情况,对省政府债券承销团进行动态调整,确定中国建设银行股份有限公司等6家金融机构为主承销商,中国邮政储蓄银行股份有限公司等4家金融机构为副主承销商,国家开发银行股份有限公司等9家金融机构为承销团成员。

2月4日　印发《关于进一步加强地方政府债务限额管理的通知》(财债〔2017〕88号),对截至2016年底政府债务余额超过限额的地区进行通报和约谈,要求超限额地区认真核实债务信息,积极筹资偿还债务,实时监控债务余额增减变化,确保2017年底债务余额不超过核定限额。

2月9日　召开各市财政局长会议,传达贯彻省政府财政金融风险防控专题会议精神和李国英省长重要讲话,认真学习省政府办公厅《关于印发政府性债务风险应急处置预案的通知》,要求各市迅速传达会议精神,认真抓好贯彻落实,积极做好政府性债务风险防控工作。根据财政部对安徽省截至2015年底政府债务风险评估结果,对被财政部风险预警和市本级和县区分别进行集体约谈和个别约谈,指导市县认真剖析原因,督促整改落实,积极防范风险。

2月27日　分别印发《2017年安徽省政府置换债券定向承销发行簿记建档规则》(财债〔2017〕170号)、《2017年安徽省政府置换债券定向承销发行兑付办法》(财债〔2017〕172号)等文件,着力夯实安徽省地方政府债券发行管理的制度基础。

3月7日　印发《关于做好2017年地方政府存量债务置换工作的通知》(财债〔2017〕217号),明确

2017年各市、县(区)置换债券规模上限和置换债券资金使用要求,指导市县积极组织债务人与债权人沟通协商,提前与债权人签订存量政府债务置换协议,确保募集到期债券资金后立刻支付到位,避免资金闲置,提高资金效益。

3月16日　组建2017年安徽省政府置换债券定向承销发行承销团,确定中国工商银行股份有限责任公司等16家金融机构为承销团成员,国家开发银行股份有限公司为簿记管理人。

3月17日　省人大常委会副主任花建慧在省财政厅报送的《关于2016年安徽省地方政府债券发行情况的报告》上批示:"省财政厅依法规范组织地方政府债券发行,为全省经济社会发展起到了积极的推动作用。望继续加强债务监管,切实防范债务风险。除对政府发行的债务进行有效监管外,还要进一步加强对其他融资行为的监管。"

3月17日　省人大常委会副主任花建慧在省财政厅报送的《关于2015年度新增地方政府债券资金绩效评价情况的报告》上批示:"对债券资金使用情况进行绩效评价十分必要。省财政厅积极探索绩效评价方法,确保绩效评价结果真实准确,取得初步成效。希望进一步总结经验,针对发现问题,采取有效措施,切实做好债务资金乃至财政资金使用的绩效评价工作。"

3月29日　省财政厅通过财政部政府债券发行系统,面向16家2017年安徽省政府置换债券定向承销发行承销团成员,定向承销发行了313.9亿元置换债券,包括一般债券160亿元,专项债券152.9亿元。其中,3年期债券17亿元、5年期债券124.9亿元、7年期债券124亿元和10年期债券48亿元,中标利率分别为3.5%、3.58%、3.7%和3.77%。

4月20日　印发《关于坚决制止违法违规举债担保行为的通知》(财债〔2017〕488号),依法界定地方政府债务边界,推进融资平台公司市场化转型和融资,防止为专项建设基金项目提供本金回购、保底收益承诺等任何形式担保,规范推进PPP项目实施,严禁通过保底承诺、回购安排、明股实债等方式进行变相融资。

5月8日　会同省发展改革委、省司法厅、人行合肥中心支行、安徽银监局、安徽证监局、财政部驻安徽专员办等转发《财政部发展改革委司法部人民银行银监会证监会〈关于进一步规范地方政府举债融资行为的通知〉的通知》(财债〔2017〕571号),提出做好清理整改工作的具体要求,督促指导各地对发现的违法违规举债融资问题开展自查、登记台账、限期整改,切实履行政府性债务管理领导小组办公室的牵头职责。随后,领导小组办公室赴宣城、安庆、阜阳、宿州等市开展工作调研,实地了解情况,听取清理整改工作的意见建议,提出"区别对待、分类处置、积极稳妥"的清理整改工作原则,保障安徽省清理整改工作平稳有序开展。

5月10日　根据《财政部关于下达2017年分地区地方政府债务限额的通知》(财预〔2017〕36号)有关规定,经省政府批准,核定各市、县(区)2017年政府债务限额、2017年新增政府债务限额,要求抓紧调整预算并签署协议、妥善安排使用债券资金、强化政府债务项目管理。

5月23日　印发《关于成立厅财政风险防控领导小组的通知》(财债〔2017〕655号),贯彻落实习近平总书记在中共中央政治局第40次集体学习时关于维护国家金融安全的重要讲话精神,进一步实化细化省委常委会、省政府专题会议关于防控金融风险的有关要求,成立安徽省财政厅财政风险防控领导小组,明确组长、副组长、成员,领导小组下设办公室,办公室设在厅政府债务办。

5月27日　分别印发《2017年安徽省政府债券招标发行规则》(财债〔2017〕684号)、《2017年安徽省政府债券发行兑付办法》(财债〔2017〕685号)等文件,着力夯实安徽省地方政府债券发行管理的制度基础。

6月2日　印发《关于开展2016年度新增地方政府债券资金绩效评价工作的通知》(财债〔2017〕707号),对2016年度新增地方政府债券资金开展绩效评价工作,将绩效评价结果作为今后年度分配新增债券额度的参考依据,进一步强化支出责任和效率,切实提高债券资金使用效益。

6月5日　安徽省人民政府办公厅印发《关于成立省政府性债务管理领导小组(政府性债务风险事件应急领导小组)的通知》(皖政办秘〔2017〕147号),成立以省长李国英为组长、常务副省长邓向阳为副组长、相关厅局主要负责同志为成员的省政府性债务管理领导小组(政府性债务风险事件应急领导小组),领导小组办公室设在省财政厅,厅长罗建国兼任办公室主任。

6月7日　印发《关于推进2018—2020年财政绩效管理的意见》(财绩〔2017〕725号),结合安徽省实际,研究制定绩效管理三年工作规划,提出到2020年建立覆盖所有部门(单位)和财政资金,贯穿预算管理事前、事中、事后全过程的绩效管理体系,推动绩效管理有计划、有步骤开展。

6月9日　财政部印发《财政简报》第21期,专题就《各地区深入贯彻中央经济工作会议精神,强化地方政府性债务管理》向中办、国办、中央各部门、国务院各部委、各省级人民政府等进行简报,5次点名提及肯定安徽省的管理举措和做法。

6月13日　在组织市县财政部门对2016年置换债券资金使用情况开展自查的基础上,会同驻安徽专员办转发《财政部关于做好2016年地方政府置换债券核查情况整改工作的函》(财预函〔2017〕31号),要求各市人民政府对照财政部驻安徽专员办《关于开展安徽省地方政府置换债券资金使用情况专项核查的通知》(财驻皖监〔2017〕24号)和《安徽省财政厅关于对违规使用地方政府置换债券资金问题进行整改的函》要求,全面梳理排查,督促相关市县对照财政部整改建议,限期做好整改工作。

6月21日　省委书记李锦斌在省财政厅报送的《关于加强地方政府债务管理工作专项布置会情况的汇报》上批示:“政府性债务风险防控,事关金融稳定和金融安全,事关全省经济社会持续健康发展。全省各级各部门要认真学习贯彻习近平总书记重要指示精神,按照李克强总理重要讲话要求,从讲政治、讲大局的高度,充分认识加强政府债务管理工作的重要性和紧迫性,妥善处理好稳增长和防风险的关系,合理控制债务规模,强化财政预算约束,规范政府举债行为,健全风险预警机制,有效防范和化解财政金融风险,确保安徽省政府性债务规模适度、风险可控,为决战决胜全面建成小康社会、加快建设五大发展美好安徽提供更加有力的支撑。”

6月21日　省长李国英在省财政厅报送的《关于加强地方政府债务管理工作专项布置会情况的汇报》上批示:“做好债务风险防控工作是一项重大政治任务。目前安徽省限额内政府债务处于合理和可控水平,成绩应当充分肯定,但潜在风险不可忽视。各级各部门要认真贯彻中央要求及省委、省政府的决策部署,进一步稳妥处置存量债务,规范政府举债行为,完善债务管理机制,处理好加强债务管理与稳定经济增长的关系,坚决守住不发生系统性风险的底线,发挥好债务工具对于稳增长调结构的重要作用,以优异成绩迎接党的十九大胜利召开。”

6月22日　转发财政部《关于坚决制止地方以政府购买服务名义违法违规融资的通知》(财预〔2017〕87号),进一步细化制定《安徽省政府购买服务摸底排查工作方案》,提请省政府批准后转发市县财政部门和省直有关部门单位执行,督促指导各市县及其部门、省直相关行政事业单位切实规范全省政府购买服务管理,坚决制止地方政府违法违规举债融资行为,有效防范化解财政金融风险。

6月23日　常务副省长邓向阳在省财政厅报送的《关于加强地方政府债务管理工作专项布置会情况的汇报》上批示:“罗建国、何昌顺等同志并有关部门,要认真研究学习锦斌书记的重要批示,充分认识重要性和紧迫性,当成一件政治任务切实抓紧抓好抓出成效。”

6月28日　会同财政部驻安徽专员办召开16个市财政局长会议,传达学习6月16日财政部会议精神和李锦斌书记、李国英省长和邓向阳常务副省长的重要批示精神,对16个市全口径债务率进行通报,听取各地在清理整改中发现的问题和建议,罗建国厅长、黎昭专员分别讲话,对做好安徽省政府性债务管理工作提出具体明确的要求和部署。

6月29日　通过省级预算联网监督系统向省人大常委会预算工委推送10份2016年度财政重点项目绩效评价报告,涉及财政资金142亿元,其中:涉及农业、科技、文化等领域重点支出项目7个,金额136亿元、省商务厅等3部门整体支出绩效评价,金额6亿元。初步实现重点项目绩效评价报告在线接受人大审查监督。

6月30日　会同省国土资源厅转发《财政部国土资源部关于印发〈地方政府土地储备专项债券管理办法(试行)〉的通知》(财预〔2017〕62号),明确各级财政和国土资源部门按照职责分工,强化协调配合,积极做好土地储备债券发行相关准备工作;各级土地储备机构应当根据本级政府批准的年度土地储备工作安排,认真做好储备项目前期准备工作。

7月4日　省财政厅通过财政部政府债券发行系统,面向19家政府债券承销团成员,成功公开招标发行547.8亿元2017年安徽省政府债券。其中,一般债券分别募得5年期90.8亿元、7年期100亿元,中标利率分别为3.85%和4.02%;专项债券分别募得5年期179亿元、7年期178亿元,中标利率分别为3.88%和3.98%。

7月13日　会同财政部驻安徽专员办印发《关于对部分市县违规使用地方政府置换债券资金情况的通报》(财债〔2017〕939号),根据财政部要求,经省政府同意,对部分市县在使用地方政府置换债券资金时,混用置换债券类型、回补2016年以前年度支付的偿债资金、未经批准用置换债券资金偿还清理甄别认定的或有债务等违规问题进行通报批评。

7月14日　会同省政府性债务管理领导小组部分成员单位,召开由部分金融机构负责同志参加的推进《财政部发展改革委司法部人民银行银监会证监会关于进一步规范地方政府举债融资行为的通知》(财预〔2017〕50号)文件贯彻落实工作专题会议,进一步解读政策、明确要求,稳步有序推进清理整改工作;各成员单位密切配合,协同推进,推动跨部门联合监测防控。

8月18日　印发《安徽省财政厅关于2016年省级财政支出重点项目绩效评价情况的通报》(财绩〔2017〕1183号),通报50个重点财政支出项目绩效评价结果。通过绩效评价结果公开,倒逼相关部门和单位进一步重视绩效、加强绩效,进一步提升财政资金的使用效益和财政预算的管理水平。

8月31日　省财政厅通过财政部政府债券发行系统,面向19家政府债券承销团成员,成功公开招标发行167.1亿元2017年安徽省政府专项置换债券,其中,5年期募得87.1亿元、7年期80募得亿元,中标利率分别为4%和4.08%。

8月31日　经请示省政府同意后,以安徽省政府性债务管理领导小组办公室名义分别向财政部、发展改革委、司法部、人民银行、银监会、证监会报送安徽省地方政府举债融资行为清理整改工作情况报告。

9月27日　印发《关于开展2017年度省直部门项目支出绩效目标执行监控试点工作的通知》(财绩〔2017〕1319号),选择省旅游局、省文化厅等19个部门开展绩效目标执行监控工作试点,强化支出处室和预算部门对绩效目标的跟踪监控,及时纠错纠偏,确保实现预算批复时确定的绩效目标。

10月13日　印发《2018年安徽省政府性债务管理考核暂行办法》(财债〔2017〕1362号),从政府性债务管理基础、风险指标和债务化解等方面考核,进一步强化对出现政府性债务风险事件的惩戒,加强对债务管理水平的考核和结果运用,引导地方政府牢固树立债务风险意识,压实各级各部门管理责任。

10月19日　省财政厅在上交所通过财政部上海证券交易所政府债券发行系统,面向29家政府债券承销团成员,成功公开招标发行293.2亿元2017年安徽省政府一般置换债券。其中,3年期募得169.2亿元、5年期募得54亿元、10年期募得70亿元,中标利率分别为3.91%、3.9%和4.15%。

10月26—27日　在合肥举办全省地方政府债务管理培训班,进一步提升市县政府债务管理水平,各市、县(区)财政局政府性债务管理分管局领导和业务经办同志近200人参加了培训班。

11月10日　向财政部报告组织开展坚决制止以政府购买服务名义违法违规融资排查和整改工作情况,提出存在困难,下一步将严格按照财政部财预〔2017〕87号文件要求,坚持政府购买服务改革正确方向,严格按照规定范围实施政府购买服务。

11月17日　省财政厅在深交所通过财政部深圳证券交易所政府债券发行系统,面向29家政府债券承销团成员,成功公开招标发行140.1亿元2017年安徽省政府土地储备专项债券,用于合肥等13个市135个土地收储项目。其中,3年期债券募集23.9亿元,中标利率在4.19%—4.22%区间内;5年期债券募集116.2亿元,中标利率在4.06%—4.39%区间内。本批债券的成功发行,标志着安徽省圆满完成2017年地方政府债券发行任务,全年政府债券发行总规模达到1462.1亿元,其中:新增债券687.9亿元、置换债券774.2亿元。

11月20日　印发《关于促进市县政府规范融资的指导意见》(财债〔2017〕1526号),贯彻落实省委、省政府加强政府性债务风险防控的有关精神,从分类推进政府融资平台公司转型发展、积极鼓励融资平台公司市场化融资、防范融资平台公司经营风险转化为财政风险、规范实施政府购买服务项目、在公共服务领域大力推广PPP模式、着力保障PPP项目规范可持续发展、充分利用PPP模式盘活存量优质资产、努力创新PPP项目融资方式、大力推进分类发行专项债券试点工作、充分发挥地方政府债券的融资功能等十个方面指导市县政府加快建立规范的地方政府举债融资机制,防范化解财政金融风险。

12月27日　会同省政府金融办提请省委、省政府成立安徽省防范化解重大风险工作领导小组,明确主要职责、领导小组成员,下设地方政府债务风险、金融风险两个风险防范处置专项小组,其中:地方政府债务风险防范处置专项小组办公室设在省财政厅,罗建国同志兼任办公室主任。

(债务办　韩晓峰)

行政处工作大事记

3月　省委常委、组织部长邓向阳在省财政厅上报的《省财政厅关于学习贯彻推进定点帮扶太湖县座谈会有关情况的汇报》上批示:"财政厅帮扶太湖县的工作一直积极主动,思想到位,行动到位,成效明显"。

3月下旬—4月　组织对安徽省2016年度旅游公共服务设施绩效奖补资金开展绩效评价。通过本次绩效评价,掌握2016年度旅游公共服务设施绩效奖补资金绩效目标的实现情况,查找项目在投入、过程、产出和效果方面存在的问题,分析其产生的原因,提出解决问题建议,为进一步提高财政预算绩效管理提供决策依据。

4月11日　安徽省在外交部蓝厅举行"开放的中国:锦绣安徽迎客天下"外交部安徽全球推介活动。此次推介活动,省财政厅高度重视,按照推介活动筹备领导小组要求,积极履行财政职能,根据制定的《"开放中国:锦绣安徽　迎客天下"外交部安徽全球推介活动总体方案》和筹备工作推进情况,多次与省外办、省委宣传部、省文化厅、省行管局、省旅游局等部门会商,组织项目经费预算审核,落实经费保障,确保推介活动圆满完成。

4月18日　省财政厅领导及机关处室单位负责同志和涉密岗位人员赴省保密局开展保密警示教育活动。厅党组书记、厅长罗建国参加了活动,并就加强财政保密管理、财政服务保障等工作与省保密局进行会商。

4月21日　会同省旅游局转发《财政部国家旅游局关于〈旅游发展基金补助地方项目资金管理办法〉的补充通知》,并结合安徽省实际提出贯彻意见,强调各级财政、旅游主管部门要建立健全省级以上旅游发展项目资金档案,并加强对旅游发展资金专项资金监督检查工作,建立对旅游专项资金使用情况的监督检查制度,保证旅游专项资金及时、足额到位,专款专用,防止挤占挪用。

4月　在全省范围内开展2016年度"三公经费"支出情况专项检查。6至7月,省财政厅成立两个督查组分南北两片,选择8个市并延伸到所属16个县(区)73家财政拨款单位,开展"三公经费"专项督查工作。通过"三公经费"专项检查,总结"三公经费"管理好经验、好做法以及存在的不足和问题,进一步加强"三公经费"管理。

4月　会同相关部门制定了《关于合肥综合性国家科学中心建设人才工作的意见(试行)》。通过加大引才奖补力度,完善人才奖励政策,围绕来得了、待得住和用得好,聚力引进国际国内高层次人才来皖创新创业,支持合肥综合性国家科学中心建设。

5月3—5日　根据省委组织部《关于开展选派帮扶干部工作专项督查的通知》要求,省财政厅组成三个专项督查组,由朱长才副厅长率队赴亳州市三县一区开展选派帮扶干部工作专项督查。通过实地走访、个别访谈、召开市县座谈会等形式,听取市、县有关部门、村两委及选派干部对选派工作、生活食宿和到村任职工作的意见建议,全面了解第七批省直机关增派选派干部到村到岗、生活食宿安排等情况,以及第六批选派干部帮扶工作和成效等。

5月　省委常委、组织部长邓向阳在省财政厅上报的《关于增派第七批选派干部经费保障情况的汇报》上批示:"省财政厅坚决落实省委省政府的重大决策,克服困难,积极行动,为扶贫工作队提供有力的经费保障。各扶贫工作队一定要珍惜这笔经费,严格执行财经纪律,把每一分钱都用在脱贫攻坚上,发挥最大的效益。请省财政厅和各级财政部门加强监督。"

5月　进一步促进皖台经贸交流与合作,依据《安徽省保护和促进台湾同胞投资条例》,制订《安徽省台湾产业园区发展专项资金管理暂行办法》,该《办法》分三章十五条,从立项原则、使用范围、分配方式、绩效评价和监督管理等规范管理资金。

5—12月　扎实推进基层党组织标准化建设。根据《中共安徽省财政厅党组关于印发推进基层党组织标准化建设实施方案的通知》要求,制定《行政处党支部2017年机关党建工作"三个清单"》《行政处党支部标准化建设电子台账》,统一党支部台账目录、建设标准、账套文本和格式,公示党员党费缴纳情况,着力提升行政处党支部建设规范化、标准化和科学化水平,并顺利通过了党支部标准化建设验收工作。

6月21日　省民族宗教工作领导小组印发关于“共同发展”提升行动联合攻坚考核结果的通报,省民族宗教工作领导小组对29个省民委兼职委员单位进行2016年度“共同发展”提升行动联合攻坚工作考评,共评选出优秀等次19家和良好等次10家,其中,省财政厅获2016年度“‘共同发展’提升行动联合攻坚”优秀单位。

7月1日　根据厅党组统一安排,省财政厅党组成员、副厅长朱长才率厅行政处、人教处、政法处、采购处、国际债务处、农发局和资产中心相关同志一行8人,赴堰口镇许寺民族村上党课,并开展“七一”慰问老党员和贫困群众活动。

8月　会同省旅游局完成2017年度国家旅游发展基金补助地方项目资金申报工作。共申报国家旅游发展基金项目9个,总投资额92.06亿元,申请国家旅游发展基金项目补助2925万元,重点支持安徽省全域旅游公共服务体系项目及旅游业转型升级贷款贴息项目。当年12月底,财政部实际下达安徽省国家旅游发展基金项目补助地方项目资金3740万元(含旅游厕所建设项目资金1990万元)。

8月　修订《安徽省大学生村官创业兴皖富民专项资金使用管理办法》。进一步规范和明确大学生村官创业兴皖富民专项资金使用范围、项目申报程序、奖补资金拨付、监督管理和绩效评价,规范资金使用范围,强化资金监管责任。

8月　配合相关部门制定《提升农村基层党建与服务经费保障实施办法》,明确提升农村基层党建与服务经费保障民生工程项目实施的政策机制、审核机制、统计分析机制、监督检查机制、绩效评价机制等。

9月22—23日　省委非公工委委员、省财政厅党组成员、副厅长朱长才率领调研组赴池州市、东至县等地调研非公经济和社会组织党建工作情况。

9月　按照省委关于加强和改进党的群团工作的决策部署,充分发挥财政职能作用,加强工作调研和部门会商,不断完善群团经费保障机制,加大财政投入,创新工作举措,积极服务推进群团改革各项工作。

9月　修订《省直机关会议费管理办法》《省直机关培训费管理办法》。参照财政部修订的会议费、培训费管理办法,综合中部省份修订的会议、培训相关标准,在征求19家省直部门单位和厅内相关处室、单位意见基础上,结合安徽省实际,对现行省直机关会议费、培训费标准及有关内容进行修订。会议费、培训费管理办法的修订,进一步规范省直机关会议、培训经费管理,有效保障会议、培训工作的开展。

9月　根据《安徽省人民政府关于印发加快推进“互联网+政务服务”工作方案的通知》(皖政〔2017〕25号),省财政厅负责全省统一支付平台建设等相关工作。厅内涉及行政处、省非税局、省信息中心等处室和单位。其中:行政处负责厅内牵头和与省政府政务办的工作衔接、对接和协调。省非税局负责拟定平台具体建设方案、实施支付平台运行和全省推广应用,并负责与省发改委、省经济信息中心做好工作衔接。省财政信息中心负责支付平台建设技术支持,以及与省发改委、省经济信息中心做好软硬件设备采购等相关工作衔接。三处室单位将进一步落实责任主体,共同完成全省统一支付平台建设工作。

10月　参与修订《安徽省政府质量奖管理办法》,将省政府质量奖的组织奖额度设置为100万元、个人奖额度设置为10万元。

10—12月　委托安徽财苑会计师事务所对平安产险安徽分公司、国元农业保险公司2015年、2016年度及2017年前三季度承保省直机关公车统保保费使用情况进行专项检查,进一步加强对省直机关公车统保保费使用情况管理和监督。

11月18—19日　财政厅党组书记、厅长罗建国赴寿县宣讲党的十九大精神,开展财政支持精准脱贫和少数民族村“共同提升”工作专题调研,研究谋划新时期财政工作任务举措和更好地将十九大精神具体落实到对少数民族村的“共同提升”工作上。在省、市、县、乡镇及村两委的共同努力下寿县许寺民族村发生深刻变化。

11月24—25日　省委非公工委委员、省财政厅党组成员、副厅长朱长才率领调研组赴安庆市调研非公经济和社会组织党建工作情况。

11月　按照中央和省委关于深化国家监察体制改革的重大决策部署要求,全力推进监察体制改革试点服务保障工作。会同相关部门制定了《关于深化国家监察体制改革试点工作涉及检察机关经费、资产划转有关问题的通知》，确保监察体制改革相关经费的落实。

11月　参照中直机关基层党建活动经费管理办法有关规定，在征求省直工委、省委教育工委等19家部门单位及厅内相关处室意见基础上，结合安徽省实际，制定《安徽省省直机关基层党组织党建活动经费管理办法》，对省直机关基层党组织使用财政资金开展党建活动进行规范，明确党建活动经费的支出项目和经费管理的主要措施。

（行政处）

政法处工作大事记

3月30日　中央政法委会同财政部在北京召开涉案财物跨部门集中管理信息平台全面试点工作推进会，政法处负责同志等参加会议。

4月9—10日　省财政厅副厅长朱长才率政法处有关同志赴淮南市和蚌埠市开展财政重点工作调研。

4月11日　省委政法委召开省级涉案财物跨部门集中管理信息平台建设工作座谈会，省财政厅副巡视员李友兰及政法处负责同志等参加会议。

5月26日　省委政法委召开省级涉案财物跨部门集中管理信息平台建设工作推进会，省财政厅副厅长朱长才及政法处负责同志等参加会议。

7月19—20日　财政部行政政法司在山东烟台召开全国财政系统政法经费保障和涉案财物管理工作培训班，政法处负责同志等参加会议。

8月1—3日　省财政厅副厅长朱长才率政法处有关同志赴铜陵市和六安市开展财政重点工作调研。

8月30日　省财政厅厅长罗建国应邀参加全国法院司法保障工作会议并做经验交流发言。

9月13日　省财政厅副厅长朱长才率政法处相关同志，赴省财政厅综治联系点庐江县调研社会治安综合治理工作。

9月14日　省委政法委召开省级涉案财物跨部门集中管理信息平台建设领导小组会议，省财政厅副厅长朱长才及政法处负责同志等参加会议。

9月22—26日　省财政厅副厅长朱长才率省司改联合督察第七组，赴池州市、贵池区、东至县，马鞍山市、当涂县和花山区法院、检察院，督察员额制改革、司法权运行机制等四个方面突出问题整改情况。

9月28日　省委维护稳定工作领导小组召开扩大会议暨十九大维稳安保工作动员会，省委副书记信长星，省委常委、政法委书记姚玉舟，副省长李建中等出席会议并讲话，省财政厅副厅长朱长才及政法处相关同志参加会议。

11月3日　省委维护稳定工作领导小组召开扩大会议暨十九大维稳安保工作总结会，省委副书记信长星，省委常委、政法委书记姚玉舟，副省长李建中等出席会议并讲话，省财政厅驻厅纪检组长项中胜及政法处相关同志参加会议。

11月22日　省财政厅厅长罗建国率政法处负责同志等，赴省边防总队走访会商，听取对财政工作的意见、建议。

11月24日　省财政厅厅长罗建国率政法处负责同志等，赴省警卫局走访会商，听取对财政工作的意见、建议。

11月30日　省财政厅副厅长朱长才率政法处相关同志，赴省财政厅综治联系点庐江县调研社会治安综合治理工作。

12月4日　省财政厅厅长罗建国率政法处负责同志等，赴省消防总队走访会商，听取对财政工作的意见、建议。

12月5日　省财政厅厅长罗建国率政法处负责同志等，赴省军区、省武警总队走访会商，听取对财政工作的意见、建议。

12月12日　省综治委召开全省社会治安综合治理表彰大会，省财政厅副厅长胡锡萍及政法处相关同志参加会议。

（政法处）

教科文处工作大事记

1月10日　国家发改委和科技部复函同意安徽省建设合肥综合性国家科学中心，成为继上海之后国家正式批准建设的第二个综合性国家科学中心，标志着安徽在全国创新大格局中占据重要地位，成为代表国家参与全球科技竞争与合作的重要力量。省财政积极筹措资金，支持创建量子信息科学国家实验室，聚变堆主机关键系统综合研究设施、合肥先进光源预研项目和类脑智能技术及应用国家工程实验室建设等重大项目建设。

1月15日　厅长罗建国参加常务副省长吴存荣主持召开的推进合肥综合性国家科学中心建设专题会议,听取科学中心建设进展情况汇报,研究布置下一步工作任务。

2月7日　厅长罗建国主持召开省财政厅全创改领导小组会议,对2017年省财政厅推进全创改工作作出全面部署。

2月24日　省文化厅、省财政厅印发《关于推进政府购买基层公益文化岗位试点工作的通知》,选择部分有条件的行政村,配置由公共财政补贴的文化协管员和文物保护员,切实加强基层文化队伍建设,解决村级公共文化设施“有人办事”和文物保护单位“有人保护”问题,保障基层群众享受基本公共文化服务权益。

2月27日　厅长罗建国参加合肥综合性国家科学中心暨量子信息与量子科技创新研究院建设动员大会。

2月27日　副厅长吴天宏参加常务副省长吴存荣召开的全创改领导小组座谈会,向国家发改委副主任林念修一行,汇报安徽省财政支持全创改工作推进情况及下一步工作安排。

2月27日　省民生工程协调小组办公室印发《贫困地区农村义务教育学生营养改善计划实施办法》,对国家集中连片特困地区和国家扶贫开发重点县(区)农村义务教育阶段学生提供营养膳食补助,实现营养改善计划国贫县(区)全覆盖。

3月7日　副厅长朱艾勇带领相关处室负责人,迎接省政协童怀伟副主席一行关于“推进创新平台建设,加快科技成果转化”调研,并作关于完善财政科技供给支持科技成果转化情况的汇报。

3月14日　召开省级财政科研项目资金管理改革培训班,向省属高校、省属科研院所、有关省直部门、市财政局宣传解读政策内容和具体操作流程,省属55所高校财务、科研、资产部门负责同志,58所科研院所财务、科研部门负责同志,12家省直部门财务部门负责同志,共300多人参加培训。

3月22日　在省财政厅门户网站公开《2017年省级财政科研项目资金目录》,明确主管部门、预算单位、项目名称、分配方式、项目类别、项目承担单位类型和金额。在财政一体化管理信息系统启动“科研项目资金”和“科研仪器设备”标识功能,落实省级财政科研项目预算调剂、结转结余资金自主权,以及省属高校、科研院所政府采购自主权。

3月25日　厅长罗建国参加时任国务院副总理刘延东来皖调研中科大先研院相关活动,考察量子科学实验卫星及量子通信京沪干线合肥总控中心。

3月27日　厅长罗建国向中办回访组汇报省财政贯彻落实习近平总书记在中国科学院考察时、在全国科学创新大会上以及视察安徽时对科技创新工作的重要讲话精神的重要举措和下一步工作打算。

4月22日　省政府出台《安徽省人民政府关于印发支持科技创新若干政策的通知》(皖政〔2017〕52号),明确引导企业加大研发投入、开展重大关键技术攻关、支持科技人才团队创新创业、促进科技成果转化产业化等10项科技创新支持政策。

4月25日　省财政厅、省教育厅印发《安徽省城乡义务教育补助经费管理办法》,进一步规范和加强城乡义务教育补助经费管理,从2017年春季学期开始,统一城乡义务教育学生“两免一补”政策。在继续落实好农村学生“两免一补”和城市学生免除学杂费政策的同时,向城市学生免费提供教科书并推行部分教科书循环使用制度,对城市家庭经济困难寄宿生给予生活费补助。

6月12日　省财政厅、省教育厅印发《安徽省农村义务教育薄弱学校改造补助资金管理办法》,进一步规范和加强安徽省农村义务教育薄弱学校改造补助资金管理,明确补助资金的管理原则、支持范围、分配方式、申报要求、监督检查和绩效评价等总体要求。

6月12日　省财政厅、省教育厅印发《安徽省省属公办普通本科高校高水平大学奖补资金项目实施细则》,统筹资金支持高水平大学、一流学科、领军骨干人才项目建设。实施细则对省属公办普通本科高校竞争性重点支持项目的支持方向、认定条件、奖补额度、申报方法、资金管理作出明确规定。

7月27日　省财政厅、省科技厅印发《安徽省中央引导地方科技发展专项资金管理实施细则》,明确中央引导地方科技发展专项资金支出内容、支持方式等,规范专项资金管理。

8月1日　省财政厅会同省教育厅等部门印发《安徽省第三期学前教育行动计划实施方案(2017—2020年)》,进一步扩大学前教育资源,推进学前教育普及发展。

8月4日　省财政厅、省委宣传部印发《安徽省重点智库专项经费管理办法(试行)》,按照社会科学研究的规律和特点,完善重点智库专项经费管理,激发社科研究人员积极性和创造性,加快推进安徽省新型智库建设。

9月5日　省财政厅、省科技厅印发《安徽省支持科技创新若干政策专项资金管理办法》,明确创新型省份建设专项资金支出内容、支持方式等,规范专项资金管理。

9月8日　厅长罗建国、朱艾勇副厅长陪同李国英省长赴安徽大学调研并召开座谈会,听取全省高等教育改革发展情况的汇报,研究加快全省高等教育发展工作。

9月20日　省财政厅、省新闻出版广电局印发《安徽省省级国家电影事业发展专项资金管理办法》,进一步加强省级国家电影事业发展专项资金管理,强化专项资金绩效管理,提高资金使用效益。

10月　全省106个县区全部通过县域义务教育均衡发展国家评估认定,提前3年实现省政府向教育部的承诺,位居中部第一,全国第九。

11月7—8日　厅长罗建国陪同李国英省长赴合肥、芜湖市开展党的十九大精神宣讲和调研。调研以大力实施创新驱动发展战略为主题,重点就工业机器人产业发展问题进行专题调研。

11月18日　厅长罗建国陪同李国英省长赴合肥市调研促进科技成果研发转化工作,了解合肥市相关企事业单位科技研发成果转化相关情况。

12月1日　省财政厅会同省教育厅等部门印发《关于进一步做好农村建档立卡贫困户家庭幼儿学前教育资助工作的通知》,进一步明确贫困家庭在园幼儿资助标准,规范幼儿园园内资助。

12月8日　副厅长朱艾勇参加省全创改领导小组工作会议,汇报省财政厅推进全创改工作进展情况、存在问题、以及下年度改革思路和举措。

(教科文处)

经济建设处工作大事记

1月5日　召集淮南市、滁州市、六安市财政局,召开秸秆禁烧和综合利用奖补资金监管工作座谈会,就专项资金安排、分配、使用和使用情况进行交流,讨论《关于进一步加强秸秆禁烧和综合利用奖补资金使用管理工作的通知(征求意见稿)》。

1月18日　国家发展改革委召开全社会信用体系建设视频会,省财政厅副巡视员李友兰参加会议。

2月14日　在省环保厅参加秸秆综合利用企业发展情况座谈会,了解目前秸秆综合利用企业发展现状和存在问题,研究相关支持措施。

2月16日　省政府召开交通重点项目调度会,省财政厅副巡视员李友兰参加会议。

3月11日　省政府召开皖西革命老区振兴发展工作专题会议,省财政厅副厅长孟照红参加会议。

3月28日　与省环保厅、省农委召开会议,研究讨论《农作物秸秆产业化利用奖补资金管理办法》。

4月17日　省财政厅厅长办公会议学习省政府办公厅转发《创新驱动发展战略落实生效协调发展均衡发展向中高端发展任重远——李克强总理赴安徽考察重要指示精神落实情况回访督查报告》的通知精神,并就财政厅进一步做好整改落实工作提出要求。

4月24日　国务院办公厅发文表扬安徽省在棚户区改造、农村危房改造工作中积极主动、成效明显。

4月27日　副省长张曙光赴民航机场集团调研,省财政厅副厅长孟照红陪同调研。

5月10日　与省环保厅共同召集六安市、岳西县召开会议,研究进一步完善大别山区水环境生态补偿机制,加大补偿资金投入相关事宜。

5月11日　厅长罗建国赴涡阳县,对中央环保督查组转办和省环保督查组交办的问题进行实地督察,并与涡阳县就环保督察工作进行座谈。

5月14日　副省长张曙光召开省交通重点工程第二次调度会,省财政厅副厅长孟照红参加会议。

5月22日　省财政厅、省交通运输厅印发《安徽省交通应急专项资金管理暂行办法》(财建〔2017〕674号)。

5月23日　厅党组书记、厅长罗建国主持召开专题办公会,传达李国英省长在全省开发区改革和创新发展专题会议上的指示精神,并就做好财政厅关于全省开发区建设存在问题梳理及有关意见建议报送工作提出要求。

6月6日　厅办公会议听取经济建设处关于组织开展国务院第四次大督查自查工作的汇报,学习省政府皖政明电〔2017〕2号文件精神,研究贯彻意见和措施,明确责任分工和工作要求。

6月6日　厅办公会议传达省加快皖北地区发展领导小组会议精神及省委副书记信长星在会议上的讲话精神,并就财政厅进一步支持皖北发展做出部署。

6月14—15日　财政部副部长刘伟率国家粮食局、中储粮总公司、财政部经建司负责同志一行来安徽省调研夏粮收购及粮食"去库存"工作。

6月23日　厅长办公会议研究国务院第四次大督查自查有关工作,通报财政厅自查工作进展情况。

6月23日　常务副省长邓向阳召开研究创优"四最"营商环境专题会议,省财政厅副厅长孟照红参加会议。

7月12日　与省发改委就新能源汽车产业支持政策召开会议,研究财政支持新能源汽车有关财政政策。

7月27日　省财政厅、省交通厅印发《安徽省农村道路客运和出租车油价补贴退坡资金管理暂行办法》(财建〔2017〕952号)。

8月9日　厅长办公会议传达全省开发区改革和创新发展推进大会精神及李国英省长在会议上的讲话精神,并就财政厅支持全省开发区改革和创新发展进一步做出部署。

8月30日　厅长办公会议研究建立全省开发区财政经济效益指标季报制度事宜,并就有关事项做出部署。

9月1日　陪同厅长罗建国赴黄山市,实地调研新安江流域生态补偿实施情况。

9月28日　经建处包保突出环境问题整改负责同志深入涡阳县财政局、企业、污水处理厂等地,对涡阳县突出环境问题第三季度整改情况进行全面督查和指导。

9月29日　省政务服务中心举办新闻发布会,通报"三重一创"、科技创新、制造强省和技工大省等四个"10条"政策资金兑现情况。截至新闻发布日,省财政陆续拨付85亿元,惠及4200多家企业和单位、4800多个项目。

10月11日　参加引江济淮工程征迁动员会。2017年累计拨付引江济淮工程省以上建设资金62亿元。

10月13日　与省环保厅共同研究全省地表水断面生态补偿政策。

10月16日　厅党组扩大会议传达贯彻省推进"一带一路"建设工作领导小组办公室转发国家推进"一带一路"建设领导小组办公室《关于深入贯彻落实习近平总书记在"一带一路"国际合作高峰论坛上重要讲话精神意见的通知》精神,并就财政厅支持"一带一路"建设做出部署。

11月15—16日　省财政厅副巡视员陈传文带领经建处相关同志深入涡阳县企业、污水处理厂、河流沿线等地,对涡阳县突出环境问题第四季度整改情况进行督查和调研。

11月27—28日　省财政厅副巡视员陈传文带队经建处相关同志深入马鞍山、池州市,宣讲党的十九大精神,实地调研财政支持生态文明建设工作进展。

12月7日　研究加快基建项目支出进度,布置2017年权责发生制账务处理和优先解决政府工程拖欠农民工工资等工作,总结交流基建项目资金管理工作经验。

12月12日　参加量子基金及产业发展座谈会,见证安徽省量子基金组建,总规模达100亿元。

12月22日　厅长办公会议学习2018年安徽省贯彻落实国家重大政策措施情况跟踪审计进点会精神,并就财政厅进一步做好整改落实工作提出要求。

(经建处)

社会保障处工作大事记

1月13日　社会保障处召开支部党员大会,学习传达全国财政工作会议精神、全省经济工作会议精神、全省财政工作会议精神、厅党组会精神;做好组织生活会前期筹备工作;做好春节假期廉洁自律工作。

1月18日　社会保障处召开支部组织生活会,厅党组成员、副厅长朱艾勇以普通党员身份参加会议,强调一要强化纪律规矩,二要强化作风建设,三要强化担当作为,四要强化支部建设。

1月20日　社会保障处发布2017年社会保障处工作要点,明确2017年重点工作任务。

2月17日　社会保障处召开支部党员大会,学习传达信长星、唐承沛等省委领导同志批示精神,对管党治党宽松软专项治理工作进行再落实再推动;学习传达厅党组、驻厅纪检组述职述廉考核会议精神;学习传达厅党组、驻厅纪检组廉政谈话会议精神。

2月22日 社会保障处召开支部党员大会,学习厅党组关于加强党内政治生活的规定;学习人民日报评论文章;组织开展“严肃政治生活与支部建设和干部管理”专题研讨。

3月23日 社会保障处召开支部党员大会,学习传达全国两会精神;学习厅党组专题研讨会精神;组织开展“脱贫攻坚与财政社保”专题研讨。

4月24日 国务院办公厅印发《关于对2016年落实有关重大政策措施真抓实干成效明显地方予以表扬激励的通报》(国办发〔2017〕34号),我省就业、公立医院、养老服务三项工作获得国家通报激励表彰。

4月28日 社会保障处召开专题学习会,厅党组成员、副厅长朱艾勇参加会议。会议学习传达习近平总书记关于“两学一做”的重要批示精神;学习传达厅党组“两学一做”常态化制度化方案和“讲政治、重规矩、作表率”方案;学习传达李锦斌书记重要讲话精神;学习传达厅党组“两学一做”动员讲话精神;支部书记开展动员教育。朱艾勇强调,一要提升政治建设,二要提升能力建设,三要提升作风建设,四要提升团队建设。

5月8日 社会保障处召开支部党员大会,学习传达厅党组“三个一”活动方案;再次学习习近平总书记视察安徽重要讲话精神;组织开展“稳中求进与财政质量效益和财政风险防控”专题研讨。

5月18日 社会保障处召开支部组织生活会,厅党组成员、副厅长朱艾勇以普通党员身份参加会议,并强调一要突出学做结合、在“真”字上下功夫,二要突出关键少数、在“抓”字上下功夫,三要突出履责履职、在“实”字上下功夫,四要突出作风建设、在“干”字上下功夫。

6月16日 社会保障处牵头六个处室单位,赴凤阳县小岗村开展结对共建活动,共上党课、共过组织生活、开展联席交流研讨,并走访慰问6户党员群众3000元。

6月28日 社会保障处联合国库处党支部组织开展“支部书记讲党课”活动。

6月29日 民政部财政部印发《关于2016年度困难群众基本生活救助工作绩效评价结果的通报》(民函〔2017〕153号),我省获得优秀等次,排名全国第一。

7月3日 社会保障处组织开展党史教育活动日 重温入党誓词,交流入党情况,回顾党的历史,学习廖俊波先进事迹。

7月3日 省政府印发《关于2016年度全省计划生育工作目标管理考评结果的通报》(皖政秘〔2017〕123号),省财政厅排名省直单位前列,受到通报表扬。

8月1日 社会保障处召开支部党员大会,学习传达习近平总书记在省部级主要领导干部专题研讨班上的重要讲话精神,传达在朱日和基地建军90周年沙场阅兵时重要讲话精神,传达在建军90周年大会上的重要讲话精神,组织开展《将改革进行到底》和“重规矩,我们怎么做”专题研讨。

9月1日 省财政厅在2016—2017年全国社会保险基金预决算评比中荣获一等奖,受到财政部表彰。

9月14日 社会保障处组织开展效能建设专题组织生活会,厅党组成员、副厅长朱长才,厅党组成员、驻厅纪检组组长项中胜,厅效能办成员单位负责同志参加了会议。朱长才强调,牢固树立效能意识,坚持从严管党治党,坚决做到“五要五不”:一要理性不要任性;二要理解不要误解;三要埋头不要埋怨;四要团结不要团伙;五要补台不要拆台。

10月18日 社会保障处深入庐阳区养心苑养老院,开展党员活动日活动,进行走访慰问,捐助1000元现金及慰问品。

10月23日 社会保障处召开支部党员大会,学习贯彻党的十九大精神,学习“讲重作”警示案例,学习《人民日报》评论员文章,交流十九大学习心得体会。

10月30日 社会保障处召开支部党员大会,学习传达党的十九大精神,重点学习十九大报告、新党章、纪委工作报告及十九届一次全会精神。

11月8日 社会保障处深入合肥市芜湖路街道曙光社区,开展走访社区服务活动,共同学习党的十九大精神,广泛开展交流促进。

11月23日 社会保障处召开支部党员大会,开展“认真学习宣传贯彻党的十九大精神”专题党课。

12月7日 省直机关工委来我厅考核党支部标准化建设达标工作,抽取社会保障处进行实地考核,查看台账资料,受到考核组充分肯定,顺利通过实地考核验收。

12月14日　社会保障处召开支部党员大会,学习传达习近平总书记关于反对四风问题的批示精神,学习习近平关于红船精神的文章,学习习近平治国理政第二卷。

(社保处)

企业处工作大事记

1月13日　2016年度企业财务会计决算和2017年企业经济效益月度快报布置会在合肥市召开,各市财政局、有关省属企业和省直部门相关业务人员参会。

1月20日　陪同厅领导赴宁夏,参加工信部组织的电信普遍服务试点工作现场交流会。

3月29—30日　陪同厅领导赴北京市,参加国务院国资委、财政部举办的剥离国有企业办社会职能和解决历史遗留问题工作培训会。

3月30—31日　根据厅领导指示,派员赴北京市参加财政部组织的外经贸资金管理调研座谈会。

4月13—14日　2016年度国有及国有控股企业和集体企业财务会计决算验审培训班在合肥市召开。

5月3—4日　陪同厅领导赴芜湖市、池州市调研财政重点工作。

5月9—12日　财政部在北京市举行2016年全国地方国有企业财务会计决算验审会,全国各省(市)财政厅(局)参会。

5月23—28日　赴阜阳市、蚌埠市参加省政府组织的“送政策进企业进园区”宣讲活动。

6月12日　陪同厅领导参加财政部组织的推进创业创新及小微企业发展座谈会。

7月26—27日　陪同厅领导赴滁州市、蚌埠市调研财政重点工作。

8月10—17日　赴蚌埠市、阜阳市参加省政府组织的第二次“送政策进企业进园区”宣讲活动。

9月15日—16日　陪同厅党组书记、厅长罗建国赴贵阳市参加全国农村电商精准扶贫经验交流会。

9月21日　陪同厅党组书记、厅长罗建国赴淮南市参加2017年“四送一服”工程政银企对接会。

10月24—26日　赴湖北参加盐业体制改革调研。

11月8—9日　赴淮北矿业集团参加煤炭行业去产能验收。

11月16—17日　赴马钢集团参加钢铁行业去产能验收。

11月24—26日　赴皖北煤电集团、淮南矿业集团参加煤炭行业去产能验收。

11月21日　省财政厅、省经信委在合肥市召开技改和中小企业发展专项资金绩效评价布置会。

12月14—15日　赴北京市参加财政部组织的地方财政部门企业财务会计决算行政事业单位资产和政府资产报表培训班。

(企业处)

金融处工作大事记

1月13日　上报财政部安徽省推广PPP成效明显市县名单。

1月18—19日　陪同副巡视员李友兰参加省政府在黟县召开的农业保险专题调研座谈会。

2月6日　省长李国英召开专题会议,研究防范财政金融风险问题,罗建国厅长作专题汇报。

2月15—21日　开展省担保集团负责人综合考核工作。

2月16日—3月30日　多次会商省皖北办、省担保集团,拨付皖北现代产业园区发展专项资金。

2月27日　印发《对推广政府和社会资本合作(PPP)模式成效明显市县加大激励支持力度的实施办法》。

2月28日　制定民生工程《2017年政策性农业保险实施办法》及年度目标任务。

2月28日　云南省财政厅副厅长赵晓静来安徽省调研融资担保体系建设情况。

3月5—25日　组织对普惠金融发展专项资金进行审核,并委托中介机构现场检查,按时报财政部及专员办。

3月8日　印发《关于进一步扩大森林保险试点范围的通知》,推动安徽省森林保险试点全省全覆盖。

3月8日　印发《安徽省普惠金融发展专项资金管理实施细则》。

3月9日—5月15日　办理人大代表建议及政

协委员提案。

3月10日　上报省政府推广PPP成效明显市县名单。

3月24日　联合省政府金融办、安徽保监局、省农委、省林业厅印发《关于进一步做好政策性农业保险相关工作的通知》。

3月24日　联合省政府金融办、安徽保监局、省农委、省林业厅印发《关于做好政策性农业保险经办机构招标等工作的通知》。

3月27日　安徽省与中国政企合作基金合作的第一个PPP项目－滁州高教科创城PPP项目正式签约。

3月31日　审核批复部分省属金融企业2015年度负责人薪酬。

4月19日　印发《安徽省财政厅关于加强与中国政企合作投资基金交流合作的通知》。

4月19日　印发《关于开展2016年度政策性农业保险绩效评价工作的通知》,委托第三方开展全省绩效评价工作。

4月25日　推动以省政府办公厅名义出台了《关于深入推进农业保险转型升级的实施意见》。

4月26—28日　国务院发展研究中心宏观部调研评估安徽省PPP改革工作。

5月14日　参加中央党校中青班郭振华一行来安徽省调研政银担企融资工作座谈会。

5月15日　完成2016年度全省地方金融企业财务决算汇编工作。

5月16日　省财政厅政府和社会资本合作(PPP)专栏在厅门户网站正式上线。

5月16日—6月23日　研究省担保集团2017年度目标任务,报厅党组会审议后批复实施。

5月17日　百家知名民企项目对接会(PPP)在合肥成功举办。

6月12日　印发《关于在产粮大县开展农业大灾保险试点工作的通知》,成为全国首批试点省份。

6月12—13日　财政部PPP中心来安徽省调研。

6月19日　印发《关于加强政策性农业保险民生工程考评工作的通知》。

6月26日　会同省政府金融办印发《安徽省政策性融资担保体系重大风险事件监测预警处置预案》。

6月30日　结合全省绩效评价情况,修订完善《政策性农业保险绩效评价暂行办法》。

7月4—5日　举办全省财政金融政策培训班。

7月21日　推动阜阳、芜湖、蚌埠、马鞍山、安庆、合肥等地,实现农险赔款直接打卡支付。

7月24—27日　参加安徽保监局组织开展的农业保险专项检查工作。

7月31日　陪同副厅长吴天宏参加财政部进一步推进PPP规范发展座谈会。

8月2日　组织第四批国家PPP示范项目申报。

8月14日　开展2017年上半年续贷过桥资金调度工作。

8月25日　向财政部申报第四批国家PPP示范项目。

8月29日　省财政厅报送的《关于安徽省PPP项目获得中央财政奖补资金情况的汇报》得到省长李国英、常务副省长邓向阳肯定批示。

9月4日　陪同副巡视员李友兰参加国务院办公厅秘书四局王海峰副局长来安徽省调研融资担保工作座谈会。

9月15日　建立未落地PPP项目月报制度。

9月19日　支部全体党员赴庐阳区大杨镇吴郢社区开展在职党员进社区活动。

9月26日　制订并印发推进PPP规范发展任务清单。

10月13日　赴山东参加财政部金融司召开的融资担保调研座谈会。

10月25日　陪同中国PPP基金董事长周成跃赴滁州考察PPP项目。

10月30日　印发《安徽省省级创业风险投资基金项目投资奖励暂行办法》和《安徽省省级种子投资基金项目投资奖励暂行办法》。

11月8日　安徽省金融企业决算报表工作获财政部通报表彰。

11月10日　安徽省宁国市城北新城综合开发PPP项目入选《PPP示范项目案例选编—城镇综合开发(第三辑)》。

11月23日　印发《安徽省财政厅政府和社会资本合作项目入库评审操作办法》。

11月24日　代省政府办公厅草拟《全省农业保险扩大试点实施方案》,并做好政策宣传和解读工作。

11月26—27日　陪同副厅长孟照红赴黟县参加省政府召开的全省农业保险扩大试点现场会。

11月29日　转发《财政部关于规范政府和社会资本合作(PPP)综合信息平台项目库管理的通知》。

11月30日　赴合肥市调研续贷过桥资金运作情况。

12月8日　报送财政部2017年PPP工作总结。

12月13日　省长李国英召开专题会议,研究省级股权投资基金建设与管理工作,厅长罗建国作专题汇报。

12月18日　全省2018—2020年政策性农业保险经办机构招标确定工作圆满完成。

12月21日　修订《安徽省信用担保集团有限公司负责人经营业绩考核评价暂行办法》。

12月26日　赴岳西县石关乡张家村结对共建。

12月30日　完成并上报《安徽省财政PPP工作推进情况、问题和建议》调研报告。

12月31日　全年报送各类宣传信息约60条,被主流媒体、省委省政府宣传报道和采用近50条(次),采用率80%,每月都在全厅信息报送及采用工作通报中位居前列。

12月31日　全省财政部入库项目259个,总投资2706亿元。落地项目193个,总投资2025亿元,落地率74.5%,开工项目134个,开工率69.4%。4个项目入选示范项目案例全国推广。安徽省国家级贫困县PPP项目覆盖率达到100%,居全国第一,全省项目落地率、示范项目开工数居全国第二,项目落地数、开工数居全国第三,示范项目落地数居全国第四。

(金融处)

农村财政管理局工作大事记

2月15日　印发《安徽省财政厅关于做好2017年省级联系点工作的通知》,深入推进省级联系点工作制度,加快构建财政支农政策"落地效果、问题反馈"上下联动机制。

2月　举办全省惠农补贴"一卡通"网络软件系统操作技能培训,分别在宿州市、淮南市、安庆市和宣城市对各市、县惠农补贴业务经办人员培训。

3月28—29日　会同干教中心在合肥举办全省农村财政管理业务培训班,各市农村局局长和县(区)财政局分管局长、农村局长、25个省级联系点财政所长共计200余人参加培训。

4月18日　印发《安徽省财政厅关于开展财政扶贫资金监管现状分析调研的通知》,了解掌握乡镇财政扶贫资金监管工作现状,为脱贫攻坚各项政策落实提供支持和保障。

4月21日　印发《安徽省财政厅关于开展惠农补贴资金管理发放和乡镇财政资金监管绩效评价工作省级重点检查的通知》,对全省2016年惠农补贴资金管理发放和乡镇财政资金监管工作开展省级检查。

4月25日　根据《财政部关于编报2016年度乡镇财政基本信息报表的通知》要求,完成全省1258个乡镇基本信息编报任务。

6月22日　印发《安徽省财政厅关于做好2017年惠农补贴"一卡通"有关工作的通知》,保障中央和省委省政府各项强农惠农政策及时落地生根,惠及于民。

6月13日　印发《安徽省财政厅关于2016年度全省惠农补贴资金管理发放工作绩效评价结果的通报》,形成16个市、79个县(区)财政局惠农补贴资金管理发放工作绩效评价结果。

6月29日　印发《安徽省财政厅关于2016年度乡镇财政资金监管工作绩效评价结果的通报》,将评价结果作为下年度分配乡镇财政资金监管经费的重要依据。

7月11日　印发《安徽省财政厅关于印发〈财政所副所长挪用千万公款购买理财产品被双开〉典型案件的通知》,警醒广大财政干部吸取教训,引以为戒,深入推进基层财政党风廉政建设和反腐败工作。

8月7日　下发《安徽省财政厅关于推进财政扶贫领域监督执纪责任落实开展财政扶贫资金专项督查工作的通知》,配合驻厅纪检组和农业处开展财政扶贫资金专项检查,督促指导脱贫攻坚重点市县建立完善监管制度机制。

9月25日　印发《安徽省财政厅关于建立乡镇财政督查工作制度的意见》和《安徽省财政厅关于完善乡镇财政资金监管工作的意见》,建立省市县乡四级督查制度,强化行政权力制约和监督,提升服务能力水平,推动乡镇财政管理常态化制度化。

10月24日　印发《中共安徽省财政厅党组中共安徽省纪委驻省财政厅纪检组关于印发〈濉溪县一

乡镇财政所长财迷心窍机关算尽法纪严惩〉典型案例的通知》,强化反面典型的警示作用,防范基层财政风险,保障乡镇财政资金运行安全。

12月6日　省财政厅、省扶贫办、省农信社、省邮储行、省农行联合印发《安徽省财政厅安徽省扶贫办安徽省农村信用社联合社中国邮政储蓄银行安徽省分行中国农业银行安徽省分行关于进一步完善和升级惠农补贴资金项目名称及代码和简称工作的通知》,着力补齐农民群众特别是贫困群众对惠农补贴政策和补贴资金"看不清楚、分不明白"的短板,达到"一卡在手、政策全有、资金全清"的工作目标。

12月31日　全年累计发放惠农补贴资金285.7亿元,覆盖30大类102小项。其中,发放贫困户各类补贴资金70.9亿元,32个国家扶贫重点县(含叶集)发放贫困户各类补贴资金54.8亿元。惠及1467万户,3374万乡村人口,其中,贫困户103.9万户,贫困人口310多万。

(农村局)

会计处工作大事记

3月1—3日　财政部会计资格评价中心考务处处长周京军一行3人来安徽省调研指导会计专业技术初级资格无纸化考试前期准备工作,并在安徽省召开由江苏、浙江、江西、湖北、安徽五省会计资格考试管理机构相关同志参加的座谈会。

3月24日　省财政厅印发《安徽省会计档案整理要求及案卷格式》(财会〔2017〕309号),对会计档案整理、会计档案移交、会计档案鉴定、会计档案销毁、会计档案案卷格式等做出了具体规定和要求,成为安徽省加强和规范会计档案管理的操作指南。

3月30日　省财政厅转发《财政部关于开展2016年度行政事业单位内部控制报告编报工作的通知》(财会函〔2017〕68号),部署启动安徽省内部控制报告编报工作。全省共收到内部控制报告13617份,汇总形成安徽省行政事业单位内部控制报告,按时上报财政部。

3—6月　省财政厅完成245家会计师事务所和712家代理记账机构2016年度基本信息报备工作,形成的会计师事务所行业发展报告和代理记账行业发展报告按时上报财政部。

4月11日　省财政厅转发《财政部关于开展2016年全国会计领军(后备)人才(企业类)选拔培训的通知》(财会〔2017〕410号)。经过笔试、面试选拔,安徽省中国电子科技集团第38研究所曹兴虎、皖江发电有限责任公司高学明两位同志成功入选全国会计领军(企业类)人才。

4月13日　省财政厅印发《关于评定袁照兵等322人高级会计师专业技术资格的通知》(财会〔2017〕437号),袁照兵等322位同志取得高级会计师专业技术资格。

4月17日　省财政厅印发《关于做好2017年度全省大中型企事业单位总会计师素质提升工程的通知》(财会〔2017〕474号),分两类六批,组织省市大中型企事业单位总会计师或会计骨干人员共240人参加培训。

5月3日　省财政厅召开全省财政会计管理机构会计资格考试考务工作会,举办会计初级资格无纸化考试系统培训班,朱长才副厅长出席会议并讲话。

5月13—16日　全国会计专业技术初级资格无纸化安徽考区考试在16个市举行,全省报名考生8.23万人,朱长才副厅长赴铜陵、黄山考点巡视,检查考试组织实施情况。

7月11日　省财政厅下发文件,任命季必英同志为会计处处长。

7月26日　财政部部长助理赵鸣骥、会计司司长高一斌等3人来安徽省联系走访驻皖全国人大代表期间,到江淮汽车、科大讯飞公司调研管理会计在企业实施情况,对安徽省管理会计在企业中的应用落地给予充分肯定。罗建国厅长、朱长才副厅长陪同调研。

8月18日　印发安徽省财政厅《关于启动2017年度会计人员继续教育的通知》

8月23日　正式启动安徽省会计人员继续教育工作。

8月28日　省财政厅在合肥举办政府会计准则制度培训班,省直相关部门财务负责人、各市及广德宿松县会计管理机构负责人共150人参会。

9月9—10日　全国会计专业技术中(高)级资格安徽考区考试在16个市举行,全省报名考生4.92万人,其中:中级4.72万人、高级2049人。朱长才副厅长赴安徽大学考点、马鞍山考点巡视,检查考试组织实施情况。

9 月 20 日　中国财经报社授予安徽省 2017 年度会计新闻宣传工作先进单位。

11 月 6 日　省财政厅机关党委批复会计处党支部换届选举结果,季必英同志任会计处党支部书记。

11 月 14 日　经省人社厅批复,省财政厅调整安徽省高级会计师资格评审委员会专家库,调整后的高级会计师资格评审委员会专家库由省财政厅厅长罗建国任主任委员,省财政厅副厅长朱长才任副主任委员。其中:正高级专业技术资格评审委员会专家库由 38 人组成,副高级专业技术资格评审委员会专家库由 153 人组成。

11 月 16 日　省财政厅下发《关于认真做好宣传贯彻新〈会计法〉有关工作的通知》(财会〔2017〕1514 号),部署各地做好宣传贯彻落实新《会计法》相关工作。财政部网站、中国会计报对安徽省做法及时加以宣传。

11 月 17 日　省财政厅召开 2017 年度安徽省正高级会计师专业技术资格评审会,经专家评审、投票表决,苗峰等 6 位同志通过评审。

12 月 14 日　省财政厅会计处召开管理会计"产学研"平台合作会商会,总结交流 2016 年以来合作成果,研究谋划 2018 年合作事宜,着力推动管理会计在安徽省企业供给侧结构性改革、事业单位资金绩效管理等方面发挥应有作用。

12 月 20 日　省财政厅会计处完成 2017 年财政重点调研课题《加强和规范代理记账管理的政策建议》研究任务。

12 月 20 日　省财政厅会计处会同厅监督局就 2017 年度会计师事务所执业质量检查中发现的问题,约谈 14 户会计师事务所负责人,进一步加强和规范安徽省注册会计师行业市场秩序。

12 月 27 日　省财政厅机关党委印发《关于党支部标准化建设考核验收结果的通报》,会计处党支部顺利通过党支部标准化建设验收。

(会计处)

行政事业国有资产管理处工作大事记

2 月 9 日　印发《安徽省财政厅关于编报 2016 年行政事业单位资产报表的通知》(财资〔2017〕105 号),布置开展 2016 年行政事业单位资产报表编报工作,对全省 2016 年 12 月 31 日以前经机构编制管理部门批准成立的,执行行政、事业单位财务和会计制度的各级各类行政事业单位、社会团体,占有、使用国有资产,执行民间非营利组织会计制度、并同财政部门有经费缴拨关系的社会团体等单位的全部资产情况进行编报。

2 月 10 日　印发《安徽省财政厅转发财政部关于印发〈行政事业单位国有资产年度报告管理办法〉的通知》(财资〔2017〕111 号),要求省直各部门、单位,各市、县(区)财政局认真做好国有资产年度报告编报工作。

2 月 20 日　印发《安徽省财政厅关于开展政府资产报告试点工作的通知》,选取 25 个省直部门单位、5 个市本级、6 个县区作为试点单位,重点统计分析试点单位政府储备物资情况、公共基础设施情况、自然资源资产情况和保障性住房等其他经管资产情况,从而推动财政预算管理、完善权责发生制的政府综合财务报告制度、提高政府债务管理水平。

6 月 30 日　会同省机关事务管理局联合印发《安徽省省级行政事业单位房产地产统一管理暂行办法》(皖管〔2017〕7 号),进一步规范和加强省级行政事业单位房产、地产统一管理工作,优化房产、地产资源配置,提高国有资产使用效益,保障省级行政事业单位工作正常运行。

8 月 14 日　印发《安徽省财政厅关于开展地方性债务投资项目资产清查登记工作的通知》(财资〔2017〕1111 号),组织开展地方政府性债务投资项目资产清查登记工作。

8 月 22 日　印发《安徽省财政厅关于做好我省资产评估机构备案管理工作的通知》(财资〔2017〕1162 号),明确资产评估机构登记备案、变更备案、注销备案等事项的办理程序,进一步规范资产评估机构备案管理工作。

10 月 23 日　印发《安徽省财政厅关于进一步规范和加强省级行政事业单位房产出租管理的通知》(财资〔2017〕1396 号),切实规范和加强省级行政事业单位房产出租管理。

10 月 8 日—12 月 31 日　根据《安徽省财政厅关于开展省级行政事业单位国有资产核实工作的通知》(财资〔2016〕2094 号)要求,对 31 家省直有关部门申报的符合核实条件的资产盘盈、资产损失、和资金挂账进行核实批复。

11月30日 印发《安徽省财政厅关于从事生产经营活动事业单位改革中国有资产管理的有关规定》(财资〔2017〕1623号),明确经营类事业单位改革中国有资产管理的有关要求。

(资产处)

国有资本经营预算工作大事记

1月8日 省财政厅厅长罗建国对国有资本经营预算工作作重要批示。

1月12日 国资预算处会同教科文处,就落实省政府第92次常务会议精神、强化文化企业国有资本收益管理与省文改办进行专题会商。

2月9日 经省十二届人大七次会议审查批准,省财政厅批复2017年省级国有资本经营预算。

3月3日 国资预算处会同水利厅财务处,专程赴省水利水电勘测设计院,就国有资本经营预算执行情况进行督促检查。

4月1日 省财政厅总结通报2017年全省国有资本经营预算编报情况。

4月21日 省财政厅印发《关于做好2017年省属企业国有资本收益申报工作的通知》,组织省属企业申报2016年度国有资本收益。

5月5日 省财政厅印发《安徽省省级国有资本经营预算管理暂行办法》。

5月17日 国资预算处赴省国资委,就国资委本级使用国有资本经营预算资金安排的支出项目实施及资金支付等情况进行专题调研会商。

6月6日 国资预算处赴省审计厅财政审计一处,就2016年度省级国资预算执行审计结果进行反馈。

6月20日 国资预算处党支部召开“讲重作”专题警示教育组织生活会。

6月27日 国资预算处党支部赴肥东县瑶岗渡江战役总前委旧址纪念馆,开展“党员活动日”主题活动。

7月14日 省财政厅印发《关于编报2018年省级国有资本经营预算和2018—2020年国有资本经营收支规划的通知》,布置2018年国有资本经营预算和中期收支规划编制工作。

7月14日 省财政厅下发收益核定通知,组织省属企业上交2016年度国有资本收益。

7月22日 省政府第113次常务会议研究同意组建安徽省属企业改革发展基金。

9月7日 省财政厅下发通知,组织各市编报2018—2020年国有资本经营预算收支规划。

9月20日 2016年度省属企业国有资本收益全部收缴入库,全年累计入库国有资本收益14.30亿元,完成预算的128.7%。

9月25日 省财政厅拨付2017年省级国有资本经营预算支出项目资金。

10月23日 省财政厅印发《关于做好全省政府投资基金运行情况季报工作的通知》。

11月2日 全省政府投资基金运行情况季报工作布置会在合肥召开。

11月3日 省政府第120次常务会审议并同意省属重点文化企业2018年免缴国有资本收益。

11月3日 省财政厅启动2016年国有资本经营预算支出重点项目绩效评价工作。

12月13日 国资预算处党员开展在职党员进社区志愿服务活动,走访慰问合肥市三孝口街道杏花社区困难群众。

12月22日 省财政厅布置2018年全省国有资本经营预算汇总编报工作。

(国有资本经营预算处 谢勇)

监督检查局工作大事记

3月16日—4月21日 省财政厅会同省扶贫办组织3个检查组,赴全省6个国家级扶贫工作重点县开展财政扶贫资金专项检查。

4月10—12日 举办财政涉企项目资金管理信息系统综合应用培训班。

5月6日 赴寿县小甸镇开展红色教育活动,瞻仰寿县革命烈士陵园,参观中共小甸集特支纪念馆、安徽第一面党旗纪念园及淮上中学补习班等。

5月23日 在省财政厅门户网站发布《安徽省财政厅2016年度会计师事务所执业质量检查公告》,《安徽日报》《新安晚报》《中安在线》等媒体进行转载,引起社会广泛关注。

6月上旬 会同省委巡视整改工作领导小组办公室开展“小金库”专项治理工作督查调研,赴蚌埠市、怀远县、淮南师范学院等6市6县3所高校进行实地督查调研。

6月9日 赴合肥市预防职务犯罪警示教育基地开展廉政警示教育活动。

6月15日—11月15日 围绕全省2016年度的清理盘活财政存量资金、预决算公开、政府债务监督管理、预算编制执行监督管理、专项资金监督管理等五个方面重点工作内容，组织开展财政监督管理专项工作。

6月20日 根据财政部安排部署，随机选取45户会计师事务所执业质量检查对象，在省财政厅门户网站发布《安徽省财政厅关于开展2017年第一批会计监督检查的通告》，并于6月26日至8月11日开展2017年度会计师事务所执业质量检查。

7月19日 在省财政厅门户网站发布《安徽省财政厅关于开展2017年第二批会计监督检查的通告》，并开展会计监督现场检查。

8月2日 制定出台《安徽省财政厅随机抽查工作细则》及相关政策解读。

9—12月 开展注册会计师“清挂名”专项整治工作。

9月12日 在省财政厅门户网站发布《安徽省财政厅关于开展2017年第三批会计监督检查的通告》，并开展会计监督现场检查。

9月19—20日 组织召开全省财政监督工作培训班，全省各市、县(区)财政监督机构负责人和业务骨干共227人参加。

10月20日—12月20日 组织开展全省预决算公开情况专项检查。派出4个检查小组，分赴全省4个市及所辖的4个县开展抽查。

10月26日 完成厅属单位主要负责人退休离任审计工作，出具审计报告。

10月27日 厅党组书记、厅长、厅内控委主任罗建国主持召开厅内控委会议，传达学习贯彻全国财政系统内控工作会议精神，研究部署下一步内控工作。

10月30日 召开支部党员大会，选举新一届支部委员会委员和支部书记。

11月9日 厅机关党委批复同意监督局党支部换届选举结果。

11月12日 按照厅机关党委统一安排，支部书记赴金寨县开展革命传统教育活动，参加厅党组中心组“不忘初心牢记使命永远奋斗”专题座谈会。

11月16日 组织支部党员赴合肥蜀山烈士陵园开展革命传统教育活动，瞻仰安徽革命烈士事迹陈列馆。

11月23日 赴巢湖市中庙街道中庙社区开展在职党员进社区活动，与中庙社区党总支围绕学习贯彻党的十九大精神、抓好基层党组织标准化建设进行交流座谈，走访慰问困难党员。

12月 依法对14户会计师事务所进行行政处理，对1户会计师事务所作出撤销的处罚，对2户会计师事务所和4名注册会计师作出暂停执业的处罚。

12月20日 参与财政部安徽专员办对债券资格资产评估机构的行政监督检查。

12月26日 赴岳西县石关乡张家村参加城乡基层党组织结对共建活动，了解当地脱贫攻坚情况，看望慰问困难群众。

(监督局)

政府采购处工作大事记

1月19日 出台《安徽省财政厅关于推广网上商城政府采购有关工作的通知》，进一步落实“放管服”改革要求，在全省范围内推广网上商城采购。

3月20日 印发《安徽省财政厅关于省级预算单位通用办公设备实行网上商城采购有关事项的通知》，自2017年起，省级原批量集中采购目录内的通用办公设备全部实行网上商城采购。

6月7日 印发《安徽省财政厅关于进一步做好政府采购信息公开工作有关事项的通知》，按照财政部要求，全力推进和规范本省政府采购信息公开工作。

7月19日 经省政府同意，出台《安徽省2018—2019年政府集中采购目录及采购限额标准》，在全省范围内实施统一的集中采购目录和限额标准，并大幅提高公开招标数额标准。

8—11月 印发《安徽省财政厅关于开展2017年全省政府采购代理机构监督检查工作的通知》，对全省采购代理机构开展监督检查。全省各级财政部门依法对存在问题的32家代理机构进行处理处罚。

10月 财政部通报全国各省市2016年政府采购信息统计工作情况，对包括安徽省财政厅在内的18个省市财政厅(局)进行通报表扬，本厅连续两年获得表彰。

12月 政府采购处获得中国政府采购报颁发的

中国政府采购奖“年度创新奖”。

12月31日　全年省本级共受理各类政府采购案件80起,下达投诉处理决定书19件、监督检查决定书4件;终止处理决定书5件;行政处罚决定书9件;其余案件均认真进行答复或转办。处理政府采购投诉行政复议4起,行政诉讼2起,均无败诉。

12月31日　全年全省政府采购规模759.73亿元,其中省本级采购规模70.52亿元。

（采购处　侯洪玮）

农村综合改革处工作大事记

1月22日　印发《综改处2017年工作要点》,从自觉加强思想作风建设、切实加强业务建设、务实加强处室自身建设等三大方面对2017年全年工作进行安排部署,明确目标任务和推进措施等。

2月13日　印发《安徽省财政厅关于2016年农村综合改革工作绩效考评情况的通报》(财农改办〔2017〕114号),对全省2016年度一事一议财政奖补、国家扶持村级集体经济发展试点、农村公共服务运行维护试点等工作开展情况进行通报,表扬先进,激励落后。

2月15日　印发《安徽省财政厅关于印发〈安徽省农村综合改革转移支付资金管理暂行办法〉的通知》(财农改办〔2017〕124号),贯彻落实《财政部关于印发〈中央财政农村综合改革转移支付资金管理办法〉的通知》(财农〔2016〕77号)文件精神,对全省农村综合改革转移支付资金的使用管理提出明确要求。

2月24日　印发《安徽省农村综合改革领导小组办公室关于做好2017年扶持村级集体经济发展试点工作的通知》(综改办〔2017〕1号),从指导思想、目标任务、试点范围、试点主要内容和组织实施等方面对庐江等20个试点县(市、区)提出工作要求,明确目标任务,指导试点方向等。

2月24日　印发《安徽省农村综合改革领导小组办公室关于做好2017年农村公共服务运行维护试点工作的通知》(综改办〔2017〕2号),从总体要求、主要内容、目标任务等方面对肥西等10个试点县(市、区)提出工作要求,明确目标任务,指导推进试点工作。

3月上旬—4月上旬　根据工作安排,结合2016年度农村综合改革工作绩效考评情况,综改处组织人员对全省2016年度工作任务完成情况、绩效考核存在问题整改情况,以及2017年工作谋划情况,深入全省16个市20多个县(区)的30多个乡镇60多个村开展督导。

4月1日　印发《安徽省农村综合改革领导小组办公室关于印发2017年农村综合改革试点工作任务清单的通知》,通过清单形式,明确2017年国家扶持村级集体经济发展试点和农村公共服务运行维护试点工作任务。

6月5日　财政部印发《财政部关于印发〈开展农村综合性改革试点试验实施方案〉的通知》(财农〔2017〕53号),将安徽省纳入6个试点省份,开展首批试点。

6月26日　印发《安徽省财政厅关于做好农村综合性改革试点试验申报工作的通知》(财农改办函〔2017〕215号),制定申报工作指南,指导天长市等8个县(市、区)积极做好试点申报工作。

7月3日　综改处组织开展农村综合性改革试点试验评审会,对天长市等8个县(市、区)试点方案进行集中评审,择优遴选天长市、宣州区2个县(市、区)代表安徽开展国家试点,并选择界首市、东至县、黄山区开展省级试点。

7月5日　印发《安徽省财政厅关于农村综合性改革试点试验工作方案的报告》(财农改办函〔2017〕231号),及时将我省试点试验方案以及两个国家级试点县(市、区)方案上报财政部审核。

7月25日　印发《安徽省农村综合改革领导小组办公室关于做好农村综合性改革试点试验工作的指导意见》(综改办〔2017〕1号),从总体要求、主要内容、推进措施、试点范围及政策、组织保障等方面对试点试验工作提出指导性意见,指导试点县(市、区)做好试点工作。

8月中旬—9月中旬　根据工作安排,综改处组织人员深入宣城、芜湖、安庆、六安、阜阳、铜陵等市的部分县(区)开展调研,就2017年度上半年工作进展情况、工作中存在的困难和问题等,广泛听取基层干部群众的意见和建议,梳理各地在实践中形成的经验做法和存在的问题,并形成措施清单、问题清单和整改清单,督查各地进一步落实好各项政策。

11月28日—12月8日　根据省委农村基层党建工作协调小组统一部署,综改处带队先后深入滁州市定远县、凤阳县,亳州市蒙城县、利辛县,铜陵市枞阳县、义安区等6个县(区)、6个乡镇、79个村,开展农村基层党建保障工程三年行动计划达标验收。

12月中下旬 综改处组织人员对全省16个市2017年农村综合改革工作情况开展绩效考评。绩效考评分成四个组,深入近30个县(区)、60多个乡镇、近100个村开展现场考评。

(综改处)

民生工程办公室工作大事记

1月9日 省委书记李锦斌主持召开省委常委会会议,研究安排我省2017年民生工程项目。会议强调,民生工程是我省保障改善民生的重要品牌,是实施共享发展行动的重要内容。要坚持以人民为中心的发展思想,充分认识抓好民生工程的极端重要性,尽力而为、量力而行,一步一个脚印,积小胜为大胜,把好事办好、实事办实。

1月23日 省财政厅召开专题会议,传达学习省委书记李锦斌在省委常委会上关于民生工程的指示精神,传达省委书记李锦斌在全省"两会"上以及省长李国英在政府工作报告上有关民生工作最新要求,部署推进2017年民生工程实施工作。

1月25日 省民生办印发《安徽省民生工程协调小组办公室关于2017年民生工程实施有关工作的通知》(民生办〔2017〕3号),对省直有关部门做好2017年民生工程实施办法制定、目标任务分解、项目计划下达等工作提出具体要求。

2月6日 省民生办制定出台《民生办2017年工作要点》,要点分10个部分共30项内容,坚持以人民为中心的发展思想,压紧压实部门和市县责任,以项目化手段、工程化措施深入实施民生工程,牵头组织实施城乡居民持续增收工程,切实在共享发展上见行动,努力在增进人民福祉上见成效。

2月16日 省财政厅出台《安徽省财政厅关于2017年民生工程资金筹措有关问题的通知》(财预〔2017〕128号)(以下简称《通知》)。《通知》明确了2017年33项民生工程的筹资标准和财政分担比例,对各级财政部门提出相关工作要求,为统筹落实资金,保障民生工程顺利实施提供依据。

2月26日 省财政厅党组书记、厅长罗建国主持召开民生工程工作专题会议,研究推进民生工程工作。罗建国强调,一要创新工作机制,二要坚持问题导向,三要加强监督管理,四要压实工作责任。

2月28日 省民生办出台《关于印发2017年第一批民生工程实施办法的通知》(民生办〔2017〕1号),包括项目实施办法、资金筹措通知和审计监督意见,印发各地贯彻执行,确保2017年民生工程开好局、起好步。

2月28日 为切实落实有关方面责任,省政府与16个市政府以及8个有直接实施任务的省直单位签订了2016年度民生工程目标责任书,要求落实主体责任,加强过程管控,重视建后管养,强化评价考核。

3月11日 省财政厅厅长罗建国做客安徽省电视台"两会新观察"栏目,解读《政府工作报告》民生话题,介绍2017年保障和改善民生方面部署和安排。

3月16日 省民生办出台《安徽省民生工程协调小组办公室关于印发2017年度第二批民生工程实施办法的通知》(民生办〔2017〕5号),印发各地贯彻执行。

3月22日 省民生办出台《安徽省民生工程协调小组办公室关于加强民生工程联络协调工作的通知》(民生办〔2017〕6号),进一步加强省直主管部门间的横向联络和工作协调,形成整体工作合力。

3月22日 省民生办出台《安徽省民生工程协调小组办公室关于加强民生工程绩效评价工作的通知》(民生办〔2017〕7号),建立健全以绩效目标为导向、以绩效评价为手段、以结果运用为保障的绩效管理体系。

3月22日 省民生办出台《安徽省民生工程协调小组办公室关于加强民生工程通报考评工作的通知》(民生办〔2017〕8号),明确通报考评内容和形式,强化结果运用,进一步推进民生工程科学化、制度化、规范化建设。

3月28日 省民生办印发《安徽省民生工程协调小组办公室关于报送2017年民生工程项目进展情况报告的通知》(民生办〔2017〕10号),要求省各有关单位自4月起,按月填报截至上月底的民生工程进展情况,并进行总结分析,于每月5日前报送。

3月28日 省民生办印发《安徽省民生工程协调小组办公室关于报送2017年民生工程项目资金拨付情况统计报表的通知》(民生办〔2017〕9号),要求市、县(区)民生办自4月份开始,于每月5日前,按月及时填报民生工程资金拨付使用情况。

3月29日 省民生办印发《安徽省财政厅关于提请省政府常务会议审议〈2017年全省民生工作要点(送审稿)〉的请示》(财民生〔2017〕350号),对2017年重点项目进行了梳理明确,进一步推动民生政策落实。

3月29日 省民生办印发《安徽省财政厅关于提请省政府常务会议审议〈安徽省人民政府关于扎实推进民生工作的意见(送审稿)〉的请示》(财民生〔2017〕351号),作为指导今后5年(2017—2021年)全省民生工作的总体部署。

3月29日 省民生办印发《安徽省财政厅关于提请省政府常务会议审议〈关于印发省民生工作领导小组成员名单的通知(送审稿)〉的请示》(财民生〔2017〕352号),进一步加强组织领导,做好保障和改善民生工作。

4月13日 省民生办出台《安徽省民生工程协调小组办公室关于加强民生工程宣传引导工作的通知》(民生办〔2017〕10号),大力宣传民生工程组织领导、资金投入、督查落实等实施工作,努力营造民生工程良好实施氛围。

4月20—21日 省民生办联合省财政干部教育中心,在合肥举办全省财政民生工程管理人员业务培训班。各市、广德县和宿松县财政局分管负责人,各市县(区)民生办主任参加培训。培训对社情民意调查、重点新增民生工程项目、民生工程绩效评价以及协调联络、通报考评、绩效评价、宣传引导四项工作机制进行认真解读。

5月10日 省政府新闻办召开《关于扎实推进民生工作的意见》新闻发布会,省财政厅党组书记、厅长罗建国出席会议并作题为"扎实推进民生工作持续增进人民福祉"的新闻发布。省财政厅副厅长朱艾勇就记者提问进行回答。罗建国强调,省财政厅将会同各级各部门,创新工作机制,完善配套政策,强化责任落实,切实抓好《意见》的贯彻落实工作。

5月26日 省财政厅副厅长朱艾勇做客省政府网站"在线访谈"栏目,就省政府《关于扎实推进民生工作的意见》的出台背景、主要亮点、有关内容等进行了详细的解读,并与广大网友在线交流。

6月29日 省民生办印发《安徽省财政厅关于提请印发成立省民生工作领导小组通知的请示》(财民生〔2017〕856号),切实做好保障和改善民生工作。

7月19日 省民生办召开全省民生工作协调推进暨民生工程通报调度专题会,省民生工作领导小组办公室副主任、省财政厅副厅长朱艾勇,省民生工作领导小组办公室副主任、省人社厅副厅长戴毅出席会议并讲话。会议要求,面对民生工作新形势新任务,各地各部门要高度重视、完善制度,创新举措、狠抓落实。一要提升工作摆位,二要把握工作重点,三要增强工作成效,四要强化工作协调。

8月16日 省民生办印发《安徽省民生工作领导小组办公室关于建立民生工作协调推进机制的通知》(民生办〔2017〕15号),高效有序推进民生工作,确保各项惠民政策落实到位。

9月22日 省民生办印发《安徽省民生工作领导小组办公室关于报送民生工作进展情况的通知》(民生办〔2017〕17号),要求省有关单位认真梳理分析前三季度工作举措、进展成效、存在问题和建议打算。

10月10—13日 省政协副主席李卫华率队赴亳州市、淮南市及谯城区、凤台县,视察民生工程实施情况,省财政厅厅长罗建国、副厅长朱艾勇分别陪同视察。李卫华要求,一要统筹实施保障重点,二要量力而行持续推进,三要完善机制狠抓落实。

10月30日 省人大常委会副主任沈素琍主持召开民生工程省人大代表建议重点督办会。省财政厅副厅长朱艾勇参加会议。沈素琍指出,要深入贯彻党的十九大精神,坚持以人民为中心;要从政治高度深刻认识代表建议办理工作、充分发挥代表作用的重要性;要从经济社会发展全局出发,认真贯彻落实中央及省委重大决策部署;要从解决问题入手提高代表建议办理工作成效,努力实现办理过程和办理结果"两个满意"。

11月1日 省人大常委会党组副书记、副主任沈素琍赴庐江县视察调研民生工程,省人大法工委主任吴斌、预算工委主任张万方参加视察,省财政厅厅长罗建国陪同视察。沈素琍强调,要深入贯彻党的十九大精神,顺应新时代人民群众期待,牢牢把握民生工程质量关,总结经验、强化责任、细化措施、加强沟通,扩大宣传,形成长效机制,不断推动民生工程科学化长效化。

11月27日 省民生办在安徽省政府门户网站、安徽省财政厅网站和"安徽民生工程"网络信息平台,面向社会公众开展2018年民生工程项目网络公开征集活动。

12月29日　省财政厅副厅长朱艾勇赴省人大就2018年民生工程项目安排情况进行专题汇报。省人大财经委纪冰主任对项目安排建议方案表示赞同并指出,在省委省政府的坚强领导和人大、政协的重视支持下,省财政厅发挥牵头抓总作用,有序有力地推进了民生工程顺利实施,民生工程品牌深入人心、温暖民心。

(民生办)

人事教育处工作大事记

1月25日　起草2016年度财政人事工作情况通报,由分管厅领导向全厅干部职工通报。

1—3月　印发《中共安徽省财政厅党组关于做好2016年领导干部报告个人有关事项工作的通知》,修订《安徽省财政厅领导干部个人有关事项报告管理暂行办法》,举办厅领导干部个人有关事项报告培训班,组织151名干部按照首次填报要求完成个人有关事项集中填报。

2月4日　印发《中共安徽省财政厅党组关于认真学习贯彻〈县以上党和国家机关党员领导干部民主生活会若干规定〉的意见》。

3月24—27日　与省委组织部联合举办市县政府领导干部财政改革与财政政策培训班,来自全省各市政府分管财政工作的负责人,各县(市、区)政府主要负责人或分管财政工作的负责人,共计122人参加培训。

4月19日　根据省社保局统一部署,完成厅机关362人次(含在职、退休和调出人员)养老保险数据的采集,办理厅机关244名在职人员的参保登记相关工作。

4月25日　印发《关于推进"两学一做"学习教育常态化制度化的实施方案》《关于在推进"两学一做"学习教育常态化制度化中开展"讲政治、重规矩、作表率"专题教育的方案》和《关于在学习贯彻习近平总书记视察安徽重要讲话精神中开展"三个一"活动的通知》。

4月　制订《安徽省财政厅2017年重要岗位干部交流轮岗计划》报省委组织部备案。全年共完成干部交流轮岗30人,其中:重要岗位干部13人,包括正处级领导职务3人、副处级领导职务8人、处级非领导职务2人,圆满完成年度重要岗位干部交流轮岗任务。

4月　根据省委组织部、省扶贫开发领导小组办公室要求,成立省财政厅帮扶阜阳市颍东区吴寨村扶贫工作队,选派3名干部驻村开展帮扶工作。

1—4月　牵头完成迎接省委综合考核工作,会同驻厅纪检组、办公室、机关党委和各处室单位,完善备查资料,形成汇报材料,周密服务安排,圆满完成迎检任务,厅领导班子获"好"等次,厅主要负责人个人获优秀等次。

4—9月　根据省公务员局统一部署,制定年度公务员招考计划,公开招录公务员10人。

5月9日　服务召开"不忘初心,做合格财政干部"青年干部座谈会。

5—9月　根据省委组织部部署,人教处扎实开展"迎接党的十九大,做合格组工干部"主题实践活动,形成了情况总结,上报省委组织部。

6月22日　印发《全厅推进"两学一做"学习教育常态化制度化宣传工作方案》《全厅推进"两学一做"学习教育常态化制度化督导工作方案》,对外报送信息56条,更换宣传展板10次,开展一次全面督导活动。

6月26—27日　举办2017年全省财政基层培训工作培训班,培训基层师资和培训管理者63人,撰写培训班信息,上报财政部和省委组织部。

7月3日　印发《关于在全厅党员干部中开展"讲政治、重规矩、作表率"专题警示教育的实施方案》,在全厅党员干部中开展警示教育。

7月19日　印发《关于实施宪法宣誓制度的办法》,全年先后2次组织28名干部进行宪法宣誓。

7月24日　印发《安徽省财政厅关于进一步加强和改进财政基层培训工作的意见》,全年举办3期乡镇财政所长培训班,培训乡镇财政所长450人,指导各市按计划开展财政基层培训,培训乡镇财政干部4335人,农村财会人员14562人。

7—12月　会同省人社厅开展全省财政系统先进集体和先进工作者评比表彰工作,全省财政系统50个先进集体和86名先进工作者受到表彰。

8月1日　服务召开"颂成就迎盛会,同心共筑财政梦"庆祝建军90周年暨国防教育座谈会。

8—12月　按照"讲重作"专题警示教育安排,服务厅领导班子召开专题民主生活会。制定了工作方案和相关材料,报送省纪委机关和省委组织部;按照省纪委专题警示教育办公室要求,形成并报送专题警示教育主要做法、特色等材料。

8—12 月 根据省人力资源和社会保障厅部署,公开招聘厅属事业单位工作人员 5 人。

9—10 月 深化“放管服”改革,梳理省级政务服务事项,编制会计中介机构审批等 5 项服务事项实施清单,组织指导各市编制市县乡政务服务事项实施清单。

9—12 月 深入开展乡镇财政队伍建设工作调研,形成调研报告,并会同农村局反复与省公务员局沟通,积极协商推动乡镇财政队伍建设举措。

11 月 2 日 印发《安徽省财政厅处室单位议事制度》《安徽省财政厅谈心谈话实施办法》《安徽省财政厅工作人员考勤实施办法》(修订稿)等 3 项制度。

11 月 2 日 印发《关于加强党内法规学习宣传的通知》,组织 275 名干部参加学法用法考试,通过率 99.64%。

11—12 月 根据省换届办要求,牵头做好财金片区第十三届全国人大代表、省人大代表候选人推荐、考察、公示、上报等工作;根据省委组织部、省委统战部要求,做好省财政厅十二届省政协委员人选推荐、考察、公示、上报等工作。

12 月 集中开展党的十九大精神培训,服务全体厅级领导干部参加省委组织部统一轮训,制定全厅 143 名处级干部轮训调学计划并及时安排参训,组织 284 名科以下干部举办为期 5 天半的专题集中培训。

12 月 根据省军转安置计划,接收安置军转干部 5 名。

12 月 31 日 厅党组坚持“好干部”标准,突出政治标准,按照省委“六选六不选”要求,精心做好干部选拔任用,全年共选拔任用处级干部 7 人。

(人教处)

机关党委工作大事记

1 月 9 日 印发《中共安徽省财政厅党组关于规范记录厅领导参加所在党支部活动的通知》,规范记录厅领导参加组织关系所在党支部活动,健全完善党支部工作档案。

1 月 16 日 印发《中共安徽省财政厅党组关于印发党组中心组 2017 年度理论学习计划的通知》(财党组〔2017〕3 号),确定 6 个专题学习研讨。

1 月 24 日 印发《关于召开 2016 年度党支部书记抓基层党建和全面从严治党述责述廉评议考核会议的通知》,召开 2016 年度党支部书记抓基层党建和全面从严治党述责述廉评议测评考核会议。

1 月 25 日 印发《2016 年机关党建工作情况通报》《中共安徽省财政厅党组关于印发 2017 年机关党建工作要点的通知》(财党组〔2017〕7 号)

1 月 25 日 召开全厅机关工作总结大会,通报 2016 年机关党建和人事教育工作情况,总结 2016 年财政厅机关工作,部署 2017 年工作。

2 月 14 日 印发《中共安徽省财政厅党组关于印发〈安徽省财政厅政策理论学习制度〉的通知》(财党组〔2017〕13 号)。

3 月 3 日 印发《关于组织帮扶责任人联系走访吴寨村贫困户的通知》,组织各处室单位负责同志于 3 月上中旬联系走访吴寨村贫困户

3 月 20 日 召开省直单位定点帮扶颍东区扶贫开发工作协调会,邀请省交通运输厅、省水利厅、省信用担保集团参加会议,帮助颍东区协调 S102 颍东区枣庄镇杨寨村至老庙镇后何庄段(改建)连线工程项目、颍东区港湾水库建设项目、阜阳市颍东区阜蒙新河治理工程、设立省农业信贷担保公司分支机构问题,省人大常委会副主任梁卫国和厅党组书记、厅长罗建国出席会议。

3 月 27 日 印发《中共安徽省财政厅党组关于进一步加强和改进机关党支部建设工作的意见》,加强和改进机关党支部建设。

3 月 27 日 召开基层党组织标准化建设动员部署会,印发厅党组《推进基层党组织标准化建设实施方案》,部署推进厅直机关基层党组织标准化建设。

4 月 1 日 印发《关于加强党支部纪检工作的通知》。

4 月 24 日 印发《中共安徽省财政厅党组关于印发〈2017 年度机关党建工作“三个清单”〉的通知》,对 2017 年机关党建工作进行细化分解。

4 月 25 日 省直机关召开庆祝“五一”国际劳动节暨表彰大会,省财政厅预算处夏波同志获“省直机关五一劳动奖章”荣誉称号。

4 月 26 日 印发《中共安徽省财政厅党组关于

进一步深化学习贯彻习近平总书记系列重要讲话精神的实施意见》(财党组〔2017〕26 号)。

4 月 28 日　省委省政府召开安徽省劳动模范先进工作者和先进集体表彰大会,省财政厅非税局王锐同志被授予“安徽省先进工作者”荣誉称号。

5 月 3 日　省直机关召开纪念五四运动 98 周年暨青年党团员调研实践活动启动培训会,省财政厅祁帅、李元元两位同志分别获 2015—2016 年度省直机关“优秀共青团员”、“青年岗位能手”荣誉称号。

5 月 6 日　组织厅领导班子成员、厅机关纪委委员、各处室单位党支部书记和纪检委员赴寿县小甸镇开展红色教育活动。

5 月 7 日　印发《发展党员工作流程》《中共安徽省财政厅直属机关委员会关于印发〈2017 年发展党员工作计划〉的通知》(财机党〔2017〕14 号),规范化管理。

5 月　厅党组理论学习中心组入选 2017—2018 年度全省党委(党组)理论学习中心组联系点,成为省直机关唯一入选单位。

6 月 1 日　印发《关于调整省财政厅精神文明建设领导小组成员的通知》(财文明〔2017〕1 号),调整厅精神文明建设领导小组成员。

6 月 9 日　中共安徽省财政厅党组关于印发〈关于建立党员活动日制度的实施方案〉的通知(财党组〔2017〕33 号)。

6 月 9 日　印发《中共安徽省财政厅直属机关委员会关于开展评选表彰先进党支部和优秀共产党员活动的通知》,表彰 10 个先进党支部和 46 名优秀共产党员。

6 月　编印《安徽省财政厅基层党组织标准化建设工作手册》。

7 月 3 日　省财政厅贾成亮、叶凡青 2 位同志分别被授予省直机关“诚实守信模范”、“孝老爱亲模范”荣誉称号。

7 月 7 日　召开庆祝建党 96 周年党课报告会,厅党组书记、厅长罗建国作专题党课报告,通报上半年机关党建工作情况。

7 月 18 日　组织召开省直单位定点帮扶颍东区工作座谈会暨二季度工作协商会,省人大常委会副主任梁卫国和厅党组书记、厅长罗建国出席会议,财政厅汇报了 2017 年上半年定点帮扶颍东区和“双包”工作情况及下半年工作计划。

7 月 31 日　印发中共安徽省财政厅党组关于印发《贯彻〈中国共产党党委(党组)理论学习中心组学习规则〉实施意见》的通知(财党组〔2017〕41 号)。

8 月 14 日　印发在“讲政治、重规矩、作表率”专题警示教育中召开专题组织生活会的通知,组织各党支部召开“讲政治、重规矩、作表率”专题警示教育专题组织生活会。

8 月 14 日　印发《完善包保机制加强定点帮扶工作任务分解表》,压实分解定点帮扶工作任务。

8 月 23 日　安徽省 2017 年度“最美家庭”颁奖庆典在合肥市稻香楼举行,省财政厅蒋春琳家庭荣获 2017 年度省直机关“最美家庭”称号。

9 月 18 日　厅党组成员、副厅长、厅直机关党委书记朱长才参加省直机关“两学一做”学习教育暨“讲重作”专题教育推进会,作基层党组织标准化建设经验介绍。

9 月 26 日　省直机关工委印发《关于表彰“走基层访一线服务五大发展行动”省直机关青年党团员调研实践活动成果的决定》(直工〔2017〕18 号),省财政厅调研实践组撰写的《落实财政扶贫政策精准助力脱贫攻坚》调研报告荣获一等奖,刘恒同志撰写的心得体会荣获优秀奖,厅双包帮扶对象阜阳市颍东区正午镇吴寨村入选“省直机关青年党团员调研实践基地”。

9 月 26 日　印发《中共安徽省财政厅党组关于印发〈关于加强和改进工青妇工作的实施意见〉的通知》(财党组〔2017〕57 号)。

9 月 26 日　印发《安徽省财政厅机关工会关于印发〈安徽省财政厅机关工会经费管理办法〉的通知》(财工〔2017〕1 号)。

9 月 29 日　《安徽日报》刊登省财政厅党组理论学习中心组学习经验文章《在“真学真懂真信真用”上下功夫》。

10 月　组织 38 个党支部进行集中换届。

10 月　编印《家庭家教家风家道家规家训》一书。

10 月　省直工委印发《〈习近平的七年知青岁月〉读书征文活动通报文件》(直工办〔2017〕228 号),省财政厅党组书记、厅长罗建国《增强看齐意识强化担当自觉不断提高为民理财能力水平》文章获荣誉奖,陈中楼同志荣获二等奖,王宇昊同志荣获三等奖,陈曦、王克法 2 位同志荣获优秀奖。

10月17日 组织召开省直单位定点帮扶颍东区三季度工作协商会，总结前三季度年定点帮扶颍东区工作情况，谋划四季度帮扶工作打算，厅党组成员、副厅长朱长才出席会议。

10月30日 厅机关召开工会、妇委会代表大会，选举产生新一届厅机关工会委员、妇委会委员。

11月7日 印发《中共安徽省财政厅党组关于印发党组中心组学习秘书职责等8项制度的通知》（财党组〔2017〕69号）。

11月8日 印发《省财政厅党员干部负面言行提醒清单》。

11月9日 印发《中共安徽省财政厅党组关于认真学习宣传贯彻党的十九大精神的实施意见》（财党组〔2017〕70号）。

11月12日 省财政厅党组书记、厅长罗建国带领厅党组中心组成员赴金寨县开展革命传统教育。

11月13—15日 开展各处室单位党支部标准化建设集中考核验收。

11月16日 召开省财政厅学习宣传贯彻党的十九大精神宣讲报告会，邀请省委党校高准成教授作题为“新时代新思想新征程”宣讲报告。

11月14日 印发《中共安徽省财政厅党组关于开展学习宣传贯彻党的十九大精神宣讲活动的通知》（财党组〔2017〕72号）。

11月15日 省财政厅在全省学习贯彻党的十九大精神推进基层党组织标准化建设座谈会上作书面经验交流。

11月16日 组织党员干部300余人赴合肥蜀山烈士陵园开展革命传统教育活动。

12月25日 组织召开省直单位定点帮扶颍东区年度工作座谈会暨四季度工作协商会，省人大常委会副主任梁卫国和厅党组书记、厅长罗建国出席会议，省财政厅汇报了2017年定点帮扶颍东区和“双包”工作情况及2018年工作计划。

（机关党委）

农业综合开发局工作大事记

2月9日 局长王建培陪同省人大王翠凤副主任在怀远县召开扶贫现场会，现场了解怀远县农业综合开发服务支持脱贫攻坚工作开展情况。

2月13—24日 根据省美丽乡村建设工作领导小组安排，局长王建培带队对皖北片区26个县（市、区）2015年度美丽乡村建设开展省级验收。

3月29日 根据《安徽省财政厅关于孔少林同志任职的通知》（财人〔2017〕359号），孔少林同志任省农业综合开发局副局长（正处级、主持工作）。

5月17日 根据国家农发办《2017年农业综合开发资金和项目重点监控工作方案》，结合实际，制定印发《关于配合做好国家农业综合开发资金和项目重点监控工作的通知》，部署各地全面做好重点监控的准备工作和服务保障工作。

6月9—14日 副局长孔少林赴泗县、临泉县督查高标准农田建设模式创新试点项目建设情况。

6月15—23日 副局长孔少林赴怀宁、义安、定远督查现代农业园区试点项目情况。

6月24—25日 副局长孔少林陪同罗建国厅长赴太湖、岳西调研农业综合开发支持集体经济发展和带动贫困农户增收情况。

7月9日 副局长孔少林陪同罗建国厅长赴阜阳市颍东区吴寨村调研财政定点帮扶工作。

8月4日 安徽省财政厅制定印发《安徽省农业综合开发资金和项目管理实施办法》。

8月28日 安徽省财政厅修订印发《安徽省农业综合开发县管理办法》。

8月30日 省农发局制定印发《安徽省农业综合开发市级管理工作综合考核办法》。

9月4—29日 根据省美丽乡村建设工作领导小组安排，孔少林局长带队对皖中片区28个县（市、区）2016年度美丽乡村建设开展省级验收。

9月18日 《国家农业综合开发办公室关于2016年度农业综合开发资金决算编报情况的通报》（国农办〔2017〕26号），安徽省荣获2016年度农业综合开发资金决算编报工作先进单位。

9月18—30日 省财政厅党组巡察组对农发局开展政治巡察。

9月22日 国家农业综合开发办公室关于2016年度农业综合开发统计工作情况的通报（国农办〔2017〕28号），安徽省荣获2016年度农业综合开发统计工作先进单位。

9月29日 根据安徽省人民政府任免通知《关于孔少林同志任职的通知》（皖政人字〔2017〕37号），孔少林同志任省农业综合开发局局长（副厅级、试用期一年）。

10月　根据省委、省政府部署,按照厅党组安排,局长孔少林带队参与小岗村调研,撰写的专题报告得到省委主要领导批示肯定。

10月24日　召开全省农业综合开发管理信息系统建设工作布置会,通报全国农业综合开发推进信息化建设工作座谈会精神,布置安徽省信息管理系统应用工作。

11月8—10日　局长孔少林陪同财政部驻皖专员办赴宁国开展农发重点监控。

11月29日—12月2日　局长孔少林带队赴歙县、义安区、贵池区、霍山县、谯城区、濉溪县,实地考察申报田园综合体试点项目情况。

12月17日　省农发局和省财政干部教育中心在合肥联合举办全省财政农发政策业务培训班。

(农发局)

非税收入征收管理局工作大事记

1月14日　省财政厅召开2016年度处室单位综合考核会议,省非税局再次荣获厅属单位"综合考核先进单位"荣誉称号。

1月23日　《关于印发2017年省非税局工作要点的通知》(非税综〔2017〕2号)。

2月4日　召开局长办公会议,研究局领导班子分工调整:张黎同志分管计划会计科和非税信息化工作,刘明刚同志分管征收稽查科、票据管理科;王冶同志分管综合管理科,协助张黎联系党务、工青妇、社团工作,负责财务复核工作,形成《省非税局会议纪要2017年第1号》。

2月21日　召开局党建工作布置会,成立省非税局"党风廉政效能建设协调工作组"(设在综合管理科),作为局党支部下设办事机构,党支部书记、主要负责人任组长,分管副局长任副组长,两名党小组长及各科分别明确一名党员为成员,全面办理局机关党风廉政效能建设具体工作,形成《省非税局会议纪要2017年第2号》。

2月24日　会同人行合肥中心支行印发《安徽省财政厅中国人民银行合肥中心支行关于表彰2016年度省级政府非税收入代理银行获奖单位和先进个人的通报》(财非税〔2017〕171号),对15家银行、57个网点及71位个人予以表彰。

3月2日　省政府法制办、省人大法工委、财经工委召开《安徽省政府非税收入管理条例(草案)》立法专家预审会,省财政厅副巡视员李友兰、省非税局副局长张黎参加会议。

3月17日　印发《安徽省财政厅关于将划分为公益类的事业单位有关收入纳入政府非税收入管理的通知》(财非税〔2017〕285号),落实事业单位体制改革,及时将国有资产出租和处置收入纳入非税收入管理,保证非税收入应收尽收,防止国有资产流失。

2月24日　印发《关于开展非税收入征管工作调研的通知》(非税征函〔2017〕4号),并赴蚌埠、池州、马鞍山、明光市实地调研。各地非税收入电子化缴库改革进展较快,非税收入预期管理运行良好,国家降费减负政策落实到位。

3月23日　印发《安徽省非税局关于将省直财政票据发放业务全部纳入省政务服务中心办理的通知》(非税据〔2017〕6号)。自2017年4月起,省直财政票据业务全部纳入窗口办理,并配备专用库房,实现"一站式"办理,方便办事群众。

4月5日　印发《安徽省财政厅关于报送2017年非税收入预算表、收缴执行情况报表及分析的通知》(财非税〔2017〕361号),加强全省非税收入收缴执行情况分析工作,强化非税收入预算约束监督。

4月7日　召开局长专题会议,研究干部轮岗问题:汪振明同志轮岗至综合管理科,负责该科全面工作;徐进超同志从厅改革办回综合管理科;张小龙同志轮岗至征收稽查科,借调厅改革办工作;局信息化建设工作由计划会计科划至综合管理科,计划会计科、征收稽查科、票据管理科分别明确一位信息化工作联络员,形成《省非税局会议纪要2017年第3号》。

4月21日　李国英省长主持召开省政府第107次常务会议,通过了《安徽省政府非税收入管理条例(草案)》,会议决定由省法制办按程序将条例提请省人大常委会议审议。省财政厅副厅长孟照红、省非税局副局长张黎参加会议。

4月25—26日　省财政厅副巡视员、省非税局局长李友兰带队赴安庆市、宿松县开展全省一季度财政重点工作调研并形成调研报告。

5月1日　编印完成《安徽省非税收入统计手册(2016年度)》。

6月1日　分别与4家省级非税收入收缴代理

银行续签《安徽省省级政府非税收入收缴委托代理协议书》。

5月19日　印发《省财政厅关于开展非税收入管理改革“回头看”的通知》(财非税〔2017〕621号),总结2012至2016年五年来全省非税收入管理改革工作经验成果。编印《安徽省非税收入管理改革“回头看”(2012—2016)研究材料汇编》一书。

5月22日　召开局长办公会议,讨论新版安徽省非税收入管理信息系统改造方案,将省政府“互联网+政务服务”中“统一支付体系”建设工作与新版安徽省非税收入管理信息系统改造结合,启动信息化建设工作,形成《省非税局会议纪要2017年第4号》。

5月25日　省十二届人大常委会第三十八次会议召开,省财政厅厅长罗建国受省人民政府委托,作关于《安徽省政府非税收入管理条例》(草案)的说明。

5月26日　省非税局副局长张黎带队参加省十二届人大常委会第三十八次会议,分组讨论条例。

5月27日　会同建设银行合肥庐阳支行党支部开展“党员活动日”活动暨非税收入工作会商,局支部班子、第一党小组全体成员参加活动。座谈基层党支部建设经验,交流学习习近平总书记视察安徽重要讲话精神心得体会,重温入党誓词,就省级非税收入代理工作进行会商。

5—11月　开展2016年度非税收入征收管理情况监督检查,对省教育厅、省高院、安徽大学、合肥师范学院、市县试点法院、省政府驻外办事处、省工商联、华东冶金地质局等10家省直部门40多个执收单位实施进点检查。重点查处非税收入缴款不及时、财政票据使用不合规、国有资产管理不精细等问题,纠正违规行为20起。

6月13日　会同交通银行安徽省分行营业部党支部开展“党员活动日”活动,局支部班子、第二党小组全体成员参加活动。座谈基层党组织标准化建设经验,学习习近平总书记在中央政治局第四十次集体学习时的重要讲话精神,交流心得体会,普及金融安全知识,就省级非税收入代理工作进行会商。

6月19日　召开局长办公会议,讨论局党支部活动经费保障安排,将党务活动经费纳入局经费列支,用于订阅党报党刊、购买学习书籍、党员活动室维护、党员活动日、送爱心送温暖活动、红色之旅等党支部活动,形成《省非税局会议纪要2017年第5号》。

6月19日　召开党支部委员会议,研究推选刘平同志参评2017年省直机关“最美家庭”;申报省财政厅2017年度“先进党支部”,推荐程晓岚和徐进超同志为“优秀共产党员”表彰对象;研究规范局党支部党小组工作职责等,形成《省非税局会议纪要2017年第6号》。

6月20日　省政府办公厅印发《安徽省网上政务服务平台总体建设方案》(皖政办秘〔2017〕162号),明确提出加快建设全省网上政务服务平台,省财政厅牵头负责“统一支付平台建设”工作,到2018年12月底前,基本建成全省统一的支付平台。

7月10日　局党支部党员和干部群众,赴淮南市寿县小甸镇安徽省第一面党旗纪念园开展主题党日活动,向革命烈士纪念碑敬献花篮并集体重温入党誓词,参观中共小甸集特支纪念馆、淮上中学补习社等,深入推进“两学一做”学习教育常态化制度化。

7月17日　召开局长办公会暨党支部专题会议,省财政厅副巡视员、省非税局局长李友兰给全局干部职工做《守纪律、讲规矩、做合格财政干部和党员》专题党课报告。

7月20—21日　省财政厅副巡视员、省非税局局长李友兰带队赴淮北市、宿州市开展全省上半年财政重点工作调研并形成调研报告,在濉溪县濉溪镇财政所为基层财政干部上党课。

7月26日　印发《安徽省非税收入征收管理局关于清理省级政府非税收入待结算资金的通知》,全年共清理确认待查资金38.9万笔,金额57.9亿元。

8月16—18日　省财政厅会同省经济信息中心赴浙江学习考察统一公共支付平台建设。

8月21—22日　省财政厅在合肥市举办2017年全省非税收入业务培训班,厅副巡视员、省非税局局长李友兰到会作学习指导并讲话,全省各市、县(区)财政非税机构负责人和业务骨干共130余人参加了培训。

8月25日　印发《关于统计全省财政非税征管机构和干部队伍情况的函》(非税综函〔2017〕10号),调研安徽省各级非税征管机构和干部队伍现状,对全省非税征管机构设置、管理体制、人员编制和联系方式等基本情况进行摸底,形成专题调研报告《关于统计全省财政非税征管机构和干部队伍情况的汇报》报厅党组。

9月5日　局长办公会议暨《安徽省政府非税收入管理条例(草案)》专题会议,按照推进全省统一公共支付平台工作要求,对《条例(草案)》进行相应修改,尽快向省人大相关部门汇报,形成《省非税局会议纪要2017年第7号》。

9月8日　局长办公会研究职工侯帅独生子女住院费报销事项,形成《省非税局会议纪要2017年第8号》。

9月27日　《安徽省财政厅安徽省人民政府政务服务中心关于建设实施全省统一公共支付平台的通知》(财办〔2017〕1285号)要求,各地各部门停止自建相关的平台系统,整合其现有的线上、线下支付渠道,统一由支付平台替代。明确支付平台具体建设实施时间节点。

9月28日　召开工会会员(代表)大会,经民主选举产生省非税收入征收管理局第一届工会委员会、经费审查委员、女职工委员和组织委员。工会主席刘云芬(女),副主席汪泉,委员赵平、刘平(女)、侯帅。印发《关于成立省非税收入征收管理局工会组织的报告》(非税综〔2017〕8号)报省财政厅直属机关工委。

9月29日　《安徽省财政厅关于成立推进"互联网+政务服务"工作领导小组的通知》(财办函〔2017〕333号)印发,下设对外协调组、平台建设组、推进落实组三个工作组。其中平台建设组由省非税局牵头、信息中心配合,主要负责全省统一公共支付平台建设工作。

9月29日　局党支部改选,推荐张黎、刘明刚、王冶、王曙光、赵平、徐进超为支部候选人,差额选举5人,上报厅直机关党委。

10月6日　会同人民银行合肥中心支行国库处,完成支付宝(中国)网络技术有限公司安徽分公司加入全省统一公共支付平台申请审核。

10月18日　局党支部换届选举,应到党员14名,实到12名,选举有效。选举张黎、刘明刚、王冶、王曙光、徐进超为省非税局党支部新一届支部委员;召开局新一届支委会,选举张黎同志任书记;讨论支委分工,刘明刚同志任组织委员,王冶同志任纪检委员,王曙光同志任宣传委员兼保密委员,徐进超同志任青年委员兼统战委员。印发《关于省非税局党支部委员会选举结果的报告》报厅直机关党委。

10月27日　厅党组书记、厅长罗建国赴省政务服务中心,调研全省统一公共支付平台建设工作。

11月1日　《安徽省公安厅安徽省财政厅关于开展机动车驾驶人考试费网上缴纳有关工作的通知》(皖公交管〔2017〕583号)印发,将我省公安互联网交通安全综合服务管理平台与公共支付平台对接,实现全省机动车驾驶人考试网上报名、约考和缴费全流程办理。

11月1日　召开局长办公会,讨论青年干部侯帅独生子住院费报销、安徽非税收入网整改、全省统一公共支付平台建设工作推进、局党支部赴利辛县阚疃镇程杨村结对共建等问题,形成《省非税局会议纪要2017年第9号》。

11月6—7日　在合肥召开全省统一公共支付平台建设工作交流推进会,16个市财政非税征管机构主要负责人和业务骨干50余人参加会议,加快全省统一公共支付平台建设进度。

11月17日　《安徽省非税收入管理条例(表决稿)》经第41次会议全体委员表决,以高票通过。会议闭幕后,省财政厅副厅长孟照红出席新闻发布会,就《条例》通过作了讲话并回答记者提问。

11月20日　省人民代表大会常务委员会第65号公告全文公布《安徽省非税收入管理条例》。《条例》是我省财政领域的第二部地方性法规,是财政法制建设的又一座重要里程碑,标志着我省非税收入管理步入法制化轨道。

11月21日　局党支部和厅信息中心党支部联合赴利辛县阚疃镇程杨村开展志愿帮扶活动。

11月22日　局党支部与安徽银联党支部赴颍东区吴寨村联合开展"下基层、接地气"党员活动日主题活动,开展党的十九大精神学习交流研讨,开展"学习十九大精神支部书记赴基层上党课"活动。向村民宣传防范金融诈骗等金融安全知识,向吴寨村小学捐赠了足球等训练器材,向驻村扶贫工作队捐赠办公设备。

11月27日　召开局长办公会暨支部委员会,讨论年内工作安排,研究基层党组织标准化建设、防腐倡廉、效能建设等工作,形成《省非税局会议纪要2017年第10号》。

11月30日　分别与6家省级非税收入收缴代理银行续签《安徽省省级政府非税收入收缴委托代理协议书》。

11月30日　安徽省非税收入电子化缴库改革基本完成,省市县三级财政部门全面实现非税收入汇缴结算户资金电子化缴库。

12月1日　按时完成全省统一公共支付平台的主体建设任务,实现与各级政务服务平台的对接,并将银联和支付宝纳入线上支付渠道。各地各部门政务服务平台只需与公共支付平台一点对接,即可全面共享各类支付渠道。

12月4日　参加由省委宣传部、省司法厅等8家单位在合肥市和平广场共同主办的《省暨合肥市2017年"12·4"国家宪法日广场宣传活动》。通过政策讲解、向市民赠送宣传手册等形式,积极宣传《安徽省非税收入管理条例》,进一步扩大非税收入在社会各界的知晓度。

12月11日　召开局长办公会暨支部委员会,讨论全省统一公共支付平台建设、组织召开全省学习贯彻《安徽省非税收入管理条例》座谈会、国办近期在皖召开全国政府网站工作会议及听取省财政厅关于统一公共支付平台建设情况汇报,研究年底前全省非税收入缴库等事项、研究基层党建、廉政、效能建设等工作,形成《省非税局会议纪要2017年第11号》。

12月14—15日　省财政厅在合肥举办全省学习贯彻《安徽省非税收入管理条例》座谈会,学习解读条例的主要内容,研究讨论贯彻实施意见,座谈交流2017年非税管理工作情况和2018年工作打算。厅综合处、各市财政综合科、非税局负责同志和业务骨干共60余人参加座谈会。

12月14日　印发《安徽省非税收入征收管理局关于对2017年度非税收入银行代收工作进行考评的通知》《安徽省非税收入征收管理局关于开展2017年度省级非税收入代理银行服务质量调查的函》,分别向各市、县(区)非税局及省直有关部门、单位征询意见,加强非税收入代收工作,提升代收银行服务质量。

12月14日　会同人民银行合肥中心支行,分别向省直各部门、单位和各非税代理银行印发《安徽省非税收入征收管理局关于2017年度省级非税收入收缴业务年终办理有关问题的通知》和《安徽省非税收入征收管理局关于2017年度省级非税收入收缴业务年终结算有关问题的通知》,做好省级非税收入2017年度关账工作。

12月28日　印发《安徽省财政厅关于2017年度非税收入收缴执行情况分析工作考评结果的通报》(财非税〔2017〕1913号)。

12月31日　2017年全省非税收入首次突破4000亿元大关。各级财政非税部门不断加强收入预期管理,坚持依法征收,严格落实清费减负政策,全省非税收入和一般公共预算非税收入分别完成4170亿元和841.8亿元,增幅22.3%和3.3%,圆满完成全年收入目标。

(非税局)

国库支付中心工作大事记

1月　安徽省级国库集中支付跨年度退回业务电子化管理上线运行,实现财政资金支付全过程电子化管理和监控。

1月10日　制发《支付中心党支部监督工作制度》,深入贯彻全面从严治党要求。

1月19日　重新修订《安徽省省级国库集中支付动态监控预警目录》,并向省直各部门、单位印发。

1月23日　会商国库处,加快双方业务融合,启动总预算会计核算整合改革,共同推进全省国库集中支付规范改革。

1月23日　制发《国库支付中心2017年工作要点》。

2月15日　副厅长孟照红走访支付中心,座谈交流并对省级国库集中支付工作提出要求。

2月16日　省委综合考核组莅临支付中心。

2月22日　制发支付中心2017年度党建工作计划,全面部署中心2017年度加强党建工作的任务和要求。

2月24日　组织召开2016年度省级国库集中支付执行情况会商会,财政厅13个业务处室单位参加会议。

3月4日　中心主任张恒景、副主任谷媛回访颍东区吴寨村结对帮扶贫困户,巩固扶贫成果。

3月7日　制发《安徽省省级财政国库集中支付银行代理业务综合考评办法》,并对8家省级代理银行开展2016年度综合考评。

3月9日　宿州、滁州和六安3市财政局国库科科长走访省财政厅国库支付中心,座谈市县国库集中支付改革发展。

3月16日　印发《关于2017年省级财政预算执行支出经济分类科目有关事项的通知》。

3月17日　对13家新增省级国库集中支付预算单位进行业务培训。

3月20日　辽宁省财政厅国库收付中心副主任孔志权一行7人来到支付中心,学习考察市级国库集中支付电子化管理建设经验。

3月20日　召开全省市级国库集中支付业务统计工作座谈会,16个市的支付中心共19名工作人员参加会议。

3月21日　向省直各部门、单位印发《关于调整省级国库集中支付直接支付范围的通知》,进一步明确预算单位主体责任,减少审核环节、优化流程、提高效率。

3月27日　经财政厅党组研究决定:李德军任中心副主任。

3月30日　召开省级国库集中支付代理银行工作座谈会,通报代理银行2016年代理业务综合考评情况,听取代理银行意见和建议。

4月10日　向全省各市县财政局印发《关于进一步加强国库集中支付制度改革的指导意见》,全面规范国库集中支付运行。

5月　《人民网——安徽频道》刊登题为《安徽省级国库集中支付实施跨年度退回业务电子化管理》的文章。

5月　分别对合肥、六安和铜陵3市的乡镇国库集中支付改革工作进行调研。全年共6次走访9个市20余个县(区),开展调研。

5月　开展省级国库集中支付问卷调查,征求预算单位意见。

5月　编印《省级国库集中支付服务指南》,并发放省级预算单位。

6月　中心荣获“第十一届安徽省文明单位”称号。

6月　中心荣获2016年度厅直机关“先进党支部”称号。

6月9日　邀请“全国优秀环卫工人”吴保文同志作事迹报告。

6—8月　安徽省全面规范国库集中支付运行受到多家媒体的关注,《中国财经报》《安徽日报》《人民网——安徽频道》《凤凰网安徽》分别刊登题为《安徽全面规范国库集中支付运行模式》《我省规范国库集中支付运行》《深化改革进行时:安徽省财政厅全面规范国库集中支付运行》《安徽省规范国库集中支付运行,完善支付方式》的文章,报道我省多措并举,完善和规范全省国库集中支付运行。

7月　完成对全省16个市、105个县(区)、1269个乡镇的国库集中支付数据统计,并形成年度报告,供全省财政系统参考。

7月4日　赴金寨县长岭乡界岭村,开展结对共建活动。

7月9日　赴寿县小甸集特支纪念馆,缅怀革命先烈,接受革命传统教育和爱国主义教育。

7月17—20日　对省级7家国库集中支付银行代理业务进行专项检查。

7月18日　与庐阳工业经济开发区永清社区党总支联合开展“我为地铁送清凉”活动。

7月26日　组织省级集中支付代理银行代理业务学习观摩会,省级8家代理银行30余人参加观摩会。

8月　《中国财经报》刊登题为《安徽畅通财政资金支付渠道》的文章,报道安徽省财政厅联合工商银行安徽省分行探索构建“强化制度保障、硬化业务标准、优化技术支撑、落实联动服务”新机制。

9月5日　成立支付中心安全管理工作小组,李德军任组长。安全工作涉及业务运转、信息保密、财产物资、人身等各类安全。

9月8日　全省国库集中支付改革情况座谈会在合肥召开,16个市的财政国库管理部门和国库集中支付机构负责人及相关业务人员参加了座谈。

9月15日　召开国库集中支付代理银行会议,协调推进我省“支出经济分类科目改革”。此项改革是财政部旨在建立新的经济分类体系,将于2018年1月1日在全国正式实施。

9月21—25日　举办省级国库集中支付业务培训,省直892家预算单位1035名财务人员参会。

9月20日　中心内部印发《安徽省省级国库集中支付动态监控内部操作规程》,进一步规范做好省级预算执行动态监控工作。

9月30日　首次向省级国库集中支付代理银行通报动态监控银行信息反馈情况。

10月1日　安徽省级财政第三方电子安全审计系统上线试运行。

10月20日　召开党员大会,举行支部换届选举，新一届支部委员会召开第一次会议，选举张恒景同志为支部书记。

10月 开展全省市级预算执行动态监控工作考核，并通报考核结果。

11月3日 制发《安徽省财政厅国库支付中心干部职工内部问责实施细则（试行）》，进一步深化中心内部岗位责任。

11月24日 制发《省财政厅国库支付中心党支部学习制度》，进一步强化党支部学习组织管理。

11月28日 厅党组书记、厅长罗建国专程参加中心党支部专题学习研讨，并就进一步加强中心党建和业务工作提出具体要求。

12月 改进省级国库集中支付执行分析的编报，进一步明晰省级支出预算执行情况。

12月7日 支付中心党支部、工会联合组织开展学习贯彻十九大精神知识竞赛活动。

12月8日 蚌埠市财政局副局长胡云一行来到支付中心学习考察。

12月8日 部署2017年底和2018年初国库集中支付有关工作。

12月11日 副厅长胡锡萍走访中心，进行座谈并提出工作要求。

12月28日 省财政厅党组研究决定：李德军同志主持支付中心工作，陈文权同志任支付中心副主任。

12月29日 制发《支付中心党支部工作规则》，全面加强支付中心党支部建设。

（支付中心 翟利超）

财政信息中心工作大事记

1月3日 信息中心党支部召开全体会议，研究讨论并推荐安徽省出席党的十九大代表。

2月15日 罗建国厅长督导走访信息中心，实地察看迎接省委综合考核准备情况。

2月22日 信息中心党支部召开全体会议，传达学习厅党组中心组学习会议精神，传达学习习近平总书记在省部级主要领导干部学习贯彻十八届六中全会精神专题研讨班上的重要讲话精神、中央省部级主要领导干部学习贯彻党的十八届六中全会精神专题研讨班精神，以及李锦斌书记、李国英省长在市、厅级领导干部学习贯彻十八届六中全会精神专题研讨班上的讲话精神。

3月1日 信息中心党支部召开全体会议，传达学习传达学习厅长办公会精神，传达学习《厅党组关于进一步加强党风廉政建设的若干规定》（财党组〔2017〕16号），并就有关事项进行研究部署。

4月12—15日 财政部信息网络中心主任彭艳祥一行4人来皖调研财政业务电子档案管理工作，厅党组成员、副厅长孟照红陪同调研。

4月22日 信息中心开展软件正版化工作培训，厅处室单位分管信息化副处长及信息联络员参加会议。

4月24—27日 信息中心党支部书记、主任达小敏，纪检委员、副主任曾志娟及青年委员田飞参加全省财政纪检工作培训班。

5月14日 副厅长孟照红参加信息中心专题组织生活会并作重要讲话。

5月25日 信息中心党支部组织党员开展党内政治生活若干准则和党内监督条例知识测试。

6月28日 信息中心党支部召开“讲政治、重规矩、作表率”警示教育专题组织生活会。

7月7日 信息中心党支部组织干部职工参加厅庆祝建党96周年党课报告会，聆听厅党组书记、厅长罗建国作专题党课报告，全体党员重温入党誓词。

7月24日 厅长罗建国主持召开厅信息化工作领导小组会议，研究贯彻落实财政身份认证与授权管理系统国产密码算法升级工作和安排安徽省政府采购网升级改造项目建设工作。

8月9日 厅长罗建国主持召开厅信息化工作领导小组会议，研究部署安徽省网上政务服务平台中全省“统一公共支付平台”建设工作。

9月26—28日 全省财政信息化工作培训班在合肥顺利举办，全省92个市县区财政信息部门115人参加培训。培训主要目的在于引导安徽省财政信息化工作人员转变思路，更新理念，提升财政信息化干部队伍的综合素质和业务技能，培训内容涵盖面广，针对性强，取得了良好的效果。

9月30日 厅党组书记、厅长罗建国走访信息中心，指导网络及信息安全工作。

10月18日 信息中心党支部组织全体干部职工集体收看十九大开幕会直播盛况，同时正式拉开学习贯彻十九大报告精神序幕。

10月27日 厅长罗建国主持召开厅信息化工

作领导小组会议,审议并原则通过了信息中心关于《安徽省财政厅网站安全管理办法(送审稿)》的汇报,并就财政厅网络安全工作作出安排部署。

11月10日　信息中心党支部组织全体干部职工参加厅学习宣传贯彻党的十九大精神大会。

11月20日　厅长罗建国主持召开厅信息化工作领导小组会议,研究推进落实政务信息系统整合共享工作方案和财政信息化项目建设工作。

12月20日　信息中心党支部召开会议,围绕学习弘扬"红船精神"、学习《习近平谈治国理政》第二卷、开展纠正"四风"不止步,作风建设永远在路上等主题,开展学习研讨。支部书记开展"微党课、微宣讲、微解读"活动。

12月27日　财政厅副厅长胡锡萍走访信息中心并召开座谈会,就做好财政信息化工作提出具体要求。

(信息中心)

政府采购监督管理办公室工作大事记

1月　副厅长朱艾勇对采购监管办起草的《安徽省财政厅关于进一步做好省级政府采购有关工作的通知》做出重要批示,提出2017年省级政府采购监管工作的指导思想是"简化程序、优化服务、提高效率、提升质量"。

1月　按照省级政府采购监管服务有关要求,省级政府采购监管服务平台研发预警监测和绩效考核功能,强化采购计划的管理,加大对采购预算执行的监控,提高预算执行进度。

1月　采购监管办坚持以提高政府采购质量和效率为中心,以加快政府采购预算执行进度为突破口,推进和落实省级政府采购改革工作任务,召开专题任务布置会,布置开展"推进预算执行进度年"和"精准服务年"活动。

1月　按照厅领导要求,分别征求厅内支出处室和部分预算单位开展政府采购工作意见建议,建立问题清单。9日召开专题会议,传达学习厅长罗建国对加强和改进政府采购监管提出的指示要求,重点围绕加快采购资金支出进度、加强政府采购精细化管理、提供精准服务等方面,全面分析梳理采购监管和省级政府采购预算执行存在问题。

2月　会同采购处印发《关于进一步做好省级政府采购有关工作的通知》(财购〔2017〕193号),提出11条新政策新措施,着力进一步加强和改进省级政府采购管理,加快省级政府采购预算执行。

2月　为进一步提高政府采购效率,提升采购质量,提高政府采购透明度,会同采购处印发《关于省级预算单位通用办公设备实行网上商城采购有关事项的通知》(财购〔2017〕290号),明确从2017年3月1日起,省级原批量集中采购目录内的通用办公设备实行网上商城采购。

3月　副厅长朱艾勇率采购处、采购监管办主要负责人赴安徽合肥公共资源交易中心进行工作调研。

3月　组织30余家省直预算单位进行网上商城业务培训,分别对内、外网系统进行演示,发放网上商城业务操作手册。

4月　《中国政府采购报》对安徽财政厅贯彻落实"放管服"改革,大力推进网上商城采购,助推省级政府采购提速增效进行专题报道。

5月　厅党组书记、厅长罗建国在采购监管办报送的《内部通报》作出重要批示。

6月　会同采购处印发《关于建立健全省级政府采购预算执行内部管理机制》,共提出五个机制。《中国政府采购报》以"安徽五机制确保政采预算执行'刚性'"进行报道。

6月　经省财政厅党组研究决定,采购监管办主任助理宋杰同志退休。

6月　根据2017年度财政业务培训计划安排,采购监管办和财政干部教育中心在合肥联合举办省级政府采购业务培训班。

7月　厅党组书记、厅长罗建国在采购监管办报送的《关于对2017年上半年省级政府采购预算执行情况进行通报的请示》作出重要批示:请厅领导阅,上半年采购监管办、采购处会同相关处室,积极作为,成效明显。希望进一步加大力度,细化举措,压实责任,取得更好成绩。

7月　厅长罗建国专门组织召开政府采购预算执行情况汇报会,要求各处室单位要从全面提升财政综合管理水平的高度,认真研判政府采购预算执行工作面临的突出问题,采取切实可行的办法和措施,不断推动政府采购工作。一要高度重视。二要健全机制。三要压实责任。

7月　采购监管办党支部被省财政厅党组表彰为“先进党支部”。

8月　采购监管办开展常态化采购项目履约保证金清理工作。

9月　采购监管办组织学习财政部87号令《政府采购货物和服务招标投标管理办法》。财政部87号令是贯彻党中央国务院有关决策部署、适应政府采购制度改革与发展需要、落实政府采购法实施条例有关规定而对原第18号令的适时完善和修改，将于2017年10月1日起正式施行。

10月　为促进安徽合肥公共资源交易中心工作，提高政府采购质量与效率，规范政府采购行为，根据《安徽省财政厅关于委托公共资源交易中心办理省本级政府集中采购业务的通知》（财购〔2014〕1686号）的要求，采购监管办集中10天时间对安徽合肥公共资源交易中心2016年度政府采购工作进行考核。

11月　采购监管办按照《财政部关于进一步做好政府采购信息公开工作有关事项的通知》要求，对政府采购信息公开情况进行了专项检查，并对查出的问题进行了认真整改，在财政部组织的第三方评价考核中，荣获第6名的好成绩。

11月　经省财政厅党组研究决定，张燕等4名同志晋升为主任科员，吴大文等2名同志晋升为副主任科员。

12月　采购监管办分别召开部分省直预算单位座谈会、支出处室座谈会、网上商城座谈会、合肥交易中心座谈会，对2017年工作进行总结并为谋划2018年工作听取意见建议。

12月　截至12月31日，省级政府采购预算指标104.73亿元（其中当年预算指标57.46亿元，上年结转预算指标47.27亿元），已申报采购计划102.50亿元，计划申报率97.9%；完成资金支付64.38亿元（其中当年预算支出30.43亿元，上年结转资金支出33.95亿元），资金支付金额较去年增加16亿元；采购预算支付进度61.5%，资金支付进度较去年增长13个百分点。2017年共下达6212个任务书，总金额为92.80亿元；下达网上商城3222个任务书，总金额为1.12亿元，签订合同3395个，合同金额1.016亿元。其中，安徽合肥公共资源交易中心受理采购项目2137个，预算45.36亿元，完成项目2056个（含2016年结转250个），预算金额45.30亿元，合同金额42.04亿元，节约资金3.26亿元，资金节约率为7%。

（采管办　李道兵）

财政科学研究所工作大事记

2月22日　省财政厅印发《安徽财政年鉴（2017卷）编纂工作方案》，启动2017卷财政年鉴编纂工作。

3月10日　《安徽财政调研工作手册（2016）》编印成册，共集结2016年26项财政重点调研课题成果。

3月22日　启动《促进金融与科技融合发展的财政政策研究》等四项所内重点课题研究。

4月21日　参加中国财政学会2017年年会暨第21次全国财政理论研讨会。

4月22日　参加由中国财政科学研究院和财政部政策研究室共同召开的2017年全国财政科研座谈会。

4月24日　陪同《中国财政》杂志社副社长方向阳一行到岳西县进行专访。

5月2日　配合中国财政科学研究院开展2017年“降成本”在线问卷调查工作。

5月27日　厅长罗建国主持召开厅长办公会议，议定将省珠算协会挂靠省财政科学研究所。

8月28日　科研所被财政部中国财政杂志社评为2017年度“三刊两鉴”宣传工作先进单位。

9月6日　安徽财经大学财政与公共管理学院院长储德银、副院长崔志坤一行四人来科研所座谈交流。

9月　科研所被中国财经报社评为2017年度新闻宣传工作先进单位。

9月31日　《安徽财政年鉴（2017）》正式出版。

11月10日　按照省委“大学习、大宣讲、大培训、大调研、大落实”的既定部署，省财政厅下发文件，布置2017年财政重点调研课题任务26项。

（科研所）

注册会计师管理处（注册会计师协会）工作大事记

3月10日　安徽省注协、评协召开第六届常务理事会第二十三次(扩大)会议。省行业党委委员、各市行业党组织负责人、秘书处全体人员列席会议。

4月7日　厅长罗建国在注册会计师管理处呈报的《我省在2016年度全国注会行业党委综合考评中位列第二》报告上作出重要批示:对取得的成绩应予表扬,也十分感谢中注协的指导支持。希望再接再厉,总结提升,坚持问题导向,将行业党建工作向纵深推进。

4月11日　印发《安徽省注册会计师行业"质量提升年"主题活动实施方案》。

5月12日　财政厅党组书记、厅长罗建国主持召开厅党组扩大会议。会议传达学习财政部党组听取中国注册会计师行业党建工作汇报会议精神和部党组书记、部长肖捷对做好注册会计师行业党建工作的重要指示,以及全省社会组织党建工作会议精神,听取省注册会计师行业党委关于行业党建工作的汇报。

5月17日　印发《关于兑现2016年度加快行业发展奖励政策的通报》,对符合条件的13家执业机构和10名人员予以奖励。

6月　完成2017年资产评估行业执业质量自律现场检查。

7月　扎实践行党课进基层活动。2名班子成员在"七一"期间赴亚太安徽分所、天职国际安徽分所讲党课。

7月31日—8月1日　举办全省会计师事务所、资产评估机构办公室主任能力提升培训班。

8月22—24日　举办2017年度执业机构负责人新审计报告准则专题培训班暨事务所文化建设论坛。

8月31日　举办2017年全省资产评估行业执业质量自律检查案例专题培训班。

10月14—15日　2017年度注册会计师专业阶段考试举行。共有37056人报名,计95428科次;全省共设16个考区,41个考点,466个考场。

11月13日　公布2017年全省会计师事务所财务报表审计业务质量竞赛评比活动结果。评选出一等奖4名、二等奖8名、三等奖12名、鼓励奖17名。

12月20—22日　举办2017年会计师事务所执业质量检查案例暨风险警示教育专题培训班。

(注协　王克法)

行政事业单位资产管理中心工作大事记

1月25日　财政厅召开年终总结大会,资产中心作为"综合考核先进单位"受到表彰。

3月8日　全省公共机构节能工作会议召开,省财政厅作为"节能工作先进单位"受到表彰,中心周正伦同志荣获"节能工作先进个人"称号。

3月14日　厅党组成员、副厅长朱艾勇率资产中心负责人赴省出版集团会商财政厅印刷厂划转改革相关工作。

3月23日　省委、省政府通报2016年度全省综治工作目标管理考评结果,省财政厅再次荣获"优秀单位"称号。

3月31日　资产中心主任王定友、副主任周涛一行赴省产权交易中心会商省直行政事业单位资产出租项目纳入平台统一管理相关事项。

6月1日　中心一行分别到省产权交易中心、合肥市公共资源交易中心,会商省直单位资产处置项目在合肥公共资源交易平台进场交易相关事项。

7月7日　省财政厅召开庆祝中国共产党成立96周年大会,中心作为"先进党支部"受到表彰。

8月3日　资产中心和采购监管办联合召开庆祝建军90周年座谈暨党建工作交流会,厅党组成员、副厅长朱艾勇到会全程指导。

9月11日　资产中心召开全体会议,厅党组成员、副厅长朱艾勇出席会议并宣布厅党组决定:张顺建同志任资产中心副主任。

9月30日　厅党组书记、厅长罗建国率厅领导班子视察办公区安全管理工作,看望慰问物业管理工作人员。

10月17日　资产中心党支部召开全体会议,选举产生新一届党支部委员会。

11月8日　厅办公楼空调主机系统改造项目主体工程顺利完工。

12月26日　资产中心召开厅机关食堂会联席会,会商食堂改进相关事项,黄山大厦金色王朝有限公司和厅机关食堂相关部门负责人参加会议。

(资产中心)

市县财政部门工作大事记

合肥市财政工作大事记

1月5日　市财政局圆满完成内部控制体系与质量管理体系融合后首次内部审核工作。

1月6日　全市财政部门高清视频会议系统正式启用。

1月9日　市财政局获全国财政"六五"法治宣传教育先进集体称号。

1月10日　合肥市第十五届人民代表大会第六次会议召开,审议市财政局《关于合肥市2016年预算执行情况和2017年预算草案的报告》。

1月17日　市财政局召开全市企业财务会计决算报表暨企业经济效益月度快报布置会。

1月20日　完成对6家涉及公务卡业务的代理银行的考核,徽商银行、招商银行、中国银行分列前三名。

2月1日　合肥市2017年度政府预算,通过市政府信息公开网和市财政局外网对外公开。

2月6—8日　市财政局顺利开展2017年全市财政干部春训活动,市财政局全体人员、各县(市)区财政局负责同志共200多人参加培训。

2月10日　合肥市2017年度市级部门专项资金管理清单在市政府信息公开网对外公开。

2月14日　市财政局完成全市事业单位公务用车制度改革数据统计摸底工作。

2月　建立政府采购"2521"限时办理机制,在10个工作日内完成项目申报到发布采购公告的过程环节。确定采购需求2天、编制采购文件5天,确认采购文件2天、发布招采购公告1天。平均每个项目完成时间较上年提前32天。

2月23日　合肥市政府采购信息统计编报工作表现突出,获省厅通报表扬。

2月28日　市财政局顺利完成原地级巢湖市区划调整资金的清理工作。

3月2日　市财政局召开全市财政支持脱贫攻坚工作座谈会,总结2016年财政支持脱贫攻坚经验与不足,部署2017年工作。

3月10日　市财政局制定出台《进一步加强财政存量资金管理的通知》(合财预〔2017〕188号),进一步规范财政存量资金管理。

3月15日　市财政局机关党委荣获2017年度市直机关优秀党组织。

3月15日　市财政局14个基层党组织标准化建设顺利通过验收。

3月20日　根据省民生办《关于加强民生工程通报考评工作的通知》(民生办〔2017〕8号),合肥市民生办蝉联全省民生工程绩效奖补第一名。

3月23日　报请市政府批准印发《合肥市政府性债务风险应急处置预案》(合政办秘〔2017〕30号),建立健全合肥市政府性债务风险应急处置机制。

3月23日　合肥市人民政府出台《关于2017年实施“31+9”民生工程的通知》(合政〔2017〕1号)文件。

3月24日　完成市直297家预算单位的财务集中管理平台培训上线工作,实现市直预算单位财务集中管理平台全覆盖。

3月27日　印发《市财政局关于行政事业单位内部控制报告编报工作实施方案的通知》,在全市范围内开展行政事业单位内部控制报告编报工作,全市共有1467家单位按时编报单位内控报告。

3月27日　2016年度合肥市“三公”经费支出情况专项检查工作正式开始。

3月28日　合肥市注册会计师行业党委蝉联“市直机关优秀党组织”荣誉称号。

3月29日　12类通用办公设备集中采购工作全部完成,比上年提前1个月。批量集中采购预算金额2965万元,中标金额2039万元,节约政府采购资金达31%。

3月31日　市财政局制定出台《关于进一步加强财政预算执行分析工作的通知》(合财预〔2017〕321号),进一步提升合肥市预算执行分析水平。

4月1日　出台《2017年合肥市财政扶贫资金重点督查实施方案》(合财监〔2017〕313号),创新扶贫资金督查方式,强化扶贫资金日常监管。

4月6日　省财政厅代合肥市发行2017年第一批定向承销置换债券39.9亿元,全部用于置换合肥市存量政府债务,有效降低存量债务利息成本。

4月15日　市财政局举办2017年合肥市县(市)区财政局长培训班,市委常委、常务副市长韩冰出席开班仪式并作动员讲话,13个县(市)区财政局领导班子成员及市局各部门主要负责人近百人参加培训。

4月16日　住房和城乡建设部、财政部组成的考核组,对合肥市地下综合管廊城市试点工作进行年度绩效考核,合肥市管廊项目PPP模式、消防安全验收标准、管线在线监测系统建设等方面受到考核组充分肯定。

4月25日　合肥市人民政府出台《合肥市人民政府办公厅关于印发职工生育保险和职工基本医疗保险合并实施试点方案的通知》(合政办〔2017〕23号)文件。

4月26日　财政部政策研究室到合肥市开展财税体制改革专题调研,省财政厅副厅长朱艾勇及预算处陪同,市委副书记、市长凌云会见调研组一行。

4月26日　市财政局牵头实施的合肥市2017年度“1+3+5”产业政策修订工作在市政府第85次常务会议中获批通过。

4月27日　国务院办公厅公开发布《关于对2016年落实有关重大政策措施真抓实干成效明显地方予以表扬激励的通报》,经省推荐,由财政部组织实施,合肥市荣获国务院2016年真抓实干成效明显——财政管理工作先进典型市,同时获得上级奖励资金5000万元。

5月3日　市财政局召开全市财政系统干部教育培训工作会议,研讨2017年全市财政系统干部教育培训工作。

5月5日　重庆市财政局到合肥市开展预算管理改革专题调研,省财政厅副厅长朱艾勇及预算处陪同。

5月12日　市财政局召开推进“两学一做”学习教育常态化制度化暨“讲重作”专题教育动员会,启动推进“两学一做”学习教育常态化制度化及“讲重作”专题教育工作。

5月13日　2017年度合肥市会计专业技术初级资格考试在9个考点学校,110个考场中举行,实际参考人数19008人,出考率:60.2%。

5月15日　市财政局获2016年合肥市社会信用体系建设工作考核优秀单位称号。

5月24日　财政部驻安徽省财政检查专员来肥开展“双创”绩效评价,对合肥市开展“双创”示范城市以来的工作充分肯定,对合肥市营造“众创空间”等良好创业氛围给予高度认可。

6月1日　启动合肥市2016年权责发生制政府综合财务报告试编工作,同时开展政府部门财务报告试编干工作。

6月12日　2017年市级政府公物仓第一批废旧资产成功处置。

6月15日　财政部副部长刘伟一行莅临合肥市考察调研粮食收购储备等工作。

6月20日　合肥市第十五届人民代表大会常务委员会第三十四次会议召开,审议市财政局《关于合肥市2016年市级财政决算的报告》。

6月20日　2017年全市71.24亿元新增债务限

额及市级18.91亿元新增债券分配方案报请市十五届人大常委会第34次会议批准;合肥市注册会计师行业党委蝉联"全省先进注册会计师行业党组织"荣誉称号。

6月24日 市财政局选举产生新一届中共市财政局机关委员会。

6月27日 市财政局获全省2016年度惠农补贴资金管理和发放工作绩效考评一等奖。

6月30日 第十二届全国政府采购大会在无锡市召开,市财政局制定出台的《关于加强政府采购项目管理加快执行进度的通知》,经评定,在政府采购监督管理方面具有突破性和示范性,被评为2017年度"全国政府采购创新制度"。

7月5日 市本级支出政策库管理系统上线。

7月7日 合肥市2016年度市级政府决算通过市政府信息公开网和市财政局外网对外公开。

7月10日 合肥市召开2018年市本级预算编制工作布置会,市直一级预算单位、各驻肥单位的分管负责人和财务负责人参加会议。

7月10日 市财政局牵头开展2016年市直部门决算批复工作;召开"讲政治、重规矩、作表率"专题警示教育动员会议,启动"讲重作"专题警示教育工作。

7月11日 省财政厅代合肥市发行2017年第一批新增公开发行政府债券60.7亿元,有力保障合肥市基础设施和重大公益性项目建设需要。

7月17—21日 市财政局顺利完成上半年质量管理体系审核工作,内审组深入细致地检查各部门质量管理体系运行中需要进一步改进与完善的问题。

7月18日 《政府采购货物和服务招标投标管理办法》(财政部令87号)发布,从2017年10月1日起实施。放管服结合,进一步强化采购人的主体责任,提升规范化,推进采购文本标准化。据此,合肥市政府采购货物服务采购文件范本新版出台。

7月21日 市政协主席杨思松调研财政暨"双创"工作,并召开财政工作座谈会。市政协秘书长袁文长陪同调研并主持座谈会。

7月21—22日 省财政厅副厅长朱艾勇一行来肥调研财政系统重点工作完成情况。

7月25日 报请市委、市政府成立由市政府主要负责同志任组长的市政府性债务管理领导小组(政府性债务风险事件应急领导小组),负责领导全市政府性债务管理和政府性债务风险事件应急处置工作。

7月26日 市财政局牵头开展2016年市直部门决算公开工作。

7月27日 市财政局开通财政一体化平台"三公"经费支出计划动态监控系统。

8月1日 合肥市政务区城市管理等社会事务全面移交蜀山区,市财政核定城市管理等社会事务下划支出基数。

8月4日 印发《合肥市环境保护税开征准备工作方案》,全面推开合肥市环保税开征准备工作。

8月10日 修订完善《合肥市政府性债务管理暂行办法》并报请市政府批准印发,进一步严格界定政府债务举借主体,明确或有债务偿还责任,完善债务风险防控机制,坚决禁止不规范举债融资行为。

8月16日 出台《关于进一步加强财政扶贫领域监督执纪问责工作的贯彻落实意见》(合财组〔2017〕25号),进一步加强合肥市财政扶贫领域监督执纪问责工作。

8月18日 市财政局召开县区财政国库支付电子化管理改革启动工作会议,合肥市县区国库支付电子化管理改革工作正式拉开帷幕。

8月22日 向社会公布《市财政局公共服务清单和行政权力中介服务清单》。

8月25日 制定《合肥市市级财政科技项目和资金管理办法》。

8月25日 市财政局顺利通过ISO9001质量管理体系外部监督审核。

8月30日 合肥市第十五届人民代表大会常务委员会第三十五次会议召开,审议市财政局《关于合肥市2017年上半年财政预算执行情况的报告》。

8月31日 完成财政支持2016年度71个美丽村镇省级验收工作,合肥市美丽乡村建设考核验收位居全省前列。

8月31日 完成合肥市政策性农业保险招标工作。

9月 市财政局落实"放管服"改革要求,对2018年市级政府集中采购目录进行了调整,工程类集采标准由20万元提高至30万元,并进一步推广"网上商城"应用范围,在深化财政管理方式改革上提速增效;实现资产管理信息系统与财务集中管理平台数据对接;开展地方政府性债务投资项目资产清查登记。

9月5日 省财政厅代合肥市发行2017年第二批公开发行政府专项债券18亿元,全部用于置换合肥市存量专项债务,有效降低存量债务利息成本。

9月9日 2017年全国会计专业技术中级资格(合肥考区)无纸化考试在合肥市12个考点学校,167个考场举行,财务管理出考人数5689人,出考率35.4%,经济法出考人数6586人,出考率37.2%,中级会计实务出考人数7202,出考率38.3%。

9月13日 出台《关于做好2017年市本级机关事业单位养老保险相关工作的通知文件》(合财社〔2017〕1062号),正式启动机关事业单位养老保险费征缴和养老金社会化发放工作。

9月15日 合肥市召开县区国库管理改革座谈会,部署县乡国库集中支付制度改革及国库管理工作。

9月20日 市财政局在全省财政监督工作培训会上作典型发言,内部控制工作经验做法在全省推广。

9月21日 制定《合肥市支持协同创新平台发展专项资金管理办法》。

9月28日 市政府召开2018年合肥市扶持产业发展"1+3+5"政策修订工作会议,市财政局通报2017年产业政策执行情况及2018年政策修订工作计划。

9月29日 市财政局完成本部门政务服务清单目录及实施清单编报工作,扎实推进"互联网+政务服务"。

10月10日 出台《关于建立会计人员信用承诺制度的通知》文件,先期在市直行政事业单位建立会计人员信用承诺制度,开展会计人员签署《信用承诺书》工作。

10月24日 市财政局召开全市行政政法工作座谈会,传达全省行政政法工作座谈会精神,部署全市行政政法工作。

10月24日 省财政厅代合肥市发行2017年第三批公开发行政府一般债券16亿元,全部用于置换合肥市存量一般债务,有效降低存量债务利息成本。

10月25日 完成产业政策项目管理系统上线工作。

10月26日 完成机关退休人员养老金移交社保发放工作,市直103个机关单位5100名退休人员基本养老金移交社保发放。

10月27日 市财政局选举产生第五届共青团市财政局委员会。

10月27日 按程序向市人大常委会报告2017年市本级政府性基金预算调整方案。

11月 提请市政府印发《合肥市市级事业单位对外投资管理试行办法(修订)》;市财政局蝉联"全国文明单位"荣誉称号。

11月1日 《建立合肥对下均衡性转移支付制度的若干思考》调研报告荣获市委、市政府优秀调研成果二等奖。

11月6日 以市政府办公厅名义出台《关于进一步完善市区(开发区)财政体制的通知》(合政秘〔2017〕106号)。

11月16日 2017年预采购办法全面实施。从2016年11月16日第一个预采购项目"合肥市市属高中学校智慧课堂(二期)"发送招标,至2017年1月19日预采购申报结束,共174个项目,金额3.36亿元,实行预采购,提前开展采购时间两个月,对政府采购预算执行贡献率达24%。

11月17日 市财政局荣获省财政厅2016—2017年度预算执行动态监控考核优秀奖。

11月20日 全面完成县区国库支付电子化第一期试点工作任务,13个县区全部实现国库支付电子化。

11月22日 省财政厅代合肥市发行2017年第四批新增政府土地储备专项债券,为合肥市争取6.6亿元土地储备项目专项建设资金。

11月26日 市财政局开展帮扶身边好人活动,慰问帮扶蜀山区道德模范田,圆梦好人微心愿。

11月27日 及时在市财政局门户网站、微信公众号、行政服务窗口设置易拉宝展架和宣传彩页等多种形式宣传解读新《会计法》修改的内容。

12月1—12日 市财政局开展2017年度一事一议财政奖补和农村综合改革试点工作绩效考评。

12月2日 市政府召开第103次常务会,会议听取市财政局关于2018年市本级预算编制情况汇报、关于市本级2018—2020年三年滚动财政规划编制情况汇报。

12月3日 市委召开第37次常委会,会议听取市财政局关于2018年市本级预算编制情况汇报。

12月7日　市财政局获得省农发局项目统计和资金决算编报的通报表扬。

12月8日，市财政局获得2016年度全省财政金融业务报表先进单位表彰。

12月10日　合肥市政府召开2018年度产业政策修订工作第2次会议，市财政局汇报2018年产业政策资金盘子和预算资金安排情况。

12月11日　市财政局荣获2016年度全省工会财务会计工作先进集体。

12月21日　全市财政部门高清视频会议系统、市本级支出政策库管理系统、市直预算单位财务集中管理平台及财政项目管理综合服务平台等三个信息化项目通过专家验收。

12月22日　安徽省广播电视台来市财政局采访，深入了解市财政推进“三重一创”建设情况。

12月28日　圆满完成人大预算联网监督合肥试点阶段性任务，实现平台一体化端口开放和FTP数据传输。

12月31日　全市财政收入完成1251.15亿元，同比增长12.3%。

12月31日　安徽合肥公共资源交易徽采商城的访问量突破2300万次，累计完成交易订单54000笔，交易总金额60509万元。

（合肥市财政局）

淮北市财政工作大事记

1月6日　市财政局组织机关副主任科员以上干部及区财政局领导班子成员和乡镇财政所所长收听收看全省财政工作视频会议，并具体布置2017年财政工作。

1月8日　市财政局赴省参加省政府教育督导委员会办公室召开的关于全国义务教育发展基本均衡县国家督导检查反馈会，会上宣布淮北市濉溪县通过了全国义务教育发展基本均衡县国家督查组初步验收。

1月　淮北市获省财政厅2015年度企业财务会计决算和2016年度企业快报工作先进单位通报表彰。

1月17日　市民生办召开各县区财政局分管局长及民生办主任参加的“诸葛亮会”。会议总结2016年民生工作，提出2017年民生工作思路。

2月8日　市财政局（国资局）召开2017年全市财政工作暨反腐倡廉工作会议。市财政局（国资局）机关全体人员、县区财政局班子成员、各乡镇财政所所长参加会议。

2月　市财政局荣获淮北市2016年度招商引资工作先进单位。

2月　市财政局荣获淮北市2016年度全市信访工作责任目标管理优秀单位。

3月　组织2016年度全市行政事业单位资产报表编报工作。

3月29日　市委副书记、市长戴启远主持召开全市民生工作会议，层层签订目标责任书。

3月31日　淮北市荣获全省民生工程绩效奖补，为全省六市之一。

4月　修改完善《淮北市学前教育资助实施办法》，学前教育资助标准由每生每年800元提高至每生每年1000元，其中建档立卡家庭儿童资助标准为每生每年1500元。另对资助对象适度调整。

4月　全市实施一事一议财政奖补项目204个，总投资5353.1万元，实施行政村170个，村民小组2708个，项目筹资人口85万人，受益人口91.5万人。

4月8日　在全市推行民生工程“五个一”工作法。

4月　印制《淮北市行政事业单位国有资产管理制度汇编》。

5月13—16日　举办全国会计专业技术初级资格考试，2597人报考。

5月20日　在淮北市两宫广场启动民生工程政策宣传月活动，市财政局局长徐涛参加。

6月14日　省财政厅印发《安徽省财政厅关于2016年度全省惠农补贴资金管理发放工作绩效评价结果的通报》（财农村〔2017〕761号），淮北市财政局获一等奖。

6月29日　省财政厅印发《安徽省财政厅关于2016年度全省乡镇财政资金监管工作绩效评价结果的通报》（财农村〔2017〕852号），淮北市财政局获优秀组织单位。

7月　下发市直机关涉改车辆正式处置批复，批复处置车辆共计603辆，包括拍卖报废处置车辆513辆和平台保留调拨处置车辆90辆。

7月25日　市委副书记、市长戴启远主持召开全市民生工作调度会议。

8月4日 省财政厅资产处相关负责人调研淮北市行政事业国有资产管理工作。

9月9—10日 举办全国会计专业技术中级资格考试,报考人数为2739人次。

9月 开展全市地方政府性债务投资项目资产清查登记工作。

9月14—15日 举办全国注册会计师全国统一考试,报考人数为2078人次。

9月30日 结合开放式党课开展民生工程宣传活动。

10月19日 淮北市财政局通过公开招标,选定国元保险淮北中心支公司、中国人民财产保险股份有限公司淮北市分公司、中国人寿财产保险股份有限公司淮北市中心支公司三家保险经办机构,承办全市2018—2020年政策性农业保险。

10月24日 淮北市再获安徽省2016年度社会保险基金预决算绩效评价一等奖。

10月25日 市财政局对承办2018—2020年政策性农业保险的经办机构公开招标,签订招标采购合同和补充协议,淮北市政策性农业保险经办机构招标工作顺利完成。

10月26日 市财政局(国资局)组织全体党员干部集中收看、学习党员教育片《红色故事汇》之安徽篇。

10月26日 市财政局(国资局)面向全体干部职工开展消防安全教育宣传活动。

11月 淮北市财政库款综合考核获全省第一。

11月10日 市财政局(国资局)召开全市财政系统廉政警示教育工作会议。局机关科室主要负责人、县(区)财政部门主要领导、各乡镇财政所长参加会议。会后,与会人员集体前往市反腐倡廉警示教育中心接受警示教育并重温入党誓词。

11月17日 淮北市财政局(国资局)邀请淮北职业技术学院医学系、淮北市红十字会资深应急救护专家孙维清教授开展应急救护知识培训。

12月1日 省农发局局长孔少林率省专家组一行对淮北市濉溪县申报的2018年田园综合体建设试点项目进行实地考察。市委常委、县委书记李加玉,副市长王莉莉及市财政局相关负责人等陪同考察。

12月4日 市财政局围绕“学习贯彻党的十九大精神,维护宪法权威”的主题,参加国家宪法日暨“12.4”国家宪法日暨法治文艺演出宣传活动。

12月11日 市财政局(国资局)举办2017年法制讲座,邀请局法律顾问,亚星律师事务所高级律师翟培敏主讲。

12月12日 市财政局制定《淮北市政策性农业保险经办机构考核评价办法》,在全省率先建立对保险经办机构的考核评价机制。

12月15日 为深入开展普法宣传教育,强化财政普法工作职责,有效提升社会认知度和群众参与度,增强公众的法治意识。结合全国第四个宪法日,按照“谁执法谁普法”责任制要求,市财政局组织律师及志愿者走进民生社区。

12月18日 淮北市召开市财税库银联席会议。市国税局、市地税局、人民银行淮北中支相关分管领导参加了会议。会上通报全市1—11月份财政收入执行情况,研判全年收入预期,分析2018年财政收入形势。

(淮北市财政局)

亳州市财政工作大事记

1月9日 受市政府委托,市财政局局长张传宾向市四届人大第一次会议作《关于亳州市2016年预算执行情况和2017年预算草案的报告》,会议批准了市本级预算。

1月9—11日 全市农业综合开发政策培训会议召开,会议培训相关业务,并对全市农发系统做好廉政建设、队伍建设提出要求。

1月18日 市财政局印发《亳州市预决算公开操作实施办法》(财预〔2017〕19号),规范预决算公开工作。

1月20日 市财政局印发《亳州市实施支持农业转移人口市民化财政政策工作方案》(财办〔2017〕24号),支持新型城镇化建设。

1月23日 市财政局召开班子民主生活会。市委常委、常务副市长刘辉到会指导并讲话。

1月23日 市财政局印发《亳州市预决算信息公开工作分工实施办法》(财预〔2017〕28号),明确预决算信息公开工作责任分工。

2月8日 市财政局印发《亳州市市级林业专项资金使用管理办法》(财农〔2017〕38号),进一步完善林业专项资金管理工作。

2月8日　市财政局印发《亳州市市级农业专项资金使用管理办法》(财农〔2017〕39号),明确加强和规范农业专项资金管理工作要求。

2月27日　市财政局、市环保局、市农委、市发改委、市审计局联合印发《亳州市秸秆禁烧和综合利用奖补资金管理办法》(财预〔2017〕325号),规范秸秆禁烧和综合利用奖补资金使用管理。

2月28日　市政府印发《关于实施2017年民生工程的通知》(亳政〔2017〕2号),部署本年度民生工程实施工作。2017年全市投入141.5亿元实施32项民生工程,同比增长15.2%,年度任务目标全部完成。

2月28日　市财政局印发《亳州市本级预算执行考核办法》(财预〔2017〕59号),对市本级预算执行考核组织方式、考核指标、考核结果运用作出明确规定。

3月2日　市财政局印发《关于2017年民生工程资金筹措事项的通知》(财预〔2017〕62号),明确民生工程项目资金筹措标准和要求。

3月2日　市财政局印发《关于公布2017年市本级政府购买服务实施清单的通知》(财综〔2017〕75号),公布市本级131项政府购买服务事项,涉及资金1.57亿元。

3月3日　市政府召开全市财政和民生工作会议,传达学习省政府专题研究推进民生工作会议精神、全省财政工作视频会议精神,总结2016年度财政和民生工程工作,研究部署2017年度财政和民生重点工作任务。市委常委、常务副市长刘辉出席会议并讲话。

3月8日　市财政局召开财政支持脱贫攻坚专题会议,研究部署扶贫资金监督管理工作。

3月9—10日　市财政局举办财政与民生干部更新知识培训班,各县区财政局分管负责人、民生办主任、部分财政所所长、市直牵头单位联络员共90余人参加培训。培训包括民生工程社情民意调查、信息与宣传,财政支出绩效评价、民生工程政策和党建理论、预防职务犯罪和失职渎职等内容。

3月15日　市财政局、市扶贫局、市监察局联合印发《关于进一步加强和规范财政扶贫资金使用管理的通知》(财农〔2017〕70号),对加强和规范扶贫资金管理工作提出要求。

3月27日　经市直工委批准,市财政局召开机关党委成立大会。局党组成员、副局长周金钟当选为局机关党委书记。

3月　2017年亳州市被批准为全省县区国库支付电子化改革第一批试点市。3月底所辖三县一区均顺利完成国库支付电子化上线工作,在全省率先完成县区国库支付电子化改革工作。

4月7日　省财政厅在涡阳县召开县区国库支付电子化管理座谈暨现场观摩会。省财政厅、人行合肥中心支行及合肥、滁州、铜陵、六安、安庆等五市财政、人行部门负责人参加会议。市财政局,涡阳县财政局分别介绍国库支付电子化试点改革工作开展及取得成效。

4月7日　市政府办公室印发《亳州市市级财政涉企专项资金管理暂行办法》(亳政办秘〔2017〕63号),对加强和规范涉企专项资金管理工作提出要求。

4月28日　市财政局、市编办联合印发《关于做好事业单位政府购买服务改革工作的通知》(财综〔2017〕129号),推进亳州市政府购买服务改革工作。

5月2日　市财政局党组印发《关于推进“两学一做”学习教育常态化制度化的实施方案》和《关于在推进“两学一做”学习教育常态化制度化中开展“讲政治、重规矩、作表率”专题教育的方案》(财党组〔2017〕133号)。

5月5日　市财政局机关第一党支部、第二党支部分别召开全体党员大会,进行支部换届工作。

5月8—19日　市财政局连续举办两期全市乡镇财政干部暨扶贫政策培训班,提高乡镇财政干部依法依规理财水平,共300多人参加培训。

5月13—14日　省财政厅党组书记、厅长罗建国带队到涡阳县、亳芜产业园区督察中央环保督察组和省环保督察组交办的问题整改落实情况。

5月16日　市财政局印发《2018年亳州市本级预算编制方案》(财预〔2017〕147号),部署2018年市级预算编制工作。

5月16日　市财政局印发《关于进一步明确涉及多科室办文办事有关问题的意见》(财办〔2017〕149号),明确办文办事工作责任。

5月18日　市政府印发《亳州市产业引导基金管理办法》等招商引资政策(亳政秘〔2017〕98号),支持产业发展,促进招商引资工作。

5月18日　市财政局印发《关于建立健全市级

预算项目储备机制的通知》(财预〔2017〕153 号),提高预算编制科学化、精细化水平。

5 月 18 日　市财政局印发《2018—2020 年亳州市本级部门三年滚动财政规划编制方案》(财预〔2017〕154 号),加强中期财政规划编制管理。

5 月 18 日　市财政局印发《亳州市市级预算评审论证办法》(财预〔2017〕156 号),推进开门理财,提高预算编制水平。

5 月 22—24 日　市财政局机关党委在党员活动室举办机关党务干部培训班。局机关党委委员、各支部书记、委员及党小组组长参加学习培训。

5 月 28 日　市政府办公室印发《亳州市政府性债务风险应急处置预案(修订稿)》(亳政办秘〔2017〕112 号),建立健全政府性债务风险应急处置机制,切实防范和化解财政金融风险。

6 月 12 日　市财政局印发《亳州市市级盘活财政沉淀资金自查工作方案》(财预〔2017〕190 号),部署开展盘活财政沉淀资金工作。

6 月 14 日　省财政厅下发通报(财农村〔2017〕761 号),亳州市财政局获得 2016 年度惠农补贴资金管理发放工作绩效评价一等奖。

6 月 16 日　全市民生工程政策宣传月启动仪式在魏武广场举行,市委副书记、市长杜延安,市委常委、副市长李军参加宣传活动。市及谯城区 34 家民生工程牵头单位在活动现场设立咨询台,吸引众多市民参与。

6 月 22 日　市编委印发《关于市纪委派驻机构全覆盖的通知》(亳编〔2017〕5 号),设立市纪委驻市财政局纪检组。接市委亳〔2017〕86 号通知,任亚慧同志任市纪委驻市财政局(市政府国有资产监督管理委员会)纪检组组长、市财政局(市政府国有资产监督管理委员会)党组成员。

7 月 3 日　市委副书记、市长杜延安主持召开市政府常务会议,听取贯彻落实省政府《扎实推进民生工作的意见》(皖政〔2017〕58 号)情况的汇报,市政府各位副市长,市直 29 个牵头单位负责人参加会议。会议要求全面对标主要任务,强力推进,把各项民生工作抓实、抓细、抓到位。

7 月 12 日　市委、市政府授予市财政局 2016 年度市直机关效能建设优秀单位。

7 月 13 日　市财政局结合“讲政治、重规矩、作表率”专题警示教育,组织全体党员干部到市反腐倡廉警示教育基地参观学习,现场接受党性党风党纪教育。

7 月 19 日　市委副书记、市长杜延安到涡阳调研棚户区改造、农村危房改造、健康脱贫兜底“351”及建档立卡贫困患者慢性病费用补充医疗保障“180”工程等民生工程项目,要求加快推进工程项目建设,让群众早受益、多受益。

7 月 20 日　市财政局印发《关于开展 2017 年扶贫资金绩效评价工作的通知》(财农〔2017〕250 号),明确扶贫资金绩效评价的依据、内容、方法和要求。

7 月 24 日　市政府办公室印发《亳州市市级政府和社会资本合作项目操作流程的通知》(亳政办秘〔2017〕180 号),规范推进 PPP 项目管理。

7 月 25 日　市政府办公室印发《关于加强公立医院债务化解及管理工作的实施意见》(亳政办秘〔2017〕178 号),加强亳州市公立医院债务化解及管理工作。

8 月 3—4 日　省财政厅副厅长孟照红来亳州市蒙城县调研财政重点工作,并主持召开座谈会,听取市、县财政重点工作汇报,征求部分省人大代表对财政工作的意见和建议。

8 月 4 日—9 月 13 日　市委第一巡察组对市财政局(国资委)开展巡察。局党组对巡察反馈的四个方面 14 类 41 个问题照单全收,认真整改,全部完成整改工作,

8 月 6 日　市财政局印发《关于深化“酒桌办公”专项整治工作实施方案》(财办〔2017〕278 号),部署开展专项整治工作,防止“四风”反弹。

8 月 7 日　全市民生工作推进暨民生工程调度会召开,对各项民生工程项目进行调度,确保按时完成全年任务目标。

8 月 31 日　市财政局党组召开“讲政治、重规矩、作表率”警示教育专题民主生活会,深入查找党内政治生活、政治文化建设、政治生态等方面存在的问题,深刻剖析问题产生的根源,明确努力方向和整改措施。

9 月 11 日　市财政局、市妇联联合印发《亳州市妇女专项资金使用管理暂行办法》(财公〔2017〕321 号),加强和规范妇女专项资金管理工作要求。

9 月 14 日　市财政局、市地税局、市环保局联合印发《亳州市环境保护开征准备工作方案》(财预〔2017〕325 号),确保 2018 年 1 月 1 日环保税在亳州

市顺利开征。

10月11日　省政协副主席李卫华率省政协视察团来亳州市视察民生工程实施情况,省财政厅厅长罗建国、副厅长朱艾勇参加视察。亳州市委书记汪一光、市长杜延安、市政协主席汤涌、市委副书记方晓利等陪同视察。

10月18日—12月,市财政局采取集中培训、专题研讨、专家辅导、到基层宣讲等多种形式深入学习贯彻党的十九大精神。

10月24日　市财政局机关党委印发《亳州市财政局机关"党员活动日"制度》(财党委〔2017〕14号),明确党员活动日组织形式、活动内容和工作要求。

10月30日　市财政局机关党委印发《亳州市财政局机关基层党组织标准化建设实施方案》(财党委〔2017〕12号),明确开展基层党组织标准化建设工作,12月首批通过市直工委验收。

11月13日　市财政局印发《亳州市财政局机关效能责任追究办法》(财办〔2017〕392号),进一步加强机关效能管理工作。

11月18日　市财政局机关党委组织党员赴淮海战役纪念馆开展革命传统教育,重温入党誓词。

11月28日　市政府印发《关于支持企业参与脱贫攻坚的实施意见》(亳政〔2017〕71号),提出24项扶持措施,推动全市脱贫攻坚工作。

12月4日　市财政局在魏武广场开展"12.4"法制宣传日活动,向广大群众宣传讲解新《会计法》有关知识,共发放宣传材料150余份。

12月6日　市政府印发《亳州市市以下财政事权与支出责任划分改革实施方案的通知》(亳政秘〔2017〕258号),要求科学界定市以下财政事权,合理划分市以下支出责任。

12月6日　市政府办公室印发《亳州市市级财政专项资金管理实施细则的通知》(亳政办秘〔2017〕338号),规范专项资金设立和管理。

12月12—13日　市人大常委会副主任解杰昂带队,对涡阳县、蒙城县、利辛县的民生工程进行视察评议,实地查看工程项目,听取民生工程实施情况汇报,确保民生政策落实。

12月14日　市财政局印发《亳州市级预算执行动态监控工作方案》(财库〔2017〕449号),完善市级预算执行管理。

12月　2017年全市扶贫投入12.9亿元,是上年的5倍,其中市本级8.6亿元、较上年增加7.6亿元,有力保障扶贫政策落实。

12月26日　市财政局召开学习贯彻《安徽省非税收入管理条例》座谈会,要求深入学习贯彻《安徽省非税收入管理条例》,提高全市非税收入管理水平。

12月29日　市政府印发《关于扎实推进民生工作的实施意见》(亳政〔2017〕79号),明确2017—2021年的民生工作目标和任务。

(亳州市财政局　邓昊)

宿州市财政工作大事记

1月　启动实施宿州市各级财政部门非税收入电子化缴库工作。

2月10日　召开全市财政系统反腐倡廉工作会议,安排部署年度反腐倡廉工作。

2月14日　全省惠农补贴"一卡通"网络软件系统操作技能培训在宿州市举行。

2月14日　省农村局在宿州市召开皖北片乡镇财政涉农资金监管座谈会。

2月24日　出台《宿州市财政局内部管理干部经济责任审计暂行办法》(宿财监〔2017〕56号),并成立了财政局经济责任审计工作领导小组。

3月1日—4月30日　市委第四巡察组对局党组织开展巡察。

3月15日　铜陵市财税考察组就综合涉税平台建设相关问题来宿州市进行考察交流。

3月22日　市财政局召开全市财政工作暨党风廉政建设工作会议,全面总结2016年度工作,安排布置2017年度工作,并签订党风廉政建设目标责任书。

4月　按照全市"万名干部包到户直通群众促脱贫"专项行动要求,市直财政系统73名干部包保帮扶贫困户。

4月28日　按照市委、市政府坚决打赢脱贫攻坚翻身仗誓师大会要求,选派3名选派副处级领导干部到村担任脱贫攻坚第一书记。

6月10—11日　中国科学院对宿州市埇桥区"十二五"期间农业综合开发高标准农田建设进行现场评估

6月14日　市委印发《关于进一步规范完善市

直单位党的基层组织建设工作管理体制的通知》(宿秘〔2017〕24号),撤销中共宿州市财政局党组,设立中共宿州市财政局(国有资产监督管理委员会)委员会。

6月14日　按照市直机关工委《关于调整宿州市财政局机关党支部设置的批复》(市直工组发〔2017〕22号),将宿州市财政局机关党支部划分为三个党支部。

8月30日　市财政局(国资委)召开“讲政治、重规矩、作表率”专题警示教育专题民主生活会。

8月29日—9月13日　对2016年度农业综合开发高标准农田竣工项目进行市级验收。

10月13日　市财政局(国资委)开展扶贫募捐活动。

10月17—20日　对各县区财政扶贫资金管理使用情况进项专项督导督查。

10月　制定出台网上商城运行管理制度,开始试行网上商城采购新模式。

11月17日　市财政局(国资委)开展以“爱岗敬业、无私奉献”为主题的道德讲堂活动。

11月17日　荣获第五届“全国文明单位”称号。

11月17—24日　举行学习宣传贯彻党的十九大精神集中轮训班。

11月　完成公共支付平台与市级网上政务服务平台对接。

12月上旬　省财政厅、省扶贫办在砀山县财政专项扶贫资金使用管理和贫困县涉农资金整合试点工作专题调研。

12月下旬　宿州市各县区国库支付电子化管理改革全面完成。

(宿州市财政局)

蚌埠市财政工作大事记

1月2日　市政府出台《市本级财政资金审批管理暂行办法》(蚌政办〔2017〕1号),进一步强化约束,规范财政资金审批程序。

1月17日　市财政局领导班子带领部分科室负责同志到怀远县淝河乡淝河新村开展集中走访帮扶活动。

2月23日　市财政部署全市行政事业单位资产清查工作,涉及市本级272家独立核算机构。

3月17日　市政府出台《蚌埠市盘活财政沉淀资金用于增加有效投资和补短板实施办法》(蚌政〔2017〕5号),提高资金使用效益。

3月30日　市直84家预算单位通过政府信息公开网,集中向社会公开本部门2017年部门预算和“三公经费”支出预算情况。

4月10日　省财政厅副厅长朱长才一行来蚌调研。

4月　蚌埠市人事考试网上报名系统正式上线,考生足不出户,只需登录人事考试网上报名系统即可完成报名缴费等事项,实现人事考试报名费电子化收缴。

5月2—9日　市财政局举办2017年度财政干部专题培训。

7月　启动机关事业单位养老保险征缴试点工作,机关事业单位在职人员养老保险、职业年金与其他社保费实行统一征收。

7月28日　市财政局领导班子前往解放军123医院开展走访慰问活动。

8月　蚌埠市启动机关事业单位退休人员待遇社会化发放试点工作。

9月21日　市直82家预算单位通过政府信息公开网,集中向社会公开本部门2016年部门决算情况

10月30日　蚌埠市启动医保管理体制改革试点工作,市财政局受托组建和管理医疗保障基金管理中心(简称市医保中心)。

11月2日　市财政局与中共蚌埠市纪律检查委员会、人民银行蚌埠市中心支行等六家单位联合印发《关于进一步加强整治“小金库”工作的意见》,建立“小金库”治理长效机制。

11月17日　市财政局经复查通过,蝉联全国文明单位称号。

11月22日　蚌埠市在全省率先实现政府公务用车网上采购,降低采购成本。

11月18日　市财政局荣获2016年度全省财政总决算一等奖。

11月24日　市财政局召开专题宣讲报告会,学习贯彻党的十九大精神,全体职工参加培训。

11月　市财政启动人社部门和财政统发工资数据对接工作,取消单位二次录入环节,简化财政大平台工资统发模块。

11月　蚌埠市创新“互联网+非税”模式，实现电子化征缴，推行机动车驾驶人考试网上缴费。

12月6日　为推进“加强‘三政’建设，锤炼党性铸忠诚”行动，市财政局组织全体干部职工瞻仰烈士陵园，重温入党誓词。

12月20日　提请市政府出台《推进市以下财政事权与支出责任划分改革实施方案》（蚌政〔2017〕81号），承接改革任务，合理划分财政事权与支出责任，促进市以下各级政府履职尽责。

（蚌埠市财政局）

阜阳市财政工作大事记

1月　参加全省财政工作会议。

1月　组织全体党员干部到太和县马集乡马北村开展春节慰问帮扶活动。

1月　到阜阳预备役团、武警阜阳支队开展春节慰问活动。

1月　市财政局安伟同志荣获“全省优秀选派第一书记（驻村扶贫工作队长）标兵”荣誉称号。

1月　市财政局党组召开2016年度民主生活会。

1月　举办“迎新春”趣味运动会。

1月　市财政局局长段相霖带队走进政风行风热线节目。

2月　市财政局局长段相霖向市五届人大一次会议报告阜阳市2016年预算执行情况和2017年预算草案。

2月　召开2016年度述职述廉述党建会议暨综合考核会。

2月　举办全市乡镇财政干部培训班。

3月　出台支持新型工业化、现代农业、现代服务业、创新创业人才建设以及招商引资扶持奖励办法“4+1”政策。

3月　举行趣味比赛欢庆“三八”妇女节。

3月　组织开展“爱绿护绿义务植树”活动。

3月　开展重要岗位干部交流轮岗工作。

3月　组织开展“学雷锋扶贫志愿月”活动。

4月　阜阳市一季度财政收入增幅居全省第一。

4月　开展“清洁颍淮河畔共建大美阜阳”志愿服务活动。

4月　省财政厅党组成员、副厅长孟照红一行来阜调研财政重点工作开展情况。

4月　阜阳市召开财政民生工作会议。

5月　组织干部职工赴厦门大学参加“阜阳市财政干部综合能力培训班”。

5月　阜阳市PPP工作获国务院通报表彰。

5月　蚌埠市财政局来阜阳市交流PPP工作。

5月　开展2017年度皖北四市乡镇财政干部培训班。

5月　开展“健康财政徒步行”活动。

5月　召开“迎接党的十九大，做合格组工干部”主题实践活动动员大。

5月　召开全局干部职工大会暨效能建设动员部署会。

6月　开展“青春喜迎十九大歌颂祖国跟党走”活动。

6月　召开庆祝中国共产党96华诞暨表彰大会。

6月　举办“迎七一、比奉献、践行五大专项行动”朗诵比赛。

7月　开展“面对挑战，财政干部怎么办”专题讨论活动。

7月　全市财政系统全面开展扶贫领域不正之风和腐败问题专项治理活动。

7月　开展“讲重作”现场警示教育。

7月　组织观看庆祝中国人民解放军90周年大会。

8月　开展“优化环境从我做起”活动。

8月　召开“讲政治、重规矩、作表率”专题警示教育民主生活会。

8月　开展“八一”慰问活动。

9月　中国光大银行与阜阳投资发展集团银企合作签约仪式成功举行。

9月　开展全市财政扶贫资金绩效评价工作。

10月　组织收看十九大开幕会。

10月　召开全体职工大会传达学习党的十九大会议精神。

10月　市财政局办公大楼搬迁。

11月　组织干部职工赴西南财经大学参加“加强业务知识培训班”。

11月　阜阳市2017年土储债成功上市发行。

11月　举行“新时代新征程新作为——学习十九大法治篇”报告会。

12月 阜阳市财政收入提前1月完成全年目标任务。

12月 召开新闻发布会。

12月 云计算平台项目顺利通过专家组评审验收。

(阜阳市财政局)

淮南市财政工作大事记

1月20日 市财政局党组召开2016年度民主生活会。

2月7日 市政府召开全市民生工程工作会议,全面总结2016年民生工程工作情况,动员部署2017年33项民生工程实施工作。市委常委、常务副市长、市实施民生工程领导小组副组长袁方出席会议并讲话。

2月20日 市财政局党组召开落实党风廉政建设责任工作会议。局领导班子成员、局机关及局属单位全体干部职工出席会议。局党组书记、局长张瑞昌要求切实严肃政治生活、切实强化党内监督、切实深化财政改革、切实严肃财经纪律、切实规范财政权力运行、切实改进财政工作作风。局主要领导、分管领导与科室单位负责人签订《2017年党风廉政建设责任书》。

2月28日 市财政局机关党委被省委宣传部命名为安徽省第四批学习型党组织建设工作示范点。

2月28日 寿县涧沟镇及顾楼村负责同志来到市财政局,就顾楼村党建和村级经济发展进行座谈。

3月3日 共青团淮南市财政局委员会召开换届工作会议,局党组成员、副局长杨勋敏同志出席会议并讲话。

4月7日 市财政局党组书记、局长张瑞昌率局领导班子成员赴大通区孔店乡河沿村开展精准扶贫工作。在河沿村,市财政局领导与大通区、孔店乡、大通区财政局以及村支两委有关人员交流座谈,总结2016年扶贫工作开展情况,共同商讨2017年扶贫帮扶措施。

4月9日 省财政厅副厅长朱长才率厅政法处人员来淮南调研指导工作,组织召开财政重点工作座谈会,听取淮南市财政重点工作汇报,走访征询驻淮省人大代表、省政协委员对财政工作的意见及建议,了解财政经济运行、财政政策落实、财政重点工作进展情况。

4月27日 市政协副主席孟祥瑞率政协暨各民主党派脱贫攻坚专项民主监督工作组来我局检查脱贫攻坚工作。

4月27日 淮南市财政局召开2016年度干部表彰大会,表彰先进工作者和优秀人员。

4月27日 市财政局召开青年干部座谈暨优秀团员青年、优秀志愿者表彰会,局机关及会计师事务所20余名青年干部参加会议。

5月8日 市财政局推进“两学一做”学习教育常态化制度化工作会议召开。

5月9日 淮南市政府和社会资本合作(PPP)工作进展情况汇报会在市政务中心召开。市委书记沈强主持会议并讲话。市委常委、常务副市长袁方,相关县区、园区及部门负责同志出席会议。会上,市发改委、市财政局汇报全市PPP工作进展情况。

5月 市纪委派驻纪检组正式进驻市财政局。

5月17日 市财政局党组召开“习近平总书记视察安徽一周年”专题学习讨论会议,局副县级以上领导干部以及部分科室负责人参加了会议。

6月3日 2017“薪火传承杯”淮南市珠心算大赛在田区十六小成功举办。市财政局、市教育局等有关部门领导出席开幕仪式。

6月13日 省委第八调研督导组王安龙等一行,来市财政局调研督导“两学一做”学习教育常态化制度化和“讲重作”专题教育进展情况。市财政局全体班子成员、相关科室负责人、各支部书记参加督导调研汇报会。

6月20日 省文明委印发《关于表彰安徽省文明城市、文明县(市、县城、城区)、文明村镇(社区)、文明单位、未成年人思想道德建设工作先进城市(县、区)的通报》。淮南市财政局被授予“第十一届安徽省文明单位”荣誉称号。

7月1日 在中国共产党成立96周年之际,市财政局举行“两优一先”表彰暨“讲重作”专题教育党课报告会,会议总结回顾2016年以来的机关党建工作,表彰一批优秀共产党员、优秀党务工作者和先进党支部。

7月7日 市财政局召开党员干部大会,学习传达省、市“两学一做”学习教育常态化制度化暨“讲政治、重规矩、作表率”专题警示教育推进会主要精神,对“讲政治、重规矩、作表率”专题警示教育进行动员部署,局党组书记、局长张瑞昌做动员讲话。

7月11日 淮南市2017年度村干部财政支农政策培训正式开班,市辖区200名村干部参加培训。

7月30日 省财政厅副厅长孟照红来淮南市调研财政经济运行形势和财政重点工作。

8月11日 市委副书记王崧调研市财政局“两学一做”学习教育常态化制度化工作。王崧一行首先来到市财政国库支付中心党员活动室,了解中心党支部“两学一做”学习教育常态化制度化工作开展情况,查看党支部党员活动室建设、制度上墙、党务公开等情况。

9月5日 市委宣传部副部长解厚成一行来到市财政局,颁授全省学习型党组织建设工作示范点牌匾。

9月12日 市财政局在全市率先成立机关纪委。

9月28日 市人大常委会张云廷副主任带队,城建环资、农业与农村、预算、教科文卫等工委主要负责人,部分市人大代表,对2017年度实施的水利工程、农村道路畅通工程、城市老旧小区整治和美丽乡村建设等项目,进行实地视察。

10月18日 市财政局组织全体党员干部职工集中收看中国共产党第十九次全国代表大会开幕会盛况,聆听习近平同志代表第十八届中央委员会所作的报告。

11月10日 市财政局机关党委召开党员大会,依照程序选举产生新一届局机关纪委。

11月15日 市财政局召开全体党员干部参加的学习宣传贯彻党的十九大精神大会。

11月18—19日 省财政厅长罗建国在寿县开展学习贯彻党的十九大精神和扶贫工作调研,市委常委、常务副市长袁方陪同调研。

12月3日 市财政局党组书记、局长张瑞昌赴扶贫联系点——大通区孔店乡河沿村宣讲党的十九大精神。

12月4日 市财政局积极组织县区财政局参加“法治宣传日”活动,向广大市民宣传解读修订后的新《会计法》。

(淮南市财政局)

滁州市财政工作大事记

2月7—9日 举办2017年滁州市财政系统春训班。

2月20—21日 赴湖北省黄石市考察奥体中心PPP项目。

2月28日 河南省财政厅李心海处长到天长调研农村财政工作。

3月1日 安徽省非税局副局长刘明刚到明光调研非税收入征管工作。

3月27日 中国政企合作基金与安徽省合作的第一个PPP项目——滁州高教科创城科创产业园及文体活动中心工程在滁州市正式签约。

4月10日 市财政局就政府采购活动中涉嫌提供虚假材料谋取中标行政处罚一案依法举行听证会。

4月18—20日 省财政厅党组成员、驻厅纪检组长项中胜来滁开展财政重点工作调研。

4月24日 市财政局工会委员会召开第三届会员代表大会,选举产生新一届工会委员会。

5月19日 滁州市人大常委会副主任沈中林带领市人大调研组到市财政局开展市级预算绩效管理工作调研。

6月5—9日 省财政厅委托第三方中介机构来滁州市开展2016年度政策性农业保险绩效评价工作。

6月16日 省财政厅评审中心方旭华主任、人教处张忠文副处长等来凤开展支部共建进小岗义诊活动。

7月12日 市财政局组织干部职工赴滁州市看守所开展现场廉政警示教育活动。

7月18日 省财政厅国库处处长廖晓虹、省财政厅支付中心主任张恒景来凤调研国库集中支付改革。

7月19日 中国政企合作基金股份有限公司高级经理、安徽区域负责人田晖到滁州市对接滁州奥体中心PPP项目。

8月26—27日 省财政厅党组书记、厅长罗建国到滁州市定远县调研财政支持医疗卫生、水利、林业等基层公共服务领域改革情况。

9月5—7日 省财政厅综改处丁俊处长到天长、明光两市就2017农村综合改革试点试验、扶持村级集体试点、村级公共运行维护服务试点和一事一议三年滚动项目库建设试点等工作开展督查调研。

10月18日 市财政局组织全体干部职工集中

收看中国共产党第十九次全国人民代表大会开幕式,聆听习近平总书记代表第十八届中央委员会向大会作的题为《决胜全面建成小康社会夺取新时代中国特色社会主义伟大胜利》的报告。

10月19日 市财政局党组理论学习中心组召开扩大会议,专题学习习近平总书记在党的十九大开幕式上代表十八届中央委员会所作的工作报告。

10月25日 中国PPP基金董事长周成跃来滁调研考察滁州高教科创城科创产业园及文体活动中心工程PPP项目。

12月2日 财政部农业司农村改革处候惠杰副处长到天长调研农村综合性改革试点工作。

12月20日 省财政厅离退休处缪青处长等来小岗开展基层党组织结对共建工作。

12月28日 滁州市医改办、滁州市医保中心正式揭牌组建,标志着城镇职工基本医保、城镇居民基本医保、新型农村合作医疗等医保经办机构实现"三保合一",滁州市医疗保障管理工作及医疗、医保、医药"三医联动"迈入新的阶段。市委书记张祥安,市委副书记、代市长许继伟共同为市医改办、市医改监督稽查局、市医保中心揭牌。

12月29日 滁州市委常委、常务副市长朱诚到市财政局看望慰问机关干部职工。

(滁州市财政局)

六安市财政工作大事记

1月3日 市财政局(国资委)召开2017年度财政工作务虚会,市财政局领导班子成员、其他县处级干部、各县区财政局长、市财政局科室单位负责人及其他科级干部参加会议。

1月3—6日 省财政厅、省美丽办委托安徽一通源会计师事务所采取以县代市的办法对六安市2016年度美丽乡村建设省级奖补资金进行绩效评价。

1月4日 市财政局(国资委)出台《六安市本级电子政务发展专项资金管理暂行办法》(财行〔2017〕8号)。

1月25日 市财政局(国资委)召开2016年度机关工作总结表彰暨2017年新春团拜会。

2月6日 省委常委、市委书记孙云飞,市长毕小彬在市行政中心大会堂现场审查2017年市级部门预算草案。市政协主席王胜、市政府常务副市长付新安等四届人大四次会议主席团成员一同查阅。

2月15日 市政府召开全市财政暨民生工程工作会议,表彰2016年度全市民生工程实施工作先进单位。

2月16日 市政协副主席、财政局局长孙学龙走进"在线访谈"栏目,就六安市"2017年民生工程建设管理"相关话题与网民朋友进行互动交流。

2月21—22日 市财政局组织对各县区申报的国家农业综合开发2017年度22个土地治理项目和38个产业化发展财政补助项目的可研报告(申报书)进行市级评审。

2月24日 市财政局会同市审计局、市卫计委联合召开市属公立医院债务审计甄别工作启动会,部署公立医院债务审计甄别工作自查自审、同级审计、抽查互审等事项。

3月11日 市财政局(国资委)出台《六安市财政局(国资委)购买社会中介机构服务管理暂行办法》(财监〔2017〕149号)。

4月7—8日 省财政厅党组书记、厅长罗建国一行赴六安市调研一季度财政经济运行形势和财政重点工作推进情况。

4月11日 市财政局(国资委)举办2016年度政府资产报告编制工作培训会,25个市直试点部门分管负责人和业务经办人参加会议,局党组成员、国资委副主任杜家如出席会议。

4月12—13日 省财政厅党组成员、驻厅纪检组长项中胜一行赴六安市调研全面从严治党和党风廉洁建设工作。

4月14日 市财政局(国资委)组织30余名干部深入金寨县槐树湾乡码头村开展扶贫调研走访活动。

4月14日 市政协副主席、财政局局长孙学龙、局党组成员、副局长汪英来带领社保科、办公室相关同志赴市卫计委开展预算管理及公立医院改革工作调研。

4月19日 市委常委、纪委书记、市政府常务副市长陈家本听取市财政(国资)工作情况汇报。

4月24—25日 财政部监督检查局副局长王振东、财政部驻安徽省专员办专员黎昭一行到六安市开展扶贫资金专项检查督导调研。

4月18日 市属国有企业监事会召开2017年

度第一次工作会议,市国资委两个外派监事会全体成员、职工监事、部分企业财务人员和市国资委有关科室负责同志参加会议。

4月26日　市财政局组织参加2018年全省预算编制工作视频会议,市政协副主席、财政局局长、国资委主任孙学龙,国资委副主任杜家如出席会议。

4月28日　市政协副主席、财政局局长孙学龙,局党组书记周仁孟分别带队送两支扶贫工作队到帮扶村——金寨县槐树湾乡码头村、金寨县燕子河镇张畈村报到。

5月8日　市财政局召开党组中心组学习(扩大)会暨“讲政治、重规矩、作表率”专题教育部署会。

5月10日　中国政企合作投资基金股份有限公司总经理刘隆文一行到六安洽谈PPP项目事宜,市委常委、市纪委书记、市政府常务副市长陈家本出席会见。

5月16日　市政协副主席、财政局局长、国资委主任孙学龙赴金寨县燕子河镇张畈村调研脱贫攻坚工作。

5月17日　市财政局党组书记周仁孟赴金寨县槐树湾乡码头村调研脱贫攻坚工作。

5月21日　市财政局印发《六安市财政局关于进一步加强财政部门和预算单位资金存放管理的实施意见》。

5月23日　市财政局(国资委)委托金帮拍卖有限公司承办的市直行政事业单位国有资产拍卖会在市公共资源交易中心如期举行。

5月23日　中国农工民主党安徽省第十一次代表大会选举孙学龙同志担任中国农工民主党安徽省委员会副主委、出席中国农工民主党第十六次全国代表大会代表。

5月26日　市财政局举办全市政府综合财务报告编制业务培训班。各县区财政部门、部门决算编报范围的市级部门单位、部分国有企业、代理记账公司、市财政局业务科室等财务人员220余人参加培训。

6月2日　六安市召开全市2018年预算暨2018—2020年中期财政规划编制工作动员会,市委常委、常务副市长陈家本出席会议并讲话。

6月5日　市财政局召开部门决算草案编制培训会,10个被审查的市直单位经办人员、财政部门相关工作人员参加会议。

6月12日　六安市与中铁四局集团有限公司、中铁光大股权投资基金管理(上海)有限公司正式签署六安市体育中心PPP项目合同,标志着六安市体育中心项目顺利落地,进入执行阶段。

6月13日　市人大常委会副主任李建民率财经工委一行7人赴市财政局开展2016年市本级决算草案和市直10个单位部门决算草案初审工作。

6月15日　市财政局(国资委)依法委托拍卖公司在市公共资源交易中心对位于市皖西路及七里站5处住宅和位于浙东商贸城3处商铺等市直经营性房产实行公开拍卖,其中2处住宅、1处商铺竞拍成功,竞拍价款155.12万元。

6月20日　市财政局荣获省文明委授予的“第十一届安徽省文明单位”称号。

6月23日　市财政局(国资委)组织召开市直2018年部门预算编制软件应用培训会,市直各部门及所属单位预算编制经办人员、市财政局各支出科室经办人员,共计200余人参加培训。

6月28日　市委常委、副市长王新祥到市财政局调研指导预算编制工作。市政协副主席、财政局局长、国资委主任孙学龙,局党组书记周仁孟以及局办公室、预算科相关人员参加会议。

7月7日　市财政局荣获“2016年度市直单位目标绩效考核优秀单位”称号、“2016年度全市社会治安综合治理及平安建设优秀单位”称号。行政审批服务窗口荣获“2016年度服务群众先进窗口”称号。市财政局国库科科长杨蕾、综合科(金融科、外资科)科长柴军荣获“2016年度群众满意的十佳科长”称号。

7月18日　市财政局、人民银行六安市中心支行联合召开全市县区国库支付电子化管理改革工作启动会。

7月28日　市财政局在2014—2016年度市政府目标管理绩效考核中连续三年获得先进单位,市政府给予记集体二等功奖励。

7月28日　市财政局荣获“2016年度市政府目标管理绩效考核先进单位”称号。

8月2—3日　省财政厅副厅长朱长才一行赴六安市调研财政重点工作推进情况。

8月10日　市财政局(国资委)组织干部职工深入金寨县燕子河镇张畈村开展扶贫慰问活动,市政协副主席、财政局局长、国资委主任孙学龙带队走访。

8月17日 市财政局党组书记周仁孟带领部分干部职工深入金寨县槐树湾乡码头村开展扶贫走访活动。

8月22日 2018年市直预算编制第一次集中会商会议在市行政中心小会堂召开。

8月24日 市财政局党组书记周仁孟带领全局干部职工赴市党风廉政教育基地参观党风廉政教育展,现场接受廉政警示教育。

9月9—10日 根据省财政厅统一部署,六安市2017年会计专业技术中级资格无纸化考试圆满结束。

9月12日 市财政局党组书记周仁孟带领部分干部职工深入金寨县槐树湾乡码头村开展扶贫走访活动,听取了槐树湾乡、码头村及扶贫工作队关于脱贫攻坚工作三年工作规划,深入贫困户家中进行实地走访慰问。

9月12—14日 财政部驻安徽专员办派员深入六安市霍邱县,针对2016年度农业综合开发高标准农田建设项目开展绩效评价。

9月15日 市财政局党组书记周仁孟带领部分干部职工赴金寨县燕子河镇张畈村开展进村入户集中走访活动。

9月12—15日 市财政局组织开展县级基本财力保障机制绩效评价复评工作,对县级基本财力保障机制建设成果进行综合评价。

9月18日 六安市各县区共264个预算单位国库电子化直接支付业务正式上线运行,当天共办理电子化直接支付申请业务1188笔,支付金额47357万元。

9月19—21日 市农财局重点深入霍邱县、金寨县、裕安区开展农村财政管理工作专题调研,实地走访部分乡镇财政所。

9月30日 市财政局出台《六安市市直机关办公用房维修专项资金管理暂行办法》(财行〔2017〕725号)。

10月14—15日 2017年度注册会计师专业阶段全国统一考试在省财政厅和省注册会计师协会的统一部署下顺利完成。

10月10日 市财政局荣获"第十一届安徽省文明单位"称号。

10月16日 北京潮星控股集团有限公司革命老区扶贫捐赠仪式在六安市金寨县隆重举行。

10月21日 市财政局(国资委)组织离退休老干部赴金寨县花石乡大湾村开展"欢庆十九大·重阳快乐行"主题活动。

10月24日 市财政局党组书记周仁孟赴市政务服务中心财政局窗口调研指导工作。

10月27日 市财政局组织召开全市社会保险基金预决算工作布置会议,全面启动社保基金2018年预算和2017年决算编制工作。

10月27日 六安市S366合六南通道PPP项目完成社会资本方政府采购资格预审。

10月29日 市政协副主席、财政局局长、国资委主任孙学龙赴金寨县燕子河镇张畈村专题调研基层扶贫项目管理情况并召开镇村两级座谈会,宣讲党的十九大精神。

11月1日 市政协四届四次提案督查组一行莅临市财政局督查指导提案办理工作。

11月3日 市政协副主席、财政局局长、国资委主任孙学龙到市政务服务中心财政局窗口检查指导工作。

11月6日 六安市政策性农业保险经办机构公开招标工作顺利完成。经专家评审及公示,最终确定国元农业保险股份有限公司六安分公司、中国人民财产保险股份有限公司六安分公司、中国人寿财产保险股份有限公司六安分公司3家保险公司作为2018—2020年政策性农业保险经办机构中标人。

11月8日 六安市各县区国库集中支付资金支付和清算电子化业务全部成功上线,实现预算单位、财政、代理银行、人民银行全业务范围电子化管理,标志着六安市县区国库支付电子化管理改革工作顺利完成,财政信息化水平再上新台阶。

11月23日 市人大财政经济委员会召开2018年市本级预算草案初审工作会,市财政局汇报了2018年预算编制情况。

11月27日 市财政局召开"互联网+政务服务"工作推进会,局党组书记周仁孟主持会议并讲话。

12月21日 市财政局召开2017年度市直部门决算布置会。

12月23日 由中国农工民主党安徽省委员会主办,六安市财政局(国资委)承办,中国农工民主党六安市委员会、金寨县财政局(国资委)协办的"拥抱新时代携手向未来——学习宣传贯彻十九大精神演讲比赛”在六安市广播电视中心1号演播大厅举行。

（六安市财政局）

马鞍山市财政工作大事记

1月1日　根据年终财政结算，全市2016年度财政收入完成222.75亿元，比上年增长6.07%。

1月9日　马鞍山市第十五届人民代表大会第七次会议批准《关于马鞍山市2016年财政预算执行情况和2017年预算草案的报告》，批准马鞍山市2017年市本级财政预算。

2月25日　经市政府同意，马鞍山市首套房财政补贴政策延期一年，执行时间自2017年3月1日起2018年2月28日止。

3月8日　马鞍山市正式启动公益林、商品林保险试点工作。2017年全年，共承保公益林、商品林24万亩，拨付各级财政保费补贴资金39万元。

3月23日　马鞍山市印发《关于深化国资国企改革的实施意见》（马发〔2017〕11号），明确全市国有企业改革具体任务、责任分工和时间要求。

3月27日　市政府第117次常务会议听取2016年民生工程实施情况的报告，同意2017年民生工程工作安排。

3月28日　市长左俊、常务副市长周善武调研市财政工作。

4月8日　省财政厅副厅长朱艾勇调研马鞍山市财政工作。

4月11日　“财税警联络办公室”成立，进一步有效打击涉税违法犯罪活动，规范税收征管秩序。

4月13日　市财政局组建7个财政专业团队，加快高素质干部队伍培养。

5月22日　市政府第121次常务会议听取全市民生工程工作情况汇报，审议通过《马鞍山市2017年度民生工程考核办法》。

5月26日　召开2018年全市预算编制工作会议，启动全市2018年预算编制工作。

5月11日　市财政局建立“三会一课”纪实报告检查制度。进一步规范党内政治生活。

5月15日　市财政局组织开展全市“涉企系统”用户上机培训工作，全市共有200多名同志参加集中上机培训。

6月1日　马鞍山市印发《马鞍山市市级预算管理暂行办法》（马政办〔2017〕25号），进一步规范市级预算管理工作。

6月1日　马鞍山市正式启动“徽采商城－马鞍山”采购平台，将市级机关事业单位和团体组织使用财政性资金50万元以下采购12类通用办公设备纳入“徽采商城”采购范围。

6月22日　马鞍山市全面完成4户市属监管企业章程集中修订工作，将党建工作纳入企业章程，明确党组织在公司治理结构中的法定地位，为深化改革提供政治保证。

7月19日　省纪委驻财政厅纪检组组长项中胜调研马鞍山市财政工作。

7月20日　马鞍山市含山县正式启动水稻、小麦、玉米三大粮食作物大灾保险试点工作。

7月20日　马鞍山印发《马鞍山市市属国有企业负责人经营业绩考核办法》《市属国有企业负责人经营业绩考核实施方案》（马资委〔2017〕42号），规范企业负责人经营业绩考核工作。

7月26日　马鞍山市全面完成全市非税收入电子化缴库改革工作。

7月28日　市财政局会同市教育局、市扶贫办印发《关于提高马鞍山市建档立卡贫困家庭在园幼儿和大学生资助标准的通知》，进一步提高教育扶贫成效，助力全市脱贫攻坚。

8月1日　马鞍山市完成农业支持保护补贴发放任务，落实惠农补贴资金2.14亿元。

8月30日　市财政局印发《马鞍山市市直国库集中支付动态监控管理暂行办法》，健全国库集中支付动态监控机制，切实提高财政资金支付安全。

8月31日　市财政局领导班子召开“讲政治、重规矩、作表率”专题民主生活会。

9月9日　省财政厅副厅长朱长才巡视马鞍山市2017年度全国会计专业技术中级资格考试工作。

9月28日　《马鞍山市市直行政事业单位国有资产处置管理暂行办法》修订印发执行，进一步压实主管部门主体责任。

10月14日　全国注册会计师考试马鞍山考区在安工大和马鞍山师专举行，参考总人数为1630人，总科次4214科次，18个考场，总计开考76场次。

10月24日　省人大常委会副主任花建慧视察马鞍山市民生工程。

10月27日　市财政局局长张亚莉在市第十五届人大常委会第三十五次会议上做《关于马鞍山市2016年财政决算草案的报告》,并经会议审议通过。

11月17日　省财政厅在深交所成功公开招标发行2017年安徽省政府土地储备专项债券。马鞍山市首获土地储备专项债券13.52亿元,债券期限5年。

11月23日　市财政局印发《马鞍山市农业综合开发项目评审细则》,细化农发项目评审。

11月23日　市财政局出台《2017年度马鞍山市市属国有企业综治工作(平安建设)考评办法》(马资委〔2017〕64号),进一步推进市属国有企业综治工作(平安建设)。

11月24日　马鞍山市印发江东控股等4户市属监管企业一企一策改革方案,全面推进国资国企改革进程。

11月27日　省财政厅副巡视员陈传文调研马鞍山市财政工作。

11月27日　《市直党政机关、事业单位所属企业脱钩方案》经市委深改组第十四次会议研究通过后,以市国企改革领导小组名义批复相关主管部门组织实施。

11月29日　"市中院派驻税务联络办公室"成立,进一步加大司法执行案件的税收征管力度,初步形成"财税+公安+司法"的环状闭合税收共治新格局。

12月1日　市财政局党员干部赴金寨县开展党性教育活动。

12月5日　市财政局印发《马鞍山市财政局(国资委)工作规则》,进一步规范权力运行。

12月12日　市财政局下达《关于2016年度市属企业负责人经营业绩考核结果及薪酬兑现的批复》(马资委〔2017〕71至73号),圆满完成2016年度经营业绩考核工作。

12月20日　马鞍山市完成市级公共支付平台建设,更好地满足群众便利缴费和非税收入缴款需求。

12月30日　市财政局、市环保局、市地税局联合举行新闻发布会,通报马鞍山市环境保护税开征相关事项。

12月31日　根据财政年终结算,2017年度全市财政收入完成245.29亿元,同比增长10.12%。

(马鞍山市财政局)

芜湖市财政工作大事记

1月1日　芜湖市失业保险单位费率由1%降至0.5%。

1月15日　举办"迎新年"羽毛球、乒乓球比赛,共有16支羽毛球代表队、12支乒乓球代表队参加比赛。

1月18日　组织召开全市财政工作会议。

2月21—23日　组织全市2016年度财政决算编审工作。

3月9日　组织女职工赴芜湖县"美丽乡村"开展为期半日的实地考察活动。

4月6日　印发《芜湖市环境保护专项资金管理办法》。

4月21日　党委书记、局长李家贵带队前往马鞍山市财政局考察调研。

4月28日　党委书记、局长李家贵送副调研员朱毅同志到对口扶贫村——无为县洪巷镇龙泉村报到,挂任龙泉村第一书记兼扶贫工作队队长。

4月28日　印发《芜湖市市直部门预算信息公开考核暂行办法》。

5月3日　省财政厅副巡视员陈传文一行来芜湖市开展财政重点工作调研。

5月24日　对23户单位开展会计信息质量检查。

5月24日　组织开展省政府送政策进企业进园区活动,宣讲省近期出台的系列政策。

6月8日　中科院专家组在无为县白茆镇和开城镇就国家农业综合开发高标准农田建设规划开展第三方评估。

6月9日　制定盘活财政沉淀资金和压减一般性支出自查工作方案。

6月21日　印发《关于进一步规范支出预算执行的通知》,建立六项机制规范市本级支出预算执行管理。

7月1日　芜湖市最低生活保障标准由533元/人·月提高到600元/人·月。

7月18日　省纪委驻省财政厅纪检组长项中胜带队来芜开展财政重点工作调研。

7月19日　印发《芜湖市市级预算管理绩效内部考核暂行办法》《市县财政管理绩效考核与激励暂

行办法》。

7月24日　印发《芜湖市农村危房改造补助资金管理暂行办法》。

8月9日　印发《芜湖市市级预算评审论证实施暂行办法》。

8月15日　正式启动编制市本级2018年部门综合预算和2018—2020年部门三年滚动财政规划。

8月17日　国家农发办在繁昌县就“财政支持农业社会化服务工作”开展专题调研。

8月25日　印发《芜湖市市直预算单位支出进度考核暂行办法》。

9月5日　公开2016年市本级财政决算。

9月6日　财政部驻安徽专员办在芜湖市召开财政预算监管工作会议。

9月13—15日　财政部驻安徽专员办在南陵县开展2016年度农业综合开发高标准农田建设项目绩效评价。

9月17日　出资3亿元，设立芜湖天使、风险、产业等三支政府股权投资基金。

9月25日　出台《关于加强公立医院债务化解及管理工作的实施意见》。

11月1日　成立市财政局“四送一服”双千工程领导小组。

11月14日　印发《芜湖市农村厕所改造奖补办法》和《芜湖市市区公厕建设资金奖补办法》。

11月30日　省财政厅副厅长孟照红一行来芜湖市开展财政重点工作调研。

11月29日—12月4日　组织50余名干部职工在上海财经大学集中培训。

12月13—15日　组织局机关干部职工集中学习十九大报告。

12月26日　印发《关于财政支持重大公共研发平台建设运营管理办法》，每年安排不低于10亿元支持重大公共研发平台建设。

12月30日　政务中心“财政窗口”连续三年荣获“十佳服务窗口”称号。

（芜湖市财政局）

宣城市财政工作大事记

1月10日　市财政局局长王华在宣城市第四届人民代表大会第一次会议上作《关于宣城市2016年财政预算执行情况和2017年财政预算草案的报告》。

1月17日　2017年度全市民生工程新闻发布会召开。

1月17日　市财政局、市机关事务管理局联合印发的《宣城市市直行政事业单位办公（经营性）用房维修管理办法》。

1月19日　市人行、市财政局联合召开2016年全市国债承销机构星级认证总结暨表彰会议。

1月24日　2016年度民主生活会召开。

2月8日　全市财政局长座谈会召开。

2月17日　政府性债务风险防控专题会议召开。

2月23日　全市民生工程工作会议召开。

2月24日　全省第四批惠农补贴“一卡通”网络软件系统操作技能培训班在宣城市举行。

3月6日　开展新提任科级干部集体廉政谈话暨廉政知识测试。

3月8日　市财政局主要领导调整：蔡修定同志任市财政局党组书记、提名为市财政局长人选，王华同志不再担任市财政局党组书记、局长，另有任用。

3月22日　市人大常委会文件任命蔡修定为市财政局局长。

3月24日　全市财政网络标准化改造及等级测评工作推进会召开。

3月30日　全市2017年政策性农业保险工作会议召开。

3月30日　市财政局基层党组织标准化建设动员部署会召开。

4月　开展全市“三公经费”支出情况专项检查。

4月1日　取消或停征41项中央设立的行政事业性收费。

4月7日　市财政局党的建设暨党风廉政建设工作会议召开。

5月5日　市财政局推进“两学一做”学习教育常态化制度化暨“讲政治、重规矩、做表率”专题教育部署会议召开。

5月5—7日　省财政厅党组书记、厅长罗建国来宣调研财政经济运行形势和财政重点工作。

5月9日　宣城市与合肥正式签订政府采购“徽采商城”合作共建协议。

5月13—14日　宣城考区2017年度全国会计

专业技术初级资格考试在宣城职业技术学院举行。

5月19日　参加市“江淮普法行”暨“法治家庭”建设大型广场活动。

5月25日　全市财政社保工作座谈会议召开。

6月1日　市财政局关心下一代办公室到宣州区溪口镇东溪村慰问留守儿童。

6月1日　全市民生工程推进会召开。

6月9日　市财政局党组书记、局长蔡修定赴宁国市梅林镇梅林村开展走访调研。

6月11—17日　联合中国人民大学培训学院举办2017年度市财政系统干部综合能力强化培训班。

6月13日　刘建萍同志任市财政局副调研员。

6月13日　市国有资产监督管理委员会改为在市财政局挂牌。国有资产监管职能全部划由市财政局(国资委)承担。划转2名行政编制到市财政局(国资委)，增设市财政局(国资委)总经济师职数1名(副县级)，增设监事会工作办公室，为正科级内设机构，核定行政编制2名(划转)、科长直属1名；市财政局预算科(政府性债务管理办公室)增设政府性债务管理办公室主任1名，正科级；增设税政法规科副科长职数1名(正科级)。

6月26日　市财政局党组书记、局长蔡修定赴扶贫帮扶村宣州区溪口镇东溪村，走访慰问困难党员。

6月　市财政局“2016年度创建全国文明城市先进单位”荣誉称号。

7月5日　市委组织部文件，免去肖锋同志市财政局党组成员职务。

7月10日　市“讲政治、重规矩、作表率”专题警示教育动员部署会召开。

7月14日　蔡修定同志任市政府国有资产监督管理委员会主任，聘任杨庆文同志为市财政局(国资委)总经济师，聘期三年。

7月19—21日　开展全市财政系统脱贫攻坚工作督查。

7月　完成宣城市医疗收费票据、城乡居民医疗保险缴费票据承印企业采购项目合同签署。

7月26日　上半年民生工程进展情况新闻发布会召开。

7月26日　省财政厅党组成员、副厅长朱艾勇一行来宣调研财政工作。

7月27日　组织爱心献血活动。

8月1—4日　与市环保局联合开展环保专项资金检查。

8月2日　开展对旌德、绩溪县的秸秆综合利用工程监督检查。

8月7日　市政府决定将市民生工程协调小组调整为市民生工作领导小组。

8月22日　全市政策性农业保险民生工程专项工作会议召开。

8月30日　市委组织部文件：刘成同志任市财政局党组成员。

8月31日　市财政局党组“讲政治、重规矩、作表率”专题警示教育专题民主生活会召开。

8月31日　市政府召开全市民生工作推进会，市委常委、常务副市长、市民生工作领导小组副组长汪谦慎出席会议并讲话。

9月1日　市直机关事业单位养老保险试点改革正式启动，试点单位退休人员养老金将由原先的单位发放改为市社保中心发放。

9月6—12日　开展工程类民生工程项目专项督查。

9月7—8日　就“四送一服”双千工程赴宁国市开展走访调研。

9月9—10日　宣城考区2017年度全国会计专业技术中级资格考试在宣城职业技术学院举行。

9月12日　市政府文件：刘成同志任市财政局副局长；茆银辉同志任市财政局财政监督检查局(税政法规科)局(科)长(副县级)(试用期一年)；王军同志任宣城经济技术开发区管委会财政局局长(副县级)(试用期一年)。

9月27日　开展秋季秸秆禁烧督查工作。

9月28日　市财政局党组书记、局长蔡修定与新入职干部进行入职谈话。

9月28日　市财政局牵头的市医改第五督查组赴泾县开展医改督查。

10月18日　组织收看中国共产党第十九次全国代表大会开幕会。

10月23—24日　省人大常委会副主任花建慧率省人大视察组一行来宣视察民生工程实施情况。

10月24日　全市国库集中支付退回业务现场推进会召开。

10月　联合市地税局开展土地增值税暂行条例执行情况调研。

11月1日 “徽采商城·宣城”正式上线运行。

11月13—17日 联合中国人民大学培训学院举办2017年度第二期“市财政系统干部综合能力强化培训班”。

11月17日 市国资委赴安徽皖垦茶叶集团调研“三供一业”进展情况。

11月27日 市直工委来局检查验收基层党组织标准化建设工作。

11月 市本级PPP项目咨询机构库建立。

12月1日 市财政局直属机关党委组织第六片组赴旌德县爱国主义教育基地——仕川农民暴动纪念地开展革命传统教育。

12月4日 参加“12.4”国家宪法日广场集中宣传活动。

12月7日 由市档案局、市财政局组成的档案目标管理考核组，对宁国市西津办事处财政所、霞西镇财政所档案目标管理进行考核。

12月21日 市政府召开省政府目标管理绩效考核暨民生工程及农民工工资清欠工作调度会，市委常委、常务副市长汪谦慎出席会议并讲话。

12月22日 市属国有公司和会计师事务所2017年党建工作座谈会召开。

12月29日 市财政局组织局机关全体干部职工开展节前廉洁警示教育。

（宣城市财政局）

铜陵市财政工作大事记

1月6日 市十五届人大七次会议听取《关于铜陵市2016年财政预算执行情况和2017年财政预算（草案）的报告》。

1月9日 市财政局获全国财政系统“六五”法治宣传教育先进集体。

2月7—8日 市财政局（国资委）举办全市财政（国资）系统春训活动。

3月27日 市民生办召开2017年民生工程实施项目新闻发布会。

3月 铜陵市出台深化国税、地税征管体制改革实施意见。

4月9日 市财政局获全国巾帼建功先进集体。

4月 《中国财政》专题报道铜陵市节能减排工作。

5月 铜陵市正式设立PPP管理办公室。

6月6日 铜陵市全国节能减排财政政策综合示范市绩效考评再获优秀等次第一名，并获得三年绩效考核总评优秀。

6月13日 市财政局召开“3+5+X”财政专项资金新闻发布会。

7月24日 铜陵市国有企业企务公开监督平台正式上线运行。

7月 财政扶贫资金绩效评价获得全省好的等次。

8月21日 市财政局（国资委）获评第九批市平安单位。

8月 省财政厅专门发文推广铜陵市公办养老机构转型。

9月 铜陵市两个PPP示范项目获财政部以奖代补资金800万元。

10月18日 市财政局（国资委）组织收看党的十九大开幕式，第一时间学习领会党的十九大报告精神。

11月17日 铜陵市首次发行土地储备专项债券15.7亿元。

12月25日 市财政局（国资委）召开务虚会议，全面总结2017年财政（国资）工作，认真谋划2018年财政（国资）工作思路。

12月31日 全市财政收入完成167.82亿元，增长9.1%；全市财政支出完成160.28亿元，增长6.1%。

（铜陵市财政局）

池州市财政工作大事记

1月5日 市委、市政府印发《池州市深化国资国企改革实施方案》的通知。

1月18日 市委常委、常务副市长聂爱国主持召开池州市政府和社会资本合作（PPP）模式推广运用工作领导小组第一次会议。

1月18日 市财政局党组书记、局长徐树生赴青阳县五溪村慰问困难群众。

1月19日 市委常委、常务副市长聂爱国到会指导市财政局2016年度党员领导干部民主生活会。

2月 市财政局开展党员春训工作，局党组书记、局长徐树生上党课。

3月10日　全市财政、国资暨民生工程工作会议召开。

3月30日　市委决定,撤销池州市财政局党组,设立池州市财政局(市政府国有资产监督管理委员会)党委,为党组性质的领导机构,设党委委员7名,其中书记1名,副书记1名(副县级)。

5月8日　市财政局召开“两学一做”学习教育常态化制度化推进会暨“讲政治、重规矩、作表率”专题警示教育动员会。

5月12日　市财政局(国资委)党委召开推进基层党组织标准化建设动员会。

5月24日　池州市政府和社会资本合作(PPP)获省政府通报表彰。

5月份,市财政局(国资委)党委开展市属国有企业党建工作调研。

6月17日　市财政局组织党员赴淮安市开展党性教育活动。

6月30日　市财政局(国资委)召开党建工作暨基层党组织书记培训会。

6月30日　池州市建设投资集团公司挂牌运营。

8月16日　市长雍成瀚主持召开民生工程等重点项目专题调度会。

8月30日　市财政局(国资委)党委召开“讲政治、重规矩、作表率”警示教育专题民主生活会。

9月30日　池州市产业投资集团公司挂牌运营。

9月　市财政局组织开展财政专项扶贫资金督查。

10月18日　市财政局(国资委)组织收看中国共产党第十九次全国代表大会开幕会。

11月17日　中央文明委复查确认池州市财政局继续保留全国文明单位荣誉称号。

(池州市财政局)

安庆市财政工作大事记

1月6日　市财政局印发《安庆市市属企业国资监管清单(试行)》,以清单形式划定监管边界,实现国资监管部门在法律法规框架内依法行权履职。

1月11日　市人大决定批准《关于安庆市2016年预算执行情况和2017年预算草案的报告》,批准安庆市2017年市本级预算。

1月24日　安徽集友新材料股份有限公司在上海证券交易所上市,填补安庆市7年来企业上市的空白,成为全国首家通过扶贫“绿色通道”政策成功上市的贫困县企业。

2月16日　新华社在《国内动态清样》(内参)第609期发表《安徽安庆“剑指”金融风险助力企业化险为夷》,充分报道安庆市金融环境专项整治的经验做法及成果。

2月24日　市政府出台《安庆市人民政府关于2017年实施33项民生工程的通知》(宜政发〔2017〕1号),决定2017年继续实施33项民生工程。

2月27日　召开全市民生工程协调领导小组第一次会议,全面部署民生工程工作。

3月8日　《安庆市市属企业负责人经营业绩考核与薪酬管理办法》由市政府正式印发执行,标志着安庆市国资国企改革“1+4”框架基本完成。这也是新形势下安庆市按照中央国资国企改革精神对安庆市国企进行分类考核的指导性文件。

3月初　市政府与各县(市)区政府签订民生工程目标责任书,在全省较早完成民生工程工作部署。

3月　安庆市首次将全市214户国有企业纳入2016年度国有资产统计范围,首次实现分级次、全口径统计,国有资产统计工作获省国资委通报表彰。

4月　组织开展2016年三公经费支出情况专项检查工作。

4月15日　市政府印发《安庆市人民政府办公室关于印发全市国有企业职工家属区“三供一业”和其他企业办社会职能分离移交工作方案的通知》,安庆市全面推进国有企业办社会职能分离移交工作。

4月25日　市民生工程协调领导小组办公室印发《关于开展民生工程督查工作的通知》(民生办〔2017〕2号),进一步强化过程管控,落实问题整改,推进民生工程早实施、早见效、保质量、重管养,健全民生工程全过程管控机制。

5月　充分利用信息化手段,建立全市企业财务动态监测工作体系。首次将全市77家企业纳入统计范围,加强对企业生产经营、财务状况、运行质量、经营风险等方面进行分析研判,充分揭示企业经营风险,为深化国企改革、推动企业提质增效提供决策支持。

5月　制定国资公共服务指南,明确公共服务事项清单。并在财政局外网和政府公开网首次公开全市2016年国有资产运行报告，包括企业财务状况、企业生产经营情况、国有资产保值增值情况以及市属企业业绩考核总体情况。

5月25—26日　市委宣传部、市民生办组织安徽日报、安徽广播电台、中安在线等驻安庆记者站以及安庆日报、安庆电视台、安庆晚报、安庆广播电视报等市主流媒体共计11家新闻单位记者深入潜山、大观、宜秀以及安庆经开区等地民生工程实施现场开展集中采访，实地了解全市民生工程实施进展情况，通过宣传典型，鼓励先进、鞭策后进，促进全市民生工程整体推进。

6月7日　市民生工程协调领导小组办公室印发《关于进一步建立健全民生工程调度通报约谈机制的通知》（民生办〔2017〕6号），通过每月调度、每月通报、每月点评和适时约谈，推进全市民生工程整体快速实施。

6月18—24日　市财政局组织全市财政系统50名干部职工到浙江大学开展“财政干部能力提升”专题培训班，着力打造一支“政治强、懂业务、善治理、敢担当、作风正”的财政干部队伍。

7月　完成2016年度税式支出测算工作，共测算306项，涉及各税种15大类。

7月1日　提高安庆市城乡居民最低生活保障和特困人员供养标准，首次实现城乡低保市和县（市）标准合一，确保扶贫、低保“二线合一”。

7月11日　安庆市交通建设工程质监局和安庆市水利工程质监站两张机关事业单位养老保险缴费单在市地税局打印成功，标志着安庆市市本级机关事业单位养老保险基金征缴工作正式启动。

7月27日　市财政局联合相关部门出台了《安庆市本级及辖区就业补助资金使用与管理实施细则》，这是安庆市首次根据财政部和省财政厅就业补助资金管理办法，制定的适合本地实际的实施细则。

7月31日　市财政局召开2018年市级部门预算编制工作会议，部署安排2018年部门预算及2018—2020年三年滚动财政规划编制工作。

8月8日　市财政局召开环保税调研测算重点企业座谈会，就全面做好环保税开征准备工作明确工作方式和具体要求。

8月14—18日　市财政局组织全市财政系统50名干部职工到上海财经大学开展“财政干部能力提升”专题培训班，积极加强学习型机关建设。

8月15日　市政府会同安徽证监局、上海证券交易所举办了安徽辖区后备企业上市培训会，全省20个国家扶贫开发工作重点县和集中连片特殊困难地区县共200余人参加会议。

8月23日　市人大批准安庆市本级2016年财政决算。

8月27日　市政府出台《安庆市民生工程问责暂行办法的通知》（宜政办秘〔2017〕121号），明确民生工程问责对象、适用情形和方式，做到问责不留死角、全面覆盖，促进各地各部门认真履职尽责，确保完成年度目标任务。

9月18日　市财政局召开全市地方政府性债务项目资产清查登记工作会议，就全市地方政府性债务项目资产清查登记进行动员、培训和具体安排。

9月29日　中国戏曲艺术（黄梅戏）金银纪念币发行庆祝仪式在安庆成功举行。

10月　安庆市失业保险基金管理模式实现市级统收统支。

10月　与组织部联合出台《关于选派帮扶干部交通费报销有关事项的通知》（组办字〔2017〕49号），明确挂职帮扶干部生活补贴、交通补助等待遇问题。

10月　按照分类考核的要求和市政府批示，正式启动安庆市市属企业负责人经营业绩考核及薪酬兑现工作。首次完成华茂集团等3户企业负责人薪酬兑现工作。

10月　在全市范围开展“民生工程宣传月”活动，集中宣传民生工程主要政策、实施成果等内容。

10月30日　市人大批准《关于地方政府债务限额及2017年安庆市本级预算调整方案（草案）的报告》

11月　召开市委常委扩大会议，通报了全市1—10月份民生工程实施情况。

11月　市财政局根据市政府部署，派出督查组对各县（市）、区国有企业“三供一业”分离移交工作进行督查。

11月6—10日　市财政局在天津财经大学举办“安庆市金融服务实体经济专题培训班”，各县（市）、区政府分管金融负责同志、投金办负责人及工作人员以及市直有关单位负责人52人参加培训班。

11月23日　市委印发《中共安庆市委关于成立

市属国有企业党委的通知》(庆〔2017〕169号),市属国有企业党委正式成立,隶属市委,设在市国资办,委托市委组织部管理,标志着安庆市初步建立统一归口的国有企业党建工作领导体制。

12月 国有资本经营收支规模分别突破7000万元、8000万元,国有资本经营预算跨上新台阶。

12月 民政部、财政部确定安庆市为全国第二批居家和社区养老服务改革试点地区,获得中央专项彩票公益金养老公共服务项目资金3914万元。

12月 市属国有企业党建工作要求进章程工作正式启动,华茂集团、交投公司完成公司章程修订工作,把企业党建工作要求写进公司章程。

12月8日 中国证监会党委委员、主席助理黄炜一行到安庆市调研企业上市工作。

12月19日 印发《安庆市农业综合开发县级管理工作综合考核办法》和《安庆市农业综合开发高标准农田建设项目考核办法》。

12月25日 市财政局出台《安庆市财政事权和支出责任划分改革工作实施方案》,科学合理划分市以下财政事权和支出责任,提高基本公共服务供给效率,促进地方政府更好履职尽责。

12月28日 市人大通过《关于2017年安庆市本级预算调整方案(草案)的报告》。

(安庆市财政局)

黄山市财政工作大事记

1月6日 《焦点访谈》报道新安江流域生态补偿机制试点的创新措施,积极推动生态优先、绿色发展之路,打造长江生态文明建设的先行示范带和引领全国转型发展的创新驱动带。

1月9—11日 省财政厅、省美丽办委托第三方评价组安徽一通源会计师事务所对黄山市2016年度美丽乡村建设省级奖补资金开展绩效评价。

1月12—17日 市政府督查室、市审计局、市财政局(民生办)组成联合督查组,分赴各区县开展2016年度民生工程年终联合督查。

1月15日 完成2016年度市直行政事业单位退休职工住房补贴审核发放工作。

1月15日 新华社发表文章《皖南生态小镇设立垃圾超市兑换绿水青山》,报道黄山市垃圾兑换超市的典型示范。

1月16日 中央电视台《发现之旅》频道“追溯”栏目组走进休宁县溪口镇祖源村,反映出黄山市近年来通过实施新安江流域生态补偿机制,践诺绿色发展理念,探索“绿色低碳”的循环发展模式。

1月17日 市委、市政府正式印发《黄山市贯彻落实安徽省五大发展行动计划实施方案》,提出新安江绿色发展的重要内容。

1月19—20日 常务副市长刘孝华带队赴财政部、环保部、中国生物多样性保护和绿色发展基金会等,就新安江生态补偿和新安江论坛相关工作进行交流会商。

1月24日 市六届人大七次会议审议通过《关于黄山市2016年财政预算执行情况和2017年财政预算草案的报告》。

1月 根据省、市车改办统一部署,开展事业单位公务用车制度改革数据统计摸底工作,积极履行财政部门职责分工,做好公务交通总支出统计工作。

2月7日 印发《关于开展城镇土地使用税相关政策执行情况调研的通知》,部署开展全市城镇土地使用税相关政策执行情况调研。

2月8日 印发《开展2016年度保障性安居工程财政资金绩效评价复议工作通知》,部署开展2016年度保障性安居工程财政资金绩效评价复议工作,2月12日向省财政厅上报绩效评价报告。

2月8日 省财政厅《关于2016年社会保险基金保值增值绩效评价情况的通报》(财社〔2017〕97号)对全省2016年社会保险基金保值增值绩效评价情况进行通报,黄山市荣获2016全省社会保险基金保值增值绩效评价优秀等次。

2月13日 批复2017年部门预算并部署预算公开工作。

2月14日 市委、市政府出台《关于进一步加强生态环境保护工作的意见》,努力将黄山市建成生态文明安徽样板的先行示范区。

2月14日 市财政局局长汪得宝走访全国人大代表黄山市多维科技公司董事长陈光辉,调研公司发展,听取对财政支持服务经济发展的意见和建议。

2月20日 《安徽省财政厅关于开展政府资产报告试点工作的通知》(财资〔2017〕154号),将黄山市市本级、屯溪区、休宁县列入全省首批政府资产报告编报试点地区。

2月24日 召开《关于开展健全地方税体系专

题调研》座谈会，3月2日上报调研报告。

2月28日 组织并完成第二届财税知识网上竞赛活动。

2月 根据省、市车改办统一部署，配合做好2016年车改部门车辆运行费、租赁费、公务交通补贴及其他公务交通费用情况统计。

2月 完成全市2016年度财政总决算和部门决算布置、培训及编审工作，并在全省会审评比中再次获得佳绩，部门决算荣获全省一等奖。

3月4日 中央电视台《春天来了》大型直播活动聚焦歙县，通过空中航拍和地面多角度的景观镜头，诠释黄山市生态保护和发展成果。

3月13日 市财政局会同市住建委、市地税局印发《受理发放中心城区棚改户购买商品房财政奖补操作细则》，启动棚户区改造棚改户购房补贴复审发放工作。截至年底，共兑现五批棚改户购房财政奖补资金审核发放工作，发放补贴36笔，纳税额约34.7万元，累计发放补贴25.76万元。

3月15日 市长孔晓宏主持召开市政府第60次常务会议，会议研究并原则同意《关于健全生态保护补偿机制的实施意见》，指出加快健全生态保护补偿机制对贯彻落实“五大发展”理念、深入推进美丽中国先行区建设具有重要意义。

3月16日 《中共黄山市委办公厅印发关于推进基层党组织标准化建设的实施意见》（黄办〔2017〕12号），由市国资委拟订的《黄山市国有企业基层党组织建设标准（试行）》作为该文件的附件之一一并印发施行。

3月21日 《新安江流域上下游横向生态补偿机制试点“十三五”实施方案》评审会召开，邀请了南开大学、中国环境科学研究院、环保部环境规划院、省财政厅、省环科院及黄山市发改委、环境监测站等专家及市直相关负责人参加会议。

3月28日 印发《黄山市财政局行政复议和行政诉讼工作规则》的通知。

3月29日 印发《义务教育经费保障机制实施办法》（黄民生办〔2017〕9号），从2017年春季起，统一城乡义务教育学生“两免一补”政策，推动相关教育经费随学生流动可携带。

3月31日 召开全市民生工程协调领导组扩大会议，通报2016年度全市民生工程组织实施工作先进单位，总结2016年民生工程工作，部署2017年全市民生工程工作。会上，市政府与各区县政府及市直责任部门签订2017年民生工程工作目标责任书。

3月 市财政局出台《黄山市农业技术推广资金管理及绩效评价办法》，进一步加强农业技术推广资金项目管理，提高资金使用效益。

4月1日 市委组织部下发《关于杨建琦等同志职务任免的通知》（黄组干字〔2017〕35号），市委决定，成立“中共黄山市国有资产监督管理工作委员会”（简称市国资党工委），王克飞同志任市国资党工委书记。

4月1日 《安徽省财政厅关于2017年全省市级国有资本经营预算编报情况的通报》（财资预〔2017〕387号），黄山市预算编报工作再获通报表彰。

4月10日 开展政协提案实地（屯溪胡开文徽墨厂）调研和上门反馈工作。

5月8日 汪德宝局长带队上门答复，获得提案单位民建黄山市委的一致好评，圆满完成了提案答复工作。

4月13日 市委书记任泽锋主持召开新安江流域综合治理领导小组会议，坚持整体保护、系统修复、综合治理，努力把新安江流域综合治理工作推向更高水平。市委副书记、市长孔晓宏，市委副书记周勇，市委常委、常务副市长刘孝华，市委常委、秘书长、统战部长周天伟，副市长李高峰出席会议。

4月14日 经市政府同意，市国资委印发《关于进一步规范市属企业负责人履职待遇业务支出管理的实施意见》（黄国资〔2017〕16号）。

4月中旬 市财政、市扶贫办联合开展全市财政扶贫专项资金工作督促。

4月17日 安徽省美丽乡村建设工作领导小组下发《关于2015年度全省美丽乡村建设工作验收结果的通报》（皖美组发〔2017〕2号），黄山市51个省级中心村顺利通过省级考核验收。黄山区、徽州区、歙县被评为“安徽省美丽乡村建设先进县”。

4月18日 出台《黄山市重点企业纳税入库情况表》。

4月20日 市政府在市委市政府礼堂召开全市健康脱贫工程推进会，会上通报表彰了2016年度健康脱贫工程先进区县和单位，市财政局被市健康脱贫工程专项工作组授予“2016年度健康脱贫工程实施先进单位”称号。

4月20日 市财政局（新保局）会同市环保局、

市金融办、市住建委、市农委、市水利局召开试点工作推进会暨新安江绿色发展基金培训会，市开投集团、市城投集团、市文投集团、市信投集团，区县财政局(新保局)、环保局分管局长，新安江基金项目平台公司及相关单位负责人、经办人员参加会议。

4月21日　亚行会同国家发改委、财政部在北京召开亚行贷款支持长江经济带生态补偿专题推介会，邀请安徽(黄山市为唯一申报单位)等推介申报亚行项目。市委常委、常务副市长刘孝华率市发改委、市财政局、市新保局、市世行办等部门负责人参会。

4月26日　市委办公厅、市政府办公厅印发《黄山市全面推行河长制工作方案》，要求在全市江河湖库全面推行河长制，为维护河湖健康生命、实现河湖功能永续利用提供制度保障。

4月27日　根据省厅统一部署，开展全市车改配套财政制度建设情况调查。

4月　市国资委首次对黄山旅游集团、黄山城投集团、黄山市文投集团、黄山信投集团、黄山供销集团5户市属企业开展2016年度经营业绩考核。

4月　根据省厅统一部署，开展全市2016年度三公经费财政制度执行及支出情况专项检查，全市三区四县及市直共计1320个单位开展了2016年度三公经费支出情况自查，自查面达100%。

4月　下达全域环境整治及屯溪区2016年创城兜底资金678万元，积极保障文明创建工作需要。

5月3—4日　赴区县开展财税体制调研活动。

5月3日　印发《关于局全面深化改革领导小组人员调整及责任分工的通知》，对市财政局全面深化改革领导小组人员调整并进行了责任分工。

5月5日　市信投集团与E20环境平台、中国生物多样性保护与绿色发展基金会(盈峰环境科技有限公司)、上海复振科技有限公司等共同组建新安江绿色发展有限公司并举行筹建签约仪式，市委常委、常务副市长刘孝华出席。

5月9日　召开全市政府购买服务改革工作座谈会，5月31日向省财政厅上报调研报告，同时印发《关于编报政府购买服务指导性目录工作的通知》和《黄山市向社会力量购买服务流程规范》，审核并汇总公布2017年市直单位购买服务指导性目录，黄山市政府购买服务改革工作步入正轨。

5月10日　会同组织部、机关事务管理局，联合出台《关于市直单位选派干部交通费管理的补充通知》，切实解决选派干部到贫困村开展脱贫帮扶工作交通不便的困难，完善车改配制度建设。

5月10—11日　省人社厅、省财政厅委托第三方会计师事务所对黄山市2016年度市本级及祁门县就业补助资金开展绩效评价。

5月13—16日　圆满完成1808人次的黄山考点2017年度全国会计专业初级资格无纸化考试工作

5月14日　精心组织参加第26届海峡两岸(黄山赛区)珠心算通信比赛。

5月16日　市委、市政府办公厅印发《2017年新安江流域综合治理工作要点》；同日，新安江综合治理重点项目推进会召开，市委常委、常务副市长刘孝华出席会议并讲话。会议通报了新安江综合治理重点项目建设总体情况，听取了农村污水治理、垃圾治理等项目实施情况汇报。

5月17—19日　第十届中部投资贸易博览会暨2017中国国际徽商大会在合肥召开。市国资委组织中国普天信息产业集团所属的普天国际贸易公司参加大会，其在黄山市徽州区投资2亿元的湿法隔膜项目列入大会集中签约项目。

5月18日　组织召开区县预算培训会。

5月19日　市委组织部、市国资党工委、市直机关工委召开工作交接会议，明确黄山城投集团、黄山市文投集团、黄山信投集团、黄山供销集团4户市属企业党组织隶属关系由市直机关工委调整至市国资党工委。

5月23日　天正达会计师事务所党支部荣获2017年安徽省注会行业示范基层党组织。

5月24日　市委召开建市三十周年谋划会议，市财政局局长汪德宝汇报新安江论坛进展情况；下午召开新安江绿色发展有限公司首次董事会。

5月27日　黄山市举办2017年黄山环保宣传周、环保世纪行启动仪式和首届“最美环保人”颁奖典礼。市人大常委会主任程迎峰出席并向采访团记者代表授旗。市人大副主任叶长荫、市人民政府副市长徐德书，市人大办公厅、市委宣传部、市环保局、市新保局负责人参加。

5月31日　市委常委、常务副市长刘孝华率市财政局、市新保局赴中国环保产业协会洽谈新安江论坛筹办的相关事宜。

5月　会同市公安局，研究黄山市贯彻落实省财政厅、省公安厅关于进一步强化公安机关执法执勤用车保障工作有关要求的意见措施。

5月　市财政局负责牵头组织申报了第二批山水林田湖生态保护修复工程试点项目，涉及试点项目总计50个，总投资219.44亿元，分为矿山地质环境治理、土地生态恢复与治理、水环境治理与保护、生物多样性保护、森林和湿地生态修复5大类工程，主要集中在2016—2020年5年时间完成。

5月　市财政局、市扶贫办、市纪委联合出台关于进一步加强财政扶贫资金使用管理办法。

5月　结合黄山市实际，与市公管局联合出台了《黄山市政府采购分散采购管理办法》。

6月2日　组织召开2018年预算编制启动会议。

6月5日　迎接审计署南京特派办对营改增工作检查。

6月5日　省财政厅根据《安徽省政法经费保障绩效考核办法》，对各市政法机关经费和装备统计报表管理情况以及政法财务工作管理情况进行了考核，黄山市考核成绩优秀，获优秀奖，并获得奖励经费50万元。

6月7日　市直机关事业养老保险在职人员缴费工作正式启动，市财政局作为首批5家试点单位之一在市地税局纳税大厅开具了第一张机关事业单位养老保险费和职业年金缴款书，这也是全省市级机关事业单位养老保险第一张缴款书。市政府副市长陆群参加了启动仪式，并亲自为缴费单位发放缴费票据。

6月12日　出台《深化国地税征管体制改革实施方案》。

6月13日　市委常委、常务副市长刘孝华率队赴北京参加第十五届中国国际环保展览会。市新保局、黄山信投集团等参加。

6月14日　《中共黄山市委关于2016年度市属企业领导班子和领导成员综合考核“好”和“优秀”等次的通报》(黄〔2017〕50号)印发，城投集团、文投集团、信投集团、供销集团4户企业领导班子综合考核评价为“好”等次，唐进、雷连本、江懋、刘邦铸4名企业领导人员综合考核为优秀等次。

6月20日　市人大预算工委审议新增债分配方案。

6月21日　黄山市正式成立环境保护委员会，市委书记任泽锋和市委副书记、市长孔晓宏任主任，市分管领导担任副主任，32个市直部门为成员单位，进一步加强对环境保护工作的领导，持续改善环境质量，推进黄山市生态文明建设。

6月21—22日　市新保局、市信投集团受邀赴广州参加2017(第二届)供水高峰论坛，扎实推进新安江论坛筹办工作。

6月22日　市人大预算工委、财经工委领导来市财政局调研黄山市财政教育资金分配和使用情况。

6月25日　市国资委督导市属企业防汛期间工作安排情况，并前往城投集团湖边水利枢纽公司、新安江旅游公司现场检查。

7月3—4日　孔晓宏市长带队赴审计署南京特派办对接财政收入审计相关事项。

7月5日　市医改办、市卫计委、市财政局联合举办全市公立医院综合改革全员培训会。各区县医改办、卫计、财政部门负责同志及有关业务同志；14所公立医院、二级以上民办医院和市管专科医院负责人、医务科长近百人参加培训。

7月6日　报市政府《关于黄山信投集团子企业参股设立地方金融资产管理公司的请示》(黄国资〔2017〕27号)，研究讨论关于成立黄山信投国厚资产管理有限公司的合资协议与公司章程，召开专家论证会，进行风险评估，报法制办审查，并向市政府常务会议汇报。

7月13日　组织市直预算单位财务人员进行预算编制软件培训(为期一天)。

7月14日　组织第二届黄山市少儿珠算能力比赛工作。

7月16—21日　省财政厅评审中心来黄山市开展2016年非物质文化遗产保护专项资金绩效评价工作。

7月18日　召开了驻黄央企、省属企业职工家属区“三供一业”分离移交工作推进会，落实主体责任，推动分离移交工作有序开展。

7月21日　黄山市在全省率先将5.74万企业退休人员基本养老调待资金拨付发放到位。本次共补发全市企业退休人员1—7月调待资金5446万元，调整后的月人均养老金达到2131.44元。

7月27日　召开黄山市环境保护税开征准备工作协调会，会议通过《黄山市环境保护税开征准备工作计划》,建立联席会议机制,进行部门职责工作任务分工。

7月下旬　省财政厅评审中心来黄山市开展2016年度全民健身工程经费绩效评价工作。

7月　省财政厅下发《关于拨付2017年第二批中央财政专项扶贫资金的通知》,对2016年度扶贫开发工作成绩考核结果为“好”的市、区县在分配2017年财政专项扶贫资金时予以奖励,共奖励黄山市1800万元,其中市级奖励100万元、歙县奖励600万元、休宁县奖励500万元、黟县奖励300万元、徽州区奖励300万元;对在省专项扶贫资金绩效评价中荣获A类等次的祁门县予以绩效评价奖励178万元。

7月　积极配合省财政厅来黄山市调研乡镇国库集中支付改革工作,总结黄山市乡镇国库集中支付改革进展情况,并就存在问题开展调研督促改进。

8月2日　市国资党工委起草《黄山市市属国有企业党建工作责任制实施办法》。

8月8日　为扎实推进黄山市失业保险市级统筹工作,我科会同市人社、地税两部门联合出台《关于推进黄山市市级失业保险基金上划市级统筹的通知》,对基金上划统筹工作进行了部署,并于2017年9月正式实施失业保险基金市级统收统支。

8月9日　市政府孔晓宏市长赴歙县调研扶贫与民生工程工作。

8月10日　市委书记任泽锋督查徽州区、歙县民生工程工作。

8月11日　市国资党工委召开市属国有企业党建工作会议,布置加快推进企业章程修订等工作。

8月15日　经市政府批准,正式印发《黄山市市属国有企业功能界定与分类方案的通知》和《黄山市市属国有企业负责人经营业绩考核与薪酬管理办法》。

8月15—18日　会同市政府督查室、市交通局、市水利局、市农委、市房管局赴各区县开展2017年度全市民生工程年中督查工作,重点督查工作进展情况,检查区县资金配套、拨付情况,建后管养资金安排落实情况,民生工程政策宣传开展情况。

8月19—20日　省财政厅农发局副局长孔少林(主持工作)带队到歙县、黟县调研田园综合体建设试点工作。

8月21日　会同市人社局,及时核定下达市法院、市检察院绩效考核奖励总量;转发关于执行人民警察值勤岗位津贴、法定工作日之外加班补贴、政法委机关工作津贴有关问题的通知,确保法官检察官和司法辅助人员工资制度改革及工资兑现工作按照中央、省司法体制改革任务要求顺利推进。

8月23日　组织召开8月份全市财税调度会,并开展全市财税工作专题调研活动。

8月30日　向5户市属企业年度经营业绩考核指标,及时下达企业执行。

8月31日　市人大常委会审议通过《关于黄山市2016年度财政决算和2017年上半年预算执行情况的报告》。

9月1—3日　省财政厅党组书记、厅长罗建国赴黄山市调研新安江流域生态补偿机制建设工作。

9月6日　省财政厅会同黄山市政府赴国家财政部、全国政协人口资源环境委员会汇报对接新安江生态补偿机制试点和新安江论坛筹办工作,省财政厅厅长罗建国,市委常委、常务副市长刘孝华等参加。

9月11日　市财政局局长汪德宝带队赴屯溪区专题调研财税工作。

9月11日　市国资委下达2016年市级国有资本收益征缴通知。

9月12日　市财政局第一支部组织党员干部赴长源村开展贫困户帮扶。

9月14日　市财政局局长汪德宝带队赴开发区专题调研财税工作。

9月16—17日　副省长谢广祥一行来黄山市调研新安江干流河长制工作。市委书记任泽锋陪同调研。省住建厅厅长张天培,省水利厅党组成员、总工程师王军等参加调研。副市长徐德书陪同调研。

9月18日　会同市看守所,联合印发《关于调整看守所在押人员伙食金额及实物量标准的通知》(黄财行〔2017〕409号)。

9月18—19日　组织部分区县人员赴蚌埠市及怀远县学习农村财政管理工作经验做法。

9月20—27日　省美丽乡村建设验收组对2016年度中心村进行验收考评。

9月21日　市国资委召集徽州区政府、市经信委与城投集团,召开原市啤酒厂公产房征迁问题协调会议,研究加快推进该地块棚户区改造拆迁工作。

9月25日　中宣部、国家发改委、中央军委政治工作部、中共北京市委联合主办的“砥砺奋进的五年”大型成就展正在北京展览馆展出，新安江作为“安徽元素”之一闪耀成就展，赢得众多参观者的热切关注和热情点赞。

9月　印发《关于建立民生工作协调推进机制的通知》，健全民生工作各项协调推进机制。

9月　修订科技创新扶持政策，出台《黄山市支持科技创新若干政策》。全年兑现研发用仪器设备补助、国家高新技术企业奖励、产学研合作以及专利奖励等资金1500万元。

9月　修订出台《关于加强政府性资金引导促进重点产业发展的意见》，认真贯彻落实省促进经济平稳健康发展系列政策，充分发挥政府性资金引导和激励作用，促进重点产业平稳健康发展。

9月　修订出台《黄山市政府投资项目资金管理办法》，进一步加强政府投资项目资金的管理，规范资金流出，推进政府效能提速，提高资金使用效益。

10月12日　召开房地产企业土地增值税暂行条例实施情况座谈会，10月13日向省财政厅报送调研报告。

10月12—13日　浙江省财政厅厅长、省地税局局长徐宇宁一行，在安徽省财政厅厅长罗建国陪同下，来黄山市调研考察新安江生态补偿机制，并就深化合作机制进行会商。浙江省财政厅总预算局局长章启诚等参加调研考察。市委书记任泽锋，市长孔晓宏，市委常委、常务副市长刘孝华，市委常委、秘书长、统战部长周天伟，副市长毕普民等陪同。

10月16—19日　在全市开展财政扶贫资金专项督查。

10月26日　市委常委、常务副市长刘孝华带队赴浙江省先后拜访了浙江省财政厅、杭州市人民政府，就推进新安江生态补偿机制建设、新安江生态经济示范区规划编制、新安江绿色发展论坛筹办等工作进行对接会商，受到了徐宇宁厅长、戴建平常务副市长的热情接待。

10月　会同市住建委、市国土局和屯溪区政府制定出台《黄山市市级棚户区改造专项资金管理暂行办法》，规范棚户区改造专项资金管理，加快中心城区棚户区改造工作进度，提高资金使用效益。

11月2日　开展市直单位津贴补贴和福利发放情况调查工作，年底之前，制定了黄山市市直行政机关（含参公事业单位）津贴补贴及补助福利费用发放清单（征求意见稿）分别报送市纪检委、市政府审阅、审批。

11月7日　出台《关于改革完善市级财政科研项目资金管理等政策的实施意见》（黄办〔2017〕42号），创新科技管理，规范资金监管，促进形成充满活力的科技管理和运行机制。

11月10—12日　2017首届新安江绿色发展论坛在黄山市开幕，论坛以“保护绿水青山、共享绿色发展”为主题，国务院国有重点大型企业监事会主席赵华林，全国政协人口资源环境委员会原副主任、原国家环保总局副局长王玉庆，全国政协委员、安徽省政协原副主席王鹤龄，民生银行董事长洪崎，徽商银行董事长李宏鸣，环保部环境规划院院长王金南、财政部财政科学研究院副院长白景明、中国科学院研究员李渤生等一些重要嘉宾及国家部委、省直厅局、兄弟城市相关领导，专家学者、企业家等400余人，深刻剖析和诠释了黄山的绿色发展模式。市委书记任泽锋，市人大常委会主任程迎峰，市政协主席毕无非，市委副书记周勇，市委常委、常务副市长刘孝华，市委常委、秘书长、统战部长周天伟，副市长李高峰等出席。

11月10—12日　毕普民副市长带领市政府办、市水利局、市新保局负责同志参加第十五届中国水论坛，并获得第十六届中国水论坛举办权。

11月14日　刘孝华常务副市长主持召开全市财税调度会。

11月16日　印发《中共黄山市委国有资产监督管理工作委员会关于全面落实中央〈决定〉精神扎实推进市属企业党的十九大精神学习宣传贯彻工作的实施意见》。

11月　会同市委组织部、市司法局，分别制定出台《黄山市农村基层党建与服务经费保障民生工程绩效评价办法》《黄山市城乡困难群体法律援助民生工程绩效评价办法》。

11月29日　省财政厅田园综合体建设试点项目竞争立项评审专家组对歙县蓝田桃源田园综合体试点项目进行实地考察。

12月5日　市政府办公厅正式印发《新安江流域上下游横向生态补偿机制试点“十三五”实施方案》。

12月7日　市人大常委会主任程迎峰率队视察新安江流域综合治理和生态补偿机制二轮试点工作。市人大常委会副主任汪理文、秘书长汪欣及市人大常委会部分驻会委员,相关区县党委、人大、政府和市财政局、市新保局等有关部门负责同志参加视察。

12 月 13 日　由市国资委起草的《中共黄山市委 黄山市人民政府关于加强国有企业党的建设工作深化国资国企改革的实施意见》以黄字〔2017〕25 号文件正式印发。

12 月 13 日　市政府常务会研究讨论 2018 年预算草案报告。

12 月 14 日　代市政府撰写出台了《黄山市人民政府办公厅关于加强公立医院债务化解及管理工作的实施意见》(黄政办〔2017〕73 号)。

12 月 15 日　根据中央、省车改办要求,开展全市执法执勤用车管理及平台建设自查。

12 月 18 日　市委副书记、市长孔晓宏调研黄山旅游集团、黄山城投集团、黄山信投集团和黄山供销集团,要求深入学习贯彻习近平新时代中国特色社会主义思想和党的十九大精神,坚定不移深化国资国企改革,做大做强做优主业,不断提高企业核心竞争力,推动各项工作实现新发展新突破。

12 月　根据中央、省、市深化国家监察体制改革试点工作实施方案,积极履行职责,及时落实任务,做好转隶人员办公办案经费、车辆保障、设备保障等事宜。

12 月　歙县蓝田桃源田园综合体试点项目成功入选全省 2018 年田园综合体项目试点。

(黄山市财政局)

广德县财政工作大事记

1 月 20 日　县财政局深入东亭乡颂祥村、沙坝村开展走访慰问。

1 月 21 日　县财政局召开离退休老干部财政工作情况通报会。

2 月 6—7 日　县财政局成立三个考核小组开展乡镇财政所年度考核。

3 月 1 日　县财政局开展“三八”趣味运动会。

3 月 9 日　召开全县民生工程工作会议。

3 月 25 日　县财政局开展学雷锋志愿服务主题月活动。

3 月 29 日　县财政局实地勘察革命老区项目工程建设情况。

4 月 1 日　县财政局召开 2017 年党风廉政建设暨反腐败工作专题会议。

4 月 6 日　县财政局调研特色小镇建设。

4 月 10 日　县财政局对全县各预算单位及乡镇开展 2016 年度“三公经费”检查摸底工作。

4 月 13 日　县财政局调研美丽乡村建设。

4 月 1 日　县财政局组织党员干部前往广德县烈士陵园开展清明扫墓祭英烈活动。

5 月 5 日　省财政厅厅长罗建国一行赴广德县调研财政运行和财政重点工作。

5 月 19 日　市财政局指导广德县农业综合开发项目建设。

5 月 15 日—6 月 30 日　委托第三方审计机构对全县 9 个乡镇民政专项资金的管理、使用情况进行检查。

8 月 4 日　县财政局邀请县检察院副检察长作党风廉政建设暨预防职务犯罪作专题讲座。

8 月 11 日　县财政局赴联点共建升平社区积极对接网格文明创建工作。

8 月 11 日　由财政局引进的安徽宏祥丝绸织造有限公司成功落户县开发区。

8 月 17—18 日　组成联合督查组,对全县民生工程重点项目进行督查。

8 月 22 日　柏垫镇革命老区项目广德县柏垫镇航空路建设工程开始施工建设。

9 月 6 日　市财政局来广督查指导民生工程工作。

10 月 18 日　县财政局组织全体机关干部集中收看十九大开幕式。

10 月 28 日　县财政局组织全系统离退休老同志开展重阳节活动。

10 月 30 日　县委书记王庆武率队督查民生工程。

10 月 31 日　县财政局查看柏垫镇革命老区项目。

10 月 24 日　县财政局召开 2018 年度全县部门预算编制业务培训会。

11 月 21—23 日　召开 2018 年度预算评审论证会。

11 月 28 日　省财政厅党组成员、省纪委派驻省财政厅纪检组长项中胜来广检查指导工作。

12 月 6 日　县财政局邀请省委讲师团理论宣讲

专家来广为财政干部作十九大精神辅导报告。

12月18日　县直机关工委到县财政局全面检查基层党组织标准化建设工作。

12月27日　县财政局举办“我最喜爱的习总书记的一句话”演讲比赛。

12月27日　县委书记王庆武，县委副书记、县长陈红英，县人大主任程利，常务副县长李军听取2017年全县财税工作情况汇报。

（广德县财政局）

宿松县财政工作大事记

3月1日　安徽省安庆市宿松县经济开发区凤湖环境综合整治及周边路网基础设施PPP项目入库。

3月2日　2017年全县财政系统工作会议召开。

3月25日　县财政局荣获县委、县政府表彰2016年度目标绩效考核“优秀单位”。

3月31日　全县财税暨民生工程工作会议召开。

4月1日　开展“金融生态环境建设大家谈”征文活动。

4月11日　部署推进基层党组织标准化建设工作。

5月4日　全县财政系统反腐倡廉建设工作会议召开。

5月23日　部署推进“两学一做”学习教育常态化制度化和“讲政治、重规矩、作表率”专题教育。

6月2日　全县推进资产收益扶贫和金融扶贫工作动员暨培训会议。

7月17日　浙江大学——宿松县财税系统干部综合素能提升培训班开班。

7月26日　鸠江区财政局——宿松县财政局开展县域结对帮扶推进脱贫攻坚活动。

7月28日　组织党员干部赴岳西县开展现场党性党风党纪教育活动。

8月1日　全县资产收益扶贫工作现场推进会召开。

8月14日　厦门国家会计学院——宿松县财税干部培训班开班。

8月29日　县委副书记、县长王赵春参加指导财政局“讲政治、重规矩、作表率”专题警示教育专题民主生活会。

9月7日　全县发展壮大村级集体经济现场推进会召开。

9月15日　宿松县县直财口机关单位“唱响中国梦、喜迎十九大”歌咏比赛。

9月28日　宿松县电视台推进“两学一做”学习教育常态化制度化专访。

11月9日　县财政局机关党总支、综合管理支部、公共支出支部、离退休支部通过基层党组织标准化建设达标验收。

11月22日　举办宿松县支农政策培训班。

12月28日　安徽红爱实业股份有限公司主板上市报备。

（宿松县财政局）

财经规章篇

地方性法规

安徽省非税收入管理条例

（2017 年 11 月 17 日安徽省第十二届人民代表大会常务委员会第四十一次会议通过）

第一章 总 则

第一条 为了规范非税收入管理，健全公共财政职能，保护公民、法人和其他组织的合法权益，根据《中华人民共和国预算法》和有关法律、行政法规，结合本省实际，制定本条例。

第二条 本条例适用于本省非税收入的设立、征缴、预算、票据和监督管理等活动。

第三条 本条例所称非税收入，是指除税收收入和政府债务收入以外，本省各级国家机关、事业单位、社会团体及其他组织，依法履行公共事务管理职能、利用国有资源或者国有资产、提供特定服务收取的各项收入，包括：

（一）行政事业性收费收入；

（二）政府性基金收入；

（三）罚没收入；

（四）国有资源资产有偿使用收入；

（五）国有资本收益；

（六）彩票公益金收入；

（七）以政府名义接受的捐赠收入；

（八）政府收入的利息收入；

（九）其他非税收入。

第四条 非税收入应当纳入财政预算，分级分类管理，实行收缴分离、收支两条线和国库集中收付制度。

非税收入管理应当遵循依法、规范、公开、高效和便民的原则。

第五条 各级人民政府应当加强对非税收入管理工作的领导，完善非税收入管理和监督体系，保障非税收入资金安全、规范、有效利用。

第六条 县级以上人民政府财政部门主管非税收入管理工作，其所属的非税收入管理机构负责非税收入管理的具体工作。

县级以上人民政府价格、审计等部门以及中国人民银行分支机构按照各自职责，做好非税收入管理、监督相关工作。

第二章 设立管理

第七条 行政事业性收费项目的设立，应当依据法律、行政法规、省人民代表大会及其常务委员会制定的地方性法规和国务院、省人民政府及其财政、价格部门的规定执行。

第八条 政府性基金项目的设立，应当依据法律、行政法规以及国务院和国务院财政部门的规定执行。

第九条 国有资源有偿使用收入，应当依据法律、法规或者按照国务院和省人民政府及其财政部门的规定设立。

第十条　国有资产有偿使用收入、国有资本收益,应当依据法律、法规或者由拥有国有资产、国有资本产权的人民政府及其财政部门按照国有资产、国有资本收益管理规定设立。

第十一条　罚没收入依据法律、法规和规章的规定设立。

第十二条　县级以上人民政府财政、价格部门应当向社会公布非税收入项目目录及其依据、范围、对象、标准、期限和执收单位。

执收单位应当向社会公示由本单位负责收取的非税收入项目及其依据、范围、对象、标准和期限。

第十三条　取消、停征非税收入项目以及调整征收对象、范围、标准和期限,应当按照设立非税收入的权限和程序办理。

第十四条　省人民政府财政、价格部门应当定期对本省设立的非税收入项目进行评价,根据评价结果和本省经济社会发展状况,合理调整非税收入管理政策;适时取消、停止执行本省设立的与经济社会发展不相适应的非税收入项目。

第三章　征缴管理

第十五条　非税收入由法律、法规、规章或者设立项目的有关规范性文件规定的执收单位执收;没有规定执收单位的,由县级以上人民政府财政部门或者其委托的单位执收。

执收单位根据法律、法规、规章的规定委托其他单位收取的,应当报本级人民政府财政部门备案;受委托单位在委托范围内执收非税收入,不得转委托。

接受委托的单位应当具备财政部门规定的执收条件;禁止委托个人执收非税收入。

第十六条　执收单位应当依照规定的范围、对象、标准、期限征收非税收入,不得多征、提前征收或者擅自减征、免征、缓征。

缴款义务人应当按照规定的时间、数额缴纳非税收入。

对违法设定非税收入项目、扩大执收范围、提高执收标准以及违法使用票据执收非税收入的,缴款义务人有权拒绝缴纳。

第十七条　减征、免征、缓征非税收入应当符合法律、法规、规章以及国务院、省人民政府及其财政、价格部门的规定,按照规定的权限和程序办理。

缴款义务人确因特殊情况需要减缴、免缴、缓缴非税收入的,应当提出书面申请,经执收单位和非税收入管理机构审核后按照法定批准权限和期限办理。

第十八条　经县级以上人民政府财政部门会同中国人民银行当地分支机构确定,有代理收付款项业务的银行业金融机构,均可作为非税收入的代理机构。

代理机构按照前款规定确定后,由县级以上人民政府财政部门会同中国人民银行当地分支机构向社会公布。

县级以上人民政府财政部门应当按照国家财政专户管理规定,在代理机构设立非税收入汇缴结算账户,用于记录、归集、结算非税收入,汇缴结算账户纳入国库单一账户体系。

代理机构应当按照与县级以上人民政府财政部门签订的代理协议办理非税收入收纳、清算、汇划等业务。

第十九条　未经本级人民政府财政部门批准,执收单位不得当场收取非税收入现款。经批准收取的现款应在五日内缴入非税收入汇缴结算账户。法律、法规、规章另有规定的除外。

执收单位不得隐匿、转移、截留、坐支、挪用、私分非税收入款项,不得将非税收入款项存入非税收入汇缴结算账户以外的其他账户。

执收单位征收的非税收入按规定应当直接缴入国库的,直接缴库。

第二十条　县级以上人民政府财政部门应当按照预算级次和预算科目,准确、及时将非税收入划解国库或者财政专户,不得截留、占用、挪用或者拖欠。

非税收入汇缴结算账户中待结算资金超过一年仍无执收单位确认的,由县级以上人民政府财政部门向社会公告后直接划缴国库。

第二十一条　执收非税收入有下列情形之一的,经本级人民政府财政部门确认后,应当在二十日内退还:

(一)违法执收的;

(二)确认为误缴、误收、多收需要退付的;

(三)待结算收入符合有关规定需要退付的;

(四)因执收依据调整需要退付的;

(五)经财政部门核准的其他退付事项。

执收非税收入已缴入国库或者划转财政专户的,按国库和财政专户管理有关规定办理。

第四章 预算管理

第二十二条 非税收入按照类别和性质,实行分类预算管理,分别纳入一般公共预算、政府性基金预算和国有资本经营预算管理。

第二十三条 各级人民政府和执收单位应当根据历年非税收入情况和预算年度收入增减变化因素,将所有非税收入纳入地方预决算和部门预决算统一编制,不得隐瞒、少列。

第二十四条 县级以上人民政府财政部门对非税收入预算执行实行动态监控,督促执收单位及时、足额征收非税收入。

第二十五条 各级人民政府不得向执收单位下达非税收入指标,不得通过违规调库、乱收费、乱罚款等手段虚增财政收入。

第二十六条 非税收入的分成按照下列规定办理:

(一)涉及中央和地方分成的,按照国务院或者国务院财政部门规定的分成比例办理;

(二)涉及省与市、县分成的,按照省人民政府或者省人民政府财政部门规定的分成比例办理;

(三)涉及部门、单位之间分成的,按照国务院财政部门或者省人民政府财政部门规定的分成比例办理。

分成比例未作规定的,应当按照财务隶属关系分别报国务院财政部门或者省人民政府财政部门批准。

未经相应程序批准,部门、单位不得对非税收入实行分成或者调整分成比例,不得集中下级部门、单位的非税收入。

第二十七条 涉及分成的非税收入,由县级以上人民政府财政部门按照有关规定,通过非税收入汇缴结算账户及时划解、结算,不得滞留、截留。执收单位不得以任何形式将涉及分成的非税收入直接缴付或者拨付。

税务机关代征或者实行就地缴库的非税收入的分成、划解,按照相关规定办理。

第五章 票据管理

第二十八条 非税收入票据是执收单位依法征收非税收入时向缴款义务人开具的法定凭证。

非税收入票据是财务收支和会计核算的原始凭证,是财政、审计等部门监督检查的重要依据。

第二十九条 省人民政府财政部门统一负责全省非税收入票据的印制。

省人民政府财政部门应当按照政府采购有关规定,选择承印企业,定点印制非税收入票据,其他单位和个人不得印制。

承印企业不得向省人民政府财政部门以外的单位或者个人提供非税收入票据。

第三十条 非税收入票据发放,实行凭证申领、分次限量、核旧领新。

执收单位应当按照财务隶属关系,向本级人民政府财政部门申领非税收入票据。

第三十一条 执收单位征收非税收入或者税务机关代征非税收入时,应当向缴款义务人出具非税收入票据或者税收票证。

采取手机、网上银行等电子化方式缴纳非税收入的,缴款义务人可以凭电子缴款凭据换取非税收入票据。

第三十二条 执收单位应当依法使用非税收入票据,建立健全非税收入票据领用、保管、缴销、审核等制度,保证票据安全。

非税收入票据发生灭失的,使用单位应当及时查明原因,以书面形式报告原核发票据的财政部门,并自发现之日起三日内登报或者通过政府指定网站公开声明作废。

第三十三条 县级以上人民政府财政部门应当推进非税收入票据电子化管理,实行电子开票、自动核销、源头控制、全程跟踪,提高非税收入票据管理水平。

第六章 监督检查

第三十四条 县级以上人民代表大会及其常务委员会依法对非税收入管理情况进行监督。本级人民政府及其有关部门、单位应当如实报告非税收入管理情况,自觉接受监督。

第三十五条 县级以上人民政府应当加强对本级人民政府相关部门、单位和下级人民政府执行非税收入管理法律、法规、规章的监督,依法处理非税收入管理中的重大问题。

第三十六条 县级以上人民政府财政部门应当加强对非税收入收取、使用、管理的日常监督和专项稽查,及时依法查处非税收入管理中的违法行为。

被检查单位应当自觉接受监督检查,如实提供账册、报表、票据等资料,不得拒绝、阻碍检查。

第三十七条 县级以上人民政府审计部门应当

依法对非税收入执收与支出的真实、合法、使用效益情况和资金管理等情况进行审计监督。

第三十八条 任何单位和个人有权举报、投诉非税收入管理中的违法行为。

县级以上人民政府财政、价格、审计等部门,以及执收单位主管部门,应当按照各自职责,依法受理、调查、处理举报、投诉事项,并为举报人、投诉人保密。

第七章 法律责任

第三十九条 违反本条例第十六条第一款规定,执收单位未按照规定的范围、对象、标准、期限征收非税收入,多征、提前征收或者擅自减征、免征、缓征非税收入的,由县级以上人民政府财政部门或者有关部门责令改正,补收应当收取的非税收入,限期退还违法征收的非税收入。

违反本条例第十六条第二款规定,缴款义务人未按照规定的时间、数额缴纳非税收入的,由县级以上人民政府有关部门和执收单位按照职责分工责令其补缴应当缴纳的款项。

第四十条 违反本条例第十九条第二款规定,执收单位隐匿、转移、截留、坐支、挪用、私分非税收入款项,或者将非税收入款项存入非税收入汇缴结算账户以外的其他账户的,由县级以上人民政府财政部门或者有关部门责令改正,调整有关会计账目,收缴应当上缴的非税收入,限期退还违法征收的非税收入。

第四十一条 县级以上人民政府、有关部门及其工作人员违反本条例规定,有下列行为之一的,对直接负责的主管人员和其他直接责任人员,依法给予处分:

(一)截留、占用、挪用或者拖欠非税收入的;

(二)未将所有非税收入列入预算,隐瞒、少列的;

(三)向执收单位下达非税收入指标或者通过违规调库、乱收费、乱罚款等手段虚增财政收入的;

(四)未经相应程序批准,对非税收入实行分成或者集中下级非税收入的;

(五)未按照政府采购有关规定,选择票据承印企业的;

(六)未按照职责依法受理、调查、处理举报、投诉事项的;

(七)未按照本条例规定履行其他职责的。

第四十二条 违反本条例规定的行为,有关法律、行政法规已有行政处罚规定的,适用其规定;构成犯罪的,依法追究刑事责任。

第八章 附 则

第四十三条 本条例自 2018 年 1 月 1 日起施行。

规范性文件

安徽省财政厅　安徽省商务厅关于印发《安徽省电子商务发展专项资金管理暂行办法》的通知

财企〔2017〕116号

省直有关单位，各市、县（市、区）财政局、商务局：

为深入贯彻落实《中共安徽省委安徽省人民政府关于推进"电商安徽"建设的指导意见》（皖发〔2016〕33号），全力支持"电商安徽"建设，规范电子商务发展专项资金使用管理，提升专项资金使用效益，我们制定了《安徽省电子商务发展专项资金管理暂行办法》。现予印发，请遵照执行。

安徽省电子商务发展专项资金管理暂行办法

第一章　总　则

第一条　为全力推进"电商安徽"建设，规范电子商务发展专项资金使用管理，提升专项资金使用效益，推动我省电子商务产业加快发展，根据《中共安徽省委安徽省人民政府关于推进"电商安徽"建设的指导意见》（皖发〔2016〕33号，以下简称《指导意见》）等精神，结合我省实际，制定本办法。

第二条　安徽省电子商务发展专项资金（以下简称专项资金）是省级财政预算安排、专项用于扶持"电商安徽"建设的补助资金。

第三条　根据《指导意见》确定的"渠道不乱、合力推进"原则，财政支持"电商安徽"建设的有关资金，既包括安徽省电子商务发展专项资金，也包括省级科技、经信、农业、旅游、供销等方面涉及电子商务发展的有关专项资金。

本办法仅规范安徽省电子商务发展专项资金的使用管理。省级科技、经信、农业、旅游、供销等方面涉及电子商务发展的有关专项资金，按照《指导意见》要求，合力推进我省电子商务产业发展。

第四条　省商务厅和省财政厅共同负责专项资金的管理。省财政厅主要负责专项资金的预算管理和资金拨付，对资金使用情况进行监督检查。省商务厅主要负责业务指导和项目管理，提出资金分配方案，纳入安徽财政涉企项目资金管理信息系统管理，对项目建设实施情况进行跟踪问效，组织开展绩效评价。

第五条　专项资金的使用管理遵循公开、公平、公正原则，坚持突出重点，示范引导，规范高效。

第二章　支持范围和方式

第六条　专项资金的支持范围：

（一）电子商务综合服务体系建设。打造安徽省电子商务综合公共服务平台，推进市、县电子商务公共服务体系建设；支持建立全省电子商务统计监测体系;支持组织开展皖货品牌线上线下融合促销活动等。

(二)电子商务示范县(区)建设。支持省级电子商务进农村示范县(区)、电商特色小镇和电商村创建工作,重点支持农产品流通体系建设和农村产品网上销售,支持物流配送资源整合,建立适应农村物流信息服务平台和配送体系等。

(三)电子商务主体示范创建。支持电商主体培育,对新评选认定的国家电子商务示范基地、示范企业和省级电子商务示范园区、示范企业等,给予一次性奖补,资金主要用于补助其硬件投入、系统开发升级、宣传推广及房租、水、电等经费。

已列入国家资金支持的项目,专项资金不再重复安排。

第七条 专项资金采取以奖代补、后补助等方式安排到省级具体项目,以因素法或项目法分配到市县。

第八条 专项资金不得用于征地拆迁、土建、人员经费、购买流量等支出。

第三章 资金分配

第九条 专项资金分补助市县和本级支出两个预算级次。

第十条 省财政厅、省商务厅每年根据专项资金预算安排情况、认定的示范项目、上年资金绩效等因素,确定具体的分配标准。

第十一条 本级支出由省商务厅会同省财政厅研究确定,主要用于电子商务综合服务平台、统计监测体系、皖货线上线下促销活动等公共服务项目,省财政厅将根据项目建设情况,按规定安排拨付资金。

补助市县项目根据所认定的电子商务示范情况,采取切块下达方式,直接分配到地方,由各地安排到具体项目。

第十二条 电子商务示范县(区)项目实行属地化管理。示范县(区)商务、财政部门应发布项目申报文件,组织相关企业(单位)申报。符合条件的企业(单位),将申请资料报送所在地商务、财政部门。所在地商务部门会同财政部门对企业申报的资格、材料的真实性和完整性进行审核,组织有关专家开展项目评审,确定拟扶持项目。所在地商务部门将拟扶持对象、补助金额等信息通过网站进行公示,公示期不得少于7个工作日。项目公示结束后,所在地财政部门会同商务部门,及时将专项资金拨付到具体企业(单位)。

电子商务主体示范创建项目根据国家或省级认定的示范基地、示范园区或示范企业结果,将专项资金分配到所在地财政部门,各地应在收到资金下达文件六十日内将资金拨付到具体单位或企业。

第四章 绩效管理

第十三条 省商务厅制定项目绩效评价方案,科学设定绩效评价指标,组织示范县开展绩效评价。各地商务、财政部门根据绩效管理要求,组织示范单位开展绩效评价,于每年3月底向省商务厅前提交绩效评价报告,绩效评价报告至少包含项目组织实施、资金分配、绩效管理等情况。

第十四条 省商务厅每年对专项资金安排使用情况形成绩效评价报告,并加强绩效评价结果运用。

第十五条 项目承担企业(单位)要积极配合开展绩效评价工作,按要求如实报送有关资料,并按照绩效评价报告提出的整改措施组织整改。

第五章 监督管理

第十六条 各级商务、财政部门是专项资金监管的责任主体,应认真做好项目申报、评审和资金监管工作,按规定用好专项资金,不定期对资金使用情况进行监督检查,确保专项资金发挥效益。省商务厅、省财政厅对各示范创建项目建设成效采取随机抽查、重点检查等方式进行督查。

第十七条 项目承担企业(单位)收到财政补助资金后,应严格执行项目资金使用的有关规定,向所在地商务、财政部门报告项目资金使用情况。

第十八条 专项资金必须专款专用,对违反规定使用专项资金的,一经查实,将全额追回已拨付的款项,并取消该单位(企业)三年内申报资格、纳入黑名单管理。对弄虚作假、挪用、挤占专项资金等行为,按《财政违法行为处罚处分条例》(国务院令第427号)的相关规定进行处理。构成犯罪的,依法追究刑事责任。

第六章 附 则

第十九条 省级电子商务示范项目的认定条件、标准、程序等由省商务厅会同有关部门另行发布。

第二十条 各示范县(区)应根据本办法,结合工作实际制定具体的实施细则,并报省财政厅、省商务厅备案。实施细则应进一步明确资金的申报条件、支持范围、支持标准以及组织流程、监督管理等内容,突出科学性、实效性和可操作性。

第二十一条 本办法自印发之日起实行。

安徽省财政厅关于印发《安徽省农村综合改革转移支付资金管理暂行办法》的通知

财农改办〔2017〕124 号

各市、县(区)财政局:

为进一步规范农村综合改革转移支付资金管理,提高使用绩效,根据《财政部关于印发〈中央财政农村综合改革转移支付资金管理办法〉的通知》(财预〔2016〕177 号)、《安徽省人民政府办公厅关于印发安徽省财政一般性转移支付资金管理办法和安徽省省级财政专项资金管理办法的通知》(皖政办〔2014〕29 号)和农村综合改革工作要求,现印发《安徽省农村综合改革转移支付资金管理暂行办法》,请遵照执行。

安徽省农村综合改革转移支付资金管理暂行办法

第一条 为促进农村综合改革转移支付资金(以下简称农综改资金)规范、公平、有效使用,提高资金绩效,根据《财政部关于印发〈中央财政农村综合改革转移支付资金管理办法〉的通知》(财农〔2016〕177 号)和《安徽省人民政府办公厅关于印发安徽省财政一般性转移支付资金管理办法和安徽省省级财政专项资金管理办法的通知》(皖政办〔2014〕29 号)等规定,制定本办法。

第二条 本办法所指农综改资金是指中央补助我省以及省级财政安排的,用于支持开展农村综合改革各项工作的一般转移支付资金。

第三条 农综改资金管理应遵循公平公正、分配合理,责权明晰、管理规范,强化绩效、公开透明的原则。

第四条 省财政部门(省农村综合改革部门,下同)负责分配中央和省级农综改资金;明确农综改资金的使用方向、支持重点;开展资金使用绩效评价及监督检查等工作。各市、县(市、区)财政部门负责农综改资金的统筹安排、使用管理、监督检查、绩效评价等工作。

第五条 农综改资金主要用于支持中央和省里确定开展的村级公益事业建设一事一议财政奖补项目建设、美丽乡村建设、村级集体经济发展、农村公共服务运行维护、国有农场办社会职能改革等工作,以及中央和省里需要推动落实的其他农村改革发展事项。不得用于人员工资、楼堂馆所建设等与农村综合改革工作不相关的支出。

第六条 农综改资金应创新投入和使用方式,可采用以奖代补、民办公助、贷款贴息、政府和社会资本合作等方式,引导社会资金参与农村改革发展事项,放大财政资金使用效能。

第七条 农综改资金投入形成的公益性资产应当明确主体,及时移交产权,确定运行管护责任。国家直接投入的财政补助资金形成的经营性资产,除拨款时明确产权的以外,原则上归属于村集体经济组织,能够在集体组织和成员之间量化的可按照股权比例量化。

第八条 省财政部门根据国家和省相关政策规定,按照乡村人口、乡村个数、财政困难程度、重点改革任务、绩效考评结果、工作开展情况等因素分配各市、县(市、区)农综改资金。

第九条 省财政部门于收到中央农综改资金三十日内,下达市、县(市、区)财政部门。省级农综改资金于省级人民代表大会批准预算后的三十日内,下达到市、县(市、区)财政部门。农综改资金的支付应当按照国库集中支付制度有关规定执行。

第十条 市、县(市、区)财政部门应将中央和省级提前下达的农综改资金,全额纳入本级年度预算,并结合农村综合改革年度重点任务、本地农村综合改革实际情况等,足额安排本级资金,与中央和省级农综改资金统筹使用,确保开展农村综合改革的资金需要。同时,各县(市、区)财政部门应将农综改资金安排分配情况报送市财政部门,市财政部门应将本市所属县(市、区)农综改资金安排情况汇总上报省财政厅。

第十一条 根据财政部有关规定,需要开展统筹整合使用的资金,由各市、县(市、区)按照要求执行。

第十二条 各市、县(区)财政部门要加强对农综改资金使用情况的监督检查,自觉依法接受审计监督,确保资金使用安全、合规和有效。建立资金分配结果公开公示制度,加强基础信息资料和档案管理,利用信息化手段提高管理水平。

第十三条 省财政部门每年根据有关要求对各市、县(市、区)农村综合改革工作情况进行监督检查和绩效考评。绩效考评结果作为省财政部门分配农综改资金的重要参考因素,并对考评结果采取适当方式予以通报。各市、县(市、区)财政、农村综合改革有关部门要加强本地农村综合改革工作的监督检查和绩效考评。

第十四条 各市、县(市、区)财政、农村综合改革有关部门及其工作人员在资金分配、项目安排工作中,存在违反规定分配资金、向不符合条件的单位(或项目)分配资金或擅自超出规定的范围或标准分配资金等行为,以及其他滥用职权、玩忽职守、徇私舞弊等违法违纪行为的,按照《中华人民共和国预算法》《中华人民共和国公务员法》《中华人民共和国行政监察法》《财政违法行为处罚处分条例》《安徽省财政监督条例》等有关规定予以处理。

农综改资金使用管理中有关单位和个人存在弄虚作假或挤占、挪用、滞留资金等财政违法行为的,按照《中华人民共和国预算法》《财政违法行为处罚处分条例》等有关规定处理。

第十五条 各市、县(区)财政部门应依据本办法,结合本地工作实际,制定具体的农综改资金管理办法,并报省财政厅备案。

第十六条 本办法自下发之日起施行,由省财政厅负责解释。《安徽省财政厅关于印发〈安徽省农村综合改革转移支付资金管理暂行办法〉的通知》(财农改办〔2014〕1257号)同时废止。

安徽省财政厅关于印发《安徽省普惠金融发展专项资金管理实施细则》的通知

财金〔2017〕224号

各市、县(市、区)财政局:

为加快建立普惠金融服务和保障体系,加强普惠金融发展专项资金管理,提高财政资金使用效益,根据《财政部关于印发〈普惠金融发展专项资金管理办法〉的通知》(财金〔2016〕85号)等有关规定,我们制定了《安徽省普惠金融发展专项资金管理实施细则》。现印发给你们,请认真遵照执行。

安徽省普惠金融发展专项资金管理实施细则

第一章 总 则

第一条 为加快建立普惠金融服务和保障体系,加强普惠金融发展专项资金管理,根据《财政部关于印发〈普惠金融发展专项资金管理办法〉的通知》(财金〔2016〕85号)等规定,结合我省实际,制定本实施细则。

第二条 本细则所称普惠金融发展专项资金(以下简称专项资金),是指中央和地方财政用于支持普惠金融发展的专项转移支付资金,包括县域金融机构涉农贷款增量奖励、农村金融机构定向费用补贴、创业担保贷款贴息及奖补、中央财政政府和社会资本合作(PPP)项目以奖代补等4个使用方向。

第三条 专项资金遵循惠民生、保基本、有重点、可持续的原则,综合运用业务奖励、费用补贴、贷款贴息、以奖代补等方式,引导市、县(区)人民政府、金融机构以及社会资金支持普惠金融发展,弥补市场失灵,保障农民、小微企业、城镇低收入人群、贫困人群和残疾人、老年人等我省普惠金融重点服务对象的基础金融服务可得性和适用性。

第四条 专项资金采取因素法分配,由省财政按年度将中央、省级财政资金下达有关市、县财政部门。市、县财政部门根据下达的预算指标,按照有关要求安排使用。

第五条 专项资金的使用和管理遵循公开透明、定向使用、科学规范的基本原则,确保资金使用合理、安全、高效,充分发挥财政资金杠杆作用,引导金融服务向普惠方向延伸。

第六条 财政部门负责专项资金的预算管理和资金拨付,并组织对资金使用情况进行预算监管和绩效管理。

第二章 县域金融机构涉农贷款增量奖励政策

第七条 为发挥财政资金对县域经济发展的支持和推动作用,专项资金安排支出用于对符合条件的县域金融机构给予一定奖励,引导其加大涉农贷款投放力度。

第八条 对符合条件的县域金融机构当年涉农贷款平均余额同比增长超过13%的部分,财政部门可按照不超过2%的比例给予奖励。对年末不良贷款率高于3%且同比上升的县域金融机构,不予奖励。

第九条 奖励资金于下一年度拨付,纳入县域金融机构收入核算。

第十条 本章所称县域金融机构,是指县级(含县、县级市、县级区,不含县级以上城市的中心区)区域内具有法人资格的金融机构(以下简称法人金融机构)和其他金融机构(不含农业发展银行)在县及县以下的分支机构。

本章所称涉农贷款,是指县域金融机构发放的用于支持农业生产、农村建设和农民生产生活的贷款。由符合《涉农贷款专项统计制度》(银发〔2007〕246号)中的"农户贷款"、"农村企业及各类组织农林牧渔业贷款"和"农村企业及各类组织支农贷款"等3类贷款组成。

第十一条 本章所称涉农贷款平均余额,是指县域金融机构在年度内每个月末的涉农贷款余额平均值,即每个月末的涉农贷款余额之和除以月数。如果县域金融机构为当年新设,则涉农贷款平均余额为自其开业之月(含)起每个月末的涉农贷款余额平均值,可予奖励的涉农贷款增量按照当年涉农贷款平均余额的50%核算。

第十二条 县域金融机构应于每年1月20日之前向当地县级财政部门申报涉农贷款增量奖励资金,申请材料包括(一式三份):奖励资金申请书;《安徽省县域金融机构贷款质量认定表》(附表6);《安徽省县域金融机构涉农贷款平均余额人行确认表》(附表7);《安徽省县域金融机构涉农贷款发放及奖励资金申请表》(附表8)、《安徽省县域金融机构涉农贷款统计明细表》(附表9)等。

第三章 农村金融机构定向费用补贴政策

第十三条 为引导和鼓励金融机构主动填补农村金融服务空白,专项资金安排支出用于对符合条件的新型农村金融机构给予一定补贴,支持农村金融组织体系建设,扩大农村金融服务覆盖面。

第十四条 对符合下列各项条件的新型农村金融机构,财政部门可按照不超过其当年贷款平均余额的2%给予补贴:

(一)当年贷款平均余额同比增长;

(二)村镇银行的年均存贷比高于50%(含50%);

(三)当年涉农贷款和小微企业贷款平均余额占全部贷款平均余额的比例高于70%(含70%);

(四)财政部门规定的其他条件。

第十五条 补贴资金于下一年度拨付,纳入金融机构收入统一核算。

第十六条 农村金融机构(网点)可享受补贴政策的期限,为自该农村金融机构(网点)开业当年(含)起的4年内。农村金融机构(网点)开业超过享受补贴政策的年数后,无论该农村金融机构(网点)是否曾经获得过补贴,都不再享受补贴。如果农村金融机构(网点)开业时间晚于当年的6月30日,但开业当年未享受补贴,则享受补贴政策的期限从开业次年起开始计算。

第十七条 对以下几类贷款不予补贴,不计入享受补贴的贷款基数:

(一)当年任一时点单户贷款余额超过500万元的贷款;

(二)注册地位于县级(含县、县级市、县级区,不含县级以上城市的中心区)以下区域的新型农村金融机构,其在经监管部门批准的县级经营区域以外发放的贷款;

(三)注册地位于县级以上区域的新型农村金融机构,其网点在所处县级区域以外发放的贷款;

第十八条 本章所称新型农村金融机构,是指经银监会批准设立的村镇银行、贷款公司、农村资金互助社3类农村金融机构。

本章所称存(贷)款平均余额,是指金融机构(网点)在年度内每个月末的存(贷)款余额平均值,即每个月末的存(贷)款余额之和除以月数。如果金融机构(网点)为当年新设,则存(贷)款平均余额为自其开业之月(含)起每个月末的存(贷)款余额平均值。

本章所称月末贷款余额,是指金融机构在每个月末的各项贷款余额,不包括金融机构的票据贴现、对非存款类金融机构的拆放款项,以及自上年度开始以来从其他金融机构受让的信贷资产。具体统计口径以《中国人民银行金融统计制度》及相关规定为准。

本章所称年均存贷比,是指金融机构当年的贷款平均余额与存款平均余额之比。

本章所称涉农贷款,是指符合《涉农贷款专项统计制度》(银发〔2007〕246号)规定的涉农贷款,不包括金融机构的票据贴现、对非存款类金融机构的拆放款项,以及自上年度开始以来从其他金融机构受让的信贷资产。

本章所称小微企业,是指符合《中小企业划型标准规定》(工信部联企业〔2011〕300号)规定的小型、微型企业。

第十九条　新型农村金融机构应于每年1月20日之前向县级财政部门申报农村金融机构定向费用补贴资金,申请材料包括(一式三份):补贴资金申请书;《安徽省农村金融机构贷款发放及补贴申请表》(附表10);《安徽省农村金融机构存贷款及主要监管指标情况表》(附表11);《安徽省农村金融机构定向费用贷款统计明细表》(附表12)等。

第四章　创业担保贷款贴息及奖补政策

第二十条　为实施更加积极的就业政策,以创业创新带动就业,助力大众创业、万众创新,专项资金安排支出用于对符合政策规定条件的创业担保贷款给予一定贴息,减轻创业者和用人单位负担,支持劳动者自主创业、自谋职业,引导用人单位创造更多就业岗位,推动解决特殊困难群体的结构性就业矛盾。

第二十一条　对按照《国务院关于进一步做好新形势下就业创业工作的意见》(国发〔2015〕23号)、《中国人民银行财政部人力资源社会保障部关于实施创业担保贷款支持创业就业工作的通知》(银发〔2016〕202号)等文件规定发放的个人和小微企业创业担保贷款,财政部门可按照国家规定的贴息标准予以贴息。

享受财政贴息支持的创业担保贷款,作为借款人的个人和小微企业应通过人力资源社会保障部门的借款主体资格审核,持有相关身份证明文件,且经担保基金运营管理机构和经办银行审核后,具备相关创业能力,符合相关担保和贷款条件。

第二十二条　专项资金贴息的个人创业担保贷款,最高贷款额度为10万元,贷款期限最长不超过3年,贷款利率可在贷款合同签订日贷款基础利率的基础上上浮一定幅度,具体标准为贫困地区(含国家扶贫开发工作重点县、国家连片特困地区大别山片区县,下同)上浮不超过3个百分点,其他地区上浮不超过2个百分点,实际贷款利率由经办银行在上述利率浮动上限内与财政部门或创业担保贷款担保基金运营管理机构协商确定。除助学贷款、扶贫贷款、首套住房贷款、购车贷款以外,个人创业担保贷款申请人及其家庭成员(以户为单位)自提交创业担保贷款申请之日起向前追溯5年内,应没有商业银行其他贷款记录。

专项资金贴息的小微企业创业担保贷款,贷款额度由经办银行根据小微企业实际招用符合条件的人数合理确定,最高不超过200万元,贷款期限最长不超过2年,贷款利率由经办银行根据借款人的经营状况、信用情况等与借款人协商确定。对已享受财政部门贴息支持的小微企业创业担保贷款,政府不再通过创业担保贷款担保基金提供担保形式的支持。

第二十三条　创业担保贷款财政贴息,在国家规定的贷款额度、利率和贴息期限内,按照实际的贷款额度、利率和计息期限计算。其中,对贫困地区符合条件的个人创业担保贷款,财政部门给予全额贴息;对其他地区符合条件的个人创业担保贷款,财政部门第1年给予全额贴息,第2年贴息2/3,第3年贴息1/3。对符合条件的小微企业创业担保贷款,财政部门按照贷款合同签订日贷款基础利率的50%给予贴息。对展期、逾期的创业担保贷款,财政部门不予贴息。

经省政府同意,各市可适当放宽创业担保贷款借款人条件、提高贷款利率上限,相关创业担保贷款由各市财政部门自行决定贴息,具体贴息标准和条件由各市结合实际予以确定,因此而产生的贴息资金支出由同级财政部门全额承担。对各市自行安排贴息的创业担保贷款,要与中央财政贴息支持的创业担保贷款分离管理,分账核算,并纳入创业担保贷款财政贴息资金管理信息系统统一管理。

第二十四条　经办银行按照国家财务会计制度和创业担保贷款政策有关规定,计算创业担保贷款应贴息金额,按季度向同级财政部门申请贴息资金。财政部门审核通过后,在1个月内向经办银行拨付。

第二十五条　建立创业担保贷款奖励机制。按各地当年新发放创业担保贷款总额的1%,奖励创业担保贷款工作成效突出的经办银行、创业担保贷款担保基金运营管理机构等单位,用于其工作经费补助。

创业担保贷款奖励性补助资金的奖励基数,包括经省级人民政府同意、由各市财政部门自行决定贴息的创业担保贷款。对主要以基础利率或低于基础利率发放贷款的经办银行,各地财政部门可在奖励资金分配上给予适度倾斜。

第二十六条 本章所称创业担保贷款,是指以具备规定条件的创业者个人或小微企业为借款人,由创业担保贷款担保基金提供担保,由经办此项贷款的银行业金融机构发放,由财政部门给予贴息(小微企业自行选择贴息或担保中的一项),用于支持个人创业或小微企业扩大就业的贷款业务。

本章所称担保基金,是指由地方政府出资设立的,用于为创业担保贷款提供担保的专项基金。担保基金由政府指定的公共服务机构或其委托的融资性担保机构负责运营管理。

本章所称经办银行,是指由各级人民银行分支机构会同财政、人力资源社会保障部门通过公开招标等方式确定的为符合条件的个人和小微企业提供创业担保贷款的银行业金融机构。

第五章 中央财政 PPP 项目以奖代补政策

第二十七条 为吸引社会资本参与公共服务项目的投资、运营管理,提高公共服务供给能力和效率,中央财政安排了专项资金用于对符合条件的财政部 PPP 示范项目和转型为 PPP 项目的地方融资平台公司存量项目给予一定奖励,提高项目操作的规范性,保障项目实施质量,同时,鼓励融资平台公司化解存量地方政府债务。

第二十八条 根据财政部《普惠金融发展专项资金管理办法》规定,中央财政 PPP 项目以奖代补政策面向财政部 PPP 示范项目和转型为 PPP 项目的地方融资平台公司存量项目。其中,对财政部 PPP 示范项目中的新建项目,财政部将在项目完成采购确定社会资本合作方后,按照项目投资规模给予一定奖励,具体为投资规模 3 亿元以下的项目奖励 300 万元,3 亿元(含 3 亿元)至 10 亿元的项目奖励 500 万元,10 亿元以上(含 10 亿元)的项目奖励 800 万元。对符合条件、规范实施的转型为 PPP 项目的地方融资平台公司存量项目,财政部将在择优评选后,按照项目转型实际化解存量地方政府债务(政府负有直接偿债责任的一类债务)规模的 2% 给予奖励。中央财政 PPP 示范项目中的存量项目,优先享受奖励资金支持。享受以奖代补政策支持的地方融资平台公司存量项目,通过转型为 PPP 模式化解的项目债务应属于清理甄别认定的截至 2014 年末的存量政府债务。

第二十九条 中央财政 PPP 项目以奖代补资金作为综合财力补助,纳入项目公司(或社会资本方)、融资平台公司收入统一核算。新建示范项目奖励资金由财政部门统筹用于项目前期费用补助等相关财政支出。

第三十条 享受中央财政以奖代补政策支持的 PPP 项目,必须严格执行国务院和财政部等部门出台的一系列制度文件,科学编制实施方案,合理选择运作方式,认真做好评估论证,择优选择社会资本,加强项目实施监管,切实保障项目选择的适当性、交易结构的合理性、合作伙伴选择的竞争性、财政承受能力的中长期可持续性和项目实施的公开性。

项目采购要严格执行《中华人民共和国政府采购法》《政府和社会资本合作项目政府采购管理办法》(财库〔2014〕215 号)等规定,充分引入竞争机制,保证项目实施质量。项目合同约定的政府和社会资本合作期限原则上不低于 10 年。

享受中央财政以奖代补政策支持的 PPP 项目必须纳入财政部 PPP 综合信息平台项目库,并按规定将项目信息及获得的奖补资金信息录入 PPP 综合信息平台。

第三十一条 不符合示范项目要求被调出示范项目名单的项目,采用建设-移交(BT)方式的项目,通过保底承诺、回购安排、明股实债、融资租赁等方式进行变相融资的项目,以及合同变更成本高、融资结构调整成本高、原债权人不同意转换、不能化解政府债务风险、不能降低项目债务成本、不能实现物有所值的地方融资平台公司存量转型项目,不享受以奖代补政策支持。已经在其他中央财政专项资金中获得奖励性资金支持的 PPP 项目,不再纳入以奖代补政策奖励范围。

第三十二条 申请中央财政以奖代补资金支持的 PPP 项目,应按规定向市级财政部门报送专项资金申请材料,经省财政厅汇总审核后报送财政部。申请材料包括以奖代补资金申请书、项目规范实施承诺书、项目实施方案、物有所值评价报告、财政承受能力论证报告、采购文件、合同文本等重要资料,以及与以奖代补资金申请或审核相关的其他材料。

第三十三条 按照财政部文件规定,省级财政部门将 PPP 项目以奖代补专项资金申请材料提交财政部由专家进行综合评审,择优选定符合以奖代补政策支持条件的项目。

第三十四条 享受中央财政以奖代补政策支持

的PPP项目所在地财政部门要认真做好项目物有所值评价和财政承受能力论证,有效控制政府支付责任,合理确定财政补助金额。省财政厅将实时统计监测相关项目的政府支付责任,加强对项目合同执行的监督管理,督促下级财政部门严格履行合同约定,有效保护社会资本合法权益,切实维护政府信用。

对以奖代补政策支持的PPP项目,项目所在地财政部门要切实履行财政职能,因地制宜、主动作为,会同项目实施单位和有关部门,为项目的规范实施创造良好环境。积极推动项目加快实施进度,确保项目规范实施、按期落地,形成一批管理水平高、化债效果好、产出结果优、示范效应强的样板项目。

第六章 资金分配和拨付

第三十五条 专项资金由省财政厅按照各地区可予奖励的县域金融机构涉农贷款平均余额增量、可予补贴的农村金融机构贷款平均余额、创业担保贷款贴息及奖补资金需求、符合条件的财政部PPP示范项目投资规模和地方融资平台公司存量项目转型化债规模等因素进行分配。具体计算公式如下:

分配给某市、县的专项资金总额=〔(经核定该市、县可予奖励的县域金融机构涉农贷款平均余额增量×中央及省财政分担比例)÷∑(经核定各市、县可予奖励的县域金融机构涉农贷款平均余额增量×中央及省财政分担比例)×相应权重+(经核定该市、县可予补贴的农村金融机构贷款平均余额×中央及省财政分担比例)÷∑(经核定各市、县可予补贴的农村金融机构贷款平均余额×中央及省财政分担比例)×相应权重+(经核定该市、县创业担保贷款贴息及奖补资金需求×中央及省财政分担比例)÷∑(经核定各市、县创业担保贷款贴息及奖补资金需求×中央及省财政分担比例)×相应权重+经核定该市、县PPP项目中央财政以奖代补资金需求÷∑各市、县PPP项目中央财政以奖代补资金需求×相应权重〕×(本年中央及省级专项资金总规模+上年末中央及省专项资金预算结余指标)-该市、县上年末结余专项资金规模。

经核定的各市、县专项资金总额,依据财政部最终审定结果,结合各市、县财政部门上报情况和财政部驻安徽财政监察专员办事处审核意见予以确定。相应权重根据上年各方向资金使用情况、中央及省级财政预算安排等因素综合确定。省级专项资金总规模,根据中央财政实际下达我省指标,按规定比例确定。

各市、县财政部门应参照省财政分配方法,在预算规模内合理确定本地区专项资金分配方案,科学规划专项资金各支出方向的资金安排,确保各支出方向的资金总体均衡,统筹兼顾本地普惠金融各领域发展需要,切实提高专项资金使用效益。

第三十六条 根据财政部有关规定,用于PPP项目以奖代补的资金由中央财政从专项资金中全额安排;其他领域资金由中央和地方财政共同负担,其中:中央财政对涉农贷款增量奖励、定向费用补贴、创业担保贷款贴息及奖补资金补助50%,省级财政对涉农贷款增量奖励及创业担保贷款奖补资金补助25%。鼓励有条件的市对所属县(市、区)所需配套资金承担相应比例。

第三十七条 省财政厅可以根据专项资金使用情况、财权、事权和支出责任划分情况、财力情况等,适时调整专项资金分配方法和分担比例。

第三十八条 县级财政部门于每年2月10日前完成初审并报市级财政部门汇总。市级财政部门负责汇总审核辖区内专项资金申请材料,于每年2月底之前报送省财政厅(一份,装订成册)。申请材料包括:本年度专项资金申请情况说明、专项资金申请明细表、中央对地方专项转移支付区域绩效目标申报表、市级财政部门审核意见、上年度专项资金使用情况报告、县级财政部门初审意见以及与专项资金申请或审核相关的其他材料。

对未按规定时间报送专项资金申请材料的地区,省财政厅将不予受理,视同该年度不申请专项资金处理。

对上年末专项资金结余的地区,将依照财政部规定减少安排该地区下一年度专项资金的数额。

第三十九条 省财政厅汇总审核各市专项资金申请材料,于每年3月31日前报送财政部和专员办。

第四十条 市、县级财政部门收到省财政下达的专项资金后,应参照省财政厅的分配方案,结合本地区实际情况,及时将专项资金予以统筹安排,并编制专项资金的审核、拨付和使用情况报告,由市级财政部门汇总后于专项资金下达后20日内报送财政厅。

第四十一条 专项资金的支付,按照国库集中支付制度有关规定执行。专项资金的预算公开,按照省对市县专项转移支付信息公开管理制度有关规定执行。

第七章 预算监管和绩效管理

第四十二条 本办法涉及的银行业金融机构、担保基金运营管理机构、地方融资平台公司、PPP 项目实施机构等相关单位应当如实统计和上报专项资金申请涉及的各项基础数据，对各项基础数据的真实性、合规性负责，并对所属分支机构加强监管。

第四十三条 各级财政部门应当加强对专项资金申请、审核、拨付的组织、协调和管理工作，并会同有关部门对专项资金申请的真实性、合规性及审核拨付、使用情况加强检查，对检查中发现的问题及时处理和反映，保证专项资金政策落到实处。

第四十四条 各级财政部门应当加强实地抽查力度，对查出以前年度虚报材料、骗取专项资金的，应当及时予以追回。对被骗取的专项资金，由市、县(区)政府有关部门自行查出的，由同级政府财政部门收回。由中央有关部门组织查出的，由省财政厅负责追回并及时上缴中央财政。

第四十五条 各级财政部门及其工作人员、申报使用专项资金的部门、单位及个人有下列行为之一的，依照《中华人民共和国预算法》《财政违法行为处罚处分条例》等有关法律法规予以处理、处罚，并视情况提请同级政府进行行政问责：

(一)专项资金分配方案制定和复核过程中，有关部门及其工作人员违反规定，擅自改变分配方法、随意调整分配因素以及向不符合条件的单位(或项目)分配资金的；

(二)以虚报冒领、重复申报、多头申报、报大建小等手段骗取专项资金的；

(三)滞留、截留、挤占、挪用专项资金的；

(四)擅自超出规定的范围或者标准分配或使用专项资金的；

(五)未履行管理和监督职责，致使专项资金被骗取、截留、挤占、挪用，或资金闲置沉淀的；

(六)拒绝、干扰或者不予配合有关专项资金的预算监管、绩效评价、监督检查等工作的；

(七)对提出意见建议的单位和个人、举报人、控告人打击报复的；

(八)其他违反专项资金管理的行为。

涉嫌犯罪的，移送司法机关处理。

第四十六条 各级财政部门应当按照预算绩效管理的有关规定加强专项资金绩效管理，建立健全全过程预算绩效管理机制。按照《中央对地方专项转移支付绩效目标管理暂行办法》(财预〔2015〕163号)等规定，设定专项资金绩效目标及相应的绩效指标，加强对绩效目标的审核，并将审核确认后的绩效目标予以下达。强化专项资金绩效目标执行监控，确保绩效目标如期实现。按要求开展绩效评价，将绩效评价结果作为完善政策和资金分配的参考依据，不断提高财政资金使用效益，更好地支持普惠金融发展。

第四十七条 各级财政部门应当逐步探索建立普惠金融指标体系，对辖区内普惠金融发展状况进行科学评价，为完善专项资金管理制度提供决策参考。

第八章 附则

第四十八条 本细则自印发之日起施行，有效期 3 年。《安徽省财政厅关于印发〈安徽省县域金融机构涉农贷款增量奖励试点实施细则〉的通知》(财金〔2011〕2416 号)、《安徽省财政厅转发财政部关于印发 <农村金融机构定向费用补贴资金管理办法> 的通知》(财金〔2014〕451 号)、《安徽省小额担保贷款财政贴息资金管理实施细则》(财金〔2009〕133 号)同时废止。

安徽省财政厅 安徽省残疾人联合会关于印发《安徽省残疾人事业发展补助专项资金管理办法》的通知

财社〔2017〕332 号

各市、县(区)财政局、残疾人联合会：

为加强我省残疾人事业发展补助专项资金管理，提高资金使用效益，根据《财政部中国残联关于印发中央财政残疾人事业发展补助资金管理办法的通知》(财社〔2016〕114 号)、《安徽省人民政府关于印发“十三五”加快残疾人小康进程规划纲要的通知》(皖政〔2016〕111 号)等文件精神，结合我省残疾人事业发展工作实际，省财政厅、省残疾人联合会制定了《安徽省残疾人事业发展补助专项资金管理办法》，现印发给你们，请遵照执行。

安徽省残疾人事业发展补助专项资金管理办法

第一章 总则

第一条 为规范和加强我省残疾人事业专项资金管理,进一步提高资金使用效益,更好地保障残疾人事业健康发展,根据《财政部中国残联关于印发中央财政残疾人事业发展补助资金管理办法的通知》(财社〔2016〕114 号)、《安徽省人民政府关于印发“十三五”加快残疾人小康进程规划纲要的通知》(皖政〔2016〕111 号)等文件精神,结合我省残疾人事业发展工作实际,制定本办法。

第二条 本办法所称专项资金,是指中央财政和省级财政通过一般公共预算和专项彩票公益金安排的用于支持各级残疾人事业发展的专项资金。

第三条 专项资金的使用管理坚持公开、公平、公正原则。

第二章 资金分配与下达

第四条 中央补助资金下达后,省财政厅及时商省残联制定补助资金分配方案,于 30 日内将补助资金正式分解下达省级有关部门和市县财政部门,同时将资金分配结果报财政部备案并抄送财政部驻皖财政监察专员办事处。

省级部门预算批复后,省残联按照预算管理规定时限,根据全省残疾人事业发展需求提出分配意见,省财政厅审核后下达补助资金。对需提前下达的资金,按照预算管理有关规定执行。

第五条 专项资金原则上按因素法分配,因素法分配因素包括需求因素、财力因素和绩效因素三大类,重点向工作任务重、贫困程度深、工作绩效好的市、县(区)倾斜。需求因素主要参考各市、县(区)残疾人补助对象数量等指标;财力因素主要参考市、县(区)财政人均财力情况和贫困情况等指标;绩效因素主要参考绩效评价结果或其他体现相关工作成效的指标。

第六条 市县财政、残联部门在收到专项资金后,及时研究制定专项资金分配使用方案,及时下达专项资金。

第三章 资金使用与管理

第七条 各地要统筹管理使用省级以上补助资金与本级财政安排的残疾人事业发展资金,将补助资金专项用于残疾人康复、教育、就业、扶贫、社会保障、托养、宣传、文化、体育、无障碍改造以及其他残疾人服务等支出。包括以下方面:

(一)残疾人康复。主要用于开展残疾儿童抢救性康复、基本辅助器具适配、成年残疾人基本康复服务等。

(二)残疾人教育。主要用于贫困残疾儿童学前教育资助;中、高等特殊教育学校(院)改善办学条件和实习训练基地建设等。

(三)残疾人就业扶贫。主要用于开展农村贫困残疾人实用技术培训等,为提高残疾人生产就业能力提供服务。

(四)残疾人托养。主要用于对智力、精神和重度肢体残疾人托养服务给予补贴。

(五)残疾人文化体育。主要用于提供残疾人公共文化服务、扶持特殊艺术和残疾人文化创意产业发展,支持残疾人群众性体育活动、大型残疾人体育赛事开展等。

(六)无障碍改造。主要用于对贫困重度残疾人生活环境无障碍改造给予补助。

(七)残疾评定。主要用于贫困智力、精神和重度残疾人残疾评定给予补贴。

(八)燃油补贴。主要用于发放残疾人机动轮椅车燃油补贴。

(九)服务能力提升。主要用于对地方残疾人康复和托养机构设备购置给予补助。

(十)其他。符合《安徽省人民政府关于印发“十三五”加快残疾人小康进程规划纲要的通知》(皖政〔2016〕111 号)政策规定的使用方向,经省残联商省财政厅确定的用于促进残疾人事业发展的其他支出。

第八条 各级财政部门、残联不得擅自扩大支出范围,不得以任何形式挤占、挪用、截留和滞留专项资金或从中提取工作经费。

第九条 各级残联负责制定本区域内相关项目实施的具体管理办法或实施方案。

各级财政、残联部门应加强残疾人事业发展专项资金的预算执行管理工作,增强预算执行的时效性和均衡性,提高财政资金使用效益。

第十条 专项资金的支付,按照国库集中支付制度有关规定执行。鼓励通过政府购买服务的方式引导社会力量参与提供残疾人服务。专项资金使用中属于政府采购范围的,按照政府采购有关规定执行。专项资金购置的材料、物资、器材和设备等属于固定资产的,应严格执行国家固定资产管理有关规定,防止国有资产流失。

第十一条　各级财政、残联部门应按照《彩票管理条例》《彩票管理条例实施细则》《彩票公益金管理办法》等规定,加强对彩票公益金安排的专项资金使用管理。彩票公益金资助的基本建设设施、设备或者社会公益活动,应标明彩票公益金资助的标识。

第四章　资金监督与检查

第十二条　各级财政部门、残联应按照中央和省专项转移支付绩效目标管理规定,做好专项资金的绩效目标管理工作。专项资金使用管理情况纳入绩效考核内容,各地残联应对相关项目实施情况开展绩效评价。省财政厅、省残联根据工作需要,适时进行检查、抽查或委托第三方评价,加强评价结果应用,将评价结果作为下一年度资金分配的重要因素。

第十三条　各级财政、残联部门应当切实加强残疾人事业发展专项资金的监督管理工作,建立健全资金监管和绩效评价机制。各级财政、残联部门及其工作人员在专项资金的分配审核、使用管理等工作中,存在违反本办法规定的行为,以及其他滥用职权、玩忽职守、徇私舞弊等违法违纪行为的,按照《中华人民共和国预算法》《财政违法行为处罚处分条例》《安徽省财政监督条例》等有关规定追究相应责任,涉嫌犯罪的,移送司法机关处理。

第十四条　各级财政、残联部门应自觉接受审计、监察等部门和社会公众的监督。

第五章　附则

第十五条　各级财政、残联部门应根据本办法制定实施细则。

第十六条　本办法自印发之日起施行,由省财政厅会同省残联负责解释。

安徽省财政厅　安徽省环境保护厅 安徽省农业委员会关于印发《安徽省农作物秸秆产业化利用及示范园区奖补资金管理暂行办法》的通知

财建〔2017〕430 号

各市、县(区)财政局、环保局、农委:

为进一步推动农作物秸秆产业化利用,加快秸秆转化利用增值,有效促进生态环境改善、农民增收和农业可持续发展,根据《安徽省人民政府关于大力发展以农作物秸秆资源利用为基础的现代环保产业的实施意见》(皖政〔2017〕29 号),我们制定了《安徽省农作物秸秆产业化利用及示范园区奖补资金管理暂行办法》,现印发给你们,请遵照执行。

安徽省农作物秸秆产业化利用及示范园区奖补资金管理暂行办法

第一条　为充分调动各级人民政府、企业、园区以及社会各界推进农作物秸秆产业化利用的积极性,进一步推动秸秆转化利用增值,有效促进生态环境改善、农民增收和农业可持续发展,根据《安徽省人民政府关于大力发展以农作物秸秆资源利用为基础的现代环保产业的实施意见》(皖政〔2017〕29 号)有关规定,制定本办法。

第二条　农作物秸秆产业化利用奖补资金按以下规定实施:

(一)奖补对象。资金奖补对象为各市县人民政府认定的年利用秸秆 1000 吨(自然含水率以内)以上(含 1000 吨)的农作物秸秆产业化利用企业(农作物秸秆发电企业按照《安徽省财政厅安徽省发展和改革委员会关于对农作物秸秆发电实施财政奖补的意见》(财建〔2014〕958 号)规定执行)。

(二)奖补条件。在安徽省内工商部门注册具有独立法人资格的企业;企业秸秆产业化利用方式包括秸秆肥料化(不含秸秆机械化还田、堆肥)、饲料化、秸秆制气、秸秆固化成型燃料、秸秆原料化利用等;企业拥有秸秆产业化利用成熟技术模式。

(三)奖补原则。秸秆产业化利用奖补资金与秸秆实际收购利用量挂钩,多用多补,分档奖补。奖补资金拨付使用应与企业农作物秸秆收购结算票据吻合。

(四)奖补标准。对符合条件的秸秆产业化利用企业利用水稻、小麦、其他农作物(油菜、玉米等)秸秆分别按照 50 元/吨、40 元/吨、30 元/吨的标准进行奖补。为鼓励企业规模化、大批量开展秸秆产业化利用,在原有奖补基础上,对超出 3 万吨部分提高 30% 奖补标准,超出 5 万吨部分提高 40% 奖补标准,超出 10 万吨部分提高 60% 奖补标准。奖补资金由省、市、县财政分别负担,省财政对皖北三市九县(亳州市、宿州市、阜阳市、濉溪县、五河县、固镇县、怀远县、凤阳县、寿县、霍邱县、定远县、明光市)及大别山片区县(六安市金安区、裕安区、叶集试验区、霍山县、金寨县、舒城县、潜山县、太湖县、宿松县、岳西县)补助70%,对合肥、芜湖、马鞍山、铜陵市补助30%,对其他地区补助50%;其余部分由市、县财政足额承担,市、县具体分担比例由各市确定。

对年利用农作物秸秆(在自然含水率以内)1000吨以下的企业,各市、县可参照上述标准通过秸秆禁烧和综合利用奖补资金进行补助。

(五)奖补依据。各市、县(区)人民政府或指定一个部门应在每年3月20日前与企业签订秸秆收购利用协议(附件1),明确双方的责任及权利义务,并对年度秸秆收购利用量及财政奖补条件和标准等进行约定,协议由企业所在市人民政府环保、农业部门负责汇总审核,并附各协议复印件,于每年3月底前分别报省环保厅、省农委备案(具体格式见附件2)。省环保厅、省农委对全省秸秆产业化利用企业收购利用农作物秸秆情况进行汇总,提出年度奖补资金分配意见报省财政厅。

(六)资金下达。省奖补资金实行当年预拨次年清算。省财政厅根据省环保厅、省农委汇总的企业收购利用农作物秸秆协议收购利用量和补助标准、比例及提出的资金分配意见,通过转移支付方式预拨奖补资金至企业所在市、县(区),企业所在市、县(区)于每年4月底前将不低于70%的协议奖补资金预拨到企业。

(七)资金清算。每年12月底前,获得奖补资金的秸秆产业化利用企业应将年度秸秆收购利用情况(附件3)报当地环保、农业部门,环保等部门通过联合审核或委托第三方机构审核等方式对企业当年实际收购利用秸秆情况进行审核,并对当年奖补资金进行清算,实行多退少补。每年2月底前,各市环保、农业部门将上一年度全市资金清算情况(附件4)上报省环保厅、省农委,省环保厅、省农委进行汇总及审核后,提出资金清算意见报省财政厅。省财政厅依据资金清算意见对市、县(区)年度奖补资金进行清算,实行多退少补。

第三条　农作物秸秆资源综合利用现代环保产业示范园区奖补资金按以下规定实施:

(一)奖补对象。省级农作物秸秆资源综合利用现代环保产业示范园区(以下简称园区)及园区内秸秆产业化利用企业。

(二)资金分配。省环保厅会同省财政厅根据上年度园区基础设施建设投入额、入园秸秆产业化利用企业个数、入园企业秸秆转化利用研发投入及科技成果转化情况等因素分配下达奖补资金。

(三)资金使用范围。按照专款专用的原则,主要用于园区基础设施建设贴息、园区秸秆利用企业产业化研发项目及科技成果转化项目奖补。具体使用范围及项目,由各市、县(区)结合当地实际情况确定,并报省环保厅、省财政厅备案,不得挪作他用。

第四条　对省秸秆综合利用投资基金投资参股的秸秆产业化利用企业,省财政通过农作物秸秆产业化利用及示范园区奖补资金,按照基金出资额的10%给予补助,用于企业研发及设备购置补助,单个企业补助额度最高不超过500万元。

第五条　奖补资金使用必须严格按照国库集中支付等有关财政财务管理规定执行。

第六条　各地要建立健全秸秆产业化利用企业在农作物秸秆收购利用等环节的统计、检查和定期审计制度,确保奖补资金与收购利用量挂钩的数据真实、准确。同时,要对企业收购利用数据及奖补资金预拨清算金额情况,在市县两级环保、农业部门网站上进行公示,确保公开透明、阳光操作,接受社会监督。

第七条　各地要进一步压实工作责任,明确各部门工作职责。各级环保、农业部门负责指导秸秆产业化利用工作,对秸秆产业化利用企业及秸秆产业园区秸秆收购利用量等数据的统计核实,及时提出资金分配和清算意见,并牵头组织开展相关检查;财政部门负责对奖补资金分配使用的监督管理,按照分配意见及时拨付资金;审计部门负责加强对奖补资金的审计监督。

第八条　各地要严肃财经纪律,对弄虚作假、虚报冒领奖补资金的,一经查实要扣回奖补资金,并按有关规定严肃追究相关单位和人员的责任。对恶意骗补的企业,将依照《财政违法行为处罚处分条例》(国务院令第427号)等法律法规予以处理,并取消以后年度奖补资金申请资格。涉嫌犯罪的,依法移送司法机关追究刑事责任。

第九条　本办法由省财政厅、省环保厅、省农委负责解释。

第十条 本办法自印发之日起施行，各地要依据本办法，制定具体实施细则。

安徽省财政厅 安徽省民政厅关于印发《安徽省省级城乡公益性公墓建设奖补资金使用管理办法（试行）》的通知

财社〔2017〕445 号

各市、县（区）财政局、民政局：

为规范安徽省省级城乡公益性公墓建设奖补资金使用和管理，切实提高资金使用效益，根据《殡葬管理条例》《安徽省政府办公厅关于加强公益性公墓建设管理的通知》（皖政办秘〔2013〕189 号）、民政部等 9 部门《关于推行节地生态安葬的指导意见》（民发〔2016〕21 号）有关精神，省财政厅、省民政厅制定了《安徽省省级城乡公益性公墓建设奖补资金使用管理办法（试行）》，现印发给你们，请遵照执行。

安徽省省级城乡公益性公墓建设奖补资金使用管理办法（试行）

第一章 总 则

第一条 为规范安徽省省级城乡公益性公墓建设奖补资金使用和管理，切实提高资金使用效益，根据《殡葬管理条例》《安徽省政府办公厅关于加强公益性公墓建设管理的通知》（皖政办秘〔2013〕189 号）、民政部等 9 部门《关于推行节地生态安葬的指导意见》（民发〔2016〕21 号）有关精神，制定本管理办法。

第二条 本办法所称的省级城乡公益性公墓建设奖补资金，是指由省财政通过预算（包括省级福彩公益金）安排，用于鼓励和引导地方加强惠民殡葬服务供给，加大节地生态型城乡公益性公墓建设的奖补资金。

第三条 省级城乡公益性公墓建设奖补资金（以下简称奖补资金）使用坚持专款专用、激励引导、公正公开的原则。

第四条 本办法所称城乡公益性公墓，是指为辖区居民提供节地生态骨灰安放（葬）等服务的非营利性公共设施，价格由政府按照非营利性原则核定，收入全部用于公墓建设、维护和管理，不对外经营销售。其中，农村公益性墓地不得对本村民以外的其他人员提供墓穴用地。

第二章 资金补助分配

第五条 纳入奖补范围的城乡公益性公墓应满足以下条件：为城乡居民提供非营利性节地骨灰安放（葬）服务，实行政府定价的公益性公墓；符合城乡规划和土地利用总体规划，按规定程序审批；建设规模、骨灰存放格位的盒均建筑面积、单体建筑的骨灰存放数量等符合皖政办秘〔2013〕189 号文件规定；新建的城市公益性公墓的节地生态安葬率必须达到 100%。

对于开展租赁、招商引资、承包经营或股份制合作等商业活动，以及开展以营利为目的的经营性收费的公墓不纳入奖补范围。

第六条 奖补资金实行因素法分配，通过人口、工作、财力及绩效等因素结合公墓建设情况进行分类公式化分配。人口因素主要包括：辖区服务人口、低保人数等；工作因素主要包括辖区公益性公墓建设总额、占地面积、格位建设等。具体由省民政厅根据年度资金总额和各地城乡公益性公墓建设类型等，提出年度分配方案和意见，商省财政厅确定后按规定程序及时拨付到市、县（区）。

第七条 奖补资金主要用于城乡公益性公墓新建、改扩建以及配套设施改造等方面支出。资金使用涉及政府采购的按规定实行政府采购。奖补资金不得用于人员经费、工作经费，以及与城乡公益性公墓建设无关的相关支出。

第三章 资金申报审核

第八条 各市、县（区）民政、财政部门应围绕“全程留痕、全程公示、全程监督”要求，建立健全奖补资金申报审核审批机制。

（一）各市、县（区）民政、财政部门通过部门网站、政务微信等媒体发布年度奖补使用申报公告，明确奖补资金使用申报时间、范围、条件、要求，以及相关申报材料等，确保申报工作有序推进。

（二）各市、县（区）民政、财政部门建立信息联审机制，综合运用财政涉企项目资金管理系统等信息化手段，对申报奖补资金项目单位进行联审比对，杜绝多头、虚假、违规申报等现象。

（三）各市、县（区）民政部门对确定的补助项目单位、项目内容、补助金额、管护责任等重要信息，通过部门网站、政务微信等渠道公示。奖补资金做到“分配到哪里、公开到哪里”,广泛接受社会公众监督。

(四)各市、县(区)民政部门按照“全程留痕”的要求,健全项目台账管理,清晰记录所有流程的审核负责人、审核经办人的审核意见。建立项目实施基础台账,全程记录项目实施进展情况,台账原则上长期归档保存,以备核查。

第四章 资金监督考核

第九条 奖补资金实行专款专用,主动接受人大、审计、监察等部门和社会各界监督。各级财政、民政部门要严格按照规定使用,不得擅自扩大支出范围,不得以任何形式挤占、挪用、套取、截留和滞留。

第十条 各级财政、民政部门及其工作人员在补助资金的分配审核、使用管理等工作中,存在违法本办法和相关政策规定的行为,以及其他滥用职权、玩忽职守、徇私舞弊等违法违纪行为的,按照《中华人民共和国预算法》《中华人民共和国公务员法》《中华人民共和国行政监察法》《财政违法行为处罚处分条例》等国家有关规定追究相应责任,涉嫌犯罪的,依法移送司法机关处理。

第十一条 省民政厅、省财政厅适时对奖补资金使用情况进行监督考核,或委托有资质的第三方机构对项目实施情况进行评估考核。对监督检查或评估考核发现项目资金使用绩效低下、未按时完成项目建设的,相应扣减省级奖补资金。

第五章 附 则

第十二条 本办法自发布之日起实施,并按照国家和省有关政策适时调整。

第十三条 本办法由省财政厅、省民政厅按各自职能负责解释。

安徽省财政厅 安徽省教育厅 关于印发《安徽省特殊教育补助资金管理办法》的通知

财教〔2017〕477 号

各市、县(区)财政局、教育局:

为规范和加强特殊教育补助资金管理,提高资金使用效益,根据《财政部 教育部关于印发〈特殊教育补助资金管理办法〉的通知》(财科教〔2016〕32号)精神和国家有关法律制度规定,省财政厅、省教育厅修订了《安徽省特殊教育补助资金管理办法》,现予印发,请遵照执行。

安徽省特殊教育补助资金管理办法

第一条 为加强和规范特殊教育补助资金(以下简称补助资金)管理,提高资金使用效益,支持特殊教育发展,根据《财政部 教育部关于印发〈特殊教育补助资金管理办法〉的通知》(财科教〔2016〕32号)和国家有关法律制度规定,制定本办法。

第二条 补助资金是由中央财政通过一般公共预算安排、补助我省用于支持特殊教育发展的资金。

第三条 补助资金由各级财政部门和教育部门共同管理。省财政厅负责会同省教育厅将中央财政下达资金分配下达到市县;省教育厅负责指导市县编制项目规划,审核市县申报材料,形成全省项目规划,报教育部审批,并在资金下达后推动项目组织实施工作,会同省财政厅做好资金使用情况监督和绩效管理工作。市县财政和教育部门是项目实施主体,具体负责项目实施和资金管理工作。

第四条 补助资金使用管理遵循“中央引导、突出重点;省级统筹、规范透明;市县实施、注重实效”的原则。

第五条 补助资金支持范围为全省独立设置的特殊教育学校和招收较多残疾学生随班就读的义务教育阶段学校。重点支持国家集中连片特困地区、国家和省扶贫开发工作重点县以及不在以上范围的皖北地区县等贫困地区。补助资金主要用于以下方面:

(一)支持特殊教育学校改善办学条件,为特殊教育学校配备特殊教育教学专用设备设施和仪器等。

(二)支持特教资源中心(教室)建设,为资源中心和义务教育阶段普通学校的资源教室配备必要的特殊教育教学和康复设备。

(三)支持向重度残疾学生接受义务教育提供送教上门服务,为送教上门的教师提供必要的交通补助;支持探索教育与康复相结合的医教结合实验,配备相关仪器设备,为相关人员提供必要的交通补助。

第六条 省财政厅、省教育厅按照因素法将补助资金额度分配到各市。分配因素及其权重和计算公式如下：

基础因素（60%），下设义务教育阶段特殊教育学生数、特殊教育学校数、人均可用财力等子因素；绩效因素（40%），下设特殊教育经费投入增幅、普通学校随便就读学生数增幅等子因素。各因素数据主要通过相关统计资料、各市资金申报材料以及考核结果获得。

计算公式为：

某市补助资金

$$=（\frac{该市特殊教育学生数}{\Sigma 各市特殊教育学生数}\times 权重$$

$$+\frac{该市特殊教育资金投入增幅}{\Sigma 各市特殊教育资金投入增幅}\times 权重$$

$$+\cdots）\times 补助资金年度预算总额$$

各市财政和教育部门可按照上述因素法并结合实际，将补助资金额度分配到市本级学校和县，并将分配方案报送省财政厅、省教育厅。省财政厅、省教育厅根据各市分配方案，结合实际，将补助资金下达到各地。市县财政和教育部门对补助资金应统筹安排，合理使用。

第七条　市级财政和教育部门应当在每年2月底前，向省财政厅和省教育厅提出当年补助资金申报材料。申报材料主要包括：

（一）上年度资金使用管理情况。主要包括上年度全市资金安排与分配情况、工作进展情况、资金效益和有关建议意见等。上年度市本级财政安排支持特殊教育发展方面的专项资金统计表及相应预算文件。

（二）本年度工作方案。主要包括当年工作目标和绩效目标、重点任务和资金预算安排、执行计划及时间表，绩效目标要明确、具体、可考核。

补助资金申报材料作为开展绩效评价和资金分配的依据之一。逾期不提交申报材料的，在分配当年资金时，相关因素作零分处理。

第八条　中央补助资金预算（含提前下达预算指标）下达我省后，省财政厅、省教育厅在三十日内按照预算级次合理分配、及时下达，并就资金使用管理提出明确要求，同时抄送财政部驻安徽省财政监察专员办事处。

第九条　补助资金支付应当按照国库集中支付有关规定执行。

第十条　省财政厅和省教育厅对补助资金实施目标管理。市级财政和教育部门应当统筹组织、指导协调相关管理工作，建立健全项目管理制度，督促县级财政和教育部门将补助资金落实到项目。

支持特殊教育学校改善办学条件，应当优先支持未达到《特殊教育学校建设标准》和《三类特殊教育学校教学与医疗康复仪器设备配备标准》的学校；资源中心应当设立在30万人口以下且未建立特殊教育学校的县，资源教室应当优先设立在招收较多残疾学生随班就读且在当地学校布局调整规划中长期保留的义务教育阶段学校；“医教结合”实验项目应当优先选择具备整合教育、卫生、康复等资源的能力，能够提供资金、人才、技术等相应支持保障条件的地区和学校。

第十一条　市县教育和财政部门应当督促项目单位严格执行项目预算，加快项目实施进度，确保项目如期完成。

项目实施中涉及政府采购的，应当严格执行政府采购有关法律法规及制度。项目实施完成后，应当及时办理验收和结算手续，同时办理固定资产入账手续。未经验收或验收不合格的设施设备不得交付使用。

第十二条　项目预算下达后，因不可抗力等客观原因导致项目无法实施时，按照“谁审批、谁负责”的原则，履行项目和预算变更审批手续。

第十三条　项目实施完成后，若有结余资金，由市县财政部门按有关规定使用。

第十四条　省财政厅和省教育厅对补助资金管理使用情况适时开展监督检查和绩效管理。监督检查和绩效评价结果作为分配补助资金的重要参考依据。

市县财政和教育部门要加强补助资金使用的管理，对预算执行、资金使用和财务管理等情况进行监督检查和绩效管理，建立健全全过程预算绩效管理机制，不断提高资金使用效益。项目单位应当建立健全内部监督约束机制，确保补助资金管理和使用安全、规范。

第十五条　市县财政部门要按照财政预决算公开的要求做好信息公开工作。省财政厅、省教育厅通过网站等方式及时公开年度项目遴选办法和结果、资金安排情况及工作进展等情况。市县教育部门应当将项目名称、立项时间、实施进展、经费使用和验收结果等信息予以全程公开。

第十六条　补助资金要建立"谁使用、谁负责"的责任机制。严禁将资金用于平衡预算、偿还债务、支付利息、对外投资等支出,不得从补助资金中提取工作经费或管理经费。对于挤占、挪用、虚列、套取补助资金等行为,按照《预算法》《财政违法行为处罚处分条例》等国家有关法律规定严肃处理。

第十七条　各级财政、教育部门及其工作人员在补助资金分配方案的制定和复核过程中,违反规定分配补助资金或者向不符合条件的单位(或项目)分配补助资金以及滥用职权、玩忽职守、徇私舞弊的,按照《预算法》《公务员法》《行政监察法》《财政违法行为处罚处分条例》等国家有关法律规定追究责任;涉嫌犯罪的,移送司法机关处理。

第十八条　本办法由省财政厅、省教育厅负责解释和修订。各地财政和教育部门可以依据本办法,制定本地补助资金管理和使用的具体办法或者实施细则,报省财政厅、省教育厅备案。

第十九条　本办法自印发之日起施行。省财政厅、省教育厅印发的《安徽省特殊教育补助资金管理办法》(财教〔2016〕922 号)同时废止。

安徽省财政厅　安徽省教育厅关于印发《安徽省改善普通高中学校办学条件补助资金管理办法》的通知

财教〔2017〕478 号

各市、县(区)财政局、教育局:

为规范和加强中央财政改善普通高中学校办学条件补助资金管理,提高资金使用效益,根据《财政部 教育部关于印发〈改善普通高中学校办学条件补助资金管理办法〉的通知》(财科教〔2016〕30 号)精神和国家有关法律制度规定,省财政厅、省教育厅修订了《安徽省改善普通高中学校办学条件补助资金管理办法》,现予印发,请遵照执行。

安徽省改善普通高中学校办学条件补助资金管理办法

第一条　为加强和规范改善普通高中学校办学条件补助资金(以下简称补助资金)管理,提高资金使用效益,支持改善贫困地区普通高中学校基本办学条件,根据《财政部教育部关于印发〈改善普通高中学校办学条件补助资金管理办法〉的通知》(财科教〔2016〕30 号)和国家有关法律制度规定,制定本办法。

第二条　补助资金是由中央财政通过一般公共预算安排补助我省、用于改善贫困地区普通高中学校基本办学条件的资金。

第三条　补助资金由各级财政部门和教育部门共同管理。省财政厅负责会同省教育厅将中央财政下达资金分配下达到县区;省教育厅负责指导县区编制项目规划,审核县区申报材料,形成全省项目规划,报教育部审批,并在资金下达后推动项目组织实施工作,会同省财政厅做好资金使用情况监督和绩效管理工作。县区财政和教育部门是项目实施主体,具体负责项目实施和资金管理工作。

第四条　补助资金使用管理遵循"总量控制、突出重点;省级统筹、规范透明;县区实施、注重实效"的原则。

第五条　补助资金支持范围为贫困地区普通高中学校。

本办法的贫困地区是指我省国家集中连片特困地区、国家和省扶贫开发工作重点县、不在以上范围的皖北地区县以及其他贫困县。其他贫困县由省教育厅和省财政厅根据省委、省政府扶贫工作部署,对照国家基本办学条件标准,并结合财政困难程度,依托全省教育经费统计报表,将上一年度普通高中生均公共财政预算教育事业费支出低于三类县(国家集中连片特困地区县、国家和省扶贫开发工作重点县、不在以上范围的皖北地区县)平均水平的地区纳入补助资金支持范围。市所辖区不列入本办法所指的贫困地区。

本办法的普通高中学校是指教学、生活设施等不能满足基本需求、尚未达到国家基本办学条件标准的公办普通高中学校、完全中学或十二年一贯制学校的高中部。

第六条　补助资金主要用于支持普通高中学校校舍改扩建、配置图书和教学仪器设备以及体育运动场等附属设施建设。严禁用于偿还债务;严禁用于平衡预算、发放人员经费。

第七条　省财政厅、省教育厅按照因素法将补助资金分配下达到各县。补助资金分配因素包括基础因素、绩效和管理因素。其中:基础因素(权重90%)下设贫困地区普通高中在校生数、人均财力、基本办学条件等子因素。绩效和管理因素(10%)下设项目执行情况评分等子因素。各因素数据主要通过相关统计资料、各县资金申报材料以及考核结果获得。

计算公式为:

某县补助资金

$$=\left(\frac{\text{该县普通高中在校生数}}{\Sigma\text{有关县普通高中在校生数}}\times\text{权重}+\frac{\text{该县绩效因素评分}}{\Sigma\text{有关县绩效因素评分}}\times\text{权重}+\cdots\right)$$

$$\times\text{补助资金预算总}$$

县级财政和教育部门结合本级财政投入,统筹安排,合理使用。

第八条　县级财政和教育部门应当在每年2月底前,向省财政厅和省教育厅提出当年补助资金申报材料。主要包括:

(一)上年度补助资金安排使用情况工作总结,主要内容包括上年度补助资金使用情况、年度绩效目标完成情况、县级财政投入情况、主要管理措施、问题分析及对策。

(二)当年工作计划,主要包括当年工作目标和绩效目标、重点任务和资金安排计划,绩效目标要明确、具体、可考核。

(三)上年度县级财政安排改善普通高中学校办学条件方面的专项资金统计表及相应预算文件。

第九条　补助资金申报材料作为开展绩效管理和资金分配的依据之一。逾期不提交申报材料的,在分配当年资金时,相关因素作零分处理。

第十条　中央补助资金预算(含提前下达预算指标)下达我省后,省财政厅、省教育厅在三十日内按照预算级次合理分配、及时下达,并就资金使用管理提出明确要求,同时抄送财政部驻安徽省财政监察专员办事处。

第十一条　县级财政和教育部门应当在收到上级补助资金预算文件后的三十日内,按照项目规划将资金科学合理地分配到学校,落实到具体项目,并做好组织实施工作。

县级财政和教育部门在分配补助资金时,应优先满足基本需要,支持已列入当地学校布局规划、拟长期保留或新建的学校,优先建设、购置教学和学生生活最急需的基本设备和设施。要注重投入效益,防止项目过于分散。严禁超标准建设和豪华建设。

第十二条　补助资金支付应当按照国库集中支付有关规定执行。

第十三条　省财政厅和省教育厅对补助资金实施目标管理。有关市级财政和教育部门应当统筹组织、指导协调相关管理工作,建立健全项目管理制度,督促县级财政和教育部门将补助资金落实到项目,加强项目库建设和管理。

第十四条　县级教育和财政部门应当督促普通高中学校严格执行项目预算,加快项目实施进度,确保项目如期完成。

属于基本建设的项目,应当严格履行基本建设程序,严格执行相关建设标准和要求,确保工程质量;属于政府采购范围的项目,应当严格执行政府采购法律制度规定。项目实施完成后,应当及时办理验收和结算手续,同时办理固定资产入账手续。未经验收或验收不合格的建设项目和设施设备不得交付使用。

第十五条　项目预算下达后,因不可抗力等客观原因导致项目无法实施时,按照“谁审批、谁负责”的原则,履行项目变更和预算调整审批手续。

第十六条　项目实施完成后,若有结余资金,由县级财政部门按有关规定统筹安排用于普通高中教育。

第十七条　省财政厅和省教育厅根据各地补助资金管理使用情况,适时开展监督检查和绩效管理。监督检查和绩效管理结果作为分配补助资金的重要参考依据。

各级财政和教育部门要加强补助资金使用的管理,对预算执行、资金使用和财务管理等情况进行监督检查和绩效管理,建立健全全过程预算绩效管理机制,不断提高资金使用效益。普通高中学校应当建立健全内部监督约束机制,确保补助资金管理和使用安全、规范。

第十八条　县区财政部门要按照财政预算公开的要求做好信息公开工作。特别是县级教育部门应当通过当地媒体、部门网站等方式,向社会公开普通高中学校改造年度资金安排、工作进展等情况。

获得补助资金支持的学校,应当将支持项目名称、立项时间、实施进展、经费使用和验收等信息通过校内公告栏予以全程公开,有条件的可以通过学校门户网站公开。

第十九条 补助资金要建立“谁使用、谁负责”的责任机制。严禁将补助资金用于平衡预算、偿还债务、支付利息、对外投资等支出,不得从补助资金中提取工作经费或管理经费。对于挤占、挪用、虚列、套取补助资金等行为,按照《预算法》《财政违法行为处罚处分条例》等国家有关法律规定严肃处理。

第二十条 各级财政、教育部门及其工作人员在补助资金分配方案的制定和复核过程中,违反规定分配补助资金或者向不符合条件的单位(或项目)分配补助资金以及滥用职权、玩忽职守、徇私舞弊的,按照《预算法》《公务员法》《行政监察法》《财政违法行为处罚处分条例》等国家有关法律规定追究责任;涉嫌犯罪的,移送司法机关处理。

第二十一条 本办法由省财政厅、省教育厅负责解释和修订。各地财政和教育部门可以依据本办法,制定本地补助资金管理和使用的具体办法或者实施细则,报省财政厅、省教育厅备案。

第二十二条 本办法自印发之日起施行。省财政厅、省教育厅印发的《安徽省改善普通高中学校办学条件补助资金管理办法》(财教〔2016〕423 号)同时废止。

安徽省财政厅 安徽省教育厅关于印发《安徽省城乡义务教育补助经费管理办法》的通知

财教〔2017〕480 号

各市、县(区)财政局、教育局:

为加强城乡义务教育补助经费管理,提高资金使用效益,推进义务教育均衡发展,根据《安徽省人民政府关于进一步完善城乡义务教育经费保障机制的实施意见》(皖政〔2016〕31 号)、《财政部 教育部关于印发〈城乡义务教育补助经费管理办法〉的通知》(财科教〔2016〕7 号)精神和国家有关法律制度规定,省财政厅、省教育厅制定了《安徽省城乡义务教育补助经费管理办法》,现予印发,请遵照执行。

安徽省城乡义务教育补助经费管理办法

第一条 为加强城乡义务教育补助经费管理,提高资金使用效益,推进义务教育均衡发展,根据《安徽省人民政府关于进一步完善城乡义务教育经费保障机制的实施意见》(皖政〔2016〕31 号)、《财政部教育部关于印发〈城乡义务教育补助经费管理办法〉的通知》(财科教〔2016〕7 号)精神和国家有关法律制度规定,制定本办法。

第二条 本办法所称城乡义务教育补助经费(以下简称补助经费),是指中央和省财政设立的用于支持城乡义务教育发展的转移支付资金。本办法所称城市、农村地区划分标准:国家统计局最新版本的《统计用区划代码》中的第 5 - 6 位(区县代码)为 01 - 20 且《统计用城乡划分代码》中的第 13 - 15 位(城乡分类代码)为 111 的主城区为城市,其他地区为农村。

第三条 补助经费管理遵循“城乡统一、重在农村,统筹安排、突出重点,客观公正、规范透明,注重实效、强化监督”的原则。

第四条 补助经费由省财政厅、省教育厅根据党中央、国务院和省委、省政府有关决策部署、义务教育改革发展工作重点确定支持内容。现阶段,重点支持本办法第五条至第七条所规定的内容。

第五条 落实城乡义务教育经费保障机制。主要包括:

(一)对城乡义务教育学生(含民办学校学生)免除学杂费、免费提供教科书,对家庭经济困难寄宿生补助生活费。民办学校学生免除学杂费标准按照中央确定的生均公用经费基准定额标准执行。免费提供国家规定课程教科书和免费为小学一年级新生提供正版学生字典所需资金,由中央财政全额承担,具体根据各市、县(区)义务教育在校生数、补助标准、教科书循环使用等因素核定。家庭经济困难寄宿生生活费补助资金由中央与市、县(区)按规定比例分担,中央财政补助经费具体根据各市、县(区)义务教育寄宿生数、寄宿生贫困面、补助标准、分配系数等因素核定(补助标准、分配系数及分配公式详见附表,下同)。中央财政对城市学生的免费教科书和寄宿生生活费补助从 2017 年春季学期开始。

(二)对城乡义务教育学校(含民办学校)按照不低于生均公用经费基准定额的标准补助公用经费,并适当提高寄宿制学校、规模较小学校、特殊教育学校和随班就读残疾学生的公用经费补助水平。公用经费补助资金由中央、省与市、县(区)按规定比例分担，中央和省财政补助经费具体根据生均公用经费基准定额、义务教育在校生数、规模较小学校数、分配系数等因素核定。城乡义务教育生均公用经费基准定额由中央统一确定。

本办法所称公用经费是指保障义务教育学校正常运转、完成教育教学活动和其他日常工作任务等方面支出的费用，具体支出范围包括：教学业务与管理、教师培训、实验实习、文体活动、水电、取暖、交通差旅、邮电，仪器设备及图书资料等购置，房屋、建筑物及仪器设备的日常维修维护等。不得用于人员经费、基本建设投资、偿还债务等方面的支出。其中，教师培训费按照学校年度公用经费预算总额的5%安排，用于教师按照学校年度培训计划参加培训所需的差旅费、伙食补助费、资料费和住宿费等开支。

（三）巩固完善农村义务教育学校校舍安全保障长效机制，支持公办学校维修改造、抗震加固、改扩建校舍及其附属设施。所需资金由中央与省按规定比例分担，中央和省财政补助经费具体根据各市、县（区）农村义务教育在校生数、生均校舍面积标准、安全校舍面积、使用年限、单位面积补助标准、分配系数等因素核定。

（四）对国家集中连片特困地区落实乡村教师生活补助等政策给予综合奖补，中央财政补助经费下达我省后，省财政根据国家集中连片特困地区落实乡村教师生活补助政策等中央和省有关决策部署情况、义务教育改革发展情况、工作努力程度等因素核定。各地可统筹用于城乡义务教育经费保障机制相关支出。

现阶段，以各地实际发放乡村教师月人均生活补助标准与中央综合奖补标准（月人均200元）的比值为参考值，设立综合奖补标准调整系数。省财政按照综合奖补标准、参考调整系数核定国家集中连片特困地区综合奖补资金。

第六条　实施农村义务教育阶段学校教师特设岗位计划。中央财政对特岗教师给予工资性补助，中央财政补助资金下达我省后，省财政根据在岗特岗教师人数、补助标准与相关县（区）据实结算。

第七条　实施农村义务教育学生营养改善计划。国家试点地区营养膳食补助所需资金，由中央财政全额承担，用于向学生提供等值优质的食品，不得以现金形式直接发放，不得用于补贴教职工伙食、学校公用经费，不得用于劳务费、宣传费、运输费等工作经费，具体根据国家试点地区覆盖学生数、补助标准核定；对于地方试点，中央和省财政给予适当奖补，具体根据地方试点地区覆盖学生数、补助标准等因素核定。现阶段，地方试点膳食补助所需资金原则上由中央、省、县（区）按5∶4∶1分担，其中，中央财政根据上一年度地方财政投入、组织管理、实施效果等因素核定试点县区当年奖励性补助资金。

第八条　省财政厅、省教育厅根据省委、省政府和财政部、教育部有关决策部署、义务教育改革发展实际以及财力状况适时调整第五条至第七条相关补助标准及分配因素。

城乡义务教育补助经费分配公式为：某市、县（区）城乡义务教育补助经费＝城乡义务教育经费保障机制资金＋特岗教师工资性补助资金＋学生营养改善计划补助资金。

第九条　市级财政、教育部门应当于每年1月底前向省财政厅、省教育厅报送当年补助经费申报材料。逾期不提交的，相应扣减相关分配因素得分。申报材料主要包括：

（一）上年度补助经费安排使用情况，主要包括上年度补助经费使用情况、年度绩效目标完成情况、市县财政投入情况、主要管理措施、问题分析及对策。

（二）当年工作计划，主要包括当年本地义务教育工作目标和绩效目标、重点任务和资金安排计划，绩效目标要明确、具体、可考核。

（三）上年度市县级财政安排用于推动义务教育均衡发展方面的资金统计表及相关预算文件。

第十条　补助经费由省财政厅、省教育厅共同管理。省教育厅负责审核市、县（区）相关材料和数据，提供资金测算需要的基础数据，并提出资金需求测算方案。省财政厅根据中央和省转移支付资金管理相关规定，会同省教育厅研究确定各市、县（区）补助经费预算金额。市县财政、教育部门要根据职责承担在经费分担、资金使用管理等方面的责任，切实加强资金管理。

第十一条　省财政厅和省教育厅于每年全省人民代表大会批准预算后的三十日内正式下达省级补助经费预算。中央财政补助经费预算（含提前下达预算指标）下达我省后，省财政厅、省教育厅在三十日内按照预算级次合理分配、及时下达，并就资金使用管理提出明确要求，同时抄送财政部驻安徽省财政监察专员办事处。

第十二条 补助经费支付执行国库集中支付制度。其中,城乡义务教育经费保障机制资金(包括免费教科书、公用经费、寄宿生生活费、校舍安全保障长效机制和综合奖补等补助经费)拨付暂按照现行有关规定执行。补助经费涉及政府采购的,按照政府采购有关法律制度执行。国家课程免费教科书由省教育厅、省财政厅结合当地实际,按政府采购有关规定统一组织采购。

第十三条 省财政厅、省教育厅在分配补助经费时,贯彻省委、省政府脱贫攻坚决策部署,加大省级统筹力度,重点向农村地区倾斜,向边远地区、贫困地区、民族地区、革命老区倾斜。

第十四条 市、县(区)级财政、教育部门应当落实经费管理的主体责任,加强区域内相关教育经费的统筹安排和使用,兼顾不同规模学校运转的实际情况,向寄宿制学校、规模较小学校、薄弱学校倾斜,保障规模较小学校和教学点的基本需求;加强学校预算管理,细化预算编制,硬化预算执行,强化预算监督;规范学校财务管理,确保补助经费使用安全、规范和有效。市、县(区)级教育部门应会同财政、建设等有关部门,定期对辖区内学校校舍进行排查、核实,结合本地学校布局调整等规划,编制校舍安全保障总规划和年度计划,按照省校舍安全保障长效机制项目管理有关规定,负责组织实施项目,项目实施和资金安排情况,要逐级上报省教育厅、省财政厅备案。

第十五条 学校应当建立健全预算管理制度,按照轻重缓急、统筹兼顾的原则安排使用公用经费,既要保证开展日常教育教学活动所需的基本支出,又要适当安排促进学生全面发展所需的活动经费支出;制定完善内部经费管理办法,细化公用经费等支出范围与标准,加强实物消耗核算,建立规范的经费、实物等管理程序,建立物品采购登记台账,健全物品验收、进出库、保管、领用制度,明确责任,严格管理;建立健全内部控制制度、经济责任制度等监督制度,依法公开财务信息,依法接受主管部门和财政、审计等部门的监督;做好给予个人有关补助的信息公示工作,接受社会公众监督。

第十六条 省财政厅、省教育厅根据工作需要适时组织开展补助经费监督检查和绩效管理。市、县(区)财政、教育部门应当加强补助经费的监督检查和绩效管理,建立健全全过程预算绩效管理机制,不断提高资金使用效益,并按照规定做好信息公开工作。各级教育部门要加强基础信息管理,确保学生信息、学校基本情况、教师信息等数据真实准确。

第十七条 补助经费要建立“谁使用、谁负责”的责任机制。严禁将补助经费用于平衡预算、偿还债务、支付利息、对外投资等支出,不得从补助经费中提取工作经费或管理经费。对于挤占、挪用、虚列、套取补助经费等行为,按照《预算法》《财政违法行为处罚处分条例》等国家有关法律规定严肃处理。

第十八条 各级财政、教育部门及其工作人员在补助经费分配方案的制定和复核过程中,违反规定分配补助经费或者向不符合条件的单位(或项目)分配补助经费以及滥用职权、玩忽职守、徇私舞弊的,按照《预算法》《公务员法》《行政监察法》《财政违法行为处罚处分条例》等国家有关法律规定追究责任,并视情况提请同级政府进行行政问责;涉嫌犯罪的,移送司法机关处理。

第十九条 本办法由省财政厅、省教育厅负责解释。各市财政、教育部门应当根据本办法,结合各地实际,制定具体管理办法,报省财政厅、省教育厅备案。

第二十条 本办法自印发之日起施行。省财政厅、省教育厅印发的《安徽省农村中小学校舍维修改造专项资金管理暂行办法》(财教〔2007〕197 号)、《转发财政部教育部关于印发农村义务教育学生营养改善计划专项资金管理暂行办法的通知》(财教〔2012〕1860 号)、《安徽省义务教育阶段学校公用经费管理暂行办法》(财教〔2014〕1301 号)同时废止。上述文件涉及相关工作的管理办法由省教育厅会同相关部门另行制定。

(附件略)

安徽省财政厅　安徽省林业厅关于印发《林业改革发展资金管理办法实施细则》的通知

财农〔2017〕502 号

各市、县(区)财政局、林业局:

为加强和规范林业改革发展资金使用管理,推进资金统筹使用,提高资金使用效益,促进林业改革发展,根据《财政部 国家林业局关于印发〈林业改革发展资金管理办法〉的通知》(财农〔2016〕196号)规定,结合我省实际,省财政厅、省林业厅制定了《林业改革发展资金管理办法实施细则》。现印发给你们,请认真贯彻执行。

林业改革发展资金管理办法实施细则

第一章 总则

第一条 为加强和规范林业改革发展资金使用管理,推进资金统筹使用,提高资金使用效益,促进林业改革发展,根据《财政部 国家林业局关于印发〈林业改革发展资金管理办法〉的通知》(财农〔2016〕196号)规定,结合我省实际,制定本实施细则。

第二条 本实施细则所称林业改革发展资金是指中央财政预算安排下达我省用于森林资源管护、森林资源培育、生态保护体系建设、国有林场改革、林业产业发展等支出方向的专项资金和省财政预算安排的省级森林生态效益补偿、森林公安补助、国有林场改革补助资金。

第三条 省财政厅负责编制年度资金使用情况报告,会同省林业厅分配及下达资金,对资金使用情况进行监督和绩效管理;省林业厅负责相关规划编制,会同省财政厅下达年度计划任务,指导、推动和监督开展林业改革发展工作,会同省财政厅做好资金使用情况监督和绩效管理。

第四条 林业改革发展资金按照"政策目标明确、分配办法统一、支出方向协调、绩效结果导向"的原则分配、使用和管理。

第二章 森林资源管护支出

第五条 森林资源管护支出包括天然林保护管理补助和森林生态效益补偿补助。

第六条 天然林保护管理补助包括天保工程区管护补助和天然林停伐管护补助。天保工程区管护补助是指天然林资源保护工程二期实施方案确定的国有林管护、集体和个人所有的地方公益林管护所发生的支出。国有林管护重点保障森林管护人员的工资性支出。天然林停伐管护补助是指全面停止天然商品林采伐后安排的管护支出。

第七条 森林生态效益补偿补助是指用于国家林业局会同财政部界定的国家级公益林和省林业厅会同省财政厅界定的省级公益林的保护和管理的支出。森林生态效益补偿补助包括管护补助支出和公共管护支出。国有的国家级和省级公益林管护补助支出,用于国有林场、国有苗圃、自然保护区、森工企业等国有单位管护国家级、省级公益林的劳务补助等支出。集体和个人所有的国家级和省级公益林管护补助支出,用于集体和个人的经济补偿和管护国家级、省级公益林的劳务补助等支出。公共管护支出主要用于市、县(市、区)林业主管部门开展国家级和省级公益林监督检查和评价等方面的支出。

第八条 森林资源管护支出中央财政下达的补助部分根据中央确定的具体标准,市、县(市、区)执行标准不得低于中央财政补助标准。省级公益林补偿标准不分权属统一为每年每亩15元,其中管护补助支出14.75元、公共管护支出0.25元。因政策需要调整标准的按照调整后的标准执行。

第九条 市、县(市、区)财政部门会同林业主管部门测算审核管理成本,合理确定国有单位国家级、省级公益林管护人员数量和具体管护劳务补助标准。林业主管部门应当与承担管护任务的国有单位、集体和个人签订管护合同。国有单位、集体和个人应当按照管护合同规定履行管护义务,承担管护责任,根据管护合同履行情况领取管护补助。

第三章 森林资源培育支出

第十条 森林资源培育支出包括林木良种培育补助、造林补助和森林抚育补助。

第十一条 林木良种培育补助包括良种繁育补助和良种苗木培育补助。良种繁育补助是指用于对良种生产、采集、处理、检验、储藏等方面的补助,补助对象为国家重点林木良种基地和国家林木种质资源库。良种苗木培育补助是指用于对因使用良种,采用组织培养、轻型基质、无纺布和穴盘容器育苗、幼化处理等先进技术培育的良种苗木所增加成本的补助,补助对象为国有育苗单位。

第十二条 造林补助是指对国有林场、林业职工(含林区人员,下同)、农民专业合作社和农民等造林主体在宜林荒山荒地、沙荒地、迹地、低产低效林地进行人工造林、更新和改造、营造混交林,面积不小于1亩的给予适当的补助。

第十三条 森林抚育补助是指对承担森林抚育任务的国有森工企业、国有林场、林业职工、农民专业合作社和农民开展间伐、补植、退化林修复、割灌除草、清理运输采伐剩余物、修建简易作业道路等生产作业的所需劳务用工和机械燃油等给予适当的补助,抚育对象为国有林中,或集体和个人所有的公益林中的幼龄林和中龄林。一级国家级公益林不纳入森林抚育补助范围。

第十四条 县(市、区)级可按照从严从紧的原则,在造林补助和森林抚育补助中,以不超过5%的比例,列支方案编制、作业设计、检查验收等费用,不得用于财政补助单位人员经费和运转经费。省、市两级不得提取上述费用。

第四章 生态保护体系建设支出

第十五条 生态保护体系建设支出包括湿地补助、林业国家级自然保护区补助、林业防灾减灾补助、森林公安补助和珍稀濒危野生动植物保护补助。

第十六条 湿地补助包括湿地保护与恢复补助、退耕还湿补助、湿地生态效益补偿补助。湿地保护与恢复补助是指用于林业系统管理的国际重要湿地、国家重要湿地以及生态区位重要的国家湿地公园、省级以上(含省级)湿地自然保护区开展湿地保护与恢复的相关支出,包括监测监控设施维护和设备购置支出、退化湿地恢复支出和湿地所在保护管理机构聘用临时管护人员所需的劳务补助等支出。退耕还湿补助是指用于林业系统管理的国际重要湿地、国家级湿地自然保护区、国家重要湿地范围内的省级自然保护区实施退耕还湿的相关支出。湿地生态效益补偿补助是指用于对候鸟迁飞路线上的林业系统管理的重要湿地因鸟类等野生动物保护造成损失给予的补偿支出。

第十七条 林业国家级自然保护区补助是指用于林业系统管理的国家级自然保护区的生态保护、修复与治理,特种救护、保护设施设备购置和维护,专项调查和监测,宣传教育,以及保护管理机构聘用临时管护人员所需的劳务补助等支出。

第十八条 林业防灾减灾补助包括森林防火补助、林业有害生物防治补助和林业生产救灾补助,补助对象为承担林业防灾减灾任务的基层林业单位。森林防火补助是指用于预防和对突发性的重特大森林火灾扑救等相关支出的补助,包括购置扑救工具和器械、物资设备等支出,租用防火所需汽车等交通运输工具支出,森林航空消防所需租用飞机、航站地面保障等支出以及重点国有林区防火道路建设与维护支出等。林业有害生物防治补助是指用于对危害森林、林木、种苗正常生长的病、虫、鼠(兔)等重大灾害和有害植物的预防和治理等相关支出的补助。林业生产救灾补助是指用于支持林业系统遭受洪涝、干旱、雪灾、冻害、冰雹、地震、山体滑坡、泥石流、台风等自然灾害之后开展林业生产恢复等相关支出的补助。

第十九条 森林公安补助包括森林公安办案(业务)补助和业务装备补助。森林公安办案(业务)补助是指用于森林公安机关开展案件侦办查处、森林资源保护、林区治安管理、维护社会稳定、处置突发事件、禁种铲毒、民警教育培训等支出。业务装备补助是指用于森林公安机关购置指挥通信、刑侦技术、执法勤务(含警用交通工具)、信息化建设、处置突发事件、派出所和监管场所所需的各类警用业务装备的支出。

森林公安补助由中央、省级和省以下同级财政分区域按保障责任负担。中央财政下达及省财政安排的支出重点用于县(市、区)级森林公安机关和工作任务重、财力困难的市级森林公安机关。从中央财政下达资金中安排的对省级森林公安机关补助的支出规模不得超过中央和省级森林公安转移支付资金总额的5%,且专项用于省级森林公安机关承办公安部、国家林业局部署的重大任务,直接侦办和督办重特大案件、组织开展专项行动、处置不可预见的突发事件、装备共建或其他特殊原因所需补助经费等。

第二十条 珍稀濒危野生动植物保护补助是指用于大熊猫、朱鹮、虎、豹、亚洲象等珍稀濒危野生动物和极小种群野生植物保护的补助支出。

第五章 国有林场改革支出

第二十一条 中央财政下达的国有林场改革支出是指用于补缴国有林场拖欠的职工基本养老保险和基本医疗保险费用、国有林场分离场办学校和医院等社会职能费用、对先行自主推进国有林场改革的奖励补助等。中央财政下达的补助资金补缴国有林场拖欠的职工基本养老保险和基本医疗保险费用有结余的,可用于林场缴纳职工基本养老和基本医疗等社会保险以及其他与改革相关的支出。省财政安排的国有林场改革补助资金统筹用作国有林场改革成本。

第二十二条 国有林场改革补助为一次性补助支出,中央财政补助资金按每名职工(包括在职职工和离退休职工)2万元、每亩林地1.15元,省财政补助资金按每名职工(包括在职职工和离退休职工)0.5万元、每亩林地2元的标准测算补助。

第六章 林业产业发展支出

第二十三条 林业产业发展支出包括林业科技推广示范补助、林业贷款贴息补助、林业优势特色产业发展补助。

第二十四条 林业科技推广示范补助是指用于承担林业科技成果推广与示范任务的林业技术推广站(中心)、科研院所、大专院校、国有林场和国有苗圃等单位,开展林木优良品种繁育、先进实用技术与标准的应用示范、与科技推广和示范项目相关的简易基础设施建设、必需的专用材料及小型仪器设备购置、技术培训、技术咨询等支出。林业科技推广示范实行先进技术成果库管理,具体按照国家林业局制定的办法执行。

第二十五条 林业贷款贴息补助是指对各类银行(含农村信用社和小额贷款公司)发放的符合贴息条件的贷款安排的利息补助。

贴息条件为:各类经济实体营造的生态林(含储备林)、木本油料经济林、工业原料林贷款;国有林场为保护森林资源、缓解经济压力开展的多种经营贷款,以及自然保护区、森林(湿地)公园开展的生态旅游贷款;林业企业、林业专业合作社等以公司带基地、基地连农户(林业职工)的经营形式,立足于当地林业资源开发、带动林区经济发展的种植业以及林果等林产品加工业贷款;农户和林业职工个人从事的营造林、林业资源开发贷款。

林业贷款贴息采取一年一贴、据实贴息的方式,年贴息率为3%。对贴息年度(上一年度1月1日至12月31日)之内存续并正常付息的林业贷款,按实际贷款期限计算贴息。同一申请主体(企业、单位和个人)贴息年度内享受贴息补助的项目不得超过1个。

林业贷款贴息补助原则上优先安排已申报林业贴息贷款计划的贴息项目,同等条件下按生态林、木本油料林、工业原料林、国有林场、生态旅游、农户和林业职工个人、林产品加工业等贷款顺序确定贴息额。

各市、县(市、区)申请、安排林业贷款贴息补助,须将银行征信查询纳入审核环节,落实林业贷款贴息项目公告公示制度。对骗取林业贷款贴息补助的单位和个人,将其不良信息推送到人民银行征信系统和财政涉企信息系统,取消其申请林业贷款贴息补助资格。

第二十六条 林业优势特色产业发展补助是指用于支持油茶、核桃、油用牡丹、文冠果等木本油料及其他林业特色产业发展的补助支出。

第七章 资金分配下达

第二十七条 林业改革发展资金采取因素法分配。森林资源管护和国有林场改革两个支出方向按照各地工作任务、中央和省补助标准等因素确定,其余支出方向以各市、县(市、区)的申报数为基础依据,比照财政部和国家林业局的分配方法,结合工作任务(权重50%)、资源状况(即二类调查数为准,权重25%)、绩效因素(权重15%)、政策因素(权重5%)、财力状况(权重5%)等分配,适当向贫困地区倾斜。

第二十八条 市级林业主管部门会同财政部门于每年6月15日前,向省林业厅和省财政厅报送全市(附所辖县、市、区)下一年度任务计划。任务计划应当与本区域林业发展规划、中期财政规划等相衔接,根据本细则规定的支出方向和具体补助内容进行细化并排序。省林业厅会同省财政厅于每年7月15日前,向国家林业局和财政部报送全省下一年度任务计划,抄送财政部驻安徽财政监察专员办事处(以下简称专员办)。

第二十九条 省林业厅商省财政厅于每年接到国家林业局下达下一年度任务计划30日内,按规定的指标和内容,将下一年度任务计划分解下达到市、县(市、区)。

第三十条 在确保完成中央下达的约束性指标的前提下,根据我省实际,结合省级预算资金安排情况,省林业厅商省财政厅在资金使用范围内提出资金使用方向。省财政厅会同省林业厅按规定时间下达林业改革发展资金。

第三十一条 省财政厅会同省林业厅于每年8月31日前,编制全省林业改革发展资金当年使用情况报告,以正式文件报财政部和国家林业局备案,抄送专员办。

第八章 资金管理监督

第三十二条 林业改革发展资金建立"预算编制有目标、预算执行有监控、预算完成有评价、评价结果有反馈、反馈结果有应用"的全过程预算绩效管理机制。省财政厅会同省林业厅根据财政部和国家林业局绩效管理办法制定实施细则。

第三十三条　林业改革发展资金中用于生态保护体系建设、林业产业发展两个支出方向中有关补助内容实行省级或市县项目库管理。具体按照国家林业局会同财政部制定的项目库管理有关规定执行。

第三十四条　市、县(市、区)财政部门和林业主管部门应当加快预算执行,提高资金使用效益。结转结余的林业改革发展资金,按照财政部关于结转结余资金管理的相关规定处理。

第三十五条　林业改革发展资金的支付执行国库集中支付制度有关规定。属于政府采购范围的,应当按照政府采购有关规定执行。

第三十六条　各地应当积极创新林业改革发展资金使用管理机制。国有林场公益林日常管护要通过合同、委托等方式面向社会购买服务。各地政府购买服务的推行情况将作为中央对省级、省级对市级开展绩效评价的考核内容。

第三十七条　林业改革发展资金使用管理应当全面落实预算信息公开有关要求。

第三十八条　市、县(市、区)财政部门和林业主管部门应当加强对林业改革发展资金的申请、分配、使用、管理情况的监督检查,发现问题及时纠正,接受专员办等部门对林业改革发展资金预算执行情况的全面监管和监督检查。

第三十九条　各级财政、林业等有关部门及其工作人员在林业改革发展资金分配、使用、管理等相关工作中,存在违反本实施细则规定的行为,以及其他滥用职权、玩忽职守、徇私舞弊等违法违纪行为的,按照《预算法》《公务员法》《行政监察法》《财政违法行为处罚处分条例》等国家有关规定追究相应责任;涉嫌犯罪的,移送司法机关处理。

资金使用单位和个人在使用林业改革发展资金中存在各类违法违规行为的,按照《预算法》《财政违法行为处罚处分条例》等国家有关规定追究相应责任。

第九章　附　则

第四十条　林业改革发展资金中用于支持贫困县(市、区)开展统筹整合使用财政涉农资金试点的部分,按照有关规定执行。

第四十一条　本实施细则由省财政厅会同省林业厅负责解释。

第四十二条　本实施细则自印发之日起施行。《安徽省财政厅 安徽省林业厅关于印发〈安徽省森林公安转移支付资金管理暂行办法〉的通知》(财农〔2012〕2335 号)、《安徽省财政厅 安徽省林业厅关于印发〈安徽省财政林业补助资金管理办法〉的通知》(财农〔2015〕49 号)同时废止。

安徽省财政厅 安徽省人民政府台湾事务办公室关于印发《安徽省台湾产业园区发展专项资金管理(暂行)办法》的通知

财行〔2017〕527 号

各市财政局、台办:

为规范和加强台湾产业园区发展专项资金的使用和管理,提高资金使用效益,根据《安徽省人民政府办公厅关于印发安徽省财政一般性转移支付资金管理办法和安徽省省级财政专项资金管理办法的通知》(皖政办〔2014〕29 号)的有关规定,我们制定了《安徽省台湾产业园区发展专项资金管理(暂行)办法》,现印发你们,请遵照执行。

安徽省台湾产业园区发展专项资金管理(暂行)办法

第一章　总　则

第一条　为进一步促进皖台经贸交流与合作,依据《安徽省保护和促进台湾同胞投资条例》,省财政自 2017 年开始设立“安徽省台湾产业园区发展专项资金”(以下简称发展资金)。为规范发展资金的使用和管理,特制定本办法。

第二条　发展资金,是指省财政预算安排的,用于支持和引导我省台湾产业园区建设和发展的专项资金。

第三条　本办法依据中央对台方针政策和《中华人民共和国预算法》《安徽省人民政府办公厅关于印发安徽省财政一般性转移支付资金管理办法和安徽省省级财政专项资金管理办法的通知》(皖政办〔2014〕29 号)、《安徽省人民政府办公厅关于进一步加强财政资金管理制度建设的指导意见》(皖政办〔2016〕29 号)等法律法规和制度制定。

第四条　本办法适用于经国家及省有关部门批准设立的各类台湾产业园区，主要包括以下三类：

工业类园区是指经国家和省有关部门批准设立的海峡两岸××产业合作示范园（区）、台湾工业园等园区。

农业类园区是指经国台办、农业部批准设立的台湾农民创业园。

青创类园区是指经国台办批准设立的海峡两岸青年创业基地、海峡两岸青年就业创业示范点和省有关部门挂牌的皖台青年创业基地、皖台青年就业创业见习基地。

第二章　发展资金使用范围和分配方式

第五条　发展资金主要用于园区基础和服务设施建设、对台招商引资、皖台经贸交流与合作、台湾青年实习就业创业等方面，以及该发展资金的评审、评估、审计等相关社会服务开支。奖补范围为：

（一）台湾产业园区道路、供电、供水、供气、环保等基础和服务设施建设。

（二）台湾产业园区举办对台经贸交流活动等方面取得的成效。

（三）台湾产业园区在引进台湾资金、技术、人才以及对外贸易等方面取得的成果。

（四）台湾产业园区在吸引台湾青年来皖实习、就业、创业和皖台青年交流方面取得的进展。

第六条　发展资金采取后奖补方式和因素分配法，对台湾产业园区上一年度对台经济工作成效进行的绩效考评，因素指标由以下部分构成：

一、工业类和农业类园区因素：基础和服务设施建设、对台招商引资、对台经济合作成果三个方面（具体因素指标见附表2）。

二、青创类园区因素：皖台青年交流活动、入驻台湾青年创业团队（企业、机构）数情况、台湾青年实习就业人数情况、配套服务设施和支持政策或举措情况等（具体因素指标见附表3）。

三、三类园区切块因素：工业、农业、青创三类园区分别按40%、30%、30%比例切分。

第七条　以因素指标得分值为依据，确定奖补资金额度。

第八条　各台湾产业园区应于每年年底将申报材料报送市台办、市财政局，经市台办、市财政局审核合格后，于次年1月10日前报省台办，各园区应对申报材料的真实性、准确性、完整性负责。省台办组织专家对各市申报材料进行审核、评分，必要时可到现场查验。省台办将依具体情况适时组织抽查。

第九条　省台办依据专家评分结果，结合因素指标情况，计算奖补金额（奖补金额＝切块资金×园区得分值该类园区累计分值），提出资金分配建议方案，省财政厅审核拨付。

第十条　有下列情况之一不得申请当年发展资金：

1. 在国家相关部委考核中定为“不合格”等次的园区。

2. 无台资企业的工业、农业类园区。

3. 无台湾青年实习、就业、创业的青创类园区。

4. 上年度专项资金使用管理中出现违规情况且整改不到位或出现违法情况的。

第三章　发展资金绩效评价和监督管理

第十一条　建立发展资金安排使用情况绩效考评体系，省财政厅会同省台办对发展资金使用管理情况开展定期、不定期检查，绩效评价结果运用于下年度发展资金安排。

第十二条　加强对发展资金使用的监督检查，主动接受人大监督、审计监督、财政监督、监察监督、社会监督，确保发展资金使用管理的公开、透明。各园区要切实担负主体责任，市台办、市财政局要加强对发展资金使用管理的监督检查。

第十三条　对于截留、挤占、挪用、骗取发展资金等违法行为，一经查实，将按《财政违法行为处罚处分条例》等有关规定进行处罚。涉嫌犯罪的，移送司法机关处理。

第四章　附　则

第十四条　本办法由省财政厅、省台办共同负责解释。

第十五条　本办法自印发之日起施行。

安徽省财政厅关于印发《安徽省省级国有资本经营预算管理暂行办法》的通知

财资预〔2017〕559号

省直有关部门、有关省属企业：

为进一步规范省级国有资本经营预算管理工作，完善国有资本经营预算制度，根据《中华人民共和国预算法》《安徽省人民政府关于试行国有资本经营预算的意见》等有关规定,我们制定了《安徽省省级国有资本经营预算管理暂行办法》,现印发给你们,请遵照执行。

安徽省省级国有资本经营预算管理暂行办法

第一章　总则

第一条　为加强和规范省级国有资本经营预算管理,优化国有资本配置,根据《中华人民共和国预算法》《中华人民共和国企业国有资产法》等法律法规,制定本办法。

第二条　本办法适用于省级国有资本经营预算的编制、执行、决算、监督检查等预算管理活动。

第三条　本办法所称国有资本经营预算,是指国家以所有者身份依法取得国有资本收益,并对所得收益进行分配而发生的各项收支预算,是政府预算的重要组成部分。

第四条　省级国有资本经营预算保持完整独立,并与一般公共预算相衔接,按照收支平衡的原则编制,以收定支,不列赤字。

第五条　省级国有资本经营预算由预算收入和预算支出组成。

第六条　省级国有资本经营预算按照国家宏观经济政策及中期财政规划要求,实行滚动编制。

第七条　本办法适用对象包括纳入省级国有资本经营预算实施范围的部门、机构及其监管(所属)的省属企业。本办法所称省属企业是指省人民政府及其部门、机构履行出资人职责的国有企业,包括国有独资企业及国有控股、参股企业。

第八条　经法定程序批准的省级国有资本经营预算、决算应当根据有关规定及时向社会公开,涉及国家秘密的除外。

第二章　预算管理职责

第九条　省财政厅为国有资本经营预算的主管部门,代表省人民政府履行出资人职责的部门、机构为省级国有资本经营预算单位(以下简称省级预算单位)。

第十条　省财政厅主要职责:

(一)制(修)订国有资本经营预算的相关管理制度;

(二)编制省级国有资本经营预算草案和预算调整方案;

(三)收取省属企业国有资本收益;

(四)报告国有资本经营预算收支执行情况;

(五)编报省级国有资本经营决算;

(六)批复省级国有资本经营预决算;

(七)监督检查国有资本经营预算编制、执行和决算情况。

第十一条　省级预算单位主要职责:

(一)研究制定本单位国有经济布局和结构调整的政策措施,参与制定国有资本经营预算有关管理制度;

(二)提出本单位年度国有资本经营预算建议草案;

(三)组织本单位国有资本经营预算的执行;

(四)组织所监管(所属)省属企业上交国有资本收益;

(五)编报本单位年度国有资本经营决算草案;

(六)监督检查所监管(所属)省属企业国有资本经营预算执行情况。

第十二条　省属企业主要职责:

(一)按照规定申报、上缴国有资本收益;

(二)提出国有资本经营预算支出项目计划;

(三)建立、健全国有资本经营预算的资金管理制度和内部审计制度,规范资金核算,确保资金按规定用途使用;

(四)根据国有资本经营预算批复安排支出,报告国有资本经营预算执行情况并依法接受监督;

(五)按规定向省级预算单位和省财政厅报送财务会计信息资料等。

第三章　预算收支范围

第十三条　省级国有资本经营预算收入是省级预算单位及省属企业上交,并纳入国有资本经营预算管理的国有资本收益。主要包括:

(一)国有独资企业按规定上交国家的利润;

(二)国有控股、参股企业国有股权(股份)获得的股利、股息收入;

(三)国有产权(含国有股份)转让收入;

(四)国有独资企业清算收入(扣除清算费用),国有控股、参股企业国有股权(股份)分享的公司清算收入(扣除清算费用);

(五)其他国有资本收益。

第十四条　省级国有资本经营预算支出除调入

一般公共预算外，主要用于以下方面：

（一）解决国有企业历史遗留问题及相关改革成本支出；

（二）关系国民经济命脉的重要行业和关键领域国有资本注入，包括重点提供公共服务、发展前瞻性战略性产业、保护生态环境、支持科技进步等，推进国有经济布局和结构战略性调整；

（三）其他支出。

具体支出根据国家宏观经济政策、全省产业发展规划以及不同时期国有企业改革发展任务，统筹安排确定。

第四章　预算编制和批复

第十五条　省级国有资本经营预算按年度单独编制，与一般公共预算编制同步进行，纳入省级政府预算，并按照国家宏观政策及《国务院关于实行中期财政规划管理的意见》（国发〔2015〕3号）等要求，编制中期省级国有资本经营预算收支规划。

第十六条　省级国有资本经营预算草案的编制依据：

（一）《中华人民共和国预算法》及其实施条例；

（二）国务院、省政府关于国有资本经营预算的要求，国家宏观调控政策；

（三）国有资本布局规划，省政府确定的国有资本经营预算支持重点和方向；

（四）中期省级国有资本经营预算收支规划；

（五）省级预算单位、省属企业有关绩效评价结果；

（六）存量资产和结余资金情况。

第十七条　省级国有资本经营预算收入由省财政厅组织省级预算单位根据省属企业年度盈利等情况和省属企业国有资本收益收取政策进行测算编制。

第十八条　省级国有资本经营预算支出按照下列程序进行编制：

（一）省财政厅按照编制预算的统一要求，根据省级国有资本经营预算支出政策，布置编报年度省级国有资本经营预算；

（二）省级预算单位根据省财政厅的编报要求，向所监管（所属）省属企业布置编报年度省属企业国有资本经营预算；

（三）省属企业根据有关编报要求，编制本企业年度国有资本经营预算支出计划建议报省级预算单位，并抄报省财政厅；

（四）省级预算单位对所监管（所属）省属企业报送的年度国有资本经营预算支出计划建议进行初审后，编制本单位国有资本经营预算建议草案报省财政厅；

（五）省财政厅根据当年预算收入规模和省级预算单位报送的国有资本经营预算建议草案，统筹安排、综合平衡后，编制省级国有资本经营预算草案。

第十九条　省财政厅编制的年度省级国有资本经营预算草案，按照政府预算编制要求经省政府审定后，报送省人民代表大会审查。

第二十条　省财政厅应在省人民代表大会批准省级国有资本经营预算后20日内，批复至省级预算单位。省级预算单位应在接到省财政厅批复的预算后15日内，具体下达所监管（所属）省属企业的预算。

第二十一条　省级国有资本经营预算支出，按其功能分类编列到项。

第五章　预算执行

第二十二条　省级国有资本经营预算收入由省财政厅负责收取，省级预算单位负责组织所监管（所属）省属企业上交国有资本收益。省属企业按规定应上交的国有资本收益，应当及时、足额上交省财政。任何部门和单位不得擅自减免省级国有资本经营预算收入。

第二十三条　省级国有资本经营预算支出应当按照经批复的预算执行，未经批准不得擅自调剂。

第二十四条　省级国有资本经营预算支出，由省属企业按预算批复向省财政厅提出申请，省财政厅审核后按照国库集中支付制度有关规定办理。

第二十五条　省级国有资本经营预算执行中，因不可抗力等特殊情况需要调整预算的，由省财政厅编制省级国有资本经营预算调整方案，经省人民政府同意，并报省人民代表大会常务委员会批准后组织实施。

第二十六条　省级国有资本经营预算如出现超收，结转下年安排；如出现短收，通过削减支出实现平衡。

第二十七条　省级国有资本经营预算结余资金应当在下一年度预算编制中统筹安排。

第六章　决算

第二十八条　省财政厅按照编制决算的统一要求，部署编制本年度省级国有资本经营决算草案工作，制发省级国有资本经营决算报表格式和编制说明。

第二十九条　预算年度终了，省属企业应向省级预算单位报告上一年度国有资本经营预算执行情况;省级预算单位应按照年度决算编制的要求,编制上一年度本单位国有资本经营决算草案报省财政厅。

第三十条 省财政厅根据当年国有资本经营预算执行情况和省级预算单位上报的决算草案,汇总编制省级国有资本经营决算草案,按规定程序报送省人民代表大会常务委员会审查。

第三十一条 省级国有资本经营决算草案经省人民代表大会常务委员会批准后,省财政厅应当在20日内向省级预算单位批复决算。省级预算单位应在接到省财政厅批复的决算后15日内,向所监管(所属)省属企业批复决算。

第七章 绩效管理与监督检查

第三十二条 省财政厅应当对省级预算单位、省属企业的国有资本经营预算执行情况进行动态监控和监督检查。

第三十三条 省级国有资本经营预算应当实施绩效管理,合理设定绩效目标及指标,积极开展绩效评价,评价结果作为加强预算管理及预算资金安排的重要依据,不断提升预算资金使用效益。

第三十四条 省财政厅、省审计厅等部门依法对省级国有资本经营预算进行审计、监督和检查。

第三十五条 对省级国有资本经营预算管理中的违法行为,依照《中华人民共和国预算法》《财政违法行为处罚处分条例》《安徽省预算审查监督条例》等法律法规予以处理。

第八章 附则

第三十六条 本办法由省财政厅负责解释。

第三十七条 本办法自印发之日起施行。

安徽省财政厅 安徽省卫生和计划生育委员会 安徽省人力资源和社会保障厅 安徽省审计厅 安徽省扶贫开发领导小组办公室关于印发《安徽省农村贫困人口慢性病门诊补充医疗保障资金管理暂行办法》的通知

财社〔2017〕622号

各市、县(区)财政局、卫生计生委、人力资源社会保障局、审计局、扶贫办:

为加强和规范全省农村建档立卡贫困人口慢性病门诊补充医疗保障资金管理,创新资金安排、分配、使用、监管等方式,压实资金管理责任,依据相关规定,我们联合制定了《安徽省农村贫困人口慢性病门诊补充医疗保障资金管理暂行办法》。现印发给你们,请遵照执行。

执行中如发现问题,请及时反馈。

安徽省农村贫困人口慢性病门诊补充医疗保障资金管理暂行办法

第一章 总则

第一条 为加强和规范农村贫困人口慢性病门诊补充医疗保障(以下简称为"补充医疗保障")资金管理,创新资金安排、分配、使用、监管等方式,压实资金管理责任,提高资金经济效益和社会效益,推动补充医疗保障政策落地,制定本办法。

第二条 本办法依据《预算法》《安徽省人民政府关于健康脱贫工程的实施意见》(皖政〔2016〕68号)、《安徽省健康脱贫综合医疗保障实施细则》(皖政办秘〔2017〕56号)、《安徽省农村贫困人口慢性病门诊补充医疗保障实施方案》(皖卫财〔2017〕14号)等法律法规和政策规定制定。

第三条 本办法适用于全省农村建档立卡贫困人口(以下简称为"贫困人口")的慢性病门诊医药费用的补偿工作。贫困慢性病患者在1个年度内发生的门诊医药费用,按规定经健康脱贫"三保障一兜底"综合补偿后,由补充医疗保障对剩余的合规自付医药费用再给予80%补偿。

第四条 本办法所称补充医疗保障资金,是指各级财政预算统筹安排用于补充医疗保障待遇补偿的专项资金,以及其他渠道获得的资金。

第五条 坚持分级负担、属地兜底、统筹安排、提升绩效、公平公开的原则,加强和规范补充医疗保障资金的管理使用,提高贫困人口慢性病医疗保障水平,有效解决因病致贫、因病返贫问题。

第二章 资金筹集及分配下达

第六条 补充医疗保障补助资金,一般包括省财政专项补助资金、市(县、区)财政安排的补助资金。县级财政承担资金兜底保障责任,省财政通过省级专项扶贫资金统筹安排给予补助。

积极争取中央财政相关资金给予支持，鼓励和引导慈善公益组织或个人捐赠给予支持，鼓励医疗机构对贫困慢性病患者门诊医药费用给予减免。

第七条　我省健康脱贫政策实施期间，省财政每年从省级专项扶贫资金中统筹安排补助资金，一般按贫困人口数、因病致贫人数、因病致贫重点疾病患病人数等因素及权重系数进行分配（具体计算办法附后）。

第八条　省财政补充医疗保障补助资金，按省级专项扶贫资金渠道统一下达。原则上于上年底前将下一年度补助资金预计数指标提前下达，并按《预算法》等规定清算补助资金，多扣少补。

第九条　县级财政部门应会同基本医保主管部门综合考虑当地贫困人口慢性病发生、个人合规自付医药费用、健康脱贫“三保障一兜底”综合补偿水平等因素，按照属地兜底保障的要求，足额安排补充医疗保障所需资金（原则上按不低于省级补助资金数额安排），并按规定纳入预算管理。

县级财政部门可按照省政府办公厅《关于支持贫困县统筹整合使用财政涉农资金的实施意见》（皖政办〔2016〕31号）等规定，通过统筹整合省级及以下扶贫资金、增加扶贫专项补助资金等多渠道筹集。

第三章　管理使用及资金核算

第十条　补充医疗保障资金应按照《安徽省财政扶贫资金管理办法》（财农〔2016〕716号）等规定，严格落实项目管理、国库集中支付等制度规定，切实保障资金管理使用安全有效。

第十一条　补充医疗保障资金可实行国库集中支付管理，也可实行财政专户管理，具体由各地结合实际研究确定并制定操作规程。

实行国库集中支付管理的地区，县级财政部门应按照国库集中支付管理相关规定和“安全、便民、高效”的原则，优化资金拨付流程，提高资金运转效益，保障按时足额支付，规范项目资金核算，强化资金运行安全。

实行财政专户管理的地区，县级财政部门可按规定在现有社会保障（基本医疗保险）基金财政专户下开设“补充医疗保障”子账户，实行分账核算，封闭运行，专款专用。

第十二条　补充医疗保障由基本医保经办机构经办，纳入健康脱贫工程“一站式”结算范围。补充医疗保障补偿资金可采取“先预拨、后结算”等方式拨付，减轻医疗机构垫付压力。

经办机构按季（或半年）汇总审核符合条件的贫困人口慢性病门诊医药费用后，经主管部门审核后报同级财政部门申请使用补充医疗保障补偿资金，财政部门审核后拨付至经办机构或相关医疗机构。

第十三条　县级财政部门和经办机构应按规定开展补充医疗保障资金财务会计核算，制定总账及明细账并定期对账，确保账册完整、准确、规范。

第十四条　补充医疗保障资金实行专款专用，不得从中安排经办机构相关业务开支。

第四章　绩效管理及监督检查

第十五条　各级应加强对医疗机构诊疗行为和贫困人口就医行为的监督检查，对违规经办、过度医疗、骗保套保等违法违规行为，依法依规严肃追究相关部门、医疗机构负责人和直接责任人，以及当事患者的责任。

必要时，应通过第三方中介机构核查等方式，审核补充医疗保障政策实施及资金补偿等方面情况。

第十六条　各级应加强补充医疗保障资金的绩效管理，自觉接受人大的法制监督、政协的民主监督，主动接受纪检、监察、审计、财政等方面的监督检查，广泛接受社会监督。

第十七条　除涉及保密事项外，各级应及时准确公开补充医疗保障相关信息，提高工作透明度。

县级经办机构应按照“全程留痕”的要求，建立补充医疗保障台账管理制度，清晰记录贫困人口从建档立卡、医院就诊、诊疗行为、医药费用、补偿结算等全过程，制定信息花名册，实行县乡村三级公示制度。

第十八条　建立健全责任清晰、分级分类、分工负责的补充医疗保障资金监管工作责任体系，明确各级、各部门、各单位监管责任。

（一）省级层面。省级对补充医疗保障资金的管理制度及指导实施、省级补助资金的安排及分配等方面工作承担主体责任。

（二）市县层面。市、县（区）对本地补充医疗保障补助资金的兜底保障及管理使用、本地资金筹集及绩效监管、医药费用审核及结算等方面工作承担主体责任。

（三）经办层面。县级经办机构对补充医疗保障基础台账管理、医药费用初审及汇总、补偿资金申请及“一站式”结算等方面工作承担主体责任。

第五章 附则

第十九条 创新补充医疗保障运行机制,坚持政府主导,鼓励有条件的地区探索购买商业补充医疗保障,发挥商业保险机构在审核医药费用、组织服务网络、第三方专业监管等方面的优势。

第二十条 各地应依据本办法,结合实际,制定本地补充医疗保障资金管理实施细则。

第二十一条 本办法由省财政厅会同相关部门负责解释。

第二十二条 本办法自印发之日起施行。

安徽省财政厅 安徽省交通运输厅关于印发《安徽省交通应急专项资金管理暂行办法》的通知

财建〔2017〕674 号

各市及广德县、宿松县财政局、交通运输局:

为切实加强交通应急专项资金管理,提高专项资金使用效益,根据我省财政财务有关规定,省财政厅、省交通运输厅研究制定了《安徽省交通应急专项资金管理暂行办法》,现印发给你们,请遵照执行。

安徽省交通应急专项资金管理暂行办法

第一章 总 则

第一条 为切实加强交通应急专项资金使用管理,根据省政府办公厅《转发省财政厅关于规范财政资金管理若干意见的通知》(皖政办〔2009〕18 号)和《关于印发安徽省财政厅一般性转移支付资金管理办法和安徽省省级专项资金管理办法的通知》(皖政〔2014〕29 号)等有关文件要求,以及我省现行财政财务管理有关规定,制定本办法。

第二条 本办法所指交通应急专项资金(以下简称专项资金),是指省级部门预算安排,专项用于全省交通系统因不可预见因素造成的应急事项的补助。主要包括:因暴雨、台风、强震和雨雪冰冻等自然灾害及洪涝、滑坡、泥石流等次生灾害所造成的普通国省干线公路、农村公路(不含在建公路和收费公路)及其附属设施损毁抢修及灾毁恢复建设补助;国家交通主管部门布置必须在当年完成的交通应急事项支出;省委、省政府交办的其他交通应急事项支出。

第三条 专项资金按照“预算约束,注重绩效”的原则进行管理。专项资金在部门预算额度内安排使用,突出使用效益。

第二章 资金申请、审核和补助标准

第四条 公路损毁抢修补助和灾毁恢复建设补助实行常态化申报,分批集中处理。

第五条 公路损毁抢修补助。灾情发生后,省辖市(省直管县)交通运输局及时会同同级财政局分别向省交通运输厅和省财政厅提出补助资金申请报告,同时填报《公路灾损和抢通情况统计表》(附后)。申请报告内容应包括:灾害类型、影响时间、范围、程度;当地气象、民政等部门发布的灾情信息;公路交通基础设施受损情况(含灾毁情况图片、影像资料)、公路交通阻断情况、公路抢修保通情况;申请资金使用计划等。

省交通运输厅根据审核后的公路灾毁灾情类别和应急补助资金预算安排情况,提出初步分配方案,商省财政厅后共同下达资金计划。

第六条 对因自然灾害造成的损毁抢修补助,按各市公路灾毁灾情类别分档补助。一类灾情(灾情特别严重)不超过 1000 万元,二类灾情(灾情严重)不超过 800 万元,三类灾情(灾情较重)不超过 600 万元,四类灾情(灾情一般)不超过 400 万元。省直管县一般不超过 400 万元。

公路灾毁灾情类别,由省交通运输厅根据各市(省直管县)公路灾毁抢修保通资金申请报告,结合实地核查灾毁情况以及省气象局、省民政厅等部门发布的气象灾情信息等综合研究确定。

第七条 灾毁恢复建设补助资金,主要用于补助普通国省道灾后恢复。主要包括:因暴雨、台风、强震和雨雪冰冻等自然灾害及洪涝、滑坡、泥石流等次生灾害导致的公路路基、路面、桥涵及其他交通设施灾毁严重受损,以恢复原有功能为主的恢复性工程项目。恢复性项目按照建设项目组织实施,补助标准一般不超过重建项目工程造价的 50%,已纳入规划拟改建的普通国省项目应结合规划实施纳入国省道改扩建计划,不得申请灾毁恢复建设补助资金。上级部门已安排恢复重建补助资金的项目,不再安排补助。

第八条 专项资金用于国家交通主管部门布置事项的支出和省委、省政府交办的其他交通应急事

项支出，由省交通运输厅按照相关要求，制定资金使用计划，商省财政厅后按程序办理。

第三章 资金使用管理

第九条 市(省直管县)交通运输部门负责专项资金申报材料编制，项目组织、竣工验收及资金拨付申请等工作，并对项目申报材料、支出内容的真实性、完整性负责；市(省直管县)财政部门按国库集中支付制度及时拨资金，并负责专项资金使用监管。专项资金使用管理接受审计等部门监督。

第十条 专项资金必须专款专用，严禁截留、挤占、挪用，以及擅自改变资金用途。违规行为一经发现查实，除收回省级补助资金外，将按照《财政违法行为处罚处分条例》(国务院令第427条)的规定严肃处理。

第十一条 省交通运输厅、省财政厅将结合开展交通运输领域相关专项资金绩效评价工作，对交通应急专项资金开展绩效评价，并将绩效评价结果作为以后年度安排该项补助资金的重要因素之一。

第四章 附 则

第十二条 本办法由省财政厅、省交通运输厅负责解释。

第十三条 本办法自印发之日起施行。

(附件略)

安徽省财政厅 安徽省经济和信息化委员会关于印发《安徽省支持制造强省建设资金使用管理暂行办法》的通知

财企〔2017〕709号

各市、县(市、区)财政局、工业和信息化主管部门，各有关单位：

为贯彻落实《安徽省人民政府关于印发支持制造强省建设若干政策的通知》(皖政〔2017〕53号)等决策部署，规范和加强安徽省支持制造强省建设资金使用管理，发挥财政资金扶持引导作用，省财政厅、省经济和信息化委员会制定了《安徽省支持制造强省建设资金使用管理暂行办法》，现印发给你们，请遵照执行。执行中有何问题，请及时向我们反馈。

安徽省支持制造强省建设资金使用管理暂行办法

第一条 为贯彻落实《安徽省人民政府关于印发支持制造强省建设若干政策的通知》(皖政〔2017〕53号)等决策部署，规范和加强安徽省支持制造强省建设资金使用管理，提高财政资金使用效益，根据《中华人民共和国预算法》《安徽省预算审查监督条例》《安徽省人民政府办公厅关于进一步加强财政资金管理制度建设的指导意见》(皖政办〔2016〕29号)等规定，结合工作实际，制定本办法。

第二条 本办法所称安徽省支持制造强省建设资金(以下简称制造强省建设资金)是指省级财政预算安排的专项用于落实《安徽省人民政府关于印发支持制造强省建设若干政策的通知》(皖政〔2017〕53号)规定政策，促进全省制造业做大做强和提质增效的资金。

第三条 制造强省建设资金由省财政厅、省经济和信息化委员会(以下简称省经济和信息化委)按职责分工，遵循公开透明、公平公正、突出重点、加强监督、强化绩效的原则共同管理。

第四条 制造强省建设资金纳入安徽财政涉企项目资金管理信息系统管理。当年度已通过其他渠道获得中央财政或省财政资金支持的同一项目，不予重复支持。对涉企项目资金管理信息系统出现预警的项目，省经济和信息化委须分析排查原因，对预警的项目准予继续支持的，须注明核准理由。

第五条 制造强省建设资金重点支持《安徽省人民政府关于印发支持制造强省建设若干政策的通知》(皖政〔2017〕53号)规定的高端制造、智能制造、精品制造、绿色制造、服务型制造、电子信息、软件和大数据产业发展、企业做大做强、金融支撑等产业项目领域。

第六条 省经济和信息化委会同省财政厅依据年度制造强省建设资金总预算和年度工作重点，制定年度《安徽省支持制造强省建设资金使用计划》。省经济和信息化委根据当年《安徽省支持制造强省建设资金使用计划》发布制造强省建设资金申报指南，组织开展制造强省建设资金项目申报、评审、公示等工作。

第七条 按照《预算法》等有关规定，每年省人代会批准部门预算后,省经济和信息化委及时下达制造强省建设资金支持项目安排计划,并行文商省财政厅拨付制造强省建设资金。

第八条 制造强省建设资金主要采用后补助、贷款贴息、基金及购买服务等支持方式。

第九条 加强制造强省建设资金绩效评价管理。企业申报制造强省建设资金项目时同步申报资金使用绩效目标。省经济和信息化委组织开展制造强省建设资金绩效评价,并加强绩效评价结果的应用。

第十条 省财政厅、省经济和信息化委视情对制造强省建设资金使用情况开展监督检查。省财政厅对制造强省建设资金的预算安排、资金下达负责。省经济和信息化委对制造强省建设资金支持项目的申报、审核、真实性审查负责,确定资金年度支持重点,提出资金安排意见,做好项目监管和绩效评价。

第十一条 市县有关部门及企业对本单位出具的制造强省建设资金项目申报材料的真实性等负责,并督促项目单位按规定实施。项目单位对项目具体实施、资金使用绩效负责。

第十二条 对弄虚作假骗取制造强省建设资金,截留、挪用、挤占制造强省建设资金等违反财经纪律行为,按照《财政违法行为处罚处分条例》(国务院令第427号)的规定处理。构成犯罪的,依法追究刑事责任。

第十三条 省财政厅、省经济和信息化委等部门涉及制造强省建设资金管理事项的工作人员,如存在以权谋私、滥用职权、玩忽职守、徇私舞弊等违法违纪行为的,按照《预算法》《公务员法》《行政监察法》《保守国家秘密法》《财政违法行为处罚处分条例》等规定追究相应责任;涉嫌犯罪的,移送司法机关处理。

第十四条 制造强省建设资金接受审计、监察、财政等部门的监督检查。项目单位要严格遵守国家有关财务会计制度,严格执行项目合同,确保项目资金专款专用。

第十五条 本办法由省财政厅、省经济和信息化委负责解释。

第十六条 本办法自印发之日起施行。安徽省财政厅、安徽省经济和信息化委员会联合印发的《安徽省工业转型升级(中国制造2025安徽篇)专项资金使用管理暂行办法》(财企〔2016〕2002号)同时废止。

安徽省财政厅 安徽省教育厅关于印发《安徽省农村义务教育薄弱学校改造补助资金管理办法》的通知

财教〔2017〕713号

各市、县(区)财政局、教育局:

为贯彻落实《财政部 教育部关于印发〈农村义务教育薄弱学校改造补助资金管理办法〉的通知》(财科教〔2016〕28号)要求,规范和加强我省农村义务教育薄弱学校改造补助资金管理,提高资金使用效益,支持全面改善贫困地区义务教育薄弱学校基本办学条件工作,安徽省财政厅、安徽省教育厅制定了《安徽省农村义务教育薄弱学校改造补助资金管理办法》,现予印发,请遵照执行。

安徽省农村义务教育薄弱学校改造补助资金管理办法

第一章 总则

第一条 为规范和加强农村义务教育薄弱学校改造补助资金(以下简称薄改补助资金)管理,提高资金使用效益,支持全面改善贫困地区义务教育薄弱学校基本办学条件工作,根据《财政部 教育部关于印发〈农村义务教育薄弱学校改造补助资金管理办法〉的通知》(财科教〔2016〕28号)精神和国家有关法律制度规定,结合我省实际,制定本办法。

第二条 薄改补助资金是由中央和省财政设立、通过一般公共预算安排、用于改善贫困地区义务教育薄弱学校基本办学条件的资金。

第三条 薄改补助资金由各级财政部门和教育部门共同管理。省财政厅负责薄改补助资金中期财政规划和年度预算编制,会同省教育厅分配及下达中央和省预算安排资金,对资金使用情况进行监督和绩效评价;省教育厅负责指导县区编制薄弱学校改造计划规划,审核县区申报材料,形成全省薄弱学校改造计划规划,报教育部审批,并指导和推动薄弱学校改造计划的实施工作,运用信息化等手段加强项目管理,会同省财政厅做好资金使用情况监督和绩效评价工作。县区教育和财政部门是薄弱学校改造计划的实施主体，具体负责项目实施和资金管理工作。

第四条 薄改补助资金使用管理遵循“总量控制、突出重点；省级统筹、县区实施；目标管理、奖补结合；公平公正、规范透明”的原则。

第五条 各级财政要结合自身财力，增加对改善贫困地区义务教育薄弱学校基本办学条件的经费投入。

第二章 资金使用范围

第六条 薄改补助资金支持范围为全省80个农业县（市、区）薄弱学校，其中：中央资金支持范围为国家和省扶贫开发工作重点县、以及部分皖北、皖南贫困县等51个农业县（市、区）薄弱学校；省级资金支持范围为除以上县（市、区）外的29个困难农业县（市、区）薄弱学校。

本办法的薄弱学校是指教学、生活设施条件等不能满足基本需求的农村义务教育阶段学校（含县城义务教育阶段学校）。

第七条 薄改补助资金支持的薄弱学校必须是已列入当地学校布局规划、拟长期保留的农村义务教育阶段公办学校。

非义务教育阶段公办学校、小学附设的学前班或者幼儿园、完全中学和十二年一贯制学校的高中部、民办学校、地市及以上城市义务教育阶段学校以及因打造“重点校”而形成的超大规模学校不纳入支持范围。

第八条 薄改补助资金用于“校舍及设施建设类”和“设备及图书购置类”两类项目。

（一）“校舍及设施建设类”项目主要包括：

1. 新建、改建和修缮必要的教室、实验室、图书室，以及农村小学必要的运动场等教学设施；

2. 新建、改建和修缮农村小学必要的学生宿舍、食堂（伙房）、开水房、厕所、澡堂等生活设施，以及必要的校园安全等附属设施；

3. 现有县镇“大班额”义务教育学校（小学班额超过56人、初中班额超过66人的义务教育学校）必要的扩容改造；

4. 在宽带网络接入学校的条件下建设校园内信息化网络基础设施。

（二）“设备及图书购置类”项目主要包括：

1. 购置必要的教学实验仪器设备、音体美器材等教学仪器设备；

2. 为宿舍、食堂（伙房）、水房等公共生活设施配置必要的家具、设备，以及必要的校园安保设备等；

3. 购置适合中小学生阅读的图书；

4. 购置计算机、投影仪等必要的多媒体教学设备和信息化网络设备等。

第九条 以下内容不得列入薄改补助资金使用范围：

（一）独立建筑的办公楼、礼堂、体育馆、塑胶跑道、游泳馆（池）、教师周转宿舍等；

（二）一次性投入低于5万元的校舍维修和零星设备购置项目；

（三）教育行政部门机关及直属非教学机构的建设和设备购置等；

（四）其他超越基本办学条件范畴的事项。

第十条 薄改补助资金严禁用于偿还债务；严禁用于平衡预算、发放人员津补贴以及冲抵地方应承担的校舍维修改造长效机制、公用经费等支出。

第三章 资金分配与拨付

第十一条 薄改补助资金采取因素法分配，因素包括：区域因素、基础因素、投入因素、绩效因素和管理因素五类。其中：

基础因素（80%），下设贫困人口数及贫困发生率、人均可用财力、义务教育学生数、基本办学条件经费理论缺口数等子因素。各子因素数据通过相关统计资料获得。

投入因素（10%），下设生均财政义务教育支出水平及增长率、上一年度市县财政安排用于改善薄弱学校办学条件方面的专项资金等子因素。各子因素数据通过相关统计资料和各市资金申报材料获得。

绩效因素（5%），由省教育厅会同省财政厅依据各市、县区制定的全面改善薄弱学校基本办学条件实施方案年度任务完成情况及相关标准，组织考核获得计量数据。

管理因素（5%），主要包括各类数据录入审核等业务工作管理，以及资金监督管理等情况。由省教育厅会同省财政厅组织考核获得计量数据。

薄改补助资金计算公式为：

某县区薄改补助资金

$$=(\frac{\text{该县区贫困人口数}}{\Sigma\text{有关县区贫困人口数}}\times\text{权重}$$

$$+\frac{\text{该县区生均财政义务教育支出水平}}{\Sigma\text{有关县区生均财政义务教育支出水平}}\times$$

权重

$$+\frac{\text{该县绩效因素评分}}{\Sigma\text{有关县区绩效因素评分}}\times\text{权重})$$

$$+\frac{\text{该县区管理因素评分}}{\Sigma\text{有关县区管理因素评分}}\times\text{权重}+\cdots)$$

$$\times\text{薄改补助资金年度预算总额}$$

第十二条　省财政厅和省教育厅于每年全省人民代表大会批准预算后的三十日内正式下达省级财政薄改补助资金;中央财政薄改补助资金(含提前下达预算指标)下达我省后,省财政厅和省教育厅在三十日内按照预算级次合理分配、及时下达到县区;并就中央和省级资金使用管理提出明确要求,同时抄送财政部驻安徽省财政监察专员办事处。

第十三条　县级财政和教育部门应当在收到上级薄改补助资金预算文件后的三十日内,按照薄弱学校改造计划项目规划,将资金科学合理地分配到学校,落实到项目。

第十四条　县级财政和教育部门应当按照资金下达的项目计划组织项目实施,并及时将资金分配结果、项目执行情况录入全国薄弱学校改造计划管理信息系统,加强项目信息化管理。

第十五条　县级教育和财政部门在分配薄改补助资金时,要坚持"实用、够用、安全、节俭"的原则,把满足基本需要放在首位,优先建设、购置教学和学生生活最急需的基本设备和设施。要注重投入效益,做到改一所,成一所,防止项目过于分散。

严禁超标准建设和豪华建设。严禁将资金向少数优质学校集中,拉大教育差距。严禁举债改善义务教育薄弱学校基本办学条件。

第十六条　县级财政和教育部门应当根据县域内薄弱学校基本办学条件改善任务和完成时限等因素,规范分配和合理使用各级财政资金,确保资金分配公平公正,切实防范廉政风险。

第十七条　分配薄改补助资金时,应当与农村义务教育经费保障机制的校舍维修改造长效机制、中西部农村初中校舍改造工程和市、县区实施的其他义务教育项目资金相互衔接,统筹安排,避免重复支持。

第四章　资金申报

第十八条　市级财政和教育部门应当在每年2月20日前,向省财政厅和省教育厅提出当年薄改补助资金申报材料。

第十九条　市级财政和教育部门报送的申报材料包括:

(一)上年度薄改补助资金安排使用情况工作总结,主要内容包括上年度全面改善薄弱学校基本办学条件工作落实情况及绩效目标完成情况、薄改补助资金安排使用情况、地方财政投入情况、主要管理措施、问题分析及对策。

(二)当年工作计划,主要包括当年工作目标和绩效目标、重点任务和资金安排计划,绩效目标要明确、具体、可考核。

(三)上年度市县财政安排改善薄弱学校办学条件方面的专项资金统计表及相应预算文件。

(四)年度工作任务完成情况表,即对照《安徽省教育厅　安徽省发展改革委　安徽省财政厅关于报送"全面改薄"项目规划的报告》(皖教办〔2015〕10号)附件所列各项年度绩效目标和工作任务,分别列示完成情况。

第二十条　薄改补助资金申报材料作为开展绩效评价和资金分配的依据之一。逾期不提交申报材料的市,在分配当年资金时,"绩效"和"管理"两个因素作零分处理。

第五章　资金管理与绩效评价

第二十一条　薄改补助资金要严格执行国库集中支付制度,确保专款专用。

第二十二条　薄改补助资金实施目标管理。省教育厅和省财政厅负责统筹组织、指导协调项目管理工作,督促薄改补助资金落实到项目。市级教育和财政部门要加强对所辖县区全面改善薄弱学校基本办学条件工作的督促指导。县区教育和财政部门负责专项资金拨付、组织实施、指导协调、审定和监督项目管理工作。省、市、县三级教育和财政部门建立薄改补助资金项目库,实行项目管理,确保薄改补助资金使用可检查、可监控和可考核。

第二十三条　薄改补助资金支持的校舍及设施建设类项目原则上应当在资金下达到县区后两年内完成。

项目完成后要及时办理验收和结算手续,同时办理固定资产入账手续。未经验收或验收不合格的建设项目和设施设备不得交付使用。

第二十四条　项目预算下达后,因不可抗力等客观原因导致项目无法实施时,按照"谁审批谁负责"的原则,履行项目变更和预算调剂审批手续。

第二十五条 项目实施完成后,若有结余资金,由县级财政和教育部门统一管理和使用;项目资金不足的,由县级财政和教育部门统筹安排弥补。

第二十六条 省财政厅和省教育厅根据各县区薄弱学校改造计划工作进展情况,适时组织开展绩效评价或再评价。各县区制定的薄弱学校改造计划实施目标和计划将作为省财政厅和省教育厅对各县区进行绩效评价的主要依据,绩效评价结果作为省财政厅和省教育厅分配各县区资金的依据。

绩效评价工作方案另行制定。

第二十七条 市县财政、教育部门应当加强补助经费的监督检查和绩效管理,建立健全全过程预算绩效管理机制,不断提高资金使用效益。

第二十八条 实施薄改补助资金支持的项目,应当执行政府采购等法律制度的有关规定,落实有关政策要求,规范采购行为。实施薄改补助资金支持的校舍及设施建设类项目,属于基本建设的,应当履行基本建设程序,严格执行相关建设标准和要求,新建项目要符合抗震设防和综合防灾要求,确保工程质量。

第六章 资金监督检查和问责

第二十九条 明确资金监管职责。各级财政和教育部门要明确职责,加强协作。财政部门主要负责薄改补助资金的预算安排、资金拨付、管理和监督;教育部门主要负责基础数据的真实性、准确性和完整性,项目规划的编报和年度项目遴选申报、资金使用管理和监督检查。

第三十条 建立信息公开制度。市县财政部门要按照财政预算公开的总体要求做好信息公开工作。县级教育部门应当通过当地媒体、部门网站等方式,向社会公示薄弱学校改造计划总体规划、年度资金安排、工作进展等情况。其中,年度资金安排应包括项目学校名单、项目内容和资金额度,在县级教育部门的门户网站公示时间不少于一年。

对薄改补助资金支持的项目,项目学校应当全程公开从立项、实施到验收的相关信息。

第三十一条 建立监督检查制度。在国家开展重点检查的基础上,建立省市定期巡查和县级经常自查的监督检查机制。

各级财政部门应当将薄改补助资金管理使用情况列入重点监督检查范围,加强薄改补助资金的监督检查。各级教育部门应当对薄改补助资金的使用管理及效果进行定期检查。

各学校应当强化内部监管,自觉接受外部监督,配合审计机关将薄弱学校改造计划资金使用情况纳入每年重点审计内容,进行全过程跟踪审计。

有条件的地方,还可以通过政府购买服务,聘请具备资质的社会中介组织参与监督检查。

第三十二条 对于报送虚假信息、骗取薄改补助资金的,一经查实,将相应扣减下一年度资金;情节严重的,取消该县区分配薄改补助资金的资格,并在全省范围内予以通报。

第三十三条 薄改补助资金要建立"谁使用、谁负责"的责任机制。严禁将资金用于平衡预算、偿还债务、支付利息、对外投资等支出,不得从补助资金中提取工作经费或管理经费。对于挤占、挪用、虚列、套取补助资金等行为,按照《预算法》《财政违法行为处罚处分条例》等国家有关法律规定严肃处理。

第三十四条 各级财政、教育部门及其工作人员在薄改补助资金分配方案的制定和复核过程中,违反规定分配资金或者向不符合条件的单位(或项目)分配补助资金以及滥用职权、玩忽职守、徇私舞弊的,按照《预算法》《公务员法》《行政监察法》《财政违法行为处罚处分条例》等国家有关法律规定追究责任;涉嫌犯罪的,移送司法机关处理。

第七章 附则

第三十五条 各地财政和教育部门可以依据本办法,制定当地薄改补助资金管理和使用的具体办法或者实施细则。

第三十六条 本办法自印发之日起施行。省财政厅、省教育厅印发的《安徽省农村义务教育薄弱学校改造补助资金管理办法》(财教〔2015〕1638 号)同时废止。

安徽省财政厅 安徽省教育厅
关于印发《安徽省支持学前教育发展资金管理办法》的通知

财教〔2017〕714 号

各市、县(区)财政局、教育局:

为贯彻落实《财政部 教育部关于印发〈支持学前教育发展资金管理办法〉的通知》(财科教〔2016〕33 号)要求,规范和加强中央财政支持学前教育发展资金管理,提高资金使用效益,安徽省财政厅、安徽省教育厅制定了《安徽省支持学前教育发展资金管理办法》,现予印发,请遵照执行。

安徽省支持学前教育发展资金管理办法

第一章 总则

第一条 为规范和加强中央财政支持学前教育发展资金(以下简称学前教育发展资金)管理,提高资金使用效益,根据《财政部教育部关于印发〈支持学前教育发展资金管理办法〉的通知》(财科教〔2016〕33号),结合我省实际,制定本办法。

第二条 本办法所称学前教育发展资金,是由中央财政通过一般公共预算安排补助我省、用于奖补支持各地扩大学前教育资源、开展幼儿资助的资金。

第三条 学前教育发展资金由各级财政部门和教育部门共同管理。省财政厅负责会同省教育厅将中央财政下达资金分配下达到市县,对学前教育发展资金使用情况进行监督检查;省教育厅负责指导县区编制学前教育专项计划,审核市县申报材料,形成全省学前教育专项计划,报教育部审批,并在资金下达后推动项目组织实施工作,会同省财政厅对项目执行情况进行专项检查,共同做好项目管理。市县财政和教育部门是项目实施主体,具体负责项目实施和资金管理工作。

第四条 学前教育发展资金分配使用管理遵循"总量控制,突出重点;省级统筹,县区实施;公平公正,规范透明"的原则。

第二章 资金使用范围

第五条 学前教育发展资金支持的范围覆盖全省,并向国家集中连片特困地区、国家和省扶贫开发工作重点县以及不在以上范围的皖北地区等贫困地区倾斜。

第六条 学前教育发展资金分为两类,即"扩大资源"类项目资金和"幼儿资助"类项目资金。前者用于奖补支持地方多种渠道扩大普惠性学前教育资源,后者用于奖补支持地方健全幼儿资助制度。

第七条 "扩大资源"类项目资金由市县财政和教育部门统筹用于以下几方面支出:

(一)支持在农村和城乡结合部新建、改扩建公办幼儿园、改善办园条件等;

(二)通过政府购买服务、奖励等方式支持普惠性民办幼儿园发展;

(三)支持企业事业单位、城市街道、农村集体举办的幼儿园向社会提供普惠性服务;

(四)支持农民工随迁子女在流入地接受学前教育;

(五)支持在偏远农村地区实施学前教育巡回支教试点。

第八条 "幼儿资助"类项目资金用于资助普惠性幼儿园在园家庭经济困难儿童、孤儿和残疾儿童接受学前教育。

第九条 学前教育发展资金严禁用于偿还债务;严禁用于平衡预算。

第三章 资金分配与拨付

第十条 省财政厅和省教育厅根据中央财政核定下达我省的学前教育发展资金额度,分"扩大资源"和"幼儿资助"两类项目资金,按照因素法分配到市县。市县财政和教育部门结合本级财政投入,统筹安排,合理使用。

第十一条 "扩大资源"类项目资金中,学前教育巡回支教奖补资金根据每年志愿者人数和新增支教点数据实核算,其余按照因素法进行分配。其中,巡回支教奖补标准为每人每年补助1万元,对新设立的巡回支教点给予一次性补助1.5万元。

其他"扩大资源"类项目资金分配因素包括区域因素、基础与绩效因素、投入与努力因素、改革与管理因素。其中:

基础与绩效因素(60%),指学前教育事业发展目标及其实现情况。主要包括在园幼儿数、民办幼儿园在园幼儿数、人均可用财力、贫困发生率等子因素。各子因素数据根据相关事业发展统计资料获得。

投入与努力因素(30%),指学前教育投入情况。主要包括上午度市县学前教育生均一般公共财政预算支出、社会力量投入(主要是民办学校举办者投入、社会捐赠等)总量等子因素。各子因素数据通过相关教育经费统计数据获得。

改革与管理因素(10%),指推进学前教育改革、加强资金管理等情况。主要根据推进学前教育综合改革、中央财政学前教育发展资金管理和使用、制度建设、工作总结材料等情况综合核定,由省教育厅会同省财政厅组织考核获得计量数据。

计算公式为：

某市县扩大资源类资金

$$=\text{该市县巡回支教奖补}+\left(\frac{\text{该市县在园幼儿数}}{\Sigma\text{有关市县在园幼儿数}}\times\text{权重}+\frac{\text{该市县生均财政学前教育支出水平}}{\Sigma\text{有关市县生均财政学前教育支出水平}}\times\text{权重}+\frac{\text{该市县管理因素评分}}{\Sigma\text{有关市县管理因素评分}}\times\text{权重}+\cdots\right)\times\text{其他扩大资源类项目资金年度预算总额}$$

第十二条　“幼儿资助”类项目资金采取因素法分配，

因素包括：区域因素、基础因素、投入因素、管理因素。其中：

基础因素（60%），主要是在园幼儿数，数据根据事业发展统计资料获得；投入因素（30%），主要是市县财政幼儿资助投入，数据通过相关教育经费统计获得；管理因素（10%），主要是资助政策评分，由省教育厅会同省财政厅组织考核获得计量数据。

计算公式为：

某市县幼儿资助类项目资金

$$=\left(\frac{\text{该市县在园幼儿数}}{\Sigma\text{有关市县在园幼儿数}}\times\text{权重}+\frac{\text{该市县地方财政幼儿资助投入}}{\Sigma\text{有关市县地方财政幼儿资助投入}}\times\text{权重}+\frac{\text{该市县资助政策评分}}{\Sigma\text{有市县区资助政策评分}}\times\text{权重}+\cdots\right)\times\text{幼儿资助类项目资金年度预算总额}$$

第十三条　中央财政学前教育发展资金预算（含提前下达预算指标）下达我省后，省财政厅和省教育厅在30日内按照预算级次将预算合理分配、及时下达到市县，并就资金使用管理提出明确要求，同时抄送财政部驻安徽省财政监察专员办事处。

第十四条　市县财政和教育部门应当在收到上级预算文件后的30日内，将资金分配落实到具体项目或者幼儿园，资金分配结果应当同时录入学前教育相关管理信息系统。

第十五条　各级财政部门拨付学前教育发展资金，要严格执行国库集中支付制度。

第十六条　项目实施完成后，若有结余资金，由市县财政部门统筹安排。另有规定的，按有关规定执行。

第四章　资金申报

第十七条　县级财政会同教育部门应当在每年2月20前，向市财政和教育部门报送当年学前教育发展资金申报材料；市财政和教育部门审核汇总后，于每年2月底前，向省财政厅和省教育厅报送当年学前教育发展资金申报材料。省财政厅和省教育厅对各市学前教育发展资金申报材料进行审核汇总，及时上报财政部和教育部，并抄送财政部驻安徽省财政监察专员办事处。

第十八条　学前教育发展资金申报材料主要内容包括：

（一）上年度学前教育“扩大资源”类项目资金使用情况工作总结及当年工作计划，工作总结内容包括上午度学前教育事业发展工作基础，综合改革及相关制度建立情况，为扩大资源所采取的措施、学前教育发展资金安排使用情况、工作成效及存在问题，市县财政学前教育投入及增长情况（不含幼儿资助资金投入）等；工作计划内容包括工作目标、重点任务、主要措施和资金安排计划等。

（二）上年度“幼儿资助”类项目资金使用情况工作总结及当年工作计划，包括幼儿资助制度建立健全和落实、中央财政学前教育发展资金安排、市县级财政幼儿资助投入、工作成效等情况，以及当年完善制度、工作措施和资金安排等方面的计划。

（三）上年度市县财政对学前教育各项投入的预算文件。

第十九条　学前教育发展资金申报材料是资金分配的重要依据。逾期不提交申报材料的市，在分配当年资金时，“扩大资源”类项目资金中的“改革与管理”因素作零分处理。

第五章　资金监督检查和问责

第二十条　省财政厅和省教育厅对学前教育发展资金分类实施目标管理，根据各地工作进展情况，适时组织开展绩效评价。

“扩大资源”类项目资金，市县财政和教育部门要根据学前教育发展目标和各幼儿园实际，统筹确定扩大学前教育资源的方式和资金比例，采取适宜的资金管理方式，厉行勤俭节约，反对铺张浪费。加强项目库建设和管理。属于基本建设的项目，要严格履行基本建设程序，项目完成后要及时办理竣工决算和资产移交等手续。属于政府采购范围的项目，应该严格执行政府采购法律制度规定。

"幼儿资助"类项目资金,市县财政和教育部门要合理确定资助范围和资助标准,建立幼儿资助管理信息系统和动态调整机制,通过减免保育教育费、补助伙食费等方式,确保家庭经济困难幼儿接受普惠性学前教育。

第二十一条　各级财政和教育部门要明确职责,分级管理,加强监督,提高资金使用效益。

各级财政部门主要负责制定适合当地实际的资金管理办法、相关支出补助标准、多渠道扩大资源和幼儿资助等管理制度,安排资金预算并按时拨付、会同有关部门和单位按规定实施政府采购,监督检查资金使用情况,对本地资金管理中的重大事项组织调研、核查和处理。

各级教育部门主要负责指导本地和幼儿园编制学前教育发展规划,提出年度资金预算建议,参与制定资金管理办法、相关支出补助标准、多渠道扩大资源和幼儿资助等管理制度。建立健全相关管理信息系统,提供学前教育基础数据,负责指导项目实施和管理工作,指导督促幼儿园建立健全财务管理制度和专项资金管理办法,检查专项资金使用情况。

第二十二条　市县教育和财政部门应定期沟通交流项目实施成效,及时采取措施,解决项目实施中存在的困难,加快项目实施进度,确保项目质量。

第二十三条　市县财政部门要按照财政预算公开的总体要求做好信息公开工作。市县教育部门应当通过当地媒体、部门网站等方式,向社会公示扩大学前教育资源总体规划、年度资金安排等情况。

获得学前教育发展资金支持的幼儿园,应当将支持项目名称、立项时间、实施进展、经费使用和验收等信息通过园内公告栏予以全程公开,有条件的还可通过幼儿园门户网站公开。

第二十四条　学前教育发展资金要建立"谁使用、谁负责"的责任机制。严禁将资金用于平衡预算、偿还债务、支付利息、对外投资等支出,不得从资金中提取工作经费或管理经费。对于挤占、挪用、虚列、套取专项资金等行为,按照《预算法》《财政违法行为处罚处分条例》等国家有关,法律规定严肃处理。

第二十五条　各级财政、教育部门及其工作人员在学前教育发展资金分配方案的制定和复核过程中,违反规定分配资金或者向不符合条件的单位(或项目)分配资金以及滥用职权、玩忽职守、徇私舞弊的,按照《预算法》《公务员法》《行政监察法》《财政违法行为处罚处分条例》等国家有关法律规定追究责任;涉嫌犯罪的,移送司法机关处理。

第六章　附则

第二十六条　各地财政和教育部门应当依据本办法,结合本地实际,制定学前教育发展资金具体使用管理办法。

第二十七条　本办法自印发之日起施行。省财政厅、省教育厅印发的《安徽省中央财政支持学前教育发展资金管理办法》(财教〔2016〕63 号)同时废止。

安徽省财政厅 安徽省住房和城乡建设厅关于印发《安徽省城市老旧小区整治改造专项资金管理办法》的通知

财建〔2017〕766 号

各市、省直管县财政局、住建委:

根据《安徽省人民政府办公厅关于印发〈安徽省财政一般性转移支付资金管理办法〉和〈安徽省省级财政资金管理办法〉的通知》(皖政办〔2014〕29 号)、《安徽省财政厅关于印发省对市县专项转移支付管理办法的通知》(财预〔2016〕1002 号)等相关规定,为切实加强城市老旧小区整治改造专项资金管理,我们研究制定了《安徽省城市老旧小区整治改造专项资金管理办法》,现印发给你们,请遵照执行。

安徽省城市老旧小区整治改造专项资金管理办法

第一条　为贯彻《中共安徽省委安徽省人民政府关于进一步加强城市规划建设管理的实施意见》(皖发〔2016〕50 号)精神,根据《中华人民共和国预算法》《安徽省人民政府办公厅关于印发〈安徽省财政一般性转移支付资金管理办法〉和〈安徽省省级财政资金管理办法〉的通知》(皖政办〔2014〕29 号)和《安徽省财政厅关于印发省对市县专项转移支付管理办法的通知》(财预〔2016〕1002 号)等法律及相关规定,省级设立城市老旧小区整治改造专项资金,现结合我省实际,制定本办法。

第二条 本办法所称城市老旧小区整治改造专项资金是指省财政对各市推进城市老旧居住小区整治改造,改善居民居住环境实行以奖代补的专项资金(以下简称专项资金)。

第三条 专项资金实行专款专用,专项管理。

第四条 专项资金主要用于省内市、县国有土地上已经建成使用的设施破损严重、使用功能不全、环境较差的居住小区或组团的整治改造。列入旧城改造和棚户区(危旧房)及城中村改造范围的项目不重复支持。

第五条 整治改造内容重点包括:小区基础设施、公共设施、消防安防、房屋整修等基本整治改造;建筑节能、"适老化"等提升改造等内容。

第六条 专项资金分配遵循"统筹安排、客观公正、透明规范、奖补结合"的原则,以各市当年整治改造的小区个数、总建筑面积、涉及改造户数等为基础,按照因素法分配。对实施建筑节能、"适老化"提升型改造试点项目的市,在按因素法分配当年专项资金的基础上,额外给予定额补助。

第七条 省住房和城乡建设厅根据各市上报的老旧小区改造情况,研究提出当年专项资金分配意见报省财政厅,省财政厅按规定办理资金拨付。

第八条 各地在使用专项资金时要创新资金使用方式,充分发挥专项资金的引导和杠杆作用,鼓励采取与社会资本合作方式支持项目建设,引导银行业金融机构加大信贷支持。

第九条 各地在专项资金使用过程中,严格执行国库集中支付等财政管理制度,并根据项目建设进度及时拨付资金,切实加快预算执行进度。

第十条 各地财政部门应加强专项资金监督管理,建立健全监管制度。各地行业主管部门要加强项目库建设,强化项目工程建设管理,及时跟踪项目实施进度。

第十一条 省住房和城乡建设厅会同省财政厅适时对专项资金使用及项目实施情况开展重点评价,评价结果作为专项资金分配等重要依据。

第十二条 各单位和个人不得以任何理由骗取、截留、挤占、挪用专项资金。对违反规定和发生违法违纪行为的,依照《预算法》《财政违法行为处罚处分条例》等有关规定追究相应责任,并视情减少或取消以后年度的专项资金分配,对已拨付的专项资金予以追缴。涉嫌犯罪的,依法移送司法机关处理。

第十三条 本办法由省财政厅会省住房和城乡建设厅负责解释。

第十四条 本办法自印发之日起施行。

安徽省财政厅 安徽省住房和城乡建设厅关于印发《安徽省城市工作"五统筹"专项资金管理办法》的通知

财建〔2017〕767 号

各市、县财政局、住建委:

为切实加强城市工作"五统筹"专项资金管理,我们研究制定了《安徽省城市工作"五统筹"专项资金管理办法》,现印发给你们,请遵照执行。

安徽省城市工作"五统筹"专项资金管理办法

第一章 总 则

第一条 为贯彻中央和省城市工作会议精神,全面落实"一尊重五统筹"战略思想,围绕省委省政府确定的"四创一建"工作目标,提高城市治理能力,切实加强资金管理,根据《安徽省人民政府办公厅关于印发〈安徽省财政一般性转移支付资金管理办法〉和〈安徽省省级财政资金管理办法〉的通知》(皖政办〔2014〕29 号)、《安徽省人民政府办公厅关于印发城市工作"五统筹"实施方案的通知》(皖政办〔2017〕15 号)等有关规定,制定本办法。

第二条 本办法所称城市工作"五统筹"专项资金是指省财政安排用于支持统筹推动全省城市工作,创新城市发展方式、创建城市特色风貌、创造城市优良环境、创优城市管理服务,增强城市综合承载力的专项资金(以下简称专项资金)。

第三条 专项资金安排遵循"突出重点、规范分配、绩效导向、公开透明"的原则,充分发挥市场机制和考核机制的作用。

第二章 专项资金支持范围和支出方式

第四条 专项资金主要用于支持以下方面:

(一)城市规划管理

1. 省市空间规划、跨市域城镇体系规划、公共服务设施综合规划、县域建设规划等规划编制项目。

2.“多规合一”、公共服务“一图”管控、利用遥感监测辅助规划督察和规划动态维护等规划创新项目。

(二)城市建设品质提升

1.历史风貌区、文物保护单位、古遗址、重要史迹等特色风貌保护、传承和利用项目。

2.海绵城市建设、城市黑臭水体治理及绿色生态城市综合试点等城市生态修复项目。

3.城市排水防涝设施、地下综合管廊建设和城市(县城)备用水源工程建设项目等城市基础设施建设“补短板”项目。

4.城市公共交通、综合交通枢纽规划建设等“城市病”治理项目。

(三)城市治理方式创新

1.城市公共信息平台建设、城市地下管网地理信息系统建设及在线监测系统建设、城市综合管理数字化等城市智慧管理项目。

2.违法建设治理、违法用地治理、城镇棚户区改造、城中村改造、老旧小区整治改造(“两治三改”)工作推进。

3.城市治理机制、公众参与机制完善,小区物业管理改进等城市共建共治工作推进。

(四)《城市工作“五统筹”实施方案》和省委省政府确定的其他有关城市工作的重点项目。

第五条 专项资金支出方式主要分省级项目支出、奖励市县支出和重大项目支出三类,按因素法或项目法方式分配。

第三章 专项资金分配及拨付

第六条 省级项目支出主要指用于围绕“五统筹”中属于省级事权的相关规划、标准的编制和实施监督,信息平台的建设和运行维护,以及城市规划建设管理方面的专项培训等支出,由省住房和城乡建设厅按照有关规定履行相关程序确定具体项目。

第七条 奖励市县支出主要采取“省级下达任务、资金切块到市、市级具体操作”的模式实行综合奖补,按照各市城市“五统筹”的任务、上年项目进展情况和资金使用绩效,以及承担国家和省有关城市规划建设管理创新试点示范情况等因素进行分配。

城市“五统筹”的任务,按照省城镇规划建设管理联席会议制定的年度工作计划,由省级主管部门下达各市的目标任务确定;上年项目进展情况和资金使用绩效,由省住房和城乡建设厅会同省财政厅对各市年度城市工作进行综合考核后确定。

第八条 重大项目支出每年由省住房和城乡建设厅会同省财政厅,发布项目申报文件,主要用于海绵城市、地下综合管廊、城市黑臭水体治理、绿色生态城市综合试点、城市生态修复工程及城市历史特色风貌保护、建设、开发等。重大项目支持范围将根据年度全省城市工作重点进行适时调整。具体由地方行业主管部门会同当地财政部门组织申报,并由市、县人民政府正式行文上报省住房和城乡建设厅和省财政厅。省住房和城乡建设厅会同省财政厅采取竞争性评审的方式,项目通过专家评审、第三方评审、集体决策等程序择优分配资金,并由省住房和城乡建设厅进行公示。

第九条 省住房和城乡建设厅按规定对专项资金提出具体分配意见报省财政厅,省财政厅按规定程序办理资金拨付。

第四章 专项资金使用

第十条 专项资金实行专款专用,专项管理。各地根据项目建设进度及时拨付资金,切实加快预算执行进度。

第十一条 专项资金使用过程中严格执行国库集中支付、政府采购等财政管理制度。

第十二条 各地在使用专项资金时要创新资金使用方式,充分发挥资金的引导和杠杆作用,鼓励采取与社会资金合作方式支持城市“五统筹”项目建设,引导银行业金融机构加大对城市发展项目的信贷支持。

第五章 专项资金绩效和监督

第十三条 省住房和城乡建设厅会同省财政厅负责制定规范化、标准化、可量化的绩效评价指标,负责组织监督检查和绩效考评;市级行业主管部门会同财政部门负责本级项目实施和资金使用情况绩效自评,并及时上报省住房和城乡建设厅、省财政厅。

第十四条 省住房和城乡建设厅会同省财政厅适时对专项资金使用及项目实施情况开展重点评价,评价结果作为专项资金分配等重要依据。

第十五条 专项资金转移支付部分按规定列入专项转移支付清单管理,并将分配结果向社会公开。

第十六条 各地行业主管部门要加强项目库建设,强化项目工程建设管理,及时跟踪项目实施进度。各地财政部门应加强专项资金监督管理,建立健全监管制度。

第十七条 各单位和个人不得以任何理由骗取、截留、挤占、挪用专项资金。对违反规定和发生违法违纪行为的,依照《预算法》《公务员法》《行政监察法》《财政违法行为处罚处分条例》等有关规定追究相应责任,并视情减少或取消以后年度的专项资金分配,对已拨付的专项资金予以追缴。涉嫌犯罪的,依法移送司法机关处理。

第六章 附 则

第十八条 各地应根据本办法,结合实际,制定具体实施细则,并报省财政厅、省住房和城乡建设厅备案。

第十九条 本办法由省财政厅商省住房和城乡建设厅负责解释。

第二十条 本办法自印发之日起施行。

安徽省财政厅 安徽省教育厅关于印发《安徽省中央财政支持地方高校改革发展资金管理办法》的通知

财教〔2017〕922 号

省属各公办本科高校:

从 2017 年起,中央财政在原支持地方高校发展资金、地方高校生均拨款奖补资金的基础上,整合设立支持地方高校改革发展资金。为规范和加强中央财政支持地方高校改革发展资金管理,提高资金使用效益,根据《财政部教育部关于印发〈支持地方高校改革发展资金管理办法〉的通知》(财科教〔2016〕72 号)、《安徽省财政厅 安徽省教育厅关于改革完善省属本科高校预算拨款制度的通知》(财教〔2016〕1060 号)精神和财政资金管理有关规定,我们制定了《安徽省中央财政支持地方高校改革发展资金管理办法》。现印发给你们,请遵照执行。

安徽省中央财政支持地方高校改革发展资金管理办法

第一条 为规范和加强中央财政支持地方高校改革发展资金管理,提高资金使用效益,促进我省高校内涵式发展,根据《财政部教育部关于印发〈支持地方高校改革发展资金管理办法〉的通知》(财科教〔2016〕72 号)、《安徽省财政厅 安徽省教育厅关于改革完善省属本科高校预算拨款制度的通知》(财教〔2016〕1060 号)精神和财政资金管理有关规定,结合我省实际,制定本办法。

第二条 本办法所称中央财政支持地方高校改革发展资金(以下简称专项资金),是指中央财政通过专项转移支付安排,用于支持省属公办普通本科高校(以下简称省属高校)改革发展的资金。

第三条 专项资金管理遵循"省级统筹、放管结合,科学引导、合理安排,权责清晰、规范管理,专款专用、注重绩效"的原则。

第四条 专项资金重点支持:

(一)改革完善省属高校生均拨款制度,促进省属高校持续健康发展。

(二)促进省属高校深化改革和内涵式发展,加强教学实验平台、科研平台、实践基地、公共服务体系和人才队伍建设等,提高教学水平和创新能力。

(三)按照国家和省委省政府有关重大决策部署,支持推进一流学科专业和高水平大学建设等。

第五条 专项资金主要采取因素法分配。省财政厅、省教育厅在分配专项资金时,结合我省高等教育改革发展重点工作,强化政策和绩效导向,向拥有高水平学科的高校倾斜,向办学质量高、办学特色鲜明的高校倾斜。

分配因素包括生均拨款类因素、发展改革类因素两类。

(一)生均拨款类因素(不低于 85%),主要包括省属高校全日制在校学生数、学科类别、学生类别、资金使用管理情况等。

(二)发展改革类(不高于 15%),主要包括高水平大学、一流学科专业、领军骨干人才等。

相关因素数据主要通过有关统计资料和学校申报材料获得。

第六条 省属高校应当于每年 1 月 31 日前,向省财政厅、省教育厅报送当年专项资金申报材料。逾期不提交的,相应扣减专项资金的分配额度。申报材料主要包括:

(一)上年度专项资金安排使用情况,主要包括上年度专项资金安排使用具体情况、年度绩效目标完成情况、预算执行情况、资金管理情况、存在的问题等。

(二)当年工作计划,主要包括当年改革发展的重点任务、专项资金安排计划、绩效目标等。绩效目标应明确、具体、可考核。

第七条　专项资金由省财政厅、省教育厅共同管理。省财政厅会同省教育厅根据中央专项转移支付管理相关规定,编制专项资金三年滚动规划。省教育厅负责提供专项资金分配基础数据。省财政厅会同省教育厅研究确定各省属高校具体预算金额。

第八条　每年 11 月 30 日前,省财政厅、省教育厅通知省属高校下一年度专项资金预计数,省属高校在编制省级部门预算时,将其纳入统筹安排。省财政厅在接到中央财政专项资金(含提前下达预计数)后,会同省教育厅分配下达省属高校,同时将相关文件抄送财政部驻安徽财政监察专员办事处。

省财政厅、省教育厅按照相关规定,做好信息公开工作。

第九条　专项资金支付按照国库集中支付制度有关规定执行。涉及政府采购的,应当按照政府采购有关法律制度执行。年度结转结余资金按照国家有关规定管理。

省属高校在具体使用专项资金时,要注重巩固本科教学基础地位,向教育教学改革和人才培养机制改革倾斜,提高教学水平和人才培养质量。

第十条　专项资金由省属高校结合实际细化安排,并对安排使用情况负责。

专项资金不得用于基本建设、对外投资、偿还债务、支付利息、捐赠赞助等支出,不得提取工作经费或管理经费。

第十一条　省属高校是专项资金使用管理的责任主体,应当严格遵守国家财政财务制度和财经纪律,建立健全内部管理机制,加强内部控制,加快预算执行,确保资金使用安全、规范、有效,并自觉接受审计、监察、财政及教育主管部门的监督检查。

第十二条　省财政厅、省教育厅按照《中央对地方专项转移支付绩效目标管理暂行办法》(财预〔2015〕163 号)要求,加强专项资金绩效目标管理,建立健全全过程预算绩效管理机制,不断提高资金使用效益。

第十三条　省财政厅、省教育厅适时开展专项资金监督检查和绩效评价,监督检查和绩效评价结果作为分配专项资金的重要参考。发现存在挤占、挪用、虚列、套取专项资金等行为的,按照国家有关法律规定严肃处理。

第十四条　省级财政、教育部门及其工作人员在专项资金分配等审批工作中,存在违反规定分配资金或者向不符合条件的单位(或项目)分配资金以及其他滥用职权、玩忽职守、徇私舞弊等行为的,按照《中华人民共和国预算法》《中华人民共和国公务员法》《中华人民共和国行政监察法》《财政违法行为处罚处分条例》等国家有关规定追究相应责任;涉及犯罪的,移送司法机关处理。

第十五条　本办法由省财政厅、省教育厅负责解释。省属高校可依据本办法,结合实际,制定具体办法。

第十六条　本办法自印发之日起执行。

安徽省财政厅关于印发《安徽省农业综合开发资金和项目管理实施办法》的通知

财发〔2017〕930 号

各市、县(区)财政局、农业综合开发办公室(局),省农委、水利厅、林业厅、供销社、农垦局、监狱局、戒毒局农业综合开发机构:

现将《安徽省农业综合开发资金和项目管理实施办法》印发给你们,请认真遵照执行。

安徽省农业综合开发资金和项目管理实施办法

第一章　总　则

第一条　为加强农业综合开发资金和项目管理,保证资金安全高效使用,项目规范顺利实施,根据《中华人民共和国预算法》(以下简称预算法)和《国家农业综合开发资金和项目管理办法》(财政部令第 84 号)等法律、行政法规及有关规定,结合我省实际,制定本实施办法。

第二条　本办法所称农业综合开发是指各级政府为支持农业发展,改善农业生产基本条件,优化农业和农村经济结构,提高农业综合生产能力和综合效益,设立专项资金对农业资源进行综合开发利用和保护的活动。

第三条　农业综合开发的主要任务是加强农业

基础设施和生态建设,转变农业发展方式,推进农村一、二、三产业融合发展,提高农业综合生产能力,保障国家粮食安全,带动农民增收,促进农业可持续发展和农业现代化。

第四条 农业综合开发项目包括土地治理项目和产业化发展项目。

土地治理项目包括高标准农田建设,生态综合治理,中型灌区节水配套改造等。

产业化发展项目包括经济林及设施农业种植基地、养殖基地建设,农产品加工,农产品流通设施建设,农业社会化服务体系建设等。

第五条 农业综合开发实行国家引导、民办公助的多元投入机制,发挥市场在资源配置中的决定性作用,资金和项目管理遵循以下原则:

(一)因地制宜,统筹规划;

(二)集约开发,注重效益;

(三)产业主导,突出重点;

(四)公平公开,奖优罚劣。

第六条 农业综合开发主要扶持农业主产区,重点扶持粮食主产区。

第七条 农业综合开发应当以促进农业可持续发展为目标,优化开发布局。对资源环境承载能力强、能够永续利用的区域实行重点开发;对资源环境承载能力有限,但有一定恢复潜力、能够达到生态平衡和环境再生的区域实行保护性开发,以生态综合治理和保护为主,适度开展高标准农田建设;对资源环境承载能力较差、生态比较脆弱的区域实行限制开发,以生态环境恢复为主。

第八条 农业综合开发以农民为受益主体,扶持对象包括专业大户、家庭农场、农民合作组织、农村集体经济组织以及涉农企业与单位等。

第九条 市、县级农发机构应当创新农业综合开发扶持方式,探索建立农业综合开发财政资金投入形成的资产收益分享机制,支持脱贫攻坚,增加农民收入,发展村级集体经济。

第十条 农业综合开发实行开发县管理。土地治理项目应当安排在开发县。

开发县实行总量控制、分级管理、定期评估、奖优罚劣的管理方式。

省农业综合开发局(以下简称省农发局)在国家农业综合开发办公室(以下简称国家农发办)核定我省开发县总数范围之内,根据耕地面积、产业优势、工作基础等确定具体开发县。

第十一条 依照统一组织、分级管理的原则,划分省、市、县(区)级农业综合开发机构(以下简称农发机构)的管理权限和职责。

(一)省农发局的管理权限和职责:管理和指导全省农业综合开发工作,制定全省农业综合开发政策制度和发展规划;管理和分配中央下达和省财政安排的农业综合开发资金;组织全省项目申报工作;批复项目实施计划,审批项目调整终止意见;对全省农业综合开发资金和项目进行监管,组织开展监督检查、项目验收、资金和项目绩效评价;负责全省开发县管理工作;组织开展政策业务培训、工作调研、资金决算、项目计划与统计编报等工作。

(二)市级农发机构的管理权限和职责:管理和指导全市农业综合开发工作,制定全市农业综合开发政策制度和发展规划;管理和分配上级财政部门下达和本级财政安排的农业综合开发资金;建立全市农业综合开发项目库、专家库,负责全市农业综合开发项目立项评审工作;审批全市土地治理项目初步设计(实施方案)、项目调整方案,提出终止项目的审核意见;对全市农业综合开发资金和项目管理进行监管;组织开展土地治理项目验收,对产业化项目验收进行复核或检查,开展资金和项目绩效评价;组织开展政策业务培训、工作调研、资金决算、项目计划与统计编报等工作。

(三)县级农发机构的管理权限和职责:负责全县(区)农业综合开发资金和项目管理工作,编制县级农业综合开发发展规划;管理和使用财政农业综合开发资金;建立农业综合开发项目库和专家库,开展项目实地考察和评估论证;指导组织编制年度项目可行性研究报告,组织编制土地治理项目初步设计,负责产业化发展项目实施方案审核备案;组织项目实施,开展土地治理项目单项工程竣工验收、产业化发展项目竣工验收、资金和项目绩效评价;提出项目调整或终止的意见;组织编制土地治理项目竣工决算,办理竣工项目工程移交,督促做好项目工程管护工作;开展工作调研,编报资金决算、项目计划与统计等。

第十二条 各级财政部门是农业综合开发工作的主管部门和责任主体,财政局要切实加强领导,财政局长是农业综合开发工作的第一责任人。

各级农发机构是农业综合开发资金与项目管理

的直接责任单位,农发机构主要负责人是农业综合开发工作的直接责任人,对资金和项目管理负直接责任。

第十三条　省农垦管理局、监狱管理局、戒毒管理局的农发机构及所属项目实施单位,分别视同市级、县级农发机构,履行相应的管理职责。

第二章　资金管理

第十四条　省、市、县(区)财政按照国家农业综合开发投入政策,分别承担农业综合开发支出责任。

省、市、县(区)财政投入资金要列入同级政府年度预算。

第十五条　中央下达和省财政安排的农业综合开发资金分配主要采取因素法,分配因素包括基础资源因素、工作绩效因素和其他因素,其中以基础资源因素为主。

基础资源因素包括耕地面积、高标准农田建设规划任务、粮食等大宗农产品产量、水资源、新型农业经营主体数量等基础数据;工作绩效因素包括资金管理、项目管理、综合管理、监督管理等工作情况;其他因素主要包括特定的农业发展战略要求、政策创新情况等。

省财政厅可以根据年度农业综合开发工作任务重点等,适当调整每年分配资金选择的具体因素和权重。

第十六条　农业综合开发可以采取补助、贴息等多种形式,吸引社会资金,增加农业综合开发投入。

各级财政部门、农发机构根据国家农业综合开发项目申报要求和规定,督促项目单位足额落实自筹资金。

鼓励土地治理项目所在地的村集体和农民以筹资投劳的形式进行投入。村集体投入应以货币资金为主,农民可以采取货币资金、投劳折资、以物折资等多种方式投入。

第十七条　农业综合开发财政资金投入以土地治理项目为重点。具体用于土地治理项目和产业化发展项目的比例,由省财政厅根据国家农发办的规定及全省资源状况和经济发展要求确定。

第十八条　农业综合开发财政资金用于以下建设内容:

(一)农田水利工程建设;

(二)土地平整、土壤改良;

(三)田间道路建设;

(四)防护林营造;

(五)优良品种、先进技术推广;

(六)种植、养殖基地建设;

(七)农业生产、农产品加工设备购置和厂房建设;

(八)农产品储运保鲜、批发市场等流通设施建设;

(九)农业社会化服务体系建设;

(十)国家农发办规定的其他内容。

第十九条　农业综合开发财政资金的支出范围包括:

(一)项目建设所需的材料、设备购置及施工支出;

(二)项目可行性研究、初步设计(实施方案)编制、环境影响评价、勘察设计、工程预决算审计等支出;

(三)工程监理费;

(四)科技推广费;

(五)项目管理费;

(六)土地治理项目工程管护费;

(七)贷款贴息;

(八)国家农发办规定的其他费用。

第二十条　本办法第十八条　中规定的项目管理费由县级农发机构按土地治理项目财政投入资金的一定比例提取使用,财政投入资金1500万元(含)以下的按不高于3%提取;超过1500万元的,其超过部分按不高于1%提取。

项目管理费用于农业综合开发项目实地考察、评审、检查验收、宣传培训、工程招标、信息化建设、工程实施监管、绩效评价、资金和项目公示等项目管理方面的支出。

省级、设区的市级农发机构项目管理经费由本级政府预算安排,不得另外提取。

第二十一条　农业综合开发财政资金应当严格执行国家和省有关农业综合开发财务、会计制度,实行专人管理、专账核算、专款专用。

市、县级农发机构要按照国家农发办《农业综合开发财务管理办法》和省里相关制度规定,建立健全财务管理制度,及时准确进行财务核算。指导项目实施单位按规定建立项目资金辅助备查账。

第二十二条　各级财政部门应当根据法律、行政法规及财政部和省财政厅有关规定,及时足额地拨付资金,加强管理和监督。

第二十三条 农业综合开发项目财政资金支付实行县级报账制,按照国库集中支付制度及农业综合开发资金使用管理规定办理报账。

土地治理项目,县级财政部门应根据已批准的年度项目实施计划和工程建设进度情况,按照项目实施合同和规定的报账程序、要求等,及时、足额予以报账,并根据项目竣工决算进行清算。

产业化发展项目,实行县级报账制的,项目实施单位应在项目完成至少过半后,方可办理申请报账。县级财政部门要按照规定的报账程序、要求等办理报账,并在项目完工验收后根据验收确认意见,及时、足额支付财政资金。

实行“先建后补”方式的,县级财政部门和项目实施单位应按照“先建后补”有关规定,办理报账工作。

第二十四条 农业综合开发项目结余资金应当按照规定收回同级财政。

农业综合开发项目结余资金是指经批准的农业综合开发项目建设任务已完成,并通过验收和清算后的项目结余财政资金。结转两年以上未使用项目资金(包括项目管理费、工程管护费),视为项目结余资金。

第二十五条 农业综合开发项目竣工决算之前,通过工程招投标形成的结余资金,可以追加安排当期项目工程,报市级农发机构批准后实施。

第三章 项目管理

第二十六条 农业综合开发项目管理主要包括前期准备、项目申报、评审立项、项目建设、监督检查、竣工验收和移交管护等。

第二十七条 农业综合开发项目的前期准备是指项目申报前的准备工作,包括制定开发规划、建立项目库、编制项目可行性研究报告等。前期准备工作应当做到常态化、规范化。

第二十八条 各级农发机构应当根据国家农业综合开发政策和本地区经济社会发展中长期规划,编制农业综合开发规划及阶段性开发方案。

第二十九条 省农发局根据国家农业综合开发政策和国家农发办工作部署,适时公布下一年度农业综合开发项目扶持政策和重点。

第三十条 市、县农发机构根据国家、省农业综合开发扶持政策、扶持重点和本地区农业综合开发规划及阶段性开发方案,建立项目库,并实行动态管理。

年度项目应从项目库中择优选取。

第三十一条 纳入项目库的项目应当有项目建议书。项目建议书的主要内容包括项目建设的必要性、建设单位基本情况、建设地点、建设条件、建设方案、投资估算及来源、效益预测等。

第三十二条 项目申报单位向当地农发机构申报下一年度项目时,应当提交项目申请和项目可行性研究报告等材料,并对申报材料的真实性负责。

可行性研究报告应当根据项目类型的要求编制,其主要内容包括:项目建设背景和必要性,申报单位基本情况,建设地点、现状与建设条件,产品方案、建设规模与工艺技术方案,建设布局与建设内容,组织实施与运营管理,投资估算与资金筹措,环境影响分析,综合效益评价以及必要的附件等。

产业化发展项目申报单位可以将可行性研究报告与项目建议书合并编制,并向当地农发机构提交。

第三十三条 项目申报单位申报的项目应当满足以下条件:

(一)土地治理项目应当符合相关规划,有明确的区域范围,水源有保证,灌排骨干工程建设条件基本具备;地块相对集中连片,治理后能有效改善生产条件或生态环境;当地政府和农民群众积极性高。

(二)产业化发展项目应当符合产业政策和行业发展规划;资源优势突出,区域特色明显;市场潜力大、示范带动作用强、预期效益好;项目建设符合生态环境保护和资源节约利用要求。

第三十四条 农业综合开发项目评审由市级农发机构组织实施,省农发局对其评审过程和结果进行随机监督检查。国家农发办对项目评审机构有指定性要求的,按国家农发办规定执行。

项目评审应当以有关法律法规、行业标准和农业综合开发政策为依据,对申报项目建设必要性、技术可行性和经济合理性进行评估和审查,为项目确立提供决策依据。

第三十五条 在评审可行的基础上,市级农发机构根据资金额度,择优确定拟扶持的项目及资金数额。项目原则上一年一定。

市级农发机构应将拟扶持项目及资金数额通过互联网等媒介向社会公示,涉及国家秘密的内容除外。公示期一般不少于7日。公示无异议后,将拟扶持项目报省农发局备案。

第三十六条　拟扶持项目确定后,项目实施单位应当组织编制初步设计(实施方案),主要内容包括:项目总体设计,主要建筑物设计,机械、设备及仪器购置计划,配套设施设计,工程概算,项目建设组织与管理,项目区现状图和工程设计图等。

土地治理项目初步设计(实施方案)由县级农发机构组织编制,报市级农发机构审定。

产业化发展项目初步设计(实施方案)由项目实施单位自行审定后报县级农发机构备案。对于不涉及工程建设内容的产业化发展项目,初步设计(实施方案)可根据具体情况由评审通过的可行性研究报告或者项目建议书替代。

第三十七条　市、县农发机构根据拟扶持项目初步设计(实施方案)的审定或者备案情况,编制、汇总农业综合开发年度项目实施计划。

省农发局负责批复全省农业综合开发年度项目实施计划,并报国家农发办备案,同时抄送财政部驻安徽财政监察专员办事处(以下简称专员办)。

各级农发机构按照年度项目实施计划开展项目实施、检查验收工作。

第三十八条　农业综合开发项目应当推行项目法人制。土地治理项目按照国家和省有关招标投标、政府采购、工程监理、资金和项目公示等规定执行;产业化发展项目由项目实施单位自行实施,并实行资金和项目公示制。

第三十九条　项目实施单位应当按照初步设计(实施方案)组织实施项目,按期建成并达到项目的建设标准。

农业综合开发项目建设期一般为1—2年。

第四十条　年度项目实施计划必须严格执行,不得擅自调整或终止。确需进行调整的,土地治理项目财政资金100万元以下的,由项目实施单位提出申请,县级农发机构出具审核意见,报市级农发机构批准,并报省农发局备案;财政资金100万元(含)以上的,由项目实施单位提出申请,县级农发机构出具初审意见,经市级农发机构审核后,报省农发局审批,并报国家农发办备案。

产业化发展项目调整,由项目实施单位提出申请,县级农发机构出具审核意见,报市级农发机构批准,并报省农发局备案。

前款所称项目调整是指项目建设内容、建设地点和建设期限发生变化。

第四十一条　农业综合开发项目实施过程中发现存在严重违法违规问题,或因其他原因导致项目不能实施的,市、县农发机构应当及时提出终止项目实施的意见,报省农发局审批,同时停止项目建设。

省农发局在监督检查中发现项目实施过程中存在严重违法违规问题,或因其他原因导致项目不能实施的,可以直接作出终止项目实施的决定。

终止项目由省农发局审批后,报国家农发办备案。

第四十二条　土地治理项目竣工后,项目实施单位应当逐项检查初步设计(实施方案)完成情况,及时编报项目竣工决算,做好项目竣工验收前的准备工作。

土地治理项目竣工决算由县级财政部门审批。

第四十三条　土地治理项目由市级农发机构组织验收。验收的主要内容包括执行国家农业综合开发规章制度情况、项目建设任务完成情况、主要工程建设的质量情况、资金到位和使用情况、工程运行管理和文档管理情况等。

产业化发展项目由县级农发机构组织验收,验收时要进行实地核查,确认项目完成情况。市级农发机构要在县级农发机构验收通过后,及时对县级农发机构的验收情况进行复核或检查。

市、县级农发机构要按国家和省农业综合开发项目竣工验收有关规定,及时开展项目验收。市级农发机构要向省农发局及时报送年度项目验收情况。

省农发局对市、县级项目验收工作开展情况及其工作质量进行检查。

第四十四条　土地治理项目实施单位应当依照《基本建设财务规则》(财政部令第81号)有关资产交付管理的规定及时办理资产交付,并根据资产交付情况明确管护主体。

土地治理项目管护主体应当建立健全各项运行管护制度,明确管护责任、管护内容和管护要求,保证项目工程在设计使用期限内正常运行。

第四十五条　市级农发机构应当按规定时限向省农发局报送上年度农业综合开发项目实施计划完成情况,省农发局汇总后上报国家农业综合开发办公室,同时抄送专员办。

第四章 监督管理

第四十六条 各级农发机构应当按照预算法、《中华人民共和国政府信息公开条例》《安徽省政府信息公开办法》等规定，在互联网等媒介上公开农业综合开发项目立项政策、申请条件、提交申请材料目录、评审标准、程序和结果及农业综合开发资金分配结果等情况，接受社会监督。

第四十七条 各级农发机构应当制定、实施内部控制制度，对农业综合开发资金和项目管理风险进行预防和控制。

第四十八条 各级财政部门和农发机构应当加强对农业综合开发资金和项目的预算绩效管理和监督检查。

省农发局采取直接组织或委托第三方的方式，对各市县的农业综合开发资金和项目开展绩效评价和监督检查。

市、县级农发机构应当定期对本地区农业综合开发资金和项目开展绩效评价，加强事前、事中、事后的监督检查，发现问题及时纠正。

第四十九条 各级农发机构应当积极配合审计部门、财政部门的审计和监督检查，对提出的问题及时整改，并上报整改情况。上级农发机构应对下级农发机构整改落实情况开展督查。

第五十条 农业综合开发财政资金使用中存在违法违规行为的，各级财政部门应当按照预算法和《财政违法行为处罚处分条例》《安徽省财政监督条例》《农业综合开发财政资金违规违纪行为处理办法》等规定严肃处理、追究责任。

对存在违法违规问题的农业综合开发县，由省财政厅按照《国家农业综合开发县管理办法》《安徽省农业综合开发县管理办法》等规定，责令整改，情节严重的，报请财政部暂停或取消开发县资格。

第五十一条 监督检查、绩效评价和预算执行监管结果作为分配农业综合开发资金的重要因素。

第五章 附 则

第五十二条 市级农发机构可根据本办法，结合本地区的实际情况，制定具体实施细则。

第五十三条 部门农业综合开发资金和项目管理参照本办法执行。

农业综合开发利用国际金融组织及外国政府贷款赠款项目管理办法另行制定。

第五十四条 国家对涉农资金统筹整合使用另有规定的，依照其规定。

第五十五条 本办法自2017年9月1日起施行。农业综合开发原有相关政策制度规定与本办法不一致的，以本办法规定为准。

安徽省财政厅 安徽省交通运输厅关于印发《安徽省农村道路客运和出租车油价补贴退坡资金管理暂行办法》的通知

财建〔2017〕952号

各市、县(区)财政局、交通运输局：

为规范农村道路客运、出租车油价补贴退坡资金管理，提高财政资金使用效益，根据省政府办公厅《关于印发安徽省财政厅一般性转移支付资金管理办法和安徽省省级财政专项资金管理办法的通知》(皖政〔2014〕29号)和财政部、交通运输部、农业部、国家林业局《关于调整农村客运、出租车、远洋渔业、林业等行业油价补贴政策的通知》(财建〔2016〕133号)等有关文件精神，我们制定了《安徽省农村道路客运和出租车油价补贴退坡资金管理暂行办法》，现印发给你们，请遵照执行。

安徽省农村道路客运和出租车油价补贴退坡资金管理暂行办法

第一章 总 则

第一条 为规范农村道路客运、出租车油价补贴退坡资金管理，提高财政资金使用效益，根据省政府办公厅《关于印发安徽省财政厅一般性转移支付资金管理办法和安徽省省级财政专项资金管理办法的通知》(皖政〔2014〕29号)和财政部、交通运输部、农业部、国家林业局《关于调整农村客运、出租车、远洋渔业、林业等行业油价补贴政策的通知》(财建〔2016〕133号)有关要求，制定本办法。

第二条 本办法所称农村道路客运、出租车油价补贴退坡资金(下简称退坡资金)，是根据财政部、交通运输部等有关部门要求调整行业成品油补助政策，中央拨付我省现行油价补贴涨价补助中按规定比例集中使用的部分。

第三条 退坡资金实行省和市、县(区)分别统筹。省级统筹资金重点支持“城乡道路客运一体化示范县”试点建设和新增新能源客车运营补助。实行项目申报制。

第四条 退坡资金扣除省级统筹部分,由市、县(区)统筹。市、县(区)统筹资金,2015年度以各地2014年实际执行数按比例分配;2016年度按各地12月31日在册车台、座位数平均分配;从2017年度起,以各地6月30日在册车台、座位数平均分配,并拨付到市(含直管县),由各市和直管县确定统筹方式或安排使用。

第五条 市、县(区)统筹资金使用范围包括:支持公共交通发展,新能源车辆(含公交车、道路客运车辆、巡游出租车)运营补助、农村道路客运补助、出租车行业信息化建设及农村综合运输服务站建设。

第二章 省级统筹资金中城乡道路客运一体化示范县补助资金的管理

第六条 补助资金实行申报制。补助对象为城乡道路客运一体化自评达到AAAA及以上水平的县,由各县交通运输主管部门提出申请,省交通运输厅会同省财政厅择优确定。自评工作依据《安徽省城乡道路客运一体化发展水平评价指标体系》和《安徽省城乡道路客运一体化发展水平评价规范》(详见附件1、2)进行。

其中,县包括县级市和所在省辖市公交发展规划未覆盖的县级区。对皖北地区、大别山革命老区和贫困地区给予适当倾斜,优先纳入补助范围。

第七条 创建期内每个示范县省级共补助1500万元,分3年,每年补助500万元。

第八条 申报程序

(一)申请。从2016年度起,每年8月20日前,拟申报示范县试点建设的县交通运输主管部门,通过市交通运输主管部门向省交通运输厅提出申请。申报材料中应包括示范县建设实施方案和县(市)人民政府同意开展示范县建设承诺函等。每批每市原则上只申报一个县(市)。

(二)择优确定。每年10月20日前,省交通运输厅会同省财政厅组织专家,对申报材料进行综合评审,确定该批次示范县创建名单。

第九条 国家补助资金下达后,省交通运输厅根据专家综合评审意见,提出补助资金分配建议方案,商省财政厅确定补助资金分配方案。

第十条 省财政厅根据年度补助资金分配方案,通过转移支付将预算指标下达到示范县所在地县财政部门。资金主要用于城乡客运车辆更新改造、农村客运车辆动态监控系统安装、农村客运站及候车亭建设维护、农村综合运输服务站建设等。不得用于人员工资福利和办公经费等其他支出。

第十一条 示范县所在地财政部门会同当地交通运输部门,根据补助资金支出范围、工程预算和建设进度等因素,按照国库集中支付等有关规定及时核拨资金。

第十二条 示范县需跨年度建设的,补助资金可按规定结转下一年度继续使用,但不得超过两个年度。

第十三条 各示范县应将当年试点建设进展情况和补助资金绩效自评结果(自评表格式详见附件3),于次年1月31日前报省交通运输厅。

第十四条 省交通运输厅、省财政厅根据试点建设目标,对各示范县的进展情况进行抽查,考核评价结果作为后续项目安排和资金分配的重要依据。

第十五条 各示范县财政和交通运输部门,要切实加强补助资金管理,加强内部管理制度建设,明确资金支出范围、审批程序、使用管理和监督检查等要求,确保专款专用。

第三章 省级统筹资金中新能源客车运营补助资金的管理

第十六条 本办法所称新能源客车,包括公交车、道路客运车辆(包括班线客运、包车客运、旅游客运车辆)、巡游出租车,其车型应纳入国家新能源汽车推广应用工程推荐车型目录。具体补助对象为新能源客车经营者。

第十七条 补助当年新增的新能源客车,省级统筹资金一次性每台补助1—2万元。具体补助标准,根据当年实际情况确定。

第十八条 每年7月20日前,道路运输经营者将本企业上年新购置的新能源客车情况向所在地交通运输部门和道路运输管理机构进行申报,并附机动车登记证书和车辆购置发票,道路客运车辆、巡游出租车还应提供道路运输证等相关证明材料。

第十九条 每年8月20日前,市、县(区)交通运输部门和道路运输管理机构组织力量,对本辖区上年新增的新能源客车进行统计、整理、汇总,经核实并公示无异后,以市为单位汇总(附件4),上报至省交通运输厅,同时抄报同级财政、审计部门。

第二十条 省财政厅、省交通运输厅依据各市汇总的新增新能源客车情况,及时分配下拨资金。

市、县(区)财政和交通运输部门收到资金后,应当制定补助资金分配发放方案,及时将补助资金发放到具体补助对象。

第四章 附 则

第二十一条 各市县可以依据本办法制定本地区农村道路客运和出租车油价补贴退坡资金管理办法,明确退坡资金使用重点和具体安排等,作为监督检查和绩效考评的依据,充分发挥资金使用效益。

第二十二条 各级财政、交通运输部门要自觉接受审计、监察等部门对退坡资金使用情况的监督检查,接受社会监督。对违反相关规定使用资金的单位和个人,将按照《财政违法行为处罚处分条例》严肃处理。

第二十三条 本办法自印发之日起执行。

安徽省财政厅 安徽省民政厅 安徽省审计厅关于印发《安徽省社会救助资金统筹使用管理暂行办法》的通知

财社〔2017〕960 号

各市、县(区)财政局、民政局、审计局:

为进一步推进社会救助资金统筹使用,规范社会救助资金管理,优化资金供给,提高资金使用效益,根据《安徽省人民政府关于推进财政资金统筹使用的实施意见》(皖政〔2015〕99 号),财政部、民政部《中央财政困难群众救助补助资金管理办法》(财社〔2017〕58 号)等规定,安徽省财政厅、安徽省民政厅、安徽省审计厅制定了《安徽省社会救助资金统筹使用管理暂行办法》,现印发给你们,请认真贯彻执行。执行中如有问题,请及时向我们反映。

安徽省社会救助资金统筹使用管理暂行办法

第一章 总 则

第一条 为进一步推进社会救助资金统筹使用,规范社会救助资金管理,优化资金供给,提高资金使用效益,根据《安徽省人民政府关于推进财政资金统筹使用的实施意见》(皖政〔2015〕99 号),财政部、民政部《中央财政困难群众救助补助资金管理办法》(财社〔2017〕58 号)等规定,制定本办法。

第二条 社会救助资金统筹范围包括各级财政通过一般公共预算资金、福彩公益金、捐赠资金等渠道筹集安排的城乡低保、城乡医疗救助、特困人员救助供养、临时救助、流浪乞讨救助、困难残疾人生活救助、重度残疾人护理补贴、孤儿基本生活保障等八项社会救助资金,主要用于困难群众基本生活、医疗或临时性生活困难等救助。

第三条 社会救助资金统筹使用管理坚持以下原则:

——优化供给,统筹整合。围绕供给侧改革,以“统筹整合、盘活存量、优化供给、提高效益”为目标,推动社会救助资金统筹使用,提升资金绩效,形成资金合力。

——明确责任,放管结合。围绕放管服要求,省级将社会救助资金统筹打包下达,授权市、县(区)打破条块限制,坚持谁使用、谁管理、谁负责,统筹使用社会救助资金,依法依规加强资金统筹管理。

——精准发力,提升实效。围绕精准救助,瞄准困难群众和建档立卡贫困人口,积极推进分类救助,维护困难群众基本生存权益,着力增强困难群众获得感。

第二章 统筹管理

第四条 坚持统筹保障、注重绩效,省级结合中央补助资金,科学合理测算城乡低保、城乡医疗救助等资金需求,统筹编制省级社会救助资金预算。

各市、县(区)财政、民政部门应结合省级以上补助资金,根据当地各类社会救助工作需求,统筹编制本级社会救助资金预算。

第五条 省级根据救助人数、财力困难程度、工作绩效等因素,公式化统筹分配省级以上社会救助资金,打包下达各市、县(区)统筹使用。补助资金对贫困程度深、保障任务重、工作绩效好的地区给予倾斜。

第六条 各市、县(区)财政、民政部门要加强社会救助政策统筹衔接,对纳入特困人员救助供养范围的,不再适用最低生活保障补助政策,不享受困难残疾人生活补贴和重度残疾人护理补贴。特困人员中符合孤儿基本生活保障条件的,优先纳入孤儿基本生活保障范围,不再适用特困人员救助供养补助政策。享受孤儿基本生活保障政策的残疾儿童不享受困难残疾人生活补贴,可享受重度残疾人护理补贴。临时救助应与当地低保、医疗救助、教育救助、住房救助政策相衔接。

第七条　各市、县(区)财政、民政部门每年结合省级以上和本级安排的社会救助资金,制定具体的年度社会救助资金统筹使用方案,细化补助项目、资金规模、绩效目标等,做到可操作、可考核。建立“三个清单”机制,即项目清单,主要包括统筹项目、统筹内容、统筹任务等;资金清单,主要包括资金安排、统筹使用情况等;绩效清单,主要包括任务完成、资金保障、使用管理,保障人数等,做到社会救助项目、资金、绩效有机统一。

第三章　资金使用

第八条　社会救助资金统筹使用按不同项目用于以下支出:

(一)城乡低保资金,主要用于家庭人均收入低于当地城乡低保标准的救助对象基本生活支出。

(二)城乡医疗救助资金,主要用于按规定资助救助对象参加城乡居民基本医保,以及对政策范围内的住院和门诊医疗费用救助支出。

(三)特困人员救助供养资金,主要用于城乡老年人、残疾人、未满16周岁的未成年人,无劳动能力、无生活来源且无法定赡养抚养扶养义务人或者其法定义务人无履行义务能力的特困人员基本生活和照料护理支出。

(四)临时救助资金,主要用于因病、就学、突发灾害或意外事故,及其他特殊原因造成家庭生活特别困难,经各种救助措施帮扶后,家庭基本生活水平暂时低于当地城乡居民最低生活保障标准的困难家庭救助支出。

(五)流浪乞讨救助资金,主要用于对离家在外、自身无力解决食宿、处于流浪或者乞讨状态的人员,提供主动救助、生活救助、医疗救治、教育矫治、返乡救助、临时安置、源头预防和户口登记等救助服务支出。

(六)困难残疾人生活补贴资金,主要用于最低生活保障对象、建档立卡贫困户中持有《中华人民共和国残疾人证》且残疾等级在四级以上(含四级)的残疾人的生活补贴支出。

(七)重度残疾人护理补贴,主要用于持有《中华人民共和国残疾人证》,残疾等级被评定为一级、二级且需要长期照护的重度残疾人护理支出。

(八)孤儿基本生活保障救助资金,主要用于符合条件的分散供养和集中供养的孤儿基本生活救助支出。

社会救助资金不得用于工作经费,不得用于机构运转、大型设备购置和基础设施维修改造等支出。以上具体使用范围和标准按照有关规定执行。资金使用后按支出项目单独记账,分别核算。

第九条　社会救助资金拨付按照国库集中支付制度有关规定执行。城乡低保、散居特困供养人员、临时救助、困难残疾人生活救助、重度残疾人护理补贴资金原则上应支付到救助对象个人账户,集中特困供养人员救助资金统一支付到供养服务机构账户。孤儿基本生活保障资金应支付到孤儿本人或其监护人个人账户,集中供养的孤儿基本生活费应统一支付到福利机构账户。医疗救助资金资助个人缴费的,核拨至城乡医疗保险相应账户,住院等救助资金按照“一站式”即时结算方式拨付。

县级民政、财政部门应当为救助家庭或个人在银行、信用社等代理金融机构办理接受补助资金的账户,也可依托社会保障卡、惠农资金“一卡通”等渠道发放补助资金,代理金融机构不得以任何形式向救助家庭或个人收取账户管理费用。

第十条　各市、县(区)财政部门要会同民政部门采取有效措施,加快社会救助资金预算执行进度,提高预算执行的均衡性和有效性。各市、县(区)年度社会救助资金支出少于当年省级以上补助资金的,省级将在下年分配补助资金时适当扣减补助。

第四章　绩效考评

第十一条　省民政厅、省财政厅建立健全社会救助绩效评价机制,完善社会救助绩效评价办法和指标,按要求编制预算支出绩效目标,指导各市、县(区)对绩效目标管理进行监控,确保绩效目标如期实现。

第十二条　按照“花钱要有效、无效必问责”原则,各市、县(区)民政、财政部门按照绩效管理有关要求,制定具体的绩效评价实施细则,负责组织开展本级绩效评价工作,将绩效管理覆盖社会救助资金所有补助项目。

第十三条　每个年度结束后,各市级民政、财政部门应委托第三方对本辖区年度社会救助资金投入使用、资金管理、效益发挥、存在问题等进行绩效评价,次年2月底前以市为单位将绩效评价报告报送省民政厅、省财政厅。

第十四条　各市、县(区)绩效评价结果将作为省级安排和分配下一年度社会救助资金的重要依据。各市、县(区)要充分运用绩效评价结果,针对评价发现社会救助工作存在的问题,及时制定具体整改措施并加以落实,着力提升社会救助资金使用绩效。

第五章　监督管理

第十五条　各市、县(区)财政、民政部门要严格按照规定使用社会救助资金,不得擅自扩大支出范围,不得以任何形式挤占、挪用、截留和滞留,不得向社会救助对象收取任何管理费。

第十六条　各市、县(区)财政、民政部门要建立社会救助资金信息公开机制,按照政府信息公开规定和“谁主管、谁负责、谁公开”的原则,将社会救助资金补助项目、内容、对象、金额等重要信息,通过部门网站、政务微信等渠道公开公示。分配到乡村的社会救助资金,要实行县乡村三级公示制度,并同步公开资金制度、分配结果等信息,广泛接受社会公众监督。

第十七条　各级财政、民政部门要建立健全资金监管机制,自觉主动接受审计监督和社会监督。各级审计部门要定期对社会救助资金的使用管理情况进行检查和审计,及时发现和纠正有关问题。

第十八条　各级财政、民政部门在社会救助资金统筹使用管理工作中,存在违反相关政策规定,以及其他滥用职权、玩忽职守、徇私舞弊等违法违纪行为的,按照《中华人民共和国预算法》《中华人民共和国公务员法》《中华人民共和国行政监察法》《财政违法行为处罚处分条例》等国家有关规定追究相应责任。涉嫌犯罪的,依法移送司法机关处理。

第六章　附　则

第十九条　各市、县(区)财政、民政、审计部门可根据本办法,结合本地实际情况,制定具体实施细则。

第二十条　本办法由省财政厅、省民政厅、省审计厅按各自职能负责解释。

第二十一条　本办法自印发之日起执行。《安徽省流浪乞讨人员救助资金管理暂行办法》(财社〔2011〕2225号)、《安徽省孤儿基本生活费专项补助资金管理办法》(财社〔2013〕301号)同时废止。

安徽省财政厅 安徽省科学技术厅关于印发《安徽省中央引导地方科技发展专项资金管理实施细则》的通知

财教〔2017〕1012号

各市、县(区)财政局、科技局,有关省直部门:

为规范安徽省中央引导地方科技发展专项资金管理和使用,提高专项资金使用效益,根据《财政部 科技部关于印发中央引导地方科技发展专项资金管理办法的通知》《中共安徽省委办公厅 安徽省人民政府办公厅关于改革完善省级财政科研项目资金管理等政策的实施意见》等有关规定,结合我省实际,省财政厅、省科学技术厅研究制定了《安徽省中央引导地方科技发展专项资金管理实施细则》,现印发给你们,请遵照执行。

安徽省中央引导地方科技发展专项资金管理实施细则

第一章　总　则

第一条　为规范安徽省中央引导地方科技发展专项资金(以下简称“专项资金”)的使用和管理,提高专项资金使用效益,根据《中共中央办公厅国务院办公厅印发关于进一步完善中央财政科研项目资金管理等政策的若干意见的通知》(中办发〔2016〕50号)、《国务院办公厅关于对真抓实干成效明显地方加大激励支持力度的通知》(国办发〔2016〕82号)、《财政部科技部关于印发中央引导地方科技发展专项资金管理办法的通知》(财教〔2016〕81号)等有关规定,结合我省实际,制定本细则。

第二条　本细则所称专项资金是指中央财政通过专项转移支付安排的,用于支持地方政府围绕国家科技发展战略和地方经济社会发展目标,改善地方科研基础条件,优化科技创新环境,支持基层科技工作,促进科技成果转移转化,提升区域科技创新能力的资金。

第三条　专项资金管理遵循“中央引导、省级统筹、绩效导向、滚动支持”的原则。

第二章　管理机构及职责分工

第四条　省财政厅主要负责专项资金管理制度

制定、预算下达、绩效监管等。具体是:

(一)会同省科技厅制定中央引导地方科技发展专项资金实施细则;

(二)根据中央安排预算资金,下达专项资金;

(三)会同省科技厅对专项资金使用情况进行监督检查、绩效评价。

第五条　省科技厅主要负责专项资金项目管理工作。具体是:

(一)组织专项资金项目申报、评审(评估)和立项;

(二)提出项目经费预算安排建议;

(三)与项目承担单位签订项目任务书;

(四)负责项目的跟踪管理,组织项目验收、绩效评价及项目资金日常监管。

第六条　项目归口管理单位职责:

(一)负责专项资金项目的初审和推荐;

(二)负责立项项目的日常管理;

(三)配合省财政厅、省科技厅对专项资金使用情况进行监督、检查,开展绩效评价。

第七条　项目承担单位职责:

(一)积极策划,据实、完整编报项目立项申请材料;

(二)组织项目实施,落实项目实施条件和配套资金;

(三)严格项目资金支出管理,对项目资金专款专用、专账核算;

(四)按要求开展绩效自评,及时按要求报送有关情况;

(五)主动配合有关部门的监督检查和审计。

第三章　支持范围与方式

第八条　专项资金支持以下四个方面:

(一)科研基础条件和能力建设,主要指省、市政府所属科研单位(不含转为企业或其他事业单位的单位)的科研仪器设备购置和科研基础设施维修改造;

(二)专业性技术创新平台,主要指依托省属高校、省属科研院所、企业、转制科研机构建立的,通过产学研协同创新机制为区域发展提供研究开发支撑的专业性平台,重点支持省部共建国家重点实验室、省级重点实验室等;

(三)科技创新创业服务机构,主要指为省内中小微企业技术创新、基层科技创新活动提供技术转移、检验检测认证、创业孵化、知识产权、科技咨询、科技金融、科技资源共享等省内专业或综合性服务机构;

(四)科技创新项目示范,主要指围绕国家区域发展和五大发展行动计划,结合科技惠民、县域科技、科技扶贫等任务,对政策目标明确、公益性属性明显、引导带动作用突出、惠及人民群众的科技成果进行转化应用的项目示范。

第九条　支持科研基础条件和能力建设采取直接补助的方式。支持专业性技术创新平台、科技创新创业服务机构和科技创新项目示范资金,综合采用直接补助、后补助、以奖代补、贷款贴息、发放创新券等多种投入方式。

第十条　充分发挥专项资金对区域科技创新的引导作用,突出重点,优先支持对公益性突出、创新牵动性强、服务区域创新发展成效显著的项目,倾斜支持改善本区域科研基础条件、优化科技创新环境、促进科技成果转移转化及落实国家、省重大科技政策较好的市、县(区)和大别山、皖北等贫困地区的项目。

第十一条　项目承担单位不得将专项资金用于支付各种罚款、捐款、赞助、投资、偿还债务等支出,不得用于人员工资性支出和离退休人员离退休费,以及国家规定禁止列支的其他支出。

第四章　项目和预算管理

第十二条　省科技厅、省财政厅按照财政部、科技部的要求,根据省科技创新规划和年度工作重点征集项目。

第十三条　符合条件的单位经市科技局、市财政局等有关归口管理部门推荐,及时报送项目申请材料,项目内容包括实施主体、目标任务、绩效目标、资金规模及结构、支持方式、实施期限等信息。

第十四条　省科技厅、省财政厅每年编制专项资金三年滚动规划,三年滚动规划包括工作目标、重点任务、项目内容、组织管理、保障措施等。及时报科技部、财政部审核,抄送专员办。根据科技部、财政部审核意见,进行修改完善。

第十五条　省科技厅、省财政厅组织或委托第三方机构组织绩效考评和项目评审工作,及时将评审结果通过官方网站等媒介向社会公示,公示期不少于7日。

第十六条　公示无异议后,确定专项资金实施方案。实施方案包括项目安排、支持内容、支持方式、项目绩效目标、组织实施能力与条件、预期社会经济效益等。

第十七条 省财政厅、省科技厅在财政部、科技部专项资金预算下达后30日内，将当年本省专项资金实施方案报财政部、科技部备案，抄送专员办；并下达项目立项计划通知和资金。省财政厅拨付下达资金按照国库集中支付制度和专项转移支付有关规定执行。

第十八条 项目立项计划通知下达后30日内，各项目承担单位与省科技厅签订项目任务书，任务书作为项目执行、检查和验收的依据。

第十九条 专项资金涉及预算管理、预算调整、科研设备采购、结转结余等，按照《中共安徽省委办公厅 安徽省人民政府办公厅关于改革完善省级财政科研项目资金管理等政策的实施意见》(皖办发〔2016〕73号)执行。

第二十条 直接补助项目在执行期结束后2个月内，项目承担单位需提交验收或结题申请；无特殊原因未按时提出验收申请的，按不通过验收处理。省科技厅将根据不同类型项目，采取专家评审、同行评议、第三方评审评估、用户测评等方式，依据项目任务书组织验收。财政资助200万元及以上的项目需通过财务验收；财政资助30万元(含30万元)至200万元之间的项目，提交由会计师事务所提供的财务审计报告；财政资助30万元以下的项目，提交财务决算报告，财务验收不合格项目，按验收不通过处理。后补助方式支持的项目，不再组织项目验收。

第五章 监督与绩效

第二十一条 获得专项资金的单位，应当履行法人责任，按照国家财务、会计制度的有关规定使用资金，自觉接受监督检查；按照项目任务书要求，认真组织实施，及时向省科技厅报送年度工作总结、绩效评价等材料。

第二十二条 建立以结果为导向，项目承担单位自评、项目归口管理部门监督、责任处室审核、第三方复查相衔接的项目资金绩效评价机制。省科技厅会同财政厅组织或委托第三方机构对专项资金管理使用情况组织开展绩效评价，绩效评价报告作为下年度专项资金分配的重要参考。

第二十三条 建立专项资金管理承诺机制。项目承担单位法定代表人、项目负责人在申报项目预算时应共同签署承诺书，保证所提供信息的真实性，并对信息虚假导致的后果承担责任。

第二十四条 建立信息公开机制，省科技厅及时公开非涉密项目安排情况，接受社会监督。

第二十五条 凡有下列行为之一的，省财政厅、科技厅将采取通报批评、停止拨款、收回专项资金等措施，并依照《财政违法行为处罚处分条例》等规定处理。对严重违规、违纪、违法犯罪的相关责任主体，按程序纳入科研严重失信行为记录。

(一)编报虚假预算，套取专项资金的；

(二)挤占、截留、挪用专项资金的；

(三)未按照专项资金支持范围使用的；

(四)其他违反国家财经纪律的行为。

第二十六条 各级科技、财政部门及其相关工作人员在预算审核环节，项目主管部门及其相关工作人员在项目立项及其资金分配等环节，存在违反规定安排资金以及其他滥用职权、玩忽职守、徇私舞弊等违法违纪行为的，按照《中华人民共和国预算法》《中华人民共和国公务员法》《中华人民共和国行政监察法》《财政违法行为处罚处分条例》等有关规定追究有关责任单位和人员的责任；涉嫌犯罪的，移送司法机关处理。

第六章 附 则

第二十七条 本细则由省财政厅、省科技厅负责解释。

第二十八条 本细则自印发之日起施行。

安徽省财政厅 安徽省发展改革委关于印发《安徽省“三重一创”建设专项引导资金管理办法》的通知

财建〔2017〕1021号

各市财政局、发展改革委：

现将《安徽省“三重一创”建设专项引导资金管理办法》印发给你们，请认真贯彻执行。

安徽省“三重一创”建设专项引导资金管理办法

第一章 总 则

第一条 为贯彻落实五大发展行动计划，加快推进重大新兴产业基地、重大新兴产业工程、重大新兴产业专项建设,构建创新型现代产业体系,培育壮大经济发展新动能,根据《安徽省人民政府关于加快建设战略性新兴产业集聚发展基地的意见》(皖发〔2015〕48号)、《中共安徽省委 安徽省人民政府关于推进"三重一创"建设的实施意见》(皖发〔2016〕49号)、《安徽省人民政府关于印发支持"三重一创"建设若干政策的通知》(皖政〔2017〕51号)及其实施细则等文件精神,省财政设立"三重一创"建设专项引导资金,并制定本办法。

第二条　本办法所称"三重一创"建设专项引导资金是指省财政安排用于支持推进重大新兴产业基地、重大新兴产业工程、重大新兴产业专项建设,构建创新型现代产业体系的专项引导资金(以下简称专项资金)。

第三条　专项资金按照"精准聚焦、竞争择优,规范操作、公平公正,创新方式、注重绩效"的原则,根据实施细则规定的申报审核结果,安排到市、县或项目、企业、团队等,充分发挥市场机制和市县政府、企业主体作用,同时结合省委、省政府重大政策及决策部署,统筹有关专项资金的安排使用,切实提高资金使用效益。

第二章　专项资金支持对象及方式

第四条　专项资金支持对象为:

(一)重大新兴产业基地,主要包括支持新建项目、奖励重大项目团队、支持企业境外并购、完善奖励机制。

(二)重大新兴产业工程,主要补助研发生产设备投入。

(三)重大新兴产业专项,主要补助研发试制投入。

(四)加快构建创新型现代产业体系,主要包括支持高新技术企业成长、支持创新平台建设、支持创新创业、运用基金支持。

(五)省委、省政府确定的其他有关重大政策项目。

第五条　专项资金支持方式为设备购置补助、研发投入(研制费用)补助、并购补助、平台建设奖励、团队奖励、企业奖励、基地切块奖励、基金支持等,按因素法和项目法方式分配。

第六条　运用产业发展基金支持,主要按照"政府引导、市场化运作、专业化管理"的原则,采取阶段参股、直接投资、跟进投资等方式,重点投向重大新兴产业基地、重大新兴产业工程中处于成长期和成熟期的项目。

对资金需求量大、引领作用强的产业,省市合作建立专项产业投资基金给予支持。创意文化和文化旅游类项目,重点运用省产业发展基金予以支持。

第七条　加大对皖北三市、国家和省扶贫开发工作重点县(区)的支持,对该区域符合条件的项目,奖补资金补助金额上浮20%。

第三章　专项资金申请及分配

第八条　每年省发改委根据有关规定下发"三重一创"建设项目申报通知,明确申报时间、内容、程序和方式等。各市发改委会同有关部门对照申报通知要求和政策规定,组织申报本地区符合条件的项目材料,并进行初审。

第九条　各市申报材料在初审合格并经市政府同意后,提交省发改委。省发改委委托第三方机构,组织专家按规定对申报材料进行审核,并由第三方机构出具评审意见。

第十条　省发改委依据评审意见,研究提出资金安排方案,上报省推进"三重一创"建设领导小组审定后,向社会公示。公示无异议后,省推进"三重一创"建设领导小组批复资金分配方案意见。

第十一条　省发改委依据批复意见,拟定专项资金分配方案报省财政厅,省财政厅按规定办理资金审核、拨付。

第四章　专项资金使用

第十二条　支持重大新兴产业基地的奖励资金,切块下达到奖励项目所在市,由市政府制定具体使用方案,用于对应的重大新兴产业基地建设,主要包括重大项目建设、新产品研发和关键技术产业化、重大技术装备和关键零部件及新工艺示范应用、关键共性技术研发平台和第三方检验检测平台建设等。原则上不与省级统筹安排的资金方案重复。

第十三条　支持重大新兴产业专项的补助资金,下达到补助项目所在市,由市拨付到专项承担单位所在县区或直接拨付到专项承担单位,并由市人民政府与专项承担单位签订资金使用协议。

第十四条　支持其他有关方面的奖补资金,按照现行财政体制及财务隶属关系,分别下达(拨付)至项目所在市县或项目单位。

第十五条　专项资金实行专款专用,专项管理,严格执行国库集中支付制度。各市县和项目单位要积极加大投入,创新资金使用方式,充分发挥财政资金引导和杠杆作用,采取多种方式鼓励社会资本和金融资本参与"三重一创"建设。

第五章 专项资金绩效及监管

第十六条 省发改委负责开展项目稽查核查等工作。省财政厅负责完善涉企项目资金管理信息系统,协助对涉企项目进行比对筛查。各市发改和财政部门应相互配合,加强对项目建设和运行的过程监督和资金使用监管。

第十七条 各市县和项目单位应强化对专项资金使用情况的绩效管理,各市发改委于次年2月底前,将上年度绩效评价报告报省发改委、省财政厅备案。省发改委会同省财政厅,适时开展重点绩效评价,绩效评价结果作为专项资金分配的重要依据。

第十八条 各市县和项目单位要主动接受审计监督和社会监督。任何单位和个人不得以任何理由编造虚假材料,骗取、截留、挤占、挪用专项资金。对违反规定和发生违法违纪行为的,按照《财政违法行为处罚处分条例》等规定予以处理,同时追究相关人员责任。对已拨付的专项资金予以追缴,涉嫌犯罪的,依法移送司法机关处理。

第十九条 项目单位及涉及的中介机构有上述违法违规行为,取消其3年内申报各项省级财政资金资格。

第六章 附 则

第二十条 相关市县要根据本办法,结合实际,制定具体管理办法,并报省财政厅、省发展改革委备案。

第二十一条 本办法由省财政厅商省发展改革委负责解释。

第二十二条 本办法自印发之日起施行。原《安徽省财政厅 安徽省发展和改革委 安徽省科技厅 安徽省经济和信息化委员会关于印发〈安徽省战略性新兴产业集聚发展基地建设专项引导资金管理暂行办法〉的通知》(财建〔2015〕881号)同时废止。

安徽省财政厅 安徽省教育厅关于印发《安徽省中小学幼儿园教师国家级培训计划专项资金管理办法》的通知

财教〔2017〕1067号

各市、县(区)财政局、教育局,各有关培训院校、机构:

为进一步规范和加强中小学幼儿园教师国家级培训计划专项资金管理,提高资金使用效益,根据国家有关法律制度规定,以及财政部、教育部制定的《中小学幼儿园教师国家级培训计划专项资金管理办法》(财科教〔2016〕29号)、安徽省财政厅、教育厅印发的《安徽省省级财政教育专项资金分配管理办法》(财教〔2015〕1986号)等相关规定,结合我省实际,省财政厅、省教育厅修订了《安徽省中小学幼儿园教师国家级培训计划专项资金管理办法》,现予印发,请遵照执行。

安徽省中小学幼儿园教师国家级培训计划专项资金管理办法

第一章 总 则

第一条 为加强和规范我省中小学幼儿园教师国家级培训计划专项资金管理,提高资金使用效益,提升教师队伍素质,根据国家有关法律制度规定,以及《财政部 教育部关于印发〈中小学幼儿园教师国家级培训计划专项资金管理办法〉的通知》(财科教〔2016〕29号),结合我省实际,制定本办法。

第二条 本办法所称中小学幼儿园教师国家级培训计划专项资金(以下简称专项资金),是指中央财政通过专项转移支付安排补助我省、用于实施中小学幼儿园教师培训项目的资金。

第三条 专项资金管理遵循"明确目标、突出重点,科学规划、合理安排,责任清晰、规范管理,专款专用、注重实效"的原则。

第二章 资金使用范围

第四条 专项资金由财政部、教育部根据党中央、国务院有关决策部署和教师培训工作重点确定支持内容。现阶段,集中支持贫困地区实施乡村中小学幼儿园教师培训,主要包括乡村教师培训团队置换脱产研修、送教下乡培训、乡村教师网络研修、乡村教师访名校培训和乡村校园长培训等五类培训。

第五条　专项资金主要用于补助培训期间直接发生的各项费用支出,具体包括:

(一)住宿费是指参训人员培训期间发生的租住房间的费用。

(二)伙食费是指参训人员培训期间发生的用餐费用。

(三)培训场地及设备费是指用于培训的会议室、教室或实验室租金、网络研修平台和相关设备租金。

(四)讲课费是指聘请师资授课所支付的必要报酬。

(五)培训资料费是指培训期间必要的学习资料费、网络课程资源费及办公用品费。

(六)交通费是指用于接送以及统一组织的与培训有关的考察、调研等发生的交通支出。

(七)其他费用是指现场教学费、文体活动费、医药费以及授课教师交通、食宿等支出。

第六条　培训经费标准

教师培训团队置换脱产研修经费标准每人每天不高于200元。乡村教师访名校培训、乡村校园长培训和其他县域外短期集中培训经费标准每人每天不高于280元,省外培训可适当提高。教师网络研修经费标准每人每学时3元,网络研修与校本研修整合培训含培训者集中培训经费。县域内集中培训(包括送教下乡培训和教师网络研修的线下集中培训)经费标准每人每天不高于100元,如学员发生住宿,培训经费标准为每人每天不高于160元;每次培训人数超过50人按50人核算。

各地财政、教育部门要根据国家和省有关财务管理规定,因地制宜编制专项资金使用预算安排,科学合理制定培训期间直接发生的住宿费等七项费用支出标准,指导专项资金支出,实行专款专用,强化厉行节俭,并主动接受监察、审计等有关部门的监督。

第七条　参训人员外出培训发生的交通费,按照相关规定回所在单位报销。

第三章　资金分配与拨付

第八条　专项资金采取因素法进行分配。分配因素及其权重和计算公式如下:

基础因素(70%)下设市县农村专任教师人数等子因素;投入因素(15%)下设市县教师培训投入情况等子因素;绩效因素(15%)。各因素数据主要通过相关统计资料、各市县资金申报材料以及考核结果获得。

计算公式为:

某市县专项资金

$$=\Big(\frac{\text{该市县农村专任教师人数}}{\Sigma\text{有关市县专任教师人数}}\times\text{权重}$$

$$+\frac{\text{该市县教师培训人均投入分档计分}}{\Sigma\text{有关市县教师培训人均投入分档计分}}\times\text{权重}$$

$$+\frac{\text{该市县绩效因素评分}}{\Sigma\text{有关市县绩效因素评分}}\times\text{权重}\Big)$$

$$+\frac{\text{该市县工作实施考核得分}}{\Sigma\text{有关市县工作实施考核得分}}\times\text{权重}+\cdots)$$

$$\times\text{专项资金年度预算总额}$$

第九条　专项资金由省财政厅、省教育厅共同管理。中央财政专项资金预算(含提前下达预算指标)下达我省后,省财政厅、省教育厅在30日内按照预算级次合理分配、及时下达到市县,并就资金使用管理提出明确要求,同时抄送财政部驻安徽省财政监察专员办事处。

第十条　专项资金支付按照国库集中支付制度有关规定执行。涉及政府采购的,应当按照政府采购有关法律制度执行。

第四章　资金申报

第十一条　县级财政、教育部门应当在每年2月20前,向市财政和教育部门报送当年专项资金申报材料;市财政和教育部门审核汇总后,于每年2月底前,向省财政厅和省教育厅报送当年专项资金申报材料。省财政厅、省教育厅对各市专项资金申报材料进行审核汇总,及时上报财政部、教育部,并抄送财政部驻安徽省财政监察专员办事处。

第十二条　专项资金申报材料主要包括:

(一)上年度专项资金安排使用情况,主要包括上年度专项资金使用情况、年度绩效目标完成情况、市县级财政投入情况、主要管理措施、问题分析及对策。

(二)当年工作计划,主要包括当年工作目标和绩效目标、重点任务和资金安排计划,绩效目标要明确、具体、可考核。

(三)上年度市县级财政安排用于中小学幼儿园教师方面的专项资金统计表及相应预算文件。

第十三条　专项资金申报材料是资金分配的重要依据。逾期不提交申报材料的市,在分配当年资金时,相应扣减其所辖各县区相关分配因素得分。

第五章　资金监督检查和问责

第十四条　培训任务承担单位收到专项资金后,要按照预算和国库管理等有关规定,建立健全内部管理机制,加快预算执行进度。年度未支出的专项资金,按照财政部对结转结余资金管理的有关规定进行管理。

项目完成后,培训任务承担单位据实编报项目决算,经本单位财务部门审核后报送市县教育、财政部门。

第十五条　各级财政、教育部门要按照《安徽省财政厅转发财政部关于印发〈中央对地方专项转移支付绩效目标管理暂行办法〉的通知》(财债〔2015〕2001号)要求,做好绩效目标管理相关工作。

第十六条　省财政厅、省教育厅根据各地专项资金使用管理情况,适时开展监督检查和绩效管理。监督检查和绩效评价结果作为分配专项资金的重要参考。

第十七条　市县财政、教育部门要加强专项资金使用的管理,对培训任务承担单位预算执行、资金使用和财务管理等情况进行监督检查和绩效管理,建立健全全过程预算绩效管理机制,不断提高资金使用效益。监督检查、绩效评价结果将作为培训单位和项目区县遴选的重要依据。

第十八条　专项资金要建立"谁使用、谁负责"的责任机制。严禁将专项资金用于平衡预算、偿还债务、支付利息、对外投资等支出,不得从专项资金中提取工作经费或管理经费。对于挤占、挪用、虚列、套取专项资金等行为,按照《预算法》《财政违法行为处罚处分条例》等国家有关法律规定严肃处理。

第十九条　各级财政、教育部门及其工作人员在专项资金分配方案的制定和复核过程中,违反规定分配专项资金或者向不符合条件的单位(或项目)分配专项资金以及滥用职权、玩忽职守、徇私舞弊的,按照《预算法》《公务员法》《行政监察法》《财政违法行为处罚处分条例》等国家有关法律规定追究责任;涉嫌犯罪的,移送司法机关处理。

第六章　附　则

第二十条　本办法由省财政厅、省教育厅负责解释。各地财政、教育部门要根据本办法规定,结合本地实际,制定具体管理办法,报省财政厅、省教育厅备案。

第二十一条　本办法自印发之日起施行。省财政厅、省教育厅印发的《安徽省中小学幼儿园教师国家级培训计划专项资金管理办法》(财教〔2016〕653号)同时废止。

安徽省财政厅 安徽省体育局关于印发《安徽省体育强省建设专项资金管理暂行办法》的通知

财教〔2017〕1077号

各市、县(区)财政局、体育局:

为推进体育强省建设,加大对市县创建体育强市、强县工作的支持,发挥省级专项转移支付资金的引导和撬动作用,提高全省体育彩票公益金使用效益,根据《中华人民共和国预算法》《彩票管理条例》《彩票公益金管理办法》《安徽省省级财政专项资金管理办法》等法律法规及相关规定,结合我省体育发展实际,省财政厅、省体育局制定了《安徽省体育强省建设专项资金管理暂行办法》,现予印发,请遵照执行。

安徽省体育强省建设专项资金管理暂行办法

第一章　总则

第一条　为推进体育强省建设,加大对市县创建体育强市、强县工作的支持,发挥省级专项转移支付资金的引导和撬动作用,提高全省体育彩票公益金使用效益,自2018年起,将省级体育彩票公益金补助市县项目:体育后备人才培养及青少年活动经费、全民健身工程经费、体育产业发展扶持专项经费整合为"安徽省体育强省建设专项资金"(以下简称"专项资金")。为规范专项资金的使用和管理,特制定本办法。

第二条　本办法依据《中华人民共和国预算法》《彩票管理条例》《彩票公益金管理办法》《安徽省省级财政专项资金管理办法》等法律法规和制度制定。

第三条　本办法所称专项资金,是指省财政从省本级留用的体育彩票公益金预算中安排,用于支持市、县(区)发展体育事业,建设体育强省、强市、强县的资金。

第四条　专项资金由各级财政部门和体育部门共同管理。省财政厅负责会同省体育局将专项资金分配下达到市县,对资金使用情况进行监督和绩效评价;省体育局负责指导和推动体育强省、强市、强县的实施工作,会同省财政厅做好资金使用情况监督和绩效评价工作。市县体育部门是体育强省专项资金的实施主体,具体负责项目实施和管理工作。

第五条　专项资金使用管理遵循“总量控制、突出重点;省级统筹、市县实施;目标管理、奖补结合;注重绩效,引导示范;公平公正、规范透明”的原则。

第二章　资金使用范围

第六条　专项资金主要用于支持群众体育活动,促进青少年体育发展,推动体育消费和产业发展,加强体育场地设施建设等方面。

第七条　专项资金支出主要包括以下内容:

(一)建设公共体育场地、设施和配置设备、器材;

(二)发展扶持群众体育组织和队伍;

(三)开展全民健身及群众体育活动;

(四)青少年体育后备人才培养和组织开展青少年各项竞赛活动;

(五)支持体育场(馆)免费、低收费对社会开放;

(六)开展全民健身服务;

(七)资助举办或承办各类型体育赛事;

(八)支持体育消费促进体育产业发展。

第八条　专项资金支出必须严格按支出范围及开支标准列支。不得用于以下方面的支出:

(一)各级体育行政部门行政支出;

(二)公务接待;

(三)公务用车购置及运行;

(四)对外投资和其他经营性活动。

第三章　资金分配与拨付

第九条　专项资金采取因素分配法,因素指标依据《安徽省体育强省、强市、强县(市、区)指标体系(2016—2025年)》确定,主要由以下部分构成:

(一)群众体育发展因素;

(二)青少年体育发展因素;

(三)体育产业发展因素;

(四)体育场地设施因素;

(五)地方财力状况和协调发展因素。

第十条　省体育局根据体育强省建设工作需要和年度目标任务,会同省财政厅确定专项资金分配因素权重,制订年度体育工作考核指标及评分标准,对各市县上一年度体育创建工作成效进行考核评价,依据考核结果,进行资金分配。

第十一条　有下列情况之一不予安排专项资金:

(一)体育强省创建年度考核结果折算因素分值低于60分(含)的;

(二)未按要求完成省体育局下达年度主要工作任务的;

(三)上年度专项资金使用管理中有违规、违法情况的。

第十二条　省财政厅和省体育局于每年全省人民代表大会批准预算后的六十日内正式下达体育强省专项资金,并就专项资金使用管理提出明确要求。

第十三条　市县财政和体育部门应当在收到上级专项资金预算文件后的三十日内,按照年度体育强市、强县任务,将资金科学合理分配到具体实施单位,资金分配方法可根据实际工作情况采取项目法或因素法。

第四章　绩效评价和监督管理

第十四条　专项资金要严格执行国库集中支付制度,确保专款专用。

第十五条　专项资金支出涉及政府采购的,按照政府采购有关规定执行;基本建设项目按照基本建设程序和规定使用;建设和购置的设施、设备等应当办理国有资产产权登记手续,并按国有资产产权登记有关规定进行管理。涉及服务类项目按政府购买服务的有关规定执行。

第十六条　专项资金下达后,因不可抗力等客观原因导致项目无法实施时,按照“谁审批谁负责”的原则,履行项目变更和预算调剂审批手续。

第十七条　专项资金原则上应在当年使用完毕。若有结余及结转一年以上资金,尚未分配到部门和地方的,由下级财政交回上级财政统筹使用,已分配到部门的,由同级财政清理收回。

第十八条　省财政厅和省体育局根据各市县体育强市、强县进展情况,适时组织开展绩效评价或再评价。各市县制定的专项资金实施目标和计划将作为省财政厅和省体育局对各市县进行绩效评价的主要依据,绩效评价结果作为省财政厅和省体育局分配各市县资金的依据。

第十九条　市县财政、体育部门应当加强对专项资金的监督检查和绩效管理,建立健全全过程预算绩效管理机制,不断提高资金使用效益。主动接受人大监督、审计监督、财政监督、监察监督、社会监督,确保专项资金使用管理的公开、透明。

第二十条　市县体育部门应按照财政预决算公开要求做好信息公开工作,通过当地媒体、部门网站等方式,向社会公示体育强市、强县建设情况、年度资金安排和使用等情况。

第二十一条　专项资金要建立"谁使用、谁负责"的责任机制。严禁将资金用于平衡预算、偿还债务、对外投资、人员经费等支出,不得从补助资金中提取工作经费或管理经费。对于挤占、挪用、虚列、套取补助资金等行为,按照《预算法》《财政违法行为处罚处分条例》等国家有关法律规定严肃处理。

第二十二条　各级财政、体育部门及其工作人员在体育强省专项资金分配方案的制定和复核过程中,违反规定分配资金或者向不符合条件的单位(或项目)分配补助资金以及滥用职权、玩忽职守、徇私舞弊的,按照《预算法》《公务员法》《行政监察法》《财政违法行为处罚处分条例》等国家有关法律规定追究责任;涉嫌犯罪的,移送司法机关处理。

第五章　附则

第二十三条　本办法由省财政厅、省体育局负责解释。各市县财政、体育部门应当依据本办法,结合各地实际,制定体育强省建设专项资金具体使用管理办法。

第二十四条　本办法自2018年1月1日起施行。省财政厅、省体育局印发的《安徽省省级体育产业专项资金管理办法》(财教〔2016〕839号)同时废止。

安徽省财政厅 中共安徽省委宣传部关于印发《安徽省重点智库专项经费管理办法(试行)》的通知

财教〔2017〕1081号

各市、县(区)财政局、宣传部,省直有关单位、各重点智库:

为规范和加强我省重点智库专项经费(以下简称"专项经费")管理,提高资金使用效益,依据《国家高端智库专项经费管理办法(试行)》(财教〔2015〕470号)、《中共安徽省委办公厅 安徽省人民政府办公厅印发〈关于改革完善省级财政科研项目资金管理等政策的实施意见〉的通知》(皖办发〔2016〕73号)、《安徽省人民政府办公厅关于进一步加强财政资金管理制度建设的指导意见》(皖政办〔2016〕29号)和国家有关财政资金管理规定,省财政厅、省委宣传部研究制定了《安徽省重点智库专项经费管理办法(试行)》,现予印发,请遵照执行。

安徽省重点智库专项经费管理办法(试行)

第一章　总　则

第一条　为规范和加强我省重点智库专项经费(以下简称"专项经费")管理,提高资金使用效益,根据《国家高端智库专项经费管理办法(试行)》(财教〔2015〕470号)、《中共安徽省委办公厅 安徽省人民政府办公厅印发〈关于改革完善省级财政科研项目资金管理等政策的实施意见〉的通知》(皖办发〔2016〕73号)等国家及省内有关规定,制定本办法。

第二条　专项经费是指用于支持省重点智库和重点培育智库(以下统称"重点智库")决策咨询研究工作的专项经费。

第三条　专项经费来源于省级财政预算拨款,省财政厅根据省级智库建设规划和计划任务,将专项经费列入省级财政预算。专项经费实行绩效后补助。

重点智库主管主办单位应当从原资金渠道合理安排重点智库人员经费和日常公用经费,加大对决策咨询研究工作的支持力度。

重点智库主管主办单位是指申报重点智库时填报的智库依托单位。

第四条　重点智库从省财政以外渠道获得的资金,包括接受社会捐赠、企业赞助以及其他方面的合法收入等,按照有关法律法规和财务会计制度规定以及相关资金提供方的具体要求管理和使用,不在本办法规定范围之内。

第五条　专项经费管理和使用的原则:

(一)稳定支持,保持长效。加大对重点智库稳定支持力度,为开展决策咨询研究工作提供必要保障,推动建立有利于重点智库持续发展、不断创新的长效机制。

(二)遵循规律,引导带动。专项经费的管理和使用,应当体现智库发展规律和运行特点,提高资源配置效益,有利于推出优秀成果、吸引优秀人才。注重发挥专项经费的引导带动作用,促进形成多元化投入机制。

(三)绩效导向,动态调整。坚持激励与约束相统一,对重点智库定期进行绩效考核和动态调整,建立以绩效为导向的经费管理制度,提高资金使用效益。

(四)单独核算,专款专用。专项经费应当纳入重点智库主办单位财务统一管理,单独核算,专款专用,加强监督管理。

第六条　省委宣传部负责专项经费的使用管理和监督检查。重点智库及其主管主办单位负责专项经费的日常管理,对资金使用的合规性、合理性、真实性和相关性承担法律责任。

第二章　经费开支范围

第七条　专项经费主要用于补助重点智库开展决策咨询研究及奖励等发生的支出。

(一)项目研究经费包括:

1. 资料费:指在开展研究过程中需要支付的图书(包括外文图书)购置费,资料收集、整理、复印、翻拍、翻译费,专用软件购买费,文献检索费等。

2. 数据采集费:指在开展研究过程中发生的调查、访谈、数据购买、数据分析及相应技术服务购买等支出的费用。

3. 会议费/差旅费/国际合作与交流费:指在研究过程中开展学术研讨、咨询交流、考察调研等活动而发生的会议、交通、食宿等费用,以及研究人员出国及赴港澳台、外国专家来华及港澳台专家来内地开展学术合作与交流的费用。

4. 设备费:指在开展研究过程中购置设备和设备耗材、升级维护现有设备以及租赁外单位设备而发生的费用。

应当严格控制设备购置,鼓励共享、租赁以及对现有设备进行升级。

5. 专家咨询费:指在开展研究过程中支付给临时聘请的咨询专家的费用。专家咨询费预算由项目负责人按照项目研究实际需要编制,支出标准按照国家和省里有关规定执行。

6. 劳务费:指在开展研究过程中支付给直接参与项目研究的研究生、博士后、访问学者以及项目聘用的研究人员、科研辅助人员等的劳务费用。项目责任单位在编在岗人员不能发放劳务费。

聘用人员的劳务费开支标准,参照当地科学研究和技术服务业从业人员平均工资水平以及在项目研究中承担的工作任务确定,其社会保险补助纳入劳务费科目列支。劳务费预算应根据项目研究实际需要编制。

7. 印刷出版费:指在开展研究过程中支付的打印费、印刷费及阶段性成果出版费等。

8. 其他支出:开展研究过程中发生的除上述费用之外的其他支出,应当单独列示,单独核定。

(二)奖励经费:是指重点智库根据一线研究人员实际贡献安排的奖励性费用。开支奖励经费必须符合以下条件之一:

1. 研究成果被省委省政府决策采用的;

2. 研究成果得到省领导重视和肯定的;

3. 研究成果被市厅级以上单位重要决策采用的;

4. 在中央主要报刊上发表研究成果,产生较大影响的;

5. 经省委宣传部认定的在其他方面作出突出贡献的。

奖励经费不得超过专项经费总额的30%。安排奖励经费要合理合规、公开公平、拉开档次,符合国家收入分配制度要求,由各重点智库决策机构及其主管主办单位共同提出意见,报省委宣传部核定。不得在奖励经费以外再以任何名义在专项经费中重复提取、列支相关费用。

第八条　专项经费不得开支间接费用,不得用于租赁办公场所和基础设施建设,不得用于行政事业单位的人员经费和日常公用经费,不得用于开支罚款、捐赠、赞助、投资等,不得用于与重点智库开展决策咨询研究工作无关的支出,严禁以任何方式牟取私利。

第三章　预算管理

第九条　省委宣传部每年按照省财政厅部门预算编制有关要求,根据重点智库发展规划和纳入重点智库建设范围的机构数量,以绩效考核结果为基础,综合考虑重点智库开展决策咨询研究工作的实际需要,提前编制下一年度预算。

第十条 重点智库因组织跨地区、跨单位合作研究项目,向外单位转拨经费的,应当在专项经费年度收支报告和经费决算表中单独列示。外拨经费应当纳入转拨单位财务统一管理,不得提取管理费或者间接费用。

第十一条 省委宣传部建立对重点智库的年度绩效考核制度,将绩效考核结果作为年度专项经费安排的重要依据,并建立动态调整机制。

绩效考核主要围绕组织领导、课题研究、组织和参加研讨活动、研究成果、社会影响、人才队伍等方面进行。

第十二条 各重点智库在年度绩效考核的基础上,根据承担研究任务的实际需要、提供决策咨询服务的数量和质量,统筹分配专项经费。各重点智库应当在每年初将年度工作计划和专项经费分配方案报省委宣传部备案。

第十三条 各重点智库应当严格执行国家有关科研资金支出管理制度。对应当实行"公务卡"结算的支出,按照公务卡结算的有关规定执行。专家咨询费、劳务费等支出,原则上应当通过银行转账方式结算,从严控制现金支出事项。

对于野外考察、数据采集等科研活动中无法取得发票或财政性票据的合理支出,在确保真实性的前提下,责任单位可按实际发生额予以报销。

第十四条 各重点智库应编制专项经费年度决算,并附上财务部门提供的经费开支明细账。专项经费年度决算经重点智库主管主办单位审核后,报省委宣传部备案,并纳入部门决算反映。

第十五条 重点智库专项经费年度剩余资金按规定结转下一年度继续使用,经费拨付下达2年后仍有剩余的,应当按规定收回省财政厅。因考核评估不合格或被终止重点智库资格的,剩余资金全部退回省财政厅。

第十六条 省财政厅拨付下达资金按照国库集中支付制度和专项转移支付有关规定执行。专项经费涉及政府采购的,应当按照政府采购有关制度规定执行。使用专项经费形成的固定资产、无形资产等,按省财政有关规定执行。

第四章 监督检查

第十七条 各重点智库应当制定专项经费内部管理办法,明确审批程序、管理要求和报销规定,规范财务支出行为,完善内部风险控制机制,强化资金使用绩效评价,保障资金使用安全规范有效。

重点智库主管主办单位应当建立健全科研财务助理制度,建立健全单位内部科研、财务等共享的信息平台,为科研人员在经费支出、资金决算和验收等方面提供专业化服务,提高管理效率和便利化程度。

第十八条 省审计厅依照有关法律法规及相关规定,对专项经费的预算分配、拨付、使用和管理情况进行审计监督。重点智库主管主办单位应当积极配合,如实反映情况,提供有关资料。

第十九条 省委宣传部应当建立专项经费绩效管理和督查制度,组织或委托开展专项经费管理使用效益绩效评价和监督检查,评价和检查结果作为对项目责任单位和项目负责人绩效考评以及今后资助的重要依据。

第二十条 建立专项经费使用和管理的承诺机制,各重点智库及其主管主办单位应当承诺依法依规履行专项经费管理的职责,各重点智库应当承诺提供真实的项目信息并认真遵守专项经费管理的有关规定。

第二十一条 建立信息公开机制,省委宣传部及时公开非涉密项目安排情况,接受社会监督。各重点智库应当在单位内部公开经费使用及结余资金使用情况,自觉接受社会监督。

第二十二条 对违反财经纪律,弄虚作假、截留、挪用、挤占专项资金的行为,按照《财政违法行为处罚处分条例》等法律法规处理。涉嫌犯罪的,移送司法机关处理。

第五章 附则

第二十三条 本办法由省财政厅和省委宣传部负责解释。

第二十四条 本办法自印发之日起施行。

安徽省财政厅 中共安徽省委宣传部关于印发《安徽省哲学社会科学规划项目资金管理办法》的通知

财教〔2017〕1082号

各市、县(区)财政局、宣传部,省直有关单位:

为规范我省哲学社会科学规划项目资金管理,提高资金使用效益,更好推动我省哲学社会科学繁荣发展,根据《国家社会科学基金项目资金管理办法》(财教〔2016〕304号)、《中共安徽省委办公厅 安徽省人民政府办公厅印发〈关于改革完善省级财政科研项目资金管理等政策的实施意见〉的通知》(皖办发〔2016〕73号)、《安徽省人民政府办公厅关于进一步加强财政资金管理制度建设的指导意见》(皖政办〔2016〕29号)和国家有关财政资金管理规定,省财政厅、省委宣传部研究制定了《安徽省哲学社会科学规划项目资金管理办法》,现予印发,请遵照执行。

安徽省哲学社会科学规划项目资金管理办法

第一章 总则

第一条 为规范我省哲学社会科学规划项目(以下简称"项目")资金管理,提高资金使用效益,更好推动我省哲学社会科学繁荣发展,根据《国家社会科学基金项目资金管理办法》(财教〔2016〕304号)和《中共安徽省委办公厅 安徽省人民政府办公厅印发〈关于改革完善省级财政科研项目资金管理等政策的实施意见〉的通知》(皖办发〔2016〕73号),结合安徽省哲学社会科学规划项目管理有关规定,制定本办法。

第二条 项目资金是指用于资助我省哲学社会科学研究,促进哲学社会科学学科发展、人才培养和队伍建设的专项资金。

第三条 项目资金来源于省级财政预算拨款,省财政厅根据省级哲学社会科学规划和计划任务,将项目资金列入省级财政预算。

第四条 哲学社会科学规划项目实行公开竞争立项。项目分为重大项目、重点项目、一般项目、青年项目和后期资助项目等。项目资金采取定额补助,坚持以人为本、遵循规律、公正合理、依法规范、安全高效的原则。

第五条 省委宣传部省哲学社会科学规划办公室(以下简称"省社科规划办")是项目主管部门,负责对项目实施具体管理,包括预算申请、指南发布、立项确定、项目验收、项目绩效、监督检查等。

第六条 项目责任单位是项目资金管理的责任主体,负责项目资金的日常管理和监督。

第七条 项目负责人是项目资金使用的直接责任人,对资金使用的合规性、合理性、真实性和相关性承担法律责任。

第二章 项目资金开支范围

第八条 项目资金支出是指在项目组织实施过程中与研究活动相关的、由项目资金支付的各项费用支出。项目资金分为直接费用和间接费用。

第九条 直接费用是指项目研究过程中发生的直接相关费用。具体包括:

(一)资料费:指在项目研究过程中需要支付的图书(包括外文图书)购置费,资料收集、整理、复印、翻拍、翻译费,专用软件购买费,文献检索费等。

(二)数据采集费:指在项目研究过程中发生的调查、访谈、数据购买、数据分析及相应技术服务购买等支出的费用。

(三)会议费/差旅费/国际合作与交流费:指在项目研究过程中开展学术研讨、咨询交流、考察调研等活动而发生的会议、交通、食宿等费用,以及项目研究人员出国及赴港澳台、外国专家来华及港澳台专家来内地开展学术合作与交流的费用。其中,不超过直接费用20%的,不需要提供预算测算依据。

(四)设备费:指在项目研究过程中购置设备和设备耗材、升级维护现有设备以及租赁外单位设备而发生的费用。

应当严格控制设备购置,鼓励共享、租赁以及对现有设备进行升级。

(五)专家咨询费:指在项目研究过程中支付给临时聘请的咨询专家的费用。专家咨询费预算由项目负责人按照项目研究实际需要编制,支出标准按照国家和省里有关规定执行。

(六)劳务费:指在项目研究过程中支付给直接参与项目研究的研究生、博士后、访问学者以及项目聘用的研究人员、科研辅助人员等的劳务费用。项目责任单位在编在岗人员不得发放劳务费。

项目聘用人员的劳务费开支标准,参照当地科学研究和技术服务业从业人员平均工资水平以及在项目研究中承担的工作任务确定,其社会保险补助纳入劳务费科目列支。劳务费预算应根据项目研究实际需要编制。

(七)印刷出版费:指在项目研究过程中支付的打印费、印刷费及阶段性成果出版费等。

(八)其他支出:项目研究过程中发生的除上述费用之外的其他支出,应当在编制预算时单独列示,单独核定。

直接费用应当纳入项目责任单位财务统一管

理，单独核算，专款专用。

第十条　间接费用是指项目责任单位在组织实施项目过程中发生的无法在直接费用中列支的相关费用，主要用于补偿项目责任单位为项目研究提供的现有仪器设备及房屋、水、电、气、暖消耗等间接成本，有关管理费用，以及激励科研人员的绩效支出等。间接费用一般按照项目资助总额的30%核定。

第十一条　间接费用由项目责任单位统筹管理使用。项目责任单位应当处理好合理分摊间接成本和对科研人员激励的关系，根据科研人员在项目工作中的实际贡献，结合项目研究进度和完成质量，在核定的间接费用范围内，公开公正安排绩效支出，充分发挥绩效支出的激励作用。

项目责任单位不得在核定的间接费用以外再以任何名义在项目资金中重复提取、列支相关费用。

第三章　预算的编制与审核

第十二条　省社科规划办按照省财政厅关于部门预算编制要求，在每年编制部门预算时，提前细化下年度项目资金预算。

第十三条　项目负责人应当按照目标相关性、政策相符性和经济合理性，根据项目研究需要和资金开支范围，科学合理、实事求是地编制项目预算，并对直接费用支出的主要用途等作出说明。

项目负责人应当在收到立项通知之日起30日内完成预算编制。无特殊情况，逾期不提交的，视为自动放弃资助，不予立项。

第十四条　项目预算经项目责任单位管理部门审核并签署意见后，提交省社科规划办审核。未通过审核的，应当按要求调整后重新上报。

第十五条　跨单位合作的项目，确需外拨资金的，应当在项目预算中单独列示，并附外拨资金直接费用支出预算。间接费用外拨金额，由项目责任单位和合作研究单位协商确定。项目责任单位应当及时按照合作研究协议和审核通过的项目预算转拨合作研究单位资金。

第四章　预算执行与决算

第十六条　项目负责人应当严格执行批准后的项目预算。

第十七条　项目预算有以下情况需要调剂的，由项目负责人提出申请，经项目责任单位审核同意后，报省社科规划办审批。

（一）由于研究内容或者研究计划作出重大调整等原因，需要增加或减少项目预算总额；

（二）原项目预算未列示外拨资金，需要增列。

第十八条　项目直接费用预算确需调剂的，按以下规定予以调整：

（一）资料费、数据采集费、设备费、印刷出版费和其他支出预算需要调剂，由项目负责人提出申请，报项目责任单位审批。

（二）会议费/差旅费/国际合作与交流费、专家咨询费、劳务费预算一般不予调增，需要调减用于项目其他方面支出，由项目负责人提出申请，报项目责任单位审批；如有特殊情况确需调增的，由项目负责人提出申请，经项目责任单位审核同意后，报省社科规划办审批。

项目间接费用预算不得调剂。

项目责任单位应当按规定及时审批项目预算调剂事项申请。

第十九条　项目资金按照预算管理程序下达，实行分年拨付。项目资金实行预留资金制度，预留部分资金在项目成果通过审核验收后支付。未通过审核验收的项目，预留资金不予支付。

鼓励项目负责人所在单位给予配套资金支持。

第二十条　项目责任单位应当严格执行国家有关科研资金支出管理制度。对应当实行“公务卡”结算的支出，按照公务卡结算的有关规定执行。专家咨询费、劳务费等支出，原则上应当通过银行转账方式结算，从严控制现金支出事项。

对于野外考察、数据采集等科研活动中无法取得发票或财政性票据的支出，在确保真实性的前提下，项目责任单位可按实际发生额予以报销。

第二十一条　项目研究完成后，项目负责人应当会同科研、财务、审计、资产等管理部门及时清理账目与资产，如实编制《安徽省哲学社会科学规划项目结项审批书》中的项目资金决算表，不得随意调账变动支出、随意修改记账凭证。

有外拨资金的项目，外拨资金决算经合作研究单位财务、审计部门审核并签署意见后，由项目负责人汇总编制项目资金决算。

第二十二条　项目研究成果首次鉴定的费用由省社科规划办另行支付。首次鉴定未通过并组织第二次鉴定的，鉴定费从项目预留资金中扣除。

第二十三条　项目在研期间，年度剩余资金可以结转下一年度继续使用。项目研究成果完成并通过审核验收后,结余资金可用于项目最终成果出版及后续研究的直接支出。若项目研究成果通过审核验收2年后(自验收结论下达后次年的1月1日起计算)结余资金仍有剩余的,应当按规定收回。

项目成果未通过审核验收的项目、因故被终止执行项目的结余资金,以及因故被撤销项目的已拨资金,项目责任单位应当在接到有关通知后30日内按规定退回。

第二十四条 省财政厅拨付下达资金按照国库集中支付制度和专项转移支付有关规定执行。项目实施过程中,使用项目资金形成的固定资产、无形资产等国有资产,应当按照国有资产管理的有关规定执行。项目资金属于政府采购范围的,应当按照政府采购有关规定执行。

第五章 管理与监督

第二十五条 项目责任单位应当制定省社科规划项目资金内部管理办法,明确审批程序、管理要求和报销规定,落实项目预算调剂、间接经费统筹使用、劳务费分配管理、结余资金使用等管理权限;加强项目预算审核把关,规范财务支出行为,完善内部风险控制机制,强化资金使用绩效评价,保障资金使用安全规范有效。

项目责任单位应当建立健全科研财务助理制度,为科研人员在项目预算编制和调剂、经费支出、项目资金决算和验收等方面提供专业化服务。项目责任单位应当充分利用信息化手段,建立健全单位内部科研、财务、项目负责人共享的信息平台,提高科研管理效率和便利化程度。

第二十六条 项目负责人应当依法依规使用项目资金,不得擅自调整外拨资金,不得利用虚假票据套取资金,不得通过编造虚假劳务合同、虚构人员名单等方式虚报冒领劳务费和专家咨询费,不得使用项目资金支付各种罚款、捐款、赞助、投资等。

第二十七条 审计机关依照有关法律法规及相关规定,对专项经费的预算分配、拨付、使用和管理情况进行审计监督。项目主管部门及项目责任单位应当积极配合,如实反映情况,提供有关资料。

第二十八条 省社科规划办应当建立项目资金绩效管理和督查制度,组织或委托开展项目资金管理使用效益绩效评价和监督检查,评价和检查结果作为对项目责任单位和项目负责人绩效考评以及今后资助的重要依据。

第二十九条 建立项目资金使用和管理的承诺机制,项目责任单位应当承诺依法依规履行项目资金管理的职责,项目负责人应当承诺提供真实的项目信息并认真遵守项目资金管理的有关规定。

第三十条 建立项目资金使用和管理的信息公开机制,省社科规划办及时公开非涉密项目安排情况,接收社会监督。项目责任单位和项目负责人应当在单位内部公开项目预算、预算调剂、决算、项目组人员构成、设备购置、外拨资金、劳务费发放以及间接费用和结余资金使用等情况,自觉接收监督。

第三十一条 对违反财经纪律,弄虚作假、截留、挪用、挤占专项资金的行为,按照《财政违法行为处罚处分条例》等法律法规处理。涉嫌犯罪的,移送司法机关处理。

第六章 附 则

第三十二条 本办法由省财政厅、省委宣传部负责解释。

第三十三条 本办法自印发之日起施行。

安徽省财政厅关于印发《安徽省资源枯竭城市转移支付办法》的通知

财预〔2017〕1126号

有关市、县(区)财政局:

为进一步完善资源枯竭城市转移支付制度,根据财政部《中央对地方资源枯竭城市转移支付办法》(财预〔2017〕103号),我们研究制定了《安徽省资源枯竭城市转移支付办法》,现予印发,请认真贯彻执行。

安徽省资源枯竭城市转移支付办法

第一条 为支持资源枯竭城市和独立工矿区、采煤沉陷区解决社会矛盾,促进转型发展,规范资源枯竭城市转移支付资金管理,根据财政部《中央对地方资源枯竭城市转移支付办法》(财预〔2017〕103号)等有关规定,结合我省实际,制定本办法。

第二条 资源枯竭城市转移支付为一般性转移支付资金。

第三条 补助范围。资源枯竭城市转移支付的补助对象为经国务院批准的资源枯竭城市，以及转型压力较大的独立工矿区、采煤沉陷区所在地。

第四条 补助期限。经国务院批准的资源枯竭城市，第一轮补助期限为4年，第一轮期满后，根据国务院有关部门的评价结果，转型未成功的延续补助5年；补助政策到期后，以退坡前一年度补助额度为基础，分4年按每年退坡20%的比例给予补助（含省级补助资金）。

纳入独立工矿区和采煤沉陷区补助范围的地区，以往试点地区3年补助期满后相应取消。

第五条 分配原则。资源枯竭城市转移支付资金分配遵循以下原则：

（一）客观公正。选取影响资源枯竭城市财政运行的客观因素，采用统一规范的方式分配。

（二）公开透明。转移支付测算过程和分配结果公开透明。

（三）分类补助。体现资源枯竭市（县、区）的类别差异。

（四）激励约束。建立考评机制，根据考核情况予以相应的奖惩。

第六条 分配办法。省对下资源枯竭城市转移支付分资源枯竭城市、独立工矿区和采煤沉陷区三类，按以下方法分配：

（一）资源枯竭城市转移支付根据各市市辖区非农人口，按以下公式测算：

某市转移支付资金 =（该市市辖区非农业人口/全省资源枯竭城市非农业人口）× 全省补助总额。

奖惩资金根据中央有关部门考核结果分配。

（二）独立工矿区转移支付根据财政部分配结果下达。

（三）采煤沉陷区转移支付根据有关县沉陷区面积、人口等因素，按以下公式测算：

某县转移支付资金 =（该县采煤沉陷区面积占比 × 权重 + 该县采煤沉陷区人口占比 × 权重）× 全省补助总额。

第七条 资金使用。资源枯竭城市应当将转移支付资金主要用于解决本地因资源开发产生社保欠账、环境保护、公共基础设施建设和棚户区改造等历史遗留问题。

独立工矿区、采煤沉陷区所在县（市、区）应当将转移支付资金重点用于棚户区搬迁改造、塌陷区治理、化解民生政策欠账等方面。

第八条 资金监管。享受资源枯竭城市转移支付的市和独立工矿区要进一步规范资金审批程序，规范资金运行程序，加强项目跟踪，强化监督检查，参照财政部《资源枯竭城市绩效评价暂行办法》（财预〔2011〕441号）等有关规定，加强资金使用绩效评价，提高转移支付使用效益。

具体享受转移支付的基层政府财政部门要会同相关部门制定资金使用方向及绩效目标方案，切实将资金用于本办法规定的领域和方向。

第九条 对资源枯竭城市转移支付资金管理使用中的违法行为，依照《财政违法行为处罚处分条例》（国务院令第427号）等有关规定追究法律责任。

第十条 本办法由省财政厅负责解释。

第十一条 本办法自印发之日起实行。《安徽省资源枯竭城市转移支付办法》（财预〔2016〕1223号）相应废止。

安徽省财政厅关于印发《安徽省重点生态功能区转移支付办法》的通知

财预〔2017〕1188号

各市、县（区）财政局：

为推进我省生态文明建设和基本公共服务均等化，规范转移支付资金分配、使用和管理，根据财政部《中央对地方重点生态功能区转移支付办法》（财预〔2017〕126号），结合我省实际，我厅制定了《安徽省重点生态功能区转移支付办法》，现予印发。

安徽省重点生态功能区转移支付办法

第一条 为维护国家生态安全，促进生态文明建设，引导地方政府加强生态环境保护，提高国家重点生态功能区等生态功能重要地区所在地政府基本公共服务保障能力，中央财政设立重点生态功能区转移支付。为规范转移支付资金分配、使用和管理，根据财政部《中央对地方重点生态功能区转移支付办法》（财预〔2017〕126号），结合我省实际，制定本办法。

第二条 转移支付支持范围包括：

1.《全国主体功能区规划》中限制开发的国家重

点生态功能区和国家级禁止开发区域。

2. 环境保护部制定的《全国生态功能区划》中淮河中游湿地洪水调蓄重要区、皖江湿地洪水调蓄重要区。

3.《安徽省主体功能区规划》确定的省级重点生态功能区。

4. 农村建档立卡贫困人口生态护林员选聘实施范围内的地区。

第三条　转移支付资金按以下原则进行分配：

1. 公平公正，公开透明。选取客观因素进行公式化分配，转移支付测算办法和分配结果公开透明。

2. 重点突出，分类处理。逐步加大对国家重点生态功能区的转移支付力度，综合考虑生态类型、财力水平、贫困状况等因素，对转移支付对象实施分类补助，体现差异、突出重点。

3. 注重激励，强化约束。建立健全生态环境保护综合评价和奖惩机制，根据考核结果实施适当奖惩。

第四条　转移支付资金选取影响财政收支的客观因素，分县(区)进行测算。

1. 国家重点生态功能区转移支付

某县(区)国家重点生态功能区转移支付资金=国家重点生态功能区转移支付分配总额×综合评分比重×人均财力调整系数×脱贫攻坚补助系数

其中综合评分是指，按功效系数法对林地面积、总人口两项指标进行标准化处理，再分别以60%和40%的权重计算各县(区)综合分值。

人均财力调整系数按人均可用财力，用功效系数法计算确定。

脱贫攻坚补助系数，对32个扶贫工作重点县(区)中，在国家重点生态功能区转移支付范围内的，按贫困人口数，用功效系数法计算确定。

对国家重点生态功能区所在的市本级，根据当年中央转移支付总额情况，给予适当补助。

2. 省级重点生态功能区转移支付

计算方法同国家重点生态功能区，相应也对省级重点生态功能区所在的市本级给予适当补助。

3. 淮河中游湿地洪水调蓄重要区转移支付

某县(区)淮河中游湿地洪水调蓄重要区转移支付资金=淮河中游湿地洪水调蓄重要区转移支付分配总额×洪水调蓄面积标准化分值×人均财力调整系数

人均财力调整系数按人均可用财力，用功效系数法计算确定。

洪水调蓄标准化面积分值以阜南县为上限按功效系数法计算确定。

4. 皖江湿地洪水调蓄重要区转移支付

某县(区)皖江湿地洪水调蓄重要区转移支付资金=皖江湿地洪水调蓄重要区转移支付分配总额×综合评分比重×人均财力调整系数

其中综合评分是指，按功效系数法对长江岸线长度、洪水调蓄面积指标进行标准化处理，再乘以相应权重计算的各县(区)综合分值。

人均财力调整系数按人均可用财力，用功效系数法计算确定。

5. 国家级禁止开发区转移支付

某县(区)国家级禁止开发区转移支付资金=国家级禁止开发区转移支付资金总额÷纳入禁止开发区转移支付县(区)个数×70%+国家级禁止开发区转移支付资金总额×标准化面积比重×30%

同一地区包含不同的禁止开发区，县(区)个数不重复计算，面积累加。

禁止开发区标准化面积分值以森林面积中最大的县(区)为上限，按功效系数法确定。

6. 生态护林员补助

按照我省农村建档立卡贫困人口生态护林员选聘实施范围内的地区，选聘的生态护林员人数，乘以统一补助标准，确定补助金额。

7. 其他因素

对跨市流域建立横向生态保护补偿机制的流域上游地区有关市县给予一次性补助，推动建立长效机制。

属于国家重点生态功能区和省级重点生态功能区的县(区)，不再考虑其淮河中游湿地洪水调蓄重要区、皖江湿地洪水调蓄重要区和国家级禁止开发区的分配因素。

当年测算转移支付额少于上年的县(区)，省财政按上年数额下达。

第五条　省财政厅会同省环境保护厅等部门对限制开发的国家重点生态功能区所属县(区)进行年度生态环境质量监测、评价与考核，并根据考核结果采取相应的奖惩措施。

对生态环境明显改善的县(区)给予奖励。对非因不可控因素而导致生态环境明显变差和一般变差及发生重大环境污染事件的县(区),予以约谈并给予惩罚。其中,生态环境明显变差和一般变差的县(区)全额扣减转移支付,生态环境轻微变差的县(区)扣减其当年的转移支付增量。

采取激励约束措施后,各地实际享受的转移支付用公式表示为:

某地重点生态功能区转移支付实际补助额 = 该地重点生态功能区转移支付应补助额 ± 奖惩资金

第六条　享受转移支付的地区应切实增强生态环境保护意识,将转移支付资金用于保护生态环境和改善民生,加大生态扶贫投入,不得用于楼堂馆所及形象工程建设和竞争性领域,同时,积极配合上级环境保护部门开展生态环境质量监测、评价与考核工作,加强对资金的绩效管理。

第七条　本办法由安徽省财政厅负责解释。

第八条　本办法自印发之日起实行。《2016 年安徽省重点生态功能区转移支付办法》(财预〔2016〕1563 号)同时废止。

安徽省财政厅 安徽省林业厅关于印发《林业改革发展资金预算绩效管理暂行办法实施细则》的通知

财农〔2017〕1271 号

各市、县(区)财政局、林业局:

为规范和加强林业改革发展资金使用管理,建立健全激励和约束机制,提高财政资金使用效益,根据《财政部 国家林业局关于印发〈林业改革发展资金预算绩效管理暂行办法〉的通知》(财农〔2016〕197 号)等文件规定,结合我省实际,省财政厅、省林业厅制定了《林业改革发展资金预算绩效管理暂行办法实施细则》。现印发给你们,请认真贯彻执行。

林业改革发展资金预算绩效管理暂行办法实施细则

第一章　总　则

第一条　为规范和加强林业改革发展资金使用管理,建立健全激励和约束机制,提高财政资金使用效益,根据《财政部 国家林业局关于印发〈林业改革发展资金预算绩效管理暂行办法〉的通知》(财农〔2016〕197 号)、《安徽省财政厅 安徽省林业厅关于印发〈林业改革发展资金管理办法实施细则〉的通知》(财农〔2017〕502 号)等文件,结合我省实际,制定本实施细则。

第二条　本实施细则所称林业改革发展资金预算绩效管理,是指县级以上财政部门和林业主管部门对中央财政预算安排的林业改革发展资金设定绩效目标,对绩效目标运行情况进行跟踪监控管理,对支出的经济性、效率性、效益性、公平性、规范性进行客观、公正的评价,并以支出结果为导向的全过程预算管理模式。

第三条　预算绩效管理应当遵循的原则:

(一)科学规范原则。预算绩效管理应当符合真实、客观、公平、公正的要求,建立规范的工作流程,健全全过程预算绩效管理运行机制。

(二)结果导向原则。建立绩效目标申报、审核、批复机制,绩效监控和绩效评价指标体系的设计、评价标准的设定、评价方法的选用以及绩效评价的实施,都以绩效目标的实现程度为准则。

(三)推动整合原则。将统筹整合林业改革发展资金的有关情况作为设定绩效目标、绩效评价指标及评价标准的参考因素,推动林业改革发展资金统筹使用,增强各地自主性和灵活度。

(四)分级管理原则。省级负责设定全省区域绩效目标,组织实施全省绩效监控、自评和结果运用。市、县(区)负责设定本级绩效目标,根据本实施细则开展绩效管理工作。

第四条　财政部门负责绩效管理总体工作,林业主管部门负责绩效管理具体工作。各级财政部门、林业主管部门按照各自职责,做好林业改革发展资金预算绩效管理工作。

(一)省财政厅和省林业厅的主要工作职责:根据中央有关规定,制定预算绩效管理实施细则;设定全省区域绩效目标,按规定向财政部和国家林业局报送全省区域绩效目标;开展绩效目标执行监控;组织实施全省绩效自评工作,按规定向财政部和国家林业局报送绩效自评报告;对绩效评价中发现的问题及时督促整改;指导和监督下级预算绩效管理工作。

(二)省辖市财政部门和林业主管部门的主要工作职责:负责本级林业改革发展资金绩效目标设定、执行监控、绩效自评等管理工作;对本级绩效评价中发现的问题及时落实整改;指导所辖县(区)绩效管理工作;按时向省财政厅和省林业厅报送本级和所辖县(区)绩效目标、自评报告等材料。

(三)县(区)财政部门和林业主管部门的主要工作职责:负责本区域林业改革发展资金绩效目标设定、执行监控、绩效自评等管理工作;对绩效评价中发现的问题及时落实整改;按时向所在市财政部门和林业主管部门报送本区域绩效目标和自评报告等材料。

第二章 绩效目标与监控

第五条 绩效目标应当清晰反映在一定期限内林业改革发展资金的预期产出和效果,与任务数相对应,与资金量相匹配,从数量、质量、时效、成本以及经济效益、社会效益、生态效益、可持续影响、满意度等方面进行细化。

第六条 绩效目标设定、审核、下达的依据:

(一)《中华人民共和国森林法》等国家相关法律、法规和规章制度,国民经济和社会发展规划,林业发展规划等。

(二)财政部门制定的预算管理制度、林业改革发展资金使用管理办法等。

(三)财政部门中期财政规划、年度预算管理要求和年度预算。

(四)统计部门或林业主管部门公布的有关林业统计数据和财政部门反映资金管理的有关数据等。

第七条 绩效目标审核结果作为当年林业改革发展资金分配的重要依据。

第八条 财政部门、林业主管部门根据工作需要和要求实施绩效目标执行监控,重点监控林业改革发展资金使用是否符合批复时确定的绩效目标,发现绩效运行与原定绩效目标发生偏离时,及时采取措施予以纠正。

第三章 绩效评价与结果运用

第九条 省级自评由省财政厅和省林业厅负责,根据需要绩效评价工作可委托中介机构、专家等第三方实施。

第十条 绩效评价的内容:

(一)资金投入使用。主要考核资金使用方向是否符合资金管理办法等相关规定,是否与项目实施方案相符,是否体现了资金统筹整合与促进林业改革发展的有机统一。

(二)资金项目管理。主要考核绩效目标设定、方案制定报送、管理制度建设、资金拨付进度、管理机制创新、有效管理措施、自评开展情况、信息宣传报道、部门协作机制以及相关保障措施等。

(三)资金实际产出。主要根据各市、县(区)绩效目标,从不同支出方向考核资金的实际产出。

(四)政策实施效果。主要考核取得的生态效益和经济社会效益,可持续影响及满意度情况。

第十一条 绩效评价的依据除了绩效目标设定、审核、下达的依据外,还应当包括以下依据:

(一)市、县(区)林业改革发展资金绩效目标。

(二)林业改革发展资金拨付文件、当年使用情况报告、财务会计资料等有关文件资料。

(三)人大审查结果报告、审计报告及决定、财政监督检查报告及处理处罚决定,以及有关部门或委托中介机构出具的项目评审或竣工验收报告、评审考核意见等。

(四)反映工作情况和项目组织实施情况的正式文件、会议纪要等。

(五)媒体宣传、领导批示及其他相关资料。

第十二条 绩效评价原则上以年度为周期,根据工作需要,可开展中期绩效评价。

第十三条 县(区)财政部门和林业主管部门对本区域自评结果和绩效评价相关材料的真实性负责;省辖市财政部门和林业主管部门对本级自评结果和绩效评价相关材料的真实性负责。

第十四条 市、县(区)绩效自评应当形成绩效评价报告,对资金的实际产出和效果进行客观、公正的描述,对绩效目标实现程度进行判定,围绕实际绩效情况,从政策目标、预算管理、资金分配、支持方式等方面进行绩效分析,从进一步提高绩效的角度查找并分析问题,提出有针对性的建议措施。

第十五条 绩效评价结果采取评分与评级相结合的形式。评分实行百分制,满分为100分(具体量化指标附后)。根据得分情况将评价结果划分为四个等级:总分在90分以上(含90分)为优秀;80—89分(含80分)为良好;60—79分(含60分)为合格;60分以下为不合格。

第十六条 绩效评价结果采取适当形式通报财政部门和林业主管部门。上一年度绩效评价结果是分配下一年度林业改革发展资金的重要依据。

第四章 组织实施

第十七条 市、县(区)林业主管部门会同财政部门于每年12月15日前,根据省下达的下一年度任务计划，结合工作实际，研究设定下一年度林业改革发展资金绩效目标，按照国家规定的指标内容和要求填写“区域绩效目标申报表”，报送省林业厅和省财政厅。省财政厅会同省林业厅于每年1月15日前向财政部、国家林业局报送全省“区域绩效目标申报表”，抄送财政部驻安徽专员办。

第十八条　省财政厅会同省林业厅在接到上级下达的区域绩效目标后，随资金下达文件一并下达全省区域绩效目标。各地对绩效目标进行调整的，应当及时报送省林业厅、省财政厅备案。

第十九条　市、县（区）财政部门和林业主管部门应于每年5月31日前，组织完成对上一年度林业改革发展资金绩效自评工作，按要求填写“绩效自评表”，形成绩效自评报告，报送省财政厅和省林业厅。省财政厅和省林业厅于每年6月30日前完成对上一年度全省林业改革发展资金绩效评价工作，形成绩效自评报告，报送财政部和国家林业局，抄送财政部驻安徽专员办。

第五章　附　则

第二十条　省直单位使用林业改革发展资金预算绩效管理工作参照本实施细则执行。

第二十一条　林业改革发展资金用于支持贫困县（区）开展统筹整合使用财政涉农资金试点的部分，预算绩效管理按照有关规定执行。

第二十二条　市、县（区）财政部门会同林业主管部门可根据本实施细则制定具体实施办法。

第二十三条　本实施细则由省财政厅会同省林业厅负责解释。

第二十四条　本实施细则自印发之日起施行。

附：林业改革发展资金绩效评价量化指标表

安徽省财政厅 安徽省新闻出版广电局关于印发《安徽省省级国家电影事业发展专项资金管理办法》的通知

财教〔2017〕1283号

各市、县（区）财政局、文广新委（文化委），省直有关单位：

为加强我省省级国家电影事业发展专项资金管理，提高财政资金使用效益，支持电影事业发展，根据《财政部新闻出版广电总局关于印发〈中央级国家电影事业发展专项资金预算管理办法〉的通知》（财教〔2016〕4号）、《财政部 国家新闻出版广电总局关于做好中央级国家电影事业发展专项资金补助地方新旧政策衔接工作的通知》（财教〔2016〕71号）、《安徽省人民政府办公厅关于进一步加强财政资金管理制度建设的指导意见》（皖政办〔2016〕29号）和国家有关财政资金管理规定，省财政厅、省新闻出版广电局研究制定了《安徽省省级国家电影事业发展专项资金管理办法》，现予印发，请遵照执行。

安徽省省级国家电影事业发展专项资金管理办法

第一章　总　则

第一条　为规范和加强安徽省省级国家电影事业发展专项资金（以下简称电影专项资金）管理，提高资金使用效益，根据国家有关法律法规、财政管理规定和财政部、国家新闻出版广电总局《中央级国家电影事业发展专资资金预算管理办法》（财教〔2016〕4号），结合我省电影事业发展实际，制定本办法。

第二条　本办法所称电影专项资金，是指国家电影事业发展专项资金中按60%比例缴入安徽省省级国库的部分。

第三条　电影专项资金纳入安徽省省级政府性基金预算管理，根据收入情况和实际支出需要编制预算，做到以收定支。

第四条　电影专项资金的管理和使用应当严格执行国家法律法规和财政财务规章制度，并接受财政、审计等部门的监督和检查。

第五条　省新闻出版广电局、省财政厅共同组成国家电影事业发展专项资金安徽省管理委员会（以下简称省管委会），负责省电影专项资金征缴管理，研究提出电影专项资金的管理政策和制度，提出电影专项资金支持范围和重点方向，审核电影专项资金预决算等。

第二章　资助范围、资助条件和资助标准

第六条　资助落实中央级国家电影事业发展专项资金补助地方新旧政策衔接工作中涉及的补贴项目。

第七条　资助数字影院建设和设备更新改造、农村电影放映工程建设。

（一）对新建影院予以一次性资助，支持其运营

发展及放映设备更新。资助金额根据影院运营状况、票房情况核定,每家影院不高于50万元。

接受电影专项资金资助的新建影院应符合以下条件:2016年1月1日后设立、非县城所在地的乡镇及以下、安装符合国家规范的计算机售票系统和2K(含)以上的数字放映机、银幕数在3块(含)以上且正式营业满1年的数字影院。

(二)对农村电影放映设备更新给予资助,对固定放映点(室)的设施更新改造给予适当资助。

(三)对数字节目卫星传输平台接收终端建设及运行维护予以资助。

(四)对影院按照有关规定安装市场监管设备等予以资助。

第八条 资助省内重点制片基地建设发展。建立绩效评价机制,综合重点制片基地业务增长率、设备使用率、摄影棚建设及设备更新改造情况、按照我省省级电影行政主管部门要求承担的重点影片项目、公益影片项目、艺术影片项目等因素实施绩效评价,择优资助。

接受资助的制片基地须经安徽省省级电影行政主管部门核准建设,同时符合以下条件:设立在安徽省境内、有正在拍摄制作的电影影片且拍摄制作的影片必须在安徽省新闻出版广电局备案立项、没有违法违规或其他不良行为。

第九条 资助省内原创国产电影创作生产,奖励省内优秀国产影片的制作、发行。

(一)对用于我省电影制作单位拍摄电影的优秀剧本予以奖励,每部不高于30万元。

(二)对在我省注册的电影制作单位、以第一出品人资格,在国家新闻出版广电总局或我省新闻出版广电局备案的重点影片或重大革命历史题材影片的制作发行予以适当资助,每部影片资助金额不高于200万元。

(三)对经评选确定票房排名靠前、社会效益和经济效益突出,及制作技术突破创新的优秀省内国产影片出品单位予以奖励,每部影片奖励金额不高于300万元。

(四)对发行政府推荐的重点影片、工作成绩突出的单位予以奖励,每部影片奖励金额不高于30万元。

(五)对在海外电影市场取得突出成绩的国产影片省内出品单位予以奖励,奖励金额最高不超过该片在海外市场取得收入的1%。

第十条 奖励票房成绩突出的影院和国产影片的放映。

(一)对年度票房收入在1000万元(含)以上、全省排名前20位的数字影院进行奖励,每家影院不高于20万元。

(二)对按自然年度计算,放映国产影片票房收入达到全年票房收入66%以上的影院予以奖励,奖励金额为该影院缴入省级电影专项资金国产片部分的50%。

(三)享受奖励的影院须同时符合以下条件:使用符合"13规范"的售票软件系统及影片编码向全国电影票务综合信息系统正常报送数据、无偷漏瞒虚报影片票房等违法违规行为、按时足额缴纳电影专项资金。

第十一条 资助文化特色、艺术创新影片发行和放映。

对经专家推荐并经省管委会审定的传承中华文化、具有艺术创新价值的国产影片发行、放映单位予以资助,资助金额不高于发行、放映支出的30%。

第十二条 省管委会办公室征收管理工作所需经费,由省级财政预算统筹安排。

第三章 申报、审批和使用

第十三条 省管委会根据电影事业发展实际情况和本办法规定的资金使用范围,编制项目预决算,确定年度省级电影专项资金使用方向、支持重点和扶持政策。

第十四条 电影专项资金申报和使用的主体是在安徽省境内依法注册,从事电影制作、发行、放映和服务的企事业单位及社团组织。其中企业和社团组织应具有独立法人资格,财务管理制度健全,无违法违规经营记录。

第十五条 电影专项资金每年申报一次,省管委会每年1月发布年度电影专项资金申报通知。

第十六条 电影专项资金申报和审批程序如下:

(一)各市、县(区)企事业单位和社团组织申请电影专项资金,当地电影行政主管部门对申报项目严格审核把关,进行初审及现场勘查,提出审核意见,并会同同级财政部门逐级报送申报材料。各市电影行政主管部门和财政部门统一对本市报送项目审核汇总,于每年2月25日前,将相关资金申请报告、奖补项目审核汇总表、具体申请材料各一式二份，联合报送省管委会办公室。

（二）省直企事业单位申请电影专项资金，应于每年2月25日前，将相关资金申请报告、奖补项目审核汇总表、具体申请材料各一式二份，直接报送省管委会办公室。

（三）根据各市和省直单位资金申请情况，省管委会办公室提出资金分配方案建议，省新闻出版广电局提出审核意见，于3月10日前报省财政厅。

第十七条　省财政厅按照国库集中支付制度和专项转移支付有关规定拨付下达资金。市、县（区）财政和电影行政主管部门接到省级预算后，三十日内将预算拨付到项目单位。

第十八条　电影专项资金使用过程中涉及政府采购的，按照政府采购法律制度规定执行。

第十九条　电影专项资金形成的结转结余资金，按照政府性基金结转结余资金管理有关规定执行。

第四章　绩效评价与监督检查

第二十条　电影专项资金项目使用单位应加强资金使用管理，确保专款专用，充分发挥资金使用效益。要按绩效管理有关规定，提交明确、具体、一定时期内可实现的绩效目标，并以细化量化的绩效指标给予描述。应当建立健全内部监督约束机制，确保补助资金管理和使用安全、规范。

第二十一条　项目预算下达后，因不可抗力等客观原因导致项目无法实施时，按照“谁审批谁负责”的原则，履行项目变更和预算调整审批手续。

第二十二条　省新闻出版广电局和省财政厅应当加强电影专项资金绩效管理，适时开展监督检查和绩效评价，并加强绩效评价结果应用，将绩效评价结果作为编制以后年度预算的重要依据。市县级财政和电影行政主管部门应当按照各自职责，建立健全电影专项资金管理使用的监督检查和绩效评价制度。

第二十三条　各级财政、新闻出版广电行政主管部门、资金使用单位及相关单位、相关工作人员在电影专项资金申报、审批、使用等环节存在违法违纪行为的，依照《中华人民共和国预算法》《中华人民共和国公务员法》《中华人民共和国行政监察法》《财政违法行为处罚处分条例》（国务院令第42号）等有关法律法规规定追究相应责任，涉嫌犯罪的，移送司法机关处理。

第二十四条　经营性电影放映单位存在偷漏瞒报电影票房、不按规定及时足额缴纳电影专项资金等违规行为的，取消对其当年电影专项资金的各项奖励或资助。

第五章　附　则

第二十五条　本办法由安徽省财政厅、安徽省新闻出版广电局负责解释。

第二十六条　本办法自印发之日起执行。

安徽省财政厅 安徽省发展和改革委员会关于印发《安徽省特色小镇建设专项资金管理办法》的通知

财建〔2017〕1496号

各市、县（区）财政局、发展改革委：

现将《安徽省特色小镇建设专项资金管理办法》印发给你们，请认真贯彻执行。

安徽省特色小镇建设专项资金管理办法

第一章　总　则

第一条　为贯彻落实五大发展行动计划，加快推动我省产业转型升级和供给侧结构性改革，促进创新创业、加快新型城镇化建设，根据《安徽省人民政府关于加快特色小镇建设的意见》（皖政〔2017〕97号）精神，省财政设立特色小镇专项资金，并制定本办法。

第二条　本办法所称特色小镇专项资金，是指省财政预算安排，用于支持省内特色小镇发展的资金。

第三条　专项资金按照“竞争择优、突出重点，因地制宜、引导带动，统筹支持、注重绩效”的原则进行分配和管理。根据各特色小镇建设情况，下达至特色小镇所在县（市、区）。

第四条　特色小镇所在县（市、区）政府或设区市政府直管的开发区管委会要落实主体责任，按照省委省政府统一决策部署，统筹推进本地区特色小镇建设，充分发挥财政资金引导放大作用。

第二章　专项资金支持范围及方式

第五条　专项资金支持范围主要包括：

1. 规划编制、评审等前期工作投入。编制特色小镇概念性规划、小镇城市设计等。

2. 基础设施。包括道路、停车场、地下管廊、网络通讯、供水、供电、防灾减灾等。

3. 公共服务设施。包括教育、医疗卫生、文化、体育以及社区服务、行政管理服务、小镇APP等。

4. 生态环境保护。包括公共绿化、垃圾处理设施、污水处理设施等。

5. 产业培育。包括院士工作站、大师工作室、人才团队、创客空间、产业联盟、交易中心等对特色小镇发展具有重大引领和支撑作用的平台和项目。

第六条　专项资金采取“借转补”为主、“以奖代补”为辅的方式进行分配。

第七条　“借转补”方式用于扶持各地特色小镇建设,根据小镇项目建设等情况安排。“以奖代补”方式用于对年度评估情况较好的特色小镇予以奖励。

第三章　专项资金申报及分配

第八条　每年省特色小镇建设领导小组办公室根据有关规定及时下发特色小镇申报工作通知,明确申报程序、内容、时间和方式等。县(市、区)政府或设区市政府直管的开发区管委会负责初选本地区特色小镇,组织项目单位编报申报材料,并对材料进行核验。

第九条　各市发展改革委负责按规定对申报的项目进行严格把关。各市人民政府对本地区特色小镇申报材料汇总筛选后,按要求报送省特色小镇建设领导小组办公室。

第十条　经履行规定筛选程序后,省特色小镇建设领导小组办公室拟定特色小镇建设名单及资金分配方案报省特色小镇建设领导小组审定。经省特色小镇建设领导小组审定后,省发展改革委就资金分配方案正式行文省财政厅,省财政厅据以下达专项资金。

第四章　专项资金使用

第十一条　省特色小镇建设领导小组办公室与特色小镇所在县(市、区)签订“借转补”协议。

第十二条　专项资金实行专款专用、专项管理。所在县(市、区)严格执行国库集中支付制度,按照小镇项目建设进度拨付资金。

第十三条　对授牌的特色小镇实行年度评估和3年建设期满考核制度。年度终了,省特色小镇建设领导小组办公室结合特色小镇年度运营情况,进行年度评估,按照优秀、良好、合格、不合格划分考核等次。当年授牌的,次年实行评估。对获得优秀、良好的小镇,采取“以奖代补”方式给予一定奖励。奖励资金由省财政厅依据省特色小镇建设领导小组办公室评估意见及分配意见相关文件,拨付至特色小镇所在县(市、区)。

第十四条　对评估不合格的小镇,由省特色小镇建设领导小组办公室实行约谈;对连续两年评估不合格的小镇,实行退出机制,摘牌并扣回奖励资金。省财政厅根据省特色小镇建设领导小组考核意见,依规扣回相关资金。建设期满考核通过的,已获借转补资金自动转为补助资金。

第十五条　各地要结合本地区特点,因地制宜创新特色小镇专项资金管理,积极争取民间资本、产业基金等支持,运用PPP模式开展项目建设,充分发挥开发性金融机构和政策性银行的综合服务功能和作用,多元化筹集特色小镇建设资金,加大对特色小镇建设投入。

第五章　专项资金绩效及监管

第十六条　各县(市、区)发展改革委和财政局负责本地区项目和资金日常监管。各县(市、区)应结合小镇年度评估,对专项资金使用情况开展绩效评价,并于次年2月底前,将上年度绩效评价报告报省特色小镇建设领导小组办公室、省财政厅备案。

第十七条　任何单位和个人不得以任何理由编造虚假材料,骗取、截留、挤占、挪用专项资金。对违反规定和发生违法违纪行为的,按照《财政违法行为处罚处分条例》等规定予以处理,同时追究相关人员责任,对已拨付的专项资金予以追缴。

第六章　附　则

第十八条　相关县(市、区)要根据本办法,结合本地实际制定具体管理本法,并报省财政厅、省发展改革委备案。

第十九条　本办法由省财政厅会同省发展改革委负责解释。

第二十条　本办法自印发之日起施行。

安徽省财政厅 安徽省住房和城乡建设厅关于印发《安徽省绿色建筑及装配式建筑专项资金管理办法》的通知

财建〔2017〕1592 号

各市、县财政局、住房城乡建设委（城乡建设委、城乡规划建设委）、合肥市房地产管理局：

为规范绿色建筑及装配式建筑专项资金管理，根据《中共安徽省委、安徽省人民政府关于进一步加强城市规划建设管理工作的实施意见》（皖发〔2016〕50 号）等有关规定，我们研究制定了《安徽省绿色建筑及装配式建筑专项资金管理办法》，现印发给你们，请遵照执行。

安徽省绿色建筑及装配式建筑专项资金管理办法

第一章　总　则

第一条　为了规范和加强绿色建筑及装配式建筑专项资金的管理，提高资金使用效益，根据《中共安徽省委、安徽省人民政府关于进一步加强城市规划建设管理工作的实施意见》（皖发〔2016〕50 号）、《安徽省人民政府办公厅关于印发〈安徽省财政一般性转移支付资金管理办法〉和〈安徽省省级财政资金管理办法〉的通知》（皖政办〔2014〕29 号）等有关规定，结合我省实际，制定本办法。

第二条　本办法所称绿色建筑及装配式建筑专项资金是指省财政安排用于支持推进全省绿色建筑、装配式建筑、建筑节能等专项工作，提升建筑能效，改善居住环境的专项资金（以下简称专项资金）

第三条　专项资金分配和使用遵循公平公正、公开透明，突出重点、注重实效，竞争选择、择优扶持的原则，接受群众和社会监督。

第二章　专项资金支持范围和方式

第四条　支持范围。

（一）绿色建筑示范项目。主要用于绿色建筑设计、绿色建筑技术增量成本、评价标识及能效测评等相关支出。

（二）装配式建筑示范城市。主要用于配套产业扶持、依托试点示范工程项目建设的综合性及共性关键技术研发、装配式建筑增量成本、装配式建筑新技术推广和相关成果扩散等相关支出。

（三）装配式建筑产业基地。主要用于标准、关键技术研发、设备采购、基地基础设施建设等相关支出。

（四）建筑节能示范项目。主要用于超低能耗建筑及近零能耗建筑建设、既有建筑节能改造、机关办公建筑和大型公共建筑节能监检测体系建设、可再生能源建筑应用等示范项目方案设计、材料设备采购、施工安装相关支出。

（五）建设科技示范项目。主要用于城乡建设领域关键技术研发、规划方案研究、标准编制、专项技术培训等示范项目设备材料采购、实验检测、施工安装相关支出。

第五条　专项资金针对不同类型的项目，采取定额补助、以奖代补等方式予以支持。

第三章　专项资金申报、分配和拨付

第六条　专项资金申报。

（一）省住房和城乡建设厅、省财政厅每年根据国家和我省相关行业政策、任务、工作要求和支持重点，联合发布申报文件。

（二）市、县住房和城乡建设主管部门、财政部门，根据申报文件要求，组织本地区项目申报和预审，联合行文上报省住房城乡建设厅、省财政厅。

第七条　专项资金分配。省住房和城乡建设厅、省财政厅采取竞争性评审的方式，组织专家对申报项目进行评审，并对评审通过的项目进行公示。公示无异议后，省住房城乡建设厅会同省财政厅研究专项资金分配方案。

第八条　专项资金拨付。省住建厅将专项资金分配方案正式行文报省财政厅，省财政厅按规定程序办理专项资金拨付。

第四章　专项资金使用

第九条　专项资金实行专款专用，专项管理。各地根据项目建设进度及时拨付资金，切实加快预算执行进度。如遇特殊情况确需调整项目的，应当按有关规定程序报省住房和城乡建设厅、省财政厅审查备案。

第十条　专项资金使用过程中严格执行国库集中支付、政府采购等财政管理制度。

第十一条　鼓励各地充分发挥财政资金的引

导、杠杆作用,引导社会资金、银行金融机构加大对绿色建筑、装配式建筑发展的支持。

第五章 专项资金绩效和监督

第十二条 市级行业主管部门、财政部门负责本级项目实施和绩效自评,并及时上报省住房和城乡建设厅、省财政厅。

第十三条 专项资金使用情况自觉接受审计、纪检监察部门和社会监督。省住房和城乡建设厅将会同省财政厅不定期组织专项检查,并根据管理需要在适当范围内通报检查情况。省住房和城乡建设厅、省财政厅适时对专项资金使用及项目实施情况开展重点绩效评价,评价结果作为专项资金分配的重要依据。其中,示范项目未达到申请预期目标的,视情追回已安排的专项资金,取消示范资格。

第十四条 各相关市、县(区)行业主管部门要加强项目建设跟踪管理,确保项目实施进度;财政部门要建立健全专项管理制度,采取切实有效措施,加强监督管理。

第十五条 任何单位和个人不得截留、挤占、挪用或虚报冒领专项资金。对违反规定和发生违法违纪行为的,经查实将按照《财政违法行为处罚处分条例》(国务院令第427号)的等有关规定进行处理,并依法追究有关责任人责任;对已拨付的专项资金予以追缴。

第五章 附 则

第十六条 本办法由省财政厅会同省住房和城乡建设厅负责解释。

第十七条 本管理办法自印发之日起执行,原《安徽省绿色建筑专项资金管理暂行办法》(财建〔2012〕923号)、《安徽省建筑产业现代化省级奖补资金管理办法》(财建〔2015〕470号)同时废止。

安徽省财政厅 安徽省住房和城乡建设厅关于印发《安徽省历史文化名城名镇名村街区保护及文物古建筑白蚁防治专项资金管理办法》的通知

财建〔2017〕1593号

各市、县(区)财政局,城乡规划、住房城乡建设、房地产主管部门:

为加强历史文化名城名镇名村街区保护及文物古建筑白蚁防治专项资金管理,根据《安徽省历史文化名城名镇名村保护办法》等规定,我们研究制定了《安徽省历史文化名城名镇名村街区保护及文物古建筑白蚁防治专项资金管理办法》,现印发给你们,请遵照执行。

安徽省历史文化名城名镇名村街区保护及文物古建筑白蚁防治专项资金管理办法

第一条 为加强历史文化名城名镇名村街区保护及文物古建筑白蚁防治专项资金(以下简称"专项资金")管理,提高资金使用效益,根据《安徽省省级预算管理办法》和《安徽省历史文化名城名镇名村保护办法》等规定,制定本办法。

第二条 专项资金由省级财政安排,专项用于我省历史文化名城名镇名村街区保护利用及文物古建筑白蚁防治工作。

第三条 专项资金分配和使用遵循公开透明、公平公正,集中集约、注重绩效,竞争选择、择优扶持等原则,接受审计和社会监督。

第四条 支持范围。

包括历史文化名城名镇名村街区保护及文物古建筑白蚁防治两个部分。

(一)历史文化名城名镇名村街区保护资金支持范围

1. 国家、省级历史文化名城名镇名村街区保护项目。重点支持国家、省级历史文化名城名镇名村街区历史文化资源保护、保护性建筑普查建档及挂牌保护、保护规划编制、历史文化风貌环境整治提升、保护设施建设等项目。

2. 国家、省级历史文化名城名镇名村街区保护能力提升项目。重点支持国家、省级历史文化名城名镇名村街区保护数据库建设、保护监管体系建设及相关重点专项研究等项目。

3. 世界遗产地的徽派建筑保护与传承项目。

(二)文物古建筑白蚁防治资金支持范围

国家、省、市、县文物保护单位及列入保护范围的古建筑的蚁害治理。包括:文物、古建筑蚁害调查、摸底和登记;制定文物、古建筑蚁害防治技术方案;蚁害治理机构和人员的专业培训;文物、古建筑蚁害定期勘察、监测、检查和评估;蚁害治理的药物、设备和器具的购置以及治理工作经费;防止蚁害蔓延、传播的文物、古建筑周围环境的治理和控制;其他用于蚁害防治的项目。

第五条 专项资金注重发挥引导和激励作用,优先支持保护资金落实较好、保护政策健全、准备充分的项目。

第六条 专项资金申报。

(一)申报时间

省住房和城乡建设厅、省财政厅根据我省历史文化名城名镇名村街区保护及文物古建筑白蚁防治目标任务、工作要求和支持重点,原则上于每年9月联合发布下一年度申报指南。

(二)申报程序

1.关于历史文化名城名镇名村街区项目。由设区市城乡规划(住房城乡建设)、财政主管部门,根据申报指南,组织本地区项目申报、审查,并联合行文将推荐项目上报省住房和城乡建设厅、省财政厅。

2.关于文物古建筑白蚁防治项目。由项目所在市、县房地产行政主管部门会同同级财政部门联合行文报送。

第七条 专项资金分配。

省住房和城乡建设厅、省财政厅联合组织专家对申报项目进行评审,评审通过的项目进行公示。公示无异议后,省住房和城乡建设厅会同省财政厅研究专项资金分配方案,并将专项资金分配建议文件报送省财政厅,省财政厅按规定办理资金下达。

第八条 专项资金拨付。

项目所在地财政部门按照国库集中支付等有关财政财务管理规定拨付专项资金。

第九条 项目所在地城乡规划(住房城乡建设)、房地产行政主管部门要加强项目实施过程管理和监督。财政部门要加强资金使用监管,确保资金专款专用。

第十条 项目完成后,有关市县城乡规划(住房城乡建设)部门、房地产行政主管要督促项目单位对项目实施进行竣工验收,并对照申报批复的内容和任务进行核查,形成验收核查报告存档备查。

第十一条 省住房城乡建设厅会同省财政厅每年度组织开展项目绩效评价,绩效评价结果作为安排以后年度项目资金重要参考依据。

第十二条 项目承担单位应加强专项资金管理,确保专款专用,提高资金使用效益,自觉接受审计、财政部门的监督检查。

第十三条 擅自改变专项资金用途,或者骗取、挪用专项资金等,查实后,除收回全部资金外,将按照《财政违法行为处罚处分条例》(国务院令第427号)的规定进行处理,并依法追究有关责任人的责任。

第十四条 本办法由省财政厅会同省住房城乡建设厅负责解释。

第十五条 本办法自印发之日起执行。《安徽省徽派建筑保护专项资金管理暂行办法》《安徽省文物古建筑白蚁防治专项资金管理办法》同时废止。

安徽省财政厅 安徽省林业厅关于印发《安徽省财政林业增绿增效行动综合奖补资金管理办法》的通知

财农〔2017〕1924号

各市、县(区)财政局、林业局:

为加强和规范资金的分配、使用和管理,根据《安徽省财政一般性转移支付资金管理办法》(皖政办秘〔2017〕271号)等有关规定,省财政厅会同省林业厅制定了《安徽省财政林业增绿增效行动综合奖补资金管理办法》。现印发给你们,请认真贯彻执行。

安徽省财政林业增绿增效行动综合奖补资金管理办法

第一条 根据《安徽省人民政府关于实施林业增绿增效行动的意见》(皖政〔2017〕62号)和《安徽省人民政府办公厅关于支持油茶产业扶贫的意见》(皖政办〔2017〕72号)精神,省财政设立林业增绿增效行动综合奖补资金、森林长廊示范段建设和创建国家级省级森林城市奖补资金(以下统称"奖补资金")。为加强和规范资金的分配、使用和管理,根据《安徽省财政一般性转移支付资金管理办法》(皖政办秘〔2017〕271号)等有关规定制定本办法。

第二条 奖补资金主要用于支持各地林业增绿增效行动营造林建设、森林长廊示范段建设、国家级和省级森林城市创建。

第三条　分配原则:

(一)公开公正原则。按照任务完成实绩等客观因素分配资金,公开透明。

(二)引导激励原则。将核查验收结果与年度奖补资金直接挂钩,先干后补,多干多补,以奖代补。

(三)统筹推进原则。奖补资金由各地统筹用于林业增绿增效行动,调动地方自主性和积极性。

(四)支持脱贫原则。贯彻省委省政府脱贫攻坚部署要求,大力扶持油茶和薄壳山核桃产业扶贫,支持林业生态脱贫。

第四条　奖补范围包括实施林业增绿增效行动的市、县(区)。

第五条　除新造油茶林(含薄壳山核桃)外,其他林业增绿增效行动营造林奖补资金采用因素法、公式化分配,以营造林分项建设内容为因素,以各地实际完成合格情况为指标,分项考核,综合奖补。具体分配方法:

某县林业增绿增效行动综合奖补资金额 = Σ{该县分项任务完成合格面积 ×〔(全省资金额 × 分项权重)/全省分项任务完成合格面积〕}

分项权重:以一般人工造林、封山育林、退化林修复、森林抚育为分项,由省林业厅于每年12月底前确定分项权重。

第六条　对纳入林业增绿增效行动的新造油茶林(含薄壳山核桃),按每亩500元的标准给予一次性奖补,在此基础上,再对国家级和省级贫困县(市、区)按每亩100元的标准给予一次性补助。

第七条　森林长廊示范段建设奖补资金采用因素法、公式化分配,以当年建设里程连续达5千米以上(含5千米)为奖补起点。

某县森林长廊示范段建设奖补资金 =(全省资金额/全省当年奖补起点以上森林长廊示范段总里程)× 该县当年奖补起点以上森林长廊示范段里程数

第八条　对获得国家级森林城市的,一次性奖励100万元;对获得省级森林城市的,一次性奖励50万元。

第九条　资金分配以省级对各地林业增绿增效行动营造林核查验收的年度实际完成合格情况、获得国家级和省级森林城市称号为依据。贫困县指考核年度属国家级和省级贫困县(市、区)。省林业厅于每年初向省政府报告上一年度全省验收考核结果,省财政厅根据审定的验收考核结果分配下达奖补资金。

第十条　奖补资金用于营造林和森林长廊示范段建设的,主要用于补助种苗、整地、栽植、抚育等支出,要直接全额兑现给营造林主体,各地不得提取方案编制、作业设计、检查验收等间接费用。分项补助标准由各地依据省下达的奖补资金总额,结合当地实际具体确定。创建国家级省级森林城市奖补资金主要用于造林绿化、森林城市建设规划设计编制和宣传发动等支出。

第十一条　各市、县(区)财政和林业主管部门要按照国库集中支付制度的规定及时拨付资金,其中涉及林农个人的要通过财政惠农补贴"一卡通"直接发放给农民。要加强资金监管和绩效评价,保证资金使用安全,提高资金使用效益。

第十二条　对各级财政、林业、扶贫等部门及其工作人员在奖补资金分配使用管理中的违法违规问题,按照有关法律法规的规定处理,追究相关责任人责任。

第十三条　本办法由省财政厅、省林业厅负责解释。

第十四条　本办法自印发之日起施行,有效期5年。

财经统计篇

全省财经统计资料

安徽省2017年国民经济和社会发展统计公报

2017年，全省人民在省委、省政府坚强领导下，以习近平新时代中国特色社会主义思想为指导，全面贯彻落实党的十八大、十九大精神，坚持稳中求进工作总基调，自觉践行新发展理念，全面实施五大发展行动计划，攻坚克难，开拓进取，保持了经济平稳健康发展和社会和谐稳定，现代化五大发展美好安徽建设迈出坚实步伐。

一、综合

年末全省户籍人口7059.2万人，比上年增加32.2万人；常住人口6254.8万人，增加59.3万人。城镇化率53.5%，比上年提高1.5个百分点。全年人口出生率14.07‰，比上年上升1.05个千分点；死亡率5.9‰，下降0.06个千分点；自然增长率8.17‰，上升1.11个千分点。

初步核算，全年生产总值(GDP)27518.7亿元，按可比价格计算，比上年增长8.5%。分产业看，第一产业增加值2611.7亿元，增长4%；第二产业增加值13486.6亿元，增长8.6%；第三产业增加值11420.4亿元，增长9.7%。三次产业结构由上年的10.5:48.4:41.1调整为9.5:49:41.5，其中工业增加值占GDP比重为41.8%。全员劳动生产率62975元/人，比上年增加6889元/人。人均GDP44206元(折合6547美元)，比上年增加4645元。

年末全省从业人员4377.9万人，比上年增加16.3万人。其中，第一产业1363.3万人，减少20.2万人；第二产业1259.5万人，增加14万人；第三产业1755.1万人，增加22.5万人。城乡私营企业从业人员和个体劳动者1232.7万人，增加176.5万人。全年城镇实名制新增就业68.2万人，下岗失业人员再就业21.4万人。年末城镇登记失业率2.88%，比上年下降0.32个百分点。全省农民工总量1918.1万人，其中外出农民工1415.4万人。

全年居民消费价格比上年上涨1.2%，其中食品烟酒价格下降1.1%。商品零售价格上涨1.7%。工业生产者出厂价格上涨8%，工业生产者购进价格上涨9.2%。固定资产投资价格上涨7.4%，农业生产资料价格上涨1.3%。

二、农业

全年粮食种植面积6642.5千公顷，比上年减少2.1千公顷。油料种植面积698.3千公顷，减少32.8千公顷。棉花种植面积147千公顷，减少36.4千公顷。蔬菜种植面积945.1千公顷，扩大24.9千公顷。

全年粮食产量3476万吨，比上年增产58.6万吨，增长1.7%。其中，夏粮1395.3万吨，增产7.6万吨，增长0.55%；秋粮1984.1万吨，增产52万吨，增长2.69%。油料产量208.4万吨，下降3%。棉花产量14.3万吨，下降22.7%。

年末全省生猪存栏1417.2万头,比上年下降3.5%;全年生猪出栏2828.9万头,下降1.6%。肉类总产量396.3万吨,下降1.6%,其中猪牛羊肉产量267.3万吨、下降1.1%。禽蛋产量146.2万吨,增长4.8%。牛奶产量31.9万吨,下降2.3%。水产品产量240万吨,增长1.8%。

年末全省农业机械总动力6312.9万千瓦,比上年减少8.1%。农用拖拉机233.1万台,减少0.4%。全年化肥施用量(折纯)318.7万吨,下降2.5%。农村用电量171.3亿千瓦时,增长6%。有效灌溉面积4483.8千公顷,新增46.3千公顷;新增节水灌溉面积40.2千公顷。

三、工业和建筑业

年末全省规模以上工业企业20449户,比上年净增1067户。全年规模以上工业增加值比上年增长9%,其中国有及国有控股企业增长9.1%、股份制企业增长9.1%、外商及港澳台商投资企业增长8.5%。分门类看,采矿业增长0.5%,制造业增长9.5%,电力、热力、燃气及水生产和供应业增长9.2%。

规模以上工业中,40个工业大类行业有34个增加值保持增长,其中计算机、通信和其他电子设备制造业增长15.1%,黑色金属矿采选业下降10.1%,有色金属冶炼和压延加工业增长3%,汽车制造业增长9.8%,通用设备制造业增长9.2%,黑色金属冶炼和压延加工业下降1%,纺织服装、服饰业增长2.3%,化学原料和化学制品制造业增长10.4%,非金属矿物制品业增长6.7%,电气机械和器材制造业增长13.5%,电力、热力生产和供应业增长9.2%,农副食品加工业增长4.8%,煤炭开采和洗选业增长5%。六大工业主导产业增加值增长9.5%,装备制造业增长13.4%,高技术产业增长16.3%;战略性新兴产业产值增长21.4%,24个战略性新兴产业集聚发展基地工业总产值增长23.1%。

规模以上工业统计的主要产品产量中,原煤下降4.4%,发电量增长8.8%,粗钢、钢材分别增长5.6%和2.4%,水泥增长7.3%,彩色电视机增长34.3%,家用洗衣机、家用电冰箱、房间空调器分别增长2.3%、10.4%和21.8%,汽车下降28%。新产品中,新能源汽车增长38.5%,运动型多用途乘用车(SUV)下降15.5%,锂电池增长129%,工业机器人增长33.2%,光纤增长34.3%。

全年规模以上工业企业实现利润2285.3亿元,增长19.7%。其中,国有企业下降9.2%,股份制企业增长22.5%,外商及港澳台商投资企业增长7.9%;中小企业增长8.8%;民营企业增长10.9%。非金属矿物制品业、黑色金属冶炼和压延加工业、煤炭开采和洗选业、计算机通信和其他电子设备制造业、化学原料和化学制品制造业、电气机械和器材制造业、专用设备制造业、橡胶和塑料制品业、医药制造业、酒饮料和精制茶制造业、金属制品业、汽车制造业、农副食品加工业、通用设备制造业、电力热力生产和供应业等15个行业利润超50亿元,合计实现利润1829.3亿元,增长21.1%,利润额占全部规模以上工业的80%。

年末具有资质等级的总承包和专业承包建筑业企业3216家,比上年增加179家。全年房屋建筑施工面积42711.3万平方米,比上年增加2584.9万平方米;房屋竣工面积14981.2万平方米,增加390.6万平方米。

四、固定资产投资

全年固定资产投资29186亿元,按可比口径计算,比上年增长11%。其中,工业技术改造投资7352.9亿元,增长18%;基础设施投资6534.9亿元,增长24.2%;民间投资19233.4亿元,增长7.1%。分区域看,皖江示范区投资19689.4亿元,增长9.5%;皖北六市投资8092.9亿元,增长15.4%。分产业看,第一产业投资下降4.6%,第二产业增长12%,第三产业增长11%。分行业看,工业投资增长12.7%,其中制造业增长11.5%,制造业中装备制造业增长13.8%。六大高耗能行业投资增长14.4%。

全年房地产开发投资5612.5亿元,比上年增长21.9%。商品房销售面积9200.7万平方米,增长8.2%;商品房销售额5865.8亿元,增长16.5%;年末商品房待售面积2021.3万平方米,下降15.8%。

全年共安排亿元以上项目5516个,当年完成投资14318.2亿元。开工建设合肥长鑫12吋存储晶圆、合肥量子信息与量子科技创新研究院核心区、江淮大众新能源汽车、安庆至九江客运专线安徽段等2691个项目;建成投产合肥惠而浦工业园一期、芜湖三山区格力精密铸件、合肥轨道交通2号线、芜湖长江公路二桥等1698个项目。

年末煤炭产能14301万吨。发电装机容量6468.4万千瓦,其中燃煤火电4759.7万千瓦,新能源和再生能源1534万千瓦。

五、国内贸易

全年社会消费品零售总额11192.6亿元,比上年增长11.9%,扣除价格因素,实际增长10%。按经营地统计,城镇消费品零售额9009.4亿元,增长11.7%;乡村消费品零售额2183.2亿元,增长13%。按消费类型统计,商品零售额9967.4亿元,增长11.8%;餐饮收入1225.2亿元,增长12.6%。全省纳入统计的569家开展网络零售业务的限额以上企业,实现网上零售额314亿元,增长39.4%。

限额以上企业商品零售额中,吃、穿、用类商品零售额分别比上年增长14.4%、9.6%和11.7%,粮油类增长10.7%,肉禽蛋类增长12.9%,服装类增长10.9%,日用品类增长12.5%,中西药品类增长8.8%,家用电器和音像器材类增长13.6%,家具类增长23.1%,通讯器材类增长7.9%,建筑及装潢材料类增长9.9%,汽车类增长7.8%,石油及制品类增长17.1%。

六、对外经济

全年进出口总额536.4亿美元,比上年增长20.8%。其中,出口304.8亿美元,增长7.2%;进口231.6亿美元,增长45%。从出口经营主体看,生产型企业出口增长8.8%,贸易型企业出口下降8.5%。从出口商品看,机电产品、高新技术产品出口分别增长10.1%和27.1%。

全省亿元以上在建省外投资项目5482个,当年实际到位资金10954.8亿元、比上年增长10.6%。全年新备案外商投资项目338个,增长26.6%;合同利用外资90.6亿美元,增长120.1%;实际利用外商直接投资159亿美元,增长7.6%。到2017年末,来皖投资的境外世界500强企业增加到80家,其中当年新引进7家。

全年对外承包工程新签合同金额52.5亿美元,比上年增长70.8%;完成营业额34.8亿美元,增长12.5%;当年外派劳务人员11648人,增长16%。全年新批境外企业(机构)75个,实际对外投资9.3亿美元,下降25%,其中对“一带一路”沿线国家和地区投资8961万美元,增长21.9%。

七、交通、邮电和旅游

全年旅客运输量6.9亿人,比上年下降14.8%;货物运输量40.3亿吨,增长10%。旅客运输周转量1196.5亿人公里,下降3%;货物运输周转量11414.5亿吨公里,增长4.9%。全年港口货物吞吐量5.1亿吨,下降1.3%。全省民航机场旅客吞吐量1141.7万人次,增长25.1%,其中合肥新桥机场旅客吞吐量914.7万人次,增长23.7%。

年末全省民用汽车拥有量716.1万辆,比上年增长19.7%,其中私人汽车617.8万辆、增长21.7%。民用轿车拥有量403万辆,增长18.2%,其中私人轿车379.1万辆,增长19.1%。

全年新增高速公路130公里、一级公路318公里、铁路营业里程22.4公里。到2017年末,全省高速公路达4673公里、一级公路达4151公里、铁路营业里程达4146.8公里,其中高速铁路营业里程1379.1公里。

全年电信业务总量832.3亿元,比上年增长70.5%;邮政业务总量83.05亿元,增长54%。快递业务量8.63亿件,快递业务收入89.57亿元,比上年分别增长25.3%和26.9%。

年末本地固定电话用户551.4万户,比上年减少62.5万户;移动电话用户4999.4万户,增加572.9万户。每百人拥有电话(含移动)89.6部,增加7.6部。年末基础电信运营企业计算机互联网宽带接入用户1323.7万户,增加248.6万户。

全年入境旅游人数549.2万人次,比上年增长13.1%。其中,外国人321万人次,增长13.4%;港澳台同胞228.2万人次,增长12.6%。国内游客6.26亿人次,增长19.9%。旅游总收入6196.9亿元,增长25.6%。其中,旅游外汇收入28.8亿美元,增长13.3%;国内旅游收入6002.4亿元,增长26%。年末全省有A级及以上旅游景点(区)566处。皖南国际旅游文化示范区旅游收入3252.4亿元,增长25.4%。

八、财政和金融

全年财政收入4858亿元,比上年增长11.1%,其中地方财政收入2812亿元、增长7.9%。全部财政收入中,税收收入3949亿元,增长12.9%。其中,增值税和营业税增长9.5%,企业所得税增长18.4%。财政支出6204亿元,增长12.3%,其中民生支出5280亿元,占财政支出的85.1%。从重点支出项目看,社会保障与就业支出增长13.3%,城乡社区事务支出增长51.5%,科学技术支出增长0.4%,教育支出增长11.4%。全年33项民生工程累计投入940.6亿元。

全年社会融资规模7038.3亿元,比上年增加755亿元,增长12%。年末全省金融机构人民币各项存款余额45608.9亿元,比上年末增加4752.7亿元,增长11.6%。其中,非金融企业存款余额14202.2亿元,增长9.9%;住户存款余额20538.2亿元,增长

8.9%。年末金融机构人民币各项贷款余额34481.2亿元,比上年末增加4300.5亿元,增长14.3%。其中,境内短期贷款9913.5亿元,增长8.2%;境内中长期贷款22431.7亿元,增长21.5%,中长期贷款中住户贷款10356亿元,增长24.3%。

全年上市公司通过境内市场累计筹资539.6亿元,比上年减少496.2亿元。其中,首次公开发行A股9只,筹资50亿元;A股再筹资(包括配股、公开增发、非公开增发、认股权证)422.4亿元;上市公司通过发行可转债、可分离债、公司债筹资67.2亿元。到2017年末,全省有上市公司102家,上市公司市价总值13504.2亿元,比上年增长27.5%。

全年企业发行短期融资券581.9亿元。

全年全省境内证券经营机构证券代理成交额50305.7亿元,期货经营机构代理交易量153100亿元。

全年保险业原保险保费收入1107.2亿元,比上年增长26.4%。其中,财产险业务原保险保费收入366.3亿元,增长17.1%;人身险业务原保险保费收入740.9亿元,增长31.5%。赔款和给付397.7亿元,增长11.2%。其中,财产险业务赔款支出187亿元,增长6.8%;人身险业务赔款和支出210.7亿元,增长15.5%。

九、人民生活和社会保障

全年全省常住居民人均可支配收入21863元,比上年增长9.3%,扣除价格因素,实际增长8%。城镇常住居民人均可支配收入31640元,增长8.5%,扣除价格因素,实际增长7.1%;人均消费支出20740元,增长5.8%。其中,食品烟酒支出增长4.4%,衣着增长3.6%,居住增长7.7%,生活用品及服务增长8.6%,交通和通信增长6%,教育文化娱乐增长6.2%,医疗保健增长0.4%。城镇常住居民恩格尔系数为32.1%,比上年下降0.4个百分点。年末城镇常住居民人均住房建筑面积37.4平方米,比上年增加0.5平方米。

全年农村常住居民人均可支配收入12758元,比上年增长8.9%,扣除价格因素,实际增长7.7%。人均消费支出11106元,增长8%。其中,食品烟酒支出增长5.8%,衣着增长5%,居住增长16.5%,生活用品及服务下降8.4%,交通和通信增长5.5%,教育文化娱乐增长13.3%,医疗保健增长8%。农村常住居民恩格尔系数为33.5%,比上年下降0.7个百分点。年末农村常住居民人均住房建筑面积50.7平方米,比上年增加1.4平方米。

年末全省参加城镇基本养老、基本医疗保险人数分别为1078.39万人和2107.49万人。参加失业保险人数为472.41万人,全年为15.9万名失业人员发放了不同期限的失业保险金。全省参加工伤、生育保险人数分别为565.55万人和553.73万人。城乡居民养老保险参保人数3429.46万人。参加新型农村合作医疗的农业人口4653.7万人,参合率为103.07%。

年末47.9万人享受城市居民最低生活保障,155.5万人享受农村居民最低生活保障,农村五保供养39.8万人。全年民政部门直接救助193万人次,资助参加基本医疗保险485万人次。

十、教育、科学技术和文化

年末全省有研究生培养单位21个,在学研究生57761人。普通高校109所,普通本专科在校生114.7万人。高等教育毛入学率47.7%。各类中等职业教育(不含技工学校)359所,在校生76.1万人。普通高中662所,在校生108.5万人。高中阶段毛入学率90.5%。初中2810所,在校生202.2万人,初中阶段适龄人口入学率99.96%。小学8108所,在校生440.5万人,小学学龄儿童入学率99.99%。各级各类成人学校毕业生40万人。

年末全省有各类专业技术人员228.4万人,比上年增长1.7%。科研机构5360个,其中大中型工业企业办机构1348个。从事研发活动人员22万人。全年用于研究与试验发展(R&D)经费支出542亿元,增长14.1%;相当于全省生产总值的1.97%。

全省有国家大科学工程5个;有国家重点(工程)实验室25个,省级(含重点)实验室133个;有省级以上工程(技术)研究中心739家,其中国家级39家。有省级高新技术产业开发区20个,其中国家级5个。有高新技术企业4310家,其中当年新认定924家。

全年登记科技成果377项。主要科技成果有:有机化合物结构性质关系及反应规律性、聚合物/层状无机物纳米复合材料的火灾安全设计与阻燃机理、重型压力容器轻量化设计制造关键技术及工程应用等。全年受理申请专利175871件、增长1.9%,授权专利58213件、下降4.5%。年末全省有效发明专利47734件。全年输出技术合同成交额249.6亿元,增长14.8%;吸纳技术合同成交额270.7亿元,增长34.2%。

年末全省有获得资质认定的检验检测机构1179个,国家质量监督检验中心25个;有产品质量、体系认证机构32个(包含在皖分部、分公司),累计完成强制性产品认证的企业1776个;法定计量技术机构91个,全年强制检定计量器具305.94万台(件)。截至2017年末,累计制定国际标准12项、国家标准2038项,制定、修订地方标准2326项。有国家地理标志产品72个、安徽名牌产品1579个。

全年省测绘档案资料馆为社会各界提供各种比例尺地形图27223幅、测绘基准成果1949点(次),航空航天遥感57.6万平方千米、数据量14006GB;完成国家基本比例尺地形图生产与更新33977幅、地理国情动态监测153639平方千米、“天地图·安徽”地图网站数据更新1846GB。

年末全省拥有文化馆121个,公共图书馆123个,博物馆171个(含民营博物馆),乡镇街道综合文化站1438个。全国重点文物保护单位130处、合并国保项目2处,省级重点文物保护单位708处。国家级非物质文化遗产名录72项,省级名录478项。年末全省广播电视台79座。中波发射台和转播台24座,广播节目综合人口覆盖率99.04%。电视节目综合人口覆盖率99.19%。有线电视用户809.89万户。全年出版报纸98种,总印数7.21亿份;期刊(杂志)180种,总印数0.45亿册;图书10604种,总印数2.82亿册。有各级国家档案馆139个,馆藏档案资料2858.55万卷(件、册),库馆总建筑面积39.94万平方米。

十一、卫生、体育和社会服务

年末全省有医疗卫生机构24484个,其中医院1095个、基层医疗卫生机构22626个、专业公共卫生机构668个,其他卫生机构95个。基层医疗卫生机构中,卫生院1368个,社区卫生服务中心(站)1882个,村卫生室15331个;专业公共卫生机构中,疾病预防控制中心121个,专科疾病防治院(所、站)48个,妇幼保健院(所、站)118个,卫生监督所(中心)113个。全省卫生技术人员31.3万人,其中执业(助理)医师12万人,注册护士13.8万人。乡村医生和卫生员4.1万人。医疗卫生机构床位30.5万张,其中医院、卫生院床位29万张。全年医疗卫生机构共诊疗2.8亿人次。

全年在国际国内重大比赛中,我省运动健儿共获得38枚金牌、38枚银牌、51枚铜牌。其中,在第十三届全国运动会上共获得7枚金牌、15枚银牌、11枚铜牌,参赛成绩全面超上届。“全民健身、健康安徽”系列主题活动蓬勃开展,全年共举办百人以上的群众体育健身活动2508次,参加活动总人数305万人次。人均体育场地面积约为1.47平方米。全年体育彩票销售60.37亿元。

年末全省有各类提供住宿的社会服务机构1531个,床位19.7万张,收养各类人员9.9万人。不提供住宿的社会服务机构7999个,其中社区服务中心1173个,社区服务站3023个。全年销售社会福利彩票74.06亿元,筹集社会福利资金20.85亿元。

十二、资源、环境和安全生产

全省已发现的矿种为128种(计算到亚矿种为161种)。查明资源储量的矿种124种(含亚矿种),其中能源矿种6种,金属矿种23种,非金属矿种93种,水气矿种2种。全年地质勘查部门开展各类地质(科研)项目(省级)8项。新增查明资源储量的大中型矿产地8处。

年末全省有省、市、县级环境监测站87个。全省16个省辖市空气质量平均优良天数比例为66.7%,比上年下降7.6个百分点;有1个市空气质量达到二级标准。全省PM10年均浓度为88微克/立方米,顺利完成《大气污染防治行动计划》第一阶段目标任务。已建成国家级自然保护区8个,省级自然保护区30个,市县级自然保护区66个。当年人工造林面积56.9千公顷。年末森林面积3958.5千公顷,活立木总蓄积量26145.1万立方米,森林蓄积量22186.6万立方米。

全年能源消费量13051.9万吨标准煤,比上年增长2.8%。电力消费量增长7.1%。单位GDP能耗下降5.3%。

淮河干流安徽段水质以Ⅲ类为主,总体水质优,主要支流总体水质轻度污染。长江干流安徽段以Ⅱ类水质为主,总体水质优;主要支流总体水质良好。巢湖湖区整体水质中度污染,9条主要环湖支流整体水质中度污染。新安江干、支流水质优。全省城市集中式饮用水水源地水质达标率为95.5%。

全年亿元GDP生产安全事故死亡人数为0.06人,比上年下降12.5%;工矿商贸从业人员十万人生产安全事故死亡人数为0.982人,下降0.5%;煤矿百万吨死亡人数为0.051人,下降30%。全年发生道路交通事故11454起,发生火灾事故9467起。

各市县(区)财经统计资料

2017年度合肥市一般公共预算收支决算总表

单位:万元

预算科目	预算数	调整预算数	决算数	预算科目	预算数	调整预算数	决算数
一、税收收入	5404755	5286218	5185120	一、一般公共服务支出	651226	699617	698157
增值税	2323081	2284525	2068751	二、外交支出			
企业所得税	650408	651626	651751	三、国防支出	5147	5447	5329
个人所得税	184248	187718	211090	四、公共安全支出	313890	362431	362231
资源税	8208	8208	8669	五、教育支出	1288632	1421662	1418002
城市维护建设税	364394	344195	298359	六、科学技术支出	572309	696026	695921
房产税	203615	198299	198003	七、文化体育与传媒支出	72923	80878	80494
印花税	99498	94795	97751	八、社会保障和就业支出	667206	812209	810201
城镇土地使用税	205531	205531	184163	九、医疗卫生与计划生育支出	649327	758130	754168
土地增值税	469196	414745	380685	十、节能环保支出	208416	541285	539539
车船税	45076	45076	50493	十一、城乡社区支出	2283884	2759597	2758228
耕地占用税	39800	39800	30250	十二、农林水支出	470870	584926	573994
契税	811700	811700	1005155	十三、交通运输支出	236132	187037	177759
烟叶税				十四、资源勘探信息等支出	481866	295711	295491
其他税收收入				十五、商业服务业等支出	96575	94275	93276
二、非税收入	1187970	1198947	1373919	十六、金融支出	5430	9521	9461
专项收入	653063	653775	691585	十七、援助其他地区支出			
行政事业性收费收入	192436	193082	198751	十八、国土海洋气象等支出	61057	63364	63350
罚没收入	57244	59050	82621	十九、住房保障支出	140159	215770	215770
国有资本经营收入	22663	22460	19308	二十、粮油物资储备支出	12174	15983	15674
国有资源(资产)有偿使用收入	119282	129609	211079	二十一、预备费	132815		
其他收入	143282	140971	170575	二十二、其他支出	136296	14527	14523
				二十三、债务付息支出	70526	71368	71368
				二十四、债务发行费用支出	100	508	508
本年收入合计	6592725	6485165	6559039	本年支出合计	8556960	9690272	9653444

2017年度淮北市一般公共预算收支决算总表

单位:万元

预算科目	预算数	调整预算数	决算数	预算科目	预算数	调整预算数	决算数
一、税收收入	429078	432084	491344	一、一般公共服务支出	119481	123967	123726
增值税	230654	233007	258521	二、外交支出			
企业所得税	25676	25035	22792	三、国防支出	697	2744	2744
个人所得税	6695	6882	10695	四、公共安全支出	62319	74053	74053
资源税	13710	13960	24417	五、教育支出	246864	254156	252501
城市维护建设税	29798	27717	39569	六、科学技术支出	7092	15978	15863
房产税	14711	15134	15354	七、文化体育与传媒支出	9108	12391	12315
印花税	7197	7581	7114	八、社会保障和就业支出	149330	201000	200615
城镇土地使用税	48929	49149	58014	九、医疗卫生与计划生育支出	135977	153090	152631
土地增值税	19560	19449	9769	十、节能环保支出	8164	51266	50740
车船税	9100	9100	7364	十一、城乡社区支出	121959	228755	225100
耕地占用税	12500	10525	7692	十二、农林水支出	70455	147963	147582
契税	10548	14545	30043	十三、交通运输支出	21084	28396	27718
烟叶税				十四、资源勘探信息等支出	93147	32394	29550
其他税收收入				十五、商业服务业等支出	2431	2282	2257
二、非税收入	222580	219174	114051	十六、金融支出		664	307
专项收入	47751	47840	37224	十七、援助其他地区支出			
行政事业性收费收入	53724	53555	22010	十八、国土海洋气象等支出	38719	38134	34851
罚没收入	59756	59795	17298	十九、住房保障支出	81214	148916	148916
国有资本经营收入	3002	3002	20419	二十、粮油物资储备支出	1765	2985	2985
国有资源(资产)有偿使用收入	32306	28941	15869	二十一、预备费	11088		
其他收入	26041	26041	1231	二十二、其他支出	52352	2522	2472
				二十三、债务付息支出	2618	20709	20709
				二十四、债务发行费用支出		101	101
本年收入合计	651658	651258	605395	本年支出合计	1235864	1542466	1527736

2017年度亳州市一般公共预算收支决算总表

单位:万元

预算科目	预算数	调整预算数	决算数	预算科目	预算数	调整预算数	决算数
一、税收收入	722979	722979	732474	一、一般公共服务支出	226930	237896	233479
增值税	338320	338320	344068	二、外交支出			
企业所得税	50822	50822	58849	三、国防支出	5152	2907	2907
个人所得税	13652	13652	12124	四、公共安全支出	116037	133469	131657
资源税	3955	3955	6128	五、教育支出	387914	589360	585197
城市维护建设税	49210	49210	48783	六、科学技术支出	4668	53960	53655
房产税	14050	14050	14226	七、文化体育与传媒支出	16556	19980	19157
印花税	8860	8860	11421	八、社会保障和就业支出	366600	426216	421855
城镇土地使用税	58400	58400	45178	九、医疗卫生与计划生育支出	351709	447477	443405
土地增值税	27760	27760	42944	十、节能环保支出	31404	88987	88207
车船税	12450	12450	14138	十一、城乡社区支出	121615	447768	444760
耕地占用税	34650	34650	25496	十二、农林水支出	244000	433164	409491
契税	110850	110850	109119	十三、交通运输支出	77239	100212	90784
烟叶税				十四、资源勘探信息等支出	54006	15065	14958
其他税收收入				十五、商业服务业等支出	40752	18594	18564
二、非税收入	199079	199079	213032	十六、金融支出	6011	3417	3397
专项收入	74796	74796	70958	十七、援助其他地区支出			
行政事业性收费收入	50850	50850	48427	十八、国土海洋气象等支出	9078	61651	53399
罚没收入	27821	27821	30940	十九、住房保障支出	98144	185913	185896
国有资本经营收入				二十、粮油物资储备支出	4075	6860	6481
国有资源(资产)有偿使用收入	38912	38912	49448	二十一、预备费	18350		
其他收入	6700	6700	13259	二十二、其他支出	60556	266	266
				二十三、债务付息支出	30824	42475	42475
				二十四、债务发行费用支出		263	263
本年收入合计	922058	922058	945506	本年支出合计	2271620	3315900	3250253

2017年度宿州市一般公共预算收支决算总表

单位:万元

预算科目	预算数	调整预算数	决算数	预算科目	预算数	调整预算数	决算数
一、税收收入	628238	628238	643453	一、一般公共服务支出	197450	256710	252425
增值税	268231	268231	283276	二、外交支出			
企业所得税	50125	50125	42855	三、国防支出	1573	1255	1255
个人所得税	12024	12024	13862	四、公共安全支出	128410	160230	160220
资源税	9532	9532	11443	五、教育支出	575012	683421	681240
城市维护建设税	40779	40779	34580	六、科学技术支出	34575	39608	39433
房产税	14433	14433	21972	七、文化体育与传媒支出	24013	32989	31990
印花税	7231	7231	8690	八、社会保障和就业支出	229375	326574	322788
城镇土地使用税	69266	69266	69590	九、医疗卫生与计划生育支出	442202	487534	486483
土地增值税	40090	40090	50310	十、节能环保支出	32643	91956	91956
车船税	10225	10225	12576	十一、城乡社区支出	233056	533607	525412
耕地占用税	36921	36921	24114	十二、农林水支出	236095	488694	485529
契税	69381	69381	70185	十三、交通运输支出	77615	95886	94548
烟叶税				十四、资源勘探信息等支出	71376	20313	20210
其他税收收入				十五、商业服务业等支出	9372	12901	12901
二、非税收入	329690	329690	357790	十六、金融支出	350	664	664
专项收入	50436	50436	53489	十七、援助其他地区支出			
行政事业性收费收入	83894	83894	114353	十八、国土海洋气象等支出	14492	33706	31302
罚没收入	57169	57169	53107	十九、住房保障支出	99660	167965	166659
国有资本经营收入	15500	15500	25060	二十、粮油物资储备支出	8558	8464	8380
国有资源(资产)有偿使用收入	112306	112306	94139	二十一、预备费	37770		
其他收入	10385	10385	17642	二十二、其他支出	167759	2671	272
				二十三、债务付息支出	33884	45279	45279
				二十四、债务发行费用支出		262	262
本年收入合计	957928	957928	1001243	本年支出合计	2655240	3490689	3459208

2017年度蚌埠市一般公共预算收支决算总表

单位:万元

预算科目	预算数	调整预算数	决算数	预算科目	预算数	调整预算数	决算数
一、税收收入	987758	960812	884727	一、一般公共服务支出	191409	207771	201566
增值税	502761	486750	404572	二、外交支出			
企业所得税	61209	65305	66559	三、国防支出	2680	2448	2378
个人所得税	13315	13580	13510	四、公共安全支出	98533	117592	116243
资源税	780	720	445	五、教育支出	394942	529341	527459
城市维护建设税	105546	101239	89056	六、科学技术支出	93334	127478	126849
房产税	28591	28666	26697	七、文化体育与传媒支出	28608	30133	28665
印花税	12682	12155	11431	八、社会保障和就业支出	297226	356855	350046
城镇土地使用税	72910	70097	60575	九、医疗卫生与计划生育支出	249584	287056	279936
土地增值税	68707	68092	84195	十、节能环保支出	27653	68992	65199
车船税	12150	12024	11050	十一、城乡社区支出	266799	709420	706013
耕地占用税	24750	23175	21431	十二、农林水支出	140712	278493	277585
契税	84357	79009	95206	十三、交通运输支出	59172	76278	75699
烟叶税				十四、资源勘探信息等支出	18460	7752	7533
其他税收收入				十五、商业服务业等支出	13412	20544	19199
二、非税收入	366804	379909	525948	十六、金融支出	3479	2677	2667
专项收入	104657	99030	93277	十七、援助其他地区支出			
行政事业性收费收入	48528	46451	67095	十八、国土海洋气象等支出	10857	45416	33923
罚没收入	29063	29625	44685	十九、住房保障支出	56554	128450	127067
国有资本经营收入	71100	88900	196314	二十、粮油物资储备支出	1993	3690	2131
国有资源(资产)有偿使用收入	93135	95248	95507	二十一、预备费	33166		
其他收入	20321	20655	29070	二十二、其他支出	128618	19746	174
				二十三、债务付息支出	28150	26452	26452
				二十四、债务发行费用支出	32	355	355
本年收入合计	1354562	1340721	1410675	本年支出合计	2145373	3046939	2977139

2017 年度阜阳市一般公共预算收支决算总表

单位:万元

预算科目	预算数	调整预算数	决算数	预算科目	预算数	调整预算数	决算数
一、税收收入	1062323	1091460	1211208	一、一般公共服务支出	359253	393627	381917
增值税	462338	484938	520249	二、外交支出			
企业所得税	83474	92024	86542	三、国防支出	6126	2685	2586
个人所得税	13328	14728	24299	四、公共安全支出	160020	209371	203106
资源税	12434	13045	13295	五、教育支出	756370	971857	968693
城市维护建设税	77872	81622	83797	六、科学技术支出	15635	55059	52773
房产税	17918	16768	16922	七、文化体育与传媒支出	21754	32574	30666
印花税	14257	13057	16255	八、社会保障和就业支出	593276	770700	765516
城镇土地使用税	48401	47101	50328	九、医疗卫生与计划生育支出	491553	693943	693365
土地增值税	110248	108448	133037	十、节能环保支出	43995	116395	113892
车船税	19586	17926	19529	十一、城乡社区支出	239034	498914	496116
耕地占用税	21229	27265	31741	十二、农林水支出	366709	781806	769988
契税	181238	174538	215214	十三、交通运输支出	134372	168273	161074
烟叶税				十四、资源勘探信息等支出	130269	61862	61792
其他税收收入				十五、商业服务业等支出	9051	8699	6138
二、非税收入	399127	389730	364987	十六、金融支出	2670	4196	4088
专项收入	134835	130035	114926	十七、援助其他地区支出			
行政事业性收费收入	119632	87962	78320	十八、国土海洋气象等支出	15335	69827	58653
罚没收入	45176	47366	41918	十九、住房保障支出	129894	303445	299274
国有资本经营收入	1163	20503	20123	二十、粮油物资储备支出	4843	14276	13584
国有资源(资产)有偿使用收入	75296	72076	86577	二十一、预备费	74868		
其他收入	23025	31788	23123	二十二、其他支出	103691	13775	13443
				二十三、债务付息支出	38787	57220	57220
				二十四、债务发行费用支出	354	356	356
本年收入合计	1461450	1481190	1576195	本年支出合计	3697859	5228860	5154240

2017年度淮南市一般公共预算收支决算总表

单位:万元

预算科目	预算数	调整预算数	决算数	预算科目	预算数	调整预算数	决算数
一、税收收入	720202	716863	703884	一、一般公共服务支出	194284	198060	194999
增值税	365875	363916	385094	二、外交支出			
企业所得税	50166	51119	35533	三、国防支出	3709	3712	2969
个人所得税	11744	11759	15321	四、公共安全支出	106574	129861	128084
资源税	39188	39179	38324	五、教育支出	368246	450746	446697
城市维护建设税	42671	42687	48725	六、科学技术支出	14966	36813	35440
房产税	25655	25323	21185	七、文化体育与传媒支出	19665	26253	24820
印花税	8696	8724	8874	八、社会保障和就业支出	295938	394782	393509
城镇土地使用税	58812	56769	43597	九、医疗卫生与计划生育支出	221251	270090	270034
土地增值税	38339	38329	30603	十、节能环保支出	24672	69531	68176
车船税	10262	10262	8586	十一、城乡社区支出	114386	241090	239522
耕地占用税	16042	16042	6103	十二、农林水支出	138202	236837	234057
契税	52752	52754	61939	十三、交通运输支出	46657	96281	96208
烟叶税				十四、资源勘探信息等支出	54982	25987	25866
其他税收收入				十五、商业服务业等支出	8112	12222	12222
二、非税收入	287210	280611	309285	十六、金融支出	2650	2839	2839
专项收入	53671	53827	61731	十七、援助其他地区支出			
行政事业性收费收入	52794	52713	65831	十八、国土海洋气象等支出	10773	22022	21629
罚没收入	21945	21914	39759	十九、住房保障支出	49456	102837	102593
国有资本经营收入	1188	1188	3441	二十、粮油物资储备支出	4955	7229	6879
国有资源(资产)有偿使用收入	142932	135931	114837	二十一、预备费	30876		
其他收入	14680	15038	23686	二十二、其他支出	76399	1857	339
				二十三、债务付息支出	16440	25723	25723
				二十四、债务发行费用支出		223	223
本年收入合计	1007412	997474	1013169	本年支出合计	1803193	2354995	2332828

2017 年度滁州市一般公共预算收支决算总表

单位:万元

预算科目	预算数	调整预算数	决算数	预算科目	预算数	调整预算数	决算数
一、税收收入	1207375	1207375	1169862	一、一般公共服务支出	251463	231159	228071
增值税	477887	477887	452928	二、外交支出			
企业所得税	88579	88579	85466	三、国防支出	4272	6223	2992
个人所得税	20470	20470	19202	四、公共安全支出	131620	155377	153580
资源税	19741	19741	12812	五、教育支出	481040	622813	620812
城市维护建设税	79348	79348	71117	六、科学技术支出	42176	106340	105515
房产税	43440	43440	39826	七、文化体育与传媒支出	39104	42083	41753
印花税	15160	15160	14390	八、社会保障和就业支出	364856	452863	450355
城镇土地使用税	136785	136785	127665	九、医疗卫生与计划生育支出	330070	448905	447998
土地增值税	73326	73326	83894	十、节能环保支出	45242	102364	100787
车船税	11090	11090	11440	十一、城乡社区支出	257107	742382	741253
耕地占用税	131920	131920	89547	十二、农林水支出	399209	535041	529609
契税	109629	109629	161575	十三、交通运输支出	109938	130023	120564
烟叶税				十四、资源勘探信息等支出	104355	47840	47509
其他税收收入				十五、商业服务业等支出	16922	18953	18247
二、非税收入	552372	552372	655242	十六、金融支出	1684	1880	1748
专项收入	99836	99836	94658	十七、援助其他地区支出			
行政事业性收费收入	84797	84797	109622	十八、国土海洋气象等支出	24594	32959	30314
罚没收入	46440	46440	70691	十九、住房保障支出	100885	105103	103950
国有资本经营收入	1400	1400	5483	二十、粮油物资储备支出	9999	11123	10221
国有资源(资产)有偿使用收入	299598	299598	322161	二十一、预备费	42577		
其他收入	20301	20301	52627	二十二、其他支出	102590	2230	1030
				二十三、债务付息支出	45125	54182	54182
				二十四、债务发行费用支出	16	344	344
本年收入合计	1759747	1759747	1825104	本年支出合计	2904844	3850187	3810834

2017 年度六安市一般公共预算收支决算总表

单位:万元

预算科目	预算数	调整预算数	决算数	预算科目	预算数	调整预算数	决算数
一、税收收入	691332	691332	832161	一、一般公共服务支出	299285	363143	362803
增值税	293296	293296	336172	二、外交支出			
企业所得税	49887	49887	57847	三、国防支出	2806	3323	3323
个人所得税	15629	15629	17892	四、公共安全支出	117297	149190	149190
资源税	8585	8585	17568	五、教育支出	547486	675945	675479
城市维护建设税	41100	41100	45148	六、科学技术支出	107470	95027	93232
房产税	16475	16475	22555	七、文化体育与传媒支出	33253	47764	47552
印花税	8730	8730	10757	八、社会保障和就业支出	282135	368016	368016
城镇土地使用税	48130	48130	49256	九、医疗卫生与计划生育支出	409113	468758	468496
土地增值税	49260	49260	91910	十、节能环保支出	57200	137815	137815
车船税	9895	9895	11145	十一、城乡社区支出	189495	348914	348887
耕地占用税	15565	15565	18966	十二、农林水支出	382545	658533	658516
契税	134780	134780	152945	十三、交通运输支出	130373	145633	145633
烟叶税				十四、资源勘探信息等支出	34642	28845	28845
其他税收收入				十五、商业服务业等支出	53448	14079	13499
二、非税收入	306784	306784	295694	十六、金融支出	510	21420	21420
专项收入	68992	68992	62520	十七、援助其他地区支出			
行政事业性收费收入	131993	131993	110043	十八、国土海洋气象等支出	14552	37609	37608
罚没收入	29037	29037	26077	十九、住房保障支出	66893	146183	146183
国有资本经营收入				二十、粮油物资储备支出	8616	9545	9545
国有资源(资产)有偿使用收入	70127	70127	83569	二十一、预备费	27875		
其他收入	6635	6635	13485	二十二、其他支出	106451	980	980
				二十三、债务付息支出	35543	36150	36150
				二十四、债务发行费用支出	170	415	415
本年收入合计	998116	998116	1127855	本年支出合计	2907158	3757287	3753587

2017 年度马鞍山市一般公共预算收支决算总表

单位:万元

预算科目	预算数	调整预算数	决算数	预算科目	预算数	调整预算数	决算数
一、税收收入	1021212	1021212	1039846	一、一般公共服务支出	187195	206808	206570
增值税	488925	488925	504044	二、外交支出			
企业所得税	65531	65531	67122	三、国防支出	917	1005	1005
个人所得税	21120	21120	22994	四、公共安全支出	107808	125189	125098
资源税	13870	13870	10406	五、教育支出	270608	333407	333407
城市维护建设税	65314	65314	74131	六、科学技术支出	70687	123050	123050
房产税	49277	49277	45902	七、文化体育与传媒支出	30462	27196	26783
印花税	13664	13664	20677	八、社会保障和就业支出	210461	283449	283449
城镇土地使用税	132716	132716	122750	九、医疗卫生与计划生育支出	194531	210962	210962
土地增值税	47576	47576	47449	十、节能环保支出	38969	55986	55796
车船税	7634	7634	8884	十一、城乡社区支出	289458	487584	487514
耕地占用税	24530	24530	25657	十二、农林水支出	104416	172722	169497
契税	91055	91055	89830	十三、交通运输支出	62710	56084	56084
烟叶税				十四、资源勘探信息等支出	61522	15458	15447
其他税收收入				十五、商业服务业等支出	65554	26153	26153
二、非税收入	447000	447000	343710	十六、金融支出	6947	453	453
专项收入	74294	74294	83258	十七、援助其他地区支出			
行政事业性收费收入	73202	73202	70067	十八、国土海洋气象等支出	28249	26224	26224
罚没收入	23910	23910	27843	十九、住房保障支出	86547	85990	85990
国有资本经营收入	17000	17000	5853	二十、粮油物资储备支出	5833	5920	5920
国有资源(资产)有偿使用收入	230084	230084	143418	二十一、预备费	28960		
其他收入	28510	28510	13271	二十二、其他支出	79870	2685	2685
				二十三、债务付息支出	46712	34504	34504
				二十四、债务发行费用支出	134	395	395
本年收入合计	1468212	1468212	1383556	本年支出合计	1978550	2281224	2276986

2017年度芜湖市一般公共预算收支决算总表

单位:万元

预算科目	预算数	调整预算数	决算数	预算科目	预算数	调整预算数	决算数
一、税收收入	2145625	2145625	2139811	一、一般公共服务支出	268492	283932	282700
增值税	993853	993853	1034654	二、外交支出			
企业所得税	181743	181743	204686	三、国防支出	6513	4923	4923
个人所得税	45600	45600	54579	四、公共安全支出	135075	164331	164331
资源税	33759	33759	16503	五、教育支出	575589	731961	731657
城市维护建设税	168450	168450	167262	六、科学技术支出	448263	576554	574155
房产税	79425	79425	73316	七、文化体育与传媒支出	31338	35395	34688
印花税	35445	35445	33000	八、社会保障和就业支出	432045	481591	481486
城镇土地使用税	293697	293697	257247	九、医疗卫生与计划生育支出	329121	402347	401940
土地增值税	76886	76886	79159	十、节能环保支出	62725	173578	165562
车船税	12670	12670	14552	十一、城乡社区支出	584617	1035694	1035694
耕地占用税	60038	60038	36955	十二、农林水支出	253719	274910	267552
契税	162059	162059	165964	十三、交通运输支出	77199	108244	102321
烟叶税	2000	2000	1934	十四、资源勘探信息等支出	174669	54438	54438
其他税收收入				十五、商业服务业等支出	90845	25970	25875
二、非税收入	982876	982876	972486	十六、金融支出	14514	15113	15110
专项收入	196438	196438	227265	十七、援助其他地区支出			
行政事业性收费收入	144806	144806	188227	十八、国土海洋气象等支出	15191	39109	32414
罚没收入	25573	25573	25744	十九、住房保障支出	135187	187943	187843
国有资本经营收入	219967	219967	299198	二十、粮油物资储备支出	4240	3486	3486
国有资源(资产)有偿使用收入	344538	344538	179022	二十一、预备费	46080		
其他收入	51554	51554	53030	二十二、其他支出	11923	691	691
				二十三、债务付息支出	76538	65309	65309
				二十四、债务发行费用支出	1797	819	819
本年收入合计	3128501	3128501	3112297	本年支出合计	3775680	4666338	4632994

2017年度宣城市一般公共预算收支决算总表

单位:万元

预算科目	预算数	调整预算数	决算数	预算科目	预算数	调整预算数	决算数
一、税收收入	956768	956768	933438	一、一般公共服务支出	298617	198963	195195
增值税	400747	400747	437412	二、外交支出			
企业所得税	50562	50562	55642	三、国防支出	1646	1558	1558
个人所得税	15250	15250	21969	四、公共安全支出	110804	79319	77988
资源税	17874	17874	16010	五、教育支出	276748	412972	410386
城市维护建设税	58683	58683	56655	六、科学技术支出	61245	112939	112055
房产税	24939	24939	23286	七、文化体育与传媒支出	26860	28788	27007
印花税	10303	10303	11835	八、社会保障和就业支出	271734	303922	301764
城镇土地使用税	151308	151308	133353	九、医疗卫生与计划生育支出	244895	309010	304891
土地增值税	72138	72138	51142	十、节能环保支出	29697	85209	84236
车船税	9336	9336	9792	十一、城乡社区支出	298872	725717	722486
耕地占用税	19562	19562	18419	十二、农林水支出	219498	239041	232594
契税	115995	115995	90719	十三、交通运输支出	97162	117938	115370
烟叶税	10071	10071	7204	十四、资源勘探信息等支出	149214	10271	10089
其他税收收入				十五、商业服务业等支出	13846	12225	11036
二、非税收入	507955	507955	496267	十六、金融支出	1099	2047	1917
专项收入	67916	67916	72796	十七、援助其他地区支出			
行政事业性收费收入	47687	47687	53824	十八、国土海洋气象等支出	10800	20937	20002
罚没收入	42361	42361	37418	十九、住房保障支出	61016	54755	54755
国有资本经营收入	7779	7779	14445	二十、粮油物资储备支出	4246	4757	4677
国有资源(资产)有偿使用收入	332812	332812	306544	二十一、预备费	30050		
其他收入	9400	9400	11240	二十二、其他支出	31898	1279	581
				二十三、债务付息支出	48830	44246	44246
				二十四、债务发行费用支出	207	431	431
本年收入合计	1464723	1464723	1429705	本年支出合计	2288984	2766324	2733264

2017年度铜陵市一般公共预算收支决算总表

单位:万元

预算科目	预算数	调整预算数	决算数	预算科目	预算数	调整预算数	决算数
一、税收收入	513073	516913	474289	一、一般公共服务支出	126598	123157	123137
增值税	210624	211624	207842	二、外交支出			
企业所得税	37373	37373	34248	三、国防支出	800	644	644
个人所得税	11643	11493	14648	四、公共安全支出	59947	75473	75473
资源税	22577	22577	20695	五、教育支出	176268	235487	235405
城市维护建设税	30715	30415	32477	六、科学技术支出	33696	84060	83439
房产税	20645	20645	16910	七、文化体育与传媒支出	14536	16881	16881
印花税	8095	8285	10183	八、社会保障和就业支出	153688	197628	197209
城镇土地使用税	93581	91081	71722	九、医疗卫生与计划生育支出	113275	146046	145933
土地增值税	24666	24266	21528	十、节能环保支出	38287	83391	80459
车船税	4354	4354	5042	十一、城乡社区支出	132852	335514	335444
耕地占用税	5800	5800	6593	十二、农林水支出	92640	124283	123483
契税	43000	49000	32401	十三、交通运输支出	47985	58303	56319
烟叶税				十四、资源勘探信息等支出	59477	15038	15038
其他税收收入				十五、商业服务业等支出	27990	19377	19142
二、非税收入	300590	304090	299152	十六、金融支出	1240	925	925
专项收入	45250	46250	40281	十七、援助其他地区支出			
行政事业性收费收入	71200	69200	61081	十八、国土海洋气象等支出	17907	12364	12052
罚没收入	17920	17920	14665	十九、住房保障支出	42867	51787	51787
国有资本经营收入	500	500	130	二十、粮油物资储备支出	2253	3610	3610
国有资源(资产)有偿使用收入	158720	163220	176215	二十一、预备费	11420		
其他收入	7000	7000	6780	二十二、其他支出	12332	4395	4391
				二十三、债务付息支出	17662	21789	21789
				二十四、债务发行费用支出	178	197	197
本年收入合计	813663	821003	773441	本年支出合计	1183898	1610349	1602757

2017年度池州市一般公共预算收支决算总表

单位:万元

预算科目	预算数	调整预算数	决算数	预算科目	预算数	调整预算数	决算数
一、税收收入	354365	358907	348835	一、一般公共服务支出	138770	109425	109214
增值税	144762	152762	142534	二、外交支出			
企业所得税	19236	20236	22032	三、国防支出	3218	1323	1323
个人所得税	6030	6430	6234	四、公共安全支出	46761	41851	41677
资源税	14512	12012	12960	五、教育支出	183496	200174	199971
城市维护建设税	18246	18946	18355	六、科学技术支出	12445	13526	12792
房产税	14176	11676	12238	七、文化体育与传媒支出	15794	15743	15743
印花税	4871	4471	5197	八、社会保障和就业支出	144564	183237	183002
城镇土地使用税	71096	76096	65678	九、医疗卫生与计划生育支出	114671	145652	145613
土地增值税	11531	13331	18660	十、节能环保支出	39812	85780	84544
车船税	4061	4079	4501	十一、城乡社区支出	175646	293152	292515
耕地占用税	10897	6897	5908	十二、农林水支出	101624	189760	189597
契税	34192	31192	33633	十三、交通运输支出	47536	53867	52713
烟叶税	755	779	905	十四、资源勘探信息等支出	52323	8035	8035
其他税收收入				十五、商业服务业等支出	19491	8565	8565
二、非税收入	320009	321484	303052	十六、金融支出	580	195	195
专项收入	27183	31183	29854	十七、援助其他地区支出			
行政事业性收费收入	128850	122850	128192	十八、国土海洋气象等支出	4505	11384	11384
罚没收入	13290	13290	15036	十九、住房保障支出	31326	43170	43170
国有资本经营收入	1637	900	5300	二十、粮油物资储备支出	1304	3127	2587
国有资源(资产)有偿使用收入	147289	151335	121999	二十一、预备费	19740		
其他收入	1760	1926	2671	二十二、其他支出	22095	1628	1461
				二十三、债务付息支出	35731	31733	31733
				二十四、债务发行费用支出	50	259	259
本年收入合计	674374	680391	651887	本年支出合计	1211482	1441586	1436093

2017年度安庆市一般公共预算收支决算总表

单位:万元

预算科目	预算数	调整预算数	决算数	预算科目	预算数	调整预算数	决算数
一、税收收入	812976	820376	842035	一、一般公共服务支出	257100	291783	284231
增值税	409321	411035	437858	二、外交支出			
企业所得税	62317	60913	64500	三、国防支出	2393	2426	2416
个人所得税	17823	18206	21717	四、公共安全支出	123622	146819	146502
资源税	4239	4229	3593	五、教育支出	510376	714556	714367
城市维护建设税	76445	76641	72595	六、科学技术支出	51741	96060	95817
房产税	22029	22804	23351	七、文化体育与传媒支出	45848	56107	54747
印花税	10064	9771	10751	八、社会保障和就业支出	317809	464333	463190
城镇土地使用税	45639	50050	43727	九、医疗卫生与计划生育支出	362658	432477	432325
土地增值税	52094	53243	51052	十、节能环保支出	30713	96703	91387
车船税	12647	12761	13281	十一、城乡社区支出	119379	485205	483130
耕地占用税	25868	23841	18222	十二、农林水支出	261708	507001	505508
契税	74490	76882	81388	十三、交通运输支出	170474	202013	201732
烟叶税				十四、资源勘探信息等支出	65634	27665	27094
其他税收收入				十五、商业服务业等支出	33072	16952	16646
二、非税收入	319060	314438	368149	十六、金融支出	4945	7975	7975
专项收入	97283	97343	99181	十七、援助其他地区支出			
行政事业性收费收入	67184	71664	59435	十八、国土海洋气象等支出	18260	26590	24247
罚没收入	31451	31751	34248	十九、住房保障支出	68760	116118	115543
国有资本经营收入			2136	二十、粮油物资储备支出	6328	7515	7515
国有资源(资产)有偿使用收入	95584	85878	97139	二十一、预备费	41240		
其他收入	27558	27802	76010	二十二、其他支出	31720	2366	2366
				二十三、债务付息支出	48791	53003	53003
				二十四、债务发行费用支出	575	285	285
本年收入合计	1132036	1134814	1210184	本年支出合计	2573146	3753952	3730026

2017年度黄山市一般公共预算收支决算总表

单位:万元

预算科目	预算数	调整预算数	决算数	预算科目	预算数	调整预算数	决算数
一、税收收入	411351	411351	371221	一、一般公共服务支出	140337	186529	185407
增值税	152893	152893	147741	二、外交支出			
企业所得税	22806	22806	24696	三、国防支出	1599	1735	1735
个人所得税	9099	9099	11221	四、公共安全支出	75025	97048	96912
资源税	1537	1537	1250	五、教育支出	152872	186949	186447
城市维护建设税	18069	18069	18940	六、科学技术支出	32862	54265	54102
房产税	20531	20531	20019	七、文化体育与传媒支出	26424	38729	38187
印花税	5326	5326	5768	八、社会保障和就业支出	179174	206092	205598
城镇土地使用税	56068	56068	50381	九、医疗卫生与计划生育支出	124860	163285	162774
土地增值税	57272	57272	30984	十、节能环保支出	15651	140762	139716
车船税	4773	4773	5302	十一、城乡社区支出	143881	291726	290498
耕地占用税	6845	6845	7026	十二、农林水支出	150239	276183	275283
契税	55822	55822	47634	十三、交通运输支出	72407	94330	94222
烟叶税	310	310	259	十四、资源勘探信息等支出	49140	20684	20684
其他税收收入				十五、商业服务业等支出	37090	19734	18627
二、非税收入	355184	355184	380650	十六、金融支出	505	1139	953
专项收入	24656	24656	27286	十七、援助其他地区支出			
行政事业性收费收入	22463	22463	28875	十八、国土海洋气象等支出	5695	8804	8762
罚没收入	12035	12035	15384	十九、住房保障支出	43301	49479	48589
国有资本经营收入	1510	1510	3895	二十、粮油物资储备支出	2419	3596	2790
国有资源(资产)有偿使用收入	274010	274010	274163	二十一、预备费	11228		
其他收入	20510	20510	31047	二十二、其他支出	69200	606	452
				二十三、债务付息支出	15885	25330	25330
				二十四、债务发行费用支出	120	197	197
本年收入合计	766535	766535	751871	本年支出合计	1349914	1867202	1857265

2017年度各市县(区)一般公共预算收入情况表

单位:万元

地区	收入合计	税收收入												非税收入						
		小计	增值税	企业所得税	个人所得税	资源税	城市维护建设税	房产税	城镇土地使用税	土地增值税	耕地占用税	契税	其他各项税收收入	小计	专项收入	行政事业性收费收入	罚没收入	国有资本经营收入	国有资源(资产)有偿使用收入	其他收入
安徽省	28124495	19706808	8033600	2747309	794104	214518	1212091	593329	1436173	1208458	521187	2442950	503089	8417687	2390519	1523296	600516	633276	2713696	556384
安徽省本级	2747373	1703100	67884	1166189	302747		12542	1567	2949	1137	147067		1018	1044273	530230	119143	23082	12171	342010	17637
安徽省地市合计	25377122	18003708	7965716	1581120	491357	214518	1199549	591762	1433224	1207321	374120	2442950	502071	7373414	1860289	1404153	577434	621105	2371686	538747
宣城市	1429705	933438	437412	55642	21969	16010	56655	23286	133353	51142	18419	90719	28831	496267	72796	53824	37418	14445	306544	11240
宣城市本级	202735	134658	42505	9130	4616	1000	9831	3757	30553	16206	872	13949	2239	68077	10540	21863	14448	945	15958	4323
宣城市区县合计	1226970	798780	394907	46512	17353	15010	46824	19529	102800	34936	17547	76770	26592	428190	62256	31961	22970	13500	290586	6917
宣州区	268673	184829	82623	5633	1860	5367	11341	3156	21693	5108	10606	26489	10953	83844	11510	5314	2428		64509	83
郎溪县	173035	109480	62548	4274	1406	1175	6570	2831	16678	3909	643	6851	2595	63555	8498	2676	3593		48017	771
广德县	234237	164826	85333	10612	2663	5976	9320	4972	17769	6355	3093	13987	4746	69411	15464	5438	5126		41478	1905
宁国市	288645	189346	83296	18423	8975	981	11594	5170	32683	6287	816	17276	3845	99299	15992	9060	4514		68725	1008
泾县	130238	79704	46941	3131	1239	571	4518	1184	7038	6824	712	5087	2459	50534	5650	6336	3268	13500	20431	1349
旌德县	56255	30746	15818	1188	411	501	1443	816	2255	2329	1338	3696	951	25509	2228	2124	1184		18948	1025
绩溪县	75887	39849	18348	3251	799	439	2038	1400	4684	4124	339	3384	1043	36038	2914	1013	2857		28478	776
宿州市	1001243	643453	283276	42855	13862	11443	34580	21972	69590	50310	24114	70185	21266	357790	53489	114353	53107	25060	94139	17642
宿州市本级	342428	229757	86803	18125	4909	1474	12821	11199	38857	13980	3818	30877	6894	112671	19511	38992	9577	25060	9618	9913
宿州市区县合计	658815	413696	196473	24730	8953	9969	21759	10773	30733	36330	20296	39308	14372	245119	33978	75361	43530		84521	7729
埇桥区	223753	154283	83761	9865	5100	6906	11599	3956	8569	7276	7890	4040	5321	69470	11182	28904	8363		16663	4358
砀山县	89696	62149	27326	3461	900		2541	2275	3573	9689	1665	8191	2528	27547	6706	8220	8851		3472	298
萧县	167610	87230	39730	4905	1227	3045	3530	2821	10194	6923	3942	8267	2646	80380	8981	19744	14968		34324	2363
灵璧县	84341	51180	20240	3235	698	18	1793	894	5381	6551	1420	9037	1913	33161	4072	10045	7478		11285	281
泗县	93415	58854	25416	3264	1028		2296	827	3016	5891	5379	9773	1964	34561	3037	8448	3870		18777	429
滁州市	1825104	1169862	452928	85466	19202	12812	71117	39826	127665	83894	89547	161575	25830	655242	94658	109622	70691	5483	322161	52627
滁州市本级	472467	335242	126872	33846	5637	293	32623	15300	32338	12762	8149	58827	8595	137225	32051	29182	9936	5483	21155	39418
滁州市区县合计	1352637	834620	326056	51620	13565	12519	38494	24526	95327	71132	81398	102748	17235	518017	62607	80440	60755		301006	13209
琅琊区	87511	58684	27239	4280	1424	22	4203	2763	3931	6695	2956	4382	789	28827	3431	1153	877		23247	119
南谯区	146792	89733	31105	5986	2338	241	4015	1932	8306	8616	11776	14124	1294	57059	5210	14787	1027		35563	472
天长市	330206	177794	75773	10145	1949	798	9406	4680	21809	14569	20027	13818	4820	152412	18113	30118	18372		81119	4690
来安县	162694	118919	46706	7305	2001	694	4661	2738	9292	8965	7843	26488	2226	43775	9171	2510	4012		27439	643
全椒县	170859	103999	42723	8315	2016	1297	4433	3148	12117	11441	3212	13175	2122	66860	7321	6522	2275		50200	542
定远县	146882	90954	28817	4366	1021	3713	2963	4606	16051	4373	16360	6463	2221	55928	4806	15831	4703		29792	796
凤阳县	189805	120049	48376	6313	1914	5560	5425	3078	14309	9005	13400	10380	2289	69756	10943	5369	21917		29085	2442
明光市	117888	74488	25317	4910	902	194	3388	1581	9512	7468	5824	13918	1474	43400	3612	4150	7572		24561	3505
池州市	651887	348835	142534	22032	6234	12960	18355	12238	65678	18660	5908	33633	10603	303052	29854	128192	15036	5300	121999	2671
池州市本级	271856	113081	37963	9036	2174	79	8118	6649	17926	8114	1540	19228	2254	158775	8404	105229	6236	5300	31415	2191
池州市区县合计	380031	235754	104571	12996	4060	12881	10237	5589	47752	10546	4368	14405	8349	144277	21450	22963	8800		90584	480
贵池区	175242	100346	48379	6344	1747	5591	4700	2681	20047	2861	1581	3288	3127	74896	9029	7354	1316		57031	166
石台县	17612	11506	5079	529	517	2417	425	364	310	539	4	1023	299	6106	1024	1541	528		2974	39
青阳县	96427	64403	25392	2552	844	2829	2659	1383	16076	3038	931	6634	2065	32024	7843	11493	2291		10122	275

续表

地区	收入合计	税收收入												非税收入						
		小计	增值税	企业所得税	个人所得税	资源税	城市维护建设税	房产税	城镇土地使用税	土地增值税	耕地占用税	契税	其他各项税收收入	小计	专项收入	行政事业性收费收入	罚没收入	国有资本经营收入	国有资源(资产)有偿使用收入	其他收入
东至县	90750	59499	25721	3571	952	2044	2453	1161	11319	4108	1852	3460	2858	31251	3554	2575	4665		20457	
阜阳市	1576195	1211208	520249	86542	24299	13295	83797	16922	50328	133037	31741	215214	35784	364987	114926	78320	41918	20123	86577	23123
阜阳市本级	350730	211968	69991	9393	6668		28239	3605	14228	18479	5665	42658	13042	138762	35483	52117	15372	223	26342	9225
阜阳市区县合计	1225465	999240	450258	77149	17631	13295	55558	13317	36100	114558	26076	172556	22742	226225	79443	26203	26546	19900	60235	13898
颍州区	230039	214388	65230	24284	1584		8850	3820	4814	53854	709	47950	3293	15651	7923	3411	475		3842	
颍泉区	106107	78457	32786	7615	953		4188	2293	3621	9372	1492	14198	1939	27650	3672	1402	1378	400	19932	866
颍东区	89509	74783	29967	7501	891	2470	4088	1223	4202	6282	2021	14085	2053	14726	3791	2297	964		7524	150
临泉县	123639	86628	34007	6789	1519	355	3834	827	4467	13350	2009	16685	2786	37011	5066	6200	10564		13181	2000
太和县	249558	184163	101435	8846	2290	8	12549	1620	5666	11209	8736	26962	4842	65395	21800	4559	6948	19500	3725	8863
颍上县	172152	158834	78672	13199	1652	10458	7448	2029	5060	10574	3380	23201	3161	13318	10451	161	2		2704	
阜南县	91017	64066	27672	4582	1141	4	2509	507	3309	5209	4618	12421	2094	26951	6320	6820	4005		7959	1847
界首市	163444	137921	80489	4333	7601		12092	998	4961	4708	3111	17054	2574	25523	20420	1353	2210		1368	172
六安市	1127855	832161	336172	57847	17892	17568	45148	22555	49256	91910	18966	152945	21902	295694	62520	110043	26077		83569	13485
六安市本级	395636	275402	72347	17857	6672		18270	8054	16994	48419	2717	77896	6176	120234	16399	53826	5838		35599	8572
六安市区县合计	732219	556759	263825	39990	11220	17568	26878	14501	32262	43491	16249	75049	15726	175460	46121	56217	20239		47970	4913
金安区	123880	111015	54646	7189	1298	2819	4158	2285	6490	9265	2244	15158	5463	12865	6088	4232	551		1994	
裕安区	115902	91782	50434	8453	2186	2409	4803	1034	6160	10640	882	3621	1160	24120	6781	6175	5135		5678	351
霍邱县	135736	93401	38764	3632	1484	11222	4314	2845	3358	4667	6032	14931	2152	42335	7563	12171	4318		17690	593
舒城县	135374	94631	42225	6842	2325	382	3867	4148	3688	6122	2444	19740	2848	40743	5189	18631	2883		13836	204
金寨县	90929	67244	33894	4470	2147	120	3432	1144	3643	6795	2479	7296	1824	23685	5938	5349	3504		5331	3563
霍山县	90454	67355	31993	7924	1273	616	4858	2739	6045	3656	1391	5359	1501	23099	8634	7606	3343		3365	151
叶集区	39944	31331	11869	1480	507		1446	306	2878	2346	777	8944	778	8613	5928	2053	505		76	51
合肥市	6559039	5185120	2068751	651751	211090	8669	298359	198003	184163	380685	30250	1005155	148244	1373919	691585	198751	82621	19308	211079	170575
合肥市本级	4189378	3232869	1340814	436569	146527	116	211456	63184	108178	72432	12374	767214	74005	956509	553398	79716	45681	19308	121639	136767
合肥市区县合计	2369661	1952251	727937	215182	64563	8553	86903	134819	75985	308253	17876	237941	74239	417410	138187	119035	36940		89440	33808
瑶海区	113377	84152	27567	9010	2592		3707	10716		24533			6027	29225	881	6974	2907		9712	8751
庐阳区	199268	165480	41300	36729	11611		5590	26018		30534			13698	33788	1474	8312	3361		12989	7652
蜀山区	193112	174728	51849	20512	11272		9943	29227		43126			8799	18384	2009	790	1591		7171	6823
包河区	329908	289060	89279	34673	10046		12141	31710		93159			18052	40848	2117	11625	3200		20036	3870
肥东县	356514	284692	132222	15956	3923		13219	7714	18925	25230	3084	59116	5303	71822	37461	15576	6668		11779	338
长丰县	351083	274823	101062	26573	5077	47	9998	7387	17542	27398	2561	71791	5387	76260	39818	21852	3382		5320	5888
肥西县	466847	390393	152029	42453	11304		18023	14163	27726	45997	2630	68342	7726	76454	25574	36432	6446		7701	301
庐江县	176225	148901	68469	15359	4051	2991	7147	2501	6084	11056	2519	24795	3929	27324	12549	7536	4198		3035	6
巢湖市	183327	140022	64160	13917	4687	5515	7135	5383	5708	7220	7082	13897	5318	43305	16304	9938	5187		11697	179
蚌埠市	1410675	884727	404572	66559	13510	445	89056	26697	60575	84195	21431	95206	22481	525948	93277	67095	44685	196314	95507	29070
蚌埠市本级	630247	392573	161127	29118	5519	292	60415	9831	18947	28863	3063	71395	4003	237674	58135	42304	10824	77000	27746	21665
蚌埠市区县合计	780428	492154	243445	37441	7991	153	28641	16866	41628	55332	18368	23811	18478	288274	35142	24791	33861	119314	67761	7405
龙子湖区	75940	53221	22124	3886	2231		3454	1748	4346	5801	1309		8322	22719	2469	429	559	18900	362	
蚌山区	85796	57383	24338	3946	1171		3310	4443	2800	15573	884		918	28413	2348	572	436	23056	1930	71
禹会区	122720	61596	30982	8526	1291	76	4569	2577	6501	5034	1003		1037	61124	3169	1136	2786	50100	3849	84
淮上区	100008	58122	22986	7503	372		3188	3245	7505	10510	1984		829	41886	2296	24	16503	20000	735	2328
怀远县	166151	121619	70429	7129	1339	5	7089	2776	10352	8624	845	9169	3862	44532	12781	11364	4124		15740	523

续表

地区	收入合计	税收收入												非税收入						
		小计	增值税	企业所得税	个人所得税	资源税	城市维护建设税	房产税	城镇土地使用税	土地增值税	耕地占用税	契税	其他各项税收收入	小计	专项收入	行政事业性收费收入	罚没收入	国有资本经营收入	国有资源(资产)有偿使用收入	其他收入
固镇县	114235	69981	36956	3376	582	4	3516	1030	6188	4443	4223	8125	1538	44254	6777	6518	5009	7258	16226	2466
五河县	115578	70232	35630	3075	1005	68	3515	1047	3936	5347	8120	6517	1972	45346	5302	4748	4444		28919	1933
淮南市	1013169	703884	385094	35533	15321	38324	48725	21185	43597	30603	6103	61939	17460	309285	61731	65831	39759	3441	114837	23686
淮南市本级	432725	245766	115420	11190	6432	15598	15301	8430	22176	2708	3265	38375	6871	186959	33457	32896	23939		75628	21039
淮南市区县合计	580444	458118	269674	24343	8889	22726	33424	12755	21421	27895	2838	23564	10589	122326	28274	32935	15820	3441	39209	2647
田家庵区	80804	75943	47892	8145	2962		4789	2234	1569	4904			3448	4861	219	1673	2027		880	62
大通区	33803	28220	21715	-122	290	2	4172	439	1140	274			310	5583		2277	387		2770	149
谢家集区	50837	41546	18834	3144	589	41	2653	1095	3284	9715		1287	904	9291	156	2382	841		5555	357
八公山区	11182	9786	4697	4399	87		263	96	168	17			59	1396		150	1022		224	
潘集区	39395	33268	20974	718	859	439	4964	1909	2670	71			664	6127	1560	1706	1970		424	467
凤台县	260504	195113	123999	2773	2724	22118	13867	6173	7678	3589	808	8314	3070	65391	16095	18395	3903	3420	22818	760
寿县	103919	74242	31563	5286	1378	126	2716	809	4912	9325	2030	13963	2134	29677	10244	6352	5670	21	6538	852
铜陵市	773441	474289	207842	34248	14648	20695	32477	16910	71722	21528	6593	32401	15225	299152	40281	61081	14665	130	176215	6780
铜陵市本级	401573	211027	58972	18695	5517	11071	12369	7793	50936	14866	1920	22414	6474	190546	26930	22536	5807		130251	5022
铜陵市区县合计	371868	263262	148870	15553	9131	9624	20108	9117	20786	6662	4673	9987	8751	108606	13351	38545	8858	130	45964	1758
郊区	58704	38487	26997	3179	720		4452	1782					1357	20217		227	533	130	19197	130
铜官区	76134	63537	40324	4153	6143		5511	3919					3487	12597		1496	401		10438	262
义安区	149782	106034	59236	3435	1269	5930	7574	2672	15035	2581	3170	2761	2371	43748	9161	16526	5127		12925	9
枞阳县	87248	55204	22313	4786	999	3694	2571	744	5751	4081	1503	7226	1536	32044	4190	20296	2797		3404	1357
马鞍山市	1383556	1039846	504044	67122	22994	10406	74131	45902	122750	47449	25657	89830	29561	343710	83258	70067	27843	5853	143418	13271
马鞍山市本级	533238	392423	181400	20138	12877	3855	34612	23590	50422	4087	3906	45348	12188	140815	43019	36986	10831	853	39003	10123
马鞍山市区县合计	850318	647423	322644	46984	10117	6551	39519	22312	72328	43362	21751	44482	17373	202895	40239	33081	17012	5000	104415	3148
花山区	126559	102244	57117	8537	2024	12	8952	6232	5876	11621			1873	24315	3757	1727	1711		15989	1131
雨山区	97836	71214	40124	4524	1090	424	5950	3258	6768	7888			1188	26622	2438	1351	1390		21310	133
当涂县	283621	215884	112984	19043	3535	1502	11661	6654	31983	3672	3135	13261	8454	67737	19412	13541	3249		31508	27
含山县	108020	78585	39247	4044	899	2599	3832	2051	7028	4259	5011	8230	1385	29435	4745	10221	3368	5000	5171	930
和县	175938	132183	49281	9302	2227	1811	5609	3406	12574	14211	11391	18657	3714	43755	7108	3262	4742		27717	926
博望区	58344	47313	23891	1534	342	203	3515	711	8099	1711	2214	4334	759	11031	2779	2979	2552		2720	1
淮北市	605395	491344	258521	22792	10695	24417	39569	15354	58014	9769	7692	30043	14478	114051	37224	22010	17298	20419	15869	1231
淮北市本级	328580	263057	136242	12677	5513	14495	24680	7928	34784	550	2100	15609	8479	65523	26260	5453	9980	20179	3480	171
淮北市区县合计	276815	228287	122279	10115	5182	9922	14889	7426	23230	9219	5592	14434	5999	48528	10964	16557	7318	240	12389	1060
相山区	50538	46944	21079	2158	687	350	2457	2323	4720	7389		3997	1784	3594	1089	631	239		1635	
杜集区	31510	27244	12137	213	258	3551	1568	1225	5694	800	96	1151	551	4266	816	108	669		1713	960
烈山区	28033	15940	9104	424	123	1159	1093	460	2058	439	25	645	410	12093	468	1669	1723		8137	96
濉溪县	166734	138159	79959	7320	4114	4862	9771	3418	10758	591	5471	8641	3254	28575	8591	14149	4687	240	904	4
芜湖市	3112297	2139811	1034654	204686	54579	16503	167262	73316	257247	79159	36955	165964	49486	972486	227265	188227	25744	299198	179022	53030
芜湖市本级	1222741	692611	373204	88686	19205	1	86343	22174	64071	3745	9164	10153	15865	530130	147758	155891	13751	161257	15547	35926
芜湖市区县合计	1889556	1447200	661450	116000	35374	16502	80919	51142	193176	75414	27791	155811	33621	442356	79507	32336	11993	137941	163475	17104
镜湖区	260393	236880	108415	28550	12221		14311	12022	9201	13207		26958	11995	23513	10196	2036	244	5130	4095	1812
弋江区	196173	177919	75570	15160	4420	3	11183	5672	14541	13858		35335	2177	18254	8197	500	225	3500	5832	
鸠江区	291043	250035	103074	19406	6516	4	15001	11179	42249	12309	1833	35027	3437	41008	11144	1287	379	6000	22198	
三山区	114026	74427	30552	6396	1774		4658	4392	11080	4609	1039	8458	1469	39599	3252	795	330	33500	253	1469
繁昌县	317468	208644	106442	15125	1373	8727	10692	3416	47836	4893	686	6587	2867	108824	13885	5275	1910	45460	41248	1046

续表

地区	收入合计	税收收入												非税收入						
		小计	增值税	企业所得税	个人所得税	资源税	城市维护建设税	房产税	城镇土地使用税	土地增值税	耕地占用税	契税	其他各项税收收入	小计	专项收入	行政事业性收费收入	罚没收入	国有资本经营收入	国有资源(资产)有偿使用收入	其他收入
南陵县	200960	133709	55460	6117	1817	4384	6098	2058	16738	5104	21139	11237	3557	67251	8171	5304	3120	43946	1426	5284
芜湖县	272623	203174	106257	15783	1995	791	11415	6377	35171	7414	152	13016	4803	69449	14670	3238	2325	405	48783	28
无为县	236870	162412	75680	9463	5258	2593	7561	6026	16360	14020	2942	19193	3316	74458	9992	13901	3460		39640	7465
安庆市	1210184	842035	437858	64500	21717	3593	72595	23351	43727	51052	18222	81388	24032	368149	99181	59435	34248	2136	97139	76010
安庆市本级	460277	306097	170639	15528	7590	143	42504	7360	7877	2438	6315	37742	7961	154180	58912	20154	7214	122	10012	57766
安庆市区县合计	749907	535938	267219	48972	14127	3450	30091	15991	35850	48614	11907	43646	16071	213969	40269	39281	27034	2014	87127	18244
迎江区	76952	61849	31349	7101	1473		3746	2257	2756	12331			836	15103	2700	676	223		11493	11
大观区	46726	36169	23017	2659	1021	284	2731	2203	1915	1405			934	10557	1944	1670	944		5977	22
宜秀区	62174	55837	26734	8070	486	19	3766	1872	3017	10807			1066	6337	2743	1227	1293		1074	
怀宁县	118062	77979	39354	6745	2363	2080	3889	1426	4145	4993	1607	9005	2372	40083	6317	6464	2678	24	23282	1318
桐城市	151411	109930	51964	10356	3493		6696	3975	12811	7249	2173	7892	3321	41481	6341	9480	4322		18094	3244
潜山县	75729	50922	22812	2926	1312	141	2243	935	2824	2383	3360	10326	1660	24807	5199	3847	3560		9933	2268
太湖县	47303	35506	15828	3083	1385	106	1680	780	2197	2192	1666	4936	1653	11797	3736	2357	2919		1332	1453
宿松县	73532	40514	21530	2774	1286	148	1869	587	669	2797	1591	5657	1606	33018	4452	5856	6008	1990	5516	9196
望江县	52846	35790	17218	2433	601	102	1785	1026	3947	2831	756	3685	1406	17056	3637	5282	3079		4623	435
岳西县	45172	31442	17413	2825	707	570	1686	930	1569	1626	754	2145	1217	13730	3200	2422	2008		5803	297
黄山市	751871	371221	147741	24696	11221	1250	18940	20019	50381	30984	7026	47634	11329	380650	27286	28875	15384	3895	274163	31047
黄山市本级	194782	106108	31694	9327	3185	9	5426	6191	13581	7907	1405	23814	3569	88674	7024	9241	5742		57926	8741
黄山市区县合计	557089	265113	116047	15369	8036	1241	13514	13828	36800	23077	5621	23820	7760	291976	20262	19634	9642	3895	216237	22306
屯溪区	83958	41247	19004	3711	1967	10	2799	2582	4845	5350			979	42711	2418	3941	923		34126	1303
黄山区	92962	44100	16530	1463	1260	326	1699	2435	7378	3667	335	7578	1429	48862	2379	2064	2613	183	41366	257
徽州区	83066	38015	17400	2158	998	68	2198	1790	6293	3231	136	2602	1141	45051	3369	4528	829		31022	5303
祁门县	57383	23302	11901	1082	569	133	1497	722	2868	1618	180	2197	535	34081	2209	1173	775		26216	3708
黟县	36995	15348	5912	733	455	26	601	1627	1926	1127	124	2523	294	21647	1583	1586	796		11230	6452
休宁县	82280	41716	17300	3068	1571	559	1929	2019	7967	2341	582	3463	917	40564	3235	2474	1569	3712	28643	931
歙县	120445	61385	28000	3154	1216	119	2791	2653	5523	5743	4264	5457	2465	59060	5069	3868	2137		43634	4352
亳州市	945506	732474	344068	58849	12124	6128	48783	14226	45178	42944	25496	109119	25559	213032	70958	48427	30940		49448	13259
亳州市本级	309792	245550	111763	22428	5377	223	20627	5639	17056	12309	10459	30668	9001	64242	23189	21448	7819		5025	6761
亳州市区县合计	635714	486924	232305	36421	6747	5905	28156	8587	28122	30635	15037	78451	16558	148790	47769	26979	23121		44423	6498
谯城区	219489	174141	90390	14931	2652	129	12764	3084	10410	10350	10781	16358	2292	45348	13203	10715	2251		17285	1894
涡阳县	127220	97952	42339	6264	1242	3037	4945	1928	5578	7442	1577	19785	3815	29268	12816	3567	6798		4858	1229
蒙城县	167728	129336	58179	7258	1898	2736	6399	2388	7569	7333	2541	26530	6505	38392	10478	4450	1389		19905	2170
利辛县	121277	85495	41397	7968	955	3	4048	1187	4565	5510	138	15778	3946	35782	11272	8247	12683		2375	1205

2017年度各市县(区)一般公共预算支出情况表

单位:万元

地区	支出合计	一般公共服务支出	外交支出	国防支出	公共安全支出	教育支出	科学技术支出	文化体育与传媒支出	社会保障和就业支出	医疗卫生与计划生育支出	节能环保支出	城乡社区支出	农林水支出	交通运输支出	资源勘探信息等支出	商业服务业等支出	金融支出	援助其他地区支出	国土海洋气象等支出	住房保障支出	粮油物资储备支出	其他支出	债务付息支出	债务发行费用支出
安徽省	62038110	4532794		55453	2583904	10149069	2604129	809365	8625260	5977440	1986403	10137971	6819092	2303742	1061078	347096	135543	47849	560902	2225185	256939	64992	747736	6168
安徽省本级	7849456	469197		15366	377559	1161349	330038	277917	2426661	176486	28392	5399	969227	634994	378499	24749	61424	47849	60788	141200	150474	18866	92264	758
安徽省地市合计	54188654	4063597		40087	2206345	8987720	2274091	531448	6198599	5800954	1958011	10132572	5849865	1668748	682579	322347	74119		500114	2083985	106465	46126	655472	5410
宣城市	2733264	195195		1558	77988	410386	112055	27007	301764	304891	84236	722486	232594	115370	10089	11036	1917		20002	54755	4677	581	44246	431
宣城市本级	482306	41012		722	18045	22000	5249	7718	23709	18403	13141	178065	46108	67502	2808	4929	769		7383	7630	1783	230	15051	49
宣城市区县合计	2250958	154183		836	59943	388386	106806	19289	278055	286488	71095	544421	186486	47868	7281	6107	1148		12619	47125	2894	351	29195	382
宣州区	485739	36774		244	7922	78012	11996	1865	71068	58405	5267	133455	42591	13742	1932	607			2636	13188	498		5433	104
郎溪县	315181	25713			4107	59587	29773	3280	20604	32644	3332	103422	17232	2721	598	265			1134	6113	347		4246	63
广德县	436241	27603		197	9790	77199	17104	4340	45876	67235	30496	77914	36288	14541	1964	3418	683		4379	9326	948	190	6666	84
宁国市	420440	22743		243	16504	76632	25555	3098	46069	54175	12127	90254	50385	6607	1249	392	92		1908	6372	328	161	5472	74
泾县	282480	15391		152	10479	56585	6634	2984	59996	40606	8887	49050	15021	4104	585	886	273		932	7364	200		2342	9
旌德县	142706	13339			6790	12424	9232	1743	21052	15305	1740	33743	16125	3142	604	395	3		1149	3582	145		2172	21
绩溪县	168171	12620			4351	27947	6512	1979	13390	18118	9246	56583	8844	3011	349	144	97		481	1180	428		2864	27
宿州市	3459208	252425		1255	160220	681240	39433	31990	322788	486483	91956	525412	485529	94548	20210	12901	664		31302	166659	8380	272	45279	262
宿州市本级	790435	57740		765	64960	47824	22065	11424	12510	24868	33252	307995	55127	45237	11157	5108	431		3167	67285	2896	100	16390	134
宿州市区县合计	2668773	194685		490	95260	633416	17368	20566	310278	461615	58704	217417	430402	49311	9053	7793	233		28135	99374	5484	172	28889	128
埇桥区	686691	55293		180	11915	192433	6396	3848	75733	125744	14361	65899	96387	7933	420	453			6585	19235	538		3312	26
砀山县	425416	31012		153	21140	101999	4703	4953	44178	78061	8990	23236	70849	9459	2005	882			3561	14511	520	172	5015	17
萧县	599636	37713		18	29472	128940	3835	4258	80848	95779	20416	45836	96248	11236	3898	2437	170		6973	21702	1550		8270	37
灵璧县	478212	30510			12977	119576	1512	3057	63820	93725	7774	22762	73051	13774	1953	3363	63		6872	12465	1753		9176	29
泗县	478818	40157		139	19756	90468	922	4450	45699	68306	7163	59684	93867	6909	777	658			4144	31461	1123		3116	19
滁州市	3810834	228071		2992	153580	620812	105515	41753	450355	447998	100787	741253	529609	120564	47509	18247	1748		30314	103950	10221	1030	54182	344
滁州市本级	656666	66355		1195	49800	52984	30938	18909	60268	27088	14002	147367	49759	54717	35108	6670	444		3365	21150	2773	236	13393	145
滁州市区县合计	3154168	161716		1797	103780	567828	74577	22844	390087	420910	86785	593886	479850	65847	12401	11577	1304		26949	82800	7448	794	40789	199
琅琊区	154072	12670			6138	52904	3583	651	20104	12660	1674	28701	8785	134	957	243	90		36	2865	17		1849	11
南谯区	245275	11726			5678	59363	7624	2205	25687	23217	8852	55130	29467	2218	1056	1026	129		2161	5473	359	309	3568	27
天长市	543593	17259		573	14560	98749	18916	3175	68187	96917	16307	133526	41015	6065	1747	2430	706		6003	9032	737		7657	32
来安县	346918	16002		170	11817	46792	3890	2793	49997	52758	11022	57955	62152	8731	1648	2485	16		2256	10436	1823	130	3991	54
全椒县	359731	19024		307	12436	62270	7645	4830	37131	38994	3276	95427	51483	6702	2002	2441	11		2087	7621	962		5064	18
定远县	672666	33930		68	19622	90212	5375	2611	72922	71643	12931	121142	184456	14985	529	561	30		8185	25580	1961	187	5704	32
凤阳县	445488	36855		95	18845	100247	20024	4439	48538	58332	20512	31892	69141	7511	1564	1636	208		3940	13113	404	7	8173	12
明光市	386425	14250		584	14684	57291	7520	2140	67521	66389	12211	70113	33351	19501	2898	755	114		2281	8680	1185	161	4783	13
池州市	1436093	109214		1323	41677	199971	12792	15743	183002	145613	84544	292515	189597	52713	8035	8565	195		11384	43170	2587	1461	31733	259
池州市本级	468024	27549		1146	13811	26382	4395	6930	37126	17575	59563	181873	32623	24352	4169	3574	195		2811	6904	741	141	16050	114
池州市区县合计	968069	81665		177	27866	173589	8397	8813	145876	128038	24981	110642	156974	28361	3866	4991			8573	36266	1846	1320	15683	145
贵池区	354510	33587			5811	62000	2734	3104	51235	49443	19433	46109	51417	5068	1766	633			3011	11965	439	870	5820	65
石台县	117294	8981			4727	14860	1327	2224	20064	12711	1788	3423	27456	8248	332	2511			860	5817	170		1786	9
青阳县	195746	14815		177	7609	27514	1346	1797	31883	27127	1826	38519	24575	4614	52	1292			2354	6141	348	400	3306	51
东至县	300519	24282			9719	69215	2990	1688	42694	38757	1934	22591	53526	10431	1716	555			2348	12343	889	50	4771	20
阜阳市	5154240	381917		2586	203106	968693	52773	30666	765516	693365	113892	496116	769988	161074	61792	6138	4088		58653	299274	13584	13443	57220	356
阜阳市本级	808776	68743		942	71358	87043	24443	8063	61458	35512	39666	145835	89488	98541	12174	1937	2506		5612	25033	5009	13159	12202	52
阜阳市区县合计	4345464	313174		1644	131748	881650	28330	22603	704058	657853	74226	350281	680500	62533	49618	4201	1582		53041	274241	8575	284	45018	304

续表

地　区	支出合计	一般公共服务支出	外交支出	国防支出	公共安全支出	教育支出	科学技术支出	文化体育与传媒支出	社会保障和就业支出	医疗卫生与计划生育支出	节能环保支出	城乡社区支出	农林水支出	交通运输支出	资源勘探信息等支出	商业服务业等支出	金融支出	援助其他地区支出	国土海洋气象等支出	住房保障支出	粮油物资储备支出	其他支出	债务付息支出	债务发行费用支出
颍州区	388876	34945		293	10482	82019	1457	1164	63805	58143	4758	22867	59680	7661	3236	600	76		777	31590	451	60	4789	23
颍泉区	321349	25192		156	6839	57315	5223	871	52709	49073	5778	18432	60446	2037	4401	186			976	21981	340		9347	47
颍东区	292015	23747		152	6568	80432	2084	1846	47220	45963	821	4855	50050	3076	2687	273	156		1786	15889	507	100	3771	32
临泉县	740521	63653			23702	166027	1332	3307	123862	127898	4882	47308	104649	11239	992	257			5353	49886	451		5690	33
太和县	807118	48880		500	25716	151828	2694	3429	123312	119439	15438	95046	111314	13509	20784	705	1208		13837	50025	3728		5715	11
颍上县	651248	52403		334	25752	143176	4068	4634	125746	103433	5382	38176	104322	4679	224	554	70		4662	24397	272	124	8756	84
阜南县	629399	29877		149	18150	130689	2367	4827	93556	102368	11451	23662	135311	14271	5485	1363	51		14843	34781	681		5467	50
界首市	514938	34477		60	14539	70164	9105	2525	73848	51536	25716	99935	54728	6061	11809	263	21		10807	45692	2145		1483	24
六安市	3753587	362803		3323	149190	675479	93232	47552	368016	468496	137815	348887	658516	145633	28845	13499	21420		37608	146183	9545	980	36150	415
六安市本级	994577	87683		1883	54663	62512	67219	14520	28648	252328	59462	106613	64261	77749	8959	4223	20644		12127	56486	2017	130	12393	57
六安市区县合计	2759010	275120		1440	94527	612967	26013	33032	339368	216168	78353	242274	594255	67884	19886	9276	776		25481	89697	7528	850	23757	358
金安区	434840	53006		364	8548	117407	3715	4219	53272	30817	19381	16462	84757	14224	3553	2075	69		3940	15300	1469	12	2198	52
裕安区	450054	41352		239	8589	90495	4116	3625	55928	31578	12180	53666	110436	8120	2020	2182	72		2156	17649	1543	653	3410	45
霍邱县	554409	44073		50	21438	121343	804	5079	74881	36799	5241	48797	142712	18313	9073	1513	376		4935	14070	562		4284	66
舒城县	454462	43992		225	21900	106530	10722	8069	60721	36529	9606	25079	85424	13729	1918	1425	95		6326	17114	503		4508	47
金寨县	457193	52399		213	18119	87655	1839	7056	51223	45465	3273	56992	105490	3030	410	828	6		3721	12230	2602	65	4507	70
霍山县	276866	28830		315	11492	54325	4190	3449	30013	27856	26973	35847	30799	6047	786	1105	63		2770	7191	612	60	4080	63
叶集区	131186	11468		34	4441	35212	627	1535	13330	7124	1699	5431	34637	4421	2126	148	95		1633	6143	237	60	770	15
合肥市	9653444	698157		5329	362231	1418002	695921	80494	810201	754168	539539	2758228	573994	177759	295491	93276	9461		63350	215770	15674	14523	71368	508
合肥市本级	5234976	170777		2991	205124	488177	562945	43205	292627	316468	400756	1947729	191399	141116	233199	72076	1499		41275	73366	5074	7996	36957	220
合肥市区县合计	4418468	527380		2338	157107	929825	132976	37289	517574	437700	138783	810499	382595	36643	62292	21200	7962		22075	142404	10600	6527	34411	288
瑶海区	239532	29397		415	6943	74394	685	594	31210	15587	3404	66473	1039	34	4714	150			3	2833		259	1390	8
庐阳区	303157	45447		85	6610	80477	3986	1435	29047	16553	9513	82919	15325	176	1518	2015	1447		3	5323			1246	32
蜀山区	339833	29439		62	6021	75269	3140	2589	33980	14316	1429	136690	15127	12	9509	4129	17		4	4203		2153	1733	11
包河区	478714	72181		110	12897	100559	8375	11944	34717	23432	23299	133517	15868	341	26997	6470	84			3614		3316	961	32
肥东县	723901	69138		54	29122	138268	59829	8223	70964	82629	61291	57094	75696	10448	2627	2639	3595		5487	38381	2798	78	5491	49
长丰县	616596	75915		259	28026	111166	10837	5072	68922	62471	12927	115519	62316	8542	11760	1636	80		4439	29686	1971	56	4952	44
肥西县	697684	116796			29103	114219	31386	2394	63738	70931	10133	141567	65422	6852	1311	845	208		4993	27723	3366		6664	33
庐江县	584480	46937		496	12966	144319	6718	3032	97475	89151	12843	56991	74471	4537	2694	1095	82		2790	18201	1241		8411	30
巢湖市	434571	42130		857	25419	91154	8020	2006	87521	62630	3944	19729	57331	5701	1162	2221	2449		4356	12440	1224	665	3563	49
蚌埠市	2977139	201566		2378	116243	527459	126849	28665	350046	279936	65199	706013	277585	75699	7533	19199	2667		33923	127067	2131	174	26452	355
蚌埠市本级	1074941	73857		966	71094	87928	48139	17162	152608	71792	17755	305670	51931	51143	4250	8185	1869		18723	75283	55	174	16165	192
蚌埠市区县合计	1902198	127709		1412	45149	439531	78710	11503	197438	208144	47444	400343	225654	24556	3283	11014	798		15200	51784	2076		10287	163
龙子湖区	83025	6644		100	2468	21289	1219	1692	8740	3421	138	34664	1155	152	333	352	60			598				
蚌山区	109070	9139		228	3485	23972	1788	727	8511	5998	153	48445	2567	20	233	2212	70		5	948			569	
禹会区	132272	8261		83	2998	24531	1823	342	10814	8970	17861	43390	5516	35	630	1226	60		6	4846			872	8
淮上区	153593	10041		27	894	21692	3136	464	9384	10016	2164	74445	15249	414	878	3567	31		23	447			721	
怀远县	666314	34334		222	12602	211395	46827	2804	70771	88185	9484	47961	99129	10448	799	970	301		6540	18269	838		4342	93
固镇县	371842	23760		388	11009	70850	4440	1655	43223	45370	3106	101504	41778	5577	241	327	163		4052	12284	693		1410	12
五河县	386082	35530		364	11693	65802	19477	3819	45995	46184	14538	49934	60260	7910	169	2360	113		4574	14392	545		2373	50
淮南市	2332828	194999		2969	128084	446697	35440	24820	393509	270034	68176	239522	234057	96208	25866	12222	2839		21629	102593	6879	339	25723	223
淮南市本级	874040	55515		2053	71619	126143	23895	14480	192588	74477	39081	91031	41971	70729	9261	9200	192		8886	30574	3549	107	8574	115
淮南市区县合计	1458788	139484		916	56465	320554	11545	10340	200921	195557	29095	148491	192086	25479	16605	3022	2647		12743	72019	3330	232	17149	108
田家庵区	98777	11880		21	6330	34502	1190	319	14946	7250	752	15070	2289	6	216	24			12	3689			276	5
大通区	49521	4556			2389	5912	149	236	6663	3826	2038	7534	5449	35	226				231	10216			59	2
谢家集区	135846	11931			4409	24969	672	405	13673	5736	1429	45641	7102	22	4031	382			1825	10317		89	3209	4

续表

地区	支出合计	一般公共服务支出	外交支出	国防支出	公共安全支出	教育支出	科学技术支出	文化体育与传媒支出	社会保障和就业支出	医疗卫生与计划生育支出	节能环保支出	城乡社区支出	农林水支出	交通运输支出	资源勘探信息等支出	商业服务业等支出	金融支出	援助其他地区支出	国土海洋气象等支出	住房保障支出	粮油物资储备支出	其他支出	债务付息支出	债务发行费用支出
八公山区	41770	3410		112	2538	7704	309	183	10858	2467	850	4694	1522	450	101	361			12	5805			388	6
潘集区	115931	11705		68	2884	24626	94	731	15994	21317	2553	7173	20552	315	1847				813	3817		25	1410	7
凤台县	441285	36647		279	15815	78105	6553	3366	58833	53795	14238	58955	63869	9654	3046	704	2596		5005	23780	1313	38	4670	24
寿县	575658	59355		436	22100	144736	2578	5100	79954	101166	7235	9424	91303	14997	7138	1551	51		4845	14395	2017	80	7137	60
铜陵市	1602757	123137		644	75473	235405	83439	16881	197209	145933	80459	335444	123483	56319	15038	19142	925		12052	51787	3610	4391	21789	197
铜陵市本级	711261	46612		100	37731	79265	54637	9510	73177	44258	54436	202868	25279	31749	10907	2803	455		2573	13852	2641	3881	14459	68
铜陵市区县合计	891496	76525		544	37742	156140	28802	7371	124032	101675	26023	132576	98204	24570	4131	16339	470		9479	37935	969	510	7330	129
郊区	69987	6691			2611	7633	664	685	6057	2582	497	30080	3810	1149	404	3343			530	3068		4	173	6
铜官区	125238	11069			5958	23346	2683	1348	25112	10048	208	24098	2247		88	6787	4		571	10656		128	865	22
义安区	306325	32458		227	13960	49096	20219	2762	22715	24370	21751	45168	37821	10515	3079	5571	396		6203	6351	389	338	2870	66
枞阳县	389946	26307		317	15213	76065	5236	2576	70148	64675	3567	33230	54326	12906	560	638	70		2175	17860	580	40	3422	35
马鞍山市	2276986	206570		1005	125098	333407	123050	26783	283449	210962	55796	487514	169497	56084	15447	26153	453		26224	85990	5920	2685	34504	395
马鞍山市本级	762114	54529		628	49516	67960	46505	18378	113455	46132	27628	189936	35344	28218	12678	14345	328		11913	27236	1474	1870	13949	92
马鞍山市区县合计	1514872	152041		377	75582	265447	76545	8405	169994	164830	28168	297578	134153	27866	2769	11808	125		14311	58754	4446	815	20555	303
花山区	124474	16911			12783	30893	2266	667	23005	10920	2482	11614	1730	370	131	2397			322	5351		166	2459	7
雨山区	122800	11143			11730	20486	1178	703	16525	8656	9490	28980	3584	266	886	1089	11		181	6296		296	1273	27
当涂县	489036	53155			16704	74850	12468	174	57746	56359	6101	154185	22676	5078	151	1369	62		1577	17473	2087	31	6650	140
含山县	271317	23226		315	12924	60850	5870	2930	29346	37177	5849	40814	27819	5705	647	1807	49		4641	6673	941		3681	53
和县	406496	37109		62	15627	63416	37355	3568	32323	44412	3364	53488	65763	14320	631	3894			5104	19380	1418	22	5170	70
博望区	100749	10497			5814	14952	17408	363	11049	7306	882	8497	12581	2127	323	1252	3		2486	3581		300	1322	6
淮北市	1527736	123726		2744	74053	252501	15863	12315	200615	152631	50740	225100	147582	27718	29550	2257	307		34851	148916	2985	2472	20709	101
淮北市本级	567496	47416		2454	43304	75262	4826	6297	80227	51335	20383	118783	23941	17253	6575	1448	88		24240	29324	1598	1268	11405	69
淮北市区县合计	960240	76310		290	30749	177239	11037	6018	120388	101296	30357	106317	123641	10465	22975	809	219		10611	119592	1387	1204	9304	32
相山区	134466	17849		1	4405	18882	2155	391	21397	8028	1347	13789	3647	429	4880	179			34	35580	150	132	1191	
杜集区	117736	11502		108	4069	27309	4063	595	15284	9157	1479	15851	8157	634	1578	140			2510	14376		39	885	
烈山区	134520	11457			4224	20334	434	952	19005	8581	3086	22448	12074	901	8545	244			300	20579		338	1018	
濉溪县	573518	35502		181	18051	110714	4385	4080	64702	75530	24445	54229	99763	8501	7972	246	219		7767	49057	1237	695	6210	32
芜湖市	4632994	282700		4923	164331	731657	574155	34688	481486	401940	165562	1035694	267552	102321	54438	25875	15110		32414	187843	3486	691	65309	819
芜湖市本级	1880915	87012		3205	89912	211604	476164	20432	140070	105953	126073	308717	53857	60766	28558	9293	14365		12685	100745	2175	135	28808	386
芜湖市区县合计	2752079	195688		1718	74419	520053	97991	14256	341416	295987	39489	726977	213695	41555	25880	16582	745		19729	87098	1311	556	36501	433
镜湖区	248984	10556			5715	75781	2696	53	32150	12131	464	85109	10675	160	358	793	73			8713		190	3346	21
弋江区	172969	26219		131	6939	27163	40447	164	32660	6118	292	20277	1834	647	2077	281	116		50	4865		56	2619	14
鸠江区	297159	23998		242	4996	60869	8504	3528	46205	15589	3602	67382	28665	2559	8398	10746	80		35	6092	255	138	5229	47
三山区	137226	14068		234	4850	19689	9142	342	17043	7122	7756	18329	15783	3634	6613	526			318	10167		32	1560	18
繁昌县	414728	28933		241	12957	50774	11812	2676	39253	27512	8534	179482	26771	4251	2541	451	86		3559	9048	160		5620	67
南陵县	407558	34282		258	15201	79787	13785	3240	49210	47058	2836	83847	39400	4600	832	740	101		10305	16696	300	40	4943	97
芜湖县	436681	20686		285	10763	48206	4505	2313	41895	33157	3505	197783	37740	6723	4287	1822	169		1109	15847	113		5650	123
无为县	636774	36946		327	12998	157784	7100	1940	83000	147300	12500	74768	52827	18981	774	1223	120		4353	15670	483	100	7534	46
安庆市	3730026	284231		2416	146502	714367	95817	54747	463190	432325	91387	483130	505508	201732	27094	16646	7975		24247	115543	7515	2366	53003	285
安庆市本级	909416	45860		1209	45808	99351	34176	26415	95781	62603	20049	246002	36385	94845	9374	1913	6681		5439	53902	2864	60	20678	21
安庆市区县合计	2820610	238371		1207	100694	615016	61641	28332	367409	369722	71338	237128	469123	106887	17720	14733	1294		18808	61641	4651	2306	32325	264
迎江区	75829	10486			363	14344	513	674	11563	4445	185	28008	3920	433	325	328						70	170	2
大观区	63784	5942			3088	17492	882	306	16510	8059	532	4562	4354	233	303	361	44		25	671			413	7
宜秀区	85021	12589			3830	16500	2039	1970	6708	11355	1344	1686	20494	1054	235	631			347			1937	2299	3
怀宁县	315255	27957		415	9609	80595	5805	2956	49556	45029	4534	8977	52204	7574	1812	612	178		4372	8538	410		4040	82
桐城市	451700	29242		70	16850	97357	25867	1827	51904	53725	8851	55772	49194	33007	2472	466	124		2702	14737	225	20	7255	33

续表

地　区	支出合计	一般公共服务支出	外交支出	国防支出	公共安全支出	教育支出	科学技术支出	文化体育与传媒支出	社会保障和就业支出	医疗卫生与计划生育支出	节能环保支出	城乡社区支出	农林水支出	交通运输支出	资源勘探信息等支出	商业服务业等支出	金融支出	援助其他地区支出	国土海洋气象等支出	住房保障支出	粮油物资储备支出	其他支出	债务付息支出	债务发行费用支出
潜山县	366825	30730		128	13569	69163	6885	4334	50096	51370	12300	39183	68915	3066	876	1347	146		1715	9793	603	60	2512	34
太湖县	364323	22592		33	14679	83022	909	3629	37909	47188	6254	32425	76412	10593	7490	3674	93		2386	10512	1065	60	3371	27
宿松县	462600	45056		531	16740	109500	6678	4405	57766	63118	19855	23065	68414	26531	2034	2409	593		3057	6982	744	99	4992	31
望江县	322121	27039		30	12726	68287	6885	3904	40323	46476	7221	27736	63455	6147	1265	2060	3		2281	2098	792		3370	23
岳西县	313152	26738			9240	58756	5178	4327	45074	38957	10262	15714	61761	18249	908	2845	113		1923	8310	812	60	3903	22
黄山市	1857265	185407		1735	96912	186447	54102	38187	205598	162774	139716	290498	275283	94222	20684	18627	953		8762	48589	2790	452	25330	197
黄山市本级	504579	48814		1287	40314	29988	12493	8606	31032	17566	104761	55618	64604	60210	3878	2762	1		1664	10136	511	297	9972	65
黄山市区县合计	1352686	136593		448	56598	156459	41609	29581	174566	145208	34955	234880	210679	34012	16806	15865	952		7098	38453	2279	155	15358	132
屯溪区	157189	13706			6036	8130	4723	1461	21322	14529	1683	60248	10488	1784	1367	675	341		206	9082	209	29	1164	6
黄山区	195475	33481		92	8586	25565	4085	3084	24600	19225	3037	24669	32867	5194	1893	816	85		1295	4384	301	7	2190	19
徽州区	140422	10743			6863	14727	2968	4125	10383	10349	7080	30653	20926	2403	2913	8901	40		475	5221	250		1381	21
祁门县	177357	20606		126	7699	19889	4799	2926	24764	18363	4100	28162	29314	4654	3746	509	38		942	4622	425	115	1537	21
黟县	115041	14092		230	6298	9026	921	7495	15249	9525	3480	16714	22793	1735	284	2249	202		1179	2406	230		922	11
休宁县	220637	20680			8338	26700	6208	5397	26669	29393	6502	31746	38897	6920	3326	1556	7		1188	4492	407	4	2173	34
歙县	346565	23285			12778	52422	17905	5093	51579	43824	9073	42688	55394	11322	3277	1159	239		1813	8246	457		5991	20
亳州市	3250253	233479		2907	131657	585197	53655	19157	421855	443405	88207	444760	409491	90784	14958	18564	3397		53399	185896	6481	266	42475	263
亳州市本级	635802	51517		2458	60271	61936	11370	3635	21633	22349	24097	194669	82993	41642	7549	7971	2810		5539	21249	3202	186	8694	32
亳州市区县合计	2614451	181962		449	71386	523261	42285	15522	400222	421056	64110	250091	326498	49142	7409	10593	587		47860	164647	3279	80	33781	231
谯城区	720162	50944			10419	123252	26049	4361	102168	108827	24907	63806	103071	11892	1287	8466	569		11198	60697	359	20	7784	86
涡阳县	641668	33929		109	20498	109009	7126	3883	97524	109679	18260	91968	68219	12778	4127	115	18		7898	45216	604	60	10629	19
蒙城县	613531	45582		97	18730	124353	7241	3799	106756	96757	19197	53154	63817	10331	642	150			13644	40350	538		8317	76
利辛县	639090	51507		243	21739	166647	1869	3479	93774	105793	1746	41163	91391	14141	1353	1862			15120	18384	1778		7051	50

2017 年度各市县(区)一般公共预算收支平衡情况表

单位:万元

地区	平衡部分											平衡部分											
	收入部分											支出部分									结余部分		
	收入总计	本年收入	上级补助收入	待偿债置换一般债券上年结余	上年结余	调入资金	债务(转贷)收入	国债转贷收入、上年结余及转补助	调入预算稳定调节基金	接受其他地区援助收入	省补助计划单列市收入	支出总计	本年支出	上解上级支出	调出资金	债务还本支出	增设预算周转金	国债转贷拨付数及年终结余	补充预算稳定调节基金	援助其他地区支出	计划单列市上解省支出	结余总计	待偿债置换一般债券结余	年终结余
安徽省	72629445	28124495	29209762		883507	3728250	6545616		4097815	40000		71746313	62038110	304108		5342138	33662		4028295			883132		883132
安徽省本级	10111770	2747373	3739722		407021	606195	746459		1825000	40000		9704554	7849456	−707688		599459	−12500		1975827			407216		407216
安徽省地市合计	62517675	25377122	25470040		476486	3122055	5799157		2272815			62041759	54188654	1011796		4742679	46162		2052468			475916		475916
宣城市	3227558	1429705	1115504		33472	144086	470970		33821			3194498	2733264	4353		385193	−95		71783			33060		33060
宣城市本级	614035	202735	229714		15750	64293	75504		26039			598309	482306	−1543		58271	−30		59305			15726		15726
宣城市区县合计	2613523	1226970	885790		17722	79793	395466		7782			2596189	2250958	5896		326922	−65		12478			17334		17334
宣州区	583017	268673	187866		9464	17519	99495					573913	485739	1549		86625						9104		9104
郎溪县	374025	173035	115686		130	17996	67178					373615	315181	523		54049			3862			410		410
广德县	516043	234237	158037		1206	27741	94822					514838	436241	1266		77193	−23		161			1205		1205
宁国市	492602	288645	124345		3413	1285	74914					489194	420440	1948		65521			1285			3408		3408
泾县	293376	130238	134648		875	12852	8630		6133			292512	282480	241		3688	−42		6145			864		864
旌德县	162930	56255	79351		1202	2400	22073		1649			161661	142706	147		17783			1025			1269		1269
绩溪县	191530	75887	85857		1432		28354					190456	168171	222		22063						1074		1074
宿州市	3890225	1001243	2166898		41402	258677	279182		142823			3858744	3459208	2136		191593	21447		184360			31481		31481
宿州市本级	1070555	342428	280943		27573	193580	157025		69006			1061827	790435	−32010		156143	22000		125259			8728		8728
宿州市区县合计	2819670	658815	1885955		13829	65097	122157		73817			2796917	2668773	34146		35450	−553		59101			22753		22753
埇桥区	746160	223753	464463		948	1882	25114		30000			741196	686691	29595		4825			20085			4964		4964
砀山县	440913	89696	293031		2100	35541	17374		3171			438913	425416	1455		5572	−529		6999			2000		2000
萧县	625250	167610	385222		2518	2558	33986		33356			618045	599636	93		3292			15024			7205		7205
灵璧县	503214	84341	382410		3975	200	27166		5122			499410	478212	1786		13290			6122			3804		3804
泗县	504133	93415	360829		4288	24916	18517		2168			499353	478818	1217		8471	−24		10871			4780		4780
滁州市	4418146	1825104	1805277		39440	179343	361885		207097			4378793	3810834	20609		306651	27000		213699			39353		39353
滁州市本级	991233	472467	143590		19768	72739	165086		117583			971388	656666	−11232		181550	27000		117404			19845		19845
滁州市区县合计	3426913	1352637	1661687		19672	106604	196799		89514			3407405	3154168	31841		125101			96295			19508		19508
琅琊区	187798	87511	62598		1738	17369	10463		8119			186066	154072	16408		8555			7031			1732		1732
南谯区	290280	146792	98527		446	12869	24986		6660			289835	245275	11904		20655			12001			445		445
天长市	586057	330206	182523		6389	30313	33647		2979			579669	543593	2882		26250			6944			6388		6388
来安县	425854	162694	165170		990	31594	56771		8635			424874	346918	465		49447			28044			980		980
全椒县	373780	170859	166059		4362		17001		15499			369429	359731	297		2419			6982			4351		4351
定远县	713362	146882	502287		2704	8704	31036		21749			710762	672666	−273		13576			24793			2600		2600
凤阳县	449592	189805	229036		1891	755	11232		16873			447725	445488	89		2148						1867		1867
明光市	400190	117888	255487		1152	5000	11663		9000			399045	386425	69		2051			10500			1145		1145
池州市	1720483	651887	769118		5623	2542	283933		7380			1714990	1436093	1063		277834						5493		5493
池州市本级	620296	271856	198634		5357	2218	134851		7380			615085	468024	−1623		148684						5211		5211
池州市区县合计	1100187	380031	570484		266	324	149082					1099905	968069	2686		129150						282		282
贵池区	413139	175242	172399				65498					413139	354510	2459		56170								
石台县	120057	17612	94283				8162					120057	117294	3		2760								
青阳县	247985	96427	100635		85		50838					247903	195746	25		52132						82		82
东至县	319006	90750	203167		181	324	24584					318806	300519	199		18088						200		200
阜阳市	5769699	1576195	3142587		78739	411937	418559		141682			5695079	5154240	42994		316066	−137		181916			74620		74620
阜阳市本级	940567	350730	320756		53049	82499	53774		79759			889405	808776	−110749		65148	−40		126270			51162		51162

续表

地区	平衡部分																							
	收入部分											支出部分										结余部分		
	收入总计	本年收入	上级补助收入	待偿债置换一般债券上年结余	上年结余	调入资金	债务(转贷)收入	国债转贷收入、上年结余及转补助	调入预算稳定调节基金	接受其他地区援助收入	省补助计划单列市收入	支出总计	本年支出	上解上级支出	调出资金	债务还本支出	增设预算周转金	国债转贷拨付数及年终结余	补充预算稳定调节基金	援助其他地区支出	计划单列市上解省支出	结余总计	待偿债置换一般债券结余	年终结余
阜阳市区县合计	4829132	1225465	2821831		25690	329438	364785		61923			4805674	4345464	153743		250918	-97		55646			23458		23458
颍州区	497862	230039	239723		710	1000	22019		4371			497862	388876	70139		12538	-48		26357					
颍泉区	388039	106107	212651		3480	3822	51100		10879			384626	321349	17257		41846			4174			3413		3413
颍东区	356771	89509	217907			12569	34090		2696			356760	292015	29568		26717	-49		8509			11		11
临泉县	751264	123639	565549		3976	28592	29508					746997	740521	73		6403						4267		4267
太和县	871991	249558	461249		4880	99203	57101					870041	807118	21283		41640						1950		1950
颍上县	753543	172152	402884		7381	56113	95563		19450			748646	651248	10524		81522			5352			4897		4897
阜南县	662178	91017	500877		4065	15739	50480					655642	629399	2581		23645			17			6536		6536
界首市	547484	163444	220991		1198	112400	24924		24527			545100	514938	2318		16607			11237			2384		2384
六安市	4303438	1127855	2276984		3854	244435	427088		223222			4299738	3753587	6857		282462	-1040		257872			3700		3700
六安市本级	1240589	395636	525684		3798	64651	62820		188000			1236889	994577	10063		52897	-1040		180392			3700		3700
六安市区县合计	3062849	732219	1751300		56	179784	364268		35222			3062849	2759010	-3206		229565			77480					
金安区	486026	123880	276775			21152	55612		8607			486026	434840	-3633		31757			23062					
裕安区	476356	115902	277732			28609	46477		7636			476356	450054	-2871		24491			4682					
霍邱县	604834	135736	371029			33126	63813		1130			604834	554409	1611		31936			16878					
舒城县	503253	135374	284107		16	34239	44955		4562			503253	454462	552		28661			19578					
金寨县	498228	90929	311392		40	13723	69490		12654			498228	457193	192		40843								
霍山县	338295	90454	153753			26568	67520					338295	276866	456		59693			1280					
叶集区	155857	39944	76512			22367	16401		633			155857	131186	487		12184			12000					
合肥市	10685089	6559039	2930414		29120	207836	524406		434274			10648261	9653444	299368		436239			259210			36828		36828
合肥市本级	5726137	4189378	1055379		17181	26532	231336		206331			5698242	5234976	137993		258196			67077			27895		27895
合肥市区县合计	4958952	2369661	1875035		11939	181304	293070		227943			4950019	4418468	161375		178043			192133			8933		8933
瑶海区	250087	113377	113378			92	7240		16000			250087	239532	806		7240			2509					
庐阳区	342932	199268	94466			198	29000		20000			342932	303157	12785		9000			17990					
蜀山区	360719	193112	146052			75	10000		11480			360719	339833	5292					15594					
包河区	537730	329908	139278		4115	3885	29374		31170			537645	478714	44835					14096			85		85
肥东县	851652	356514	292211		2926	65660	50111		84230			848798	723901	6442		41464			76991			2854		2854
长丰县	709059	351083	241538		1025	27224	40998		47191			706902	616596	18306		54210			17790			2157		2157
肥西县	778689	466847	252430		2401	17130	33881		6000			776317	697684	20064		24528			34041			2372		2372
庐江县	595541	176225	319909		491	67000	28556		3360			595051	584480	-613		11184						490		490
巢湖市	532543	183327	275773		981	40	63910		8512			531568	434571	53458		30417			13122			975		975
蚌埠市	3833173	1410675	1365887		74484	368823	378261		235043			3763373	2977139	144750		368417			273067			69800		69800
蚌埠市本级	1639856	630247	418038		71500	126304	220719		173048			1572616	1074941	52758		225686			219231			67240		67240
蚌埠市区县合计	2193317	780428	947849		2984	242519	157542		61995			2190757	1902198	91992		142731			53836			2560		2560
龙子湖区	115950	75940	22846		653	4511			12000			115331	83025	20582					11724			619		619
蚌山区	128391	85796	26345			569			15681			128391	109070	19321										
禹会区	183688	122720	50334				8500		2134			183688	132272	30998		9068			11350					
淮上区	188530	100008	36259			51692			571			188530	153593	14164					20773					
怀远县	754792	166151	368339		636	108208	89985		21473			754580	666314	5263		82910			93			212		212
固镇县	387714	114235	215534		967	39039	10450		7489			386686	371842	566		6129			8149			1028		1028
五河县	434252	115578	228192		728	38500	48607		2647			433551	386082	1098		44624			1747			701		701
淮南市	2659525	1013169	1109361		22224	178599	226526		109646			2637358	2332828	59869		192338	-299		52622			22167		22167
淮南市本级	1014823	432725	283790		20323	100740	136255		40990			994620	874040	-29412		142842			7150			20203		20203
淮南市区县合计	1644702	580444	825571		1901	77859	90271		68656			1642738	1458788	89281		49496	-299		45472			1964		1964
田家庵区	147164	80804	53025			10362	1969		1004			147164	98777	42464					5923					
大通区	69220	33803	18548		1	7093	4850		4925			69220	49521	13072		3000			3627					

续表

地区	平衡部分											平衡部分												
	收入部分											支出部分										结余部分		
	收入总计	本年收入	上级补助收入	待偿债置换一般债券上年结余	上年结余	调入资金	债务(转贷)收入	国债转贷收入、上年结余及转补助	调入预算稳定调节基金	接受其他地区援助收入	省补助计划单列市收入	支出总计	本年支出	上解上级支出	调出资金	债务还本支出	增设预算周转金	国债转贷拨付数及年终结余	补充预算稳定调节基金	援助其他地区支出	计划单列市上解省支出	结余总计	待偿债置换一般债券结余	年终结余
谢家集区	154644	50837	74803		5	19750	4009		5240			154641	135846	15325		849			2621			3		3
八公山区	47549	11182	22743			6447	5072		2105			47549	41770	5227					552					
潘集区	127211	39395	72602		1	4602	10611					127210	115931	3148		4291			3840			1		1
凤台县	481953	260504	134755		1894	10638	24832		49330			479993	441285	7191		22161	−299		9655			1960		1960
寿县	616961	103919	449095			18967	38928		6052			616961	575658	2854		19195			19254					
铜陵市	1802971	773441	653635		7894	152615	209438		5948			1795379	1602757	18721		164235			9666			7592		7592
铜陵市本级	760301	401573	218150		4411	58384	73003		4780			755893	711261	−24455		59421			9666			4408		4408
铜陵市区县合计	1042670	371868	435485		3483	94231	136435		1168			1039486	891496	43176		104814						3184		3184
郊区	88452	58704	13845		733	8341	6829					87803	69987	10987		6829						649		649
铜官区	177341	76134	60695		1100	12344	25900		1168			176406	125238	25268		25900						935		935
义安区	378001	149782	97912		1650	57972	70685					376401	306325	6430		63646						1600		1600
枞阳县	398876	87248	263033			15574	33021					398876	389946	491		8439								
马鞍山市	2902800	1383556	793375		3572	95453	436286		190558			2898562	2276986	144945		380641			95990			4238		4238
马鞍山市本级	956602	533238	145675		3571	62090	101900		110128			952518	762114	48170		82061			60173			4084		4084
马鞍山市区县合计	1946198	850318	647700		1	33363	334386		80430			1946044	1514872	96775		298580			35817			154		154
花山区	208223	126559	48126				7647		25891			208223	124474	53046		4760			25943					
雨山区	187445	97836	48661				30430		10518			187332	122800	36962		27570						113		113
当涂县	641317	283621	166182		1	13587	156214		21712			641317	489036	4151		148130								
含山县	320686	108020	151891			4113	54943		1719			320686	271317	172		49197								
和县	478540	175938	198686			11003	79179		13734			478499	406496	2031		65323			4649			41		41
博望区	109987	58344	34154			4660	5973		6856			109987	100749	413		3600			5225					
淮北市	1681695	605395	749993		14730	186521	105017		20039			1666965	1527736	31977		93813			13439			14730		14730
淮北市本级	653383	328580	156021		8044	98392	49345		13001			645404	567496	31589		46319						7979		7979
淮北市区县合计	1028312	276815	593972		6686	88129	55672		7038			1021561	960240	388		47494			13439			6751		6751
相山区	147639	50538	78733		3491	7930	6724		223			144128	134466			6724			2938			3511		3511
杜集区	127180	31510	73812		30	12711	8234		883			127180	117736			8234			1210					
烈山区	151094	28033	102344		1774	13430	4593		920			149204	134520			5393			9291			1890		1890
濉溪县	602399	166734	339083		1391	54058	36121		5012			601049	573518	388		27143						1350		1350
芜湖市	5793120	3112297	1489820		10953	63980	921931		194139			5759776	4632994	162743		816080	−511		148470			33344		33344
芜湖市本级	2314088	1222741	493300		8731	7244	450161		131911			2283141	1880915	−117168		408162	−344		111576			30947		30947
芜湖市区县合计	3479032	1889556	996520		2222	56736	471770		62228			3476635	2752079	279911		407918	−167		36894			2397		2397
镜湖区	399623	260393	79601			33000	24993		1636			399623	248984	117022		33000			617					
弋江区	272447	196173	41673				16948		17653			272447	172969	62085		24200			13193					
鸠江区	431121	291043	75189				49889		15000			431121	297159	81601		48300			4061					
三山区	173641	114026	34393		2222	28	17972		5000			171244	137226	12630		16360			5028			2397		2397
繁昌县	481182	317468	83005				73978		6731			481182	414728	502		65952	−143		143					
南陵县	497903	200960	178620			15708	102585		30			497903	407558	270		83136	−24		6963					
芜湖县	563001	272623	155960				134418					563001	436681	1316		125004								
无为县	660114	236870	348079			8000	50987		16178			660114	636774	4485		11966			6889					
安庆市	4090194	1210184	2193638		17390	252667	272261		144054			4066268	3730026	62310		159191			114741			23926		23926
安庆市本级	972295	460277	277267		8000	105374	21377		100000			957295	909416	−55194		25321			77752			15000		15000
安庆市区县合计	3117899	749907	1916371		9390	147293	250884		44054			3108973	2820610	117504		133870			36989			8926		8926
迎江区	128678	76952	46780		1846		3100					127240	75829	46311		2200			2900			1438		1438
大观区	99928	46726	45122		1000		6628		452			98876	63784	26182		5719			3191			1052		1052
宜秀区	126977	62174	50031		303	11893	2576					126705	85021	40229		100			1355			272		272
怀宁县	391594	118062	186086		2551	10000	71311		3584			389121	315255	2147		58791			12928			2473		2473

续表

地区	平衡部分											平衡部分												
	收入部分											支出部分										结余部分		
	收入总计	本年收入	上级补助收入	待偿债置换一般债券上年结余	上年结余	调入资金	债务(转贷)收入	国债转贷收入、上年结余及转补助	调入预算稳定调节基金	接受其他地区援助收入	省补助计划单列市收入	支出总计	本年支出	上解上级支出	调出资金	债务还本支出	增设预算周转金	国债转贷拨付数及年终结余	补充预算稳定调节基金	援助其他地区支出	计划单列市上解省支出	结余总计	待偿债置换一般债券结余	年终结余
桐城市	477250	151411	241243			48565	34098		1933			477250	451700	870		23480			1200					
潜山县	389736	75729	255526			21798	34342		2341			389736	366825	732		18136			4043					
太湖县	372867	47303	283087			13118	25404		3955			372867	364323	144		8400								
宿松县	485726	73532	328256		3677	17414	31244		31603			482049	462600	109		10120			9220			3677		3677
望江县	327350	52846	235498		13	17505	21488					327336	322121	370		2999			1846			14		14
岳西县	317793	45172	244742			7000	20693		186			317793	313152	410		3925			306					
黄山市	2081936	751871	952047		8273	107809	211548		50388			2071999	1857265	4047		164162	-28		46553			9937		9937
黄山市本级	613720	194782	268553		6700	45690	62995		35000			607065	504579	2308		58661			41517			6655		6655
黄山市区县合计	1468216	557089	683494		1573	62119	148553		15388			1464934	1352686	1739		105501	-28		5036			3282		3282
屯溪区	160827	83958	61442		70	8327	7030					160757	157189	158		3410						70		70
黄山区	215259	92962	86903		475	7233	24011		3675			212974	195475	86		17396			17			2285		2285
徽州区	160130	83066	49047		280	5325	21950		462			159858	140422	264		18095			1077			272		272
祁门县	196121	57383	104941		156	8050	25591					195966	177357	132		18440			37			155		155
黟县	125364	36995	69645		62	868	12294		5500			125301	115041	165		7890			2205			63		63
休宁县	249011	82280	127996		185	1216	34251		3083			248832	220637	621		27574						179		179
歙县	361504	120445	183520		345	31100	23426		2668			361246	346565	313		12696	-28		1700			258		258
亳州市	3657623	945506	1955502		85316	266732	271866		132701			3591976	3250253	5054		207764	-175		129080			65647		65647
亳州市本级	764247	309792	209324		3171	101444	36637		103879			746309	635802	6065		44337			60105			17938		17938
亳州市区县合计	2893376	635714	1746178		82145	165288	235229		28822			2845667	2614451	-1011		163427	-175		68975			47709		47709
谯城区	833995	219489	438020		37023	37317	86063		16083			818522	720162	2266		63071	-35		33058			15473		15473
涡阳县	705249	127220	443516		36723	67485	17566		12739			680442	641668	127		5970	-40		32717			24807		24807
蒙城县	682466	167728	403730		4165	28077	78766					675037	613531	-1554		63060	-100		100			7429		7429
利辛县	671666	121277	460912		4234	32409	52834					671666	639090	-1850		31326			3100					

财政机构人员篇

省财政厅机构人员

省财政厅处级以上干部名单

（2017 年 12 月 31 日）

厅领导

党组书记、厅　长：罗建国

党组成员、副厅长：朱长才

副厅长：胡锡萍

党组成员、驻厅纪检组长：项中胜

党组成员、副厅长：孟照红　朱艾勇　王召远

厅机关

办公室（行政审批办公室）

主　任：左自智

副主任：姚先飞

行政审批办公室副主任：徐　韬

副主任：尹立祥

综合处

处　长：江永泓

副处长：金嘉岳　宋葛民

副调研员：杨　兵

税政条法处

处　长：方山恩

副处长：陈　蕙

调研员：杨玉林

副调研员：高　峰

预算处（省直预算编制办公室）

处　长：方习利

副处长：汪公发

省直预算编制办公室副主任（副处长）：万卫国

副处长：张白平　田　丰

副调研员：段焕松　唐　兵

国库处

处　长：廖晓虹

副处长：袁　圆　朱正余

副调研员：王韵妮　刘　翔

政府债务管理办公室

主　任：孟照红（兼）

常务副主任：尹祥领（正处级）

副主任：谷　媛

副调研员：杜志明

行政处

处　长：管立新

副处长：李　霞　李　斌

副调研员：张惠敏

政法处

处　长：张　力

副处长：徐玉明

副调研员：姚　伟　童　兵

教科文处

处　长:鲍习生

副处长:孙荣春　吴祎明

调研员:何　义

经济建设处

处　长:张恒景

副处长:张行宇　邵俊峰

调研员:朱玉琴　汪小俊

副调研员:吴建辉　汪跃建

农业处

处　长:陈维光

副处长:郭安明　王知国

调研员:洪　军

副调研员:汪　辉　姚　瑶

社会保障处

处　长:徐光耀

副处长:杨前炉　韩剑辉　孙玫玫

企业处

处　长:汪代启

副处长:解亚平　宋先贵

调研员:宋　频

副调研员:程荣明

金融处

处　长:姜　毅

副处长:张先虹

国际债务管理处

处　长:刘　华

副处长:张　玲

调研员:王永力

农村财政管理局

副局长:左磊明(主持工作)
　　徐向前　周　远

调研员:徐中洋

副调研员:耿　鹏

会计处

处　长:季必英

副处长:鲍文前

行政事业国有资产管理处

处　长:许先才

副处长:连发玉

国有资本经营预算处

处　长:焦玲仪

调研员:殷鹭滨　周晓丽

监督检查局

副局长:胡德林(正处级)
　　张　进　陈　军　张克和

处　长(副处级):徐　明　胡继龙　李汪祥

调研员:杨　刚

副调研员:高维国

政府采购处

处　长:杨延彬

副处长:刘志毅

副调研员:陈东川

农村综合改革处

处　长:丁　俊

副处长:余　禹

调研员:胥慰庆

副调研员:魏祥瑾

民生工程工作办公室

主　任:黎学东

副主任:孟　骞

副调研员:李　燕　方诗庆

人事教育处

处　长:朱士昂

副处长:张忠文

机关党委

书　记:朱长才(兼)

专职副书记:陈　欢(正处级)

驻厅纪检组

副组长:王　梵　杨基洪

离退休工作处

处　长:缪　青

副调研员:杨　春

厅属单位

省社会保障资金管理中心

省农业综合开发局

局　长:孔少林(副厅级)

副局长:刘明刚　程巍东

处长(副处级):傅应军　马传喜　李志斌

副调研员:胡晓宁　刘　群

省非税收入征收管理局

副局长:张　黎(正处级)　王　冶

省财政厅国库支付中心

副主任:李德军(主持工作)　陈文权

副调研员:金　琦

省财政投资评审中心

主　任:方旭华

副主任:邓建成　徐延俊　吴小林

省政府采购监督管理办公室(省直政府采购监管中心)

主　任:王　旭

副主任:马再兴　董永权　张为中　方虹慧　彭学勇

副调研员:张晓兰　丁　健

省财政信息中心

主　任:达小敏

副主任:傅　依　曾志娟

省财政科学研究所

所　长:叶翠青

副所长:朱克俊

省注册会计师管理处(省注册会计师协会)

处　长(秘书长):彭高俊

专职党委副书记:李运孝(正处级)

副处长:胡正中　廖文学　宋中锋

省财政干部教育中心

主　任:张文超

副主任:李　军

省行政事业单位资产管理中心

主　任:王定友

副主任:张顺建　周　涛　周启安

(厅人事教育处供稿)

各市财政系统机构人员

(2017年12月31日)

合肥市财政系统领导名单

合肥市财政局

党组书记、局长、市投融资办主任:吴利林
党组成员、副局长:姚 琳 黄永强 孔天华
党组成员、市投融资办专职副主任:程世琴
党组成员、纪检组长:王 军
总会计师:王成双

庐阳区财政局

党组书记、局长:沈校根
党组成员、副局长:周 莹 邢志刚

蜀山区财政局

党组副书记、局长:程晓东
党组成员、国资办主任:梁 波
党组成员、副局长:吕贤武 钟丽霞

包河区财政局

党组书记、局长:周明洁
党组副书记:龚 林
党组成员、主任科员:陈爱群
党组成员、副局长:汪 云 唐 军
副局长:霍锦秀
纪检组长:张家军

瑶海区财政局

党组书记、局长:王 峰
党组副书记、副局长:陈 进
党组成员、副局长:高 捷
党组成员、纪检派驻组组长:宣 哲

经济技术开发区财政局

财政局局长、国资办主任:刘 岸
副局长:石 华 费红英
国资办副主任:闫之文 郭华荣
财务中心主任:黄全进
财务中心副主任:刘卫兵

高新技术产业开发区财政局

局 长:王 强
副局长、纪检组长:邵代志
财务管理中心主任:王安东
公共资源交易中心主任:严晓娟

新站高新技术开发区财政局

局 长:杨培红
副局长:张高峰 袁 莉

肥东县财政局

党组书记、局长:何长卫
党组成员、金融办主任:孙维荣
党组成员、副局长:吴晓东 戚 宏 韩永立
党组成员、综改办主任:孟 志
党组成员:张志勤

肥西县财政局

党组书记、局长:胡昌勇

党组副书记、国资办主任:颜德树

党组成员:徐建生

党组成员、副局长:夏智新　吴善彬

党组成员、纪检组长:袁家民

总会计师:何友才

党组成员、农村局局长:陈先锋

党组成员、国库科科长:杨　云

长丰县财政局

党组书记、局长:蔡继能

党组副书记、副局长:叶良传

党组成员、副局长:姚文贵　李咏梅

总会计师:许忠农

党组成员、办公室主任:孙青松

庐江县财政局

党组书记、局长:何　平

党组成员、副局长:陶学顺　王文宏

党组成员、总会计师:汪歆明

党组成员、副局长、财政监督局局长:周光法

党组成员、纪委派驻财政局纪检组长:杨传跃

党组成员、预算科科长:盛世财

党组成员:王丙生

党组成员(挂职)、县投融资办专职副主任:何海波

党组成员(挂职)、县金融办专职副主任:张永兵

巢湖市财政局

党组书记、局长:陈永铸

党组副书记:程庭浪

党组成员:毕早来

党组成员、副局长:李　政　翟长水　张　华

党组成员、驻局纪检组长:吴理萍

副局长(挂职):丁　睿

巢湖经济开发区财政局

局长:郝晓东

副局长:黄丽虹　李宏健　孙业兵

庐阳区

三十岗乡财政所　所长:李春林

大杨镇财政所　所长:钱志军

蜀山区

井岗镇财政所　所长:邓晓华

南岗镇财政所　所长:王道安

小庙镇财政所　所长:王叶友

包河区

常青街道财政所　所长:彭大金

芜湖路街道财政所　所长:孙家财

包公街道财政所　副所长:李　萍

望湖街道财政所　所长:李贤锋

骆岗街道三资代理中心　主任:丁　军

包河经开区财政所　所长:黄建树

淝河镇财政所　所长:郑善祥

大圩镇财政所　所长:沈　岚

义城街道财政所　所长:吴志力

烟墩街道财政所　所长:许爱武

方兴社区综合协调部　部长:方　韦

万年埠街道经济服务办　副主任:何　伟

滨湖世纪社区财务　负责人:姜雪莲

瑶海区

龙岗开发区财政管理办公室　主任:刘映华

大兴镇财政所　副所长:李红、胡正银

肥东县

肥东经开区财政分局　局长:黄　磊

循环园财政分局　局长:罗守斌

东部新城财政办事处　主任:梁英江

陈集镇财政所　所长:杨　奎

古城镇财政分局　局长:万兴平

马湖乡财政所　所长:陈正邦

八斗镇财政分局　局长:胡长明

响导乡财政所　所长:陈兆金

杨店乡财政所　所长:魏华祥

白龙镇财政分局　局长:陈长胜

元疃镇财政所　所长:宋海涛

张集乡财政所　所长:王　川

梁园镇财政分局　局长:童道洲

包公镇财政所　所长:周康应

石塘镇财政分局　局长:丁腾渊

店埠镇财政分局　局长:王　建

牌坊乡财政所　所长:张贤文

众兴乡财政所　所长:何长亚

桥头集镇财政分局　局长:叶顺龙

撮镇镇财政分局　局长:姚卫东

长临河镇财政分局　局长:杨盛林

肥西县

桃花工业园财政分局　局长:魏宏文

紫蓬山管委会财政分局 局长:汤　杰
上派镇财政分局 局长:张　波
花岗镇财政分局 局长:王恒传
三河镇财政分局 局长:王　超
桃花镇财政所 所长:余　刚
紫蓬镇财政所 所长:潘学军
丰乐镇财政所 所长:董光武
严店乡财政所 所长:郭少奇
山南镇财政所 所长:章声化
柿树岗乡财政所 所长:魏小军
官亭镇财政所 所长:张永安
铭传乡财政所 所长:卞　强
高店乡财政所 所长:丁雪松

长丰县

杜集镇财政所 所长:许金忠
岗集镇财政分局 局长:杨德丰
罗塘乡财政所 所长:孟凡富
双墩镇财政分局 局长:王华桥
双凤管委会财政分局 局长:陈　斌
水湖镇财政分局 局长:郑永昌
陶楼镇财政所 所长:俞　林
吴山镇财政分局 局长:祝泽选
下塘镇财政分局 局长:张恩奎
杨庙镇财政所 所长:董　梅
造甲乡财政所 所长:杨良基
朱巷镇财政所 所长:高恒霞
朱巷镇财政所 副所长:梁　刚
庄墓镇财政所 所长:闫媛媛
左店乡财政所 所长:孔凡国
罗塘乡财政所 所长:孟凡富
义井乡财政所 所长:刘　刚

庐江县

庐城镇财政所 所长:卢华东
冶父山镇财政所 所长:龙力保
汤池镇财政所 副所长(主持工作):杨玉著
万山镇财政所 所长:钱明华
金牛镇财政所 所长:韩　松
石头镇财政所 所长:王言胜
郭河镇财政所 所长:束晓明
白山镇财政所 所长:张安稳
同大镇财政所 所长:张立华
盛桥镇财政所 所长:伍明能
龙桥镇财政所 所长:刘胜利
白湖镇财政所 所长:钱金龙
矾山镇财政所 所长:刘保才
泥河镇财政所 所长:苏建醒
罗河镇财政所 所长:万玉柱
乐桥镇财政所 副所长(主持工作):董富贵
柯坦镇财政所 所长:吴启超
合肥庐江高新区财政局 局长:宠正荣
庐江台湾农民创业园财政分局 局长:杨正龙

巢湖市

中庙街道财政所 所长:许红梅
黄麓镇财政分局 局长:花业金
烔炀镇财政分局 局长:朱永胜
中垾镇财政所 所长:王修林
柘皋镇财政分局 局长:方先春
槐林镇财政分局 局长:钱泽民
栏杆集镇财政所 所长:赵俊峰
庙岗乡财政所 所长:王　涛
苏湾镇财政所 所长:王诗松
夏阁镇财政所 所长:方泽芒
卧牛山街道财政所 所长:张华锋
天河街道财政所 所长:王莉萍
凤凰山街道财政所 所长:程天舜
亚父街道财政所 所长:刁杰富
银屏街道财政所 所长:黄德华
散兵街道财政所 所长:向从华
坝镇财政所 所长:孙群东

巢湖经济开发区

半汤街道财政所 所长:童新生

淮北市财政系统领导名单

淮北市财政局

党组书记、局　长:徐　涛
党组成员、副局长:仲　杰　胡文莉　焦福生
党组成员、纪检组长:田跃全
党组成员、总会计师:王春强
党组成员、政府非税收入管理局局长:袁　松

濉溪县财政局

党组书记、局长:程振华
党组成员、副局长:营劲松　汪炳臣　鲁德明
党组成员、纪检组长:赵华山

相山区财政局

党组书记、局长:王之成

副局长:张　玲

杜集区财政局

局　长:杨登俊

副局长:张俊影　王海洋

烈山区财政局

党组书记、局长:蒋祥力

党组成员、副局长:潘秀柱　朱　梅

开发区财政局

局　长:胡国荣

新型煤化工合成材料基地管委会财政局

局　长:赵　跃

副局长(挂职):薛云峰

濉溪县

濉芜现代产业园财政局　局长:周海峰

濉溪镇财政所　所长:戚志杰

刘桥镇财政所　所长:杨学森

百善镇财政所　所长:毕耀华

韩村镇财政所　所长:周宗文

铁佛镇财政所　所长:张　震

临涣镇财政所　所长:谢士忠

南坪镇财政所　所长:邵思亮

五沟镇财政所　所长:张　锰

孙疃镇财政所　所长:周　杰

四铺镇财政所　所长:刘　永

双堆集镇财政所　所长:李从祥

相山区

渠沟镇财政所　所长:丁　杰

任圩街道办事处财政所　所长:张　丽

杜集区

高岳街道办事处财政所　所长:丁　敏

矿山集街道办事处财政所　所长:朱成华

朔里镇财政所　所长:徐敬卓

石台镇财政所　所长:许　生

段园镇财政所　所长:王建民

烈山区

杨庄办事处财政所　所长:高　峰

烈山镇财政所　所长:张守德

宋疃镇财政所　所长:张世民

古饶镇财政所　所长:费佳音

园区管委会财税办　主任:周茂春

亳州市财政系统领导名单

亳州市财政局

党组书记、局长:张传宾

调研员:蔡怀乾

党组成员、副局长:周金钟　宋保众　王振喜

党组成员、驻财政局纪检监察组组长:任亚慧

谯城区财政局

党组书记、局长:方平红

党组成员、副局长:陈胜志　张　平

涡阳县财政局

党组书记、局长:赵　良

党组成员、副局长:徐化飞　吕秀成　赵　冲

党组成员、办公室主任:付自民

党组成员:郑　涛

蒙城县财政局

党组书记、局长:锁必武

党组成员、副局长:杨晓保　王继生　白君利

党组成员、财监办主任:吕桂芹

利辛县财政局

党组书记、局长:郑书第

党组成员、副局长:刘富修　邢　伟

党组成员、农发办主任:孙文忠

谯城区

十八里镇财政所　所长:支效林

十河镇财政所　所长:韩朝民

赵桥乡财政所　所长:李　鹤

双沟镇财政所　所长:李先林

淝河镇财政所　所长:南子富

古城镇财政所　所长:杨　蓉

立德镇财政所　所长:曹　凯

龙杨镇财政所　所长:李　刚

大杨镇财政所　所长:刘继周

城父镇财政所　所长:聂启伟

十九里镇财政所　所长:陈广志

谯东镇财政所　所长:孙　琦

观堂镇财政所　所长:张玉兰

沙土镇财政所　所长:马德龙

五马镇财政所　所长:张玉琦

张店乡财政所　所长:张　峰

颜集镇财政所　所长:赵乐会

芦庙镇财政所 所长:刘景林
华佗镇财政所 所长:黄 涛
魏岗镇财政所 所长:怀济田
牛集镇财政所 所长:王自强
古井镇财政所 所长:冯 莉
汤陵街道财政所 所长:慕朝新
薛阁街道财政所 所长:杜丽娟
花戏楼街道财政所 所长:周 丽

涡阳县

城关街道财政所 所长:马 坤
城东街道财政所 所长:袁 辉
城西街道财政所 所长:侯景超
涡北街道财政所 所长:席广华
涡南镇财政所 副所长(主持工作):张体影
西阳镇财政所 所长:邵彦伟
楚店镇财政所 所长:宋兴明
高公镇财政所 副所长(主持工作):张 杰
义门镇财政所 副所长(主持工作):程 莉
新兴镇财政所 所长:王 喆
龙山镇财政所 所长:王贵云
青疃镇财政所 所长:刘 敏
石弓镇财政所 所长:董 超
曹市镇财政所 所长:郑显峰
高炉镇财政所 所长:徐连元
店集镇财政所 所长:王全成
公吉寺镇财政所 所长:吕文坤
临湖镇财政所 所长:李良晨
花沟镇财政所 所长:郑 超
标里镇财政所 所长:孟献启
丹城镇财政所 所长:徐凤海
马店镇财政所 所长:葛友峰
陈大镇财政所 所长:穆成坤
牌坊镇财政所 所长:张本云
经开区财政分局 局长:张茂林

蒙城县

城关镇财政所 所长:丁佩跃
庄周办事处财政所 所长:郑 武
漆园办事处财政所 所长:徐恒华
乐土镇财政所 所长:潘先廷
楚村镇财政所 所长:曹 凯
三义镇财政所 所长:杨海涛
篱笆镇财政所 所长:陈文信
小辛集乡财政所 所长:李保金
岳坊镇财政所 所长:唐殿军
马集镇财政所 所长:吕保真
小涧镇财政所 所长:戴冠凤
坛城镇财政所 所长:王 晖
许疃镇财政所 所长:宁春军
板桥镇财政所 所长:耿云灵
王集乡财政所 所长:郭 莉
立仓镇财政所 所长:张峨岭
双涧镇财政所 所长:李二朴

利辛县

城关镇财政所 所长:李 涛
江集镇财政所 所长:刘应宏
旧城镇财政所 所长:聂 奎
西潘楼镇财政所 所长:苏永光
城北镇财政所 所长:关 军
孙集镇财政所 所长:关 键
纪王场乡财政所 所长:孙东风
张村镇财政所 所长:何鹏飞
汝集镇财政所 所长:程 斌
王人镇财政所 所长:韩 敏
巩店镇财政所 所长:王继中
王市镇财政所 所长:邵拥军
孙庙乡财政所 所长:秦 伟
马店孜镇财政所 所长:高 翔
永兴镇财政所 所长:宫 琦
胡集镇财政所 所长:安学龙
大李集镇财政所 所长:姜之安
展沟镇财政所 所长:张 林
新张集乡财政所 所长:王 建
阚疃镇财政所 所长:姜 勇
程家集乡财政所 所长:聂 红
望疃镇财政所 所长:戴 利
中疃镇财政所 所长:武玉良

宿州市财政系统领导名单

宿州市财政局

党委书记、局长:张 亮
调研员:欧亚东
党委委员、副局长:张 民 潘相明
副局长:谢 安

党委委员、副局长:柏　红
党委委员、纪检组长:陈　玮
党委委员、总会计师:陈尚业
副调研员:王晓兰

埇桥区财政局

党组书记、局长:曹鹏程
党组成员、副局长:苏　航　李景民
党组成员、农发局长:王　军
党组成员、财监局局长:张亚东
党组成员、副主任科员:李东坡
党组成员、纪检组长:徐　永
总会计师:丁　红
副局长:郑　峰

灵璧县财政局

党组书记、局长:甘　泉
党组成员、农发局长:皮殿飞
党组成员、综改办副主任:程跃武
党组成员、副局长:陶双洁
党组成员、工会主任:冷亚飞
党组成员、民生办主任:司桂林
党组成员:赵　卡

泗县财政局

党组书记、局长:蔡晨光
党组成员、副局长:赵献谋　赵大廷　余红良
党组成员、总会计师:沈　辉
党组成员、农发办主任:赵明科

萧县财政局

县政协副主席、局党组书记、局长:曹　红
党组成员、副局长、农发局长:李　冰
党组成员、副局长:王中华　何玉良
党组成员、纪检组长:杭　磊
党组成员、国库支付中心主任:刘振东
党组成员、总会计师:蒋　杰

砀山县财政局

党组书记、局长:汪亚光
党组副书记、副局长:周咸东
党组成员、副局长:王行干　王美玲
党组成员、主任科员:崔吉芳
党组成员、财监局长:王　莉
党组成员、农村局长:夏文浩
党组成员、总会计师:王　琦
党组成员、纪检组长:王　飘
党组成员(挂职)、农发局长:崔玉平

经济开发区财政局

局长:王淑云

宿州马鞍山现代产业园区财政局

局长:张　静

高新技术产业开发区财政局

局长:张争平

埇桥区

北关街道办事处财政所　所长:金正宇
南关街道办事处财政所　所长:丁效亭
东关街道办事处财政所　所长:马跃武
西关街道办事处财政所　所长:靳怀启
埇桥街道办事处财政所　所长:王申球
三里湾街道办事处财政所　所长:魏　强
城东街道办事处财政所　所长:耿　勇
三八街道办事处财政所　所长:任启峰
沱河街道办事处财政所　所长:郭晓龙
汴河街道办事处财政所　所长:滕团结
道东街道办事处财政所　所长:王成宏
时村镇财政分局　局长:潘　超
符离镇财政分局　局长:刘　勇
朱仙庄镇财政分局　局长:张　勇
芦岭镇财政分局　局长:陈　超
北杨寨行管区财政分局　局长:刘　军
祁县镇财政分局　局长:孙　勇
夹沟镇财政所　所长:李如山
大店镇财政所　所长:梁太旺
褚兰镇财政所　所长:王成龙
杨庄乡财政所　所长:刘洪涛
曹村镇财政所　所长:所李伦
支河乡财政所　所长:李祥林
栏杆镇财政所　所长:代　伟
解集乡财政所　所长:韩世玉
桃沟乡财政所　所长:李　琳
永安镇财政所　所长:林广森
灰古镇财政所　所长:孙礼会
顺河乡财政所　所长:潘启超
汴河镇财政所　所长:滕团结
蒿沟乡财政所　所长:尹　松
苗安乡财政所　所长:李虎生
大泽乡镇财政所　所长:李　侠
桃园镇财政所　所长:郭朝辉

大营镇财政所　所长:刘　伟
永镇乡财政所　所长:韩军峰

灵璧县

韦集镇财政所　副所长:袁　野
向阳乡财政所　所长:鲁作战
黄湾镇财政所　所长:王现理
娄庄镇财政所　所长:李　冰
杨疃镇财政所　所长:闫兴跃
尹集镇财政所　所长:侯　君
浍沟镇财政所　所长:高存玖
朱集乡财政所　所长:许　岩
尤集镇财政所　所长:王会理
下楼镇财政所　所长:谢业慧
朝阳镇财政所　所长:陈益尚
渔沟镇财政所　所长:程仲超
大路乡财政所　所长:赵　跃
高楼镇财政所　所长:李玉白
大庙乡财政所　所长:朱　杰
冯庙镇财政所　所长:张　超
禅堂乡财政所　所长:赵　成
虞姬乡财政所　所长:陈　浮
灵城镇财政所　所长:张　曦
开发区财政所　所长:王宗迎

泗县

泗城镇财政分局　局长(兼):余红良
大路口乡财政所　所长:张万里
墩集镇财政所　所长:高　磊
草庙镇财政所　所长:于庆标
瓦坊乡财政所　所长:韩　非
黑塔镇财政所　所长:于贤宝
刘圩镇财政所　所长:李晓军
山头镇财政所　所长:计　兵
黄圩镇财政所　所长:李庆春
大庄镇财政所　所长:刘道胜
屏山镇财政所　所长:周长波
大杨乡财政所　所长:韩昌清
长沟镇财政所　所长:张艳艳
草沟镇财政所　所长:张　建
丁湖镇财政所　所长:郝　猛
开发区财政所　所长:尤墩跃

萧县

龙城镇财政所　所长:吴信瑞
黄口镇财政所　所长:高全军
杨楼镇财政所　所长:王信权
新庄镇财政所　所长:何　静
赵庄镇财政所　所长:杨兴民
张庄寨镇财政所　所长:马　健
大屯镇财政所　副所长(主持工作):张　琳
青龙镇财政所　所长:沈红军
石林乡财政所　副所长(主持工作):刘　春
孙圩孜乡财政所　所长:朱孝民
祖楼镇财政所　副所长(主持工作):王家瑞
酒店乡财政所　所长:郝振超
丁里镇财政所　所长:许　磊
马井镇财政所　所长:郝允峰
闫集镇财政所　所长:萧春雷
圣泉乡财政所　所长:张颂荣
刘套镇财政所　副所长(主持工作):罗献伦
白土镇财政所　所长:安孝民
庄里乡财政所　所长:袁龙连
官桥镇财政所　所长:王永干
永堌镇财政所　所长:张朝阳
杜楼镇财政所　所长:黄继明
开发区财政所　所长:盛　凯
王寨镇财政所　所长:吴志强

砀山县

城关镇财政所　所长:王　峰
赵屯镇财政所　所长:付　浩
曹庄镇财政所　所长:陈晓宇
官庄镇财政所　所长:张玉阁
玄庙镇财政所　所长:薛继秋
周寨镇财政所　所长:唐怀堂
良梨镇财政所　所长:周衍波
葛集镇财政所　所长:张春立
唐寨镇财政所　所长:刘火箭
程庄镇财政所　所长:邵延强
关帝庙镇财政所　所长:戚冠学
朱楼镇财政所　所长:卞　卡
李庄镇财政所　所长:郭进良
高铁新区财政所　所长:汪　鹏
开发区财政所　所长:王安鲁
薛楼园区财政所　所长:邵　丽

蚌埠市财政系统领导名单

蚌埠市财政局

党组书记、局长、国资委主任:叶　斌

党组成员、国资委副主任:翁美君

党组成员、副局长:马　飙　唐忠利　周　波

党组成员、纪检组长:陈利铭

党组成员、副局长:胡　云

龙子湖区财政局

党组书记、局长:翁　畅

党组成员、副局长:张利军　郭　靓

党组成员、财政支付中心主任:黄金凤

蚌山区财政局

副局长、金融办副主任(主持工作):李金凤

党组书记:徐　洁

副局长(挂职):丁忠胜、路冬梅

禹会区财政局

党组书记、局长:诸葛成斌

副局长:沈明德

淮上区财政局

局　长:徐　杰

副局长:周国东

经开区财政局

党组书记、局长:朱大光

高新区财政局

局　长:张广际

副局长:刘富国

怀远县财政局

党组书记、局长:李绪林

党组成员、副局长:石富勤　张　明　陈　顺

党组成员、总会计师、国库科科长:张天博

五河县财政局

党组书记、局长:杨晓武

党组成员、副局长:陈尚标　陈非非　陈四玲

党组成员、纪检组长:武怀守

党组成员、监督局局长:凌德宏

党组成员、总会计师:王尊昌

固镇县财政局

党组书记、局长、国资委主任:周继星

党组成员、副局长:崔怀贵　郁　青　党献文

党组成员、驻县财政局纪检监察组组长:刘凤亚

党组成员:徐其军　仲　谋　陈福柱　陶廷春　陈　敏

总会计师:张店全

龙子湖区

李楼乡财政所　所长:王　迪

蚌山区

雪华乡(宏业村街道)财政所　所长:高　婷

燕山乡财政所　所长:李广忠

天桥街道财税服务所　所长:赵　莉

青年街道财税服务所　所长:谢晓来

纬二街道财税服务所　所长:牛丽娟

黄庄街道财税服务所　所长:胡胜明

禹会区

长青乡财政所　所长:胡守陆

马城镇财政所　所长:纪学春

涂山风景区财政所　所长:沈晓玲

淮上区

小蚌埠镇财政所　所长:刘　梧

吴小街镇财政所　所长:黄　娟

曹老集镇财政所　所长:张　成

梅桥镇财政所　所长:史正春

沫河口镇财政所　所长:张茂绪

怀远县

荆山镇财政分局　副局长(主持工作):宋士乐

经开区财政分局　副局长(主持工作):陆　恒

龙亢经开区财政分局　副局长(主持工作):韩利清

白莲坡镇财政所　所长:常　飞

榴城镇财政所　所长:孙敦忠

包集镇财政所　所长:崔云峰

龙亢镇财政所　所长:张根祥

河溜镇财政所　所长:姚荣平

常坟镇财政所　所长:魏守航

双桥集镇财政所　所长:赵　勇

魏庄镇财政所　所长:张立柱

万福镇财政所　所长:邹德国

唐集镇财政所　所长:张　毅

淝河乡财政所　所长:年福启

褚集镇财政所　所长:荣克轩

陈集镇财政所　所长:张绍兴

古城镇财政所　所长:赵　彬

徐圩乡财政所　所长:姚玉春

淝南镇财政所 所长:葛红斌
兰桥乡财政所 所长:姚 昊

五河县

城关镇财政分局 局长:陈全意
朱顶镇财政所 所长:吴明海
小溪镇财政所 所长:王培福
头铺镇财政所 所长:彭思洋
新集镇财政所 所长:张贤明
大新镇财政所 所长:张军
临北回族乡财政所 副所长:郭树峰
浍南镇财政所 副所长:朱克东
东刘集镇财政所 副所长:李 超
申集镇财政所 副所长:蒋其龙
小圩镇财政所 所长:蒋光胜
沱湖乡财政所 所长:黄保举
武桥镇财政所 所长:孙立群
双忠庙镇财政所 所长:朱全松
五河经济开发区财政分局(负责人空缺)

固镇县

仲兴乡财政所 所长:徐 亮
任桥镇财政所 所长:王道永
湖沟镇财政所 所长:谢 进
杨庙乡财政所 所长:李晓清
连城镇财政所 所长:强恒银
新马桥镇财政所 所长:崔怀军
王庄镇财政所 所长:孙玉胜
石湖乡财政所 所长:欧阳瑞
濠城镇财政所 所长:杨 鹏
刘集镇财政所 所长:王业鹏
城关财政分局 局长:华 侨
开发区财政分局 局长:徐艳光
县全民创业园财政分局 副局长:任广廷

阜阳市财政系统领导名单

阜阳市财政局

党组书记、局长:段相霖
调研员:高玉臻 杨海涛
驻市财政局纪检组长:苗育新
党组成员、副局长:侯永贵
党组成员、总会计师:夏全胜
副调研员:夏 河

颍州区财政局

党组书记、局长:王献斌
副局长、区财政监督局局长:刘小东
副局长:郭献举
党组成员、区扶贫办主任:李万军
党组成员、区农业综合开发局局长:赵东洲

颍东区财政局

党组书记、局长:任俊喜
党组成员、副局长(挂职):夏 波
党组成员、副局长:邵爱华 仇 伟
党组成员:王继刚 宋云澍

颍泉区财政局

党组书记、局长:张 炜
党组成员、副局长:韩 亚 高 辉
党组成员、总会计师:郝海云

界首市财政局

党组书记、局长:申慧亮
党组副书记、总会计师、市融资办主任:于华兰
党组成员、财监局局长:张琦林
党组成员、农发局局长:李 超
党组成员、副局长:任曙光 张 华
党组成员、农村管理局局长:艾 梅
党组成员(挂职)、高新区财政局局长:张建朝

阜南县财政局

党组书记、局长:刘贺体
党组成员、副局长:熊东田 郭怀亮
党组成员、主任科员:张开雷
党组成员、副主任科员:崔 林
党组成员、国资委主任:孙存龙

太和县财政局

党组书记、局长:刘 飞
党组成员、副局长:于 海
党组成员:李 岩 于 冰

颍上县财政局

党组书记、局长:陈德刚
党组成员、副局长:王 跃 唐瑞坤
党组成员、纪检组长:江禄保
主任科员:张振亚

临泉县财政局

党组书记、局长:顾 立
党组成员、副局长:陈 杰
党组副书记、金融办主任:孟 俊

党组成员、副局长：高　飞　李　超

开发区财政局

副局长（主持工作）：张文学

副局长：郭景诚

颍州区

文峰办财政所　所长：胡向明
鼓楼办财政所　负责人：岳　霖
清河办财政所　所长：卢　峰
颍西办财政所　所长：郭艳芳
王店镇财政所　所长：郝秀彬
西湖镇财政所　所长：刘庆宇
程集镇财政所　所长：方　峰
九龙镇财政所　所长：龚九鹏
马寨乡财政所　所长：刘　伟
三合镇财政所　所长：周长春
西湖景区办财政所　所长：张志民
三十里铺镇财政所　所长：方　亮
三塔集镇财政所　所长：孙玉昌
袁集镇财政所　所长：刘海彬

颍东区

河东街道办事处财政所　所长：董强龙
向阳街道办事处财政所　所长：闫俊启
新华街道办事处财政所　所长：李泽祥
冉庙乡财政所　所长：徐月林
插花镇财政所　所长：高　伟
正午镇财政所　所长：高兰义
枣庄镇财政所　所长：陈庆文
老庙镇财政所　所长：张　涛
乌江镇财政所　所长：白怀玉
杨楼孜镇财政所　所长：宋振东
口孜镇财政所　所长：闫　雷
袁寨镇财政所　所长：武学成

颍泉区

中市办事处财政所　所长：汪　涛
宁老庄镇财政所　所长：王　涛
行流镇财政所　所长：曹　军
闻集镇财政所　所长：王亚洲
周棚办事处财政所　所长：李永飞
伍明镇财政所　所长：齐　伟
统筹试验区管委会　财政负责人：邵　海
循环经济园区管委会　财政负责人：胡九云

界首市

西城街道财政所　所长：夏永丽
东城街道财政所　所长：岳　雷
颍南街道财政所　所长：朱爱敏
光武镇财政所　局长：张　强
靳寨乡财政所　所长：彭新华
芦村镇财政所　所长：申云剑
邴集乡财政所　所长：程立新
大黄镇财政所　所长：胡光宇
新马集镇财政所　所长：徐　翔
田营镇财政所　所长：陈俊荣
陶庙镇财政所　所长：齐　影
王集镇财政所　所长：李保强
泉阳镇财政所　所长：任　磊
代桥镇财政所　所长：王传士
砖集镇财政所　所长：程　伟
舒庄镇财政所　所长：王永华
顾集镇财政所　所长：陈志华
任寨乡财政所　所长：段兆辉

阜南县

经济开发区财政分局　局长：韩少山
鹿城镇财政所　所长：翟　韧
田集镇财政所　所长：李淑君
公桥乡财政所　所长：耿朝程
方集镇财政所　所长：乔恩成
段郢乡财政所　所长：刘祥彬
王堰镇财政所　所长：赵建涛
洪河桥镇财政所　所长：杜士保
地城镇财政所　所长：王玉林
于集乡财政所　所长：张子芳
龙王乡财政所　所长：庞建辉
王化镇财政所　所长：卢　峰
王家坝镇财政所　所长：郎士元
老观乡财政所　所长：徐　刚
曹集镇财政所　所长：杨大国
郜台乡财政所　所长：刘维建
中岗镇财政所　所长：张要礼
苗集镇财政所　所长：戎泽峰
柳沟镇财政所　所长：王灼庆
黄岗镇财政所　所长：马永群
张寨镇财政所　所长：乔龙军
焦坡镇财政所　所长：李华焰

朱寨镇财政所 所长:朱新启
许堂乡财政所 所长:赵复林
柴集镇财政所 所长:刘成立
新村镇财政所 副所长:李 伟
王店孜乡财政所 所长:王 辉
赵集镇财政所 所长:王道侠
会龙镇财政所 所长:李 刚

太和县

城关镇财政所 所长:陈文杰
旧县镇财政所 所长:徐之坤
大新镇财政所 所长:李新聚
肖口镇财政所 所长:王秀燕
胡总乡财政所 所长:王丙玺
赵集乡财政所 所长:余鸿鸣
关集镇财政所 所长:刘书强
三塔镇财政所 所长:韩纯东
郭庙乡财政所 副所长:李效宗
原墙镇财政所 所长:张 鹏
三堂镇财政所 主持工作:牛晓艳
苗老集镇财政所 所长:张 冲
宫集镇财政所 所长:刘业任
二郎乡财政所 所长:杨继华
阮桥乡财政所 所长:刘朝峰
坟台镇财政所 所长:张 华
马集乡财政所 所长:桑传法
五星镇财政所 所长:李俊峰
倪邱镇财政所 所长:刘维洗
洪山镇财政所 所长:康 伟
桑营镇财政所 所长:刘 磊
赵庙镇财政所 所长:范兴建
李兴镇财政所 所长:朱井宇
清浅镇财政所 所长:韩宝玉
双庙镇财政所 所长:王 伟
税镇镇财政所 副所长:吴 标
皮条孙镇财政所 副所长:刘剑锋
大庙镇财政所 所长:池 鹏
蔡庙镇财政所 所长:石凤杰
高庙镇财政所 所长:张丙如

颍上县

西三十铺镇财政所 所长:王 峰
建颍乡财政所 所长:韩 俊
六十铺镇财政所 所长:李少义
五十铺财政所 所长:刘树俭
耿棚镇财政所 所长:吴均业
润河镇财政所 所长:刘 涛
盛堂乡财政所 所长:姜之友
半岗镇财政所 所长:兰洪波
关屯乡财政所 所长:许传胜
王岗镇财政所 所长:李树刚
赛涧回族乡财政所 所长:唐 坤
垂岗乡财政所 所长:汪喜春
八里河镇财政所 所长:祁 坦
南照镇财政所 所长:高 勇
红星镇财政所 所长:程永红
杨湖镇财政所 所长:刘保方
鲁口镇财政所 所长:尚立川
刘集乡财政所 所长:余 琴
江店孜镇财政所 所长:王 干
黄坝乡财政所 所长:黄 海
夏桥镇财政所 所长:官喜良
黄桥镇财政所 所长:姜庆莲
江口镇财政所 所长:夏广良
古城镇财政所 所长:顾广桥
陈桥镇财政所 所长:侯学成
迪沟镇财政所 所长:毕兰付
谢桥镇财政所 所长:董凤军

临泉县

城关街道办事处财政所 副所长:陈 锐
城南街道办事处财政所 负责人:曾兰英
城东街道办事处财政所 负责人:高 健
邢塘街道办事处财政所 副所长:张 雷
田桥街道办事处财政所 所长:王建军
杨桥镇财政所 副所长:王 健
谭棚镇财政所 所长:曹建民
高塘镇财政所 负责人:吴春堂
老集镇财政所 所长:陈 泽
滑集镇财政所 所长:高 峰
土陂乡财政所 负责人:姜永明
吕寨镇财政所 副所长:王世周
单桥镇财政所 负责人:曾 健
长官镇财政所 所长:刘 伟
宋集镇财政所 所长:刘成年
张新镇财政所 所长:谢 军
陈集镇财政所 所长:陶维红

艾亭镇财政所　所长:李仰德
陶老乡财政所　所长:陶守恒
韦寨镇财政所　所长:常登科
迎仙镇财政所　副所长:魏　峰
瓦店镇财政所　所长:洪庆中
庙岔镇财政所　负责人:范绍栋
姜寨镇财政所　所长:张大飞
黄岭镇财政所　所长:王俊平
鲖城镇财政所　负责人:王亚军
白庙镇财政所　所长:赵　磊

开发区

京九路街道办事处财政所　所长:杜　梅

淮南市财政系统领导名单

淮南市财政局

党组书记、局长:张瑞昌
党组成员、副局长:杨勋敏　金四鑫　管迎新
党组成员、驻局纪检组长:孙黎明
党组成员、副局长:张琳娜
党组成员、总会计师:黄仕兴
副调研员:戴　冰

寿县财政局

党组成员、副局长兼国资委主任(主持工作):赵成凤
党组成员、副局长:孙　宏
党组成员、副局长兼农业综合开发办公室主任:李家坤
党组成员、副局长(挂职):代云霄
党组成员、新桥国际产业园财政局长:裴久成
党组成员、农村局局长:张世超
党组成员、总会计师:王　磊

凤台县财政局

党组书记、局长:陈贵刚
党组成员、副局长:田　辉　张志凯
党组成员、总会计师:陈　永

大通区财政局

局　长:王　捷
副局长:蒋振辉
总支书记:俞长洁

田家庵区财政局

局　长:陈灯海
副局长:秦祥全

谢家集区财政局

局　长:王冠群
副局长:张广忠

八公山区财政局

局　长:王桂芝

潘集区财政局

局　长:吴成进
党支部书记:段德昌
副局长:赵允龙　李传平

毛集实验区财政局

局　长:王　成
副局长:许士传　李　晋
纪检组长:王玉杰

经济开发区财政局

局　长:郭庆东

高新区(山南新区)财政局

局　长:翟　明

煤化工产业园区财政局(负责人空缺)

寿县

寿春镇财政分局　局长:吴承明
八公山乡财政所　所长:汪新彬
双桥镇财政分局　副局长:祝　斌
涧沟镇财政分局　局长:赵　奎
丰庄镇财政所　副所长:把中新
正阳关镇财政分局　局长:李福成
迎河镇财政分局　局长:黄兴林
张李乡财政分局　副局长:孙应时
板桥镇财政分局　局长:孙自启
安丰塘镇财政所　所长:丁传格
窑口乡财政所　所长:袁绪江
堰口镇财政分局　局长:王守前
陶店乡财政所　所长:李永葆
保义镇财政所　所长:常传灿
安丰镇财政分局　局长:李国胜
众兴镇财政分局　局长:许光开
隐贤镇财政所　副所长:孙　杰
茶庵镇财政所　所长:刘庆友
三觉镇财政所　所长:李正明
炎刘镇财政分局　局长:宋　瑾
刘岗镇财政所　所长:王运辉
双庙集镇财政所　所长:李厚保

小甸镇财政分局　局长:洪　申
瓦埠镇财政所　所长:张子好
大顺镇财政所　所长:唐立宝
新桥国际产业园财政局　副局长:程叶红

凤台县

经济开发区财政所　所长:刘广雷
城关镇财政分局　局长:谢家亮
朱马店镇财政所　所长:孟献全
新集镇财政所　所长:胡　云
岳张集镇财政所　所长:高明东
顾桥镇财政所　所长:张　琴
桂集镇财政所　所长:樊春良
凤凰镇财政所　所长:吕文林
杨村镇财政所　所长:高勤贵
刘集镇财政所　所长:陈佩辉
丁集镇财政所　所长:曹清联
大兴镇财政所　所长:刘　锐
尚塘镇财政所　所长:张　翔
钱庙乡财政所　所长:王业昶
关店乡财政所　所长:蒋克友
古店乡财政所　所长:周　伟
李冲回族乡财政所　所长:陈　良

大通区

上窑镇财政所　所长:马凤琳
洛河镇财政所　所长:宗升贵
九龙岗镇财政所　所长:宫　军
孔店乡财政所　所长:宋相勇

田家庵区

安成镇财政所　所长:刘晓菊
舜耕镇财政所　所长:吴传玲
曹庵镇财政所　所长:雷振雨
史院乡财政所　所长:杨吉生

谢家集区

唐山镇财政所　所长:王应莉
李郢孜镇财政所　所长:邱文士
孙庙乡财政所　所长:王　霞
杨公镇财政所　所长:周　伟
望峰岗镇财政所　所长:王晓梅

孤堆回族乡财政所(负责人空缺)

八公山区

山王镇财政所　所长:孔德野
八公山镇财政所　所长:王守伦

潘集区

田集街道财政所　所长:曹多军
贺疃乡财政所　所长:石秀传
架河乡财政所　所长:孔　玲
祁集乡财政所　所长:许瑞武
泥河镇财政所　所长:刘　斌
平圩镇财政分局　局长:段宗明
潘集镇财政所　所长:陈传厚
古沟回族乡财政所　所长:许瑞昌
高皇镇财政所　所长:赵云四
夹沟乡财政所　所长:李　璇
芦集镇财政所　所长:任印清

毛集实验区

毛集镇财政分局　局长:徐家秀
焦岗湖镇财政所　所长:沈建联
夏集镇财政所　所长:刘文艳

滁州市财政系统领导名单

滁州市财政局

党组书记、局长:杨文萍
调研员:李正刚、李德标
党组成员、副局长:王承云　王兴德
党组成员、纪检组长:程　娟
党组成员、非税局局长:胡　宁
党组成员、总会计师:李　兵

琅琊区财政局

党支部书记、局长:谢永国
党组成员、副局长:杨玉荣　杨文浩
党组成员、债务办主任:杨华军

南谯区财政局

局长:孙宝林
副局长:王正龙　陈　芳　徐玉彬

来安县财政局

党组书记、局长:蔡金林
党组成员、副局长:刘正东
党组成员、纪检组长:采　俊
党组成员、财政监督局局长:易志友
党组成员、主任科员:陶　宏
党组成员、副局长:宋长城
党组成员、工会主任:孙明俊
党组成员、县医保基金管理中心主任:段晓明

全椒县财政局

党组书记、局长:章宗敏
主任科员:张　雷
党组成员、副局长:怀长乐
党组成员、纪检组长:梁　春

天长市财政局

党组书记、局长:潘中勇
党组成员、副局长:赵建中　欣金石　管　林
党组成员、农发办主任:潘桂来
党组成员、纪检组长:朱庆彬
党组成员、民生办主任:王德徐
党组成员、非税局局长:姜序忠

定远县财政局

党组书记、局长:疏信保
党组成员、副局长:杜　峰　丁发成

凤阳县财政局

党组书记、局长:邱荆枫
党组成员、副局长:李锦柱　周　梅
党组成员、纪检组长:张劲松
党组成员、副主任科员:程文九

明光市财政局

党组书记、局长:李仁标
党组成员、副局长:阚　斌
党组成员、副局长、财政监督局局长:巴　霖
党组成员、国库支付中心主任:孙传芳
党组成员、园区财政局局长:季　敏

琅琊区

琅琊街道财政所　所长:陈　召
清流街道财政所　所长:汤立志
东门街道财政所　所长:贡　伟
南门街道财政所　所长:蒋秋文
西门街道财政所　所长:高　巍
北门街道财政所　所长:徐　庆
扬子街道财政所　所长:李　壮
西涧街道财政所　所长:孙雪梅

南谯区

乌衣镇财政所　副所长:王　奇
沙河镇财政所　所长:储成菊
章广镇财政所　所长:赵应枝
龙蟠社管中心财政所　所长:江厚英
黄泥岗镇财政所　所长:鄢　毅
珠龙镇财政所　副所长:汪光源
施集镇财政所　所长:李春燕
大柳镇财政所　副所长:史　静
腰铺镇财政所　所长:翟光明

来安县

经济开发区财政分局　局长:吕思亮
汊河经济开发区财政分局　局长:赵宝林
新安镇财政所　所长:章宏斌
舜山镇财政所　所长:时永前
三城乡财政所　所长:梁端林
汊河镇财政所　所长:许玉伟
独山乡财政所　副所长(主持工作):吴　航
施官镇财政所　所长:王玉春
半塔镇财政所　所长:王金良
张山乡财政所　所长:章道勇
雷官镇财政所　所长:罗龙海
杨郢乡财政所　所长:孙承忠
水口镇财政所　所长:罗章铭
大英镇财政所　所长:王爱峰

全椒县

襄河镇财政所　所长:杨义明
古河镇财政所　所长:黄开维
二郎口镇财政所　所长:刘树来
马厂镇财政所　所长:许　敏
大墅镇财政所　所长:彭守立
武岗镇财政所　所长:蔡兴明
石沛镇财政所　所长:郑华平
六镇镇财政所　所长:李义龙
西王镇财政所　所长:徐本春
十字镇财政所　所长:蔡传先
开发区财政分局　副局长(主持工作):李广玉

定远县

界牌集镇财政所　所长:雍广生
藕塘镇财政所　所长:范铭和
仓镇财政所　所长:谢从辉
大桥镇财政所　所长:曹士跃
池河镇财政所　所长:范祥平
桑涧镇财政所　所长:赵顶升
拂晓乡财政所　副所长:柏传伍
三和集镇财政所　所长:杨　刚
定城镇财政所　所长:倪　刚
西卅店镇财政所　所长:许茂玉
严桥乡财政所　所长:潘　超

范岗乡财政所　副所长(主持工作):郭君莉
永康镇财政所　所长:张本群
炉桥镇财政所　所长:陆凤海
能仁乡财政所　所长:陈学六
七里塘乡财政所　所长:汪玉聪
张桥镇财政所　所长:李如秀
连江镇财政所　所长:唐开刚
二龙回族乡财政所　所长:高恒龙
吴圩镇财政所　所长:周恒民
蒋集乡财政所　副所长(主持工作):王　振
朱湾镇财政所　所长:杨　诚

凤阳县

经济开发区财政分局　局长:朱道哲
府城镇财政所　所长:刘　璋
临淮关镇财政所　所长:赵传胜
武店镇财政所　所长:代之兰
西泉镇财政所　所长:王保勤
官塘镇财政所　所长:张家胜
刘府镇财政所　所长:王　琨
大庙镇财政所　所长:孙世礼
总铺镇财政所　所长:高新山
殷涧镇财政所　所长:詹绍军
红心镇财政所　所长:王新芳
板桥镇财政所　所长:徐　军
黄湾乡财政所　所长:鲁善飞
枣巷镇财政所　所长:吴在建
大溪河镇财政所　所长:叶　俊
小溪河镇财政所　所长:刘文乐

明光市

柳巷镇财政所　副所长:蒋盛民
明西街办财政所　所长:申维西
泊岗乡财政所　所长:李长金
桥头镇财政所　所长:杨虎行
三界镇财政所　副所长:袁艺书
明南街办财政所　副所长:武言龙
苏巷镇财政所　所长:吴兆林
古沛镇财政所　副所长:杨　劲
涧溪镇财政所　所长:赵光友
女山湖镇财政所　所长:何善明
管店镇财政所　所长:周继学
张八岭镇财政所　所长:丁良春
明东街办财政所　所长:赵祥贤
石坝镇财政所　副所长:郁从高
明光街办财政所　所长:丁伟珍
自来桥镇财政所　所长:丁　隆
潘村镇财政所　所长:石泽卫

天长市

天长街道办事处财政所　所长:姚宪平
永丰镇财政所　所长:王德华
杨村镇财政所　所长:翁延悦
冶山镇财政所　所长:唐传月
郑集镇财政所　所长:周相杰
大通镇财政所　副所长(主持工作):瞿文云
秦栏镇财政分局　局长:李　晔
仁和镇财政所　所长:胡明余
万寿镇财政所　所长:武世永
金集镇财政所　所长:程长葆
汊涧镇财政所　所长:王国林
新街镇财政所　副所长(主持工作):夏新秋
石梁镇财政所　所长:刁杏坤
铜城镇财政所　所长:沈学官
张铺镇财政所　副所长(主持工作):张书田
开发区财政分局　副局长(主持工作):李华庭

六安市财政系统领导名单

六安市财政局

市政协副主席、财政局局长、国资委主任:孙学龙

党组书记:周仁孟

党组成员、副局长:汪英来　刘玉飞　费小松

党组成员、国资委副主任:杜家如

党组成员、纪检组长:曹文武

党组成员、总会计师:鹿翌元

金安区财政局

区政协副主席、局党组书记、局长:司家祥

党组副书记:丁　剑

党组成员、示范园区财金局局长:杨　刚

党组成员、副局长:余永生

工会主任:陈　章

党组成员、副局长:高乾俊　叶开文

党组成员、监察室主任、纪检组长:方　堃

党组成员、总会计师、民生办主任:刘岩松

裕安区财政局

党组书记、局长:孙乃发

党组副书记、副局长:张文卫

党组成员、主任科员:王利超

党组成员、副局长:潘明础　韩　杨

党组成员、农开办主任:郝小山

党组成员:黄学东

党组成员、担保公司总经理:罗行武

叶集区财政局

党组书记、局长:付启胜

党组成员、副局长:台德炜　汪立刚

党组成员、国库中心主任:吴　奇

经济技术开发区财政局

党组成员、局长:李　欣

党组成员、副局长:郝宗刚　曹开芳

霍山县财政局

党组书记、局长、国资委主任:刘朝东

财金系统党委书记、局党组成员、副局长:程晓明

党组成员、副局长、主任科员:刘传保

党组成员、副局长:高宗敏

党组成员、农村局局长:谢家富

党组成员、派驻纪检组长:郑子峰

副局长(挂职)、国库支付中心主任:汪德国

党组成员、总会计师:李运成

霍邱县财政局

党委书记、局长:王　懿

党委委员、副局长、主任:王树平

党委副书记:陈天才

党委委员、副局长:陈遵坤　李　宝

党委委员、工会主席:刘维成

党委委员、纪检组长:王祖刚

党委委员、总会计师:徐修传

金寨县财政局

现代产业园区管委会副主任、财政局党组书记、局长、国资委主任:胡浩

党组成员、纪检组长:廖荣军

党组成员、副局长:李　隆

党组成员、国资委副主任:唐　宁

党组成员、副局长:李述庆　王　龙

党组成员、副局长(挂职):杨　洋

舒城县财政局

党组书记、局长:肖　波

党组成员、主任科员:韦　征

党组成员、副局长:王大方　张　旺　程华平

党组成员、纪检组长:张舒平

农发办主任、党组成员、副局长(挂职):卫秀林

党组成员、总会计师:车文生

金安区

望城街道财政分局　局长:孙　超

城北乡财政分局　局长:张修勤

毛坦厂镇财政分局　局长:潘　忠

木厂镇财政分局　局长:夏立峻

三十铺镇财政分局　局长:杨瑞鹏

孙岗镇财政分局　局长:吴昌东

张店镇财政分局　局长:谢　应

东市街道财政所　所长:彭能传

中市街道财政所　所长:张涛元

三里桥街道财政所　所长:梁德圣

清水河街道财政所　所长:蔡　磊

椿树镇财政所　所长:何宏应

东河口镇财政所　所长:邓齐全

东桥镇财政所　所长:唐兆刚

横塘岗乡财政所　所长:董德胜

马头镇财政所　所长:张　懿

淠东乡财政所　所长:周　山

施桥镇财政所　所长:陈新和

双河镇财政所　所长:金宗林

翁墩乡财政所　所长:刘金阳

先生店乡财政所　所长:高大宇

中店乡财政所　所长:章元华

裕安区

西市街道财政所　所长:杨克平

鼓楼街道财政所　所长:熊祖虎

小华山街道财政所　所长:朱家中

平桥乡财政分局　负责人:刘家刚

城南镇财政分局　局长:李敦品

韩摆渡镇财政所　所长:刘华斌

青山乡财政所　所长:周希胜

石板冲乡财政所　所长:徐祖胜

狮子岗乡财政所　所长:李茂洲

独山镇财政分局　局长:赵本雨

石婆店镇财政所　所长:蒲全村

西河口乡财政所 所长:姚曙光
分路口镇财政分局 局长:开 煊
徐集镇财政所 副所长:马永胜
江家店镇财政所 所长:汤 玲
罗集乡财政所 所长:丁瑞东
固镇镇财政所 所长:刘富生
丁集镇财政所 所长:江 文
单王乡财政所 所长:张 晖
顺河镇财政所 所长:田兴胜
新安镇财政分局 局长:罗明圣
苏埠镇财政局 局长:林元华

叶集区

姚李财政分局 局长:郑道杰
孙岗乡财政分局 局长:孟凡祺
洪集财政所 所长:吴平志
三元财政所 所长:熊庆兵
平岗街道财政所 所长:林 敏
史河街道财政所 负责人:孙 斌

霍山县

衡山镇财政分局 局长:唐家胜
落儿岭镇财政分局 局长:张 军
与儿街镇财政分局 局长:叶发玉
经济开发区财政分局 局长:刘 虎
下符桥镇财政所 所长:杨义浩
黑石渡镇财政所 所长:吴中胜
单龙寺镇财政所 所长:何照明
东西溪乡财政所 所长:徐家文
佛子岭镇财政所 所长:彭 均
漫水河镇财政所 所长:汪辉群
但家庙镇财政所 所长:叶祥恕
上土市镇财政所 所长:何祥田
太平畈乡财政所 所长:方红兵
大化坪镇财政所 所长:刘祖才
诸佛庵镇财政分局 局长:罗来成
太阳乡财政所 所长:杨延龄
磨子潭镇财政所 所长:刘玉石

霍邱县

城关镇财政分局 局长:周金荣
河口镇财政所 所长:程 宏
长集镇财政分局 局长:曾凡城
户胡镇财政所 所长:李传炎
石店镇财政所 所长:马良锡
马店镇财政分局 局长:雷家杰
周集镇财政分局 局长:李立成
临水镇财政分局 负责人:李祖堂
孟集镇财政分局 负责人:王贤贵
新店镇财政分局 局长:张玉和
花园镇财政所 所长:吴永江
乌龙镇财政所 所长:黄应旭
高塘镇财政分局 局长:李友军
曹庙镇财政所 所长:李传斌
众兴镇财政所 所长:冯浩然
夏店镇财政所 所长:许 磊
岔路镇财政所 所长:沈明乐
龙潭镇财政所 所长:谢 亮
白莲乡财政所 所长:程学云
邵岗乡财政所 所长:王 宏
冯井镇财政分局 局长:张习芝
范桥镇财政分局 局长:李绍明
王截流乡财政所 所长:郭凤云
城西湖乡财政分局 局长:牛金合
临淮岗乡财政分局 局长:董西保
宋店乡财政所 所长:任 宏
三流乡财政所 所长:王兆强
潘集镇财政所 所长:赵本勇
冯瓴乡财政所 所长:臧德龙
彭塔乡财政所 所长:刘彭丽

金寨县

梅山镇财政分局 局长:吴为中
双河镇财政所 所长:姜兴云
桃岭乡财政所 所长:杨正刚
白塔畈镇财政分局 副局长:徐俊峰
张冲乡财政所 副所长:简祖江
全军乡财政所 所长:张福海
天堂寨镇财政分局 副局长:刘从彬
南溪镇财政分局 副局长:余玉林
汤家汇镇财政分局 副局长:陶兴华
青山镇财政所 所长:张经奎
斑竹园镇财政分局 副局长:吴德清
吴家店镇财政所 所长:田家礼
油坊店乡财政所 副所长:周 兵
铁冲乡财政所 副所长:陶 然
沙河乡财政所 副所长:吴以飞
槐树湾乡财政所 所长:袁文刚

古碑镇财政分局 局长:余正良
关庙乡财政所 所长:钟文学
燕子河镇财政所 所长:张家勇
长岭乡财政所 副所长:熊裕文
麻埠镇财政所 副所长:汪文智
花石乡财政所 所长:张经楼
果子园乡财政所 所长:陈克忠

舒城县

舒茶镇财政所 所长:黄玉保
五显镇财政所 所长:李新明
柏林乡财政所 所长:石康俊
汤池镇财政所 所长:王金林
高峰乡财政所 所长:汪家春
干汊河镇财政分局 局长:许礼荣
城关镇财政分局 局长:傅世昀
桃溪镇财政分局 局长:肖　健
南港镇财政所 所长:张功稳
春秋乡财政所 所长:程从越
千人桥镇财政分局 局长:宋　飞
百神庙镇财政所 所长:孔令其
棠树乡财政分局 局长:盛吉富
晓天镇财政所 所长:储德元
山七镇财政所 所长:胡显月
河棚镇财政所 所长:谭永红
庐镇乡财政所 所长:陈少俊
万佛湖镇财政所 所长:刘万奇
张母桥镇财政所 所长:陶　云
阙店乡财政所 所长:许令松
开发区财政所 所长:华兴圣
杭埠镇财政分局 局长:胡海平

马鞍山市财政系统领导名单

马鞍山市财政局

党组书记、局长:张亚莉
副局长(挂职):吴　斌　张道祥
党组成员、纪检组长:钟正保
党组成员、国资委专职副主任:陈陆林
党组成员、副局长:董清华　胡振华　曹明云
党组成员、总会计师:钱世军
副处级纪检员:吴　彪
副调研员:齐道友　邓明发

花山区财政局

局长:华　俊
副局长:吴新贵
主任科员:黄仕保　赵　珍

雨山区财政局

局长:张　锋
副局长:王美华　牛　萍
国库集中支付中心主任:王秋红
非税收入管理局局长:夏冬梅

博望区财政局

局长:徐业标
副局长:程秋平
国库支付中心主任:梁启松

经济技术开发区财政局

局长:杨庆新
副局长:牛翊华　王　蓓

慈湖高新区财政局

局长:汤翠芳
副局长:王良平　张倩倩

承接产业转移示范园区财政局

副局长(主持工作):唐晓娣
副局长:陈　令　王婷婷

郑蒲港新区财政局

局长:秦传明

含山县财政局

党组书记、局长:吴必友
副局长、主任科员:杨永州
县第四纪检组组长:宫尚峰
副局长:乔能彬　马　伟
党组成员:贾庆竺
总会计师:钟昌青

和县财政局

党组书记、局长:夏尤金
党组成员、副局长:李　莉　倪宇江
党组成员、总会计师:王传标
党组成员:童文胜
副局长:蒋定根

当涂县财政局

党组书记、局长:刘目军
党组成员、副局长:程立浦　苏　琴
党组成员、纪检组长:王华国
党组成员、工会主席:李齐花

花山区

濮塘镇财政所　　所长:史　艳

霍里街道财政所　　所长:王　飞

雨山区

向山镇财政所　　所长:王　青

佳山乡财政所　　所长:王金枝

博望区

博望镇财政分局　　局长:张传梅

丹阳镇财政所　　所长:刘明忠

新市镇财政所　　所长:沈　浩

郑蒲港新区

姥桥镇财政所　　所长:孙有泉

白桥镇财政所　　所长:张吉茂

含山县

开发区财政分局　　局长:贺　明

褒禅山经济园区财政分局　局长:童如成

环峰镇财政分局　　局长:贾斯文

林头镇财政分局　　局长:郭佩献

运漕镇财政分局　　副局长:尹其二

仙踪镇财政分局　　局长:李　娟

铜闸镇财政所　　所长:曹玉军

陶厂镇财政所　　所长:李伏森

清溪镇财政所　　所长:黄荣宗

昭关镇财政所　　所长:李天清

和县

历阳镇财政分局　　局长:张悠树

香泉镇财政分局　　党支部书记:吴祚明

乌江镇财政分局　副局长(主持工作):李德军

石杨镇财政分局　副局长(主持工作):余忠发

西埠镇财政所　　所长:张孟金

功桥镇财政所　　所长:何龙俊

善厚镇财政所　　所长:黄义龙

当涂县

姑孰镇财政分局　　副局长:钟燕华

太白镇财政分局　　局长:吴开义

黄池镇财政分局　　局长:汤小芳

石桥镇财政分局　　副局长:朱　翔

乌溪镇财政所　　所长:诸金刚

塘南镇财政所　　所长:汤复金

大陇乡财政所　　所长:尹成鑫

护河镇财政所　　副所长:徐为红

湖阳镇财政所　　所长:魏元刚

江心乡财政所　　所长:江家文

芜湖市财政系统领导名单

芜湖市财政局

党委书记、局长:李家贵

党委副书记、副局长:童宗新

党委委员、副局长:周庆华

党委委员、驻局纪检监察组长:汪　海

党委委员、副局长:韩永强

党委委员、副主任:汤高继

总会计师:朱　毅

副调研员:凌国栋　王东祥

镜湖区财政局

局长:沈怀宝

党组书记、副局长:倪树磊

副局长:严兆清　宋兰兰

鸠江区财政局

党组书记、局长:焦朝凤

党组成员、副局长:邹忠贵　孙传槐

弋江区财政局

局长:胡　艳

副局长:龚树海　郭玉峰

财务核算中心主任:尹　娟

三山区财政局

局长:冯　中

副局长:洪桂莹　卜俊杰

经济技术开发区财政局

局长:陈效水

副局长:丁惠群　李　琦

长江大桥开发区财政局

局长:吴祖满

江北产业集中区财金部

总会计师(主持工作):崔世庆

芜湖县财政局

党组书记、局长:潘昌彪

党组成员、副局长:宋　文

副局长:张武木

繁昌县财政局

党组书记、局长:张尚斌

党组成员、副局长:王爱民　张武宝

国资办副主任:陈　萍

局长助理:魏沺沺

南陵县财政局

党组书记、局长:万　春

党组成员、副局长:李立新　恽秋兰　穆亲海

党组成员、纪检组长:魏代胜

党组成员:洪　奇

无为县财政局

党组书记、局长:毛少华

党组副书记、副局长、农发办主任:陈先荣

党组成员、副局长:杨金玉

副局长:罗前英

党组成员、总会计师:王雄军

国资办专职副主任:徐晓明

鸠江区

沈巷镇财政分局　局长:张春耕

二坝镇财政分局　局长:杨俊

汤沟镇财政所　所长:吴严山

白茆镇财政所　所长:杨宏祥

三山区

峨桥镇财政所　所长:夏治平

经济技术开发区

万春街道办事处财政所　所长:夏　梦

龙山街道办事处财政所　所长:芮　丽

芜湖县

湾沚镇财政所　所长:王万田

六郎镇财政所　所长:郭振兰

陶辛镇财政所　所长:后宗胜

红杨镇财政所　所长:潘先华

花桥镇财政所　所长:路茂成

繁昌县

繁阳镇财政分局　局长:王　刚

荻港镇财政分局　副局长(主持工作):鲍金伟

孙村镇财政分局　局长:尚显龙

新港镇财政分局　局长:万帮斌

平铺镇财政所　所长:龚建国

峨山镇财政所　所长:陈益胜

南陵县

籍山镇财政所　所长:许联合

弋江镇财政所　所长:陶征成

许镇镇财政所　所长:廖必学

三里镇财政所　所长:谈小龙

何湾镇财政所　所长:何鸿生

工山镇财政所　所长:王宏鑫

家发镇财政所　所长:陆克东

烟墩镇财政所　所长:俞中明

无为县

无城镇财政分局　局长:汪红兵

福渡镇财政所　所长:伍纪年

陡沟镇财政所　所长:倪受平

泥汊镇财政所　所长:朱以发

高沟镇财政分局　局长:肖俊生

姚沟镇财政所　所长:夏业俊

刘渡镇财政所　所长:李　斌

襄安镇财政分局　副局长(主持工作):刘启志

十里墩镇财政所　所长:乐　意

泉塘镇财政所　所长:何尧舜

蜀山镇财政所　所长:徐源明

洪巷镇财政所　所长:刘先跃

牛埠镇财政所　所长:杨宣华

昆山镇财政所　所长:杨　勇

鹤毛镇财政所　所长:俞远新

开城镇财政所　所长:李继松

赫店镇财政所　所长:夏绿松

严桥镇财政所　所长:赵　进

红庙镇财政所　所长:张良岩

石涧镇财政分局　局长:叶　勇

宣城市财政系统领导名单

宣城市财政局

党组书记、局长:蔡修定

党组成员、副局长:罗少彬　刘先锋　刘　成

党组成员、纪检监察组组长:陈　斌

党组成员:胡轶群

总经济师:杨庆文

副调研员:刘建萍

宣州区财政局

党组书记、局长:汪成清

党组成员、副局长:潘红旗

党组成员、纪检组长:刘宏斌

党组成员、总会计师:刘　进

党组成员、工会主席:孙　武

副局长:许亚军

经济技术开发区财政局

局长:王　军

郎溪县财政局

党委书记、局长:周道平

党委委员、副局长:谢爱民

副局长:夏玉芳

党委委员、副局长、国资办主任:罗新满

党委委员、副局长:杨茂喜

党委委员、政府采购监管办主任:刘德梅

党委委员、民生办主任:吕攀峰

党委委员、总会计师:韦华军

宁国市财政局

党委书记、局长、国资委主任:谭　浩

党委成员、纪检书记:谢洪文

党委成员、副局长:彭兴军　吕　波　陈新爱

党委成员、主任科员、国资委副主任:徐东晖

党委成员:肖汉武

总会计师:汪　艳

泾县财政局

党组书记、局长:王　勇

党组成员、副局长:翟永清

党组成员、纪检组组长:张云海

党组成员、副局长:王富明

副局长:丁　珉

党组成员、民生办主任:章　宏

旌德县财政局

党组书记、局长:俞小宁

党组副书记、副局长:程建华

党组成员、副局长:周小健　张　萍

党组成员、总会计师:汪锦生

党组成员、纪检组长:夏为政

党组成员、国投公司总经理、金融办主任:方家喜

绩溪县财政局

党组书记、局长:汪有红

党组成员、副局长:方拥军　汪宇辉　程之华

党组成员、总会计师:汪宝红

宣州区

水阳镇财政分局　局长:王兴良

狸桥镇财政分局　副局长(主持工作):冯昌贵

孙埠镇财政分局　局长:汪　超

水东镇财政分局　副局长(主持工作):吴天明

洪林镇财政所　副所长(主持工作):张树彬

寒亭镇财政所　副所长(主持工作):石小牛

文昌镇财政所　副所长(主持工作):江灵龙

沈村镇财政所　所长:葛　静

杨柳镇财政所　所长:赵玉明

古泉镇财政所　副所长(主持工作):杨建东

新田镇财政所　副所长(主持工作):童青松

周王镇财政所　副所长(主持工作):唐　勇

溪口镇财政所　副所长(主持工作):孙　远

朱桥乡财政所　副所长(主持工作):刘国强

养贤乡财政所　副所长(主持工作):胡先根

五星乡财政所　所长:肖清霞

黄渡乡财政所　所长:王乾忠

双桥街道办事处财政所　副所长(主持工作):胡青松

向阳街道办事处财政所　所长:张小松

济川街道办事处财政所　副所长(主持工作):邢　飞

澄江街道办事处财政所　所长:高文喜

鳌峰街道办事处财政所　副所长(主持工作):葛有志

西林街道办事处财政所　副所长(主持工作):杨小三

敬亭山街道办事处财政所　副所长(主持工作):冯兴宇

郎溪县

建平镇财政分局　局长:赵慧兰

十字镇财政分局　局长:李官林

涛城镇财政分局　局长:赵　婷

梅渚镇财政分局　局长:张宏书

新发镇财政分局　局长:陈　萍

飞鲤镇财政分局　局长:王海兵

毕桥镇财政分局　局长:任玲芝

凌笪乡财政分局　局长:潘学斌

姚村乡财政分局　局长:罗兴传

县开发区财政分局　局长:黄大勇

十字开发区财政分局　局长:岑国庆

宁国市

西津街道办事处财政所　所长:欧阳美文

南山街道办事处财政所　所长:何　平

河沥溪街道办事处财政所　所长:程　林

汪溪街道办事处财政所　所长:刘国华

竹峰乡办事处财政所 所长:鲍金水
云梯乡财政所 所长:欧阳慧君
仙霞镇财政所 所长:余国斌
南极乡财政所 所长:吕　钊
万家乡财政所 所长:汪　虹
中溪镇财政分局 局长:周保权
梅林镇财政所 所长:王荣林
霞西镇财政所 所长:黄兰兰
甲路镇财政所 所长:方妙云
胡乐镇财政所 所长:周雷震
青龙乡财政所 所长:冯银海
口生态园区财政分局 局长:汪　辉
方塘乡财政所 所长:吴世平

泾县

泾川镇财政所 所长:卫三荣
云岭镇财政分局 局长:徐志林
茂林镇财政所 所长:曹新成
榔桥镇财政所 所长:董先敏
桃花潭镇财政所 所长:熊志明
丁家桥镇财政所 所长:汪　瑨
黄村镇财政所 所长:叶建平
蔡村镇财政所 所长:汤正虎
琴溪镇财政所 所长:江荣福
昌桥乡财政所 所长:卫幸梅
汀溪乡财政所 所长:胡道胜

旌德县

旌阳镇财政分局 局长:吕有水
版书镇财政分局 局长:吴国清
俞村镇财政分局 局长:胡志建
蔡家桥镇财政分局 局长:陶太宏
云乐乡财政所 所长:董根发
三溪镇财政分局 局长:冯铜友
兴隆镇财政分局 局长:王家学
孙村镇财政分局 局长:李秀椿
庙首镇财政分局 副局长(主持工作):张成林
白地镇财政分局 局长:陶如宝

绩溪县

华阳镇财政分局 局长:方　平
临溪镇财政分局 局长:陈卫国
瀛洲镇财政所 所长:程新光
长安镇财政所 所长:黄梦利
上庄镇财政所 所长:胡建兵
扬溪镇财政所 所长:汪满鹏
金沙镇财政所 所长:王小永
板桥头乡财政所 所长:汪国庆
伏岭镇财政所 所长:叶正光
家朋乡财政所 所长:张孝辉
荆州乡财政所 所长:胡　斌

铜陵市财政系统领导名单

铜陵市财政局

党组书记、局长:黄宝林
党组成员、纪检组长:姚从斌
党组成员、副局长兼机关党委书记:鲁宜海
党组成员、副局长:刘　宏　金　芬
党组成员、总会计师:储跃然
副调研员:张凌宇　王安丽

铜官区财政局

党组书记、局长:沈　斌
党组成员、副局长:郑　婷　张诚斌　苏华丽
党组成员、国资委副主任:张　毅

义安区财政局

党组书记、局长:陈志双
党组成员、主任科员:何跃进
党组成员、副局长、总会计师:周桃福
党组成员、国资委副主任:郑宏辉
党组成员、副局长:刘朝晖
党组成员、纪检组长、监察室主任:王昌银
党组成员(挂职)、区城投公司总经理:马　斌

郊区财政局

局长:顾社教
主任科员:陈良兵
副局长:查金霍

经开区财政局

局长:曹应东
副局长:程敏敏　夏庚浩

枞阳县财政局

党组书记、局长:朱　晋
党组成员、副局长:钱文泽
党组成员、纪检组长:胡四新
党组成员、总会计师:张甫志
党组成员、副局长:刘利中　蔡劲松

铜官区

西湖财经所 所长：王卫平
东郊财经所 所长：赵 尉

义安区

五松镇财政分局 局长：朱 萍
钟鸣镇财政分局 局长：阮成俊
顺安镇财政分局 局长：陈正富
天门镇财政分局 局长：戴恒友
东联镇财政分局 局长：曹利斌
西联镇财政分局 负责人：胡春红
胥坝乡财政分局 负责人：宋 辉
老洲乡财政分局 局长：李玉娥

郊区

大通镇财政所 所长：周固元
铜山镇副镇长兼财政所 副所长：李元龙
灰河乡财政所 所长：吴 滨
桥南办财政所 所长：郎 君
安铜办财政所 所长：黄陆润

枞阳县

枞阳镇财政分局 副局长：杨晓林
铁铜乡财政所 所长：汪 宇
藕山镇财政分局 局长：杨长根
凤仪乡财政所 所长：王况生
汤沟镇财政分局 局长：王 平
长沙乡财政所 所长：方习中
老洲镇财政分局 局长：刘东荀
周谭镇财政所 所长：左五三
陈瑶湖镇财政分局 局长：周柯云
横埠镇财政分局 局长：姚信华
钱铺乡财政所 所长：周志学
项铺镇财政所 所长：汪 珣
白梅乡财政所 所长：陈石五
白柳乡财政所 所长：陈双庆
金社乡财政所 所长：吴福祥
钱桥镇财政分局 局长：吴其龙
其林镇财政所 所长：吴福胜
义津镇财政分局 局长：姚大中
浮山镇财政所 副所长：吴新年
会宫乡财政所 所长：董松美
官埠桥镇财政所 所长：吴亚松
雨坛乡财政所 所长：胡正春

池州市财政系统领导名单

池州市财政局

党委书记、局长：徐树生
党委副书记、副局长：杨庆安
党委委员、副局长：尹加旺 唐海洋
党委委员、总会计师：程保东
党委委员、国资委副主任：金绪友
党委委员、纪检组长：方向明
副调研员：章丹心 汪民主 高让先
非税局局长：汪申成

江南集中区财金部

副部长：吴振亚

贵池区财政局

局长：喻卫平
副书记：许孝怀
纪检组长：王新友
副局长：李国强
工会主席：张 雯
副局长：苏亚球

东至县财政局

党工委书记、局长：周运开
党工委副书记、副局长：陈坤芳
党工委委员、副局长：王炳华
党工委委员、纪检组长：胡景平
党工委委员、副局长：朱国平
总会计师：陈小妍
党工委委员、主任科员：周胜良 汪 洋
国资委专职副主任：江厚平

石台县财政局：

党组书记、局长：杨世红
党组成员、副局长：王诗祥 汪庆五 舒晓斌
党组成员、纪检组长：曹念峥
党组成员、监督局局长：江龙云
党组成员、金融办主任：舒志华
党组成员、总会计师：吴卫平

青阳县财政局

党组书记、局长：张益平
党组成员、副局长、主任科员：刘来胜
党组成员、副局长：光 明 丁学军
党组成员、纪检组长：陈 镘

党组成员、总会计师、国资委专职副主任:丁军辉

党组成员、副主任科员:陈　谷

九华山风景区财政局

局长:赵良贵

副局长:鲍玉生　刘卫胜

党组成员:张玉平　余旭光

开发区财政局

局长:盛文台

副局长:吴佩银

平天湖财政局

局长:王双应

贵池区

池阳街道财政分局　局长:包启友

秋浦街道财政分局　局长:周桃四

杏花村街道财政分局　局长:汪　利

清风街道财政分局　局长:钱跃文

江口街道财政分局　局长:胡孔璋

里山街道财政分局　局长:方　涛

涓桥街道财政分局　局长:汪曙华

秋江街道财政分局　局长:方继安

乌沙镇财政分局　局长:陈　敏

殷汇镇财政分局　局长:胡秀青

牛头山镇财政分局　局长:卢志刚

唐田镇财政分局　局长:周　盾

牌楼镇财政分局　局长:王来宝

梅街镇财政分局　局长:杨颜国

棠溪镇财政分局　局长:邱　毅

梅村镇财政分局　局长:何腾飞

马衙街道财政分局　局长:杨韶红

墩上街道财政分局　局长:周迎义

梅龙街道财政分局　局长:喻　松

东至县

尧渡镇财政分局　局长:王亦斌

龙泉镇财政分局　局长:刘仁贵

青山乡财政分局　局长:徐国讲

昭潭镇财政分局　副局长(主持工作):李志杰

泥溪镇财政分局　局长:刘仁民

官港镇财政分局　局长:汪根旺

木塔乡财政分局　局长:董　华

花园乡财政分局　局长:程建春

香隅镇财政分局　局长:方胜昔

经开区财政局　局长:王洪权

东流镇财政分局　局长:朱国平

葛公镇财政分局　局长:许继祥

洋湖镇财政分局　局长:吴维军

张溪镇财政分局　局长:刘国清

胜利镇财政分局　局长:许成顺

大渡口镇财政分局　局长:王志松

石台县

仁里镇财政分局　局长:徐华海

七都镇财政分局　局长:李贵高

横渡镇财政分局　局长:彭先果

大演乡财政分局　局长:姚小明

仙寓镇财政分局　局长:陈发根

矶滩乡财政分局　局长:查朝平

丁香镇财政分局　局长:张圣德

小河镇财政分局　局长:徐华久

青阳县

蓉城镇财政分局　局长:张　洁

杨田镇财政分局　局长:柏　桦

朱备镇财政分局　局长:胡满璋

新河镇财政分局　局长:李强富

木镇镇财政分局　局长:杨大宏

丁桥镇财政分局　局长:王　频

乔木乡财政分局　局长:吴玉才

酉华镇财政分局　局长:邓继涛

庙前镇财政分局　局长:吴胜娟

杜村乡财政分局　局长:刘　红

陵阳镇财政分局　局长:熊晔宏

开发区财政分局　局长:邵　畅

九华山风景区

九华乡财政所　负责人:孙华峰

九华镇财政所　负责人:朱　磊

安庆市财政系统领导名单

安庆市财政局

党组书记、局长:何家虎

党组成员、副局长:华鹏飞

党组成员、纪检组长:杨　炬

党组成员、总经济师:曹凌云

党组成员、副局长:开　敏　许正劲

迎江区财政局

党组书记、局长、区投金办主任:黄雪莲

党组成员、副局长:张海莉

党组成员、纪检组长:王旭东

大观区财政局

党组书记、局长:曹先怀

党组成员:杨远明

党组成员、副局长:吴自龙　李　琦

宜秀区财政局

党组书记、局长:耿仁平

党组副书记、大桥开发区财政局局长:鲁　燕

副局长、主任科员:谢宏杰

党组成员、副局长:杨宏生

党组成员、纪检组长:陈　莉

经开区财政局

局长:马　加

副局长:程皖生

怀宁县财政局

党组书记、局长:郝金龙

党组成员、副局长:柴绍来　杜可诚

党组成员、总会计师:余世红

党组成员、纪检组长:丁士敏

党组成员:程晓明

党组成员、投金办副主任:刘　刚

潜山县财政局

党组书记、局长、投金办主任:汪为民

党组成员、国资办主任:王生海

党组成员、监督检查局局长:王奇凌

党组成员、纪检组长:王　龙

党组成员:汪　萍

党组成员、副局长:张义华　江达明

太湖县财政局

党组书记、局长:汪大普

党组成员、经济开发区财政分局局长:余红玉

党组成员、副局长:刘周宝

党组成员、纪检监察组长:洪群来

党组成员、副局长:黄　磊

党组成员、总会计师:范焱峰

党组成员、副局长:孙玮玮　朱建文

望江县财政局

党组书记、局长:汪华良

党组成员、副局长:蒋五毛　陈　琳　童光明

党组成员、纪检组长:刘新华

党组成员、总会计师:王迪鲁

党组成员、总经济师:陈长平

桐城市财政局

党组书记、局长:张早林

党组成员、副局长:杨泽远

党组成员、总会计师:张仲平

党组成员、市投金办专职副主任:李立国

岳西县财政局

党组书记、局长:胡知青

党组副书记、副局长:胡祥炬

党组成员、纪检组长:孟宪忠

迎江区

龙狮桥乡财政所　所长:方亚立

长风乡财政所　所长:严　利

新洲乡财政所　所长:江海芬

大观区

十里铺乡财政分局　局长:方真胜

海口镇财政分局　负责人:胡兴朗

山口乡财政所　所长:谢江娅

宜秀区

大龙山财政分局　局长:方轶宏

白泽湖乡财政所　副所长(主持工作):袁　亮

杨桥镇财政所　所长:张　丽

五横乡财政所　所长:王建军

大桥街道会计结算中心　主任:刘雪莲

罗岭镇财政所　所长:周琳琳

经开区

老峰镇财政所　所长:方　亚

菱北办事处财政所　所长:汪　清

怀宁县

高河镇财政分局　副局长(主持工作):何　侃

石牌镇财政分局　副局长(主持工作):潘结和

月山镇财政分局　局长:王黄送

黄墩镇财政分局　副局长(主持工作):丁士彬

马庙镇财政分局　局长:张红斌

茶岭镇财政分局　副局长(主持工作):李志阳

石镜乡财政分局　局长:雍红卫

腊树镇财政所　所长:程　琦

雷埠乡财政所　所长:王六春

黄龙镇财政所　所长:郭　梅

平山镇财政所　副所长(主持工作):汪如兵

清河乡财政所 所长:汪明求
小市镇财政所 所长:叶统发
三桥镇财政所 所长:丁长青
秀山乡财政所 所长:陈夏节
公岭镇财政所 所长:杨爱平
金拱镇财政所 所长:洪　志
凉亭乡财政所 所长:朱　云
洪铺镇财政所 所长:汪名海
江镇镇财政所 所长:刘红兵

潜山县

王河镇财政所 所长:余本江
黄泥镇财政所 所长:方希泉
痘姆乡财政所 所长:徐立林
油坝乡财政所 所长:潘晓应
余井镇财政所 副所长(主持工作):操龙坤
龙潭乡财政所 所长:张柏生
槎水镇财政所 所长:郝其林
水吼镇财政所 所长:葛彭旺
五庙乡财政所 所长:陈　洪
天柱山镇财政所 所长:涂铁群
塔畈乡财政所 所长:杨艳根
官庄镇财政所 副所长(主持工作):华德扩
黄柏镇财政所 副所长(主持工作):徐潜峰
梅城镇财政分局 副局长(主持工作):何激流
黄铺镇财政分局 副局长(主持工作):凌江来
开发区财政分局 局长:贾华旭
旅游度假区财政分局 局长:彭阳生
源潭镇财政分局 副局长(主持工作):徐　斌

太湖县

经济开发区财政分局 局长:余红玉
晋熙镇财政分局 局长:周三应
徐桥镇财政分局 局长:何小平
新仓镇财政分局 局长:胡龙江
小池镇财政分局 局长:查德红
寺前镇财政分局 局长:吴武林
弥陀镇财政分局 局长:王治宇
北中镇财政所 所长:王再华
百里镇财政所 所长:李术明
牛镇镇财政所 所长:祝　勤
汤泉乡财政所 所长:汪银堂
刘畈乡财政所 所长:周宗明
天华镇财政所 所长:潘先琦
城西乡财政所 所长:潘礼革
江塘乡财政所 所长:王永华
大石乡财政所 所长:朱曙光

望江县

华阳镇分局 局长:王胜中
高士镇分局 局长:龙　彬
长岭镇分局 局长:汪精明
雅滩镇分局 局长:丁仁贵
太慈镇分局 局长:王学明
漳湖镇分局 局长:方共和
杨湾镇分局 局长:郝结南
凉泉乡分局 局长:胡小兵
雷池乡分局 局长:周龙贵
开发区分局 副局长(主持工作):吴金霞
赛口镇分局 副局长(主持工作):徐向中

桐城市

文昌街道分局 局长:倪晋流
龙眠街道分局 局长:胡家旺
新渡镇分局 副局长(主持工作):张卫东
范岗镇分局 局长:江元苗
吕亭镇分局 局长:许建国
大关镇分局 局长:汤传龙
孔城镇分局 局长:陈五九
金神镇分局 局长:吕张根
双港镇分局 局长:张小四
青草镇分局 局长:汪　枢
嬉子湖镇财政所 所长:高进生
唐湾镇财政所 所长:钱　诚
黄甲镇财政所 所长:李红星
鲟鱼镇财政所 所长:徐　雄

岳西县

开发区分局 局长:储文胜
天堂镇分局 局长:谢宏岳
温泉镇分局 局长:王　萍
响肠乡财政所 所长:陈增益
莲云乡财政所 所长:徐建华
毛尖山乡财政所 所长:朱灿东
来榜镇财政所 所长:朱为民
青天乡财政所 所长:黄德国
和平乡财政所 所长:柳金焰
包家乡财政所 所长:王国庆
店前镇财政所 所长:李敬东

冶溪镇财政所　所长:殷书齐
白帽镇财政所　所长:刘文高
河图镇财政所　所长:徐自安
五河镇财政所　所长:徐声林
古坊乡财政所　所长:刘和炳
中关镇财政所　所长:蒋东贵
菖蒲镇财政所　所长:朱诗咏
田头乡财政所　所长:汪时宇
主簿镇财政所　所长:胡端阳
姚河乡财政所　所长:余凤云
石关乡财政所　所长:程诗义
巍岭乡财政所　所长:余禄生
头陀镇财政所　所长:刘同春
黄尾镇财政所　所长:宛敏春

黄山市财政系统领导名单

黄山市财政局

党组书记、局长:汪德宝
党组成员、国资委主任:王克飞
党组成员、副局长:洪绍球　冯家成　程浩良
党组成员、新安江流域生态建设保护局局长:聂伟平
党组成员、纪检组长:黄　峰
总会计师:鲍英奎

屯溪区财政局

区政协副主席、区财政局党组书记、局长、区民生办主任:高木火
党组副书记、副局长:徐新胜
主任科员:韩玲明　程敏行
党组成员、纪检组长:周建钢
党组成员、副局长:周　艳
党组成员、农村局局长:邱　桂

黄山区财政局

党组书记、局长:张志武
党组成员、副局长:万　辉
党组成员、国资办主任:徐　祥
党组成员、副局长:俞四清　俞明明

徽州区财政局

党组书记、局长:周国兵
党组成员、副局长:洪　钟
党组成员、纪检组长:张秀丽
党组成员、区国投、城投公司总经理(挂职):金强军

歙县财政局

党组书记、局长:程根银
党组成员、副局长:汪义元　王德跃　黄利华
党组成员、办公室主任:方　亮

休宁县财政局

党组书记、局长:汪　川
党组成员、副局长:余青峰　汪　沁
党组成员、纪检组长:金建强
党组成员、财政监督局局长:汪顺九

黟县财政局

党组书记、局长:余国富
党组成员、国资办主任、副局长:汪建锋
党组成员、副局长:田先贵
党组成员、纪检组长:吴　洁
党组成员、副局长:程　瑾
党组成员、会计中心主任:王曙光
党组成员、民生办副主任:汪　文
党组成员、监督检查局局长:胡朝阳

祁门县财政局

党组书记、局长:李超群
党组成员、扶贫办主任:廖国进
党组成员、副局长:郑　忠　胡丽青
纪检组长:汪文济
党组成员:汪跃武　黄群飞　陈建奎

屯溪区

屯光镇财政分局　局长:胡建民
黎阳镇财政分局　局长:胡娟兰
阳湖镇财政分局　局长:钱红霞
奕棋镇财政分局　局长:余海跃

黄山区

甘棠镇财政分局　局长:陈　罡
太平湖镇财政分局　局长:王　斌
汤口镇财政分局　局长:杨　剑
园区财政分局　局长:陈启龙
谭家桥镇财政所　所长:章震强
三口镇财政所　所长:邵莹婧
仙源镇财政所　所长:金丽琴
新明乡财政所　副所长:张连峰
龙门乡财政所　所长:郭彩红
焦村镇财政所　所长:叶啸林

乌石镇财政所　所长:曹　洁
新华乡财政所　所长:吕晓旺
新丰乡财政所　所长:严鹤鸣
永丰乡财政所　所长:吴立新

徽州区

岩寺镇财政分局　负责人:章　华
西溪南镇财政分局　局长:唐淑英
潜口镇财政分局　局长:郑　婕
呈坎镇财政分局　局长:吴林宝
洽舍乡财政所　所长:汪志新
杨村乡财政所　负责人:李小林
富溪乡财政所　负责人:汪雪松

歙县

徽城镇财政分局　局长:洪绍发
桂林镇财政所　所长:叶尚忠
郑村镇财政所　所长:郑毅华
北岸镇财政分局　局长:江利伟
富堨镇财政所　所长:张伟正
深渡镇财政分局　局长:凌　晨
杞梓里镇财政所　所长:吕志明
王村镇财政所　所长:姚兰芬
三阳镇财政所　所长:张　醒
霞坑镇财政所　所长:吴红蓉
溪头镇财政所　所长:徐有辉
武阳乡财政所　所长:严建军
岔口镇财政所　所长:张　斌
许村镇财政所　所长:梅广良
坑口乡财政所　所长:汪惠来
小川乡财政所　所长:潘利群
昌溪乡财政所　所长:郑　春
雄村镇财政所　所长:程月英
上丰乡财政所　所长:潘四清
街口镇财政所　所长:汪鹤年
璜田乡财政所　所长:江岳年
森村乡财政所　所长:曹雪英
长陔乡财政所　所长:毕灶寿
新溪口乡财政所　所长:张春海
绍濂乡财政所　所长:毕正利
金川乡财政所　所长:潘政兆
石门乡财政所　所长:项厚海
狮石乡财政所　所长:鲍永忠

休宁县

海阳镇财政所　所长:詹光辉
万安镇财政所　所长:宋夏福
齐云山镇财政所　所长:查显才
东临溪镇财政所　所长:王玉明
五城镇财政所　所长:洪艳中
蓝田镇财政所　副所长(主持工作):吕的兰
溪口镇财政所　所长:张荣贵
流口镇财政所　所长:谢辉煌
汪村镇财政所　所长:方金根
商山镇财政所　所长:卢建国
岭南乡财政所　所长:张思良
龙田乡财政所　所长:方录平
璜尖乡财政所　副所长(主持工作):姚健勇
白际乡财政所　副所长(主持工作):汪慧珍
榆村乡财政所　所长:范欣端
渭桥乡财政所　所长:陈建军
陈霞乡财政所　所长:程伟平
板桥乡财政所　所长:汪有义
山斗乡财政所　所长:姚永芳
鹤城乡财政所　所长:方林平
源芳乡财政所　所长:杨银铃

黟县

碧阳镇财政分局　局长:谢中平
宏村镇财政分局　局长:程春辉
西递镇财政分局　局长:柯峙峰
渔亭镇财政分局　局长:柯光明
柯村镇财政分局　局长:王立祥
宏潭乡财政所　所长:胡建平
美溪乡财政所　副所长(主持工作):洪骏川
洪星乡财政所　所长:胡小青

祁门县

祁山镇财政所　所长:胡养兰
大坦乡财政所　所长:张接军
小路口镇财政所　所长:李祁安
金字牌镇财政所　所长:王飞煌
柏溪乡财政所　所长:詹长贵
凫峰镇财政所　所长:汪俊杰
平里镇财政所　所长:胡伯进
溶口乡财政所　所长:苏智敏
芦溪乡财政所　所长:汪伟健
祁红乡财政所　所长:谢飞腾

塔坊镇财政所　所长:林征红
历口镇财政所　所长:桂云辉
渚口乡财政所　所长:倪浩均
古溪乡财政所　所长:王树辉
闪里镇财政所　所长:吴朝霞
新安乡财政所　所长:倪国振
箬坑乡财政所　所长:李　君
安凌镇财政所　所长:陈秋富

广德县财政系统领导名单

广德县财政局

党组书记、局长:陈智勇
党组副书记、副局长:陆广文
党组成员:李忠宝
副局长:田宝奎　周燕燕
纪检组长、监察室主任:杨世武
总会计师:朱　赟

广德县

桃州镇财政分局　局长:戴启峰
邱村镇财政分局　局长:郑　兴
柏垫镇财政分局　局长:甘恢立
新杭镇财政分局　局长:李光义
誓节镇财政分局　局长:欧阳忠禄
卢村乡财政所　所长:方　辉
东亭乡财政所　所长:蒋　伟
杨滩镇财政所　所长:陈　晖
四合乡财政所　所长:许　瑞

宿松县财政系统领导名单

宿松县财政局

党组书记、局长:李金星
党组副书记、副局长:张火南
党组副书记、纪检组长:李朝阳
党组成员、副局长:桂松寿　张华国
党组成员、总会计师:何　泽

宿松县

孚玉镇财政分局　局长:张晚元
复兴镇财政分局　局长:徐文明
洲头乡财政所　所长:杨　卫
汇口镇财政所　所长:杨庆丰
千岭乡财政所　所长:石先武
九姑乡财政所　所长:江荣亮
许岭镇财政所　所长:张琴军
下仓镇财政所　所长:高　志
五里乡财政所　副所长(主持工作):王淑芳
长铺镇财政所　所长:尹　睿
程岭乡财政所　所长:段益民
高岭乡财政所　所长:黎德新
佐坝乡财政所　所长:邓志海
破凉镇财政所　所长:梅兴祥
凉亭镇财政所　所长:齐长贵
河塌乡财政所　所长:虞旺国
二郎镇财政所　所长:方瑞华
隘口乡财政所　所长:齐泽皓
北浴乡财政所　所长:吴祺臻
陈汉乡财政所　所长:张青松
趾凤乡财政所　所长:吴溢波
柳坪乡财政所　所长:黄义群
经开区财政局　局长:高福荣
东北新城财政所　所长:贺行槐

全省财政系统职工统计

2017年全省财政系统职工统计表

（2017年12月31日）

编制单位:厅人事教育处　　　　单位:人

项目		总计	性别		民族		政治面貌				学历					
			男	女	汉	其他	中共党员	共青团员	民主党派	其他	研究生	大学本科	大学专科	中专及以下学历		
														人数	其中35岁以下	其中36岁至45岁
总计	合计	18360	11839	6521	18195	165	13464	846	157	3893	703	9574	6650	1433	49	259
	厅(局)级	8	7	1	8	0	7	0	1	0	3	5	0	0	0	0
	地市局(处)级	376	294	82	370	6	355	0	11	10	114	237	25	0	0	0
	县局(科)级	2737	2004	733	2711	26	2354	0	85	298	332	1773	604	28	0	3
	一般干部	14294	8787	5507	14175	119	10167	841	59	3227	247	7369	5587	1091	38	202
	工勤人员	945	747	198	931	14	581	5	1	358	4	193	434	314	11	54
省(区、市)厅局	合计	444	321	123	438	6	377	3	11	53	169	236	32	7	0	0
	厅(局)级及以上	8	7	1	8	0	7	0	1	0	3	5	0	0	0	0
	处(局)级	146	108	38	145	1	135	0	4	7	71	64	11	0	0	0
	科级	202	141	61	199	3	175	0	5	22	75	117	10	0	0	0
	一般干部	72	51	21	70	2	49	3	1	19	16	48	7	1	0	0
	工勤人员	16	14	2	16	0	11	0	0	5	1	5	4	6	0	0
市(地、州)局	合计	2124	1281	843	2092	32	1447	94	72	511	266	1498	288	72	3	11
	局(处)级及以上	230	186	44	225	5	220	0	7	3	43	173	14	0	0	0
	科级	1052	663	389	1039	13	809	0	52	191	161	758	129	4	0	0
	一般干部	683	308	375	672	11	333	94	13	243	62	532	77	12	0	2
	工勤人员	159	124	35	156	3	85	0	0	74	0	35	68	56	3	9
县(市、区)局	合计	7036	4312	2724	6963	73	5147	325	68	1496	212	4177	2256	391	20	71
	局(科)级及以上	1483	1200	283	1473	10	1370	0	2018	85	96	898	465	24	0	3
	股级	1635	1121	514	1618	17	1356	8	12	259	18	993	565	59	0	7
	一般干部	3531	1694	1837	3490	41	2191	314	27	999	97	2198	1071	165	14	34
	工勤人员	387	297	90	382	5	230	3	1	153	1	88	155	143	6	27
乡(镇)所	合计	8756	5925	2831	8702	54	6493	424	6	1833	56	3663	4074	963	26	177
	所(股)级及以上	2351	1959	392	2335	16	2138	4	1	208	25	936	1196	194	2	30
	一般干部	6022	3654	2368	5990	32	4100	418	5	1499	29	2662	2671	660	22	129
	工勤人员	383	312	71	377	6	255	2	0	126	2	65	207	109	2	18